# MACROECONOMÍA

## EDICIÓN ESPECIAL EN ESPAÑOL
### ACTUALIZADA

# MICHAEL PARKIN

**UNIVERSITY
OF
WESTERN ONTARIO**

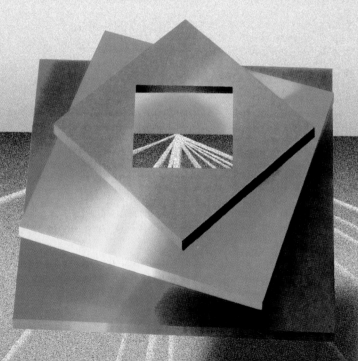

▲ Addison-Wesley Iberoamericana
Argentina ◆ Chile ◆ Colombia ◆ España
Estados Unidos ◆ México ◆ Puerto Rico ◆ Venezuela

Versión en español de la obra titulada *Economics,*
*2nd. edition updated,* de Michael Parkin, publicada
originalmente en inglés por Addison-Wesley
Publishing Company, Inc., Reading, Massachusetts,
© 1993 por Addison-Wesley Company, Inc.

**ADDISON-WESLEY IBEROAMERICANA**
Malabia 2363-2°G, Buenos Aires 1425,
Argentina
Cruz 1469-depto. 21 Independencias
Santiago de Chile
Apartado aéreo 241-943, Santa Fe de Bogotá,
Colombia
Espalter 3 bajo, Madrid 28014, España
1 Jacob Way, Reading, Massachusetts 01867,
E.U.A.
Apartado postal 22-012, México, D.F. 14000,
México
El Monte Mall 2° piso, oficina 19-B
Ave. Muñoz Rivera, Hato Rey,
Puerto Rico 00918
Apartado postal 51454, Caracas 1050 A,
Venezuela

Impreso en Estados Unidos,
Printed in U.S.A.
ISBN 0-201-65383-4

12345678910-DOW-99 98 97 96 95

VERSIÓN EN ESPAÑOL DE
**Francisco Reyes Guerrero**
*Universidad Autónoma Metropolitana,*
*Azcapotzalco*
*México*

COLABORACIÓN TÉCNICA ESPECIAL:
**Magdalena Barba Fernández**
*Instituto Tecnológico Autónomo de*
*México*

ADAPTACIONES:
**Juan Fernández de Castro**
**Joaquín Trigo Portela**
*ambos de la Universidad de Barcelona,*
*España*

**Javier Landa Vértiz**
*Universidad Iberoamericana*
*México*

**Martín Maurer y María Clara Rueda**
*Universidad Javeriana*
*Bogotá, Colombia*

**Rubén León Guillén**
*Universidad de Buenos Aires*
*Argentina*

**Oscar Villalón**
*Instituto de Estudios Superiores de*
*Administración (IESA)*
*Caracas, Venezuela*

**Eduardo L. Fracchia**
*Instituto de Altos Estudios*
*Empresariales (IAE)*
*Buenos Aires, Argentina*

COORDINACIÓN DE ESTA EDICIÓN
EN ESPAÑOL: **Marisa de Anta**
*Addison-Wesley Iberoamericana*

PRODUCCIÓN: **Di'Graffic**

# *Para Robin*

## ACERCA DE MICHAEL PARKIN

Michael Parkin recibió su formación académica como economista en las universidades de Leicester y Essex, en Inglaterra. Actualmente forma parte del departamento de Economía de la University of Western Ontario, en Canadá, y ha ocupado puestos docentes en la Brown University, University of Manchester y en la University of Essex. Ha sido miembro de los consejos editoriales de la *American Economic Review* y el *Journal of Monetary Economics* y editor en jefe del *Canadian Journal of Economics*. Es el autor de *Macroeconomics* (Prentice-Hall). Las investigaciones que el profesor Parkin ha llevado a cabo en los campos de la macroeconomía, la economía monetaria y la economía internacional se han plasmado en 160 publicaciones aparecidas en revistas y libros, que incluyen la *American Economic Review*, el *Journal of Political Economy*, la *Review of Economic Studies*, el *Journal of Monetary Economics* y el *Journal of Money, Credit and Banking*. Dichas investigaciones se hicieron más conocidas con la

aparición de sus trabajos sobre la inflación, los cuales desacreditaron la utilización de los controles de precios y salarios. Michael Parkin también fue un pilar del movimiento en favor de la unión monetaria europea. El profesor Parkin es un experimentado y dedicado maestro de cursos de introducción a la economía.

MI OBJETIVO EN LA ENSEÑANZA DE LA economía es cambiar la manera en que los estudiantes ven el mundo, y ésa ha seguido siendo mi meta al preparar esta revisión. No existe mayor satisfacción para un maestro que compartir el gozo de los estudiantes que logran entender las poderosas lecciones del enfoque económico. Sin embargo, estas lecciones no son fáciles de dominar. Todos los días en el aula vuelvo a experimentar los desafíos que ofrece el alcanzar la comprensión de lo que llamamos la forma de pensar del economista, y recuerdo mis primeras batallas para dominar esta disciplina. Al preparar esta revisión, he podido nutrirme no sólo de las experiencias de mis estudiantes sino también de las de cientos de usuarios de la primera edición, tanto maestros como sus discípulos.

# PREFACIO

Tres supuestos han guiado mi elección de las opciones ante las que me encontré al escribir este libro. El primero es que los estudiantes están deseosos de aprender, pero se sienten abrumados por las aparentemente interminables presiones que se ejercen sobre su tiempo y energía. Por lo tanto, quieren saber por qué se les pide que estudien una materia en particular y exigen que se demuestre la relación que ésta tiene con sus experiencias cotidianas. El segundo supuesto es que los estudiantes esperan respuestas bien pensadas y directas, de tal manera que puedan empezar a aplicar los principios que están aprendiendo. El tercero señala que los estudiantes de hoy en día están más interesados en el presente y en el futuro que en el pasado. Quieren aprender la economía de los años noventa, a fin de que al adentrarse en el siglo XXI, sin saber acerca del futuro y de lo que les depara, se encuentren dotados de los principios útiles que les ayuden a entender sucesos en apariencia impredecibles.

## Enfoque

La parte fundamental de un curso de principios de economía tiene ya más de un siglo, y otros elementos importantes, en especial las partes de la teoría de la empresa y la macroeconomía keynesiana, más de cincuenta años. Pero, por otro lado, la economía también ha continuado desarrollándose y cambiando con rapidez en las últimas décadas. Todos los libros de texto de principios de economía dedican cierta atención a estos avances recientes, sin embargo, ninguno ha tenido éxito para integrar lo nuevo y lo tradicional. Mi objetivo ha consistido en incorporar nuevas ideas, como la teoría de juegos, la teoría moderna de la empresa, la información y la elección pública, al conjunto de principios permanentes.

La presencia de temas modernos no se traduce en un "nivel elevado" o en "sesgos". En cada punto me he esforzado para que los avances recientes sean del todo accesibles a los estudiantes principiantes. Cuando estas teorías modernas aún son motivo de controversia, se presentan, evalúan y comparan los enfoques alternativos.

No obstante, en este libro hay un punto de vista propio: la economía es una ciencia seria, plena de vitalidad y en evolución; una ciencia que busca desarrollar un cuerpo teórico lo suficientemente poderoso como para explicar la realidad económica que nos rodea, y que lleva a cabo su trabajo elaborando, probando y rechazando modelos económicos. En algunos campos la ciencia ha tenido éxito, pero en otros le falta camino por recorrer y la controversia persiste. En donde hay consenso, presento lo que sabemos; en aquello en lo que la controversia continúa, ofrezco los puntos de vista alternativos. Creo que este enfoque positivo de la economía es particularmente valioso para los estudiantes que se preparan para actuar en un mundo en el que las ideologías simples ya no son de utilidad y en el que los contornos conocidos del panorama económico han cambiado y se han vuelto borrosos.

## La segunda edición actualizada

He querido ser consistente con mi deseo de mantenerme al día respecto a los rápidos cambios del panorama económico, y he hecho muchas modificaciones para acercar esta edición especial actualizada a la "época real" de los estudiantes. Por ejemplo, se han sustituido varias *Lecturas entre líneas* de la segunda edición, las estadísticas se han puesto al día hasta 1992 y se han incluido los primeros pasos de la administración Clinton en la formulación de la política.

## La microeconomía y los cambios de la segunda edición

La estructura de la presentación microeconómica no ha variado respecto de la primera edición, sin embargo, he realizado muchos cambios importantes. He simplificado pero a la vez he aumentado considerablemente el campo de aplicación del modelo de la oferta y la demanda (Cap. 6), para tratar temas como: quién paga un impuesto sobre las ventas y el comercio de bienes prohibidos. He ampliado el tratamiento de la teoría de la utilidad marginal de la decisión del consumidor (Cap. 7), para ofrecer una derivación gráfica más poderosa del equilibrio del consumidor y de la curva de demanda. La teoría moderna de la empresa, incluyendo los temas principales y los secundarios, recibe un tratamiento más simplificado en el capítulo 9, y se ven las isocuantas en el apéndice del capítulo 10. Mi presentación del enfoque de la teoría de juegos para entender el oligopolio ha tenido una acogida favorable debido a que es sencilla pero seria. Al revisar el capítulo del oligopolio (Cap. 13), me percaté de que los estudiantes pueden lograr una mayor comprensión con los modelos tradicionales del oligopolio, así que los he incluido. Existe un capítulo completamente nuevo (Cap. 17) que se refiere a los temas que surgen de la incertidumbre y la información incompleta, y que ilustra estos temas con ejemplos tomados de los mercados de automóviles usados, de seguros, de crédito y de activos arriesgados. Mi enfoque en este capítulo continúa siendo el mismo que el del resto del libro: explicar un tema difícil (y en este caso relativamente nuevo) de una manera clara y accesible que encaje con naturalidad en la secuencia de los principios fundamentales. Por último, el análisis de los temas de distribución del ingreso del capítulo 18 contiene ahora un tratamiento mucho más amplio de las políticas de redistribución del ingreso, e incluye el impuesto negativo que se aplica a este último.

## La macroeconomía y los cambios de la segunda edición

Al revisar el tratamiento de la macroeconomía, me he propuesto ampliar y mejorar el enfoque positivo, sustentado en hechos, de la primera edición para destacar los vínculos entre la realidad y la complejidad de los modelos y acontecimientos macroeconómicos pero que a la vez sean comprensibles para los estudiantes, y asimismo tocar los temas macroeconómicos globales de los noventa. He puesto menos énfasis en el tratamiento de la contabilidad del ingreso nacional (Cap. 23), para otorgar un papel más destacado al análisis de la validez del PIB como medida del bienestar económico. Debido a que el modelo de la demanda y la oferta agregada es intrínsecamente más sutil que el modelo microeconómico de oferta y demanda, es necesario explicar el macroeconómico de una manera clara y cuidadosa. He simplificado y hecho más concisa la presentación inicial del modelo de demanda agregada y oferta agregada (Cap. 24) de tal forma que los estudiantes puedan utilizarlo de manera efectiva e inmediata. He aclarado también el análisis de los componentes y el funcionamiento del modelo de demanda agregada (en los capítulos 25 y 26). A la luz de la recesión de 1991 y del actual déficit del gobierno federal de Estados Unidos de América, se ha vuelto cada vez más evidente la importancia de entender tanto la política fiscal como la monetaria. El papel de la política fiscal se analiza en forma exhaustiva a lo largo del libro (particularmente en los capítulos 24, 26, 29 y 32) y se ilustra con temas tomados de la recesión de 1991. Se da particular relieve en el capítulo 27 al papel de la liberalización financiera en la macroeconomía. También se ha revisado a fondo la cobertura ampliada de los temas de oferta agregada. Los estudiantes de hoy en día se interesan en los temas de la productividad y el crecimiento, y encontrarán información al respecto en el capítulo 30. El tema de la inflación como problema y como motivo de análisis se ha separado del tratamiento minucioso de las expectativas (Cap. 31). Se revisó y amplió la cobertura de la política de estabilización para incluir un análisis del ciclo económico político. Por último, el tratamiento de las economías en transición forzosamente ha tenido que revisarse por completo. El capítulo 38 proporciona un marco de análisis para entender los acontecimientos en Europa oriental, la ex Unión Soviética y China, conforme estos países modifican sus sistemas económicos y abren sus mercados a las influencias internacionales.

## Características especiales

E sta segunda edición, como su predecesora, incorpora un conjunto de características especiales concebidas para mejorar el proceso de aprendizaje.

## Diseño artístico

Una innovación muy celebrada de la primera edición fue el notable diseño artístico. El diseño no sólo ofrecía atractivo visual y captaba la atención, sino que también comunicaba los principios económicos de manera inequívoca y clara. Recibimos una respuesta tremendamente positiva del diseño artístico, lo que vino a confirmar nuestra idea de que una de las herramientas más importantes para los economistas es el análisis gráfico, y también que es precisamente un área de gran dificultad para los estudiantes. En la segunda edición hemos afinado aún más el diseño basado en datos, mediante la creación de un estilo que destaca los datos y las tendencias con claridad. Además, los diagramas que ilustran procesos económicos, distinguen ahora de manera uniforme los participantes económicos clave (empresas, familias, gobiernos y mercados).

Nuestro objetivo es mostrar con claridad "dónde está la acción económica". Para lograrlo, nos ceñimos a una consistente forma de estilo, notación y utilización del color, que incluye:

◆ Subrayar en rojo las curvas desplazadas, los puntos de equilibrio y las características más importantes.

◆ Utilizar flechas, junto con el color, para dar la idea de movimiento y dirección a lo que por lo general son presentaciones estáticas.

◆ Unir las gráficas a las tablas de datos que les dieron origen.

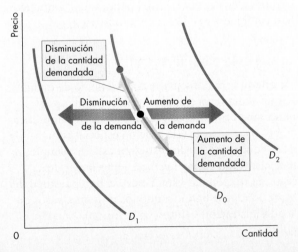

◆ Usar el color de una manera uniforme para subrayar el contenido, haciendo referencia en el texto y los subtítulos a dicho uso del color.

◆ Señalar las partes clave de la información en las gráficas, con notas en recuadros.

◆ Producir cada parte electrónicamente para lograr la precisión.

Todo el diseño artístico se elaboró teniendo presentes las necesidades de estudio y repaso del estudiante. Hemos conservado las siguientes características:

◆ Señalar las figuras y tablas más importantes con un signo rojo ◇ y enumerarlas al final de cada capítulo con el título "Figuras y tablas clave".

◆ Usar leyendas informativas y completas que contengan los principales puntos de las gráficas, para que los estudiantes puedan formarse una idea del capítulo o repasarlo mediante un vistazo a la parte de diseño artístico.

## Las entrevistas

Otra característica de la primera edición que resultó muy popular fueron las entrevistas de fondo con economistas famosos. He conservado esa tradición y he incluido todas las entrevistas nuevas, en total son nueve, todas con economistas que han contribuido de manera significativa al avance del pensamiento y de la práctica de nuestra disciplina. Tres de ellas son con premios Nobel: Kenneth Arrow, Ronald H. Coase y Robert Solow. Las entrevistas alientan a los estudiantes a participar en la conversación cuando los economistas analizan sus campos de especialización, sus singulares contribuciones a la economía y así mismo sus ideas de tipo general, pertinentes para los estudiantes principiantes.

Al principio de cada una de las nueve partes del libro aparece una entrevista, la cual ha sido editada con cuidado para que resulte autosuficiente. Debido a que cada una de ellas toca temas que se presentan formalmente en los capítulos subsiguientes, los estudiantes pueden usarlas como adelanto de una parte de la terminología y de la teoría que verán en seguida; una lectura posterior más cuidadosa les permitirá una comprensión más completa del análisis. Por último, el conjunto de las entrevistas puede verse como un simposio informal sobre el tema de la economía, tal como se practica hoy en día.

## Lectura entre líneas

Una característica de la edición anterior que fue bien recibida es la "Lectura entre líneas". Este despliegue de artículos periodísticos ayuda a los estudiantes a desarrollar su pensamiento crítico y a interpretar los acontecimientos diarios (así como su presentación en los medios de comunicación) utilizando principios de economía. En esta edición he actualizado todos los artículos periodísticos y he seleccionado temas atractivos para los estudiantes, como el descenso en las calificaciones del SAT (*Scholastic Achievement Tests*, exámenes de aptitud académica), el alquiler de Nintendo y el debate ecológico acerca del peligro de extinción del búho moteado. Cada presentación de "Lectura entre líneas" incluye tres versiones de una historia. Empieza con una reproducción facsimilar (generalmente acortada) de un artículo original de diario o revista; luego se presenta un resumen de los puntos esenciales del artículo; por último, se hace el análisis económico del mismo, con base en los métodos económicos presentados en ese capítulo.

## Orígenes de nuestro conocimiento

Las características completamente revisadas de "Orígenes de nuestro conocimiento" ayudan a los estudiantes a seguir la evolución de las ideas económicas innovadoras y a reconocer la universalidad de su aplicación, no sólo al pasado sino también al presente. Por ejemplo, las poderosas ideas de Adam Smith acerca de la división del trabajo se pueden aplicar por igual a la creación de un chip de computador que a una fábrica de alfileres del siglo dieciocho. Y la aplicación de la teoría de la oferta y la demanda que hizo Dionysius Lardner en 1850 a los precios del transporte ferroviario sirve de igual modo para los precios del transporte aéreo de hoy en día. Un nuevo diseño visual le da vitalidad e interés a estas secciones, de la misma forma que las ideas han infundido vitalidad e interés a la economía.

## Ayudas para el aprendizaje

Hemos afinado nuestro minucioso plan pedagógico para asegurar que este libro complemente y refuerce el aprendizaje en el aula. Cada capítulo tiene los siguientes elementos pedagógicos:

**Objetivos** Cada capítulo se inicia con una lista de objetivos que permite a los estudiantes establecer sus metas al comenzar el capítulo.

**Entrada a los capítulos** Acertijos, paradojas o metáforas que intriguen, enmarcan las preguntas importantes que se van desenmarañando y resolviendo conforme avanza el capítulo.

**Repasos subrayados dentro del texto** A lo largo de cada capítulo, al final de las secciones, se encuentran intercalados resúmenes sucintos de repaso.

**Términos clave** Estos conceptos, que aparecen destacados dentro del texto, integran la primera parte de un repaso del vocabulario de la economía, en tres niveles. Estos términos, con referencias de página, se repiten al terminar cada capítulo, y se compilan en un glosario al final del libro.

**Figuras y tablas clave** Las figuras y tablas más importantes se identifican con el signo rojo y se enumeran al final del capítulo. ◇

**Material de estudio al final del capítulo** Los capítulos terminan con resúmenes organizados en torno a los principales temas, listas de términos clave con referencias de página, preguntas para repasar y problemas. Hemos añadido muchos problemas nuevos en la segunda edición.

## Flexibilidad

He tratado de dar cabida a una amplia gama de enfoques de enseñanza, ofreciendo flexibilidad y alternativas en el libro. Existen varias secciones optativas, indicadas con notas a pie de página; es posible omitirlas sin que se pierda continuidad.

## Prefacio a la edición iberoamericana

Addison-Wesley Iberoamericana ha trabajado con especial cuidado la versión del libro de Economía de Parkin para los países de habla hispana. Hemos procurado adaptar las partes que no son aplicables a nuestro contexto y hemos añadido otras para completar la edición original en inglés. Por ejemplo, se ha dedicado mucha atención a los temas de la inflación, y a los programas de estabilización que ha habido en algunos de nuestros países, así como a la recesión que están sufriendo muchos de ellos. Presentamos con profundidad el caso de Argentina,

así como los de Colombia, México y España. El capítulo 28, referente al banco central, se ha dividido en dos partes que se pueden utilizar de manera alternativa. La parte A trata sobre la Reserva Federal de Estados Unidos y la B sobre el Banco de España. Los profesores pueden decidir utilizar uno u otro indistintamente según su interés. También se ha tratado con mayor profundidad, dentro del capítulo de economía internacional, el tema de España y su relación con la Unión Europea, así como el sistema monetario europeo.

Como esfuerzo adicional, Addison-Wesley Iberoamericana presenta su edición especial en cuatro colores. Nuestra intención ha sido ofrecer al estudiante de habla hispana un libro de introducción a la economía que le sea atractivo, como es la edición en inglés, y a la vez afín a la realidad específica que lo rodea.

## Reconocimientos

La empresa de crear un libro de texto de principios implica la colaboración creativa y la contribución de muchas personas. Aunque en este espacio no es posible dar mi pleno reconocimiento por todo aquello en lo que estoy en deuda, de cualquier modo, sí constituye un placer dejar constancia de mi gratitud a las numerosas personas que ayudaron, algunas sin percatarse de lo útiles fueron.

Quiero agradecer a aquellos de mis colegas de University of Western Ontario que me enseñaron gran parte de lo que puede hallarse en estas páginas: Jim Davies, Jeremy Greenwood, Ig Horstmann, Peter Howitt, Greg Huffman, David Laidler, Phil Reny, Chris Robinson, John Whalley y Ron Wonnacott. Quiero también extender mi especial agradecimiento a Glenn MacDonald, quien colaboró más allá de lo que exigía el deber, discutiendo conmigo este proyecto desde su nacimiento, ayudándome a desarrollar muchas de las características pedagógicas y leyendo y comentando con detalle todos los capítulos de microeconomía. También envío un agradecimiento especial a Doug McTaggart de la Bond University y a Christopher Findlay de la University of Adelaide, coautores de la edición australiana, y a David King, coautor de la edición europea. Sus sugerencias, fruto de las adaptaciones que realizaron de la primera edición han sido sumamente útiles para afinar ésta. Más que eso, Doug y yo trabajamos juntos en las primeras versiones del nuevo capítulo sobre incertidumbre e información en el invierno perfecto de Queensland en 1991.

Quiero también reconocer mi deuda con aquellos que han tenido una profunda influencia en mi punto de vista sobre la economía y en el enfoque que al respecto tengo; dicha influencia puede percibirse en estas páginas. Aunque nunca estuve en clases, son mis maestros en el verdadero sentido de la palabra. Estoy especialmente agradecido a John Carlson (Purdue University), Carl Christ (Johns Hopkins University), Robert Clower (University of South Carolina), Ed Feige (University of Wisconsin at Madison), Herschel Grossman (Brown University) y Sam Wu (University of Iowa). Deseo también dejar constancia de mi inmensa deuda con el finado Karl Brunner. La energía, la motivación y el espíritu emprendedor de este destacado economista nos proporcionó a mí y a mi generación oportunidades increíbles para interactuar y aprender mutuamente en una gran variedad de reuniones, tanto en Estados Unidos como en Europa.

Así mismo, constituye un placer reconocer mi deuda con los varios miles de estudiantes a los cuales he tenido el privilegio de impartir cursos de introducción a la economía. La retroalimentación instantánea que produce la mirada de desconcierto o de comprensión me ha enseñado, más que cualquier otra cosa, cómo enseñar economía.

Producir un libro de texto como éste es un trabajo de equipo y los miembros del "Equipo Parkin" de Addison-Wesley son verdaderos coproductores de este libro. Estoy particularmente agradecido a Barbara Rifkind, una editora extraordinaria que me ha inspirado y quien, como editora ejecutiva, creó y dirigió el equipo con el que tuve el privilegio de trabajar. También estoy en deuda con mi editora de desarrollo, Marilyn Freedman; fueron extraordinarias la dedicación personal y la capacidad profesional que aportó a la tarea de moldear tanto la idea general del libro, como los pequeños detalles y su compromiso para hacer que esta obra resultara tan interesante, efectiva y libre de errores como fuera posible. Un gran elogio y gratitud para Loren Hilgenhurst Stevens quien, como supervisora de producción, coordinó todo el proceso del área, enfrentando con calma y decisión la crisis avasalla-

dora que a diario pasaba por su escritorio, mientras reunía todos los elementos complejos. También un agradecimiento sincero para Marjorie Williams quien, como editora de economía, dirigió y coordinó todas las entrevistas e ideó el memorándum semanal de cargas de trabajo que mantuvo mi nariz apuntando con firmeza en la dirección deseada; para Dave Theisen, director de comercialización, del área de administración y economía, quien ideó y dirigió el plan de comercialización; para Kari Heen, editora asistente, cuya alegre voz y amistosos faxes animaron los espíritus decaídos de la manera precisa y en el momento justo; y en especial, para Cindy Johnson, directora de proyectos de los suplementos, cuyas notables habilidades de dirección y de edición, además de su compromiso personal, lograron la integración de un paquete actualizado de enseñanza y aprendizaje. Muchas gracias a Loretta Bailey, Janice Mello, Sherry Berg, Sharon Cogdill, Phyllis Coyne, Kelley Hersey, Jane Hoover, Karen Lehman, Stephanie Magean, Dick Morton, Kazia Navas, Meredith Nightingale y Barbara Willette.

Quiero también expresar mi gratitud a Bob McGough, un excelente periodista de finanzas y economía, quien se encargó de editar, de manera exhaustiva y creativa, un primer borrador de la primera edición y quien me enseñó mucho sobre redacción clara y efectiva. Mark Rush, David Denslow, Barbara Haney Martinez, David Spencer, Saul Pleeter, Phillip Way, Paul Davis y David Gould son los principales autores del paquete de suplementos y compartieron amablemente sus ideas profesionales y su experiencia docente conmigo. Deseo también agradecer a mi secretaria, Barbara Craig, quien ayudó en distintas etapas de la colaboración de este libro, mecanografiando una y otra vez los incontables borradores.

He dejado para el final a cuatro personas a quienes quiero dar las gracias de manera especial. Primero a mi esposa, colega, mejor amiga y coautora de la edición canadiense, Robin Bade casi ha sido coautora de este trabajo; ha leído cada palabra que he escrito, comentó en detalle todos los borradores y ayudó a dirigir el proyecto desde su concepción hasta su conclusión. Sin su ayuda previsora y su disponibilidad, no podría haber pensado en emprender este proyecto. Por último, quiero reconocer la ayuda e inspiración de mis hijos, Catherine, Richard y Ann. Durante los años en que estuve desarrollando y escribiendo la primera edición, ellos pasaban por diversas etapas del bachillerato y de la universidad. Me obligaron a crear un libro que pudieran entender y hallar interesante. Al preparar esta edición, recibí una ayuda especial de Richard, quien se convirtió en un mago de Harvard Graphics y creó todo el plan original del diseño artístico.

La prueba empírica del valor de este libro de texto continúa efectuándose en el aula. Me gustaría escuchar, de maestros y estudiantes, cómo podría continuar mejorando el libro en ediciones futuras.

> *Michael Parkin*
> Departamento de Economía
> University of Western Ontario
> London, Ontario, N6A 5C2
> Canadá

## Revisores

### Revisiones actualizadas

Gerald Mcdougall, Southeast Missouri State University; Mark Rush, University of Florida.

### Revisión del manuscrito

Ronald M. Ayers, University of Texas, en San Antonio; Mohsen Bahmani-Oskooee, University of Wisconsin-Milwaukee; Charles L. Ballard, Michigan State University; Vanessa Craft, Bentley College; Ronald E. Crowe, University of Central Florida; Shirley J. Gedeon, The University of Vermont; James Robert Gillette, Texas A&M University; John W. Graham, Rutgers-The State University of New Jersey, Newark Campus; James H. Holcomb, The University of Texas, en El Paso; Robert N. Horn, James Madison University; Noreen E. Lephardt, Marquette University; Steven J. Matusz, Michigan State Univesity; J. M. Pogodzinski, San Jose State University; James E. Price, Syracuse University; Jonathan B. Pritchett, Tulane University; Christine Rider, St. John's University; Richard Rosenberg, Pennsylvania State University; Peter Rupert, State University of New York en Buffalo.

### Revisión de planeación

Mary E. Allender, University of Portland; Philip J. Grossman, Wayne State University; Bruce Herrick y miembros del Departamento de Economía, Washington and Lee University; Andrew Kliman,

New York Institute of Technology; M. L. Livingston, University of Northern Colorado; Nan Maxwell, California State University-Hayward; Henry McCarl, University of Alabama en Birmingham; Augustus Shackelford, El Camino College; Eleanor T. von Ende, Texas Tech University; Larry Wimmer, Brigham Young University; Gary Zinn, East Carolina University.

### Revisión final

William Aldridge, Shelton State Community College; Donald H. Dutkowsky, Syracuse University; Mark Rush, University of Florida; David Spencer, Brigham Young University.

### Entrevistas telefónicas

David Abel, Mankato State University; Richard Adelstein, Wesleyan University; Marjorie Baldwin, East Carolina University; Maurice Ballabon, City University of New York, Bernard M. Baruch College; Scott Benson, Jr., Idaho State University; Steven Berry, Yale University; Scott Bloom, North Dakota State University; Mary O. Borg, University of North Florida; Michael Boyd, University of Vermont; Jim Bradley, University of South Carolina; Habtu Braha, Coppin State College; Michael Brun, Illinois State University; Gregory Bush, Suffolk County Community College; Rupert Caine, Onondaga Community College; Fred Carstensen, University of Connecticut; Shirley Cassing, University of Pittsburgh; Cleveland A. Chandler, Sr., Howard University; Larry Chenault, Miami University; Edward Christ, Cabrini College; Donald Coffin, Indiana University; Walter Coleman, Shaw University; James Perry Cover, University of Alabama; Anthony Davies, State University of New York en Albany; Edward A. Day, University of Central Florida; Larry DeBrock, University of Illinois en Urbana-Champaign; David Denslow, University of Florida; Johan Deprez, Texas Tech University; Frances Durbin, University of Delaware; John Eastwood, Northern Arizona University; David H. Feldman, College of William and Mary; David Ferrell, Central College; Warren Ford, North Shore Community College; Joseph Fosu, Western Illinois University; Alwyn Fraser, Atlantic Union College; Arthur Friedberg, Mohawk Valley Community College; Joseph Fuhrig, Golden Gate University; Ena Garland, Babson College; Gasper Garofalo, University of Akron; Maria

Giuili, Diablo Valley College; **Marsha Goldfarb,** University of Maryland, Baltimore County; **Mary Goldschmid,** College of Mount Saint Vincent; **Lawrence Gwinn,** Wittenberg University; **Anthony Gyapong,** Wayne State University; **Ahsan Habib,** Adrian College; **Steven Henson,** Western Washington University; **Carter Hill,** Louisiana State University; **Basawaraj Hiremath,** Fisk University; **Chris W. Holmes,** Bainbridge College; **Soloman Honig,** Montclair State College; **Esmail Hossein-zadeh,** Drake University; **Sheng Hu,** Purdue University; **M. G. Inaba,** Hofstra University; **Wasfy B. Iskander,** Rhodes College; **Rebecca Janski,** Indiana State University; **Nancy Jianakoplos,** Colorado State University; **Holorin Jones,** Empire State College; **Allen Kelly,** Duke University; **Jyoti Khanna,** Cleveland State University; **Shin Kim,** Chicago State University; **John J. Klein,** Georgia State University; **Ghanbar Kooti,** Albany State College; **Julia Lane,** American University; **Stanley J. Lawson,** St. John's University; **Dennis Patrick Leyden,** University of North Carolina; **Y. Joseph Lin,** University of California-Riverside; **Colin Linsley,** St. John Fisher College; **Ashley Lyman,** University of Idaho; **Kathryn Marshall,** Ohio University; **Robert Marshall,** Duke University; **Therese McCarty,** Union College; **David Mirza,** Loyola University; **Richard Moss,** Ricks College;

**Archontis Pantsios,** State University of New York en Binghamton; **Sanjay Paul,** State University of New York en Buffalo; **Richard Payne,** Boise State University; **Pegg Pelt,** Gulf Coast Community College; **Robert Pugh,** Surry Community College; **Jack Railey,** Illinois Central College; **Victor Rieck,** Miami Dade Community College; **Debra Rose,** Gordon College; **Gary Santoni,** Ball State University; **Phillip Sarver,** University of Southern Colorado; **George Sawdy,** Providence College; **Ralph Scott,** Hendrix College; **Chiqurupati Rama Seshu,** State University of New York at New Paltz; **Michael Sesnowitz,** Kent State University; **Larry G. Sgontz,** University of Iowa; **Steve Shapiro,** University of North Florida; **B. Ted Stecker,** North Hennepin Community College; **Andrew Stern,** California State University-Long Beach; **Gerard Stockhauser,** Creighton University; **Sue Stockly,** University of Texas en Austin; **Michael Stoller,** State University of New York en Plattsburgh; **Scot Stradley,** University of North Dakota; **Fredrick Tiffany,** Wittenberg University; **James Vincent,** University of St. Thomas; **Arthur Welsh,** Pennsylvania State University; **Bert Wheeler,** Liberty University; **Chuck Whiteman,** University of Iowa; **Peter Wilanoski,** University of Portland; **Patricia Wiswell,** Columbia-Greene Community College; **Craig Witt,** University of Louisville

# ÍNDICE RESUMIDO
## DE LOS DOS VOLÚMENES

El glosario, el índice de materias, las tablas y los créditos de textos y fotos aparecen al final de cada volumen.

El resumen, los elementos clave, las preguntas de repaso y los problemas aparecen al final de cada capítulo.

# ÍNDICE DE CONTENIDO

# PARTE 5
## MERCADOS DE BIENES Y SERVICIOS
### CONVERSACIÓN CON KENNETH ARROW 292

# PARTE 9

## INTRODUCCIÓN A LA MACROECONOMÍA

**Conversación
con
Franco
Modigliani**

Franco Modigliani nació en Roma, Italia, en 1918. Estudió su licenciatura en Italia y obtuvo su B.A. en 1939 al empezar la Segunda Guerra Mundial. Pasó los años de la guerra en Estados Unidos, donde ha trabajado profesionalmente desde entonces. Obtuvo su doctorado en 1944 en la New School for Social Research de Nueva York. Trabajó en la Carnegie-Mellon University en la década de 1950 y fue profesor de Economía y Finanzas y profesor del Massachusetts Institute of Technology en 1960. El profesor Modigliani fue galardonado con el Premio Nobel de Economía en 1985 por su precursor trabajo sobre el consumo y el ahorro, el desarrollo de la hipótesis del ciclo vital y por sus contribuciones a la teoría de las finanzas.

### ¿Qué lo atrajo a la economía?

Estudié economía en la Universidad de Roma como parte de los requisitos para el grado de Doctor en Derecho. Sin embargo, el ambiente de la enseñanza durante el fascismo era terrible y aprendí muy poco, excepto lo que estudié por mi cuenta. Me interesé en la economía por una casualidad: participé en un concurso nacional de economía y obtuve el primer premio. Llegué a la conclusión de que la economía era lo mío.

### ¿Qué estudió en la New School?

Aproveché la New School de la ciudad de Nueva York para ponerme al día en todo lo que no había podido estudiar en Italia. Pero mi mayor interés era Keynes y el nuevo campo de la macroeconomía. También estudié economía matemática y econometría, en sus inicios en aquella época, bajo la guía de un gran maestro: Jacob Marshack.

**Usted es un "activista" en lugar de un "monetarista" y ha librado muchas batallas verbales con los monetaristas, especialmente con Milton Friedman. Sin embargo, parte de su trabajo y parte del trabajo de Friedman son notablemente**

627

> "Las diferencias surgen generalmente al nivel de la política económica por la que abogamos. Brotan en gran medida de los diferentes juicios de valor sobre el costo del desempleo o los peligros de permitir al gobierno tener cualquier poder discrecional."

**similares, especialmente la hipótesis del ciclo vital y la hipótesis del ingreso permanente para explicar el gasto en consumo. ¿Qué elemento económico establece el vínculo entre su trabajo y el de Friedman y qué los divide sobre cuestiones de política?**

Concuerdo generalmente con Friedman y otros economistas de prestigio en cuanto a la teoría económica básica. Por ejemplo, estamos de acuerdo sobre la naturaleza del mecanismo a través del cual el dinero afecta la economía o en la forma en que los consumidores eligen la asignación de sus recursos vitales durante su vida entera.

Las diferencias surgen generalmente al nivel de la política económica por la que abogamos. Brotan en gran medida de los diferentes juicios de valor sobre el costo del desempleo o los peligros de permitir al gobierno tener cualquier poder discrecional. Así es como Friedman, quien desconfía profundamente del gobierno, encuentra que el sistema es lo suficientemente estable cuando se le deja a su suerte, que no necesitamos correr el riesgo de otorgar poder discrecional al gobierno, y es indudable que las políticas discrecionales en manos de un gobierno incompetente pueden desestabilizar.

Mis juicios de valor y apreciación son muy diferentes. Yo creo que la inestabilidad es extremadamente costosa y que la economía por sí sola no es suficientemente estable. Creo que existen buenos gobiernos y bancos centrales y que incluso el preparador medio de políticas puede contribuir con éxito a la estabilización de la economía. Así que, a diferencia de Friedman, yo llegué a la conclusión de que a las autoridades pertinentes se les debe dar la discreción necesaria para la política de estabilización, pero con los controles adecuados.

**Usted fue uno de los precursores de los modelos econométricos en gran escala. Estos modelos se usan ahora en forma rutinaria para pronósticos comerciales, pero no figuran mucho en las revistas académicas. ¿Cuánta utilidad tienen estos modelos?**

No he seguido desde "adentro" ninguno de los modelos econométricos; es decir, en términos de mantenimiento y prueba del modelo, desde que terminé el trabajo del modelo de la Reserva Federal. Sin embargo, por lo que he podido observar, los modelos principales, como DRI, Wharton y Michigan, han sido bastante útiles. Por supuesto, está lejos de ser perfecto el historial de

pronósticos de estos modelos y en ocasiones es completamente decepcionante. Ahora bien, hay bastante evidencia que indica que, como mínimo, estos modelos funcionan mejor que las alternativas conocidas. También han demostrado ser útiles en la prueba de hipótesis y en la determinación de los efectos de corto plazo de políticas alternativas.

**Suponga que el presidente y el Congreso le otorgaran carta blanca para arreglar la economía estadounidense y ofrecer un próspero fin de década al siglo veinte. ¿Qué recomendaría?**

En mi opinión, la economía estadounidense no estará en malas condiciones de manera significativa en los años venideros. Por supuesto, actualmente estamos en medio de una desaceleración, pero es de una magnitud modesta y no se tardará mucho tiempo en superar. A largo plazo, las preocupaciones más graves parecen ser el lento crecimiento de la productividad, el deterioro del bienestar económico de las clases de más bajos ingresos y niveles de calificación, y el persistente déficit de la balanza de pagos. Todos estos síntomas están relacionados con una causa subyacente: la gran disminución del ahorro nacional, que inició la política de déficit fiscal de la administración de Reagan. Difícilmente ha sido corregida por la administración de Bush, con el resultado de que el ahorro nacional se ha reducido a una cuarta parte de lo que fue durante muchos años. La disminución del ahorro nacional ha contribuido a su vez a la gran baja de la inversión interna, lo que al mismo tiempo contribuyó a una mala productividad y a menores ingresos de las generaciones futuras. Estas generaciones futuras pagarán la cuenta por nuestra incapacidad para pagar lo que estamos consumiendo ahora.

El descenso de la inversión es muy probable que también expli-

que parte del deterioro económico del extremo económico más bajo. Con toda seguridad, la disminución de la inversión no fue tan pronunciada como la del ahorro nacional porque el déficit fiscal sirvió para atraer capital externo, pero eso es precisamente lo que ocasionó el empeoramiento de la cuenta corriente y de nuestro creciente endeudamiento externo.

Por tanto, yo otorgaría una gran prioridad a la eliminación del déficit, excluyendo el actual superávit de la seguridad social, de preferencia mediante recortes al gasto, pero si fuera necesario, con impuestos más elevados. Los estadounidenses pagan menos impuestos que la mayoría de los ciudadanos de los países industriales y, seguramente, pueden permitirse pagar un poco más para favorecer a las generaciones futuras. La reducción del déficit puede usarse para ampliar la inversión y disminuir el déficit externo. La expansión de la inversión debe incluir inversión pública en infraestructura. Este gasto no acrecentará el déficit si se clasifica en forma de inversión, como debe serlo, y como se acostumbra en otros países. Una mejor educación también puede ayudar al crecimiento de la productividad, especialmente en los niveles más bajos, incluso si es costosa.

> "**E**l principio más básico de la economía es el postulado de la conducta racional."

**¿Qué otro consejo de política económica daría usted al presidente y al Congreso?**

Detendría la actual tendencia hacia el proteccionismo y recomendaría ejercer un fuerte liderazgo para abrir las economías al comercio internacional. También le daría gran prioridad a una política seria de protección del medio ambiente, a pesar de sus costos. Por otro lado, no soy un gran creyente en las políticas industriales gubernamentales y más bien confiaría la economía a la "mano invisible" excepto en el caso de la política monetaria, donde, como lo he señalado, creo que es esencial algo de poder discrecional de las autoridades monetarias para lograr la estabilidad macroeconómica y precios estables.

**¿Cuáles son los principios fundamentales de la economía a los que recurre de manera asidua y encuentra más útiles en su trabajo?**

El principio más básico de la economía es el postulado de la conducta racional. Muchas de las proposiciones importantes en economía se apoyan en ese principio. Sin embargo, debe usarse con el conocimiento pleno de sus limitaciones. Por ejemplo, yo no incluyo necesariamente en la con-

ducta racional a las "expectativas racionales" tal como las define y usa la escuela de las expectativas racionales. En términos más generales, pienso que existen circunstancias en las que la conducta de los agentes no es descrita en forma adecuada por la racionalidad, y uno debe estar preparado para formular hipótesis alternativas.

**¿Qué aconsejaría usted a los estudiantes que empiezan hoy el estudio de la economía? ¿Qué otras materias deben estudiar junto con la economía?**

Cualquiera que esté interesado en ser economista profesional, ya sea economista académico o de empresa, debe adquirir una buena preparación en métodos cuantitativos: matemáticas, estadística y econometría. Sin esta base, se perderá una gran parte de la bibliografía interesante. Hay muchas otras materias que pueden ser útiles, dependiendo de los intereses a largo plazo de cada uno; por ejemplo, psicología social, derecho o ciencia política. De acuerdo con mi experiencia, puedo decir que todos los temas "extracurriculares" que he visto me han resultado de utilidad en algún momento de mi carrera.

# CAPÍTULO 22

## INFLACIÓN, DESEMPLEO, CICLOS Y DÉFICIT

**Después de estudiar este capítulo, usted será capaz de:**

◆ Definir la inflación y explicar sus efectos

◆ Definir el desempleo y explicar sus costos

◆ Distinguir los diferentes tipos de desempleo

◆ Definir el producto interno bruto (PIB)

◆ Distinguir entre el PIB nominal y el PIB real

◆ Explicar la importancia de los aumentos y de las fluctuaciones del PIB real

◆ Definir el ciclo económico

◆ Describir cómo fluctúan el desempleo, los precios de las acciones y la inflación en el ciclo económico

◆ Definir el déficit presupuestario del gobierno y el déficit externo del país

UN CARRITO DEL SUPERMERCADO LLENO DE COMESTIBLES que hoy cuesta 100 dólares, costaba sólo 20 dólares en 1950. En una hora promedio de trabajo en 1950 se ganaba 1.34 dólares. En la misma hora promedio se ganaba 11.00 dólares en 1993. Los precios más altos y los salarios más elevados significan que las empresas necesitan más dólares para pagarnos y que nosotros necesitamos más dólares para comprar los bienes y servicios que consumimos. ¿Importa esto? ¿Cuáles son los efectos de precios que van permanentemente al alza? ◆ ◆ En 1993, por cada 13 personas con empleo, una persona buscaba trabajo sin encontrarlo, y un número desconocido había perdido la esperanza de encontrar empleo y había dejado de buscar. ¿Por qué no encuentra empleo todo aquel que quiere? ◆ ◆ De 1963 a 1993 el valor de los bienes producidos en Estados Unidos se decuplicó.

## Lamento del carrito del supermercado

¿Cuánto de ese crecimiento del valor de nuestra producción es real y cuánto es una ilusión creada por la inflación? ◆ ◆ Aunque la producción ha crecido, nuestra economía no sigue un curso suave y previsible. A veces, como de 1982 a 1989, se expande, la producción crece y el desempleo baja. En otras, como en 1991, la producción se rezaga y el desempleo aumenta. Llamamos a estas olas de expansión y contracción ciclos económicos. ¿Son iguales todos los ciclos económicos? ¿Se presentan a intervalos regulares? ◆ ◆ Oímos hablar mucho de déficit, tanto del déficit del gobierno federal de Estados Unidos como de su déficit externo. ¿Qué son estos déficit y cuál es su magnitud? ¿Han crecido? ¿Por qué tenemos un déficit con el resto del mundo? ¿Cómo compensamos la diferencia?

◆ ◆ ◆ Estas preguntas constituyen el tema de la macroeconomía, la rama de la economía que trata de entender el alza de precios, desempleo, fluctuaciones de la producción y déficit gubernamentales y externos. ◆ ◆ Los acontecimientos económicos que estamos viviendo son tan emocionantes y tumultuosos como cualesquiera otros en la historia. Los gobiernos de aquí y en todo el mundo se enfrentan a un desafío cotidiano para encontrar políticas que nos proporcionarán un funcionamiento macroeconómico más uniforme. ◆ ◆ Con lo que usted aprenda en estos capítulos, estará en mejores condiciones de entender estos desafíos de política macroeconómica. Veamos primero la inflación.

## Inflación

**L**a **inflación** es un movimiento ascendente del nivel medio de precios. Su opuesto es la deflación: un movimiento descendente del nivel medio de precios. El límite entre inflación y deflación es la estabilidad de precios. La estabilidad de precios se da cuando el nivel medio de precios no se mueve ni hacia arriba ni hacia bajo. El nivel medio de precios se llama **nivel de precios**. Se mide con un índice de precios. El **índice de precios** mide el nivel medio de precios en un periodo como un porcentaje de su nivel medio en un periodo anterior, llamado el periodo base.

La compilación de los índices de precios de Estados Unidos se remonta a 1820 y la historia que cuentan se muestra en la figura 22.1. Durante el periodo de 173 años, que se muestra en esa figura, los precios han aumentado en diecinueve veces, una tasa de crecimiento anual promedio del 1.76 por ciento. Pero los precios no han subido a un ritmo constante. En algunos periodos, como durante la Guerra Civil, la Primera Guerra Mundial y la Segunda Guerra Mundial, el aumento fue brusco y pronunciado; en algunas ocasiones rebasó el 20 por ciento anual. En otros periodos, como en la década de 1960 y la de 1970, el aumento fue prolongado y constante. Y en otras ocasiones ha habido periodos

**FIGURA 22.1**

## El nivel de precios: 1820–1993

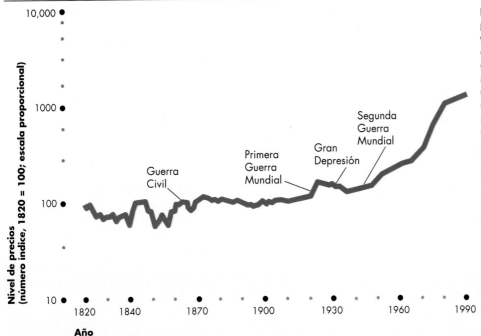

Entre 1820 y 1993, los precios, en promedio, aumentaron diecinueve veces. En algunos periodos, como la Guerra Civil y las dos guerras mundiales, los precios aumentaron rápidamente. En otros periodos, como la década de 1970, se dio un periodo de aumentos continuos. En otras épocas los precios bajaron, como en los años después de la Guerra Civil y durante la Gran Depresión.

*Fuente:* Índice de costo de la vida, elaborado por el Banco de la Reserva Federal de Nueva York. *Historical Statistics*, 1960, Series E-157, pág. 127; Índice de precios al consumidor: *Historical Statistics*, 1960, Series E-113, págs. 125-126 y *Economic Report of the President*, 1993.

de precios descendentes: en la década de 1840, después de la Guerra Civil, y durante la Gran Depresión.

## La tasa de inflación y el nivel de precios

La **tasa de inflación** es el cambio porcentual en el nivel de precio. La fórmula de la tasa de inflación anual es

$$\text{Tasa de inflación} = \frac{\text{Nivel de precios del año en curso} - \text{Nivel de precios del año anterior}}{\text{Nivel de precios del año anterior}} \times 100.$$

Una forma común de medir el nivel de precios es usando el *Índice de Precios al Consumidor* o IPC. (Aprenderemos más acerca del IPC en el capítulo 23.) Podemos ilustrar el cálculo de la tasa de inflación anual usando el IPC. En mayo de 1993, el IPC era de 144.2. En mayo de 1992 era de 139.7. Al sustituir estas cifras en la fórmula anterior obtenemos una tasa de inflación de 1993 como sigue:

$$\text{Tasa de inflación} = \frac{144.2 - 139.7}{139.7} \times 100$$

$$= 3.2\%.$$

## El historial de la inflación reciente

La historia económica reciente de Estados Unidos ha mostrado cambios notables de la tasa de inflación. La tasa de inflación entre 1960 y 1993, medida por el IPC, se muestra en la figura 22.2

Como usted podrá ver, a principios de la década de 1960 la tasa de inflación era baja; estaba entre el 1 y el 2 por ciento anual. Su tasa empezó a aumentar a finales de la década de 1960 en la época de la guerra de Vietnam. Pero los aumentos mayores de la inflación se dieron en 1974 y nuevamente en 1980, años en que las acciones de la OPEP dieron como resultado aumentos excepcionalmente grandes del precio del petróleo. La inflación disminuyó rápidamente a principios de la década de 1980 en una época cuando el presidente de la Reserva Federal, Paul Volcker, siguió una política de restricción

---

**FIGURA 22.2**

## Inflación: 1960–1993

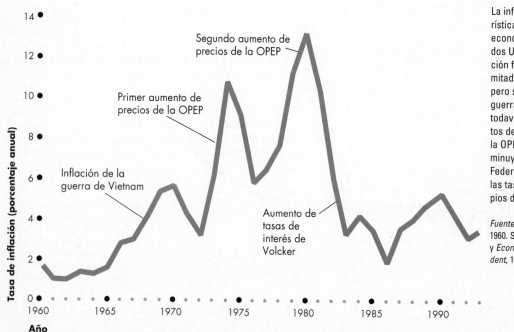

La inflación es una característica persistente de la vida económica moderna de Estados Unidos. La tasa de inflación fue baja en la primera mitad de la década de 1960, pero subió en los años de la guerra de Vietnam. Aumentó todavía más con los aumentos del precio del petróleo de la OPEP, pero finalmente disminuyó cuando la Reserva Federal de Volcker aumentó las tasas de interés a principios de la década de 1980.

*Fuentes: Historical Statistics, 1960. Series E-113, págs. 125-126; y Economic Report of the President, 1993.*

monetaria severa, que presionaba al alza a las tasas de interés hacia niveles históricos elevados. La tasa de inflación se mantuvo relativamente baja en la segunda mitad de la década de 1980, aunque para finales de la década estaba empezando a mostrar señales de aumentar nuevamente.

La tasa de inflación tiene alzas y bajas en el transcurso del tiempo. Pero, desde la década de 1930, el nivel de precios generalmente ha subido (véase nuevamente la Fig. 22.1). El nivel de precios baja solamente cuando la tasa de inflación es negativa. Pero incluso en años como 1961 y 1986, cuando la tasa de inflación era baja, el nivel de precios aumentó.

### La inflación y el valor del dinero

Cuando hay inflación, el dinero pierde valor. El **valor del dinero** es la cantidad de bienes y servicios que se pueden comprar con una cantidad dada de dinero. Cuando una economía experimenta inflación, el valor del dinero disminuye: usted no puede comprar este año tantos comestibles con 50 dólares como compraba hace un año. La tasa a la cual baja el valor del dinero es igual a la tasa de inflación. Cuando la tasa de inflación es alta, como en la década de 1980, el dinero pierde su valor a un ritmo rápido. Cuando la inflación es baja, como era en 1961, el valor del dinero desciende lentamente.

La inflación es un fenómeno que todos los países experimentan. Pero las *tasas* de inflación varían de un país a otro. Cuando las tasas de inflación son diferentes durante periodos prolongados, da como resultado un cambio en el valor del dinero en divisas. El **tipo de cambio** es la tasa a la cual el dinero de un país (o moneda) se cambia por la moneda de otro país. Por ejemplo, en enero de 1991, 1 dólar estadounidense se cambiaba por 130 yens japoneses. Pero en enero de 1971 usted podía obtener 360 yens por dólar. El valor del dólar estadounidense, en términos del yen japonés, ha descendido gradualmente durante los últimos 20 años debido a que la tasa de inflación de Estados Unidos ha sido más alta que la de Japón. Aprenderemos más acerca de los tipos de cambio y de la influencia de la inflación sobre ellos en el capítulo 36.

### ¿Es un problema la inflación?

¿Es un problema que el dinero pierda su valor y lo haga a una tasa que varía de un año a otro? Indudablemente, constituye un problema, pero para entender por qué, necesitamos distinguir entre inflación anticipada y no anticipada. Cuando los precios van al alza la mayoría de las personas se percatan de ello. También tienen una idea de la tasa de aumento de los precios. La tasa a la cual la gente (en promedio) piensa que está aumentando el nivel de precios se llama **tasa de inflación esperada**. Pero las expectativas pueden ser acertadas o equivocadas. Si son acertadas, la tasa de inflación efectiva es igual a la tasa de inflación esperada y se dice que la inflación es anticipada. Es decir, una **inflación anticipada** es una tasa de inflación que se ha previsto correctamente (en promedio). A medida que el pronóstico de la tasa de inflación es erróneo, se dice que es no anticipada. Es decir, la **inflación no anticipada o inesperada** es la parte de la tasa de inflación que ha tomado por sorpresa a la gente.

Los problemas que surgen de la inflación difieren según sea la tasa anticipada o no anticipada. Veamos primero los problemas que origina la inflación no anticipada.

### El problema de la inflación no anticipada

La inflación no anticipada es un problema porque produce cambios no anticipados del valor del dinero. El dinero se usa como la vara de medir del valor en las transacciones que realizamos. Los prestatarios y prestamistas, trabajadores y patrones, todos hacen contratos en términos monetarios. Si el valor del dinero varía inesperadamente, entonces las cantidades *realmente* pagadas y recibidas son diferentes de las que la gente tenía intenciones de pagar y recibir cuando firmó los contratos. La medición del valor con una pauta cuyas unidades varían es como tratar de medir una tela con una regla elástica. El tamaño de la tela depende de cuánto estiramos la regla.

Veamos los efectos de la inflación no anticipada observando qué sucede a los acuerdos entre prestatarios y prestamistas y entre trabajadores y patrones.

#### Prestatarios y prestamistas

La gente dice a menudo que la inflación es buena para los prestatarios y mala para los prestamistas. Para ver cómo se llega a esta conclusión, y por qué no siempre es correcta, consideremos un ejemplo.

Susana es prestamista. Presta 5000 dólares al colocarlos en un depósito bancario, a un año, a una tasa de interés del 10 por ciento. Al final del año planea comprar un automóvil que actualmente cuesta 5500 dólares. Ella obtendrá 500 dólares de intereses por su depósito bancario, que espera le proporcione justo lo suficiente para comprar el automóvil.

Si no hay inflación, Susana puede comprar su automóvil. Pero suponga que los precios aumentan durante el año y un automóvil que costaba 5500 dólares al principio del año cuesta 6000 dólares al final del año. Susana no puede permitirse comprar el automóvil a ese precio. En realidad, Susana está tan lejos de poder comprar un automóvil como al principio del año. Tiene más dinero, pero todo cuesta más ahora. Susana no ha obtenido en *realidad* un ingreso de intereses y el banco no le pagó en *realidad* intereses.

Pero los prestamistas no siempre pierden cuando hay inflación. Si Susana y el banco anticipan la inflación, pueden ajustar la tasa de interés acordada para compensar la baja anticipada del valor del dinero. Si se anticipa acertadamente la inflación, Susana y el banco acuerdan una tasa de interés del 20 por ciento. Al final del año el banco le paga a Susana 6000 dólares. De esta cantidad, 5000 dólares son el reembolso del depósito inicial y los 1000 dólares son el interés, a una tasa del 20 por ciento anual. Este ingreso de intereses de Susana consta de 500 dólares, la tasa del 10 por ciento acordada entre ellos es la apropiada sin inflación y 500 dólares es la compensación por la pérdida del valor del dinero. Susana *recibe realmente* una tasa de interés del 10 por ciento y eso es lo que el banco *realmente* paga.

Si los prestamistas y prestatarios anticipan correctamente la tasa de inflación, las tasas de interés se ajustan para cancelar el efecto de la inflación sobre el interés *realmente* pagado y *realmente* recibido. Sólo cuando los prestamistas y prestatarios se equivocan al pronosticar la tasa de inflación futura es cuando uno de ellos gana y el otro pierde. Pero dichas ganancias y pérdidas pueden tomar cualquier dirección. Si la tasa de inflación resulta más alta de lo que generalmente se espera, entonces gana el prestatario y el prestamista pierde. A la inversa, si la tasa de inflación es menor de lo que generalmente se espera, entonces el prestatario pierde y el prestamista gana.

Entonces no es la inflación en sí misma la que produce ganancias y pérdidas entre los prestatarios y prestamistas. Es *el aumento no anticipado* en la *tasa de inflación* la que *beneficia a los prestatarios* y perjudica a los prestamistas. Una *disminución no anticipada* de la *tasa de inflación beneficia a los prestamistas* y perjudica a los prestatarios.

En Estados Unidos, a finales de las décadas de 1960 y 1970, la tasa de inflación se mantuvo al alza y hasta cierto punto el aumento era no anticipado, así que los prestatarios tendían a ganar. En la década de 1980 la baja de la tasa de inflación fue también, por lo menos al principio, no anticipada y ganaron los prestamistas. En el escenario internacional, muchos países en desarrollo, como México y Brasil, obtuvieron en préstamo grandes sumas de dinero a finales de la década de 1970 y principios de la década de 1980 a tasas de interés altas que anticipaban que persistiría una tasa de inflación superior al 10 por ciento anual. Pero la tasa de interés bajó. Estos países están ahora obligados a pagar intereses sobre sus préstamos sin el ingreso extra que esperaban recibir de precios más altos de sus exportaciones.

**Trabajadores y patrones**   Otra creencia común es que la inflación redistribuye ingreso entre trabajadores y sus patrones. Algunas personas creen que los trabajadores ganan a costa de los patrones y otros piensan lo contrario.

El análisis anterior referente a los prestatarios y prestamistas también es aplicable a los trabajadores y sus patrones. Si la inflación aumenta inesperadamente, entonces los salarios no se habrán fijado suficientemente altos. Los beneficios serán más altos de lo esperado y los salarios comprarán menos bienes que lo esperado. Los patrones ganan a costa de los trabajadores. A la inversa, si la tasa de inflación esperada es más alta de lo que es en realidad, los salarios se habrán fijado demasiado altos y los beneficios se reducirán. Los trabajadores podrán comprar más con su ingreso de lo que anticipaban originalmente. En este caso, los trabajadores ganan a costa de los patrones.

No son comunes los grandes cambios no anticipados de la tasa de inflación que producen fluctuaciones del valor de los salarios en términos de los bienes y servicios que compran, pero se presentan de vez en cuando. Por ejemplo, en 1974, cuando la tasa de inflación ascendió al 10 por ciento anual, el poder de compra de los ingresos cayó el 3 por ciento. En 1980, cuando la tasa de inflación aumentó el 13 por ciento anual, el poder de compra de los ingresos cayó casi el 5 por ciento. Estos dos episodios de inflación alta no se anticiparon en gran medida. La *caída* de la tasa de inflación en

1982 fue hasta cierto punto no anticipada y ocasionó un *aumento* correspondiente del poder de compra de los ingresos.

Ya hemos visto los problemas que puede ocasionar la inflación no anticipada. Pasemos ahora a la inflación anticipada.

## El problema de la inflación anticipada

Con tasas de inflación bajas, la inflación anticipada no representa en absoluto un gran problema. Pero se convierte en un problema cuanto mayor es la tasa de inflación anticipada.

Con tasas de inflación muy altas la gente sabe que el dinero está perdiendo valor rápidamente. La tasa a la cual el dinero pierde valor es parte del *costo de oportunidad* de mantener saldos monetarios. Cuanto mayor es el costo de oportunidad, menor es la cantidad de dinero que la gente quiere mantener. En lugar de tener una cartera repleta de billetes de 20 dólares y un saldo elevado en la cuenta de cheques, la gente se va de compras y gasta sus ingresos en cuanto los recibe. Y lo mismo ocurre con las empresas. En lugar de conservar el dinero que reciben de la venta de sus bienes y servicios, lo pagan en forma de salarios lo más rápidamente posible.

En Alemania, Polonia y Hungría, en la década de 1920, las tasas de inflación llegaron a niveles extraordinarios, que rebasaban el 50 por ciento mensual. Dichas tasas de inflación tan elevadas se llaman *hiperinflaciones*. En la cúspide de estas hiperinflaciones, las empresas pagaban los salarios dos veces al día. Tan pronto se les había pagado, los trabajadores se apresuraban a gastar sus salarios antes de que perdieran gran parte de su valor. Para comprar un puñado de comestibles necesitaban una carretilla llena de dinero. La gente que se demoraba demasiado en el café se encontraba con que había aumentado el precio de su consumo entre el momento en que lo pedían y el momento en que les presentaban la cuenta. Una inflación anticipada de este tipo ocasiona el caos y la desorganización económicas.

## Inflación elevada y variable

Incluso si la inflación se anticipa razonablemente bien e incluso si la tasa no es tan elevada como en la hiperinflación, puede imponer costos muy altos. Una tasa de inflación elevada y variable desvía los recursos de las actividades productivas al pronóstico de la inflación. Se vuelve más rentable pronosticar en forma acertada la inflación que inventar un producto nuevo. Los doctores, abogados, contadores, agricultores, prácticamente todo el mundo, pueden mejorar su situación convirtiéndose en economistas aficionados y pronosticadores de la inflación, en lugar de practicar la profesión para la cual fueron preparados. Desde un punto de vista social, este desvío de talento a consecuencia de la inflación es equivalente a arrojar recursos escasos a la basura. El desperdicio de recursos es el principal costo de la inflación.

## Indización

Se ha dicho en ocasiones que pueden evitarse los costos de la inflación mediante la indización, una técnica que vincula los pagos contractuales con el nivel de precios. Con la indización, Susana y el banco del ejemplo anterior no acordarían una tasa de interés fija; en cambio acordarían una fórmula de indización para ajustar la tasa de interés de acuerdo con la tasa de inflación. De manera similar, un contrato salarial indizado no especifica la cantidad de dólares que se les pagarán a los trabajadores; lo que hace es especificar una fórmula de indización que tiene en cuenta la tasa de inflación para calcular la cantidad de dólares.

Pero la indización misma es costosa. Acordar contratos con cláusula de indización es sumamente complejo, ya que hay muchos índices que pueden usarse y la elección del índice tiene efectos importantes sobre ambas partes del contrato.

# REPASO

L a inflación es un proceso en el cual aumenta el nivel medio de precios y desciende el valor del dinero. La tasa de inflación se mide como el cambio porcentual de un índice de precios. La tasa de inflación sube y baja, pero desde la década de 1930 el *nivel de precios* sólo ha subido. Los efectos de la inflación dependen de si ésta se anticipa o no. Un aumento no anticipado de la inflación beneficia a los prestatarios y perjudica a los prestamistas; una disminución no anticipada de la inflación beneficia a los prestamistas y perjudica a los prestatarios. La inflación anticipada se convierte en un problema serio cuando su tasa es sumamente elevada. En tal situación la gente gasta el dinero tan pronto como lo recibe y se ocasiona una fuerte desorganización de la vida económica. La inflación se vuelve también un problema serio cuando su tasa es variable porque se desvían recursos a la predicción de la inflación. La indización puede reducir los costos de la inflación, pero la indización misma es costosa. ◆

## Desempleo

En múltiples ocasiones en la historia de Estados Unidos el desempleo ha constituido un problema serio. Por ejemplo, en la recesión de 1991 casi 9 millones de personas buscaban empleo. ¿Qué es exactamente el desempleo? ¿Cómo se mide? ¿Cuáles han sido las fluctuaciones de su tasa? ¿Qué es el empleo pleno? ¿Cuáles son los costos del desempleo?

### ¿Qué es el desempleo?

El **desempleo** es una situación en la que hay trabajadores calificados disponibles para trabajar en la tasa de salario corriente y que no tienen empleo. El número total de personas que tienen empleo, los empleados, más el número total de personas que no tienen empleo, los desempleados, se llama la **fuerza de trabajo**. La **tasa de desempleo** es el número de personas desempleadas expresado como un porcentaje de la fuerza de trabajo.

### Medición del desempleo

En Estados Unidos el desempleo se mide cada mes. La Oficina de Estadísticas Laborales (*Bureau of Labor Statistics*), del Departamento del Trabajo de Estados Unidos, calcula las cifras mensuales de desempleo y las publica en Empleo e Ingresos (*Employment and Earnings*). Estas cifras de desempleo están basadas en una encuesta de hogares llamada Encuesta de Población Actual (*Current Population Survey*).

Para ser considerado como desempleado en la Encuesta de la Población Actual, una persona debe estar disponible para trabajar y debe caer en cualquiera de las tres categorías siguientes:

1. Sin empleo, pero ha realizado esfuerzos específicos para encontrar un empleo en las últimas cuatro semanas.

2. En espera de ser llamado a un empleo del cual fue despedido.

3. En espera de empezar a trabajar dentro de los próximos 30 días.

Se considera desempleado cualquiera de los investigados que satisfaga uno de estos tres criterios. Los trabajadores de tiempo parcial se consideran como empleados.

Existen tres razones por las cuales puede ser engañoso el nivel de desempleo medido por la Encuesta de Población Actual. Las examinaremos.

**Expectativas poco reales de salarios**   Si alguien está dispuesto a trabajar, pero únicamente con un salario más alto del que está disponible, no tiene caso considerar a esa persona como desempleada. Es decir, si alguien dice que está dispuesto a trabajar en McDonald's, pero solamente por 25 dólares la hora, entonces esa persona no está realmente disponible para trabajar y por tanto no está desempleada.

La corrección de las cifras de desempleo que tienen en cuenta las expectativas de salario y empleo darían como resultado una menor tasa medida de desempleo. No sabemos en qué medida sería menor. Existe un segundo factor que actúa en la dirección opuesta.

**Trabajadores desalentados**   Muchas personas que no encuentran un empleo adecuado después de un esfuerzo prolongado y extenso de búsqueda llegan a pensar que no hay trabajo para ellas. A esas personas se les llama trabajadores desalentados. Los **trabajadores desalentados** son trabajadores que no tienen empleo y quisieran trabajar pero que han dejado de buscar empleo. Los trabajadores desalentados no se consideran desempleados en la Encuesta de Población Actual porque no han buscado trabajo en los últimos 30 días. Si se añadieran los trabajadores desalentados a la contabilidad del desempleo, la tasa de desempleo sería más alta que la actual.

**Trabajadores de tiempo parcial**   Como lo hemos indicado, los trabajadores de tiempo parcial se consideran empleados. Pero muchos trabajadores

FIGURA **22.3**

Desempleo: 1900–1993

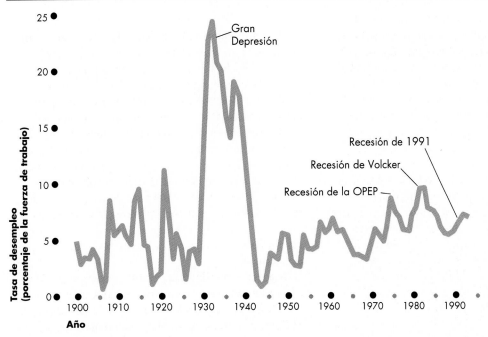

El desempleo es una característica persistente de la vida económica, pero sus tasas varían considerablemente. En sus peores momentos, durante la Gran Depresión, estaba desempleada el 25 por ciento de la fuerza de trabajo. Incluso en las recesiones después de los aumentos de precio de la OPEP y de tasas de interés de Volcker, el desempleo ascendió al 10 por ciento. Entre finales de la década de 1960 y 1982, el desempleo mostró una tendencia general al aumento. La tasa disminuyó entre 1983 y 1988, pero volvió a subir a lo largo de 1992.

*Fuentes:* Desempleo, 1900-1946: *Historical Statistics*, 1960, series D-46, pág. 73; desempleo, 1946-1988: *Economic Report of the President*, 1993.

de tiempo parcial están disponibles y a la búsqueda de trabajo de tiempo completo. La tasa medida de desempleo no capta este elemento del desempleo de tiempo parcial.

## El historial del desempleo

El historial de desempleo de Estados Unidos entre 1900 y 1993 se presenta en la figura 22.3. La característica dominante de este historial es la Gran Depresión a principios de la década de 1930. Durante ese episodio de la historia estaba desempleado el 25 por ciento de la fuerza de trabajo. Aunque en años recientes no ha experimentado Estados Unidos nada tan devastador como la Gran Depresión, sí ha tenido algunas tasas de desempleo elevadas. Tres de esos episodios se destacan en la figura mencionada: mediados de la década de 1970, cuando los precios del petróleo aumentaron bruscamente; principios de la década de 1980, cuando la Reserva Federal (bajo la presidencia de Volcker) aumentó mucho las tasas de interés; y 1991, cuando la incertidumbre y pesimis-

mo produjeron una disminución del gasto y recesión. La tasa de desempleo promedio de este periodo de 93 años fue levemente superior al 6 por ciento.

El tema del desempleo es altamente polémico. Trazamos el curso de la tasa de desempleo como una medida de la salud económica de Estados Unidos tan acuciosamente como un médico le sigue la pista a la temperatura de un paciente. ¿Qué indica la tasa de desempleo? ¿Tiene el mismo origen todo el desempleo o existen distintos tipos de desempleo? De hecho, hay tres causas principales de variación del desempleo y que dan origen a tres tipos de desempleo. Veamos cuáles son.

## Tipos de desempleo

Los tres tipos de desempleo son:

◆ Por fricción

◆ Estructural

◆ Cíclico

**Desempleo por fricción**   El desempleo que surge del movimiento normal del mercado de trabajo se llama **desempleo por fricción**. El movimiento normal del mercado de trabajo tiene dos causas. Primero, la gente está constantemente cambiando sus actividades económicas: los jóvenes terminan la escuela y se unen a la fuerza de trabajo; las personas mayores se jubilan y dejan la fuerza de trabajo; algunas personas salen temporalmente de la fuerza de trabajo, quizás para criar a sus hijos o por alguna otra razón, y después vuelven a ingresar a ella. Segundo, la suerte de los negocios cambia constantemente: algunos cierran y despiden a sus trabajadores y empiezan a funcionar nuevas empresas y a contratar trabajadores.

Estos cambios constantes dan como resultado el desempleo por fricción. Siempre hay algunas empresas con vacantes y algunas personas a la búsqueda de trabajo. La gente desempleada generalmente no acepta el primer empleo que se le presenta. Más bien dedica tiempo a buscar lo que consideran el mejor empleo a su alcance. Al hacerlo, pueden casar sus propias habilidades e intereses con los empleos disponibles, para encontrar un ingreso y empleo satisfactorios.

Es poco probable que el desempleo por fricción desaparezca algún día. La cantidad de desempleo por fricción depende de la tasa a la cual la gente entra y sale de la fuerza de trabajo y de la tasa a la cual se crean y destruyen los empleos. Por ejemplo, la explosión demográfica (*baby boom*) de finales de la década de 1940 produjo un abultamiento de la cantidad de personas que entraron a la fuerza de trabajo en la década de 1960 y un aumento en el desempleo por fricción. Cuando se construye un centro comercial nuevo, aparecen empleos en éste y se pierde un número de empleos similar en la parte vieja de la ciudad, donde las tiendas luchan por sobrevivir. Las personas que pierden empleos no son siempre las primeras que obtienen los nuevos empleos y mientras están sin empleo, están incluidas en el desempleo por fricción.

El tiempo que la gente tarda en encontrar un empleo está influido por la compensación de desempleo. Cuanto más generoso es el beneficio de la tasa de desempleo, mayor es el tiempo promedio que se tarda en buscar empleo y mayor es la tasa de desempleo por fricción.

**Desempleo estructural**   El desempleo que surge cuando hay una disminución de la cantidad de empleos disponibles en una región o industria en particular se llama **desempleo estructural**. Esa disminución puede darse debido al cambio tecnológico permanente; por ejemplo, la automatización de una planta siderúrgica. También puede darse debido a un cambio permanente de la competencia internacional; por ejemplo, la disminución del número de empleos en la industria del automóvil de Estados Unidos debido a la competencia japonesa.

La distinción entre el desempleo estructural y el desempleo por fricción no siempre es clara, pero en algunos casos sí lo es. Una persona que pierde un empleo en un centro comercial suburbano y obtiene un empleo una semanas después en un nuevo centro comercial es un caso de desempleo por fricción. Un trabajador de la industria del automóvil que pierde su empleo y que después de un periodo de readiestramiento y de una prolongada búsqueda, que dura quizás más de un año, finalmente obtiene un empleo como vendedor, es un caso de desempleo estructural.

Algunas veces la magnitud de desempleo estructural es pequeña y, en otras ocasiones, grande. Fue particularmente grande a finales de la década de 1970 y principios de la de 1980, cuando los aumentos del precio del petróleo y un ambiente internacional crecientemente competitivo produjeron una disminución del volumen de empleos en industrias tradicionales como la del automóvil y la siderúrgica y un aumento del número de empleos en nuevas industrias como la electrónica y la bioingeniería, así como en las industrias de servicios como la banca y los seguros.

**Desempleo cíclico**   El desempleo que se origina de una baja del ritmo de expansión económica se llama **desempleo cíclico**. El ritmo de expansión económica cambia constantemente: algunas veces es rápido, otras lento y, de vez en cuando, incluso es negativo. Cuando la economía se expande rápidamente, desaparece el desempleo cíclico, y cuando la economía se expande lentamente o se contrae, el desempleo cíclico puede llegar a ser muy elevado. Por ejemplo, un trabajador de la industria del automóvil, despedido porque la economía pasa por un periodo lento y a quien se vuelve a contratar algunos meses después cuando la actividad económica se acelera, es un caso de desempleo cíclico.

Con el desempleo por fricción y estructural hay tantas vacantes como trabajadores desempleados. Simplemente no se han encontrado los trabajadores y los empleos. El desempleo cíclico es diferente. Cuando el nivel del desempleo cíclico es alto, hay menos vacantes que trabajadores desempleados. No importa el esfuerzo que haga la gente para encontrar trabajo, no lo logrará.

Es motivo de controversia la medición y la distinción de los desempleos por fricción, estructural y cíclico. No es posible proporcionar un desglose cuantitativo del desempleo en los tres tipos. Pero podemos observar los tres tipos en situaciones específicas en el mundo real. La Lectura entre líneas de las páginas 644-645 da un ejemplo.

### Pleno empleo

En cualquier momento hay personas que buscan trabajo y empresas que buscan personas para emplearlas: personas desempleadas y vacantes. El **pleno empleo** es una situación en la que el número de personas que buscan empleo es igual al número de vacantes. En forma equivalente, el pleno empleo se da cuando el desempleo es por fricción y estructural y no hay desempleo cíclico. Hemos visto que siempre hay algo de desempleo por fricción y a menudo hay desempleo estructural. Entonces siempre hay algo de desempleo, incluso con pleno empleo.

La tasa de desempleo en pleno empleo se llama **tasa natural de desempleo**. La tasa natural de desempleo fluctúa debido a las fluctuaciones en el desempleo por fricción y estructural. Pero hay controversia sobre la magnitud de la tasa natural de desempleo. Algunos economistas piensan que la tasa natural de desempleo en Estados Unidos se sitúa entre el 5 y el 6 por ciento de la fuerza de trabajo. Otros economistas piensan que la tasa natural de desempleo no sólo es variable, sino que puede ser bastante elevada, especialmente cuando los factores demográficos y tecnológicos indican una elevada tasa de desempleo por fricción y estructural.

¿Cuáles son los costos del desempleo?

### Costos del desempleo

Existen cuatro costos principales del desempleo, que son:

◆ Pérdida de producción e ingreso
◆ Pérdida de capital humano
◆ Aumento de la delincuencia
◆ Pérdida de dignidad humana

**Pérdida de producción e ingreso**  Los costos más obvios del desempleo son la pérdida de producción y la pérdida de ingreso que los desempleados habrían producido si tuvieran empleos. La magnitud de tales costos depende de la tasa natural de desempleo. Si la tasa natural de desempleo está entre el 5 y el 6 por ciento, de acuerdo con economistas como James Tobin, de Yale University, la producción perdida por el desempleo es enorme.

El finado Arthur Okun, de Brookings Institution estimaba que, por cada aumento de 1 punto porcentual de la tasa de desempleo, la producción de bienes y servicios de la nación baja 3 puntos porcentuales. Estudios más recientes sugieren que cada punto porcentual añadido a la tasa de desempleo reduce la producción en 2 puntos porcentuales. Si este intervalo de cifras es correcto, entonces la producción perdida a consecuencia del desempleo elevado es enorme. Uno por ciento de la producción agregada de Estados Unidos es igual a 55 mil millones de dólares. Entonces, cuando baja la tasa de desempleo del 8 por ciento al 6 por ciento, la producción aumenta entre 220 mil millones y 330 mil millones de dólares. Con una población de 250 millones de personas, una persona podría comprar bienes y servicios adicionales cada año con un valor de entre 880 dólares y 1320 dólares si se pudiera evitar esta pérdida.

Aquellos economistas que piensan que la tasa natural de desempleo varía creen que el costo de desempleo es pequeño en términos de producción perdida. Consideran que las fluctuaciones de la tasa de desempleo se originan en las fluctuaciones del desempleo estructural. Con un cambio estructural rápido, la gente necesita encontrar sus nuevos empleos más productivos. Un periodo de elevado desempleo es como una inversión a futuro. Es el precio que hoy se paga para tener un ingreso mayor en el futuro.

**Pérdida de capital humano**  Un segundo costo del desempleo es el daño permanente que puede causar al trabajador desempleado al obstaculizar el desarrollo de su carrera y la adquisición de capital humano. El **capital humano** es el valor de la educación y habilidades adquiridas de una persona. Por ejemplo, Ana termina sus estudios de derecho cuando el desempleo es elevado y no puede encontrar empleo en un bufete jurídico. Desesperada por la falta de ingreso, se hace taxista. Después de un año en ese trabajo, descubre que es imposible competir con la nueva generación de graduados en derecho y se queda conduciendo un taxi. Su capital humano como abogado lo destruyó el alto desempleo.

**Aumento de la delincuencia**   En general, una tasa de desempleo inusualmente elevada conduce a una elevada tasa de delincuencia. Hay dos razones para esto. Primero, la gente que no puede obtener un ingreso en el trabajo legal se dedica algunas veces al trabajo ilegal y la cantidad de robos aumenta intensamente. Segundo, con ingresos bajos y una creciente frustración, se afecta la vida familiar y se presenta el incremento de delitos como el maltrato de niños, agresiones a las esposas y suicidios.

**Pérdida de dignidad humana**   Un último costo que es difícil cuantificar pero que es amplio e importante es la pérdida de amor propio que aflige a muchos que experimentan periodos prolongados de desempleo. Probablemente éste es el aspecto del desempleo que le otorga un significado político y social tan intenso.

## REPASO

H a habido enormes fluctuaciones de la tasa de desempleo, pero no importa lo baja que sea la tasa, el desempleo nunca desaparece. Parte del desempleo es por fricción y tiene su origen en el movimiento del mercado de trabajo. Parte es estructural y surge del decaimiento de ciertas industrias y regiones. Y parte es cíclico, y nace de la disminución del ritmo de expansión económica. La tasa natural de desempleo es la tasa de desempleo en la cual hay un equilibrio entre el número de personas desempleadas y el de vacantes. Esta tasa fluctúa con los cambios de las tasas de desempleo por fricción y estructural. Los costos del desempleo incluyen la pérdida de producción y de ingreso, la pérdida de capital humano, un aumento de la delincuencia y una pérdida de dignidad humana. ◆

El desempleo no es el único indicador del estado de salud económica de una nación. El otro es el producto interno bruto. Lo examinaremos a continuación.

## Producto interno bruto

E l valor de todos los bienes y servicios finales producidos en una economía en un año se llama el **producto interno bruto** o PIB. Los **bienes y servicios finales** son los bienes y servicios que no se usan como insumos en la producción de otros bienes y servicios, sino que los compra el usuario final. Dichos bienes incluyen los bienes de consumo y los servicios, y también los bienes de consumo duradero nuevos. Como ejemplos de bienes finales tenemos latas de refresco y automóviles. Ejemplos de servicios finales son el seguro de automóvil y los cortes de pelo.

No todos los bienes y servicios son "finales". Algunos son bienes y servicios intermedios. Los **bienes y servicios intermedios** son los que se usan como insumos en el proceso de producción de otro bien o servicio. Como ejemplo de bienes intermedios tenemos los parabrisas, las baterías y cajas de velocidades usadas por los fabricantes de automóviles y el papel y la tinta que usan los productores de periódicos.

Como ejemplos de servicios intermedios tenemos los servicios de banca y seguros comprados por los productores de automóviles y de periódicos. Un bien o servicio es intermedio o final dependiendo de quién lo compra o con qué propósito. Por ejemplo, la energía eléctrica comprada por un productor de automóviles o un impresor es un bien intermedio. La energía eléctrica comprada por usted es un bien final.

Cuando medimos el producto interno bruto, no incluimos el valor de los bienes y servicios intermedios producidos; si lo hiciéramos, estaríamos contando doble. Si alguien compra un automóvil nuevo de su distribuidor local Chrysler se trata de una transacción final y el valor del automóvil se cuenta como parte del PIB. Pero no debe considerarse parte del PIB la cantidad que el distribuidor paga a Chrysler por el automóvil o la cantidad pagada por Chrysler a todos los proveedores de las diversas piezas del automóvil.

Si queremos medir el PIB, tenemos de alguna manera que sumar todos los bienes *finales* y servicios *producidos*. Evidentemente, no podemos obtener una medida útil simplemente sumando el número de automóviles, periódicos, kilovatios de energía eléctrica, cortes de pelo y pólizas de seguro de automóviles. Para determinar el PIB, calculamos primero el *valor* en dólares de la producción de cada bien o servicio final. Este cálculo implica simplemente la multiplicación de la cantidad producida de cada bien final o servicio por su precio. Es decir, medimos la producción de cada bien y servicio en la unidad común de dólares. Después sumamos el valor en dólares de las producciones de los diferentes bienes para llegar a su valor total, que es el PIB. Medimos el PIB en dólares, pero es una mezcla de cantidades reales (el número de bienes finales y servicios producidos) y cantidades en dólares (los precios de los bienes y servicios). Por tanto, un cambio del PIB incluye una combinación de los efectos de cambios de precios y de cambios de las cantidades de bienes finales y servicios. Para muchos propósitos, es importante distinguir los cambios de precios de los cambios de cantidad. Para hacerlo, usamos los conceptos de PIB nominal y PIB real. Examinemos esos conceptos.

## PIB nominal y PIB real

El **PIB nominal** mide el valor de la producción de bienes finales y servicios usando precios *corrientes*. Se llama a veces *PIB a dólares* o *a precios corrientes*. El **PIB real** mide el valor de la producción de bienes finales y servicios usando los precios que prevalecían en algún periodo base. Un nombre alternativo del PIB real es el de *PIB a dólares* o *a precios constantes*.

La comparación del PIB real de un año a otro nos permite decir si la economía ha producido más o menos bienes y servicios. La comparación del PIB nominal de un año a otro no nos permite comparar las cantidades de bienes y servicios producidos en esos dos años. El PIB nominal puede ser mayor en 1993 que en 1992, pero eso quizá sólo refleje precios más altos (inflación) y no una mayor producción. Un aumento del PIB real significa que se ha expandido la producción de bienes y servicios.

La importancia de la distinción entre PIB real y PIB nominal se ilustra en la figura 22.4. En cualquier año, el PIB real se mide por la altura del área

---

FIGURA **22.4**

## Producto interno bruto: 1960–1992

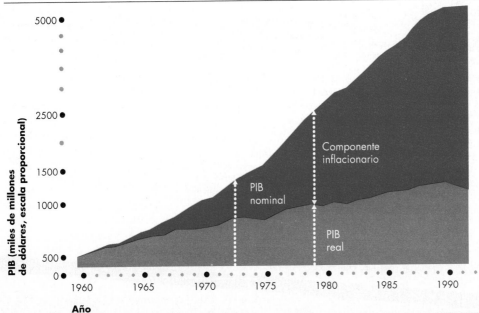

El producto interno bruto se decuplicó entre 1960 y 1992. Pero una gran parte de ese aumento fue resultado de la inflación. El PIB real, el aumento del PIB que se puede atribuir al aumento del volumen de bienes y servicios producidos, aumentó, pero a un ritmo mucho más modesto. La figura muestra la evolución del PIB real y el componente inflacionario del PIB nominal. El PIB nominal ha aumentado cada año, pero el PIB real bajó en 1975 y en 1982 y nuevamente en 1991.

*Fuente*: PIB real y nominal, 1960-1991: *Economic Report of the President*, 1993.

# El desempleo golpea a los trabajadores de la industria del automóvil

TIME, 30 DE DICIEMBRE DE 1991

## Una reparación mayor

POR WILLIAM MCWHIRTER

**E**l discurso de Navidad del presidente de General Motors (GM) generalmente suena como un discurso de un jefe de estado. No tiene nada de sorprendente: la compañía es tan grande (ingreso de 1990: 127 mil millones de dólares) que, si fuera un país independiente, su economía estaría entre las 20 mayores del mundo. En televisión de circuito cerrado desde las oficinas principales de GM en Detroit, la transmisión de este año de 45 minutos llegó a 395 000 empleados, quienes suspendieron el trabajo y dejaron sus herramientas en 130 fábricas a lo largo y ancho de Estados Unidos. Pero el mensaje del presidente Robert Stempel no se pareció a ningún otro en los 83 años de historia de la gigantesca corporación.

A partir del 1 de enero, dijo Stempel, la empresa se embarcará en un programa de tres años para cerrar 25 plantas en Estados Unidos y reducirá su actual fuerza de trabajo en 74 000 personas o el 19 por ciento. GM abandonará en el futuro previsible sus esperanzas de recuperar la participación perdida del mercado de Estados Unidos, que ha bajado en la última década del 45 por ciento a un poco más del 35 por ciento. De acuerdo con el plan, que no especifica qué plantas se cerrarán, GM tendrá en 1995 solamente la mitad del tamaño de una década atrás y,

como dijo Stempel, "una General Motors muy diferente".

El anuncio constituyó una desviación drástica de las benévolas promesas del pasado de prosperidad y bienestar. También lo fue la franqueza sobria y modesta. Stempel aceptó que éste no era el mensaje navideño que había pensado originalmente. Pero las fuertes pérdidas de las operaciones de producción de automóviles en Estados Unidos, estimadas en 450 millones de dólares mensuales, habían provocado una revuelta entre los directores de GM. Ellos rechazaron el plan de reorganización de Stempel y, en forma humillante, le ordenaron hacer una revisión drástica. La reprimenda dejó a Stempel y a su alta gerencia públicamente en la estacada. El mensaje navideño fue pospuesto una semana; se detuvo una oferta de acciones preferentes para recaudar 1 mil millones de dólares en efectivo; incluso se canceló la fiesta de Navidad para la prensa de la fuente de la industria. Entonces Stempel dirigió a los trabajadores el discurso modificado: "Les estamos pidiendo que ayuden a reconstruir la empresa de automóviles más grande del mundo. No podemos esperar...."

Los fabricantes japoneses de automóviles, cuyo éxito en Estados Unidos ha sido en gran medida a costa de GM, temían que los

recortes del fabricante de Detroit añadirían leña a la hoguera de la reacción política contra Japón. Toyota, por ejemplo, tomó la notable medida de expresar públicamente simpatía por los trabajadores despedidos de GM. El próximo mes los dirigentes de los tres grandes fabricantes de Estados Unidos acompañarán al presidente Bush en un viaje a Asia Oriental, donde se espera que exhorten a Japón a comprar más automóviles fabricados en Estados Unidos para reducir el déficit comercial. Pero en el Congreso de Estados Unidos se están cocinando medidas más radicales. El líder de la mayoría de la Cámara de Representantes, Richard Gephardt, y el senador de Michigan, Donald Riegle hijo, presentaron un proyecto de ley la semana pasada para poner un límite a las ventas en Estados Unidos de automóviles y camiones japoneses de 2.5 millones, una reducción de más de un tercio de los niveles actuales. Pocos días después Japón recibió otro golpe, cuando el Departamento de Comercio de Estados Unidos indicó que impondría impuestos compensatorios a las minivagonetas que venden en Estados Unidos Toyota, Mazda y otros fabricantes japoneses después de dictaminar que las empresas estaban realizando "dumping" de los vehículos en Estados Unidos a precios artificialmente bajos...

# Lo esencial del artículo

General Motors (GM), con oficina matriz en Detroit, tuvo ingresos en 1990 de casi 127 mil millones de dólares. Al cierre de 1991, tenía 395 000 empleados que trabajaban en 130 fábricas en Estados Unidos.

Pero debido a la competencia de los fabricantes japoneses de automóviles, la participación de GM en el mercado de automóviles de Estados Unidos descendió de 45 por ciento en 1981 a sólo un poco más del 35 por ciento en 1991 y se estima que sus operaciones de fabricación de automóviles en Estados Unidos estaban perdiendo 450 millones de dólares mensualmente en 1991.

En su mensaje de Navidad a los empleados, el presidente de GM, Robert Stempel, anunció un programa de tres años para cerrar 25 plantas (sin especificar) y reducir la fuerza de trabajo de la empresa en 74 000 personas (alrededor del 19 por ciento).

Los fabricantes japoneses de automóviles temían que los recortes de la GM podían fortalecer la reacción política antijaponesa.

El presidente Bush, con la ayuda de los dirigentes de los tres grandes fabricantes estadounidenses de automóviles, planeaba exhortar a Japón a comprar más automóviles producidos en Estados Unidos.

El líder de la mayoría de la Cámara de Representantes, Richard Gephardt, y el senador de Michigan Donald Riegle hijo, quieren limitar las ventas en Estados Unidos de automóviles y camiones japoneses a 2.5 millones, una reducción de más de un tercio de los niveles actuales.

El Departamento de Comercio de Estados Unidos dijo que impondría cuotas compensatorias a las minivagonetas vendidas en Estados Unidos por Toyota, Mazda y otros fabricantes japoneses de automóviles porque las empresas estaban realizando "dumping" de los vehículos en Estados Unidos a precios artificialmente bajos.

# Antecedentes y análisis

Al cierre de 1991, la industria del automóvil de Estados Unidos estaba padeciendo por dos problemas: la recesión de la economía de Estados Unidos y la feroz competencia de los fabricantes extranjeros de automóviles, especialmente los japoneses.

GM la estaba pasando particularmente mal y, al perder 450 millones de dólares mensuales, se embarcó en una reducción en gran escala de sus plantas y fuerza de trabajo.

La mayoría de los 74 000 trabajadores cuyos empleos se espera que desaparezcan entre 1991 y 1994 quedarán desempleados.

Parte del desempleo será *cíclico*. Algunos de los que pierdan su empleo no les habría ocurrido eso si la economía de Estados Unidos no hubiera estado en recesión en 1991. Conforme se empiece a recuperar la economía de la recesión de 1991, este componente del desempleo, producto de los recortes de GM, desaparecerá gradualmente.

Parte del desempleo será *por fricción*. Algunos de los que pierdan sus empleos tienen habilidades que pueden utilizarse directamente en otras industrias. Estarán desempleados por un tiempo pero encontrarán pronto nuevos empleos sin tener que reubicarse.

Parte del desempleo será *estructural*. Algunos de los que se queden sin empleo tienen habilidades que son específicas del trabajo que realizaban en GM. Para conseguir un nuevo empleo tendrán que capacitarse y posiblemente tendrán que mudarse a otra parte del país. Algunos serán demasiado viejos para que valga la pena realizar esta inversión y harán trabajo no calificado de baja paga, si es que lo encuentran.

roja y el PIB nominal por la altura del área verde. La diferencia entre la altura del área verde y la altura del área roja muestra el componente inflacionario del PIB nominal. En 1960 el PIB era de 513 mil millones de dólares. En 1992 había aumentado a 5.9 billones de dólares. Pero sólo parte de ese aumento constituye un aumento de bienes y servicios disponibles, es decir, un aumento del PIB real. La mayor parte del aumento provino de la inflación. Adviértase que el PIB nominal aumenta, en la figura aludida, cada año, pero que a veces baja el PIB real, como en 1975, 1982 y 1991.

## PIB real: el historial

Las estimaciones del PIB real de Estados Unidos se remontan a 1869. La figura 22.5 ilustra el historial del PIB real. Destacan dos hechos. Primero, ha habido una tendencia general de aumento del PIB real. Segundo, la tasa del movimiento ascendente no es uniforme y en ocasiones el PIB real ha bajado. La disminución más pronunciada tuvo lugar a principios de la década de 1930, durante la Gran Depresión. Pero también ocurrieron descensos en tiempos recientes, a mediados de la década de 1970, (periodo de aumentos en el precio del petróleo de la OPEP), a principios de la década de 1980, (periodo de aumentos de la tasa de interés de Volcker) y en 1991. Hubo varias etapas durante el siglo diecinueve y principios del veinte en que disminuyó el PIB real; una de ellas, la recesión de 1890, se muestra en la figura. También hubo otras en que el PIB real creció extremadamente rápido, por ejemplo, durante la Segunda Guerra Mundial.

FIGURA 22.5

PIB real: 1869–1992

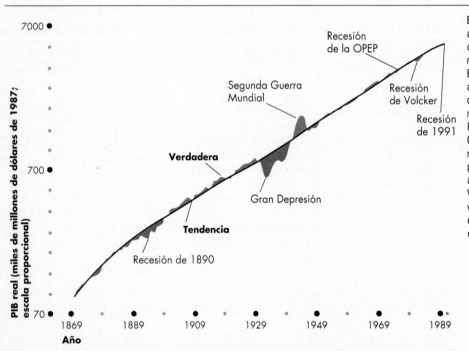

Entre 1869 y 1992 el PIB real creció a una tasa media anual del 3.3 por ciento. Pero la tasa de crecimiento no fue la misma en todos los años. En algunos periodos, como el de los años de la Segunda Guerra Mundial, el PIB real se expandió rápidamente. En otros periodos declinó el PIB real, por ejemplo, durante la Gran Depresión y, más recientemente, después de los aumentos de precio del petróleo de la OPEP, los aumentos de la tasa de interés de Volcker y en 1991. Hubo también varios periodos de disminución en el siglo diecinueve, uno de los cuales se señala en esta figura.

*Fuentes:* 1869-1929: Christina D. Romer, "The Prewar Business Cycle Reconsidered: New Estimates of Gross National Product, 1869-1908", *Journal of Political Economy*, 97, 1989, págs. 1-37, y Nathan S. Balke y Robert J Gordon, "The Estimation of Prewar Gross National Product: Methodology and New Evidence", *Journal of Political Economy*, 97, 1989, págs. 38-92. Los datos usados son un promedio de las estimaciones proporcionadas en estas dos fuentes. 1929-1958: *Economic Report of the President*, 1991. 1959-1992: *Economic Report of the President*, 1993. Los datos de 1869 a 1958 son PNB y los de 1959 a 1992 son PIB. La diferencia entre estas dos medias es pequeña y se explica en el capítulo 23, pág. 672.

Para poder obtener un cuadro claro de los cambios del PIB real, hemos separado las dos tendencias generales que acabamos de identificar. La primera de esas tendencias es el movimiento ascendente general del PIB real. Esta característica del PIB real se llama tendencia del PIB real. La tendencia del PIB real aumenta debido a tres razones:

◆ El crecimiento de la población

◆ El crecimiento del acervo del equipo de capital

◆ Los avances de la tecnología

Estas fuerzas han producido una tendencia ascendente general que usted puede observar en la figura 22.5. La tendencia del PIB real se representa en la figura 22.5 como la línea negra delgada que pasa por el medio de la senda que sigue el PIB real en su serpenteo por encima de la tendencia (áreas azules) y debajo de la tendencia (áreas rojas).

La segunda característica del PIB real es su fluctuación periódica en torno a su tendencia. Las fluctuaciones del PIB real se miden como desviaciones porcentuales del PIB real de la tendencia. Se ilus-

tran en la figura 22.6. Como puede verse, las fluctuaciones del PIB real muestran ciclos distintivos de la actividad económica. En épocas como la Gran Depresión y a mediados de la década de 1970, principios de la década de 1980 y durante 1991, el PIB real fluctuó por debajo de la tendencia, y durante los años de la guerra fluctuó por encima de la tendencia.

## La importancia del PIB real

La tendencia ascendente del PIB real es la principal causa del mejoramiento del nivel de vida. El ritmo de este movimiento ascendente ejerce un efecto poderoso sobre el nivel de vida de una generación en comparación con la que le antecedió. Por ejemplo, si la tendencia del PIB real es ascendente en 1 por ciento anual, tardará 70 años en duplicarse el PIB real. Pero una tendencia de crecimiento del 10 por ciento anual duplicará el PIB real en sólo 7 años. Con un aumento promedio de la tendencia entre el 2 y el 3 por ciento anual, que es el más

FIGURA **22.6**

Fluctuaciones del PIB real: 1869–1992

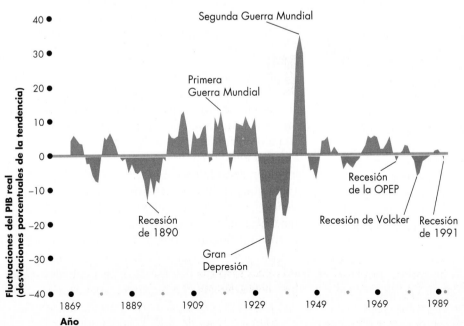

El ritmo desigual de aumento del PIB real se ilustra al seguir la pista a sus fluctuaciones medidas como desviaciones porcentuales del PIB real a partir de la tendencia. La rápida expansión del PIB real, que ocurrió durante ambas guerras mundiales, colocó al PIB real por encima de la tendencia. Las diminuciones del PIB real, que tuvieron lugar durante la recesión de 1890, la Gran Depresión y las tres recesiones más recientes, coloca al PIB real debajo de la tendencia. Las fluctuaciones del PIB real describen el curso del ciclo económico.

común en los países industriales y que ha sido la experiencia de largo plazo de Estados Unidos, el PIB real se duplica aproximadamente con cada generación (cada 25 años más o menos).

El crecimiento rápido del PIB real acarrea beneficios enormes. Nos permite consumir más bienes y servicios de todos tipos. Nos permite gastar más en atención médica para los pobres y los ancianos, más en investigación sobre el cáncer y el SIDA, más en investigación y exploración del espacio, más en carreteras y más en vivienda. Incluso nos permite gastar más en el medio ambiente, limpiando nuestros lagos y protegiendo nuestro aire.

Pero una tendencia ascendente del PIB real tiene sus costos. Cuanto más rápidamente aumentemos el PIB real, más rápidamente se agotarán nuestros recursos agotables como petróleo y gas natural y se volverán más rigurosas nuestra contaminación del medio ambiente y de la atmósfera. Aunque tenemos más para gastar en estos problemas, éstos se agrandan y requieren mayores gastos. Más aún, cuanto más rápido aumenta el PIB real, más tendremos que aceptar el cambio tanto de lo que consumimos como de los trabajos que realizamos.

Los beneficios del crecimiento más rápido del PIB real tienen que ponerse en la balanza con sus costos. Las elecciones que hace la gente para sopesar dichos beneficios y costos, al actuar en forma individual o a través de instituciones gubernamentales, determinan el ritmo efectivo de crecimiento del PIB real.

Como hemos visto, el PIB real no aumenta a un ritmo uniforme. ¿Son importantes las fluctuaciones del PIB real? Los economistas no se ponen de acuerdo al respecto. Algunos economistas piensan que las fluctuaciones del PIB real son costosas. Cuando el PIB real está por debajo de su tendencia, el desempleo es superior a su tasa natural e irremisiblemente se pierde producción. Cuando el PIB real está por encima de la tendencia, surgen cuellos de botella y escaseces inflacionarias. Si se puede evitar una baja, pueden aumentarse los niveles de consumo medio, y si se pueden evitar aumentos por encima de la tendencia, la inflación puede mantenerse bajo control.

Otros economistas piensan que las fluctuaciones son la mejor respuesta posible al ritmo y dirección desiguales del cambio tecnológico. En ocasiones, el cambio tecnológico es rápido y en otras es lento. Algunas veces, las tecnologías nuevas aumentan la productividad de los trabajadores en sus empleos actuales y otras las tecnologías nuevas aumentan la productividad sólo después de que se ha realizado un cambio estructural masivo. El crecimiento del PIB real fluctúa con el ritmo del cambio tecnológico: un cambio tecnológico más rápido produce un crecimiento más rápido del PIB real. Pero el cambio estructural complica esta relación. Los rápidos cambios tecnológicos y estructurales al principio ocasionan desempleo estructural y un crecimiento lento del PIB real. Ya que no podemos hacer que el ritmo y la dirección del cambio tecnológico sean uniformes, no podemos uniformar el ritmo del crecimiento económico solamente *retrasando* la implantación de las tecnologías nuevas. Esos retrasos darían como resultado un desperdicio irrecuperable.

Independientemente del punto de vista que adopten los economistas, todos concuerdan en que las depresiones tan profundas y prolongadas como la de principios de la década de 1930 producen un desperdicio y sufrimiento humano extraordinarios. Los desacuerdos se refieren a los más comunes flujos y reflujos de la actividad económica que se han presentado en los años desde la Segunda Guerra Mundial, que vimos antes en la figura 22.6.

---

## REPASO

**E**l producto interno bruto es el valor en dólares de todos los bienes finales y servicios producidos en la economía. El PIB nominal mide el valor de la producción de bienes finales y servicios usando precios corrientes. El PIB real mide el valor de la producción usando los precios que prevalecían en algún periodo base. El PIB nominal crece más rápido que el PIB real debido a la inflación. La tendencia general de crecimiento del PIB real se llama tendencia del PIB real. Las fluctuaciones económicas pueden medirse al examinar las desviaciones de la tendencia del PIB real. La tendencia ascendente del PIB real es la principal fuente de mejoramientos en los niveles de vida. Sin embargo, la tendencia ascendente tiene costos en términos del agotamiento de los recursos agotables y de la contaminación del medio ambiente. ◆

Veamos ahora en una forma más sistemática los flujos y reflujos de la actividad económica.

## El ciclo económico

**E**l **ciclo económico** es el movimiento periódico pero irregular al alza y a la baja de la actividad económica, medida por las fluctuaciones del PIB real y otras variables macroeconómicas. Como acabamos de ver, el PIB real puede dividirse en dos componentes:

◆ Tendencia del PIB real

◆ Fluctuaciones del PIB real

Para identificar el ciclo económico nos concentramos en las fluctuaciones del PIB real, ya que esta variable nos proporciona una medida directa del ritmo desigual de la actividad económica, separada de su tendencia subyacente de la senda de crecimiento.

Un ciclo económico no es un fenómeno regular, previsible o repetido como las oscilaciones del péndulo de un reloj. Es aleatorio y, en gran medida, imprevisible. Un ciclo económico se identifica como una secuencia de cuatro fases:

◆ Contracción

◆ Fondo

◆ Expansión

◆ Cima

Estas cuatro fases se muestran en la figura 22.7. Esta figura, que es una ampliación de parte de la figura 22.6, muestra el ciclo económico de 1973 a 1991. Adviértanse las cuatro fases del ciclo. Una **contracción** es una disminución del ritmo de actividad económica, como la que ocurrió entre 1979 y 1982. Una **expansión** es un aceleramiento del ritmo de actividad económica, como la que se presentó entre 1983 y 1988. El **fondo** es el punto más bajo del ciclo económico, donde la contracción se convierte en expansión. Un fondo ocurrió en 1982. La **cima** es el punto más alto del ciclo económico, donde la expansión se convierte en una contracción. Una cima se dio en 1978.

---

**FIGURA 22.7**

## El ciclo económico

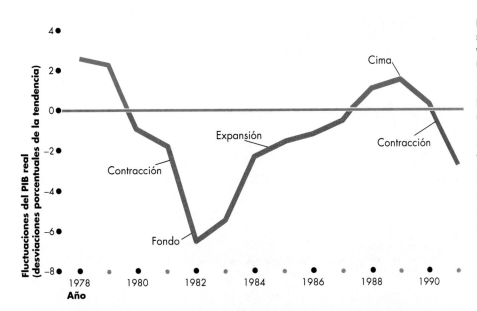

El ciclo económico tiene cuatro fases: contracción, fondo, expansión y cima. Usamos aquí nuestra experiencia de las décadas de 1970 y 1980 para ilustrar dichas fases. Hubo una contracción desde 1973 hasta 1975. En 1975 se llegó al fondo y empezó la expansión. Tal expansión alcanzó una cima en 1978, cuando se presentó una nueva contracción que alcanzó a su vez un nuevo fondo en 1982. De 1982 a 1989, la economía estuvo en una expansión prolongada. En 1989 la expansión alcanzó su cima y empezó una nueva contracción.

La recesión ocurre si la contracción es lo suficientemente severa. La **recesión** es una baja del nivel de actividad económica en la que el PIB real disminuye en dos trimestres consecutivos. Un fondo profundo se llama **depresión**.

## Desempleo y ciclo económico

El PIB real no es la única variable que fluctúa en el curso del ciclo económico. A sus fluctuaciones corresponden fluctuaciones relacionadas de una amplia gama de otras variables económicas. Una de las más importantes es el desempleo. En la fase de contracción del ciclo económico aumenta el desempleo; en la fase de expansión disminuye el desempleo; en la cima el desempleo alcanza un mínimo; en el fondo el desempleo alcanza un máximo. Esta relación entre desempleo y las fases del ciclo económico se ilustra en la figura 22.8.

Esa figura muestra las fluctuaciones del PIB real y del desempleo en Estados Unidos desde 1900. Se destacan en dicha figura la Gran Depresión, la Segunda Guerra Mundial, la recesión de la OPEP, la

recesión de 1982 y la recesión de 1991. La figura también muestra la tasa de desempleo. Se ha invertido la escala que mide la tasa de desempleo para que podamos ver cómo concuerda el desempleo con las fluctuaciones del PIB real. Es decir, al movernos hacia abajo en el eje vertical del lado derecho, aumenta la tasa de desempleo. Como podrá verse, las fluctuaciones del desempleo siguen muy de cerca a las del PIB real.

## El mercado bursátil y el ciclo económico

Hemos definido el ciclo económico como los flujos y reflujos de la actividad económica y hemos medido dichos movimientos con las fluctuaciones del PIB real. Hemos visto que las fluctuaciones del desempleo reflejan muy de cerca los ciclos económicos. Otro indicador del estado de la economía, y quizá el más visible de todos esos indicadores lo proporciona el mercado bursátil. Cada noche de los días laborables, los noticiarios nos informan de lo que ha sucedido en las bolsas de valores de Nueva York y de Tokio. Los movimientos de los precios de las

---

FIGURA 22.8

# Desempleo y ciclo económico

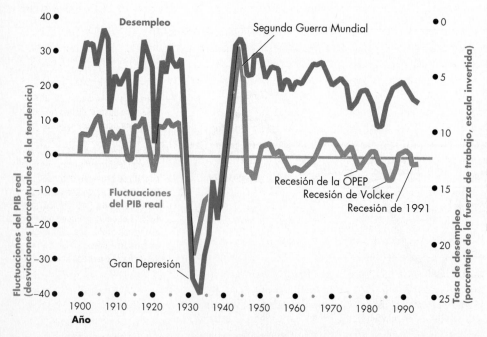

Esta figura muestra la relación entre desempleo y ciclo económico. Las fluctuaciones del PIB real indican cuándo está la economía en la fase de contracción o de expansión. El desempleo se halla representado en la misma figura pero con la escala invertida. La línea que mide el desempleo es alta cuando el desempleo es bajo y la línea es baja cuando el desempleo es alto. Como usted podrá ver, los ciclos del PIB real corresponden muy de cerca con los ciclos del desempleo.

## Precios de las acciones: 1871–1993

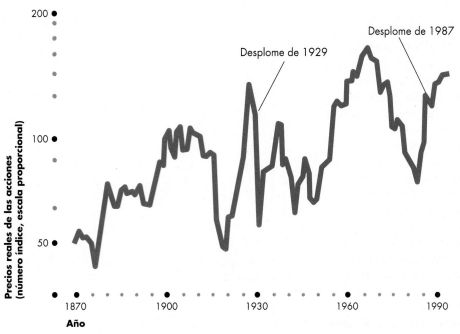

Los precios de las acciones se cuentan entre los elementos más volátiles de la economía. Aquí vemos que los precios reales de las acciones (precios de las acciones medidos, eliminando los efectos del cambio del valor del dinero) subieron en forma pronunciada de 1871 a 1910, pero con fuertes fluctuaciones. Después cayeron en forma dramática hasta 1920, pero aumentaron a un ritmo espectacular hasta 1929. Después vino el desplome que precedió a la Gran Depresión. Los precios de las acciones empezaron a subir de nuevo después de la Segunda Guerra Mundial, alcanzando una cima en 1965. Cayeron en forma gradual en un fondo en 1982, después de lo cual ascendieron a una nueva cima antes del desplome de octubre de 1987; éste fue breve y los precios reales de las acciones aumentaron nuevamente, incluso durante la recesión de 1991.

*Fuentes:* 1871-1948: Index of Common Stocks, (Índice de Acciones Comunes), *Historical Statistics*, 1960, Series X-351, pág. 657; 1949-1991: The Dow-Jones Industrial Average, *Economic Report of the President*, 1993. Los dos índices se encadenaron para formar un índice común y se convirtió a éste en términos reales usando el mismo índice de precios que convierte al PIB nominal en PIB real (PNB antes de 1959). La escala del índice se eligió para que tenga un valor medio de 100 entre 1871 y 1993.

acciones atraen la atención en parte por sí mismos y, también en parte, por lo que pueden anunciar acerca de los acontecimientos económicos *futuros*.

¿Se mueven los precios de las acciones de acuerdo con las fluctuaciones del PIB real y del desempleo? ¿Es un indicador de contracción económica una baja de precio de las acciones? ¿Es un indicador de expansión económica un auge en el precio de las acciones? Para responder estas preguntas, veamos la evolución de los precios de las acciones y veamos en qué forma está relacionada con las expansiones y contracciones de la actividad económica.

La figura 22.9 sigue el curso de los precios de las acciones de 1871 a 1993. Los precios representados en la figura están ajustados por la inflación. Los precios verdaderos de las acciones aumentaron mucho más de lo que se ve aquí debido a la inflación, pero el componente puramente inflacionario de los aumentos de precios se ha eliminado para podamos ver lo que "realmente" ha ocurrido con los precios de las acciones; es decir, la trayectoria de

los precios reales de las acciones. La característica más sorprendente de los precios de las acciones es la extrema volatilidad y ausencia de patrones cíclicos claros. Se ponen de relieve dos desplomes de los precios de las acciones en la figura: el de 1929 y el de 1987. El desplome de 1929 fue acentuado y seguido de dos años de bajas masivas de precios de las acciones, el de 1987 fue mucho más pequeño y la disminución de los precios fue efímera. También ha habido periodos de rápido aumento de los precios de las acciones; el más notable fue el que antecedió al desplome de 1929. Hubo también fuertes aumentos de precios de las acciones antes del desplome de 1987.

¿En qué forma concuerdan las fluctuaciones de los precios de las acciones con el ciclo económico? En ocasiones se acercan bastante y en otras ocasiones no. Por ejemplo, los movimientos de los precios de las acciones durante la Gran Depresión y la recuperación posterior sugieren que el mercado bursátil indica hacia dónde se dirige la economía. El mercado bursátil se movió de acuerdo, pero con ligera anticipación, a la contracción y expansión del PIB real y al aumento y disminución de la tasa de desempleo.

Pero, ¿predicen en forma confiable los puntos de inflexión del mercado bursátil los puntos de inflexión de la economía? La respuesta es negativa. En algunos periodos el mercado bursátil y el PIB real se movieron al unísono, pero en otros los movimientos son opuestos. Por ejemplo, el minidesplome de 1987 ocurrió en un momento en que la economía, tanto de Estados Unidos como del resto del mundo, estaba en una expansión fuerte.

Cuando los precios de las acciones se desplomaron en octubre de 1987, muchas personas establecieron un parangón entre ese episodio y la caída de precios de las acciones de 1929. En 1930 la economía se desplomó. En 1988 la economía continuó creciendo. ¿Por qué ambos episodios fueron tan diferentes? Una respuesta clave, y una razón clave para la ausencia de una conexión estrecha entre las fluctuaciones de precio de las acciones y el ciclo económico, es nuestra incapacidad de pronosticar el ciclo económico. Los precios de las acciones los determinan las expectativas de la gente sobre la rentabilidad futura de las empresas. A su vez, la rentabilidad futura depende del estado de la economía. Por tanto, los precios de las acciones los determinan las expectativas sobre el estado futuro de la economía. Pero esas expectativas resultan equivocadas con tanta frecuencia como correctas. Entonces el movimiento de los precios de las acciones no es un indicador por completo confiable del estado de la economía.

## Inflación y ciclo económico

Hemos visto las fluctuaciones de las variables reales: PIB real, tasa de desempleo y precios reales de las acciones. Hemos visto que existe una intensa y sistemática relación entre las fluctuaciones del PIB real y las fluctuaciones de la tasa de desempleo. Hemos visto también que hay ocasiones en que existe una relación sistemática entre los precios reales de las acciones y el ciclo económico, y otras ocasiones en que no existe esa relación. ¿Cómo se comporta la inflación durante el ciclo económico? ¿Están estrechamente relacionadas las fluctuaciones de su tasa con las fluctuaciones del ciclo económico o varía la tasa de inflación independientemente del ciclo económico?

FIGURA 22.10

# Inflación y ciclo económico

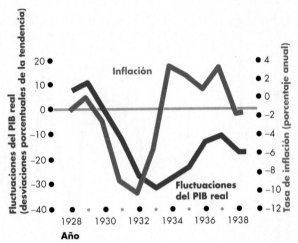

(a) La Gran Depresión

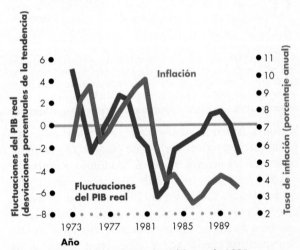

(b) Las recesiones de la OPEP, de Volcker y de 1991

La inflación sigue el curso del ciclo económico en algunas ocasiones, pero se aparta de él en otras. Como se muestra en la parte (a), durante la Gran Depresión la inflación y el PIB real se movieron conjuntamente durante la fase de contracción, pero en la fase de expansión la inflación aumentó mucho más rápido que el PIB real. Como se muestra en la parte (b), la tasa de inflación y el PIB real fluctuaron conjuntamente de 1973 a 1982, pero la inflación iba rezagada del PIB real en aproximadamente un año. De 1982 a 1986, la tasa de inflación fue moderada en tanto que el PIB real creció rápidamente. De 1986 a 1989 la tasa de inflación aumentó mientras que el PIB real continuó expandiéndose y, después de 1989, la tasa de inflación disminuyó en tanto que el crecimiento del PIB real bajó.

Para contestar estas preguntas veamos nuevamente la Gran Depresión y las dos recesiones recientes, y veamos cómo varió la inflación durante esos periodos. La figura 22.10(a) muestra la tasa de inflación durante la Gran Depresión. El estado de la economía se halla representado por las fluctuaciones del PIB real. Usted puede observar en dicha figura que, al entrar la economía en la fase de contracción de la Gran Depresión, la tasa de inflación también descendía. De hecho, la inflación era negativa, así que el nivel de precio estaba bajando. Pero la tasa de inflación llegó a su punto más bajo en 1932, un año antes del fondo del ciclo económico. Posteriormente la tasa de inflación aumentó, y lo hizo a un ritmo mucho más rápido que la recuperación del PIB real. Entonces, durante este episodio de ciclo económico, la tasa de inflación y el ciclo económico iban a la par durante la fase de contracción, pero la tasa de inflación aumentó intensamente cuando la economía se encontraba aún en las profundidades de la Gran Depresión.

La parte (b) muestra el curso de la inflación y de las fluctuaciones del PIB real durante los años de 1973-1991. Los ciclos de las fluctuaciones del PIB real y de la tasa de inflación entre 1973 y 1982 parecen similares, pero el ciclo de la inflación iba detrás del ciclo del PIB real en aproximadamente un año. Después de 1982, al entrar la economía en la fase de expansión del ciclo económico, la tasa de inflación permaneció baja. Pero la tasa de inflación volvió a aumentar entre 1986 y 1989 al continuar la expansión del PIB real. La tasa de inflación bajó nuevamente cuando la economía entró en recesión en 1990-1991.

Es interesante contrastar el curso de la inflación durante estos ciclos recientes con el de la Gran Depresión. En ambos casos hay periodos durante los cuales la tasa de inflación cayó junto con la contracción económica y una fase durante la cual la tasa de inflación aumentó junto con la expansión económica. Pero hay otros periodos en los que la tasa de inflación y el ciclo económico se movieron en direcciones diferentes. En la recuperación de la Gran Depresión la tasa de inflación ascendió más rápidamente que el ritmo de recuperación de la economía. En la expansión de la década de 1980 no hubo un aumento correspondiente de la tasa de inflación.

Es importante un contraste adicional entre los dos periodos. Durante la Gran Depresión, la tasa media de inflación fue mucho menor que la de las décadas de 1970 y 1980. En la década de 1930 la tasa de inflación bajó de cero a –10 por ciento anual y después aumentó a cerca del 3 por ciento anual. En las décadas de 1970 y 1980 la inflación tuvo un ciclo, ascendió primero a más del 13 por ciento y después cayó a cerca del 2 por ciento.

Estos episodios revelan dos cosas acerca de la inflación. Primero, durante gran parte del tiempo, la inflación se mueve de acuerdo con el ciclo económico. Segundo, hay cambios importantes en la tasa de inflación que son independientes del ciclo económico: en algunos ciclos la tasa media de inflación es baja, en otros es alta.

## R E P A S O

El ciclo económico es el movimiento ascendente y descendente, periódico, pero irregular, de la actividad económica. Tiene cuatro fases: contracción, fondo, expansión y cima. Una recesión es una contracción en la que el PIB real baja por lo menos dos trimestres. En el ciclo económico el PIB real y el desempleo fluctúan conjuntamente. Durante una contracción aumenta la tasa de desempleo y desciende durante una expansión. Aunque a veces el mercado bursátil se mueve de acuerdo con el ciclo económico, no predice en forma confiable los puntos de inflexión de la economía. La inflación también puede moverse de acuerdo con el ciclo económico, pero hay fluctuaciones importantes de la tasa de inflación que no están relacionadas con el ciclo económico. ◆

Hemos estudiado la inflación, el desempleo, las fluctuaciones del PIB real y los ciclos económicos. Pasemos al último tema: el déficit.

## Déficit del gobierno y déficit externo

Si en un periodo dado usted gasta más de lo que gana, tiene déficit.

Para cubrir su déficit tiene que pedir prestado o vender algo de lo que posee. Igual que los individuos tienen déficit, también lo tienen los gobiernos y países enteros. Estos déficit, el déficit del gobierno y el déficit externo, han atraído mucha atención recientemente.

## Déficit del gobierno

El **déficit del gobierno** es el gasto total del sector gubernamental menos el ingreso total de ese sector en un periodo dado. El sector gubernamental (de Estados Unidos) está compuesto del gobierno federal y de los gobiernos locales y de los estados. Estos gobiernos gastan en una diversidad de programas públicos y sociales y obtienen su ingreso de los impuestos.

Algunas veces el sector gubernamental tiene superávit y en otras tiene déficit. Ocasionalmente el déficit es muy grande, como en 1975. Desde 1980 el sector gubernamental ha tenido un déficit persistente que en promedio ha sido el 3 por ciento del PIB.

Hasta cierto punto, el balance del presupuesto del gobierno está relacionado con el ciclo económico. Cuando la economía se expande con rapidez, los ingresos crecen rápidamente y también la recaudación tributaria. El desempleo disminuye y también los beneficios de desempleo. El déficit del gobierno se reduce en esta fase del ciclo económico. Cuando la economía está en la fase de contracción disminuye la recaudación tributaria y los beneficios del desempleo aumentan lo mismo que el déficit presupuestario del gobierno. Lo significativo acerca del déficit presupuestario en la década de 1980 es que perduró a pesar del hecho de que la economía experimentó una fuerte y prolongada expansión.

Estudiaremos más detenidamente el déficit del gobierno en el capítulo 34. En ese capítulo analizaremos sus causas y consecuencias.

## Déficit externo

El valor de todos los bienes y servicios que vendemos a otros países (exportaciones) menos el valor de todos los bienes y servicios que compramos del exterior (importaciones) se llama nuestra **balanza en cuenta corriente**. Si vendemos al resto del mundo más de lo que le compramos, tenemos un superávit en cuenta corriente. Si compramos al resto del mundo más de lo que le vendemos, tenemos un déficit en cuenta corriente.

La mayor parte del tiempo, desde 1950, Estados Unidos ha tenido un pequeño superávit en cuenta corriente. Pero en los últimos años ha aparecido un déficit en cuenta corriente. Ese déficit no sólo ha sido persistente, sino que también ha aumentado gradualmente en su magnitud. Cuando tenemos un déficit en cuenta corriente, tenemos que pedir prestado al resto del mundo para pagar por los bienes y servicios que estamos comprando en exceso de lo que vendemos. Como reflejo del déficit en cuenta corriente de Estados Unidos, hay un superávit en cuenta corriente en algunos otros países. El país más destacado en el lado contrario de la balanza de pagos internacional de Estados Unidos es Japón. Ese país ha tenido un superávit en cuenta corriente y, en años recientes, un superávit creciente. Para financiar el déficit, Estados Unidos pide prestado al resto del mundo y el resto del mundo le presta.

Las causas del superávit y déficit internacionales y sus consecuencias serán analizadas con detenimiento en el capítulo 36.

◆ ◆ ◆ ◆   En nuestro estudio de la macroeconomía, veremos lo que actualmente se sabe sobre las causas de la inflación y las variaciones de su tasa; también veremos lo que se sabe acerca de las causas del desempleo y de las fluctuaciones del ciclo económico. Veremos por qué en ciertas épocas el mercado bursátil es un buen predictor del estado de la economía y en otras no lo es; también veremos por qué en ocasiones la inflación y el ciclo económico se mueven de acuerdo y por qué a veces dichas variables toman direcciones distintas. Por último, aprenderemos más acerca del déficit: el déficit del gobierno y el déficit externo, y sus causas, su importancia y sus consecuencias.   ◆ ◆   El siguiente paso en nuestro estudio de la macroeconomía es aprender más acerca de la medición macroeconómica: cómo medimos el PIB, el nivel de precios y la inflación.

# R E S U M E N

## Inflación

La inflación es el movimiento ascendente del nivel medio de precios. Para medir el nivel medio de precios calculamos un índice de precios. La tasa de inflación es el cambio porcentual del valor de un índice de precios.

La inflación es una característica persistente de la vida económica de Estados Unidos, pero la tasa de inflación fluctúa. A principios de la década de 1960 la inflación estaba entre el 1 y el 2 por ciento anual. En 1980 la tasa excedía el 13 por ciento anual. Hubo una tendencia ascendente de la inflación durante las décadas de 1960 y 1970, pero la inflación ha tenido una tendencia descendente desde 1980.

La inflación es un problema porque hace bajar el valor del dinero a una tasa imprevisible. Cuanto más imprevisible es la tasa de inflación, menos útil es el dinero como unidad de medida para realizar transacciones. La inflación hace al dinero particularmente inadecuado para las transacciones que se extienden a lo largo del tiempo, como el pedir prestado y prestar o trabajar por una tasa de salario acordada. Una inflación rápida anticipada es un problema porque provoca que la gente se deshaga del dinero lo más pronto posible, lo que desorganiza la vida económica (págs. 633-638).

## Desempleo

El desempleo es una situación en la que hay trabajadores calificados disponibles para trabajar a la tasa de salario corriente pero que no tienen empleos. La fuerza de trabajo es la suma de aquellos que están desempleados y de los que están empleados u ocupados. La tasa de desempleo es el porcentaje de la fuerza de trabajo que está desempleada. El desempleo se mide mensualmente con una encuesta de hogares.

El desempleo en Estados Unidos no se consideraba un problema importante en la década de 1960, cuando su tasa en promedio era menor al 5 por ciento. Su tasa disminuyó durante esa década. Desde 1969 el desempleo ha tenido una tendencia ascendente y ha tenido fluctuaciones pronunciadas. Su tasa alcanzó una cima en 1982 y en 1983.

Existen tres tipos de desempleo: por fricción, estructural y cíclico. El desempleo por fricción surge del movimiento normal del mercado de trabajo y del hecho de que la gente tarda en encontrar un empleo que se adapte mejor a sus habilidades. El desempleo estructural surge cuando el cambio tecnológico ocasiona una disminución de empleos que se concentran en industrias o regiones en particular. El desempleo cíclico surge cuando baja el ritmo de expansión económica. El empleo pleno es una situación en la que el desempleo es por fricción y estructural y el número de vacantes es igual al número de trabajadores desempleados. Con empleo pleno la tasa de desempleo se llama tasa natural de desempleo.

Los principales costos del desempleo son pérdida de producción e ingreso, que se podían haber obtenido si los desempleados hubieran trabajado. Otros costos importantes incluyen el daño al capital humano y, cuando el desempleo se prolonga, aumento de la delincuencia y severos problemas sociales y psicológicos de los trabajadores desempleados y de sus familias (págs. 638-642).

## Producto interno bruto

La producción total de un país la mide el PIB. Éste consiste en el valor en dólares de todos los bienes finales y servicios producidos en la economía en un periodo determinado. Los cambios del PIB reflejan tanto los cambios de precios como los cambios de la cantidad producida de bienes y servicios. Para separar los efectos de precios de las cantidades reales, distinguimos entre PIB nominal y PIB real. El PIB nominal se mide usando precios corrientes. El PIB real se mide usando precios de algún año base.

El PIB real crece en promedio cada año, así que la tendencia del PIB real es ascendente. Pero el PIB real no crece a una tasa constante. Su tasa de expansión fluctúa, así que el PIB real fluctúa en torno a su tendencia real. Los aumentos del PIB real producen una elevación del nivel de vida, pero tiene sus costos. Los principales costos del crecimiento económico rápido son el agotamiento de los recursos, la contaminación del medio ambiente y la necesidad de enfrentar cambios rápidos y frecuentemente costosos en el tipo y ubicación del empleo. Los beneficios de los niveles más altos de consumo tienen que ponerse en la balanza con esos costos (págs. 642-648).

## El ciclo económico

El ciclo económico es el movimiento periódico pero irregular al alza y a la baja de la actividad macroeconómica. El ciclo tiene cuatro fases: contracción, fondo, expansión y cima. Cuando el PIB baja durante dos trimestres, la economía está en recesión.

Las fluctuaciones del desempleo siguen muy de cerca a las del PIB real. Cuando el PIB real está por encima de la tendencia, la tasa de desempleo es baja; cuando el PIB real está debajo de la tendencia, la tasa de desempleo es alta. Pero los precios reales de las acciones no fluctúan de una manera similar al ciclo económico. Algunas veces un desplome del mercado bursátil precede a la recesión, pero no siempre ocurre así.

No existe una relación simple entre la tasa de inflación y el ciclo económico. Algunas veces la tasa de inflación aumenta en la fase de expansión y disminuye en la fase de contracción. Pero otras veces la inflación se mueve independientemente del ciclo económico. Entonces hay dos tipos de fuerzas que causan la inflación y que deben investigarse: las que están relacionadas con el ciclo económico y las que son independientes de él (págs. 649-653).

## Déficit del gobierno y déficit externo

El déficit del gobierno es el gasto total del sector gobierno menos el ingreso total de ese sector durante un periodo determinado. Hasta cierto punto, el déficit del gobierno fluctúa en el curso del ciclo económico. Pero en la década de 1980 el sector gobierno tuvo en forma persistente un déficit que en promedio fue del 3 por ciento del PIB, en tanto que la economía experimentó una intensa y persistente expansión.

La balanza en cuenta corriente de un país es la diferencia entre el valor de los bienes y servicios que vende a otros países y el valor de los bienes y servicios que compra al resto del mundo. Estados Unidos tiene normalmente un superávit en cuenta corriente, pero en la década de 1980 apareció un déficit. Como reflejo del déficit en cuenta corriente de Estados Unidos tenemos el superávit en cuenta corriente en algunos otros países. Japón es uno de los países que tuvo un elevado superávit en la década de 1980 (págs. 653-654).

---

## ELEMENTOS CLAVE

**Figuras clave**

# PREGUNTAS DE REPASO

**1**  ¿Qué es la inflación?

**2**  ¿Cuáles son algunos de los costos de la inflación?

**3**  ¿Cuáles son, si los hay, los beneficios de la inflación? Si no hay beneficios, explique por qué.

**4**  ¿Por qué la inflación no siempre beneficia a los prestatarios a costa de los prestamistas?

**5**  ¿Por qué puede ser un problema la inflación anticipada?

**6**  ¿Cuál es la definición de desempleo?

**7**  ¿Cómo mide la tasa de desempleo el Departamento de Trabajo de su país?

**8**  ¿Por qué la tasa de desempleo medida subestima o exagera la verdadera magnitud del desempleo?

**9**  ¿Cuáles son los diferentes tipos de desempleo?

**10**  ¿Cuáles son los principales costos del desempleo?

**11**  ¿Qué hace crecer al PIB?

**12**  ¿Cuáles son los costos y beneficios de un elevado crecimiento promedio del PIB real?

**13**  ¿Cuáles son los costos y beneficios de las fluctuaciones del PIB real?

**14**  ¿Qué es el ciclo económico? Describa las cuatro fases del ciclo económico. ¿Cuál era la fase del ciclo económico de su país en 1975? ¿En 1980? ¿En 1985? ¿En 1991?

**15**  Cuando la economía está en la fase de recuperación ¿qué pasa con la tasa de desempleo? ¿Con el mercado bursátil?

**16**  ¿En qué forma fluctúa la tasa de inflación durante el ciclo económico?

**17**  Compare las fluctuaciones de la inflación y el desempleo.

# PROBLEMAS

**1**  Al final de 1992 el índice de precios era de 150. Al final de 1991 el índice de precios era de 125. Calcule la tasa de inflación en 1992.

**2**  En un mundo sin inflación, José y María están dispuestos a pedir prestado y a prestar a una tasa del 2 por ciento anual. José espera que la inflación el próximo año sea del 5 por ciento y María

espera que sea del 3 por ciento. ¿Estarán dispuestos José y María a firmar un contrato en el que uno de ellos obtenga un préstamo del otro? Explique por qué o bien por qué no.

**3**  Lucía maneja la heladería La Polar. Ella espera que la inflación sea en el año siguiente del 3 por ciento. Los estudiantes que trabajan en La Polar esperan que la inflación sea sólo del 2 por ciento. ¿Estarán en posibilidades de ponerse de acuerdo Lucía y los estudiantes acerca de la tasa de salario para el verano próximo? Explique su respuesta.

**4** Consiga datos sobre el desempleo de su estado o provincia. Usted puede obtenerlos si la biblioteca de su escuela tiene la publicación del Departamento de Trabajo. De otra manera quizá tenga que llamar a la sección financiera de su periódico local para obtener información. Compare el comportamiento del desempleo en su estado con el de todo el país. ¿Por qué cree usted que su estado puede tener una tasa de desempleo menor o mayor que la tasa promedio de todo el país?

**5** Consiga datos sobre la inflación en Estados Unidos, Japón, Canadá, Alemania y su país, desde 1980. Usted encontrará esta información en las *Es-*

*tadísticas Financieras Internacionales* del Fondo Monetario Internacional en la biblioteca de su escuela. Dibuje una gráfica con los datos y conteste las siguientes preguntas:

**a** ¿Qué país tuvo la tasa de inflación más alta?

**b** ¿Qué país tuvo la tasa de inflación más baja?

**c** ¿Qué país tuvo la tasa de inflación que aumentaba más rápidamente?

**d** ¿Cuál país tuvo la tasa de inflación que descendía más rápidamente?

**6** Con base en sus respuestas al problema 5 ¿qué espera usted que pase con el tipo de cambio del dólar de Estados Unidos ante el yen japonés, con el dólar canadiense y con el marco alemán? Compare su respuesta con los tipos de cambio de las *Estadísticas Financieras Internacionales* de donde obtuvo las tasas de inflación.

# CAPÍTULO 23

## MEDICIÓN DEL PRODUCTO Y DEL NIVEL DE PRECIOS

**Después de estudiar este capítulo, usted será capaz de:**

- ◆ Describir los flujos del gasto y del ingreso

- ◆ Explicar por qué son iguales el gasto agregado y el ingreso agregado

- ◆ Explicar cómo se miden el producto interno bruto (PIB) y el producto nacional bruto (PNB)

- ◆ Describir dos medidas del nivel de precios: el índice de precios al consumidor (IPC) y el índice de deflación del PIB

- ◆ Explicar cómo se mide el PIB real

- ◆ Distinguir entre la inflación y los cambios de los precios relativos

- ◆ Explicar por qué el PIB real no es un buen indicador del bienestar económico

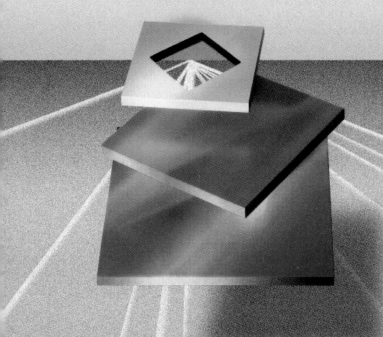

C ADA TRES MESES, EL DEPARTAMENTO DE COMERCIO DE Estados Unidos publica las últimas estimaciones trimestrales del producto interno bruto, o PIB, un barómetro de la economía del país. Tan pronto como éstas se publican, los analistas las examinan, para entender el pasado y prever el futuro. Pero, ¿cómo calculan los contadores del gobierno el conjunto de la agitada y floreciente actividad económica de un país para llegar a una cifra llamada PIB? ¿Y qué es exactamente el PIB? ◆ ◆ Desde economistas hasta amas de casa, toda clase de personas que observan la inflación, perciben con mucho cuidado otro barómetro económico: el índice de precios al consumidor o IPC. Los ministros de Trabajo publican nuevas cifras cada mes, y los analistas de la prensa y de la televisión sacan inmediatamente sus conclusiones. ¿Cómo calcula el gobierno el IPC? ¿Con qué exactitud mide el costo de la vida del consumidor? ◆ ◆ El ritmo de expansión de nuestra economía fluctúa y, ocasional-

## Barómetros económicos

mente, lo interrumpe un periodo de contracción. Describimos estos flujos y reflujos de la actividad económica observándolos como un ciclo económico. Pero para poder entender el ciclo económico tenemos que eliminar los efectos de la inflación sobre el PIB y calcular el cambio del PIB en virtud de los cambios de la producción y no de los cambios de los precios. ¿Cómo eliminamos el componente inflacionario del PIB? ◆ ◆ Algunas personas viven de la delincuencia. Otros, aunque su trabajo sea legal, tratan de ocultar el pago que reciben para evadir impuestos u otras regulaciones. La mayoría de la gente lleva a cabo alguna actividad económica dentro de sus hogares. La preparación de los alimentos, el lavado de camisas y el corte del césped son ejemplos de ello. ¿Se tienen en cuenta estas actividades cuando medimos el PIB? Si no se tienen en cuenta ¿cómo son de importantes? ¿Qué importancia tiene si no aparecen en el PIB?

◆ ◆ ◆ ◆  En este capítulo aprenderemos más acerca de los conceptos macroeconómicos del PIB y del nivel de precios. Veremos cómo se mide el PIB. También veremos cómo se separan los componentes real e inflacionario del PIB. Aprenderemos a calcular e interpretar el IPC. Por último, preguntaremos qué significa el PIB: ¿qué indica acerca de nuestro nivel de vida y bienestar económico? Empecemos con la descripción de los flujos de gasto e ingreso.

## Flujo circular del gasto y del ingreso

E l flujo circular del gasto y del ingreso proporciona una base conceptual para medir el producto interno bruto. Veremos algunas de las ideas y relaciones clave más claramente si partimos de un modelo de economía que es una simplificación de una economía como en la que vivimos. Después añadiremos algunas características para que nuestra economía simplificada tenga relación con la economía real.

### Los flujos circulares en una economía simplificada

Nuestra economía simplificada solamente tiene dos tipos de instituciones económicas: familias y empresas.

Familias:

◆ Reciben ingresos a cambio de la oferta a las empresas de factores de producción

◆ Realizan gastos en bienes de consumo y en servicios que compran a las empresas

◆ Ahorran parte de sus ingresos

Empresas:

◆ Pagan ingresos a las familias a cambio de los factores de producción contratados (estos pagos incluyen salarios pagados al trabajo, interés pa-

gado al capital, renta pagada por la tierra y beneficios)

◆ Realizan gastos de inversión: compras de bienes de capital a otras empresas y variaciones de sus inventarios

◆ Reciben ingresos por la venta a las familias de bienes de consumo y servicios

◆ Reciben ingresos por los gastos de inversión de otras empresas

◆ Piden prestado para financiar los gastos de inversión

La economía tiene tres tipos de mercados:

◆ Mercados de bienes (y servicios)

◆ Mercados de factores

◆ Mercados financieros

Las transacciones entre las familias y las empresas se efectúan en estos mercados. En los mercados de factores, las familias venden a las empresas servicios de trabajo, capital y tierra. A cambio, las empresas realizan pagos de ingresos a las familias. Estos pagos son salarios por concepto de servicios de trabajo, interés por el uso del capital, renta por el uso de la tierra y beneficios a los propietarios de las empresas. Estos pagos por los servicios de los factores constituyen los ingresos de las familias. El **ingreso agregado** es la cantidad recibida por las familias como pago por los servicios de los factores de la producción.

En los mercados de bienes y servicios, las empresas venden a las familias bienes de consumo y servicios, como las palomitas de maíz y los refrescos, funciones de cine y barras de chocolate, hornos de microondas y servicios de tintorería. A cambio, las familias hacen pagos a las empresas. El pago total realizado por las familias en bienes de consumo y servicios se llama **gasto en consumo**.

Las empresas no venden toda su producción a las familias. Parte de lo que producen es equipo de capital nuevo que se vende a otras empresas. Por ejemplo, IBM vende un computador a General Motors. Así mismo, parte de lo que producen las empresas quizás no se vende, sino que se añade a los inventarios. Por ejemplo, si GM produce 1000 automóviles y vende 950 a las familias, 50 quedan sin vender y el inventario de automóviles de GM aumenta en 50. Cuando una empresa añade producción no vendida

FIGURA 23.1

## Flujo circular del gasto y del ingreso entre las familias y las empresas

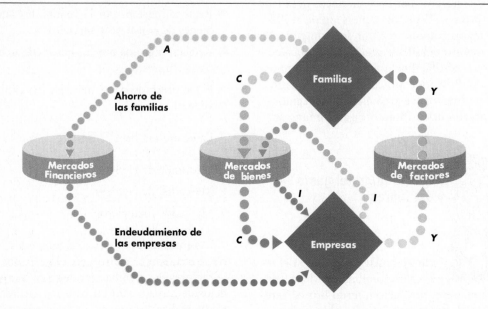

Las transacciones entre familias y empresas en los mercados de bienes y en los mercados de factores produce el flujo circular del gasto y del ingreso. Las familias reciben ingreso de los factores (*Y*) de las empresas a cambio de servicios de factores que ofrecen (flujo azul). Las familias adquieren bienes de consumo y servicios (*C*) de las empresas y las empresas compran bienes de capital a otras empresas e inventarios a sí mismas: la inversión (*I*) (flujos rojos).

Fuera del flujo circular, las familias ahorran parte de sus ingresos (*A*) y las empresas se endeudan para financiar sus gastos de consumo (flujos verdes). Los ingresos de las empresas por la venta de bienes y servicios se pagan a las familias en forma de salarios, intereses, renta o beneficios. Los gastos agregados (gasto de consumo más la inversión) son iguales al ingreso agregado, que es igual al PIB.

al inventario, podemos pensar como si la empresa se comprara bienes a sí misma. Se llama **inversión** a la compra de una nueva planta, equipo y construcciones y a la variación de inventarios. Para financiar la inversión, las empresas piden prestado a las familias en los mercados financieros.

Estas transacciones entre familias y empresas da como resultado flujos de ingreso y gasto, como se muestra en la figura 23.1. Para que pueda usted seguir la pista a los diferentes tipos de flujos, se han dibujado con colores diferentes. El flujo azul representa el ingreso agregado, que denotamos con *Y*. Los flujos rojos representan los gastos en bienes y servicios. El gasto en consumo se denota con *C*. La inversión se indica con *I*. Observe que la inversión se ilustra en la figura como un flujo de empresas a

través de los mercados de bienes y de vuelta, nuevamente, a las empresas. Se representa en esta forma porque algunas empresas producen bienes de capital y otras los compran (y se "compran" inventarios).

Hay dos flujos adicionales en la figura, que se muestran en verde. Éstos no representan pagos por los servicios de los factores de la producción, o por las compras de bienes y servicios. Son ahorro y endeudamiento. Las familias no gastan todo su ingreso, ahorran una parte. En esta economía simplificada, el ahorro es la diferencia entre el ingreso agregado y el gasto de consumo, y se denota con *A*. El ahorro se encauza a través de los mercados financieros, en los que las empresas obtienen en préstamo los fondos necesarios para financiar su inversión.

Los flujos más importantes mostrados en la figura 23.1 son el ingreso agregado (flujo azul) y los gastos (flujos rojos). Observaremos que el flujo azul y los dos flujos rojos son iguales en términos agregados. Veamos por qué.

### Igualdad del ingreso agregado y del gasto agregado

La suma de los gastos de consumo (*C*) y de inversión (*I*) es el gasto agregado de bienes finales y servicios (dicho brevemente: gasto agregado). Para ver la igualdad del ingreso y del gasto agregados, vea nuevamente la figura 23.1 y concéntrese en las empresas. Advierta que hay dos flechas rojas que indican flujos de ingreso hacia las empresas. Son el gasto de consumo (*C*) y de inversión (*I*), o gasto agregado. Todo lo que la empresa recibe por la venta de su producción lo paga también por los servicios de los factores de la producción que contrata. Para poder verlo, recuerde que los pagos de los factores de la producción han de incluir no sólo salarios, interés y renta pagados por los servicios del trabajo, capital y tierra, sino también los beneficios. Cualquier diferencia entre la cantidad recibida por una empresa por la venta de su producción y la cantidad pagada a sus proveedores de trabajo, capital y tierra es un beneficio (o pérdida) para el propietario de la empresa. El propietario de la empresa es una familia, y ésta recibe el beneficio de la empresa (o asume la pérdida de ella). Así, el ingreso total que cada empresa paga a las familias es igual a su ingreso por la venta de bienes finales y servicios. Ya que este razonamiento se aplica a todas y cada una de las empresas de la economía, entonces

Gasto agregado = ingreso agregado.

### Producto interno bruto de la economía simplificada

El *producto interno bruto* (PIB) es el valor de todos los bienes finales y de los servicios producidos en la economía. En la economía simplificada, que estamos estudiando, los bienes finales y los servicios producidos son los bienes de consumo y los servicios y bienes de capital producidos por las empresas. Existen dos formas para valorar dicha producción: sobre la base de lo pagado por los compradores (esta cantidad es el gasto agregado) y sobre la base del costo de los factores de la producción usado para producirla (esta cantidad es el ingreso agregado). Pero acabamos de ver que el gasto agregado es igual al ingreso agregado. Es decir, la cantidad total gastada en bienes y servicios produ-

cidos es igual a la cantidad total pagada por los factores de la producción usados para producirlos. Entonces, el PIB es igual al gasto agregado que, a su vez, es igual al ingreso agregado. Es decir,

PIB = Gasto agregado = ingreso agregado.

### Sectores del gobierno y externo

En la economía simplificada que acabamos de examinar, nos concentramos exclusivamente en la conducta de las familias y de las empresas. En las economías del mundo real existen otros dos sectores importantes que agregan flujos adicionales al flujo circular de gasto e ingreso: el gobierno y el resto del mundo. Estos sectores no modifican los resultados fundamentales que acabamos de obtener. El PIB es igual al gasto agregado, o al ingreso agregado, independientemente de cuántos sectores consideremos y de lo complicada que sea la gama de flujos que consideremos entre ellos. Sin embargo, es importante añadir el gobierno y el resto del mundo a nuestro modelo para que así podamos observar los flujos adicionales de gasto e ingreso que ellos generan.

El gobierno:

- Realiza gastos en bienes y servicios comprados a las empresas
- Recauda impuestos de familias y empresas y hace pagos de transferencias a éstas
- Obtiene préstamos para financiar la diferencia entre su ingreso y su gasto

El resto del mundo:

- Realiza gastos en bienes y servicios comprados a empresas nacionales y recibe ingresos por la venta de bienes y servicios a empresas nacionales
- Presta (o pide prestado) a las familias y empresas de la economía nacional

Los flujos adicionales surgen de las transacciones entre el gobierno, el resto del mundo y las familias y empresas, conjuntamente con los flujos originales que ya consideramos, ilustrados en la figura 23.2.

Concentrémonos primero en los flujos que incluyen al gobierno. Las compras gubernamentales de bienes y servicios a las empresas se muestran como el flujo *G*. Éste se muestra en rojo (al igual que el gasto de consumo e inversión) para indicar que es un gasto en bienes y servicios.

FIGURA **23.2**

# Flujo circular que incluye al gobierno y al resto del mundo

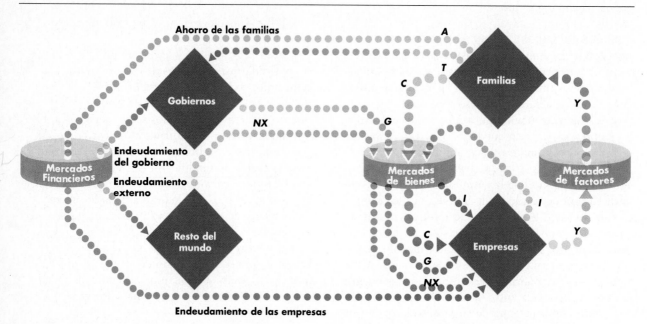

Las transacciones entre familias, empresas, gobiernos y el resto del mundo, en los mercados de bienes y en los mercados de factores, genera el flujo circular de gasto e ingreso. Las familias reciben ingreso de factores ($Y$) a partir de las empresas por los servicios de factores que ofrecen (flujo azul). Las familias compran bienes de consumo y servicios ($C$) a las empresas; las empresas compran bienes de capital a otras empresas e inventarios a ellas mismas ($I$); los gobiernos compran bienes y servicios ($G$); el resto del mundo compra bienes y servicios a las empresas, y las empresas compran bienes y servicios al resto del mundo ($NX$) (flujos rojos).

Fuera del flujo circular, las familias ahorran parte de su ingreso ($A$) y pagan impuestos netos ($T$) a los gobiernos; las empresas obtienen préstamos para financiar sus gastos de inversión; los gobiernos obtienen préstamos para financiar sus déficit, y el resto del mundo obtiene u otorga préstamos (flujos verdes).

Los ingresos de las empresas por la venta de bienes y servicios se pagan a las familias como salarios, intereses, renta o beneficios. El gasto agregado (gasto de consumo más inversión más compras del gobierno más exportaciones netas) es igual al ingreso agregado, que es igual al PIB.

Los impuestos netos son un flujo neto de las familias hacia el gobierno.[1] Estos flujos netos son la diferencia entre los impuestos pagados y los pagos de transferencia recibidos. Los **pagos de transferencia** son flujos de dinero a partir del gobierno, como los beneficios de la seguridad social. Es importante no confundir los pagos de transferencia

con las compras gubernamentales de bienes y servicios. El término *pagos de transferencia* está pensado para recordarnos que estos rubros son transferencias de dinero y que, como tales, son similares a los impuestos, excepto que fluyen en la dirección opuesta: fluyen de los gobiernos hacia las familias. Los impuestos netos ($T$) se ilustran en la figura como un flujo verde, para recordarle que éste no representa un pago a cambio de bienes y servicios o el ingreso de un factor. Es simplemente una transferencia de recursos financieros de las familias hacia el gobierno.

La diferencia entre los impuestos netos recaudados por el gobierno y el gasto gubernamental en bienes y servicios es el déficit presupuestario del

---

[1] El diagrama no muestra a las empresas pagando impuestos. Usted puede concebir los impuestos pagados por las empresas como pagados por cuenta de las familias propietarias de las empresas. Por ejemplo, un impuesto sobre los beneficios de una empresa significa que las familias propietarias de la empresa reciben un menor ingreso. Es como si las familias recibieran todos los beneficios y pagaran, después, el impuesto sobre los beneficios. Esta forma de ver los impuestos simplifica la figura 23.2 pero no modifica las conclusiones.

gobierno. El gobierno cubre su déficit al obtener préstamos en los mercados financieros. Ese endeudamiento se ilustra por el flujo verde de la figura 23.2.

A continuación vea las transacciones con el resto del mundo. El flujo rojo de esta misma figura, señalada como *NX*, son las exportaciones netas. Las **exportaciones netas** son iguales a las exportaciones de bienes y servicios hacia el resto del mundo menos las importaciones de bienes y servicios del resto del mundo. Este flujo representa el gasto del resto del mundo en bienes y servicios producidos por las empresas nacionales (exportaciones) menos el gasto de las empresas nacionales en bienes y servicios producidos en el resto del mundo (importaciones).

Si las exportaciones exceden a las importaciones, las exportaciones netas son positivas. Hay un flujo neto hacia el interior de la economía nacional. Para financiar dicha entrada neta, el resto del mundo obtiene préstamos de la economía nacional en los mercados financieros. Éste es el flujo verde, señalado como "Endeudamiento externo". Si las importaciones exceden a las exportaciones, las exportaciones netas son negativas y hay un flujo de las empresas nacionales hacia el resto del mundo. En este caso, la economía nacional obtiene préstamos del resto del mundo en los mercados financieros. Para ilustrar este caso en la figura mencionada, invertiríamos las direcciones de los flujos de exportaciones netas y de endeudamiento externo.

Ahora que ya hemos introducido más elementos del mundo real a nuestro modelo de economía, comprobemos que el gasto agregado es todavía igual al ingreso agregado.

### Nuevamente, el gasto es igual al ingreso

El gasto agregado es igual al ingreso agregado en esta economía más complicada, de la misma manera que en la economía en que solamente hay familias y empresas. Para ver esta igualdad, fíjese en los gastos en bienes y servicios (flujos rojos) recibidos por empresas, y en los pagos de las empresas por servicios de factores (flujo azul). Tenemos ahora cuatro flujos que representan los ingresos de las empresas por la venta de bienes y servicios: gasto de consumo (*C*), inversión (*I*), compras gubernamentales de bienes y servicios (*G*) y exportaciones netas (*NX*). La suma de estos cuatro flujos es igual al gasto agregado en bienes finales y servicios. Igual que antes, todo lo que recibe la empresa por la venta de su producción se paga como ingreso a los propietarios de los factores de la producción empleados y a

las familias que tienen derecho a sus beneficios. El flujo azul de ingreso es por tanto igual a la suma de los flujos rojos de gasto. Es decir,

$$Y = C + I + G + NX.$$

Entonces, como vimos en el caso del modelo más sencillo de la economía, el ingreso agregado es igual al gasto agregado.

El PIB también es igual al gasto agregado o ingreso agregado. Esta igualdad tiene lugar porque podemos medir tanto el valor del producto como la suma de los ingresos pagados a los factores de producción o el gasto en ese producto.

**PIB, gasto de consumo, ahorro e impuestos** Existe una relación importante entre el PIB, el gasto de consumo, el ahorro y los impuestos. Para ver esta relación, observe las familias de la figura 23.2. Hay un flujo hacia las familias y tres flujos desde ellas mismas. Hacia las familias fluye el ingreso agregado (*Y*), que hemos considerado como igual al PIB. Los flujos de salida son el gasto de consumo (*C*), ahorro (*A*) e impuestos netos (*T*). El ingreso agregado menos los impuestos netos (en forma equivalente, PIB menos impuestos netos) se llama **ingreso disponible**. El ingreso disponible se gasta tanto en bienes de consumo como en servicios, o se ahorra. Entonces el **ahorro** es igual al ingreso disponible menos el gasto de consumo. En forma equivalente, todo lo que reciben las familias se gasta en bienes de consumo y servicios o se ahorra, o se paga en impuestos. Es decir,

$$Y = C + A + T.$$

### Cuentas de ingreso y gasto

Podemos registrar las transacciones mostradas en el diagrama de flujo circular en un conjunto de cuentas, una para las empresas y una para las familias. La tabla 23.1(a) muestra las cuentas de ingreso y de gasto de la empresa. Las dos primeras fuentes de ingreso son la venta de bienes de consumo y servicios a las familias (*C*) y la venta de bienes de capital a otras empresas (*I*). Además, las empresas reciben ahora ingreso por la venta de bienes y servicios al gobierno (*G*) y por la venta de bienes y servicios (netos de compras) al resto del mundo (*NX*). La suma de todas sus fuentes de ingreso (*C* + *I* + *G* + *NX*) es igual a los pagos hechos a los propietarios de los factores de la producción (*Y*).

**TABLA 23.1**

## Cuentas de las empresas y de las familias

**(a) Empresas**

| Ingreso | | Gasto | |
|---|---|---|---|
| Venta de bienes de consumo y servicios | *C* | Pagos a los factores de producción | *Y* |
| Venta de bienes de capital y variación de inventarios | *I* | | |
| Venta de bienes y servicios al gobierno | *G* | | |
| Venta de bienes y servicios al resto del mundo (*EX*) *menos* compras de bienes y servicios del resto del mundo (*IM*) | *NX* | | — |
| Total | *Y* | | *Y* |

**(b) Familias**

| Ingreso | | Gasto | |
|---|---|---|---|
| Pagos por los factores de producción ofrecidos | *Y* | Compras de bienes de consumo y servicios | *C* |
| | | Impuestos pagados (*TRI*) *menos* pagos de transferencia recibidos (*TR*) | *T* |
| | — | Ahorro | *A* |
| Total | *Y* | | *Y* |

Las empresas, en la parte (a), reciben ingreso de los gastos de consumo (*C*), la inversión (*I*), las compras del gobierno de bienes y servicios (*G*) y las exportaciones netas (*NX*). Las empresas realizan pagos por los servicios de los factores de la producción (*Y*). El ingreso total que las empresas pagan es igual al gasto total: $Y = C + I + G + NX$. Las familias, en la parte (b), reciben un ingreso por los factores de la producción ofrecidos (*Y*). Compran bienes de consumo y servicios a las empresas (*C*) y pagan impuestos netos (impuestos menos pagos de transferencia) al gobierno (*T*). La parte del ingreso de las familias, que no se gasta en bienes de consumo o no se paga en impuestos, se ahorra (*A*). El gasto de consumo más los impuestos netos más el ahorro es igual al ingreso: $Y = C + T + A$.

La cuenta de ingreso y gasto de las familias se muestra en la tabla 23.1(b). Las familias reciben ingreso *(Y)* en pago por los factores de la producción ofrecidos, y gastan dicho ingreso en bienes de consumo (*C*). También pagan impuestos netos (*T*) y, como antes, el renglón que equilibra es el ahorro de las familias (*A*).

**Inyecciones y filtraciones**   El flujo de ingreso de las empresas a las familias y del gasto de consumo de las familias a las empresas es el flujo circular de ingreso y gasto. Se llama **inyecciones** al flujo circular de ingreso y gasto a la inversión, las compras gubernamentales de bienes y servicios y las exportaciones. Se llaman **filtraciones** del flujo circular de

gasto e ingreso a los impuestos netos, el ahorro y las importaciones. Veamos con más detenimiento dichas inyecciones y filtraciones.

Hemos visto en las cuentas de las empresas que

$$Y = C + I + G + NX.$$

Desglosemos las exportaciones netas en sus dos componentes: exportaciones de bienes y servicios (*EX*) e importaciones de bienes y servicios (*IM*). Es decir,

$$NX = EX - IM.$$

Al sustituir esta ecuación en la anterior, usted podrá ver que

$$Y = C + I + G + EX - IM.$$

También hemos visto en las cuentas de las familias que

$$Y = C + A + T.$$

Ya que el lado izquierdo de estas dos ecuaciones es el mismo, se sigue que

$$I + G + EX - IM = A + T.$$

Si sumamos $IM$ a ambos lados de esta ecuación, obtenemos

$$I + G + EX = A + T + IM..$$

El lado izquierdo muestra las inyecciones al flujo circular del gasto y del ingreso, y el derecho las filtraciones del flujo circular. *Las inyecciones al flujo circular son iguales a las filtraciones del flujo circular.*

---

### R E P A S O

E l gasto agregado es la suma del gasto de consumo ($C$), inversión ($I$), compras del gobierno de bienes y servicios ($G$) y exportaciones de bienes y servicios ($EX$) menos importaciones de bienes y servicios ($IM$). El gasto agregado es igual al valor de los bienes finales y servicios producidos. También es igual al ingreso agregado ($Y$) de los factores de la producción usados para producir esos bienes y servicios. Es decir,

$$Y = C + I + G + EX - IM.$$

Las familias asignan el ingreso agregado a tres actividades: gasto de consumo ($C$), impuestos (netos de pagos de transferencia) ($T$) y ahorro ($A$). Es decir,

$$Y = C + A + T.$$

La inversión, las compras del gobierno y las exportaciones son *inyecciones* al flujo circular del gasto y del ingreso. El ahorro, los impuestos netos (impuestos menos pagos de transferencia) y las importaciones son *filtraciones* del flujo circular. Las inyecciones son iguales a las filtraciones. Es decir,

$$I + G + EX = A + T + IM.$$ ◆

El flujo circular del ingreso y del gasto y las cuentas de ingreso y gasto de las empresas y las familias son nuestras herramientas para medir el PIB. Veamos ahora cómo los contadores del Departamento de Comercio usan estos conceptos para medir el PIB de Estados Unidos.

## Cuentas del ingreso nacional y del producto de Estados Unidos

E l Departamento de Comercio recopila datos para medir el PIB y publica lo que obtiene en sus investigaciones en Cuentas del Ingreso Nacional y del Producto de Estados Unidos (*National Income and Product Accounts of the United States*). Estos datos se recopilan usando dos enfoques:

◆    El enfoque del gasto
◆    El enfoque del ingreso de los factores

Veamos qué implica el uso de estas dos formas alternativas de medir el PIB.

### El enfoque del gasto

El **enfoque del gasto** mide el PIB mediante la recopilación de datos sobre el gasto de consumo ($C$), inversión ($I$), compras gubernamentales de bienes y servicios ($G$) y exportaciones netas ($EX$). Este enfoque se ilustra en la tabla 23.2. Las cifras se refieren a 1992 y están en miles de millones de dólares. El nombre del renglón usado en *Cuentas del Ingreso Nacional y el Producto de Estados Unidos* (publicadas por el Departamento de Comercio) aparecen en la primera columna y el símbolo que hemos usado en nuestras ecuaciones del PIB aparece en la siguiente columna. Para medir el PIB usando el enfoque del gasto sumamos los gastos de consumo personales ($C$), la inversión privada interna bruta ($I$), las compras del gobierno de bienes y servicios ($G$) y las exportaciones netas de bienes y servicios ($NX$).

Los *gastos de consumo personales* son los gastos en bienes y servicios producidos por las empresas y vendidos a las familias. Incluyen bienes tales como refrescos, discos compactos, libros y revistas así como servicios de seguros, bancarios y de asesoría legal. Estos gastos no incluyen la compra de casas habitación nuevas, ya que ésta se cuenta como inversión.

La *inversión privada interna bruta* es el gasto de las empresas en equipo de capital por las empresas y gastos de las familias en casas habitación nuevas. También incluye la variación de inventarios de las empresas. Los **inventarios** son los acervos de materias primas, productos semielaborados y productos finales no vendidos que mantienen las empresas. Los inventarios son un insumo esencial del proceso productivo. Si una empresa no mantiene inventarios de materias primas, su proceso productivo sólo podrá efectuarse al mismo ritmo en que le sean entregadas nuevas materias primas. De manera similar, si una empresa no tiene inventarios de productos semielaborados, los procesos en las etapas posteriores de la producción pueden interrumpirse debido a fallas o accidentes en las etapas previas. Por último, al mantener inventarios de productos terminados, las empresas pueden responder a las fluctuaciones de las ventas, con capacidad para enfrentar un aumento excepcional de la demanda.

El acervo de planta, equipo, construcciones (que incluye la construcción residencial) y los inventarios se llama **acervo de capital**. Las adiciones al acervo de capital constituyen la inversión.

Las *compras gubernamentales de bienes y servicios* son las compras de bienes en todos los niveles de gobierno, desde Washington hasta el gobierno local. Este renglón del gasto incluye el costo de defensa nacional, orden público, alumbrado de calles y recolección de basura. No incluye los *pagos de transferencia*. Como hemos visto, esos pagos no representan una compra de bienes y servicios sino más bien una transferencia de dinero del gobierno a las familias.

Las *exportaciones netas de bienes y servicios* son la diferencia entre el valor de las exportaciones y el de las importaciones. Cuando IBM vende un computador a Volkswagen, el productor alemán de automóviles, el valor de ese computador forma parte de las exportaciones de Estados Unidos. Cuando un estadounidense compra un Mazda RX7 nuevo, su gasto es parte de las importaciones de Estados Unidos. El valor de las exportaciones netas es la diferencia entre lo que gana un país por la venta de bienes y servicios al resto del mundo y lo que paga por los bienes y servicios comprados al resto del mundo.

La tabla 23.2 muestra la importancia relativa de los cuatro renglones del gasto agregado. Como podrá usted ver, el gasto de consumo personal es, con mucho, el componente mayor del PIB.

**TABLA 23.2**

## PIB: El enfoque del gasto

| Rubro | Símbolo | Cantidad en 1992 (miles de millones de dólares) | Porcentaje del PIB |
|---|---|---|---|
| **Gastos de consumo personales** | *C* | 4,096 | 68.8 |
| **Inversión privada interna bruta** | *I* | 770 | 12.9 |
| **Compras del gobierno de bienes y servicios** | *G* | 1,115 | 18.7 |
| **Exportaciones netas de bienes y servicios** | <u>*NX*</u> | <u>−30</u> | <u>−0.5</u> |
| Producto interno doméstico | <u>Y</u> | <u>5,951</u> | <u>100.0</u> |

El enfoque del gasto mide el PIB sumando los gastos de consumo personales, la inversión privada interna bruta, las compras gubernamentales de bienes y servicios y las exportaciones netas. En 1992, el PIB medido por el enfoque del gasto fue de 5951 miles de millones de dólares. Dos tercios del gasto son de consumo personal de bienes y servicios.

*Fuente*: Departamento de Comercio de Estados Unidos, *Survey of Current Business*, mayo de 1993.

## El enfoque de los ingresos de los factores

El **enfoque de los ingresos de los factores** mide el PIB sumando todos los ingresos pagados por las empresas a las familias por los servicios de los factores de producción que contratan: salarios de trabajo, interés del capital, renta de la tierra y beneficios. Pero esta suma, en sí misma, no proporciona el PIB. Se requieren ciertos ajustes adicionales. Veamos cómo funciona el enfoque de los ingresos de los factores.

Las cuentas de ingreso nacional y del producto dividen los ingresos de los factores en cinco componentes:

- Compensación de empleados
- Ingreso por rentas
- Beneficios de las empresas
- Interés neto
- Ingreso de los propietarios

La *compensación de los empleados* son los pagos totales que hacen las empresas por los servicios del trabajo. Este renglón incluye los sueldos y salarios netos (llamados salarios netos, descontados los impuestos y cuotas obligatorias) que los trabajadores reciben cada semana o mes, más los impuestos retenidos sobre los ingresos, más todos los beneficios suplementarios como la seguridad social y las contribuciones a los fondos de pensiones.

El *ingreso por renta* es el pago por el uso de la tierra y otros factores de producción arrendados. Incluye pagos por vivienda arrendada y renta imputada para las casas habitadas por sus propietarios. (La renta imputada es una estimación de lo que pagarían los propietarios por alquilar la vivienda que poseen. Al incluir este renglón en las cuentas del ingreso nacional, medimos el valor total de los servicios de vivienda, ya sea propia o alquilada.)

Los *beneficios de las empresas* son los beneficios totales obtenidos por las empresas. Algunos de estos beneficios se pagan a las familias en forma de dividendos, y parte lo retienen las empresas como beneficios no distribuidos.

El *interés neto* es el conjunto de pagos totales por intereses recibidos por las familias en préstamos otorgados por ellas mismas menos los pagos de intereses de su propio endeudamiento. Este renglón incluye, en el lado con signo positivo, los pagos de intereses de bonos por las empresas a las familias y, en el lado con signo negativo, los pagos

de intereses de las familias por los saldos pendientes de sus tarjetas de crédito.

El *ingreso de los propietarios* es una combinación de los elementos que acabamos de mencionar. El propietario de un negocio manejado por él mismo suministra al negocio trabajo, capital y quizás tierra y construcciones. Los contadores del ingreso nacional tienen dificultad en dividir el ingreso ganado por el propietario-operador en sus diversos componentes: compensación por trabajo, pago por el uso del capital, pagos de renta por el uso de la tierra, y construcciones y beneficios. En consecuencia, las cuentas del ingreso nacional reúnen todos estos ingresos separados en factores en una sola categoría. El **ingreso interno neto al costo de los factores** es la suma de todos los ingresos de los factores. Entonces, si sumamos todos los rubros que acabamos de ver, llegamos a esta medida del ingreso agregado. Para medir el PIB con el enfoque de los ingresos de los factores tenemos que hacer dos ajustes al *ingreso interno neto por costo de los factores*. Veamos cuáles son dichos ajustes.

**Precio de mercado y costo de los factores** Para calcular el PIB con el enfoque de gasto, sumamos todos los gastos en *bienes finales y en servicios*. Estos gastos se valúan en precios pagados por la gente por concepto de los diversos bienes y servicios. El precio que la gente paga por un bien o servicio se llama **precio de mercado**.

Otra forma de valuar un bien es el costo del factor. El **costo del factor** es el valor de un bien medido por la suma de los costos de todos los factores de la producción usados para producirlo. Si las únicas transacciones económicas fueran las establecidas entre familias y empresas, los métodos para medir el valor del precio de mercado y el del costo de los factores serían idénticos. Pero la existencia de impuestos indirectos y de los subsidios hace que ambos métodos sean diferentes.

Un **impuesto indirecto** es un impuesto pagado por los consumidores cuando éstos compran bienes y servicios. (Por el contrario, un impuesto *directo* es un impuesto sobre el ingreso.) Como ejemplos de impuestos indirectos tenemos los impuestos estatales sobre las ventas y los impuestos sobre el alcohol, la gasolina y el tabaco. Estos impuestos dan como resultado que el consumidor pague más por un bien de lo que el productor recibe. Por ejemplo, suponga que en su país existe un impuesto sobre las ventas del 7 por ciento. Si usted compra una barra de chocolate de 1 dólar, ésta le cuesta 1.07 dólares. El costo total, incluido el beneficio, de todos los insumos usados para producir la barra de chocolate es de 1 dólar. El valor del precio de mercado de la barra de chocolate es de 1.07 dólares. El valor del costo de los factores de la barra de chocolate es de 1 dólar.

Un **subsidio** es un pago que el gobierno hace a los productores. Como ejemplos de subsidios tenemos los que son pagados a los productores de granos y de productos lácteos. Un subsidio crea también una diferencia entre el valor del precio de mercado y el valor de costo de los factores, pero en una dirección opuesta a la de los impuestos indirectos. Un subsidio disminuye el precio de mercado por debajo del costo de los factores: los consumidores pagan por un bien menos de lo que le costó al productor elaborarlo.

Para usar el enfoque de los ingresos de los factores al medir el producto interno bruto necesitamos añadir los impuestos indirectos a los ingresos totales de los factores y restar los subsidios. Efectuar este ajuste no nos proporciona del todo aún el PIB. Se requiere un ajuste adicional.

**Producto interno neto y producto interno bruto**   Si obtenemos el total de los ingresos de los factores y añadimos los impuestos indirectos menos los subsidios a ese total, llegamos al **producto interno neto a precios de mercado**. ¿Qué significan los términos *bruto* y *neto*, y qué diferencia hay entre los términos *producto interno neto* y *producto interno bruto*?

La diferencia entre ambos términos se da de acuerdo con la depreciación del capital. La **depreciación** es la disminución del valor del acervo de capital como consecuencia del uso y desgaste y por el transcurso del tiempo. Hemos visto que la inversión es la compra de equipo nuevo de capital. La depreciación es lo contrario: el desgaste o la destrucción del equipo de capital. Parte de la inversión representa la compra de equipo de capital para reemplazar al equipo desgastado. Esa inversión no se añade al acervo de capital, simplemente lo mantiene. La otra parte de la inversión constituye adiciones al acervo de capital: la compra de nueva planta adicional, equipo e inventarios. La inversión total se llama inversión bruta. La **inversión bruta** es la cantidad gastada para reemplazar al capital depreciado y para hacer adiciones netas al acervo de capital. La inversión bruta menos la depreciación se llama **inversión neta**. La inversión neta es la adición

neta al acervo de capital. Ilustremos esas ideas con un ejemplo:

El 1 de enero de 1994, Elegante S.A. tenía un acervo de capital que consistía en tres máquinas tejedoras con un valor de mercado de 7500 dólares. En 1994, Elegante compró una máquina nueva en 3000 dólares. Pero durante el año, la depreciación total de las máquinas propiedad de Elegante fue de 1000 dólares. Para el 31 de diciembre de 1994, el acervo de máquinas de tejer de Elegante valía 9500 dólares. La adquisición que hizo de una máquina nueva en 3000 dólares constituye su inversión bruta de la empresa. La inversión neta de la empresa, la diferencia entre inversión bruta ($3000) y depreciación ($1000), es de 2000 dólares. Estas transacciones y la relación entre la inversión bruta y la inversión neta se resumen en la tabla 23.3.

El producto interno bruto es igual al producto interno neto menos la depreciación. (La depreciación se llama *consumo de capital* de acuerdo con los contadores del ingreso nacional del Departamento de Comercio.) El gasto total *incluye* la depreciación porque incluye la *inversión bruta*. Los ingresos totales de los factores más los impuestos

---

**TABLA 23.3**

## Acervo de capital, inversión y depreciación de Elegante S.A.

| | |
|---|---|
| Acervo de capital el 1 de enero de 1994 (valor de las máquinas tejedoras de su propiedad al principio del año) | $7,500 |
| Inversión bruta (valor de la nueva máquina tejedora comprada durante 1994) | +3,000 |
| *menos* depreciación (baja del valor de las máquinas tejedoras durante 1994) | −1,000 |
| *igual* a inversión neta | 2,000 |
| Acervo de capital a 31 de diciembre de 1994 (valor de las máquinas tejedoras de su propiedad al cierre del año) | $9,500 |

El acervo de capital de Elegante S.A., al cierre de 1994, es igual a su acervo de capital a principios de año más la inversión neta. La inversión neta es igual a la inversión bruta menos la depreciación. La inversión bruta es el valor de las máquinas nuevas compradas durante el año y la depreciación es la baja del valor de las máquinas tejedoras de Elegante durante el año.

indirectos menos los subsidios *excluyen* la depreciación porque, cuando las empresas calculan su beneficio, la toman en consideración y restan de su beneficio bruto el cálculo de la disminución del valor de su acervo de capital. En consecuencia, la suma de los ingresos de los factores proporciona la medida del producto interno neto de la depreciación del acervo de capital. Para conciliar los enfoques del ingreso de los factores y del gasto, debemos añadir el consumo de capital (depreciación) al producto interno neto. La tabla 23.4 resume estos cálculos y muestra cómo el enfoque de ingresos de los factores conduce a la misma estimación del PIB según el enfoque del gasto. La tabla también muestra la importancia relativa de los distintos ingresos de los factores. Como usted podrá observar, la compensación de los empleados (salarios y sueldos) es, con mucho, el ingreso de factor más importante.

## Valoración de la producción de empresas y sectores

Para valuar la producción de cada empresa o sector de la economía, calculamos el valor agregado por cada empresa o sector. El **valor agregado** es el valor de la producción de la empresa menos el valor de los *bienes intermedios* comprados a otras empresas. En forma equivalente, es la suma de los ingresos (incluyendo los beneficios) pagados a los factores de la producción usados por la empresa para obtener su producción. Ilustremos el valor agregado mediante la producción de una barra de pan.

La figura 23.3 recorre la breve vida de una barra de pan. Ésta comienza con el agricultor, quien cultiva el trigo. Para hacerlo, el agricultor contrata trabajo, capital, equipo y tierra, pagando salarios, intereses y renta. El agricultor recibe también un beneficio. El valor completo del trigo producido es el valor agregado del agricultor. El molinero compra el trigo al agricultor y lo convierte en harina. Para esto, el molinero contrata trabajo y usa equipo de capital, pagando salarios e interés, y recibe un beneficio. El molinero ha agregado algo de valor al trigo comprado al agricultor. El panadero compra harina al molinero. El precio de la harina incluye el valor agregado por el agricultor y por el molinero. El panadero agrega más valor al convertir la harina en pan. Los salarios se pagan a los trabajadores de la panadería, se paga interés por el

**TABLA 23.4**

## PIB: El enfoque de los ingresos de los factores

| Renglón | Cantidad en 1992 (miles de millones de dólares) | Porcentaje del PIB |
|---|---|---|
| **Compensación de los empleados** | 3,525 | 59.2 |
| **Ingreso por renta** | 69 | 1.2 |
| **Beneficios de las empresas** | 364 | 6.1 |
| **Interés neto** | 415 | 7.0 |
| **Ingreso de los propietarios** | 396 | 6.7 |
| **Impuestos indirectos** *menos* **subsidios** | 529 | 8.9 |
| **Consumo de capital (depreciación)** | 653 | 11.0 |
| Producto interno bruto | 5,951 | 100.0 |

La suma de todos los ingresos de los factores es igual al ingreso interno neto en costo de los factores. El PIB es igual al ingreso interno en costo de los factores, más los impuestos indirectos menos subsidios más el consumo de capital (depreciación). En 1992, el PIB, medido por el enfoque de ingresos de los factores, era de 5951 mil millones de dólares. La compensación de los empleados, el ingreso del trabajo, era, con mucho, la mayor parte de los ingresos totales de los factores.

*Fuente:* Departamento de Comercio de Estados Unidos, *Survey of Current Business*, mayo de 1993.

capital usado por el panadero y el panadero obtiene un beneficio. El pan se compra al panadero en la tienda de comestibles. El pan tiene ahora valor agregado por el agricultor, por el molinero y por el panadero. En esta etapa, el valor de la barra es su *valor mayorista.* La tienda de comestibles agrega un valor adicional al poner el pan a la disposición en un lugar conveniente y en un momento conveniente. El consumidor compra el pan por un precio, su *precio minorista,* que incluye el valor agregado por el agricultor, por el molinero, por el panadero y por la tienda de comestibles.

**Bienes finales y bienes intermedios**  Al valuar el producto sólo contamos el *valor agregado.* La suma de valor agregado en cada etapa de la producción es igual al gasto en el *bien final.* En el ejemplo anterior, lo único que se ha producido y consumido es una barra de pan. Pero ocurrieron muchas transacciones

FIGURA 23.3

## Valor agregado en la vida de una barra de pan

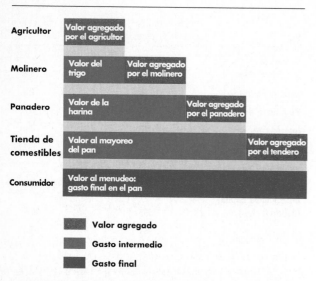

El gasto de un consumidor al comprar una barra de pan es igual a la suma del valor agregado en cada etapa de su producción. El gasto intermedio, por ejemplo, la harina que el panadero compra al molinero ya incluye el valor agregado por el agricultor y por el molinero. La inclusión del gasto intermedio añade un valor agregado al anterior.

en el proceso de producción de la barra de pan. El molinero compró grano al agricultor, el panadero compró harina al molinero y el comerciante compró pan al panadero. Estas transacciones fueron la compra y venta de *bienes intermedios*. Si contáramos el gasto en bienes intermedios y en servicios, así como el gasto en el bien final, estaríamos contando dos veces lo mismo, o más del doble cuando hay varias etapas intermedias, como en este ejemplo. Se llama **duplicación de la contabilidad** contar el gasto tanto en los bienes finales como en los bienes intermedios. Son bienes intermedios en la producción de una barra de pan comprada por el consumidor final: el trigo, la harina e incluso la barra de pan ya elaborada comprada por la tienda de comestibles.

Muchos bienes son a veces bienes intermedios y a veces finales. Por ejemplo, la energía eléctrica usada por GM para producir automóviles es un bien intermedio, pero la energía eléctrica que usted utiliza en su casa es un bien final. Un bien es intermedio o final dependiendo de su uso y no de lo que es.

## Producto nacional bruto

Hasta hace poco, el Departamento de Comercio de Estados Unidos se concentraba en una medida diferente de la actividad económica agregada correspondiente al PIB. Esta medida es el producto nacional bruto o PNB. El **producto nacional bruto** de Estados Unidos es el valor total de la producción *propiedad de los residentes* de ese país. El producto *interno* bruto mide el valor de la producción *producida* en Estados Unidos. La diferencia entre producto *interno bruto y producto nacional* bruto es el ingreso neto de las inversiones y productos del trabajo que los residentes de Estados Unidos reciben de otras partes del mundo. Por ejemplo, los estadounidenses son propietarios de plantas de producción en Japón y Europa. Los residentes japoneses y europeos son dueños de plantas de producción en Estados Unidos. El ingreso neto de inversiones recibido del resto del mundo es igual al pago total de beneficios y dividendos a residentes de Estados Unidos por sus inversión en el exterior, menos los pagos de intereses y dividendos a extranjeros por sus inversiones en Estados Unidos.

La magnitud de la diferencia entre el PIB y el PNB en el caso de Estados Unidos es pequeña, pero para algunos países es grande e importante. La diferencia se explica e ilustra aún más en la Lectura entre líneas de las páginas 674-675.

## Gasto agregado, ingreso y PNB

Ya hemos estudiado los conceptos de gasto agregado, ingreso agregado y valor de la producción, así como la medición de estos conceptos por el Departamento de Comercio. La igualdad de estos tres conceptos y la importancia relativa de sus componentes se ilustran en la figura 23.4. Esta figura proporciona un resumen instantáneo de toda la descripción de los conceptos de contabilidad nacional, estudiados en este capítulo.

**E**l PIB se mide por dos métodos: el *enfoque del gasto* (la suma del gasto de consumo,

## Gasto agregado, producto e ingreso

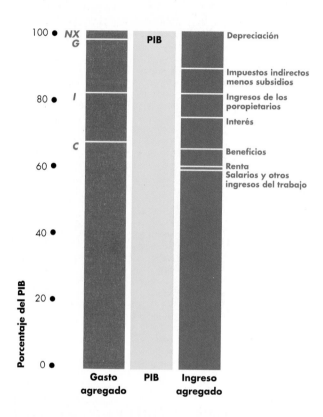

Esta figura ilustra las magnitudes relativas de los componentes principales del gasto agregado y del ingreso agregado y también ilustra la igualdad entre el gasto agregado, el ingreso agregado y el PIB.

medimos el nivel de precios y distinguimos los cambios de precios de los cambios del PIB real.

## El nivel de precios y la inflación

**E**l *nivel de precios* es el nivel medio de precios medido por un *índice de precios*. Para construir un índice de precios consideramos una canasta de bienes y servicios, y calculamos su valor en el periodo corriente o actual y en el periodo base. El índice de precios es el cociente de su valor en el periodo actual y de su valor en el periodo base. El índice de precios indica cuánto más cara es la canasta en el periodo actual en comparación con el periodo base, expresado como un porcentaje.

La tabla 23.5 le muestra cómo calcular un índice de precios de una canasta de bienes que compra Tomás. Su canasta es simple. Contiene cuatro funciones de cine y dos paquetes de seis refrescos. El valor de la canasta de Tomás era en 1993 de 30 dólares. La misma canasta costó 35.40 dólares en 1994. El índice de precios de Tomás es de 35.40 dólares, expresado como un porcentaje de 30 dólares. Es decir,

$$\frac{\$35.40}{\$30} \times 100 = 118.$$

Si consideramos que el periodo actual es también el periodo base, el índice de precios es 100.

Existen actualmente dos índices de precios principales usados para medir el nivel de precios de Estados Unidos: el índice de precios al consumidor y el índice de deflación del PIB. El **índice de precios al consumidor** (IPC) mide el nivel medio de precios de los bienes y servicios que generalmente consume la familia estadounidense urbana. El **índice de deflación del PIB** mide el nivel medio de precios de todos los bienes y servicios que se incluyen en el PIB. Estudiaremos el método usado para determinar estos índices de precios. Al calcular los índices, los Departamentos de Comercio y del Trabajo procesan millones de datos informativos. Pero podemos aprender los principios que implican estos cálculos al desarrollar algunos ejemplos simples.

inversión, compras gubernamentales de bienes y servicios y exportaciones menos importaciones) y el *enfoque de los ingresos de los factores* (la suma de salarios, interés, renta y beneficios con ajustes por impuestos indirectos, subsidios y depreciación). ◆

Hasta ahora, en nuestro estudio del PIB y su medición nos hemos ocupado de su valor en dólares y del de sus componentes. Pero el PIB puede cambiar, ya sea porque cambian los precios o porque hay un cambio del volumen de bienes y servicios producidos: un cambio del PIB *real*. Veamos ahora cómo

# PNB en oposición a PIB

THE ECONOMIST, 21-27 DE SEPTIEMBRE, 1991

## Sopa de letras

¿Empezó la recuperación de la economía estadounidense en el segundo trimestre de este año o está atorada en una recesión? El producto nacional bruto (PNB) real de Estados Unidos, la medida a la que están atentos el gobierno y Wall Street, y que se despliega en los titulares de los periódicos, cayó el 0.1 por ciento (tasa anual) en el segundo trimestre. Sin embargo, el producto interno bruto (PIB) aumentó el 0.8 por ciento (tasa anual). Por una coincidencia, el Departamento de Comercio acaba de decidir que, a partir de noviembre, cuando se den a conocer las cifras del tercer trimestre, se concentrará más en el PIB que en el PNB.

El PIB mide el valor de todos los bienes y servicios producidos en Estados Unidos. El PNB mide el ingreso total de los residentes en Estados Unidos, independientemente de dónde provienen: incluye los beneficios en el exterior de la subsidiaria de una empresa así como los ingresos en Estados Unidos. Esto significa que el PNB es igual al PIB, más el ingreso neto del exterior: beneficios, dividendos e intereses ganados en el exterior menos el ingreso pagadero a los extranjeros (los beneficios de una fábrica japonesa de automóviles en Estados Unidos, por ejemplo) …

En la mayoría de los países no tiene mucha importancia, ya que el ingreso neto del exterior tiende a ser pequeño en comparación con el resto de la economía. El PNB de Estados Unidos es solamente el 1 por ciento mayor que su PIB. Pero en algunos países la brecha es inmensa. El PNB de Kuwait es un 33 por ciento mayor que su PIB gracias a sus cuantiosas inversiones en el exterior; el de Irlanda es el 13 por ciento menor que su PIB.

Probablemente el PNB es más útil para comparar los niveles relativos de ingreso per cápita en diferentes países, pero el PIB proporciona una mejor guía para los cambios de la producción interna y, por ende, es una mejor herramienta para dirigir la política económica. Debido a que el ingreso neto del exterior tiende a ser volátil, ambas medidas pueden moverse a menudo en direcciones completamente distintas, de un trimestre a otro. Las fluctuaciones del PNB de Estados Unidos ofrecen en ocasiones un cuadro engañoso de la actividad económica interna. Sin embargo, en periodos largos, las dos medidas marchan generalmente a la par. En efecto, desde el tercer trimestre del año pasado, el PIB y el PNB de Estados Unidos han caído exactamente en la misma magnitud…

### Cuidado con la brecha

PNB como porcentaje del PIB

| | |
|---|---|
| Kuwait | 135.0 |
| Suiza | 105.3 |
| Alemania Occidental | 101.7 |
| Gran Bretaña | 100.9 |
| Estados Unidos | 100.8 |
| Japón | 100.7 |
| Francia | 99.8 |
| Italia | 99.1 |
| Canadá | 96.6 |
| Jamaica | 89.7 |
| Irlanda | 87.3 |
| Brasil | 85.6 |

Fuente: FMI

## Lo esencial del artículo

El ingreso total de los residentes de Estados Unidos, independientemente de en qué parte del mundo obtienen el ingreso, es parte del PNB de Estados Unidos. El PIB de Estados Unidos mide el valor de todos los bienes y servicios producidos en Estados Unidos. El PNB es igual al PIB más el ingreso neto del resto del mundo, según el caso.

Para la mayoría de los países la diferencia entre el PNB y el PIB es pequeña, por ejemplo, menos del 1 por ciento en el caso de Estados Unidos.

En unos pocos países la diferencia es considerable, vea la tabla del artículo.

El ingreso neto del resto del mundo fluctúa; así, a corto plazo el PNB real y el PIB real se mueven a veces en direcciones opuestas. Cuando es así, los cambios del PNB proporcionan un cuadro engañoso acerca del cambio de la actividad económica interna.

El segundo trimestre de 1991 ofreció una imagen así de engañosa, cuando el PNB real de Estados Unidos disminuyó y el PIB aumentó.

A largo plazo, el PNB real y el PIB real crecen a una tasa similar: del tercer trimestre de 1990 al segundo trimestre de 1991, el PIB y el PNB de Estados Unidos disminuyeron, ambos, en la misma magnitud.

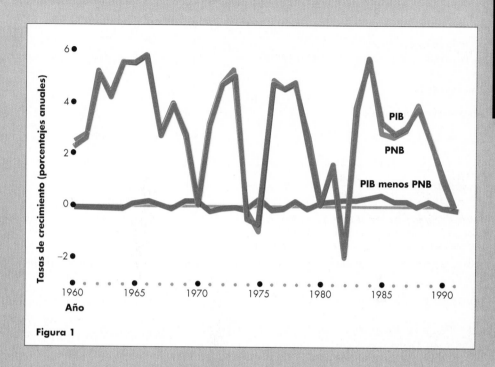

## Antecedentes y análisis

El PIB es el valor de todos los bienes y servicios producidos en Estados Unidos en un periodo dado. También mide los ingresos pagados a los factores de producción que produjeron esos bienes y servicios.

El PIB real (el PIB sin los efectos fluctuantes de la inflación) es la medida más amplia de actividad económica y la utilizada para determinar el ritmo de expansión o contracción de la economía.

Hasta fines de 1991, el Departamento de Comercio de Estados Unidos no se concentró en el PNB, una medida de actividad económica que añade al PIB el ingreso neto recibido del resto del mundo por los residentes de Estados Unidos. Esta suma agregada al PIB es parte del PIB de otros países. Actualmente, el Departamento de Comercio se concentra en el PIB.

Debido a que el ingreso neto del resto del mundo es un porcentaje pequeño del ingreso total, el PIB y el PNB estadounidenses muestran una historia similar, como usted podrá ver en la figura 1.

Pero en periodos muy cortos, como lo muestra la figura 2, ambas cifras pueden dar ideas muy diferentes de la tasa de crecimiento. Cuando difieren, como ocurrió durante la recesión de 1991, el PIB es lo que indica hacia dónde se dirige la economía de Estados Unidos.

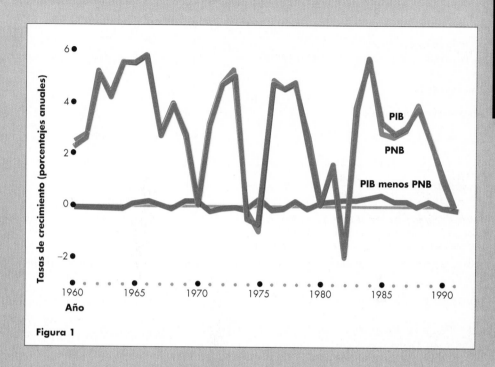

**Figura 1**

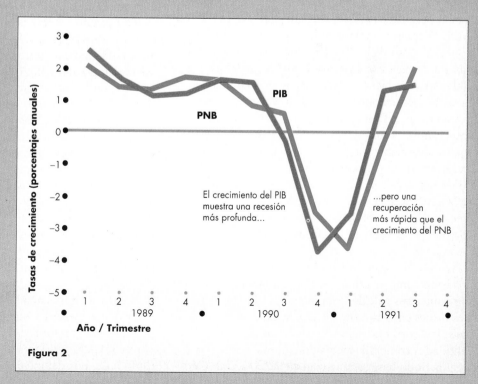

**Figura 2**

**TABLA 23.5**

# Cálculo de un índice de precios

| Artículos de la canasta | 1993 (periodo base) | | | 1994 (periodo corriente) | |
|---|---|---|---|---|---|
| | Cantidad comprada | Precio | Gasto | Precio | Gasto |
| **Funciones de cine** | 4 | $6 | $24 | $6.75 | $27.00 |
| **Paquetes de seis refrescos** | 2 | 3 | 6 | 4.20 | 8.40 |
| | | | $30 | | $35.40 |

Índice de precios de 1994 $= \dfrac{\$35.40}{\$30.00} \times 100 = 118$

El índice de precios de 1994 se calcula en dos pasos. El primer paso consiste en determinar el valor de los bienes comprados en 1993, el periodo base, en los precios prevalecientes tanto en 1993 como en 1994. El segundo paso consiste en dividir el valor de esos bienes en 1994 entre su valor en 1993 y multiplicar el resultado por 100.

## Índice de precios al consumidor

La Oficina de Estadísticas del Trabajo del Departamento del Trabajo de Estados Unidos calcula y publica mensualmente el *Índice de precios al consumidor*. Para elaborar el IPC, el Departamento del Trabajo selecciona un periodo base. En la actualidad, el periodo base es de tres años, de 1982 a 1984. Después, con base en las encuestas de los patrones de gasto de los consumidores, selecciona una canasta de bienes y servicios de aproximadamente 400 diferentes bienes y servicios que las familias urbanas consumen por lo general en el periodo base.

Cada mes el Departamento del Trabajo envía observadores a más de 50 centros urbanos de Estados Unidos para registrar los precios de esos 400 bienes y servicios. Cuando se han recopilado todos los datos, se calcula el IPC mediante la valuación de la canasta de bienes y servicios del año base en precios del mes actual. Ese valor se expresa como porcentaje del valor de la misma canasta en el periodo base.

Veamos un ejemplo para observar con mayor precisión cómo se calcula el IPC. La tabla 23.6 resume nuestros cálculos. Supongamos que sólo hay tres bienes en la canasta del consumidor común: naranjas, cortes de pelo y viajes en autobús. Las cantidades compradas y los precios que prevalecían en el periodo base se muestran en la tabla. También

semuestra el gasto total en el periodo base: el consumidor típico compra 200 viajes en autobús a 70 centavos cada uno y gasta por tanto 140 dólares en viajes en autobús. De la misma forma, se calcula el gasto en naranjas y cortes de pelo. El gasto total es la suma de los gastos en los tres bienes, que es de 210 dólares.

Para calcular el índice de precios del periodo actual, necesitamos tan sólo averiguar los precios de los bienes en dicho periodo. No necesitamos conocer las cantidades compradas. Supongamos que los precios son los presentados en la tabla como "Periodo actual". Podemos entonces calcular el valor en ese periodo actual de la canasta de bienes mediante los precios del periodo actual. Por ejemplo, el precio actual de las naranjas es de 1.20 dólares el kilo, de modo que el valor del periodo actual de la cantidad del periodo base (5 kilos) es igual a 5 multiplicado por 1.20 dólares, lo que da 6 dólares. Las cantidades del periodo base de cortes de pelo y viajes en autobús se valúan con los precios de este periodo en una forma similar. El valor total en el periodo actual de la canasta del periodo base es de 231 dólares.

Podemos ahora calcular el IPC, el cociente del valor de los bienes en este periodo entre el valor del periodo base, multiplicado por 100. En este ejemplo, el IPC del periodo actual es 110. El IPC del periodo base, por definición, es igual a 100.

TABLA 23.6

## El índice de precios al consumidor: un cálculo simplificado

| Artículos de la canasta | Periodo base | | | Periodo actual | |
|---|---|---|---|---|---|
| | Cantidad | Precio | Gasto | Precio | Gastos basados en las cantidades del periodo base |
| **Naranjas** | **5 kilos** | **$ 0.80/kilo** | **$ 4** | **$ 1.20/kilo** | **$ 6** |
| **Cortes de pelo** | **6** | **11.00 cada uno** | **66** | **12.50 cada uno** | **75** |
| **Viajes en autobús** | **200** | **0.70 cada uno** | **140** | **0.75 cada uno** | **150** |
| Gasto total | | | **$ 210** | | **$ 231** |
| IPC | $\dfrac{\$210.00}{\$210.00} \times 100 = 100$ | | | $\dfrac{\$231.00}{\$210.00} \times 100 = 110$ | |

Una canasta fija de bienes (5 kilos de naranjas, 6 cortes de pelo y 200 viajes en autobús), se valora en el periodo base en 210 dólares. Los precios cambian y esa misma canasta se valora en 231 dólares en el periodo actual. El IPC es igual al valor de la canasta en el periodo ac-

tual dividido entre el valor de la canasta en el periodo base, multiplicado por 100. En el periodo base el IPC es igual a 100, y en el periodo actual, a 110.

## Índice de deflación del PIB

El *índice de deflación del PIB* mide el nivel medio de los precios de todos los bienes y servicios que conforman el PIB. Usted puede pensar en el PIB como un globo inflado por la producción creciente de bienes y servicios y precios en ascenso. La figura 23.5 ilustra esta idea. El propósito del índice de deflación del PIB es dejar escapar parte del aire del globo del PIB, la contribución de los precios en ascenso, para que podamos ver qué ha ocurrido con el PIB *real*. El PIB real es una medida del volumen físico de la producción mediante los precios que prevalecían en el *periodo base*. Actualmente, el periodo base para el cálculo del PIB real es 1987. Nos referimos a las unidades con las que se mide el PIB real como "dólares de 1987". El globo rojo de 1987 muestra el PIB real de ese año. El globo verde muestra el PIB *nominal* en 1994. (Usamos el término *PIB nominal* porque mide el valor monetario del producto.) El globo rojo de 1994 muestra el PIB real de ese año. Para ver el PIB real en 1994, *desinflamos* el PIB nominal usando el índice de deflación del PIB. Veamos ahora cómo calculamos el PIB real y el índice de deflación del PIB.

Aprenderemos a calcular el índice de deflación del PIB mediante el estudio de una economía imaginaria. Calcularemos el PIB nominal y el PIB real así

como el índice de deflación del PIB. Para simplificar nuestros cálculos, imaginemos una economía que tiene sólo tres bienes finales: las naranjas son el bien de consumo; los computadores son el bien de capital y el gobierno compra papel (para trámites burocráticos). (Las exportaciones netas son iguales a cero en este ejemplo.) La tabla 23.7 resume los cálculos del PIB nominal, del PIB real y del índice de deflación del PIB en esta economía.

Calculemos primero el PIB nominal. Usaremos el enfoque del gasto. La tabla muestra las cantidades de bienes finales y sus precios. Identifiquemos el gasto en cada uno de los bienes y después obtengamos el total de los tres gastos para calcular el PIB nominal. El gasto de consumo (compras de naranjas) es de 4452 dólares, la inversión (compras de computadores) es de 10 500 dólares y las compras gubernamentales de papel son de 1060 dólares; de modo que el PIB nominal es de 16 012 dólares.

Calculemos ahora el PIB real. Éste se calcula determinando el valor de las cantidades del periodo actual con los precios del periodo base. La tabla muestra los precios del periodo base. El gasto real en naranjas en el periodo actual es de 4240 kilos de naranjas con valor de 1 dólar el kilo, lo que da 4240 dólares. Si realizamos los mismos cálculos para los

**TABLA 23.7**

## PIB nominal, PIB real y el índice de deflación del PIB: cálculos simplificados

| Artículo | Periodo actual | | | Periodo base | |
| --- | --- | --- | --- | --- | --- |
| | Cantidad | Precio | Gasto | Precio | Gasto |
| Naranjas | 4,240 kilos | $1.05/kilo | $ 4,452 | $1/kilo | $ 4,240 |
| Computadores | 5 | $2100 cada uno | 10,500 | $2000 cada uno | $10,000 |
| Papel | 1,060 metros | $1/metro | 1,060 | $1/metro | $ 1,060 |
| | | PIB nominal | $16,012 | PIB real | $15,300 |

$$\text{Índice de deflación del PIB} = \frac{\$16{,}012}{\$15{,}300} \times 100 = 104.7$$

Una economía imaginaria produce solamente naranjas, computadores y papel. En el periodo actual, el PIB nominal es de 16 012 dólares. Si las cantidades del periodo actual se valoran con los precios del periodo base, obtenemos una medida del PIB real de 15 300 dólares.

El índice de deflación del PIB en el periodo actual, que se calcula dividiendo el PIB nominal entre el PIB real en ese periodo y multiplicando por 100, es de 104.7.

**FIGURA 23.5**

## El globo del PIB

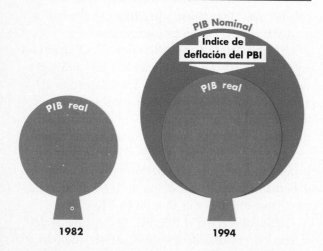

El PIB es como un globo que se agranda debido a la producción creciente y a los precios en ascenso. El índice de deflación del PIB se usa para dejar que escape el aire que resulta de precios más elevados, para que podamos ver en qué medida ha crecido la producción.

computadores y el papel y sumamos los gastos reales, llegamos a un PIB real de 15 300 dólares.

Para calcular el índice de deflación del PIB del periodo actual, dividimos el PIB nominal ($16 012) entre el PIB real ($15 300) y multiplicamos el resultado por 100. El índice de deflación del PIB que obtenemos es de 104.7. Si el periodo actual es también el periodo base, el PIB nominal es igual al PIB real y el índice de deflación del PIB es 100. Entonces el índice de deflación del PIB en el periodo base es 100, igual que el IPC.

### La inflación y los cambios de precios relativos

La tasa de inflación se calcula como el aumento porcentual del índice de precios. Por ejemplo, en el caso que estudiamos en la tabla 23.6, el IPC aumentó en 10 por ciento del periodo base al periodo corriente. Detrás de ese cambio del IPC están los cambios de cada precio de las naranjas, cortes de pelo y viajes en autobús. Ningún precio individual aumentó el 10 por ciento cada uno. El precio de las naranjas aumentó el 50 por ciento, el precio de los cortes de pelo el 13.6 por ciento y el de los viajes en autobús el 7.1 por ciento. Este ejemplo capta una característica común del mundo en que vivimos: rara vez se da el caso de que todos los precios cambien en el mismo porcentaje. Cuando los precios de los bienes aumentan en porcentajes diferentes, hay un cambio de los precios relativos. Un **precio relativo** es el cociente del precio de un bien obtenido por el precio de otro. Por ejemplo, si el precio de las naranjas es de 80 centavos por kilo y el precio del corte de pelo es de 11 dólares, el precio relativo de un corte de pelo es 13¾ kilos de naranjas. Cuesta 13¾ kilos de naranjas comprar un corte de pelo.

Los precios y la inflación significan mucho para la gente. Pero muchas personas se confunden con la diferencia entre la tasa de inflación y los cambios de precios relativos. La inflación y los cambios de precios relativos son fenómenos separados e independientes. Para ver por qué, desarrollaremos un ejemplo que muestra que, para los mismos cambios de precios relativos, podemos tener dos tasas de inflación completamente distintas.

Primero aprenderemos a calcular un cambio de precios relativos. El cambio porcentual del precio relativo es el cambio porcentual del precio de un bien menos el cambio porcentual del precio de otro bien. Por ejemplo, si el precio de las naranjas aumenta de 80 centavos a 88 centavos por kilo (un aumento del 10 por ciento), y si el precio de un corte de pelo permanece constante en 11 dólares (un aumento del cero por ciento), el precio relativo de un corte de pelo baja de 13¾ kilos de naranjas a 12½ kilos de naranjas; una disminución de (aproximadamente) 10 por ciento.

Para los cálculos prácticos de los cambios de precios relativos usamos la tasa de inflación, el cambio porcentual de los precios en promedio, como punto de referencia. Es decir, calculamos la tasa de cambio del precio de un bien menos la tasa de inflación. Los bienes cuyos precios aumentan a una tasa más elevada que la de la inflación experimentan un precio relativo creciente, y los bienes cuyos precios aumentan a una tasa inferior a la de la inflación experimentan un precio relativo descendente.

Calculemos algunos cambios de precios relativos usando nuevamente los cálculos que obtuvimos en la tabla 23.6, y que se presentan ahora en la tabla 23.8(a). El precio de las naranjas aumenta de 80 centavos a 1.20 dólares (en el 50 por ciento). Ya hemos calculado que la tasa de inflación es del 10 por ciento. Es decir, en promedio los precios aumentan el 10 por ciento. Para calcular el cambio porcentual del precio relativo de las naranjas, restamos la tasa de inflación del cambio porcentual del precio de las naranjas. El precio de las naranjas aumentó relativamente con el nivel de precios el 50 por ciento menos el 10 por ciento, que es el 40 por ciento. El precio de los viajes en autobús bajó, en relación con el nivel de precios, el 2.9 por ciento.

En la tabla 23.8(b) vemos que los precios relativos pueden cambiar sin inflación. De hecho, la parte (b) ilustra los mismos cambios de precios relativos que ocurren en la parte (a), pero sin inflación. En este caso, el precio de las naranjas aumenta el 40 por ciento (a 1.12 dólares); el precio de los cortes de pelo, el 3.6 por ciento (a 11.40 dólares), y el de los viajes en autobús baja el 2.9 por ciento (a 68 centavos). Si usted calcula los valores de la canasta en el periodo actual y en el periodo base en la parte (b), encontrará que los consumidores gastan exactamente lo mismo con los nuevos precios que con los precios del periodo base. No hay inflación, a pesar de que han cambiado los precios relativos.

Ya hemos visto dos casos en los cuales el precio relativo de las naranjas aumenta el 40 por ciento. En uno, la inflación es del 10 por ciento; en el otro, no hay inflación. Evidentemente, la inflación no ha sido *ocasionada* por el cambio del precio de las naranjas. En el primer caso, el precio de cada bien aumenta el 10 por ciento más que en el segundo. Señalar el bien cuyo precio relativo ha aumentado más no nos ayuda a explicar por qué en el primer caso todos los precios aumentan el 10 por ciento más que en el segundo.

Cualquier tasa de inflación puede darse con cualquier comportamiento de los precios relativos. Los precios relativos los determinan la oferta y la demanda en cada uno de los mercados de bienes y servicios. El nivel de precios y la tasa de inflación se determinan independientemente de los precios *relativos*. Para explicar un aumento (o una disminución) de la tasa de inflación, tenemos que explicar por qué todos los precios están aumentando a una tasa diferente y no por qué algunos están aumentando más rápidamente que otros.

## El índice de precios al consumidor y el costo de la vida

¿Mide el costo de la vida el índice de precios al consumidor? ¿Significa un aumento del 5 por ciento del IPC que el costo de la vida ha aumentado el 5 por ciento? No es así por tres razones:

◆ Efectos de sustitución

**TABLA 23.8**

## Cambios de precios relativos con o sin inflación

**(a) Inflación del 10 por ciento**

| Artículo | Precio del periodo base | Precio nuevo | Cambio porcentual del precio | Cambio porcentual del precio relativo |
|---|---|---|---|---|
| Naranjas | $ 0.80 | $ 1.20 | + 50.0 | + 40.0 |
| Cortes de pelo | 11.0 | 12.50 | + 13.6 | + 3.6 |
| Viajes en autobús | 0.70 | 0.75 | + 7.1 | − 2.9 |

**(b) Sin inflación**

| Artículo | Precio del periodo base | Precio nuevo | Cambio porcentual del precio | Cambio porcentual del precio relativo |
|---|---|---|---|---|
| Naranjas | $ 0.80 | $ 1.12 | + 40.0 | + 40.0 |
| Cortes de pelo | 11.0 | 11.40 | + 3.6 | + 3.6 |
| Viajes en autobús | 0.70 | 0.68 | − 2.9 | − 2.9 |

Un precio relativo es el precio de un bien dividido entre el precio de otro bien. Los precios relativos cambian siempre que el precio de un bien cambia en un porcentaje diferente que el precio de otro bien. Los cambios de precios relativos no ocasionan inflación. Pueden darse con o sin inflación. En la parte (a) el índice de preciosaumenta en 10 por ciento. En la parte (b) el índice de precios permanece constante. En ambas partes, el precio relativo de las naranjas aumenta el 40 por ciento, y el de los cortes de pelo el 3.6 por ciento y el precio relativo de los viajes en autobús baja el 2.9 por ciento. El aumento del precio de las naranjas no puede considerarse la causa del aumento del índice de precios en la parte (a) porque el mismo aumento del precio de las naranjas se presenta sin que haya un cambio del índice de precios en la parte (b).

◆ Llegada de nuevos bienes y desaparición de bienes viejos

◆ Mejoras de la calidad

**Efectos de sustitución**   Un cambio del IPC mide el cambio porcentual del precio de una canasta *fija* de bienes y servicios. La canasta de bienes y servicios efectivamente comprada depende de los precios relativos y de los gustos de los consumidores. Los cambios de precios relativos llevarán a los consumidores a economizar los bienes que se han encarecido relativamente y a comprar más bienes cuyos precios relativos han bajado. Si el pollo duplica su precio pero el precio de la carne de vaca aumenta solamente el 5 por ciento, la gente sustituirá el pollo, más caro, con la carne de vaca, relativamente menos cara. Debido a que los consumidores pueden hacer dichas sustituciones, el índice de precios basado en una canasta fija exagerará los efectos de un cambio determinado de precio en relación con el costo de vida del consumidor.

**Llegada y desaparición de bienes**   Las discrepancias entre el IPC y el costo de la vida surgen también por la desaparición de algunas mercancías y el surgimiento de otras nuevas. Por ejemplo, suponga que usted quiere comparar el costo de la vida de 1992 con el de 1892. No podrá hacerlo si usa un índice de precios que incluya el alimento para caballos. Si bien ese precio figuraba en los costos de transporte de la gente en 1892, actualmente no representa ningún papel. En forma parecida, un índice de precios que incluya la gasolina sería de poca utilidad, ya que ésta, aun cuando hoy es importante, no figuraba en el gasto en 1892. Incluso las comparaciones entre 1992 y 1980 adolecen del mismo problema. Los discos compactos y las palomitas de

FIGURA **23.6**

## Índice nacional de precios al consumidor (en México)

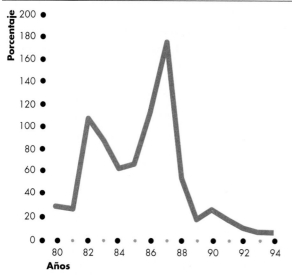

**(a) Porcentaje de variación anual**

En México, el comportamiento de los precios, medido por el índice de precios al consumidor, muestra un ascenso durante los aõs 80, hasta llegar a su nivel más alto en 1987. A partir de entonces, con la puesta en marcha del plan de estabilización, la tasa de inflación ha disminuido sustancialmente para situarse a finales de 1994 en 7.05%

*Fuente*: Banco de México, *Indicadores económicos*.

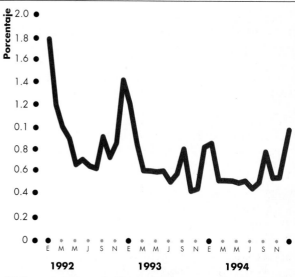

**(b) Porcentaje de variación mensual**

Por otra parte, al considerar la variación mensual del índice de precios, podemos observar el comportamiento que tienen los precios durante el año, en México. Como veremos en la figura, durante los meses de fin de año y principios del siguiente hay un repunte en la inflación. Esto se debe principalmente a la estacionalidad del pago de aguinaldos y al aumento en el gasto de consumo, con motivo de las fiestas navideñas y de las revisiones de los contratos laborales.

*Fuente*: Banco de México, *Indicadores económicos*.

maíz para microondas que figuran en nuestros presupuestos en 1992 no estaban disponibles en 1980.

**Mejoras de la calidad**  El índice de precios al consumidor puede exagerar el verdadero aumento de precios al no considerar el mejoramiento de la calidad. La mayoría de los bienes está sujeta a un constante mejoramiento de la calidad. Los automóviles, los computadores, los tocadiscos para compactos, incluso libros de texto, mejoran de un año a otro. Parte del aumento de precio de estos artículos refleja el mejoramiento de la calidad del producto. Sin embargo, el IPC considera ese cambio de precio como inflación. Se ha intentado medir la importancia de este factor y algunos economistas estiman que contribuye hasta el 2 por ciento anual, en promedio a la tasa de inflación medida.

Los efectos sustitución, la aparición de nuevos bienes y la salida de otros anteriores, así como los cambios de calidad tornan imprecisa la relación entre el IPC y el costo de la vida. Para reducir los problemas debidos a esta causa, la Oficina de Estadísticas del Trabajo (de Estados Unidos) actualiza periódicamente las ponderaciones usadas para calcular el IPC. Incluso así, el IPC tiene una utilidad limitada para comparar el costo de la vida a largo plazo. Pero para el propósito para el cual fue diseñado, es decir, el cálculo mensual y anual de las tasas de inflación, el IPC realiza un trabajo bastante bueno.

## El caso de México

En México se utilizan diferentes índice de precios; los más importantes son el índice nacional de precios al consumidor, el índice nacional de precios al productor, el índice de precios de la canasta básica, y el deflactor implícito del PIB. La diferencia principal en estos índices es el tipo de bienes y servicios que se consideran para su construcción.

En la figura 23.6 (a) podemos observar el porcentaje de variación anual del índice nacional de precios al consumidor, que nos indica el comportamiento de la inflación entre los años 1980 y 1994 y en la parte (b) de la misma figura el porcentaje de variación mensual de este mismo índice. Como se puede observar, la tasa de inflación ha ido disminuyendo a partir de 1987, debido a la aplicación del plan de estabilización de la economía mexicana, que trataremos en el capítulo 33.

## REPASO

**E**l índice de precios al consumidor está basado en los gastos de consumo de una familia urbana común. Se calcula como el cociente del valor de una canasta en un periodo base entre el valor del periodo actual (multiplicado por 100). El índice de deflación del PIB es un índice de precios calculado como el cociente del PIB nominal entre el PIB real (multiplicado por 100). El PIB real valora el producto del periodo actual con los precios del periodo base. ◆ ◆ Un precio relativo es el precio de un bien en relación con el precio de otro bien. Los precios relativos cambian constantemente pero son independientes de la tasa de inflación. Cualquier patrón de cambios de precios relativos puede darse con cualquier tasa de inflación. ◆ ◆ El IPC adolece de limitaciones como un medio para comparar el costo de la vida en periodos a largo plazo, pero resulta utilísimo en la medición de los cambios anuales de la tasa de inflación. ◆

Ahora que ha estudiado usted la medición del PIB y del nivel de precios y sabe cómo se mide el PIB *real*, veamos lo que nos dice el PIB real acerca del valor agregado de la actividad económica, del nivel de vida y del bienestar económico.

## PIB real, actividad económica agregada y bienestar económico

¿Qué mide realmente el PIB real? ¿En qué grado es buena medida?

¿Qué indica acerca de la actividad económica agregada? ¿Y qué señala acerca del nivel de vida y del bienestar económico? Algunas de estas preguntas se analizan con más detalle en las páginas 684-685 (Orígenes de nuestro conocimiento).

El **bienestar económico** es un parámetro amplio del estado general del bienestar y del nivel de vida. El bienestar económico depende de los siguientes factores:

1. La cantidad y calidad de los bienes y servicios disponibles
2. La cantidad de tiempo disponible para el ocio
3. El grado de igualdad entre los individuos

El PIB real no mide con precisión todos los bienes y servicios que producimos ni proporciona información sobre la cantidad de horas de ocio y el grado de igualdad económica. Su medición deficiente de la producción tiene errores en ambos sentidos. Examinemos cinco factores que limitan la utilidad del PIB real como una medida del bienestar económico:

◆ El PIB real subterráneo
◆ La producción de la familia
◆ El daño al medio ambiente
◆ Horas de ocio
◆ Igualdad económica

### PIB real subterráneo

La **economía subterránea** es toda actividad económica legal pero de la cual no se informa. No se informa de la actividad económica subterránea porque los participantes de ella retienen información para evadir impuestos o regulaciones. Por ejemplo, la evasión de regulaciones de seguridad, de las leyes de salario mínimo y de los pagos de seguridad social son motivo para operar en la economía subterránea. Se ha intentado estimar la magnitud de la economía subterránea en Estados Unidos y los cálculos se hallan entre el 5 y el 15 por ciento del PIB (300 mil a 900 mil millones de dólares).

Si bien no se considera generalmente como parte de la economía subterránea, existe una actividad muy amplia de la que no se informa: la actividad económica que es ilegal. En la economía contemporánea, varias formas de juego ilegal, la prostitución y el narcotráfico constituyen componentes importantes omitidos de la actividad económica. Es imposible medir la magnitud de las actividades ilegales, pero las estimaciones oscilan entre el 1 y el 5 por ciento del PIB (entre 60 mil y 300 mil millones de dólares).

## Producción de la familia

Una actividad económica muy amplia de la que nadie está obligado a informar tiene lugar todos los días en nuestros propios hogares. Cambiar una bombilla eléctrica, cortar el césped, lavar el automóvil, lavar una camisa, pintar una puerta y enseñar a un niño a atrapar una pelota son todos ejemplos de actividad productiva que no implican transacciones de mercado y que no se consideran como parte del PIB.

La producción de la familia se ha vuelto más intensiva en capital con el transcurso del tiempo. Como resultado, se invierte menos trabajo en la producción de la familia que en periodos anteriores. Por ejemplo, una comida de microondas, que se tarda en preparar sólo unos minutos, implica una gran cantidad de capital y casi nada de trabajo. Debido a que usamos menos trabajo y más capital en la producción de la familia, no es fácil determinar si este tipo de producción ha aumentado o disminuido con el tiempo. Sin embargo, parece que ha disminuido con el ingreso de más gente en la fuerza de trabajo.

Puede afirmarse casi con absoluta certeza que la producción de la familia es cíclica. Cuando la economía está en recesión, aumenta la producción de la familia, ya que las familias cuyos miembros están desempleados compran menos bienes en el mercado y se proporcionan a sí mismos más servicios. Cuando la economía está en auge, aumenta el empleo fuera del hogar y disminuye la producción de la familia.

## Daño al medio ambiente

La actividad económica afecta directamente al medio ambiente. La combustión de hidrocarburos es la actividad más visible que daña nuestro medio ambiente. El agotamiento de los recursos no renovables, la deforestación a gran escala y la contaminación de lagos y ríos son otras consecuencias importantes, en el campo ecológico, de la producción industrial.

Los recursos usados para proteger el medio ambiente se valoran como parte del PIB: por ejemplo, el valor de los convertidores catalíticos que ayudan

a proteger la atmósfera de las emisiones de los automóviles es parte del PIB. Pero si no usáramos dichas piezas de equipo y contamináramos en mayor medida la atmósfera, no contaríamos el aire dañado que respiramos como una parte negativa del PIB.

Es obvio que una sociedad industrial produce más contaminación atmosférica que una sociedad primitiva o agrícola. Pero no es obvio que esa contaminación aumente conforme nos volvemos más ricos. Una de las cosas que la gente rica valora es un medio ambiente limpio, por lo que dedica recursos a protegerlo. Compárese la contaminación descubierta en Alemania Oriental a finales de la década de 1980 con la contaminación en Estados Unidos. Alemania Oriental, un país relativamente pobre, contaminó sus ríos, lagos y atmósfera en una forma que no podemos imaginar en Estados Unidos.

## Horas de ocio

Las horas de ocio son evidentemente un bien económico que aumenta nuestro propio bienestar económico. Con otras cosas constantes, cuanto más ocio tengamos mejor estaremos. El tiempo dedicado al trabajo se valora como parte del PIB, pero las horas de ocio no. Sin embargo desde el punto de vista del bienestar económico, las horas de ocio deben ser al menos tan valiosas para nosotros como el salario que ganamos en la última hora trabajada. Si no fuera así, trabajaríamos en lugar de dedicarnos al ocio.

## Igualdad económica

Un país puede tener un PIB real per cápita muy grande, pero con elevado grado de desigualdad. Unas cuantas personas pueden ser extremadamente ricas en tanto que la vasta mayoría vive en la pobreza abyecta. Generalmente, se consideraría que una empresa así tiene menor bienestar económico que una con la misma cantidad de PIB real pero mejor distribuida. Por ejemplo, el PIB medio por persona en los países de riqueza petrolera del Medio Oriente es similar al de varios países de Europa Occidental, pero se halla más desigualmente distribuido. El bienestar económico es más alto en esos países de Europa.

## ¿Son un problema las omisiones?

Si el PIB real aumenta a costa de otros factores que afectan el bienestar económico, éste no cambia. Pero

# EL DESARROLLO
## de la
### CONTABILIDAD ECONÓMICA

**E**l ingreso nacional fue medido por primera vez en Inglaterra por William Petty en 1665. Pero no fue sino hasta la década de 1930 cuando se necesitó para probar y aplicar la nueva teoría keynesiana de las fluctuaciones económicas, de modo que la medición del ingreso nacional se volvió una parte rutinaria de las actividades del Departamento de Comercio de Estados Unidos.

Con una excepción, las cuentas del ingreso nacional miden solamente las *transacciones del mercado*. La excepción es la vivienda habitada por su dueño. El ingreso nacional incluye una estimación de la suma que los dueños de casas habrían recibido (y pagado) en forma de alquiler si hubieran alquilado una casa en lugar de ser propietarios de ella. La idea es que, independientemente de si se es dueño de la casa o se alquila, ésta proporciona un servicio y el alquiler (efectivo o implícito) mide el valor de ese servicio.

Pero la vivienda habitada por el propietario no es realmente tan excepcional. Producimos muchos servicios en la casa que las cuentas nacionales omiten. Ver un vídeo es un ejemplo. Si usted va al cine, el precio del boleto de entrada incluye el costo de la película, el alquiler del asiento, el costo de calentar o enfriar el local, los salarios de los empleados y el beneficio (o pérdida) del dueño del cine: el costo completo de su entretenimiento. El precio de su boleto se mide como parte del ingreso nacional. Pero si usted ve un vídeo en su casa, solamente se cuenta el alquiler del vídeo como parte del ingreso nacional. El costo del alquiler de la televisión, de la grabadora de vídeos, del sillón y de la sala (se los alquila usted mismo, de tal manera que no hay transacciones de mercado) no se cuentan.

La cantidad de producción del hogar ha aumentado con el paso de los años. Las cocinas equipadas con hornos de microondas y lavavajillas, las lavadoras automáticas y las salas de estar, con más equipo de sonido y de vídeo que un estudio de televisión de la década de 1970, han convertido al hogar en un centro de producción intensivo en capital.

En parte debido a ese equipo de capital, las mujeres pasan más tiempo fuera del hogar ganando un salario, y lo que ganan se cuenta como parte del ingreso nacional. Pero, tanto las mujeres como los hombres, son más productivos que nunca en el hogar y el valor de esta producción no se cuenta como parte del ingreso nacional.

> **"Para expresar mis propios términos de número, de peso o de medida; para usar sólo argumentos de razón y considerar únicamente aquellas causas que tienen fundamentos visibles en la naturaleza"**
>
> SIR WILLIAM PETTY
> *Political Arithmetick*

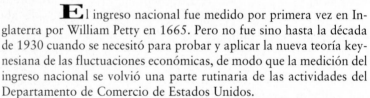

*TABLEAU ÉCONOMIQUE.*

*Objets à considérer,* 1°. *Trois sortes de dépenses;* 2°. *leur source;* 3°. *leurs avances* 4°. *leur distribution;* 5°. *leurs effets;* 6°. *leur reproduction;* 7°. *leurs rapports entr'elles* 8°. *leurs rapports avec la population;* 9°. *avec l'Agriculture;* 10°. *avec l'industrie* 11°. *avec le commerce;* 12°. *avec la masse des richesses d'une Nation.*

**U**na de las primeras contabilidades económicas nacionales fue el *Tableau Économique* de François Quesnay, que se usó para medir la actividad económica en Francia en 1758. Uno de los "discípulos" de Quesnay se impresionó tanto con este trabajo que lo describió como digno de ser catalogado, junto con la escritura y el dinero, como uno de los tres grandes inventos de la humanidad. El *Tableau* de Quesnay fue elogiado por Carlos Marx, el fundador del socialismo, y se considera como el antecedente de las tablas de insumo producto usadas en la ex Unión Soviética con objeto de elaborar los planes económicos anuales. Las cuentas nacionales modernas se parecen menos al *Tableau* de Quesnay y más a las cuentas de ingreso y gasto de las grandes empresas. Registran los ingresos de los factores de producción y los gastos en bienes finales y servicios.

Independientemente del método usado para lavar un automóvil, el producto es un coche limpio. E independientemente de si los factores de producción son adolescentes, trapos, una manguera, una cubeta o una máquina automática, estos factores de producción han creado un bien que tiene valor. Sin embargo, los esfuerzos de los adolescentes no se miden en las cuentas nacionales, mientras que sí se mide el del lavado automático de coches. Al reemplazar el "hágalo usted mismo" por las compras a productores especializados, parte del aumento aparente del valor de la producción es tan sólo una ilusión debido a la forma en que se lleva la contabilidad. Para evitar esa ilusión, es necesario desarrollar métodos de contabilidad del ingreso nacional que estimen el valor de la producción del hogar mediante un método similar al usado para estimar el valor del alquiler de las casas habitadas por sus dueños.

## SIR WILLIAM PETTY: Un *precursor de las estadísticas económicas*

William Petty nació en Inglaterra en 1623. Fue grumete en un barco mercante a la edad de 13 años, estudiante en un colegio jesuita en Francia a los 14, médico de éxito cuando tenía poco más de 20 años, profesor de anatomía en Oxford University a los 27 y profesor de música a los 28. Como principal oficial médico del ejército británico en Irlanda dirigió, a la edad de 29 años, un levantamiento topográfico de ese país ¡del que emergió como gran terrateniente en Irlanda! Petty fue también un pensador económico y un escritor de gran reputación. Fue la primera persona que midió el ingreso nacional y uno de los primeros en proponer que se estableciera un departamento del gobierno para la recopilación de estadísticas económicas oportunas y confiables. Creía que la política económica sólo podría mejorar el desempeño económico si ésta estaba basada en una comprensión de las relaciones causales descubiertas por la medición sistemática de la actividad económica, proceso al que llamó "aritmética política".

si el PIB real aumenta sin que se reduzcan (o incluso al aumentar) los otros factores, entonces el bienestar económico aumenta. Los cambios (o diferencias) del PIB real envían un mensaje equivocado según sean las preguntas que hagamos. Hay dos tipos principales de preguntas:

◆ Preguntas del ciclo económico
◆ Preguntas del nivel de vida y del bienestar económico

**Preguntas del ciclo económico**   Las fluctuaciones de la actividad económica medidas por el PIB real probablemente exageran las fluctuaciones de la producción total y del bienestar económico. Cuando hay una baja en la economía, la producción de la familia aumenta y también las horas de ocio, pero el PIB real no registra cambios así. Cuando el PIB real crece con rapidez, probablemente disminuyen las horas de ocio y la producción de la familia. De nuevo, este cambio no se registra como parte del PIB real. Pero las direcciones del cambio del PIB real y del bienestar económico probablemente coincidan.

**Preguntas del nivel de vida y del bienestar económico**   Para las comparaciones del nivel de vida, quizás son muy importantes los factores omitidos del PIB real. Por ejemplo, en los países en desarrollo la economía subterránea y la cantidad de producción de la familia constituyen un monto más grande de la actividad económica que en los países desarrollados. Este hecho vuelve poco confiables las comparaciones del PIB entre países como Estados Unidos y Nigeria, por ejemplo, a menos que los datos del PIB se amplíen con información complementaria.

Tampoco es confiable el uso de datos del PIB al medir los cambios de los niveles de vida a lo largo del tiempo. Los niveles de vida dependen sólo parcialmente del valor del producto, pero también de la composición de ese producto. Por ejemplo, dos economías pueden tener el mismo PIB, pero una de ellas puede producir más armamentos y la otra más música. Los consumidores no serán indiferentes a cuál de ambas quisieran vivir.

Otros factores que afectan los niveles de vida incluyen las horas de ocio disponibles, la calidad del medio ambiente, la seguridad de empleos y hogares, la seguridad de las ciudades, y así sucesivamente. Es posible elaborar medidas más amplias que combinen muchos de los factores que contribuyen a la felicidad humana. El PIB real será un elemento de esa medida, pero no la abarcará por completo.

◆ ◆ ◆ ◆   En el capítulo 22 examinamos el reciente funcionamiento económico de Estados Unidos y, también, un largo recorrido de esta historia. En este capítulo estudiamos con cierto detalle los métodos usados para medir la macroeconomía y, en particular, el nivel medio de precios y el nivel global de la actividad económica real. En los siguientes capítulos estudiaremos algunos modelos macroeconómicos, diseñados para explicar y predecir el comportamiento del PIB real, el nivel de precios, el empleo y el desempleo, el mercado financiero y otros fenómenos concomitantes. Empezamos ese proceso en el siguiente capítulo mediante el examen del modelo macroeconómico de la demanda y la oferta: un modelo de demanda *agregada* y de oferta *agregada*.

## RESUMEN

### El flujo circular del gasto y del ingreso

Todos los agentes económicos, familias, empresas, gobierno y el resto del mundo, establecen interacción en el flujo circular de ingreso y gasto. Las familias venden factores de producción a las empresas y les compran bienes de consumo y servicios. Las empresas contratan factores de producción de las familias y les pagan ingreso a cambio de servicios de factores. Las empresas venden bienes de consumo y servicios a las familias y bienes de capital a otras empresas. El gobierno recauda impuestos de las familias y empresas, efectúa pagos de transferencia de varios programas sociales para las familias y compra bienes y servicios a las empresas. Los extranjeros compran bienes a las empresas nacionales y les venden bienes.

El flujo de gasto en bienes finales y servicios termina como el ingreso de alguien. Por tanto,

Ingreso agregado = gasto agregado.

Más aún, el gasto en bienes finales y servicios es un método de valoración del producto de la economía. Por tanto,

PIB = gasto agregado = ingreso agregado.

De las cuentas de la empresa sabemos que

$$Y = C + I + G + EX - IM.$$

y de las cuentas de las familias sabemos que

$$Y = C + A + T.$$

Al combinar estas dos ecuaciones, obtenemos

$$Y + G + EX = A + T + IM.$$

Esta ecuación indica que las inyecciones al flujo circular (lado izquierdo) son iguales a las filtraciones del flujo circular (lado derecho) (págs. 661-667).

Debido a que el gasto agregado, el ingreso agregado y el valor del producto son iguales, los contadores del ingreso nacional pueden medir el PIB por medio de uno de dos enfoques: el del gasto y el de ingresos de los factores.

El enfoque del gasto suma gasto de consumo, inversión, compras gubernamentales de bienes y servicios y exportaciones netas, para llegar a un cálculo del PIB.

El enfoque de los ingresos de los factores suma los ingresos pagados a los diversos factores de la producción más el beneficio pagado a los propietarios de las empresas. Para el enfoque de ingresos de los factores, es necesario hacer un ajuste pasando del valor del PIB al costo de los factores al valor a precios de mercado añadiendo los impuestos indirectos y restando los subsidios. También es necesario agregar el consumo de capital para poder llegar así al PIB.

Para valorar el producto de una empresa o de un sector de la economía, medimos el valor agregado. Con el valor agregado evitamos la duplicación de la contabilidad (págs. 667-673).

Existen dos índices de precios principales que miden el nivel de precios y la inflación: el índice de precios al consumidor y el índice de deflación del PIB.

El IPC mide el nivel medio de precios de los bienes y servicios consumidos generalmente por una familia urbana de Estados Unidos. El IPC es el cociente del valor a precios del periodo actual, de una canasta de mercancías del periodo base, entre el valor en precios del periodo base de la misma canasta, multiplicado por 100.

El índice de deflación del PIB es el PIB nominal dividido entre el PIB real, multiplicado por 100. El PIB nominal se calcula valorando con los precios del periodo actual las cantidades producidas en el periodo corriente. El PIB real se calcula al valorar las cantidades producidas en el periodo actual con los precios que prevalecían en el periodo base.

Al interpretar los cambios de precios, necesitamos establecer la distinción entre inflación y cambios de precios relativos. Un precio relativo es el precio de un bien en términos de otro bien. Los precios relativos están cambiando constantemente. No podemos decir nada acerca de las causas de la inflación mediante el estudio de los precios relativos que más han cambiado. Puede ocurrir cualquier cambio de precios relativos con cualquier tasa de inflación.

Debido a que los precios relativos están en cambio constante y provocan que los consumidores sustituyan los artículos más caros con los menos caros, debido a la desaparición de algunos bienes y a la aparición de bienes nuevos, y debido a los cambios de calidad, el IPC es una medida imperfecta del costo de la vida, especialmente cuando se hacen comparaciones entre periodos muy separados en el tiempo (págs. 673-682).

El PIB real no es una medida perfecta de la actividad económica agregada o del bienestar económico. Excluye la producción de la economía subterránea, la producción de la familia, el daño al medio ambiente y la contribución de la igualdad y el ocio al bienestar económico (págs. 682-686).

## ELEMENTOS CLAVE

### Términos clave

Acervo de capital, 668

Ahorro, 665

Bienestar económico, 682

Costo del factor, 669

Depreciación, 670

Duplicación de la contabilidad, 672

Economía subterránea, 682

Enfoque de los ingresos de los factores, 669

Enfoque del gasto, 667

Exportaciones netas, 665

Filtraciones, 666

Gasto en consumo, 661

Impuesto indirecto, 669

Índice de deflación del PIB, 673

Índice de precios al consumidor, 673

Ingreso agregado, 661

Ingreso disponible, 665

Ingreso interno al costo de los factores, 669

Inventarios, 668

Inversión, 662

Inversión bruta, 670

Inversión neta, 670

Inyecciones, 666

Pagos de transferencia, 664

Precio de mercado, 669

Precio relativo, 679

Producto interno neto a precios de mercado, 670

Producto nacional bruto, 672

Subsidio, 670

Valor agregado, 671

### Figuras y tablas clave

## PREGUNTAS DE REPASO

**1** Enumere los componentes del gasto agregado.

**2** ¿Cuáles son los componentes del ingreso agregado?

**3** ¿Por qué es igual el ingreso agregado al gasto agregado?

**4** ¿Por qué el valor del producto (o PIB) es igual al ingreso agregado?

**5** Diga cuál es la diferencia entre las compras del gobierno de bienes y servicios y los pagos de transferencia.

**6** ¿Cuáles son las inyecciones al flujo circular del gasto y del ingreso? ¿Cuáles son las filtraciones?

**7** Explique por qué las inyecciones al flujo circular del ingreso y el gasto son iguales a las filtraciones de dicho flujo.

**8** ¿Cómo mide el Departamento de Comercio de Estados Unidos el PIB?

**9** Explique el enfoque del gasto para medir el PIB.

**10** Explique el enfoque de ingresos de los factores para medir el PIB.

**11** ¿Cuál es la diferencia entre el gasto en bienes finales y el gasto en bienes intermedios?

**12** ¿Qué es el valor agregado? ¿Cómo se calcula? ¿A qué es igual la suma del valor agregado de todas las empresas?

**13** ¿Cuáles son los dos índices de precios principales usados para medir el nivel de precios y la inflación?

**14** ¿Cómo se calcula el índice de precios al consumidor?

**15** ¿En qué forma se usa la canasta de bienes y servicios para elaborar el IPC elegido? ¿Es la misma canasta en 1992 que en 1952? Si no lo es, ¿cuál es la diferencia?

**16** ¿Cómo se calcula el índice de deflación del PIB?

**17** Explique qué es un cambio de precio relativo.

**18** ¿De qué manera se pueden identificar los cambios de precios relativos en distintos periodos cuando son diferentes las tasas de inflación?

**19** ¿Es el IPC una buena medida para comparar el costo de la vida actual con el de la década de 1930? Si no lo es, ¿por qué?

**20** ¿Es el PIB una buena medida del bienestar económico? Si no lo es, ¿por qué?

## PROBLEMAS

**1** El año pasado se efectuaron las siguientes transacciones en Ecolandia:

| Artículo | Valor de la transacción (miles de millones de dólares) |
|---|---|
| Salarios pagados al trabajo | $800 000 |
| Gasto de consumo | 600 000 |
| Impuestos pagados sobre los salarios | 200 000 |
| Pagos de transferencia del gobierno | 50 000 |
| Beneficios de las empresas | 200 000 |
| Inversión | 250 000 |
| Impuestos pagados sobre los beneficios | 50 000 |
| Compras del gobierno de bienes y servicios | 200 000 |
| Ingresos por exportaciones | 300 000 |
| Ahorro | 250 000 |
| Pagos por importaciones | 250 000 |

**a** Calcule el PIB de Ecolandia

**b** ¿Usó usted el enfoque del gasto o el enfoque de ingresos de los factores para contestar la parte (a)?

**c** ¿Valora su respuesta a la parte (a) el producto en términos de precios del mercado o a costo de los factores? ¿Por qué?

**d** ¿Qué información adicional necesita usted para poder calcular el producto interno neto?

**2** Clara, propietaria de La Gran Galleta, gasta 100 dólares en huevos, 50 dólares en harina, 45 dólares en leche, 10 dólares en servicios y 60 dólares en salarios para producir 200 galletas. Clara vende sus galletas a 1.50 dólares cada una. Calcule el valor agregado por galleta de La Gran Galleta.

**3** Una familia común que vive en la Isla Arenosa consume únicamente jugo de manzana, plátanos y tela. Los precios del año base eran de 4 dólares el litro de jugo de manzana, 3 dólares el kilo de plátanos y 5 dólares el metro de tela. La familia típica gasta 40 dólares en jugo de manzana, 45 dólares en plátanos y 25 dólares en tela. En el año actual o en curso, el jugo de manzana cuesta 3 dólares el litro, los plátanos cuestan 4 dólares el kilo y la tela cuesta 7 dólares el metro. Calcule el índice de precios al consumidor de la Isla Arenosa en el año actual y la tasa de inflación del año base al año actual.

**4** El periódico de Isla Arenosa, al comentar las cifras de inflación que usted calculó en el problema 3, publica el siguiente titular: "La inflación es consecuencia de los aumentos de los precios de la tela". Escriba una carta a la redacción del periódico señalando las fallas del razonamiento económico del analista de negocios del periódico.

**5** Una economía tiene los siguientes PIB real y nominal en 1991 y 1992:

| Año | PIB real | PIB nominal |
|-----|----------|-------------|
| 1990 | $ 1 billón | $ 1 billón |
| 1991 | $ 1.05 billones | $ 1.20 billones |
| 1992 | $ 1.20 billones | $ 1.50 billones |

**a** ¿Cuál fue el índice de deflación del PIB en 1991?

**b** ¿Cuál fue el índice de deflación del PIB en 1992?

**c** ¿Cuál es la tasa de inflación medida por el índice de deflación del PIB entre 1991 y 1992?

**d** ¿Cuál es el aumento porcentual del nivel de precios entre 1990 y 1992, medido por el índice de deflación del PIB?

# CAPÍTULO 24

DEMANDA

AGREGADA

Y

OFERTA

AGREGADA

**Después de estudiar este capítulo, usted será capaz de:**

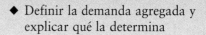

◆ Definir la demanda agregada y explicar qué la determina

◆ Explicar las fuentes del crecimiento y de las fluctuaciones de la demanda agregada

◆ Definir la oferta agregada y explicar qué la determina

◆ Explicar las causas del crecimiento y de las fluctuaciones de la oferta agregada

◆ Definir el equilibrio macroeconómico

◆ Predecir los efectos de los cambios en la demanda agregada y en la oferta agregada sobre el PIB real y el nivel de precios

◆ Explicar por qué el PIB real crece y por qué tenemos recesiones

◆ Explicar por qué tenemos inflación y por qué varía su tasa disparándose en ocasiones, como en la década de 1970

E N LOS TREINTA AÑOS TRANSCURRIDOS DE 1964 A 1994, EL

PIB real de Estados Unidos creció poco más del doble.

De hecho, la duplicación del PIB real cada 30 años se

ha vuelto rutinaria. ¿Qué impulsa a la economía a cre-

cer? ◆ ◆ Al mismo tiempo que el PIB real ha estado

creciendo, hemos experimentado inflación persistente.

Hoy necesita usted 400 dólares para comprar lo que

con 100 dólares habría comprado en 1960. La mayor parte de esta inflación

ocurrió en la década de 1970, cuando el nivel de precios aumentó más del doble.

¿Qué causa la inflación? ¿Y por qué se disparó en la década de 1970? ◆ ◆ La

economía de Estados Unidos no crece a un ritmo constante. Más bien, se mueve

en flujo y reflujo durante el ciclo económico. Por ejemplo, al empezar la década

de 1990, una recesión redujo el crecimiento del PIB

real. ¿Qué hace crecer el PIB real en forma desigual,

acelerando su ritmo en ocasiones, en otras disminu-

yéndolo o incluso contrayéndolo? ◆ ◆ Algunas

## ¿Qué hace florecer nuestros jardines?

veces, la economía recibe un choque masivo de alguna otra parte del mundo. Por

ejemplo, en el verano de 1990, cuando Saddam Hussein invadió Kuwait, los pre-

cios internacionales del petróleo se elevaron. Pero no todos los choques que recibe

la economía vienen del exterior. Algunos son producidos en casa y nacen de las

disposiciones del gobierno y del Banco de la Reserva Federal, en la ciudad de

Washington. ¿Cómo afectan esos choques externos e internos a los precios y a la

producción?

◆ ◆ ◆ ◆ Para contestar preguntas como ésas, necesitamos un modelo, más

precisamente un modelo macroeconómico. Nuestra primera tarea en este capítulo es construirlo: el *modelo de demanda agregada y oferta agregada*. Nuestra segunda tarea es usar el modelo de demanda y oferta agregadas para responder a las preguntas que hemos planteado. Descubrirá usted que esta poderosa teoría de la demanda y la oferta agregadas nos permite analizar y predecir muchos sucesos económicos importantes que tienen un efecto decisivo en nuestras vidas.

## Demanda agregada

L a cantidad agregada de bienes y servicios producidos se mide como el PIB real, es decir el PIB valuado en dólares constantes. El precio medio del conjunto de todos esos bienes y servicios lo mide el índice de deflación del PIB. Construiremos un modelo que determine los valores del PIB real y del índice de deflación del PIB, basado en los mismos conceptos de demanda, oferta y equilibrio que examinamos en el capítulo 4. Pero aquí el bien no son las cintas, es el PIB real, y el precio no es el precio de las cintas, sino el índice de deflación del PIB.

La **cantidad agregada de bienes y servicios demandados** es la suma de las cantidades de bienes de consumo y servicios que las familias planean comprar, de los bienes de inversión que las empresas planean comprar, de bienes y servicios que los gobiernos planean comprar y de las exportaciones netas que los extranjeros planean comprar. Entonces, la cantidad agregada de bienes y servicios demandados depende de las decisiones tomadas por familias, empresas, gobiernos y extranjeros. Cuando estudiamos la demanda de cintas en el capítulo 4, resumimos los planes de compra de las familias en una tabla de demanda y en una curva de demanda. De manera similar, cuando estudiamos las fuerzas que influyen en los planes agregados de compra, resumimos las decisiones de familias, empresas, gobiernos y extranjeros con una tabla de demanda agregada y una curva de demanda agregada.

Una **tabla de demanda agregada** enumera en cada nivel de precios la cantidad de PIB real demandada, manteniendo constantes todos los demás factores que influyen en los planes de compra. La **curva**

FIGURA **24.1**

## Curva de demanda agregada y tabla de demanda agregada

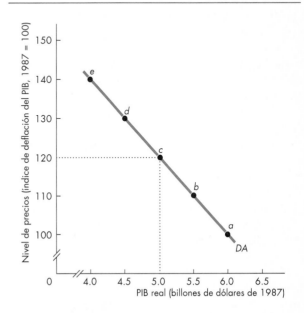

| Nivel de precios (índice de deflación del PIB) | PIB real (billones de dólares de 1987) |
|---|---|
| *a* | 100 | 6.0 |
| *b* | 110 | 5.5 |
| *c* | 120 | 5.0 |
| *d* | 130 | 4.5 |
| *e* | 140 | 4.0 |

La curva de demanda agregada (*DA*) representa la cantidad del PIB real demandado conforme varía el nivel de precios, manteniendo todo lo demás constante. La curva de demanda agregada se deriva de la tabla. Cada punto *a* hasta *e* de la curva corresponde a una fila en la tabla identificada por la misma letra. Así, cuando el nivel de precios es de 120, la cantidad demandada de PIB real es de 5.0 billones de dólares de 1987, como lo ilustra el punto *c*.

**de demanda agregada** traza la cantidad de PIB real demandada contrastándola con el nivel de precios. La **demanda agregada** es la relación completa entre la cantidad demandada de PIB real y el nivel de precios.

La figura 24.1 muestra una tabla de demanda agregada y una curva de demanda agregada. Cada fila de la tabla corresponde a un punto de la figura.

Por ejemplo, la fila *c* de la tabla de demanda agregada indica que si el nivel de precios (índice de deflación del PIB) es de 120, el nivel del PIB real demandado es de 5 billones de dólares de 1987. Esta fila es representada como el punto *c* en la curva de demanda agregada.

Al construir la tabla de demanda agregada y la curva de demanda agregada, mantenemos constantes todos los factores que influyen en la cantidad demandada de PIB real diferentes del nivel de precios. El efecto de un cambio del nivel de precios se muestra como un movimiento a lo largo de la curva de demanda agregada. Un cambio de cualquier otro factor de influencia sobre la cantidad demandada de PIB real da como resultado una nueva tabla de demanda agregada y un desplazamiento de la curva de demanda agregada. Primero nos concentraremos en los efectos de un cambio en el nivel de precios sobre la cantidad demandada de PIB real.

Usted puede ver en la pendiente negativa de la curva de demanda agregada, y a partir de las cifras que describen la tabla de demanda agregada, que cuanto más alto es el nivel de precios, menor es la cantidad demandada de PIB real. ¿Por qué tiene pendiente negativa la curva de demanda agregada?

## Por qué tiene pendiente negativa la curva de demanda agregada

La curva de demanda de un solo bien tiene pendiente negativa porque la gente sustituye un bien por otro al cambiar los precios. Si el precio de Coca-Cola sube, la cantidad demandada de Coca-Cola baja debido a que algunas personas cambian a Pepsi-Cola y a otros sustitutos. La curva de demanda para una clase completa de bienes y servicios tiene también pendiente negativa debido a los efectos de sustitución. Si los precios de Coca-Cola, Pepsi-Cola y otros refrescos aumentan, la cantidad demandada de refrescos baja porque algunas personas cambian de los refrescos a otras bebidas sustitutivas y a otros bienes. Pero ¿por qué la curva de demanda de *todos* los bienes y servicios tiene pendiente negativa? Si el precio de todos los bienes aumenta y la gente demanda menos de *todos* los bienes ¿qué demanda más? ¿Con qué sustituye los bienes y servicios?

Hay tres grupos de sustitutos de los bienes y servicios que integran el PIB real actual de Estados Unidos:

◆ Dinero y activos financieros

◆ Bienes y servicios en el futuro

◆ Bienes y servicios producidos en otros países

La gente puede planear la compra de una cantidad menor de bienes y servicios que componen el PIB real y mantener una mayor cantidad de dinero o de otros activos financieros. Puede planear comprar una cantidad menor de bienes y servicios hoy, pero una cantidad mayor en algún momento en el futuro. Así mismo, la gente puede decidir la compra de una cantidad menor de bienes y servicios hechos en Estados Unidos y comprar una cantidad mayor de bienes y servicios producidos en otros países. El nivel de precios influye en tales decisiones y sus efectos dan como resultado una curva de demanda agregada con pendiente negativa.

Hay tres efectos distintos del nivel de precios en relación con la cantidad demandada de PIB real:

◆ Efecto de saldos monetarios reales

◆ Efecto de sustitución intertemporal

◆ Efecto de sustitución internacional

**Efecto de saldos monetarios reales**  El **efecto de saldos monetarios reales** es resultado de un cambio de la cantidad real de dinero en relación con la cantidad demandada del PIB real. La **cantidad de dinero** es la cantidad de billetes y de moneda en circulación, depósitos bancarios y depósitos en otros tipos de instituciones financieras, como las asociaciones de ahorro y préstamo y las instituciones de ahorro, que mantienen las familias y las empresas. El **dinero real** es la medida del dinero basada en la cantidad de bienes y servicios que aquél puede comprar. El dinero real se mide en dólares divididos entre el nivel de precios. Por ejemplo, suponga que usted tiene en el bolsillo 20 dólares en billetes y monedas y 480 dólares en el banco. Supongamos que usted continúa manteniendo 500 dólares, pero que el nivel de precios aumenta el 25 por ciento. Entonces, sus tenencias de dinero real disminuyen en un 25 por ciento. Es decir, los 500 dólares de dinero que tiene usted comprarán ahora lo que 400 dólares habrían comprado antes del aumento del nivel de precios.

Los saldos monetarios reales son el efecto de cómo influye la cantidad de dinero real sobre la cantidad comprada de bienes y servicios. *Ceteris paribus*, cuanto mayor sea la cantidad de dinero real que tiene la gente, mayor es la cantidad comprada de bienes y servicios. Para entender el efecto de los saldos monetarios reales, pensemos cómo influyen las tenencias de dinero real de Sony Corporation sobre los planes de gasto.

Supongamos que Sony tiene 20 millones de dólares en el banco. Más aún, suponga que Sony ha decidido que no quiere modificar la forma en que mantiene sus activos. No quiere tener menos dinero al mismo tiempo que más equipo de capital en sus plantas de producción y distribución; y tampoco quiere vender algunos de sus activos productivos para poder tener más dinero.

Supongamos ahora que los precios bajan. Entre los precios que bajan tenemos los de los edificios de oficinas, computadores, estudios de cine y todas las otras cosas que Sony posee en operación. El dinero que tiene ahora compra más de estos y otros bienes que antes. Sony tiene *más* dinero real. Pero su otro equipo vale ahora menos que antes. Esta baja del nivel de precios ha aumentado las tenencias de dinero real de Sony y ha hecho descender el valor de sus tenencias de equipo de capital. Sony aprovechará entonces el hecho de que sus tenencias de dinero real aumentaron para así comprar equipo de capital adicional. Pero las construcciones nuevas, la planta y la maquinaria son algunos de los bienes que forman parte del PIB real. Entonces la decisión de Sony de usar su dinero real extra para comprar más planta y equipo da como resultado un aumento de la cantidad demandada de bienes y servicios, un aumento del PIB real demandado.

Por supuesto, aunque Sony es un gigante multinacional, si sólo hiciera esto no aumentaría mucho el PIB real demandado. El efecto de los saldos monetarios reales sería insignificante. Pero si todo mundo se comporta como Sony, la cantidad agregada demandada de bienes y servicios sería mayor que antes. Este aumento en la cantidad demandada de bienes y servicios resulta de la baja del nivel de precios.

El efecto de los saldos monetarios reales es la primera razón por la que la curva de demanda agregada tiene pendiente negativa. Una disminución del nivel de precios aumenta la cantidad de dinero real. Cuanto mayor es la cantidad de dinero real, mayor es la cantidad demandada de bienes y servicios.

**Efecto de sustitución intertemporal** La sustitución de bienes y servicios ahora por bienes y servi-

cios más tarde, o la de bienes y servicios más tarde por bienes y servicios ahora, se llama **sustitución intertemporal**. Un ejemplo de sustitución intertemporal es su decisión de comprar hoy un walkman en lugar de esperar al fin del mes. Otro ejemplo es la decisión de IBM de acelerar la instalación de su nueva planta de producción de computadores. Y otro ejemplo más es su decisión de posponer las vacaciones largamente anheladas.

Un factor de influencia importante sobre la sustitución intertemporal es el nivel de las tasas de interés. Las bajas tasas de interés alientan a la gente a endeudarse, y cambian la distribución, en el tiempo, de sus gastos en bienes de capital, planta y equipo, casas y bienes duraderos de consumo, al desplazar al presente parte de ese gasto inicialmente destinado para el futuro. Las tasas altas de interés desalientan a la gente a endeudarse y cambian la distribución, en el tiempo, de su gasto en bienes, al desplazar al futuro parte de ese gasto inicialmente destinado para el presente.

A su vez, las tasas de interés están influidas por la cantidad de dinero real. Acabamos de ver que la cantidad de dinero real aumenta si el nivel de precios baja. También hemos visto que cuanto más dinero real tiene la gente, mayor es la cantidad de bienes y servicios que demanda. Pero la gente no tiene necesariamente que gastar todo su dinero real adicional al comprar otros bienes. Puede prestar parte de ese dinero a otros o usarlo para reducir su endeudamiento. Algunas personas son prestatarias y otras prestamistas. Los prestatarios, al experimentar un aumento de sus tenencias de dinero real, necesitan endeudarse menos y así reducen su demanda de préstamos. Los prestamistas cuyas tenencias de dinero real han aumentado, están dispuestos a prestar todavía más y así aumentan su oferta de préstamos. Una disminución en la demanda de préstamos y un aumento de la oferta da como resultado una baja de las tasas de interés. Y las tasas de intereses más bajas conducen a un efecto de sustitución intertemporal: desplazan los planes de gasto del futuro al presente y aumentan la cantidad demandada de bienes y servicios.

Un alza en el nivel de precios disminuye la cantidad de dinero real y tiene el efecto contrario sobre los planes de gasto. Con una disminución de dinero real, la gente reduce sus planes de gasto hasta cierto punto (efecto de saldos monetarios reales) y reduce su oferta de préstamos o aumenta su demanda de préstamos. Como consecuencia aumentan las tasas de interés y el gasto se desplaza del presente al futuro (efecto de sustitución intertemporal).

Este efecto de sustitución intertemporal es la segunda razón por la cual la curva de demanda agregada tiene pendiente negativa. Con un nivel de precios más bajo:

- Aumenta la cantidad de dinero real
- Aumenta la oferta de préstamos
- Disminuye la demanda de préstamos
- Baja la tasa de interés
- Desplaza el gasto del futuro al presente, y aumenta la cantidad demandada de bienes y servicios

Veamos ahora la tercera razón por la cual tiene pendiente negativa la curva de demanda.

**Efecto de sustitución internacional**  Las sustituciones de bienes y servicios nacionales por bienes y servicios del exterior, o de bienes y servicios del exterior por bienes y servicios nacionales, constituyen **la sustitución internacional**. Un ejemplo de sustitución internacional es la decisión de un estadounidense de comprar un Toyota (fabricado en Japón) en lugar de un automóvil de General Motors (fabricado en Detroit). Otro ejemplo de sustitución internacional es la decisión del gobierno británico de equipar sus fuerzas armadas con armamento producido en Estados Unidos en vez de recurrir a armamento fabricado en Gran Bretaña. Y todavía otro ejemplo más es la decisión de otro estadounidense de ir de vacaciones a esquiar a las Rocosas de Canadá en lugar de a Colorado.

Si baja el nivel de precios de Estados Unidos, con todo lo demás constante, los bienes producidos en Estados Unidos se abaratan y por tanto se vuelven más atractivos en relación con los bienes producidos en otros países. Los estadounidenses planearán comprar más bienes producidos internamente y hacer menos importaciones, y los extranjeros planearán comprar más bienes hechos en Estados Unidos y menos de sus propios bienes producidos internamente. Entonces, con un nivel de precios más bajo en Estados Unidos, la gente y las empresas demandarán mayor cantidad de bienes y servicios producidos en Estados Unidos. La sustitución internacional ofrece una tercera razón para la pendiente negativa de la curva de demanda agregada.

## Cambios en la cantidad demandada de PIB real

Cuando cambia el nivel de precios, *ceteris paribus*, hay un cambio de la cantidad demandada de PIB real. Ese cambio se ilustra como un movimiento a lo largo de la curva de demanda agregada. La figura 24.2 ilustra los cambios de la cantidad demandada de PIB real y resume también las tres razones por las cuales la curva de demanda agregada tiene pendiente negativa.

---

### R E P A S O

L a curva de demanda agregada traza los efectos de un cambio del nivel de precios (índice de deflación del PIB) sobre la cantidad agregada de bienes y servicios demandados (PIB real demandado). El efecto de un cambio en el nivel de precios se muestra como un movimiento a lo largo de la curva de demanda agregada. *Ceteris paribus*, cuanto más alto es el nivel de precios, menor es la cantidad demandada de PIB real (la curva de demanda agregada tiene pendiente negativa). ◆ ◆ La curva de demanda agregada tiene pendiente negativa por tres razones: el dinero y los bienes son sustitutos (*efecto de los saldos monetarios reales*); los bienes hoy y los bienes en el futuro son sustitutos (*el efecto de sustitución intertemporal*); los bienes nacionales y los extranjeros son sustitutos (*el efecto de sustitución internacional* ). ◆

### Cambios en la demanda agregada

La tabla de demanda agregada y la curva de demanda agregada la describen en un momento determinado. Pero la demanda agregada no permanece constante, cambia con frecuencia. Por tanto, la curva de demanda agregada se desplaza frecuentemente. Los principales factores que influyen en la demanda agregada y que ocasionan un desplazamiento de su curva son:

- La política fiscal
- La política monetaria
- Los factores internacionales
- Las expectativas

FIGURA **24.2**

## Cambios en la cantidad demandada de PIB real

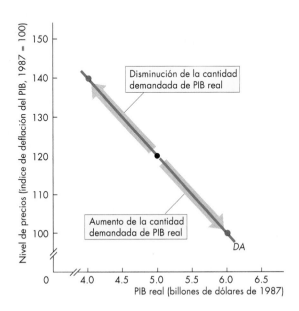

La cantidad demandada de PIB real

*Disminuye* si el nivel de precios *aumenta*

*Aumenta* si el nivel de precios *disminuye*

debido al:

Efecto de los saldos monetarios reales

◆ Un aumento del nivel de precios reduce la oferta de dinero real

◆ Una disminución del nivel de precios aumenta la oferta de dinero real

Efecto de sustitución intertemporal

◆ Un aumento del nivel de precios aumenta las tasas de interés

◆ Una disminución del nivel de precios reduce las tasas de interés

Efecto de sustitución internacional

◆ Un aumento del nivel de precios aumenta el costo de los bienes y servicios nacionales en relación con los bienes y servicios extranjeros

◆ Una disminución del nivel de precios reduce el costo de los bienes y servicios nacionales en relación con los bienes y servicios extranjeros

## La política fiscal

Las decisiones gubernamentales sobre sus compras de bienes y servicios, impuestos y pagos de transferencia tienen efectos importantes sobre la demanda agregada. El intento del gobierno de influir sobre la economía mediante su gasto y los impuestos se llama **política fiscal**.

### Compras gubernamentales de bienes y servicios

La magnitud de las compras gubernamentales de bienes y servicios tiene un efecto directo sobre la demanda agregada. Si los impuestos se mantienen constantes, cuanto más armamentos, carreteras, escuelas y universidades demande el gobierno, mayores serán las compras gubernamentales de bienes y servicios y mayor será la demanda agregada. Los cambios más importantes de las compras gubernamentales de bienes y servicios que influyen sobre la demanda agregada surgen de la situación de tensión y conflicto internacionales. En tiempos de guerra, las compras gubernamentales aumentan considerablemente. En este siglo, los incrementos de las compras del gobierno durante la Segunda Guerra Mundial, la guerra de Corea y la guerra de Vietnam, y sus disminuciones después de dichas guerras, ejercieron una gran influencia sobre la demanda agregada. Comparada con esas guerras, el aumento de las compras gubernamentales durante la guerra del Golfo, en 1991, fue pequeño y tuvo un efecto moderado sobre la demanda agregada.

### Impuestos y pagos de transferencia

Una disminución de impuestos aumenta la demanda agregada. Un aumento de los pagos de transferencia (beneficios de desempleo y otros pagos del sistema de bienestar) también aumenta la demanda agregada. Ambos factores de influencia funcionan cuando aumenta el ingreso *disponible* de las familias. Cuanto más elevado sea el nivel del ingreso disponible, mayor será la demanda de bienes y servicios. Ya que los impuestos más bajos y los pagos de transferencia más elevados aumentan el ingreso disponible, aumentan también la demanda agregada.

Esta fuente de cambios de la demanda agregada ha sido importante en años recientes. En los últimos años de la década de 1960 hubo un considerable aumento de los pagos gubernamentales mediante diversos programas sociales, y éstos condujeron a un aumento sostenido de la demanda agregada y, durante la década de 1980, los recortes de impuestos de Reagan aumentaron la demanda agregada.

## Política monetaria

Las decisiones tomadas por la Junta de la Oficina de la Reserva Federal (Fed) en torno a la oferta monetaria y las tasas de interés tienen efectos importantes sobre la demanda agregada. Su intento de influir en la economía haciendo variar la oferta monetaria y las tasas de interés se llama **política monetaria**.

**Oferta monetaria**   La oferta monetaria la determinan la Fed y los bancos (en un proceso descrito en los capítulos 27 y 28). Cuanto mayor es la *cantidad de dinero*, mayor es el nivel de demanda agregada. Una manera de ver claramente por qué el dinero afecta la demanda agregada es imaginar qué ocurriría si a la Fed le prestaran los helicópteros del ejército, los llenara de millones de dólares de billetes nuevos de 10 dólares y los esparciera como confeti por todo el país. Todos dejaríamos nuestras actividades para correr a recoger nuestra parte de este dinero nuevo disponible. Pero no pondríamos simplemente en el banco el dinero que recogiéramos. Gastaríamos parte de él, así que aumentaría nuestra demanda de bienes y servicios. Si bien este caso es exagerado, ilustra cómo un aumento de la cantidad de dinero eleva la demanda agregada.

En la práctica, los cambios en la cantidad de dinero hacen variar las tasas de interés y así éstas tienen una influencia adicional sobre la demanda agregada al afectar la inversión y la demanda de bienes de consumo duraderos. Cuando la Fed eleva la tasa a la cual se inyecta dinero nuevo a la economía, hay una tendencia hacia el alza en las tasas de interés. Cuando la Fed disminuye el ritmo de creación de dinero, hay una tendencia al alza de las tasas de interés. Entonces, un cambio de la cantidad de dinero tiene un segundo efecto sobre la demanda agregada mediante sus efectos sobre las tasas de interés.

**Tasas de interés**   Las tasas de interés cambian por varias razones. Ya hemos visto que cambian cuando cambia el nivel de precios y que esos cambios conducen a un movimiento a lo largo de la curva de demanda agregada. Pero si la Fed aplica medidas para aumentar las tasas de interés *en un nivel*

*de precios determinado*, la demanda agregada disminuye y hay entonces un desplazamiento de la curva de demanda agregada. Ante tasas de interés más altas, las empresas y las familias reducen su gasto, especialmente de inversión, para evitar así los costos más altos de intereses o para aprovechar los más altos rendimientos de los préstamos.

Las fluctuaciones en la cantidad de dinero y en las tasas de interés inducidas por estos movimientos han sido algunas de las causas más importantes en cuanto a los cambios de la demanda agregada. Aumentos sostenidos en la cantidad de dinero en la década de 1970 hicieron aumentar la demanda agregada, contribuyendo así a la inflación durante esos años; las disminuciones en la tasa de crecimiento de la cantidad de dinero redujeron el crecimiento de la demanda agregada y contribuyeron a las recesiones de 1981 y 1991.

## Factores internacionales

Hay dos principales factores internacionales que influyen sobre la demanda agregada: el tipo de cambio y el ingreso del exterior.

**El tipo de cambio**   Hemos visto que un cambio en el nivel de precios de Estados Unidos, con todo lo demás constante, conduce a un cambio de precios en los bienes y servicios producidos en Estados Unidos respecto a los precios de los bienes y servicios producidos en otros países. Otro importante factor de influencia sobre los precios de los bienes y servicios producidos en Estados Unidos, en relación con los producidos en el exterior, es el *tipo de cambio*. El tipo de cambio afecta la demanda agregada porque afecta los precios que los extranjeros tienen que pagar por los bienes y servicios producidos en Estados Unidos y los precios que los estadounidenses tienen que pagar por los bienes y servicios producidos en el exterior.

Suponga que el dólar vale 125 yenes. Usted puede comprar un computador Toshiba (hecho en Japón), que cuesta 125 000 yenes, por 1000 dólares. ¿Qué pasa si usted puede comprar en 900 dólares un computador Zenith (hecho en Estados Unidos), tan bueno como el Toshiba, que cuesta 125 000 yenes? En ese caso, usted comprará el Zenith.

Pero ¿qué computador comprará si el valor del dólar estadounidense aumenta a 150 yenes y todo lo demás permanece constante? Obtendremos la respuesta. A 150 yenes por dólar, usted cambia solamente 833.33 dólares por los 125 000 yenes que necesita para comprar el computador Toshiba. Ya que el computador Zenith cuesta 900 dólares, el Toshiba es ahora más barato y usted sustituirá el Zenith con el Toshiba. La demanda por computadores hechos en Estados Unidos disminuye al subir el valor en divisas del dólar. Así que, al subir el valor en divisas del dólar, con lo demás constante, la demanda agregada disminuye.

Ha habido fuertes oscilaciones en el valor en divisas del dólar durante la década de 1980, las cuales condujeron a fuertes oscilaciones de la demanda agregada.

**Ingreso del exterior**  El ingreso de los extranjeros afecta la demanda agregada de bienes y servicios producidos internamente. Por ejemplo, un aumento del ingreso en Japón y Alemania aumenta la demanda de los consumidores japoneses y alemanes de bienes de consumo y de capital hechos en Estados Unidos. Estas causas de cambio en la demanda agregada han sido importantes desde la Segunda Guerra Mundial. El rápido crecimiento económico de Japón y de Europa Occidental, así como de algunos de los nuevos países industrializados de la Cuenca del Pacífico, Corea y Singapur, por ejemplo, han llevado a un aumento sostenido de la demanda de bienes y servicios hechos en Estados Unidos.

## Expectativas

Las expectativas acerca de todos los aspectos de las condiciones económicas futuras juegan un papel crucial en la determinación de las decisiones actuales. Pero tres expectativas son particularmente importantes. Se refieren a la inflación futura, a los ingresos futuros y a los beneficios futuros.

**Inflación futura esperada**  Un aumento de la tasa de inflación esperada, *ceteris paribus*, conduce a un aumento de la demanda agregada. Cuanto más elevada es la tasa de inflación esperada, mayor es el precio esperado de los bienes y servicios para el futuro y menor el valor real del dinero y de otros activos esperado para el futuro. En consecuencia, cuando la gente espera una tasa de inflación más elevada, planea comprar más bienes y servicios en el presente y mantener menores cantidades de dinero y de otros activos financieros.

Hubo cambios de las expectativas de inflación durante la década de 1980. Al principio de la década, la gente esperaba que persistiera la inflación en cerca del 10 por ciento anual. Pero la severa recesión de 1982 redujo dichas expectativas de inflación. *Ceteris paribus*, el efecto de esta disminución de las expectativas en torno a la inflación fue la disminución de la demanda agregada.

**Ingresos futuros esperados**  Un aumento del ingreso futuro esperado, con lo demás igual, hace aumentar la cantidad de dinero que las familias planean gastar en bienes de consumo y de consumo duradero. Cuando las familias esperan un crecimiento lento del ingreso futuro, o incluso una disminución del mismo, reducen sus planes de gasto.

Las expectativas en torno al crecimiento del ingreso futuro eran pesimistas durante 1990, y este factor contribuyó a una disminución del gasto, lo que ocasionó la recesión de 1991.

**Beneficios futuros esperados**  Un cambio de los beneficios futuros esperados produce cambios en la demanda de las empresas de nuevo equipo de capital. Por ejemplo, supongamos que ha habido una ola reciente de cambio tecnológico que ha aumentado la productividad. Las empresas esperan que, al instalar equipo nuevo con tecnología más reciente, aumentarán sus beneficios futuros. Esta expectativa conduce a un aumento de la demanda de nueva planta y equipo y a un aumento de la demanda agregada.

Las expectativas de beneficios fueron pesimistas en 1981 y condujeron a una disminución de la demanda agregada. Las expectativas fueron optimistas durante la mayor parte de mediados de la década de 1980 y llevaron a aumentos sostenidos de la demanda agregada.

Ahora que hemos repasado los factores que influyen sobre la demanda agregada, hagamos un resumen de sus efectos sobre la curva de demanda agregada.

## Desplazamientos de la curva de demanda agregada

Ilustramos un cambio de la demanda agregada como un desplazamiento de la curva de demanda agregada. La figura 24.3 ilustra dos cambios de la demanda agregada y resume los factores que ocasionan dichos cambios. La demanda agregada inicialmente es $DA_0$, la misma que en la figura 24.1.

La curva de demanda agregada se desplaza hacia la derecha, de $DA_0$ a $DA_1$, cuando aumentan las compras gubernamentales de bienes y servicios, se reducen los impuestos, aumentan los pagos de transferencia, aumenta la oferta monetaria y bajan las tasas de interés, desciende el tipo de cambio, aumenta el ingreso del resto del mundo, aumentan los beneficios futuros esperados, aumentan los ingresos futuros esperados o aumenta la tasa de inflación esperada.

La curva de demanda agregada se desplaza hacia la izquierda, de $DA_0$ a $DA_2$, cuando disminuyen las compras gubernamentales de bienes y servicios, aumentan los impuestos, disminuyen los pagos de transferencia, disminuye la oferta monetaria y aumentan las tasas de interés, sube el tipo de cambio, disminuye el ingreso del resto del mundo, disminuyen los beneficios futuros esperados, disminuyen los ingresos futuros esperados o disminuye la tasa de inflación esperada.

### Rezagos de los factores que influyen sobre la demanda agregada

Los efectos que influyen en la demanda agregada, que hemos considerado, no ocurren instantáneamente; vienen con rezagos. El *rezago* es una demora en la respuesta a un estímulo. Por ejemplo, cuando se toma una pastilla para curar un dolor de cabeza, el dolor de cabeza no desaparece inmediatamente; el medicamento actúa con rezago. De manera similar, la política monetaria influye sobre la demanda agregada con un rezago que se extiende durante varios meses. Por ejemplo, si la Fed aumenta la oferta monetaria, al principio no cambia la demanda agregada. Poco después, cuando la gente reasigna su riqueza, hay un aumento en la oferta de préstamos mientras que las tasas de interés descienden. Posteriormente, al enfrentarse con tasas de interés más bajas, las familias y las empresas aumentan sus compras de bienes y servicios. El efecto total del cambio inicial de la cantidad de dinero se extiende durante varios meses.

La siguiente vez que la Fed toma exactamente las mismas disposiciones, no hay garantía de que sus efectos se den exactamente en el mismo tiempo que antes. Los rezagos de los efectos de la política monetaria en la demanda agregada se prolongan y además son variables y, hasta cierto punto, imprevisibles.

## Cambios de la demanda agregada

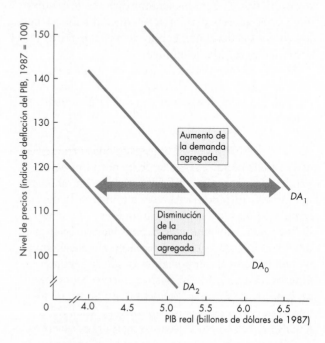

La demanda agregada

*Disminuye* si

◆ La política fiscal reduce el gasto del gobierno, aumenta los impuestos, o reduce los pagos de transferencia

◆ La política monetaria reduce la oferta monetaria o aumenta las tasas de interés

◆ Sube el tipo de cambio o disminuye el ingreso del exterior

◆ Disminuyen la inflación esperada, el ingreso esperado, o los beneficios esperados

*Aumenta* si

◆ La política fiscal aumenta el gasto del gobierno, reduce los impuestos, o aumenta los pagos de transferencia

◆ La política monetaria aumenta la oferta monetaria o reduce las tasas de interés

◆ El tipo de cambio baja, o aumenta el ingreso del exterior

◆ Aumentan la inflación esperada, el ingreso esperado, o los beneficios esperados

## R E P A S O

**U** n cambio en el nivel de precios conduce a un cambio de la cantidad agregada de bienes y servicios demandados. Dicho cambio se muestra como un movimiento a lo largo de la curva de demanda agregada. Un cambio de cualquier otro factor de influencia sobre la demanda agregada desplaza la curva de demanda agregada. Estos otros factores de influencia incluyen:

◆ La política fiscal
◆ La política monetaria
◆ Los factores internacionales
◆ Las expectativas ◆

## Oferta agregada

La **cantidad agregada de bienes y servicios ofrecidos** es la suma de todos los bienes finales y servicios producidos por todas las empresas de la economía. Se mide como el producto interno bruto real ofrecido. Al estudiar la oferta agregada, distinguimos dos marcos de tiempo macroeconómico: el corto y el largo plazo.

### Dos marcos de tiempo macroeconómico

El **corto plazo macroeconómico** es el periodo en el cual los precios de los bienes y servicios cambian en respuesta a los cambios de demanda y oferta, pero sin variar los precios de los factores de la producción: tasas de salario y precios de materias primas. El corto plazo es un marco temporal importante por dos razones. Primero, porque las tasas de salario las determinan los contratos laborales que, en Estados Unidos, tienen una duración de hasta tres años. En consecuencia, las tasas de salario cambian más lentamente que los precios. Segundo, porque las acciones de un pequeño número de productores, que mantienen el precio constante en algunos periodos, pero que lo cambian en grandes cantidades en otros, influyen enormemente en los precios de algunas materias primas, especialmente el petróleo.

El **largo plazo macroeconómico** es el periodo suficientemente largo como para que los precios de todos los factores de la producción, tasas de salario y otros precios de factores, se hayan ajustado a cual-

quier perturbación, de tal forma que las cantidades demandadas y ofrecidas sean iguales en todos los mercados: los de bienes y servicios, los de trabajo y los de los otros factores de la producción. En el largo plazo macroeconómico, ya ajustadas las tasas de salarios para producir la igualdad entre las cantidades demandadas y ofrecidas de trabajo, hay *pleno empleo*. En forma equivalente, el desempleo se encuentra en su *tasa natural*.

### Oferta agregada a corto plazo

La **oferta agregada a corto plazo** es la relación entre la cantidad agregada de bienes finales y servicios (PIB real) ofrecida y el nivel de precios (índice de deflación del PIB), con todo lo demás constante. Podemos representar la oferta agregada a corto plazo ya sea como una tabla de oferta agregada a corto plazo o como una curva de oferta agregada a corto plazo. La **tabla de oferta agregada a corto plazo** enumera la cantidad de PIB real ofrecido en cada nivel de precios, con todo lo demás constante. La **curva de oferta agregada a corto plazo** traza la relación entre la cantidad ofrecida de PIB real y el nivel de precios, con todo lo demás constante.

La figura 24.4 muestra la tabla de oferta agregada a corto plazo y la correspondiente curva de oferta agregada a corto plazo (con la leyenda *SAC*). La parte (a) muestra toda la curva y la parte (b) se concentra en el intervalo de la curva donde normalmente funciona la economía. Cada fila de la tabla de oferta agregada corresponde a un punto de la figura. Por ejemplo, la fila *a'* de la tabla de oferta agregada a corto plazo y el punto *a'* de la curva indican que, si el nivel de precios es 110 (el índice de deflación del PIB es 110), la cantidad ofrecida de PIB real es de 4.0 billones de dólares de 1987.

Debemos concentrarnos en primer lugar en toda la curva de oferta agregada a corto plazo de la figura 24.4(a). Esta curva tiene tres intervalos. Es horizontal en el intervalo de la depresión, ascendente en el intervalo intermedio y vertical en el límite físico de la capacidad de la economía para producir bienes y servicios. ¿Por qué es horizontal la curva agregada a corto plazo en el intervalo de la depresión? ¿Por qué es ascendente en el intervalo intermedio? ¿Y por qué se vuelve finalmente vertical?

**El intervalo de la depresión** Cuando la economía está muy deprimida, las empresas tienen una gran capacidad en exceso y están ansiosas de vender lo que puedan al precio que prevalece. Les gustaría poder vender más y están dispuestas a ofrecer a la venta, sin necesidad de un precio más alto que las induzca. Así, cada empresa tiene una curva de oferta horizontal. Ya que cada empresa tiene una curva de oferta horizontal, la curva de oferta agregada es también horizontal. La última vez que la economía

estuvo en el intervalo de la depresión de la curva *SAC* fue en la década de 1930.

**El intervalo intermedio**   Normalmente, la economía funciona en el intervalo intermedio ascendente de su curva *SAC*. Por ello, nos concentramos en ese intervalo en la figura 24.4(b), la parte de la curva *SAC* que usaremos en la parte restante del libro.

---

FIGURA **24.4**

# Las curvas de oferta agregada y la tabla de oferta agregada

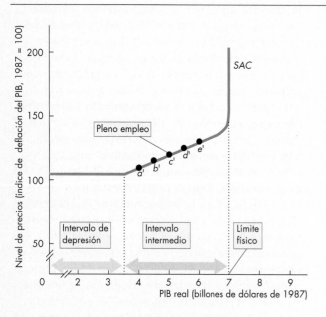

**(a) La curva de oferta agregada a corto plazo**

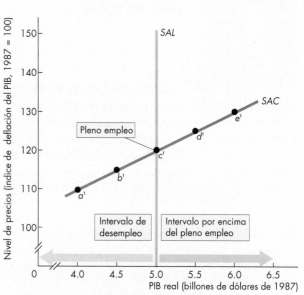

**(b) Las curvas de oferta agregada a corto y largo plazos**

La curva de oferta agregada a corto plazo (*SAC*) traza la cantidad de PIB real ofrecido conforme varía el nivel de precios, con todo lo demás constante. Las curvas de oferta agregada a corto plazo de esta figura se derivan de la tabla. La parte (a) muestra la curva *SAC* en toda su extensión y la parte (b) se concentra en el intervalo intermedio. En una depresión, las empresas están dispuestas a aumentar la cantidad vendida sin aumentar el precio, y la curva *SAC* es horizontal. En su límite físico la economía no puede extraer más producción y la curva *SAC* se vuelve vertical. Normalmente la economía opera en la parte ascendente del intervalo intermedio. En ese intervalo el pleno empleo ocurre en *c'*, donde el PIB real es de 5.0 billones de dólares.

La curva de oferta agregada a largo plazo (*SAL*) muestra la relación entre el PIB real de pleno empleo y el nivel de precios. Este nivel de PIB real es independiente del nivel de precios, por lo que la curva *SAL* es vertical según se muestra en la parte (b). En niveles del PIB real inferiores al nivel a largo plazo, el empleo se halla encima de su tasa natural y, en los niveles de PIB real superiores al nivel a largo plazo, el desempleo se halla debajo de su tasa natural.

| | Nivel de precios (índice de deflación del PIB) | PIB real (billones de dólares de 1987) |
|---|---|---|
| **Intervalo de depresión** | **105** | **0 a 3.5** |
| *a'* | 110 | 4.0 |
| *b'* | 115 | 4.5 |
| *c'* | 120 | 5.0 |
| *d'* | 125 | 5.5 |
| *e'* | 130 | 6.0 |
| **Límite físico** | **Arriba de 200** | **7.0** |

Para observar por qué la curva de oferta agregada a corto plazo tiene pendiente positiva, piense en la curva de oferta de cintas. Cuando sube el precio de estas cintas y los salarios de los trabajadores de la fábrica de cintas permanecen constantes, los productores de cintas pueden poner en venta una mayor cantidad de ellas. Hay aumento en la cantidad ofrecida de cintas. Lo que es cierto para las fábricas de cintas también lo es para las plantas embotelladoras de Coca-Cola, para las líneas de montaje de automóviles y para las empresas productoras de todos los otros bienes y servicios. Así que, cuando los precios se elevan pero los precios de los factores permanecen constantes, aumenta la cantidad agregada ofrecida de bienes y servicios, es decir, el PIB real.

Para aumentar la producción a corto plazo, las empresas contratan trabajo adicional y hacen trabajar a su fuerza de trabajo existente durante jornadas más largas. Entonces, un cambio en el nivel de precios, con las tasas de salario constantes, conduce a un cambio en la cantidad agregada ofrecida de bienes y servicios, así como a un cambio del nivel de empleo y desempleo. Cuanto más alto es el nivel de precios, mayor es la cantidad agregada ofrecida de bienes y servicios, más alto el nivel de empleo, y más bajo el de desempleo.

### El límite físico del PIB real

En cierto nivel del PIB real, la curva de oferta a corto plazo se hace vertical debido a que hay un límite físico de la producción que a la economía le es posible obtener. Si los precios se elevan mientras los salarios permanecen constantes, cada empresa aumenta su producción al hacer trabajar jornadas extra a su fuerza de trabajo, al contratar más trabajo y al hacer funcionar su planta y equipo a un ritmo más rápido. Pero hay un límite para la cantidad de tiempo extra que los trabajadores están dispuestos a aceptar. También hay un límite debajo del cual la tasa de desempleo no puede descender. Y hay un límite más allá del cual las empresas no están dispuestas a hacer operar su planta y equipo debido al alto costo del desgaste y las descomposturas. Una vez que se ha llegado a estos límites, la producción no aumenta, no importa lo alto que suban los precios en relación con los salarios. Con esa producción, la curva de oferta agregada a corto plazo se vuelve vertical. En el ejemplo de la figura 24.4, cuando la economía funciona en su límite físico, el PIB real es de 7 billones de dólares.

## Oferta agregada a largo plazo

La **oferta agregada a largo plazo** es la relación entre la cantidad agregada ofrecida de bienes finales y servicios (PIB real) y el nivel de precios (el índice de deflación del PIB), con pleno empleo.

### La curva de oferta a largo plazo

La oferta agregada a largo plazo está representada por la curva de oferta agregada a largo plazo. La **curva de oferta agregada a largo plazo** traza la relación entre la cantidad ofrecida de PIB real y el nivel de precios, con pleno empleo. La curva de oferta agregada a largo plazo es vertical y se ilustra en la figura 24.4(b) como *SAL*. En este ejemplo, el pleno empleo tiene lugar cuando el PIB real es de 5 billones de dólares. Si el PIB real es inferior a esta suma, se requiere una cantidad menor de trabajo y el desempleo se eleva por encima de su tasa natural. La economía funciona en el intervalo de desempleo que se muestra en la figura 24.4(b). Si el PIB real es superior a 5 billones de dólares, se requiere una cantidad mayor de trabajo y el desempleo cae debajo de su tasa natural. La economía funciona en el intervalo por encima del pleno empleo, mostrado en la figura 24.4(b).

Ponga especial cuidado en la *posición* de la curva *SAL*. Es una línea vertical que interseca la curva de oferta agregada a corto plazo en el punto *c'* en su intervalo intermedio ascendente. No coincide con la parte vertical de la curva *SAC*, donde la economía está funcionando en su límite físico de producción.

¿Por qué es vertical la curva de oferta agregada a largo plazo? ¿Y por qué la oferta agregada a largo plazo es inferior a los límites físicos de la producción?

### Por qué es vertical la curva de oferta agregada a largo plazo

La curva de oferta agregada a largo plazo es vertical porque sólo hay un nivel de PIB real que puede producirse con pleno empleo sin importar lo alto que sea el nivel de precios. Conforme nos movemos a lo largo de la curva de oferta agregada, varían *dos* conjuntos de precios: los de bienes y servicios y los de los factores de la producción. Usted puede ver por qué el nivel de producción no varía en estas condiciones, si piensa nuevamente en la fábrica de cintas. Si el precio de las cintas se eleva y aumenta también su costo de producción en el mismo porcentaje, los fabricantes de cintas no tienen incentivo para cambiar su nivel de producción. Lo que es cierto para los productores de cintas, lo es también para los productores de todos los bienes y servicios; por ello, la cantidad agregada ofrecida no cambia.

**Por qué la oferta agregada a largo plazo es menor que el límite físico de la producción**  El PIB real no puede rebasar su límite físico. Pero puede aumentar hasta rebasar su nivel a largo plazo haciendo que la tasa de desempleo sea inferior a su tasa natural. Cuando esto sucede, hay más vacantes de trabajo que gente buscando un empleo. Las empresas compiten entre sí por trabajo, los salarios aumentan más rápido que los precios, y la producción finalmente baja a su nivel de largo plazo.

---

### REPASO

**L**a curva de oferta a corto plazo muestra la relación entre el PIB real ofrecido y el nivel de precios, con todo lo demás constante. Sin cambio en las tasas de salario y en otros precios de los factores, un aumento en el nivel de precios da como resultado un incremento del PIB real ofrecido. La curva de oferta agregada a corto plazo es horizontal en las depresiones severas, ascendente en el intervalo intermedio y vertical cuando la economía se halla en el límite físico de su capacidad de producción. ◆ ◆ La curva de oferta agregada a largo plazo muestra la relación entre el PIB real ofrecido y el nivel de precios cuando hay pleno empleo. Este nivel del PIB real es independiente del nivel de precios y la curva de oferta agregada a largo plazo es vertical. Su posición indica el nivel del PIB real ofrecido cuando la economía está en pleno empleo, que es un nivel del PIB real inferior al del límite físico de la producción. ◆

Un cambio en el nivel de precios, con todo lo demás constante, da como resultado un movimiento a lo largo de la curva de oferta agregada a corto plazo. Un cambio en el nivel de precios, con un cambio correspondiente en las tasas de salario que mantiene el desempleo en su tasa natural, da como resultado un movimiento a lo largo de la curva de oferta agregada a largo plazo. Pero hay muchas otras influencias sobre el PIB real ofrecido, que

provocan un cambio de la oferta agregada y desplazamientos en las curvas de oferta agregada.

Algunos factores cambian tanto la oferta agregada a corto plazo como la oferta agregada a largo plazo; otros afectan la oferta agregada a corto plazo sin afectar la oferta agregada a largo plazo. Examinemos estas influencias sobre la oferta agregada, en primer lugar aquellas que afectan únicamente la oferta agregada a corto plazo.

### Cambios de la oferta agregada a corto plazo

Los únicos factores de influencia sobre la oferta agregada a corto plazo que no cambian la oferta agregada a largo plazo son la tasa de salario y los precios de los otros factores de la producción. Los precios de los factores afectan la oferta agregada a corto plazo al influir en los costos de las empresas. Cuanto más alto es el nivel de las tasas de salario y el de otros precios de factores, más elevados son los costos de las empresas y más baja la cantidad de producción que las empresas quieren ofrecer en cada nivel de precios. Entonces, un aumento de las tasas de salarios y en otros precios de factores disminuye la oferta agregada a corto plazo.

¿Por qué los precios de factores afectan la oferta agregada a corto plazo sin afectar la oferta agregada a largo plazo? La respuesta está en la definición de la oferta agregada a largo plazo. Recuerde que la oferta agregada a largo plazo se refiere a la cantidad ofrecida de PIB real cuando los salarios y los precios de los otros factores se han ajustado en el mismo porcentaje al cambiar el nivel de precio. Ante el mismo incremento porcentual de precios de los factores y del precio de la producción, la empresa carece de estímulos para cambiar su producción. Así, el producto agregado, es decir, el PIB real, permanece constante.

**Desplazamientos de la curva de oferta agregada a corto plazo**  Un cambio en los precios de los factores cambia la oferta agregada a corto plazo y desplaza la curva que a esta misma le corresponde. La figura 24.5 muestra dicho desplazamiento. La curva de oferta agregada a largo plazo es $SAL$, e inicialmente la curva de oferta agregada a corto plazo es $SAC_0$. Ambas curvas se intersecan en el nivel de precios de 120. Suponga ahora que el trabajo es el único factor de la producción y que las tasas de salario aumentan de 12 a 13 dólares la hora. En el nivel inicial de las tasas de salario, las empresas

◆ La fuerza de trabajo
◆ El acervo de capital
◆ La tecnología
◆ Los incentivos

FIGURA 24.5

## Disminución de la oferta agregada a corto plazo

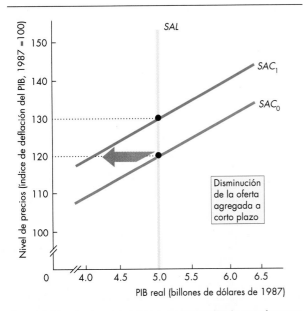

Un aumento en las tasas de salario o en los precios de otros factores de producción disminuye la oferta agregada a corto plazo pero no cambia la oferta agregada a largo plazo. Desplaza la curva de oferta agregada a corto plazo a la izquierda y no altera la curva de oferta agregada a largo plazo. Aquí se muestra este cambio. La curva de oferta agregada a corto plazo original es $SAC_0$ y, después de aumentar la tasa de salario, la nueva curva de oferta agregada a corto plazo es $SAC_1$.

están dispuestas a ofrecer un total de 5.0 billones de dólares de producto en un nivel de precios de 120. Ofrecerán el mismo nivel de producto a una tasa salarial más elevada sólo si los precios aumentan en la misma proporción que han aumentado los salarios. Con el alza de los salarios de 12 a 13 dólares la hora, el nivel de precios que mantiene constante la cantidad ofrecida es de 130. Así, la curva de oferta agregada a corto plazo se desplaza a $SAC_1$. Hay una *disminución* de la oferta agregada a corto plazo.

### Cambios tanto de la oferta agregada a largo plazo como de la oferta agregada a corto plazo

Hay cuatro factores principales que influyen sobre la oferta agregada a largo y corto plazos:

**La fuerza de trabajo**  Cuanto mayor es la fuerza de trabajo, igualmente mayor es la cantidad producida de bienes y servicios. *Ceteris paribus*, una granja con 10 trabajadores produce más maíz que una granja con 1 trabajador. Lo mismo es cierto para la economía como un todo. Con su fuerza de trabajo de más de 125 millones de personas, Estados Unidos produce una cantidad mayor de bienes y servicios de la que obtendría, con todo lo demás constante, si tuviera la fuerza de trabajo de Canadá, de 12.5 millones de personas.

**El acervo de capital**  Cuanto mayor sea el acervo de planta y equipo, más productiva es la fuerza de trabajo y mayor es el producto que puede obtener. Así mismo, cuanto mayor es el acervo de *capital humano*, es decir, las habilidades que la gente ha adquirido en la escuela y mediante el adiestramiento en el trabajo, mayor es la tasa del producto. La economía de Estados Unidos, rica en capital, produce una cantidad inmensamente mayor de bienes y servicios de la que obtendría, con todo lo demás constante, si tuviera el acervo de capital de Etiopía.

**Tecnología**  La invención de formas nuevas y mejores para hacer las cosas permite a las empresas producir más con una cantidad determinada de factores de producción. Así que, incluso con una población y un acervo de capital constantes, las mejoras de la tecnología incrementan la producción y amplían la oferta agregada. Los avances tecnológicos son, con mucho, la fuente más importante de los aumentos de la producción en los últimos dos siglos. Como resultado de los avances tecnológicos, hoy en día en Estados Unidos un agricultor puede alimentar a 100 personas, y un trabajador de la industria del automóvil puede producir 14 automóviles y camiones en un año.

**Incentivos**  Los estímulos que experimenta la gente influyen en la oferta agregada. Dos ejemplos de esto son los beneficios de desempleo y los créditos fiscales por inversión. En Gran Bretaña, los beneficios

CAPÍTULO 24   DEMANDA AGREGADA Y OFERTA AGREGADA

de desempleo son mucho más generosos, en relación con los salarios, que en Estados Unidos. Hay un mayor estímulo para encontrar empleo en Estados Unidos que en Gran Bretaña. En consecuencia, la tasa natural de desempleo en Gran Bretaña es más alta y su oferta agregada a largo plazo menor de lo que sería si ésta tuviera similares compensaciones por desempleo que Estados Unidos. Por su parte, los créditos fiscales por inversión son créditos que reducen los impuestos de las empresas en proporción a la magnitud de la inversión de las empresas en planta y equipo nuevos. Esos créditos proporcionan un incentivo para una mayor acumulación de capital y, con otros elementos constantes, aumentan la oferta agregada.

## Desplazamiento de las curvas de oferta agregada a corto plazo y de oferta agregada a largo plazo

Si ocurre cualquiera de los sucesos que cambian la oferta agregada a largo plazo, se desplazan la curva de oferta agregada a largo plazo *y la curva de oferta agregada a corto plazo*. La mayor parte de los factores que influyen sobre la oferta a corto y largo plazos, producen un *aumento* de la oferta agregada. Este caso se resume en la figura 24.6.

Inicialmente, la curva de oferta agregada a largo plazo es $SAL_0$ y la curva de oferta agregada a corto plazo es $SAC_0$. Ambas curvas se intersecan en un nivel de precios de 120 y en un PIB real de 5 billones de dólares de 1987. Un aumento en la capacidad productiva que aumenta el PIB real de pleno empleo a 6 billones de dólares de 1987, desplaza la curva de oferta agregada a largo plazo a $SAL_1$ y la curva de oferta agregada a corto plazo a $SAC_1$. La oferta agregada a largo plazo es ahora de 6 billones de dólares de 1987.

**FIGURA 24.6**

## Crecimiento de la oferta agregada a largo plazo

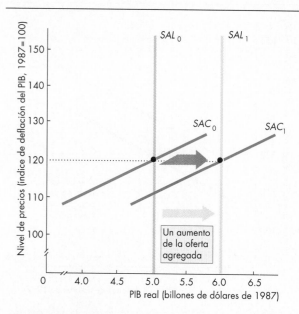

Oferta agregada

*Aumenta a largo plazo* si:

◆ Aumenta la fuerza de trabajo

◆ Aumenta el acervo de capital

◆ El cambio tecnológico incrementa la productividad del trabajo y del capital

◆ Se fortalecen los incentivos para el trabajo y la inversión en planta y equipo nuevos

Tanto la curva de oferta agregada a largo plazo como la de oferta agregada a corto plazo se desplazan hacia la derecha en la misma magnitud.

## R E P A S O

**U**n cambio en las tasas de salario o en los precios de otros factores cambia la oferta agregada a corto plazo pero sin cambiar la oferta agregada a largo plazo. Desplaza la curva de oferta agregada a corto plazo pero sin desplazar la curva de oferta agregada a largo plazo. ◆ ◆ Los cambios del volumen de la fuerza de trabajo y del acervo de capital, del estado de la tecnología o de los incentivos que enfrentan las familias y las empresas, cambian tanto la oferta agregada a corto plazo como la oferta agregada a largo plazo. Esos cambios desplazan las curvas de oferta agregada a corto y largo plazos, y los desplazamientos van en la misma dirección. ◆

**FIGURA 24.7**

## Equilibrio macroeconómico

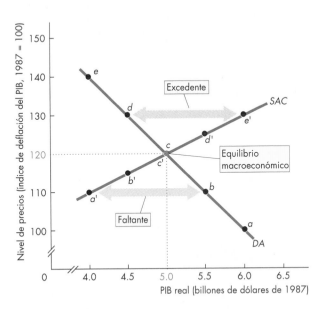

El equilibrio macroeconómico ocurre cuando el PIB real demandado es igual al ofrecido. Este equilibrio se da en la intersección de la curva de demanda agregada (*DA*) y la de oferta agregada a corto plazo (*SAC*), puntos *c* y *c'*, donde el nivel de precios es de 120 y el PIB real de 5.0 billones de dólares de 1987. En niveles de precios superiores a 120, por ejemplo 130, hay un exceso de la cantidad ofrecida de bienes y servicios en relación con la cantidad demandada, es decir, un excedente, y los precios bajan. Con un nivel de precios inferior a 120, por ejemplo 110, hay un exceso de la cantidad demandada de bienes y servicios en relación con la cantidad ofrecida, es decir, un faltante, y los precios se elevan. Sólo cuando el nivel de precios es de 120, la cantidad demandada de bienes y servicios es igual a la cantidad ofrecida. Éste es el nivel de precios de equilibrio.

## Equilibrio macroeconómico

E l objetivo del modelo de demanda y oferta agregadas es predecir los cambios del PIB real y del nivel de precios. Para hacer predicciones del PIB real y del nivel de precios necesitamos combinar la demanda y la oferta agregadas y determinar el equilibrio macroeconómico. El **equilibrio macroeconómico** tiene lugar cuando la cantidad demandada de PIB real es igual a la cantidad ofrecida del mismo. Veamos cómo se determina el equilibrio macroeconómico.

## Determinación del PIB real y del nivel de precios

La curva de demanda agregada indica la cantidad demandada de PIB real en cada nivel de precios y las curvas de oferta agregada a corto plazo indican las cantidades de PIB real ofrecidas en cada nivel de precios. Hay uno y sólo un nivel de precios en el cual la cantidad demandada es igual a la cantidad ofrecida. El equilibrio macroeconómico ocurre en ese nivel de precios. La figura 24.7 ilustra ese equilibrio en un nivel de precios de 120 con un PIB real de 5.0 billones de dólares de 1987 (puntos *c* y *c'*).

Para ver por qué esta posición es de equilibrio, investiguemos qué pasa si el nivel de precios es diferente de 120. Suponga que el nivel de precios es de 130. En ese caso, la cantidad demandada de PIB real es de 4.5 billones de dólares (punto *d*), pero la cantidad ofrecida de éste es de 6 billones de dólares (punto *e'*). Hay un exceso de la cantidad ofrecida en relación con la cantidad demandada, o un excedente de bienes y servicios. Incapaces de vender toda su producción y con una acumulación de inventarios, las empresas reducen sus precios. Los precios se reducirán hasta eliminar el excedente: es decir, hasta el nivel de 120.

A continuación, considere qué ocurre si el nivel de precios es de 110. En este caso, la cantidad de PIB real que las empresas ofrecen es de 4 billones de dólares de bienes y servicios (punto *a'*) y la cantidad de PIB real es de 5.5 billones de dólares (punto *b*). La cantidad demandada excede a la cantidad ofrecida. Al reducirse los inventarios, las empresas elevan sus precios y continúan haciéndolo hasta que las cantidades demandadas y ofrecidas se encuentren en equilibrio, nuevamente en un nivel de precios de 120.

## Equilibrio macroeconómico y pleno empleo

El equilibrio macroeconómico no ocurre necesariamente con pleno empleo. Con pleno empleo, la economía está en su curva de oferta agregada *a largo plazo*. Pero el equilibrio macroeconómico se da en la intersección de la curva de oferta agregada *a corto plazo* con la curva de demanda agregada, y ello puede ocurrir en, debajo o arriba del pleno empleo. Podemos ver este hecho más claramente si consideramos los tres casos posibles mostrados en la figura 24.8.

En la figura 24.8(a) se muestran las fluctuaciones del PIB real de una economía imaginaria, para un periodo de cinco años. En el año 2, el PIB real

cae debajo de su nivel a largo plazo, al punto *b*, y hay una brecha de recesión. Una **brecha de recesión** es igual al PIB real a largo plazo menos el PIB real efectivo cuando éste se halla debajo del PIB real a largo plazo. En el año 4, el PIB real rebasa su nivel a largo plazo, en el punto *d*, y hay una brecha de inflación. Una **brecha de inflación** es igual al PIB real efectivo menos el PIB real a largo plazo, cuando el PIB real efectivo es superior al

**FIGURA 24.8**

## Tres tipos de equilibrio macroeconómico

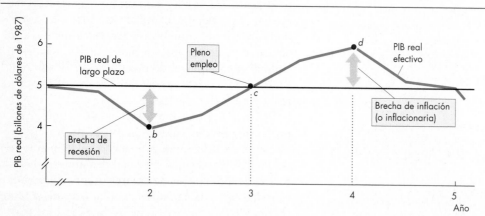

**(a) Fluctuaciones del PIB real**

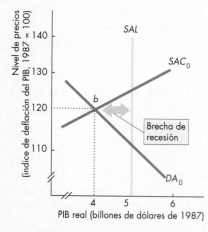

**(b) Equilibrio con desempleo**

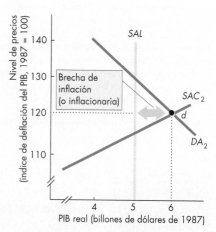

**(c) Equilibrio con pleno empleo**

**(d) Equilibrio con empleo superior al pleno empleo**

En la parte (a) el PIB real fluctúa en torno a su nivel a largo plazo. Cuando el PIB real efectivo es inferior al PIB real a largo plazo, hay una brecha de recesión (como en el año 2). Cuando el PIB real efectivo es superior al PIB real a largo plazo, hay una brecha de inflación (como en el año 4). Cuando el PIB real efectivo es igual al PIB real a largo plazo, hay pleno empleo (como en el año 3).

En el año 2 hay un equilibrio con desempleo, según se ilustra en la parte (b). En el año 3 hay un equilibrio con pleno empleo, según se ilustra en la parte (c). Y en el año 4 hay un equilibrio con empleo superior al pleno empleo, según se ilustra en la parte (d).

PIB real a largo plazo. En el año 3, el PIB real efectivo y el PIB real a largo plazo son iguales y la economía está en pleno empleo, en el punto *c*.

Estas situaciones se ilustran en las partes (b), (c) y (d) como los tres tipos de equilibrio macroeconómico. En la parte (b) hay un equilibrio con desempleo. Un **equilibrio con desempleo** es una situación en la cual el equilibrio macroeconómico tiene lugar en un nivel del PIB real inferior al PIB a largo plazo. En ese equilibrio hay una brecha de recesión. El equilibrio con desempleo ilustrado en la figura 24.8(b) tiene lugar cuando la curva de demanda agregada $DA_0$ interseca la curva de oferta agregada a corto plazo $SAC_0$ con un PIB real de 4 billones de dólares de 1987 y un nivel de precios de 120. Hay una brecha de recesión de 1 billón de dólares de 1987. La economía de Estados Unidos estuvo en una situación similar a la mostrada en la figura 24.8(b), en 1982-1983. En esos años, el desempleo era elevado y el PIB real estaba sustancialmente debajo de su nivel a largo plazo.

La figura 24.8(c) es un ejemplo de equilibrio con pleno empleo. Un **equilibrio con pleno empleo** es un equilibrio macroeconómico en el que el PIB real efectivo es igual al PIB real a largo plazo. En dicho ejemplo, el equilibrio se da cuando la curva de demanda agregada $DA_1$ interseca la curva de oferta agregada a corto plazo $SAC_1$, con un PIB real efectivo y a largo plazo de 5 billones de dólares de 1987. La economía de Estados Unidos estaba en una situación como la mostrada en la figura 24.8(c) en 1987.

Por último, la figura 24.8(d) ilustra un equilibrio por encima del pleno empleo. Un **equilibrio por encima del pleno empleo** es una situación en la que el equilibrio macroeconómico ocurre en un nivel del PIB real superior al PIB real a largo plazo. En ese equilibrio, hay una brecha de inflación. El equilibrio por encima del pleno empleo ilustrado en la figura 24.8(d) tiene lugar cuando la curva de demanda agregada $DA_2$, interseca la curva de oferta agregada a corto plazo $SAC_2$ con un PIB real de 6 billones de dólares de 1987 y en un nivel de precios de 120. Hay una brecha inflacionaria de 1 billón de dólares de 1987. La economía de Estados Unidos estaba en una situación similar a la descrita en la parte (d) en 1988-1990.

La economía pasa de un tipo de equilibrio a otro como resultado de fluctuaciones en la demanda agregada y en la oferta agregada a corto plazo.

Dichas fluctuaciones producen otras tantas en el PIB real y en el nivel de precios.

A continuación, haremos funcionar el modelo para generar fluctuaciones macroeconómicas.

## Fluctuaciones agregadas y choques de demanda agregada

Investigaremos lo que ocurre con el PIB real y con el nivel de precios después de un choque con la demanda agregada. Supongamos que la economía parte de una situación de pleno empleo, como se ilustra en la figura 24.9, y está produciendo 5 billones de dólares de bienes y servicios a un nivel de

FIGURA **24.9**

## Los efectos de un aumento de la demanda agregada

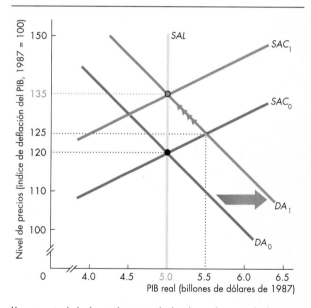

Un aumento de la demanda agregada desplaza a la curva de demanda agregada de $DA_0$ a $DA_1$. El PIB real aumenta de 5.0 billones a 5.5 billones de dólares 1987 y el nivel de precios se eleva de 120 a 125. Hay una brecha de inflación. Un nivel de precios más elevado induce tasas de salario más altas, que a su vez ocasionan que la curva de oferta agregada a corto plazo se mueva hacia la izquierda. Al moverse en esa dirección la curva *SAC*, de $SAC_0$ a $SAC_1$, interseca la curva de demanda agregada $DA_1$ en niveles de precios más altos y en niveles más bajos de PIB real. Finalmente, el nivel de precios aumenta a 135 y el PIB real regresa a 5.0 billones de dólares de 1987, su nivel de pleno empleo.

precios de 120. La economía está en la curva de demanda agregada $DA_0$, la curva de oferta agregada a corto plazo $SAC_0$ y su curva de oferta agregada a largo plazo $SAL$.

Supongamos ahora que la Fed aplica medidas para aumentar la cantidad de dinero. Con más dinero en la economía, la gente aumenta su demanda de bienes y servicios: la curva de demanda agregada se desplaza hacia la derecha. Supongamos que la curva de demanda agregada se desplaza de $DA_0$ a $DA_1$ en la figura 24.9. Se da un nuevo equilibrio cuando la curva de demanda agregada $DA_1$ interseca la curva de oferta agregada a corto plazo $SAC_0$. El producto aumenta a 5.5 billones de dólares de 1987 y el nivel de precios se eleva a 125. La economía está ahora en un equilibrio por arriba del pleno empleo. El PIB real está por encima de su nivel a largo plazo y hay una brecha de inflación.

El aumento de la demanda agregada ha incrementado los precios de todos los bienes y servicios. Enfrentados a los precios más altos, las empresas han aumentado sus tasas de producción. En esta etapa, los precios de bienes y servicios han aumentado pero las tasas de salarios no han cambiado. (Recuerde que, conforme nos movemos a lo largo de la curva de oferta agregada a corto plazo, las tasas de salario son constantes.)

La economía no puede quedarse permanentemente por encima de sus niveles de oferta agregada a largo plazo y de pleno empleo. ¿Por qué? ¿Cuáles son las fuerzas que hacen regresar el PIB real a su nivel a largo plazo y restablecen el pleno empleo?

Si el nivel de precios se ha elevado pero las tasas de salario han permanecido constantes, los trabajadores experimentan una caída en el poder adquisitivo de sus salarios. Más aún, las empresas experimentan una caída en el costo real del trabajo. En estas circunstancias, los trabajadores exigen salarios más altos y las empresas, deseosas de mantener sus niveles de empleo y producción, satisfacen esas exigencias. Si las empresas no elevan las tasas de salarios, perderán trabajadores o bien tendrán que contratar trabajadores menos productivos.

Al elevarse las tasas de salarios, la curva de oferta agregada a corto plazo comienza a desplazarse hacia arriba. Se mueve de $SAC_0$ hacia $SAC_1$. El alza de los salarios y el desplazamiento de la curva $SAC$ producen una secuencia de nuevas posiciones de equilibrio. En cada punto de la trayectoria de ajuste, el producto disminuye y el nivel de precios

se eleva. Con el tiempo, los salarios habrán subido tanto que la curva $SAC$ se convierte en $SAC_1$. En ese momento, la curva de demanda agregada $DA_1$ interseca a $SAC_1$ en el equilibrio de pleno empleo. El nivel de precios se ha elevado a 135 y la producción se halla de nuevo donde empezó, es decir, en su nivel a largo plazo. El desempleo está nuevamente en su tasa natural.

Mediante este proceso de ajuste, las tasas de salarios más elevadas aumentan los costos de las empresas y, con costos crecientes, las empresas ofrecen a la venta una cantidad menor de bienes y servicios en cualquier nivel de precios. Para cuando ha concluido el ajuste, las empresas están produciendo exactamente la misma cantidad que producían en el punto inicial, pero a precios y costos más elevados. El nivel de costos en relación con los precios será el mismo que al principio.

Hemos identificado los efectos de un aumento de la demanda agregada. Una disminución de la

---

**F I G U R A 24.10**

# Efectos de un aumento del precio del petróleo

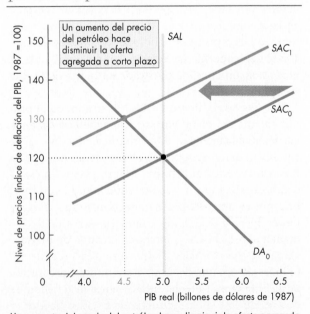

Un aumento del precio del petróleo hace disminuir la oferta agregada a largo plazo y desplaza la curva agregada a corto plazo hacia la izquierda de $SAC_0$, hacia $SAC_1$. El PIB real baja de 5.0 billones a 4.5 billones de dólares de 1987 y el nivel de precios se eleva de 120 a 130. La economía experimenta recesión e inflación: la estanflación.

demanda agregada tiene efectos similares pero opuestos a los que acabamos de estudiar. Es decir, cuando la demanda agregada baja, el PIB real cae debajo de su nivel a largo plazo y el desempleo aumenta por encima de su tasa natural. Hay una brecha de recesión. El nivel de precios más bajo hace elevar el poder adquisitivo de los salarios y así mismo los costos de las empresas en relación con los precios de su producción. Finalmente, al conducir la economía poco activa hacia una baja de las tasas de salario, la curva de oferta agregada a corto plazo se desplaza hacia abajo. El PIB real vuelve gradualmente a su nivel a largo plazo y se restablece el pleno empleo.

## Fluctuaciones agregadas y choques de oferta agregada

Investiguemos ahora los efectos de un cambio de la oferta agregada sobre el PIB real y el nivel de precios. La figura 24.10 ilustra este análisis.

Supongamos que la economía está, al inicio, en un equilibrio de pleno empleo. La curva de demanda agregada es $DA_0$, la curva de oferta agregada a corto plazo es $SAC_0$ y la curva de oferta agregada a largo plazo es $SAL$. El producto es de 5 billones de dólares de 1987 y el nivel de precios es de 120.

Supongamos ahora que el precio del petróleo aumenta considerablemente, como cuando la OPEP usó su poder de mercado en 1973-1974 y nuevamente en 1979-1980. Con un precio más elevado del petróleo, las empresas se enfrentan a costos más altos y reducen su producción. La oferta agregada a corto plazo disminuye y la curva de oferta agregada a corto plazo se desplaza hacia la izquierda, en dirección de $SAC_1$.

Como resultado de esta disminución de la oferta agregada a corto plazo, la economía pasa a un nuevo equilibrio, donde $SAC_1$ interseca la curva de demanda agregada $DA_0$. El nivel de precios se eleva a 130 y el PIB real baja a 4.5 billones de dólares de 1987. Debido a que el PIB real disminuye, la economía entra en recesión. Debido a las alzas del nivel de precios, la economía experimenta inflación. Esa combinación de recesión e inflación, llamada *estanflación,* sucedió realmente en las décadas de 1970 y de 1980 en los momentos en que los precios del petróleo de la OPEP se elevaban.

R E P A S O

E l equilibrio macroeconómico tiene lugar cuando la cantidad demandada de PIB real es igual a la cantidad ofrecida del mismo. Hay tres tipos de equilibrio macroeconómico: el equilibrio con desempleo (situación en la cual el PIB real es inferior al PIB real a largo plazo, con una brecha de recesión); el equilibrio con pleno empleo (situación en la cual el PIB real efectivo es igual al PIB real a largo plazo), y un equilibrio por encima del pleno empleo (situación en la cual el PIB real es superior al PIB real a largo plazo, con una brecha de inflación). Al fluctuar la demanda y la oferta agregadas, la economía pasa de un tipo de equilibrio macroeconómico a otro, con fluctuaciones del PIB real y del nivel de precios.  ◆

Ya hemos visto cómo los cambios de la demanda y la oferta agregadas influyen sobre el PIB real y el nivel de precios. Apliquemos nuestros conocimientos y veamos de qué forma nos ayuda a entender el reciente funcionamiento macroeconómico de Estados Unidos.

## Tendencias recientes y ciclos de la economía de Estados Unidos

U tilizaremos ahora nuestras nuevas herramientas de demanda y oferta agregadas para interpretar algunas tendencias y ciclos recientes de la economía de Estados Unidos. Veremos en primer lugar la situación de la economía de Estados Unidos en 1992-1993.

### La economía estadounidense 1992-1993

En 1992, la economía de Estados Unidos estaba en recesión. Medido en dólares de 1987, el PIB real era de 4.9 billones de dólares, pero el PIB real a largo plazo era de 5.1 billones de dólares. El nivel de precios era de 121. Podemos ilustrar esta situación de la economía estadounidense, utilizando el modelo de demanda y oferta agregadas.

FIGURA 24.11

## La economía de Estados Unidos en 1992

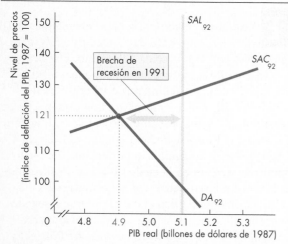

En 1992 la economía de Estados Unidos estaba en la curva de demanda agregada $DA_{92}$ y en la curva de oferta agregada $SAC_{92}$. El nivel de precios era de 121 y el PIB real de 4.9 billones de dólares de 1987. La curva de oferta agregada a largo plazo, $SAL_{92}$, estaba en 5.1 billones de dólares de 1987. Había una brecha de recesión de 0.2 billones de dólares de 1987.

En la figura 24.11, la curva de demanda agregada en 1992 es $DA_{92}$ y la curva de oferta agregada a corto plazo en 1992 es $SAC_{92}$. El punto en donde se intersecan estas curvas determina el nivel de precios (121) y el PIB real ($4.9 billones) en 1992. La curva de oferta agregada a largo plazo en 1992 es $SAL_{92}$ con un PIB real de 5.1 billones de dólares y una brecha de recesión: el PIB real efectivo es menor que el PIB real a largo plazo.

Tres fuerzas empujaron a la economía hacia la recesión en 1991. Una fue el precio del petróleo, que aumentó en forma pronunciada en el verano de 1990. Esta fuerza hizo disminuir la oferta agregada a corto plazo y provocó un desplazamiento hacia la izquierda de la curva $SAC$. La segunda fuerza fue la política monetaria. Durante 1989, la Fed prosiguió una política restrictiva que elevó las tasas de interés y redujo el crecimiento de la demanda agregada. Los efectos de esta restricción todavía se sentían en 1990. La tercera fuerza fue la creciente incertidumbre y pesimismo acerca de los futuros beneficios e ingresos, los cuales hicieron bajar el gasto en nueva planta y equipo, construcciones y bienes de consumo. En dirección opuesta, pero con menos ímpetu

que las fuerzas de la recesión, actuó una relajación de la política fiscal. Las compras gubernamentales de bienes y servicios aumentaron ligeramente. El efecto combinado de dichas fuerzas condujo a la recesión del invierno de 1990-1991.

Durante 1991 la economía comenzó a recuperarse de la recesión, si bien en una forma muy lenta, y el desempleo permaneció en niveles altos durante todo el año. Ayudó a la recuperación la baja del precio del petróleo. (El aumento en el verano de 1990 fue efímero.) También le ayudó el considerable relajamiento de la restricción monetaria. La Fed aplicó reducciones sucesivas de las tasas de interés, que llevaron a un aumento gradual de la demanda agregada. Pero la confianza de las empresas en las perspectivas de beneficios y la del consumidor en la elevación del ingreso, permanecieron débiles, de manera que la demanda agregada no aumentó rápidamente.

La recuperación continuó durante 1992, pero a un ritmo más lento. Como resultado, la oferta agregada a largo plazo permaneció por encima del nivel del PIB real y la brecha recesiva persistió. Todavía en 1993, la recuperación seguía sin tomar la suficiente fuerza como para reducir la tasa de desempleo al nivel que tenía antes de la recesión. El principal debate de 1993, cuando la administración Clinton llegó al poder, fue decidir si era necesario un paquete de estímulos fiscales para acelerar la recuperación. El consenso indicó que, aunque podría ser útil, la recuperación continuaría sin esa clase de estímulos (véase la Lectura entre líneas, págs. 714-715). Sin embargo, sigue existiendo la posibilidad (como

*"Por favor esté atento a una serie de tonos. El primero indica el fin oficial de la recesión; el segundo indica prosperidad, y el tercero el retorno de la recesión."*

lo describe la caricatura) de que la demanda agregada vuelva a caer y provoque de nuevo una recesión.

## Crecimiento, inflación y ciclos

La economía cambia continuamente. Si imaginamos a la economía como si ésta fuera un vídeo, entonces la figura 24.11 es una inmovilización de la imagen. Vamos a pasar nuevamente el vídeo, una repetición instantánea, pero mantendremos el dedo en el botón de inmovilización de imagen para ver algunas secuencias importantes de la acción anterior. Pasemos el vídeo desde 1960.

La figura 24.12 muestra la situación de la economía en 1960 en el punto de intersección de su curva de demanda agregada $DA_{60}$ y la curva de oferta agregada a corto plazo $SAC_{60}$. El PIB real era de 2 billones de dólares y el índice de deflación del PIB era de 26 (menor aún de la cuarta parte del nivel de 1992).

En 1992, la economía había alcanzado el punto indicado por la intersección de la curva de demanda agregada $DA_{92}$ y la curva de oferta agregada a corto plazo $SAC_{92}$. El PIB real era de 4.9 billones de dólares y el índice de deflación del PIB era de 121.

Hay tres características importantes de la trayectoria de la economía, indicada por los puntos rojos y azules:

◆ Crecimiento
◆ Inflación
◆ Ciclos

**Crecimiento**  El PIB real crece año tras año, como se muestra en la figura 24.12 por medio de un movimiento a la derecha de los puntos. La principal fuerza detrás de este crecimiento es un aumento de la oferta agregada a largo plazo. La oferta agregada a largo plazo aumenta debido al crecimiento de la fuerza de trabajo, a la acumulación de capital, tanto planta y equipo físicos como capital humano, y al progreso tecnológico.

**Inflación**  El nivel de precios aumenta año tras año, como se muestra en la figura 24.12 por medio de un movimiento ascendente de los puntos. La principal fuerza que está detrás de este aumento persistente del nivel de precios es una tendencia de la demanda agregada a aumentar a un ritmo mayor que la oferta agregada a largo plazo. Todos los factores que contribuyen al aumento de la demanda

agregada, y que desplazan su curva correspondiente, también influyen sobre el ritmo de inflación. Pero un factor, la cantidad de dinero, es la causa más importante de los aumentos *persistentes* de la demanda agregada y de la inflación persistente.

**Ciclos**  La economía crece y año a año se contrae en ciclos, lo que se muestra en la figura 24.12, en

FIGURA **24.12**

## Demanda agregada y oferta agregada: 1960 a 1993

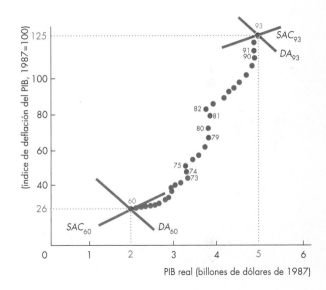

Cada punto señala el valor del índice de deflación del PIB y del PIB real en un año determinado. En 1960 estas variables las determinan la intersección de la curva de demanda agregada $DA_{60}$ y la curva de oferta agregada a corto plazo $SAC_{60}$. Cada punto se genera por el desplazamiento gradual de las curvas $DA$ y $SAC$. En 1993, las curvas eran $DA_{93}$ y $SAC_{93}$. El PIB real creció y el nivel de precios se elevó pero sin que el crecimiento y la inflación se elevaran de manera uniforme. El PIB real aumentó rápidamente y la inflación fue más moderada en la década de 1960; el crecimiento del PIB real se debilitó en 1974-1975 y, de nuevo, en forma más pronunciada, en 1982. La disminución del ritmo de 1974-1975 la causó un aumento inusitadamente brusco de los precios del petróleo. La recesión de 1982 la causó la disminución del crecimiento de la demanda agregada, que fue consecuencia de la política monetaria de la Fed. El periodo de 1982 a 1989 fue de recuperación fuerte y persistente. La inflación fue alta en la década de 1970 pero bajó después de la recesión de 1982. A mediados de 1990 empezó una recesión.

# La lenta recuperación de 1993

**FORTUNE,** 11 DE ENERO DE 1993

## El crecimiento: lento, pero en recuperación

POR VIVIAN BROWNSTEIN

L a expansión está en marcha y la producción de bienes y servicios de Estados Unidos continuará creciendo en términos reales durante 1993, con o sin ayuda de los incentivos fiscales o de los programas del gasto gubernamental adicionales. ¿Significa este pronóstico que el Presidente electo Bill Clinton debería abandonar los planes de estimular la economía a corto plazo? No, no es así. Si permite que la apremiante preocupación generalizada por la economía se desvanezca, la toma de decisiones políticas difíciles podría ser aún más dura.

Fortune estima que, en 1993, la economía arrancará con una tasa de crecimiento apenas por debajo del 3 por ciento anual y que repuntará al 4 por ciento en los últimos dos trimestres. Para todo el año, el crecimiento del PIB será en promedio del 3.1 por ciento. El fortalecimiento de la economía no aumentará mucho la inflación, que sólo alcanzará en promedio el 3.2 por ciento, en contraste con el 3 por ciento del año pasado. No obstante, el empleo seguirá en estado crítico y esto debería mantener la atención de la nueva administración alerta...

El empleo es el problema principal. La contratación se recuperó en noviembre y las solicitudes del seguro de desempleo han tendido a bajar desde agosto. Estos cambios contribuyeron a que mejorara la confianza del consumidor en cuanto a encontrar un trabajo o conservarlo. Pero la mejoría es leve y la confianza podría venirse abajo, como ha ocurrido antes en esta endeble recuperación.

El empleo total apenas ahora está volviendo a los niveles previos a la recesión y mientras tanto otros 2.5 millones de personas se han incorporado a la fuerza de trabajo en busca de un empleo. Así, la tasa de desempleo sigue estando dos puntos porcentuales por encima del nivel que tenía antes de que comenzara la recesión...

En enero de 1993, la revista *Fortune* pronosticó una tasa de crecimiento del PIB real del 3.1 por ciento, en promedio para todo el año; pero estimó que la expansión se movería a una tasa anual del 4 por ciento en el segundo semestre.

Se pronosticó que la tasa de inflación aumentaría ligeramente, del 3 por ciento en 1992 al 3.2 por ciento en 1993.

Se predijo que el empleo crecería, pero no a un ritmo lo suficientemente acelerado como para absorber a la creciente fuerza de trabajo y reducir la tasa de desempleo a los niveles previos a la recesión.

# Antecedentes y análisis

En 1992, como aparece en la figura 1, la curva de demanda agregada era $DA_{92}$, la curva de oferta agregada a corto plazo era $SAC_{92}$, y el nivel del PIB real y de los precios (el índice de deflación del PIB) se determinaban en el punto de intersección de estas curvas. El PIB real era de 4.9 billones (en dólares de 1987) y el nivel de precios era de 121.

En 1992, la oferta agregada a largo plazo era $SAL_{92}$ y había una brecha recesiva de 0.2 billones de dólares.

Los pronósticos de la revista Fortune para 1993 (hechos a finales de 1992) aparecen en la figura 2. Se estimaba que la demanda agregada aumentaría debido a que las mejoras en el mercado de trabajo generarían una mayor confianza del consumidor y un gasto del consumidor más elevado. Así mismo, la perspectiva de contar con un gasto del consumidor más elevado provocaría un aumento del gasto de las empresas en capital nuevo. El efecto de estas fuerzas es un desplazamiento de la curva de demanda agregada hacia la derecha, hasta $DA_{93}$.

Se anunciaba que el crecimiento de la fuerza de trabajo (en 2.5 millones de personas más), junto con la acumulación de capital y el continuo proceso de cambio tecnológico que genera ganancias de productividad, aumentaría la oferta agregada y desplazaría las curvas de oferta agregada hacia la derecha, hasta $SAC_{93}$ y $SAL_{93}$.

Se pronosticó que el PIB real sería de 5.05 billones de dólares, un 3.1 por ciento por encima de su nivel de 1992, y que el nivel de precios sería de 124.8, un 3.2 por ciento más alto. Estos valores se determinan en el punto de intersección de $DA_{93}$ y $SAC_{93}$.

No obstante, se preveía que el crecimiento de la oferta agregada a largo plazo seguiría el ritmo del crecimiento del PIB real; así mismo, se pronosticó que la brecha recesiva persistiría. Esta brecha aparece en la figura 2.

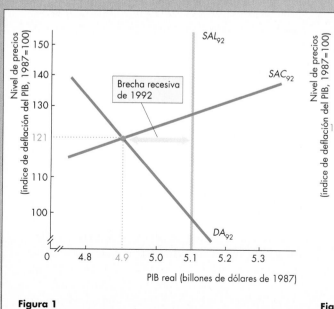

**Figura 1**

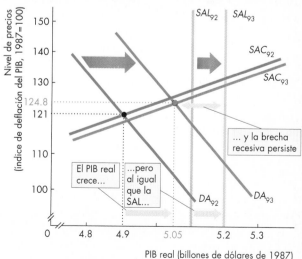

**Figura 2**

las ondas que forman los puntos. Las recesiones se destacan en rojo. Los ciclos surgen porque la expansión de la oferta agregada a corto plazo y el crecimiento de la demanda agregada no proceden a paso fijo y constante.

## La economía en evolución: 1960-1993

Durante la década de 1960 el crecimiento del PIB real fue rápido y la inflación fue baja. Éste fue un periodo de rápidos aumentos de la oferta agregada y de aumentos moderados de la demanda agregada.

A mediados de la década de 1970 tenemos años de inflación rápida y de recesión, es decir, de estanflación. La principal causa de esto fue una serie de aumentos masivos del precio del petróleo, que desplazaron la curva de oferta agregada hacia la izquierda, con rápidos aumentos de la cantidad de dinero, que desplazaron la curva de demanda agregada hacia la derecha. La recesión tuvo lugar porque la curva de oferta agregada se desplazó hacia la izquierda a un ritmo más rápido que el desplazamiento hacia la derecha de la curva de demanda agregada.

En los años finales de la década de 1970 hubo una inflación elevada, el nivel de precios se elevó rápidamente, y se produjo un crecimiento moderado del PIB real. Esta inflación fue producto de la batalla entre la OPEP y la Fed. La OPEP subió el precio del petróleo, a lo que siguió una recesión con inflación. Finalmente, la Fed cedió y aumentó el crecimiento de la oferta monetaria para estimular así la demanda agregada y regresar la economía al pleno empleo. Entonces la OPEP, aprovechando la escasez de petróleo creada por la crisis de las relaciones entre Estados Unidos e Irán, jugó de nuevo las mismas cartas, impulsando hacia arriba todavía más el precio del petróleo. La Fed se enfrentó con un dilema. ¿Debería estimular nuevamente la demanda agregada para restablecer el pleno empleo, haciendo subir la inflación todavía más, o bien debería mantener controlado el crecimiento de la demanda agregada?

La respuesta, dada por el presidente de la Fed, Paul Volcker, fue mantener bajo control el crecimiento de la demanda agregada. Usted puede ver los efectos de las acciones del presidente Volcker de 1979 a 1982. En esos años, la mayoría de la gente esperaba que la inflación se mantuviera elevada y que los salarios subieran a una tasa congruente con esas expectativas. La curva de oferta agregada a corto plazo se desplazó hacia la izquierda. La demanda agregada aumentó, pero no a una tasa lo bastante rápida como para generar la, a su vez, rápida inflación que esperaba la gente. En consecuencia, en 1982, el desplazamiento hacia la izquierda de la curva de oferta agregada a corto plazo era tan intenso en relación con el crecimiento de la demanda agregada, que la economía se hundió todavía más en una recesión profunda.

Durante los años de 1982 a 1990, la acumulación de capital y el progreso tecnológico constante dieron como resultado un desplazamiento sostenido hacia la derecha de la curva de oferta agregada a largo plazo. El alza de los salarios fue moderada y la curva de oferta agregada a corto plazo se desplazó también hacia la derecha. El crecimiento de la demanda agregada mantuvo el paso con el crecimiento de la oferta agregada. El crecimiento sostenido y uniforme de ambas mantuvo el crecimiento del PIB real y el control de la inflación. La economía pasó de una recesión con el PIB real inferior a su nivel a largo plazo, a otra con un nivel superior de pleno empleo. Estaba en esta situación cuando se desarrollaron los acontecimientos (descritos antes) que condujeron a la recesión de 1991.

◆ ◆ ◆ ◆   Este capítulo proporcionó un modelo del PIB real y del índice de deflación del PIB que puede ser usado para entender el crecimiento, la inflación y los ciclos que sigue la economía. El modelo es útil porque nos permite observar el cuadro de conjunto: las tendencias amplias y los ciclos de la inflación y del producto. No obstante, el modelo carece de detalles. No indica todo lo que necesitamos saber acerca de los componentes de la demanda agregada: consumo, inversión, compras gubernamentales de bienes y servicios y exportaciones e importaciones. No indica qué determina las tasas de interés o las de los salarios o, incluso, directamente, qué determina el empleo y desempleo. En los siguientes capítulos comenzaremos a proporcionar esos detalles. ◆ ◆   De alguna forma, el estudio de la macroeconomía es como armar un gigantesco rompecabezas. El modelo de demanda y oferta agregadas proporciona el marco completo del rompecabezas. Conocemos su forma general y su tamaño, pero no hemos completado la parte central. Una parte del rompecabezas contiene la historia de la demanda agregada. Otra, la historia de la oferta agregada. Y cuando colocamos las dos en su lugar, las ponemos, en este capítulo, en el marco del modelo desarrollado y completamos así el cuadro.

# RESUMEN

## Demanda agregada

La demanda agregada es la relación entre la cantidad demandada de PIB real y el nivel de precios, manteniendo constantes todas las otras influencias. *Ceteris paribus*, cuanto más elevado es el nivel de precios, menor es la cantidad demandada de PIB real: la curva de demanda agregada tiene pendiente negativa. La curva de demanda agregada tiene pendiente negativa por tres razones: el dinero y los bienes son sustitutos (*efecto de los saldos monetarios reales*); los bienes hoy y los bienes en el futuro son sustitutos (*efecto de sustitución intertemporal*), y los bienes nacionales y los bienes extranjeros son sustitutos (*efecto de sustitución internacional*).

Los principales factores que cambian la demanda agregada, y desplazan la curva de demanda agregada, son la política fiscal (las compras gubernamentales de bienes y servicios y los impuestos), la política monetaria (la oferta monetaria y las tasas de interés), los factores internacionales (las condiciones económicas en el resto del mundo y el tipo de cambio) y las expectativas (especialmente las expectativas de inflación, ingreso y beneficios futuros) (págs. 693-701).

## Oferta agregada

La oferta agregada a corto plazo es la relación entre la cantidad ofrecida de PIB real y el nivel de precios cuando las tasas de salarios, y los precios de los otros factores, se mantienen constantes. La curva de oferta agregada a corto plazo es horizontal en una depresión profunda, vertical en el límite físico de producción de la economía, pero generalmente con pendiente positiva. Con los precios de los factores y todos los otros elementos de influencia sobre la oferta constantes, cuanto más elevado es el nivel de precios, mayor es la producción que las empresas planean vender.

La oferta agregada a largo plazo es la relación entre la cantidad ofrecida de PIB real y el nivel de precios con pleno empleo. La curva de oferta agregada a largo plazo es vertical, la oferta agregada a largo plazo es independiente del nivel de precios.

Los factores que cambian la oferta agregada a corto plazo desplazan la curva de oferta agregada a corto plazo. El más importante de estos factores es el nivel medio de las tasas de salarios. Los factores que cambian la oferta agregada a largo plazo cambian también la oferta agregada a corto plazo. Entonces, cualquier cosa que desplaza la curva de oferta agregada a largo plazo desplaza también la curva de oferta agregada a corto plazo en la misma dirección. Los más importantes de estos factores son el volumen de la fuerza de trabajo, el acervo de capital, el estado de la tecnología y los incentivos (págs. 701-706).

## Equilibrio macroeconómico

El equilibrio macroeconómico tiene lugar cuando la cantidad demandada de PIB real es igual a su cantidad ofrecida. El equilibrio macroeconómico ocurre en la intersección de la curva de demanda agregada y la curva de oferta agregada a corto plazo. El nivel de precios que logra esta igualdad es el de equilibrio, y el nivel de producto es el PIB real de equilibrio.

El equilibrio macroeconómico no siempre se da con el PIB real a largo plazo y pleno empleo; es decir, en un punto en la curva de oferta agregada a largo plazo. El equilibrio con desempleo ocurre cuando el PIB real de equilibrio es menor que su nivel a largo plazo. Hay una brecha de recesión y el desempleo excede su tasa natural. Cuando el PIB real de equilibrio es superior a su nivel a largo plazo, hay una brecha de inflación y el desempleo es inferior a su tasa natural.

Un aumento de la demanda agregada desplaza la curva de demanda agregada hacia la derecha y aumenta tanto el PIB real como el nivel de precios. Si el PIB real es superior a su nivel a largo plazo, las tasas de salario empiezan a aumentar y, al hacerlo, la curva de oferta agregada a corto plazo se desplaza hacia la izquierda. El desplazamiento hacia la izquierda de la curva de oferta agregada a corto plazo da como resultado un nivel de precios todavía más alto y un PIB real más bajo. Finalmente, el PIB real regresa a su nivel a largo plazo.

Un aumento de precios de los factores reduce la oferta agregada a corto plazo y desplaza su curva a corto plazo hacia la izquierda. El PIB real disminuye y el nivel de precios se eleva: se presenta la estanflación (págs. 707-711).

## Tendencias recientes y ciclos de la economía de Estados Unidos

El crecimiento de la economía de Estados Unidos es resultado del crecimiento de la fuerza de trabajo, de la acumulación de capital y del progreso tecnológico. La inflación persiste en la economía de Estados Unidos debido a los aumentos ininterrumpidos de la demanda agregada ocasionados por los aumentos en la cantidad de dinero. La economía de Estados Unidos experimenta ciclos, pues las curvas de oferta agregada a corto plazo y de demanda agregada se desplazan a un ritmo desigual.

Las grandes alzas de precios del petróleo en 1973 y 1974 dieron como resultado la estanflación. Aumentos adicionales del petróleo en 1979 intensificaron la situación de inflación. La restricción del crecimiento de la demanda agregada en 1980 y 1981 dio como resultado una severa recesión en 1982. Esta recesión derivó en una producción y en una tasa de inflación menores. Aumentos moderados de las tasas de salarios y el constante progreso tecnológico y la acumulación de capital dieron como resultado una expansión sostenida de 1982 a 1989. Pero la disminución del crecimiento de la demanda agregada produjo una recesión a mediados de 1990 (págs. 711-716).

# ELEMENTOS CLAVE

## Términos clave

## Figuras clave

## P R E G U N T A S   D E   R E P A S O

**1** ¿Qué es la demanda agregada?

**2** ¿Cuál es la diferencia entre la demanda agregada y la cantidad agregada de bienes y servicios demandados?

**3** Enumere los principales factores que afectan a la demanda agregada. Clasifíquelos en aquellos que aumentan la demanda agregada y aquellos que la disminuyen.

**4** ¿Cuáles de los siguientes no afectan la demanda agregada?

a   La cantidad de dinero
b   Las tasas de interés
c   El cambio tecnológico
d   El capital humano

**5** Distinga el corto plazo macroeconómico del largo plazo macroeconómico.

**6** ¿Qué es la oferta agregada a corto plazo?

**7** ¿Cuál es la diferencia entre la oferta agregada a corto plazo y la oferta agregada a largo plazo?

**8** Distinga entre la oferta agregada a corto plazo y la oferta agregada a largo plazo.

**9** Considere los siguientes hechos:
a   La fuerza de trabajo aumenta.
b   La tecnología mejora.
c   La tasa de salario se eleva.
d   La cantidad de dinero aumenta.
e   Aumentan los ingresos en el exterior.
f   Aumenta el valor en divisas del dólar.

Clasifique estos hechos en las cuatro categorías siguientes:

*Categoría A*: aquellos que afectan la curva de oferta agregada a largo plazo pero no afectan la curva de oferta agregada a corto plazo.

*Categoría B*: aquellos que afectan la curva de oferta agregada a corto plazo pero que no afectan la curva de oferta agregada a largo plazo.

*Categoría C*: aquellos que afectan tanto la curva de oferta agregada a corto plazo como a largo plazo.

*Categoría D* : aquellos que no afectan la curva de oferta agregada a corto plazo ni la curva de oferta agregada a largo plazo.

**10** Defina el equilibrio macroeconómico.

**11** Distinga entre el equilibrio con desempleo y el equilibrio con pleno empleo.

**12** Identifique el efecto de un aumento de la cantidad de dinero sobre el nivel de precios y el PIB real.

**13** Identifique el efecto de un aumento del precio del petróleo sobre el nivel de precios y el PIB real.

**14** ¿Cuáles son los principales factores que causan el crecimiento del PIB real en la economía de Estados Unidos ?

**15** ¿Cuáles son los factores principales que producen inflación persistente en la economía de Estados Unidos?

**16** ¿Por qué experimenta la economía de Estados Unidos ciclos en la actividad económica agregada?

# PROBLEMAS

**1** La economía de Tierra Firme tiene las siguientes tablas de demanda y oferta agregada:

| Nivel de precios (índice de deflación del PIB) | PIB real demandado | PIB real ofrecido a corto plazo |
|---|---|---|
| | (billones de dólares de 1987) | |
| 90 | 4.5 | 3.5 |
| 100 | 4.0 | 4.0 |
| 110 | 3.5 | 4.5 |
| 120 | 3.0 | 5.0 |
| 130 | 2.5 | 5.5 |
| 140 | 2.0 | 5.5 |

**a** Dibuje en una figura la curva de demanda agregada y la curva de oferta agregada a corto plazo.

**b** ¿Cuál es el PIB real de Tierra Firme? ¿Cuál es el nivel de precios de Tierra Firme?

**c** El PIB real a largo plazo de Tierra Firme es de 5.0 billones de dólares de 1987. Dibuje la curva de oferta agregada a largo plazo en la misma figura en la que contestó la parte (a).

**d** ¿Está Tierra Firme en, encima o debajo de su tasa natural de desempleo?

**e** ¿Cuál es el límite físico de la economía de Tierra Firme?

**2** En el problema 1, la demanda agregada aumenta en 1 billón de dólares de 1987. ¿Cuál es el cambio del PIB real y del nivel de precios?

**3** En el problema 1, la oferta agregada disminuye en 1 billón de dólares de 1987. ¿Cuál es el nuevo equilibrio macroeconómico?

**4** Usted es el asesor económico del presidente y trata de averiguar hacia dónde se dirigirá la economía de Estados Unidos el año próximo. Usted tiene los siguientes pronósticos para las curvas *DA, SAC* y *SAL*:

| Nivel de precios (índice de deflación del PIB) | PIB real demandado | PIB real ofrecido a corto plazo | Oferta agregada a largo plazo |
|---|---|---|---|
| | (billones de dólares de 1987) | | |
| 115 | 6.5 | 3.5 | 5.2 |
| 120 | 6.0 | 4.5 | 5.2 |
| 125 | 5.5 | 5.5 | 5.2 |
| 130 | 5.0 | 6.5 | 5.2 |

Este año, el PIB real es de 5.0 billones de dólares y el nivel de precios es de 120. El presidente quiere respuestas a las siguientes preguntas:

**a** ¿Cuál es su pronóstico del PIB real para el próximo año?

**b** ¿Cuál es su pronóstico del nivel de precios para el próximo año?

**c** ¿Cuál es su pronóstico de la tasa de inflación?

**d** ¿Estará el desempleo arriba o debajo de su tasa natural?

**e** ¿Habrá una brecha de recesión o una brecha de inflación? ¿De qué magnitud?

**5** Dibuje cuidadosamente algunas figuras similares a las de este capítulo y utilice la información del problema 4 para explicar:

**a** ¿Qué tiene que hacerse con la demanda agregada para alcanzar el pleno empleo?

**b** ¿Cuál es la tasa de inflación si se maneja la demanda agregada para alcanzar el pleno empleo?

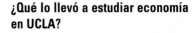

# PARTE 10

## FLUCTUACIONES DE LA DEMANDA AGREGADA

**Conversación**

**con**

**Allan**

**Meltzer**

**N**acido en Boston, Massachusetts, en 1928, Allan Meltzer es profesor de la cátedra John M. Olin de Economía política y Política pública en Carnegie-Mellon University de Pittsburgh. El profesor Meltzer estudió la licenciatura en Duke University y se graduó en UCLA, donde obtuvo su doctorado en 1958. El profesor Meltzer ha hecho amplias contribuciones a la teoría monetaria y de la actividad económica y, junto con Karl Brunner, fue fundador del Shadow Open Market Committee. Más recientemente ha estado dedicado a los problemas económicos de Europa Oriental y de la ex Unión Soviética. Michael Parkin conversó con el profesor Meltzer acerca de su trabajo como economista y recogió sus opiniones acerca de los problemas económicos actuales.

### ¿Qué lo llevó a estudiar economía en UCLA?

En el último año de mi carrera consideré la posibilidad de especializarme en economía, pero no estaba seguro de lo que quería. Me inscribí primero en el programa de doctorado de Harvard, pero no proseguí. En lugar de eso, me cambié a California y trabajé en diferentes compañías manufactureras. Después de unos años, me di cuenta de que había tomado la decisión equivocada y que en realidad mi inclinación era estudiar economía. Estaba casado y vivía en Los Ángeles en ese entonces, así que asistí a UCLA.

### ¿Cuáles fueron los primeros problemas económicos a los que se dedicó?

Me influyó mi maestro en UCLA, Karl Brunner, quien se había interesado en la oferta monetaria cuando yo era estudiante. Mi tesis probó la teoría de la oferta monetaria en condiciones de guerra y la inflación francesa de la posguerra. En esa época, la mayoría de los economistas franceses, y también muchos economistas estadounidenses, pensaban que el dinero no venía al caso para explicar los problemas económicos. Incluso, muchos economistas consideraban la inflación como un fenómeno no monetario. Poco después de publicar mi trabajo sobre la oferta monetaria francesa, comencé a escribir una serie de documentos sobre la demanda de dinero en Estados Unidos.

**Usted es uno de los dos fundadores, junto con Karl Brunner, del Shadow Open Market Committee. ¿Qué es este comité y qué hace?**

Karl y yo nos inquietamos con la tendencia de la política económica. A principios de la década de 1970, la inflación iba en aumento. Los diseñadores de políticas pasaron de unas políticas de expansión a otras de contracción y después procedieron a la inversa cada pocos años. Esto produjo un creciente desempleo medio y una inflación creciente. Varios países, incluyendo a Estados Unidos, experimentaron ciertas medidas en controles de precios y salarios. Pensamos que la tendencia hacia los controles, el desempleo creciente y la inflación tenía como base ideas equivocadas acerca del funcionamiento de la economía y de lo que la política podía o debía hacer.

En la búsqueda de medios para mejorar la discusión pública de la política económica, Karl y yo empezamos con el comité en 1973. El comité reunió a economistas académicos y de empresas que querían cambiar estas políticas de creación de una demanda pública por políticas más estables y una inflación más baja. Al principio, nos concentramos en la política monetaria y la inflación. Más tarde, ampliamos nuestros intereses para incluir temas como el crecimiento del sector público, la política tribu-

taria y las restricciones al comercio internacional y los movimientos de capital.

**A usted y a otros miembros del Shadow Open Market Committee se les considera generalmente como "monetaristas". ¿Qué es un monetarista? ¿Está de acuerdo en que usted lo es?**

Cuando Karl Brunner acuñó el término *monetarismo* en 1968, lo definió enunciando tres proposiciones: primera, los impulsos monetarios son importantes para los cambios en el producto, el empleo y los precios. Segunda, el crecimiento monetario es la medida más confiable del impulso monetario. Y tercera, las autoridades monetarias, como los bancos centrales, pueden controlar el crecimiento monetario en una economía como la de Estados Unidos. Si ser monetarista significa que yo acepto estas proposiciones, entonces, sí soy monetarista, pues dichas proposiciones siguen siendo ciertas. Sin embargo, al monetarismo se le han dado muchos significados que no tienen ninguna relación con el dinero o con la economía monetaria. Estos usos políticos o periodísticos son aspectos totalmente diferentes.

**En la década pasada, algunos economistas propusieron una teoría de "los ciclos económicos reales" basada en la idea de que las perturbaciones monetarias no son causas muy importantes de las fluctuaciones económicas. ¿Cuál es su opinión sobre esta nueva teoría?**

Los teóricos de los ciclos económicos reales investigaron las implicaciones cíclicas, a menudo advertidas pero no desarrolladas, de cambios de la oferta agregada. Éste es un desarrollo teórico importante, pero no debemos exagerar su importancia práctica. Las fluctuaciones más grandes que experimentan los países aún parecen ser resultado de cambios en las condiciones monetarias. Pienso en la depresión de principios de la década de 1930, en la decisión de Gran Bretaña de regresar al patrón oro con una moneda sobrevaluada en 1925, en las decisiones de Gran Bretaña y Francia en la década de 1980 de adoptar un tipo de cambio fijo, en la decisión de la Reserva Federal de duplicar el porcentaje de requisito para la reserva en 1937 y en las decisiones de muchos países de reducir la inflación a principios de la década de 1980. Cada una de estas perturbaciones monetarias ha producido relativamente severas recesiones. Los impulsos monetarios también son

> "**L**os economistas han analizado durante años los problemas del seguro de depósitos, riesgo y prácticas contables, pero el Congreso, la administración, la prensa, el público y los reguladores desoyeron las advertencias."

> "**P**ara desarrollarse económicamente, Rusia debe desarrollarse en el terreno financiero... Un sistema financiero que funciona en forma adecuada... estimula a la gente a invertir sus ahorros internamente."

importantes con relación a algunas recesiones suaves o con relación a expansiones, pero factores reales como los choques petroleros de la década de 1970, también afectan al producto. Esas experiencias, y muchas otras, me indican que los factores puestos de relieve por las teorías del ciclo económico real son suplementarios y no sustitutivos, de los impulsos monetarios en las teorías del ciclo. También es importante distinguir entre las recesiones en las que la economía se aparta y regresa a la senda de crecimiento a largo plazo y las perturbaciones reales como los choques petroleros, que reducen permanentemente el nivel del producto.

### Si el presidente y el Congreso le dieran carta blanca para arreglar la economía ¿cuál sería su prescripción?

Empezaría con la introducción de cinco reglas, en algunos casos constitucionales, para que la política monetaria y fiscal incrementen la certidumbre, mejoren la eficiencia económica y eleven la estabilidad del valor del dinero interna e internacionalmente.

Primero, se fijaría la participación del gasto gubernamental en relación con el gasto total, excepto en el caso de guerra o una emergencia declarada. Segundo, para disponer de cambios anticíclicos de la política fiscal, el ingreso fiscal se fijaría igual al gasto del gobierno en su promedio de tres o cuatro años. Como resultado, el presupuesto gubernamental, calculado para incluir muchos rubros fuera del presupuesto, tendría un déficit en las recesiones y un superávit en las expansiones o auges, pero manteniendo su equilibrio a lo

largo del tiempo. Tercero, un impuesto al consumo, con una base amplia, reemplazaría al impuesto sobre la renta para así reducir el actual sesgo contrario al ahorro. Cuarto, para mantener la estabilidad interna del nivel de precios, el dinero crecería a una tasa igual a la diferencia entre un movimiento ascendente promedio del producto real calculado a tres años y un crecimiento promedio de la velocidad monetaria también con un promedio móvil de tres años. Quinto, para reducir las fluctuaciones del tipo de cambio, yo trataría de alentar a otros países, principalmente Alemania y Japón, a seguir una regla similar a la anterior. Esto no sería difícil, ya que han seguido en el pasado una estrategia similar. Las reglas 4 y 5, juntas, permitirían a los países más pequeños fijar sus tipos de cambio y obtener el beneficio de valores internos y externos del dinero más estables. Éste es un bien público.

Estas propuestas serían sólo el principio. También merecen atención la regulación, las reglas del comercio internacional y muchas políticas microeconómicas.

### Su prescripción contiene muchas reglas. ¿Cómo se aseguraría que éstas se respetaran?

Existe la vieja tradición de que, en un régimen de tipo de cambio fijo, un ministro de finanzas renuncia si se devalúa la moneda. La devaluación se consideraba un fracaso de la política. Con frecuencia, he sugerido un procedimiento similar para la política monetaria. Si el banco central no respeta la regla acordada, los funcionarios del banco deben renunciar. Yo basaría las reglas fiscales en magnitudes conocidas anteriormente, no en pronósticos de valores futuros. La incapacidad de respetar la regla requeriría la renuncia de los presidentes de los comités apropiados del Congreso y del director del presupuesto. Actualmente, se presta demasiada atención a los procesos y promesas y muy poco a los resultados. El Congreso debería preocuparse menos acerca de a quién se nombra y de cómo se toman las decisiones, y más acerca de la relación de los resultados con los programas de política anunciados.

### ¿Por qué está la industria de ahorro y préstamo en tal lío?

No hay una razón única que explique este problema. Algunas de las causas más importantes son la inflación, la regulación de las tasas de interés, el seguro de los depósitos y las prácticas reguladoras de la contabilidad. La inflación impuso pérdidas reales a la cartera hipotecaria de las instituciones de ahorro y préstamo y redujo el capital en acciones o valor neto de la mayoría de estas empresas. Los topes a las tasas de interés que podían pagar las instituciones de ahorro y préstamo ocasionó que perdieran depósitos que pasaron a las instituciones menos reguladas. El seguro sobre los depósitos alentó a algunas de estas instituciones a invertir en activos muy arriesgados una vez que su valor neto había descendido incluso a niveles negativos. Una institución de ahorro y préstamo con valor neto de cero o negativo obtenía toda la ganancia si la inversión arriesgada tenía éxito, pero la pérdida la absorbía el fondo de seguro de depósitos; es decir, el contribuyente. Estas instituciones, en situación de quiebra, tenían mucho que ganar y nada que perder. Muchas de estas inversiones descabelladas fracasaron, añadiéndose a las pérdidas. Los reguladores gubernamentales, a menudo aguijoneados por el Congreso, se hicieron de la vista gorda e incluso cambiaron las reglas contables para ocultar las pérdidas ante la opinión pública.

El desastre de las instituciones de ahorro y préstamo fue un fracaso enorme de la regulación. Se han analizado durante años los problemas del seguro de depósitos, riesgo y prácticas contables, pero el Congreso, la administración, la prensa, el público y los reguladores desoyeron las advertencias. Fueron muchos los trabajos y conferencias sobre el tema, pero la mala política se impuso a un análisis económico cuidadoso.

### ¿Cuánto costará sanear la industria de ahorro y préstamo?

Una buena suposición acerca del costo es de 200 mil millones de dólares en términos de valor presente, pero sólo es una suposición informada. No lo sabremos hasta que se hayan vendido los activos de las instituciones que fracasaron.

### Usted ha estado estudiando recientemente a Rusia y a Europa Oriental, especialmente sus problemas monetarios y los problemas que surgen de la liberación de los mercados. ¿Cuáles piensa usted que son los principales problemas para los cuales la política *monetaria* es parte de la solución?

La política monetaria puede proporcionar a la gente un nivel de precios estable para ayudarle a planear racionalmente a largo plazo. Para desarrollarse económicamente, Rusia debe desarro- llarse en el terreno financiero. El dinero estable no es sólo un depósito de valor. Es una manera eficiente de realizar intercambios con costos de transacción e información bajos o mínimos. La baja inflación alienta al desarrollo en un sistema financiero estable. Un sistema financiero que funciona en forma adecuada, con precios estables, libre de controles en los mercados de divisas y de activos financieros, estimula a la gente a invertir sus ahorros internamente. La inflación y los controles de cambio contribuyen a la fuga de capitales, reduciendo así los recursos disponibles para la inversión. La ausencia de controles, una mayor certidumbre y la estabilidad de precios contribuyen al crecimiento y al nivel de vida, mediante la reducción de los costos de transacción y de información acerca de precios y valores.

### Si un estudiante de un curso de principios económicos recuerda solamente unas cuantas lecciones, ¿cuáles deberían ser?

Tres principios constituyen el corazón de la economía. Primero, todas las curvas de demanda tienen pendiente negativa. Se demanda menos a un precio alto que a un precio bajo. Segundo, las curvas de oferta tienen pendiente positiva. Se ofrece más a precios altos que a precios bajos. Tercero, cuanto mayor es el plazo o el periodo de ajuste, son más variadas las opciones disponibles y mayor es la oportunidad de sustituir o cambiar. Estos principios, aplicados en forma adecuada, le ayudarán a pensar correctamente sobre gran variedad de problemas, incluyendo muchos que a primera vista no parecen económicos.

# CAPÍTULO 25

## DECISIONES
## DE GASTO
## Y
## PIB

**Después de estudiar este capítulo, usted será capaz de:**

◆ Describir las magnitudes relativas de los componentes del gasto agregado y de su volatilidad relativa

◆ Explicar cómo toman las familias sus decisiones de consumo y ahorro

◆ Explicar cómo toman las empresas sus decisiones de inversión

◆ Explicar qué determina las exportaciones, importaciones y exportaciones netas

◆ Derivar la tabla del gasto agregado y la curva del gasto agregado

◆ Explicar cómo se determina el gasto agregado

**A**LGUNOS TITULARES DEL INVIERNO DE 1991: "TRABAJADORES DEL automóvil se arrastran en el año nuevo con pocas esperanzas de una recuperación robusta", "El endeudamiento de los consumidores no crece", "Baja de la venta de casas nuevas", "La confianza del consumidor baja de nuevo", "Poca alegría navideña para los comerciantes". ¿Por qué todo este temor y estremecimiento sobre lo que pasa en los pasillos de las tiendas? Aparte de unos cuantos manufactureros y tiendas, ¿a quién le importa si la gente compra muchos regalos o si compra automóviles y casas nuevas? ¿Cómo afecta esto al resto de nosotros? ¿Qué hace que la gente gaste menos y ahorre más? ◆ ◆ No es sólo el gasto del consumidor el que despierta esperanzas o temor en la economía. En ocasiones, llueven los pedidos de nueva planta y equipo para las empresas; en otras, llegan en goteo. A veces, las compras gubernamentales de equipo militar crecen rápidamente, como en la década de 1980 y durante la guerra del Golfo en 1991; pero otras veces cae, como al final de la guerra fría.

## Miedo y estremecimiento en los pasillos de las tiendas

Nuestras exportaciones tienen un flujo y reflujo según la fortuna económica de Europa y Japón. ¿De qué manera nos afectan la inversión de las empresas, las compras gubernamentales y las exportaciones? ¿Cuánto del gasto del país realizan éstas en comparación con el gasto de los consumidores? ¿Son las fluctuaciones de estos componentes del gasto agregado causa de que cambien nuestras perspectivas de empleo y de nivel de vida?

◆ ◆ ◆ ◆ El gasto que la gente realiza en las tiendas se extiende en ondas a través de la economía, y afecta a millones de personas. En este capítulo estudiaremos la composición de esas ondas y veremos por qué el consumo tiene un gran efecto fuera de las tiendas. Estudiaremos así mismo los otros componentes del gasto agregado: inversión, compras gubernamentales de bienes y servicios, y exportaciones netas. Primero, aprenderemos acerca de sus magnitudes relativas y volatilidad. Segundo, explicaremos cómo se determinan. Tercero, veremos cómo los componentes privados del gasto agregado, conjuntamente con las compras gubernamentales, establecen interacción para determinar el gasto agregado y el PIB. ◆ ◆ Empecemos viendo los componentes del gasto agregado.

## Los componentes del gasto agregado

L os componentes del gasto agregado son:

◆ Gasto de consumo
◆ Inversión
◆ Compras gubernamentales de bienes y servicios
◆ Exportaciones netas (exportaciones menos importaciones)

## Magnitudes relativas

La figura 25.1 muestra las magnitudes relativas de los componentes del gasto agregado entre 1970 y 1992, en Estados Unidos. Con mucho, la parte más grande del gasto agregado es el gasto de consumo, que oscila entre el 63 y el 69 por ciento y, en promedio, es el 65 por ciento del gasto total. La menor parte es de exportaciones netas, cuyo valor medio está cercano a cero. La inversión oscila entre el 14 y el 18 por ciento del PIB y, en promedio, es del 16 por ciento. Las compras gubernamentales de bienes

FIGURA **25.1**

Los componentes del gasto agregado: 1970-1992

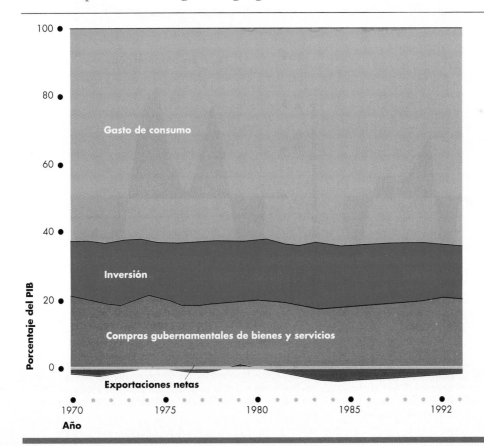

El componente más grande del gasto agregado es el gasto de consumo. Oscila entre el 63 y el 69 por ciento del PIB y, en promedio, es del 65 por ciento. La inversión en promedio es del 16 por ciento del PIB, y fluctúa entre el 14 y el 18 por ciento. Los gastos gubernamentales en bienes y servicios oscilan entre el 18 y el 23 por ciento del PIB y, en promedio, es el 21 por ciento del PIB. El rubro menor lo constituyen las exportaciones netas y, en promedio, están cerca de cero.

y servicios son ligeramente más grandes que la inversión, fluctúan entre el 18 y el 23 por ciento del PIB y, en promedio, son del 21 por ciento.

## Volatilidad relativa

La figura 25.2 muestra la volatilidad relativa de los componentes del gasto agregado. Los más volátiles son la inversión y las exportaciones netas. Los gastos de consumo y las compras gubernamentales de bienes y servicios fluctúan mucho menos que esos dos rubros.

Advierta que aun cuando las fluctuaciones del gasto de consumo son mucho menores que las de la

inversión, las alzas y bajas de las dos series se mueven en concordancia una con otra. Advierta también que las tres grandes bajas de la inversión en 1975, 1982 y 1991 ocurrieron precisamente en el momento en que la economía estaba en recesión (las recesiones que vimos en el capítulo 22, páginas 646-647 y 650, y en el capítulo 24, páginas 711-716). Las compras gubernamentales de bienes y servicios estuvieron debajo de la tendencia entre 1973 y 1984. Pero en la segunda mitad de la década de 1980 crecieron rápidamente y se movieron por encima de la tendencia. Las fluctuaciones de las exportaciones netas son similares en magnitud a las de la inversión, pero ambos componentes del gasto

FIGURA 25.2

## Fluctuaciones de los componentes del gasto agregado:1970-1992

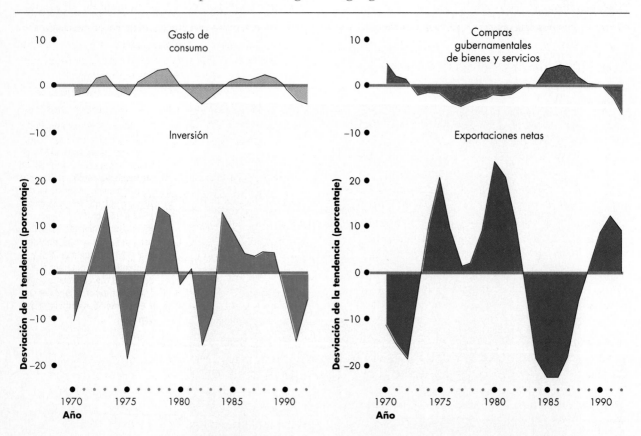

Las fluctuaciones de cada componente del gasto agregado se muestran como desviaciones porcentuales de la tendencia. Si bien el gasto de consumo es el componente mayor del gasto agregado, fluctúa menos en términos porcentuales. La inversión y las exportaciones netas son las que fluctúan más. Las compras gubernamentales de bienes y servicios muestran un notable aumento en la década de 1980. Las exportaciones netas fluctúan en dirección contraria a la inversión.

agregado tienden a fluctuar en direcciones opuestas: años de inversión elevada con años de exportaciones netas bajas.

Estudiemos las elecciones que determinan la magnitud y volatilidad de los componentes del gasto agregado, y comencemos con el componente más grande: el gasto de consumo.

## Gasto de consumo y ahorro

**E**l *gasto de consumo* es el valor de los bienes de consumo y de servicios comprados por las familias. Hay muchos factores que influyen sobre el gasto de consumo de las familias, pero los dos más importantes son:

◆ Ingreso disponible
◆ Ingreso futuro esperado

**1. Ingreso disponible**   El *ingreso disponible* es el ingreso agregado que las familias reciben a cambio de ofrecer los servicios de los factores de la producción, más las transferencias que reciben del gobierno menos los impuestos. Una familia puede hacer solamente dos cosas con su ingreso disponible: gastarlo en bienes de consumo y servicios o ahorrarlo.

Conforme aumenta el ingreso disponible de la familia, aumenta también su gasto en alimentos y bebidas, en ropa, alojamiento, transporte, atención médica y en la mayoría de otros bienes y servicios. Es decir, el gasto de consumo de una familia aumenta conforme aumenta su ingreso.

**2. Ingreso futuro esperado**   El ingreso futuro esperado de una familia depende principalmente de la seguridad y de las perspectivas de crecimiento del ingreso proveniente de los empleos que tienen sus miembros. Con todo lo demás constante, cuanto más alto es el ingreso esperado futuro de una familia, mayor es su actual gasto de consumo. Es decir, si existen dos familias que tienen el mismo ingreso disponible en el año corriente, la familia con el ingreso futuro esperado mayor gastará una parte mayor de su ingreso disponible corriente en bienes de consumo y servicios. Consideremos, por ejemplo,

dos familias cuyo principal ganador de ingresos es un ejecutivo de alto nivel de una gran empresa. A un ejecutivo se le ha informado de un importante ascenso que aumentará el ingreso de la familia en 50 por ciento en los años siguientes. Al otro se le acaba de decir que han adquirido la empresa y que no tendrá empleo después de terminar el año. La primera familia compra un automóvil nuevo y se toma unas vacaciones caras en el extranjero, aumentando por tanto su gasto de consumo corriente. La segunda vende el segundo automóvil y cancela sus planes de vacaciones de invierno, reduciendo por tanto su gasto de consumo corriente.

## La función consumo y la función ahorro

La relación entre gasto de consumo e ingreso disponible, con todo lo demás constante, se llama **función consumo**. La función consumo ha representado un papel importante en la macroeconomía de los últimos cincuenta años y la historia de su descubrimiento se relata en Orígenes de nuestro conocimiento en las páginas 732-733. La relación entre ahorro e ingreso disponible, con todo lo demás constante, se llama **función ahorro**. La función consumo y la función ahorro de una familia típica, la familia de Polonio, se muestran en la figura 25.3.

**La función consumo**   La función consumo de la familia de Polonio está representada en la figura 25.3(a). En el eje horizontal medimos el ingreso disponible y en el eje vertical el gasto de consumo (ambos en miles de dólares). Los puntos señalados con *a* hasta *f* corresponden en la figura a las filas de la tabla con las mismas letras. Por ejemplo, el punto *c* indica el ingreso disponible de 20 000 dólares y un consumo de 18 000 dólares.

**La recta de 45°**   La figura 25.3(a) contiene también una recta con la indicación "Recta de 45°". Ésta une los puntos en los que el consumo, medido en el eje vertical, es igual al ingreso disponible, medido en el eje horizontal. Cuando la función consumo está por encima de la recta de 45°, el consumo es mayor que el ingreso disponible; cuando la función consumo está por debajo de la recta de 45°, el consumo es menor que el ingreso disponible; y en el punto donde la función consumo interseca la recta de 45°, el consumo y el ingreso disponible son iguales.

**FIGURA 25.3**

# La función consumo y la función ahorro de la familia de Polonio

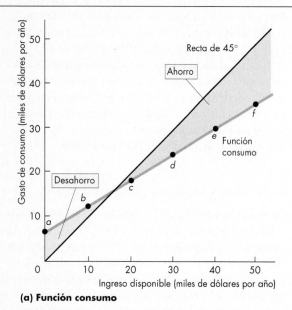

**(a) Función consumo**

|   | Ingreso disponible | Gasto de consumo | Ahorro |
|---|---|---|---|
|   | (miles de dólares por año) | | |
| **a** | 0  | 6  | −6 |
| **b** | 10 | 12 | −2 |
| **c** | 20 | 18 | 2  |
| **d** | 30 | 24 | 6  |
| **e** | 40 | 30 | 10 |
| **f** | 50 | 36 | 14 |

La tabla presenta los planes de consumo y ahorro de la familia de Polonio en varios niveles de ingreso disponible. La parte (a) de la figura muestra la relación entre gasto de consumo e ingreso disponible (la función consumo). La parte (b) muestra la relación entre ahorro e ingreso disponible (función ahorro). Los puntos a hasta f en las funciones consumo y ahorro corresponden a las filas de la tabla.

La recta de 45° en la parte (a) es la línea de igualdad del consumo y el ingreso disponible. El gasto de consumo y el ahorro de la familia de Polonio es igual a su ingreso disponible. Cuando la función consumo está por encima de la recta de 45°, el ahorro es negativo (desahorro) y la función ahorro está por debajo del eje horizontal. Cuando la función consumo está por debajo de la recta de 45°, el ahorro es positivo y la función ahorro está por encima del eje horizontal. El punto donde la función consumo interseca la recta de 45° indica que se consume todo el ingreso disponible, el ahorro es cero y la función ahorro interseca el eje horizontal.

**(b) Función ahorro**

**La función ahorro**   La función ahorro se representa gráficamente en la figura 25.3(b). El eje horizontal es exactamente el mismo de la parte (a). En el eje vertical medimos el ahorro. De nuevo, los puntos señalados con *a* hasta *f* corresponden a las filas de la tabla.

Es importante señalar dos cosas acerca de las funciones consumo y ahorro de la familia de Polonio. Primero, incluso si la familia de Polonio no tiene ingreso disponible, todavía consume, y lo hace incluso al tener un nivel negativo de ahorro. El

ahorro negativo se llama **desahorro**. Las familias que consumen más de su ingreso disponible lo hacen viviendo de sus activos o incluso endeudándose, lo cual es una situación que no puede, por supuesto, durar indefinidamente.

Segundo, conforme aumenta el ingreso disponible de la familia de Polonio, aumenta también la suma que planea gastar en consumo y la que planea invertir. Ya que una familia sólo puede consumir o ahorrar su ingreso disponible, la suma de estos dos rubros da el ingreso disponible. Es decir, los planes de consumo y de ahorro son congruentes con el ingreso disponible.

La relación entre la función consumo y la función ahorro se puede observar en las dos secciones de la figura. Cuando la función ahorro está debajo del eje horizontal, el ahorro es negativo (desahorro) y la función consumo está por encima de la recta de 45°. Cuando la función ahorro está arriba del eje horizontal, el ahorro es positivo y la función consumo está debajo de la recta de 45°. Cuando la función ahorro interseca el eje horizontal, el ahorro es cero y la función consumo interseca la recta de 45°.

### Otros factores que influyen sobre el gasto de consumo y el ahorro

Los cambios de factores distintos al ingreso disponible que influyen sobre el gasto de consumo, desplazan tanto a la función consumo como a la función ahorro. Por ejemplo, un incremento del ingreso futuro esperado hace aumentar el gasto de consumo y reduce el ahorro. En ese caso, la función consumo se desplaza hacia arriba y la función ahorro se desplaza hacia abajo. Es común que estos desplazamientos ocurran cuando la economía empieza a recuperarse de una recesión. Al entrar en la recesión, la gente espera ingresos futuros más bajos, pero cuando empieza la recuperación espera ingresos futuros más altos. El inicio de la recuperación de la recesión de 1991 fue un caso similar; vea Lectura entre líneas, páginas 736-737.

### Las propensiones medias a consumir y a ahorrar

La **propensión media a consumir** (*PMC*) es igual al gasto de consumo dividido entre el ingreso disponible. La tabla 25.1(a) le señala cómo calcular la propensión media a consumir. Hagamos un cálculo a modo de muestra. Con un ingreso disponible de 20 000 dólares, la familia de Polonio consume 18 000 dólares. Su propensión media a consumir es de 18 000 dólares divididos entre 20 000 dólares, que es igual a 0.9.

Como podrá usted ver por las cifras de la tabla, la propensión media a consumir disminuye con el aumento del ingreso disponible. Con un ingreso disponible de 10 000 dólares, la familia consume más de su ingreso, por lo que su propensión media al consumo es mayor que 1. Pero con un ingreso disponible de 50 000 dólares, la familia sólo consume 36 000, por lo que su propensión media a consumir es de 36 000 dólares divididos entre 50 000 dólares, lo que es igual a 0.72.

La **propensión media a ahorrar** (*PMA*) es igual al ahorro dividido entre el ingreso disponible. La tabla 25.1 señala cómo se calcula la propensión media a ahorrar. Por ejemplo, cuando el ingreso disponible es de 20 000 dólares, la familia de Polonio ahorra 2000 dólares, así que la propensión media a ahorrar es igual a 0.1. Cuando el ahorro es negativo, la propensión media a ahorrar es negativa. El aumento del ingreso disponible hace crecer la propensión media al ahorro.

Conforme aumenta el ingreso disponible, baja la propensión media a consumir y aumenta la propensión media a ahorrar. O lo que es lo mismo, al aumentar el ingreso disponible, aumenta la fracción del ingreso que se ahorra y baja la fracción del ingreso que se consume. Estos patrones de las propensiones medias a consumir y ahorrar reflejan el hecho de que la gente con ingresos disponibles muy bajos es tan pobre que su ingreso ni siquiera es suficiente para cubrir sus gastos de consumo. El gasto de consumo excede al ingreso disponible. Al aumentar los ingresos de la gente, ésta puede satisfacer sus necesidades de consumo con una parte cada vez menor de su ingreso disponible.

La suma de la propensión media a consumir y de la propensión media a ahorrar es igual a 1. Ambas propensiones medias suman 1, pues el consumo y el ahorro agotan el ingreso disponible. Cada dólar de ingreso disponible se consume o ahorra.

Usted puede ver que las dos propensiones medias suman 1 si usa la siguiente ecuación:

$$C + A = YD.$$

Divida ambos lados de la ecuación entre el ingreso disponible y obtenga

$$C/YD + A/YD = 1.$$

*C/YD* es la *propensión media a consumir* y *A/YD* es la *propensión media a ahorrar*. Entonces

$$PMC + PMA = 1.$$

### Las propensiones marginales a consumir y a ahorrar

El último dólar de ingreso disponible recibido se llama dólar marginal. Parte de ese dólar marginal se consume y parte se ahorra. La asignación del dólar marginal entre el gasto de consumo y el ahorro la

# DESCUBRIMIENTO
## de la
## FUNCIÓN CONSUMO

La teoría que dice que el consumo lo determina el ingreso disponible fue propuesta por John Maynard Keynes en 1936. Con datos del ingreso nacional compilados por Simon Kuznets, disponibles recientemente en aquel entonces, y que apoyaron la teoría de Keynes, ésta tuvo aceptación inmediata.

Durante las décadas de 1940 y 1950 se recopilaron muchos datos adicionales, algunos de los cuales revelaron imperfecciones de la teoría de Keynes. Para finales de la década de 1940, la función consumo keynesiana empezó a dar pronósticos equivocados. La propensión a consumir, lo que Keynes llamó "una ley psicológica fundamental", se reveló que aumentaba y que dependía de la edad de una persona, de su raza o de si era de un área urbana o rural.

Estas imperfecciones produjeron otras dos teorías nuevas: la hipótesis del ciclo vital de Franco Modigliani y la hipótesis del ingreso permanente de Milton Friedman, basadas en la proposición de que el consumo lo determina la riqueza y la riqueza depende del ingreso corriente y futuro. Con todo lo demás constante, cuanto más rica es una persona, más consume. Pero sólo el ingreso permanente y los inesperados cambios anteriores del ingreso provocan cambios en la riqueza y el consumo. Los cambios temporales del ingreso o los cambios previstos, hacen cambiar poco a la riqueza y sólo producen cambios pequeños en el consumo.

La revolución de la macroeconomía de la década de 1970 incluyó la siguiente reconsideración acerca del consumo y la teoría del consumo de las expectativas racionales, propuesta por Robert Hall de Stanford University. Hall tuvo el mismo punto de partida que Modigliani y Friedman: el consumo depende de la riqueza y ésta depende del ingreso futuro. Pero para tomar decisiones de consumo, la gente debe formarse expectativas del ingreso futuro haciendo uso de cualquier información disponible. Las expectativas cambian solamente como resultado de nueva información, que llega en forma aleatoria. Por tanto, las estimaciones de la gente sobre su riqueza, junto con su consumo, cambian aleatoriamente. Ninguna otra variable, además del consumo corriente, tiene valor para predecir el consumo futuro. Consumo e ingreso están correlacionados, pero los cambios en el ingreso no ocasionan los cambios en el consumo.

> "La ley psicológica fundamental, en la cual tenemos derecho a apoyarnos con confianza... es que (la gente) está dispuesta... a aumentar su consumo al aumentar su ingreso, pero no tanto como aumente su ingreso."
>
> JOHN MAYNARD KEYNES
> *Teoría general*

Una familia, cuyo ingreso es permanentemente bajo, tiene un bajo nivel de consumo. Pero esa familia no gasta siempre todo su ingreso cada semana. Más bien ahorra una pequeña suma para nivelar su consumo de un año al siguiente. La suma que esa familia ahorra está influida por el periodo de su ciclo vital. Una familia joven ahorra una fracción mayor de su ingreso que una familia más vieja que tiene exactamente el mismo nivel de ingreso permanente. Para la mayoría de las familias de bajos ingresos, el ahorro no significa depositar dinero en el banco o en acciones y bonos, significa comprar una casa, comprar un seguro de vida y pagar sus contribuciones a la seguridad social.

Generalmente, los estudiantes universitarios tienen ingresos bajos, pero consumen a un nivel más elevado que la mayoría de las personas cuyos ingresos son similares a los suyos. Disfrutan de un nivel más alto de vivienda y consumen una gama más amplia de bienes y servicios, desde libros hasta discos compactos a instalaciones deportivas y conciertos en vivo, que otra gente con ingresos similares. La razón: los estudiantes tienen un ingreso futuro esperado alto y, por tanto, un ingreso permanentemente alto. Mantienen un alto nivel de consumo al consumir todo su ingreso y al obtener préstamos estudiantiles que les permiten consumir por encima de su nivel de ingreso corriente.

**JOHN MAYNARD KEYNES**

Un
*revolucionario
macroeconómico*

Cuando John Maynard Keynes (1883-1946), de Cambridge, Inglaterra, publicó su *Teoría general de la ocupación, el interés y el dinero*, en 1936, inició una revolución. Las piezas centrales de la teoría de Keynes del empleo y el ingreso fueron la función consumo y el multiplicador. Como todas las revoluciones intelectuales, ésta fue rechazada por la generación más vieja en tanto que los jóvenes la abrazaron con vehemencia. Muchos de los jóvenes seguidores de Keynes (entre ellos Joan Robinson) estaban en Cambridge, Inglaterra, pero muchos estaban en Cambridge, Massachusetts.

Keynes fue uno de los principales arquitectos del Fondo Monetario Internacional y visitó Estados Unidos para concluir los acuerdos del nuevo orden monetario internacional al finalizar la Segunda Guerra Mundial. Aprovechó la ocasión para visitar a los keynesianos en Cambridge, Massachusetts. A su retorno a Inglaterra, le preguntaron qué pensaba de sus discípulos estadounidenses y respondió que eran ¡más keynesianos que él!

**TABLA 25.1**

# Propensiones media y marginal a consumir y a ahorrar

**(a) Cálculo de las propensiones medias a consumir y ahorrar**

| Ingreso disponible (YD) | Gasto de consumo (C) | Ahorro (A) | PMC (C/YD) | PMA (A/YD) |
|---|---|---|---|---|
| | | (dólares por año) | | |
| 0 | 6,000 | −6,000 | — | — |
| 10,000 | 12,000 | −2,000 | 1.20 | −0.20 |
| 20,000 | 18,000 | 2,000 | 0.90 | 0.10 |
| 30,000 | 24,000 | 6,000 | 0.80 | 0.20 |
| 40,000 | 30,000 | 10,000 | 0.75 | 0.25 |
| 50,000 | 36,000 | 14,000 | 0.72 | 0.28 |

**(b) Cálculo de las propensiones marginales a consumir y a ahorrar**

| | | |
|---|---|---|
| Cambio del ingreso disponible | $\Delta YD$ = | 10,000 |
| Cambio del consumo | $\Delta C$ = | 6,000 |
| Cambio del ahorro | $\Delta A$ = | 4,000 |
| Propensión marginal a consumir | $PMgC$ = $\Delta C/\Delta YD$ = | 0.6 |
| Propensión marginal a ahorrar | $PMgA$ = $\Delta A/\Delta YD$ = | 0.4 |

El consumo y el ahorro dependen del ingreso disponible. Con un ingreso disponible de cero, se realiza algún consumo y el ahorro es negativo (desahorro). Al aumentar el ingreso disponible, también aumentan el consumo y el ahorro. Las propensiones medias a consumir y a ahorrar se calculan en la parte (a). La propensión media a consumir, es decir, el cociente del consumo y del ingreso disponible, disminuye al aumentar el ingreso disponible; la propensión media a ahorrar, es decir, el cociente del ahorro y del ingreso disponible, au-menta con el aumento del ingreso disponible. Ambas propensiones medias suman 1. Cada dólar adicional o *marginal*, de ingreso disponible, se consume o ahorra. La parte (b) calcula las propensiones marginales a consumir y a ahorrar. La propensión marginal a consumir es el cambio del consumo que resulta del cambio de 1 dólar de ingreso disponible. La propensión marginal a ahorrar es el cambio del ahorro que resulta de un cambio de 1 dólar del ingreso disponible. Las propensiones marginales a consumir y ahorrar suman 1.

determinan las propensiones marginales a consumir y a ahorrar.

La **propensión marginal a consumir** (*PMgC*) es la fracción del último dólar de ingreso disponible que se gasta en bienes de consumo y servicios. Se calcula como el cambio del gasto de consumo dividido entre el cambio del ingreso disponible. La **propensión marginal a ahorrar** (*PMgA*) es la fracción del último dólar de ingreso disponible que se ahorra. La propensión marginal a ahorrar se calcula como el

cambio del ahorro dividido entre el cambio del ingreso disponible.

La tabla 25.1(b) muestra el cálculo de las propensiones marginales a consumir y a ahorrar por parte de la familia de Polonio. En la parte (a) de la tabla, usted podrá observar que el ingreso disponible aumenta en 10 000 dólares al pasar de una fila a la siguiente: 10 000 dólares es el cambio del ingreso disponible. Usted también podrá ver en la parte (a) que cuando el ingreso disponible aumenta en 10 000 dólares, el consumo aumenta en 6000 dólares. La propensión marginal a consumir, el cambio del consumo dividido entre el cambio del ingreso disponible, es por tanto de 6000 dólares dividido entre 10 000 dólares, lo que es igual a 0.6. La propensión marginal a consumir por parte de la familia de Polonio es constante. Es la misma en cada nivel de ingreso disponible. De un dólar marginal de ingreso disponible, se gastan en bienes de consumo y servicios 60 centavos.

La parte (b) de la tabla también muestra el cálculo de la propensión marginal a ahorrar. Usted puede observar aquí que cuando el ingreso disponible aumenta en 10 000 dólares, el ahorro aumenta en 4000 dólares. La propensión marginal al ahorro, el cambio del ahorro dividido entre el cambio del ingreso disponible, es por tanto de 4000 dólares divididos entre 10 000 dólares, lo que es igual a 0.4. La propensión marginal a ahorrar de la familia de Polonio es constante. Es la misma en cada nivel de ingreso disponible. Del último dólar de ingreso disponible, ahorra 40 centavos.

La propensión marginal a consumir más la propensión marginal a ahorrar suman 1. Cada dólar adicional debe consumirse o ahorrarse. En este ejemplo, cuando el ingreso disponible aumenta en 1 dólar, se gastan 60 centavos más y se ahorran 40 centavos más. Es decir,

$$PMgC + PMgA = 1.$$

**Las propensiones marginales y las pendientes** La propensión marginal a consumir es igual a la pendiente de la función consumo. Usted puede observar esta igualdad si regresa a la figura 25.3. En esta figura, la función consumo tiene una pendiente constante que puede medirse como el cambio del consumo dividido entre el cambio del ingreso. Por ejemplo, cuando el ingreso aumenta de 20 000 a 30 000 dólares, lo que da un aumento de 10 000 dólares, el consumo aumenta de 18 000 a 24 000 dólares, es decir, un aumento de 6000 dólares. La pendiente de la función consumo es de 6000 dólares divididos entre 10 000 dólares, lo que es igual a 0.6, el mismo valor que la propensión marginal a consumir que calculamos en la tabla 25.1.

La propensión marginal a ahorrar es igual a la pendiente de la función ahorro. Podemos ver esta igualdad si volvemos a la figura 25.3. En este caso, cuando el ingreso aumenta en 10 000 dólares, el ahorro aumenta en 4000 dólares. La pendiente de la función ahorro es de 4000 dólares divididos entre 10 000 dólares, lo que es igual a 0.4, el mismo valor de la propensión marginal a ahorrar que calculamos en la tabla 25.1.

### REPASO

El gasto de consumo está influido por muchos factores, pero los dos más importantes son el ingreso disponible y el ingreso futuro esperado. Las familias asignan su ingreso disponible al gasto de consumo o al ahorro. La relación entre el gasto de consumo y el ingreso disponible, con todo lo demás constante, es la *función consumo* y la relación entre ahorro e ingreso disponible, con todo lo demás constante, es la *función ahorro*. Los cambios de los factores, distintos al ingreso disponible, que influyen sobre el gasto de consumo, desplazan las funciones consumo y ahorro. ◆ ◆ El cambio del gasto de consumo dividido entre el cambio del ingreso disponible, con todo lo demás constante, es la *propensión marginal a consumir (PMgC)* y el cambio del ahorro dividido entre el cambio del ingreso disponible, también con todo lo demás constante, es la *propensión marginal a ahorrar (PMgA)*. Debido a que el gasto de consumo más el ahorro es igual al ingreso disponible, $PMgC + PMgA = 1$. ◆

Hemos estudiado la función consumo de una familia. Veamos ahora la función consumo de Estados Unidos.

### La función consumo de Estados Unidos

Los datos del gasto de consumo e ingreso disponibles de Estados Unidos para los años de 1970 a 1992 se muestran en la figura 25.4(a). En el eje vertical medimos el gasto de consumo (en dólares de 1987), y en el eje horizontal medimos el ingreso disponible (también en dólares de 1987). Cada punto azul representa el gasto de consumo y el ingreso disponible de un año en particular.

La línea naranja destaca la relación media entre el gasto de consumo y el ingreso disponible, y es una estimación de la función consumo de Estados Unidos. Indica que, en promedio, el gasto de consumo ha sido el 90 por ciento del ingreso disponible.

# La función consumo en la práctica

The New York Times, 30 de julio, 1991

# Anuncio de ganancias del 0.5 por ciento para el ingreso y el gasto en junio

(AP)– El ingreso personal y el gasto de consumo aumentaron 5 décimas del 1 por ciento en junio, según dijo el gobierno hoy en un informe que los analistas ven como una señal de que la economía continuará creciendo en el tercer trimestre.

"Esto le da al gasto de los consumidores un poco de impulso para el tercer trimestre", dijo Laurence H. Meyer, jefe de una empresa de proyectos económicos de San Luis. "Es otra información que indica que el tercer trimestre se ve bastante sólido." Añadió que la recuperación será más débil de lo normal.

La mayoría de los analistas proyectan una recuperación más débil que la promedio de las últimas ocho recesiones desde la Segunda Guerra Mundial.

El señor Meyer dijo que existe un riesgo significativo de que la economía disminuya su crecimiento en el cuarto trimestre. Dijo que una recesión de doble caída era posible, aunque considera que es más probable una recuperación débil.

Se necesita el crecimiento del ingreso para que continúe la recuperación económica por medio de recursos destinados al gasto de los consumidores. El consumo personal representa dos terceras partes de la actividad económica del país.

## Quinto aumento ininterrumpido del ingreso

El informe del Departamento de Comercio informó que el ingreso personal llegó en junio a un total de 4.80 billones de dólares a una tasa anual ajustada trimestralmente, en comparación con 4.78 billones de dólares un mes atrás. Es el quinto aumento mensual ininterrumpido.

Al mismo tiempo, en dicho documento se dijo que el gasto de los consumidores llegó a un total de 3.83 billones de dólares a tasa anual, en comparación con 3.81 billones en mayo. Es el segundo aumento consecutivo...

El Departamento informó la semana pasada que el gasto de los consumidores aumentó de abril a junio a una tasa anual de 3.6 por ciento, el primer aumento trimestral desde el periodo de julio a septiembre de 1990.

Esto contribuyó al aumento del producto nacional bruto a una tasa anual de 4 décimas de 1 por ciento, el primer aumento después de dos trimestres de descenso, la definición generalmente aceptada de una recesión.

El ingreso disponible, el ingreso después del pago de impuestos, aumentó 5 décimas de 1 por ciento en junio, ligeramente menos que las 6 décimas del 1 por ciento, correspondiente al aumento del mes anterior.

La diferencia entre el ingreso y el gasto significa que la tasa de ahorro fue la misma que en mayo, es decir, del 3.5 por ciento, pero menos que el 4.1 por ciento de abril.

Los salarios y sueldos aumentaron en 26.6 mil millones de dólares después de la ganancia de 17.2 mil millones de dólares en el mes anterior.

## Lo esencial del artículo

El Departamento de Comercio dio a conocer los datos de la tabla de junio de 1991 y los revisados de mayo de 1991.

El Departamento de Comercio también informó lo siguiente:

◆ El ingreso personal aumentó por cinco meses consecutivos.

◆ El gasto de consumo aumentó a una tasa anual del 3.6 por ciento en el segundo trimestre de 1991, el primer aumento trimestral desde el tercer trimestre de 1990.

◆ La tasa de ahorro de 3.5 por ciento descendió en comparación con el 4.1 por ciento de abril.

El aumento del gasto de los consumidores ayudó a impulsar el producto nacional bruto a una tasa anual del 0.4 por ciento, el primer aumento después de dos trimestres de descenso, la definición de una recesión. Debido a que el gasto de los consumidores representa dos terceras partes de la actividad económica, su crecimiento impulsó el crecimiento del PNB y se vio como una señal de recuperación de la recesión.

## Antecedentes y análisis

Cuando el ingreso disponible aumenta, el gasto de consumo aumenta en una cantidad que determina la propensión marginal a consumir. Ese aumento se representa como un movimiento a lo largo de la función consumo.

El gasto de consumo también aumenta con el aumento del ingreso futuro esperado. Un aumento así se representa como un desplazamiento ascendente respecto a la función consumo.

Los datos del Departamento de Comercio proporcionados en el artículo periodístico son congruentes con esta teoría de la función consumo.

El aumento del ingreso disponible en junio indujo a un aumento del gasto de consumo: se presentó un movimiento a lo largo de la función consumo de mayo, que se muestra en la figura.

Pero el gasto de consuno se incrementó en la misma magnitud que el ingreso disponible y en una cantidad mayor de la que implica la propensión marginal a consumir: hubo un desplazamiento de la función consumo, como se muestra en la figura.

El aumento adicional del gasto de consumo resultó de un aumento del ingreso futuro esperado: una expectativa de una continuación de la recuperación a partir de la recesión.

Un aumento del ingreso y del gasto de consumo (como en junio de 1991) es una señal de que la economía se está recuperando de la recesión.

Un aumento excesivo del gasto de consumo respecto del que implica la propensión marginal a consumir es una señal de expectativas de una continuación de la recuperación.

| Rubro | Mayo de 1991 | Junio de 1991 |
|---|---|---|
| **Ingreso personal** | $4.78 billones | $4.80 billones |
| **Gasto de los consumidores** | $3.81 billones | $3.83 billones |
| **Aumento de los ingresos personales** | — | 0.5% |
| **Aumento del gasto de los consumidores** | — | 0.5% |
| **Aumento de los ingresos disponibles** | 0.6% | 0.5% |
| **Tasa de ahorro** | 3.5% | 3.5% |
| **Aumento de salarios y sueldos** | $17.2 millones | $26.6 miles de millones |

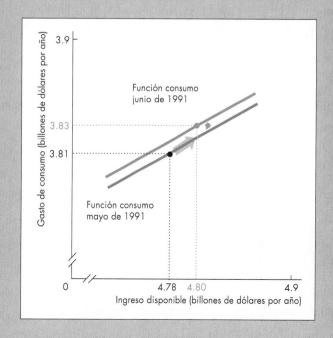

# La función consumo de Estados Unidos

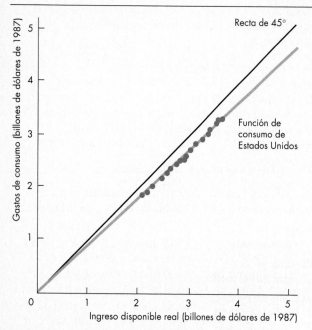

**(a) Consumo como una función del ingreso disponible**

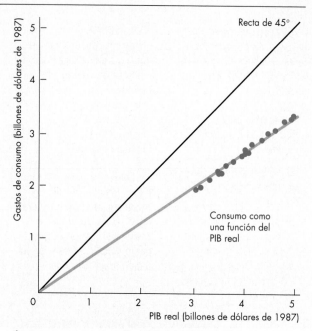

**(b) Consumo como una función del PIB real**

La parte (a) muestra la función consumo de Estados Unidos, es decir, la relación entre el gasto de consumo real y el ingreso disponible real, para cada año entre 1970 y 1992. Cada punto azul en la figura representa un gasto de consumo real y el ingreso disponible real para un año en particular. La línea naranja muestra la relación media entre el gasto de consumo y el ingreso disponible, es decir, una estimación de la función consumo de Estados Unidos. Esta función consumo tiene una pendiente y una propensión marginal a consumir de 0.9.

La parte (b) muestra la relación entre el gasto de consumo y el PIB real. Esta relación considera el hecho de que al aumentar el PIB real, también aumentan los impuestos netos. La propensión marginal a consumir del PIB real es aproximadamente de 0.63. La relación entre el consumo como una función del ingreso disponible y el consumo como una función del PIB real se indica en la tabla. La tasa impositiva es del 30 por ciento, así que el ingreso disponible real es 0.7 veces el PIB real. La propensión marginal a consumir es de 0.9. Si combinamos una tasa impositiva del 30 por ciento con una propensión marginal a consumir de 0.9 obtenemos una propensión marginal a consumir el PIB real de 0.63.

| PIB real ($Y$) | Ingreso disponible ($YD = 0.7Y$) | Gasto de consumo ($C = 0.9YD + 0.63Y$) |
|---|---|---|
| | (billones de dólares de 1987) | |
| 1.0 | 0.7 | 0.63 |
| 2.0 | 1.4 | 1.26 |
| 3.0 | 2.1 | 1.89 |
| 4.0 | 2.8 | 2.52 |

La pendiente de esta función consumo, que es también la propensión marginal a consumir, es de 0.9. La relación entre el gasto de consumo y el ingreso disponible en cualquier año no coincide exactamente con la línea naranja. La razón es que la posición de la función consumo depende de otros factores que influyen sobre el gasto de consumo y,

en consecuencia, la función consumo se desplaza a lo largo del tiempo.

**El consumo como una función del PIB**   Nuestro objetivo al desarrollar la teoría de la función consumo es explicar la determinación del gasto agregado y del PIB real. Para lograrlo, necesitamos establecer la relación entre el gasto de consumo y el PIB real; es decir, el gasto de consumo como una función del PIB real.

Los puntos azules de la figura 25.4(b) muestran el gasto de consumo y el PIB real de Estados Unidos para cada año entre 1970 y 1992. La línea naranja representa el gasto de consumo como una función del PIB real. El gasto de consumo es una función del PIB real porque el ingreso disponible depende del PIB real. El ingreso disponible es el PIB real menos los impuestos netos (éstos son los impuestos menos los pagos de transferencia). Pero los impuestos netos se incrementan al aumentar el PIB real. Casi todos los impuestos que pagamos, impuestos personales, impuestos a las empresas e impuestos de seguridad social, aumentan conforme lo hacen nuestros ingresos. Los pagos de transferencia, como los beneficios de la seguridad social y del sistema de bienestar, disminuyen al aumentar nuestro ingreso. (Los beneficios de la seguridad social por jubilación no varían con el ingreso, pero los pagos de transferencia agregada sí varían con el ingreso.) Ya que los impuestos aumentan y las transferencias disminuyen, evidentemente los impuestos netos aumentan al aumentar el ingreso. Resulta que los impuestos netos tienen la tendencia a ser un 30 por ciento muy estable del PIB real. Si el 30 por ciento del PIB real se paga como impuestos netos (impuestos menos transferencias), el 70 por ciento (o 0.7) del PIB real es ingreso disponible.

La tabla de la figura 25.4 presenta la relación entre el PIB real, el ingreso disponible y el gasto de consumo. Incorpora la relación de 0.7 entre el PIB real y el ingreso disponible. Por ejemplo, si el PIB real es de 3 billones de dólares, el ingreso disponible es de 0.7 veces esa suma, lo que corresponde a 2.1 billones de dólares. La tabla muestra también la cantidad de gasto de consumo en varios niveles de ingreso disponible. Hemos visto que la propensión marginal a consumir es de 0.9. Entonces, si el ingreso disponible es de 2.1 billones de dólares, el gasto de consumo es 0.9 veces esa suma, lo que corresponde a 1.89 billones de dólares.

El cambio del gasto de consumo dividido entre el cambio del PIB real es la **propensión marginal a consumir el PIB real**. Se mide por la pendiente de la línea naranja de la figura 24.5(b). Ya que nueve décimas (0.9) del ingreso disponible se consumen, y ya que el 70 por ciento (0.7) del PIB real es ingreso disponible, la propensión marginal a consumir el PIB real es 0.63 (0.9 × 0.7, lo que es igual a 0.63).

**D**e todos los factores que influyen sobre el gasto de consumo, el más importante es el ingreso disponible. El gasto de consumo en Estados Unidos es una función del ingreso disponible. El ingreso disponible, a su vez, está relacionado con el PIB. Por tanto, el gasto de consumo es una función del PIB. Actualmente, en Estados Unidos, cada dólar adicional de PIB genera, en promedio, 63 centavos adicionales de gasto de consumo. ◆

La teoría de la función consumo tiene una implicación importante. Debido a que el gasto de consumo lo determina principalmente el ingreso disponible, la mayoría de los cambios del gasto de consumo resultan del cambio del ingreso y no son causa de dichos cambios del ingreso. Son las oscilaciones de los otros componentes del gasto agregado las que constituyen las causas más importantes de las fluctuaciones del ingreso. Y la más importante es la inversión.

## Inversión

**L**a *inversión bruta* es la compra de nuevas construcciones, nueva planta y equipo y las adiciones a los inventarios. Tiene dos componentes: *inversión neta*, adiciones al capital existente, e *inversión de reposición*, compras para reemplazar el capital desgastado o depreciado. Como vimos en la figura 25.2, la inversión bruta es un elemento volátil del gasto agregado. ¿Qué determina la inversión bruta y por qué fluctúa tanto? La respuesta está en las decisiones de inversión de las empresas; en las respuestas a preguntas como las siguientes: ¿Cómo decide Chrysler cuánto gastar en una planta nueva de montaje de automóviles? ¿Qué determina los gastos de IBM en los diseños de un nuevo computador? ¿Cómo elige AT&T lo que gastará en sus sistemas de comunicaciones de fibra óptica? Contestemos dichas preguntas.

## Las decisiones de inversión de las empresas

Las principales influencias sobre las decisiones de inversión de las empresas son:

♦ Tasas de interés reales

♦ Expectativas de beneficios

♦ El capital existente

**1. Tasas de interés reales**   La **tasa de interés real** es la tasa de interés pagada por el prestatario y recibida por el prestamista después de tener en cuenta los cambios del valor del dinero como resultado de la inflación. Es aproximadamente igual a la tasa de interés acordada (la llamada tasa de interés *nominal*) menos la tasa de inflación. Para ver por qué, suponga que los precios están subiendo anualmente el 10 por ciento. Cada dólar pedido en préstamo por un año se reembolsa al final del mismo con un dólar que vale solamente 90 centavos en ese momento. El prestatario gana y el prestamista pierde 10 centavos en cada dólar. Esta pérdida debe restarse de la tasa de interés acordada para encontrar así la tasa de interés *realmente* pagada y recibida: la tasa de interés real. Si la tasa de interés nominal es del 20 por ciento anual, la tasa de interés real es de sólo el 10 por ciento anual.

Las empresas pagan en ocasiones por los bienes de capital con dinero que han pedido prestado, y en otras usan sus propios recursos, los llamados beneficios retenidos. Pero, independientemente del método de financiamiento de un proyecto de inversión, la tasa de interés real es parte de su *costo de oportunidad*. La tasa de interés real pagada sobre los fondos obtenidos en préstamo es un costo directo. El costo en términos de tasa de interés real al usar beneficios retenidos surge porque dichos fondos podían prestarse a otra empresa a la tasa de interés real prevaleciente, produciendo un ingreso. El ingreso del interés real perdido es el costo de oportunidad al usar beneficios retenidos con objeto de financiar un proyecto de inversión.

Cuanto más baja sea la tasa de interés real, menor es el costo de oportunidad de un determinado proyecto de inversión. Algunos proyectos de inversión que no son rentables con una tasa de interés real elevada se vuelven rentables con una baja tasa de interés real. Cuanto más baja es la tasa de interés real, mayor es el número de proyectos de inversión rentables y, por tanto, mayor es la cantidad invertida.

Consideremos un ejemplo. Supongamos que Chrysler está contemplando construir una nueva línea de montaje de automóviles con un costo de 100 millones de dólares. Se espera que la línea de montaje produzca automóviles durante tres años para después desmontarla por completo y reemplazarla con una nueva línea proyectada para producir una gama completamente nueva de modelos. El ingreso neto esperado por Chrysler es de 20 millones de dólares en cada uno de los dos primeros años, y de 100 millones en el tercer año. El ingreso neto es la diferencia entre el ingreso total por las ventas de automóviles y su costo de producción. Al calcular el ingreso neto no tomamos en cuenta el costo inicial de la línea de montaje o la tasa de interés que tiene que pagarse. Contabilizamos aparte dichos costos. Para construir la línea de montaje, Chrysler piensa pedir prestado los 100 millones de dólares iniciales y, al final de cada año, disponer su ingreso neto esperado para pagar el interés sobre el saldo pendiente y amortizar así la mayor cantidad posible del préstamo. ¿Le conviene a Chrysler invertir 100 millones de dólares en esta línea de montaje? La respuesta depende de la tasa de interés real.

El caso 1 de la figura 25.5 muestra qué ocurre si la tasa de interés es del 20 por ciento anual. (Supondremos que la tasa de inflación esperada es cero, así que la tasa de interés real esperada es también del 20 por ciento anual. Ésta es una tasa muy alta y poco probable, pero facilita nuestros cálculos.) Chrysler pide prestado 100 millones de dólares y, al final del primer año, tiene que pagar 20 millones de dólares de intereses. Tiene un ingreso neto de 20 millones de dólares por lo que pueden cubrir justo sus pagos de intereses, pero sin que pueda reducir el saldo pendiente del préstamo. Al final del segundo año se presenta exactamente la misma situación que al final del primero. Debe otros 20 millones de dólares de su saldo pendiente. Nuevamente su ingreso cubre apenas el pago de intereses. Al final del tercer año, Chrysler debe otros 20 millones de dólares de intereses más los 100 millones del saldo pendiente del préstamo. Por lo tanto tiene que pagar 120 millones de dólares; pero el ingreso neto del tercer año es de sólo 100 millones de dólares, así que Chrysler tiene una pérdida de 20 millones de dólares en este proyecto.

El caso 2 de la figura 25.5 muestra qué sucede si la tasa de interés real es del 10 por ciento anual. (Nuevamente, supondremos que la tasa de inflación esperada es cero, así que la tasa de interés real

FIGURA 25.5

## Inversión en una línea de montaje de automóviles

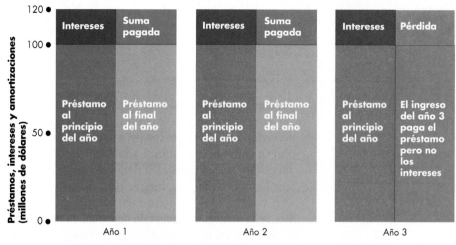

**Caso 1: tasa real de interés del 20 por ciento**

La construcción de una línea de montaje de automóviles cuesta 100 millones de dólares. Se espera que genere el siguiente ingreso:

| | |
|---|---|
| Año 1 | $20 millones |
| Año 2 | $20 millones |
| Año 3 | $100 millones |

Al final del tercer año, la línea se desmontará y será reemplazada por una nueva. En el caso 1, la tasa de interés real es del 20 por ciento anual. La corriente de ingreso es demasiado baja para cubrir los gastos totales y no vale la pena emprender el proyecto. En el caso 2, la tasa de interés real es del 10 por ciento anual y el proyecto es rentable. Cuanto más baja es la tasa de interés real, mayor es el número de proyectos rentables y que se emprenden.

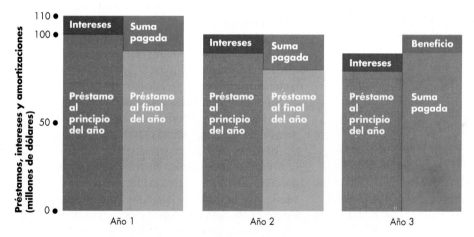

**Caso 2: tasa real de interés del 10 por ciento**

esperada es también del 10 por ciento anual.) En este caso, Chrysler debe 10 millones de dólares de intereses al final del primer año. Ya que tiene 20 millones de dólares de ingreso, puede hacer sus pagos de intereses y reducir el saldo pendiente de su préstamo a 90 millones de dólares. En el segundo año, el interés que debe por el préstamo es de 9 millones de dólares (el 10 por ciento de 90 millones). De nuevo, con ingresos de 20 millones de dólares, Chrysler paga los intereses y reduce el saldo pen-

diente de su préstamo en 11 millones para quedar en 79 millones de dólares. En el tercer y último año del proyecto, los intereses del préstamo son de 7.9 millones de dólares (el 10 por ciento de 79 millones), así que la suma total que debe, el saldo pendiente del préstamo más los intereses, es de 86.9 millones de dólares. El ingreso de Chrysler en el tercer año es de 100 millones de dólares, así que paga el préstamo, paga los intereses y se embolsa el saldo restante, es decir, un beneficio de 13.1 millones de dólares. Si Chrysler construye la línea de montaje, espera obtener un beneficio de 13.1 millones de dólares.

Usted puede observar que con una tasa de interés real del 20 por ciento anual, no le conviene a Chrysler invertir en esta planta de montaje de automóviles. Con una tasa de interés real del 10 por ciento, sí le conviene. Cuanto menor sea la tasa de interés real, mayor es el número de proyectos, como el que consideramos aquí, con beneficio neto positivo. Así, cuanto más baja es la tasa de interés real, mayor es la cantidad de inversión.

### 2. Expectativas de beneficio

Cuanto más alta es la rentabilidad esperada del nuevo equipo de capital, mayor es la cantidad de inversión. La decisión de invertir en la línea de montaje ilustra este efecto. Para decidir si construye la línea de montaje, Chrysler tiene que calcular su ingreso neto. Para realizar este cálculo, tiene que encontrar el ingreso total por las ventas de automóviles, que a su vez se ven afectadas por las expectativas de precios de los automóviles y la parte del mercado que puede obtener. Chrysler tiene también que averiguar sus costos de operación, que incluyen los salarios de sus obreros de montaje y los costos de los productos que compra a otros productores. Cuanto más elevado es el ingreso neto que espera, más rentable es el proyecto de inversión que genera esos ingresos netos y más probable es que se realice dicho proyecto.

Existen muchos factores que influyen sobre las expectativas mismas de beneficio. Entre los más importantes están los impuestos sobre los beneficios de las empresas, la fase del ciclo económico por la que está pasando la economía y la situación de relaciones y tensiones globales. Por ejemplo, es probable que el colapso de la Unión Soviética y el surgimiento de las nuevas repúblicas en Europa Oriental tengan un gran efecto sobre las expectativas de beneficio en la década de 1990: positivo en algunas industrias y negativo en otras.

### 3. Capital existente

El capital existente de una empresa influye sobre las decisiones de inversión de dos maneras. Primero, cuanto mayor es la cantidad de capital existente, con todo lo demás constante, mayor es la cantidad de depreciación y mayor es la cantidad de inversión de reposición. Pero la influencia de la cantidad de capital existente no es una causa de volatilidad de la inversión. Es una fuente de crecimiento estable de la inversión. Segundo, cuanto más alto es el grado de utilización del capital existente, mayor es la cantidad de inversión. Cuando el capital está subutilizado, como en una recesión, la inversión baja. Pero cuando el capital se utiliza en exceso, como en un auge, la inversión aumenta.

### Demanda de inversión

La **demanda de inversión** es la relación entre el nivel de inversión planeada y la tasa de interés real, manteniendo constantes todos los otros factores que influyen sobre la inversión. La **tabla de demanda de inversión** enumera las cantidades de inversión planeada en cada tasa de interés real, manteniendo constantes todos los otros factores que influyen sobre la inversión. La **curva de demanda de inversión** representa gráficamente la relación entre la tasa de interés real y el nivel de la inversión planeada, con todo lo demás constante. Algunos ejemplos de tablas de demanda de inversión y de curvas de demanda de inversión aparecen en la figura 25.6. La tabla de demanda de inversión y la posición de la curva de demanda de inversión dependen de los otros factores que influyen sobre la inversión: los beneficios esperados y el acervo de capital existente.

Algunas veces, las empresas son pesimistas acerca de los beneficios futuros, otras son optimistas y otras más sus expectativas son intermedias. Las fluctuaciones de las expectativas de beneficios son la principal causa de las fluctuaciones en la demanda de inversión. Las tres tablas de demanda de inversión de la tabla de la figura 25.6 proporcionan ejemplos de demanda de inversión con tres tipos de expectativas. En el caso de expectativas de beneficio promedio, si la tasa de interés real es del 4 por ciento anual, la inversión será de 0.6 billones de dólares. Si la tasa de interés real disminuye a un 2 por ciento anual, la inversión aumenta a 0.7 billones. Si la tasa de interés real aumenta al 6 por ciento anual, la inversión disminuye a 0.5 billones de dólares. En el caso de las expectativas de beneficio optimistas, la inversión es más alta en cada tasa de interés que cuando las expectativas son intermedias. En el caso de las expectativas de beneficio pesimistas, la inversión es más baja en cada tasa de interés que con las expectativas promedio.

En dicha figura se muestra la curva de demanda de inversión. En la parte (a), la curva de demanda

FIGURA 25.6

# Curva de demanda de inversión y tabla de demanda de inversión

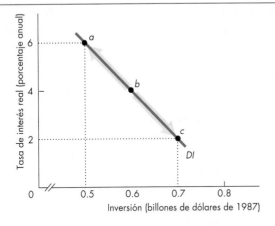

**(a) Efecto de un cambio de la tasa de interés real**

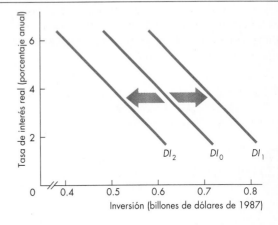

**(b) Efecto de un cambio de las expectativas de beneficio**

Una tabla de demanda de inversión enumera las cantidades de inversión agregada planeada en cada tasa de interés real. Una curva de demanda de inversión representa gráficamente una tabla de demanda de inversión. La tabla muestra la tabla de demanda de inversión cuando las expectativas son promedio, optimistas, y pesimistas. La parte (a) muestra la curva de demanda de inversión para expectativas promedio de beneficios. A lo largo de esa curva de demanda de inversión, conforme sube la tasa de interés real del 2 al 6 por ciento, la inversión planeada disminuye: hay un movimiento a lo largo de la curva de demanda de inversión de $c$ a $a$. La parte (b) muestra cómo la curva de demanda de inversión cambia al cambiar los beneficios futuros esperados. Con expectativas promedio de beneficios, la curva de demanda de inversión es $DI_0$: la misma curva que en la parte (a). Con expectativas optimistas sobre los beneficios futuros, la inversión planeada aumenta con cada tasa de interés real y la curva de demanda de inversión se desplaza hacia la derecha, a $DI_1$. Con expectativas pesimistas sobre los beneficios futuros, la inversión planeada disminuye con cada tasa de interés real y la curva de demanda de inversión se desplaza hacia la izquierda, a $DI_2$.

|   | Tasa de interés real (porcentaje anual) | Inversión (billones de dólares de 1987) | | |
|---|---|---|---|---|
|   |   | Optimistas | Promedio | Pesimistas |
| $a$ | 6 | 0.6 | 0.5 | 0.4 |
| $b$ | 4 | 0.7 | 0.6 | 0.5 |
| $c$ | 2 | 0.8 | 0.7 | 0.6 |

de inversión ($DI$) corresponde a la expectativa de beneficio promedio. Cada punto ($a$ hasta $c$) corresponde a una fila de la tabla. Un cambio en la tasa de interés real ocasiona un movimiento a lo largo de la curva de demanda de inversión. Entonces, si la tasa de interés real es del 4 por ciento anual, la inversión planeada es de 0.6 billones de dólares. Si la tasa de interés real se eleva al 6 por ciento anual, hay un movimiento hacia arriba de la curva de demanda de inversión (vea la flecha azul) y la inversión planeada disminuye a 0.5 billones de dólares.

Si la tasa de interés real baja al 2 por ciento anual, hay un movimiento hacia abajo de la curva de demanda de inversión y la inversión planeada aumenta a 0.7 billones de dólares.

Los efectos de las expectativas de beneficio se muestran en la parte (b). Un cambio en las expectativas de beneficio desplaza la curva de demanda de inversión. La curva de demanda $DI_0$ representa la expectativa de beneficio promedio. Cuando las expectativas de beneficio son optimistas, la curva de demanda de inversión se desplaza hacia la derecha, de $DI_0$ a $DI_1$. Cuando las expectativas de beneficio son pesimistas, la curva de demanda de inversión se desplaza hacia la izquierda, de $DI_0$ a $DI_2$.

La curva de demanda de inversión se desplaza también cuando hay un aumento en la cantidad de inversión para reponer el capital depreciado. Esta influencia conduce a un desplazamiento constante hacia la derecha de la curva $DI$.

## REPASO

L a inversión depende de la tasa de interés real, las expectativas de beneficio y la magnitud de la reposición del capital depreciado. Con todo lo demás constante, cuanto más baja la tasa real de interés, mayor es la cantidad de inversión. Cuando las expectativas de beneficio se vuelven optimistas, la curva de demanda de inversión se desplaza hacia la derecha; cuando las expectativas de beneficio se vuelven pesimistas, se desplaza hacia la izquierda. También influyen sobre las expec-

tativas de beneficio los impuestos, el medio ambiente y el ciclo económico. Cuando la economía se expande con rapidez, las expectativas de beneficio son optimistas y la demanda de inversión es elevada. Cuando la economía se expande lentamente (o se contrae), las expectativas de beneficio son pesimistas y la demanda de inversión es baja. La inversión para reponer el capital depreciado crece regularmente.  ◆

Acabamos de estudiar la *teoría* de la demanda de inversión. Veamos ahora cómo nos ayuda a entender las fluctuaciones de la inversión que tienen lugar en la economía de Estados Unidos.

### Demanda de inversión en Estados Unidos

Como vimos en la figura 25.2, la inversión es uno de los componentes más volátiles del gasto agregado. Algunos años, la inversión está casi el 20 por ciento por debajo de la tendencia; otros, más del 10 por ciento por encima de la tendencia. Veamos qué interpretación podemos ofrecer a estas fluctuaciones

FIGURA **25.7**

## Inversión bruta y neta en Estados Unidos

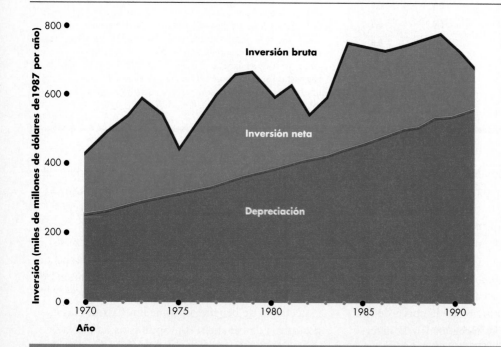

La inversión bruta se divide en dos partes: la reposición del capital depreciado (sombreado en verde) y la inversión neta (sombreado en azul). La inversión bruta y la depreciación aumentaron firmemente entre 1970 y 1992. La depreciación sigue una trayectoria muy modesta debido a que el acervo de capital aumenta de manera regular y ligeramente. La inversión neta fluctúa.

*Fuente: Economic Report of the President, 1993.*

de inversión apoyándonos en la teoría de la demanda de inversión que hemos estudiado.

Comenzaremos con la figura 25.7. Ésta muestra la inversión (en miles de millones de dólares de 1987) entre 1970 y 1992. También muestra la manera en que la inversión, es decir, la inversión bruta, se divide en inversión neta y en reposición de capital depreciado, a depreciación. Como usted puede ver, tanto la depreciación como la inversión bruta aumentan constantemente a lo largo del tiempo. La depreciación sigue una trayectoria muy uniforme. Esto refleja el hecho de que el acervo de capital crece regular y uniformemente. La inversión neta es el componente de la inversión que fluctúa. Podemos observar esa fluctuación en el área azul, entre la inversión bruta y la depreciación.

La teoría de la demanda de inversión predice que las fluctuaciones de la inversión son resultado de las fluctuaciones de la tasa de interés real y de las expectativas de beneficios futuros. ¿Cuál es la importancia relativa de ambos factores? La figura 25.8 esclarece este aspecto. Los puntos de la figura representan la inversión bruta y la tasa de interés real anual en Estados Unidos, de 1980 a 1992. La figura también muestra tres curvas de demanda de inversión de Estados Unidos, $DI_0$, $DI_1$ y $DI_2$.

A principios de la década de 1980, la curva de demanda de inversión era $DI_0$. Al aumentar los beneficios esperados en 1983 y 1984, la curva de demanda de inversión se desplazó hacia la derecha, primero a $DI_1$ y después a $DI_2$. A finales de la década de 1980, la curva de demanda de inversión se mantuvo cerca de $DI_2$, pero empezó a desplazarse hacia la izquierda. Entonces, en 1992, los beneficios esperados disminuyeron al entrar la economía en recesión, y la curva de demanda de inversión tuvo un fuerte desplazamiento hacia la izquierda para quedar en la posición que tenía ocho años antes, en $DI_1$. Las fluctuaciones en la inversión, resultado de los cambios de expectativas de beneficios que desplazan la curva de inversión, son mucho más pronunciadas que las que resultan de los cambios en las tasas de interés.

Independientemente de si las fluctuaciones en la inversión son ocasionadas por desplazamientos de la curva de demanda de inversión o por movimientos a lo largo de dicha curva, tienen efectos importantes en la economía. Aprenderemos acerca de esos efectos en el capítulo 26.

Pasemos ahora al tercer componente del gasto agregado, las compras gubernamentales de bienes y servicios

## Compras gubernamentales de bienes y servicios

Las compras gubernamentales de bienes y servicios abarcan una amplia gama de actividades del sector público; incluyen bienes y servicios para la defensa nacional, la representación internacional (embajadas y delegaciones en otros países) y programas internos como los de salud, educación y carreteras.

**FIGURA 25.8**

La curva de demanda de inversión de Estados Unidos

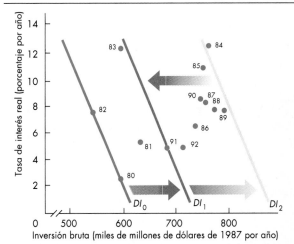

Los puntos azules representan los niveles de inversión bruta y de tasa de interés real de Estados Unidos para cada año entre 1980 y 1992. Cuando los beneficios esperados eran bajos a principios de la década de 1980, la curva de demanda de inversión era $DI_0$. Al aumentar los beneficios esperados, la curva de demanda de inversión se desplazó hacia la derecha. Para 1983 se había desplazado a $DI_1$ y para 1984 a $DI_2$. Cuando los beneficios esperados disminuyeron en 1991, la curva de demanda de inversión se desplazó nuevamente a $DI_1$. Las oscilaciones de las expectativas de beneficios son más importantes que los cambios de las tasas de interés en la creación de fluctuaciones de la inversión bruta.

*Fuente: Economic Report of the President, 1993, y mis propios cálculos y supuestos.*

Estos gastos los determinan las instituciones políticas y el proceso legislativo. En Estados Unidos, están influidos por los votos de los ciudadanos en las elecciones nacionales, estatales y locales, por las opiniones de los miembros del Congreso y de los legisladores estatales y locales electos, por las acciones de los cabilderos, por la situación política mundial, y la de la economía mundial y de Estados Unidos.

Aunque algunos componentes de las compras del gobierno varían según la situación económica, para la mayoría no es así. Más aún, las decisiones de gasto de parte del gobierno se toman de acuerdo con un calendario fijo y, por tanto, no responden de modo inmediato a la cambiante situación económica. Por tanto, supondremos que las compras gubernamentales no varían sistemáticamente con respecto al nivel del PIB. Influyen sobre el PIB, pero no son influidos directamente por éste.

El último componente del gasto agregado son las exportaciones netas. Veamos cómo se determinan.

## Exportaciones netas

Las *exportaciones netas* son el gasto de los extranjeros en bienes y servicios producidos en un país menos el gasto de los residentes en ese país en bienes y servicios producidos en el exterior. Es decir, las exportaciones netas son las exportaciones de un país menos las importaciones de ese país. Las *exportaciones* son la venta al resto del mundo de bienes y servicios producidos en un país. Las *importaciones* son la compra de bienes producidos en el resto del mundo por empresas y familias (hogares) en ese país.

### Exportaciones

Las exportaciones las determinan las decisiones tomadas en el resto del mundo y están influidas por cuatro factores principales:

◆ PIB real en el resto del mundo

◆ Grado de especialización internacional

◆ Precios de bienes y servicios producidos en un país en relación con los precios de bienes y servicios similares producidos en otros países

◆ Tipos de cambio

Con todo lo demás constante, cuanto más alto es el nivel del PIB real en el resto del mundo, mayor es la demanda de extranjeros por los bienes y servicios producidos en un país. Por ejemplo, un auge económico en Japón aumenta la demanda japonesa de bienes y servicios producidos en Estados Unidos, como aviones Boeing, naranjas de California, carne de Tejas y servicios de inversión de Nueva York, y así mismo aumentan las exportaciones de Estados Unidos. Una recesión en Japón reduce la demanda japonesa de bienes hechos en Estados Unidos, con lo que las exportaciones de Estados Unidos disminuyen.

Así mismo, con todo lo demás costante, cuanto mayor es el grado de especialización de la economía mundial, mayor es el volumen de exportaciones. La especialización internacional ha aumentado con el tiempo. Por ejemplo, la industria de fabricación de aviones está ahora muy concentrada en Estados Unidos. Si bien se produce un número pequeño de aviones intercontinentales en Francia, Gran Bretaña y Rusia, la mayoría de las principales aerolíneas del mundo compran sus aviones a Boeing o a McDonnell-Douglas. Así mismo, Estados Unidos domina mundialmente la manufactura y la venta de productos de la biotecnología. Pero muchos bienes y servicios, en especial los de la industria de electrónicos de consumo, que se fabricaban antes en Estados Unidos en grandes cantidades, se hacen casi exclusivamente en Japón, Hong Kong y otros países asiáticos de la Cuenca del Pacífico.

Junto a lo anterior, con todo lo demás constante, cuanto más bajos son los precios de los bienes y servicios producidos en un país en relación con los precios de bienes y servicios similares producidos en otro, mayor es la cantidad de exportaciones de ese país.

Por último, nuevamente con todo lo demás constante, cuanto más bajo es el valor de la moneda de un país en relación con otras monedas, mayor es la cantidad de exportaciones de ese país. Por ejemplo, cuando el valor del dólar de Estados Unidos bajó en relación con el marco alemán y el yen japonés en 1987, aumentó en forma pronunciada la demanda de esos dos países de bienes y servicios producidos en Estados Unidos.

## Importaciones

Las importaciones las determinan cuatro factores principales:

♦ El PIB real del país importador

♦ El grado de especialización internacional

♦ Los precios de los bienes y servicios producidos en el exterior en relación con los precios de bienes y servicios similares producidos en el país importador

♦ Los tipos de cambio

Con todo lo demás constante, cuanto más alto es el nivel del PIB real de un país, mayor es la cantidad de sus importaciones. Por ejemplo, el prolongado periodo de crecimiento sostenido del ingreso en Estados Unidos entre 1983 y 1987 produjo un enorme aumento de sus importaciones.

Así mismo, cuanto mayor es el grado de especialización internacional, mayor es el volumen de importaciones de un país, con todo lo demás constante. Por ejemplo, existe un alto grado de especialización internacional en la producción de grabadoras de vídeo. En consecuencia, todas las grabadoras de vídeo vendidas en Estados Unidos se producen ahora en otros países, principalmente en Japón y Corea.

Por último, nuevamente con todo lo demás constante, cuanto más elevados son los precios de los bienes y servicios producidos en un país en relación con los precios de los bienes y servicios similares producidos en otros, y cuanto más alto es el valor de la moneda de ese país en relación con otras monedas, mayores son las importaciones de ese país. Si bien el crecimiento del PIB real de Estados Unidos en 1985 y 1986 produjo un aumento de las importaciones, éste fue menos notable de lo que habría sido debido a la baja del valor del dólar estadounidense en relación con otras monedas. El dólar a la baja encareció los bienes y servicios extranjeros y así frenó, hasta cierto punto, el crecimiento de las importaciones de Estados Unidos.

## Función de exportación neta

La **función de exportación neta** es la relación entre las exportaciones netas y el PIB real de un país, manteniendo constantes todas las otras influencias sobre las exportaciones e importaciones de ese

país. La función de exportación neta puede también describirse en una tabla de exportaciones netas que enumere el nivel de exportaciones netas en cada nivel del PIB real, con todo lo demás constante. La tabla de la figura 25.9 proporciona el ejemplo de una tabla de exportaciones netas.

En esta tabla, las exportaciones tienen un nivel constante de 0.5 billones de dólares, y no dependen del PIB real de Estados Unidos. Las importaciones aumentan en 0.15 billones de dólares por cada 1.0 billón de dólares de aumento del PIB real de Estados Unidos. Las exportaciones netas, es decir, la diferencia entre exportaciones e importaciones, se muestran en la última columna de la tabla. Cuando el PIB real es de 1.0 billón de dólares, las exportaciones netas son de 0.35 billones de dólares. Las exportaciones netas disminuyen al subir el PIB. Con un PIB real ligeramente superior a 3 billones de dólares ($3.33 billones), las exportaciones netas son cero; y en niveles del PIB real todavía más altos, las exportaciones netas se vuelven crecientemente negativas (las importaciones son mayores que las exportaciones).

La figura 25.9(a) es una gráfica de las exportaciones e importaciones y la figura 25.9(b) es una gráfica de la función de exportación neta. Al comparar la parte (a) con la (b), usted puede ver que cuando las exportaciones exceden a las importaciones, las exportaciones netas son positivas (hay un superávit), y cuando las importaciones son mayores que las exportaciones, las exportaciones netas son negativas (hay un déficit). Cuando el PIB real es de 3.33 billones de dólares, hay un equilibrio de exportaciones e importaciones.

Los datos de la figura 25.9 corresponden a la economía de Estados Unidos en 1988. En ese año, el PIB real era de 4 billones de dólares, las exportaciones de 0.5 billones, las importaciones de 0.6 billones y las exportaciones netas de − 0.1 billones de dólares, como se resalta en la figura.

La posición de la función de exportación neta depende del PIB real del resto del mundo, del grado de especialización internacional y de los precios de los bienes y servicios producidos en un país comparados con los precios de bienes y servicios similares producidos en el resto del mundo. Si el PIB real en el resto del mundo aumenta, la función de exportación neta se desplaza hacia arriba. Si los bienes y servicios producidos en un país se abaratan en relación con los bienes y servicios producidos en el resto del mundo, la función de ex-

FIGURA 25.9

## Función de exportación neta y tabla de exportación neta

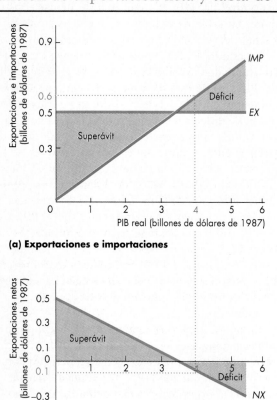

**(a) Exportaciones e importaciones**

**(b) Exportaciones netas**

| PIB real (Y) | Exportaciones (EX) | Importaciones (IMP) | Exportaciones netas (EX − IMP) |
|---|---|---|---|
| | (billones de dólares en 1987) | | |
| 0 | 0.5 | 0 | 0.5 |
| 1.0 | 0.5 | 0.15 | 0.35 |
| 2.0 | 0.5 | 0.30 | 0.20 |
| 3.0 | 0.5 | 0.45 | 0.05 |
| 4.0 | 0.5 | 0.60 | −0.10 |
| 5.0 | 0.5 | 0.75 | −0.25 |

La tabla de exportación neta muestra la relación entre las exportaciones netas y el PIB real. Las exportaciones netas son iguales a las exportaciones *(EX)* menos las importaciones *(IMP)*. Las exportaciones son independientes del PIB real, pero las importaciones aumentan al aumentar el PIB real. En la tabla, las importaciones son el 15 por ciento del PIB real. Las exportaciones netas descienden al subir el PIB.

La parte (a) es una gráfica de las tablas de exportación e importación. Ya que las exportaciones son independientes del PIB real, su gráfica es una línea horizontal. Ya que las importaciones aumentan al aumentar el PIB real, aparecen como una línea con pendiente positiva. La distancia entre la curva de exportación y la curva de importación representa las exportaciones netas. Las exportaciones netas se representan gráficamente en la parte (b). La función de exportación neta tiene pendiente negativa porque la curva de importación tiene pendiente positiva. El nivel de PIB real en el cual la función de exportación neta interseca el eje horizontal en la parte (b) es el mismo en el cual la curva de importaciones interseca la curva de exportaciones en la parte (a). Ese nivel de PIB real es de 3.33 billones de dólares. Debajo de ese nivel de PIB real hay un superávit y, por encima de él, un déficit. En 1988, cuando el PIB real era de 4 billones de dólares, las importaciones excedían a las exportaciones y las exportaciones netas eran de −0.1 billones de dólares.

portación neta también se desplaza hacia arriba. Un cambio en el grado de especialización internacional tiene un efecto ambiguo sobre la posición de la función de exportación neta. Si Estados Unidos, por ejemplo, se especializa más en bienes y servicios cuya demanda internacional aumenta, entonces la función de exportación neta se desplaza hacia arriba. Si la demanda de Estados Unidos de bienes y servicios en los cuales se especializa el resto del mundo aumenta, entonces su función de exportación neta se desplaza hacia abajo.

Ya hemos estudiado los principales factores que influyen sobre el gasto de consumo, inversión y exportaciones netas; ahora nuestra siguiente tarea es ver la interacción de esos componentes del gasto agregado, entre sí y con las compras gubernamentales de bienes y servicios, para determinar el gasto agregado. Nuestro punto de partida es establecer una relación entre el gasto agregado planeado y el PIB real.

## Gasto agregado y PIB real

E xiste una relación entre el gasto agregado planeado y el PIB real. El **gasto agregado planeado** es el gasto que los agentes económicos (familias, empresas, gobiernos y extranjeros) planean realizar en determinadas circunstancias. El gasto agregado planeado no es necesariamente igual al gasto agregado efectivo.

Veremos en este capítulo cómo estos dos conceptos de gasto, planeado y efectivo, difieren entre sí.

La relación entre el gasto agregado planeado y el PIB real puede describirse en una tabla de demanda agregada o en una curva de demanda agregada. La **tabla del gasto agregado** enumera el nivel del gasto agregado planeado en cada nivel del PIB real. La **curva del gasto agregado** es una gráfica de la tabla del gasto agregado.

## Tabla del gasto agregado

La tabla del gasto agregado se presenta en la figura 25.10. (Los datos de esta figura son ejemplos hipotéticos y no tienen relación con el mundo real.) La tabla muestra el gasto agregado planeado, así como sus componentes. Para identificar el nivel del gasto agregado planeado en un nivel determinado de PIB real, sumamos los diversos componentes. La primera columna de la tabla muestra el PIB real y la segunda el gasto de consumo generado en cada nivel del PIB real. Cuando el PIB real es de 1 billón de dólares, el gasto de consumo tiene el mismo nivel. Un incremento de 1 billón de dólares del PIB real produce un aumento de 0.65 billones de dólares del gasto de consumo.

Las dos columnas siguientes muestran la inversión y las compras gubernamentales de bienes y servicios. Recordemos que la inversión depende de la tasa de interés real y de las expectativas de beneficio. Supongamos que estos factores son constantes y que, en un momento dado, producen un nivel de inversión de 0.5 billones de dólares. Este nivel de inversión es independiente del PIB real. Las compras gubernamentales de bienes y servicios también están fijas. Su valor es de 0.7 billones de dólares.

Las tres columnas siguientes muestran las exportaciones, las importaciones y las exportaciones netas. Las exportaciones se ven afectadas por los acontecimientos en el resto del mundo, por los precios del país comparados con los precios de otros países y por el tipo de cambio de la moneda del país (dólar). No las afecta directamente el nivel del PIB real. En la tabla, las exportaciones aparecen con un valor constante de 0.45 billones de dólares. En cambio, las importaciones aumentan con el incremento del PIB real. En la tabla, un incremento de 1 billón de dólares del PIB real produce un aumento de las importaciones de 0.15 billones de dó-

lares. Las exportaciones netas, es decir, la diferencia entre las exportaciones y las importaciones, también varían con el cambio del PIB real. Las exportaciones netas disminuyen en 0.15 billones de dólares por cada aumento de 1 billón de dólares del PIB real.

La última columna de la tabla muestra el gasto agregado planeado. Esta cantidad es la suma del gasto planeado de consumo, inversión, compras gubernamentales de bienes y servicios y exportaciones netas.

## Curva del gasto agregado

Esta curva del gasto agregado aparece en el diagrama de la figura 25.10. El PIB real aparece en el eje horizontal y el gasto agregado planeado en el eje vertical. La curva del gasto agregado es la línea roja GA. Los puntos a hasta f en esa curva corresponden a las filas de la tabla de la figura 25.10. La curva GA es una gráfica de la última columna, "Gasto agregado planeado", y del PIB real.

La figura muestra también los componentes del gasto agregado. Los componentes constantes, es decir, inversión, compras gubernamentales de bienes y servicios y exportaciones, están representados por las líneas horizontales de la figura. El consumo es la brecha vertical entre la línea indicada como $I + G + EX + C$ y la curva indicada como $I + G + EX$.

Para calcular la curva GA, restamos las importaciones de la línea $I + G + EX + C$. Se restan las importaciones porque no constituyen un gasto del PIB real del país (Estados Unidos, en este caso). La compra de un automóvil nuevo forma parte del gasto de consumo, pero si ese automóvil es un Toyota fabricado en Japón, ese gasto tiene que restarse del gasto de consumo para saber cuánto se gasta en bienes y servicios producidos en Estados Unidos; es decir, en el PIB real de Estados Unidos. El dinero pagado a Toyota por las importaciones de autos japoneses no forma parte del gasto agregado en Estados Unidos.

Ya hemos visto cómo se calcula la tabla del gasto agregado y la curva del gasto agregado, y también que el gasto agregado planeado aumenta con el incremento del PIB real. Esta relación se resume en la curva del gasto agregado. Pero ¿qué determina el punto de la curva del gasto agregado en el cual funciona la economía? Contestaremos ahora esta pregunta.

CAPÍTULO 25DECISIONES DE GASTO Y PIB

# Curva del gasto agregado y tabla del gasto agregado

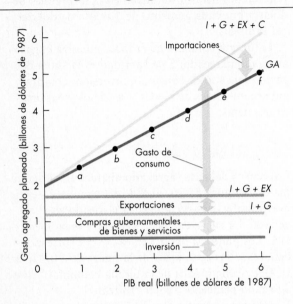

La relación entre el gasto agregado planeado y el PIB real puede describirla la tabla del gasto agregado (como se muestra en la tabla) o una curva del gasto agregado (como se muestra en el diagrama). El gasto agregado planeado se calcula como la suma del gasto planeado de consumo, la inversión, las compras gubernamentales de bienes y servicios y las exportaciones netas. Por ejemplo, en la fila *a* de la tabla, si el PIB real es de 1.0 billón de dólares, el consumo agregado planeado es de 1.0 billón de dólares, la inversión planeada de 0.5 billón de dólares, las compras gubernamentales de bienes y servicios de 0.7 billón de dólares y las exportaciones netas planeadas de 0.3 billón de dólares. Así, cuando el PIB real es de 1.0 billón de dólares, el gasto agregado planeado es de 2.5 billones de dólares ($1.0 + $0.5 + $0.7 + $0.3). Los planes de consumo se representan gráficamente en la figura como la curva del gasto agregado *GA*.

| | PIB real (Y) | Gasto de consumo (C) | Inversión (I) | Compras gubernamentales (G) | Exportaciones (EX) | Importaciones (IMP) | Exportaciones netas (NX = EX − IMP) | Gasto agregado planeado (GA = C + I + G + NX) |
|---|---|---|---|---|---|---|---|---|
| | | | | | Gasto agregado planeado | | | |
| | | | | (billones de dólares de 1987) | | | | |
| *a* | 1.0 | 1.00 | 0.5 | 0.7 | 0.45 | 0.15 | 0.30 | 2.5 |
| *b* | 2.0 | 1.65 | 0.5 | 0.7 | 0.45 | 0.30 | 0.15 | 3.0 |
| *c* | 3.0 | 2.30 | 0.5 | 0.7 | 0.45 | 0.45 | 0 | 3.5 |
| *d* | 4.0 | 2.95 | 0.5 | 0.7 | 0.45 | 0.60 | −0.15 | 4.0 |
| *e* | 5.0 | 3.60 | 0.5 | 0.7 | 0.45 | 0.75 | −0.30 | 4.5 |
| *f* | 6.0 | 4.25 | 0.5 | 0.7 | 0.45 | 0.90 | −0.45 | 5.0 |

## Gasto de equilibrio

E l **gasto de equilibrio** tiene lugar cuando el gasto agregado planeado es igual al PIB real. En niveles del PIB real por debajo del equilibrio, el gasto planeado es mayor que el PIB real; en niveles del PIB real por encima del equilibrio, el gasto planeado es menor que el PIB real.

Para ver cómo se determina el gasto de equilibrio, necesitamos distinguir entre el gasto efectivo y el gasto planeado, y entender la relación entre gasto efectivo, gasto planeado y PIB real.

### Gasto efectivo, gasto planeado y PIB real

El gasto agregado *efectivo* es siempre igual al PIB real. (Esto ya lo estudiamos en el capítulo 23, páginas 663 y 665.) Pero el gasto *planeado* no es necesariamente igual al gasto efectivo y, por tanto, no es necesariamente igual al PIB real efectivo. ¿Cómo es posible que sean diferentes el gasto efectivo y el gasto planeado? ¿Por qué la gente no lleva sus planes a la práctica? La razón principal es que las empresas pueden terminar con inventarios excesivos no planeados o con una escasez de inventarios no planeada. La gente lleva a cabo sus planes de consumo, el gobierno realiza sus compras planeadas de bienes y servicios y las exportaciones netas son las planeadas. Las empresas llevan a cabo sus planes de inversión en construcciones, planta y equipo. Sin embargo, un componente de la inversión es la variación de los inventarios de las empresas de bienes que aún no se han vendido. Los inventarios cambian cuando el gasto agregado planeado es diferente del PIB real. Si el PIB real excede al gasto planeado, los inventarios aumentan, y si el PIB real es menor que los gastos planeados, los inventarios disminuyen.

Cuando el gasto agregado planeado es igual al gasto agregado efectivo, e igual al PIB real, la economía está en un gasto de equilibrio. Cuando el gasto agregado planeado y el gasto agregado efectivo son diferentes, se da un proceso de convergencia en el gasto de equilibrio. Veamos el gasto de equilibrio y el proceso que lo produce.

## Cuando el gasto planeado es igual al PIB real

La tabla de la figura 25.11 muestra diferentes niveles de PIB real. Para cada nivel de PIB real, la segunda columna muestra el gasto agregado planeado. Sólo cuando el PIB real es igual a 4 billones de dólares, el gasto agregado planeado es igual al PIB real. Este nivel de gasto es el gasto de equilibrio.

El equilibrio se ilustra en la figura 25.11(a). La curva del gasto agregado es *GA*. Ya que el gasto agregado planeado en el eje vertical y el PIB real en el eje horizontal se miden en las mismas unidades y en la misma escala, una recta de 45° trazada en la figura 25.11(a) muestra todos los puntos donde el gasto agregado planeado es igual al PIB real. El gasto de equilibrio se determina en el punto *d*, donde la curva del gasto agregado interseca la recta de 45°.

**Convergencia al equilibrio**   Tendremos una mejor idea de por qué el punto *d* es de equilibrio si consideramos lo que sucede cuando la economía no está en dicho punto. Supongamos que el PIB real es de 2 billones de dólares. Usted puede ver en la figura 25.11(a) que, en esa situación, el gasto agregado planeado es de 3 billones de dólares (punto *b*). Entonces, el gasto agregado planeado es mayor que el PIB real. Si el gasto agregado es efectivamente de 3 billones de dólares, como estaba planeado, entonces el PIB real debe ser también de 3 billones de dólares, ya que cada dólar gastado por una persona es un dólar de ingreso de otra persona. Pero el PIB real es de 2 billones de dólares. ¿Cómo es posible que el PIB real sea de 2 billones de dólares si la gente *planea* gastar 3 billones de dólares? La respuesta es que el gasto *efectivo* es menor que el gasto *planeado*. Si el PIB real es de 2 billones de dólares, el valor de la producción es igual a esa cantidad. La única forma en que la gente puede comprar bienes y servicios con valor de 3 billones de dólares cuando el valor de la producción es de 2 billones de dólares, es cuando los inventarios de las empresas descienden 1 billón de dólares (punto *b* en la Fig. 25.11b). Ya que las variaciones de inventarios forman parte de la inversión, la inversión efectiva es menor que la inversión planeada.

Pero las cosas no terminan ahí. Las empresas tienen objetivos de niveles de inventarios y cuando los inventarios son menores que esos objetivos, las empresas aumentan la producción para restablecer los niveles propuestos de inventarios. Para restablecer sus inventarios, las empresas contratan trabajo adicional e incrementan la producción. Supongamos que en el periodo siguiente aumentan su producción lo suficiente como para reponer sus inventarios. El PIB real aumenta en 1.0 billón de dólares, para llegar así a 3.0 billones de dólares. Pero, de nuevo el gasto agregado planeado es mayor que el PIB real. Cuando el PIB real es de 3.0 billones de dólares, el gasto agregado planeado es de 3.5 billones de dólares (punto *c* de la Fig. 25.11a). Nuevamente los inventarios bajan, pero esta vez menos que antes. Con un PIB real de 3 billones de dólares y un gasto planeado de 3.5 billones de dólares, los inventarios sólo descienden en 0.5 billón de dólares (punto *c* de la Fig. 25.11b). Una vez más, las empresas contratan trabajo adicional e incrementan la producción; el PIB real aumenta todavía más.

El proceso que acabamos de describir (es decir, cuando el gasto planeado excede al ingreso, los inventarios bajan y la producción aumenta para reponer la reducción no planeada de inventarios) termina cuando el PIB real ha alcanzado los 4 billones de dólares. En este nivel de PIB real hay un

FIGURA 25.11

Gasto de equilibrio y PIB real

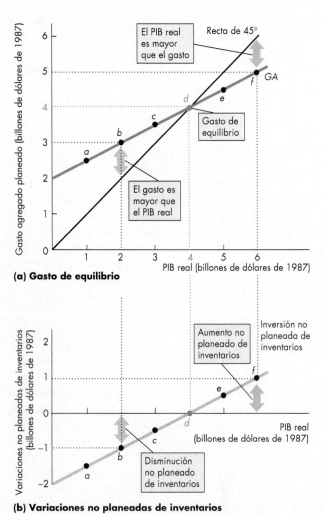

**(a) Gasto de equilibrio**

**(b) Variaciones no planeadas de inventarios**

| | PIB real *(Y)* | Gasto agregado planeado *(GA)* | Variaciones no planeadas de inventarios *(Y–GA)* |
|---|---|---|---|
| | | (billones de dólares de 1987) | |
| **a** | 1.0 | 2.5 | −1.5 |
| **b** | 2.0 | 3.0 | −1.0 |
| **c** | 3.0 | 3.5 | −0.5 |
| **d** | 4.0 | 4.0 | 0 |
| **e** | 5.0 | 4.5 | 0.5 |
| **f** | 6.0 | 5.0 | 1.0 |

La tabla muestra el gasto agregado. Cuando el PIB real es de 4 billones de dólares, el gasto agregado planeado es igual al PIB real. En niveles de PIB real inferiores a 4 billones de dólares, el gasto agregado planeado excede el PIB real. En niveles del PIB real superiores a 4 billones de dólares, el gasto agregado planeado es menor que el PIB real.

El diagrama ilustra el gasto de equilibrio en la parte (a). La recta de 45° muestra los puntos donde el gasto agregado planeado es igual al PIB real. La curva del gasto agregado es *GA* . El gasto agregado efectivo es igual al PIB real. El gasto de equilibrio y el PIB real son de 4 billones de dólares. Ese nivel de PIB real genera un gasto agregado que es igual al PIB real, 4 billones de dólares.

Las fuerzas que producen el equilibrio se ilustran en las partes (a) y (b). En niveles de PIB real inferiores a 4 billones de dólares, el gasto agregado planeado excede al PIB real y los inventarios disminuyen; por ejemplo, el punto *b* en ambas partes de la figura. En esos casos, las empresas aumentan la producción para restablecer sus inventarios y el PIB real aumenta. En niveles del PIB real superiores a 4 billones de dólares, el gasto agregado planeado es menor que el PIB real y los inventarios aumentan; por ejemplo, el punto *f* en ambas partes de la figura. En tal situación, las empresas reducen la producción para eliminar los inventarios excedentes y el PIB real baja. Sólo donde la curva del gasto agregado planeado corta la recta de 45° el gasto planeado es igual al PIB real. Esta posición es de equilibrio. No hay variaciones no planeadas de inventarios y el producto permanece constante.

equilibrio. No hay variaciones no planeadas de inventarios, y las empresas no cambian su producción. A continuación haremos un experimento similar, pero a partir de un nivel del PIB real mayor que el de equilibrio. Supongamos que el PIB real es de 6.0 billones de dólares. En ese nivel, el gasto agregado planeado es de 5.0 billones de dólares (punto *f* de la Fig. 25.11a), 1.0 billón menos que el PIB real. Con un gasto agregado planeado menor

que el PIB real, los inventarios aumentan en 1.0 billón de dólares (punto *f* de la Fig. 25.11b), hay una inversión no planeada. Al tener inventarios no planeados, las empresas reducen su producción y el PIB real baja. Si disminuyen la producción en la cantidad del aumento no planeado de inventarios, el PIB real desciende en 1.0 billón de dólares, es decir, a 5.0 billones de dólares. En ese nivel de PIB real, el gasto agregado planeado es de 4.5 billones de dólares (punto *e* de la Fig. 25.11b). De nuevo las empresas reducen la producción y despiden todavía a más trabajadores, reduciendo aún más el PIB real. Éste continúa descendiendo siempre que los inventarios no planeados aumenten. Igual que antes, el PIB real continúa cambiando hasta que alcanza el nivel de equilibrio de 4.0 billones de dólares.

Usted puede observar que si el PIB real está debajo del equilibrio, el gasto agregado planeado excede al PIB real, los inventarios bajan, las empresas aumentan su producción para reponer sus inventarios y el PIB real aumenta. Si éste está por encima del equilibrio, el gasto agregado planeado es menor que el PIB real, los inventarios no vendidos impulsan a las empresas a reducir la producción y el PIB real baja.

Sólo cuando el PIB real es igual al gasto agregado planeado no hay cambios no planeados de inventarios ni tampoco cambios en los planes de producción de las empresas. En esta situación, el PIB real permanece constante.

## R E P A S O

**E**l gasto de equilibrio tiene lugar cuando el gasto agregado planeado es igual al PIB real. Si el gasto agregado planeado es mayor que éste, los inventarios disminuyen y las empresas aumentan la producción para reponer los niveles de inventarios. El PIB real aumenta y también el gasto planeado. Si el gasto agregado planeado está debajo del PIB real, hay acumulación de inventarios y las empresas reducen la producción para bajar los niveles de inventario. El PIB real y el gasto agregado planeado disminuyen. Sólo cuando el gasto agregado planeado es igual al PIB real no se dan cambios no planeados en los inventarios ni cambios en la producción. El PIB real permanece constante.  ◆

◆ ◆ ◆ ◆  En este capítulo hemos estudiado los factores que influyen sobre las decisiones de gasto privado, mediante la observación de cada renglón del gasto agregado (gasto de consumo, inversión y exportaciones netas), aislado de los demás. También hemos visto en qué forma estos componentes privados se influyen mutuamente y con las compras gubernamentales de bienes y servicios para determinar el gasto agregado de equilibrio. En el capítulo siguiente estudiaremos las causas de *cambios* del equilibrio. En especial, veremos cómo los cambios de la inversión, las exportaciones y las acciones de política fiscal del gobierno pueden cambiar el gasto agregado de equilibrio.

## R E S U M E N

### Los componentes del gasto agregado

Los componentes del gasto agregado son:

◆ Gasto de consumo

◆ Inversión

◆ Compras gubernamentales de bienes y servicios

◆ Exportaciones netas

El principal componente del gasto agregado es el gasto de consumo. En promedio, el 65 por ciento del gasto total es de consumo. La inversión representa el 16 por ciento y las compras gubernamentales de bienes y servicios representan el 21 por ciento del total. Las exportaciones netas son en promedio cercanas a cero.

Los componentes del gasto agregado más variables son la inversión y las exportaciones netas. (págs. 727-729)

### Gasto de consumo y ahorro

El gasto de consumo está influido por muchos factores, pero los más importantes son:

◆ El ingreso disponible

◆ El ingreso futuro esperado

Con el aumento del ingreso disponible también aumentan el gasto de consumo y el ahorro. La relación entre el gasto de consumo y el ingreso disponible se llama *función consumo*. La relación entre ahorro e ingreso disponible se llama *función ahorro*. En niveles bajos de ingreso disponible, el gasto de consumo es mayor que el ingreso disponible, lo que significa que el ahorro es negativo (se presenta el desahorro). Al aumentar el ingreso disponible, el gasto de consumo se incrementa aunque menos que el ingreso disponible.

La fracción que se consume de cada dólar adicional de ingreso disponible se llama propensión marginal a consumir. La fracción que se ahorra de cada dólar adicional de ingreso disponible se llama propensión marginal a ahorrar. Todos los factores que influyen sobre el consumo y el ahorro, diferentes del ingreso disponible, desplazan las funciones de consumo y ahorro.

El gasto de consumo es una función del PIB real porque el ingreso disponible y el PIB real varían conjuntamente (págs. 729-739).

## Inversión

La cantidad de inversión depende de:

◆ Tasas de interés reales

◆ Expectativas de beneficio

◆ Capital existente

Cuanto menor es la tasa de interés real, mayor es la cantidad de inversión. Cuanto más alto es el beneficio esperado, mayor es la cantidad de inversión. Y cuanto más grande la cantidad de capital existente, mayor es la cantidad de inversión de reposición y menor la cantidad de inversión neta.

El principal factor que influye sobre la demanda de inversión son las fluctuaciones de las expectativas de beneficio. Las oscilaciones en el grado de optimismo y pesimismo acerca de los beneficios futuros llevan a desplazamientos de la curva de demanda de inversión. Las oscilaciones en las expectativas de beneficio están asociadas a las fluctuaciones del ciclo económico. Cuando la economía está en la fase de expansión, las expectativas de beneficio son optimistas, y la inversión elevada. Cuando la economía está en una fase de contracción, las expectativas

de beneficio son pesimistas, y la inversión baja (págs. 739-745).

## Compras gubernamentales de bienes y servicios

Las compras gubernamentales las determinan los procesos políticos, y su cantidad se determina, en gran medida, independientemente del nivel corriente del PIB real (pág. 745-746).

## Exportaciones netas

Las exportaciones netas son la diferencia entre las exportaciones y las importaciones. Las exportaciones las determinan las decisiones tomadas en el resto del mundo y están influidas por el PIB real en el resto del mundo, el grado de especialización internacional, los precios de los bienes y servicios producidos en un país en relación con los precios de bienes y servicios similares producidos en otros países, y por el tipo de cambio. Las importaciones las determinan el PIB real del país importador, el grado de especialización internacional, los precios de los bienes y servicios producidos en el exterior en relación con los precios de los bienes y servicios producidos en el país importador, y por el tipo de cambio.

La función de exportación neta muestra la relación entre las exportaciones y el PIB real del país en cuestión, con todos los otros factores de influencia sobre las exportaciones e importaciones constantes (págs. 746-748).

## Gasto agregado y PIB real

El gasto agregado planeado es la suma del gasto planeado de consumo, la inversión planeada, las compras gubernamentales planeadas de bienes y servicios y las exportaciones netas planeadas. La relación entre el gasto agregado planeado y el PIB real puede representarse por la tabla del gasto agregado y la curva del gasto agregado (págs. 748-750).

## Gasto de equilibrio

El gasto de equilibrio tiene lugar cuando el gasto agregado planeado es igual al PIB real. En niveles del PIB real por encima del equilibrio, el gasto agregado planeado es inferior al PIB real y, en esa situación, el PIB real baja. En niveles del PIB real inferiores al equilibrio, el gasto agregado planeado excede al PIB real y éste aumenta. El PIB real, es constante y está en equilibrio sólo cuando es igual al gasto agregado planeado. El principal factor de influencia que produce la igualdad del PIB real y del gasto agregado planeado es el comportamiento de los inventarios. Cuando el gasto agregado planeado excede al PIB real, los inventarios bajan. Para reponer sus inventarios, las empresas aumen-

tan la producción y esta acción aumenta el PIB real. Cuando el gasto planeado se halla por debajo del PIB real, hay acumulación de inventarios y las empresas reducen su producción. Esta acción reduce el nivel del PIB real. Sólo cuando no hay variaciones no planeadas de inventarios las empresas mantienen constante su producción y, por tanto, el PIB real permanece constante (págs. 750-753).

# ELEMENTOS CLAVE

## Términos clave

## Figuras y tablas clave

# PREGUNTAS DE REPASO

**1** ¿Cuáles son los componentes del gasto agregado?

**2** ¿Cuál es el componente más grande del gasto agregado?

**3** ¿Qué componente del gasto agregado fluctúa más?

**4** ¿Qué es la función consumo?

**5** ¿Cuál es el determinante fundamental del consumo?

**6** Distinga entre el ingreso disponible y el PIB.

**7** ¿Qué es la función ahorro? ¿Qué relación hay entre la función ahorro y la función consumo?

**8** ¿Qué significa el término *propensión marginal a consumir*? ¿Por qué es menor que 1 la propensión marginal a consumir?

**9** Explique la relación entre la propensión marginal a consumir y la propensión marginal a ahorrar.

**10** ¿Qué determina la inversión? ¿Por qué la inversión aumenta cuando baja la tasa de interés real?

**11** ¿Qué efecto tiene sobre las exportaciones netas de Estados Unidos cada uno de los siguientes sucesos? :

a   Un aumento del PIB real de Estados Unidos

b   Un aumento del PIB real de Japón

c   Un aumento de los precios de los automóviles

fabricados en Japón sin que haya un cambio de los precios de los automóviles fabricados en Estados Unidos

**12** ¿Qué es la tabla del gasto agregado? ¿Qué es la curva del gasto agregado?

**13** ¿Cómo se determina el gasto de equilibrio? ¿Qué pasaría si el gasto agregado planeado es mayor que el PIB real?

---

## PROBLEMAS

**1** Se le proporciona la siguiente información sobre la familia Batman (Batman y Robin):

| Ingreso disponible (dólares al año) | Gasto de consumo (dólares al año) |
|---|---|
| 0 | 5,000 |
| 10,000 | 10,000 |
| 20,000 | 15,000 |
| 30,000 | 20,000 |
| 40,000 | 25,000 |

a   Calcule la propensión marginal a consumir de la familia Batman.

b   Calcule la propensión media a consumir a cada nivel de ingreso disponible.

c   Calcule cuánto ahorra la familia Batman a cada nivel de ingreso disponible.

d   Calcule la propensión marginal a ahorrar.

e   Calcule la propensión media a ahorrar a cada nivel de ingreso disponible.

f   Dibuje un diagrama de la función consumo. Calcule su pendiente.

g   ¿En qué intervalo es negativo el ahorro de la familia Batman?

**2** Se puede construir una planta de montaje de automóviles por 10 millones de dólares y tendrá una vida útil de tres años. Al final de los tres años, la planta tendrá un valor de desecho de 1 millón de dólares. La empresa tendrá que contratar trabajo a un costo de 1.5 millones de dólares anuales y tendrá que comprar piezas y combustible que cuestan

otros 1.5 millones de dólares. Si la empresa construye la planta, podrá producir automóviles que se venderán en 7.5 millones de dólares anualmente. ¿Le convendrá a la empresa invertir en esta nueva línea de producción a las siguientes tasas de interés?

a   el 2 por ciento anual

b   el 5 por ciento anual

c   el 10 por ciento anual

**3** Se le proporciona la siguiente información acerca de la economía de Tierra de Ensueño: la propensión marginal es de 0.75 y los impuestos netos de pagos de transferencias son una cuarta parte del PIB real. ¿Cuál es la propensión marginal a consumir el PIB real en esta economía?

**4** Se le proporciona la siguiente información acerca de Isla Feliz, una economía aislada sin comercio internacional: cuando el ingreso disponible es cero, el consumo es de 80 mil millones de dólares. La propensión marginal a consumir es de 0.75. La inversión es de 400 mil millones de dólares; las compras gubernamentales de bienes y servicios son de 600 mil millones de dólares; los impuestos son constantes en 500 mil millones de dólares y no varían al variar el ingreso. En el gasto de equilibrio, calcule:

a   El PIB real

b   El consumo

c   El ahorro

d   Las propensiones media y marginal a consumir

e   Las propensiones media y marginal a ahorrar

# CAPÍTULO 26

## FLUCTUACIONES DEL GASTO Y POLÍTICA FISCAL

**Después de estudiar este capítulo, usted será capaz de:**

- ◆ Explicar por qué los cambios de la inversión y de las exportaciones cambian el gasto de consumo y tienen efectos multiplicadores sobre el gasto agregado

- ◆ Definir y calcular el multiplicador

- ◆ Explicar por qué los cambios en las compras gubernamentales de bienes y servicios tienen efectos multiplicadores sobre el gasto agregado

- ◆ Explicar por qué los cambios de los impuestos y de los pagos de transferencia tienen efectos multiplicadores sobre el gasto agregado

- ◆ Explicar cómo puede usar el gobierno la política fiscal para tratar de estabilizar el gasto agregado

- ◆ Explicar la relación entre el gasto agregado y la demanda agregada

**B**ONNIE RAITT EMITE SUAVEMENTE EN UN MICRÓFONO UN susurro apenas perceptible. La señal electrónica captada por un instrumento sensible viaja por los cables hacia un conjunto de amplificadores y después, a través de altavoces de alta fidelidad, hasta los oídos de diez mil aficionados distribuidos en el Anfiteatro Red Rocks de Denver, Colorado. Al pasar a un pasaje más ruidoso, Raitt aumenta el volumen de su voz y entonces, mediante la magia de la amplificación electrónica, su voz resuena en el estadio, ahogando cualquier otro sonido. ◆ ◆ Coleman Young, el alcalde de Detroit, es conducido a una junta oficial por uno de los caminos de la ciudad que se hallan en peor estado. (Ciertos caminos de Detroit están llenos de baches.) Va dictando a una secretaria, quien apunta las palabras en impecable taquigrafía. Las ruedas del automóvil chocan y vibran sobre uno de los peores caminos del país, pero los pasajeros no sufren ninguna molestia y la taquígrafa escribe sin la menor

## Amplificador económico o amortiguador de golpes

alteración gracias a los eficientes amortiguadores del automóvil. ◆ ◆ Las inversiones y las exportaciones fluctúan, tal como lo hacen el volumen de la voz de Bonnie Raitt y la despareja superficie del camino de Detroit. ¿Cómo reacciona la economía ante estas fluctuaciones? ¿Como la limusina de Coleman Young, absorbiendo los golpes y proporcionado un viaje suave para los pasajeros de la economía? ¿O acaso se comporta como el amplificador de Bonnie Raitt, que hace aumentar y distribuir las fluctuaciones para afectar a muchos millones de participantes en el concierto de rock de la economía? ◆ ◆ ¿Está construida la máquina económica con un diseño con el que tenemos que resignarnos a vivir, o podemos modificarlo, cambiando sus poderes de amplificación y amortiguamiento? Y ¿puede el gobierno hacer funcionar esta máquina económica de manera que nos proporcione a todos un viaje suave?

◆ ◆ ◆     Exploraremos ahora estas preguntas. Descubriremos que la economía contiene una importante unidad de amplificación que magnifica los efectos de las fluctuaciones de la inversión y las exportaciones, lo que da como resultado un cambio más grande del gasto agregado que el de la inversión o las exportaciones que lo iniciaron. También descubriremos que los impuestos funcionan como una especie de amortiguadores de golpes. No proporcionan el viaje suave de un Lincoln Continental, pero hacen un mejor trabajo que los muelles de una diligencia. Más aún, descubriremos que el gobierno puede, hasta cierto punto, atenuar las fluctuaciones del gasto agregado al hacer variar los impuestos y sus compras de bienes y servicios.

## Multiplicadores del gasto

V imos en el capítulo 25 que el gasto de equilibrio se determina en el punto de intersección de la curva del gasto agregado y la recta de 45°. Descubriremos ahora cómo *cambia* ese equilibrio cuando hay un *cambio* en la inversión, las exportaciones o las compras gubernamentales de bienes y servicios. Para estudiar los efectos de esos cambios es útil clasificar los componentes del gasto agregado en dos grupos:

◆ Gasto autónomo

◆ Gasto inducido

### Gasto autónomo

La suma de los componentes del gasto agregado planeado que no están influidos por el PIB real se llama **gasto autónomo**. Dichos componentes son la inversión, las compras gubernamentales de bienes y servicios, las exportaciones y la parte de los gastos de consumo que no varían con el PIB real. La tabla de la figura 26.1 proporciona un ejemplo. En esta tabla, la inversión es de 0.5 billones de dólares, las compras del gobierno son de 0.7 billones y las exportaciones son de 0.45 billones. La suma de estos

renglones $(I + G + EX)$ es de 1.65 billones de dólares. La parte autónoma del gasto de consumo $(C_A)$ es de 0.35 billones de dólares. La suma de todos estos componentes es el gasto autónomo $(G_{aut})$ y es de 2 billones de dólares, independientemente del nivel del PIB real.

El gasto autónomo se ilustra en ambas partes de la figura 26.1 como el punto donde la curva $GA$ toca el eje vertical: el nivel de gasto agregado planeado donde el PIB real es de cero. En la parte (b) el gasto autónomo está destacado por la flecha azul.

### Gasto inducido

La parte del gasto agregado planeado en bienes y servicios producidos en Estados Unidos, por ejemplo, que varía al variar el PIB real, se llama **gasto inducido**. Éste es igual a la parte del gasto de consumo que varía con el PIB real, menos las importaciones. En la tabla de la figura 26.1, el gasto inducido $(N)$ es igual al gasto de consumo inducido $(C_N)$, menos las importaciones $(IMP)$. Un aumento del PIB real de 1 billón de dólares incrementa el gasto de consumo en 0.65 billones de dólares. Ésta es la parte inducida del gasto de consumo. Pero un aumento del PIB real de 1 billón de dólares aumenta las importaciones en 0.15 billones de dólares. Usted puede ver que con el aumento del PIB real, aumentan tanto el gasto de consumo como las importaciones, si bien el primero aumenta más que las segundas, de modo que el gasto inducido también aumenta. Así, un aumento de 1 billón de dólares del PIB real eleva el gasto agregado planeado en bienes y servicios producidos en Estados Unidos en 0.5 billones de dólares: 0.65 billones de gasto de consumo adicional menos 0.15 billones de importaciones adicionales. Por ejemplo, si el PIB real aumenta de 4 billones a 5 billones de dólares, esto es, un aumento de 1 billón de dólares, el gasto inducido aumenta de 2 billones a 2.5 billones de dólares, es decir, un aumento de 0.5 billones de dólares.

El gasto inducido se ilustra en ambas partes de la figura 26.1. En la parte (a) podemos ver que, al aumentar el PIB real, el gasto de consumo inducido, señalado con la flecha roja, aumenta, lo mismo que las importaciones, indicadas con la flecha morada, si bien el gasto agregado planeado también aumenta. En la parte (b), la flecha naranja destaca el gasto inducido.

**FIGURA 26.1**

## Gasto agregado

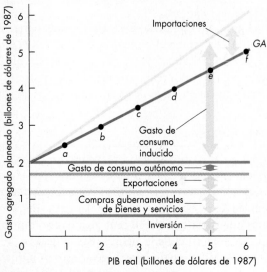

**(a) Componentes del gasto agregado**

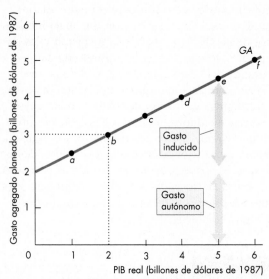

**(b) Gasto autónomo y gasto inducido**

Gasto planeado

| | PIB real (Y) | Inversión + compras gubernamentales de bienes y servicios + expotaciones ($I+G+EX$) | Gasto de consumo autónomo ($C_A$) | Gasto autónomo ($G_{aut}=I+G+EX+C_A$) | Gasto de consumo inducido ($C_N$) | Importaciones (IMP) | Gasto inducido ($N=C_n-IMP$) | Gasto agregado planeado ($E=A+N$) |
|---|---|---|---|---|---|---|---|---|
| | | | (billones de dólares de 1987) | | | | | |
| a | 1.0 | 1.65 | 0.35 | 2.0 | 0.65 | 0.15 | 0.5 | 2.5 |
| b | 2.0 | 1.65 | 0.35 | 2.0 | 1.30 | 0.30 | 1.0 | 3.0 |
| c | 3.0 | 1.65 | 0.35 | 2.0 | 1.95 | 0.45 | 1.5 | 3.5 |
| d | 4.0 | 1.65 | 0.35 | 2.0 | 2.60 | 0.60 | 2.0 | 4.0 |
| e | 5.0 | 1.65 | 0.35 | 2.0 | 3.25 | 0.75 | 2.5 | 4.5 |
| f | 6.0 | 1.65 | 0.35 | 2.0 | 3.90 | 0.90 | 3.0 | 5.0 |

En la tabla, el gasto autónomo ($G_{aut}$) es de 2 billones, independientemente del nivel del PIB real. Es igual a la inversión más las compras gubernamentales más las exportaciones ($I + G + EX$) más la parte autónoma del gasto de consumo ($C_A$). El gasto autónomo es el punto donde la curva de $GA$ toca el eje vertical: el nivel de gasto agregado planeado, donde el nivel del PIB real es de cero. Lo representa en la parte (a) la línea azul y su magnitud la indica la flecha azul en la parte (b). En la tabla, el gasto inducido (N) es igual al gasto de consumo inducido ($C_N$) menos las importaciones (IMP). Aumenta al aumentar el PIB real. En la parte (a) el gasto de consumo inducido lo indica la flecha roja y las importaciones la flecha morada. En la parte (b), el gasto inducido lo destaca la flecha naranja.

**Pendiente de la curva del gasto agregado** ¿Qué determina la pendiente de la curva del gasto agregado? La respuesta es: la medida en que el gasto es inducido por un aumento del PIB real. Usted puede ver en la figura 26.1(b) que si el PIB real aumenta de cero a 2 billones de dólares (un aumento de 2 billones de dólares), el gasto agregado planeado aumenta de 2 billones a 3 billones de dólares (un aumento de 1 billón de dólares). La pendiente de la curva del gasto agregado es igual al aumento del gasto agregado planeado dividido entre el aumento del PIB real: 1 billón dividido entre 2 billones de dólares, igual a 0.5.

El aumento del gasto inducido es igual al aumento del gasto de consumo menos el aumento de las importaciones. Recuerde que la fracción consumida del último dólar del PIB real es la *propensión marginal a consumir el PIB real*. En la figura 26.1, la propensión marginal a consumir el PIB real es de 0.65. La fracción gastada en importaciones del último dólar del PIB real se llama **propensión marginal a importar**. En la figura 26.1, la propensión marginal a importar es de 0.15. La propensión marginal a consumir el PIB real menos la propensión marginal a importar es de 0.5 (0.65 − 0.15 = 0.5), lo que es igual a la pendiente de la curva del gasto agregado, *GA*.

## Un cambio del gasto autónomo

Existen muchas posibles causas de un cambio del gasto autónomo: una baja de la tasa de interés real puede inducir a las empresas a incrementar su inversión planeada. Una gran oleada de innovación, como la que ocurrió con la expansión de los computadores en la década de 1980, puede incrementar los beneficios futuros esperados y llevar a las empresas a aumentar su inversión planeada. La dura competencia en la industria del automóvil, proveniente de las importaciones japonesas y europeas, puede obligar a GM, Ford y Chrysler a elevar su inversión en líneas de montaje con robots. Un auge económico en Europa Occidental y Japón puede conducir a un gran aumento de su gasto en bienes y servicios producidos en Estados Unidos, es decir, en exportaciones estadounidenses. Un empeoramiento de las relaciones internacionales puede llevar al gobierno de Estados Unidos a aumentar su gasto en armamento: un aumento de las compras gubernamentales de bienes y servicios. Éstos son ejemplos de aumentos del gasto autónomo. ¿Cuáles son los efectos de dichos aumentos sobre el gasto agregado

planeado? ¿Y afectan a los consumidores los aumentos de los gastos autónomos? ¿Planearán aumentar su gasto de consumo? Contestemos estas preguntas.

El gasto agregado planeado se presenta en la tabla de la figura 26.2. Al principio, el gasto autónomo es de 2 billones de dólares. Por cada aumento de 1 billón de dólares del PIB real, el gasto inducido aumenta en 0.5 billones de dólares. Al sumar el gasto inducido y el gasto autónomo, obtenemos el gasto agregado planeado. Esta tabla del gasto agregado se muestra en la figura como la curva del gasto agregado $GA_0$. En el inicio, el equilibrio se da allí donde el PIB real es de 4 billones de dólares. Usted puede ver este equilibrio en la fila *d* de la tabla y en la figura donde la curva $GA_0$ interseca la recta de 45° en el punto *d*.

Suponga ahora que el gasto autónomo aumenta 0.5 billones a 2.5 billones de dólares. ¿Cuál es el nuevo equilibrio? La respuesta la encontramos en las dos últimas columnas de la tabla 26.2. Cuando el nuevo nivel de gasto autónomo se añade al gasto inducido, el gasto agregado planeado aumenta en 0.5 billones de dólares por cada nivel de PIB real. La nueva curva del gasto agregado es $GA_1$. El nuevo equilibrio, destacado en la tabla (fila *e'*), se da allí donde $GA_1$ interseca la recta de 45°, y es de 5 billones de dólares (punto *e'*). En este nivel de PIB real, el gasto agregado planeado es igual al PIB real. El gasto autónomo es de 2.5 billones de dólares y el gasto inducido también es de 2.5 billones de dólares.

## El efecto multiplicador

Advierta que en la figura 26.2 un aumento del gasto autónomo de 0.5 billones de dólares aumenta el PIB real en 1 billón de dólares. Es decir, el cambio del gasto autónomo conduce, como el equipo de sonido musical de Bonnie Raitt, a un cambio amplificado del PIB real. Éste es el *efecto multiplicador*, esto es: el PIB real aumenta *más* de lo que se incrementa el gasto autónomo. Un aumento del gasto autónomo de 0.5 billones de dólares incrementa inicialmente el gasto agregado y el PIB real en 0.5 billones de dólares. Pero el aumento del PIB real *induce* un aumento adicional del gasto agregado: un aumento del gasto de consumo menos las importaciones. El gasto agregado y el PIB real aumentan en lo mismo que el incremento inicial del gasto autónomo y del gasto inducido. En este ejemplo, el gasto inducido aumen-

FIGURA 26.2

# Un aumento del gasto autónomo

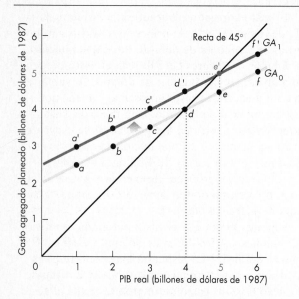

Un aumento del gasto autónomo de 2 billones de dólares a 2.5 billones de dólares incrementa el gasto agregado planeado a cada nivel de PIB real en 0.5 billones de dólares. Como se muestra en la tabla, el gasto de equilibrio original de 4 billones de dólares ya no es el de equilibrio. En un nivel del PIB real de 4 billones de dólares, el gasto agregado planeado es de 4.5 billones de dólares. El nuevo gasto de equilibrio es de 5 billones de dólares, donde el gasto agregado planeado es igual al PIB real. El aumento del PIB real es mayor que el del gasto autónomo.

La figura ilustra el efecto de un aumento del gasto autónomo. En cada nivel del PIB real, el gasto agregado planeado es 0.5 billones de dólares más alto que antes. La curva del gasto agregado planeado se desplaza por encima de $GA_0$, hacia $GA_1$. La nueva curva $GA$ interseca la recta de 45° en $e'$, donde el PIB real es de 5 billones de dólares: el nuevo equilibrio.

| | | Gasto original | | | Gasto nuevo | |
|---|---|---|---|---|---|---|
| PIB real (Y) | Gasto inducido (N) | Gasto autónomo ($G_{aut0}$) | Gasto agregado planeado ($GA_0$) | | Gasto autónomo ($G_{aut1}$) | Gasto agregado planeado ($GA_1$) |
| | | | (billones de dólares de 1987) | | | |
| 1.0 | 0.5 | *a* 2.0 | 2.5 | *a´* | 2.5 | 3.0 |
| 2.0 | 1.0 | *b* 2.0 | 3.0 | *b´* | 2.5 | 3.5 |
| 3.0 | 1.5 | *c* 2.0 | 3.5 | *c´* | 2.5 | 4.0 |
| 4.0 | 2.0 | *d* 2.0 | 4.0 | *d´* | 2.5 | 4.5 |
| 5.0 | 2.5 | *e* 2.0 | 4.5 | *e´* | 2.5 | 5.0 |
| 6.0 | 3.0 | *f* 2.0 | 5.0 | *f´* | 2.5 | 5.5 |

ta en 0.5 billones de dólares, así que el PIB real aumenta en 1 billón de dólares.

Si bien acabamos de analizar los efectos de un *aumento* del gasto autónomo, el mismo análisis se aplica a su disminución. Si el gasto autónomo originalmente es de 2.5 billones de dólares, el PIB real del equilibrio inicial es de 5 billones de dólares. Si en esa situación hay un recorte de las compras gubernamentales, de las exportaciones o de la inversión, de 0.5 billones de dólares, entonces la curva

del gasto agregado se desplaza hacia abajo, a $GA_0$. El PIB real de equilibrio disminuye de 5 billones a 4 billones de dólares. La disminución del PIB es mayor que la del gasto autónomo.

## La paradoja de la frugalidad

Una posible causa de una disminución del gasto autónomo es una baja del gasto autónomo de consumo. Por ejemplo, si las familias esperan menores ingresos *futuros*, disminuyen su consumo *corriente*. Esa disminución la representa el desplazamiento hacia abajo de la función consumo así como el desplazamiento hacia abajo de la curva del gasto agregado.

Una disminución del consumo autónomo significa un aumento del ahorro: la función ahorro (descrita en el Cap. 25, págs. (729-731) se desplaza hacia arriba. Otra palabra para el ahorro es frugalidad. Cuanto más ahorra una familia, más frugal es. Asimismo, cuanto más frugal es, más rica se vuelve. Al consumir menos que su ingreso, la familia puede elevar su ingreso prestando lo que ahorra y ganando así un interés. ¿Pero qué pasa si todos nos volvemos más frugales? ¿Aumenta acaso el ingreso agregado? Podemos hallar una respuesta a esta pregunta mediante el análisis que acabamos de realizar.

Supongamos que inicialmente el gasto agregado lo representa la curva $GA_1$ de la figura 26.2. El PIB real es de 5 billones de dólares. Supongamos ahora que hay un aumento de la frugalidad. Como resultado, el gasto autónomo disminuye en 0.5 billones de dólares y, en consecuencia, la curva del gasto agregado se desplaza hacia abajo, de $GA_1$ a $GA_0$. El gasto de equilibrio y el PIB real descienden a 4 billones de dólares.

Un aumento de la frugalidad ha reducido el PIB real. La caída del PIB real ocasionada por un aumento del ahorro se llama **paradoja de la frugalidad**. Es una paradoja porque una mayor frugalidad conduce a un aumento del ingreso de un individuo, pero a una disminución del ingreso agregado.

La paradoja surge, en este modelo, porque el aumento del ahorro *no* está relacionado con un aumento de la inversión. Si bien la gente ahorra más, nadie compra bienes de capital adicionales. Esta combinación de sucesos es poco probable en la realidad, así que la paradoja de la frugalidad, aunque correcta desde el punto de vista lógico, dice poco de la economía en que vivimos. En el mundo real es posible que cuando aumente el ahorro, la inversión también aumente. En ese caso no hay una baja del ingreso agregado. Un aumento del ahorro desplaza hacia abajo la curva $GA$, pero un aumento de la inversión la desplaza hacia arriba. Si el ahorro y la inversión cambian en la misma medida, la curva $GA$ no se desplaza. El resultado es que no cambia el PIB real; pero éste es un resultado a corto plazo.

Hay efectos adicionales y mucho más importantes sobre el ahorro y la inversión. Dan como resultado una acumulación de capital que permite que los ingresos, tanto de individuos como de la economía como un todo, crezcan a lo largo del tiempo. Así, la paradoja de la frugalidad no es tan paradójica después de todo. Tiene consecuencias para el ingreso corriente sólo si el ahorro incrementado se produce con una inversión que no cambia. A largo plazo, el ahorro incrementado se traduce en más capital y en un nivel más elevado de PIB real.

Hemos descubierto que un cambio del gasto autónomo tiene un efecto multiplicador sobre el PIB real. Pero ¿qué magnitud tiene este efecto multiplicador?

## La magnitud del multiplicador

Supongamos que la economía se está recuperando de una recesión. Hay buenas perspectivas de beneficios, y las empresas proyectan planes para grandes aumentos de inversión. La economía mundial también se encamina a la recuperación, y las exportaciones crecen. La pregunta que todo el mundo se hace es: ¿en qué medida será sólida la recuperación? Ésta es una pregunta difícil de contestar. Pero es un ingrediente importante para responder acerca de la magnitud del multiplicador.

El **multiplicador del gasto autónomo** (frecuentemente abreviado como el **multiplicador**) es la cantidad por la que se multiplica un cambio del gasto agregado para determinar el cambio que genera el gasto de equilibrio. Para calcular el multiplicador, dividimos el cambio del PIB real de equilibrio entre el cambio del gasto autónomo. Calculemos el multiplicador para el ejemplo de la figura 26.3(a). La economía en recesión tiene un PIB real de 3 billones de dólares. El gasto autónomo aumenta de 1.5 billones a 2.5 billones de dólares y el PIB real de equilibrio aumenta de 3 billones a 5 billones de dólares, un aumento de 2 billones de dólares. Es decir,

- El gasto autónomo aumenta en 1 billón de dólares
- El PIB real aumenta en 2 billones de dólares

El multiplicador es

$$\text{Multiplicador} = \frac{\text{Cambio del PIB real de equilibrio}}{\text{Cambio del gasto agregado}}$$

$$= \frac{\$2 \text{ billones}}{\$1 \text{ billón}}$$

$$= 2.$$

**FIGURA 26.3**

## El multiplicador y la pendiente de la curva $GA$

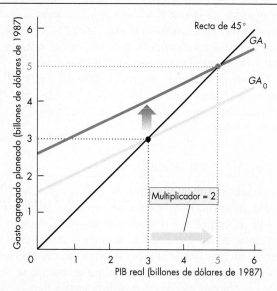

**(a) El multiplicador es 2**

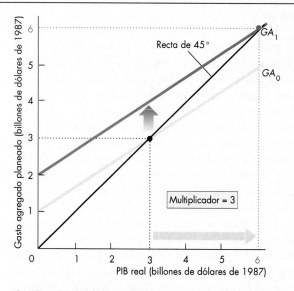

**(b) El multiplicador es 3**

El tamaño del multiplicador depende de la pendiente de la curva $GA$. La fórmula del multiplicador, $1/(1-g)$, indica cuál es la relación. Si la pendiente de la curva $GA$ ($g$) es ½, el multiplicador es 2. En ese caso, un aumento del gasto autónomo de 1 billón de dólares desplaza hacia arriba la curva $GA$, de $GA_0$ a $GA_1$, en la parte (a). El PIB real aumenta de 3 billones a 5 billones de dólares, el doble del aumento del gasto

autónomo. Si $g$ es igual a ⅔, el multiplicador es 3. En ese caso, un aumento de 1 billón de dólares del gasto autónomo desplaza la curva del gasto agregado hacia arriba, de $GA_0$ a $GA_1$, en la parte (b). El PIB real aumenta de 3 billones a 6 billones de dólares, el triple del aumento del gasto autónomo.

Entonces, un cambio del gasto autónomo de 1 billón de dólares ocasiona un cambio del PIB real de equilibrio de 2 billones de dólares, cambio que es el doble que el cambio inicial del gasto autónomo.

A continuación, veamos la figura 26.3(b). De nuevo la economía está en recesión con un PIB real de 3 billones de dólares. Pero ahora el gasto autónomo aumenta de 1 billón a 2 billones de dólares, y el PIB real de equilibrio aumenta de 3 billones a 6 billones de dólares, un aumento de 3 billones de dólares. Es decir,

◆ El gasto autónomo aumenta en 1 billón de dólares.

◆ El PIB real aumenta en 3 billones de dólares.

El multiplicador es

$$\text{Multiplicador} = \frac{\text{Cambio del PIB real de equilibrio}}{\text{Cambio del gasto autónomo}}$$

$$= \frac{\$3 \text{ billones}}{\$1 \text{ billón}}$$

$$= 3.$$

Entonces, un cambio del gasto autónomo de 1 billón de dólares ocasiona un cambio del PIB real de equilibrio de 3 billones de dólares, es decir, un cambio que es el triple del cambio inicial del gasto autónomo.

## El multiplicador y la pendiente de la curva del gasto agregado

¿Por qué es mayor el multiplicador en la figura 26.3(b) que en la figura 26.3(a)? La razón es que la curva del gasto agregado en la parte (b) tiene mayor pendiente que la de la parte (a). Cuanta más pendiente tenga la curva $GA$, mayor es el multiplicador. En la parte (a), la pendiente de la curva $GA$ es ½ y el multiplicador es 2. En la parte (b), la pendiente de la curva $GA$ es ⅔ y el multiplicador es 3.

**TABLA 26.1**

## Cálculo del multiplicador

| | Símbolos y fórmulas* | Números |
|---|---|---|
| **(a) Definiciones** | | |
| Cambio del PIB real | $\Delta Y$ | |
| Cambio del gasto autónomo | $\Delta A$ | 500 |
| Pendiente de la curva $GA$ | $g$ | $\frac{2}{3}$ |
| Cambio del gasto inducido | $\Delta N = g\Delta Y$ | $\Delta N = (\frac{2}{3})\Delta Y$ |
| Cambio del gasto agregado planeado | $\Delta E = \Delta A + \Delta N$ | |
| El multiplicador (multiplicador del gasto autónomo) | $\Delta Y/\Delta A$ | |
| **(b) Cálculos** | | |
| Gasto agregado planeado | $E = A = gY$ | |
| Cambio de la curva $GA$ | $\Delta E = \Delta A = g\Delta Y$ | $\Delta E = 500 + (\frac{2}{3})\Delta Y$ |
| Cambio del gasto de equilibrio | $\Delta E = \Delta Y$ | |
| Reemplazo de $\Delta E$ por $\Delta Y$ | $\Delta Y = \Delta A + g\Delta Y$ | $\Delta Y = 500 + (\frac{2}{3})\Delta Y$ |
| Sustracción de $g\Delta Y$, o $(\frac{2}{3})\Delta Y$, de ambos lados y poniendo $\Delta Y$ como factor común | $\Delta Y(1 - g) = \Delta A$ | $\Delta Y(1 - \frac{2}{3}) = 500$ |
| División de ambos lados entre $(1 - g)$ o $(1 - \frac{2}{3})$ | $\Delta Y = \dfrac{1}{1-g}\Delta A$ | $\Delta Y = \dfrac{1}{1 - \frac{2}{3}}\,500$ |
| | | o $\Delta Y = \dfrac{1}{\frac{1}{3}}\,500$ |
| | | o $\Delta Y = 1{,}500$ |
| División de ambos lados entre $\Delta G_{aut}$, o 500, da el multiplicador | $\dfrac{\Delta Y}{\Delta A} = \dfrac{1}{1-g}$ | $\dfrac{\Delta Y}{\Delta A} = \dfrac{1{,}500}{500} = 3$ |

*La letra griega $\Delta$ significa "cambio de".

**Cálculo del multiplicador** La tabla 26.1 muestra cómo se calcula el valor del multiplicador. La parte (a) presenta algunas definiciones. Comienza con el cambio del PIB real, $\Delta Y$. Nuestro objetivo es el cálculo de la magnitud de dicho cambio cuando hay uno determinado en el gasto autónomo, $\Delta G_{aut}$. En el ejemplo de la tabla 26.1, el cambio del gasto autónomo es de 500 mil millones de dólares. La pendiente de la curva del gasto agregado es la propensión marginal a consumir del PIB real menos la propensión marginal a importar. Llamemos a esta pendiente $g$. En la tabla 26.1, $g$ es igual a $\frac{2}{3}$, igual que en la figura 26.3(b). El cambio del gasto agregado planeado ($\Delta E$) es la suma del cambio del gas-

to autónomo ($\Delta G_{aut}$) y el cambio del gasto inducido ($\Delta N$). Por último, el multiplicador se define como

$$\frac{\Delta Y}{\Delta G_{aut}}.$$

La parte (b) de la tabla presenta los cálculos del cambio del PIB real y el multiplicador. El cambio del gasto agregado planeado ($\Delta E$) es igual a la suma del cambio del gasto autónomo ($\Delta G_{aut}$) y el cambio del gasto inducido ($g\Delta Y$). En el ejemplo, el cambio del gasto agregado planeado es igual a 500 mil millones de dólares más $\frac{2}{3}$ del cambio del PIB real. Ya que en equilibrio el cambio del gasto agregado planeado es igual al cambio del PIB real, el cambio del PIB real es

$$\Delta Y = \Delta G_{aut} + g\Delta Y.$$

Con nuestros números,

$$\Delta Y = 500 + (⅔) \, \Delta Y.$$

Esta ecuación tiene solamente una incógnita, $\Delta Y$, y podemos encontrar su valor tal como se muestra en la tabla. Por último, al dividir $\Delta Y$ entre $\Delta G_{aut}$, da el valor del multiplicador, que es:

$$\text{Multiplicador} = \frac{1}{(1 - g)}.$$

Debido a que $g$ es una fracción, un número que queda entre 0 y 1, $(1 - g)$ también es una fracción y el multiplicador es mayor que 1. En el ejemplo, $g$ es ⅔, $(1 - g)$ es ⅓, y el multiplicador es 3.

Podemos ver que esta fórmula también funciona para el multiplicador que se muestra en la figura 26.3(a). En este caso, la pendiente de la curva $GA$ es ½, $g$ es ½, $(1 - g)$ es también ½ y el multiplicador es 2.

---

**FIGURA 26.4**

## El proceso multiplicador

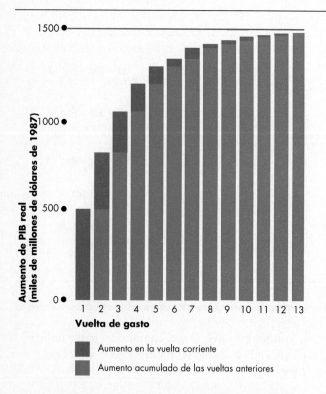

| Vuelta de gasto | Aumento del gasto agregado | Aumento acumulado del PIB real |
|---|---|---|
| | (miles de millones de dólares de 1987) | |
| 1 | 500 | 500 |
| 2 | 333 | 833 |
| 3 | 222 | 1,055 |
| 4 | 148 | 1,203 |
| 5 | 99 | 1,302 |
| 6 | 66 | 1,368 |
| 7 | 44 | 1,412 |
| 8 | 29 | 1,441 |
| 9 | 20 | 1,461 |
| 10 | 13 | 1,474 |
| . | . | . |
| . | . | . |
| . | . | . |
| otros | 26 | 1,500 |

■ Aumento en la vuelta corriente
■ Aumento acumulado de las vueltas anteriores

El gasto autónomo aumenta en la vuelta 1 en 500 mil millones de dólares. El PIB real aumenta también en la misma cantidad. Cada dólar adicional de PIB real induce dos tercios de dólar de gasto agregado adicionales: la pendiente de la curva del gasto agregado es de ⅔. En la vuelta 2, el aumento de la vuelta 1 del PIB real induce un aumento del gasto de 333 mil millones de dólares. Al final de la vuelta 2, el PIB real ha aumentado en 833 mil millones de dólares. Los 333 mil millones de dólares extra de PIB real en la vuelta 2 inducen un aumento adicional del gasto de 222 mil millones de dólares en la vuelta 3. El PIB real aumenta todavía más a 1.05 mil millones de dólares. Este proceso

continúa hasta que el PIB real ha aumentado finalmente a 1.5 mil millones de dólares. La tabla deja de registrar los aumentos después de la vuelta 10, ya que las cantidades extra se vuelven cada vez más pequeñas. (Quizás a usted le gustaría continuar el proceso con su calculadora de bolsillo. Como un aspecto de interés, después de 19 vueltas ¡estará usted a 1 dólar del total de 1.5 mil millones de dólares y, después de 30 vueltas, a 1 centavo de ese total!) El diagrama le muestra lo rápido que se acumula el efecto multiplicador. En este ejemplo, el multiplicador es de 3 porque la pendiente de la curva $GA$ es ⅔ (véase la tabla 26.1).

## ¿Por qué el multiplicador es mayor que 1?

El multiplicador es mayor que 1 debido al gasto inducido; un aumento del gasto autónomo *induce* incrementos adicionales del gasto. Si GM gasta 10 millones de dólares en una línea nueva de montaje, el gasto agregado y el PIB real aumentan inmediatamente en 10 millones de dólares. Pero las cosas no terminan ahí. Los ingenieros y los trabajadores de la construcción disponen ahora de más ingreso y gastan parte del ingreso extra en automóviles, hornos de microondas, vacaciones y una amplia gama de otros bienes y servicios. El PIB real aumenta ahora en los 10 millones de dólares iniciales más el gasto extra inducido por el aumento de 10 millones de dólares del ingreso. Los productores de automóviles, hornos de microondas, vacaciones y otros bienes disponen ahora de ingresos incrementados y ellos, a su vez, también gastan parte del aumento del ingreso en bienes de consumo y servicios. El ingreso adicional induce gasto adicional, que crea ingreso adicional.

El proceso multiplicador se ilustra en la figura 26.4. En la vuelta 1 hay un aumento del gasto autónomo de 500 mil millones de dólares. En esa etapa no hay cambio del gasto inducido, así que el gasto agregado y el PIB real aumentan en 500 mil millones de dólares. En la vuelta 2, el PIB real más elevado induce un mayor gasto de consumo. Ya que, en el ejemplo de la figura 26.4, el gasto inducido aumenta en dos tercios del aumento del PIB real, el aumento del PIB real de 500 mil millones de dólares induce un aumento adicional del gasto de 333 mil millones de dólares. Este cambio del gasto inducido, cuando se agrega al cambio inicial del gasto autónomo, resulta en un aumento del gasto agregado y del PIB real de 833 mil millones de dólares. El aumento del PIB real en la vuelta 2 induce un aumento del gasto en la vuelta 3. El proceso se repite en vueltas sucesivas, registradas en la tabla. Cada aumento del PIB real es dos tercios del aumento anterior. El aumento acumulado del PIB real se acerca gradualmente a 1.5 mil millones de dólares. Incluso después de 10 vueltas casi ha alcanzado ese nivel.

Parecería entonces que la economía no funciona como los amortiguadores del automóvil de Coleman Young. Los baches y protuberancias de la economía son los cambios del gasto autónomo; producidos principalmente por los cambios de la inversión y de las exportaciones, estos baches y protuberancias no se atenúan sino que se amplifican.

## REPASO

El gasto autónomo es la parte del gasto agregado que no responde a los cambios del PIB real. El gasto inducido es la parte del gasto agregado que sí responde a los cambios del PIB real. Un cambio del gasto autónomo cambia el gasto de equilibrio y el PIB real. La magnitud del cambio del PIB real lo determina el multiplicador. Éste, a su vez, lo determina la pendiente de la curva del gasto agregado, que es igual a la propensión marginal a consumir el PIB real menos la propensión marginal a importar. Cuanta más pendiente tenga la curva del gasto agregado, mayor es el multiplicador. Éste actúa como un amplificador. ◆

Uno de los componentes del gasto autónomo que el multiplicador amplifica son las compras gubernamentales de bienes y servicios. Debido a esto, el gobierno puede aprovechar el multiplicador y tratar de atenuar las fluctuaciones del gasto agregado. También puede, con este fin, variar los pagos de transferencia y los impuestos. Veamos cómo lo hace.

## Multiplicadores de política fiscal

La *política fiscal* es el instrumento del gobierno para atenuar las fluctuaciones del gasto agregado mediante la variación de sus compras de bienes y servicios, pagos de transferencia e impuestos. Si el gobierno prevé una baja en la inversión o en las exportaciones, puede compensar los efectos de la disminución al aumentar sus propias compras de bienes y servicios, al aumentar los pagos de transferencia o al reducir los impuestos. Pero el gobierno debe estimar la magnitud del aumento de las compras o transferencias o el volumen de la disminución de impuestos necesario para alcanzar dicho objetivo. Para realizar este cálculo, el gobierno necesita conocer los efectos multiplicadores de sus propias acciones. Estudiemos los efectos multiplicadores de los cambios de las compras gubernamentales, los pagos de transferencia y los impuestos.

## Multiplicador de compras del gobierno

El **multiplicador de compras del gobierno** es la cantidad por la que se multiplica un cambio de las compras gubernamentales de bienes y servicios para determinar el cambio del gasto de equilibrio que genera. Las compras gubernamentales de bienes y servicios son uno de los componentes del gasto autónomo. Un cambio en las compras del gobierno tiene el mismo efecto sobre el gasto agregado que un cambio de cualquiera de los otros componentes del gasto autónomo. Ello da origen a un efecto multiplicador exactamente igual al efecto multiplicador de un cambio en la inversión o en las exportaciones. Es decir,

$$\text{Multiplicador de compras gubernamentales} = \frac{1}{(1-g)}.$$

Al variar las compras del gobierno para compensar un cambio en la inversión o en las exportaciones, el gobierno puede intentar mantener constante el gasto autónomo total (o hacer que crezca a una tasa constante). Debido a que el multiplicador de las compras del gobierno es de la misma magnitud que el efecto multiplicador de un cambio en la inversión o en las exportaciones, la estabilización del gasto autónomo puede lograrse mediante el aumento de las compras del gobierno en dólar por cada dólar de disminución de los otros renglones del gasto autónomo.

En la práctica, no es fácil el uso de variaciones de las compras gubernamentales con objeto de estabilizar el gasto agregado debido a que funciona con rezago el proceso político de toma de decisiones que modifica las compras del gobierno de bienes y servicios. En consecuencia, no es posible pronosticar con mucha anticipación los cambios del gasto privado, de tal manera que este instrumento sea efectivo para la estabilización macroeconómica.

Un segundo instrumento del que el gobierno puede hacer uso para intentar una estabilización del gasto agregado es la variación de sus pagos de transferencia. Veamos cómo funciona este tipo de política.

## Multiplicador de pagos de transferencia

El **multiplicador de pagos de transferencia** es la suma por la que se multiplica un cambio de los pagos de transferencia para determinar el cambio del gasto de equilibrio que genera. Un cambio de los pagos de transferencia influye sobre el gasto agregado al modificar el ingreso disponible, lo que conduce a un cambio del gasto de consumo. Este cambio del gasto de consumo es un cambio del gasto autónomo y tiene un efecto multiplicador, exactamente como el de cualquier otro cambio en el gasto autónomo. Pero ¿cuál es la magnitud del cambio inicial del gasto de consumo? Es igual al cambio de los pagos de transferencia multiplicado por la propensión marginal a consumir. Si la propensión marginal a consumir es $b$, un aumento de 1 dólar en los pagos de transferencia aumenta al principio el gasto de consumo en $b$ dólares. Por ejemplo, si la propensión marginal a consumir es de 0.9, un aumento de 1 dólar en los pagos de transferencia aumenta inicialmente el gasto de consumo en 90 centavos. Por tanto, el multiplicador de pagos de transferencia es igual a $b$ veces el multiplicador del gasto autónomo. Es decir,

$$\text{Multiplicador de pagos de transferencia} = \frac{b}{(1-g)}.$$

Por ejemplo, si la propensión marginal a consumir es de 0.9 y la pendiente de la curva *GA (g)* es de 0.5, el multiplicador de pagos de transferencia es 1.8 (0.9/0.5 = 1.8). Advierta que el multiplicador de pagos de transferencia es $b$ veces el multiplicador de compras del gobierno. Debido a que la propensión marginal a consumir ($b$) es menor que 1, el multiplicador de pagos de transferencia es *más pequeño* que el multiplicador de compras del gobierno.

El uso de las variaciones en los pagos de transferencia para estabilizar la economía tiene los mismos problemas que el uso de las variaciones en las compras gubernamentales de bienes y servicios. El proceso político no funciona de tal forma que los cambios oportunos en los pagos de transferencia compensen las fluctuaciones de los otros componentes del gasto autónomo.

## Multiplicadores de impuestos

Un tercer tipo de política fiscal de estabilización es la variación de impuestos. El **multiplicador de impuestos** es la cantidad por la que se multiplican los cambios de impuestos para determinar el cambio del gasto de equilibrio que genera. Un *aumento* de impuestos conduce a una *disminución* del ingreso disponible y a una disminución del gasto de consumo. La cantidad en que disminuye inicialmente el gasto de consumo la determina la propensión marginal a consumir. Esta respuesta inicial del gasto de consumo a un aumento de impuestos es exactamente como la respuesta del gasto de consumo a una disminución de pagos de transferencia. Entonces, un cambio de impuesto funciona como un cambio de pagos de transferencia pero en la dirección opuesta, y el multiplicador de impuestos es igual al multiplicador de pagos de transferencia con signo negativo. Debido a que un *aumento* de impuestos conduce a una *disminución* del gasto de equilibrio, el multiplicador de impuestos es *negativo*. Es

$$\text{Multiplicador de impuestos} = \frac{-b}{(1-g)}.$$

Por ejemplo, si la propensión marginal a consumir (*b*) es de 0.9, y la pendiente (*g*) de la curva *GA* es de 0.5, el multiplicador de impuestos es de −1.8.

La figura 26.5 ilustra el efecto multiplicador de un aumento de impuestos. Al inicio, la curva del gasto agregado es $GA_0$ y el gasto de equilibrio es de 4 billones de dólares. La pendiente de la curva del gasto agregado $GA_0$ es de 0.5. Los impuestos aumentan en 1 billón de dólares y el ingreso disponible disminuye en esa misma cantidad. Con una propensión marginal a consumir de 0.9, el gasto de consumo disminuye en el inicio en 0.9 billones de dólares y la curva del gasto agregado se desplaza hacia abajo, en esa misma cantidad, a $GA_1$. El gasto de equilibrio y el PIB real bajan en 1.8 billones de dólares, es decir, a 2.2 billones de dólares. El multiplicador de impuestos es de −1.8.

## Multiplicador del presupuesto equilibrado

Una política fiscal de presupuesto equilibrado mantiene inalterado el déficit o superávit presupuestario del gobierno: tanto las compras gubernamentales como los impuestos cambian en la misma cantidad. El **multiplicador del presupuesto equilibrado** es la cantidad por la que se multiplica un cambio en las compras gubernamentales de bienes y servicios para determinar el cambio del gasto de equilibrio cuando los impuestos varían en la misma cantidad que las compras gubernamentales. ¿Cuál es el efecto multiplicador de esta medida de política fiscal?

Para responder, debemos combinar los dos multiplicadores que hemos encontrado. Hemos visto que ambos son por separado

$$\text{Multiplicador de compras del gobierno} = \frac{1}{(1-g)}.$$

$$\text{Multiplicador de impuestos} = \frac{-b}{(1-g)}.$$

Si sumamos ambos multiplicadores, obtenemos el multiplicador del presupuesto equilibrado, que es

$$\text{Multiplicador del presupuesto equilibrado} = \frac{(1-b)}{(1-g)}.$$

Debido a que la propensión marginal a consumir (*b*) es mayor que la pendiente (*g*) de la curva *GA*, el multiplicador del presupuesto equilibrado es menor que 1. Por ejemplo, si la propensión marginal a consumir es de 0.9 y la pendiente de la curva *GA* es de 0.5, el multiplicador del presupuesto equilibrado es de 0.2 (0.1/0.5 = 0.2).

**FIGURA 26.5**

El multiplicador de impuestos

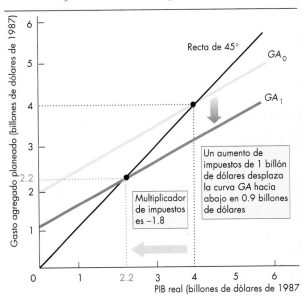

Al inicio, la curva del gasto agregado es $GA_0$ y el gasto de equilibrio es de 4 billones de dólares. La pendiente de la curva *GA* es de 0.5. Los impuestos aumentan en 1 billón de dólares, por lo que el ingreso disponible desciende en 1 billón de dólares. La propensión marginal a consumir es de 0.9 y la curva del gasto agregado se desplaza hacia abajo en 0.9 billones de dólares, a $GA_1$. El gasto de equilibrio y el PIB real disminuyen en 1.8 billones de dólares; el multiplicador de impuestos es de −1.8.

La figura 26.6 ilustra el multiplicador del presupuesto equilibrado. Inicialmente, la curva del gasto agregado es $GA_0$ y el PIB real es de 4 billones de dólares. Un aumento de 1 billón de dólares en los impuestos reduce el gasto agregado planeado en 0.9 billones de dólares y desplaza la curva del gasto agregado hacia abajo, a $GA_0'$. Un aumento de 1 billón de dólares en las compras del gobierno aumenta el gasto agregado planeado en el billón de dólares completo y desplaza la curva del gasto agregado hacia arriba, a $GA_1$. El desplazamiento neto de la curva del gasto agregado es hacia arriba en 0.1 billones de dólares. El nuevo equilibrio se da en la intersección de $GA_1$ y la recta de 45° (resaltada con el punto rojo). El PIB real aumenta en $0.1 billones de veces el multiplicador del gasto autónomo. Así, el multiplicador del presupuesto equilibrado es positivo, pero pequeño. En este ejemplo es de 0.2.

El multiplicador del presupuesto equilibrado es importante porque significa que el gobierno no tiene que desequilibrar el presupuesto ni tener un déficit para poder estimular la demanda agregada. La Lectura entre líneas, en las páginas 772-773, examina las propuestas de presupuesto para 1993 del presidente Clinton, que intentan estimular la inversión y disminuir el déficit, simultáneamente.

## REPASO

E l multiplicador de compras del gobierno es igual al multiplicador del gasto autónomo. Al variar sus compras de bienes y servicios, el gobierno puede tratar de compensar las fluctuaciones en la inversión y en las exportaciones. El multiplicador de pagos de transferencia es igual a la propensión marginal a consumir multiplicada por el multiplicador de las compras gubernamentales. Un cambio en los pagos de transferencia se transmite por medio de un cambio del ingreso disponible. Parte del cambio del ingreso disponible se gasta y otra parte se ahorra. Sólo la parte gastada, determinada por la propensión marginal a consumir, tiene un efecto multiplicador. El multiplicador de impuestos es de la misma magnitud que el multiplicador de los pagos de transferencia, pero es negativo: un *aumento* de impuestos conduce a una *disminución* del gasto de equilibrio. Un cambio igual en las compras de bienes y servicios y en los impuestos tiene un efecto multiplicador del presupuesto equilibrado sobre el PIB real. El multiplicador del presupuesto equilibrado es pequeño pero positivo. En la práctica, las políticas fiscales son difíciles de aplicar para estabilizar la economía debido a los rezagos del proceso legislativo. ◆

### Estabilizadores automáticos

Los impuestos a la renta y a los pagos de transferencia actúan como estabilizadores automáticos. Un **estabilizador automático** es un mecanismo que reduce las fluctuaciones del gasto *agregado* que resultan de las fluctuaciones de un *componente* del gasto agregado. Los efectos de una estabilización automática de los impuestos sobre la renta y los pagos de transferencia significan que ambas funcionan como un amortiguador de golpes económico,

## El multiplicador del presupuesto equilibrado

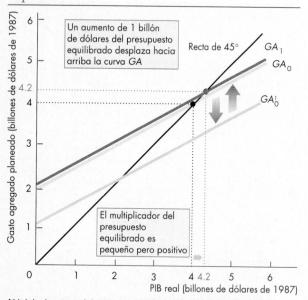

Al inicio, la curva del gasto agregado es $GA_0$. El gobierno aumenta tanto los impuestos como las compras de bienes y servicios en 1 billón de dólares. El aumento de los impuestos de 1 billón de dólares desplaza la curva del gasto agregado hacia abajo en 0.9 billones de dólares, a $GA_0'$. El aumento de 1 billón de dólares de las compras del gobierno desplaza la curva del gasto agregado hacia arriba en todo el billón de dólares a $GA_1$. El PIB real aumenta en 0.2 billones de dólares; el multiplicador del presupuesto equilibrado es de 0.2.

reduciendo los efectos de las fluctuaciones en las inversiones y las exportaciones.

Para ver el funcionamiento de los impuestos sobre la renta y los pagos de transferencia como un amortiguador de golpes económico, veamos cómo un cambio de la inversión o las exportaciones afecta el gasto de equilibrio en dos economías: en la primera no hay impuestos sobre la renta ni pagos de transferencia, y en la segunda hay impuestos sobre la renta y pagos de transferencia similares a los que hay actualmente en Estados Unidos.

### Ausencia de impuestos sobre la renta y de pagos de transferencia

En una economía sin impuestos sobre la renta ni pagos de transferencia, la brecha entre el PIB y el ingreso disponible es constante; no depende del nivel del PIB real. Si la propensión marginal a consumir es de 0.9, la propensión marginal a consumir el PIB real es también de 0.9. Es decir, cada dólar extra de PIB es un dólar extra de ingreso disponible e induce 90 centavos extra de gasto de consumo. Suponga que no hay importaciones, de tal manera que no sólo es de 0.9 la propensión marginal a consumir, sino que la pendiente de la curva GA es también de 0.9.

¿Cuál es la magnitud del multiplicador en este caso? Puede contestar esta pregunta usando la fórmula

$$\text{Multiplicador} = \frac{1}{(1-g)}.$$

El valor de g es de 0.9, así que el valor del multiplicador es de 10. En esta economía, un cambio de 1 millón de dólares del gasto autónomo produce un cambio de 10 millones de dólares en el gasto de equilibrio. Esta economía tiene un amplificador muy potente.

### Impuestos sobre la renta y pagos de transferencia

Compare la economía que acabamos de describir con una que tiene impuestos sobre la renta y pagos de transferencia.

La escala de los impuestos sobre la renta menos los pagos de transferencia se determina por la tasa marginal impositiva. La **tasa marginal impositiva** es la fracción del último dólar de ingreso pagado al gobierno en impuestos netos (impuestos menos pagos de transferencia).

Supongamos que la tasa marginal impositiva es de 0.3. Es decir, cada dólar adicional de PIB real genera una recaudación de impuestos para el go-

bierno de 30 centavos y el ingreso disponible es de 70 centavos. Si la propensión marginal a consumir es de 0.9 (la misma que en el ejemplo anterior), un aumento de 1 dólar del PIB real incrementa el ingreso disponible en 70 centavos y el gasto de consumo en 63 centavos (0.9 por 0.7 es igual a 0.63). En esta economía, la pendiente de la curva GA es de 0.63. El valor de g es de 0.63, así que el multiplicador es de 2.7. La economía amplifica aún los choques originados en los cambios en las exportaciones y en la inversión, pero en una escala mucho menor que en la economía que no tiene impuestos sobre la renta ni pagos de transferencia. Entonces, en cierta medida, los impuestos sobre la renta y los pagos de transferencia absorben los choques de las fluctuaciones del gasto autónomo. Cuanto más alta es la tasa marginal impositiva, mayor es la medida en que son amortiguados los choques del gasto autónomo.

La existencia de impuestos y de pagos de transferencia que varían conjuntamente con el PIB real contribuye a la capacidad de absorción o de amortiguamiento de golpes de la economía. No producen el equivalente económico de la suspensión de un Lincoln Continental, pero sí producen el equivalente económico de algo mejor que los muelles de una diligencia. Con las fluctuaciones de la economía, fluctúa el presupuesto del gobierno, amortiguando algunos de los choques, modificando impuestos y pagos de transferencia y atenuando las fluctuaciones del ingreso disponible y del gasto agregado.

Veamos los efectos de los estabilizadores automáticos sobre el presupuesto del gobierno y su déficit.

### Estabilizadores automáticos y el déficit del gobierno

Debido a que los impuestos sobre la renta y los pagos de transferencia fluctúan con el PIB real, lo mismo ocurre con el déficit del gobierno. La figura 26.7 muestra cómo sucede esto. Las compras del gobierno son independientes del nivel del PIB real. En la figura están fijos en 900 mil millones de dólares, mostrados por la línea horizontal roja. Los impuestos netos sobre la renta de los pagos de transferencia aumentan junto con el PIB real. En la figura están representados por la línea azul con pendiente positiva. Hay un nivel en particular del PIB real con el que el presupuesto del gobierno está equilibrado; el déficit es de cero. En la figura, ese nivel del PIB

# Clintonomía

## Lo esencial del artículo

The Wall Street Journal, 21 de junio de 1993

# En el plan económico de dos vertientes de Clinton, la reducción del déficit eclipsa la inversión

POR DAVID WESSEL Y DAVID ROGERS

WASHINGTON – El Presidente Clinton hablaba mucho de hacer lo que, según él, nadie había hecho antes: reducir el déficit federal e incrementar la inversión pública y privada al mismo tiempo.

De manera sorpresiva, parece que está teniendo más suerte con el dolor de la reducción del déficit que con el placer de la inversión. Mientras una versión revisada de su plan de reducción del déficit avanza poco a poco en el Congreso, buena parte de su plan de inversión (la esencia de la clintonomía) se encuentra atascada.

El paquete de gastos para estimular la economía que propuso el señor Clinton... está muerto. Al igual que lo está el crédito fiscal para inversión que se ideó con el fin de inducir a las grandes empresas a invertir. Además, la Comisión de Finanzas del Senado restringió la semana pasada otras reducciones de impuestos cuyo objetivo era estimular la inversión.

Entre tanto, funcionarios de la administración están enfrascados en lo que uno de ellos describe como "lucha cuerpo a cuerpo" con las comisiones de asignación de presupuesto del Congreso, a fin de salvar las propuestas del Presidente en cuanto a incrementar el gasto gubernamental en materia de inversiones, incluyendo la investigación de alta tecnología y la capacitación de los trabajadores...

Sin embargo, hay una pieza clave de los incentivos para estimular la inversión privada [propuestos por el Presidente] que ni siquiera está sobre la mesa: el crédito fiscal para inversión que supuestamente iba a disparar una ráfaga de inversión privada y a poner en movimiento la economía...

## El gran cuadro

Robert Solow, el economista del Massachusetts Institute of Technology que inspiró una parte considerable del programa de inversión, está bastante descontento por la impopularidad de los incentivos fiscales. "El objeto de la política combinada de reducción del déficit y estímulo de la inversión era que finalmente tendríamos más inversión de la que tenemos ahora, financiada con nuestros propios ahorros y no con el endeudamiento proveniente del exterior", afirmó el premio Nobel. "Si se obtiene la inversión sin los ahorros, se corre el riesgo de sobrecalentar la economía. Pero si se obtienen los ahorros sin la inversión, se corre el riesgo de dejarla apenas tibia. Me cuesta trabajo entender por qué el Congreso y la sociedad no entienden esto, por qué Clinton no ha podido transmitir el mensaje"...

El presupuesto para 1993 del Presidente Clinton tenía como meta reducir el déficit federal e incrementar tanto la inversión pública como la privada.

El plan de reducción del déficit del Presidente recibió una mejor acogida en el Congreso que sus propuestas de estimulación de la inversión.

Un plan de crédito fiscal para la inversión y otros estimulantes con el mismo fin fueron rechazados o debilitados por el Congreso.

El economista del MIT, Robert Solow, explicó que cortando el déficit, así como estimulando la inversión, es posible tener más inversión financiada con los ahorros.

Solow también afirmó que el aumento de la inversión sin el incremento de los ahorros podría sobrecalentar la economía, mientras que aumentar los ahorros sin que la inversión crezca podría apenas entibiarla.

# Antecedentes y análisis

El fallido paquete de estímulos para la inversión propuesto por el PresidenteClinton fue diseñado para hacer más rentable la inversión y desplazar la curva de demanda de inversión hacia la derecha, de $DI_0$ a $DI_1$, como se muestra en la figura 1.

Los efectos de esta acción aislada son el incremento del gasto planeado agregado y un desplazamiento de la curva de gasto agregado hacia arriba, de $GA_0$ a $GA_1$, como aparece en la figura 2.

La consecuencia de este único cambio es lo que, en el artículo, Robert Solow llama "sobrecalentamiento". El gasto de equilibrio aumenta junto con la demanda agregada.

Un paquete de reducción del déficit consiste en un conjunto de aumentos a los impuestos y recortes al gasto. Los efectos de estas acciones son la disminución del gasto planeado agregado y el desplazamiento de la curva de gasto agregado hacia abajo, de $GA_0$ a $GA_2$, como se observa en la figura 2.

La consecuencia de este único cambio es lo que, en el artículo, Solow llama "apenas entibiar". El gasto de equilibrio disminuye junto con la demanda agregada.

Implantando ambas partes del plan de presupuesto que propuso Clinton, el Congreso podría mantener el gasto planeado agregado estable en $GA_0$ y evitar los riesgos de sobrecalentamiento o entibiamiento.

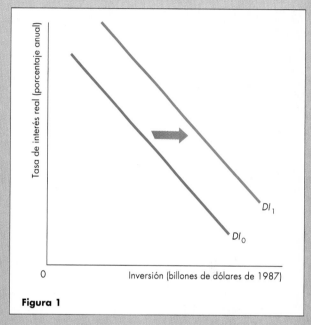

**Figura 1**

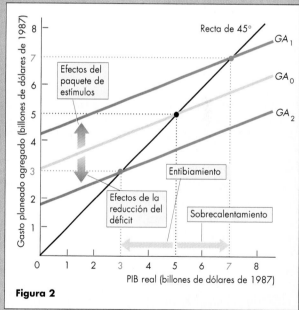

**Figura 2**

FIGURA 26.7

## El déficit del gobierno

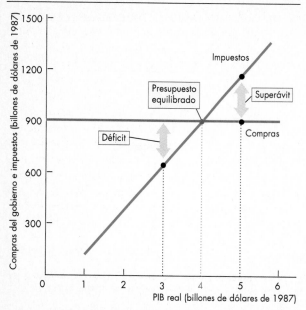

Las compras gubernamentales (línea roja) son independientes del nivel del PIB real pero los impuestos sobre la renta (línea azul) aumentan al aumentar el PIB real. Cuando el PIB real es de 4 billones de dólares, el presupuesto del gobierno está equilibrado. Cuando el PIB real es inferior a 4 billones de dólares, hay déficit, y cuando el PIB real es superior a 4 billones de dólares, hay superávit. Las fluctuaciones de los impuestos funcionan como un estabilizador automático cuando la economía recibe el impacto de cambios del gasto autónomo.

real es de 4 billones de dólares. Cuando el PIB real es inferior a esa cantidad, hay un déficit. Y cuando el PIB real es superior a ella, hay un superávit.

Al cambiar la inversión y las exportaciones, produciendo fluctuaciones del PIB real, los impuestos sobre la renta y el déficit también fluctúan. Por ejemplo, un gran aumento de la inversión hace aumentar el PIB real y los impuestos sobre la renta, y reduce el déficit (o crea un superávit). Los impuestos sobre la renta más elevados actúan como un estabilizador automático, disminuyen el ingreso disponible e inducen una disminución del gasto de consumo. Esta disminución modera los efectos del aumento inicial de la inversión así como el aumento del gasto agregado y del PIB real.

A la inversa, cuando un gran descenso de la inversión empuja la economía a la recesión, los impuestos sobre la renta disminuyen y el déficit

aumenta (o disminuye el superávit). Los impuestos sobre la renta más bajos actúan como un estabilizador automático. Ponen un límite a la caída del ingreso disponible y moderan la disminución del gasto agregado y del PIB real.

## REPASO

**L**a presencia de impuestos sobre la renta y de pagos de transferencia que varían conjuntamente con el PIB real, reduce el valor del multiplicador y funciona como un estabilizador automático. Cuanto más alta es la tasa marginal impositiva, menores son las fluctuaciones del PIB real que resultan de las fluctuaciones del gasto autónomo. ◆

Ya hemos visto qué determina el valor del multiplicador del gasto autónomo y cómo puede el gobierno aplicar el multiplicador para influir sobre el gasto agregado planeado mediante el cambio de las compras gubernamentales, los pagos de transferencia o los impuestos. Pero hasta ahora hemos estudiado modelos de la economía con cifras hipotéticas. Pasemos ahora al mundo real. ¿Qué magnitud tiene el multiplicador de la economía estadounidense?

## El multiplicador de Estados Unidos

**E**n el modelo de la economía que estudiamos antes en este mismo capítulo, cada dólar adicional de ingreso induce 50 centavos de gasto. Su multiplicador es de 2. Veamos algunas estimaciones del multiplicador de la economía de Estados Unidos.

### El multiplicador de Estados Unidos en 1990

En 1990 la propensión marginal a consumir en Estados Unidos era de aproximadamente el 0.9 y el ingreso disponible era aproximadamente dos tercios del PIB. Si reunimos estos dos fragmentos de información, podemos calcular que la propensión marginal a consumir del PIB es de 0.63 (0.7 de 0.9 es igual a 0.63). Las importaciones eran aproximadamente el 15 por ciento del PIB. Si aplicamos este porcentaje como un cálculo de la propensión marginal a importar, obtenemos un valor de 0.15; cada dólar adicional de PIB induce 15 centavos de importaciones. Si restamos la propensión marginal a importar de la propensión marginal a consumir, obtenemos la pendiente de la curva *GA*, que es de 0.48 (es decir, 0.63 menos 0.15). El multiplicador es de 1.92. Es decir,

$$\text{El multiplicador} = \frac{1}{(1-0.48)} = \frac{1}{0.42} = 1.92.$$

Entonces, con base en estas estimaciones, el multiplicador de Estados Unidos en 1990 era ligeramente inferior a 2.

## El multiplicador en la recesión y en la recuperación

¿Es el multiplicador un número estable, una constante, en el cual podamos apoyarnos? ¿Adquiere el multiplicador el mismo valor cuando la economía entra en una recesión y cuando se recupera de una recesión? ¿O varía su valor, y al hacerlo, varía de una manera sistemática? Las respuestas a esta clase de preguntas son importantes para el diseño de políticas encaminadas a mantener estable el gasto agregado. ¿De qué magnitud debe ser el aumento de las compras gubernamentales o la reducción de impuestos para evitar la recesión? ¿De qué magnitud tiene que ser la reducción de las compras gubernamentales o el aumento de impuestos para impedir que la economía tenga cuellos de botella en la oferta?

Podemos ver parte de las respuestas a estas preguntas en la tabla 26.2, que muestra estimaciones del valor del multiplicador de Estados Unidos para años seleccionados entre 1960 y 1991. Las estimaciones del multiplicador presentadas en esta tabla se calcularon dividiendo el cambio del PIB real entre el cambio del gasto autónomo. En estos cálculos, el cambio del gasto autónomo se midió como el cambio de la suma de la inversión, las compras gubernamentales de bienes y servicios y las exportaciones. El cambio del gasto inducido se mide como el cambio del gasto de consumo menos el cambio de importaciones.

La primera fila de la tabla muestra el valor medio del multiplicador entre 1960 y 1991, que es de 2.27. Las tres filas en rojo de la tabla calculan el multiplicador para tres periodos de recesión. En 1974-1975, tuvimos una reducción abrupta de la inversión, que siguió al pesimismo derivado del alza de precios del petróleo por la OPEP. En 1981-1982, tuvimos una severa reducción de la inversión ocasionada en parte por las altas tasas de interés y en parte por las expectativas pesimistas de beneficios. En 1990-1991 la inversión se redujo abruptamente, debido sobre todo a que las perspectivas de beneficios eran sombrías. En el primero de estos dos periodos de recesión, pese a que hubo una disminución del gasto autónomo, el gasto inducido aumentó. Como resultado, el PIB real disminuyó, si bien, menos que el gasto autónomo. En esos dos años, el multiplicador fue menor que 1. En la recesión de

**TABLA 26.2**

## El multiplicador en años seleccionados

| Periodo | Cambio del gasto autónomo ($\Delta G_{aut}$) | Cambio del gasto inducido ($\Delta N$) | Cambio del PIB real ($\Delta Y$) | |
|---|---|---|---|---|
| | (miles de millones de dólares de 1987) | | Multiplicador | |
| | | | | ($\Delta Y/\Delta A$) |
| 1960-1991 | 1,255.6 | 1,595.3 | 2,850.8 | 2.27 |
| 1974-1975 | 98.8 | 72.3 | −26.4 | 0.27 |
| 1981-1982 | −109.6 | 26.8 | −82.8 | 0.76 |
| 1982-1983 | 68.4 | 77.7 | 146.3 | 2.14 |
| 1983-1990* | 560.2 | 436.5 | 996.7 | 1.78 |
| 1990-1991† | −75.4 | −3.8 | −79.3 | 1.05 |

*Tercer trimestre de 1990.
†Primer trimestre de 1991.

El valor medio del multiplicador de 1960 a 1991 fue de 2.27. En las recesiones (sombreado rojo) de 1974-1975 y 1981-1982 el multiplicador fue menor a 1, y en la recesión de 1990-1991 el multiplicador estuvo cercano a 1. En las recuperaciones (sombreado azul) de 1982-1983 y de 1983-1990, el multiplicador fue mayor que 1. El multiplicador fue pequeño en los años de recesión debido a que se esperaba que la disminución del ingreso fuese temporal. El multiplicador fue menor en la década de 1980 que antes debido a que aumentó la propensión marginal a importar.

*Fuente: Survey of Current Business*, noviembre de 1991, págs. 6, 37 y cálculos del autor.

1991 disminuyó el gasto inducido, pero en una cantidad mínima, y el multiplicador fue cercano a 1. Las dos filas en azul de la tabla hacen los cálculos del multiplicador correspondientes a los periodos de recuperación en la década de 1980. Como podemos ver, los multiplicadores para esos periodos son mayores que los multiplicadores de las recesiones.

¿Por qué son menores los multiplicadores cuando la economía entra en recesión y mayores cuando están en recuperación? La respuesta a esta pregunta se encuentra en el comportamiento de la propensión marginal a consumir. El gasto de consumo depende tanto del ingreso disponible corriente como del ingreso disponible esperado en el futuro. Por tanto, el efecto de un cambio del ingreso disponible corriente sobre el gasto de consumo depende de si se espera que el cambio sea permanente o temporal. Un cambio del ingreso disponible corriente que se espera sea permanente es mayor que el efecto de un cambio que se espera sea temporal. Es decir, la propensión marginal a consumir es mayor cuando hay un cambio permanente del ingreso que cuando el ingreso cambia temporalmente. Por esta razón, la propensión marginal a consumir varía, y lo hace en una forma que está relacionada con el ciclo económico.

Al inicio de la recuperación, se espera que las ganancias de ingreso sean permanentes y la propensión marginal a consumir sea elevada. Cuando el ciclo económico se aproxima a la cima, y durante las recesiones, se espera que los cambios en el ingreso sean temporales y la propensión marginal a consumir sea baja. Cuando el PIB real bajó en 1974-1975 y, de nuevo, en 1981-1982, al entrar la economía en recesión, las familias esperaban que la pérdida de ingreso que sufrían sería temporal. No redujeron su gasto de consumo. Más bien, el gasto de consumo aumentó, pero menos de lo que habría aumentado sin recesión. Sin embargo, el aumento del gasto de consumo fue una reacción racional ante los hechos que se interpretaron como una interrupción temporal de un periodo de crecimiento económico y de expansión. Debido a que no disminuyó el gasto de consumo, la recesión fue menos severa de lo que habría sido en otras circunstancias. El multiplicador era menor que 1 y el gasto de consumo funcionó, hasta cierto punto, como un amortiguador de golpes.

Cuando se inicia la recuperación y el PIB real aumenta, la gente espera que una gran parte de los ingresos aumentados sea permanente. En consecuencia, el gasto de consumo aumenta para re-

forzar el aumento del gasto autónomo, por lo que el multiplicador es mayor que 1.

## El multiplicador declinante de Estados Unidos

Si bien en la recuperación el multiplicador es mayor que el de la recesión, usted puede ver en los datos de la tabla 26.2 que el multiplicador ha descendido a lo largo del tiempo. El multiplicador fue de 2.27 durante 31 años, de 2.14 a principios de la década de 1980 y de 1.78 en las postrimerías de la década de 1980. ¿Por qué ha declinado el multiplicador? La respuesta está en el comportamiento de la *propensión marginal a importar*.

Vimos ya en el capítulo 25 que ha habido un aumento constante en el porcentaje que representan las importaciones del PIB en los últimos veinte años. Este aumento constante ha sido resultado en parte de los cambios de los precios relativos internacionales: muchos bienes y servicios que se producen en el exterior se producen a un costo menor al que se pueden producir en Estados Unidos. Este aumento es también consecuencia del aumento constante del grado de especialización internacional en la producción de bienes y servicios. Es decir, Estados Unidos se ha especializado más y otros países también, aumentando sus exportaciones a Estados Unidos. Todos estos factores han aumentado la propensión marginal a importar. Cuanto más alta es la propensión marginal a importar, menor es la pendiente de la curva *GA* y menor es el multiplicador.

Hemos estudiado los efectos de los cambios en el gasto autónomo y de la política fiscal en el PIB real *a un nivel determinado de precios*. Veremos ahora cómo el nivel de precios responde, a su vez, a los cambios del gasto autónomo y de la política fiscal. Veremos también que los efectos de los multiplicadores del gasto autónomo y de la política fiscal sobre el PIB real son menores cuando se consideran los cambios del nivel de precios.

## PIB real, nivel de precios y multiplicadores

**C**uando las empresas encuentran acumulación de inventarios no deseados, reducen sus pedidos y disminuyen su producción. Generalmente también reducen sus precios. De manera similar, cuando las empresas tienen dificultad en mantenerse a la par de las ventas y sus inventarios descienden, aquéllas aumentan sus pedidos y la producción. Pero generalmente también aumentan sus precios. Hasta ahora, hemos estudiado las consecuencias económicas del cambio de los niveles de producción de las empresas cuando cambian sus ventas, pero no hemos examinado los efectos de los cambios de precios. Cuando las empresas cambian sus precios, el nivel de precios de toda la economía se modifica.

Para estudiar el nivel de precios, necesitamos aplicar el *modelo de demanda agregada y oferta agregada*. También necesitamos investigar la relación entre el modelo de demanda agregada y oferta agregada y el modelo del gasto agregado, que hemos estudiado en este capítulo. La clave de la relación entre estos dos modelos es la distinción entre la curva del *gasto* agregado y la curva de *demanda* agregada.

## Gasto agregado y demanda agregada

La curva del gasto agregado es la relación entre el gasto agregado planeado y el PIB real, manteniendo constantes todos los otros factores de influencia. La curva de demanda agregada es la relación entre la cantidad agregada demandada de bienes y servicios y el nivel de precios, manteniendo constantes todos los otros factores de influencia. Exploremos los vínculos entre estas dos relaciones.

## Gasto agregado planeado y nivel de precios

En un nivel de precios determinado, hay un nivel determinado del gasto agregado planeado. Pero si el nivel de precios cambia, lo mismo ocurre con el gasto agregado planeado. ¿Por qué? Por tres razones principales que se explican más ampliamente en el capítulo 24. Son:

◆ Efecto de los saldos monetarios reales
◆ Efecto de sustitución intertemporal
◆ Efecto de sustitución internacional

Un aumento del nivel de precios, con todo lo demás constante, disminuye la oferta monetaria real.

Una oferta monetaria real menor hace bajar el gasto agregado planeado: el *efecto de los saldos monetarios reales*. Una oferta monetaria real menor produce también tasas de interés más elevadas, lo que conduce a una baja en la inversión: el *efecto de sustitución intertemporal*. Un nivel de precios más alto, con todo lo demás constante, hace a los bienes producidos en Estados Unidos menos competitivos, aumentando las importaciones y disminuyendo las exportaciones: el *efecto de sustitución internacional*.

Todos estos efectos de un nivel de precios más alto hacen bajar el gasto agregado planeado a cada nivel del PIB real. Como resultado, cuando el nivel de precios se eleva, la curva del gasto agregado se desplaza hacia abajo. Una baja del nivel de precios produce el efecto opuesto. Cuando baja dicho nivel, la curva del gasto agregado se desplaza hacia arriba.

La figura 26.8(a) ilustra los anteriores efectos. Cuando el nivel de precios es de 100, la curva del gasto agregado es $GA_0$, que interseca la recta de 45° en el punto *b*. El gasto de equilibrio y el PIB real son de 4 billones de dólares. Si el nivel de precios aumenta a 150, la curva del gasto agregado se desplaza hacia abajo, a $GA_1$, que interseca la recta de 45° en el punto *a*. El gasto de equilibrio y el PIB real son de 2 billones de dólares. Si el nivel de precios baja a 50, la curva del gasto agregado se desplaza hacia arriba, a $GA_2$, que interseca a la recta de 45° en el punto *c*. El gasto de equilibrio y el PIB real son de 6 billones de dólares.

Acabamos de decir que, cuando cambia el nivel de precios, con todo lo demás constante, la curva del gasto agregado se desplaza y surge un nuevo gasto de equilibrio. No obstante, cuando cambia el nivel de precios, con todo lo demás constante, hay un movimiento a lo largo de la curva de demanda agregada. La figura 26.8 (b) ilustra este movimiento. Con un nivel de precios de 100, la cantidad agregada demandada de bienes y servicios es de 4 billones de dólares: el punto *b* en la curva de demanda agregada *DA*. Si el nivel de precios aumenta a 150, la cantidad agregada demandada de bienes y servicios desciende a 2 billones de dólares. Hay un movimiento a lo largo de la curva de demanda agregada hasta el punto *a*. Si el nivel de precios baja a 50, la cantidad agregada demandada de bienes y servicios aumenta a 6 billones de dólares. Hay un movimiento a lo largo de la curva de demanda agregada hasta el punto *c*. Cada punto en la curva de demanda agregada corresponde a un gasto de equilibrio. Los puntos *a*, *b* y *c* de gasto de equili-

FIGURA 26.8

# Gasto agregado y demanda agregada

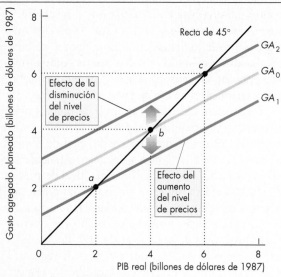

**a) Gasto de equilibrio**

La posición de la curva del gasto agregado depende del nivel de precios: un cambio del nivel de precios desplaza la curva del gasto agregado. Cuando el nivel de precios es de 100, la curva del gasto agregado es $GA_0$, como se muestra en la parte (a). El equilibrio se da cuando $GA_0$ interseca la recta de 45° en el punto *b*. La cantidad demandada de PIB real es de 4 billones de dólares. Cuando el nivel de precios aumenta a 150, la curva del gasto agregado se desplaza hacia abajo, a $GA_1$, y el equilibrio se da en el punto *a*, donde la cantidad demandada de PIB real es de 2 billones de dólares. Cuando el nivel de precios baja a 50, la curva $GA$ se desplaza hacia arriba a $GA_2$ y el equilibrio se da en el punto *c*, donde la cantidad demandada de PIB real es de 6 billones de dólares. La parte (b) muestra la curva de demanda agregada: la relación entre el nivel de precios y la cantidad demandada de PIB real. Un cambio del nivel de precios desplaza la curva del gasto agregado pero da como resultado un movimiento a lo largo de la curva de demanda agregada. Entonces, los puntos *a*, *b* y *c* sobre la curva de demanda agregada corresponden a esos mismos puntos de equilibrio en la parte (a).

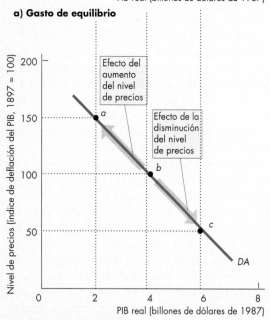

**b) Demanda agregada**

brio en la figura 26.8(a), corresponden a los puntos *a*, *b* y *c* en la curva de demanda agregada de la figura 26.8(b).

Ahora que hemos visto la relación entre la curva de demanda agregada y el gasto de equilibrio, averigüemos qué ocurre con la demanda agregada, con el nivel de precios y con el PIB real cuando hay cambios del gasto autónomo y cambios de la políti-

ca fiscal. Empezaremos con los efectos sobre la demanda agregada.

## Demanda agregada, gasto autónomo y política fiscal

Acabamos de ver que la curva del gasto agregado se desplaza cuando cambia el nivel de precios. Pero también se desplaza por otras mil razones. Son estas otras causas de desplazamientos de la curva del gasto agregado las que estudiamos antes en este capítulo, por ejemplo, un cambio de la inversión, de las exportaciones o de la política fiscal. Cualquier otro factor distinto del nivel de precios que desplace la curva del gasto agregado, desplaza también la curva de demanda agregada. La figura 26.9 ilustra estos desplazamientos.

En el inicio, la curva del gasto agregado es $GA_0$ en la parte (a) y la curva de demanda agregada es $DA_0$ en la parte (b). El nivel de precios es de 100. Supongamos ahora que el gasto autónomo aumenta en 1 billón de dólares. (Este incremento podría provenir de un aumento en la inversión, las exportaciones o las compras gubernamentales de bienes y servicios o de una reducción de impuestos.) Con un nivel de precios constante de 100, la curva del gasto agregado se desplaza hacia arriba, a $GA_1$. Esta curva interseca la recta de 45° en el gasto de equilibrio de 6 billones de dólares (punto $c'$). Esta cantidad corresponde a la cantidad agregada demandada de bienes y servicios a un nivel de precios de 100, como lo muestra el punto $c'$ en la parte (b). El punto $c'$ está en la nueva curva de demanda agregada. La curva de demanda agregada se ha desplazado hacia la derecha, a $DA_1$.

La distancia que ha desplazado hacia la derecha la curva de demanda agregada la determina el multiplicador. Cuanto mayor es el multiplicador, mayor es el desplazamiento de la curva de demanda agregada, lo que resulta de un determinado cambio del gasto autónomo. En este ejemplo, un aumento de 1 billón de dólares del gasto autónomo ocasiona un aumento de 2 billones de dólares de la cantidad demandada agregada de bienes y servicios a cada nivel de precios. El multiplicador es de 2. Es decir, un aumento de 1 billón de dólares del gasto autónomo desplaza la curva de demanda agregada hacia la derecha en 2 billones de dólares.

Una disminución del gasto autónomo desplaza la curva de gasto agregado hacia abajo y desplaza la curva de demanda agregada hacia la izquierda. Usted puede observar dichos efectos al invertir el cambio que acabamos de estudiar. Supongamos que, en el inicio, la economía está en la curva de gasto agregado $GA_1$ y en la curva de demanda agregada $DA_1$. Se presenta una disminución del gasto autónomo y la curva de gasto agregado planeado se desplaza hacia abajo, a $GA_0$. La cantidad agregada demandada de bienes y servicios desciende a 4 billones de dóla-

FIGURA **26.9**

## Cambios en el gasto autónomo y en la demanda agregada

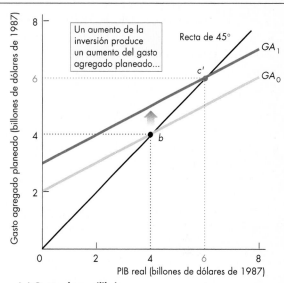

**(a) Gasto de equilibrio**

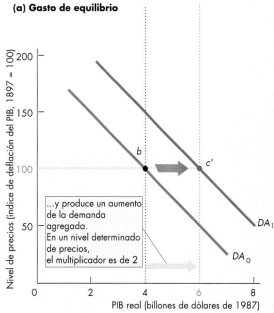

**(b) Demanda agregada**

El nivel de precios es de 100. Cuando la curva de gasto agregado es $GA_0$ (parte a), la curva de demanda agregada es $DA_0$ (parte b). Un aumento del gasto autónomo desplaza el gasto agregado hacia arriba, a $GA_1$. En el nuevo equilibrio (en $c'$) el PIB real es de 6 billones de dólares. Ya que la cantidad demandada de PIB real a un nivel de precios de 100 aumenta a 6 billones de dólares, la curva de demanda agregada se desplaza hacia la derecha, a $DA_1$.

res y la curva de demanda agregada se desplaza hacia la izquierda, a $DA_0$.

Podemos resumir lo descubierto hasta ahora de la siguiente manera: un aumento del gasto autónomo que surge por alguna otra causa que no es el cambio del precio desplaza la curva $GA$ hacia arriba y la curva $DA$ hacia la derecha. La magnitud del desplazamiento de la curva $DA$ la determina el cambio del gasto autónomo y el tamaño del multiplicador.

## PIB de equilibrio y el nivel de precios

En el capítulo 24 aprendimos cómo se determina el nivel de equilibrio del PIB real y el nivel de precios en el punto de intersección de las curvas de demanda agregada y de oferta agregada a corto plazo. Ahora hemos puesto a la demanda agregada bajo un microscopio más potente y hemos descubierto que los cambios del gasto autónomo y de la política fiscal desplazan la curva de demanda agregada, y así mismo que la magnitud del desplazamiento depende del tamaño del multiplicador. Pero de la oferta agregada depende si un cambio del gasto autónomo dará como resultado, en fin de cuentas, un cambio del PIB real o uno del nivel de precios o en alguna combinación de ambos. Veremos dos casos. Primero, veamos qué pasa a corto plazo, después qué pasa a largo plazo.

### Un aumento de la demanda agregada a corto plazo
La economía se describe en la figura 26.10. En la parte (a) la curva del gasto agregado es $GA_0$ y el gasto de equilibrio y el PIB real son de 4 billones de dólares: el punto $b$. En la parte (b) la demanda agregada es $DA_0$ y la curva de oferta a corto plazo es $SAC$. (Véase el capítulo 24 si necesita recordar esto.) El equilibrio se da en el punto $b$, donde las curvas de demanda agregada y de oferta agregada a corto plazo se intersecan. El nivel de precios es de 100.

Supongamos ahora que hay una reducción de impuestos, lo que aumenta el gasto autónomo en 1 billón de dólares. Con el nivel de precios constante en 100, la curva del gasto agregado se desplaza hacia arriba, a $GA_1$. El gasto de equilibrio y el PIB real aumentan a 6 billones de dólares: el punto $c'$ en la parte (a). En la parte (b), la curva de demanda agregada se desplaza hacia la derecha

FIGURA 26.10

## Política fiscal, PIB real y el nivel de precios

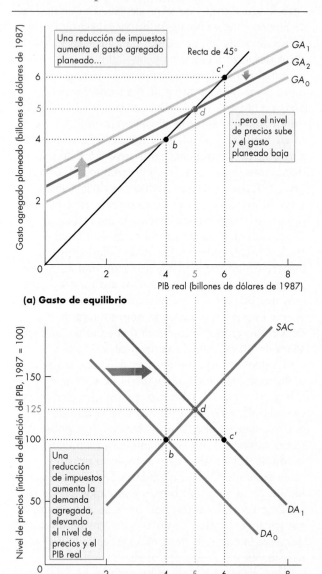

**(a) Gasto de equilibrio**

**(b) Demanda agregada**

Una reducción de impuestos desplaza la curva $GA$ hacia arriba de $GA_0$ a $GA_1$ (parte a). La curva $DA$ se desplaza de $DA_0$ a $DA_1$ (parte b). La economía pasa al punto $c'$ (partes a y b) y hay un exceso de demanda. El nivel de precios sube y el nivel de precios más alto desplaza la curva $GA$ hacia abajo a $GA_2$. La economía se mueve al punto $d$ en ambas partes. Cuanto mayor pendiente tenga la curva $SAC$, mayor es el cambio del nivel de precios y menor es el cambio del PIB real.

en 2 billones de dólares, de $DA_0$ a $DA_1$. Pero, con esta nueva curva de demanda agregada, el nivel de precios no permanece constante. Aumenta a 125, como lo determina el punto de intersección de la curva de oferta agregada a corto plazo y la nueva curva de demanda agregada: el punto $d$. Y el PIB real no aumenta a 6 billones de dólares, sino a 5.

En un nivel de precios de 125, la curva de gasto agregado no permanece en $GA_1$ en la parte (a). Se desplaza hacia abajo, a $GA_2$, que interseca la recta de 45° en un nivel de gasto agregado y de PIB real de 5 billones (punto $d$).

Al considerar el nivel de precios en estos mismos cálculos, la reducción de impuestos tiene todavía un efecto multiplicador sobre el PIB real, pero el efecto es más pequeño de lo que sería si el nivel de precios permaneciera constante. Cuanto mayor sea la pendiente de la curva de oferta agregada a corto plazo, mayor será el aumento del nivel de precios y menor el efecto multiplicador sobre el PIB real.

**En una planta embotelladora en Kalamazoo**  El resultado que acabamos de obtener puede quizá entenderse más fácilmente si pensamos lo que sucede en una sola fábrica: una planta embotelladora en Kalamazoo. Cuando se reducen los impuestos y la gente tiene más para gastar, parte de su gasto extra se dedica a botellas de refresco. En la planta embotelladora los pedidos aumentan así como su producción. Pero los costos también aumentan. Para producir más botellas de refresco, ha de contratarse trabajo, y la planta debe funcionar más tiempo. El nuevo trabajo tiene que adiestrarse y, con más horas de producción, queda menos tiempo para el mantenimiento, por lo que se presentan más fallas en la planta. Al enfrentar costos más elevados, la fábrica eleva precios. Así que la planta embotelladora responde a un aumento de la demanda en parte con un aumento de la producción y en parte con precios más altos. Los precios más altos ocasionan una disminución de la cantidad demandada de refrescos y el aumento final de la producción es menor que si los precios se hubieran mantenido estables. Ya que todas las empresas responden de una manera similar a como lo hace la planta embotelladora de Kalamazoo, el resultado macroeconómico es el descrito en la figura 26.10.

**Un aumento de la demanda agregada a largo plazo**  A largo plazo, la economía está en el equilibrio de pleno empleo y en su curva de oferta agregada a largo plazo. Cuando la economía está en pleno empleo, un aumento de la demanda agregada tiene el mismo efecto inicial (efecto a corto plazo), como el que obtuvimos, pero su efecto a largo plazo es diferente.

Para ver el efecto a largo plazo, suponga que en la figura 26.10 la oferta agregada a largo plazo es de 4 billones de dólares. Cuando aumenta la demanda agregada, y desplaza la curva de demanda agregada de $DA_0$ a $DA_1$, el equilibrio $d$ es un equilibrio con empleo superior al pleno empleo. Cuando la fuerza de trabajo está por encima del pleno empleo, hay escasez de trabajo y los salarios aumentan. Los salarios más altos acarrean costos más elevados así como una disminución de la oferta agregada. El resultado es un aumento adicional del nivel de precios y una disminución del PIB real. Finalmente, cuando las tasas de salarios y el nivel de precios han aumentado en el mismo porcentaje, el PIB real está nuevamente en su nivel de pleno empleo. A largo plazo, el multiplicador es de cero.

Si volvemos al ejemplo de la planta embotelladora de Kalamazoo, veremos que han aumentado la producción y los precios, pero hay una severa escasez de trabajo. Las tasas de salario se elevan rápidamente. La planta embotelladora, al enfrentar costos crecientes del trabajo, continúa elevando sus precios. Finalmente, las tasas de salario pagadas por la planta embotelladora aumentan en el mismo porcentaje que el precio de la botella de refresco. En esa situación, no produce ningún beneficio continuar la producción a un nivel más alto, así que la planta regresa a su nivel original de producción.

◆ ◆ ◆ ◆  Ya hemos estudiado las fuerzas que influyen sobre los componentes del gasto agregado así como la forma en que éstos se influyen mutuamente para determinar el gasto agregado y la posición de la curva de demanda agregada. Las fluctuaciones de la curva del gasto agregado y de la curva de demanda agregada son ocasionadas por las fluctuaciones del gasto autónomo. Un elemento importante del gasto autónomo es la inversión, que a su vez la determinan, en otras cosas, las tasas de interés. Pero, ¿qué determina las tasas de interés? Trataremos de responder esa pregunta en los dos capítulos siguientes.

# RESUMEN

## Multiplicadores de gasto

El gasto agregado se divide en dos componentes: gasto autónomo y gasto inducido. El gasto autónomo es la suma de inversión, compras gubernamentales, exportaciones y la parte del gasto de consumo que no varía con el ingreso. El gasto inducido es la parte del gasto de consumo que varía con el ingreso menos las importaciones.

Un aumento del gasto autónomo hace aumentar el gasto agregado planeado y desplaza la curva del gasto agregado hacia arriba. El gasto de equilibrio y el PIB real aumentan más que el aumento del gasto autónomo. Ocurre así porque el aumento del gasto autónomo induce un aumento del gasto de consumo. El gasto agregado aumenta en relación con el aumento inicial del gasto autónomo y el del gasto inducido.

Un aumento del ahorro desplaza la curva del gasto agregado hacia abajo y reduce el PIB real: la paradoja de la frugalidad. Esta paradoja surge porque el aumento del ahorro no produce automáticamente un aumento de la inversión. Si la inversión y el ahorro aumentan conjuntamente, la curva del gasto agregado no se desplaza y el ingreso agregado no baja. A largo plazo, los ahorros adicionales permiten una mayor acumulación de capital y un crecimiento más rápido del ingreso agregado.

El multiplicador del gasto autónomo (o simplemente: el multiplicador) es el cambio del PIB real de equilibrio dividido entre el cambio del gasto autónomo que lo provocó. El tamaño del multiplicador depende de la pendiente (g) de la curva GA y su valor lo da la fórmula

$$\text{Multiplicador} = \frac{1}{(1-g)}.$$

Debido a que g es un número que está entre 0 y 1, el multiplicador es mayor que 1. Cuanto mayor sea el valor de g, mayor es el multiplicador. El multiplicador es mayor que 1 debido al gasto inducido: porque un aumento del gasto autónomo induce un aumento del gasto de consumo (págs. 759-767).

## Multiplicadores de política fiscal

Hay tres multiplicadores principales de política fiscal:

◆ El multiplicador de compras del gobierno
◆ El multiplicador de pagos de transferencia
◆ El multiplicador de impuestos

El multiplicador de compras del gobierno es la cantidad por la que se multiplica el cambio de las compras gubernamentales de bienes y servicios para determinar el cambio del gasto de equilibrio que ocasiona. Debido a que las compras gubernamentales de bienes y servicios son uno de los componentes del gasto autónomo, este multiplicador es igual al multiplicador del gasto autónomo. Es decir,

$$\text{Multiplicador de compras del gobierno} = \frac{1}{(1-g)}.$$

El multiplicador de pagos de transferencia es la cantidad por la que se multiplica un cambio de los pagos de transferencia para determinar el cambio del gasto de equilibrio que ocasiona. Debido a que un cambio de los pagos de transferencia influye sobre el gasto agregado al cambiar el ingreso disponible, este multiplicador es igual a la propensión marginal a consumir (b) multiplicada por el multiplicador del gasto autónomo. Es decir,

$$\text{Multiplicador de pagos de transferencia} = \frac{b}{(1-g)}.$$

El multiplicador de impuestos es la cantidad por la que se multiplica un cambio de impuestos para determinar el cambio del gasto de equilibrio que ocasiona. Un aumento de impuestos acarrea una disminución del gasto de equilibrio. La respuesta inicial del gasto de consumo a un aumento de impuestos es exactamente la misma que ante una disminución de los pagos de transferencia. Entonces, un cambio de impuestos funciona como un cambio de pagos de transferencia, pero su multiplicador es negativo. Es

$$\text{Multiplicador de impuestos} = \frac{b}{(1-g)}.$$

Si cambian simultáneamente las compras gubernamentales de bienes y servicios y los impuestos, y en la misma cantidad, hay entonces un multiplicador de presupuesto equilibrado que combina ambos multiplicadores. El multiplicador de presupuesto equilibrado es

$$\text{Multiplicador de presupuesto equilibrado} = \frac{(1-b)}{(1-g)}.$$

Debido a que la propensión marginal a consumir ($b$) es mayor que la pendiente ($g$) de la curva *GA*, el multiplicador de presupuesto equilibrado es menor que 1.

El impuesto y el sistema de pagos de transferencia funcionan como un estabilizador automático: un mecanismo que reduce las fluctuaciones del gasto agregado (págs. 767-774).

## El multiplicador de Estados Unidos

El multiplicador de Estados Unidos es cercano a 2. Pero fluctúa durante el ciclo económico; se eleva en la recuperación y baja en una recesión. Su valor ha bajado a lo largo del tiempo debido a que ha aumentado la propensión marginal a importar (págs. 774-776).

## PIB real, nivel de precios y multiplicadores

La curva de demanda agregada es la relación entre la cantidad demandada de PIB real y el nivel de precios, con todo lo demás constante. Un cambio en el nivel de precios ocasiona un movimiento a lo largo de la curva de demanda. La curva del gasto agregado es la relación entre el gasto agregado planeado y el PIB real, con todo lo demás constante. En un nivel determinado de precios, hay una curva dada del gasto agregado. Un cambio del nivel de precios hace cambiar el gasto autónomo y desplaza la curva del gasto agregado. Entonces, un movimiento a lo largo de la curva de demanda agregada está asociado con un desplazamiento de la curva del gasto agregado. Un cambio del gasto autónomo no ocasionado por un cambio del nivel de precios desplaza la curva del gasto agregado y, también, la curva de demanda agregada. La magnitud del desplazamiento de la curva de demanda agregada depende del tamaño del multiplicador y del cambio del gasto autónomo.

El PIB real y el nivel de precios los determinan tanto la demanda agregada como la oferta agregada. Si un aumento de la demanda agregada tiene lugar en el equilibrio con desempleo, aumentan tanto el nivel de precios como el PIB real. Pero el aumento del PIB real es menor que el aumento de la demanda agregada. Cuanto mayor sea la pendiente de la curva de oferta agregada a corto plazo, mayor será el cambio del nivel de precios y menor el cambio del PIB real. Si un aumento de la demanda agregada tiene lugar con pleno empleo, su efecto a largo plazo ocurre por completo por encima del nivel de precios (págs. 776-781).

---

## ELEMENTOS CLAVE

### Términos clave

Estabilizador automático, 770
Gasto autónomo, 759
Gasto inducido, 759
Multiplicador de compras del gobierno, 768
Multiplicador del gasto autónomo, 763
Multiplicador de impuestos, 768
Multiplicador de pagos de transferencia, 768
Multiplicador del presupuesto equilibrado, 769
Multiplicador, 763
Paradoja de la frugalidad, 763
Propensión marginal a importar, 761
Tasa marginal impositiva, 771

### Figuras y tablas clave

## PREGUNTAS DE REPASO

**1** ¿A qué componentes del gasto agregado se aplica el multiplicador de gasto autónomo?

**2** ¿Cuál es la relación entre el multiplicador de gasto autónomo y la pendiente de la curva *GA*?

**3** ¿Por qué el multiplicador de gasto autónomo es mayor que 1?

**4** ¿Qué es el multiplicador de compras del gobierno? ¿Es mayor que 1 su valor?

**5** ¿Qué es el multiplicador de pagos de transferencia?

**6** ¿Qué es el multiplicador de impuestos? ¿Cómo se compara con el multiplicador de gasto autónomo?

**7** ¿Cómo se compara el multiplicador de pagos de transferencia con el multiplicador de impuestos?

**8** ¿Qué es el multiplicador de presupuesto equilibrado? ¿Es su valor mayor que 1?

**9** Explique en qué forma actúan los impuestos sobre la renta y los pagos de transferencia como estabilizadores automáticos.

**10** ¿Cuál es la magnitud del multiplicador en Estados Unidos?

**11** ¿Cuál es la relación entre la curva del gasto agregado y la curva de demanda agregada?

**12** El nivel de precios cambia y todo lo demás se mantiene constante. ¿Qué le sucede a la curva de demanda agregada y a la curva de gasto agregado?

**13** Hay un cambio del gasto autónomo que no lo produce un cambio del nivel de precios. ¿Qué le sucede a la curva del gasto agregado y a la curva de demanda agregada?

## PROBLEMAS

**1** Se le proporciona la siguiente información sobre la economía de Zelanda: el gasto autónomo de consumo es de 100 mil millones de dólares y la propensión marginal a consumir es de 0.9. La inversión es de 460 mil millones de dólares, las compras gubernamentales de bienes y servicios son de 400 mil millones de dólares y los impuestos son constantes en 400 mil millones de dólares, es decir, no varían con el ingreso. Las exportaciones son de 350 mil millones de dólares y las importaciones el 10 por ciento del ingreso. El gobierno de Zelanda no realiza pagos de transferencia.

a   Calcule la pendiente de la curva *GA*.

b   El gobierno reduce sus compras de bienes y servicios a 300 mil millones de dólares ¿En cuánto cambia el PIB real? ¿Cuál es el multiplicador de compras del gobierno?

c   El gobierno continúa comprando 400 mil millones de dólares de bienes y servicios y rebaja los impuestos a 300 mil millones de dólares. ¿En cuánto cambia el PIB real? ¿Cuál es el multiplicador de impuestos?

d   El gobierno reduce simultáneamente sus compras de bienes y servicios y rebaja los impuestos a 300 mil millones de dólares en cada caso. ¿En cuánto cambia el PIB real? ¿Cómo se llama el multiplicador que funciona en este caso y cuál es su valor?

**2** Todo en Zelanda permanece igual que en el problema 1, excepto que se cambian las leyes fiscales. En lugar de que los impuestos sean constantes en 400 mil millones de dólares, se vuelven el 10 por ciento del PIB real.

a  Calcule la pendiente de la curva *GA*.

b  Las compras del gobierno se reducen a 300 mil millones de dólares. ¿En cuánto cambia el PIB real? ¿Cuál es el multiplicador de compras gubernamentales?

c  ¿En cuánto cambia el gasto de consumo? Explique por qué el gasto de consumo cambia más de lo que cambian las compras del gobierno.

d  El gobierno introduce pagos de transferencia de 50 mil millones de dólares. ¿Cuál es el multiplicador de pagos de transferencia? ¿En cuánto cambia el PIB real?

**3** Se le dan tres fragmentos de información acerca del multiplicador en la economía de Alfabeto. Su valor medio es de 2; en el año A es de 3½ y en el año B es de ½.

a  ¿Fue el año A de recuperación o de recesión? ¿Por qué?

b  ¿Fue el año B de recuperación o de recesión? ¿Por qué?

**4** Suponga que el nivel de precios en la economía de Zelanda, como se describe en el problema 1, es de 100.

a  Encuentre un punto de la curva de demanda agregada de Zelanda.

b  Si el gobierno de Zelanda aumenta sus compras de bienes y servicios en 100 mil millones de dólares, ¿qué le ocurre a la cantidad demandada de PIB real?

c  A corto plazo, ¿aumenta el PIB real de equilibrio en más, menos que, o igual, que el aumento de la cantidad demandada de PIB real?

d  A largo plazo, ¿aumenta el PIB real de equilibrio más, menos o igual que el aumento de la cantidad demandada de PIB real?

e  A corto plazo, ¿aumenta, disminuye o permanece constante el nivel de precios en Zelanda?

f  A largo plazo, ¿aumenta, disminuye o permanece constante, el nivel de precios en Zelanda?

# CAPÍTULO 27

## DINERO, BANCA Y PRECIOS

**Después de estudiar este capítulo, usted será capaz de:**

◆ Definir el dinero y enunciar sus funciones

◆ Describir las diferentes formas de dinero

◆ Explicar cómo se mide el dinero actualmente en Estados Unidos

◆ Describir los balances de los principales intermediarios financieros

◆ Explicar las funciones económicas de los bancos comerciales y de otros intermediarios financieros

◆ Describir algunas de las innovaciones financieras de la década de 1980

◆ Explicar cómo crean dinero los bancos

◆ Explicar por qué la cantidad de dinero es una magnitud económica importante

◆ Explicar la teoría cuantitativa del dinero

EL DINERO, COMO EL FUEGO Y LA RUEDA, HAN ESTADO CON nosotros durante muchos años. Nadie sabe con certeza desde cuándo existe ni cuál es su origen. Un increíble conjunto de artículos han servido como dinero: *wampums* (cuentas hechas de conchas) usadas por los indios de América del Norte; cauríes (conchas de colores brillantes), que se usaron en la India; dientes de ballena, que se usaron en las Islas Fidji; el tabaco, que lo usaron los primeros colonizadores de Estados Unidos; los cigarrillos y el licor, que se han usado en la época moderna e incluso terrones de sal en Etiopía y otras regiones de África y el Tíbet. ¿Qué es exactamente el dinero? ¿Por qué se ha usado como dinero tal variedad de mercancías? ◆ ◆ Actualmente, cuando queremos comprar algo, usamos monedas o billetes, giramos un cheque o presentamos una tarjeta de crédito. ¿Son dinero todas estas cosas? Cuando depositamos algunas monedas o billetes en un banco o en una institución de ahorro y préstamo ¿aún son dinero?

## El dinero hace girar el mundo

¿Y qué ocurre cuando el banco o la institución de ahorro y préstamo presta el dinero de nuestra cuenta de depósito a alguien más? ¿Cómo podemos obtener nuestro dinero de vuelta si lo han prestado? ¿Los préstamos de los bancos y de las instituciones de ahorro y préstamo crean dinero de la nada? ◆ ◆ Durante la década de 1980, los bancos y otras instituciones financieras introdujeron nuevos tipos de cuentas de depósito, las cuentas NOW y las cuentas ATS fueron las más destacadas. ¿Por qué se introdujeron estos tipos nuevos de cuentas bancarias? ◆ ◆ Las instituciones de ahorro y préstamo de Estados Unidos han estado en grandes problemas en años recientes y, en 1989, el gobierno federal de Estados Unidos llegó en su auxilio con el rescate más cuantioso de la historia de Estados Unidos. ¿Por qué están en dificultades las instituciones de ahorro y préstamo? ◆ ◆ Durante la década de 1970, la cantidad de dinero en existencia en Estados Unidos aumentó rápidamente, pero en la década de 1980 lo hizo a un ritmo más lento. En China desde finales de la década de 1940, Israel a principios de la década de 1980 y algunos países latinoamericanos a finales de la década de 1980, la cantidad de dinero ha aumentado a un ritmo extremadamente rápido. En Suiza y Alemania, la cantidad de dinero ha aumentado a una tasa moderada. ¿Tiene importancia la tasa de crecimiento de la cantidad de dinero? ¿Cuáles son los efectos sobre nuestra economía de una cantidad de dinero creciente?

◆ ◆ ◆ ◆   En este capítulo estudiaremos ese invento útil: el dinero. Examinaremos sus funciones, sus diferentes formas y la manera en que actualmente se define y se mide en Estados Unidos. También estudiaremos los bancos comerciales y otras instituciones financieras y para saber cómo crean dinero. Por último, examinaremos la relación entre el dinero y los precios.

## ¿Qué es el dinero?

¿Qué tienen en común los cauríes, los dientes de ballena, las monedas de cinco y de diez centavos? ¿Por qué son todos ejemplos de dinero? Para contestar, necesitamos una definición de dinero.

### La definición de dinero

**Dinero** es cualquier mercancía o ficha que se acepta generalmente como un medio de pago de bienes y servicios. Las mercancías y fichas que en particular han servido con este fin han variado enormemente. Estudiaremos el dinero y las instituciones de intercambio monetario que han evolucionado en la economía de Estados Unidos. Pero veamos primero las funciones del dinero.

## Las funciones del dinero

El dinero desempeña cuatro funciones:

◆ Medio de pago
◆ Unidad de cuenta
◆ Depósito de valor
◆ Patrón de pago diferido

**Medio de cambio**   El **medio de cambio** es una mercancía o ficha que se acepta generalmente a cambio de bienes y servicios. El dinero funciona como un medio. Sin dinero, sería necesario intercambiar bienes y servicios directamente por otros bienes y otros servicios; un intercambio conocido como **trueque**. Por ejemplo, si usted quisiera comprar una hamburguesa, ofrecería a cambio la novela que acaba de leer o media hora de su trabajo en la cocina. El trueque sólo se puede realizar cuando hay una doble coincidencia de deseos. Una **doble coincidencia de deseos** es una situación que tiene lugar cuando A quiere comprar lo que B vende y B quiere comprar lo que A vende. Es decir, para conseguir su hamburguesa, usted tiene que encontrar a alguien que venda hamburguesas y que quiera una novela o su trabajo en la cocina. La concurrencia de la doble coincidencia de deseos es tan rara que el intercambio por trueque no permitiría obtener las ganancias de la especialización y el intercambio.

El dinero garantiza que haya siempre una doble coincidencia de deseos. La gente que tiene algo para vender aceptará siempre dinero a cambio, y la gente que quiere comprar ofrecerá siempre dinero. El dinero actúa como un lubricante que suaviza el mecanismo de intercambio. Reduce el costo de realizar transacciones. La evolución del intercambio monetario es una consecuencia de nuestra actividad de economizar: obtener lo más posible de nuestros recursos limitados.

**Unidad de cuenta**   Como una medida acordada para expresar los precios de bienes y servicios, el dinero es una **unidad de cuenta**. Para sacar el mayor provecho de su presupuesto, usted tiene que calcular, entre otras cosas, si vale la pena el precio que tiene que pagar por ver una película más, no en dólares y centavos, sino en términos de la cantidad de barquillos de helado, refrescos y tazas de café a los que tiene que renunciar. No es difícil realizar todos estos cálculos cuando dichos bienes y servicios tienen precios en dólares y centavos (véase la tabla

27.1). Si una función de cine cuesta 6 dólares y un paquete de seis refrescos cuesta 3 dólares, usted sabe de inmediato que ver una película más le cuesta 2 paquetes de seis refrescos. Si el paquete de caramelos cuesta 50 centavos, una película más cuesta 12 paquetes de caramelos. Usted sólo necesita un cálculo para averiguar el costo de oportunidad de cualquier par de bienes y servicios.

Pero imagine lo incómodo que sería ¡si una sala de cine anunciara sus precios como 2 paquetes de seis refrescos, y si la tienda anunciara el precio de un paquete de seis refrescos como 2 barquillos de helado, y si la heladería anunciara el precio de un barquillo de helado como 3 paquetes de caramelos, y si la dulcería fijara el precio de los caramelos como 2 tazas de café! ¿Cuántas vueltas y cálculos tendría que hacer para averiguar cuánto le costaría una función de cine en términos de refrescos, barquillos de helado, caramelos o café que tiene que sacrificar? Usted obtendría la respuesta para el refresco inmediatamente con el anuncio en la sala de cine, pero en cuanto a los otros bienes, tendría que visitar muchas tiendas diferentes para determinar el precio de cada mercancía en términos de otra, y después calcular los precios en unidades que sean pertinentes para su decisión. Eche un vistazo a la columna con la leyenda "Precio en unidades monetarias" de la tabla 27.1 y vea lo difícil que es averiguar la cantidad de llamadas telefónicas locales que cuesta ver una película. ¡Es suficiente para que la gente renuncie al cine! Es mucho más sencillo que todo el mundo exprese sus precios en términos de dólares y centavos.

**Depósito de valor** Cualquier mercancía o ficha que puede conservarse e intercambiarse más tarde por bienes y servicios se llama **depósito de valor**. El dinero funciona como un depósito de valor. Si no fuera así, no sería aceptable a cambio de bienes y servicios. Cuanto más estable es el valor de la mercancía o ficha, mejor funciona como depósito de valor y es más útil como dinero. No existe un depósito de valor que sea completamente seguro. El valor de un objeto físico como una casa, un automóvil o una obra de arte varía con el tiempo. El valor de una mercancía o ficha usada como dinero también fluctúa y, cuando hay inflación, su valor baja continuamente.

**Patrón de pago diferido** Una medida acordada que permite que se elaboren contratos de pagos e

**TABLA 27.1**

## La función del dinero de unidad de medida simplifica las comparaciones de precios

| Bien | Precio en unidades monetarias | Precio en unidades de otro bien |
|---|---|---|
| Película | $6.00 cada una | 2 paquetes de seis refrescos |
| Refresco | $3.00 por un paquete de seis | 2 barquillos de helado |
| Helado | $1.50 por barquillo | 3 paquetes de caramelos |
| Caramelos | $0.50 por paquete | 2 tazas de café |
| Café | $0.25 por taza | 1 llamada telefónica local |

**El dinero como una unidad de cuenta**: una película cuesta 6 dólares y una taza de café cuesta 25 centavos, así que una película cuesta 24 tazas de café ($6 ÷ 25¢ = 24).

**Sin unidad de cuenta**: usted va al cine y se entera de que el precio de una función es de 2 paquetes de seis refrescos. Usted va a la dulcería y se entera de que el paquete de caramelos cuesta 2 tazas de café. ¿Pero cuántas tazas de café le cuesta ver una película? Para contestar esa pregunta, usted va a la tienda y averigua que el paquete de seis refrescos cuesta dos barquillos de helado. Ahora se dirige a la heladería, en donde un barquillo de helado cuesta 3 paquetes de caramelos. Después saca su calculadora de bolsillo: ¡una función de cine cuesta 2 paquetes de seis refrescos, o 4 barquillos de helado, o 12 paquetes de caramelos, o 24 tazas de café!

ingresos futuros se llama **patrón de pago diferido**. Si usted pide dinero prestado para comprar una casa o si lo ahorra para su jubilación, su compromiso futuro o ingreso futuro se acordará en dólares y centavos. El dinero se usa como un patrón de pago diferido.

El uso del dinero como patrón de pago diferido no está exento totalmente de riesgo porque, como vimos en el capítulo 22, la inflación conduce a cambios imprevisibles en el valor del dinero. Pero, a medida que los prestatarios y prestamistas anticipan la inflación, su tasa se refleja en las tasas de interés pagadas y recibidas. Los prestamistas se protegen, en efecto, cobrando una tasa de interés más alta y los prestatarios, anticipando la inflación, de buena gana pagan la tasa más alta.

## Formas diferentes de dinero

El dinero puede adoptar cuatro formas diferentes:

◆ Dinero mercancía

◆ Papel moneda convertible
◆ Dinero fiduciario
◆ Dinero pagaré

**Dinero mercancía**   Una mercancía física que se valora por sí misma y que también se usa como un medio de pago, es **dinero mercancía**. Una increíble colección de artículos han servido como dinero mercancía en diferentes épocas y lugares, varios de los cuales se describen en la introducción de este capítulo. Pero el dinero mercancía más común ha sido la moneda metálica de oro, plata y cobre. Las primeras monedas conocidas se hicieron en Lidia, una ciudad-estado griega, a principios del siglo VII A.C. Estas monedas se hicieron de electro, una mezcla natural de oro y plata. El dinero mercancía tiene ventajas considerables pero algunos inconvenientes. Veamos primero las ventajas.

**Ventajas del dinero mercancía**   La principal ventaja del dinero mercancía es que debido a que es una mercancía con valor en sí misma, su valor como dinero se conoce de inmediato. Este hecho ofrece una garantía del valor del dinero. Por ejemplo, el oro puede usarse para tapar dientes y hacer anillos, su valor en esos usos determina su valor como dinero. Históricamente, el oro y la plata fueron ideales para usarse como dinero porque su oferta era limitada y su demanda constante (de parte de aquellos suficientemente acaudalados como para usarlos) para ornamentos y joyería. Más aún, su calidad podía verificarse fácilmente y eran fácilmente divisibles en unidades lo bastante pequeñas como para facilitar el intercambio.

**Desventajas del dinero mercancía**   El dinero mercancía tiene dos desventajas principales. La primera es que existe la constante tentación de hacer trampa con el valor del dinero. Se han usado comúnmente dos métodos para hacer trampa: recortar y desvalorar. *Recortar* es reducir el tamaño de las monedas en una cantidad imperceptible, reduciendo así su contenido metálico. *Desvalorización o rebajamiento* es crear una moneda con un contenido menor de oro o plata (completando con un metal más barato).

Esta tentación para reducir el valor del dinero ocasionó un fenómeno conocido como la ley de Gresham, así llamada por un experto financiero inglés del siglo XVI, Sir Thomas Gresham. La **ley de Gresham** es la tendencia del dinero malo a sacar de la circulación al dinero bueno. El dinero malo es dinero rebajado; el dinero bueno es dinero que no ha sido rebajado. Es fácil entender por qué funciona la ley de Gresham. Suponga que a una persona se le paga con dos monedas: una rebajada y la otra no. Cada moneda tiene el mismo valor si se usa como dinero en el intercambio de bienes, pero una de las monedas, la que no está rebajada, es más valiosa como un bien en sí mismo que como instrumento de dicho intercambio. Por tanto, no se usará como moneda. Sólo se usará la moneda rebajada. De esta forma, el dinero malo expulsa de la circulación monetaria al dinero bueno.

Una segunda desventaja del dinero mercancía es que la mercancía, que tiene valor en sí misma, puede usarse en otras formas que no sea como dinero: tiene un costo de oportunidad. Por ejemplo, el oro y la plata usados como dinero no pueden usarse para ornamentos o joyería. Este costo de oportunidad da incentivos para encontrar alternativas a la mercancía misma para usarse en el proceso de intercambio. Una alternativa es un documento que da derecho al dinero mercancía.

**Papel moneda convertible**   Cuando un título que da derecho a una mercancía circula como medio de pago, ese título se llama **papel moneda convertible**. El primer ejemplo que se conoce de papel moneda se dio en China durante la dinastía Ming (1368-1399 D.C.). Esta forma de dinero se usó también ampliamente en la Europa medieval.

La inventiva de los orfebres y de sus clientes condujo a un aumento y uso extendidos del papel moneda convertible. Debido a que el oro era valioso, los orfebres tenían cajas fuertes bien resguardadas en las que conservaban su propio oro. Así pues, alquilaban el espacio a los artesanos y a otros que querían poner a salvo el suyo. Los orfebres emitían un recibo que le daba derecho al dueño del oro a reclamar su "depósito" a la vista. Estos recibos eran como la ficha que usted recibe por su abrigo en el teatro o en un museo.

Supongamos que Isabel tiene un recibo de oro que indica su posesión de 100 onzas de oro depositadas con Samuel. Comprará a Enrique un terreno valorado en 100 onzas de oro. Isabel puede llevar a cabo esta transacción de dos maneras. La primera es ir con Samuel, entregar su recibo y recoger su oro, llevar el oro a Enrique y recibir el título de propiedad del terreno. Enrique entonces va con Samuel y deposita el oro para su salvaguarda y se retira con su recibo. La segunda manera de hacer esta transacción es que Isabel simplemente entregue su recibo del oro a Enrique, completando la transacción al usar el recibo del oro como dinero. Evidentemente, es mucho más cómodo llevar a cabo la transacción de la segunda manera, siempre y cuando Enrique confíe en Samuel. El recibo del oro que circula como medio de pago es dinero, es decir, que es papel moneda *respaldado* por el oro que tiene Samuel. También es *convertible* el papel moneda en dinero mercancía.

### Respaldo fraccionario

Una vez que se halla en funcionamiento el sistema de papel moneda convertible y la gente usa los recibos del oro en lugar del oro mismo como medio de pago, los orfebres se dan cuenta de que sus bóvedas guardan una gran cantidad de oro que nunca se retira. Esto les da una idea brillante. ¿Por qué no prestar a la gente recibos de depósitos de oro? El orfebre puede cobrar interés sobre el préstamo y éste se crea simplemente escribiendo la cantidad prestada en un pedazo de papel. Siempre y cuando el número de recibos creados no sea demasiado grande en relación con la existencia de oro en la caja fuerte del orfebre, éste no corre el riesgo de no poder hacer frente a su promesa de convertir los recibos a la vista. El oro en la caja fuerte del orfebre es una *fracción* de los recibos del oro en circulación. Con este mecanismo, se inventó el papel moneda convertible *respaldado en forma fraccionaria.*

Entre 1879 y 1933 el sistema monetario de Estados Unidos estuvo basado en un papel convertible respaldado en forma fraccionaria. Hasta 1933, el dólar de Estados Unidos tenía un valor garantizado en términos del oro y podía ser convertido en oro a un valor fijo a la vista. Entre 1933 y 1971 era ilegal para los ciudadanos estadounidenses tener monedas de oro o lingotes, pero el Tesoro de Estados Unidos estaba listo para convertir los dólares en oro a 35 dólares la onza de oro para los bancos centrales y gobiernos extranjeros. En 1971, se abandonó finalmente la convertibilidad del dólar de Estados Unidos, habiendo aumentado el precio de mercado del oro muy por encima de los 35 dólares la onza.

Incluso con papel moneda respaldado en forma fraccionaria, las mercancías valiosas que podían usarse para otras actividades productivas están atadas al proceso de intercambio. Queda un incentivo para hallar una forma más eficiente de facilitar el intercambio y de liberar las mercancías usadas para respaldar el papel moneda. Esta alternativa es el dinero fiduciario.

### Dinero fiduciario

El término *fiat* significa "hágase" o "por orden de la autoridad". El **dinero fiduciario** es una mercancía intrínsecamente sin valor (o casi sin valor), que desempeña las funciones de dinero. Algunos de los primeros dineros fiduciarios fueron la moneda continental emitida durante la Guerra de Independencia de Estados Unidos y los *"greenbacks"* emitidos durante la Guerra Civil de ese país, que circularon hasta 1879. Otra de las primeras emisiones de dinero fiduciario fue el de los llamados *assignats* (asignados), emitidos durante la Revolución Francesa. Estos primeros experimentos con dinero fiduciario terminaron rápidamente en inflación debido a que la cantidad creada de dinero fiduciario aumentó a un ritmo rápido, ocasionando la pérdida de valor del dinero.

Sin embargo, siempre que no se permita que crezca muy rápido la cantidad de dinero fiduciario, éste tendrá un valor razonablemente estable en términos de los bienes y servicios que puede comprar. La gente está dispuesta a aceptar dinero fiduciario a cambio de bienes y servicios que venden sólo porque saben que será respetado cuando vayan a comprar bienes y servicios. Los billetes y monedas que se usan actualmente en Estados Unidos, conocidos como **billetes y moneda en circulación** (efectivo), son ejemplos de dinero fiduciario. Debido a la creación de dinero fiduciario, la gente está dispuesta a aceptar un pedazo de papel con una marca de agua especial, impreso en tinta verde y que no vale más de unos cuantos centavos como mercancía, a cambio de 100 dólares de bienes y servicios. El pequeño disco estadounidense de aleación de metal que llamamos *quarter* (moneda de 25 centavos) no vale casi nada como metal, pero paga por una llamada telefónica y otras mercancías pequeñas. La sustitución de la mercancía dinero con el dinero fiduciario permite que las mercancías se usen en forma productiva.

### Dinero pagaré

En el mundo moderno, hay un cuarto tipo importante de dinero: el dinero pagaré. El **dinero pagaré** es un préstamo que el prestatario promete reembolsar a la vista con billetes y moneda en circulación. Al transferir de una persona a otra el derecho al reembolso, ese préstamo puede usarse como dinero. Por ejemplo, usted me da un pagaré por 10 dólares; yo entrego el pagaré a un librero

**TABLA 27.2**

## Las tres medidas oficiales del dinero en Estados Unidos

**M1** ◆ **Dinero en circulación fuera de los bancos**

◆ **Cheques de viajero**

◆ **Depósitos a la vista**

◆ **Otros depósitos retirables con cheques (ODC), que incluyen a las cuentas NOW (*Negotiable orders of withdrawl*, órdenes negociables de retiro) y cuentas ATS (*Automatic-transfer savings account*; cuenta de ahorro de transferencia automática), en los bancos comerciales, instituciones de ahorro y préstamo, bancos de ahorro y uniones de crédito.**

**M2** ◆ **M1**

◆ **Depósitos de ahorro**

◆ **Depósitos pequeños a plazo**

◆ **Depósitos en eurodólares, acciones de los fondos mutualistas del mercado de dinero en poder de individuos y otros depósitos de M2.**

**M3** ◆ **M2**

◆ **Depósitos grandes a plazo**

◆ **Depósitos a plazo en eurodólares, acciones de los fondos mutualistas del mercado de dinero en poder de instituciones y otros depósitos de M3.**

M1 consiste en billetes y moneda en circulación (monedas de cinco, diez y veinticinco centavos y billetes del Banco de la Reserva Federal; es decir, billetes de diversas denominaciones) y de depósitos bancarios por los cuales se puede girar un cheque, incluyendo a las cuentas NOW y ATS. El componente de billetes y moneda en circulación de M1 es solamente aquel que se halla fuera de los bancos (en poder del público). Los billetes y monedas que tienen los bancos no forman parte de M1. M2 es M1 más las cuentas de ahorro, los depósitos pequeños a plazo y otros activos muy líquidos. M3 es M2 más activos menos líquidos, como los depósitos grandes a plazo y las acciones de los fondos mutualistas del mercado de dinero en poder de instituciones.

para comprar la biografía de Adam Smith; usted le paga al tenedor del pagaré 10 dólares, quien es ahora el librero.

El ejemplo más importante del dinero pagaré es el depósito de cheques en los bancos comerciales y otras instituciones financieras. Un **depósito retirable con cheques** es un préstamo que hace el depositante al banco, y cuya propiedad puede transferirse de una persona a otra al girar una instrucción al banco, es decir, un cheque, solicitando al banco que cambie sus registros. Tendremos más que decir al respecto poco más adelante sobre este tipo de dinero. Antes de hacerlo, veamos las diferentes formas de dinero y sus magnitudes relativas actuales en Estados Unidos.

## El dinero en Estados Unidos actualmente

Existen tres medidas oficiales del dinero de uso actual: **M1, M2** y **M3**. Se definen en la tabla 27.2 y los términos utilizados para describir los componentes de las tres medidas se presentan en el glosario condensado en la tabla 27.3.

### ¿Son todas las medidas del dinero realmente dinero?

Los renglones que integran M1 se ciñen bastante a la definición de dinero. Los billetes y moneda en circulación (tanto unas como otros de diversas denominaciones) y los cheques de viajero se aceptan universalmente en pago de bienes y servicios. También los depósitos retirables con cheques en los bancos comerciales, instituciones de ahorro y préstamo, bancos de ahorro y uniones de crédito.

Los otros renglones que integran M2 y M3 no son dinero tan claramente, pero tienen un alto grado de liquidez. La **liquidez** es el grado en el que un activo se convierte instantáneamente en dinero a un precio conocido. Algunos no son muy líquidos debido al aviso que tiene que darse con un mínimo de anticipación antes de poder convertirlos en un medio de pago. Otros carecen de liquidez porque se comercian en mercados y sus precios fluctúan, lo que vuelve incierta la cantidad de dinero en la que pueden convertirse. Pero los depósitos de ahorro y los pequeños depósitos a plazo que integran M2, y los grandes depósitos a plazo y otras cuentas que integran M3 se convierten fácilmente en activos que sirven como medios de pago. Son sumamente líquidos, o casi dinero.

Las magnitudes relativas de los componentes de las diversas medidas de dinero se muestran en la figura 27.1. Como usted podrá ver, los componentes más grandes del dinero en Estados Unidos son los depósitos en los bancos y otras instituciones financieras. Aun cuando hay una cantidad notablemente grande de billetes y monedas en circulación, más de 1000 dólares por persona, éstos son solamente el 29 por ciento de M1. El componente más grande de M1 son los depósitos retirables con cheques.

Los depósitos retirables con cheques son dinero, pero los cheques que gira la gente al hacer un pago no son dinero. Es importante entender por qué.

### Los depósitos retirables con cheques son dinero, pero no los cheques

La mejor manera de ver por qué los depósitos retirables con cheques son dinero sin que los cheques lo sean, consiste en considerar

FIGURA **27.1**

## Las tres medidas oficiales de dinero

| | |
|---|---|
| **M3** | **$4167** |
| **consta de M1 y M2, más...** | |
| Depósitos a plazo en eurodólares y fondos mutualistas del mercado de dinero | $307.70 |
| Depósitos grandes, a plazo | $395.30 |
| **M2** | **$3464** |
| **consta de M1, más...** | |
| Eurodólares y otros depósitos de M2 | $428.80 |
| Depósitos pequeños, a plazo | $956.20 |
| Depósitos de ahorro y fondos mutualistas del mercado de dinero | $1127.00 |
| **M1** | **$952** |
| Cheques de viajero | $7.90 |
| Billetes y monedas en circulación. | $276.20 |
| Depósitos a la vista | $311.10 |
| ODC | $356.70 |

La medida M1 de dinero consiste en todos los activos que son medios de pago: billetes y monedas en circulación, cheques de viajero, depósitos a la vista y otros depósitos retirables con cheque. M1 constituye cerca del 27 por ciento de la medida M2 de la oferta monetaria. M2 consiste en M1 más los depósitos de ahorro y los depósitos pequeños a plazo, así como las acciones de los fondos mutualistas del mercado de dinero en poder de individuos. M2 constituye cerca del 83 por ciento de M3. M3 consiste en M2 más los depósitos grandes a plazo, los depósitos a plazo en eurodólares y las acciones de los fondos mutualistas del mercado de dinero en poder de instituciones.

*Fuente: Economic Report of the President, 1993.*

qué sucede cuando alguien paga unos bienes con un cheque. Supongamos que Bárbara compra una bicicleta en 200 dólares en la tienda de Bicicletas de Montaña de Rogelio. Cuando Bárbara va a la tienda de Rogelio, tiene 500 dólares en su cuenta de depósito retirable con cheques en el Banco Laser. Rogelio tiene 1000 dólares en su cuenta de depósito retirable con cheques, da la casualidad que en el mismo banco. El 11 de junio, Bárbara gira un cheque de 200 dólares. Rogelio lleva de inmediato el cheque al Banco Laser y lo deposita. El saldo en

TABLA **27.3**

## Un glosario condensado de los componentes del dinero

**Billetes y moneda en circulación fuera de los bancos (en poder del público)**

**Billetes emitidos por el Banco de la Reserva Federal y moneda emitida por el Tesoro de Estados Unidos fuera del sistema bancario.**

**Cheques de viajero**

**Un cheque bancario convertible a la vista en billetes y monedas.**

**Depósito retirable con cheques**

**Una cuenta de depósito sobre la cual se puede girar un cheque.**

**Depósito a la vista**

**Un depósito retirable con cheques, convertible a la vista en billetes y monedas.**

**Cuenta NOW**

*Negotiable Order of Withdrawal account* **(cuenta de orden negociable de retiro), "negotiable order of withdrawal", es otro nombre para un cheque.**

**Cuenta ATS**

*Automatic-Transfer Savings account* **(cuenta de ahorro de transferencia automática), un depósito retirable con cheques cuyo saldo se mantiene a un nivel previamente acordado mediante la transferencia de fondos hacia y de una cuenta de ahorros.**

**Depósito de ahorro**

**Un depósito que técnicamente no puede retirarse a la vista pero que en la práctica se puede retirar instantáneamente.**

**Depósito a plazo**

**Un depósito de vencimiento a plazo fijo. Los depósitos "pequeños" son inferiores a 100 000 dólares; los depósitos "grandes" son los depósitos de 100 000 dólares o más.**

**Eurodólares**

**Cuentas en dólares de Estados Unidos en bancos fuera de Estados Unidos, principalmente en Europa.**

**Fondo mutualista del mercado de dinero**

**Un intermediario financiero que obtiene sus fondos emitiendo acciones sobre las cuales se pueden girar cheques.**

**TABLA 27.4**

Pago con cheque

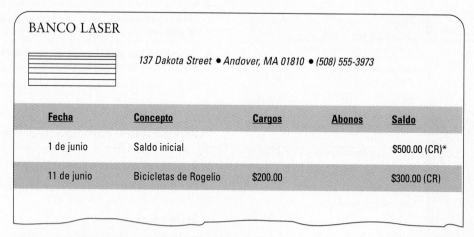

**BANCO LASER**

*137 Dakota Street ● Andover, MA 01810 ● (508) 555-3973*

| Fecha | Concepto | Cargos | Abonos | Saldo |
|---|---|---|---|---|
| 1 de junio | Saldo inicial | | | $500.00 (CR)* |
| 11 de junio | Bicicletas de Rogelio | $200.00 | | $300.00 (CR) |

**Cuenta de depósito retirable con cheques de Bárbara**

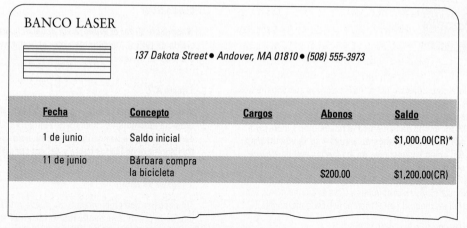

**BANCO LASER**

*137 Dakota Street ● Andover, MA 01810 ● (508) 555-3973*

| Fecha | Concepto | Cargos | Abonos | Saldo |
|---|---|---|---|---|
| 1 de junio | Saldo inicial | | | $1,000.00(CR)* |
| 11 de junio | Bárbara compra la bicicleta | | $200.00 | $1,200.00(CR) |

**Cuenta de depósito retirable con cheques de bicicletas de Rogelio**
*CR significa "crédito": El banco le debe al depositante.

el banco de Rogelio aumenta de 1000 a 1200 dólares. Pero el banco no sólo abona 200 dólares a la cuenta de Rogelio, sino que carga 200 dólares a la cuenta de Bárbara, así que su saldo disminuye de 500 a 300 dólares. Los depósitos retirables con cheques de Bárbara y Rogelio son los mismos que antes, 1500 dólares. Rogelio tiene ahora 200 dólares más y Bárbara 200 dólares menos que antes. Estas transacciones se resumen en la tabla 27.4.

Esta transacción simplemente ha transferido dinero de una persona a otra. El cheque mismo nunca fue dinero. Es decir, no hubo 200 dólares extra de dinero mientras el cheque estaba en circulación. El cheque simplemente sirvió como una instrucción por escrito dirigida al banco para que éste transfiriera dinero de Bárbara a Rogelio.

En nuestro ejemplo, Bárbara y Rogelio usan el mismo banco. Básicamente la misma historia, aunque con pasos adicionales, describe qué sucede si Bárbara y Rogelio usan bancos distintos. El banco de Rogelio abonará el cheque a la cuenta de Rogelio y después lo llevará a la cámara de compensación.

El banco de Bárbara pagará al banco de Rogelio 200 dólares y después cargará 200 dólares a la cuenta de Bárbara. Este proceso puede tardar unos cuantos días, pero los principios son los mismos que cuando dos personas usan el mismo banco.

Así que los cheques no son dinero. Pero ¿y las tarjetas de crédito? ¿Traer una tarjeta de crédito en la cartera y presentarla para pagar la bicicleta no es lo mismo que usar dinero? ¿Por qué no se considera a las tarjetas de crédito como parte de la cantidad de dinero?

**Las tarjetas de crédito no son dinero** Cuando usted paga con un cheque, a menudo se le pide identificación, como su licencia de conducir. A usted nunca se le ocurriría pensar que su licencia de conducir es dinero. Su licencia de conducir es solamente una identificación.

Una tarjeta de crédito es también una identificación, pero que le permite obtener dinero prestado, con la promesa de pagar más tarde, en el momento en que se realiza la compra. Cuando usted efectúa una compra, firma una ficha *(voucher)* de venta que crea una deuda a su nombre. Usted está diciendo: "Acepto pagar estos bienes cuando la compañía emisora de la tarjeta de crédito me envíe la cuenta." Una vez que le llega su estado de cuenta de la compañía de la tarjeta de crédito, tiene que hacer el pago mínimo. Para hacer ese pago usted necesita dinero, efectivo o fondos en su depósito retirable con cheque, para que pueda pagar a la compañía de la tarjeta de crédito. Si bien usted usa su tarjeta de crédito para hacer compras, ésta no es dinero.

## Composición de los agregados monetarios en algunos países de Iberoamérica

Presentamos a continuación una sección especial en la que detallamos la definición oficial que se da a los componentes de la masa monetaria en algunos países de Iberoamérica: Argentina, Colombia, España, México y Venezuela.

## Argentina

Los agregados monetarios que se utilizan en este país son:

**M1** Circulante en poder de particulares + depósitos en cuenta corriente.

Los depósitos en cuenta corriente no remuneran tasas de interés.

**M2** M1 + depósitos en caja de ahorro + depósitos a plazo fijo.

Los depósitos en caja de ahorro retribuyen a los ahorristas fijos y éstos se consideran en M3, como en España. Ésta no es la clasificación más utilizada.

La magnitud M3 no suele utilizarse en Argentina; incluye el concepto de aceptaciones bancarias. M4 es así mismo un agregado de uso infrecuente que incorpora los títulos públicos a M3.

Actualmente, en Argentina los depósitos en dólares del sistema financiero son una magnitud equivalente a los depósitos totales en pesos. Este país se encuentra en un plan que supone haber fijado el tipo de cambio y en un proceso de convertibilidad entre la moneda local y el dólar; por lo tanto, los indicadores clásicos (M1, M2) se vuelven relativos en este proceso de dolarización.

## Colombia

Los agregados monetarios en Colombia se dividen en:

**M1 (circulante)** Para estimar este agregado de dinero se tienen en cuenta el efectivo en manos del público más los depósitos en cuentas corrientes. El efectivo son los billetes emitidos por el Banco de la República de Colombia. Los depósitos en cuentas corrientes son depósitos del público en los bancos y otras entidades financieras. Los bancos tienen el monopolio en la captación de depósitos en cuentas corrientes, los cuales no reciben una tasa de interés. Por esto último, se considera que el efectivo y los depósitos en cuentas corrientes son sustitutos muy cercanos. No se distinguen por su tasa de rendimiento, que es cero, sino por sus costos de retiro y por el riesgo de guardar efectivo. A pesar de los diferentes cambios en la legislación financiera, la legislación actual permite solamente a los bancos (y no a las corporaciones financieras, las corporaciones de ahorro y vivienda o las corporaciones de financiamiento comercial) ofrecer cuentas corrientes.

**M2** M2 es igual a M1 más el cuasidinero. Se incluyen en este último todos los depósitos del público en bancos y otras entidades financieras que tienen un rendimiento y son de una liquidez suficientemente alta como para ser relevantes para las transacciones efectuadas de bienes y servicios a mediano plazo.

*a)* Depósitos de ahorro

Las diferentes entidades del sector financiero ofrecen depósitos de ahorro a una tasa de interés real muy baja, incluso negativa. La ley 35 de 1993 permitió a las corporaciones financieras ofrecer depósitos de ahorro; anteriormente, sólo los bancos, corporaciones de ahorro y vivienda, y corporaciones de financiamiento comercial podían ofrecer depósitos de ahorro.

*b*) Depósitos en UPAC (Unidad de Poder Adquisitivo Constante)

En 1972 el gobierno colombiano permitió a entidades específicas (Corporaciones de Ahorro y Vivienda) la captación de depósitos que ofrecen al depositante la corrección monetaria por inflación. Los recursos captados a través de estas entidades se colocan para la construcción de viviendas. El Banco de la República calcula mensualmente para cada uno de los días del mes siguiente la corrección monetaria.

*c*) Certificados de depósito a términos (CDT)

La forma más importante de captación para las entidades financieras (bancos, corporaciones de ahorro y vivienda, pero no las corporaciones de financiamiento comercial) es la emisión de papeles a corto plazo (generalmente a tres meses). La tasa de interés es bastante mayor que la tasa de rendimiento de los depósitos de ahorro y las UPAC. Los CDT son la fuente de ahorro a corto plazo más importante.

**Agregados intermedios**   No existen, como en otros países, activos menos líquidos de un volumen suficientemente importante como para que justifique la definición de agregados monetarios más amplios. Sin embargo, los depósitos de ahorro y los depósitos en UPAC representan formas de liquidez intermedias. Por su bajo rendimiento, no protegen completamente contra la inflación y por eso no se consideran como sustitutos perfectos de los CDT. Pero tampoco son sustitutos perfectos del dinero, y por ello no se los incluye en la definición de M1. Para considerar el efecto de estas formas de liquidez intermedias sobre la demanda de dinero, se definen los siguientes agregados:

M1A: M1 + Depósitos de ahorro

M1B: M1 + UPAC

M1C: M1 + Depósitos de ahorro + UPAC

Ninguno de estos agregados ha demostrado ser superior, para el manejo de la política monetaria, que los agregados tradicionales.

Por eso no han recibido un papel importante en la política oficial, sino en la discusión académica sobre la estabilidad de la demanda de dinero y el problema de la endogeneidad y controlabilidad de la oferta de dinero. Por otra parte, la política monetaria del Banco de la República se ha concentrado primordialmente sobre el manejo cambiario; por eso, la discusión sobre el agregado más oportuno para el control de la oferta monetaria no ha sido tan pronunciado como en países en los que se sigue una política monetarista.

### España

En España se utilizan cinco agregados monetarios. La composición de cada uno de éstos se ha alterado varias veces a fin de permitir, por una parte, la incorporación de nuevos productos financieros asimilables a los preexistentes y, por otra parte, para añadir nuevas entidades financieras, de modo que el control de las magnitudes monetarias fuera más eficaz al evitarse que la innovación financiera y la aparición de nuevos tipos de intermediarios distorsionaran el control. En noviembre de 1991 el Banco de España presentó la última modificación, sintetizada en la figura 27.2, y que permite ver en cada bloque cuáles son los instrumentos y emisores recogidos así como apreciar la diferencia entre las definiciones antiguas y las utilizadas desde ese momento.

Los agregados monetarios se ordenan de acuerdo con su amplitud, de forma que cada uno incluye el anterior y algunos productos adicionales.

**Oferta monetaria, también llamada M1, incluye pasivos de tres tipos de entidades,**

Del Banco de España:

◆ Los formados por efectivo en manos del público.
◆ Depósitos a la vista de empresas y familias.
◆ Depósitos a la vista de organismos autónomos, comerciales y similares.

Del sistema bancario:[1]

◆ Depósitos a la vista de empresas y familias en moneda nacional.

---

[1] El sistema bancario incluye la banca privada, las cajas de ahorro y las cooperativas de crédito.

FIGURA **27.2**

# Comparación entre los nuevos agregados y los vigentes (España)

| AGREGADOS VIGENTES | | | NUEVOS AGREGADOS | |
|---|---|---|---|---|
| **Instrumentos** | **Emisores** | | **Instrumentos** | **Emisores** [a] |

**M1**

| Instrumentos (vigentes) | Emisores (vigentes) | Instrumentos (nuevos) | Emisores (nuevos) |
|---|---|---|---|
| Efectivo | Banco de España | Efectivo | Banco de España |
| Depósitos a la vista | Banco de España | Depósitos a la vista | Banco de España |
| | Sistema bancario | | Sistema bancario |
| | | | Crédito oficial |
| | | Depósitos a la vista de organismos autónomos comerciales y similares | Banco de España |
| | | | Sistema bancario |
| | | | Crédito oficial |

**M2**

| Depósitos de ahorro | Sistema bancario | Depósitos de ahorro | Sistema bancario |
|---|---|---|---|
| | | | Crédito oficial |

**M3**

| Depósitos a plazo | Sistema bancario | Depósitos a plazo | Sistema bancario |
|---|---|---|---|
| | | | Crédito oficial [b] |
| | | | Ent. de crédito de ámbito operativo limitado |
| | | Depósitos a plazo de organismos autónomos comerciales y similares | Sistema bancario |
| | | | Crédito oficial [b] |
| | | | Ent. de crédito de ámbito operativo limitado |
| | | Depósitos en moneda extranjera | Sistema bancario |
| | | | Crédito oficial |
| | | Cesiones temporales de activos [c] | Sistema bancario |
| | | | Crédito oficial [b] |
| | | | Ent. de crédito de ámbito operativo limitado |
| | | Empréstitos | Sistema bancario |

**ALP**

| Cesiones temporales de activos [b] | Sistema bancario | Empréstitos | Banco hipotecario |
|---|---|---|---|
| Empréstitos | Sistema bancario | | Resto crédito oficial [d] |
| Empréstitos | Banco hipotecario | | Ent. de crédito de ámbito operativo limitado |
| Otros activos líquidos [e] | Sistema bancario | Otros activos líquidos [e] | Sistema bancario |
| | | | Crédito oficial |
| Valores públicos a corto plazo | Estado | Valores públicos a corto plazo | Estado |
| | | | Administraciones territoriales |

**ALP2**

| Pagarés de empresa | Empresas y familias | Pagarés de empresa | Empresas y familias |
|---|---|---|---|

**Notas:**

[a] La consideración de estas entidades como emisores implica excluir de los nuevos agregados sus activos líquidos, que estaban incluidos en los vigentes.

[b] Incluye sólo los pagarés emitidos a plazo menor de 1 año.

[c] Incluye las participaciones de activos.

[d] Incluye pagarés emitidos a plazo mayor de 1 año.

[e] Letras endosadas y avales a pagarés de empresa, operaciones de seguro y transferencias de activos.

*Fuente: Boletín Económico Banco de España,* Noviembre 1991.

Activos no incluidos en los agregados vigentes y que se incorporan a los nuevos

Activos incluidos en los agregados vigentes y que permanecen en los nuevos

◆ Depósitos de organismos autónomos comerciales y similares en moneda nacional a la vista.

Del crédito oficial:

◆ Depósitos a la vista en moneda nacional.

**M2**  Incluye la M1 y, además, los siguientes pasivos.

Del sistema bancario:

◆ Depósitos de ahorro de empresas y familias.

Del crédito oficial:

◆ Depósitos de ahorro en moneda nacional.

**Disponibilidades líquidas o M3**  Incluye la M2 y, además, los siguientes pasivos.

Del sistema bancario:

◆ Depósitos a plazo de empresas y familias en moneda nacional.
◆ Depósitos a plazo de organismos autónomos, comerciales y similares.
◆ Depósitos en moneda extranjera.
◆ Participaciones de activos privados.
◆ Cesiones temporales de activos públicos y privados.
◆ Empréstitos.

Del crédito oficial:

◆ Depósitos en moneda nacional a plazo.
◆ Depósitos en moneda extranjera.
◆ Pagarés a un año o menos.
◆ Cesiones temporales de activos privados y públicos.

De las sociedades mediadoras del mercado de dinero:

◆ Cesión temporal de activos privados públicos.

Emitidos por las restantes entidades de crédito de ámbito operativo limitado:[2]

◆ Depósitos a plazo de empresas y familias.
◆ Cesión temporal de activos privados y públicos.

**Activos líquidos en manos del público, o ALP**

Incluye la M3 y, además, los siguientes pasivos.
Emitidos por el sistema bancario:

---

[2] En este grupo se incluyen las sociedades mediadoras en el mercado de dinero, las entidades de financiación, las sociedades de crédito hipotecario y las entidades de arrendamiento financiero.

◆ Transferencias de activos privados.
◆ Pasivos por operaciones de seguro.
◆ Letras endosadas y avales prestados a pagarés de empresa.

Emitidos por el crédito oficial:

◆ Pagarés a más de un año.
◆ Títulos hipotecarios.
◆ Resto de empréstitos.

Emitidos por las restantes entidades de crédito de ámbito operativo limitado:

◆ Empréstitos.

Emitidos por las administraciones públicas:

◆ Valores a corto plazo adquiridos en firme del Estado.
◆ Valores a corto plazo adquiridos en firme de las administraciones territoriales.

**ALP2**  Incluye los ALP más los pagarés de empresa emitidos por el sector privado residente no financiero.

## México

En este país la definición de los agregados monetarios está determinada por el grado de liquidez de los instrumentos monetarios que se consideran. Éstos están divididos en:

**M1**  Son los billetes y monedas en circulación (emitidos por el Banco de México), más el saldo de las cuentas de cheques en los bancos comerciales, que pueden estar denominadas en moneda nacional o en moneda extranjera.

**M1 bis**  Es igual a M1 más el saldo en las cuentas maestras, que son cuentas de cheques que generan intereses sobre su saldo.

**M2**  Es igual a M1 más los instrumentos bancarios líquidos, esto es, instrumentos emitidos por el sistema bancario con vencimiento de hasta un año, y también las aceptaciones bancarias.

**M3**  Es igual a M2 más instrumentos no bancarios líquidos, instrumentos emitidos fuera del sistema bancario, donde se encuentran los certificados, pagarés y bonos emitidos por la Tesorería de la

FIGURA **27.3**

## Agregados monetarios en México. (millones de nuevos pesos,diciembre de 1993)

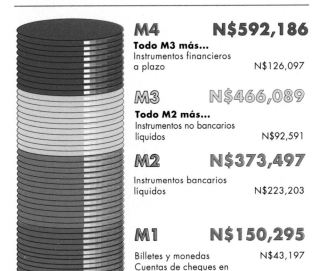

| | |
|---|---|
| **M4** | **N$592,186** |
| **Todo M3 más...** | |
| Instrumentos financieros a plazo | N$126,097 |
| **M3** | **N$466,089** |
| **Todo M2 más...** | |
| Instrumentos no bancarios líquidos | N$92,591 |
| **M2** | **N$373,497** |
| Instrumentos bancarios líquidos | N$223,203 |
| **M1** | **N$150,295** |
| Billetes y monedas | N$43,197 |
| Cuentas de cheques en moneda nacional | N$101,788 |
| Cuentas de cheques en moneda extranjera | N$5,310 |

La definición de M1 de dinero consiste en todos los activos que son medio de pago y representa aproximadamente el 40% de M2. El agregado M2 consiste en M1 más instrumentos emitidos por el sistema bancario con vencimiento hasta un año de plazo y aceptaciones bancarias; M2 representa el 80 por ciento de M3. El agregado M3 consiste en M2 más instrumentos emitidos fuera del sistema bancario, también con un vencimiento de hasta un año de plazo; M3 representa el 79% de M4. Por último, el agregado más amplio es M4, que consiste en M3 más instrumentos bancarios con vencimiento mayor a un año.

*Fuente: Informe Anual del Banco de México, 1993.*

Federación que se conocen como Cetes, Pagafes, Bondes y Tesobonos, respectivamente; los Tesobonos están denominados en pesos, igual que los anteriores instrumentos, pero su valor de redención está indexado al tipo de cambio del día de su vencimiento. Además está el papel comercial emitido por empresas.

**M4** Es igual a M3 más instrumentos financieros a largo plazo, con vencimiento a más de un año. Aquí tenemos instrumentos bancarios, Petrobonos, Ajustabonos, Obligaciones Quirografarias, Obliga-

ciones Hipotecarias, Pagarés de empresas, depósitos del Sistema de Ahorro para el Retiro (SAR) y depósitos de FICORCA en el Banco de México. Los Petrobonos y los Ajustabonos son bonos emitidos por el gobierno que están indexados al precio del petróleo, los primeros, y al índice de precios al consumidor, los segundos, mientras que FICORCA es el Fideicomiso de Cobertura de Riesgo Cambiario fundado en abril de 1983 para cubrir del riesgo cambiario al pago del principal y de los intereses de la deuda privada, reestructurada a raíz de la crisis financiera de 1992.

En la figura 27.3 se presenta gráficamente la distribución de los agregados monetarios en México.

### Venezuela

El dinero se divide en Venezuela de la siguiente manera:[3]

**Circulante (M1)** Para cuantificar este grado monetario se considera el efectivo (monedas y billetes emitidos por el Banco Central de Venezuela -BCV-) en manos del público, los depósitos a la vista del público en la banca comercial, Banco de los trabajadores de Venezuela (BTV) y Banco de Desarrollo Agropecuario (BANDAGRO). Dentro de estos depósitos a la vista se incluyen los depósitos especiales del público en BCV, los cuales están constituidos por recursos que los institutos autónomos, gobernaciones de estados, entidades y organismos privados, personas jurídicas, entidades y organismos del exterior mantienen en el Banco Central. También se computan los cheques de viajeros y los de gerencia de la banca comercial, BTV y BANDAGRO, deduciéndoles los transferidos a la cámara de compensación y los girados sobre otras plazas en poder de la banca, además de las órdenes de Tesorería Nacional. De todo lo anterior se excluyen los depósitos a la vista interbancarios.

**Cuasidinero** Muestra una escala de menor liquidez y está constituido por los siguientes instrumentos:

Depósitos de ahorro

◆ Depósitos de ahorro del público en la banca comercial, BTV, BANDAGRO y la banca hipotecaria.

3 Fuente: Revisión de la definición de los agregados monetarios en Venezuela. BCV, 1985.

**TABLA 27.5**

## Instituciones financieras e instrumentos de capacitación de fondos existentes en Venezuela

| Instrumentos | Banca Com. | B.T.V. | Banca Hip. | BANDAGRO | BANAP | E.A.P | Soc. Fin. | Inversoras | Nación, Estados, Munic. e Inst. Aut. |
|---|---|---|---|---|---|---|---|---|---|
| Dep. a la vista | • | • | | • | | • | | | |
| Cheque-ahorro | | | | | | • | | | |
| Libreta dorada | | | | | | • | | | |
| Ahorro programado | | | | | | • | | | |
| Ahorro automático | • | | | | | | | | |
| Dep. de ahorro | • | • | • | • | | • | | | |
| Certif. de ahorro | | • | • | | | • | • | | |
| Dep. a plazo | • | • | • | • | | | • | | |
| Bonos quirografarios | | • | | | | | • | | |
| Bonos financieros | | | | | | | • | | |
| Cédulas hipotecarias | | • | | • | | | | | |
| Bonos SNAP | | | | | • | • | | | |
| Part. en fondo fiduc. de activos de líquidos | | | | | | | | • | |
| Bonos públicos | | | | | | | | | • |

- Aportaciones de ahorro a la vista, cuenta cheque-ahorro, libreta dorada (porción ahorro), ahorro programado del público en el Sistema Nacional de Ahorro y Préstamo (SNAP), con el correspondiente ajuste de los depósitos de la banca comercial, BTV y BANDAGRO, en las Entidades de Ahorro y Préstamo (EAP) y de los depósitos de ahorro de éstas en la banca comercial, BTV y BANDAGRO.

Depósitos a plazo

Representa las tenencias del público en:

- Depósitos a plazo fijo, representados por certificados negociables y no negociables en moneda nacional emitidos por la banca comercial, BTV, BANDAGRO y Banco Nacional de Ahorro y Préstamo (BANAP).
- Certificados de ahorro emitidos por el BTV, banca hipotecaria, BANDAGRO y EAP.
- Aportaciones de ahorro a plazo y libreta dorada (porción a plazo) emitidas por las EAP con los correspondientes ajustes, ajustes por depósitos interbancarios, es decir, los depósitos del BANAP, el

SNAP, el sistema bancario, las inversiones en bonos quirografarios, certificados de ahorro y cédulas hipotecarias que realicen la banca comercial, hipotecaria, BTV y BANDAGRO.

Obligaciones a plazo

Son las tendencias del público en bonos quirografarios emitidos por la banca hipotecaria y BTV con el ajuste correspondiente a bonos que están en poder del sistema bancario.

**Liquidez monetaria (M2)**   Es la suma del circulante (M1) y el cuasidinero.

**Liquidez ampliada (M3)**   Es la suma de la liquidez monetaria (M2) con las cédulas hipotecarias y los bonos financieros.

**Activos líquidos en poder del público (M4)**   Es el concepto más amplio del cual se dispone en el presente para medir los agregados monetarios. Resulta de añadir a la liquidez ampliada (M3) los bonos de la deuda pública en circulación.

En la tabla 27.5 se presenta un resumen gráfico de las instituciones financieras y los instrumentos de captación de fondos en Venezuela.

## REPASO

E l dinero, como un medio de pago de aceptación general, desempeña cuatro funciones: medio de cambio, unidad de cuenta, depósito de valor y patrón de pago diferido. Cualquier mercancía duradera puede servir como dinero, pero las sociedades modernas utilizan dinero fiduciario y dinero pagaré en lugar de dinero mercancía. El componente del dinero en Estados Unidos son actualmente los depósitos retirables con cheques en los bancos y otras instituciones financieras. Ni los cheques ni las tarjetas de crédito son dinero. Un cheque es una instrucción a un banco para transferir dinero de una cuenta a otra; el dinero es el saldo de la cuenta. Una tarjeta de crédito es una tarjeta de identificación que permite a un persona obtener un préstamo en el momento en que se efectúa una compra con la promesa de pagar más adelante; cuando se hace el pago, se usa el dinero (billetes y moneda o un depósito retirable con cheques). ◆

Hemos visto que el componente más importante del dinero en Estados Unidos son los depósitos en los bancos y otras instituciones financieras. Veamos con más detenimiento el sistema bancario y financiero.

## Intermediarios financieros

E studiaremos el sistema bancario y financiero con la descripción, en primer lugar, de la diversidad de intermediarios financieros que funcionan actualmente en Estados Unidos. Después examinaremos las operaciones de los bancos y de otros intermediarios financieros. Después de describir las principales características de los intermediarios financieros, repasaremos sus funciones económicas, describiendo lo que producen y cómo obtienen un beneficio.

El **intermediario financiero** es una empresa que acepta depósitos de familias y empresas y les otorga a éstas mismas préstamos. Hay cinco tipos de intermediarios financieros cuyos depósitos son componentes del dinero de la nación:

◆ Bancos comerciales
◆ Instituciones de ahorro y préstamo
◆ Bancos de ahorro
◆ Uniones de crédito
◆ Fondos mutualistas del mercado de dinero.

En la tabla 27.6 se presenta un glosario condensado de estos intermediarios financieros así como una indicación de su magnitud relativa.

Comencemos con el examen de los bancos comerciales.

### Bancos comerciales

El **banco comercial** es una empresa privada, autorizada ya sea por el Controlador de la Moneda (en el Tesoro de Estados Unidos) o por una agencia estatal para recibir depósitos y otorgar préstamos. Hay cerca de 13 000 bancos comerciales en Estados Unidos actualmente. La escala y amplitud de las operaciones de los bancos comerciales se pueden apreciar si examinamos el balance del sector de la banca comercial.

El **balance** es un estado que enumera los activos y pasivos de una empresa. Los **activos** son las cosas de valor que posee la empresa. Los **pasivos** son las cosas que la empresa debe a las familias y a otras empresas. Los pasivos de los bancos son los depósitos. Su depósito en el banco es un activo suyo, pero un pasivo de su banco. El banco tiene que reembolsarle su depósito (y a veces también con intereses) cuando usted decida retirar su dinero del banco.

El balance de todos los bancos comerciales a diciembre de 1992 se presenta en la tabla 27.7. El lado izquierdo, es decir, los activos, enumera los rubros que *poseen* los bancos. El lado derecho, es decir, los pasivos, enumera los rubros que los bancos *deben* a otros. Comencemos con el lado de los pasivos. Los pasivos totales hacia diciembre de 1992 eran de 3382 miles de millones de dólares. Los pasivos principales de los bancos se dividen en

TABLA **27.6**
## Un glosario condensado de intermediarios financieros

| Tipo de intermediario financiero (número aproximado) | Activos totales (miles de millones de dólares) | Funciones principales |
|---|---|---|
| Bancos comerciales (13 000) | 3,380 | Una empresa privada autorizada ya sea por el Controlador de la Moneda (del Tesoro de Estados Unidos), o una agencia estatal para recibir depósitos y otorgar préstamos. |
| Instituciones de ahorro y préstamo (2900) | 1,140 | Instituciones financieras que reciben depósitos de ahorro (llamados a veces acciones) y depósitos retirables con cheques, y que usan esos fondos para otorgar préstamos hipotecarios y otros préstamos. |
| Bancos de ahorro (500) | 588 | Instituciones financieras propiedad de los depositantes, que aceptan depósitos y otorgan préstamos principalmente a los compradores de casas. |
| Uniones de crédito (13 000) | 197 | Instituciones cooperativas pequeñas de préstamo, organizadas a menudo en un lugar de trabajo o por un sindicato. Aceptan depósitos u otorgan préstamos para el consumo. |
| Fondos mutualistas del mercado de dinero | 977 | Intermediarios financieros que obtienen fondos mediante la emisión de acciones y que utilizan los recursos para adquirir una cartera de activos líquidos a corto plazo. Los accionistas pueden girar cheques sobre sus cuentas de acciones del fondo mutualista del mercado de dinero. |

*Fuentes: Federal Reserve Bulletin, mayo de 1993, pág. A19; Federal Reserve Bulletin, mayo de 1993, págs. A26 y A27; Economic Report of the President, 1991, pág. 364; U.S. Bureau of the Census, Statistical Abstract of the United States, 111ava. ed., Washington, D.C., 1991, pág. 499.*

TABLA **27.7**
## Balance de todos los bancos comerciales hasta diciembre de 1992

| Activos (miles de millones de dólares) | | Pasivos (miles de millones de dólares) | |
|---|---|---|---|
| **Activos de reserva** | | Depósitos retirables con cheque | 799 |
| Reservas en los bancos de la Reserva Federal | 29 | Depósitos de ahorro | 742 |
| Efectivo en caja | 36 | Depósitos a plazo | 1,005 |
| Reservas totales | 65 | Otros pasivos | 836 |
| Activos líquidos | 171 | | |
| Inversiones en valores | 799 | | |
| Préstamos | 2,281 | | |
| Otros activos | 66 | | |
| Total | 3,382 | Total | 3,382 |

*Fuente: Federal Reserve Bulletin, mayo de 1993, tabla 1.25, pág. A19.*

Los pasivos principales de los bancos se dividen en tres tipos de depósitos:

◆ Depósitos retirables con cheque
◆ Depósitos de ahorro
◆ Depósitos a plazo

Usted recuerda estos depósitos a partir de las diversas definiciones de dinero. Los otros pasivos de los bancos consisten en préstamos de los bancos en lo que en ocasiones se llama **mercado mayorista de depósito**, el mercado de depósitos interbancarios y otros intermediarios financieros.

¿Por qué se obliga un banco a reembolsarle su dinero con intereses? Porque quiere usar su depósito para obtener un beneficio. Para lograr ese objetivo, los bancos prestan el dinero que tienen en depósito a tasas de interés más altas que las que pagan por los depósitos.

El lado de los activos del balance nos dice cómo efectúan sus préstamos los bancos. Y las cifras de la tabla 27.7 indican lo que hicieron con los 3382 mil millones de dólares de recursos prestados hasta diciembre de 1992. Los bancos conservan parte de sus activos como depósitos en los bancos de la Reserva Federal y como efectivo en caja. (Estudiaremos los bancos de la Reserva Federal en el capítulo 28.) El efectivo en las bóvedas o cajas de los bancos más sus depósitos en los bancos de la Reserva Federal se llaman **reservas**. Usted puede pensar que el depósito de un banco comercial en la Reserva Federal es similar a su depósito en su banco. Los bancos comerciales usan esos depósitos de la misma manera que usted usa su cuenta bancaria. Un banco comercial deposita efectivo o retira efectivo y gira cheques sobre la cuenta para saldar deudas con otros bancos.

Si los bancos mantienen todos sus activos en la forma de depósitos en la Reserva Federal y efectivo en sus bóvedas, no obtendrían beneficio. Pero si no conservaran *parte* de sus activos como efectivo en caja y como depósitos en la Reserva Federal, no podrían satisfacer las solicitudes de efectivo que les hacen sus clientes, ni tampoco podrían mantener abastecido el cajero automático cada vez que usted, sus amigos o todos los otros clientes le extraen efectivo para una pizza a medianoche.

El grueso de los recursos prestados de un banco se pone a trabajar a través del otorgamiento de préstamos. Algunos de estos préstamos son convertibles de inmediato en efectivo y sin riesgo alguno:

se llaman activos líquidos. Los **activos líquidos**, que toman el nombre del concepto de liquidez, son aquellos activos convertibles de inmediato en un medio de pago, virtualmente sin incertidumbre acerca del precio en el cual pueden convertirse. Un ejemplo de un activo líquido es un bono del Tesoro del gobierno de Estados Unidos, que puede venderse de inmediato a un precio prácticamente garantizado.

Los activos de los bancos incluyen también valores de inversión. Un **valor de inversión** es un valor negociable que un banco puede vender de inmediato si fuera necesario, pero a un precio que fluctúa. Un ejemplo de valor de inversión es un bono a largo plazo del gobierno de Estados Unidos. Dichos bonos pueden venderse al instante, pero sus precios fluctúan en el mercado de bonos. Los bancos pueden obtener una tasa de interés más alta de sus valores de inversión que la que obtienen de los activos líquidos, pero los valores de inversión tienen un mayor riesgo.

La mayoría de los activos de los bancos son préstamos que han otorgado. Un **préstamo** es un compromiso de una cantidad fija de dinero por un periodo acordado de tiempo. La mayoría de los préstamos otorgados por los bancos los usan las empresas para financiar la compra de equipo de capital e inventarios. Pero los bancos conceden también préstamos a las familias: préstamos personales que se usan para comprar bienes duraderos de consumo como automóviles o botes de pesca. Los saldos pendientes de pago de las cuentas de tarjetas de crédito son también préstamos bancarios. Las tasas de interés sobre estos saldos fueron motivo de controversia en 1991; vea la Lectura entre líneas, páginas 804-805).

Los bancos obtienen un beneficio al ganar intereses sobre los préstamos, valores de inversión y activos líquidos por encima de los intereses pagados sobre los depósitos y otras obligaciones o pasivos. Así mismo, los bancos reciben un ingreso por el cobro de cargos por el manejo de cuentas.

El dinero está formado por las diversas obligaciones o pasivos de los bancos. Los depósitos retirables con cheques son un componente importante de la medida M1 de dinero, y representaban en Estados Unidos el 70 por ciento de M1 en 1992. Los depósitos retirables con cheques, los depósitos de ahorro y los depósitos pequeños a plazo son una parte importante de la medida M2 del dinero. Los pasivos totales de los bancos comerciales son un componente

# Crédito de alto costo de las tarjetas

U.S. NEWS & WORLD REPORT, 2 DE DICIEMBRE DE 1991

## Cómo jugar sus cartas

POR EDWARD C. BAIG, CON FRANCESCA LUNZER KRITZ Y DAVID BOWERMASTER

**L**os consumidores se han de haber sentido decepcionados a principios de la semana pasada cuando el Congreso se opuso a un proyecto de ley que habría establecido un tope del 14 por ciento a los intereses de las tarjetas de crédito. La tasa promedio de las tarjetas, después de todo, ha rondado el 19 por ciento durante muchos meses. Pero eso podría cambiar, para bien o para mal.

Las buenas noticias: muchos emisores de tarjetas, en competencia por los usuarios, han estado bajando sus tasas por cuenta propia. AT&T, que vincula su Universal Card a la tasa preferente, bajó recientemente la tasa para la mayoría de los tarjetahabientes del 17.4 al 16.4 por ciento, seis semanas antes de lo que tenía que hacerlo. Las malas noticias: las preocupaciones del sector por la reducción de beneficios y alza de costos. Los pagos morosos y la falta de pagos van en aumento. Esa tendencia está haciendo más selectivos a los emisores de tarjetas sobre cuáles consumidores pueden conservar o conseguir tarjetas con tasas más bajas.

A la gente que las usa con frecuencia y paga sus saldos a tiempo podía resultarle más fácil conseguir tasas más bajas, ya sea de su propio banco o de instituciones de otros estados. Pero la gente que rara vez hace sus pagos a tiempo podría encontrarse frente a una tasa más alta, o a la búsqueda de una tarjeta nueva...

### Malas perspectivas

Incluso sin la presión del Congreso, cuando hubo de nuevo una tentativa la semana pasada para promover un tope, los consumidores solventes no parecen tener dificultad en encontrar tarjetas con interés bajo. De enero a junio, los emisores con tasas superiores al 18 por ciento perdieron cerca del 5 por ciento de su volumen de operaciones, comparado con el mismo periodo del año anterior. Los emisores que cobran menos del 16.5 por ciento, en cambio, ganaron el 10 por ciento de cuentas nuevas en el mismo periodo, según Ram Research, un boletín de tarjetas de crédito publicado en Frederick, Maryland...

Algunos bancos incluso llegan a eximir del pago de la cuota anual a sus clientes preferentes que simplemente lo soliciten. Usted también puede indagar acerca de otras tarjetas de tasa baja menos conocidas. Las tarjetas regulares de Citibank cobran un interés del 19.8 por ciento, pero los clientes más sólidos pueden calificar para la tarjeta Choice del Banco al 14.9 por ciento.

Los clientes marginales tienen una mejor oportunidad de conservar sus tarjetas si pagan a tiempo y arreglan sus finanzas. Por ejemplo, podrían reducir su crédito disponible total al cancelar tarjetas que usan poco y que podrían recargarlos de deuda extra. Tendrían menos tarjetas en su cartera, pero las que conservaran les podrían costar menos y usarlas más.

## Lo esencial del artículo

**E**n diciembre de 1991, el Congreso consideró pero así mismo rechazó un proyecto de ley para fijar un tope del 14 por ciento a las tasas de interés de las tarjetas de crédito; la tasa de interés promedio de tarjetas de crédito se ha mantenido en torno al 19 por ciento durante muchos meses.

**M**uchos emisores de tarjetas de crédito han estado rebajando sus tasas de interés, pero una mayor incidencia de pagos retrasados y de falta de pago ha ido aumentando los costos y reduciendo los beneficios de los emisores de tarjetas de crédito.

**L**os bancos empezaron a ofrecer tarjetas regulares con tasas altas (por ejemplo, la tasa de Citibank era del 19.8 por ciento) y tarjetas menos conocidas con tasas bajas (por ejemplo, la tasa de la tarjeta Choice de Citybank, que se ofrece solamente a sus "clientes sólidos como una roca", era del 14.9 por ciento). Algunos bancos empezaron a eximir del pago de las cuotas anuales a sus clientes preferentes.

**L**os emisores de tarjetas se han vuelto más cuidadosos acerca de cuáles consumidores obtienen las tarjetas de tasa baja. A la gente que las usa a menudo y paga a tiempo se le facilita obtener las tarjetas de tasa baja, pero aquellos que pocas veces pagan a tiempo se enfrentan a tasas de interés más altas.

## Antecedentes y análisis

Cuando el banco u otro intermediario financiero emite una tarjeta de crédito, celebra un acuerdo para otorgar un préstamo al tarjetahabiente hasta un límite establecido, el cual será pagado según un plan acordado y a una tasa de interés acordada, pero variable.

Endeudarse con la tarjeta de crédito es una de las varias formas alternativas de obtener fondos y, con todo lo demás constante, cuanto más baja sea la tasa de interés de la tarjeta de crédito, mayor es la cantidad demandada de préstamos de tarjetas de crédito. La curva de demanda de los préstamos de tarjeta de crédito es *D* en la figura 1.

Los emisores de tarjetas de crédito obtienen su fondo de los depositantes y tienen usos alternativos para dichos fondos. El costo de *oportunidad* de prestar a un tarjetahabiente es el interés sacrificado en un tipo alternativo de préstamo bancario. Este costo de oportunidad, supuestamente del 10 por ciento, se ilustra en la figura 1.

Prestar a los tarjetahabientes es costoso. Entre el 2 y el 3 por ciento de los préstamos no se pagan. La cobranza de muchos más préstamos que finalmente se pagan, es costosa. El fraude también representa grandes costos para los emisores de tarjetas.

El costo de ofrecer préstamos de tarjetas de crédito (incluyendo la tasa normal de beneficio económico) es igual al costo de oportunidad de los fondos prestados, más estos costos adicionales de los préstamos de tarjetas de crédito. En la figura 1, estos costos hacen que el costo de ofrecer préstamos de tarjetas de crédito sea del 19 por ciento.

La cantidad de préstamos ofrecidos es igual a la cantidad demandada a esa tasa de interés: 250 mil millones de dólares en la figura 1.

Durante 1991, la mayoría de las tasas de interés bajó. Por ejemplo, la tasa preferente, es decir, la tasa a la cual los bancos les prestan a sus clientes empresariales más grandes y seguros, bajó del 10 al 6.5 por ciento. Esta disminución de la tasa redujo el costo de oportunidad de otorgar préstamos a los poseedores de tarjetas: lo que se muestra en la figura 2.

Con todo lo demás constante, esta disminución de la tasa preferente tendría que haber bajado la tasa de interés sobre las tarjetas de crédito a cerca del 15.5 por ciento, como se muestra en la figura 2.

Pero lo demás no permaneció constante. En la recesión de 1991, el porcentaje de préstamos no pagados aumentó, haciendo aumentar así el costo de ofrecer préstamos de tarjetas de crédito.

En esta situación, los emisores de tarjetas de crédito trataron de dividir su mercado en clientes de alto costo (alto riesgo) y clientes de bajo costo (bajo riesgo), y ofrecieron a cada grupo tasas de interés que reflejan sus costos relativos. Aumentaron las operaciones con tasas de interés bajas y disminuyeron las de tasas de interés altas.

Como lo señala la nota periodística, si el Congreso pone un tope a las tasas de interés que pueden cobrar los emisores de tarjetas, la tendencia de seleccionar a los clientes de alto costo (alto riesgo) se intensificará y menos de esos clientes podrán obtener tarjetas de crédito. Incluso se pueden ver obligados a entrar en segmentos del mercado de préstamos de costos todavía más elevados.

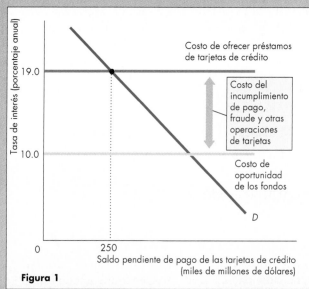

**Figura 1**

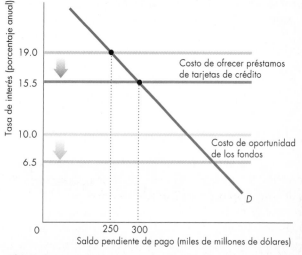

**Figura 2**

importante de M3. Pero los pasivos de los bancos en forma de depósitos no son los únicos componentes del dinero del país. Otros intermediarios financieros aceptan también depósitos que forman parte, y una parte creciente, del dinero del país. Examinemos ahora a esos intermediarios financieros.

## Instituciones de ahorro y préstamo

La **institución de ahorro y préstamo** es un intermediario financiero que tradicionalmente obtiene sus fondos de los depósitos de ahorro (llamados acciones) y que otorga préstamos hipotecarios a largo plazo a los compradores de casas. Antes de 1980, las regulaciones prohibían a estas instituciones ofrecer cuentas de cheques y sólo podían otorgar préstamos hipotecarios. Más aún, la tasa de interés sobre esos préstamos estaba fija. Muchos préstamos hipotecarios tenían un plazo de treinta años, así que un gran número de hipotecas todavía vigentes a finales de la década de 1970, se habían contratado a principios de la década de 1950, cuando las instituciones de ahorro y préstamo podían obtener fondos al 3 por ciento anual y prestar al 6 por ciento anual. Pero, a finales de la década de 1970, tenían que pagar más por los depósitos de lo que estaban obteniendo gracias a sus hipotecas más antiguas.

Debido a los apuros de las instituciones de ahorro y préstamo, el Congreso atenuó las restricciones que tenían en 1980, permitiéndoles ofrecer cuentas de cheques y otorgar préstamos a los consumidores y comerciales a tasas altas de interés. Dos años más tarde, la Garn-St. Germain Depository Institutions Act (Ley Garn-St. Germain de Instituciones de Depósito) relajó aún más las restricciones impuestas a las instituciones de ahorro y préstamo, al permitirles invertir una gran parte de sus fondos en proyectos comerciales de bienes raíces de alto riesgo. Pero la forma en que aprovecharon su mayor libertad condujo a dichas instituciones a su crisis de finales de la década de 1980.

## Bancos de ahorro y uniones de crédito

Los **bancos de ahorro** son intermediarios financieros propiedad de las depositantes que aceptan depósitos de ahorro y otorgan préstamos, principalmente para hipotecas de los consumidores. Estas instituciones desempeñan funciones similares a las de las de ahorrro y préstamo. La diferencia clave estriba en que los bancos de ahorro, también llamados

bancos *mutualistas* de ahorro, son propiedad de los depositantes. Las **uniones de crédito** obtienen sus fondos de depósitos de cuentas de cheques y de ahorro y otorgan préstamos al consumidor. Al igual que los bancos de ahorro, son propiedad de sus depositantes. La diferencia clave es que las uniones de crédito están basadas en un grupo social o económico, como los empleados de una empresa.

## Fondos mutualistas del mercado de dinero

Los **fondos mutualistas del mercado de dinero** son instituciones financieras que obtienen fondos mediante la venta de acciones y utilizan dichos fondos para comprar activos sumamente líquidos, como los bonos del tesoro de Estados Unidos. Las acciones de los fondos mutualistas del mercado de dinero funcionan como los depósitos en los bancos comerciales y otros intermediarios financieros. Los accionistas pueden girar cheques sobre sus cuentas del fondo mutualista del mercado de dinero, pero la mayoría de estas cuentas tiene restricciones. Por ejemplo, el depósito mínimo aceptable es de 2500 dólares y el cheque más pequeño que se le permite girar a un depositante puede ser de 500 dólares.

## Las funciones económicas de los intermediarios financieros

Todos los intermediarios financieros obtienen beneficio de la diferencia entre la tasa de interés que pagan por los depósitos y la tasa de interés a la que prestan. ¿Por qué pueden los intermediarios financieros pedir prestado a una tasa de interés baja y prestar a una tasa alta? ¿Qué servicios prestan que hace que los depositantes estén dispuestos a aceptar una tasa de interés baja y a los prestatarios dispuestos a pagar una más alta?

Los intermediarios financieros proporcionan cuatro servicios principales:

- Minimizan el costo de obtención de fondos
- Minimizan el costo de supervisión de los prestatarios
- Aúnan el riesgo
- Crean liquidez

### Minimización del costo de obtención de fondos
Encontrar alguien a quien pedir prestado puede ser una actividad costosa. Imagine lo incómodo que

sería si no existieran los intermediarios financieros. Una empresa en búsqueda de 1 millón de dólares para comprar una nueva planta de producción, probablemente tendría que hallar a varias docenas de personas a quienes pedir prestado para así poder reunir el fondo suficiente para su proyecto de capital. Los intermediarios financieros rebajan esos costos. La empresa que necesita 1 millón de dólares puede recurrir a un solo intermediario financiero para obtener dichos fondos. El intermediario financiero tiene que pedir prestado a un gran número de personas, pero no lo hace solamente para esta única empresa ni por el millón de dólares que quiere pedir prestado. El intermediario financiero puede crear una organización capaz de reunir fondos de un gran número de depositantes y distribuir el costo de esta actividad entre un gran número de prestatarios.

**Minimización del costo de supervisión de los prestatarios**  Prestar dinero es un negocio arriesgado. Existe siempre el peligro de que el prestatario no pague. La mayor parte del dinero prestado lo usan las empresas para invertir en proyectos que esperan les rindan un beneficio. Pero en ocasiones esas esperanzas no se ven colmadas. Investigar las actividades del prestatario y asegurarse de que se toman las mejores decisiones posibles para obtener un beneficio y evitar una pérdida, son actividades costosas y especializadas. Imagine lo costoso que sería si cada familia que presta dinero a una empresa tuviera que incurrir en los costos de supervisar a esa empresa directamente. Al depositar fondos con un intermediario financiero, las familias evitan estos costos. El intermediario financiero desempeña la actividad de supervisión al usar recursos especializados que tienen un costo mucho más bajo del que requeriría cada familia si tuviera que emprender esa actividad individualmente.

**Aunamiento del riesgo**  Como señalamos anteriormente, prestar dinero es arriesgado. Siempre existe la posibilidad de que no se pague. El riesgo de incumplimiento puede reducirse si se presta a un gran número de personas distintas. En ese caso, si una persona incumple en un préstamo, ello es una molestia pero no un desastre. En cambio, si solamente una persona pide prestado y esa persona incumple en el préstamo, todo el préstamo se da por perdido. Los intermediarios financieros permiten a la gente aunar el riesgo de una manera eficiente. Miles de personas prestan dinero a cualquier intermediario financiero y, a su vez, el intermediario financiero presta el dinero a cientos, quizás a miles de empresas individuales. Si cualquier empresa incumple en su préstamo, ese incumplimiento se distribuye entre todos los depositantes del intermediario y ningún depositante individual queda expuesto a un alto grado de riesgo.

**Creación de liquidez**  Los intermediarios financieros crean liquidez. Definimos la liquidez anteriormente como la facilidad y certeza con la que un activo puede convertirse en dinero. Algunas de las obligaciones de los intermediarios financieros están en dinero; otras son activos sumamente líquidos que se convierten fácilmente en dinero.

Los intermediarios financieros crean liquidez al pedir prestado a corto plazo y al prestar a largo plazo. Pedir prestado a corto plazo significa aceptar depósitos, pero estar preparados para reembolsarlos con poca anticipación (e incluso sin aviso en el caso de los depósitos retirables con cheque). Prestar a largo plazo significa celebrar compromisos de préstamo por un periodo preestablecido y, a menudo, bastante largo. Por ejemplo, cuando una persona efectúa un depósito en una institución de ahorro y préstamo, ese depósito puede retirarse en cualquier momento. Pero dicha institución hace un compromiso de préstamo quizás superior a veinte años con un comprador de casa.

---

## REPASO

L a mayoría del dinero del país está formada por depósitos en los intermediarios financieros. Esos intermediarios financieros son los bancos comerciales, instituciones de ahorro y préstamo, bancos de ahorro, uniones de crédito y fondos mutualistas del mercado de dinero. Las principales funciones económicas de los intermediarios financieros son la minimización del costo de obtención de fondos, la minimización del costo de supervisión de los prestatarios, el aunamiento del riesgo y la creación de liquidez. ◆

## Regulación financiera, desregulación e innovación

Los intermediarios financieros son instituciones sumamente reguladas, pero la regulación no es estática y, en la década de 1980, hubo cambios importantes en su regulación así como en la desregulación. Así mismo, las instituciones no son estáticas; en la búsqueda del beneficio, están constantemente detrás de formas de menor costo para obtener fondos, de supervisar a los prestatarios, aunar el riesgo y crear liquidez. También tienen inventiva para evitar los costos que les impone la regulación financiera. Veamos la regulación, desregulación e innovación en el sector financiero en los años recientes.

### Regulación financiera

La regulación financiera impone dos tipos de restricciones a los intermediarios financieros:

◆ Seguro de depósitos
◆ Reglas para la presentación de balances

**Seguro de depósitos**   Los depósitos de los bancos y de las instituciones de ahorro están asegurados por el FDIC (*Federal Deposit Insurance Corporation*; Corporación Federal de Seguro de Depósitos). La FDIC es una institución federal que recibe su ingreso de las primas del seguro obligatorio pagado por los bancos comerciales y otros intermediarios financieros. La FDIC funciona como dos fondos de seguro separados: el BIF (*Bank Insurance Fund*, Fondo de Seguro Bancario), que asegura los depósitos en los bancos comerciales y el SAIF (*Savings Association Insurance Fund*, Fondo de Seguro de la Asociación de Ahorro), que asegura a los depósitos de instituciones de ahorro y préstamo. Cada uno de estos fondos asegura los depósitos hasta 100 000 dólares por depositante.

La existencia del seguro de depósito otorga protección a los depositantes ante la eventualidad de que fracase un intermediario financiero. Pero también limita el incentivo del propietario del intermediario financiero para realizar inversiones y préstamos seguros. Algunos economistas piensan

que el seguro de depósito desempeñó un papel importante en el empeoramiento de los problemas enfrentados por las instituciones de ahorro y préstamo en la década de 1980. Los ahorradores, con conocimiento de que sus ahorros se estaban invirtiendo en préstamos de alto riesgo, no retiraron sus depósitos de dichas instituciones porque sabían que tenían la seguridad del seguro de depósitos. Los propietarios de las instituciones, sabían que estaba haciendo una apuesta segura. Si sus préstamos funcionaban, obtendrían una tasa de rendimiento elevada; si fracasaban y no podían hacer frente a sus obligaciones, acudiría el fondo de seguro. ¡Los préstamos malos eran buen negocio!

Debido a este tipo de problema, todos los intermediarios financieros están sujetos a la regulación de sus balances.

**Reglas de balance**   Las regulaciones más importantes de balance son:

◆ Requisitos de capital
◆ Requisitos de reserva
◆ Reglas de otorgamiento de préstamos

Los *requisitos de capital* son la cantidad mínima de los recursos financieros propios del dueño que deben invertirse en una institución intermediaria. Esta cantidad debe ser suficiente para desalentar a los propietarios de otorgar préstamos que sean demasiado arriesgados. Los *requisitos de reserva* son las reglas que establecen los porcentajes mínimos de depósitos que deben mantenerse en efectivo u otros activos líquidos seguros. Estos porcentajes mínimos varían para los diferentes tipos de intermediarios y de depósitos; son más altos para los depósitos retirables con cheque y más bajos para los depósitos de ahorro a largo plazo. Las *reglas de otorgamiento de préstamos* son restricciones a las proporciones de diferentes tipos de préstamos que puede otorgar un intermediario. Son estas reglas las que crearon las distinciones más marcadas entre las diversas instituciones. Antes de 1980, los bancos comerciales eran los únicos intermediarios autorizados a otorgar préstamos comerciales y las instituciones de ahorro y préstamo y los bancos de ahorro estaban restringidos al otorgamiento de préstamos hipotecarios a compradores de casas.

Para permitir a las instituciones de ahorro y préstamo y los bancos de ahorro competir con los bancos comerciales por fondos, se impuso un tope a las tasas de interés que se podían pagar por los depósitos. Esta regulación de tope de interés se conoce como la *Regulación Q*. Así mismo, a los bancos no les estaba autorizado pagar intereses sobre los depósitos retirables con cheques.

## La desregulación en la década de 1980

En 1980 el Congreso aprobó la Ley de Desregulación de Instituciones de Depósito y de Control Monetario. Esta legislación eliminó muchas de las distinciones entre los bancos comerciales y otros intermediarios financieros. Permitió a los intermediarios financieros no bancarios competir con los bancos comerciales en una gama más amplia de actividades de préstamos. Al mismo tiempo, autorizó el pago de intereses sobre los depósitos retirables con cheques, de modo que todas las instituciones aceptantes de depósitos podían ahora ofrecer las cuentas NOW y ATS: bancarias y no bancarias

La capacidad de las instituciones de ahorro y préstamo y de los bancos de ahorro para competir en el negocio de los préstamos con los bancos comerciales se fortaleció aún más en 1982 con la aprobación de la Ley Garn-St. Germain de instituciones de depósito. Esta legislación relajó todavía más las restricciones sobre la magnitud de los préstamos comerciales que podían conceder las instituciones de ahorro y préstamo y los bancos de ahorro.

Otro cambio regulador importante ocurrió en 1986: la abolición de la Regulación Q. La abolición de la Regulación Q creó un ambiente ferozmente competitivo. En este ambiente, hubo una rápida innovación de los tipos de depósito ofrecidos y un rápido crecimiento de los fondos mutualistas del mercado de dinero.

## Innovación financiera

El desarrollo de nuevos productos financieros, es decir, de nuevas formas de endeudamiento y de otorgamiento de préstamos, se llama **innovación financiera**. La finalidad de la innovación financiera es reducir el costo del endeudamiento o aumentar el rendimiento del otorgamiento de préstamos o, más simplemente, para aumentar el beneficio de la intermediación financiera. Hay tres factores principales que influyen sobre la innovación financiera:

◆ El ambiente económico
◆ La tecnología
◆ La regulación

El ritmo de la innovación financiera fue notable en la década de 1980, y estas tres fuerzas desempeñaron un papel.

**El ambiente económico** Algunas de las innovaciones de la década de 1980 fueron una respuesta a la inflación elevada y a las altas tasas de interés. Un ejemplo importante es el desarrollo de las hipotecas con tasa de interés ajustable. Tradicionalmente, la compra de casas había sido financiada con préstamos hipotecarios con una tasa de interés garantizada. Tasas de interés crecientes ocasionaron costos crecientes de obtención de fondos de las instituciones de ahorro y préstamo, y ya que estaban comprometidas con tasas de interés fijas de sus hipotecas, el sector incurrió en pérdidas severas. La creación de préstamos hipotecarios con tasa de interés variable ha eliminado parte del riesgo de los préstamos a largo plazo para la compra de casas.

**Tecnología** Otras innovaciones financieras son resultado del cambio tecnológico, en especial el asociado con la disminución del costo de la computación y las comunicaciones a larga distancia. La difusión del uso de tarjetas de crédito y el desarrollo de mercados financieros internacionales, por ejemplo, la creciente importancia de los eurodólares, son consecuencia del cambio tecnológico.

**Regulación** Una gran parte de la innovación financiera se dio para evitar la regulación. El desarrollo de las cuentas NOW y ATS es un ejemplo. La regulación que impedía a los bancos pagar intereses sobre las cuentas de cheques, dio impulso al diseño de estos nuevos tipos de cuentas de depósito, y de esta forma evadió la regulación.

## Desregulación, innovación y oferta monetaria

La desregulación e innovación financiera que han conducido al desarrollo de nuevos tipos de cuentas de depósito han acarreado cambios importantes en la composición del dinero del país. En 1960, M1 consistía sólo billetes y moneda y depósitos a la vista. En la década de 1980, se expandieron los depósitos retirables con cheque en tanto que los depósitos a la vista disminuyeron. Cambios dramáticos similares se dieron en la composición de M2. Los depósitos de ahorro disminuyeron, en tanto que los depósitos a plazo, las acciones de las personas de los fondos mutualistas del mercado de dinero y los depósitos en eurodólares se expandieron con rapidez. Ha habido cambios menos notables pero importantes de M3. En 1960, M2 y M3 eran prácticamente el mismo concepto, pero el crecimiento de los grandes depósitos a plazo y otros tipos de depósitos a plazo incluidos en M3 ha aumentado gradualmente.

## REPASO

L os intermediarios financieros aseguran sus depósitos, y sus préstamos están regulados. En la década de 1980 se dio una ola de desregulación financiera que volvió borrosa la distinción entre bancos comerciales y otras instituciones financieras. Los intermediarios financieros están constantemente buscando nuevas formas de obtener beneficios al reaccionar ante el ambiente económico cambiante, con la adopción de nuevas tecnologías y evitando los efectos adversos de las regulaciones sobre sus actividades. La desregulación e innovación en la década de 1980 trajo toda una gama de nuevos tipos de cuentas de depósito, que condujo a importantes cambios en la composición del acervo de dinero del país. ◆

Debido a que los intermediarios financieros son capaces de crear liquidez y activos que son medios de pago, es decir, dinero, ocupan un lugar único en la economía y ejercen una influencia importante sobre la cantidad de dinero en existencia. Veamos cómo se crea el dinero.

## Cómo crean dinero los bancos

E l dinero se crea por las actividades de los bancos comerciales y otros intermediarios financieros: por todas esas instituciones, cuyos depósitos circulan como medios de pago. En esta sección, utilizaremos el término *bancos* para referirnos a todas las instituciones de depósito.

## Reservas reales y obligatorias

Como vimos en la tabla 27.7, los bancos no tienen 100 dólares en billetes por cada 100 dólares que la gente ha depositado en ellos. De hecho, un banco típico hoy en día tiene 1.25 dólares en billetes y moneda y otro 1.15 dólares como depósito en el Banco de la Reserva Federal por cada 100 dólares que tiene de depósitos. Esto no tiene por qué causar pánico. Los bancos han aprendido, a través de la experiencia, que sus niveles de reservas son adecuados para las necesidades normales de operación. La fracción de los depósitos totales de un banco que se mantiene como reservas se llama **coeficiente de reservas** y su valor depende del comportamiento de los depositantes de un banco. Si un depositante retira su dinero de un banco, el coeficiente de reservas baja; si un depositante coloca dinero en el banco, aumenta el coeficiente de reservas.

El **coeficiente de reservas obligatorias** es el cociente de reservas a depósitos que a los bancos se les exige mantener mediante una regulación. Las **reservas obligatorias** de un banco son iguales a sus depósitos, multiplicados por el coeficiente de reservas obligatorias. Las reservas reales menos las reservas obligatorias son las **reservas excedentes**. Siempre que los bancos tienen reservas excedentes, están en posibilidades de crear dinero. Cuando decimos que los bancos crean dinero, no queremos decir que tienen cuartos llenos de humo donde los falsificadores trabajan afanosamente. Recuerde que la mayoría del dinero está en depósitos, no en efectivo. Lo que los bancos crean son depósitos y lo hacen al otorgar préstamos. Para observar el proceso de creación de dinero por los bancos, veremos un modelo de sistema bancario.

## Creación de depósitos mediante el otorgamiento de préstamos

Supongamos que los bancos tienen un coeficiente de reservas obligatorias del 25 por ciento. Es decir, por cada dólar de depósito quieren mantener 25 centavos en reservas. Alberto, un cliente del Banco de la Pepita de Oro, decide reducir sus tenencias de efectivo y colocar 100 dólares en su cuenta de depósito en el banco. Súbitamente, el Banco de la Pepita de Oro tiene 100 dólares de depósitos nuevos y otros 100 de reservas adicionales. Pero con 100 dólares de depósitos nuevos el Banco de la Pepita de Oro no quiere mantener 100 dólares de reservas adicionales. Tiene reservas excedentes. Su coeficiente de reservas obligatorias es del 25 por ciento, así que planea prestar a otro cliente 75 dólares de los 100 dólares adicionales. Alma, una cliente del mismo banco, solicita un préstamo de 75 dólares. En ese momento, el Banco de la Pepita de Oro tiene depósitos nuevos de 100 dólares, préstamos nuevos de 75 dólares y reservas nuevas de 25 dólares. En lo que se refiere al Banco, aquí termina el asunto. No se ha creado dinero. Alberto ha reducido sus tenencias de efectivo en 100 dólares y aumentó su depósito bancario en la misma cantidad, pero la cantidad total de dinero ha permanecido constante. Aunque éste es el final del asunto para el Banco de la Pepita de Oro, no es el final del asunto para el sistema bancario como un todo. ¿Qué pasa después?

Alma usa los 75 dólares para comprar una chaqueta a Bárbara. Para realizar esta transacción ella gira un cheque sobre su cuenta en el Banco de la Pepita de Oro y Bárbara deposita el cheque en el Banco Laser. El Banco Laser tiene ahora depósitos nuevos de 75 dólares y 75 dólares de reservas adicionales. La cantidad total de oferta monetaria es ahora 75 dólares mayor que antes.

El Banco Laser no quiere conservar los 75 dólares como reservas, necesita solamente una cuarta parte de esa suma: 18.75 dólares. El Banco Laser presta la cantidad adicional, es decir, 56.25 dólares, a Roberto, quien compra a Carlos un equipo estéreo usado. Roberto gira un cheque sobre su cuenta en el Banco Laser que Carlos deposita en su cuenta en el Banco Apolo. El Banco Apolo tiene ahora depósitos nuevos de 56.25 dólares, así que la cantidad de dinero ha aumentado a un total de 131.25 dólares (los 75 dólares prestados a Alma y pagados a Bárbara más los 56.25 dólares prestados a Roberto y pagados a Carlos).

Las transacciones que acabamos de describir se resumen en la tabla 27.8. Pero la historia está todavía incompleta. El proceso que estamos describiendo continúa a través del resto de los bancos y sus depositantes y prestatarios, hasta el final de la lista en la tabla. Cuando llegamos al Banco Bucanero, Ramón le pagó a Luis 5.63 dólares por una caja de disquetes de computador y, por tanto, el Banco Bucanero tiene depósitos nuevos de 5.63 dólares y reservas adicionales por esa misma cantidad. Como sólo necesita 1.41 dólares de reservas adicionales,

otorga un préstamo de 4.22 dólares a Martín, quien a su vez gasta el dinero. Para entonces, la cantidad total de dinero ha aumentado en 283.11 dólares, los depósitos nuevos en cada etapa del proceso enumerado en la primera columna de cifras de la tabla, menos el depósito de 100 dólares de Alberto. Recuerde que cuando Alberto hizo su depósito, redujo también sus tenencias de billetes y moneda, así que su depósito nuevo no aumentó la cantidad total de dinero.

Este proceso continúa, pero como las cantidades se vuelven tan pequeñas, no nos tomaremos la molestia de seguirles la pista. La suma de todas las etapas restantes del proceso es igual a la penúltima fila de la tabla. El cómputo final aparece como los totales en la parte inferior de la tabla. Los depósitos aumentaron en 400 dólares, los préstamos en 300 y las reservas en 100. Los bancos han creado dinero al otorgar préstamos. La cantidad creada de dinero es de 300 dólares, es decir, la misma cantidad que se ha otorgado de préstamos adicionales. Es verdad que los depósitos aumentaron en 400 dólares, pero 100 dólares de ese aumento son del depósito inicial de Alberto. Dicho incremento de depósitos no hace aumentar la cantidad de dinero. Los billetes y monedas que Alberto depositó ya eran dinero. Solamente los depósitos nuevos creados por la actividad de préstamos de los bancos han hecho aumentar la cantidad de dinero en existencia.

## El multiplicador monetario simple

La capacidad de los bancos para crear dinero no significa que éstos puedan crear una cantidad ilimitada de dinero. La cantidad que pueden crear depende de sus reservas y del coeficiente de reservas obligatorias. En este ejemplo, donde el coeficiente de reservas obligatorias es del 25 por ciento, los depósitos bancarios han aumentado en cuatro veces el nivel de reservas.

El **multiplicador monetario simple** es la cantidad por la que se multiplica el aumento de las reservas bancarias para calcular el efecto de un aumento de reservas sobre el total de los depósitos bancarios. El multiplicador monetario simple es

$$\text{Multiplicador monetario simple} = \frac{\text{Cambio de los depósitos}}{\text{Cambio de las reservas}}.$$

**TABLA 27.8**

## Creación de dinero mediante el otorgamiento de préstamos: muchos bancos

| Banco | Depositante | Prestatario | Depósitos nuevos | Préstamos nuevos | Reservas nuevas | Aumento del dinero | Aumento acumulado del dinero |
|---|---|---|---|---|---|---|---|
| Pepita de Oro | Alberto | Alma | $100.00 | $ 75.00 | $ 25.00 | $ 0.00 | |
| Laser | Bárbara | Roberto | 75.00 | 56.25 | 18.75 | 75.00 | $ 75.00 |
| Apolo | Carlos | Conrado | 56.25 | 42.19 | 14.06 | 56.25 | 131.44 |
| Monty Python | David | Daniel | 42.19 | 31.64 | 10.55 | 42.19 | 173.44 |
| Platón | Edmundo | Eva | 31.64 | 23.73 | 7.91 | 31.64 | 205.08 |
| J. R. Ewing | Francisco | Federico | 23.73 | 17.80 | 5.93 | 23.73 | 228.81 |
| Madonna | Gustavo | Gabriel | 17.80 | 13.35 | 4.45 | 17.80 | 246.61 |
| Rambo | Hortensia | Humberto | 13.35 | 10.01 | 3.34 | 13.35 | 259.96 |
| Trump | Jaime | Juana | 10.01 | 7.51 | 2.50 | 10.01 | 269.97 |
| Disney | Carmen | Ramón | 7.51 | 5.63 | 1.88 | 7.51 | 277.48 |
| Bucanero | Leonardo | Luis | 5.63 | 4.22 | 1.41 | 5.63 | 283.11 |
| | | | . | . | . | . | |
| | | | . | . | . | . | |
| | | | . | . | . | . | |
| Todos los demás | | | 16.89 | 12.67 | 4.22 | 16.89 | |
| Total del sistema bancario | | | $400.00 | $300.00 | $100.00 | $300.00 | $300.00 |

En el ejemplo que acabamos de calcular, el multiplicador monetario simple es 4: un aumento de las reservas de 100 dólares ocasionó un aumento de los depósitos de 400 dólares.

El multiplicador monetario simple está relacionado con el coeficiente de reservas obligatorias. En nuestro ejemplo, ese coeficiente es del 25 por ciento (o ¼). Es decir,

Reservas obligatorias = (¼) de los depósitos.

Siempre que las reservas obligatorias sean mayores que las reservas efectivas (una situación de reservas excedentes negativas), los bancos demandan el pago de préstamos. Cuando las reservas obligatorias son inferiores a las reservas efectivas (una situación de reservas excedentes positivas), los bancos otorgan préstamos adicionales. Mediante el ajuste de sus préstamos, los bancos ajustan sus reservas efectivas con las obligatorias, eliminando reservas excedentes. Entonces, cuando los bancos han cambiado sus préstamos y sus reservas para

que las reservas efectivas sean iguales a las reservas obligatorias,

Reservas efectivas = (¼) de los depósitos.

Si dividimos ambos lados de esta ecuación entre ¼, obtenemos,

Depósitos = (1¼) de las reservas efectivas.

Cuando los bancos reciben depósitos nuevos, las reservas efectivas aumentan. Si el aumento de reservas tiene lugar cuando las reservas obligatorias y las efectivas son iguales, los bancos tendrán reservas excedentes. Prestarán estas reservas excedentes hasta que los depósitos bancarios hayan aumentado lo suficiente como para aumentar las reservas obligatorias en una cantidad igual al aumento de las reservas efectivas. Una disminución de los depósitos hace bajar las reservas y obliga a los bancos a demandar el pago de algunos préstamos. El resultado final de este proceso es una disminución de los depósitos en una cantidad que provoca la disminución de las reservas obligatorias en la misma cantidad que la disminución de las reservas efectivas. Cuando los depósitos han cambiado lo suficiente para eliminar las reservas excedentes, se ha dado el siguiente cambio de los depósitos:

Cambio depósitos = (1/¼) cambio reservas.

Por definición (1/¼) es el multiplicador monetario simple. Es la cantidad por la cual se multiplica el cambio de reservas para calcular el cambio de los depósitos. En nuestro ejemplo, ese multiplicador es igual a 4. La relación entre el multiplicador monetario simple y el coeficiente de reservas obligatorias es

$$\text{Multiplicador monetario simple} = \frac{1}{\text{Coeficiente de reservas obligatorias}}.$$

**Multiplicadores monetarios en el mundo real** El multiplicador en el mundo real es diferente al multiplicador monetario simple que hemos calculado, debido a dos razones. La primera, el coeficiente de reservas obligatorias de los bancos en el mundo real es mucho menor que el 25 por ciento que hemos usado. Segunda, en el mundo real no todos los préstamos otorgados por los bancos regresan a los bancos bajo la forma de reservas. Algunos de ellos permanecen fuera de los bancos en la forma de billetes y monedas en circulación. Estas diferencias entre el multiplicador monetario del mundo real y el multiplicador monetario simple que acabamos de calcular, actúan en direcciones opuestas. El menor coeficiente de reservas obligatorias de los bancos en el mundo real hace que sea más grande el multiplicador que el de nuestro ejemplo numérico. El hecho de que una cantidad de billetes y monedas quede en circulación fuera de los bancos hace más pequeño al multiplicador del mundo real. Estudiaremos en el siguiente capítulo los valores verdaderos de los multiplicadores monetarios del mundo real.

## REPASO

Los bancos crean dinero mediante el otorgamiento de préstamos. La cantidad que pueden prestar la determinan sus reservas y el coeficiente de reservas obligatorias. Cada vez que otorgan un préstamo, aumentan los depósitos y las reservas obligatorias. Cuando los depósitos están en un nivel que hace que las reservas obligatorias sean iguales a las reservas reales, los bancos ya no pueden aumentar sus préstamos o depósitos. Un cambio inicial de los depósitos que ocasiona un cambio en las reservas, produce finalmente un cambio de los depósitos que es igual al de las reservas multiplicado por el multiplicador monetario simple. ◆

La preocupación por la oferta monetaria surge porque el dinero tiene un efecto poderoso sobre nuestra economía. Nuestra siguiente tarea en este capítulo consiste en el examen de algunos de esos efectos.

## Dinero, PIB real y nivel de precios

Ya sabemos ahora qué *es* el dinero. También sabemos que actualmente en una economía moderna como la de Estados Unidos, la mayoría del dinero está constituido por depósitos en los bancos y otros intermediarios financieros. Hemos visto que estas instituciones pueden realmente crear dinero mediante el otorgamiento de préstamos. ¿Importa la cantidad de dinero creada por los bancos y el sistema financiero? ¿Qué efectos tiene? ¿Tiene importancia si la cantidad de dinero aumenta rápida o lentamente?

Nos ocuparemos primero de estas preguntas aplicando el modelo de demanda agregada y oferta agregada. Después consideraremos una teoría especial del dinero y los precios: la teoría cuantitativa del dinero. Por último, veremos parte de la evidencia histórica e internacional acerca de la relación entre dinero y precios. Así mismo, Orígenes de nuestro conocimiento, en las páginas 814-815, se ocupa de la evolución de la comprensión de los efectos de los cambios de la cantidad de dinero.

### El dinero en el modelo *DA-SA*

La figura 27.4 ilustra el modelo de demanda agregada y oferta agregada. En la parte (a) hay desempleo

# LAS CAUSAS
## de la
### INFLACIÓN

La combinación de historia y economía nos ha enseñado mucho sobre las causas de la inflación.

La inflación severa, es decir, la hiperinflación, surge de la desintegración de los procesos normales de política fiscal en épocas de guerra y de agitación política. La recaudación fiscal no alcanza a cubrir el gasto gubernamental, y la brecha se llena con la impresión de dinero. Al aumentar la inflación, hay una escasez de dinero, así que aumenta todavía más su tasa de creación y los precios se elevan todavía más rápido. Finalmente, se desploma el sistema monetario. Ésa fue la experiencia de Alemania en la década de 1920, y Rusia se encamina actualmente en esa dirección.

En épocas anteriores, cuando se usaban mercancías como dinero, la inflación se originaba en el descubrimiento de nuevas fuentes de dinero. La más reciente inflación de este tipo se dio en el siglo XIX cuando el oro, que entonces se utilizaba como dinero, se descubrió en California y Australia.

En los tiempos modernos, la inflación ha resultado de aumentos de la oferta monetaria derivados al ajustar aumentos de costos. La más notable de esas inflaciones ocurrió durante la década de 1970, cuando el Banco de la Reserva Federal de Estados Unidos y otros bancos centrales se adaptaron a los aumentos del precio del petróleo.

Para evitar la inflación, debe mantenerse bajo control el crecimiento de la oferta monetaria. Pero en épocas de presiones severas de costos, los bancos centrales se ven apremiados para evitar la recesión y adaptarse a la presión de costos. Sin embargo, algunos países han evitado la inflación de manera más efectiva que otros. Una causa clave del éxito es la independencia del banco central. En países de inflación baja, como Alemania y Japón, el banco central decide cuánto dinero creará y a qué nivel fijará las tasas de interés, sin obedecer órdenes del gobierno. En países de inflación alta, como el Reino Unido e Italia, el banco central acepta órdenes directas del gobierno en lo que se refiere a las tasas de interés y el crecimiento de la oferta monetaria. Esta conexión entre la independencia del banco central y la inflación ha sido advertida por los arquitectos del nuevo sistema monetario de la Unión Europea, quienes están creando el Banco Central Europeo de acuerdo con el modelo del Bundesbank alemán y no del Banco de Inglaterra.

> "La inflación es siempre, y en todas partes, un fenómeno monetario."
>
> MILTON FRIEDMAN
> *La contrarrevolución en la teoría monetaria*

Cuando la inflación es particularmente rápida, como en Alemania en 1923, el dinero pierde prácticamente todo su valor. En esa época, en Alemania los billetes eran más valiosos como combustible que como dinero y era común ver a gente quemando Reichmarks (marcos alemanes). Como nadie quería conservar el dinero por mucho tiempo, los salarios se pagaban y gastaban dos veces al día. Los bancos recibían depósitos y otorgaban préstamos, pero a tasas de interés que compensaban a los depositantes y al banco por el valor descendente del dinero; tasas que podían rebasar el 100 por ciento diario. El precio de una cena podía duplicarse en el transcurso de una noche, lo que volvía un pasatiempo sumamente oneroso demorarse con el café.

La hiperinflación no se ha presentado en la economía de la edad del computador. Pero imagínese si apareciera la hiperinflación, digamos una inflación del 50 por ciento mensual. Tendrían que volver a llenar los cajeros automáticos varias veces en el curso de una hora, y la cantidad de papel (tanto de dinero como de comprobantes) que expedirían crecería en proporciones astronómicas. Pero la mayoría de nosotros trataríamos de evitar el uso del dinero. En cambio, compraríamos todo lo que pudiéramos con las tarjetas de crédito, y estaríamos impacientes para pagar los saldos de nuestras tarjetas rápidamente porque la tasa de interés sobre los saldos pendientes de pagar sería del 70 por ciento mensual. Solamente con esa tasa de interés elevada les convendría a los bancos prestar a los tarjetahabientes, ya que los bancos mismos estarían pagando tasas de interés de más del 50 por ciento mensual para inducir a la gente a depositar su dinero.

## DAVID HUME

### Y LA *Teoría cuantitativa del dinero*

Nació en Edimburgo, Escocia, en 1711 y fue amigo cercano de Adam Smith. David Hume fue un filósofo, historiador y economista de extraordinario alcance. Su primer libro, según su propia descripción, "se desplomó muerto al nacer de la imprenta". Pero sus ensayos, sobre temas que van del amor y el matrimonio y la inmortalidad del alma hasta el dinero, el interés y la balanza de pagos, fueron muy leídos y le dieron una fortuna considerable.

Hume hizo el primer enunciado claro de la teoría cuantitativa del dinero: la teoría que dice que un aumento de la cantidad de dinero ocasiona un aumento proporcional del nivel de precios. Y su explicación de cómo un aumento de la cantidad de dinero provoca un aumento de precios anticipó el descubrimiento, 220 años más tarde, de la curva de Phillips y de la teoría de Keynes de la demanda agregada.

y en la (b), pleno empleo. En ambas partes la curva de oferta agregada a largo plazo es *SAL*.

## Un aumento de la oferta monetaria con desempleo

Al principio, la curva de demanda agregada es $DA_0$ y la curva de oferta agregada a corto plazo es *SAC* (en la parte a). El equilibrio tiene lugar donde la curva de demanda agregada $DA_0$ interseca a la curva de oferta agregada a corto plazo. El nivel de precios es de 90 y el PIB real es de 4.4 billones de dólares. Suponga ahora que hay un aumento de la cantidad de dinero. El aumento se da como resultado del proceso que acabamos de estudiar. Los bancos, rebosantes de reservas excedentes, otorgan préstamos y los préstamos crean dinero. Con más dinero en sus cuentas bancarias, la gente incrementa su gasto en tanto que la demanda agregada aumenta. La curva de demanda agregada se desplaza hacia la derecha para convertirse en $DA_1$. El nuevo equilibrio está en el punto de intersección de $DA_1$ y *SAC*, el nivel de precios se eleva a 100 y el PIB real aumenta a 4.5 billones de dólares. La economía está ahora en su curva de oferta agregada a largo plazo y pleno empleo. Un pequeño aumento de la oferta monetaria no desplazará la curva de demanda agregada tan a la derecha, y la economía permanecería en el equilibrio con desempleo. Pero el efecto general es el mismo: un aumento tanto del PIB real como del nivel de precios.

## Un aumento de la oferta monetaria con pleno empleo

Al principio, la curva de demanda agregada es $DA_1$ y la curva de oferta agregada a corto plazo es $SAC_1$ (en la parte b). El equilibrio tiene lugar cuando la curva de demanda agregada $DA_1$ interseca la curva de oferta agregada a corto plazo $SAC_1$. El nivel de precios es de 100 y el PIB real es de 4.5 billones de dólares. La economía está en su curva de oferta agregada a largo plazo y está en equilibrio con pleno empleo. Suponga ahora que hay un aumento de la cantidad de dinero que aumenta la demanda agregada y desplaza la curva de demanda agregada hacia $DA_2$. El equilibrio nuevo está ahora en el punto de intersección de $DA_2$ y $SAC_1$. El nivel de precios se eleva a 110 y el PIB real aumenta a 4.6 billones de dólares. Pero éste es un efecto a corto plazo. La economía está ahora en un equilibrio con empleo superior al pleno empleo y los salarios empiezan a elevarse. Al hacerlo, la curva de oferta agregada a corto plazo se desplaza hacia arriba. El nivel de precios se eleva y el PIB

FIGURA **27.4**

# Demanda agregada, oferta agregada y cantidad de dinero

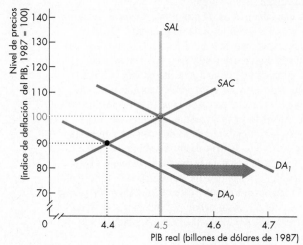

**(a)   Aumento de la oferta monetaria cuando hay desempleo**

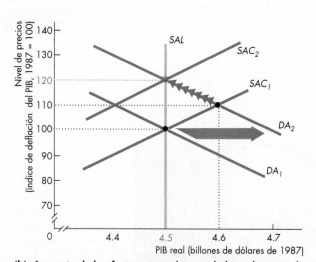

**(b)   Aumento de la oferta monetaria cuando hay pleno empleo**

En la parte (a), un aumento de la oferta monetaria desplaza la curva de demanda agregada de $DA_0$ a $DA_1$, el nivel de precios aumenta a 100 y el PIB real aumenta a 4.5 billones de dólares, con nivel de pleno empleo. En la parte (b), un aumento de la cantidad de dinero desplaza la curva de demanda agregada de $DA_1$ a $DA_2$, el nivel de precios aumenta a 100 y el PIB real aumenta a 4.6 billones de dólares. La economía está en su equilibrio con empleo superior al pleno. Los salarios se elevan y la curva de oferta agregada a corto plazo se desplaza hacia arriba a $SAC_2$. El PIB real regresa a su nivel inicial y el nivel de precios se eleva a 120.

real baja. Los salarios continúan aumentando hasta que se restablece el pleno empleo. Para entonces, la curva de oferta agregada a corto plazo es $SAC_2$ y el nivel de precios es de 120.

Así, entre uno y otro equilibrio de pleno empleo, un aumento de la cantidad de dinero da como resultado un incremento del nivel de precios sin cambio en el PIB real. Esta relación entre la oferta monetaria y el nivel de precios con pleno empleo da origen a la teoría cuantitativa del dinero.

## La teoría cuantitativa del dinero

La **teoría cuantitativa del dinero** consiste en la proposición de que un aumento de la cantidad de dinero conduce a un aumento porcentual igual del nivel de precios. El fundamento original de la teoría cuantitativa del dinero es un concepto conocido como velocidad de circulación y una ecuación llamada ecuación del cambio. La **velocidad de circulación** es el número promedio de veces que un dólar se utiliza anualmente para comprar bienes y servicios que componen el PIB. El PIB es igual al nivel de precios ($P$) multiplicado por el PIB real ($Y$). Es decir,

$$PIB = PY.$$

Denote la cantidad de dinero con $M$. La velocidad de circulación, $V$, la determina la ecuación

$$V = PY/M.$$

Por ejemplo, si el PIB es de 5 billones de dólares y si la cantidad de dinero es de 2 billones de dólares, la velocidad de circulación es de 2.5. En promedio, cada dólar de dinero circula 2.5 veces al utilizarse para la compra de bienes finales y servicios que componen el PIB.

La **ecuación del cambio** afirma que la cantidad de dinero ($M$), multiplicada por la velocidad de circulación ($V$), es igual al PIB, o

$$MV = PY.$$

Dada la definición de la velocidad de circulación, esta ecuación siempre es verdadera; lo es por definición. Con $M$ igual a 2 billones de dólares y $V$ *igual a 2.5, MV* es igual a 5 billones de dólares, el valor del PIB.

La ecuación del cambio se convierte en la teoría cuantitativa del dinero al formular dos proposiciones:

◆ La velocidad de circulación es constante.

◆ La cantidad de dinero no influye sobre el PIB real.

Si estas dos proposiciones son correctas, la ecuación del cambio nos dice que un determinado cambio porcentual de la cantidad de dinero produce un cambio porcentual igual del nivel de precios. Usted puede verlo al despejar el nivel de precios en la ecuación del cambio. Al dividir ambos lados de la ecuación entre el PIB real ($Y$), obtenemos

$$P = (V/Y)M.$$

Debido a que $V$ y $Y$ son constantes, la relación entre el cambio del nivel de precios ($\Delta P$) y el cambio de la oferta monetaria ($\Delta M$) es

$$\Delta P = (\ V/Y)\Delta M.$$

Al dividir esta ecuación entre la anterior obtenemos la proposición de la teoría cuantitativa, es decir, que el aumento porcentual del nivel de precios ($\Delta P/P$) es igual al aumento porcentual de la oferta monetaria ($\Delta M/M$), es decir,

$$\Delta P/P = \Delta M/M.$$

## La teoría cuantitativa y el modelo *DA-SA*

La teoría cuantitativa del dinero puede interpretarse en términos del modelo de demanda agregada y oferta agregada. La curva de demanda agregada es una relación entre la cantidad demandada del PIB real ($Y$) y el nivel de precios ($P$), con todo lo demás constante. Podemos obtener esa relación de la ecuación del cambio,

$$MV = PY.$$

Al dividir ambos lados de esta ecuación entre el PIB real ($Y$), nos da

$$P = MV/Y.$$

Esta ecuación puede interpretarse como la descripción de una curva de demanda agregada. Para una determinada oferta monetaria ($M$) y una determinada velocidad de circulación ($V$), cuanto más alto sea el nivel de precios ($P$), menor será la cantidad de PIB real demandado ($Y$).

En general, cuando cambia la cantidad de dinero, la velocidad de circulación también puede cambiar. Pero la teoría cuantitativa afirma que la velocidad es una constante. Si la velocidad es constante, un aumento de la cantidad de dinero eleva la demanda agregada y desplaza la curva de demanda agregada hacia arriba en la misma cantidad que el cambio porcentual de la cantidad de dinero. Por ejemplo, en la figura 27.4(b), el desplazamiento de la curva de demanda agregada de $DA_1$ a $DA_2$, medido por la distancia vertical entre las dos curvas de demanda, es del 20 por ciento. Con una determinada velocidad de circulación, este desplazamiento se produce por un aumento del 20 por ciento de la cantidad de dinero.

La teoría cuantitativa del dinero afirma también que el PIB real no se ve afectado por la oferta monetaria. Esta afirmación es verdadera en un modelo de demanda y oferta agregadas solamente en el equilibrio con pleno empleo. Como vimos en la figura 27.4(a), al partir de una situación de desempleo, un aumento de la cantidad de dinero hace aumentar el PIB real. En este caso, el nivel de precios se eleva en un porcentaje menor que la demanda agregada y la oferta monetaria. Pero la figura 27.4 (b) muestra lo que ocurre con pleno empleo. Aquí, de un equilibrio inicial con pleno empleo a uno nuevo, un aumento del 20 por ciento de la cantidad de dinero hace aumentar el nivel de precios en el 20 por ciento.

De acuerdo con el modelo de demanda y oferta agregadas, la relación entre la cantidad de dinero y el nivel de precio es mucho más flexible que la que implica la teoría cuantitativa. Primero, el modelo de demanda agregada y oferta agregada tiene en cuenta factores de la oferta monetaria que influyen sobre la velocidad de circulación, de los cuales hace caso omiso la teoría cuantitativa. Analizamos dichos factores de influencia en el capítulo siguiente. Segundo, el modelo de demanda agregada y oferta agregada predice que los cambios de la cantidad de dinero hacen cambiar el PIB real, un factor de influencia que la teoría cuantitativa afirma que no existe.

¿Cuál teoría de la relación entre la cantidad de dinero y el nivel de precios es correcta? ¿Es la relación tan precisa como se deduce a partir de la teoría cuantitativa o es una relación más flexible, como lo indica el modelo de demanda agregada y oferta agregada? Veamos la relación entre el dinero y el ni-

---

**FIGURA 27.5**

## Crecimiento del dinero y la inflación en Estados Unidos

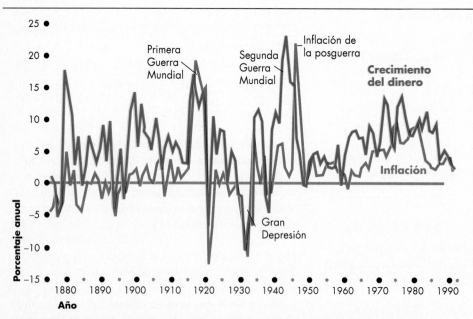

Los cambios porcentuales del nivel de precios de un año a otro, es decir, inflación, y la cantidad de dinero, o sea, crecimiento del dinero, están representados para cada año entre 1875 y 1993. La figura muestra que (1) en promedio, el crecimiento del dinero es mayor que la inflación; (2) las variaciones de la inflación están correlacionadas con las variaciones del crecimiento del dinero; (3) durante la Primera Guerra Mundial, la inflación y el crecimiento del dinero ascendieron conjuntamente, pero durante la Segunda Guerra Mundial y su secuela, se interrumpió la relación; (4) durante los años anteriores a 1915 y posteriores a 1950, la inflación fue menos volátil que el crecimiento del dinero.

*Fuentes*: cantidad de dinero (M2): 1875-1960, Milton Friedman y Anna J. Schwartz, *A Monetary History of the United States*, Princeton, N. J.: Princeton University Press, 1963; 1961-1991, *Economic Report of the President*, 1992. Nivel de precios e inflación (índice de deflación del PIB): 1875-1929, Nathan S. Balke y Robert J. Gordon, "The Estimation of Prewar Gross National Product: Methodology and New Evidence", *Journal of Political Economy* 97, febrero de 1989; 1930-1991, *Economic Report of the President*, 1993.

vel de precios, tanto histórica como internacionalmente.

## Evidencia histórica de la teoría cuantitativa del dinero

La teoría cuantitativa del dinero puede ponerse a prueba con los datos históricos de Estados Unidos, observando la relación entre la tasa de crecimiento de la cantidad de dinero y la tasa de inflación. La figura 27.5 muestra esta relación durante los años 1875 a 1993, y pone de relieve cuatro características de la relación entre el crecimiento de la oferta monetaria, medida por M2, y la inflación; éstas son:

1. En promedio, la cantidad de dinero crece a una tasa mayor que la tasa de inflación.

2. Las variaciones de la tasa de crecimiento del dinero están correlacionadas con las de la tasa de inflación.

3. Durante la Primera Guerra Mundial hubo una relación fuerte entre el crecimiento del dinero y la inflación, pero durante la Segunda Guerra Mundial y su secuela, esta relación se interrumpió.

4. Hay una tendencia general, especialmente notoria antes de 1915 y después de 1950, a que las fluctuaciones de la tasa de inflación sean menores que las de la tasa de crecimiento del dinero.

### 1. Crecimiento promedio del dinero e inflación

Usted puede observar que la tasa de crecimiento del dinero es mayor que la tasa de inflación, en promedio, si se fija en las dos líneas de la figura 27.5. La mayor parte del tiempo, la línea de crecimiento del dinero está por encima de la línea de la inflación. La diferencia de los promedios las explica el hecho de que la economía se expande cuando el PIB real crece. El crecimiento del dinero, que coincide con el del PIB real, no contribuye a la inflación.

### 2. Correlación entre el crecimiento del dinero y la inflación

La correlación entre el crecimiento del dinero y la inflación es más evidente en los datos correspondientes a los años 1915 a 1940. Por ejemplo, el crecimiento grande de la inflación entre 1915 y 1920 fue acompañado por un inmenso aumento de la tasa de crecimiento de la cantidad de dinero. Los precios a la baja de principios de la década de 1920 y de la Gran Depresión estuvieron relacionados con una disminución de la cantidad de dinero. Aunque la correlación en los años que siguieron a la

Segunda Guerra Mundial ha sido débil, usted puede ver que la tasa de crecimiento del dinero, que aumentó constantemente durante las décadas de 1960 y de 1970, estuvo acompañada de una inflación que se elevó constantemente en dichas décadas.

### 3. Los efectos de las guerras

Durante la Primera Guerra Mundial, hubo un gran aumento en la tasa de crecimiento del dinero y de la inflación. También hubo un gran aumento de la tasa de crecimiento del dinero durante la Segunda Guerra Mundial. Pero en ésta no se dio un aumento correspondiente en la tasa de inflación. Un programa de controles de precios y de racionamiento la suprimió, pero cuando estas medidas se revocaron al finalizar la Segunda Guerra Mundial, la inflación explotó temporalmente pese a que el crecimiento del dinero era por ese entonces moderado.

### 4. Volatilidad relativa del crecimiento del dinero y la inflación

La teoría cuantitativa predice una correlación más estrecha entre el crecimiento del dinero y la inflación de la que aparece en los datos. En particular, no predice el hecho, generalmente observado, de que el crecimiento del dinero es más volátil que la inflación. Usted puede observar esta volatilidad relativa tanto en los años anteriores a 1915 como en los posteriores a 1950. Esta tendencia del crecimiento del dinero a fluctuar más que la inflación, aunque incongruente con la teoría cuantitativa, la predice el modelo de demanda agregada y oferta agregada. El fenómeno surge de las fluctuaciones del PIB real que acompañan a las fluctuaciones de la cantidad de dinero y de los cambios de la velocidad de circulación.

Las fluctuaciones de un año al otro del crecimiento de la oferta monetaria y de la inflación son muy diferentes a lo que predice la teoría cuantitativa. Pero las fluctuaciones a largo plazo del crecimiento de la oferta monetaria y de la inflación son similares a las predicciones de la teoría cuantitativa.

## Evidencia internacional acerca de la teoría cuantitativa del dinero

La evidencia internacional acerca de la teoría cuantitativa el dinero se resume en la figura 27.6, que muestra la tasa de inflación y la tasa de crecimiento del dinero de sesenta países. Hay una inconfundible tendencia a que un elevado crecimiento del dinero esté relacionado con una inflación alta.

FIGURA 27.6

## Crecimiento del dinero y la inflación en la economía mundial

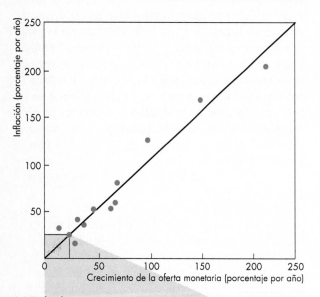

**(a) Todos los países**

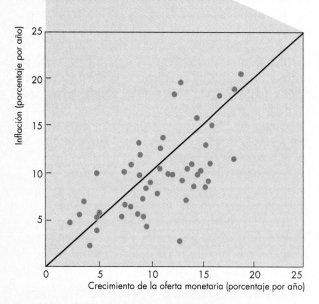

**(b) Países con inflación baja**

La inflación y el crecimiento del dinero en 60 países (en la parte a) y los países de inflación baja (en la parte b) muestran que el crecimiento del dinero es un factor de influencia importante, aunque no el único, sobre la inflación.

*Fuente*: Federal Reserve Bank of St. Louis, *Review*, mayo/junio de 1988, no. 15.

Pero, al igual que la evidencia histórica de Estados Unidos, estos datos internacionales indican también que el crecimiento de la oferta monetaria no es el único factor que influye sobre la inflación. Algunos países tienen una tasa de inflación que excede a la tasa de crecimiento de la oferta monetaria, en tanto que otros tienen una tasa de inflación menor que la tasa de crecimiento de la oferta monetaria.

### Correlación y causalidad

El hecho de que el crecimiento del dinero y la inflación están correlacionados no significa que podamos establecer, a partir de esa correlación, la dirección de causalidad. El crecimiento del dinero puede ser causa de inflación; la inflación puede ser causa de crecimiento del dinero; o alguna tercera variable puede, simultáneamente, causar inflación y crecimiento del dinero. En la teoría cuantitativa y en el modelo de demanda y oferta agregadas, la causalidad parte del crecimiento del dinero y se dirige a la inflación. Pero ninguna de las dos teorías excluye la posibilidad de que, en diferentes épocas y lugares, la causalidad pueda invertirse y que algún tercer factor, como el déficit presupuestario del gobierno, pudiera ser la causa original tanto de crecimiento del dinero como de inflación.

## REPASO

L a cantidad de dinero ejerce una importante influencia sobre el nivel de precios. Un aumento en la cantidad de dinero hace aumentar la demanda agregada. A corto plazo, un aumento de la demanda agregada hace aumentar tanto el nivel de precios como el PIB real. Pero, en promedio, el PIB real fluctúa en torno a su nivel de pleno empleo y los incrementos de la cantidad de dinero ocasionan aumentos en el nivel de precios. La teoría cuantitativa del dinero predice que un aumento en la cantidad de dinero produce un aumento porcentual equivalente en el nivel de precios. La evidencia histórica e internacional acerca de la relación entre la cantidad de dinero y el nivel de precios ofrece gran sustento a la teoría cuantitativa del dinero como una proposición acerca de las tendencias a largo plazo pero también pone de manifiesto cambios importantes del nivel de precios y que ocurren independientemente de los cambios de la cantidad de dinero. ◆

◆ ◆ ◆ ◆ En este capítulo hemos estudiado las instituciones que forman el sistema bancario y financiero de Estados Unidos. Hemos visto cómo las obligaciones o pasivos en forma de depósitos de los bancos comerciales y otras instituciones financieras constituyen nuestros medios de pago: nuestro dinero. Los bancos y otras instituciones financieras

crean dinero mediante el otorgamiento de préstamos. La cantidad de dinero en existencia tiene efectos importantes sobre la economía, y en particular sobre el nivel de precios. ◆ ◆ En el capítulo siguiente veremos cómo las acciones del sistema de la Reserva Federal de Estados Unidos regulan e influyen sobre la cantidad de dinero. También descubriremos cómo, mediante su influencia sobre la oferta monetaria, la Reserva Federal puede influir sobre las tasas de interés y afectar, de esa manera, el nivel de demanda agregada. A través de sus efectos sobre la oferta monetaria y las tasas de interés y sus ramificaciones más amplias, la Reserva Federal puede ayudar a dirigir el curso de la economía.

## R E S U M E N

### ¿Qué es el dinero?

El dinero desempeña cuatro funciones. Es un medio de cambio, una unidad de cuenta, un patrón de pago diferido y un depósito de valor. Las primeras formas de dinero fueron mercancías. En el mundo moderno , utilizamos el sistema de dinero fiduciario o de curso legal. El componente más grande del dinero es el dinero pagaré.

Existen actualmente en Estados Unidos tres medidas del dinero: M1, M2 y M3. M1 consiste en billetes y monedas en circulación fuera de los bancos, cheques de viajero, depósitos a la vista y otros depósitos retirables con cheques. M2 incluye a M1 más depósitos de ahorro, depósitos pequeños a plazo, depósitos en eurodólares, acciones de los fondos mutualistas del mercado de dinero en poder de individuos y otros depósitos de M2. M3 añade a M2 los depósitos grandes a plazo, los depósitos a plazo en eurodólares, las acciones de los fondos mutualistas del mercado de dinero en poder de instituciones y otros depósitos de M3. M1 desempeña la función de medios de pagos, pero los componentes adicionales de M2 y M3 son fácilmente convertibles en activos de M1: activos que son sumamente líquidos. Los depósitos retirables con cheque son dinero, pero los cheques y las tarjetas de crédito no son dinero (págs. 788-801).

### Intermediarios financieros

Los principales intermediarios financieros cuyos pasivos sirven como dinero son los bancos comerciales, las instituciones de ahorro y préstamos, los bancos de ahorro, las uniones de crédito y los fondos mutualistas del mercado de dinero. Estas instituciones aceptan depósitos, mantienen reservas en efectivo para asegurar la satisfacción de las solicitudes de billetes y moneda de sus depositantes y el uso del resto de sus recursos financieros ya sea para compra de valores o para otorgar préstamos. Los intermediarios financieros obtienen beneficios al pedir prestado a una tasa de interés más baja que la tasa a la que prestan. Todos los intermediarios financieros proporcionan cuatro servicios económicos principales: minimizan el costo de obtención de fondos, minimizan el costo de supervisión de los prestatarios, aúnan riesgos y crean liquidez (págs. 801-807).

### Regulación financiera, desregulación e innovación

Se regula a los intermediarios financieros para proteger a los depositantes. Los depósitos en Estados Unidos están asegurados por el FDIC, los propietarios de los intermediarios están obligados a aportar una cierta cantidad mínima de sus propios recursos financieros a la institución, se especifican reservas mínimas de efectivo y de activos líquidos y se imponen reglas para el otorgamiento de préstamos.

Hasta antes de 1980, a las instituciones de ahorro y préstamo y a los bancos de ahorro se les permitía otorgar únicamente préstamos hipotecarios a los compradores de casas, y estaban excluidos del otorgamiento de préstamos comerciales. Las tasas de interés sobre los depósitos de ahorro los controlaba la Regulación Q, y a los bancos comerciales no se les permitía pagar interés sobre los depósitos retirables con cheque.

La desregulación en la década de 1980 eliminó restricciones de los intermediarios financieros no bancarios, lo que les permitió a éstos competir con los bancos comerciales en el negocio de préstamos y permitió el pago de interés sobre los depósitos retirables con cheque. La Regulación Q se abolió en 1986.

La continua búsqueda de oportunidades financieras rentables conduce a la innovación financiera: a la creación de nuevos productos financieros como los nuevos tipos de depósitos y préstamos. Las cuentas NOW y ATS son ejemplos de algunos de los nuevos productos financieros de la década de 1980. La desregulación y la innovación financieras han acarreado cambios importantes en la composición del dinero en Estados Unidos (págs. 808-810).

### Cómo crean dinero los bancos

Los bancos crean dinero al otorgar préstamos. Cuando se otorga un préstamo a una persona y la cantidad prestada se gasta, una gran parte de ella acaba como depósito de otra persona. La cantidad total de depósitos que puede mantener una determinada cantidad de reservas (el multiplicador monetario simple) es igual a 1 dividido entre el coeficiente de reservas obligatorias (págs. 810-813).

### Dinero, PIB real y nivel de precios

La cantidad de dinero afecta la demanda agregada. Un aumento en la cantidad de dinero hace aumentar la demanda agregada, y a corto plazo, aumenta tanto el nivel de precios como el PIB real. A largo plazo, el PIB real crece y fluctúa en torno a su nivel de pleno empleo, y los aumentos de la cantidad de dinero ocasionan aumentos en el nivel de precios. La teoría cuantitativa del dinero predice que un aumento de la cantidad de dinero hace aumentar el nivel de precios en la misma cantidad porcentual y deja inalterado al PIB real. Tanto la evidencia histórica como la internacional, indican que la teoría cuantitativa del dinero es correcta únicamente en un sentido amplio promedio. La cantidad de dinero ejerce una influencia importante sobre el nivel de precios, pero también sobre el PIB real. Existen otros factores que influyen de manera importante sobre el nivel de precios. Más aún, la correlación entre el crecimiento del dinero y la inflación no nos indica la dirección de causalidad (págs. 813-821).

---

## E L E M E N T O S   C L A V E

### Términos clave

Activo, 801
Activos líquidos, 803
Balance, 801
Banco comercial, 801
Banco de ahorro, 806
Billetes y moneda en circulación, 791
Coeficiente de reservas obligatorias, 810
Coeficiente de reservas, 810
Depósito de valor, 789
Depósito retirable con cheques, 792
Dinero, 788
Dinero fiduciario o de curso legal, 791

Dinero mercancía, 790
Dinero pagaré , 791
Doble coincidencia de deseos, 788
Ecuación del cambio, 817
Fondo mutualista del mercado de dinero, 806
Innovación financiera, 809
Institución de ahorro y préstamo, 806
Intermediario financiero, 801
Ley de Gresham, 790
Liquidez, 792
M1, 792
M2, 792
M3, 792

# PREGUNTAS DE REPASO

**1** ¿Qué es el dinero? ¿Cuáles son sus funciones?

**2** ¿Cuáles son las diferentes formas de dinero?

**3** ¿Cuáles son las medidas oficiales de dinero que existen actualmente en su país?

**4** ¿Son dinero los cheques y las tarjetas de crédito? Explique su respuesta.

**5** ¿Qué son los intermediarios financieros? ¿Cuáles son los tipos de intermediarios financieros en Estados Unidos? ¿Cuáles son las principales instituciones, aparte de los bancos comerciales, que aceptan depósitos?

**6** ¿Cuáles son los renglones principales del balance de un banco comercial?

**7** ¿Cuáles son las funciones económicas de los intermediarios financieros?

**8** ¿Cómo obtienen beneficios los bancos y cómo crean dinero?

**9** Defina el multiplicador monetario simple. Explique por qué es igual a 1 dividido entre el coeficiente de reservas obligatorias.

**10** Explique por qué los multiplicadores en el mundo real son menores que el multiplicador monetario simple.

**11** ¿Qué predice el modelo de demanda y oferta agregadas acerca de los efectos de un cambio de la cantidad de dinero sobre el nivel de precios y el PIB real?

**12** ¿Qué es la ecuación de cambio? ¿Qué es la velocidad de circulación? ¿Qué supuestos son necesarios para formular la ecuación de cambio en la teoría cuantitativa del dinero?

**13** ¿Cuál es la evidencia histórica e internacional acerca de la teoría cuantitativa del dinero?

# PROBLEMAS

**1** Actualmente en Estados Unidos, ¿cuáles de los siguientes renglones quedan incluidos en el dinero?

**a** Billetes de la Reserva Federal en los cajeros automáticos del Bank of America

**b** Su tarjeta de crédito VISA

**c** Las monedas dentro de los teléfonos públicos

**d** Los billetes de la Reserva Federal en su cartera

**e** El cheque que acaba de hacer para pagar la renta

**f** El préstamo que obtuvo el pasado agosto para pagar sus colegiaturas

**2** ¿Cuáles de los renglones siguientes son dinero fiduciario? ¿Cuáles son dinero pagaré?

**a**    Los depósitos retirables con cheque en Citicorp

**b**    Las acciones de IBM en poder de individuos

**c**    Los lingotes de oro en poder de bancos

**d**    El dólar Susan B. Anthony

**e**    Los valores del gobierno de Estados Unidos

**f**    Las cuentas NOW

**3** Sara retira 1000 dólares de su cuenta de ahorro en la Institución de ahorro y préstamo Afortunada, conserva 50 dólares en efectivo y deposita el resto en su cuenta retirable con cheque, que es un depósito a la vista en el Bank of America. ¿Cuáles son los cambios inmediatos en M1, M2 y M3?

**4** Los bancos comerciales en Desiertolandia tienen los siguientes activos y pasivos:

| | |
|---|---|
| Reservas totales | $250 millones |
| Préstamos | $1000 millones |
| Depósitos | $2000 millones |
| Activos totales | $2500 millones |

**a**    Elabore el balance de los bancos comerciales. Si le faltan activos, denomínelos "otros activos"; si le faltan pasivos, denomínelos "otros pasivos".

**b**    Calcule el coeficiente de reserva de los bancos comerciales.

**c**    Si el coeficiente de reserva de la parte (b) es igual al coeficiente de reserva deseado de los bancos comerciales, calcule el multiplicador monetario simple.

**5** Un inmigrante llega a Nueva Transilvania con 1200 dólares y los deposita en un banco. Todos los bancos de Nueva Transilvania tienen un coeficiente de reservas obligatorias del 10 por ciento.

**a**    ¿Cuál es el aumento inicial de la cantidad de dinero de Nueva Transilvania?

**b**    ¿Cuál es el aumento inicial de la cantidad de depósitos bancarios cuando llega el inmigrante?

**c**    ¿Cuánto presta el banco del inmigrante?

**d**    Utilice un formato similar al de la tabla 27.8 para calcular la cantidad prestada y la de depósitos creada en cada "vuelta", suponiendo que todos los fondos prestados regresan al sistema bancario en la forma de depósitos.

**e**    ¿Cuánto ha aumentado la cantidad de dinero después de veinte vueltas de préstamos?

**f**    ¿Cuáles son los aumentos, al final, de la cantidad de dinero, de préstamos bancarios y de depósitos bancarios?

**6** Quantecon es un país donde funciona la teoría cuantitativa del dinero. El país tiene una población, acervo de capital y tecnología constantes. En el año 1, el PIB real era de 400 millones de dólares, el nivel de precios era de 200 y la velocidad de circulación del dinero era de 20. En el año 2, la cantidad de dinero era el 20 por ciento superior a la del año 1.

**a**    ¿Cuál era la cantidad de dinero en Quantecon en el año 1?

**b**    ¿Cuál era la cantidad de dinero en Quantecon en el año 2?

**c**    ¿Cuál era el nivel de precios en Quantecon en el año 2?

**d**    ¿Cuál era el nivel del PIB real en Quantecon en el año 2?

**e**    ¿Cuál era la velocidad de circulación en Quantecon en el año 2?

# CAPÍTULO **28 A**

## La Reserva
## Federal
## de
## Estados
## Unidos

**Después de estudiar este capítulo, usted será capaz de:**

◆ Describir la estructura del Sistema de la Reserva Federal (Fed) de Estados Unidos

◆ Describir los instrumentos usados por la Fed para influir sobre la oferta monetaria y las tasas de interés

◆ Explicar qué es una operación de mercado abierto y cómo funciona

◆ Explicar por qué una operación de mercado abierto modifica la oferta monetaria

◆ Distinguir entre la oferta monetaria nominal y la oferta monetaria real

◆ Explicar qué determina la demanda de dinero

◆ Explicar los efectos de las innovaciones financieras sobre la demanda de dinero en la década de 1980

◆ Explicar cómo se determinan las tasas de interés

◆ Explicar cómo influye la Fed sobre las tasas de interés

E S EL AÑO 1983. UNA JOVEN PAREJA PIENSA COMPRAR SU

primera casa y ha encontrado el lugar perfecto. Pero

las tasas de las hipotecas son del 16 por ciento anual.

Muy a pesar suyo posponen la compra hasta que bajen

las tasas de interés, lo que les permitiría comprar una

casa. ¿Qué determina las tasas de interés? ¿Las deter-

minan las fuerzas de la naturaleza? ¿O hay alguien por

ahí que manipula los controles? ◆ ◆ Usted sospecha que, efectivamente, alguien

manipula los controles. Acaba de leer en el periódico: "La Fed impulsa ligeramente

hacia abajo las tasas de interés para avivar la recuperación." Y unos cuantos

meses antes, usted leyó: "La Fed no planea hacer subir más las tasas de interés a

menos que vea un repunte adicional de la inflación." ¿Qué es "la Fed"? ¿Por qué

querría cambiar la Fed las tasas de interés? ¿Y cómo

puede influir la Fed sobre las tasas de interés? ◆ ◆

## Manejo de los controles

Hay suficiente efectivo, monedas y billetes de la Re-

serva Federal, en circulación en Estados Unidos, como

para que cada persona tenga su billetera atiborrada con más de 1000 dólares. Hay

suficientes depósitos de cheques en los bancos y otras instituciones financieras

para que cada quien tenga cerca de 2500 dólares en dichas cuentas. Por supuesto,

no tanta gente tiene tantos billetes y monedas y depósitos retirables con cheques,

como lo indican tales promedios. Pero éstos *son* los promedios. Luego, si la mayo-

ría de la gente no tiene tanto, algunas personas deben tener mucho más. ¿Qué de-

termina la cantidad de dinero que la gente quiere manejar? ◆ ◆ La década de

1980 fue testigo de una revolución en el sector bancario y financiero de Estados

Unidos. Hubo una explosión en el uso de las tarjetas de crédito y mucha gente

dejó de usar efectivo al comprar gasolina, pagar comidas en restaurantes y al adquirir muchos otros artículos de consumo común. Pero usted no puede comprar todo con una tarjeta de crédito. Por ejemplo, a medianoche usted quiere un bocadillo, pero su lugar favorito no acepta tarjetas de crédito y no tiene efectivo. ¡Despreocúpese! Se va usted directamente al cajero automático y retira lo que necesita para esa noche y también para los próximos días. Al salir a la calle, usted se pregunta: ¿Cuánto efectivo necesitaría llevar conmigo si no dispusiera de acceso rápido al cajero automático? ¿Cómo obtenía la gente efectivo para un bocadillo de medianoche antes de que existieran estas máquinas? ¿En qué forma han afectado las tarjetas de crédito y los computadores la cantidad de dinero que manejamos?

◆ ◆ ◆ ◆ En este capítulo descubriremos cómo determinan la demanda y oferta de dinero las tasas de interés. También estudiaremos el Sistema de la Reserva Federal y aprenderemos cómo la Fed influye sobre la cantidad de dinero y las tasas de interés al querer atenuar el ciclo económico y mantener la inflación bajo control.

## El Sistema de la Reserva Federal

E l **Sistema de la Reserva Federal** es el banco central de Estados Unidos. El **banco central** es una autoridad pública encargada de regular y controlar las instituciones y mercados monetarios y financieros de un país. La Fed también es responsable de la política monetaria del país. La *política monetaria* es el intento de controlar la inflación y moderar el ciclo económico mediante cambios en la cantidad de dinero en circulación y el ajuste de las tasas de interés. Estudiaremos los instrumentos a disposición de la Fed para conducir la política monetaria y también investigaremos los efectos de las acciones de la Fed sobre las tasas de interés. Pero primero examinaremos los orígenes y estructura de esta institución.

### Los orígenes del Sistema de la Reserva Federal

La Fed fue creada por la Ley de la Reserva Federal de 1913. Así que, durante más de cien años de su

historia, Estados Unidos no tuvo banco central. Aparentemente, no eran compatibles la banca central y una profunda hostilidad hacia el poder central, perceptible en los controles y equilibrios existentes en la constitución de Estados Unidos. En consecuencia, Estados Unidos se las arregló sin un banco central durante los primeros 137 años de su historia. Durante ese periodo, hubo una serie de pánicos nacionales bancarios graves. En 1907, las bancarrotas y las pérdidas de los depositantes fueron tan graves que se volvió evidente para casi todo el mundo la necesidad de un banco central. Fue la grave agitación financiera de 1907 la que condujo al surgimiento de un consenso sobre la necesidad de un banco central. Ese consenso halló finalmente expresión en la Ley de la Reserva Federal de 1913.

Cuando se creó la Fed la mayoría de otros países tenían ya un banco central. Los primeros de estos bancos se fundaron en Suecia e Inglaterra en el siglo XVII. Pero sus orígenes fueron muy diferentes a los de la Fed: fueron establecidos como bancos privados encaminados a resolver los problemas financieros de los monarcas. Estos bancos evolucionaron gradualmente hasta convertirse en bancos centrales modernos, y finalmente en instituciones de propiedad pública. Los bancos centrales, como lo indica su nombre, concentran el poder de controlar e influir sobre el sistema bancario. Al establecer el Sistema de la Reserva Federal, se tuvo cuidado de diseñar un banco central que difundía y descentralizaba lo más posible la responsabilidad de la política monetaria. El resultado fue un banco central con una estructura única, diferente a todos los otros bancos centrales. Examinemos esa estructura.

### La estructura del Sistema de la Reserva Federal

Existen tres elementos clave en la estructura del Sistema de la Reserva Federal:

◆ Junta de gobernadores

◆ Bancos regionales de la Reserva Federal

◆ Comité Federal de Mercado Abierto

**Junta de Gobernadores** La Junta de Gobernadores del Sistema de la Reserva Federal consiste en siete miembros designados por el presidente de Estados Unidos y confirmados por el Senado. La Junta tiene su sede en Washington, D.C. Cada miembro se nombra por un periodo de 14 años y

FIGURA **28.1**

## El Sistema de la Reserva Federal

El país se divide en 12 distritos de la Reserva Federal, cada uno tiene un banco de la Reserva Federal. (Algunos de los distritos más grandes también tienen sucursales.) La Junta de Gobernadores del Sistema de la Reserva Federal tiene su sede en Washington, D.C.

*Fuente: Federal Reserve Bulletin,* publicación mensual.

los periodos están escalonados para que un lugar de la junta quede vacante cada dos años. Se nombra presidente a uno de los miembros de la junta. La duración del periodo del presidente es de cuatro años.

**Bancos Regionales de la Reserva Federal**   Hay doce bancos de la Reserva Federal, uno para cada uno de los doce distritos de la Reserva Federal (véase la Fig. 28.1). Cada banco de la Reserva Federal tiene nueve directores, tres de los cuales son nombrados por la Junta de Gobernadores y seis son elegidos por los bancos comerciales en el distrito de la Reserva Federal. Los directores de los bancos regionales de la Reserva Federal nombran al presidente del banco y a otros funcionarios de alta jerarquía.

El Banco de la Reserva Federal de Nueva York (o la Fed de Nueva York, como se le llama a menudo) ocupa un sitio especial en el Sistema de la Reserva Federal. Es este banco de Nueva York el que lleva a la práctica algunas de las decisiones de política más importantes de la Fed.

**Comité Federal de Mercado Abierto**   El **FOMC Federal Open Market Committee** (Comité Federal de

Mercado Abierto) es el principal órgano de formulación de política del Sistema de la Reserva Federal. El FOMC consiste en los siguientes miembros:

◆ El presidente de la Junta de Gobernadores

◆ Los otros seis miembros de la Junta de Gobernadores

◆ El presidente del Banco de la Reserva Federal de Nueva York

◆ Los presidentes de cuatro de los otros bancos regionales de la Reserva Federal, electos con un sistema de rotación

El FOMC se reúne una vez al mes para revisar la situación de la economía y formular acciones detalladas de política que llevará a la práctica la Fed de Nueva York.

### El centro de poder de la Fed

Una descripción de la estructura formal de la Fed da la impresión de que su poder reside en la Junta de Gobernadores. En la práctica, es el presidente de la Junta de Gobernadores quien tiene la mayor influencia sobre las acciones de política monetaria de la Fed. Este puesto lo han ocupado algunos individuos notables. El actual presidente es Alan Greenspan, nombrado por el presidente Reagan en 1987 y confirmado por el presidente Bush en 1991. Su antecesor fue Paul Volcker, nombrado en 1979 por el presidente Carter y confirmado en 1983 por el presidente Reagan.

El poder e influencia del presidente de la Junta nace de manera significativa de su capacidad de controlar la orden del día y dominar las reuniones del FOMC. Su influencia la intensifica aún más su contacto diario con un equipo de considerable tamaño, bajo su control, de economistas y otros expertos técnicos que proporcionan al presidente de la Junta, a la Junta de Gobernadores y al FOMC información detallada de antecedentes necesarios para elaborar la política monetaria.

## Los instrumentos de política de la Fed

El Sistema de la Reserva Federal tiene muchas responsabilidades, pero examinaremos la de mayor importancia: la regulación del dinero que circula en Estados Unidos. ¿Cómo controla la Fed la oferta monetaria? Lo hace mediante el ajuste de las reservas del sistema bancario. También mediante el ajuste de las reservas del sistema bancario y en su calidad de prestamista de última instancia de los bancos, la Fed puede impedir los pánicos bancarios

**TABLA 28.1**
### Coeficientes de reservas obligatorias

| Tipo de depósito | Reserva mínima obligatoria (porcentaje de los depósitos) |
|---|---|
| Cuentas de transacciones: $0 – $46.8 millones* | 3 |
| Cuentas de transacciones: más de $46.8 millones | 10 |
| Depósitos no personales a plazo | 0 |
| Depósitos de eurodólares | 0 |

\* Cuentas de transacciones que incluyen depósitos a la vista y otros depósitos retirables con cheques.

*Fuente: Federal Reserve Bulletin,* mayo de 1993.

y las bancarrotas. Así pues, utiliza tres instrumentos principales de política para alcanzar sus objetivos:

◆ Coeficientes de reservas obligatorias
◆ Tasa de redescuento
◆ Operaciones de mercado abierto

**Coeficientes de reservas obligatorias** Todas las instituciones de depósito en Estados Unidos están obligadas a mantener un porcentaje mínimo de depósitos como reservas. Este porcentaje mínimo se conoce como *coeficiente de reservas obligatorias*. La Fed establece un coeficiente de reservas obligatorias para cada tipo de depósito y los coeficientes en vigor en 1993 se presentan en la tabla 28.1

Al aumentar los coeficientes de reservas obligatorias, la Fed puede crear una escasez de reservas en el sistema bancario, al reducir la cantidad de préstamos de la banca. La reducción de los préstamos hace bajar la oferta monetaria mediante un proceso similar al descrito en el capítulo 27. Veremos más adelante, en este capítulo, dicho proceso (véanse las págs. 833-837).

Aunque los cambios de los coeficientes de reservas obligatorias puedan tener una influencia importante sobre la oferta monetaria, no utiliza muy a menudo este instrumento de política. Es decir, la Fed no modifica los coeficientes de reservas obligatorias como un instrumento activo para alcanzar *variaciones* de la oferta monetaria.

**Tasa de descuento** La **tasa de descuento** es la tasa de interés a la que la Fed está dispuesta a prestar reservas a los bancos comerciales. La tasa de descuento la proponen los doce bancos de la Reserva Federal y se fija con la aprobación de la Junta de Gobernadores. Al aumentar la tasa de descuento, la Fed puede encarecer el préstamo de reservas a los bancos, alentándolos de esta manera a reducir sus préstamos, lo que reduce la oferta monetaria. Al bajar la tasa de descuento, la Fed puede alentar a los bancos a pedir prestado más reservas, estimulando por tanto los préstamos bancarios, lo cual aumenta la oferta monetaria.

La tasa de descuento puede ser un instrumento efectivo de la política de la Reserva Federal sólo si el sistema bancario está corto de reservas y necesita pedir prestado cierta cantidad de reservas de la Fed. Si los bancos no están pidiendo prestado a la Fed, el nivel de la tasa de descuento no tiene efecto sobre la conducta de los bancos. Pero la Fed puede

FIGURA **28.2**

## La Reserva Federal: estructura e instrumentos

**12 bancos regionales de Reserva Federal**

*Tasa de descuento*

**Junta de Gobernadores**

**Presidente de la Junta de Gobernadores**

**Personal de economistas de la Junta**

*Coeficiente de reservas obligatorias*

**Comité principal de política**

**Comité Federal de Operaciones de Mercado Abierto**

*Principal instrumento de política: Operaciones de mercado abierto*

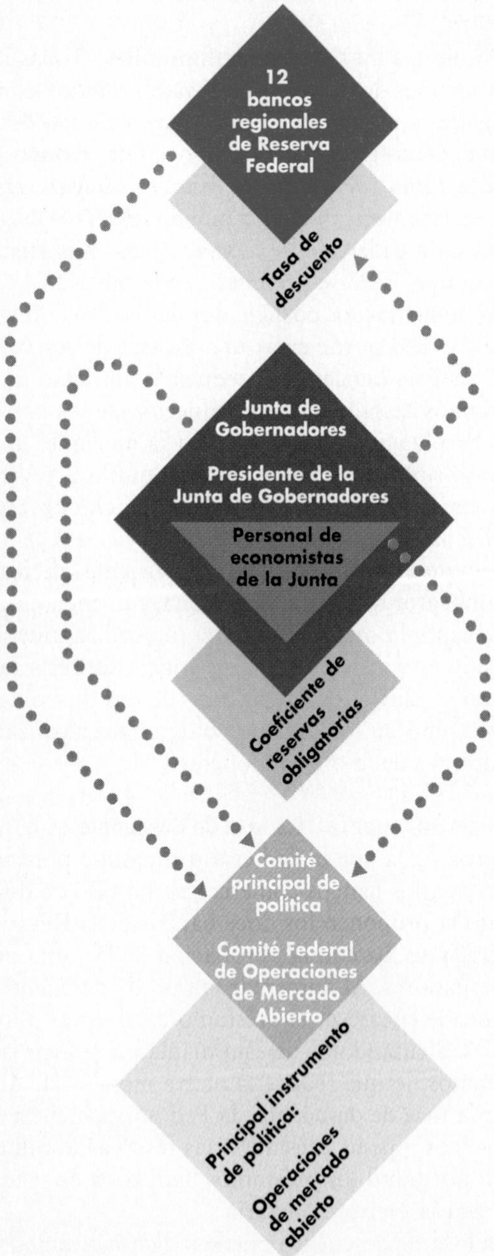

Los órganos principales del Sistema de la Reserva Federal son la Junta de Gobernadores, los 12 bancos regionales de la Reserva Federal y el Comité Federal de Mercado Abierto. Los instrumentos de política de la Fed son los coeficientes de reservas obligatorias y las operaciones de mercado abierto.

determinar si el sistema bancario tiene una escasez o un excedente de reservas. Lo logra mediante las operaciones de mercado abierto.

**Operaciones de mercado abierto**   Una **operación de mercado abierto** es la compra o venta de valores del gobierno de Estados Unidos, es decir, letras y bonos del Tesoro de Estados Unidos, por parte del Sistema de la Reserva Federal con el propósito de influir sobre la oferta monetaria. Las decisiones de compra o venta de valores gubernamentales las toma el FOMC y las lleva a cabo el Banco de la Reserva Federal de Nueva York. Cuando la Fed vende valores gubernamentales, éstos se pagan con reservas bancarias y se crean condiciones de restricción monetaria y crediticia. Con reservas más bajas, los bancos reducen sus préstamos y disminuye la oferta monetaria. Cuando la Fed compra valores gubernamentales, el pago que ésta efectúa coloca reservas adicionales en las manos de los bancos y relaja las condiciones de crédito. Con reservas extra, los bancos aumentan sus préstamos y también la oferta monetaria.

La estructura e instrumentos de política del Sistema de la Reserva Federal se resumen en la figura 28.2. El instrumento de política de la Fed más importante y poderoso son sus operaciones de mercado abierto. Para poder entender las operaciones de mercado abierto en el caso de la Fed, primero necesitamos examinar su estructura de balance.

### El balance de la Fed

El balance del Sistema de la Reserva Federal hasta diciembre de 1992 se presenta en la tabla 28.2. Los activos en el lado izquierdo son lo que la Fed posee y los pasivos a la derecha son lo que debe. La mayoría de los activos de la Fed son valores gubernamentales. Además, la Fed tiene algo de oro y divisas: pasivos de bancos centrales. El aspecto más importante del balance de la Fed se encuentra en el lado de los pasivos.

El pasivo más grande de la Fed lo constituyen los billetes en circulación de la Reserva Federal. Éstos son los billetes bancarios que se usan en las transacciones cotidianas. Algunos de estos billetes están en circulación entre el público y otros, en las cajas y bóvedas de los bancos y de otras instituciones financieras.

**TABLA 28.2**

## El balance del Sistema de la Reserva Federal, diciembre de 1992

| Activos (miles de millones de dólares) | | Pasivos (miles de millones de dólares) | |
|---|---|---|---|
| Oro y divisas | 19 | Billetes en circulación de la Reserva Federal | 314 |
| Valores del gobierno de Estados Unidos | 300 | Depósitos de los bancos | 32 |
| | | Base monetaria | 346 |
| Otros activos | 42 | Otros pasivos | 15 |
| Total | 361 | Total | 361 |

*Fuente: Federal Reserve Bulletin, mayo de 1993, Tabla 1.18, pág. A11.*

Usted quizá se pregunte por qué los billetes de la Reserva Federal se consideran un pasivo de la Fed. Cuando se inventaron los billetes, éstos otorgaban a su dueño un derecho sobre las reservas de oro del banco emisor: eran *papel moneda convertible*. El tenedor de un billete podía convertirlo a la vista en oro (o bien en alguna otra mercancía como la plata) a un precio garantizado. Entonces, cuando un banco emitía un billete, se obligaba a convertirlo en una mercancía. Los billetes bancarios modernos no son convertibles. El **billete inconvertible** es un billete bancario que no puede convertirse en cualquier mercancía y que adquiere su valor por mandato gubernamental: de ahí el término dinero de curso legal (o fiduciario). Dichos billetes bancarios se consideran un pasivo u obligación legal del banco que los emite, pero sin estar respaldados por reservas de mercancías, sino por tenencias de valores y préstamos. Los billetes de la Reserva Federal están respaldados por sus tenencias en valores del gobierno de Estados Unidos.

La otra obligación o pasivo importante de la Fed son los depósitos que mantienen en la Fed los bancos. Vimos estos depósitos como un activo en el balance de los bancos. El resto del pasivo de la Fed consiste en renglones como los depósitos del Tesoro de Estados Unidos (cuentas bancarias del gobierno federal en la Fed) y cuentas que mantienen los bancos centrales de otro país (como el Banco de Inglaterra y el Banco de Canadá).

Los dos conceptos más considerables en el lado de los pasivos del balance de la Fed son los billetes en circulación de la Reserva Federal y los depósitos de los bancos en la Fed. Estos dos rubros, junto con las monedas en circulación (las monedas las emite el Tesoro y no son obligaciones de la Fed), son la **base monetaria**. Ésta se llama así porque funciona como una base que sostiene la oferta monetaria del país.

Mediante la compra y la venta de valores gubernamentales, la Fed puede determinar directamente la magnitud de sus propios pasivos y cambiar la base monetaria. Dichas compras y ventas de valores gubernamentales son las operaciones de mercado abierto de la Fed, su principal método de control de la oferta monetaria.

## Control de la oferta monetaria

**L**a oferta monetaria la determinan las disposiciones de la Fed. Veamos cómo lo hacen. Empezamos con la observación de lo que sucede cuando la Fed lleva a cabo una operación de mercado abierto.

### Cómo funcionan las operaciones de mercado abierto

Cuando la Reserva Federal lleva a cabo una operación de mercado abierto por medio de la cual compra valores del gobierno de Estados Unidos, aumenta las reservas del sistema bancario. Cuando realiza una operación de mercado abierto de venta de valores del gobierno de Estados Unidos, disminuye las reservas del sistema bancario. Estudiemos los efectos de una operación de mercado abierto investigando qué pasa cuando la Fed compra 100 millones de dólares en valores del gobierno de Estados Unidos.

Las operaciones de mercado abierto afectan los balances de la Fed, de los bancos y del resto de la economía. La tabla 28.3 registra los cambios de dichos balances. Cuando la Fed compra valores, hay dos vendedores posibles: los bancos u otros agentes de la economía. La parte (a) indica qué ocurre cuando los bancos venden valores que compra la Fed.

**TABLA 28.3**

## Una operación de mercado abierto

**(a)  Los bancos venden los valores que compra la Fed**

Efectos sobre el balance de la Fed (millones de dólares)

| Cambio de los activos | | Cambio de los pasivos | |
|---|---|---|---|
| Valores del gobierno de Estados Unidos | +100 | Depósitos de los bancos (reservas) | +100 |

Efectos sobre el balance de los bancos (millones de dólares)

| Cambio de los activos | | Cambio de los pasivos | |
|---|---|---|---|
| Depósitos de los bancos (reservas) | +100 | | |
| Valores del gobierno de Estados Unidos | −100 | | |

**(b)  Agentes distintos a los bancos venden los valores que compra la Fed**

Efectos sobre el balance de la Fed (millones de dólares)

| Cambio de los activos | | Cambio de los pasivos | |
|---|---|---|---|
| Valores del gobierno de Estados Unidos | +100 | Depósitos de los bancos (reservas) | +100 |

Efectos sobre el balance de los bancos (millones de dólares)

| Cambio de los activos | | Cambio de los pasivos | |
|---|---|---|---|
| Depósitos de los bancos (reservas) | +100 | Depósitos | +100 |

Efectos sobre el balance de otros agentes (millones de dólares)

| Cambio de los activos | | Cambio de los pasivos | |
|---|---|---|---|
| Depósitos | +100 | | |
| Valores del gobierno de Estados Unidos | −100 | | |

Cuando la Fed compra valores a los bancos, paga los valores efectuando un abono en las cuentas de depósito de los bancos de la Fed. Los cambios del balance de la Fed consisten en un aumento de sus activos de 100 millones de dólares (los valores adicionales comprados del gobierno de Estados Unidos) y sus pasivos aumentan también en 100 millones de dólares (los depósitos adicionales de los bancos). Los activos totales de los bancos permanecen constantes pero sus depósitos en la Fed aumentan en 100 millones de dólares y sus valores disminuyen en 100 millones de dólares.

La parte (b) de la tabla se ocupa del caso en el que los bancos no venden valores y la Fed los compra de agentes en el resto de la economía, distintos de los bancos. Las tenencias de la Fed en valores del gobierno de Estados Unidos aumentan en 100 millones de dólares y las tenencias de otros agentes, también valores del gobierno de Estados Unidos, disminuyen en 100 millones de dólares. La Fed paga los valores entregando a los vendedores cheques que gira sobre sí misma. Los vendedores llevan los cheques a los bancos y los depositan. Los depósitos bancarios aumentan en 100 millones de dólares. Los bancos, a su vez, presentan los cheques a la Fed, que abona las cuentas de los bancos por el importe de los cheques. Los depósitos de los bancos en la Fed, es decir, reservas, aumentan en 100 millones de dólares.

Independientemente de cuál de estos dos casos se presenta, al realizar una compra de valores de mercado abierto, la Fed aumenta los depósitos de los bancos en la propia Fed: aumenta las reservas de los bancos.

Si la Fed realiza una *venta* de valores de mercado abierto, los acontecimientos que hemos rastreado se dan en sentido inverso. Los activos y pasivos de la Fed disminuyen de valor y también bajan las reservas de los bancos.

Los efectos de una operación de mercado abierto en los balances de la Fed y de los bancos que hemos rastreado en la tabla 28.3 no constituyen el final de la historia, sino tan sólo el principio. Con un aumento de sus reservas, los bancos pueden otorgar ahora más préstamos y, al otorgar préstamos, crean dinero. Estudiamos este proceso de creación de dinero en el capítulo 27, donde aprendimos que un cambio de la oferta monetaria es un múltiplo del cambio de reservas que lo ocasiona. Veremos de nuevo este proceso. Pero ahora que ya es comprensible la idea básica, agregaremos un toque de realismo que no tomamos en cuenta en el capítulo 27: la diferencia entre la base monetaria y las reservas de los bancos.

### Base monetaria y reservas de los bancos

Hemos definido la *base monetaria* como la suma de billetes de la Reserva Federal, moneda y depósitos de los bancos en la Fed. La base monetaria la tienen, ya sea los bancos como *reservas*, o fuera de los bancos como billetes y moneda en circulación. Cuando aumenta la base monetaria, aumentan tanto las reservas de los bancos como los billetes y monedas en circulación. El aumento de las reservas

de los bancos puede ser usado sólo por los bancos para otorgar préstamos y crear dinero adicional. Un aumento en las tenencias de efectivo fuera de los bancos se llama **filtración de efectivo**. Una filtración de efectivo reduce la cantidad de dinero adicional que puede crearse con un aumento dado de la base monetaria.

El **multiplicador monetario** es la cantidad por la que un cambio de la base monetaria se multiplica para determinar el cambio resultante de la cantidad de dinero. Es diferente del multiplicador monetario simple que estudiamos en el capítulo 27. El *multiplicador monetario simple* es la cantidad por la que un cambio de las reservas de los bancos se multiplica para determinar el cambio de la cantidad de depósitos de los bancos. Ya que la Fed influye sobre la base monetaria (y no sobre las reservas de los bancos), el *multiplicador monetario* es el pertinente para determinar los efectos de las acciones de la Fed sobre la oferta monetaria.

Veamos ahora el multiplicador monetario.

### El efecto multiplicador de una operación de mercado abierto

Identificaremos el efecto multiplicador de una operación de mercado abierto en que la Fed compra valores a los bancos. En este caso, aunque la operación de mercado abierto aumenta las reservas de los bancos, no tiene un efecto inmediato sobre la cantidad de dinero. Los bancos tienen reservas adicionales y menos valores del gobierno de Estados Unidos, pero tienen reservas excedentes. Cuando los bancos tienen reservas excedentes, se presenta la secuencia de sucesos que muestra la figura 28.3. Estos sucesos son:

◆ Los bancos prestan las reservas excedentes.

◆ Los préstamos nuevos se usan para efectuar pagos.

◆ Las familias y las empresas reciben pagos de los préstamos nuevos.

◆ Parte de los ingresos se mantienen como efectivo, una *filtración de efectivo*.

◆ Parte de los ingresos se deposita en los bancos.

◆ Las reservas de los bancos aumentan (en la misma cantidad que el aumento de los depósitos).

◆ Las reservas obligatorias aumentan en una fracción, igual al coeficiente de reservas obligatorias, del aumento de los depósitos.

◆ Las reservas excedentes disminuyen, pero siguen siendo positivas.

◆ La cantidad de dinero aumenta en la cantidad de la filtración de efectivo y del aumento de los depósitos en los bancos.

La secuencia recién descrita es similar a la que estudiamos en el capítulo 27, excepto que ahí no tenemos en cuenta la filtración de efectivo. Como antes, la secuencia se repite en una serie de vueltas pero cada vuelta comienza con una cantidad menor de reservas excedentes que la anterior. El proceso continúa hasta la eliminación de las reservas excedentes.

La figura 28.4 ilustra el aumento acumulado de la cantidad de dinero y de sus componentes, depósitos bancarios y efectivo, que resultan de una

operación de mercado abierto de 100 millones de dólares. En esta figura, la *filtración de efectivo* es una tercera parte y el *coeficiente de reservas obligatorias* es del 10 por ciento. Cómo usted podrá ver, cuando se realiza la operación de mercado abierto (indicada con OMA en la figura), no hay un cambio inicial ni en la cantidad de dinero ni en sus componentes. Entonces, después de la primera vuelta de préstamos bancarios, la cantidad de dinero aumenta en 100 millones de dólares: la magnitud de la operación de mercado abierto. En vueltas sucesivas, la cantidad de dinero y de sus componentes, efectivo y depósitos bancarios, continúa aumentando pero en cantidades sucesivamente más pequeñas hasta que, después de 10 vueltas, las cantidades de efectivo y depósitos y su suma, la cantidad de dinero, casi han alcanzado los valores a los que finalmente llegarán.

La tabla de la figura 28.4 registra las magnitudes de los préstamos nuevos, la filtración de efectivo,

FIGURA **28.3**

Una vuelta en el proceso multiplicador a continuación de una operación de mercado abierto

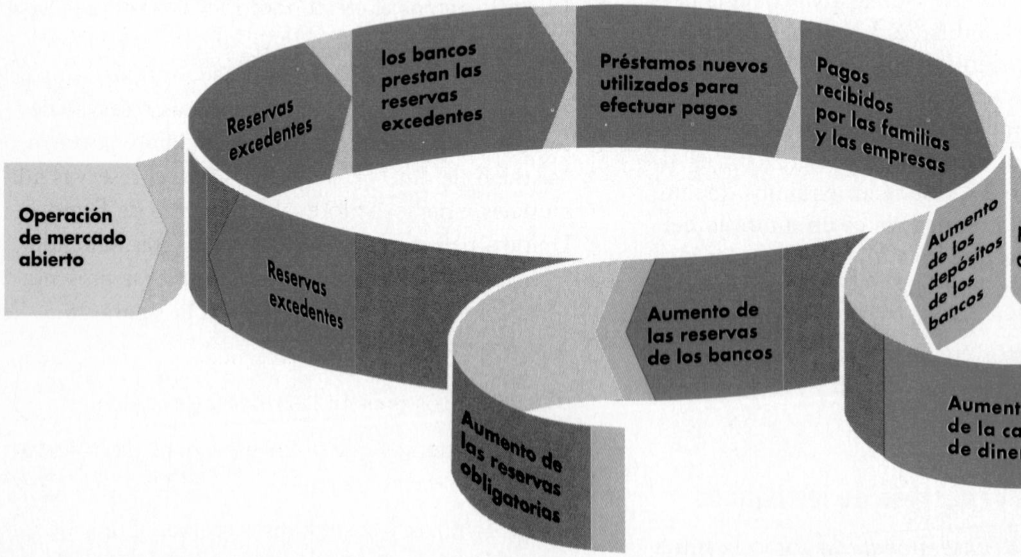

Una compra de mercado abierto de valores del gobierno de Estados Unidos incrementa las reservas de los bancos y crea reservas excedentes. Los bancos prestan las reservas excedentes y se usan los préstamos nuevos para efectuar pagos. Las familias y las empresas que reciben los pagos conservan parte de los ingresos en la forma de efectivo, lo que significa una filtración de efectivo, y colocan el resto en depósitos en los bancos. El aumento de los depósitos bancarios incrementa las reservas de los bancos, pero también las reservas obligatorias de los bancos. Las reservas obligatorias aumentan menos que las reservas efectivas, así que los bancos aún tienen cierta cantidad de reservas excedentes, aunque menos que antes. El proceso se repite hasta que se eliminan las reservas excedentes. El aumento en la cantidad de dinero tiene dos componentes: la filtración de efectivo y el aumento de los depósitos.

los aumentos de depósitos y reservas, el aumento de reservas obligatorias y el cambio de reservas excedentes. La operación inicial de mercado abierto incrementa las reservas de los bancos, pero como no cambian los depósitos, no hay un cambio en las reservas obligatorias. Los bancos tienen reservas excedentes de 100 millones de dólares y prestan dichas reservas. Cuando se gasta el dinero prestado por los bancos, dos tercios de éste regresa como depósitos adicionales y una tercera parte se filtra como efectivo. Entonces, cuando los bancos prestan los 100 millones de dólares iniciales de reservas excedentes, 66.67 millones de dólares regresan en forma de de-

pósitos y 33.33 millones de dólares se filtran y se mantienen fuera de los bancos como efectivo. La cantidad de dinero ha aumentado ahora en 100 millones de dólares: el aumento de los depósitos más el aumento de las tenencias de efectivo.

Los depósitos bancarios incrementados de 66.67 millones de dólares ocasionan un aumento de las reservas obligatorias del 10 por ciento de esa suma, que es de 6.67 millones de dólares. Pero las reservas efectivas han aumentado en la misma cantidad que los depósitos: 66.67 millones de dolares. Por tanto, los bancos tienen ahora reservas excedentes de 60 millones de dólares. En esta etapa hemos

F I G U R A **28.4**

## El efecto multiplicador de una operación de mercado abierto

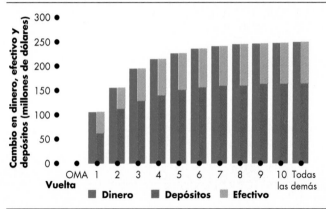

Una operación de mercado abierto (OMA) en la que la Fed compra 100 millones de dólares de valores gubernamentales a los bancos no tiene un efecto inmediato sobre la oferta monetaria pero crea reservas excedentes en el sistema bancario. Cuando se otorgan préstamos con estas reservas, aumentan los depósitos bancarios y las tenencias de efectivo. Cada vez que se otorga un nuevo préstamo, parte del préstamo se filtra fuera de los bancos y se mantiene como efectivo, y parte se queda en el sistema bancario en la forma de depósitos adicionales y reservas adicionales. Los bancos continúan aumentando sus préstamos hasta que han eliminado sus reservas excedentes. Los efectos de las primeras cinco vueltas de préstamos y de creación de dinero se describen en la tabla, y el proceso se ilustra en la figura. La magnitud del último aumento de la oferta monetaria la determina el multiplicador monetario.

| Vuelta | Reservas excedentes al principio de la vuelta | Préstamos nuevos | Cambio en los depósitos | Filtración de efectivo | Cambio en las reservas | Cambio en las reservas obligatorias | Reservas excedentes al final de la vuelta | Cambio de la cantidad de dinero |
|---|---|---|---|---|---|---|---|---|
| | (milllones de dólares) | | | | | | | |
| 1 | 100.00 | 100.00 | 66.67 | 33.33 | 66.67 | 6.67 | 60.00 | 100.00 |
| 2 | 60.00 | 60.00 | 40.00 | 20.00 | 40.00 | 4.00 | 36.00 | 60.00 |
| 3 | 36.00 | 36.00 | 24.00 | 12.00 | 24.00 | 2.40 | 21.60 | 36.00 |
| 4 | 21.60 | 21.60 | 14.40 | 7.20 | 14.40 | 1.44 | 12.96 | 21.60 |
| 5 | 12.96 | 12.96 | 8.64 | 4.32 | 8.64 | 0.86 | 7.78 | 12.96 |
| | · | · | · | · | · | · | · | · |
| | · | · | · | · | · | · | · | · |
| | · | · | · | · | · | · | · | · |
| Todas las demás | | 19.44 | 12.96 | 6.48 | | 9.63 | | 19.44 |
| Total | | 250.00 | 166.67 | 83.33 | | 25.00 | | 250.00 |

**TABLA 28.4**

## Cálculo del multiplicador monetario

| | En general | Cifras |
|---|---|---|
| **1. Las variables** | | |
| **Reservas** | $= R$ | |
| **Efectivo** | $= E$ | |
| **Base monetaria** | $= BM$ | |
| **Depósitos** | $= D$ | |
| **Cantidad de dinero** | $= M$ | |
| **Multiplicador monetario** | $= mm$ | |
| **2. Definiciones** | | |
| **La base monetaria es la suma de reservas y efectivo** | $BM = R + E$ | |
| **La cantidad de dinero es la suma de depósitos y efectivo** | $M = D + E$ | |
| **El multiplicador monetario es la relación entre el cambio de la cantidad de dinero y el cambio de la base monetaria** | $mm = \Delta M/\Delta BM$ | |
| **3. Coeficientes** | | |
| **Cambio de las reservas en relación con el cambio de los depósitos** | $\Delta R/\Delta D$ | 0.1 |
| **Cambio de efectivo en relación con el cambio de los depósitos** | $\Delta E/\Delta D$ | 0.5 |
| **4. Cálculos** | | |
| **Empiece con la definición** | $mm = \Delta M/\Delta BM$ | |
| **Use las definiciones de $M$ y $BM$ para obtener** | $mm = \dfrac{\Delta D + \Delta C}{\Delta R + \Delta C}$ | |
| **Divida el dividendo y el divisor de la relación anterior por $\Delta D$ para obtener** | $mm = \dfrac{1 + \Delta C/\Delta D}{\Delta R \Delta D + \Delta C/\Delta D}$ | $= \dfrac{1 + 0.5}{0.1 + 0.5}$ $= \dfrac{1.5}{0.6}$ $= 2.5$ |

completado la vuelta 1. Le hemos dado la vuelta al círculo de la figura 28.3. Los bancos tienen aún reservas excedentes, pero el nivel ha bajado de 100 millones de dólares, al principio de la vuelta, a 60 millones de dólares al final de la vuelta. Ahora, empieza la vuelta 2.

El proceso continúa repitiéndose. La tabla de la figura 28.4 muestra las primeras cinco vueltas y condensa todas las restantes en la última fila de la tabla. Al final del proceso, la cantidad de dinero ha aumentado en 250 millones de dólares.

## El multiplicador monetario de Estados Unidos

El multiplicador monetario se calcula como el cociente del cambio de la cantidad de dinero entre el cambio de la base monetaria. Es decir,

$$\text{Multiplicador monetario} = \frac{\text{Cambio de la cantidad de dinero}}{\text{Cambio de la base monetaria}}.$$

En 1991 el multiplicador monetario (de M1) era de 2.9. Su valor medio entre 1960 y 1991 fue aproximadamente de 2.5. ¿Qué determina el tamaño del multiplicador monetario y qué lo hace variar?

La magnitud del multiplicador monetario la determinan dos coeficientes que fluctúan a lo largo del tiempo; éstos son:

◆ La relación entre las reservas de los bancos y los depósitos bancarios

◆ La relación entre las tenencias de efectivo de las familias y empresas y los depósitos bancarios

La tabla 28.4 muestra cómo depende el multiplicador monetario de ambos coeficientes. También proporciona cifras que ilustran el multiplicador monetario promedio de M1 entre 1960 y 1991. En ese periodo las tenencias de efectivo de las familias y empresas eran del 50 por ciento (0.5) de los depósitos bancarios que forman M1. En forma equivalente, el efectivo representa una tercera parte de M1 y los depósitos, dos tercios. Las tenencias de reservas eran aproximadamente del 10 por ciento (0.1) de los depósitos en M1. Al combinar estos dos coeficientes en la fórmula derivada de la tabla, ésta muestra que el multiplicador monetario de M1 es de 2.5.

Las fluctuaciones del tamaño del multiplicador monetario se deben a fluctuaciones de los dos coeficientes. Pero la relación entre efectivo y depósitos es el coeficiente que más fluctúa. Al determinar los efectos de sus operaciones de mercado abierto sobre la oferta monetaria, la Fed debe constantemente vigilar los coeficientes que determinan el multiplicador monetario y ajustar la magnitud de sus operaciones para tomar en cuenta los cambios del tamaño del multiplicador.

## Otros instrumentos de política

Los otros instrumentos de política de la Fed, es decir, el coeficiente de reservas obligatorias y la tasa de descuento, afectan también la cantidad de dinero al cambiar las reservas excedentes del sistema bancario. Un incremento en el coeficiente de reservas obligatorias hace aumentar las reservas que los bancos deben mantener para un determinado nivel de depósitos. Un aumento de la tasa de descuento también hace aumentar las reservas que los bancos planean mantener. Cuando es más costoso pedir reservas en préstamo, los bancos se hallan menos dispuestos a correr el riesgo de tener que pedirlas, y por tanto planean mantener una cantidad mayor de reservas para reducir la probabilidad de tener que pedirlas prestadas a la Fed.

Cualquiera que sea la fuente del cambio de las reservas excedentes, una vez que éste se da, desencadena una serie de acontecimientos similares a los descritos anteriormente, suscitados a raíz de una operación de mercado abierto. Entonces, los instrumentos menores de política de la Fed funcionan de una manera similar a sus operaciones de mercado abierto.

Al modificar las reservas excedentes, cambian la cantidad de préstamos bancarios y la cantidad de dinero en circulación.

Pero los coeficientes de reservas obligatorias y la tasa de descuento afectan también el tamaño del multiplicador. Como hemos dicho, el coeficiente de reservas obligatorias es uno de los elementos del multiplicador monetario. Cuanto más alto es el coeficiente de reservas de los bancos, menor es el multiplicador monetario. Pero, debido a que estos instrumentos de política no se usan a menudo, los cambios del multiplicador monetario que ocasionan estos instrumentos no se presentan con frecuencia.

## REPASO

E l sistema de la Reserva Federal es el banco central de Estados Unidos. La Fed influye sobre la cantidad de dinero en circulación al modificar las reservas excedentes del sistema bancario. Dispone de tres instrumentos: el cambio del coeficiente de reservas obligatorias, el cambio de la tasa de descuento y la realización de operaciones de mercado abierto. Este último instrumento es el más importante y el que se aplica con mayor frecuencia. Las operaciones de mercado abierto no solamente modifican las reservas excedentes del sistema bancario, sino que desencadenan también un efecto multiplicador. Cuando se prestan las reservas excedentes, algunos de esos préstamos se filtran fuera del sistema bancario pero otros regresan como depósitos nuevos. Los bancos continúan prestando hasta que la filtración de efectivo y el aumento de las reservas obligatorias han eliminado las reservas excedentes. El efecto multiplicador de una operación de mercado abierto depende del volumen de la filtración de efectivo y del tamaño del coeficiente de reservas obligatorias de los bancos. ◆

El objetivo de la Fed, al efectuar operaciones de mercado abierto o llevar a cabo otras acciones que influyen sobre la cantidad de dinero en circulación, no es simplemente afectar la oferta monetaria en sí misma: su objetivo es influir sobre el curso de la economía, en especial en el nivel de producto, el empleo y los precios. Pero estos efectos son indirectos. El objetivo inmediato de la Fed es elevar o disminuir las tasas de interés. Para encontrar los efectos de las acciones de la Fed sobre las tasas de interés, necesitamos averiguar cómo y por qué cambian las tasas de interés cuando cambia la cantidad de dinero. Hallaremos la respuesta a estas preguntas al estudiar la demanda de dinero.

## La demanda de dinero

La cantidad de dinero que *recibimos* cada semana como pagos por nuestro trabajo, es un ingreso: un flujo. La cantidad de dinero que conservamos en nuestra billetera o en una cuenta de depósito en el banco es un inventario: un acervo. Es ilimitada la cantidad de ingreso, o flujo, que nos gustaría recibir cada semana. Pero sí tiene límite el volumen del inventario de dinero que a cada uno de nosotros nos gustaría mantener, en promedio.

### Los motivos para tener dinero

¿Por qué la gente mantiene un inventario de dinero? ¿Por qué tiene usted monedas y billetes en su cartera y por qué tiene una cuenta de depósito en el banco de su localidad?

Existen tres motivos principales para tener dinero:

◆ El motivo transacción
◆ El motivo precaución
◆ El motivo especulación

**Motivo transacción**  El principal motivo para tener dinero es poder realizar transacciones y minimizar el costo de las transacciones. Al mantener un inventario de efectivo, usted puede realizar pequeñas transacciones como pagar su almuerzo en la cafetería de la universidad. Si usted no conservara un inventario de efectivo, tendría que ir al banco cada día a la hora del almuerzo para retirar una cantidad suficiente del mismo. El costo de oportunidad de estas transacciones, en términos de su propio tiempo de estudio o de ocio, sería considerable. Usted evita estos costos de transacción conservando un inventario de efectivo lo suficientemente amplio como para realizar sus compras normales en un periodo de, quizás, una semana de duración.

Usted mantiene también un inventario de dinero en la forma de depósitos bancarios para realizar transacciones como pagar el alquiler de su apartamento o su cuenta de la librería universitaria. En lugar de tener un inventario de depósitos bancarios para estos fines, usted podría colocar todos sus activos en el mercado de acciones o de bonos, por ejemplo, comprando acciones de IBM o valores del gobierno. Pero si usted hiciera eso, tendría que llamar a su corredor y vender algo de acciones y bonos cada vez que necesitara pagar el alquiler o a la librería. De nuevo, tendría que pagar el costo de oportunidad de esas transacciones. En cambio, se pueden evitar dichos costos si mantiene inventarios más grandes de depósitos bancarios.

Las tenencias individuales de dinero con fines de transacción fluctúan durante cualquier semana o mes. Pero los saldos monetarios agregados mantenidos con fines de transacciones no fluctúan mucho debido a que lo que gasta una persona, lo recibe otra.

Las tenencias de dinero de las empresas llegan a su máximo justo antes de que paguen los salarios a sus empleados. Las tenencias de las familias alcanzan su máximo justo después de que se han pagado los salarios. Conforme las familias gastan sus ingresos, sus tenencias de dinero disminuyen y las de las empresas aumentan. Las tenencias de dinero de las empresas son en realidad bastante grandes y esto es lo que hace que las tenencias promedio de dinero sean tan grandes. Las tenencias promedio de dinero de las familias son mucho menores que los promedios de toda la economía presentados en la introducción del capítulo.

**Motivo precaución** Se tiene dinero como precaución por si ocurren acontecimientos imprevistos que requieren la realización de compras no planeadas. Por ejemplo, en un viaje fuera de la ciudad, usted lleva dinero extra por si se produce una avería en su automóvil. O si va de compras a las rebajas de enero, lleva más dinero del que piensa gastar por si encuentra una verdadera ganga que no puede desaprovechar.

**Motivo especulación** El último motivo para tener dinero es evitar pérdidas por tener acciones o bonos que se espera bajen de valor. Suponga, por ejemplo, que usted predice el desplome de la bolsa de valores una semana antes de que ocurra. En la tarde del viernes, antes de que cierren los mercados, vende todas sus acciones y coloca esos recursos en su cuenta de depósito en el banco durante el fin de semana. Esta tenencia temporal de dinero continúa hasta que han bajado los precios de las acciones. Solamente entonces reduce usted su depósito bancario y compra de nuevo acciones.

## Los factores de influencia sobre la tenencia de dinero

¿Qué determina la cantidad de dinero que las familias y empresas deciden tener? Hay tres factores importantes que influyen sobre esta cantidad:

◆ Precios

◆ Gasto real

◆ Costo de oportunidad de tener dinero

Cuanto más alto es el nivel de precios, con todo lo demás constante, mayor es la cantidad de dinero que la gente quiere tener. Cuanto mayor es el nivel de gasto real, con todo lo demás constante, mayor es la cantidad de dinero que la gente planea tener. Cuanto más alto es el costo de oportunidad de tener dinero, menor es la cantidad de dinero que la gente planea tener.

Estos factores influyen sobre las decisiones individuales acerca de la tenencia de dinero y se traducen en tres variables macroeconómicas que influyen sobre la cantidad agregada demandada de dinero:

◆ Nivel de precios

◆ PIB real

◆ Tasa de interés

### Nivel de precios y cantidad demandada de dinero
La cantidad de dinero medida en dólares corrientes se llama cantidad de **dinero nominal**. La cantidad demandada de dinero nominal es proporcional al nivel de precios. Es decir, con todo lo demás constante, si el nivel de precios (índice de deflación del PIB) aumenta el 10 por ciento, la gente querrá mantener el 10 por ciento más de dinero nominal que antes. Lo que le interesa a la gente no es la cantidad de dólares que tiene, sino el poder adquisitivo de esos dólares. Suponga, por ejemplo, que para llevar a cabo su gasto semanal en cine y refrescos, tiene un promedio de 20 dólares en su billetera. Si su ingreso y los precios del cine y de los refrescos aumentaran el 10 por ciento, usted aumentaría sus tenencias promedio de efectivo en el 10 por ciento, para así llegar a 22 dólares.

La cantidad de dinero medida en dólares constantes (por ejemplo, en dólares de 1987), se llama *dinero real*. Dinero real es igual al dinero nominal dividido entre el nivel de precios. La cantidad demandada de dinero real es independiente del nivel de precios. En el ejemplo anterior, usted tenía en promedio 20 dólares, con el nivel de precios inicial. Cuando el nivel de precios aumentó el 10 por ciento, usted aumentó sus tenencias promedio de efectivo en el 10 por ciento, manteniendo sus tenencias de efectivo *real* constantes. Sus 22 dólares, al nuevo nivel de precios, representan la misma cantidad de *dinero real* que sus 20 dólares al nivel de precios inicial.

### PIB real y la cantidad demandada de dinero
Un determinante importante de la cantidad demandada de dinero es el nivel de ingreso real; en el caso de la economía agregada, es el PIB real. Como usted sabe, el PIB real y el gasto agregado real son dos caras de la misma transacción. La cantidad de dinero que demandan las familias y empresas depende de la cantidad que gastan. Cuanto más alto es el gasto, es decir, cuanto mayor es el ingreso, mayor es la cantidad de dinero demandada. Nuevamente, suponga que usted tiene un promedio de 20 dólares para financiar sus compras semanales de cine y re-

frescos. Imagine ahora que los precios permanecen constantes, pero que aumenta su ingreso. En consecuencia, usted ahora gasta más, y también mantiene una cantidad mayor de dinero a la mano para financiar su mayor volumen de gasto.

### La tasa de interés y la cantidad demandada de dinero

Usted ya conoce el principio fundamental al cual, conforme aumenta el costo de oportunidad de algo, la gente trata de encontrarle sustitutos. El dinero no constituye una excepción a este principio. Cuanto más alto es el costo de oportunidad de tener dinero, con todo lo demás constante, menor es la cantidad demandada de dinero real. Pero ¿cuál es el costo de oportunidad de tener dinero?

El costo de oportunidad de tener dinero es la tasa de interés. Para ver por qué, recuerde que el costo de oportunidad de cualquier actividad es el valor de la mejor alternativa a la que se renunció. ¿Cuál es la mejor alternativa de tener dinero y cuál es el valor desperdiciado? La mejor alternativa de tener dinero es tener un activo financiero que produce intereses como un bono de ahorro o una letra del tesoro. Al tener dinero en lugar de un activo como ése, usted pierde el interés que podría haber recibido. Ese interés perdido es el costo de oportunidad de tener dinero. Cuando más alta es la tasa de interés, mayor es el costo de oportunidad de tener dinero y menor la cantidad de dinero que se mantiene. Al mismo tiempo, aumenta la cantidad que se tiene de activos que producen interés. El dinero se sustituye con activos que producen interés.

El dinero pierde valor con la inflación ¿Por qué no es la tasa de inflación parte del costo de tener dinero? Lo es; con todo lo demás constante, cuanto mayor es la tasa de inflación esperada, más altas son las tasas de interés y, por tanto, más alto es el costo de oportunidad de tener dinero.

### La demanda de dinero real

La **demanda de dinero real** es la relación entre la cantidad demandada de dinero real y la tasa de interés, manteniendo constantes todos los demás factores que influyen sobre la cantidad de dinero que la gente desea mantener. Veamos un ejemplo concreto de la demanda de dinero real. La demanda de dinero real de una familia se puede representar como una tabla de demanda de dinero real. Dicha tabla presenta la cantidad de dinero real que una persona desea mantener a un nivel dado de ingreso real y a diferentes niveles de la tasa de interés.

FIGURA 28.5

## La demanda de dinero real de la familia de Polonio

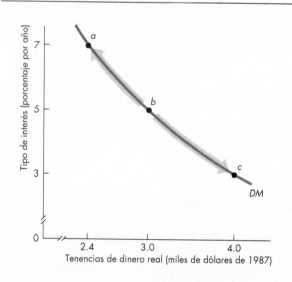

**El ingreso real de la familia de Polonio es de $20 000 dólares; el nivel de precios es de 1**

| | Tasa de interés (porcentaje por año) | Tenencias de dinero real (miles de dólares de 1987) |
|---|---|---|
| *a* | 7 | 2.4 |
| *b* | 5 | 3.0 |
| *c* | 3 | 4.0 |

La tabla muestra la tabla de demanda de dinero real de la familia de Polonio. Cuanto más baja es la tasa de interés, mayor es la cantidad de dinero real que la familia planea manejar. La gráfica muestra la curva de demanda de dinero (*DM*) de la familia. Los puntos *a*, *b* y *c* en la curva corresponden a las filas de la tabla. Un cambio de la tasa de interés ocasiona un movimiento a lo largo de la curva de demanda. La curva de demanda de dinero real tiene pendiente negativa porque la tasa de interés es el costo de oportunidad de tener dinero. Cuanto más alta es la tasa de interés, mayor es el interés perdido por no tener otro activo.

La figura 28.5 presenta algunas cifras de la familia de Polonio. El ingreso real de la familia es de 20 000 dólares anuales. El nivel de precios es de 1, es decir, que el índice de deflación del PIB es igual a 100, así que la cantidad de dinero es la misma ya sea que la midamos en términos nominales o en términos reales. La tabla indica cómo cambia la cantidad de dinero real demandada por la familia de Polonio cuando cambia la tasa de interés. Por ejemplo, en la fila *a*, cuando la tasa de interés es del 7 por ciento anual, la familia de Polonio mantiene 2400 dólares de dinero, en promedio. Cuando la tasa de interés es del 5 por ciento anual, las tenencias de dinero real aumentan a 3000 dólares y cuando la tasa de interés desciende al 3 por ciento anual, las tenencias de dinero aumentan a 4000 dólares.

La figura presenta también la gráfica de la curva de demanda de dinero real (*DM*) de la familia de Polonio. Si la tasa de interés aumenta del 5 al 7 por ciento, hay un aumento del costo de oportunidad de tener dinero y una disminución de la cantidad demandada de dinero real: esto es ilustrado por el movimiento ascendente a lo largo de la curva de demanda de la figura 28.5. Si la tasa de interés baja del 5 al 3 por ciento, hay una baja del costo de oportunidad de tener dinero y un aumento de la cantidad demandada de dinero real, ilustrada por el movimiento descendente a lo largo de la curva de demanda de la figura 28.5.

## Desplazamientos de la curva de demanda de dinero real

La curva de demanda de dinero real se desplaza cuando:

◆ Cambia el ingreso real

◆ Hay innovación financiera

**Cambios del ingreso real**  Un aumento del ingreso real desplaza la curva de demanda de dinero real hacia la derecha, y una disminución la desplaza hacia la izquierda. El efecto del ingreso real sobre la curva de demanda de dinero real se muestra en la figura 28.6. La tabla señala los efectos de un cambio del ingreso real sobre la cantidad demandada de dinero real cuando la tasa de interés se mantiene constante en el 5 por ciento. Vea primero la fila *b* de la tabla. Indica que cuando la tasa de interés es del 5 por ciento y el ingreso real es de 20 000 dólares, la cantidad de dinero real demandada por la familia de Polonio es de 3000 dólares. Esta fila corresponde al punto *b* en la curva de demanda de dinero real $DM_0$. Si mantenemos constante la tasa de interés y el ingreso real baja a 12 000 dólares, la tenencia de dinero real baja a 2400 dólares. Entonces, la curva de demanda de dinero real se desplaza de $DM_0$ a $DM_1$ en la figura

FIGURA **28.6**

## Cambios de la demanda de dinero real de la familia de Polonio

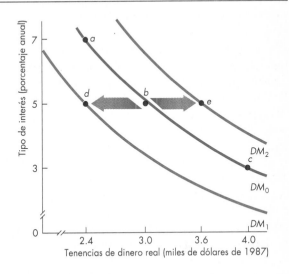

**La tasa de interés es del 5 por ciento; el nivel de precios es de 1**

| | Ingreso real (miles de dólares de 1987) | Tenencias de dinero real (miles de dólares de 1987) |
|---|---|---|
| *d* | 12 | 2.4 |
| *b* | 20 | 3.0 |
| *e* | 28 | 3.6 |

Un cambio del ingreso real ocasiona un cambio en la demanda de dinero real. La tabla muestra la cantidad de dinero real que maneja la familia de Polonio en tres niveles diferentes de ingreso real cuando la tasa de interés se mantiene constante en el 5 por ciento. La gráfica muestra los efectos de un cambio del ingreso real sobre la curva de demanda de dinero real. Cuando el ingreso real es de 20 000 dólares y la tasa de interés es del 5 por ciento, la familia está en el punto *b* de la curva de demanda de dinero real $DM_0$. Cuando el ingreso real baja a 12 000 dólares, la curva de demanda se desplaza a $DM_1$ y a una tasa de interés del 5 por ciento la familia está en el punto *d*. Cuando el ingreso real sube a 28 000 dólares, la curva de demanda se desplaza a $DM_2$. Con una tasa de interés del 5 por ciento, la familia está en el punto *e*.

28.6. Si el ingreso real de la familia de Polonio aumenta a 28 000 dólares, la tenencia de dinero real de la familia aumenta a 3600 dólares. En este caso, la curva de demanda se desplaza hacia la derecha, de $DM_0$ a $DM_2$.

**Innovación financiera**   La innovación financiera ocasiona también un cambio de la demanda de dinero real y desplaza la curva de demanda de dinero real. La más importante innovación de los años recientes ha sido la aparición de depósitos sumamente líquidos en los bancos y otras instituciones financieras, lo que permite a la gente convertir rápida y fácilmente dichos depósitos en un medio de cambio: en dinero. Estas innovaciones son resultado, en parte, de la desregulación del sector financiero (vea el Cap. 27, págs. 809-810) y, en parte, de la disponibilidad de la capacidad de cómputo a bajo costo.

Los computadores son una parte importante de la historia de la innovación financiera porque han disminuido de manera radical el costo de registro de las operaciones y de los cálculos. Por ejemplo, deben calcularse diariamente los saldos y los intereses de las cuentas de cheques que pagan intereses. Realizar a mano esos cálculos, si bien es factible, sería muy costoso. Las cuentas como la ATS requieren la transferencia de fondos de y hacia la cuenta de ahorros cuando el saldo de la cuenta de cheques baja o sube en relación con cierto nivel preestablecido. De nuevo, llevar los registros que permiten la existencia de esas cuentas tendría un costo prohibitivo en la edad anterior a los computadores.

Ahora que los bancos tienen acceso a una inmensa cantidad de poder de cómputo de costo extremadamente bajo, pueden ofrecer una amplia variedad de planes de depósito que hacen cómodo convertir activos que no son un medio de cambio en activos de medio de cambio a un costo sumamente bajo. El desarrollo de tales mecanismos ha llevado a una disminución de la demanda de dinero: un desplazamiento hacia la izquierda de la curva de demanda de dinero.

La disponibilidad de la capacidad de cómputo a bajo costo en el sector financiero es también responsable, en gran medida, del uso extendido de las tarjetas de crédito. De nuevo, el registro de las operaciones y el cálculo de intereses y de saldos pendientes de pago necesarios para el funcionamiento de un sistema de tarjetas de crédito, es factible a mano, pero demasiado costoso para llevarlo a cabo. A nadie le convendría usar tarjetas de plástico, acomodar notas de pago y hacer los registros si todos los cálculos tuvieran que hacerse a mano (o incluso con máquinas calculadoras mecánicas pre-electrónicas). Esta innovación, nos referimos a la capacidad de cómputo a bajo costo, también ha hecho bajar la demanda de dinero. Mediante el uso de una tarjeta de crédito para efectuar compras, la gente puede funcionar con un inventario de dinero más pequeño. En vez de mantener dinero para fines de transacción durante el mes, la gente puede cargar sus compras a una tarjeta de crédito y pagar la cuenta un día o dos después del día de pago. Como consecuencia, la tenencia promedio de dinero durante el mes es mucho menor.

Las innovaciones financieras que acabamos de mencionar afectan la demanda de dinero. Algunas innovaciones financieras han modificado la composición de nuestras tenencias de dinero pero no su cantidad total. Una de ellas son los cajeros automáticos. En promedio, podemos ahora funcionar de una manera eficiente con tenencias de efectivo menores que antes, simplemente porque podemos obtener fácilmente efectivo en cualquier momento y lugar. Si bien esta innovación ha hecho disminuir la demanda de efectivo y ha aumentado la demanda de depósitos, probablemente no ha afectado la demanda total de dinero real.

## REPASO

**L**a cantidad demandada de dinero depende del nivel de precios, del PIB real y de la tasa de interés. La cantidad demandada de dinero nominal es proporcional al nivel de precios. El dinero real es la cantidad de dinero nominal dividida entre el nivel de precios. La cantidad demandada de dinero real aumenta al aumentar el PIB real. La tasa de interés representa el costo de oportunidad de tener dinero. El beneficio de tener dinero es evitar las transacciones frecuentes. Cuanto más alta es la tasa de interés, menor es la cantidad demandada de dinero real. ◆ ◆ La curva de demanda de dinero real muestra la variación de la cantidad demandada de dinero real al variar la tasa de interés. Cuando cambia la tasa de interés, hay un movimiento a lo largo de la curva de demanda de dinero real. Otros factores que influyen en la cantidad demandada de dinero real desplazan la curva de demanda de dinero real. Un aumento del ingreso real desplaza la curva de demanda a la derecha; las innovaciones financieras que producen cómodos depósitos de cuasi-dinero, desplazan la curva de demanda hacia la izquierda. ◆

Ahora que ha estudiado usted la teoría de la demanda de dinero real, veamos los hechos acerca de las tenencias de dinero en Estados Unidos y su relación con el ingreso real y la tasa de interés.

## La demanda de dinero en Estados Unidos

Sabemos que la curva de demanda de dinero real, que muestra la variación de la cantidad demandada de dinero real, varía al modificarse la tasa de interés, se desplaza siempre que cambia el PIB real o cuando hay una innovación financiera que influye sobre las tenencias de dinero. Debido a que estos factores que desplazan la curva de demanda de dinero real cambian frecuentemente, no es fácil "ver" la curva de demanda de dinero real en una economía en el mundo real.

En lugar de examinar la demanda de dinero, analizaremos un aspecto que está estrechamente relacionado con ella: la *velocidad de circulación*. La velocidad de circulación se define como

$$V = PY/M.$$

En forma equivalente es

$$V = Y/(M/P),$$

o el PIB real dividido entre la cantidad real de dinero. Si la cantidad demandada de dinero es igual a la cantidad ofrecida, podemos estudiar la demanda de dinero estudiando el comportamiento de la velocidad de circulación. Cuando la cantidad demandada de dinero baja en relación con el PIB, la velocidad de circulación sube, y cuando la cantidad demandada de dinero aumenta en relación con el PIB, la velocidad de circulación disminuye.

La teoría de la demanda de dinero predice que cuanto más alta es la tasa de interés, menor es la cantidad demandada de dinero real y, por tanto, mayor es la velocidad de circulación. Mediante el examen de la velocidad de circulación y su comparación con los movimientos de la tasa de interés, podemos comprobar si la teoría de la demanda de dinero real proporciona una buena descripción de las tenencias de dinero en Estados Unidos.

La figura 28.7 muestra la relación entre la tasa de interés y la velocidad de circulación de M1 y de M2. Medimos la tasa de interés en la escala vertical a la izquierda de cada parte de la figura, y la velocidad de circulación en la escala a la derecha. Como usted podrá observar, hay una clara relación entre la tasa de interés y la velocidad de circula-

ción de M1 y de M2. La relación es más marcada en el caso de la velocidad de circulación de M2 en la parte (b). La velocidad de circulación de M1 en la parte (a) no está relacionada en forma tan estrecha con los movimientos de la tasa de interés como lo está la velocidad de circulación de M2. De hecho, la principal característica de la velocidad de circulación de M1 es su aumento constante en los años de 1960 a 1980. Incluso cuando bajaron las tasas de interés, como ocurrió en 1971 y 1972, y nuevamente en 1975 y 1976, la velocidad de circulación de M1 continuó aumentando. Pero el descenso de las tasas de interés, después de 1980, se presentó junto con una disminución de la velocidad de circulación de M1 hasta 1986. Y, con la fluctuación de las tasas de interés después de 1986, la velocidad de M1 fluctuó también en la misma dirección.

El hecho de que las velocidades de circulación de M1 y M2 fluctuaran a la par de las fluctuaciones de las tasas de interés, significa que la economía de Estados Unidos tiene una curva de demanda de dinero real similar a la de la familia de Polonio. Al aumentar las tasas de interés, la economía se desliza hacia arriba en su curva de demanda de dinero real y la cantidad demandada de dinero real disminuye, *con todo lo demás constante*. Pero en el mundo real, todo lo demás no se mantiene constante. El aumento constante del ingreso real ha acarreado un incremento en la demanda de dinero real, con un desplazamiento hacia la derecha de la curva de demanda de dinero real. Las innovaciones financieras han atenuado este incremento.

Existe otro aspecto de las velocidades de circulación de M1 y M2 que es interesante y debe señalarse. Se refiere al intervalo de variación de las velocidades. La velocidad de circulación de M2 es un número notablemente constante. Observe la gama de valores en la escala a la derecha, en la figura 28.7(b). Como podrá ver, el valor mínimo de la velocidad de M2 es de 1.5, el valor máximo es de 1.7 y el valor promedio es aproximadamente de 1.6. El hecho de que la velocidad de M2 varíe sólo en una pequeña cantidad significa que la curva de demanda de M2 tiene mucha pendiente. Grandes cambios de la tasa de interés ocasionan sólo un cambio pequeño de la cantidad demandada de M2 y de su velocidad de circulación. En cambio, la variación de la velocidad de circulación de M1 es considerablemente mayor. Va de menos de 4 a 7. Este hecho significa que la pendiente de la curva de

FIGURA 28.7
# La tasa de interés y la velocidad de circulación de M1 y de M2

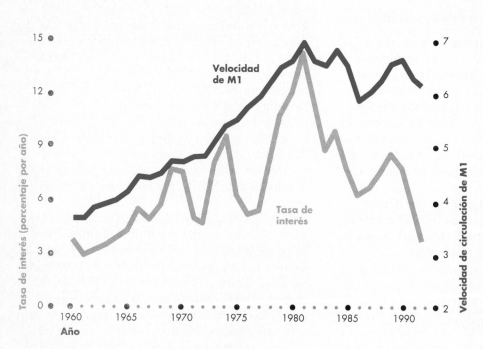

**(a) Velocidad de circulación de M1 y la tasa de interés**

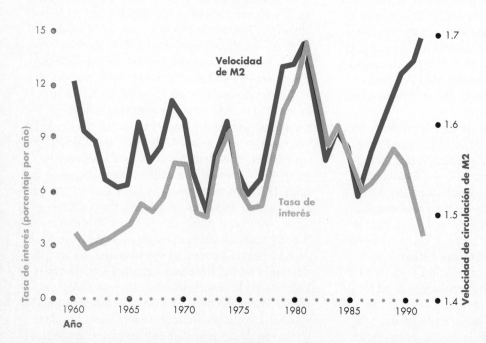

**(b) Velocidad de circulación de M2 y la tasa de interés**

En la parte (a), la velocidad de circulación de M1 se mide en la escala a la derecha y las tasas de interés en la escala a la izquierda. Tanto la velocidad de circulación de M1 como la tasa de interés aumentaron hasta 1980 y bajaron durante la década de 1980. La velocidad de M1 es más estable que las tasas de interés y no presenta los ciclos pronunciados de las tasas de interés en la década de 1970. Las dos series siguen tendencias similares. En la parte (b), la velocidad de circulación de M2 se mide en la escala de la derecha y las tasas de interés en la escala de la izquierda. Estas dos variables fluctúan en una forma notablemente cercana; pero el intervalo de variación de la velocidad de circulación de M2 es mucho menor que el intervalo de variación de las tasas de interés (o del intervalo de variación de la velocidad de M1, según puede observarse en la parte a).

*Fuente: Economic Report of the President, 1993.*

demanda de M1 es mucho menor que la de M2. Un aumento de la tasa de interés ocasiona una disminución mucho mayor de la cantidad demandada de M1 y un mayor aumento de la velocidad de circulación de M1 de la que ocasiona en la cantidad demandada de M2 y en la velocidad de circulación de M2.

¿Por qué un aumento de la tasa de interés ocasiona una disminución mayor de la cantidad demandada de M1 que de la cantidad demandada de M2? Se debe a que el efectivo y la mayoría de los depósitos retirables con cheque que integran M1 no producen intereses, en tanto que los depósitos que se añaden a M1 para formar M2 ganan intereses. Existe una tendencia a que las tasas de interés varíen de manera similar. Entonces, cuando suben en general las tasas de interés, la tasa de interés de los depósitos de ahorro aumenta también. Este incremento de las tasas de interés sobre los depósitos de M2 significa que la gente tiene menos incentivo para reducir sus tenencias de dichos depósitos cuando suben en general las tasas de interés. En cambio, se encarece tener M1, la mayoría del cual no produce intereses y su costo de oportunidad aumenta, así que disminuyen las tenencias de M1.

Hemos estudiado ya los factores que determinan la demanda de dinero y hemos descubierto que un determinante importante de la cantidad demandada de dinero real es el costo de oportunidad de tenerlo: la tasa de interés. También hemos estudiado la forma en que la Fed puede influir sobre la cantidad ofrecida de dinero. Combinaremos ahora nuestros modelos del lado de la demanda y del lado de la oferta del mercado de dinero con objeto de ver la determinación de la tasa de interés.

## Determinación de la tasa de interés

U na tasa de interés es el rendimiento porcentual de un valor financiero, como un *bono* o una *acción*. Existe una relación importante entre la tasa de interés y el precio de un activo financiero. Dediquemos un poco de tiempo al estudio de esta relación antes de analizar las fuerzas que determinan las tasas de interés.

## Tasas de interés y precios de los activos

Un bono es una promesa de hacer una serie de pagos futuros. Hay muchas series diferentes posibles, pero la más sencilla, para nuestros fines, es el caso de un bono llamado una perpetuidad. Una **perpetuidad** es un bono que promete pagar una cierta cantidad fija de dinero cada año para siempre. El emisor de un bono de este tipo nunca lo volverá a comprar (rescatarlo); siempre permanecerá pendiente y ganará un pago fijo en dólares cada año. El pago fijo en dólares se llama *cupón*. Ya que el cupón es una cantidad fija en dólares, la tasa de interés sobre el bono varía al variar el precio del bono. La tabla 28.5 ilustra este hecho.

Primero, la tabla muestra la fórmula para calcular la tasa de interés sobre el bono. La tasa de interés ($r$) es el cupón ($c$) dividido entre el precio del bono ($p$), multiplicado por 100 para convertirlo en un porcentaje. La tabla muestra después algunos ejemplos numéricos de un bono cuyo cupón es de 10 dólares por año. Si el bono cuesta 100 dólares (fila $b$ de la tabla 28.5), la tasa de interés es del 100 por ciento anual. Es decir, el tenedor de 100 dólares de bonos recibe 10 dólares al año.

Las filas de la $a$ a la $c$ de la tabla 28.5 muestran otros dos casos. En la fila $a$, el precio del bono es de 50 dólares. Con un cupón de 10 dólares, este precio produce una tasa de interés del 20 por ciento: un rendimiento de 10 dólares sobre un bono de 50 significa una tasa de interés del 20 por ciento. En la fila $c$, el bono cuesta 200 dólares y la tasa de interés es del 5 por ciento, lo que da un rendimiento de 10 dólares sobre un bono de 200.

Existe una relación inversa entre el precio de un bono y la tasa de interés que se obtiene del bono. Al subir el precio del bono, baja su tasa de interés. Entender esta relación facilita la comprensión del proceso mediante el cual se determina la tasa de interés. Pasemos ahora a estudiar la determinación de las tasas de interés.

### Equilibrio del mercado de dinero

La tasa de interés se determina en cada momento por el equilibrio en los mercados de activos financieros. Podemos examinar este equilibrio en el mercado de dinero. Ya hemos estudiado la determinación de la oferta y de la demanda de dinero, y hemos visto que el dinero es un acervo. Cuando el acervo ofrecido de dinero es igual al acervo

**TABLA 28.5**

## La tasa de interés
## y el precio de un bono

Fórmula de la tasa de interés

*r* = tasa de interés, *c* = cupón, *p* = precio del bono

$$r = \frac{c}{p} \times 100$$

Ejemplos

|   | Precio del bono | Cupón | Tasa de interés (porcentaje anual) |
|---|---|---|---|
| *a* | $ 50 | $ 10 | 20 |
| *b* | 100 | 10 | 10 |
| *c* | 200 | 10 | 5 |

demandado, el mercado de dinero está en equilibrio. El *equilibrio de acervo* en el mercado de dinero contrasta con el *equilibrio de flujo* en los mercados de bienes y servicios. El **equilibrio de acervo** consiste en una situación en la que se mantiene voluntariamente el acervo disponible de un activo. Es decir, independientemente de cuál sea el acervo disponible, las condiciones son tales que la gente quiere ni más ni menos que mantener precisamente ese acervo. Un **equilibrio de flujo** es una situación en la que la cantidad de bienes o servicios ofrecidos por unidad de tiempo es igual a la cantidad demandada por unidad de tiempo. El gasto de equilibrio que estudiamos en el capítulo 26 es un ejemplo de un equilibrio de flujo. También lo es la igualdad del PIB real agregado demandado y ofrecido.

La cantidad de dinero nominal ofrecido la determinan las decisiones de política de la Fed y las acciones de préstamo de los bancos y de otros intermediarios financieros. La cantidad de dinero real ofrecida es igual a la cantidad nominal ofrecida dividida entre el nivel de precios. En un momento dado, hay un nivel de precios en particular, así que la cantidad de dinero real ofrecida es una cantidad fija.

La curva de demanda de dinero real depende del nivel del PIB real. Y en cualquier día, el nivel del PIB real puede considerarse fijo. Pero la tasa de interés no está fija, se ajusta para alcanzar el equilibrio de acervo en el mercado de dinero. Si es demasiado alta, la gente intentará mantener menos dinero del que está disponible. Si es demasiado baja, la gente tratará de mantener más que el acervo disponible. Cuando la tasa de interés es tal que la gente desea mantener exactamente la cantidad de dinero que está disponible, entonces prevalece un equilibrio de acervo.

La figura 28.8 ilustra un equilibrio en el mercado de dinero. La cantidad ofrecida de dinero real es de 3 billones de dólares. Esta suma es independiente de la tasa de interés, así que la curva de oferta monetaria (*SM*) es vertical. La tabla presenta la cantidad demandada de dinero real a tres diferentes tasas de interés cuando el PIB real y el nivel de precios son constantes. Estas cantidades están representadas gráficamente como la curva de demanda de dinero real (*DM*) en la figura.

La tasa de interés de equilibrio es del 5 por ciento, la tasa a la cual la cantidad demandada es igual a la cantidad ofrecida. Si la tasa de interés es superior al 5 por ciento, la gente desea mantener menos dinero del que está disponible. A una tasa de interés inferior al 5 por ciento, la gente desea mantener más dinero del que está disponible. A una tasa del 5 por ciento, se mantiene voluntariamente la cantidad de dinero disponible.

¿Cómo se produce el equilibrio del mercado de dinero? Para contestar esta pregunta, hagámonos una representación mental. Primero, imagine que la tasa de interés está temporalmente en el 7 por ciento. En esta situación, la gente quiere mantener únicamente 2 billones de dólares de dinero real, a pesar de que existen 3 billones de dólares. Pero ya que existen 3 billones, la gente debe tenerlos. Es decir, la gente esta manteniendo más dinero del que desea. En esa situación, tratará de deshacerse de una parte de su dinero. Cada individuo tratará de reorganizar sus asuntos para poder reducir la tenencia de dinero y aprovechar la tasa de interés del 7 por ciento mediante la compra de más activos financieros. Pero todo mundo tratará de comprar activos financieros y nadie tratará de venderlos a una tasa del 7 por ciento. Hay un exceso de demanda de activos financieros como los bonos. Cuando hay un exceso de demanda por algo, su precio sube; así, con un exceso de demanda de activos financieros, subirán los precios de los activos financieros. Vimos antes que existe una relación inversa entre el precio de un activo financiero y su tasa de interés. Al subir el precio de un activo financiero, su tasa de interés baja.

Siempre y cuando haya alguien que tenga dinero en exceso de la cantidad demandada, esa persona tratará de reducir sus tenencias de dinero comprando activos financieros adicionales. Sólo hasta que la tasa de interés haya descendido al 5 por ciento se mantendrá voluntariamente la cantidad de dinero en existencia. Es decir, los intentos de la gente de deshacerse de su dinero excesivo no deseado no dan como resultado la reducción de la cantidad de dinero que se mantiene en forma agregada; más bien, estos esfuerzos darán como resultado un cambio de la tasa de interés que hace que la cantidad de dinero disponible se mantenga voluntariamente.

Esta representación mental que acabamos de realizar puede llevarse a cabo en sentido inverso al suponer que la tasa de interés es del 3 por ciento. En este caso, la gente desea mantener 4 billones de dólares a pesar de que solamente están disponibles 3 billones de dólares. Para adquirir más dinero, la gente venderá activos financieros. Habrá una oferta excesiva de activos financieros y sus precios bajarán. Al bajar los precios de los activos financieros, su rendimiento, es decir, la tasa de interés, sube. La gente continuará vendiendo los activos financieros y tratará de adquirir dinero hasta que la tasa de interés haya subido al 5 por ciento; en ese momento la cantidad de dinero disponible es la cantidad que la gente quiere mantener.

## Cambios de la tasa de interés

Imagine que la economía se está frenando y que la Fed quiere estimular demanda y gasto agregados adicionales. Para hacerlo, desea bajar las tasas de interés y alentar un mayor endeudamiento y un mayor gasto en bienes y servicios. ¿Qué hace la Fed? ¿Cómo maneja los controles para lograr tasas de interés más bajas?

La Fed realizará una operación de mercado abierto, comprando valores gubernamentales a bancos, familias y empresas. A consecuencia de esto, la base monetaria aumenta y los bancos empiezan a otorgar préstamos adicionales. La oferta monetaria aumenta.

Suponga que la Fed realiza operaciones de mercado abierto en una escala lo suficientemente

FIGURA **28.8**

## Equilibrio del mercado de dinero

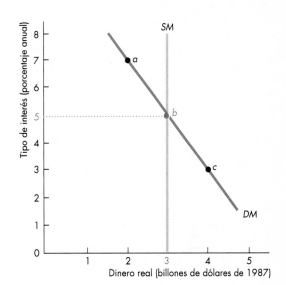

**El PIB real es de 4 billones de dólares; el nivel de precios es de 1**

| | Tasa de interés (porcentajes por año) | Cantidad demandada de dinero real (billones de dólares de 1987) | Cantidad ofrecida de dinero real (billones de dólares de 1987) |
|---|---|---|---|
| *a* | 7 | 2 | 3 |
| *b* | 5 | 3 | 3 |
| *c* | 3 | 4 | 3 |

La demanda de dinero real está dada por la tabla y la curva *DM*. La oferta de dinero real, que aparece en la tabla y en la curva *SM*, es de 3 billones de dólares. Los ajustes de la tasa de interés logran el equilibrio del mercado de dinero. Aquí el equilibrio se da en la fila *b* de la tabla (punto *b* de la figura) a una tasa de interés del 5 por ciento. Para tasas de interés superiores al 5 por ciento, la cantidad demandada de dinero real es menor que la cantidad ofrecida, por lo que la tasa de interés desciende. Para tasas de interés inferiores al 5 por ciento, la cantidad demandada de dinero real excede a la cantidad ofrecida, así que la tasa de interés se eleva. Sólo al 5 por ciento se mantiene voluntariamente la cantidad de dinero real existente.

grande como para aumentar la oferta monetaria de 3 billones a 4 billones de dólares. En consecuencia, la curva de oferta de dinero real se desplaza hacia la derecha, según se muestra en la figura 28.9(a), de $SM_0$ a $SM_1$, y la representación mental que hicimos antes se vuelve realidad. La tasa de interés baja cuando la gente utiliza parte de su dinero nuevo para comprar activos financieros. Cuando la tasa de interés ha bajado al 3 por ciento, la gente está dispuesta a mantener el acervo de dinero real por encima de 4 billones de dólares, que la Fed y el sistema bancario han creado.

A la inversa, suponga que la economía está sobrecalentada y que la Fed teme que haya inflación. La Fed decide actuar: reduce el gasto y recorta la oferta monetaria. En este caso, la Fed realiza una venta de valores de mercado abierto. Al hacerlo, absorbe reservas de los bancos y los induce a reducir la escala de su actividad en cuanto a préstamos. Los bancos otorgan cada día una menor cantidad de préstamos hasta que la cantidad de los existentes ha descendido a un nivel congruente con el nuevo nivel más bajo de reservas. Suponga que la Fed realiza una venta de valores de mercado abierto de una magnitud lo suficientemente amplia como para reducir la oferta monetaria real a 2 billones de dólares. Ahora la curva de oferta de dinero real se desplaza hacia la izquierda, de acuerdo con la figura 28.9(b), de $SM_0$ a $SM_2$. Con menos dinero disponible, la gente trata de adquirir dinero adicional por medio de la venta de activos que producen intereses. Al hacerlo, bajan los precios de los activos y suben las tasas de interés. El equilibrio se da cuando la tasa de interés se ha elevado al 7 por ciento y, en ese punto, el nuevo acervo más bajo de dinero, de 2 billones de dólares, se mantiene voluntariamente.

## La Fed en acción

Todo esto suena muy bien en teoría, pero ¿ocurre realmente? En efecto, sí ocurre, algunas veces con efectos espectaculares. Veamos dos episodios en la vida de la Fed, uno correspondiente a los años turbulentos de principios de la década de 1980 y el otro al periodo que arranca con el desplome de la bolsa de valores de 1987.

### La Fed de Paul Volcker    Al inicio del periodo de Paul Volcker como presidente de la Fed, que empezó en agosto de 1979, Estados Unidos estaba atrapado en las garras de una inflación de dos

dígitos. Volcker acabó con esa inflación. Lo logró haciendo subir fuertemente las tasas de interés de 1979 a 1981. Este incremento en las tasas de interés fue el resultado del uso de las operaciones de mercado abierto por parte de la Fed, así como del aumento de la tasa de descuento para mantener a los bancos cortos de reservas, lo que a su vez restringió el crecimiento de la oferta de préstamos y del dinero, en relación con el crecimiento de su demanda.

Como vimos en la figura 28.9(b), para elevar las tasas de interés, la Fed se ve obligada a reducir la oferta monetaria real. En la práctica, debido a que la economía está creciendo y a que los precios suben, una *reducción* del crecimiento de la oferta monetaria nominal es suficiente para aumentar las tasas de interés. No es necesario *recortar* realmente la oferta monetaria nominal.

Cuando Volcker se convirtió en presidente de la Fed, la oferta monetaria estaba creciendo a más del 8 por ciento anual. Entonces, redujo el crecimiento de la oferta monetaria al 6.5 por ciento en 1981. Como resultado, las tasas de interés se elevaron. La tasa de las letras del Tesoro, es decir, la tasa a la cual pide prestado el gobierno, aumentó del 10 al 14 por ciento. La tasa a la cual piden prestado las grandes corporaciones aumentó del 9 por ciento al 14 por ciento. Las tasas de los créditos hipotecarios, es decir, las tasas a las que piden prestado los compradores de casas, aumentó del 11 al 15 por ciento. La economía cayó en recesión. La reducción del crecimiento de la oferta monetaria y el alza de la tasa de interés redujeron la tasa de crecimiento de la demanda agregada. El PIB real bajó y la tasa de inflación también.

### La Fed de Alan Greenspan    Alan Greenspan se convirtió en presidente de la Fed en agosto de 1987. En los dos años anteriores, la oferta monetaria había crecido a un ritmo rápido, las tasas de interés se habían desplomado y la bolsa de valores tuvo un auge. Entonces, repentinamente y sin previo aviso, los precios de las acciones cayeron, despertando temores de calamidades económicas y de recesión. Ésta fue la primera prueba de Greenspan como presidente de la Fed.

La reacción inmediata de la Fed ante esta novedosa situación fue insistir en la flexibilidad y sensibilidad del sistema financiero y crear una abundancia de reservas para así evitar el temor de una crisis bancaria. Pero a lo largo de los meses se

FIGURA 28.9

# La Reserva Federal
## cambia las tasas de interés

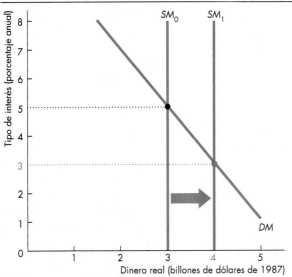

**(a) Un aumento de la oferta monetaria**

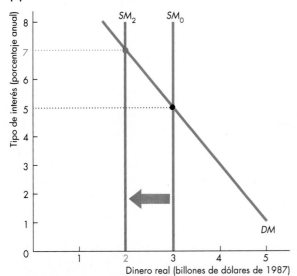

**(b) Una disminución de la oferta monetaria**

En la parte (a), la Fed realiza una compra de valores de mercado abierto, elevando la oferta monetaria a 4 billones de dólares. La oferta de dinero real se desplaza hacia la derecha. La nueva tasa de interés de equilibrio es del 3 por ciento. En la parte (b), la Fed realiza una venta de valores de mercado abierto, disminuyendo la oferta monetaria real a 2 billones de dólares. La curva de oferta monetaria se desplaza hacia la izquierda y la tasa de interés aumenta al 7 por ciento. Al cambiar la oferta monetaria, a un determinado nivel de PIB real y de precios, la Fed puede ajustar las tasas de interés diaria o semanalmente.

volvió cada vez más evidente que la economía no se encaminaba a una recesión. El desempleo continuó en descenso, el crecimiento del ingreso se mantuvo sólidamente y los temores que surgieron fueron de inflación, no de recesión.

La Fed trató de evitar un repunte importante de la inflación, y para ello redujo el crecimiento del dinero e, igual que lo hizo con Volcker ocho años atrás, hizo subir pronunciadamente las tasas de interés. Las operaciones de mercado abierto se orientaron a la creación de una escasez de reservas en el sistema bancario para reducir la tasa de crecimiento de la oferta monetaria. Como consecuencia, de mayo de 1988 a mayo de 1989, la medida M1 de la oferta monetaria estuvo virtualmente constante y la medida M2 creció sólo el 2.4 por ciento, en ambos casos a tasas menores del 5 por ciento, de un año atrás, y menores del 10 por ciento anual, antes del desplome de la bolsa. La reducción del crecimiento de la oferta monetaria tuvo el efecto previsto por el modelo que usted ha estudiado en este capítulo. Las tasas de interés aumentaron durante 1988. La tasa de interés de las letras del Tesoro a tres meses aumentó de menos del 6 por ciento anual, a principios de 1988, a casi el 9 por ciento anual, a principios de 1989.

Conforme transcurría 1989, persistía la preocupación acerca de la inflación, pero reaparecieron temores renovados de recesión al surgir crecientes señales de una economía en desaceleración. Se redujeron gradualmente las tasas de interés y se permitió que la oferta monetaria creciera más rápido. Para 1990 la recesión se había vuelto realidad. Al principio, la reacción de la Fed fue adoptar una posición neutral, en espera de señales de recuperación de un aumento de la inversión y del gasto de consumo. Pero, al pasar los meses y no presentarse la recuperación, la Fed comenzó finalmente a actuar de modo enérgico para estimular el gasto mediante una serie de recortes a la tasa de interés. Durante 1991, las tasas de interés bajaron 3 puntos porcentuales cuando la Fed trató de estimular un aumento del endeudamiento y del gasto.

## Obtención de ganancias mediante la predicción de las acciones de la Fed

Todos los días, la Fed influye sobre las tasas de interés con sus operaciones de mercado abierto. Al comprar valores y aumentar la oferta monetaria, la Fed puede hacer bajar las tasas de interés; al vender

## La Fed en la práctica

The New York Times, 23 de junio de 1993

# La Fed está considerando un ligero aumento a las tasas de interés

### POR LOUIS UCHITELLE

**D**espués de aumentar inesperadamente a principios de año, la inflación parece haber cedido en mayo; no obstante, la Reserva Federal sigue asustada por su espectro.

A la mayoría de los economistas le parece poco probable que, en una economía que sigue deprimida, se presente otro brote inflacionario este año. Sin embargo, los responsables de las políticas de la Fed afirmaron que, de todos modos, están dándole vueltas a la idea de aumentar ligeramente las tasas de interés para cerciorarse completamente de que la inflación no volverá.

"La lógica de que la inflación no debería ser un problema es impecable", afirmó David W. Mullins hijo, vicepresidente de la Reserva Federal. "Sin embargo, ha aumentado en los últimos meses, cuando no debería haberlo hecho. Si la inflación lograra instalarse nuevamente en las mentes de los que participan en los mercados, sin una respuesta oportuna de la Fed, podría ser dañino para la economía."

Para la Fed, una "respuesta oportuna" significa un aumento en las tasas antes de que termine el verano (posibilidad de la que el señor Mullins y otros directivos de la Fed hablan por primera vez abiertamente; de he-cho, llaman a la estrategia "golpe preventivo contra el resurgimiento de la inflación"). Por lo menos un alto funcionario del gobierno, quien pidió no ser nombrado, dijo que la administración estaba preparada para aceptar un leve aumento de las tasas de interés.

"En este momento, un aumento de un cuarto de punto porcentual en las tasas de interés tendría más un impacto psicológico que económico", señaló el funcionario del Departamento del Tesoro.

La oleada de inflación ocurrida en los primeros meses del año hizo que muchos economistas especularan acerca de que la Fed respondería subiendo las tasas de interés. Según se afirma, en una reunión política celebrada en mayo, funcionarios de la Fed aprobaron una resolución que en efecto manifestó una mayor disposición a aumentar las tasas que a bajarlas; sin embargo, las minutas de la reunión no se darán a conocer sino hasta el próximo mes. Apenas ahora, después de casi cuatro años de estarlas bajando, los funcionarios de la Fed han comenzado a hablar abiertamente de aumentar pronto las tasas, como si estuviesen preparando a los estadounidenses para el cambio...

**N**o se esperaba que la inflación fuera un problema en 1993.

**S**in embargo, si la inflación en efecto aumentara, la Fed estaría lista para actual rápidamente subiendo las tasas de interés.

**L**a Fed tomó esta decisión en una reunión política celebrada en mayo; algunos funcionarios de la Fed hicieron públicos sus puntos de vista en junio.

**S**e estimaba que un pequeño aumento en las tasas de interés no tendría ningún efecto para la economía.

## Antecedentes y análisis

La reunión política a la que se refiere este artículo es la reunión mensual del Comité Federal del Mercado Abierto (FOMC).

Durante 1992 y la primera mitad de 1993, la tasa de inflación anual (el cambio del índice de precios al consumidor, IPC, durante los doce meses anteriores) se mantuvo casi constante en un 3 por ciento (la línea verde de la figura 1).

Durante el mismo periodo, la tasa de inflación trimestral (el cambio del IPC en los tres meses anteriores) fluctuó y estuvo aumentando durante el primer trimestre de 1993 (la línea morada de la figura 1).

Las tasas de interés a corto plazo cayeron durante 1992 y la primera mitad de 1993. A finales de 1992, las tasas de interés a corto plazo reales fueron negativas: la tasa de interés fue menor que la de la inflación. Las tasas de interés cayeron porque, como lo muestra la figura 2, la oferta monetaria aumentó (se desplazó de $SM_{92}$ a $MS_{93}$) en una cantidad mayor que la demanda de dinero (la cual se desplazó de $DM_{92}$ a $DM_{93}$).

Para aumentar las tasas de interés, la Fed podría llevar a cabo una venta de valores de mercado abierto que disminuiría la oferta monetaria de $SM_0$ a $SM_1$, como se observa en la figura 3. Con una disminución de la oferta monetaria, las tasas de interés aumentarían.

Un pequeño incremento en las tasas de interés podría ser la señal de que la Fed está preparada para actuar contra la inflación sin provocar un descenso de la inversión y un retraso en el crecimiento de la demanda agregada.

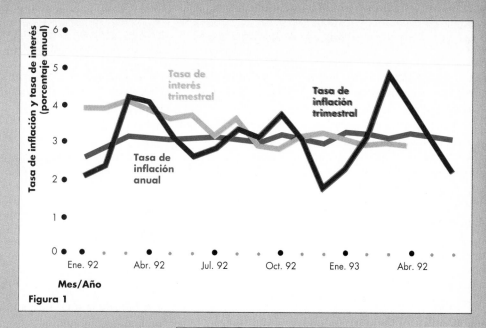

**Figura 1**

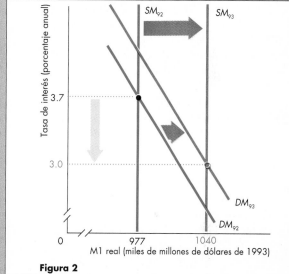

**Figura 2**

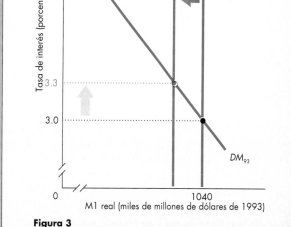

**Figura 3**

valores y reducir la oferta monetaria, la Fed puede hacer subir las tasas de interés. Algunas veces, esas medidas se toman para contrarrestar otras influencias y mantener constantes las tasas de interés. En otras ocasiones La Fed sube o baja las tasas de interés. Cuanto más elevada es la tasa de interés, menor es el precio de un bono; y cuanto más baja es, más alto es el precio de un bono. Así que predecir las tasas de interés es lo mismo que predecir los precios de los bonos. Predecir que las tasas de interés bajarán es lo mismo que predecir que los precios de los bonos subirán: un buen momento para comprar bonos.  Predecir que las tasas de interés subirán es lo mismo que predecir que los precios de los bonos bajarán: un buen momento para vender bonos.

Debido a que la Fed es el principal actor cuyas acciones influyen sobre las tasas de interés y los precios de los bonos, predecir las medidas que la Fed tomará es rentable, y se dedica un esfuerzo considerable a esa actividad. (Se puede ver un ejemplo de esto en la noticia del periódico que se presenta en la Lectura entre líneas de las págs. 850-851.) Pero la gente que anticipa que la Fed está a punto de aumentar la oferta monetaria, compra bonos de inmediato, haciendo subir los precios y haciendo bajar las tasas de interés *antes* de que la Fed actúe. De manera similar, la gente que anticipa que la Fed está a punto de reducir la oferta monetaria, vende bonos de inmediato, lo que hace bajar los precios y subir las tasas de interés antes de que la Fed actúe. En otras palabras, los precios de los bonos y las tasas de interés cambian tan pronto como se prevén las medidas que habrá de tomar. Para cuando la Fed efectivamente actúa, si esas medidas se han previsto en forma acertada, no tienen efecto. Los efectos se dan con anticipación a las medidas de la Fed. Únicamente los cambios imprevistos de la oferta monetaria modifican la tasa de interés en el momento en que ocurren esos cambios.

## REPASO

**E**n cualquier momento dado, la tasa de interés la determinan la demanda y la oferta de dinero. La tasa de interés iguala la cantidad demandada de dinero con la cantidad ofrecida de dinero. Los cambios de la tasa de interés son resultado de cambios de la oferta monetaria. Cuando el cambio de la oferta monetaria es imprevisto, las tasas de interés cambian al mismo tiempo que la oferta monetaria. Cuando se ha previsto el cambio de la oferta monetaria, las tasas de interés cambian antes que la oferta monetaria. ◆

◆ ◆ ◆ ◆   En este capítulo, hemos estudiado la determinación de las tasas de interés y hemos identificado cómo puede la Fed "manejar los controles" con objeto de influir sobre las tasas de interés mediante sus operaciones de mercado abierto, que modifican la cantidad de dinero. En los capítulos 25 y 26 descubrimos que la tasa de interés ejerce una influencia importante sobre la inversión, el gasto agregado y el PIB real. En el siguiente capítulo, reuniremos estos dos aspectos de la macroeconomía y estudiaremos los efectos más amplios de las acciones de la Fed: los efectos sobre la inversión y la demanda agregada.

## RESUMEN

### El Sistema de la Reserva Federal

El Sistema de la Reserva Federal es el banco central de Estados Unidos. La Fed consiste en la Junta de Gobernadores y 12 bancos regionales de la Reserva Federal. El principal comité de política es el Comité Federal de Mercado Abierto (FOMC). La Fed influye sobre la economía al establecer el coeficiente de reservas obligatorias de los bancos y de otras instituciones de depósito, al fijar la tasa de descuento, es decir, la tasa de interés a la cual está dispuesto a prestar reservas al sistema bancario, y mediante sus operaciones de mercado abierto (págs. 827-831).

### Control de la oferta monetaria

Al comprar valores gubernamentales en el mercado (una compra de mercado abierto), la Fed puede ampliar la base monetaria y las reservas disponibles para los bancos. Como resultado, hay una expansión de los préstamos bancarios, y la cantidad de dinero aumenta. Al vender valores gubernamentales, la Fed puede disminuir la base monetaria y las reservas de los bancos y de otras instituciones financieras, restringiendo así por tanto los préstamos y la cantidad de dinero. El efecto global de un cambio en la base monetaria sobre la oferta monetaria lo determina el multiplicador monetario. El valor del multiplicador monetario depende del cociente de efectivo a depósitos mantenidos por las familias y las empresas y del cociente de reservas a depósitos mantenidos por los bancos y otras instituciones financieras (págs. 831-838).

## La demanda de dinero

La cantidad demandada de dinero es la cantidad de efectivo, depósitos retirables con cheques y otros depósitos que la gente mantiene en promedio. La cantidad demandada de dinero nominal es proporcional al nivel de precios, y la cantidad demandada de dinero real depende de la tasa de interés y del PIB real. Una tasa de interés más alta induce una menor cantidad demandada de dinero real: un movimiento a lo largo de la curva de demanda de dinero real. Un nivel más alto de PIB real induce una mayor demanda de dinero real: un desplazamiento de la curva de demanda de dinero real. Los cambios tecnológicos en el sector financiero modifican también la demanda de dinero y desplazan la curva de demanda de dinero real (págs. 838-845).

## Determinación de la tasa de interés

Los cambios en las tasas de interés logran el equilibrio en los mercados de dinero y de activos financieros. Hay una relación inversa entre la tasa de interés y el precio de un activo financiero. Cuanto más alta es la tasa de interés, más bajo es el precio del activo financiero. El equilibrio en el mercado de dinero logra una tasa de interés que hace que se mantenga voluntariamente la cantidad disponible de dinero real. Si la cantidad de dinero real aumenta debido a las acciones de la Fed, la tasa de interés baja y los precios de los activos financieros suben (págs. 845-852).

# ELEMENTOS CLAVE

## Términos clave

## Figuras y tablas clave

## PREGUNTAS DE REPASO

**1**  ¿Cuáles son los tres elementos principales de la estructura del Sistema de la Reserva Federal?

**2**  ¿Cuáles son los tres instrumentos de política de la Fed? ¿Cuál de ellos es el principal?

**3**  Si la Fed desea reducir la cantidad de dinero ¿compra o vende valores del gobierno de Estados Unidos en el mercado abierto?

**4**  Describa los acontecimientos que ocurren cuando los bancos tienen reservas excedentes.

**5**  Explique los motivos para tener dinero

**6**  ¿Qué es el multiplicador monetario?

**7**  ¿Qué determina la magnitud del multiplicador monetario y por qué ha cambiado su valor en Estados Unidos en años recientes?

**8**  Distinga entre el dinero nominal y el dinero real.

**9**  ¿Qué queremos decir con demanda de dinero?

**10**  ¿Qué determina la demanda de dinero real?

**11**  ¿Cuál es el costo de oportunidad de tener dinero?

**12**  ¿Qué le pasa a la tasa de interés de un bono si aumenta el precio del bono?

**13**  ¿Cómo se produce el equilibrio en el mercado de dinero?

**14**  ¿Qué le pasa a la tasa de interés si el PIB real y el nivel de precios son constantes y la oferta monetaria aumenta?

**15**  Explique por qué le conviene a la gente predecir las acciones de la Fed.

## PROBLEMAS

**1**  Se le proporciona la siguiente información acerca de la economía de Sinmoneda: los bancos tienen depósitos de 300 mil millones de dólares. Sus reservas son de 15 mil millones de dólares, dos tercios de los cuales están depositados en el banco central. Hay 30 mil millones de dólares en efectivo fuera los bancos. ¡No hay monedas en Sinmoneda!

a  Calcule la base monetaria

b  Calcule la filtración de efectivo

c  Calcule la oferta monetaria

d  Calcule el multiplicador monetario

**2**  Suponga que el Banco de Sinmoneda, el banco central, realiza una compra de valores de mercado abierto de 0.5 millones de dólares. ¿Qué le ocurre a la oferta monetaria? Explique por qué el cambio de la oferta monetaria no es igual al cambio de la base monetaria.

**3**  Se le proporciona la siguiente información de la economía de Liliput: por cada dólar de aumento del PIB real, la demanda de dinero real aumenta 25

centavos de dólar, con todo lo demás constante. Así mismo, si la tasa de interés aumenta en 1 punto porcentual (por ejemplo, del 4 al 5 por ciento), la cantidad demandada de dinero real baja en 50 dólares. Si el PIB real es de 4000 dólares y el nivel de precios es de 1:

a  ¿A qué tasa de interés no hay tenencias de dinero?

b  ¿Cuánto dinero real se tiene con una tasa de interés del 10 por ciento?

c  Dibuje una gráfica de la demanda de dinero real.

**4**  Dada la demanda de dinero real de Liliput, si el nivel de precios es de 1, el PIB real es de 4000 dólares y la oferta monetaria real es de 750 dólares, ¿cuál es el equilibrio del mercado de dinero?

**5**  Suponga que el banco de Liliput, el banco central, quiere reducir la tasa de interés en 1 punto porcentual. ¿Cuánto tendría que cambiar la oferta monetaria real para lograr ese objetivo?

# CAPÍTULO 28 B*

## EL BANCO
## DE ESPAÑA

**Después de estudiar este capítulo, usted será capaz de:**

- ◆ Describir la estructura del Banco de España

- ◆ Describir los instrumentos que utiliza el Banco de España para influir sobre la oferta monetaria y los tipos de interés

- ◆ Explicar qué es una operación de mercado abierto y cómo funciona

- ◆ Explicar por qué una operación de mercado abierto cambia la oferta monetaria

- ◆ Distinguir entre la oferta monetaria nominal y la oferta monetaria real

- ◆ Explicar qué determina la demanda de dinero

- ◆ Explicar los efectos de las innovaciones financieras sobre la demanda de dinero en la década de 1980

- ◆ Explicar cómo se determinan los tipos de interés

- ◆ Explicar cómo influye el Banco de España sobre los tipos de interés

*Este capítulo fue adaptado por Joaquín Trigo Portela y se incluye como alternativa al capítulo 28A, para los países de Iberoamérica cuyo sistema de banco central es más afín con el Banco de España que con el de la Reserva Federal de Estados Unidos.

**A**FINALES DE 1992 UNA JOVEN PAREJA BUSCA VIVIENDA Y encuentra la casa que se adecua a sus expectativas. El precio es alto pero razonable; podrían pagarlo si no fuera porque los tipos de interés están en torno al 15 por ciento anual. Muy a su pesar deben aplazar la compra hasta que los tipos de interés desciendan y puedan pagar las cuotas de la hipoteca. Un año más tarde en la prensa se anuncian bancos que ofrecen hipotecas al 8 por ciento, con lo que la compra ya es posible. ¿Qué determina los tipos de interés? ¿Los fijan las fuerzas de la naturaleza? ¿Hay en alguna parte alguien que puede manipularlos? ◆ ◆ Usted sospecha que efectivamente alguien puede modificarlos. En el periódico acaba de leer: "El Banco de España impulsa el descenso de los tipos de interés para favorecer la recuperación." Unos cuantos meses antes podía leerse: "El Banco de España no considera elevar los tipos de interés a menos que se produzca un nuevo repunte de la inflación." ¿Qué es

## Manejo de los controles

el Banco de España? ¿Por qué el Banco de España quiere cambiar los tipos de interés? ¿Cómo puede hacerlo? ◆ ◆ En España, a mediados de 1993, hay suficiente dinero en efectivo, monedas y billetes en circulación como para que cada persona lleve en su billetero algo más de 163 mil pesetas. El importe de los depósitos a la vista en bancos y otras instituciones financieras rebasa los 6.100 miles de millones de pesetas, con lo que cada persona podría tener más de 225 mil pesetas en esas cuentas. Por supuesto, no mucha gente tiene tanto efectivo o depósitos a la vista como indican estos promedios. Pero los promedios son éstos. Por lo tanto, si la mayoría de las personas no tiene tanto, algunas personas han de tener mucho más. ¿Qué determina la cantidad de dinero que la gente desea mantener?

(Y, de qué depende su composición?) ◆ ◆ La década de 1980 supuso una revolución en el sector bancario y financiero en España y en muchos otros países. Hubo una rápida generalización del uso de tarjetas de crédito y mucha gente dejó de utilizar dinero en efectivo para comprar gasolina, pagar la cuenta del restaurante y otros artículos de uso corriente. Sin embargo, usted no puede pagar todo con tarjeta de crédito. Por ejemplo, si desea tomar un bocadillo a media noche, pero en la cafetería que encuentra no aceptan tarjetas de crédito. ¡Despreocúpese! Puede ir al cajero automático y retirar lo que necesite para la noche de hoy y también para los próximos días. Al salir a la calle usted se pregunta : ¿Cuánto dinero en efectivo necesitaría si no dispusiera de acceso rápido al cajero automático? ¿Cómo obtendría la gente dinero en efectivo para un bocadillo a medianoche antes de que existieran esas máquinas? ¿De qué forma han afectado las tarjetas de crédito y los ordenadores a la cantidad de dinero que llevamos encima?

◆ ◆ ◆ ◆ En este capítulo descubriremos la forma en que la demanda y la oferta de dinero determinan los tipos de interés. También estudiaremos el Banco de España y la forma en que influye sobre la cantidad de dinero y los tipos de interés al tratar de suavizar el ciclo económico y controlar el aumento del índice de precios.

## El Banco de España

El Banco de España es el banco emisor (o banco central) en España. Un **banco central** es una entidad pública que regula y controla las instituciones y los mercados monetarios y financieros de un país. También tiene la responsabilidad de aplicar la política monetaria del país. La política monetaria comprende varios instrumentos con los que se trata de controlar la inflación y moderar el ciclo económico mediante cambios en la cantidad de dinero en circulación y en el nivel de los tipos de interés. Estudiaremos los instrumentos de que dispone el Banco de España para gestionar la política monetaria y también los

efectos de las medidas que toma el Banco de España sobre los tipos de interés. Pero en primer lugar examinaremos los orígenes y la estructura del Banco de España.

## Los orígenes del Banco de España

El precedente del Banco de España es el Banco de San Carlos, fundado en 1782 con el objetivo de contribuir a la reducción de las dificultades de la Hacienda Pública, aunque también podía operar con el sector privado. Los problemas de la Hacienda Pública crearon tensiones continuas que llevaron a su desaparición en 1829, año en que se creó el Banco Español de San Fernando, que tenía la doble misión de financiar al sector público y la de actuar como banco de emisión y descuento. En 1844 se creó el Banco de Isabel II, que también podía emitir billetes y cuya finalidad era el impulso de la actividad económica. Luego de tres años de dura competencia en la que ambos bancos salieron perjudicados, se fusionaron en 1847 para formar el Nuevo Banco Español de San Fernando, que tenía facultad de emitir billetes y crear sucursales en donde no hubiera ya bancos de emisión, esto es en todo el país excepto Barcelona y Cádiz. En 1849 se concedió al Nuevo Banco Español de San Fernando el privilegio de emisión para toda España (con la excepción de Barcelona y Cádiz). En 1856 el Nuevo Banco Español de San Fernando cambió su nombre por el de Banco de España, adquirió carácter oficial y el Estado comenzó a nombrar al gobernador y a dos subgobernadores, al mismo tiempo que se permitía la pluralidad de bancos de emisión, aunque no más de uno por plaza.

En 1874 terminó el sistema de pluralidad de bancos de emisión y se reservó esa atribución para el Banco de España, cuyos lazos con la Hacienda Pública se reforzaron mientras se configuraba como núcleo del sistema financiero español, si bien manteniendo su carácter de entidad de propiedad privada. En 1921 se le atribuyeron nuevas competencias en materia de ordenación monetaria alejándosele de operaciones comerciales que realizaba en competencia con otros bancos. En la Ley de Ordenación Bancaria de 1946 se precisa que la autoridad monetaria y crediticia la ostenta el gobierno, y entre sus atribuciones está la determinación de los coeficientes de balance que deben mantener los bancos así como el porcentaje de recursos ajenos que deben depositar en el Banco de España. En 1962 el

Banco de España fue nacionalizado y se reorganizó como dependiente del Ministerio de Hacienda. Tras diversos decretos que precisan su estructura y funciones, en 1993 estaba articulado como sigue.

## Estructura organizativa del Banco de España

Los órganos rectores del Banco de España están fijados en los cuatro que siguen por la Ley Reguladora de los Órganos Rectores del Banco de España de 21 de junio de 1980, que será modificada si, como es previsible, prospera el proyecto de Estatuto de Autonomía del Banco de España, que será discutido en el parlamento en 1994. La autonomía del banco emisor es uno de los requisitos que deben cumplir los países de la Unión Europea para integrarse en la Unión Monetaria Europea y, entre otras cosas, comporta el fin de la posibilidad de que el sector público obtenga financiamientos recurriendo al banco emisor:

1. Gobernador
2. Subgobernador
3. Consejo general
4. Consejo ejecutivo

El gobernador lo nombra el jefe del Estado a propuesta del gobierno. El subgobernador lo nombra el gobierno a propuesta del ministro de Economía y Hacienda. Ambos deben cumplir los mismos requisitos de ser españoles, mayores de edad y tener reconocida competencia en el campo de la economía. El mandato es de cuatro años y puede ser renovado. Durante el mandato no podrán tener representación como diputados o senadores, ni compatibilizar el puesto con otras actividades públicas o privadas, excepto si son inherentes a sus funciones. En los dos años posteriores al cese no podrán ejercer ninguna actividad en entidades de crédito y ahorro privadas. Su cese puede producirse por término de mandato, por renuncia aceptada por el gobierno o por separación acordada por el gobierno previa instrucción de expediente por el Ministerio de Economía y Hacienda.

Las competencias principales del gobernador del Banco de España son:

♦ Representación del Banco ante las Cortes generales y ante el gobierno.
♦ Ejercicio de la dirección suprema de la administración del Banco, presidencia del pleno del consejo general y de sus comités de funcionamiento.

♦ Decidir sobre la realización de las operaciones del Banco y acordar lo conveniente en orden a su ejecución, previo acuerdo, en su caso, del comité ejecutivo.
♦ Ostentar la representación del Banco a todos los efectos y especialmente ante los tribuales de justicia, así como autorizar los contratos y cuantos actos y documentos se requieran para el buen funcionamiento de la entidad.
♦ Dirimir con su voto de calidad, cuando sea necesario, las votaciones del consejo general y del consejo ejecutivo.
♦ Realizar cuantas otras actividades sean precisas para salvaguardar los intereses encomendados al Banco de España.

El subgobernador suple al gobernador en los casos de vacante, ausencia o enfermedad y tendrá, además, las funciones que le delegue el gobernador y las que le puedan ser encomendadas por el reglamento interno del banco.

El consejo general del Banco de España está integrado por: El gobernador, el subgobernador, el director general del Tesoro y Política Financiera, el director general de Presupuestos, los directores generales del Banco designados anualmente por el gobernador con un número máximo de cuatro, seis consejeros designados por el Gobierno, que han de ser españoles, mayores de edad y de reconocida competencia en el campo de la economía, y un consejero representante del personal designado por elección fijada en forma reglamentaria. El consejo general lo preside el gobernador y la secretaría corresponde al secretario general del Banco de España, que asiste a las reuniones con voz pero sin voto. El nombramiento de los consejeros se formaliza por decreto del consejo de ministros y durante el ejercicio de sus funciones hay incompatibilidad para ostentar representación como diputado o senador. El mandato de los seis consejeros designados por el gobierno y del representante del personal será de tres años, plazo durante el cual no podrán ejercer actividades en instituciones financieras y de ahorro privadas.

Las competencias del consejo general son: aprobar las directrices de su actuación para el cumplimiento de las funciones encomendadas; informar de las normas de desarrollo de la Ley de Órganos Rectores y, en su caso, de las que la modifiquen; aprobar el reglamento interno de la entidad; aprobar, a propuesta del consejo ejecutivo, los presupuestos de gastos de funcionamiento de la entidad y el informe anual sobre sus actuaciones; aprobar las cuentas generales del ejercicio del Banco y su posterior remisión al Tribunal de Cuentas; aprobar las directrices generales de la política de personal de la entidad; asesorar al gobierno respecto a las cuestiones monetarias y crediticias en que aquél lo solicite; aprobar los informes generales formulados por el Banco para su elevación al gobierno y a las Cortes generales; aprobar las disposiciones necesarias en las materias propias de la competencia de la entidad; aprobar las propuestas sancionadoras de carácter grave que, en cumplimiento de las funciones de inspección y disciplina atribuidas al Banco, le someta el consejo ejecutivo a su consideración; adoptar las decisiones oportunas en orden a los asuntos que el consejo ejecutivo someta a su consideración y asistir al gobernador. El consejo general se reúne al menos una vez al mes y siempre que lo convoque el gobernador, que fija el orden del día, si bien podrán solicitar razonadamente su convocatoria siempre que la solicitud la formalicen la mitad de sus miembros proponiendo el orden del día de las sesiones.

El Consejo Ejecutivo está formado por el gobernador como presidente, el subgobernador, y por tres de los consejeros designados por el gobierno y elegidos por el consejo general. El Consejo ejecutivo se reúne, como mínimo, semanalmente y siempre que lo convoque el gobernador por iniciativa propia. Es el principal órgano decisorio del Banco.

Aunque el poder reside en el consejo general, en la práctica la influencia del consejo ejecutivo y, sobre todo, la del gobernador es muy relevante.

Las funciones del Banco de España se pueden agrupar en ocho apartados que se sintetizan en la tabla 28.1

## Instrumentos de política monetaria del Banco de España

Para controlar la oferta monetaria el Banco de España cuenta con tres instrumentos principales: la modificación de los coeficientes legales de reservas del sistema bancario, la fijación del tipo de interés de sus operaciones de intervención y las operaciones de mercado abierto. Sin tener fuerza legal las recomendaciones del Banco de España, cuando las realiza, son tenidas en cuenta por las entidades de depósito y contribuyen al logro de los objetivos de control monetario.

**T A B L A 28.1**

## Funciones del Banco de España

1) Regulación de la circulación fiduciaria

- ◆ **Emisión de billetes**
- ◆ **Puesta en circulación de la moneda metálica**
- ◆ **Retirada y canje de billetes y monedas**

2) Banquero del Estado

- ◆ **Servicios de tesorería**
- ◆ **Servicio de deuda pública**
- ◆ **Central de anotaciones en cuenta**
- ◆ **Crédito al sector público**

3) Banco de bancos

- ◆ **Custodia de las reservas líquidas**
- ◆ **Servicio telefónico del mercado interbancario**
- ◆ **Liquidación de las cámaras de compensación**
- ◆ **Prestamista en última instancia**

4) Control de cambios

- ◆ **Centralización de reservas y mercados de divisas**
- ◆ **Movimientos de cobros y pagos con el exterior**
- ◆ **Concesión de autorizaciones administrativas**

5) Central de información de riesgos y central de balances

6) Servicio telefónico del mercado de dinero y servicios de reclamaciones

7) Ejecución de la política monetaria

- ◆ **Vertiente exterior**
- ◆ **Vertiente interior**

8) Control e inspección

- ◆ **Autorizaciones administrativas y registros oficiales**
- ◆ **Inspecciones de tipo ordinario y extraordinario**
- ◆ **Expedientes sancionadores**
- ◆ **Intervención en situaciones de crisis**

*Fuente*: A. Cuervo, J.M. Parejo y L. Rodríguez , "Manual de sistema financiero español", 5ª edición, Ariel, Barcelona, 1992.

**Coeficientes legales** Todas las entidades de depósito en España están obligadas a mantener un porcentaje mínimo de sus depósitos como reservas. A ese porcentaje se le denomina **coeficiente de caja** que, desde septiembre de 1993, está fijado en el 2 por ciento. Cuando el coeficiente de caja aumenta el Banco de España puede crear una restricción de tesorería en el sistema crediticio para reducir el volumen de préstamos. La reducción de préstamos disminuye la oferta monetaria mediante un procedimiento similar al descrito en el capítulo 27, y que se detalla más adelante en este mismo capítulo. Si bien el cambio en el coeficiente de caja puede tener una influencia importante en la oferta monetaria, el Banco de España tiende a utilizar cada vez menos este instrumento como medida de política monetaria ya que afecta negativamente a las instituciones financieras.

Además del coeficiente de reservas, los bancos y otras instituciones financieras están obligados a mantener un coeficiente de garantía que se establece como una proporción entre sus recursos propios y el total de operaciones de riesgo, afectadas una de ellas en cada grupo (por ejemplo, activos sobre el sector público, activos sobre organismos financieros internacionales, activos con garantía hipotecaria, avales y riesgos de firma, etc.) por un múltiplo que crece con el riesgo que se le atribuye en la normativa. Este coeficiente se fija en aplicación de las funciones de control del sistema financiero, y afecta al tema de creación monetaria que trata este capítulo imponiendo un límite máximo de expansión que no cuestiona la argumentación que aquí se realiza.

**Préstamos de regulación monetaria**   El Banco de España facilita a los intermediarios financieros bancarios fondos para que puedan cumplir con el coeficiente legal de caja. El procedimiento para su concesión consiste en una subasta en la cual los distintos bancos pueden pujar por diferentes cantidades y tipos de interés. Las solicitudes de bancos y cajas que alcancen el tipo de interés mínimo al que el Banco de España está dispuesto a prestar, denominado tipo marginal de la subasta, son atendidas y se rechazan las que estén por debajo de ese tipo de interés. Los recursos obtenidos por este procedimiento se depositan en las cuentas que los intermediarios financieros bancarios mantienen en el Banco de España y, así, pueden continuar con su política crediticia. El incumplimiento del coeficiente de reserva conlleva sanciones que los intermediarios financieros bancarios desean evitar. Cuando se eleva el tipo de interés de los préstamos de regulación monetaria la demanda de esos préstamos desciende, y con ella la oferta de nuevos créditos. En cambio, cuando ese tipo de interés se reduce, la demanda aumenta y permite conceder una mayor cuantía de préstamos.

El tipo de interés de las operaciones de regulación monetaria puede ser efectivo si el sistema bancario está corto de reservas y necesita dichos préstamos. Si la banca no tiene demanda de crédi-

tos y sus reservas son excedentarias, el tipo de interés de intervención deja de ser efectivo. Sin embargo, el Banco de España puede determinar la escasez o excedente de reservas mediante sus operaciones de mercado abierto.

**Operaciones de mercado abierto**   Una **operación de mercado abierto** es la compra o venta de títulos de deuda pública por parte del Banco de España con el propósito de influir en la oferta monetaria. Cuando el Banco de España vende pagarés del Tesoro, éstos se pagan con reservas bancarias y se crean condiciones de restricción monetaria y crediticia. Con reservas más bajas, los bancos reducen sus préstamos y disminuye la oferta monetaria. Cuando el Banco de España compra pagarés del Tesoro, los pagos que efectúa generan reservas adicionales en los bancos, y eso relaja las condiciones de crédito. Con reservas extras, los bancos incrementan sus préstamos y la oferta monetaria aumenta. Para entender las operaciones de mercado abierto realizadas por el Banco de España es conveniente analizar antes la estructura de su balance, cuya composición porcentual se reproduce abreviada en la tabla 28.2 que el lector interesado puede

**TABLA 28.2**

## Estructura del estado de situación del balance del Banco de España a 31 X 1993

| Activo | |
| --- | --- |
| **Oro, posición neta en FMI, DEG, ECUS y plata** | **38.0%** |
| **Cartera comercial** | **41.3%** |
| **Inmovilizado** | **0.3%** |
| **Tesoro público** | **18.7%** |
| **Cuentas diversas** | **1.7%** |
| **Total activo = Total pasivo** | **100** |
| **Capital y corrección valor activos reserva** | **4.0%** |
| **Billetes en circulación** | **43.1%** |
| **Ctas. ctes, Depósitos en efectivo y similares** | **28.1%** |
| **Ctas. del Tesoro Público** | **24.3%** |
| **Otros pasivos** | **0.5%** |

*Fuente*: Boletín estadístico del Banco de España, noviembre 1993.

convertir en pesetas sabiendo que el activo total ascendía el 31 de octubre de 1993 a 14.42 billones de pesetas.

Los activos del Banco de España representan lo que éste tiene, y el pasivo es lo que debe. La mayor parte de los activos está compuesta por créditos a la banca y al sector público, pero también cuenta con oro y otras reservas frente al exterior. Lo más importante del balance del Banco de España está en el pasivo.

La partida más importante del pasivo corresponde a los billetes en circulación. Éstos son los billetes de curso legal que se usan en las transacciones cotidianas. Algunos de estos billetes están en circulación entre el público, y otros están en las cajas fuertes de los bancos y otras instituciones financieras.

Usted quizá se pregunte por qué los billetes de curso legal se consideran un pasivo del Banco de España. Cuando se comenzaron a utilizar, los billetes otorgaban a su poseedor un derecho sobre las reservas de oro del banco que los había emitido. Esos billetes eran *papel moneda convertible*. El tenedor de un billete podía convertirlo a la vista en oro (o bien en otra mercancía, como la plata) a un precio garantizado. Así, cuando un banco emitía un billete se obligaba a convertirlo en una mercancía preestablecida. Los billetes bancarios modernos no son convertibles. Un **billete inconvertible** es un billete bancario que no puede convertirse en mercancía y que adquiere valor por exigencia legal, y de ahí el término dinero de curso legal (o fiduciario). Esos billetes se consideran un pasivo u obligación legal del banco que los emite, pero no están respaldados por reservas de mercancías, sino por tenencias de valores y préstamos. Los billetes emitidos por el Banco de España están respaldados por las tenencias de diversos activos de este banco.

Otro componente importante del pasivo está formado por los depósitos que los bancos privados mantienen en el Banco de España. Estos depósitos se vieron como un activo en el balance de esos bancos. El resto del pasivo está formado por depósitos del Tesoro, de otros bancos centrales y por los recursos propios.

Los dos conceptos más importantes del pasivo del balance del Banco de España son los billetes en circulación y los depósitos de la banca privada en el Banco de España. Estos dos renglones, junto con las monedas en circulación (las monedas las emite el Tesoro y no son obligaciones del Banco de Es-

paña), constituyen la **base monetaria**. La base monetaria tiene esta denominación porque actúa como la base que sostiene la oferta monetaria del país.

A través de la compra y la venta de títulos de deuda pública, el Banco de España puede determinar directamente la magnitud de sus propios pasivos y cambiar la base monetaria. Esas compras y ventas de títulos de deuda pública son las operaciones de mercado abierto del Banco de España, su principal método de control de la oferta monetaria.

## Control de la oferta monetaria

La oferta monetaria viene determinada por la actuación del Banco de España. Para ver el proceso comenzamos con la observación de lo que sucede cuando el banco de España realiza una operación de mercado abierto.

### Cómo funcionan las operaciones de mercado abierto

Cuando el banco de España lleva a cabo una operación de mercado abierto por medio de la cual compra títulos de deuda pública, aumenta las reservas del sistema bancario. Por el contrario, si vende títulos de deuda pública disminuye las reservas del sistema bancario. Estudiemos los efectos de una operación de mercado abierto averiguando lo que ocurre cuando el Banco de España compra 100 millones de pesetas de títulos de deuda pública.

Las operaciones de mercado abierto afectan al balance del Banco de España, a los del sistema bancario y del resto de la economía. La tabla 28.3 registra los cambios de esos balances. Cuando el Banco de España compra valores, hay dos vendedores posibles: los bancos u otros agentes de la economía. La parte (a) muestra qué ocurre cuando los bancos venden valores que compra el Banco de España.

Cuando el Banco de España compra valores a los bancos, los paga efectuando un abono en las cuentas que éstos mantienen en el Banco de España. Los cambios en el balance del Banco de España consisten en un aumento de su activo por 100 millones

**TABLA 28.3**

## Una operación de mercado abierto

**(a)  Los bancos venden los títulos de deuda que compra el Banco de España**

### Efectos sobre el balance del Banco de España (millones de pesetas)

| Cambio en el activo | | Cambio en el pasivo | |
|---|---|---|---|
| Títulos de deuda pública | +100 | Depósitos de los bancos (reservas) | +100 |

### Efectos sobre el balance de los bancos (millones de pesetas)

| Cambio en el activo | | Cambio en el pasivo | |
|---|---|---|---|
| Depósitos de los bancos (reservas) | +100 | | |
| Títulos de deuda pública | −100 | | |

**(b)  Agentes no bancarios venden los títulos de deuda que compra el Banco de España**

### Efectos sobre el balance del Banco de España (millones de pesetas)

| Cambio en el activo | | Cambio en el pasivo | |
|---|---|---|---|
| Títulos de deuda pública | +100 | Depósitos de los bancos (reservas) | +100 |

### Efectos sobre el balance de los bancos (millones de pesetas)

| Cambio en el activo | | Cambio en el pasivo | |
|---|---|---|---|
| Depósitos de los bancos (reservas) | +100 | Depósitos | +100 |

### Efectos sobre el balance de otros agentes (millones de pesetas)

| Cambio en el activo | | Cambio en el pasivo | |
|---|---|---|---|
| Depósitos | +100 | | |
| Títulos de deuda pública | −100 | | |

de pesetas (los títulos de deuda pública adicionales que ha adquirido) y su pasivo aumenta también en 100 millones de pesetas (los depósitos adicionales de los bancos). El activo total de los bancos permanece constante, pero sus depósitos en el Banco de España aumentan en 100 millones de pesetas y sus valores disminuyen en la misma cuantía.

La parte (b) de la tabla se ocupa del caso en el que los bancos no venden valores y el Banco de España los compra a otros agentes económicos en el resto de la economía. Las tenencias del Banco de España en valores representativos de deuda pública aumentan en 100 millones de pesetas y las tenencias de esos valores en poder de otros agentes disminuyen en 100 millones de pesetas. El Banco de España paga los valores entregando a los vendedores cheques que gira sobre sí mismo. Los vendedores llevan los cheques a los bancos y los depositan. Los depósitos bancarios aumentan en 100 millones de pesetas. Los bancos a su vez presentan los cheques al Banco de España que abona su importe en las cuentas que tienen en el Banco de España. Los depósitos de los bancos en el Banco de España, esto es, sus reservas, aumentan en 100 millones de pesetas.

Con independencia de cuál de estos dos casos se presente, al realizar una compra de valores de mercado abierto el Banco de España aumenta los depósitos de los bancos en el propio Banco de España: aumenta las reservas de los bancos.

Si el Banco de España realiza una *venta* de valores de mercado abierto, los acontecimientos que hemos rastreado se dan en sentido inverso. Los activos y pasivos del Banco de España disminuyen de valor y también bajan las reservas de los bancos.

Los efectos de una operación de mercado abierto en los balances del Banco de España y de los bancos indicados en la tabla 28.3 no constituyen el final de la historia, sino sólo el principio. Con un aumento de sus reservas, los bancos pueden ahora otorgar más préstamos y, al concederlos, crean dinero. Estudiamos ese proceso de creación de dinero en el capítulo 27, donde aprendimos que un cambio en la oferta monetaria es un múltiplo del cambio de reservas que lo ocasiona. Veremos de nuevo dicho proceso. Pero ahora que ya ha comprendido la idea básica, añadiremos un toque de realismo que no tuvimos en cuenta en el capítulo 27: la diferencia entre la base monetaria y las reservas de los bancos.

## Base monetaria y reservas de los bancos

Hemos definido la *base monetaria* como la suma de billetes emitidos por el Banco de España, la moneda y los depósitos de los bancos en el Banco de España. La base monetaria la tienen los bancos como *reservas* o fuera de los bancos como billetes y moneda en circulación. Cuando aumenta la base monetaria, lo hacen tanto las reservas de los bancos como los billetes y monedas en circulación. Solamente el aumento de las reservas de los bancos puede ser usado por los bancos para otorgar préstamos y crear dinero adicional. Un aumento de las tenencias en efectivo fuera de los bancos se denomina **filtración de efectivo**. Una filtración de efectivo reduce la cantidad de dinero

adicional que puede crearse con un determinado aumento de la base monetaria.

El **multiplicador monetario** es la cantidad por la que un cambio en la base monetaria se multiplica para determinar el cambio resultante en la cantidad de dinero. Es diferente del multiplicador monetario simple que estudiamos en el capítulo 27. El *multiplicador monetario simple* es la cantidad por la que un cambio de las reservas de los bancos se multiplica para determinar el cambio de la cuantía de los depósitos de los bancos. Como el Banco de España influye sobre la base monetaria (y no sobre las reservas de los bancos), el *multiplicador monetario* es el pertinente para determinar los efectos de las acciones del Banco de España sobre la oferta monetaria.

Veamos ahora el multiplicador monetario.

## El efecto multiplicador de una operación de mercado abierto

Encontraremos el efecto multiplicador de una operación de mercado abierto en la que el Banco de España compra valores a los bancos. En este caso, aunque la operación de mercado abierto aumenta las reservas de los bancos, no tiene un efecto inmediato sobre la cantidad de dinero. Los bancos tienen menos reservas adicionales y menos títulos de deuda del Estado español. Sin embargo, tienen reservas excedentes. Cuando se da esta situación se presenta la secuencia que muestra la figura 28.1. Estos sucesos son:

◆ Los bancos prestan las reservas excedentes.

◆ Los préstamos nuevos se usan para efectuar pagos.

◆ Las familias y las empresas reciben pagos de los préstamos nuevos.

◆ Parte de los ingresos se mantienen como efectivo, *una filtración de efectivo*.

◆ Parte de los ingresos se deposita en los bancos.

◆ Las reservas de los bancos aumentan (en la misma cuantía que el aumento de los depósitos).

◆ Las reservas obligatorias aumentan en una fracción, igual al coeficiente de reservas obligatorias, del aumento de los depósitos.

◆ Las reservas excedentes disminuyen, pero siguen siendo positivas.

◆ La cantidad de dinero aumenta en la cantidad de la filtración de efectivo y del aumento de los depósitos en los bancos.

FIGURA 28.1

## Una vuelta en el proceso multiplicador una operación de mercado abierto

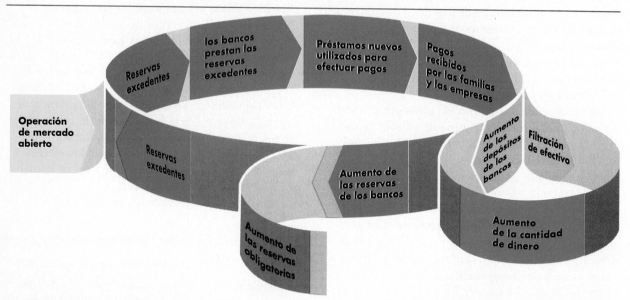

Una compra de mercado abierto de títulos de deuda pública aumenta las reservas de los bancos y crea reservas excedentes. Los bancos prestan el exceso concediendo préstamos nuevos que se usan para realizar pagos. Las familias y empresas que reciben los pagos conservan parte de los ingresos en forma de efectivo, una filtración de efectivo, y colocan el resto de los depósitos en los pagos. El aumento de los depósitos bancarios aumenta las reservas de los bancos, pero

también aumenta las reservas obligatorias de los bancos. Las reservas obligatorias aumentan menos que las reservas efectivas, de modo que los bancos mantienen aún cierto exceso de reservas, si bien menor al inicial. El proceso se repite hasta que las reservas excedentes son eliminadas. El aumento de la cantidad de dinero tiene dos componentes: la filtración de efectivo y el aumento de los depósitos.

La secuencia descrita es parecida a la que estudiamos en el capítulo 27, con la diferencia de que allí no tuvimos en cuenta la filtración de efectivo. Como antes, la secuencia se repite en una serie de vueltas, pero cada vuelta comienza con una cuantía de reservas excedentes menor que la anterior. El proceso continúa hasta la eliminación de reservas excedentes.

La figura 28.2 ilustra el efecto acumulado de la cantidad de dinero y de sus componentes, depósitos bancarios y efectivos, que resultan de una operación de mercado abierto de 100 millones de pesetas. En esta figura, la *filtración de efectivo* es una tercera parte y el *coeficiente de caja* es el 10 por ciento. Como usted podrá ver, cuando se realiza la operación de mercado abierto (indicada con OMA en la figura), no hay un cambio inicial ni de la cantidad de dinero ni de sus componentes. Así, después de la primera vuelta de préstamos bancarios, la

cantidad de dinero aumenta en 100 millones de pesetas, que es la magnitud de la operación de mercado abierto. En vueltas sucesivas, la cantidad de dinero y sus componentes, efectivo y depósitos bancarios, continúa aumentando pero en cantidades cada vez más pequeñas, hasta que después de diez vueltas las cantidades de efectivo y depósitos y su suma, la cantidad de dinero, casi han alcanzado los valores a los que finalmente llegarán.

La tabla de la figura 28.2 registra las magnitudes de los préstamos nuevos, la filtración de efectivo, los aumentos de depósitos y reservas, el aumento de las reservas obligatorias y el cambio de reservas excedentes. La operación inicial de mercado abierto aumenta las reservas de los bancos, pero como no cambian los depósitos, no hay un cambio de las reservas obligatorias. Los bancos tienen reservas excedentes de 100 millones de pesetas. Prestan esas reservas. Cuando se gasta el dinero prestado por los bancos, dos tercios de éste regresan como depósitos adicionales y una tercera parte se filtra como efectivo. Entonces, cuando los bancos prestan los 100 millones de pesetas iniciales de pesetas excedentes, 66.67 millones de pesetas regresan en la forma de depósitos y 33.33 millones de pesetas se filtran y se mantienen fuera de los bancos como efectivo. La cantidad de dinero ha aumentado ahora en 100 millones de pesetas: el aumento de los depósitos más el aumento de las tenencias de efectivo.

Los depósitos bancarios incrementados en 66.67 millones de pesetas ocasionan un aumento de las reservas obligatorias del 10 por ciento de esa suma que es 6.67 millones de pesetas. Pero las reservas

efectivas han aumentado en la misma cantidad que el aumento de los depósitos: 66.67 millones de pesetas. Por tanto, los bancos tienen ahora reservas excedentes de 60 millones de pesetas. En esta etapa hemos completado la vuelta 1. Le hemos dado una vez la vuelta al círculo de la figura 28.1. Los bancos aún tienen reservas excedentes, pero el nivel ha bajado de 100 millones de pesetas, al principio de la vuelta, a 60 millones de pesetas, al final de la vuelta. Ahora empieza la vuelta 2.

El proceso continúa repitiéndose. La tabla de la figura 28.2 muestra las primeras cinco vueltas y condensa todas las restantes en la última fila de la

FIGURA **28.2**

## El efecto multiplicador de una operación de mercado abierto

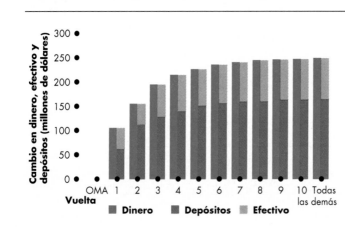

Una operación de mercado abierto (OMA) en la que el Banco de España compra 100 millones de pesetas de títulos de deuda pública a los bancos no tiene un efecto inmediato sobre la oferta monetaria pero crea reservas excedentes en el sistema bancario. Cuando se otorgan préstamos con estas reservas, aumentan los depósitos bancarios y las tenencias de efectivo. Cada vez que se otorga un nuevo préstamo, parte del mismo se filtra fuera de los bancos y se mantiene como efectivo y parte del préstamo se queda en el sistema bancario en forma de depósitos adicionales y reservas adicionales. Los bancos continúan aumentando sus préstamos hasta que han eliminado sus reservas excedentes. Los efectos de las cinco primeras vueltas de préstamos y de creación de dinero se describen en la tabla y el proceso se ilustra en la figura. La magnitud del último aumento de la oferta monetaria la determina el multiplicador monetario.

| Vuelta | Reservas excedentes al principio de la vuelta | Préstamos nuevos | Cambio en los depositos | Filtración de efectivo | Cambio de reservas | Cambio de reservas obligatorias | Reservas excedentes al final de la vuelta | Cambio de la cantidad de dinero |
|---|---|---|---|---|---|---|---|---|
| | | | | (milllones de pesetas) | | | | |
| 1 | 100.00 | 100.00 | 66.67 | 33.33 | 66.67 | 6.67 | 60.00 | 100.00 |
| 2 | 60.00 | 60.00 | 40.00 | 20.00 | 40.00 | 4.00 | 36.00 | 60.00 |
| 3 | 36.00 | 36.00 | 24.00 | 12.00 | 24.00 | 2.40 | 21.60 | 36.00 |
| 4 | 21.60 | 21.60 | 14.40 | 7.20 | 14.40 | 1.44 | 12.96 | 21.60 |
| 5 | 12.96 | 12.96 | 8.64 | 4.32 | 8.64 | 0.86 | 7.78 | 12.96 |
| | · | · | · | · | · | · | · | · |
| | · | · | · | · | · | · | · | · |
| | · | · | · | · | · | · | · | · |
| Todas las demás | | 19.44 | 12.96 | 6.48 | | 9.63 | | 19.44 |
| Total | | 250.00 | 166.67 | 83.33 | | 25.00 | | 250.00 |

TABLA 28.4

# Cálculo del multiplicador monetario

| | En general | Cifras (en miles de millones de pesetas) |
|---|---|---|
| **1. Las variables** | | |
| Reservas | $= R$ | 1150 |
| Efectivo | $= E$ | 6171 |
| Base monetaria | $= BM$ | |
| Depósitos | $= D$ | 8690 |
| Cantidad de dinero | $= M$ | |
| Multiplicador monetario | $= mm$ | |
| **2. Definiciones** | | |
| La base monetaria es la suma de reservas y efectivo | $BM = R + E$ | 7321 |
| La cantidad de dinero es la suma de depósitos y efectivo | $M = D + E$ | 14861 |
| El multiplicador monetario es la relación entre el cambio de la cantidad de dinero y el cambio de la base monetaria | $mm = \Delta M / \Delta BM$ | |
| **3. Coeficientes** | | |
| Cambio de las reservas en relación con el cambio de los depósitos | $\Delta R / \Delta D$ | 0.13 |
| Cambio de efectivo en relación con el cambio de los depósitos | $\Delta E / \Delta D$ | 0.71 |
| **4. Cálculos** | | |
| Empiece con la definición | $mm = \Delta M / \Delta BM$ | |
| Use las definiciones de $M$ y $BM$ para obtener | $mm = \dfrac{\Delta D + \Delta E}{R + \Delta E}$ | |
| Divida el dividendo y el divisor de la relación anterior por $\Delta D$ para obtener | $mm = \dfrac{1 + (\Delta E / \Delta D)}{(\Delta R / \Delta D) + (\Delta E / \Delta D)}$ | $= \dfrac{1 + 0.71}{0.13 + 0.71}$ |
| | | $= \dfrac{1.71}{0.84}$ |
| | | $= 2.04$ |

tabla. Al final del proceso, la cantidad de dinero ha aumentado en 250 millones de pesetas.

## El multiplicador monetario de España

El multiplicador monetario se calcula como cociente del cambio de la cantidad de dinero y el cambio de la base monetaria. Es decir,

$$\text{Multiplicador monetario} = \frac{\text{Cambio de la cantidad de dinero}}{\text{Cambio de la base monetaria}}.$$

En septiembre de 1993, el multiplicador monetario (de M1) era 2.04. Su valor medio en la década de 1980 fue de 5.1. ¿Qué determina el tamaño del multiplicador monetario y qué lo hace variar?

La magnitud del multiplicador monetario la determinan dos coeficientes que fluctúan en el transcurso del tiempo. Son:

◆ La relación entre las reservas de los bancos y los depósitos bancarios
◆ La relación entre las tenencias de efectivo de las familias y empresas y los depósitos bancarios.

La tabla 28.4 muestra cómo depende el multiplicador monetario de esos dos coeficientes. En septiembre de 1993 el efectivo en manos del público ascendía al 41.5 por ciento de la oferta monetaria (M1) y las reservas de los bancos al 13.2 por ciento de los depósitos a la vista. Al combinar ambos coeficientes, se muestra que el valor del multiplicador monetario de M1 es 2.04.

Las fluctuaciones del tamaño del multiplicador monetario se deben a los cambios en esos dos coeficientes, pero el que más varía es la relación entre efectivo y depósitos. Al determinar los efectos de sus operaciones de mercado abierto sobre la oferta monetaria, el Banco de España debe vigilar constantemente los coeficientes que determinan el multiplicador monetario y ajustar la magnitud de sus operaciones para tener en cuenta los cambios del tamaño del multiplicador.

## Otros instrumentos de política monetaria

Los otros instrumentos de política monetaria del Banco de España, el coeficiente de caja y el tipo de interés de las operaciones de regulación monetaria, también afectan la cantidad de dinero al modificar las reservas excedentes del sistema bancario. Un aumento del coeficiente de reservas obligatorias (denominado en España coeficiente de caja) hace aumentar las reservas que deben mantener los bancos para un determinado nivel de depósitos. Un aumento en el tipo de interés de las operaciones de regulación monetaria también hace aumentar las reservas que los bancos desean mantener. Como pedir créditos al Banco de España es más caro, los bancos están menos dispuestos a correr el riesgo de tener que pedir las reservas, y por tanto planean mantener una cantidad mayor de reservas para reducir la posibilidad de tener que solicitarlas al Banco de España.

Cualquiera que sea la fuente del cambio de las reservas excedentes, una vez que éste tiene lugar se desencadena una serie de acontecimientos similares a los descritos anteriormente, suscitados a raíz de una operación de mercado abierto. Entonces, los instrumentos menores de política del Banco de España funcionan de una manera similar a sus operaciones de mercado abierto. Al modificar las reservas excedentes, cambian la cantidad de préstamos bancarios y la cantidad de dinero en circulación.

Sin embargo, los coeficientes de reservas obligatorias y el tipo de las operaciones de regulación monetaria afectan también el tamaño del multiplicador. Como hemos visto, el coeficiente de reservas obligatorias es uno de los elementos del multiplicador monetario. Cuanto más alto es el coeficiente de reservas de los bancos, menor es el multiplicador monetario. Pero debido a que estos instrumentos de política no se usan a menudo, los cambios del multiplicador monetario que ocasionan estos instrumentos no se presentan con frecuencia.

---

## REPASO

**E**l Banco de España es el banco central del país. En el Banco de España influye sobre la cantidad de dinero en circulación al cambiar las reservas excedentes del sistema bancario. Dispone de tres instrumentos: el cambio del coeficiente de reservas obligatorias, el cambio del tipo de interés de las operaciones de regulación monetaria y la realización de operaciones de mercado abierto. Estos últimos son los utilizados con mayor frecuencia. Las operaciones de mercado abierto no sólo modifican las reservas excedentes del sistema bancario, sino que desencadenan también un efecto multiplicador. Cuando las reservas excedentes se prestan, algunos de esos préstamos se filtran fuera del sistema bancario pero otros regresan como depósitos nuevos. Los bancos continúan prestando hasta que la filtración de efectivo y el aumento de las reservas obligatorias han eliminado el aumento de las reservas excedentes. El efecto multiplicador de una operación de mercado abierto depende del tamaño de la filtración de efectivo y del tamaño del coeficiente de reservas obligatorias de los bancos. ◆

El objetivo del Banco de España al efectuar operaciones de mercado abierto o llevar a cabo otras acciones que influyen sobre la cantidad de dinero en circulación no es simplemente afectar la oferta monetaria en sí misma. Su objetivo es influir sobre el curso de la economía, en especial el nivel de producto, empleo y precios. Pero estos efectos son indirectos. El objetivo inmediato del Banco de España es subir o bajar los tipos de interés. Para encontrar los efectos de las acciones del Banco de España sobre los tipos de interés, necesitamos averiguar cómo y por qué cambian los tipos de interés cuando cambia la cantidad de dinero. Hallaremos la respuesta a estas preguntas al estudiar la demanda de dinero.

## La demanda de dinero

La cantidad de dinero que *recibimos* cada semana como pagos por nuestro trabajo es un ingreso: un flujo. La cantidad de dinero que conservamos en nuestro bolsillo o en una cuenta de depósito en el banco es un acervo (*stock*): parte del patrimonio. Es ilimitada la cantidad de ingreso, o flujo, que nos gustaría recibir cada semana. Pero sí tiene límite el volumen promedio del acervo de dinero que a cada uno de nosotros nos gustaría mantener.

### Los motivos para mantener dinero

¿Por qué la gente mantiene un acervo de dinero en efectivo? ¿Por qué tiene usted monedas y billetes en su cartera y por qué tiene una cuenta de depósito en su banco?

Existen tres motivos principales para mantener dinero:

◆ El motivo transacción
◆ El motivo precaución
◆ El motivo especulación

**El motivo transacción**   El principal motivo para mantener dinero es poder realizar transacciones y minimizar su costo. Al mantener un acervo de efectivo, usted puede realizar pequeñas transacciones, como pagar su almuerzo en la cafetería de la uni-

versidad. Si usted no conservara cierta cantidad en efectivo, tendría que ir al banco cada día a la hora del almuerzo para retirar suficiente efectivo. El costo de oportunidad de estas transacciones, en términos de su propio tiempo de estudio o de ocio, sería considerable. Usted evita estos costos de transacción conservando un acervo de efectivo lo suficientemente grande como para realizar sus compras normales en un periodo de, quizá, una semana de duración.

Usted mantiene también un acervo de dinero en forma de depósitos bancarios para realizar transacciones, como el pago del alquiler de su apartamento o la cuenta en la librería universitaria. En lugar de tener un acervo de depósitos bancarios para estos fines, usted podría colocar todos estos activos en el mercado de acciones o de bonos, comprando acciones de IBM o títulos de deuda pública. Pero si usted. hiciera eso, tendría que llamar a su agente bursátil y vender alguna de sus acciones y bonos cada vez que necesitara pagar el alquiler o la librería. De nuevo, tendría que pagar el costo de oportunidad de dichas transacciones. En cambio, pueden evitarse tales costos al mantener acervos más grandes de depósitos bancarios.

Las tenencias individuales de dinero con fines de transacción fluctúan durante cualquier semana o mes. Pero los saldos monetarios agregados mantenidos con fines de transacciones no fluctúan mucho debido a que lo que gasta una persona, otra lo recibe.

Las tenencias de dinero de las empresas llegan a su máximo justo antes de pagar los salarios a sus empleados. Las tenencias de las familias alcanzan su máximo justo después de que sean pagados los salarios. Conforme las familias gastan sus ingresos, sus tenencias de dinero bajan y las de las empresas aumentan. Las tenencias de dinero de las empresas son en realidad bastante grandes, y esto es lo que hace que las tenencias promedio de dinero sean tan elevadas. Las tenencias promedio de dinero de las familias son mucho menores que los promedios de toda la economía presentados en la introducción del capítulo.

**El motivo precaución**   Se tiene dinero como una precaución para acontecimientos imprevisibles que requieren la realización de compras no planeadas. Por ejemplo, en un viaje fuera de la ciudad usted lleva dinero extra en caso de una avería del automóvil. O si usted va de compras a las rebajas de enero, usted lleva más dinero del que piensa gastar, por si encuentra una verdadera ganga que no puede desaprovechar.

**El motivo especulación**  El último motivo para tener dinero es evitar pérdidas por tener acciones o bonos que se espera bajen de valor. Suponga, por ejemplo, que usted anticipa el desplome de la Bolsa de Valores una semana antes de que ese despolme ocurra. En la tarde del viernes, antes de que cierren los mercados, usted vende todas sus acciones y coloca esos recursos en una cuenta de depósito en el banco durante el fin de semana. Esta tenencia temporal de dinero continúa hasta que han bajado los precios de las acciones. Solamente entonces decide usted reducir su depósito bancario y compra de nuevo acciones.

## Los factores que influyen sobre la tenencia de dinero

¿Qué determina la cantidad de dinero que las familias y empresas deciden tener? Hay tres factores importantes que influyen sobre esta cantidad:

◆ Precios

◆ Gasto real

◆ Costo de oportunidad de tener dinero

Cuanto más alto es el nivel de precios, manteniéndose constante todo lo demás, mayor es la cantidad de dinero que la gente desea tener. Cuanto mayor es el nivel de gasto real, manteniéndose constante todo lo demás, mayor es la cantidad de dinero que la gente planifica tener. Cuanto más alto es el costo de oportunidad de mantener dinero, menor es la cantidad de dinero que la gente planifica tener.

Estos factores que influyen sobre las decisiones individuales acerca de la tenencia de dinero se traducen en tres variables macroeconómicas que influyen sobre la cantidad agregada demandada de dinero:

◆ Nivel de precios

◆ PIB real

◆ Tipo de interés

### Nivel de precios y cantidad demandada de dinero
La cantidad de dinero medida en pesetas corrientes se denomina **dinero nominal**. La cantidad demandada de dinero nominal es proporcional al nivel de precios. Es decir, manteniéndose constante todo lo demás, si el nivel de precios (índice de deflación del PIB) aumenta el 10 por ciento, la gente querrá mantener el 10 por ciento más de dinero nominal que antes. Lo que le interesa a la gente no es la cantidad de pesetas que tiene, sino el poder adquisitivo de ese dinero. Suponga, por ejemplo, que para llevar a cabo su gasto semanal en cine y refrescos, tiene un promedio de 2000 pesetas en su bolsillo. Si su ingreso y el precio del cine y de los refrescos aumentaran el 10 por ciento, usted aumentaría el promedio del dinero que mantiene en efectivo en el 10% para llegar a tener en su bolsillo un total de 2200 pesetas.

La cantidad de dinero medida en pesetas constantes (por ejemplo, en pesetas de 1987) se llama *dinero real*. El dinero real es igual al dinero nominal dividido por el nivel de precios. La cantidad demandada de dinero real es independiente del nivel de precios. En el ejemplo anterior usted mantenía una media de 2000 pesetas con el nivel de precios inicial. Cuando el nivel de precios aumentó el 10 por ciento, usted aumentó sus tenencias promedio de efectivo en el 10 por ciento, manteniendo sus tenencias de efectivo *real* constantes. Sus 2200 pesetas al nuevo nivel de precios representan la misma cantidad de *dinero real* que sus 2000 pesetas al nivel de precios inicial.

### PIB real y la cantidad demandada de dinero
Un determinante importante de la cantidad demandada de dinero es el nivel de ingreso real; en el caso del conjunto de la economía es el PIB real. Como usted sabe, el PIB real y el gasto agregado real son dos caras de la misma transacción. La cantidad de dinero que demandan las familias y empresas depende de la cantidad que gastan. Cuento más alto es el gasto, cuanto mayor es el ingreso, mayor es la cantidad de dinero demandada. Nuevamente, suponga que usted tiene un promedio de 2000 pesetas para financiar sus compras semanales de cine y refrescos. Imagine ahora que los precios permanecen constantes, pero que aumenta su ingreso. En consecuencia, usted gasta ahora más, y también mantiene una cantidad de dinero en efectivo para financiar su mayor volumen de gasto.

**El tipo de interés y la cantidad demandada de dinero**   Usted ya conoce el principio fundamental según el cual, conforme aumenta el costo de oportunidad de algo, la gente trata de encontrar sustitutivos. El dinero no constituye una excepción a este principio. Cuanto más alto es el costo de oportunidad de mantener dinero, manteniéndose constante todo lo demás, menor es la cantidad demandada de dinero real. Pero ¿cuál es el costo de oportunidad de tener dinero?

El costo de oportunidad de tener dinero es el tipo de interés. Para ver por qué, recuerde que el costo de oportunidad de cualquier actividad es el valor de la mejor alternativa a la que se renunció. ¿Cuál es la mejor alternativa de tener dinero y cuál es el valor a que se renunció? La mejor alternativa a mantener dinero es tener un activo financiero que produce intereses, tal como un bono de caja o una letra del tesoro. Al tener dinero en lugar de un activo como ése, usted pierde el interés que podría haber recibido. Este interés perdido es el costo de oportunidad de mantener dinero. Cuanto más alto es el tipo de interés, mayor es el costo de oportunidad de tener dinero y menor la cantidad de dinero que se mantiene. Al mismo tiempo, aumenta la cantidad que se tiene de activos que producen interés. El dinero se sustituye con activos que producen interés.

El dinero pierde valor con la inflación. ¿Por qué no es la tasa de inflación parte del costo de tener dinero? Lo es, manteniéndose constante todo lo demás; cuanto mayor es la tasa de inflación esperada, mayores son los tipos de interés y, por tanto, es más alto el costo de oportunidad de tener dinero.

**La demanda de dinero real**   La **demanda de dinero real** es la relación entre la cantidad de dinero real y el tipo de interés, manteniendo constantes todos los factores que influyen sobre la cantidad de dinero que la gente desea mantener. Veamos un ejemplo concreto de la demanda de dinero real. La demanda de dinero real de una persona puede representarse como una función de demanda de dinero real. Dicha función presenta la cantidad de dinero real que una persona desea mantener a un nivel dado de ingreso real para distintos niveles de tipos de interés. La figura 28.3 presenta algunas cifras de la familia Pérez. El ingreso real de la familia es de 2 millones de pesetas anuales. El nivel de precios es de 1, es decir, que el índice de deflación del PIB es

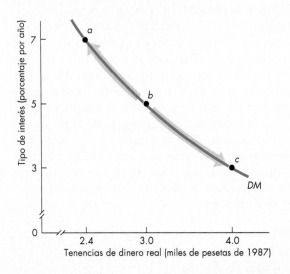

FIGURA **28.3**

## La demanda de dinero real de la familia Pérez

**El ingreso real de la familia Pérez es de 2 millones de pesetas; el nivel de precios es de uno.**

|   | Tipo de interés (porcentaje por año) | Tenencias de dinero real (miles de pesetas de 1987) |
|---|---|---|
| *a* | 7 | 240 |
| *b* | 5 | 300 |
| *c* | 3 | 400 |

La tabla muestra la función de demanda de dinero real de la familia Pérez. Cuanto más bajo es el tipo de interés, mayor es la cantidad de dinero real que la familia planea mantener. La figura muestra la curva de demanda de dinero (*DM*). Los puntos *a*, *b* y *c* en la curva corresponden a las filas de la tabla. Un cambio del tipo de interés ocasiona un movimiento a lo largo de la curva de demanda. La curva de demanda de dinero real tiene pendiente negativa porque el tipo de interés es el costo de oportunidad de mantener dinero. Cuanto más alto es el tipo de interés, mayor es el interés perdido por no tener otro activo.

100, así que la cantidad de dinero es la misma tanto si la medimos en términos nominales como reales. La función nos dice cómo cambia la cantidad demandada de dinero de la familia Pérez cuando cambia el tipo de interés. Por ejemplo, en la fila *a*, cuando el tipo de interés es del 7% por ciento anual, la familia Pérez mantiene una media de 240 mil pesetas en efectivo. Cuando el tipo de interés es del 5% anual, las tenencias de dinero real aumentan a 300 mil pesetas (fila *b*), y cuando el tipo de interés baja al 3% anual, las tenencias de dinero aumentan a 400 mil pesetas (fila *c*).

La figura presenta también el gráfico de la curva de demanda de dinero real (*DM*) de la familia Pérez. Si el tipo de interés aumenta del 5 al 7 por ciento, hay un aumento del costo de oportunidad de tener dinero y una disminución de la cantidad demandada de dinero real, ilustrado por el movimiento ascendente a lo largo de la curva de demanda de la figura 28.3. Si el tipo de interés baja del 5 al 3 por ciento, hay un descenso en el costo de oportunidad de mantener dinero y un aumento en la cantidad demandada de dinero real, ilustrado por el movimiento descendente a lo largo de la curva de demanda de la figura 28.3

### Desplazamientos de la curva de demanda de dinero real

La curva de demanda de dinero real se desplaza cuando:

◆ Cambia el ingreso real
◆ Hay innovación financiera.

**Cambios del ingreso real**  Un aumento del ingreso real desplaza la curva de demanda de dinero real a la derecha y una disminución la desplaza hacia la izquierda. El efecto del ingreso real sobre la curva de demanda de dinero real se muestra en la figura 28.4. La tabla muestra los efectos de un cambio del ingreso real sobre la cantidad demandada de dinero real cuando el tipo de interés se mantiene constante en el 5 por ciento. Vea primero la fila *b* de la tabla. Nos indica que cuando el tipo de interés es del 5 por ciento y el ingreso real es de 2 millones de pesetas, la cantidad demandada de dinero real por la familia Pérez es de 300 mil pesetas. Esta fila corresponde al punto *b* en la curva de dinero real $DM_0$. Si mantenemos constante el tipo de interés y el ingreso real baja a 1.2 millones de pesetas, la tenencia de dinero real baja a 240 mil pesetas. Entonces, la curva de dinero real se desplaza de $DM_0$ a $DM_1$ en la figura 28.4. Si el ingreso real de la familia Pérez aumenta a 2.8 millones de pesetas, la tenencia de dinero real de la familia aumenta a 360 mil pesetas. En este caso, la curva de demanda se desplaza a la derecha, de $DM_0$ a $DM_2$.

**Innovación financiera**  La innovación financiera también ocasiona un cambio de la demanda de dinero real y desplaza la curva de demanda de dinero real. La innovación más importante de los últimos años es la aparición de depósitos sumamente líquidos en los bancos y otras instituciones financieras, que permiten a la gente convertir rápida y fácilmente esos depósitos en un medio de cambio: en dinero. Estas innovaciones son resultado, en parte, de la desregulación del sector financiero (véase el capítulo 27, págs. 809-810) y, en parte, de la disponibilidad de capacidades de procesamiento de información a bajo costo.

Los computadores son una parte importante de la historia de la innovación financiera porque han hecho descender de una manera radical el costo de registro de las operaciones y de los cálculos. Por ejemplo, deben calcularse diariamente los saldos y los intereses de las cuentas corrientes que devengan intereses. Realizar dichos cálculos a mano, aunque es factible, sería muy costoso. Las cuentas combinadas (cuentas corrientes conectadas con cuenta de ahorro) requieren la transferencia de fondos de y hacia la cuenta de ahorros cuando el saldo de la cuenta corriente sube o baja de cierto nivel preestablecido. De nuevo, llevar los registros que permiten la existencia de esas cuentas tendría un costo prohibitivo antes de la introducción de los ordenadores.

Ahora que los bancos tienen acceso a un gran poder de computación de costo extremadamente bajo, pueden ofrecer una amplia variedad de planes de depósito que hacen cómodo convertir activos que no son un medio de cambio en activos que sí cuentan con esa propiedad, sin incurrir en gastos excesivos. El desarrollo de estos mecanismos ha llevado a una disminución de la demanda de dinero: un desplazamiento hacia la izquierda de la curva de demanda de dinero.

La disponibilidad de la capacidad de cómputo de bajo costo en el sector financiero es también responsable, en gran medida, del uso extendido de las tarjetas de crédito. También aquí es factible el registro manual de las operaciones y el cálculo de intereses y de los saldos pendientes de pago necesarios para el funcionamiento de un sistema de tarjeta de crédito, pero es demasiado costoso para llevarlo a cabo. A nadie le convendría usar tarjetas de plástico, acomodar facturas y hacer los registros si todos los cálculos tuvieran que hacerse a mano (o incluso con

**FIGURA 28.4**

## Cambios de la cantidad de dinero real de la familia Pérez

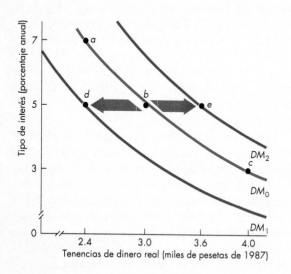

**El tipo de interés es del 5%; el nivel de precios es de 1.**

| | Ingreso real (miles de pesetas de 1987) | Tenencias de dinero real (miles de pesetas de 1987) |
|---|---|---|
| d | 1.2 | 240 |
| b | 2.0 | 300 |
| e | 2.8 | 360 |

Un cambio en el ingreso real ocasiona un cambio en la demanda de dinero real. La tabla muestra la cantidad de dinero real que mantiene la familia Pérez a tres niveles diferentes de ingreso real cuando el tipo de interés se mantiene constante en el 5 por ciento. La figura muestra los efectos de un cambio del ingreso real sobre la curva de demanda de dinero real. Cuando el ingreso real es de 2 millones de pesetas y el tipo de interés es del 5 por ciento, la familia está en el punto b de la curva de demanda de dinero real $DM_0$. Cuando el ingreso real baja a 1.2 millones de pesetas, la curva de demanda se desplaza a $DM_1$ y a un tipo de interés del 5 por ciento la familia está en el punto d. Cuando el ingreso real sube a 2.8 millones de pesetas, la curva de demanda se desplaza a $DM_2$. Con un tipo de interés del 5 por ciento, la familia está en el punto e.

máquinas calculadoras mecánicas preelectrónicas). Esta innovación, la capacidad de cómputo a bajo costo, también ha hecho descender la demanda de dinero. Al usar una tarjeta de crédito para efectuar compras, la gente puede operar con una menor cantidad de dinero. En vez de mantener dinero por motivos de transacción durante el mes, se pueden cargar las compras a una tarjeta de crédito y pagar la cuenta un día o dos después del día de pago. Como consecuencia de esto la tenencia promedio de dinero durante el mes es mucho menor.

Las innovaciones financieras que acabamos de ver afectan la demanda de dinero. Algunas innovaciones financieras han modificado la composición de nuestras tenencias de dinero pero no su cantidad total. Una de ellas son los cajeros automáticos. En promedio, ahora podemos funcionar de una manera eficiente con tenencias de efectivo menores que antes, simplemente porque podemos disponer fácilmente de efectivo en cualquier momento y lugar. Aunque esta innovación ha hecho disminuir la demanda de efectivo y ha aumentado la demanda de depósitos, probablemente no ha afectado la demanda total de dinero real.

## REPASO

La cantidad demandada de dinero depende del nivel de precios, del PIB real y del tipo de interés. La cantidad demandada de dinero nominal es proporcional al nivel de precios. El dinero real es la cantidad de dinero nominal dividida por el nivel de precios. La cantidad demandada de dinero real aumenta al aumentar el PIB real. El tipo de interés representa el costo de oportunidad de tener dinero. El beneficio de mantener determinada cantidad de efectivo es evitar las transacciones frecuentes. Cuanto más alto es el tipo de interés, menor es la cantidad demandada de dinero real. ◆ ◆ La curva de demanda de dinero real muestra la variación de la cantidad demandada de dinero real al variar el tipo de interés. Cuando cambia el tipo de interés, hay un movimiento a lo largo de la curva de demanda de dinero real. Un aumento del ingreso real desplaza la curva de demanda hacia la derecha; las innovaciones financieras que permiten depósitos de cuasi dinero fáciles de usar, desplazan la curva de demanda hacia la izquierda. ◆

Ahora que usted ha estudiado la teoría de la demanda de dinero real, veamos los hechos acerca de las tenencias de dinero en España y su relación con el ingreso real y el tipo de interés.

## La demanda de dinero en España

Acabamos de afirmar que la curva de demanda de dinero real, que muestra la variación de la cantidad demandada de dinero real, varía al modificarse el tipo de interés, y que se desplaza siempre que el PIB real se modifica o cuando hay una innovación financiera que influye sobre las tenencias de dinero. Como estos factores que desplazan la curva de demanda de dinero real cambian con frecuencia, no es fácil "ver" la curva de demanda de dinero real en una economía en el mundo real.

En lugar de examinar la demanda de dinero, veremos algo que está estrechamente relacionado con ella: la *velocidad de dinero en circulación*. La velocidad de circulación se define como:

$$V = PY / M.$$

En forma equivalente es:

$$V = Y / (M/P),$$

o el PIB real dividido entre la cantidad real de dinero. Si la cantidad de dinero real es igual a la cantidad ofrecida, podemos estudiar la demanda de dinero estudiando el comportamiento de la velocidad de circulación. Cuando la cantidad demandada de dinero baja en relación con el PIB, la velocidad de circulación sube y cuando la cantidad demandada de dinero aumenta en relación con el PIB, la velocidad de circulación baja.

La teoría de la demanda de dinero predice que cuanto más alto es el tipo de interés, menor es la cantidad demandada de dinero real y, por tanto, mayor es la velocidad de circulación. Mediante el examen de la velocidad de circulación y su comparación con los movimientos del tipo de interés, podemos comprobar si la teoría de la demanda de dinero real proporciona una buena descripción de las tenencias de dinero en España.

La tabla 28.5 muestra cómo se reúne la variación en el tipo de interés (el que devenga la deuda pública) y la velocidad de circulación de M3 y de ALP. Como usted podrá observar, hay una relación clara entre el tipo de interés y la velocidad de circulación

**TABLA 28.5**

## El tipo de interés y la velocidad de circulación de los agregados monetarios

| Año | Tipo de interés de la deuda pública | Velocidad de circulación del dinero | |
|---|---|---|---|
| | | ALP | M3 |
| 1982 | 16.0 | 1.22 | 1.26 |
| 1983 | 16.9 | 1.20 | 1.25 |
| 1984 | 16.5 | 1.17 | 1.22 |
| 1985 | 13.4 | 1.15 | 1.20 |
| 1986 | 11.4 | 1.16 | 1.24 |
| 1987 | 12.8 | 1.14 | 1.24 |
| 1988 | 11.7 | 1.11 | 1.23 |
| 1989 | 13.7 | 1.07 | 1.20 |
| 1990 | 14.7 | 1.07 | 1.17 |
| 1991 | 12.4 | 1.05 | 1.14 |
| 1992 | 12.2 | 1.06 | 1.15 |

*Fuente: Informe económico, 1992, BBV, 1993 y Situación socioeconómica, CEOE, diciembre de 1993.*

de M3 y ALP, pues a medida que baja el tipo de interés lo hace la velocidad de circulación del dinero, lo que refleja que el incentivo para reducir los saldos en efectivo disminuye cuando lo hace el costo de oportunidad de mantener dinero en efectivo.

El hecho de que las velocidades de circulación de M3 y ALP fluctúen en el mismo sentido que los tipos de interés significa que la economía española tiene una curva de demanda de dinero real similar a la de la familia Pérez. Al aumentar los tipos de interés, la curva de demanda de dinero real se desliza hacia arriba y la cantidad demandada de dinero real disminuye, *con todo lo demás constante*, si bien en el mundo real no todo se mantiene constante. El aumento continuo de la renta real ha llevado a un aumento de la demanda de dinero real, con un desplazamiento hacia la derecha de la demanda de dinero real. Las innovaciones financieras han atenuado ese aumento.

Hay otro aspecto de las velocidades de circulación que merece ser destacado. Los agregados monetarios más amplios tienen una velocidad de circulación más estable que los agregados menores. La razón es que el agregado más sencillo, la M1, está formado por efectivo y depósitos a la vista que no devengan intereses. Si el interés sube, la renuncia que supone mantener el dinero en cuentas a la vista o en metálico crece y eso lleva a que estas modalidades (o una parte de ellas) se transformen en depósitos a plazo que ofrecen rentabilidad y están incluidos en el agregado amplio. En otras palabras, hay desplazamientos entre distintas formas de colocar los recursos, pero esos desplazamientos están todos dentro del agregado amplio; así, lo que sale de la M1 sigue dentro de la M3 o del ALP. El aumento en los tipos de interés refuerza el atractivo de los depósitos de ahorro y plazo y reduce el de los depósitos a la vista. Como la velocidad de circulación de M1 es PIB/M1, una menor reducción en el denominador supone que la velocidad de circulación de este agregado ha aumentado. Como la dimensión global del agregado amplio varía menos que la del agregado restringido, su velocidad de circulación es más estable.

## Determinación del tipo de interés

**U**n tipo de interés es el rendimiento porcentual de un título financiero como un *bono* o una *acción*. Existe una relación importante entre el tipo de interés y el precio de un activo financiero. Dediquemos un poco de tiempo al estudio de esta relación antes de analizar las fuerzas que determinan los tipos de interés.

### Tipos de interés y precios de los activos

Un bono es una promesa de hacer una serie de pagos futuros. Hay muchas variantes posibles, pero la más sencilla para nuestros fines es el caso de un bono perpetuo. El **bono perpetuo** es un bono que promete pagar una cierta cantidad fija de dinero cada año para siempre. El emisor de ese bono nunca lo amortizará (esto es, nunca lo rescatará); el bono será una deuda siempre viva y generará un

pago fijo en pesetas cada año. El pago en pesetas predeterminado se denomina *cupón*. Como el cupón es una cantidad fija en pesetas, el tipo de interés sobre el bono varía al fijar el precio del bono. La tabla 28.6 ilustra este hecho.

En primer lugar, la tabla muestra la fórmula para calcular el tipo de interés sobre el bono. El tipo de interés *(r)* es el cupón *(c)* dividido por el precio del bono *(p)* y multiplicado por 100 para convertirlo en un porcentaje. La tabla muestra también algunos ejemplos numéricos de un bono cuyo cupón es de 10 pesetas por año. Si el bono cuesta 100 pesetas (fila *b* de la tabla 28.6), el tipo de interés es del 10 por ciento anual. Es decir, el tenedor de 100 pesetas de bonos recibe 10 pesetas al año.

Las filas *a* y *c* de la tabla 28.6 muestran otros dos casos. En la fila *a*, el precio del bono es de 50 pesetas. Con un cupón de 10 pesetas, este precio genera un tipo de interés del 20 por ciento: un rendimiento de 10 pesetas sobre un bono de 50 pesetas es un tipo de interés del 20 por ciento. En la fila *c*, el bono cuesta 200 pesetas y el tipo de interés es del 5 por ciento, lo que da un rendimiento de 10 pesetas por un bono de 200 pesetas.

---

**TABLA 28.6**

## El tipo de interés y el precio de un bono

Fórmula del tipo de interés

---

**r = tasa de interés, c = cupón, p = precio del bono**

$$r = \frac{c}{p} \times 100$$

Ejemplos

---

|   | Precio del bono | Cupón | Tipo de interés (porcentaje anual) |
|---|---|---|---|
| *a* | $ 50 | $ 10 | 20 |
| *b* | 100 | 10 | 10 |
| *c* | 200 | 10 | 5 |

Existe una relación inversa entre el precio de un bono y el tipo de interés que se obtiene por él. Al subir el precio del bono, baja su tipo de interés. Si usted entiende esta relación se le facilitará la comprensión del proceso mediante el cual se determina el tipo de interés. Pasemos ahora a estudiar la determinación del tipo de interés.

## Equilibrio del mercado de dinero

El tipo de interés se determina en cada momento por el equilibrio en los mercados de activos financieros. Podemos estudiar este equilibrio en el mercado de dinero. Ya hemos estudiado la determinación de la oferta y la demanda de dinero. Hemos visto que el dinero es un activo patrimonial de tipo *stock* o acervo. Cuando la cantidad ofrecida de dinero es igual a la cantidad demandada de dinero, el mercado de dinero está en equilibrio. El *equilibrio de cantidades* en el mercado de dinero contrasta con el *equilibrio de flujos* en los mercados de bienes y servicios. El **equilibrio de acervos (stocks)** consiste en una situación en la que se mantiene voluntariamente la cantidad disponible de un activo. Es decir, independientemente de cuál sea la cuantía del activo disponible, las condiciones son tales que la gente realmente quiere mantener ni más ni menos dicha cantidad. El **equilibrio de flujo** es una situación en la que la cantidad de bienes y servicios ofrecidos por unidad de tiempo es igual a la cantidad demandada por unidad de tiempo. El gasto en equilibrio que estudiamos en el capítulo 26 es un ejemplo de un equilibrio de flujo. También lo es la igualdad del PIB real agregado demandado y ofrecido.

La cantidad de dinero nominal ofrecido es determinada por las decisiones de política monetaria del Banco de España y las decisiones de préstamo de los bancos y otros intermediarios financieros. La cantidad de dinero real ofrecida es igual a la cantidad nominal ofrecida dividida por el nivel de precios. En un momento dado, hay un nivel de precios en particular, así que la cantidad de dinero real ofrecida es de una cuantía fija.

La curva de demanda de dinero real depende del nivel del PIB real. Y en cualquier día el nivel del PIB real puede considerarse fijo. Sin embargo, el tipo de interés no está fijo. El tipo de interés se ajusta para alcanzar el equilibrio de acervos en el mercado de dinero. Si el tipo de interés es demasiado alto, la gente intentará mantener en efectivo menos dinero del que está disponible. Si el tipo de interés es demasiado bajo, la gente tratará de mantener más que el acervo disponible. Cuando el tipo de interés es tal que la gente desea mantener exactamente la cantidad de dinero disponible, hay entonces un equilibrio de acervos.

La figura 28.5 ilustra un equilibrio en el mercado de dinero. La cantidad ofrecida de dinero real es de 3 billones de pesetas. Esta suma es independiente del tipo de interés, de forma que la curva de oferta monetaria (*SM*) es vertical. La tabla presenta la cantidad demandada de dinero real a tres tipos de interés diferentes cuando el PIB real y el nivel de precios son constantes. Estas cantidades están representadas gráficamente como la curva de demanda de dinero real (*DM*) en la figura.

El tipo de interés de equilibrio es del 5 por ciento, el tipo al que la cantidad demandada es igual a la cantidad ofrecida. Si el tipo de interés es superior al 5 por ciento, la gente desea mantener menos dinero del que está disponible. A un tipo de interés inferior al 5 por ciento, la gente desea mantener más dinero del que está disponible. A un tipo del 5 por ciento, se mantiene voluntariamente la cantidad de dinero disponible.

¿Cómo se produce el equilibrio del mercado de dinero? Para contestar a esta pregunta haremos una representación mental. Primero, imagine que el tipo de interés está temporalmente en el 7 por ciento. En tal situación, la gente quiere únicamente dos billones de pesetas de dinero real a pesar de que existen 3 billones de pesetas; pero ya que existen 3 billones de pesetas, la gente debe tenerlos. Es decir, la gente está manteniendo más dinero del que desea. En esta situación, tratará de deshacerse de cierta cantidad de dinero. Cada individuo tratará de organizar sus asuntos para poder reducir la tenencia de dinero y aprovechar el tipo de interés del 7 por ciento mediante la compra de más activos financieros. Pero todo el mundo tratará de comprar activos financieros y nadie tratará de venderlos a un tipo del 7%. Hay un exceso de demanda de activos financieros como los bonos. Cuando hay un exceso de demanda por algo, su precio sube. Así que con un exceso de demanda de activos financieros subirán los precios de los activos financieros. Vimos antes que existe una relación inversa entre el precio de un activo financiero y su tipo de interés. Al subir el precio de un activo financiero su tipo de interés baja.

Siempre y cuando haya alguien con dinero en exceso en relación con la cantidad demandada, esa persona tratará de reducir sus tenencias de dinero

FIGURA **28.5**

## Equilibrio del mercado de dinero

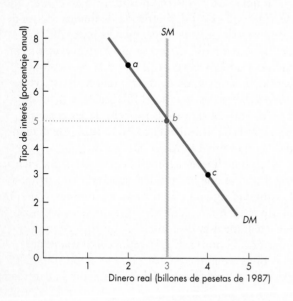

**El PIB real es de 4 billones de pesetas; el nivel de precios es de 1**

| Tipo de interés (porcentaje anual) | Cantidad demandada de dinero real (billones de pesetas de 1987) | Cantidad ofrecida de dinero real (billones de pesetas de 1987) |
|---|---|---|
| a | 7 | 2 | 3 |
| b | 5 | 3 | 3 |
| c | 3 | 4 | 3 |

La demanda de dinero real está dada por la tabla y la curva DM. La oferta de dinero real, mostrada en la tabla y en la curva SM, es de 3 billones de pesetas. Los ajustes del tipo de interés logran el equilibrio del mercado de dinero. Aquí el equilibrio se da en la fila *b* de la tabla (punto *b* de la figura) a un tipo de interés del 5 por ciento. Para tipos de interés superiores al 5 por ciento, la cantidad demandada de dinero real es menor que la cantidad ofrecida, por lo que el tipo de interés disminuye. Para tipos de interés inferiores al 5 por ciento, la cantidad demandada de dinero real excede a la cantidad ofrecida, de forma que el tipo de interés se eleva. Solamente al 5 por ciento se mantiene voluntariamente la cantidad de dinero real existente.

comprando activos financieros adicionales. Sólo cuando el tipo de interés haya descendido al 5 por ciento se mantendrá voluntariamente la cantidad de dinero en existencia. Es decir, los intentos de la gente por deshacerse de su dinero excesivo no deseado, no dan como resultado la reducción de la cantidad de dinero que se mantiene en forma agregada; más bien, estos esfuerzos darán como resultado un cambio del tipo de interés que hace que la cantidad de dinero disponible se mantenga voluntariamente.

La representación mental que acabamos de realizar puede llevarse a cabo en sentido inverso al suponer que el tipo de interés es del 3 por ciento. En tal caso, la gente desea mantener 4 billones de pesetas a pesar de que solamente están disponibles 3 billones de pesetas. Para adquirir más dinero, la gente venderá activos financieros. Habrá una oferta excesiva de activos financieros y sus precios bajarán. Al bajar los precios de los activos financieros, su rendimiento, es decir, el tipo de interés, se eleva. La gente continuará vendiendo los activos financieros y tratando de adquirir dinero hasta que el tipo de interés haya subido al 5 por ciento, y en ese momento la cantidad de dinero disponible será la cantidad de dinero que la gente quiere mantener.

## Cambios del tipo de interés

Imagine que la economía se está frenando y que el Banco de España quiere estimular demanda y gasto agregados adicionales. Para hacerlo, desea bajar los tipos de interés y alentar un mayor endeudamiento y un mayor gasto en bienes y servicios. ¿Qué hace el Banco de España? ¿Cómo maneja los controles para lograr tipos de interés más bajos?

El Banco de España realiza una operación de mercado abierto, comprando valores gubernamentales a los bancos, familias y empresas. A consecuencia de esto aumenta la base monetaria y los bancos comienzan a otorgar préstamos adicionales. La oferta monetaria aumenta.

Suponga que el Banco de España realiza operaciones de mercado abierto en una escala lo suficientemente amplia como para aumentar la oferta monetaria de 3 billones de pesetas a 4 billones de pesetas. En consecuencia, la curva de oferta de dinero real se desplaza a la derecha, como se muestra en la figura 28.6(a), de $SM_0$ a $SM_1$, y la representación mental que hicimos antes se vuelve realidad. El tipo de interés baja cuando la gente usa parte de su dinero nuevo en comprar activos financieros. Cuando el tipo de interés ha bajado al 3 por ciento, la gente está dispuesta a mantener el acervo de dinero real por encima de los 4 billones de pesetas que el Banco de España y el sistema bancario han creado.

A la inversa, suponga que la economía está sobrecalentada y el Banco de España teme que haya inflación, por lo que decide reducir el gasto, y para ello recorta la oferta monetaria. Al hacerlo, absorbe reservas de los bancos y les induce a reducir la escala de su actividad de préstamos. Los bancos otorgan cada vez menos préstamos hasta que su cuantía se ha reducido a un nivel congruente con las menores reservas. Suponga que el Banco de España realiza una venta de valores de mercado abierto de una amplitud lo bastante grande como para reducir la oferta monetaria a dos billones de pesetas. Ahora, la curva de oferta de dinero real se desplaza hacia la izquierda, como se muestra en la figura 28.6(b), de $SM_0$ a $SM_2$. Con menos dinero disponible, la gente trata de adquirir dinero adicional al vender activos que producen intereses. Al hacerlo, bajan los precios de los activos y sube el tipo de interés. El equilibrio surge cuando el tipo de interés se ha elevado al 7 por ciento, y en ese punto el nuevo acervo más bajo de dinero de 2 billones de pesetas se mantiene voluntariamente.

## Un Banco Central en la práctica: La Reserva Federal de Estados Unidos

Todo esto suena muy bien en teoría pero, ¿ocurre realmente? Pues sí, sí ocurre, algunas veces con efectos espectaculares. Veamos dos episodios en la vida de la Reserva Federal de los Estados Unidos, uno que tuvo lugar en los años turbulentos de principios de la década de 1980 y otro durante el periodo que arranca con el desplome de la Bolsa de Valores de 1987.

**La Reserva Federal de Paul Volcker** Al inicio del periodo de Paul Volcker como presidente de la Reserva Federal (Fed), que empezó en agosto de 1979, Estados Unidos estaba atrapado en las garras de una inflación de dos dígitos. Volcker acabó con esa inflación. Lo hizo al hacer subir firmemente los tipos de interés de 1979 a 1981. Este aumento de los tipos de interés fue el resultado del uso de las operaciones de mercado abierto por parte de la Fed y del aumento del tipo de descuento (equivalente al tipo de interés de los préstamos de regulación mo-

**FIGURA 28.6**

## El Banco de España cambia los tipos de interés

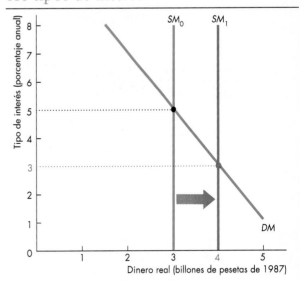

**(a) Un aumento de la oferta monetaria**

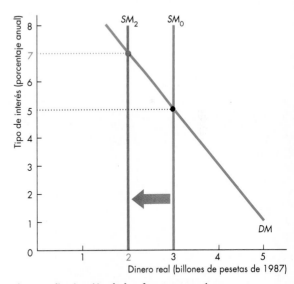

**(b) Una disminución de la oferta monetaria**

En la parte (a) el Banco de España realiza una compra de valores de mercado abierto, aumentando la oferta monetaria a 4 billones de pesetas. La oferta de dinero real se desplaza hacia la derecha. El nuevo tipo de interés de equilibrio es del 3 por ciento. En la parte (b) el Banco de España realiza una venta de valores de mercado abierto, disminuyendo la oferta monetaria real a 2 billones de pesetas. La curva de oferta monetaria se desplaza hacia la izquierda y el tipo de interés aumenta al 7 por ciento. Al cambiar la oferta monetaria, a un nivel dado de PIB real y de nivel de precios, el Banco de España puede ajustar los tipos de interés diaria o semanalmente.

El Mercado de Valores, núm. 4, abril de 1994

# Objetivos de la autonomía del Banco de México

POR LIC. MIGUEL MANCERA A.

...la autonomía del Banco Central tiene por objeto principal construir una salvaguarda contra la reaparición de nuevos episodios de aguda inflación...

...La Constitución, además de establecer los fundamentos esenciales de la autonomía del Banco Central, consigna de manera inequívoca el criterio rector que ha de observarse en la formulación de la política monetaria, a saber: la procuración de la estabilidad del poder adquisitivo de la moneda nacional.

Ahora bien, ninguna seguridad existe de que un banco central pueda observar exitosamente este criterio si no tiene la capacidad de controlar su propio crédito. Por esta razón, la Constitución es contundente sobre el particular al establecer que "ninguna autoridad podrá ordenar al banco conceder financiamiento".

Al respecto, conviene recordar la muy especial relación que existe entre el crédito del Banco Central y los movimientos del nivel general de precios. Tal relación se da porque el instituto emisor, a diferencia de los intermediarios financieros, dispone de la singular facultad de poder otorgar crédito ilimitadamente sin tener que captar los recursos respectivos.

Ello significa que el Banco Central puede aumentar el poder de compra en la economía aun en el caso de que nadie produzca más. Pero bien se sabe que, cuando el poder de compra crece más rápidamente que la producción, los precios tienden a elevarse. De ahí que el atinado manejo del crédito del mencionado instituto sea crucial para procurar la estabilidad del nivel general de los precios...

...(La Junta de Gobierno del Banco de México)... que sustentará su autonomía... se integrará por cinco personas, una de las cuales, a quien se llamará gobernador, será su presidente. Los otros miembros de la Junta serán denominados subgobernadores. Las designaciones serán hechas por el Presidente de la República, debiendo recaer en personas que satisfagan las cualidades que la ley establece, y los nombramientos estarán sujetos a la aprobación del Senado o en los recesos de éste, de la Comisión Permanente del Congreso de la Unión.

Las decisiones fundamentales del banco, tanto en materia de política monetaria, como de administración interna serán tomadas en forma colegiada. Los votos de todos los miembros de la junta tendrán igual validez, salvo que el del gobernador será determinante en caso de empate. Esta forma colegiada de gobierno resulta indispensable en un banco central autónomo. Cuestiones tan complejas y trascendentes como las encomendadas a la Institución no deben de depender del juicio de una sola persona...

## Lo esencial del artículo

El objetivo principal del Banco Central es buscar la estabilidad de precios y el combate a la inflación, para lograr mantener el poder adquisitivo de la moneda nacional.

El Banco Central es la única empresa que tiene el poder de crear pasivos sin ningún límite, esto es puede otorgar crédito sin tener depósitos en contraparte.

Cuando se otorgan créditos aumenta el poder de compra de quien los recibe, y si no hay un aumento en la producción de bienes y servicios que avale dicho aumento en la demanda, los precios tenderán a aumentar.

La autoridad en el Banco Central reside en su Junta de Gobierno, que está precedida por su Gobernador. Por lo tanto, es de suma importancia, dado el poder que tiene el Banco Central al controlar la cantidad de dinero en circulación, que la o las personas encargadas de tomar las decisiones en cuanto a la política monetaria satisfagan una serie de requisitos y que tengan ciertas cualidades, por lo que su nombramiento debe de hacerse muy cuidadosamente.

## Antecedentes y análisis

El Banco de México es el encargado de determinar y conducir la política monetaria del país. Su Junta de Gobierno determina los lineamientos de esta política y supervisa su aplicación. En México la política monetaria se lleva a cabo por medio de operaciones de mercado abierto, que consisten en la compra y venta de activos del gobierno – Cetes y otros instrumentos – por el Banco de México para influir sobre la cantidad de dinero en circulación, modificando la base monetaria.

Por medio de operaciones de mercado abierto, el Banco de México compra o vende papel del gobierno determinando su propio pasivo e influyendo en la base monetaria. Cuando el Banco de México compra instrumentos del gobierno, digamos Cetes, aumenta la cantidad de dinero en circulación al pagar por estos instrumentos con billetes y monedas o aumentando las reservas del sistema financiero. Por otro lado, cuando el Banco de México vende Cetes retira dinero de circulación al disminuir las reservas del sistema financiero o al recibir el pago en billetes y monedas.

El objetivo central de la política monetaria es la de procurar la estabilidad de precios, por lo que el Banco de México busca que la base monetaria crezca a la tasa que se espera aumente la demanda de dinero, con la finalidad de no ejercer presión en la demanda de bienes y servicios que pueda desembocar en un aumento de los precios.

Por medio de las operaciones de mercado abierto la base monetaria se modifica para responder a cambios en la demanda de dinero generados por cambios en las expectativas sobre el comportamiento de los precios en el futuro, por cambios en el gasto real o por modificaciones en el costo de mantener dinero.

El Banco de México instrumenta su política monetaria casi exclusivamente mediante operaciones de mercado abierto; no utiliza la tasa de descuento ni las reservas obligatorias como instrumentos de política, como es en el caso del Sistema de la Reserva Federal de Estados Unidos.

netaria utilizados por el Banco de España) para mantener a los bancos cortos de reservas, lo que a su vez restringió el crecimiento de la oferta de préstamos y del dinero en relación con el crecimiento de su demanda.

Como vimos en la figura 28.6(b), para subir los tipos de interés, el banco central tiene que reducir la oferta monetaria real. En la práctica, debido a que la economía está creciendo y los precios suben, una *reducción* del crecimiento de la oferta monetaria nominal es suficiente para elevar los tipos de interés. No es necesario *recortar* realmente la oferta monetaria nominal.

Cuando Volcker se convirtió en presidente de la Fed, la oferta monetaria estaba creciendo a más del 8 por ciento anual. Volcker redujo el crecimiento de la oferta monetaria al 6.5 por ciento en 1981. Como resultado, los tipos de interés aumentaron. El tipo de interés de las letras del Tesoro, es decir, el tipo al que pide prestado el gobierno, aumentó del 10 al 14%. El tipo al que piden prestado las grandes empresas aumentó del 9 al 14 por ciento. Los tipos de los créditos hipotecarios, es decir, los tipos a los que piden prestado los compradores de casas aumentó del 11 al 15% por ciento. La economía cayó en recesión. La reducción del crecimiento de la oferta monetaria y el alza de tipos de interés redujo la tasa de crecimiento de la demanda agregada. El PIB real bajó, lo mismo que la tasa de inflación.

### La Fed de Alan Greenspan

Alan Greenspan se convirtió en presidente de la Fed en agosto de 1987. En los dos años anteriores, la oferta monetaria había crecido a un ritmo rápido, los tipos de interés se habían desplomado y la Bolsa de Valores tuvo un auge. Entonces, repentinamente y sin aviso, cayeron los precios de las acciones, despertando temores de calamidades económicas y de recesión. Ésta fue la primera prueba de Greenspan como presidente de la Fed.

La reacción inmediata de la Fed ante esta nueva respuesta fue insistir en flexibilidad y sensibilidad del sistema financiero y crear una abundancia de reservas para así evitar el temor de una crisis bancaria. Pero al paso de los meses se volvió cada vez más evidente que la economía no se encaminaba hacia una recesión. El desempleo continuó en descenso, el crecimiento del ingreso continuó siendo firme, y los temores que surgieron fueron de inflación, no de recesión.

La Fed trató de evitar un repunte importante de la inflación y por ello redujo el crecimiento del dinero y, del mismo modo que hizo Paul Volcker ocho años atrás, hizo subir pronunciadamente los tipos de interés. Las operaciones de mercado abierto se orientaron a la creación de una escasez de reservas en el sistema bancario para reducir las tasas de crecimiento de la oferta monetaria. Como consecuencia, durante el año comprendido entre mayo de 1988 y mayo de 1989, el agregado M1 de la oferta monetaria estuvo virtualmente constante y el agregado M2 creció solamente el 2.4 por ciento, en ambos casos a tasas menores que el 5 por ciento de un año atrás y menores que el 10 por ciento anual antes del desplome de la Bolsa. La reducción del crecimiento de la oferta monetaria tuvo el efecto previsto por el modelo que usted ha estudiado en este capítulo. Los tipos de interés aumentaron durante 1988. El tipo de interés de las letras del Tesoro a tres meses aumentó desde menos del 6 por ciento anual, a principios de 1988, hasta alcanzar casi el 9 por ciento anual a principios de 1989.

Conforme transcurría 1989, persistía la preocupación acerca de la inflación pero reaparecieron temores renovados de recesión al surgir crecientes señales de una economía en desaceleración. Se redujeron gradualmente los tipos de interés y se permitió que la oferta monetaria creciera más rápidamente. Para 1990, la recesión se había convertido en realidad. Al principio, la reacción de la Fed fue adoptar una posición neutral en espera de indicios de recuperación acerca de un aumento de la inversión y del gasto de consumo. Pero al pasar los meses y no presentarse la recuperación, la Fed empezó finalmente a actuar con energía para estimular el gasto mediante una serie de recortes en el tipo de interés. Durante 1991, los tipos de interés bajaron 3 puntos porcentuales cuando la Fed trató de estimular un aumento del endeudamiento y del gasto.

### Obtención de ganancias mediante la predicción de las acciones del Banco de España

Todos los días el Banco de España influye sobre los tipos de interés con sus operaciones de mercado abierto. Al comprar valores y aumentar la oferta monetaria, el Banco de España puede hacer bajar los tipos de interés; al vender valores y reducir la oferta monetaria, el Banco de España puede hacer subir los tipos de interés. Algunas veces esas acciones se toman para contrarrestar otras influencias y mantener constantes los tipos de interés. En otras ocasiones, el Banco de España sube o baja los tipos de interés. Cuanto más alto es el tipo de interés, menor es el precio de un bono; cuanto más bajo es el tipo de interés, más alto es el precio de un bono. Así que predecir los tipos de interés es lo mismo que predecir los precios de los bonos. Predecir que los tipos de interés bajarán es lo mismo que predecir que los precios de los bonos subirán: un buen momento para comprar bonos. Predecir que los tipos de interés subirán es lo mismo que predecir que los precios de los bonos bajarán: un buen momento para vender bonos.

Debido a que el Banco de España es el principal actor cuyas acciones influyen sobre los tipos de interés y los precios de los bonos, predecir las acciones del Banco de España es rentable y se dedica un esfuerzo considerable a esa actividad. Sin embargo, la gente que anticipa que el Banco de España está a punto de aumentar la oferta monetaria, compra bonos de inmediato, haciendo subir los precios y bajar los tipos de interés *antes* de que actúe el Banco de España. De manera similar, la gente que anticipa que el Banco de España está a punto de reducir la oferta monetaria, vende bonos de inmediato, lo que hace bajar los precios y subir los tipos de interés antes de que actúe el Banco de España. En otras palabras, los precios de los bonos y los tipos de interés cambian tan pronto como se prevén las acciones del Banco de España. Para cuando el Banco de España efectivamente actúa, si esas acciones se han previsto de forma acertada, no tienen efecto. Los efectos se dan con anticipación a las acciones del Banco de España. Únicamente los cambios imprevistos de la oferta monetaria alteran los tipos de interés en el momento en que ocurren esos cambios.

## REPASO

**E**n cualquier momento dado, el tipo de interés lo determina la demanda y la oferta de dinero. El tipo de interés iguala la cantidad ofrecida y demandada de dinero. Los cambios de los tipos de interés son resultado de cambios de la oferta monetaria. Cuando el cambio de la oferta monetaria es imprevisto, los tipos de interés cambian al mismo tiempo que cambia la oferta monetaria. Cuando se ha previsto el cambio de la oferta monetaria, los tipos de interés cambian antes que la oferta monetaria. ◆

◆ ◆ ◆ En este capítulo hemos estudiado la determinación de los tipos de interés, y averiguado cómo puede el Banco de España "manipular los controles" para influir sobre los tipos de interés mediante sus operaciones de mercado abierto que cambian la cantidad de dinero. En los capítulos 25 y 26 descubrimos que el tipo de interés ejerce una influencia importante sobre la inversión, el gasto agregado y el PIB real. En el siguiente capítulo reuniremos estos dos aspectos de la macroeconomía y estudiaremos los efectos más amplios de las acciones del banco central: los efectos sobre la inversión y la demanda agregada.

## RESUMEN

### El Banco de España

El Banco de España es la autoridad monetaria en este país. Actúa como banco emisor, banco del gobierno y banco de bancos. Su órgano de gestión es el Comité ejecutivo. El Banco de España influye sobre la economía al establecer el coeficiente de reservas obligatorias de los bancos y de otras instituciones de depósito, al fijar los tipos de las operaciones de regulación monetaria con sus operaciones de mercado abierto (págs. 857-861).

## Control de la oferta monetaria

Al comprar títulos de deuda pública en el mercado (una compra de mercado abierto), el Banco de España puede hacer aumentar la base monetaria y las reservas disponibles para los bancos. Como resultado, hay una expansión de los préstamos bancarios y la cantidad de dinero aumenta. Al vender títulos de deuda pública, el Banco de España puede hacer disminuir la base monetaria y las reservas de los bancos y de otras instituciones financieras, restringiendo por tanto los préstamos y reduciendo la cantidad de dinero. El efecto global de un cambio en la base monetaria sobre la oferta monetaria lo determina el multiplicador monetario. El valor del multiplicador monetario depende de la proporción entre efectivo y depósitos mantenidos por las familias y las empresas y de la proporción entre reservas y depósitos mantenidos por los bancos y otras instituciones financieras (págs 861-868).

## La demanda de dinero

La cantidad demandada de dinero es la cantidad de efectivo, depósitos a la vista y otros depósitos que la gente mantiene en promedio. La cantidad demandada de dinero nominal es función del nivel de precios y la cantidad demandada de dinero real depende del tipo de interés y del PIB real. Un tipo de interés más alto induce una demanda de dinero real de menor cuantía: un movimiento a lo largo de la curva de demanda de dinero real. Un nivel más alto de PIB real induce una demanda más grande de dinero real: un desplazamiento de la curva de demanda de dinero real. Los cambios tecnológicos en el sector financiero también cambian la demanda de dinero y desplazan la curva de demanda de dinero real (págs 868-874).

## Determinación del tipo de interés

Los cambios de los tipos de interés logran el equilibrio en los mercados de dinero y de activos financieros. Hay una relación inversa entre el tipo de interés y el precio de un activo financiero. Cuanto más alto es el tipo de interés, más bajo es el precio del activo financiero. El equilibrio en el mercado de dinero logra un tipo de interés que hace que se mantenga voluntariamente la cantidad disponible de dinero real. Si la cantidad de dinero real aumenta debido a las acciones del Banco de España, el tipo de interés baja y los precios de los activos financieros suben (págs 874-881).

## ELEMENTOS CLAVE

# PREGUNTAS DE REPASO

**1** ¿Cuáles son las funciones principales del Banco de España?

**2** ¿Cuáles son los tres instrumentos de intervención monetaria del Banco de España?
Cuál de ellos es el principal?

**3** Si el Banco de España desea reducir la cantidad de dinero, ¿compra o vende títulos de deuda pública en el mercado abierto?

**4** Describa los acontecimientos que ocurren cuando los bancos tienen reservas excedentes

**5** Explique los motivos para mantener dinero en efectivo.

**6** ¿Qué es el multiplicador monetario?

**7** ¿Qué determina la magnitud del multiplicador monetario y por qué ha cambiado su valor en años recientes?

**8** Distinga entre el dinero nominal y el dinero real.

**9** ¿Qué queremos decir con demanda de dinero?

**10** ¿Qué determina la demanda de dinero real?

**11** ¿Cuál es el costo de oportunidad de tener dinero?

**12** ¿Qué pasa con el tipo de interés si aumenta su precio?

**13** ¿Cómo se produce el equilibrio en el mercado de dinero?

**14** ¿Qué pasa con el tipo de interés si el PIB real y el nivel de precios son constantes y la oferta monetaria aumenta?

**15** Explique por qué le conviene a la gente predecir las acciones del Banco de España.

# PROBLEMAS

**1** Se le proporciona la siguiente información acerca de la economía del país Sindinero: los bancos tienen depósitos de 300 mil millones de pesetas. Sus reservas son de 15 mil millones de pesetas, dos tercios de las cuales están depositadas en el banco central. Hay 30 mil millones de pesetas en efectivo fuera de los bancos. ¡No hay dinero en Sin dinero!
a Calcule la base monetaria.
b Calcule la filtración de efectivo.
c Calcule la oferta monetaria.
d Calcule el multiplicador monetario.

**2** Suponga que el banco central de Sin dinero realiza una compra de valores de mercado abierto por 0.5 millones de pesetas. ¿Qué le ocurre a la oferta monetaria? Explique por qué el cambio de la oferta monetaria no es igual al cambio de la base monetaria.

**3** Se le proporciona la siguiente información de la economía de Liliput: por cada 100 pesetas de aumento del PIB real, la demanda de dinero aumenta

en 25 pesetas, con todo lo demás constante. Así mismo, si el tipo de interés aumenta en un punto porcentual (por ejemplo, del 4 al 5 por ciento), la cantidad demandada de dinero real baja en 5000 pesetas. Si el PIB real es de 400 000 pesetas y el nivel de precios es 1:
a ¿A qué tipo de interés no hay tenencias de dinero?
b ¿Cuánto dinero real se tiene con una tasa de interés del 10 por ciento?
c Dibuje un gráfico de la demanda de dinero real.

**4** Dada la demanda de dinero real de Liliput, si el nivel de precios es de 1, el PIB real es de 400 000 pesetas y la oferta monetaria real es de 75 000 pesetas, ¿cuál es el equilibrio del mercado de dinero?

**5** Suponga que el banco central de Liliput quiere reducir el tipo de interés en un punto porcentual. ¿Cuánto tendría que cambiar la oferta monetaria real para lograr ese objetivo?

# CAPÍTULO 29

INFLUENCIAS
MONETARIAS
Y FISCALES
SOBRE LA
DEMANDA
AGREGADA

**Después de estudiar este capítulo, usted será capaz de:**

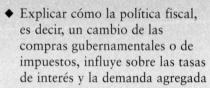

◆ Explicar cómo la política fiscal, es decir, un cambio de las compras gubernamentales o de impuestos, influye sobre las tasas de interés y la demanda agregada

◆ Explicar cómo la política monetaria, es decir, un cambio de la oferta monetaria, influye sobre las tasas de interés y la demanda agregada

◆ Explicar qué determina la eficacia relativa de las políticas monetaria y fiscal sobre la demanda agregada

◆ Describir la controversia keynesiano-monetarista acerca de la influencia de las políticas monetaria y fiscal sobre la demanda agregada

◆ Explicar cómo la combinación de políticas fiscal y monetaria influye sobre la composición del gasto agregado

◆ Explicar cómo las políticas fiscal y monetaria influyen sobre el PIB real y el nivel de precios tanto a corto como a largo plazos

CADA AÑO, EL CONGRESO Y LAS LEGISLATURAS DE LOS ESTA-

dos aprueban presupuestos que definen el nivel de las

compras gubernamentales de bienes y servicios, los pa-

gos de transferencia que corresponden a los programas

sociales y los impuestos destinados a este gasto. En

1991, estos niveles de gasto e impuestos se acercaban a

los 2 billones de dólares: casi dos quintas partes del PIB.

Las compras gubernamentales, los pagos de transferencia y los impuestos son las

palancas de la política fiscal. ¿De qué manera influyen estas palancas sobre la eco-

nomía? Y en particular ¿en qué forma afectan la demanda agregada? ¿Cómo afec-

tan otras variables que influyen sobre la demanda agregada, por ejemplo, las tasas

de interés y el tipo de cambio? ◆ ◆ A cinco manzanas de la Casa Blanca, está la

sede la de Junta de Gobernadores del Sistema de la

Reserva Federal. Ahí es donde la Fed mueve las palan-

cas de la política monetaria del país. Algunas veces,

como en 1989, la Fed utiliza esas palancas para redu-

## El Congreso, la Reserva Federal y la Casa Blanca

cir el crecimiento de la economía, aminorando el crecimiento del dinero, aumentan-

do las tasas de interés y reduciendo el crecimiento de la demanda agregada. En

otras, como en 1991, la Fed utiliza sus palancas de política monetaria para acelerar

la economía: acelerando el crecimiento del dinero, reduciendo las tasas de interés y

aumentando la demanda agregada. Hemos visto la forma en que las palancas de

política de la Fed influyen sobre las tasas de interés. ¿Pero cómo se extienden los

efectos de sus medidas de las tasas de interés hacia el resto de la economía? ¿En qué

forma afectan la demanda agregada? ◆ ◆ En el edificio de la Oficina Ejecutiva, parte del complejo de la Casa Blanca, está la sede del Consejo de Asesores Económicos del Presidente. Este consejo, creado por la Ley de empleo de 1946, supervisa tanto las acciones de política fiscal del Congreso como las acciones de política monetaria de la Fed. También trata de mantener informado al presidente y al gabinete acerca de las acciones y planes de cada una de las ramas que desarrollan la política macroeconómica, así como de sus efectos probables. Tanto las medidas fiscales aprobadas por el Congreso como las disposiciones monetarias realizadas por la Fed pueden aumentar o disminuir la demanda agregada. ¿Son equivalentes estos métodos para cambiar la demanda agregada? ¿Tiene importancia evitar una recesión al relajar la Fed su política monetaria o al implantar el Congreso una reducción de impuestos? ¿Se refuerzan siempre o en ocasiones se contrarrestan, los cambios de impuestos y compras gubernamentales y los cambios de la oferta monetaria? Por ejemplo, cuando la Fed, bajo la dirección de Alan Greenspan, aminoró el crecimiento del dinero y elevó las tasas de interés en 1989, a fin de controlar la inflación en 1990 ¿podía el Congreso haber contrarrestado estas medidas mediante sus propias acciones; por ejemplo, reduciendo los impuestos o aumentando las compras gubernamentales? O, en forma alternativa, si el Congreso recorta las compras gubernamentales, provocando temores de recesión ¿podría la Fed aumentar la oferta monetaria y mantener el PIB, evitando de esta manera la recesión?

◆ ◆ ◆ ◆   Contestaremos estas preguntas importantes en el presente capítulo. Usted ya sabe que los efectos de las políticas fiscal y monetaria los determina la interacción de la demanda agregada y de la oferta agregada. Y usted ya sabe mucho sobre ambos conceptos. Pero este capítulo le proporciona una comprensión más profunda de la demanda agregada y de la forma en que la afectan la política monetaria de la Fed y las medidas de política fiscal del gobierno federal.

## Dinero, interés y demanda agregada

N uestro objetivo es la comprensión de cómo influyen las políti-

cas monetaria y fiscal sobre el PIB real y el nivel de precios (así como sobre el desempleo y la inflación). El PIB real y el nivel de precios los determina la interacción de la demanda agregada y de la oferta agregada, como se describe en el capítulo 24. Pero los efectos principales de las políticas fiscal y monetaria actúan sobre la *demanda* agregada. Así que concentraremos primero nuestra atención en estos efectos.

Para estudiar los efectos de las políticas fiscal y monetaria sobre la demanda agregada utilizaremos el modelo de gasto agregado de los capítulos 25 y 26. Este modelo determina el gasto de equilibrio, *a un determinado nivel de precios*. Ese equilibrio corresponde a un punto en la curva de demanda agregada (véase la Fig. 26.8). Al cambiar el gasto de equilibrio, la curva de demanda agregada se desplaza en una cantidad igual a la del cambio del gasto de equilibrio.

El modelo de gasto agregado congela el nivel de precios y plantea preguntas acerca de las direcciones y magnitudes de los desplazamientos de la curva de demanda agregada con un determinado nivel de precios. Pero en realidad el nivel de precios no está fijo. Lo determina la demanda agregada y la oferta agregada.

Daremos inicio a nuestro estudio de las políticas fiscal y monetaria con el descubrimiento de una interacción importante de las decisiones de gasto agregado, la tasa de interés y la oferta monetaria.

### Decisiones de gasto, interés y dinero

Ya identificamos en el capítulo 26 (págs. 761-762), que el gasto de equilibrio depende del nivel de gasto autónomo. También, que uno de los componentes del gasto autónomo, es decir, la inversión, varía con la tasa de interés. Cuanto más alta es la tasa de interés, con todo lo demás constante, menor es la inversión y, por tanto, menor es el gasto autónomo y menor el gasto de equilibrio. Por tanto, el gasto de equilibrio y el PIB real dependen de la tasa de interés.

En el capítulo 28 (págs. 845-848), vimos que la tasa de interés la determina el equilibrio del mercado de dinero. También vimos que la demanda de dinero depende tanto del PIB real como de la tasa de interés. Cuanto más alto es el nivel del PIB real, con todo lo demás constante, mayor es la demanda de dinero y más alta es la tasa de interés. Por consiguiente, la tasa de interés depende del PIB real.

Veremos ahora cómo se determinan simultáneamente *tanto* el PIB real *como* la tasa de interés. Veremos después cómo afectan la política monetaria de la Fed y la política fiscal del gobierno tanto al PIB real como a la tasa de interés a un nivel dado de precios.

## El gasto de equilibrio y la tasa de interés

Veamos ahora cómo podemos vincular el mercado de dinero, donde se determina la tasa de interés, con el mercado de bienes y servicios, donde se determina el gasto de equilibrio. La figura 29.1 ilustra la determinación del gasto de equilibrio y la tasa de interés. La figura tiene tres partes: la parte (a) muestra el mercado de dinero; la parte (b), la demanda de inversión, y la parte (c), el gasto agregado planeado y la determinación del gasto de equilibrio. Veamos primero la parte (a).

**El mercado de dinero**   La curva *DM* es la demanda de dinero real. La posición de esta curva depende del nivel del PIB real. Para un determinado nivel de PIB real, hay una curva dada de demanda de dinero real. Suponga que la curva de demanda que se muestra en la figura describe la demanda de dinero real cuando el PIB real es de 4 billones de dólares. Si el PIB real es superior a esa cantidad, la curva de demanda de dinero real se halla a la derecha de la curva que se muestra; si el PIB real es inferior a 4 billones de dólares, la curva de demanda de dinero real se halla a la izquierda de la curva mostrada.

La curva con la indicación *SM* es la curva de oferta de dinero real. Su posición la determinan las acciones de política monetaria de la Fed, el comportamiento del sistema bancario y el nivel de precios. En un momento dado, todos estos factores determinan una cantidad ofrecida de dinero que es independiente de la tasa de interés. Por tanto, la curva de oferta de dinero real es vertical.

La tasa de interés se ajusta para alcanzar el equilibrio en el mercado de dinero: la igualdad de la cantidad demandada de dinero real y de la cantidad ofrecida. El equilibrio se da en el punto de intersección de las curvas de demanda y oferta de dinero real. En la economía ilustrada en la figura 29.1, la tasa de interés de equilibrio es del 5 por ciento.

**Inversión y tasa de interés**   A continuación, veamos la parte (b), donde se determina la inversión. La curva de demanda de inversión es *DI*, y su

posición la determinan las expectativas de beneficios y, al cambiar dichas expectativas, se desplaza la curva de demanda de inversión. Para determinadas expectativas, hay una curva de determinada demanda de inversión. Esta curva nos muestra el nivel de inversión planeada para cada nivel de la tasa de interés. Ya conocemos la tasa de interés a través del equilibrio en el mercado de dinero. Cuando la curva de demanda de inversión es *DI* y la tasa de interés es del 5 por ciento, el nivel de inversión planeada es de 1 billón de dólares.

**Gasto de equilibrio**   La parte (c) muestra la determinación del gasto de equilibrio. Este diagrama es similar al que usted estudió en el capítulo 25 (Fig. 25.11a). La curva de gasto agregado (*GA*) nos da el gasto agregado planeado para cada nivel de PIB real. El gasto agregado planeado está formado por el gasto autónomo y el gasto inducido. La inversión es parte del gasto autónomo. En este ejemplo, la inversión es de 1 billón de dólares y los otros componentes del gasto autónomo son de 0.6 billones de dólares, así que el gasto autónomo es de 1.6 billones de dólares. Estas cantidades de inversión $I$ y de gasto autónomo $G_{aut}$ las representan las líneas horizontales en la parte (c). El gasto inducido es la parte inducida del gasto de consumo menos las importaciones. En este ejemplo, la pendiente de la curva *GA* es de 0.6; por tanto, el gasto inducido es igual a 0.6 multiplicado por el PIB real.

El gasto de equilibrio lo determina la intersección de la curva *GA* y la recta de 45°. El gasto de equilibrio se da allí donde el gasto agregado planeado y el PIB real son cada uno de 4 billones de dólares. Es decir, el nivel de demanda agregada es de 4 billones de dólares.

**De nuevo el mercado de dinero**   Recuerde que la curva de demanda *DM*, en la parte (a), es la curva de demanda de dinero real cuando el PIB real es de 4 billones de dólares. Acabamos de establecer en la parte (c) que cuando el gasto agregado está en su nivel de equilibrio, el PIB real es de 4 billones de dólares. ¿Qué pasa si el nivel de PIB real que descubrimos en la parte (c) es diferente del valor que supusimos cuando dibujamos la curva de demanda de dinero real en la parte (a)? Hagamos una representación mental para contestar esta pregunta.

Supongamos que cuando dibujamos la curva de demanda de dinero real, damos por sentado que el PIB real es de 3 billones de dólares. En ese caso, la

FIGURA **29.1**

# Tasa de interés de equilibrio y PIB real

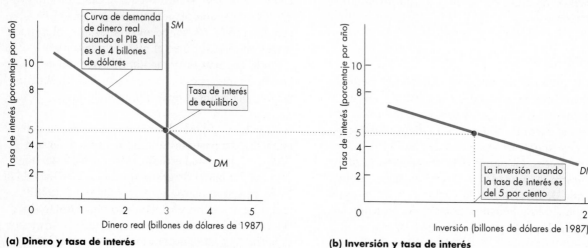

**(a) Dinero y tasa de interés**

**(b) Inversión y tasa de interés**

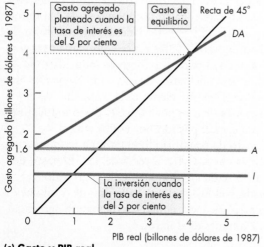

**(c) Gasto y PIB real**

El equilibrio del mercado de dinero (parte a) determina la tasa de interés. La curva de oferta monetaria es *SM* y la curva de demanda de dinero real es *DM*. La posición de la curva *DM* la determina el PIB real y la curva que se muestra corresponde a un PIB real de 4 billones de dólares. La curva de demanda de inversión (*DI*), en la parte (b), determina la inversión para la tasa de interés de equilibrio determinada en el mercado de dinero. La inversión forma parte del gasto autónomo y su nivel determina la posición de la curva de gasto agregado (*GA*) que se muestra en la parte (c). El gasto de equilibrio y el PIB real se determinan en el punto donde la curva de gasto agregado interseca la recta de 45°. En equilibrio, el PIB real y la tasa de interés son tales que la cantidad demandada de dinero real es igual a la cantidad ofrecida de dinero real y el gasto agregado planeado es igual al PIB real.

curva de demanda de dinero real se halla a la izquierda de la curva *DM* en la parte (a). La tasa de interés de equilibrio es menor que el 5 por ciento. Con una tasa de interés inferior al 5 por ciento, la inversión no es de 1 billón de dólares, como se determina en la parte (b), sino una suma mayor. Si la inversión es superior a 1 billón de dólares, el gasto autónomo es más grande y la curva *GA* está por encima de la que se muestra en la parte (c). Si la curva de gasto agregado está por encima de la curva *GA* mostrada, el gasto de equilibrio y el PIB real son su-

periores a 4 billones de dólares. Entonces, si partimos de una curva de demanda de dinero real para un PIB real inferior a 4 billones de dólares, el gasto de equilibrio ocurre a un PIB real que es mayor que 4 billones de dólares. Existe una contradicción. El PIB real supuesto al trazar la curva de demanda de dinero real es demasiado bajo.

Ahora invirtamos nuestra representación. Supongamos un nivel de PIB real de 5 billones de dólares. En este caso, la curva de demanda de dinero real queda a la derecha de la curva *DM* en la parte (a).

La tasa de interés de equilibrio es superior al 5 por ciento. Con una tasa de interés más alta que el 5 por ciento, la inversión es menor que 1 billón de dólares y la curva $GA$ queda por debajo de la que se muestra en la parte (c). En este caso, el gasto de equilibrio se da con un PIB real menor que 4 billones de dólares. Nuevamente hay una contradicción, pero ahora el PIB real supuesto al trazar la curva de demanda de dinero real es demasiado alto.

Acabamos de ver que, para una determinada oferta monetaria, el equilibrio del mercado de dinero determina una tasa de interés que varía de acuerdo con el PIB real. Cuanto más alto es el nivel del PIB real, más alta es la tasa de interés de equilibrio. Pero la tasa de interés determina la inversión, que a su vez determina el gasto de equilibrio. Cuanto más alta es la tasa de interés, menor es la inversión y, por tanto, menor es el PIB real de equilibrio.

Hay cierto nivel tanto de la tasa de interés como del PIB real que simultáneamente producen el equilibrio del mercado de dinero y el gasto de equilibrio. En nuestro ejemplo, esa tasa de interés es del 5%, y el PIB real es de 4 billones de dólares. Sólo si usamos un PIB real de 4 billones de dólares para determinar la posición de la curva de demanda de dinero real, obtenemos un resultado congruente en las tres partes de la figura. Si la curva de demanda de dinero real está basada en un PIB real de 4 billones de dólares, la tasa de interés determinada (el 5%) da una inversión de 1 billón de dólares la que, a su vez, produce un gasto de equilibrio al mismo nivel del PIB real que determina la posición de la curva de demanda de dinero real.

Pasemos ahora a examinar los efectos de la política fiscal sobre la demanda agregada.

### Política fiscal y demanda agregada

Al gobierno le preocupa que la economía está aminorando su marcha y parece probable una recesión. Para evitar la recesión, el gobierno decide estimular la demanda agregada haciendo uso de la política fiscal, aumentando sus compras de bienes y servicios en 1 billón de dólares. Una política fiscal que aumenta la demanda agregada se llama *política fiscal expansionista*.

Los efectos de las acciones gubernamentales son similares a los efectos que provoca arrojar una piedra a un estanque. Hay una salpicadura inicial seguida de una serie de ondas sucesivamente más pequeñas. La salpicadura inicial es el "efecto de la primera vuelta" de la acción de política fiscal. Las ondas son los "efectos de la segunda vuelta". Veamos primero los efectos de la primera vuelta de la acción de política fiscal del gobierno.

### Efectos primarios o "de la primera vuelta" de la política fiscal

La economía parte de la situación mostrada en la figura 29.1. La tasa de interés es del 5 por ciento, la inversión es de 1 billón de dólares y el PIB real es de 4 billones de dólares. En esta situación, el gobierno aumenta sus compras de bienes y servicios en 1 billón de dólares.

Los efectos primarios, o "de la primera vuelta", de esta acción, se muestran en la figura 29.2. El aumento de las compras gubernamentales incrementa el gasto autónomo. Este incremento se muestra en la figura 29.2 con el desplazamiento de la línea $G_{aut0}$ a $G_{aut1}$. El aumento del gasto autónomo incrementa el gasto agregado planeado y desplaza la curva $GA$ por encima de $GA_0$ a $GA_1$. El gasto de equilibrio sube a 6.5 billones de dólares. Este aumento del gasto agregado planeado y del gasto de equilibrio desencadena un proceso multiplicador que a su vez desencadena un aumento del PIB real. Describimos este proceso en el capítulo 26, páginas 761-767. Éstos son los efectos de la primera vuelta de una política fiscal expansionista y se resumen en la figura 29.3(a).

### Efectos "de la segunda vuelta" de la política fisca

Al final de la primera vuelta, que acabamos de estudiar, el PIB real está aumentando. El aumento del PIB hace que aumente la demanda de dinero. El incremento de la demanda de dinero hace subir la tasa de interés. El alza de la tasa de interés hace bajar la inversión y disminuye el gasto autónomo. La disminución del gasto autónomo hace disminuir el gasto agregado planeado, que a su vez deprime el gasto de equilibrio. Los efectos secundarios o de la segunda vuelta se resumen en la figura 29.3(b). Estos efectos se dan en la dirección opuesta a los efectos de la primera vuelta, pero son más pequeños.

FIGURA **29.2**

## Efectos primarios o "de la primera vuelta" de una política fiscal expansionista

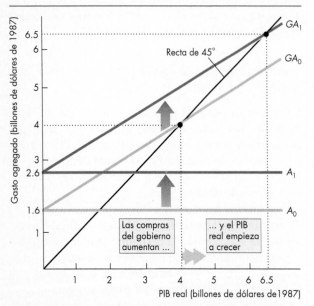

Al inicio, el gasto autónomo es $G_{aut0}$, la curva de gasto agregado es $GA_0$ y el PIB real es de 4 billones de dólares. Un aumento en las compras gubernamentales de bienes y servicios incrementa el gasto autónomo a $G_{aut1}$. La curva del gasto agregado se desplaza hacia arriba, a $GA_1$, y el gasto de equilibrio aumenta a 6.5 billones de dólares. Se desencadena un proceso multiplicador que hace que empiece a crecer el PIB real. Éstos son los efectos de la primera vuelta de una política fiscal expansionista.

Reducen la magnitud de los efectos de la primera vuelta, pero no cambian la dirección del resultado de la acción de política fiscal. Ese resultado es un aumento del PIB real, un aumento de la tasa de interés y una disminución de la inversión.

Cuando se llega al nuevo equilibrio, el nuevo PIB real y la tasa de interés más altos producen simultáneamente el equilibrio del mercado de dinero y el gasto de equilibrio, similar a la situación de la figura 29.1. Este equilibrio se muestra en la figura 29.4. La demanda de dinero real ha aumentado a $DM_1$ y la tasa de interés ha subido al 6 por ciento en la parte (a). La tasa de interés más alta ha provocado la disminución de la inversión en la parte (b). El aumento del gasto autónomo es de 0.6 billones de dólares, que es igual al incremento inicial de las compras gubernamentales de 1 billón de

dólares menos la disminución de la inversión de 0.4 billones de dólares, que se muestra en la parte (c).

Por último, el gasto agregado planeado ha aumentado a $GA_2$ y el nuevo gasto de equilibrio indica un PIB real de 5.5 billones de dólares (que también se muestra en la parte c).

**Otras políticas fiscales**   Un cambio de las compras gubernamentales es solamente una de las posibles acciones de política fiscal. Las otras son un cambio de los pagos de transferencias, como un aumento de la compensación por desempleo o un aumento de los beneficios de la seguridad social, y una modificación de impuestos. Todas las medidas de política fiscal actúan cambiando el gasto autónomo. La magnitud del cambio del gasto autónomo es diferente según las diferentes medidas fiscales. Pero las acciones de política fiscal que modifican el gasto autónomo en una cantidad y en una dirección dadas tienen efectos similares sobre el PIB real de equilibrio y la tasa de interés, independientemente de si implican modificaciones en las compras de bienes y servicios, en los pagos de transferencia o en los impuestos.

---

### R E P A S O

U na política fiscal expansionista, un aumento de las compras gubernamentales de bienes y servicios o un aumento de pagos de transferencia o una disminución de impuestos afectan la demanda agregada al provocar el aumento del gasto autónomo.

◆   En la primera vuelta, el gasto agregado planeado aumenta, el PIB real aumenta, la demanda de dinero aumenta y la tasa de interés empieza a subir.
◆   En la segunda vuelta, la tasa de interés creciente hace bajar la inversión, disminuye el gasto autónomo y disminuye el gasto de equilibrio y el PIB real.

Los efectos de la segunda vuelta son en la dirección contraria a los efectos de la primera vuelta, pero son más pequeños. Una política fiscal expansionista aumenta el PIB real, aumenta la tasa de interés y hace bajar la inversión. ◆

FIGURA 29.3

# Ajuste de la economía a una política fiscal expansionista

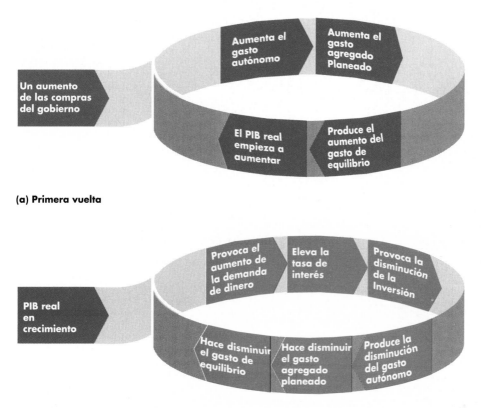

**(a) Primera vuelta**

**(b) Segunda vuelta**

En la primera vuelta (parte a), un aumento de las compras gubernamentales provoca el aumento del gasto autónomo. Aumentan el gasto agregado planeado y el gasto de equilibrio. Se desencadena un proceso multiplicador que hace que empiece a aumentar el PIB real. En la segunda vuelta (parte b), el PIB real en crecimiento hace aumentar la demanda de dinero y se elevan las tasas de interés. La tasa de interés creciente hace disminuir la inversión y el gasto autónomo, y disminuye el gasto agregado planeado y el gasto de equilibrio. Los efectos de la segunda vuelta se dan en dirección opuesta a los efectos de la primera vuelta, pero son más pequeños. El resultado de un aumento de las compras del gobierno es un aumento del PIB real, un alza de la tasa de interés y una baja de la inversión.

Hemos visto que una política fiscal expansionista eleva las tasas de interés y disminuye la inversión. Veamos con más detenimiento este efecto de la política fiscal.

## Expulsión e inclusión

La tendencia que produce una política expansionista de elevar las tasas de interés y disminuir la inversión, se llama **expulsión**. La expulsión puede ser parcial o total. La expulsión parcial ocurre cuando la disminución de la inversión es menor que el aumento de las compras del gobierno. Éste es el caso normal, y el que acabamos de ver. Las compras gubernamentales incrementadas de bienes y servicios incrementan el PIB real, lo que hace aumentar la demanda de dinero real y, así, se elevan las tasas de interés. Sin embargo,

el efecto sobre la inversión es menor que el cambio inicial de las compras del gobierno.

La expulsión total tiene lugar si la disminución de la inversión es igual al aumento inicial de las compras del gobierno. Para que ocurra la expulsión total, un pequeño cambio de la demanda de dinero real debe conducir a un gran cambio de la tasa de interés y el cambio de la tasa de interés debe llevar a un gran cambio de la inversión.

Otra influencia de las compras del gobierno sobre la inversión, que hasta ahora no hemos considerado, actúa en la dirección opuesta al efecto expulsión y se llama "inclusión". La **inclusión** es la tendencia de una política fiscal expansionista a *aumentar* la inversión. Este efecto actúa en tres formas.

Primera, en una recesión, una política fiscal expansionista puede crear expectativas de una recu-

FIGURA **29.4**

## Efectos de un cambio en las compras del gobierno

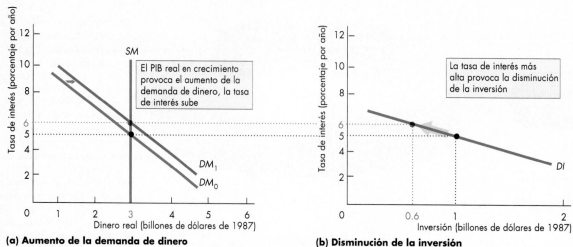

**(a) Aumento de la demanda de dinero**

**(b) Disminución de la inversión**

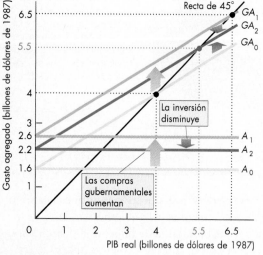

**(c) Gasto y PIB real**

Al inicio, la curva de demanda de dinero real es $DM_0$, la oferta monetaria real es $SM$ y la tasa de interés es del 5 por ciento (parte a). Con una tasa de interés del 5 por ciento, la inversión es de 1 billón de dólares en la curva de demanda de inversión $DI$ (parte b). La curva de gasto agregado es $GA_0$, el gasto autónomo es $G_{aut0}$ y el gasto de equilibrio y el PIB real son de 4 billones de dólares (parte c). Un aumento de 1 billón de dólares de las compras del gobierno hace aumentar el gasto autónomo (parte c). El PIB real aumenta, lo que conduce a un aumento de la demanda de dinero. La curva de demanda de dinero real se desplaza a la derecha, a $DM_1$, lo que eleva la tasa de interés (parte a). La tasa de interés más alta ocasiona la baja de la inversión (parte b). El gasto autónomo disminuye a $G_{aut2}$ y el gasto agregado planeado disminuye a $GA_2$ (parte c). El nuevo gasto de equilibrio ocurre con un PIB real de 5.5 billones de dólares.

peración más rápida y producir un aumento de los beneficios futuros esperados. Con beneficios esperados más altos, la curva de demanda de inversión se desplaza hacia la derecha y la inversión aumenta a pesar de las tasas de interés más elevadas.

La segunda causa de la inclusión son las mayores compras gubernamentales de bienes de capital. Ese gasto puede aumentar la rentabilidad del capital de propiedad privada y conducir a un incremento de la inversión. Por ejemplo, suponga que el gobierno

aumentó su gasto y construyó una carretera nueva que reduce el costo de transporte de la producción de un agricultor a un mercado cuyo abasto anterior resultaba demasiado costoso. El agricultor podría comprar ahora una nueva flotilla de camiones con refrigeración para aprovechar la nueva oportunidad disponible de beneficio.

La tercera causa de inclusión es la disminución de impuestos. Si la política fiscal expansionista reduce los impuestos sobre los beneficios de las empresas, los beneficios después de impuestos aumentan y podría emprenderse una inversión adicional.

Como una cuestión práctica, la expulsión es probablemente más común que la inclusión, y debido al persistente déficit gubernamental, la expulsión es una continua fuente de inquietud en Estados Unidos. En parte, esa inquietud se justifica, pero en parte no, como podrá usted ver en la Lectura entre líneas, en las páginas 898-899.

## El tipo de cambio y la expulsión internacional

Hemos visto que una política fiscal expansionista conduce a tasas de interés más altas. Pero un cambio en las tasas de interés también afecta al tipo de cambio. Las tasas de interés más altas provocan un aumento del valor del dolar en relación con otras monedas. Con tasas de interés más altas en Estados Unidos que en el resto del mundo, los fondos afluyen a Estados Unidos y en el exterior la gente demanda más dólares de Estados Unidos. Conforme sube el valor del dólar, los extranjeros encuentran que los bienes y servicios producidos en Estados Unidos se encarecen y las importaciones se abaratan para los estadounidenses. Las exportaciones bajan y las importaciones suben: las exportaciones netas descienden. La tendencia de una política fiscal expansionista a producir la disminución de las exportaciones netas se llama **expulsión internacional**. La disminución de las exportaciones netas contrarresta, hasta cierto punto, el aumento inicial del gasto agregado ocasionado por la política fiscal expansionista.

## REPASO

L a expulsión es la tendencia de una política fiscal expansionista de elevar las tasas de interés, reduciendo por tanto la inversión. La expulsión puede ser parcial o total. El caso normal es la expulsión parcial: la disminución de la inversión es menor que el aumento inicial del gasto autónomo, que es el resultado de la acción fiscal. ◆ ◆ La inclusión es la tendencia de la política fiscal expansionista a producir el *aumento* de la inversión. La inclusión puede darse en una recesión, si el estímulo fiscal despierta expectativas de beneficios futuros mayores, si las compras gubernamentales de

capital apresuran la recuperación económica o si las reducciones de impuestos estimulan la inversión. ◆ ◆ La expulsión internacional es la tendencia de una política fiscal expansionista a producir la disminución de las exportaciones netas, y ocurre porque la expansión fiscal eleva las tasas de interés y el valor del dólar en relación con otras monedas. Un dólar más caro aumenta las importaciones y disminuye las exportaciones. ◆

Pasemos ahora al examen de los efectos de la política monetaria sobre la demanda agregada.

## Política monetaria y demanda agregada

L a Fed está preocupada de que la economía se está sobrecalentando y de que está a punto de aparecer la inflación. Para disminuir el crecimiento de la economía, la Fed decide reducir la demanda agregada mediante la disminución de la oferta monetaria. Para identificar las consecuencias de esta acción de política monetaria, dividimos sus efectos en efectos primarios (de la primera vuelta) y secundarios (de la segunda vuelta), tal como lo hicimos con la política fiscal. Veamos primero los efectos de la primera vuelta de la acción de política monetaria de la Fed.

### Efectos primarios de un cambio de la oferta monetaria

La economía está en la situación que estudiamos en la figura 29.1. La tasa de interés es del 5 por ciento, la inversión es de 1 billón de dólares y el PIB real es de 4 billones de dólares. Entonces, la Fed reduce la oferta monetaria real en 1 billón de dólares, es decir, de 3 billones de dólares a 2 billones de dólares. Los efectos primarios de esta acción se muestran en la figura 29.5. El efecto inmediato se muestra en la parte (a). La curva de oferta monetaria real se desplaza hacia la izquierda, de $SM_0$ a $SM_1$, y la tasa de interés aumenta del 5 al 7 por ciento. El efecto de la tasa de interés más alta se muestra en la parte (b). La inversión disminuye de 1 billón de dólares a 0.2 billones de dólares; un movimiento a lo largo de la curva de demanda de inversión. El efecto de la inversión más baja se muestra en la parte (c). La caída de la inversión hace bajar el gasto agregado planeado; un desplazamiento hacia abajo de la curva $GA$, de $GA_0$ a $GA_1$. La baja del gasto agregado planeado reduce el gasto de equilibrio, y el PIB real empieza a disminuir. Es decir, empieza un proceso multiplicador en el que el PIB real desciende gradualmente a su nivel de equilibrio. Describimos ese proceso en el capítulo 26 (págs. 761-767).

Acabamos de describir los efectos primarios de una disminución de la oferta monetaria: la tasa de interés se eleva, la inversión disminuye y el PIB real empieza a disminuir. Estos efectos se ilustran en la figura 29.6(a).

## Efectos secundarios de un cambio de la oferta monetaria

Al final de la primera vuelta, que acabamos de estudiar, el PIB real está disminuyendo. La baja del PIB real desencadena la segunda vuelta, que se muestra en la figura 29.6(b). Un PIB real más bajo disminuye la demanda de dinero real y la tasa de interés desciende. La tasa de interés más baja ocasiona un aumento de la inversión y un aumento del gasto agregado planeado. Al aumentar el gasto agregado planeado, el gasto de equilibrio también aumenta.

Los efectos secundarios se dan en la dirección contraria de los efectos primarios, pero son más pequeños. Reducen la magnitud de los efectos primarios, pero no cambia la dirección del resultado de las medidas de política monetaria. Ese resultado es la disminución del PIB real y un aumento de la tasa de interés. En el nuevo equilibrio, el menor PIB real y la mayor tasa de interés producen simultáneamente el equilibrio del mercado de dinero y el gasto de equilibrio, lo que es similar a la situación mostrada en la figura 29.1.

---

## R E P A S O

**U**na disminución de la oferta monetaria desencadena la siguiente serie de acontecimientos:

◆  En la primera vuelta, la tasa de interés aumenta, la inversión disminuye y el PIB real empieza a disminuir.

◆  En la segunda vuelta, el PIB real descendente hace disminuir la demanda de dinero, reduce la

tasa de interés, aumenta la inversión y aumenta el gasto de equilibrio.

Los efectos secundarios son en la dirección opuesta a los efectos primarios, pero son más pequeños. Una disminución de la oferta monetaria hace disminuir el PIB real y aumenta la tasa de interés.  ◆

Hasta ahora hemos visto los efectos de una política monetaria sobre la tasa de interés y la inversión. Hay otro efecto importante, sobre el tipo de cambio y las exportaciones.

## El tipo de cambio y las exportaciones

Una disminución de la oferta monetaria eleva la tasa de interés. Si la tasa de interés sube en Estados Unidos, pero no en Japón ni en Europa Occidental, los inversionistas internacionales compran entonces activos estadounidenses de rendimiento más alto y venden activos extranjeros de rendimiento relativamente más bajo. Al realizar estas transacciones, compran dólares de Estados Unidos y venden moneda extranjera. Estas acciones aumentan la demanda de dólares de Estados Unidos y reducen la demanda de monedas extranjeras. El resultado es un valor más alto del dólar de Estados Unidos en relación con otras monedas. (Este mecanismo se analiza con mayor detalle en el capítulo 36, páginas 1122-1126.)

Al valer más el dólar de Estados Unidos, los extranjeros se enfrentan a precios más altos de los bienes y servicios producidos en Estados Unidos, y los estadounidenses se enfrentan a precios más bajos de los bienes y servicios producidos en el exterior. Los extranjeros reducen sus importaciones de Estados Unidos y los estadounidenses aumentan sus importaciones del resto del mundo. El resultado es una disminución neta de la demanda de bienes y servicios producidos en Estados Unidos. Los efectos de una disminución de exportaciones netas son similares a los efectos de una disminución de la inversión que acabamos de describir.

## Eficacia relativa de las políticas fiscal y monetaria

**Y**a hemos visto que el gasto agregado de equilibrio y el PIB

FIGURA **29.5**

## Efectos primarios de una disminución de la oferta monetaria

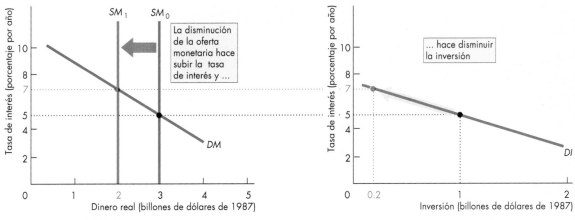

**(a) Cambio de la oferta monetaria**

**(b) Cambio de la inversión**

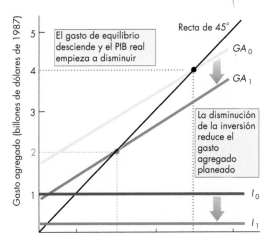

**(c) Cambio del gasto y del PIB real**

Una disminución de la oferta monetaria desplaza la curva de oferta de dinero real de $SM_0$ a $SM_1$ (parte a). El equilibrio en el mercado de dinero se alcanza con un aumento de la tasa de interés del 5 al 7 por ciento. Con la tasa de interés más alta, la inversión disminuye (parte b). La disminución de la inversión reduce tanto el gasto autónomo como el gasto agregado planeado (parte c). La curva GA se desplaza hacia abajo, de $GA_0$ a $GA_1$. El PIB real de equilibrio desciende de 4 billones de dólares a 2 billones de dólares. Y se desencadena un proceso multiplicador en el que disminuye el PIB real.

real están, ambos, influidos por las políticas fiscal y monetaria. Pero, ¿cuál política es más poderosa? ¿Cuál da más resultados por cada dólar? Esta pregunta estuvo alguna vez en el centro de la controversia entre macroeconomistas y, más adelante, en esta sección, observaremos la controversia y cómo se resolvió. Comencemos por ver qué determina la eficacia relativa de las políticas fiscal y monetaria.

## Eficacia de la política fiscal

La eficacia de la política fiscal la mide la magnitud del aumento del PIB real de equilibrio que resulta de un aumento dado de las compras gubernamentales de bienes y servicios (o de una disminución de impuestos). La eficacia de la política fiscal depende de dos factores clave:

FIGURA 29.6

## Ajuste de la economía a una disminución de la oferta monetaria

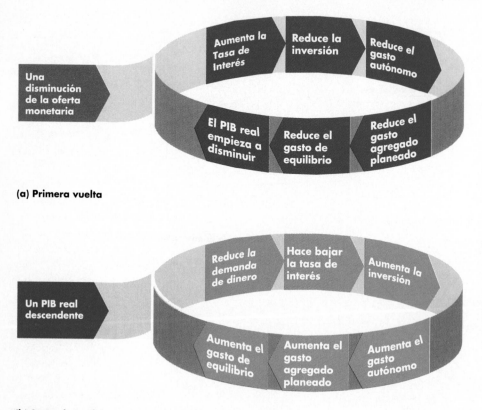

**(a) Primera vuelta**

**(b) Segunda vuelta**

En la primera vuelta (parte a), una disminución de la oferta monetaria hace subir la tasa de interés, disminuye la inversión, el gasto autónomo, el gasto agregado planeado y el gasto de equilibrio, y provoca el inicio de una disminución del PIB real. En la segunda vuelta (parte b), el PIB real decreciente hace disminuir la demanda de dinero, la tasa de interés baja y la inversión aumenta. El aumento de la inversión incrementa el gasto autónomo, el gasto agregado planeado y el gasto de equilibrio. Los efectos secundarios actúan en dirección contraria a los efectos primarios, pero son de menor tamaño. El resultado de la disminución de la oferta monetaria es una disminución del PIB real y un aumento de la tasa de interés.

---

◆ La sensibilidad de la inversión a la tasa de interés

◆ La sensibilidad de la cantidad demandada de dinero a la tasa de interés

Identificaremos en qué forma influyen ambos factores sobre la eficacia de la política fiscal, al estudiar la figura 29.7.

### Eficacia de la política fiscal y la demanda de inversión
Con todo lo demás constante, cuanto más sensible es la inversión a la tasa de interés, menor es el efecto de un cambio de la política fiscal sobre el PIB real de equilibrio. La figura 29.7(a) muestra por qué.

La figura muestra dos curvas de demanda de inversión, $DI_A$ y $DI_B$. La inversión es más sensible a un cambio de la tasa de interés a lo largo de la curva de demanda $DI_A$ que a lo largo de la curva de demanda $DI_B$. Un aumento de las compras del gobierno incrementa el PIB real y la demanda de dinero. La curva de demanda de dinero real se desplaza de $DM_0$ a $DM_1$. Este aumento de la demanda de dinero hace aumentar la tasa de interés del 5 al 6 por ciento. Si la curva de demanda de inversión es $DI_A$, la inversión disminuye de 1 billón de dólares a 0.6 billones de dólares. Comparemos este resultado con lo que ocurre si la curva de demanda de inversión es $DI_B$. El mismo aumento de la tasa de interés disminuye la inversión de 1 billón de dólares a 0.8 billones de dólares.

La disminución de la inversión reduce el gasto autónomo, contrarrestando hasta cierto punto el aumento de las compras gubernamentales. Por tanto, cuanto mayor es la disminución de la inversión, menor es el aumento del PIB real que resulta de un aumento dado de las compras del gobierno. Entonces, la política fiscal es menos eficaz con una curva de demanda de inversión $DI_A$ que con una curva de demanda de inversión $DI_B$.

### Eficacia de la política fiscal y la demanda de dinero

Con todo lo demás constante, cuanto más sensible es la cantidad demandada de dinero a la tasa de interés, mayor es el efecto de la política fiscal sobre el PIB real de equilibrio. La figura 29.7(b) muestra por qué.

La figura muestra dos curvas iniciales alternativas de demanda de dinero real, $DM_{A0}$ y $DM_{B0}$. La cantidad demandada de dinero es menos sensible a un cambio de la tasa de interés a lo largo de la curva de demanda $DM_A$ que a lo largo de la curva de demanda $DM_B$.

Un aumento de las compras del gobierno incrementa el PIB real y la demanda de dinero, desplazando la curva de demanda de dinero real hacia la derecha. Si la curva inicial es $DM_{A0}$, la nueva curva es $DM_{A1}$; si la curva inicial es $DM_{B0}$, la nueva curva es $DM_{B1}$. Advierta que la magnitud del desplazamiento hacia la derecha es la misma en cada caso. En el caso de $DM_A$, el aumento de la demanda de dinero real incrementa la tasa de interés del 5 al 6 por ciento, y la inversión disminuye de 1 billón de dólares a 0.6 billones de dólares. En el caso de $DM_B$, el aumento de la demanda de dinero real incrementa la tasa de interés del 5 al 5.5 por ciento, y la inversión disminuye de un 1 billón de dólares a 0.8 billones de dólares.

Una disminución de la inversión reduce el gasto autónomo, contrarrestando hasta cierto punto el aumento de las compras del gobierno. Por tanto, cuanto menor es la disminución de la inversión, mayor es el aumento del PIB real de equilibrio que resulta de un aumento dado de las compras gubernamentales. Así que la política fiscal es menos eficaz con la curva de demanda de dinero real $DM_A$ que con la curva de demanda de dinero real $DM_B$.

### Eficacia de la política monetaria

La eficacia de la política monetaria la mide la magnitud del aumento del PIB real de equilibrio que resulta de un aumento dado de la oferta monetaria. La eficacia de la política monetaria depende de los

dos mismos factores, como la eficacia de la política fiscal:

◆ La sensibilidad de la inversión a la tasa de interés
◆ La sensibilidad de la cantidad demandada de dinero a la tasa de interés.

Pero con todo lo demás constante, cuanto más eficaz es la política fiscal, menos eficaz es la política monetaria. Veamos por qué, al estudiar la figura 29.8.

### Eficacia de la política monetaria y demanda de inversión

Con todo lo demás constante, cuanto más sensible es la inversión a la tasa de interés, mayor es el efecto de un cambio de la oferta monetaria sobre el PIB real de equilibrio. La figura 29.8(a) muestra por qué.

La figura muestra dos curvas de demanda de inversión, $DI_A$ y $DI_B$. La inversión es más sensible a un cambio de la tasa de interés a lo largo de la curva de demanda $DI_A$ que a lo largo de la curva de demanda $DI_B$.

Con la curva de demanda de dinero real, $DM$, un aumento de la oferta monetaria que desplaza la curva de oferta monetaria real de $SM_0$ a $SM_1$, baja la tasa de interés del 5 al 3 por ciento. Si la curva de demanda de inversión es $DI_A$, la inversión aumenta de 1 billón de dólares a 1.8 billones de dólares. Compare este resultado con lo que ocurre si la curva de demanda de inversión es $DI_B$. La misma disminución de la tasa de interés aumenta la inversión de 1 billón de dólares a 1.4 billones de dólares.

Cuanto más grande es el aumento de la inversión, mayor es el incremento del PIB real de equilibrio que resulta. Entonces, con una curva de demanda de inversión $DI_A$, la política monetaria es más eficaz que con una curva de demanda de inversión $DI_B$.

### Eficacia de la política monetaria y la demanda de dinero

Con todo lo demás constante, cuanto menos sensible es la cantidad demandada de dinero a la tasa de interés, mayor es el efecto de un cambio de oferta monetaria sobre el PIB real de equilibrio. La figura 29.8 (b) muestra por qué.

La figura muestra dos curvas de demanda de dinero real, $DM_A$ y $DM_B$. La cantidad demandada de dinero es menos sensible a un cambio de la tasa de interés a lo largo de la curva de demanda $DM_A$ que a lo largo de la curva de demanda $DM_B$.

# Política
# monetaria
# de Japón

THE ECONOMIST, 29 DE FEBRERO, 1992

# Oferta monetaria en Japón: cunde el pánico

¿Está a punto de ser obligado el Banco de Japón a relajar su política monetaria? La probabilidad va en aumento, a pesar de que el banco central continúa sosteniendo que la lenta economía del Japón ha entrado en una etapa de "ajuste normal".

Esto es palabrería. En enero, la producción industrial fue un 4 por ciento menor que un año antes, de acuerdo con las cifras dadas a conocer el 26 de febrero. Ésta es la mayor disminución desde octubre de 1982. Una encuesta publicada en febrero por el Nihon Keizai Shimbun, el principal diario financiero de Japón, proyectaba una disminución del 11 por ciento del gasto de capital de las empresas manufactureras para los 12 meses que terminan en marzo de 1993 (y de 4.5 por ciento, si se incluyen las empresas no manufactureras). Esto impulsó a Barclays de Zoete Wedd, una empresa británica de valores, a reducir su pronóstico de crecimiento del PNB en ese año fiscal, del 2.5 por ciento al 1.7 por ciento. Esto está casi dos puntos porcentuales por debajo del pronóstico del 3.5 por ciento de la Oficina de Planeación Económica del gobierno.

El crecimiento monetario se ha desplomado, conforme los bancos abrumados de deudas han dejado de prestar, y las compañías, a la espera de bajas adicionales de la tasa de interés, han suspendido su endeudamiento. La medida de oferta monetaria más usada, M2 más certificados de depósito

(CD), creció solamente el 1.8 por ciento en los doce meses que concluyeron en enero, su tasa más baja...

A pesar del optimismo oficial, el Banco de Japón da señales de un cambio...

Cuanto más tiempo se demore el banco central en actuar, mayor tendrá que ser la reducción de la tasa de descuento para que signifique algo. Los mercados de dinero ya han descontado una reducción de medio punto porcentual. Con las crecientes preocupaciones acerca de la economía y de la bolsa de valores, con los políticos e industriales solicitando casi diariamente un relajamiento adicional y un presupuesto expansionista detenido en el parlamento, debido a los escándalos políticos, ya no se descarta... una reducción de un punto porcentual completo...

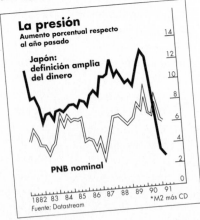

**La presión**
Aumento porcentual respecto al año pasado

**Japón: definición amplia del dinero**

**PNB nominal**

1882 83 84 85 86 87 88 89 90 91
*M2 más CD
*Fuente: Datastream*

© *The Economist*, 29 de febrero de 1992. Reproducido con autorización.

En febrero de 1992, el Banco de Japón y la Oficina de Planeación Económica de ese país, pronosticaron una tasa de crecimiento del 3.5 por ciento del PNB real para el año fiscal 1992-93 (marzo a marzo).

Pero esta expectativa divergía de otros indicadores y pronósticos. Alguna de las razones para ponerla en duda eran las siguientes:

◆ La producción industrial en enero de 1992 era el 4 por ciento menor que el año anterior.

◆ El periódico financiero principal de Japón proyectó una disminución del 4.5 por ciento del gasto de capital para el año fiscal 1992-93.

◆ Una empresa británica de valores pronosticó un menor crecimiento del PNB para 1992-93.

◆ En el año que terminó en enero de 1992, se redujo la tasa de crecimiento de la oferta monetaria de Japón.

Los políticos y los industriales estaban preocupados acerca de la economía y estaban pidiendo un relajamiento de la política monetaria y había señales de que el Banco de Japón podría bajar las tasas de interés.

# Antecedentes
## y análisis

La política monetaria de Japón la dirige el Banco de Japón, el banco central del país.

Durante el año que concluyó en enero de 1992, el Banco de Japón ha mantenido un control firme sobre la oferta monetaria al permitirle crecer únicamente el 1.8 por ciento.

La tasa de crecimiento de la oferta monetaria era igual a la tasa de inflación, así que era constante la oferta monetaria real.

A pesar de este hecho, las tasas de interés descendieron en forma pronunciada durante 1991. Las figuras ilustran por qué.

En la figura 1, la curva de demanda de inversión en 1990 era $DI_{90}$, la tasa de interés era del 8.5 por ciento y la cantidad de inversión (gasto en construcciones nuevas y equipo) era $I_0$.

Durante 1991, una gran ola de pesimismo invadió a la comunidad empresarial japonesa y la demanda de inversión disminuyó. La curva de demanda de inversión se desplazó hacia a la izquierda, a $DI_{91}$.

La disminución de la inversión ocasionó un menor gasto y una disminución de la demanda de dinero. Esta disminución se muestra en la figura 2. La oferta monetaria (real) permanecía constante en $SM_{90}$, pero la demanda de dinero disminuyó y la curva de demanda de dinero se desplazó hacia la izquierda, de $DM_{90}$ a $DM_{91}$. La tasa de interés disminuyó al 5.5 por ciento.

Si vemos nuevamente la figura 1, advertiremos que la tasa de interés más baja mantuvo la inversión más alta de lo que habría sido en otras circunstancias; sin embargo, la inversión disminuyó de todas formas a $I_1$.

Debido a que no se podía recurrir a las opciones de política fiscal debido a los escándalos políticos, se estaba apremiando al Banco de Japón a aumentar la oferta monetaria. Ese aumento podría desplazar la curva de oferta monetaria hacia la derecha, a $SM_{92}$, reduciendo la tasa de interés, al 3.5 por ciento en el ejemplo de la figura 2, y estimulando la inversión, de regreso a $I_0$, en el ejemplo de la figura 1.

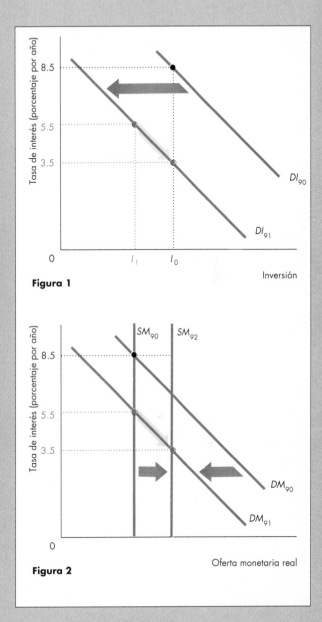

**Figura 1**

**Figura 2**

FIGURA 29.7

# La eficacia de la política fiscal

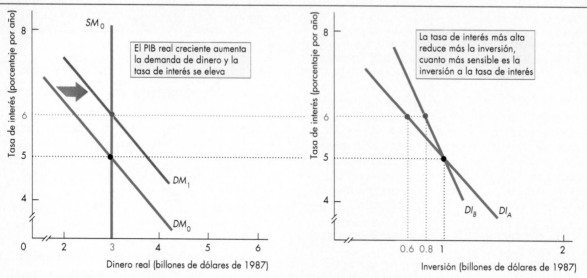

**(a) Eficacia y demanda de inversión**

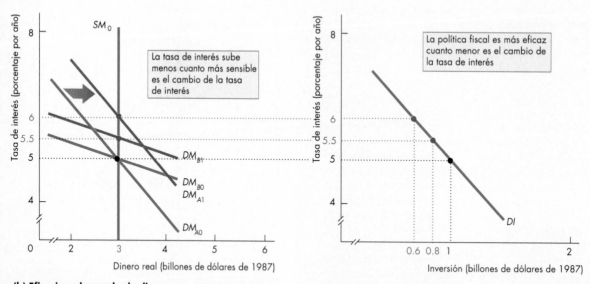

**(b) Eficacia y demanda de dinero**

En la parte (a), el nivel de inversión planeada es más sensible a un cambio de la tasa de interés a lo largo de $DI_A$ que a lo largo de $DI_B$. Un aumento de las compras del gobierno incrementa el PIB real y desplaza la curva de demanda de dinero real de $DM_0$ a $DM_1$, elevando la tasa de interés del 5 al 6 por ciento. Con una curva de demanda de inversión $DI_A$, la inversión disminuye de 1 billón de dólares a 0.6 billones de dólares, pero con la curva de demanda $DI_B$, la inversión disminuye sólo a 0.8 billones de dólares. Así que la política fiscal es menos eficaz con una curva de demanda de inversión $DI_A$ que con $DI_B$.

En la parte (b) la cantidad demandada de dinero es menos sensible a un cambio de la tasa de interés a lo largo de $DM_{A0}$ que a lo

largo de $DM_{B0}$. Un aumento de las compras del gobierno incrementa el PIB real y la curva de demanda de dinero real se desplaza hacia la derecha, $DM_{A0}$ se desplaza a $DM_{A1}$ y $DM_{B0}$ se desplaza a $DM_{B1}$. La magnitud del desplazamiento hacia la derecha es el mismo en ambos casos. En el caso de $DM_A$, la tasa de interés se eleva del 5 al 6 por ciento y la inversión disminuye de 1 billón de dólares a 0.6 billones de dólares. En el caso de $DM_B$, la tasa de interés aumenta al 5.5 por ciento y la inversión disminuye solamente a 0.8 billones de dólares. Así que la política fiscal es menos eficaz con una curva de demanda de dinero real $DM_A$ que con $DM_B$.

Si la curva de demanda de dinero real es de $DM_A$, un aumento de la oferta monetaria que desplaza la curva de oferta monetaria real de $SM_0$ a $SM_1$ baja la tasa de interés del 5 al 3 por ciento. La inversión aumenta de 1 billón de dólares a 1.8 billones de dólares. Compare este resultado con lo que ocurre si la curva de demanda de dinero real es de $DM_B$. En ese caso, el mismo aumento de la oferta monetaria baja la tasa de interés solamente del 5 al 4 por ciento, y la inversión aumenta solamente a 1.4 billones de dólares.

Cuanto mayor es el aumento de la inversión, mayor es el incremento resultado del PIB real de equilibrio. Así, con una curva de dinero de demanda real $DM_A$, la política monetaria es más eficaz que con una curva de demanda de dinero real $DM_B$.

## Sensibilidad de la inversión a la tasa de interés y la cantidad demandada de dinero

¿Qué determina el grado de sensibilidad de la inversión y de la cantidad demandada de dinero a las tasas de interés? La respuesta es el grado en que son sustituibles el capital y otros factores de la producción y el grado en que son sustituibles el dinero y otros activos financieros.

La inversión es la compra de capital: de construcciones productivas, planta y equipo. La cantidad usada de capital y la cantidad de inversión realizada, bajan al subir la tasa de interés. El grado en que un cambio de la tasa de interés produce un cambio de la inversión depende de la facilidad con que otros factores de la producción pueden sustituir el capital.

El dinero desempeña una función única: facilita el intercambio de bienes y servicios. Por tanto, el dinero y otros activos financieros son sustitutos imperfectos. Mantener dinero tiene un costo de oportunidad, que es el interés perdido al no mantener otros activos financieros. La cantidad de dinero que tenemos disminuye conforme aumenta su costo de oportunidad: la tasa de interés. La medida en que un cambio de la tasa de interés ocasiona un cambio de las tenencias de dinero depende de la facilidad con que otros activos financieros pueden sustituir al dinero.

El análisis que acabamos de presentar en este capítulo acerca de los efectos de las políticas fiscal y monetaria sobre el gasto agregado fue sumamente controvertido en las décadas de 1950 y 1960. Era el punto central de lo que se llamaba la controversia keynesiano-monetarista, y veremos la controversia actual acerca del funcionamiento de los mercados laborales, en el capítulo 30. Pero la controversia keynesiano-monetarista fue un episodio interesante e importante en el desarrollo de la macroeconomía moderna. Echemos un vistazo a lo esencial de la discusión para ver cómo se resolvió.

## La controversia keynesiano-monetarista

La controversia keynesiano-monetarista fue una polémica en el terreno de la macroeconomía de dos amplios grupos de economistas. Los keynesianos son macroeconomistas cuyos puntos de vista acerca del funcionamiento de la economía son una extensión de las teorías de John Maynard Keynes, publicadas en su *Teoría general* (véase Orígenes de nuestro conocimiento, págs. 732-733). Los **keynesianos** consideran que la economía es inestable de manera inherente y requiere de una activa intervención gubernamental para alcanzar la estabilidad. Le dan poca importancia a la política monetaria y mucha importancia a la política fiscal. Los **monetaristas** son macroeconomistas que le otorgan mucha importancia a las variaciones de la cantidad de dinero como el principal factor que determina la demanda agregada y consideran que la economía es estable de manera inherente. El fundador del monetarismo moderno es Milton Friedman (véase Orígenes de nuestro conocimiento, págs. 1024-1025).

El debate keynesiano-monetarista en las décadas de 1950 y 1960 fue una discusión acerca de la eficacia relativa de la política fiscal y de la política monetaria como instrumentos para modificar la demanda agregada. Podemos captar lo esencial del debate si establecemos una distinción entre tres puntos de vista:

◆ Keynesianismo extremo
◆ Monetarismo extremo
◆ Posición intermedia

**Keynesianismo extremo** La hipótesis keynesiana extrema es que un cambio de la oferta monetaria no tiene efecto alguno sobre el nivel de la demanda agregada; y que un cambio de las compras gubernamentales de bienes y servicios o de los impuestos tiene un gran efecto sobre la demanda agregada.

Éstos son:

◆ Una curva vertical de demanda de inversión
◆ Una curva horizontal de demanda de dinero real

**FIGURA 29.8**

# La eficacia de la política monetaria

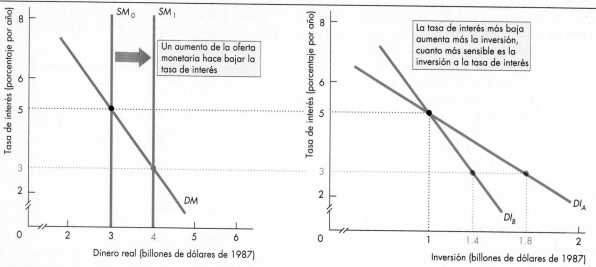

**(a) Eficacia y demanda de inversión**

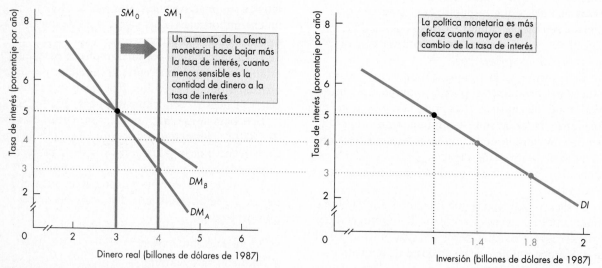

**(b) Eficacia y demanda de dinero**

En la parte (a), la inversión planeada es más sensible a un cambio de la tasa de interés a lo largo de la curva de demanda de inversión $DI_A$ que a lo largo de la curva de demanda $DI_B$. Con la curva de demanda de dinero real $DM$, un desplazamiento de la curva de oferta monetaria real de $SM_0$ a $SM_1$ reduce la tasa de interés del 5 al 3 por ciento. Con la curva de demanda de inversión $DI_A$, la inversión aumenta de 1 billón de dólares a 1.8 billones de dólares, pero con la curva de demanda de inversión $DI_B$, la inversión aumenta solamente a 1.4 billones de dólares. Cuanto mayor es el aumento de la inversión, mayor es el incremento resultante del PIB real de equilibrio. Así que la política monetaria es más eficaz con una curva de demanda de inversión $DI_A$ que con una curva $DI_B$.

En la parte (b), la cantidad demandada de dinero es menos sensible a un cambio de la tasa de interés a lo largo de $DM_A$ que a lo largo de $DM_B$. Con la curva de demanda $DM_A$, un aumento de la oferta monetaria que desplaza la curva de oferta monetaria real de $SM_0$ a $SM_1$ reduce la tasa de interés del 5 al 3 por ciento, y aumenta la inversión de 1 billón de dólares a 1.8 billones de dólares. Con la curva de demanda $DM_B$, el mismo aumento de la oferta monetaria hace bajar la tasa de interés solamente al 4 por ciento y aumenta la inversión solamente a 1.4 billones de dólares. Cuanto mayor es el aumento de la inversión, mayor es el incremento resultante del PIB real de equilibrio. Así que la política monetaria es más eficaz con la curva de demanda $DM_A$ que con $DM_B$.

Si la curva de demanda de inversión es vertical, la inversión es totalmente insensible a las tasas de interés. En este caso, un cambio de la oferta monetaria modifica las tasas de interés, pero esos cambios no afectan el gasto agregado planeado. La política monetaria es impotente.

Una curva horizontal de demanda de dinero real significa que la gente está dispuesta a tener cualquier cantidad de dinero a una tasa dada de interés; una situación llamada **trampa de la liquidez**. Con una trampa de liquidez, un cambio de la oferta monetaria afecta solamente la cantidad de dinero que se tiene, no las tasas de interés. Con una tasa de interés inalterada, la inversión permanece constante. La política monetaria es impotente.

Los keynesianos extremistas suponen que prevalecen estas dos condiciones. Advierta que cualquiera de estas situaciones es por sí misma suficiente para que sea impotente la política monetaria, pero los keynesianos extremistas suponen que ambas situaciones se dan en la realidad.

**Monetarismo extremo**   La hipótesis monetarista extrema es que un cambio en las compras gubernamentales de bienes y servicios o de los impuestos no afecta la demanda agregada, y que un cambio de la oferta monetaria tiene un gran efecto sobre la demanda agregada. Hay dos circunstancias que hacen surgir estas predicciones:

◆ Una curva horizontal de demanda de inversión
◆ Una curva vertical de demanda de dinero real

Si un aumento de las compras gubernamentales de bienes y servicios induce un incremento de tasas de interés lo suficientemente grande como para reducir la inversión en la misma cantidad que el aumento inicial de las compras gubernamentales, entonces la política fiscal no afecta la demanda agregada. Este resultado es la expulsión total, que describimos antes en este capítulo. Para que se dé este resultado, la curva de demanda de dinero real tiene que ser vertical, una cantidad fija de dinero se demanda independientemente de la tasa de interés, o la curva de demanda de inversión debe ser horizontal: cualquier cantidad de inversión se llevará a cabo a una tasa de interés dada.

**La posición intermedia**   La posición intermedia es que tanto la política fiscal como la monetaria afectan la demanda agregada. La expulsión no es completa, así que la política fiscal sí ejerce un efecto. No hay trampa de liquidez y la inversión reacciona a las tasas de interés, así que la política monetaria sí afecta la demanda agregada. Esta posición es la que ahora parece ser la correcta y es a la que hemos dedicado casi todo este capítulo. Veamos cómo llegaron los economistas a esta conclusión.

**Clasificación de las afirmaciones rivales**   La disputa entre los monetaristas, los keynesianos y aquellos que adoptaron una posición intermedia era esencialmente un desacuerdo sobre las magnitudes de dos parámetros económicos:

◆ La sensibilidad de la inversión a las tasas de interés
◆ La sensibilidad de la cantidad demandada de dinero a las tasas de interés

Si la inversión es sumamente sensible a las tasas de interés o la cantidad demandada de dinero difícilmente es sensible a las tasas de interés, entonces la política monetaria es poderosa y la política fiscal es relativamente ineficaz. En este caso, el mundo se parecería a lo que afirman los monetaristas extremos. Si la inversión es muy insensible a las tasas de interés o la cantidad demandada de dinero es sumamente sensible, entonces la política fiscal es poderosa y la política monetaria es relativamente ineficaz. En este caso, el mundo se parecería a lo que afirman los keynesianos extremos.

Con el uso de métodos estadísticos para estudiar la demanda de dinero real y la demanda de inversión, y utilizando datos a partir de una amplia variedad de experiencias históricas y nacionales, los economistas pudieron resolver esta controversia. Ninguna de las posiciones extremas fue validada por la evidencia y ganó la posición intermedia. La curva de demanda de dinero real tiene pendiente negativa; también la curva de demanda de inversión. Ninguna curva es vertical u horizontal, así que se rechazaron las hipótesis extremas keynesiana y monetarista.

Esta controversia en particular de la macroeconomía ya quedó atrás, pero subsisten aún otras controversias. Una de ellas se refiere a las magnitudes relativas de los efectos multiplicadores de las políticas fiscal y monetaria. Otra se refiere a los rezagos de dichos efectos. Pero el tema principal está aún sin resolver, y se refiere al funcionamiento del mercado de trabajo, una controversia que veremos en el capítulo siguiente.

## REPASO

L a eficacia relativa de las políticas fiscal y monetaria depende de la sensibilidad de la inversión y de la cantidad demandada de dinero a las tasas de interés. Con todo lo demás constante, cuanto más sensible es la inversión a las tasas de interés o menos sensible es la cantidad demandada de dinero, menor el efecto de un cambio en las compras gubernamentales y mayor el efecto de un cambio en la oferta monetaria sobre el gasto de equilibrio. Cuanto menos sensible es la cantidad demandada de dinero, mayor es el efecto de un cambio en las compras gubernamentales y menor el efecto de un cambio de la oferta monetaria sobre el gasto de equilibrio. En el caso extremo, en el que la inversión es completamente insensible a la tasa de interés o la cantidad de dinero demandada es infinitamente sensible, la política fiscal es eficaz y la política monetaria es completamente ineficaz. En el caso extremo opuesto, en el que la inversión es infinitamente sensible a la tasa de interés o la cantidad de dinero demandada es completamente insensible, la política monetaria es eficaz, y la política fiscal, ineficaz. Estos extremos no se dan en la realidad. ◆

### Influencia sobre la composición del gasto agregado

Se puede aumentar el gasto agregado ya sea mediante una política fiscal expansionista o con un aumento de la oferta monetaria. Una política fiscal expansionista hace aumentar el gasto agregado y eleva las tasas de interés. El gasto incrementado aumenta el ingreso y el gasto de consumo, pero las tasas de interés más altas bajan la inversión. Por tanto, si al gasto agregado lo aumenta una política fiscal expansionista, el gasto de consumo aumenta y la inversión disminuye. En cambio, un aumento de la oferta monetaria incrementa el gasto agregado y *disminuye* las tasas de interés. De nuevo, el gasto incrementado aumenta el ingreso y el gasto de consumo, pero en este caso las tasas de interés más bajas también aumentan la inversión. En consecuencia, si el gasto agregado aumenta debido a un aumento de la oferta monetaria, se incrementan tanto el gasto de consumo como la inversión. Así que el método por medio del cual se

incrementa el gasto agregado tiene un efecto importante sobre la *composición* del gasto.

### Política fiscal y clintonomía

Una política fiscal expansionista puede generar una disminución de la inversión y retardar el crecimiento a largo plazo de la economía. Debido a que los estímulos fiscales tienden a reducir la inversión, el gobierno debe buscar las maneras de impulsarla. Son dos las propuestas de política fiscal para aumentar la inversión que constituyen la esencia de la clintonomía.

La primera propuesta ofrece reducciones de impuestos a las empresas que invierten. Un aumento de los beneficios de la inversión después de impuestos hace que la curva de demanda de la inversión se desplace hacia la derecha. El nivel más alto de inversión aumenta el gasto agregado y desencadena un efecto multiplicador de aumento del gasto del consumidor. La segunda propuesta es que el gobierno compre más capital productivo, como carreteras (la infraestructura de la economía), y gaste más en educación y atención a la salud, renglones que incrementan el capital humano.

Sin cambios en la política monetaria, un paquete de estímulos fiscales siempre aumenta las tasas de interés, las cuales, a su vez, detienen el crecimiento de la inversión. Ante la existencia de presión para elevar las tasas de interés, la administración Clinton podría ver con buenos ojos que la Fed relajara su control de la oferta monetaria y mantuviera estables las tasas de interés. Sin embargo, lo más probable es que la Fed esté lista para acoger una economía en expansión si el gobierno federal sigue manteniendo el déficit presupuestario general bajo control. Por esta razón, otra parte importante de la clintonomía es adoptar una política fiscal que logre una sustancial reducción del déficit en los próximos cinco años.

### El PIB real y el nivel de precios

Y a hemos estudiado los efectos de las políticas fiscal y monetaria sobre el gasto de equilibrio y el PIB real a un nivel dado de precios. Pero los efectos que hemos identificado ocurren en cada uno y en todos los niveles de precios. Así que los efectos de las políticas fiscal y monetaria que hemos estudiado nos indican cambios de la demanda agregada y de desplazamientos de la curva de demanda agregada.

Cuando cambia la demanda agregada, se modifican tanto el PIB real como el nivel de precios. Para determinar cuánto cambia cada uno, necesitamos ver tanto la demanda agregada como la oferta agregada. Hagamos eso ahora, y veremos primero los efectos a corto plazo de las políticas fiscal y monetaria.

## Los efectos a corto plazo sobre el PIB real y el nivel de precios

Cuando cambia la demanda agregada y la curva de demanda agregada se desplaza, hay un movimiento a lo largo de la curva de oferta agregada a corto plazo y cambian tanto el PIB real como el nivel de precios. La figura 29.9 ilustra los cambios del PIB real y del nivel de precios que son resultado de un aumento de la demanda agregada. Al principio, la curva de demanda agregada es $DA_0$ y la curva de oferta agregada a corto plazo es $SAC$. El PIB real es de 4 billones de dólares y el índice de deflación del PIB es de 130.

Supongamos ahora que los cambios de las políticas fiscal y monetaria aumentan la demanda agregada, desplazando la curva de demanda agregada a $DA_1$. En el nivel de precios inicial (índice de deflación del PIB igual a 130), la cantidad demandada de PIB real aumenta a 5.5 billones de dólares. Este aumento es el que estudiamos antes en este capítulo. Pero el PIB real no aumenta en realidad a este nivel. La razón es que aumenta el nivel de precios, lo que ocasiona una disminución de la cantidad demandada de PIB real. El nivel más alto de demanda agregada presiona al alza los precios de todos los bienes y servicios, y el índice de deflación del PIB aumenta a 140. Con un nivel de precios más alto, la oferta monetaria real disminuye.

Una disminución de la oferta monetaria real, resultado de un alza del nivel de precios, tiene exactamente el mismo efecto sobre el PIB real (y la tasa de interés) que una disminución de la oferta monetaria real resultado de una disminución de la oferta monetaria *nominal* ocasionada por la política monetaria de la Fed. Ya hemos visto cuáles son dichos efectos. Una disminución de la oferta monetaria real eleva la tasa de interés, disminuye la inversión y reduce el gasto de equilibrio y el PIB real.

FIGURA **29.9**

## Cambios del PIB real y del nivel de precios inducidos por las políticas aplicadas

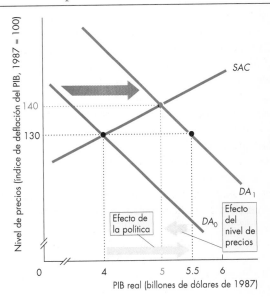

Al inicio, la demanda agregada es $DA_0$ y la curva de oferta agregada a corto plazo es $SAC$. El PIB real es de 4 billones de dólares y el índice de deflación del PIB es de 130. Los cambios de las políticas fiscal y monetaria desplazan la curva de demanda agregada a $DA_1$. En el nivel de precios inicial (índice de deflación del PIB igual a 130), el PIB real aumenta a 5.5 billones de dólares. Pero el nivel de precios aumenta, lo que ocasiona una disminución de la oferta monetaria real. La disminución de la oferta monetaria real aumenta la tasa de interés, disminuye la inversión y reduce el gasto de equilibrio y el PIB real. El aumento del PIB real de 4 billones a 5.5 billones de dólares es el resultado del aumento inicial, inducido por las políticas aplicadas, de la demanda agregada a un nivel de precios dado. La disminución del PIB real de 5.5 billones a 5 billones de dólares es el resultado de la disminución de la oferta monetaria real inducida por el nivel de precios más alto.

El aumento del PIB real de 4 billones a 5.5 billones de dólares es el resultado de un aumento inicial inducido por las políticas aplicadas, de la demanda agregada a un nivel dado de precios; y la disminución del PIB real de 5.5 a 5 billones de dólares es el resultado de la disminución de la oferta monetaria real inducida por el nivel de precios más alto.

El ejercicio que acabamos de realizar de un aumento de la demanda agregada puede hacerse en sentido inverso para observar qué ocurre cuando hay una disminución, inducida por las políticas aplicadas, de la demanda agregada. En este caso, el PIB real disminuye y el nivel de precios baja.

Los efectos que acabamos de identificar son efectos a corto plazo. Veamos ahora los efectos a largo plazo de las políticas fiscal y monetaria.

## Los efectos a largo plazo sobre el PIB real y el nivel de precios

Los efectos a largo plazo de las políticas fiscal y monetaria dependen de la situación de la economía cuando se toman medidas de política. De nuevo, nos concentraremos en el caso de un *aumento* de la demanda agregada. Si al inicio el desempleo es superior a su tasa natural y el PIB real es inferior a su nivel a largo plazo, pueden usarse las políticas fiscal y monetaria para restablecer el pleno empleo. Podemos servirnos del ejemplo de la figura 29.9 para ilustrar este caso.

Supongamos, en la figura 29.9, que la oferta agregada a largo plazo es de 5 billones de dólares. El aumento de la demanda agregada modifica la economía que está por debajo del pleno empleo, a una de pleno empleo y ahí termina la historia. Los ajustes a corto y a largo plazos son los mismos. Por ejemplo, los recortes de impuestos y la política monetaria expansionista de 1982 y de 1983 fueron acciones de política que se aplicaron para que la economía de Estados Unidos saliera de una recesión seria hacia un periodo de expansión sostenida.

Supongamos, en cambio, que un aumento de la demanda agregada, inducido por las políticas aplicadas, ocurre cuando la economía está ya en pleno empleo con el PIB real en su nivel a largo plazo. La economía de Estados Unidos estaba en tal situación a finales de la década de 1960, cuando aumentó el gasto en programas sociales y por la guerra de Vietnam. ¿Cuáles son entonces los efectos a largo plazo?

Podemos ver las respuestas en la figura 29.10. La curva de oferta agregada a largo plazo es *SAL*. Al inicio, la curva de demanda agregada es $DA_0$ y la curva de oferta agregada a corto plazo es $SAC_0$. El PIB real es de 5 billones de dólares y el índice de deflación del PIB es de 130.

Suponga que los cambios de las políticas fiscal y monetaria aumentan la demanda agregada, desplazando la curva de demanda agregada a $DA_1$. En el nivel de precios inicial (índice de deflación del PIB igual a 130), la cantidad demandada de PIB real aumenta a 6.5 billones de dólares; un efecto de las políticas aplicadas. Pero, como acabamos de ver, el PIB real no aumenta en realidad a ese nivel. El nivel de precios más alto hace disminuir la oferta mone-

**FIGURA 29.10**

## Los efectos a largo plazo de los cambios del PIB real y del nivel de precios inducidos por las políticas aplicadas

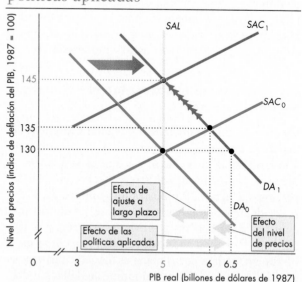

La curva de oferta agregada a largo plazo es *SAL*, e inicialmente la curva de demanda agregada es $DA_0$ y la curva de oferta agregada a corto plazo es $SAC_0$. El PIB real es de 5 billones de dólares y el índice de deflación del PIB es de 130. Los cambios de las políticas fiscal y monetaria desplazan la curva de demanda agregada a $DA_1$. En el nuevo equilibrio a corto plazo, el PIB real es de 6 billones de dólares y el índice de deflación del PIB es de 135. Debido a que el PIB real está por encima de su nivel a largo plazo, los salarios aumentan y la curva de oferta agregada a corto plazo empieza a desplazarse hacia arriba, a $SAC_1$. En el nuevo equilibrio a largo plazo, el índice de deflación del PIB es de 145 y el PIB real está nuevamente en su nivel original.

taria real y eleva la tasa de interés. Eso da como resultado una disminución de la inversión, del gasto de equilibrio y del PIB real: el efecto del nivel de precios. El nuevo equilibrio a corto plazo se da con un PIB real de 6 billones de dólares y un índice de deflación del PIB de 135.

Pero el PIB real está ahora por encima de su nivel a largo plazo y el desempleo debajo de su tasa natural. Hay una brecha inflacionaria. Una escasez de trabajo presiona al alza los salarios. Al aumentar los salarios, la curva de oferta agregada a corto plazo empieza a desplazarse hacia la izquierda, hasta que llega a $SAC_1$. El índice de deflación del PIB aumenta a 145 y el PIB real regresa a su nivel a largo plazo: el efecto de ajuste a largo plazo.

Así que el efecto a largo plazo de las políticas fiscal y monetaria expansionistas con pleno empleo ocasiona un creciente nivel de precios pero no modifica el PIB real. Ese nivel creciente de precios durante la última parte de la década de 1960 fue el resultado del creciente gasto gubernamental en programas sociales y en la guerra de Vietnam.

## REPASO

**U**n cambio de la demanda agregada, inducido por las políticas aplicadas, cambia tanto el PIB real como el nivel de precios. La magnitud del cambio de cada uno depende de la oferta agregada. A corto plazo, aumentan tanto el PIB real como el nivel de precios. A largo plazo, los efectos de la política dependen de la situación de la economía cuando se lleva a cabo la aplicación de políticas. Si se parte de un nivel del PIB real inferior al de largo plazo, la política expansionista aumenta tanto el PIB real como el nivel de precios y restablece el pleno empleo. Pero si se parte del pleno empleo, una política expansionista ocasiona un alza del nivel de precios y no cambia el PIB real. ◆

◆ ◆ ◆ ◆ Ya hemos estudiado los efectos de las políticas fiscal y monetaria sobre el PIB real, las tasas de interés y el nivel de precios. Pero hemos visto que los efectos de estas políticas sobre el PIB real y el nivel de precios dependen no solamente del comportamiento de la demanda agregada, sino también de la oferta agregada. Nuestra siguiente tarea es el estudio de la determinación de la oferta agregada a largo y a corto plazos.

## RESUMEN

### Dinero, interés y demanda agregada

El PIB real y el nivel de precios los determina la interacción de la *demanda agregada* y de la *oferta agregada* (Cap. 24). Las políticas fiscal y monetaria influyen sobre la *demanda agregada*.

Un componente del gasto autónomo, la inversión, varía debido a la tasa de interés. Cuanto más alta es la tasa de interés, con todo lo demás constante, menor es la inversión y, por tanto, menor la cantidad demandada de PIB real.

La tasa de interés la determina el equilibrio del mercado de dinero. La demanda de dinero real depende tanto del PIB real como de la tasa de interés. Cuanto más alto es el PIB real, con todo lo demás constante, mayor es la demanda de dinero real y más alta la tasa de interés. Por tanto, la tasa de interés depende del PIB real.

El PIB real y la tasa de interés se determinan simultáneamente. El PIB real de equilibrio y la tasa de interés son tales que el mercado de dinero está en equilibrio y el gasto agregado planeado es igual al PIB real (págs. 886-889).

### Política fiscal y demanda agregada

Un cambio de las compras gubernamentales de bienes y servicios o de pagos de transferencia o de impuestos influye sobre la demanda agregada al modificar el gasto autónomo. Una política fiscal expansionista hace aumentar el gasto autónomo y el gasto agregado planeado. El aumento del gasto agregado planeado incrementa el gasto de equilibrio y desencadena un efecto multiplicador que aumenta el PIB real. Éstos son los efectos de la primera vuelta. El creciente PIB real desencadena una segunda vuelta. El PIB real creciente incrementa la demanda de dinero y la tasa de interés se eleva. Con un alza de la tasa de interés, la inversión baja. Una disminución de la inversión ocasiona la baja del gasto autónomo y disminuye el gasto agregado planeado. Estos efectos de la segunda vuelta actúan en sentido contrario a los efectos de la primera vuelta, pero son más pequeños. El resultado de un aumento en las compras gubernamentales es un incremento del PIB real, un alza de las tasas de interés y una disminución de la inversión.

El efecto de las tasas de interés más altas sobre la inversión, el efecto expulsión, puede en una situación extrema ser total. Es decir, la disminución de la inversión puede ser suficiente para contrarrestar el aumento inicial de las compras gubernamentales. En la práctica, la expulsión total no se da. Un efecto opuesto es la inclusión, un aumento de la inversión, que resulta de un aumento de las compras gubernamentales de bienes y servicios. Un efecto así puede darse en una recesión si el estímulo fiscal produce expectativas de recuperación económica y de beneficios esperados más altos, si el gobierno compra capital que fortalece la economía o si las reducciones de impuestos estimulan la inversión.

La política fiscal influye también sobre la demanda agregada a través del tipo de cambio. Un aumento de las compras gubernamentales o una reducción de impuestos tiende a elevar las tasas de interés y hacer subir el valor del dólar en relación con otras monedas.  Cuando el dólar se fortalece, los estadounidenses compran más importaciones y los extranjeros compran menos bienes producidos en Estados Unidos, así que disminuyen las exportaciones netas de Estados Unidos (págs. 889-893).

## Política monetaria y demanda agregada

La política monetaria influye sobre la demanda agregada mediante el cambio de la tasa de interés. Una disminución de la oferta monetaria eleva la tasa de interés. La tasa de interés más alta disminuye la inversión, y la menor inversión reduce el gasto agregado planeado. Una disminución del gasto agregado planeado desencadena un efecto multiplicador en el que el PIB real empieza a bajar. Éste es el efecto de la primera vuelta. El PIB real decreciente desencadena un efecto de la segunda vuelta en el que la demanda de dinero disminuye y la tasa  de interés baja. Una baja de la tasa de interés aumenta la inversión y aumenta el gasto agregado planeado. El efecto de la segunda vuelta actúa en dirección contraria al efecto de la primera vuelta, pero es más pequeño. El resultado de una disminución de la oferta monetaria es una disminución del PIB real y un alza de la tasa de interés.

La política monetaria influye también sobre la demanda agregada a través del tipo de cambio. Una disminución de la oferta monetaria eleva la tasa de interés y el valor del dólar en relación con otras monedas. Cuando el dólar se fortalece, los estadounidenses compran más importaciones y los

extranjeros compran menos bienes y servicios producidos en Estados Unidos, así que las exportaciones netas de Estados Unidos disminuyen (págs. 893-894).

## Eficacia relativa de las políticas fiscal y monetaria

La eficacia relativa de las políticas fiscal y monetaria depende de dos factores: la sensibilidad de la nversión a la tasa de interés y la sensibilidad de la cantidad demandada de dinero a la tasa de interés. Cuanto menos sensible es la inversión a la tasa de interés o cuanto más sensible es la cantidad demandada de dinero a la tasa de interés, mayor es el efecto de un cambio de política fiscal sobre la demanda agregada. Cuanto más sensible es la inversión a la tasa de interés o menos sensible es la cantidad demandada de dinero a la tasa de interés, mayor es el efecto de un cambio de la oferta monetaria sobre la demanda agregada.

La controversia keynesiano-monetarista se refiere a la eficacia relativa de las políticas fiscal y monetaria aplicadas para influir sobre la demanda agregada. La posición keynesiana extrema es que sólo la política fiscal afecta la demanda agregada y que la política monetaria es impotente. La posición monetarista extrema es la opuesta: que sólo la política monetaria afecta la demanda agregada y que la política fiscal es impotente. Esta controversia fue central para la macroeconomía en las décadas de 1950 y 1960. Debido a investigaciones estadísticas, sabemos ahora que ninguna de ambas posiciones extremas es la correcta. La curva de demanda de dinero real y la curva de demanda de inversión tienen ambas pendiente negativa y ambas políticas, la fiscal y la monetaria, influyen sobre la demanda agregada.

La combinación de las políticas fiscal y monetaria es lo que influye sobre la composición de la demanda agregada. Si la demanda agregada aumenta a consecuencia de un aumento de las compras gubernamentales de bienes y servicios, las tasas de interés se elevan y la inversión desciende. Si la demanda agregada aumenta como resultado de un incremento de la oferta monetaria, las tasas de interés bajan y la inversión aumenta. Estos efectos diferentes de las políticas fiscal y monetaria sobre la demanda agregada crean tensiones políticas. Para mantener bajo control la demanda agregada y moderadas las tasas de interés, debe haber un nivel lo suficientemente alto de impuestos para sostener el nivel de compras del gobierno (págs. 894-904).

## PIB real y el nivel de precios

Cuando cambia la demanda agregada, se modifican tanto el PIB real como el nivel de precios en cantidades que determinan ya sea la demanda agregada como la oferta agregada. Un aumento de la demanda agregada, inducido por la política, desplaza la curva de demanda agregada hacia la derecha. La magnitud del desplazamiento de la curva de demanda agregada es igual al efecto del cambio de las políticas aplicadas sobre la demanda agregada a un nivel de precios dado. A corto plazo, el PIB real y el nivel de precios aumentan. El alza del nivel de precios provoca la disminución de la oferta monetaria real. La disminución de la oferta monetaria real incrementa la tasa de interés, disminuye la inversión y reduce el PIB real.

Los efectos de largo plazo de las políticas fiscal y monetaria dependen de la situación de la economía cuando se lleva a cabo la aplicación de políticas. Si se parte con desempleo superior a su tasa natural y un PIB real debajo de su nivel a largo plazo, las políticas expansionistas fiscal y monetaria restablecen el pleno empleo. Pero si se parte de pleno empleo con el PIB real por encima de su nivel a largo plazo, un aumento de la demanda agregada, inducido por las políticas aplicadas, incrementa el nivel de precios y deja inalterado el PIB real (págs. 904-907).

# ELEMENTOS CLAVE

### Términos clave

### Figuras clave

# PREGUNTAS DE REPASO

**1** Explique el vínculo entre el mercado de dinero y el mercado de bienes y servicios.

**2** ¿Cuáles son los efectos primarios de un aumento de las compras gubernamentales de bienes y servicios?

**3** ¿Cuáles son los efectos secundarios de un aumento de las compras gubernamentales de bienes y servicios?

**4** ¿Cuál es el resultado de un aumento de las compras gubernamentales de bienes y servicios?

**5** ¿Qué papel desempeña el tipo de cambio en la influencia sobre la demanda agregada cuando hay una política fiscal expansionista?

**6** ¿Qué es la expulsión, la inclusión y la expulsión internacional? Explique cómo se dan cada una de ellas.

**7** ¿Cuáles son los efectos primarios de una disminución de la oferta monetaria?

**8** ¿Cuáles son los efectos secundarios de una disminución de la oferta monetaria?

**9** ¿Cuál es el resultado de una disminución de la oferta monetaria?

**10** ¿Qué papel juega el tipo de cambio en la influencia sobre la demanda agregada cuando cambia la oferta monetaria?

**11** ¿Qué factores determinan la eficacia de la política fiscal y de la política monetaria?

**12** ¿En qué condiciones es más eficaz la política fiscal que la política monetaria para estimular la demanda agregada?

**13** Establezca la distinción entre las hipótesis de los keynesianos extremistas y las de los monetaristas extremistas.

**14** Explique la controversia keynesiano-monetarista referente a la influencia de las políticas monetaria y fiscal sobre la demanda agregada.

**15** Explique cómo se resolvió la controversia keynesiano-monetarista de la pregunta 14.

**16** Explique cómo influyen las políticas fiscal y monetaria sobre la composición de la demanda agregada.

**17** Explique el efecto de un aumento de la oferta monetaria o de una política fiscal expansionista sobre el nivel de precios y el PIB real. Tenga cuidado al distinguir entre el efecto a corto y largo plazos.

## P R O B L E M A S

**1** En la economía representada en la figura 29.1, suponga que el gobierno reduce sus compras de bienes y servicios en 1 billón de dólares.

**a** Identifique los efectos primarios.

**b** Explique cómo cambian el PIB real y la tasa de interés.

**c** Explique los efectos secundarios que conducen a la economía a un equilibrio nuevo.

**2** En la economía representada en la figura 29.1, suponga que la Fed aumenta la oferta monetaria en 1 billón de dólares.

**a** Determine los efectos primarios.

**b** Explique cómo cambian el PIB real y la tasa de interés.

**c** Explique los efectos secundarios que conducen a la economía a un equilibrio nuevo.

**3** Las economías de dos países, Alfa y Beta, son idénticas en todo, excepto por lo siguiente: en Alfa, un cambio en la tasa de interés de 1 punto porcentual (por ejemplo, del 5 al 6 por ciento) da como resultado un cambio de 1 billón de dólares de la cantidad demandada de dinero real. En Beta, un cambio en la tasa de interés de un punto porcentual da como resultado un cambio de 0.1 billones de dólares de la cantidad demandada de dinero real.

**a** ¿En cuál de estas economías tiene un efecto mayor sobre el PIB real un aumento de las compras gubernamentales de bienes y servicios?

**b** ¿En cuál de estas economías es más débil el efecto expulsión?

**c** ¿En cuál de estas economías tiene un efecto mayor sobre el PIB real de equilibrio un cambio en la oferta monetaria?

**4** La economía está en una recesión y el gobierno quiere aumentar la demanda agregada, estimular las exportaciones y aumentar la inversión. Tiene tres opciones de política: aumentar las compras gubernamentales de bienes y servicios, reducir los impuestos y aumentar la oferta monetaria.

a Explique el funcionamiento de cada alternativa de política.

b ¿Cuál es el efecto de cada política sobre la composición de la demanda agregada?

c ¿Cuáles son los efectos a corto plazo de cada política sobre el PIB real y el nivel de precios?

d ¿Qué política recomendaría usted que el gobierno adoptara?

**5** La economía está en pleno empleo, pero el gobierno no está satisfecho con la tasa de crecimiento del PIB real. Quiere estimular la inversión y, al mismo tiempo, evitar una elevación del nivel de precios. Sugiera una combinación de políticas fiscal y monetaria que logre este objetivo del gobierno.

# PARTE 11

## OFERTA AGREGADA, INFLACIÓN Y RECESIÓN

**Conversación con Edmund Phelps**

Edmund Phelps nació en Evanston, Illinois, en 1933 y es profesor de la cátedra McVickar de Economía Política en Columbia University. El profesor Phelps estudió su licenciatura en Amherst College y obtuvo su doctorado en Yale en 1959. Fue uno de los fundadores de la Nueva Macroeconomía, la llamada macroeconomía construida sobre cimientos microeconómicos, y fue el primero que expresó formalmente la idea de la "tasa natural de desempleo". El profesor Phelps es un teórico, pero un teórico impulsado por el deseo de entender y explicar las realidades del desempleo y la inflación y de los ciclos económicos.

**¿Por qué estudió usted inicialmente economía?**

Cuando estaba cursando el segundo año en Amherst, mi padre me persuadió para que probara un curso de economía. Yo pensaba que era un tema aburrido que no iba más allá de balances y estados de pérdidas y ganancias; sin embargo no pude rehusarme a la única petición de mi padre. Para mi sorpresa, me gustó la materia de inmediato. El maestro y el libro de texto fueron parte de esto. Mi profesor, Jim Nelson, tenía un estilo jovial y era bueno inventando juegos mentales para las pruebas semanales, y el libro de texto, de Paul Samuelson, estaba escrito en un estilo brillante. Me fue muy bien, lo que reforzó todo.

El otro punto importante para mí y para muchos estudiantes, pienso yo, es que uno está vagamente consciente de que no sabe realmente cómo encajan las distintas partes de la materia. Así que decide seguir tomando un curso más, hasta que finalmente obtiene su doctorado.

> "**L**os modelos neoclásicos fallaron una prueba empírica tras otra... Existen dos posibles razones para estos fracasos. La primera es que las expectativas no son racionales generalmente."

**¿Cuáles fueron las primeras interrogantes que le llamaron la atención?**

Ya como estudiante de segundo año me di cuenta de que el capítulo de microeconomía de la teoría de la empresa hablaba de niveles de desempleo y de precios relativos en varias industrias como determinados por la oferta y la demanda, en tanto que el capítulo de macroeconomía hablaba del empleo determinado por la demanda agregada, además de una "historia" sobre la rigidez o inflexibilidad de salarios y precios. Resultó que dediqué una gran parte de mi carrera a trabajar sobre esa "historia".

Al pensar en la pregunta teórica fundamental, empecé a indagar acerca de campos más aplicados de políticas monetaria y fiscal y de finanzas públicas: ¿qué diferencia representa el tipo de objetivos de inflación que adoptan las autoridades monetarias? De manera similar, ¿qué diferencia representa la política fiscal elegida? ¿O qué estructura de tasas impositivas queda impresa en la legislación?

Estas preguntas me atraían, pues remontan a ideas del estado justo y de la sociedad buena o, en términos económicos, de la economía óptima. La idea de justicia económica, de recompensas justas a las contribuciones al producto de la economía, es una pujante pasión mía. Pero hay pocos economistas que reaccionan ante esa idea en la forma en que lo hago yo. Supongo que pertenezco a una minoría, en lo que se refiere a ese gusto. Como la ópera.

**¿Cómo se le ocurrió la idea de que hay una tasa natural de desempleo, es decir, una tasa de desempleo de equilibrio, independiente de la tasa de inflación? ¿Lo impulsó la lógica interna de la teoría o su observación de los acontecimientos?**

Había leído lo suficiente de académicos anteriores, como Lerner y Fellner, como para saber que la idea de una tasa de desempleo de equilibrio, que no es influida por la inflación, debía ser buena economía. El problema era desarrollar, o al menos esbozar, los rudimentos de la teoría de cómo se determina en realidad la tasa natural. Después podría desarrollar una explicación concreta, específica, de por qué la inflación estable no afectaría la tasa de equilibrio.

**¿Cómo calificaría el poder de predicción de la teoría de la tasa natural?**

Estuve atento a la tasa de inflación mensual en 1966 y 1967, cuando la tasa de desempleo había bajado bastante. La tasa de inflación aumentó tan lentamente que me preocupé. Afortunadamente, el modelo se vio cada vez mejor al acercarse 1970, y los estudios estadísticos de los años subsecuentes le han dado un apoyo creciente.

**El llamado enfoque "neoclásico" de la década de 1970 en muchas formas siguió los pasos de su trabajo previo sobre los salarios en un marco de información incompleta. ¿Cuál es su evaluación de la contribución de los neoclásicos?**

Por un lado, los admiraba mucho por derivar resultados tan bellos en forma tan clara. Pero me sorprendía un poco de que aceptaran en forma poco crítica la idea de las expectativas racionales. Y como muchos otros, rechazaba la actitud imperiosa de que para ser científica, la economía tenía que hacerse a su manera, es decir, sin cuestionar la fe.

De cualquier forma, los modelos neoclásicos fallaron una prueba empírica tras otra. Por ejemplo, no pudieron explicar de manera razonable por qué la economía tiende a salir, incluso de recesiones cortas, tan gradualmente, lo que se llama el "problema de la persistencia". Así mismo, no pudieron explicar por qué los cambios de la oferta monetaria que anticipa perfectamente la gente, afectan tanto el producto y el empleo como los cambios de la oferta monetaria que supuestamente son imprevistos. Existen dos posibles razones para dichos fracasos. La primera es que las expectativas generalmente no son racionales. La segunda es que los salarios y los precios no se restablecen simultáneamente cada mes o cada trimestre, lo que va en contra de la teoría neoclásica.

**A usted se le considera uno de los fundadores de la nueva escuela keynesiana de macroeconomía. ¿Qué es la nueva macroeconomía keynesiana y por qué la considera interesante?**

La nueva escuela keynesiana propone que los precios y los salarios *no* se ajustan todos al mismo tiempo. Cuando usted introduce esa posibilidad en su modelo, el nivel medio de precios puede ajustarse sólo gradualmente a los choques monetarios y reales de la economía. En otras palabras, los efectos de un choque se distribuyen en un periodo largo de tiempo; e incluso cuando se prevén correctamente los choques a la oferta monetaria, no los contrarrestan los cambios anticipados de salarios y precios.

Actualmente, el modelo neokeynesiano es todavía el modelo preferido para mí y para muchos otros.

**¿Cuál es su evaluación de la escuela del ciclo económico real?**

La esperanza era que esta escuela mostraría cómo la subyacente trayectoria de equilibrio del empleo y el producto podía ser perturbada por factores fundamentales no monetarios. Sería el logro final que redondearía a la teoría macroeconómica.

Pero no ha avanzado tanto como podría debido a su insistencia en muchos de los fetiches de la teoría neoclásica, además de algunas restricciones autoimpuestas.

Por ejemplo, no pueden abandonar la característica neoclásica de sus modelos de que todo el desempleo, o el no empleo, es básicamente voluntario, debido a que los precios y los salarios despejan los mercados. Sólo se exagera un tanto cuando se afirma que la tasa natural de desempleo de sus modelos es de cero. La única forma que tienen para dar cuenta de las fluctuaciones del empleo es mediante la explicación de las fluctuaciones de la jornada semanal que los trabajadores están dispuestos a trabajar.

Realmente es una pena. Aquí tenemos unos magos técnicos que, por alguna razón, han decidido dar la espalda a uno de los desarrollos más importantes de la teoría económica del siglo XX. Es el surgimiento de una teoría moderna del equilibrio económico basado en información asimétrica o información privada. Esta teoría explica que los empleados causan daño a sus empleadores, abusando de su relación al renunciar frívolamente o haraganeando sin escrúpulos o presentándose al empleo desvergonzadamente sin ser aptos para trabajar. Lo único que pueden

"El resultado es un equilibrio del mercado de trabajo en el que no todos los trabajadores consiguen los empleos que quieren pese a que reúnen todos los requisitos..."

> "**C**ualquier análisis de las consecuencias de una perturbación económica que se concentra sólo en el corto plazo o en el largo plazo...corre el riesgo de ser erróneo."

hacer las empresas es ofrecer a cualquier trabajador recién contratado una mejor tasa de salario para inducir un mejor comportamiento. Pero esto encarece demasiado el trabajo y, por tanto, ocasiona que algunas personas no puedan conseguir los trabajos que, de otra manera, tendrían. El resultado es un equilibrio del mercado de trabajo en el que no todos los trabajadores consiguen los trabajos que quieren pese a que reúnen los requisitos, porque no tienen forma de proporcionar información convincente a una empresa de la que no renunciarán ni serán desidiosos ni faltarán con la misma frecuencia que los actuales empleados de la empresa, ni serán peores si la paga fuera peor.

### ¿A qué principio clave de la economía vuelve usted continuamente?

Bien, cuando pienso lo que indicará la economía acerca de cuales serán las consecuencias de algún acontecimiento, continúo descubriendo nuevamente la importancia de distinguir entre los efectos a corto plazo y a largo plazo. Al tratar de averiguar los efectos a corto plazo o a medio plazo, tarde o temprano me doy cuenta de que me conviene más concentrarme, primero, en el

efecto a largo plazo y, después, retroceder para ver qué clase de situación a corto plazo o a medio plazo podría conducir a ese resultado que responde al largo plazo. Me imagino que el principio básico consiste en que el corto y el largo plazos son distintos, aunque uno fluye en el otro. Cualquier análisis de las consecuencias de una perturbación económica concentrado solamente en el corto o en el largo plazos, tiende a ser engañoso. Y, al ser incompleto, corre también un gran riesgo de ser erróneo.

# CAPÍTULO **30**

## PRODUCTIVIDAD, SALARIOS Y DESEMPLEO

**Después de estudiar este capítulo, usted será capaz de:**

◆ Explicar por qué crecen la productividad y el PIB real

◆ Explicar en qué forma deciden las empresas cuánto trabajo emplearán

◆ Explicar cómo deciden las familias cuánto trabajo ofrecerán

◆ Explicar cómo se determinan los salarios, el empleo y el desempleo, si los salarios son flexibles

◆ Explicar cómo se determinan los salarios, el empleo y el desempleo si los salarios son "inflexibles"

◆ Derivar las curvas de oferta agregada a corto y a largo plazo

◆ Explicar qué produce las fluctuaciones de la oferta agregada y del desempleo

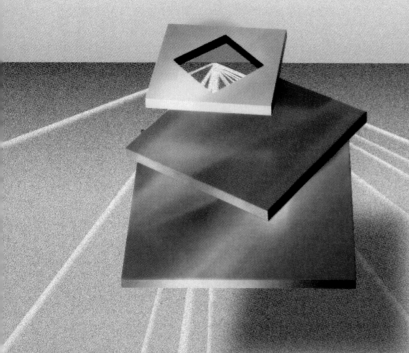

CON EL PASO DEL TIEMPO NOS HEMOS VUELTO MÁS PRO-
ductivos. Como resultado, nuestra economía se extiende y nuestros ingresos aumentan. En promedio, en
1991, cada hora de trabajo produjo en Estados Unidos un 60 por ciento más que en 1960. Pero los salarios japoneses y alemanes han crecido todavía más
rápido que los de Estados Unidos. ¿Qué hace que la
productividad de los estadounidenses y sus salarios crezcan a lo largo del tiempo
y por qué los salarios en algunos países crecen más rápido que los de Estados
Unidos? ◆ ◆ Nuestra economía no se expande a lo largo de una trayectoria
suave. Tiene un flujo y reflujo durante el ciclo económico; en ocasiones crece
rápidamente y en ocasiones se contrae. Al hacerlo, el empleo y el desempleo y el
PIB real marchan a la par. Algunas veces, la economía
de Estados Unidos está en recesión, como en 1991. La
tasa oficial de desempleo al final de 1991 estaba cercana al 7 por ciento, arriba del 5.4 por ciento de un

## Ingresos y empleos

año antes. Añada a la tasa oficial de desempleo un margen por los trabajadores
de tiempo parcial que desean un empleo de tiempo completo y los "trabajadores
desalentados": aquellos que quieren empleos pero que han dejado de buscar, y la
tasa asciende a más del 10 por ciento. Una tercera parte de los desempleados han
estado sin empleo sólo durante cuatro semanas o menos; pero una tercera parte
ha estado sin empleo entre uno y tres meses, y uno de cada seis ha estado sin empleo por más de seis meses. ¿Por qué se da el desempleo? ¿Y qué es lo que hace
subir y bajar su tasa? ◆ ◆ En los dieciocho meses transcurridos entre el
principio de una recesión, en julio de 1990, y diciembre de 1991, se perdieron
1.9 millones de puestos de trabajo en Estados Unidos. Simplemente tres

grandes empleadores, General Motors, Xerox e IBM, eliminaron más de 100 000 empleos. ¿Por qué, en lugar de despedir trabajadores, no redujeron la jornada de todo el mundo y negociaron reducciones de pagos?

◆ ◆ ◆   En este capítulo veremos de cerca la productividad, los salarios y el mercado de trabajo de Estados Unidos. Descubriremos por qué crece la productividad y los salarios en Estados Unidos, por qué la tasa de desempleo es en ocasiones desusadamente alta y qué es lo que hace bajar las tasas de desempleo. También veremos detenidamente un desacuerdo importante entre los macroeconomistas: sus opiniones de cuán flexible es el mercado de trabajo para producir cambios de salarios que mantengan la cantidad ofrecida de trabajo igual a la cantidad demandada. ◆ ◆   Nuestro estudio del crecimiento de la productividad y del mercado de trabajo completa una parte adicional del rompecabezas macroeconómico: la parte de la oferta agregada. Volveremos a las curvas de oferta agregada a largo y corto plazos que usted conoció en el capítulo 24, y veremos cuál es la relación de dichas curvas en el mercado de trabajo. También veremos por qué crece la oferta agregada, a un ritmo cambiante, ocasionando ciclos de empleo, de ingresos y de desempleo. ◆ ◆   Comencemos con la productividad del trabajo y el crecimiento del ingreso.

## Productividad y crecimiento del ingreso

**C**uando hablamos de *productividad*, generalmente queremos decir productividad del trabajo, si bien podemos medir la productividad de cualquier factor de la producción. La **productividad del trabajo** se mide como el producto total por persona ocupada. Para estudiar el crecimiento de la productividad del trabajo y sus efectos sobre salarios, empleo y desempleo, aplicaremos el concepto de la función de producción. Una **función de producción** muestra la variación del producto al variar el empleo de los factores de la producción. Una **función de producción a corto plazo** muestra la variación del producto

al variar la cantidad de trabajo empleada, manteniendo constante la cantidad de capital y el estado de la tecnología. Existe una función de producción para cada clase de actividad económica: la construcción de presas y carreteras o el horneado de barras de pan. Pero la función de producción que indica la relación entre el empleo *agregado* y el producto *agregado* es la función de producción *agregada* a corto plazo. La **función de producción agregada a corto plazo** muestra cómo varía el PIB real al variar la cantidad de trabajo empleado, manteniendo constantes todos los otros factores de la producción, incluidos el acervo de capital y el estado de la tecnología.

La tabla de la figura 30.1 registra parte de la función de producción agregada a corto plazo de una economía. En esa tabla vemos la cantidad agregada de trabajo, medida en miles de millones de horas al año, en un intervalo de 135 mil millones a 155 mil millones. En ese intervalo de empleo, el PIB real va de 4.35 a 4.53 billones de dólares al año (dólares de 1987). La función de producción agregada a corto plazo (*FP*) se ilustra en la gráfica de la figura 30.1. El insumo de trabajo se mide en el eje horizontal y el PIB real se mide en el eje vertical. La función de producción a corto plazo tiene pendiente positiva, lo que indica que un mayor uso de trabajo produce más PIB real.

### El producto marginal del trabajo

El **producto marginal del trabajo** es el PIB real adicional producido por una hora adicional de trabajo, manteniendo todos los otros factores de producción y la tecnología constantes. Calculamos el producto marginal del trabajo como el cambio del PIB real dividido entre el cambio de la cantidad empleada de trabajo. Hagamos esos cálculos, usando la figura 30.1.

Cuando el insumo de trabajo aumenta de 135 mil millones a 145 mil millones de horas, el PIB real aumenta de 4.35 a 4.46 billones de dólares, es decir, un aumento de 0.11 billones de dólares o 110 mil millones de dólares. El producto marginal del trabajo en ese intervalo es de 11 dólares por hora (110 mil millones de dólares divididos entre 10 mil millones de horas). Después, vea qué sucede a un nivel más alto de insumo de trabajo. Cuando el insumo de trabajo aumenta en la misma cantidad de 10 mil millones de horas, pero ahora de 145 mil

## FIGURA 30.1

## La función de producción agregada a corto plazo

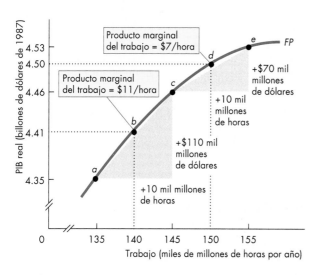

| | Trabajo (miles de millones de horas al año) | PIB real (billones de dólares de 1987 al año) |
|---|---|---|
| *a* | 135 | 4.35 |
| *b* | 140 | 4.41 |
| *c* | 145 | 4.46 |
| *d* | 150 | 4.50 |
| *e* | 155 | 4.53 |

La función de producción agregada a corto plazo muestra el nivel de PIB real para cada cantidad de insumo de trabajo, manteniendo todos los otros factores de la producción constantes. La tabla enumera cinco puntos de la función de producción agregada a corto plazo. Cada fila nos da la cantidad de PIB real que puede producirse con un insumo de trabajo dado. Los puntos de *a* hasta *e* corresponden en la gráfica a las filas de la tabla. La curva que pasa por dichos puntos esboza la función de producción agregada a corto plazo de la economía. El producto marginal del trabajo está realzado en el diagrama. Conforme aumenta el insumo de trabajo, el PIB real aumenta pero en cantidades sucesivamente más pequeñas. Por ejemplo, un aumento de trabajo de 10 mil millones de horas (de 135 a 145 mil millones) incrementa el PIB real en 0.11 billones de dólares, un producto marginal de 11 dólares por hora. Pero el mismo aumento de trabajo de 10 mil millones de horas (de 145 a 155 mil millones de horas) incrementa el PIB real sólo en 0.07 billones de dólares; un producto marginal de 7 dólares por hora.

millones a 155 mil millones de horas, el PIB real aumenta, pero menos que en el caso anterior: sólo en 0.07 billones de dólares o 70 mil millones de dólares. Ahora el producto marginal del trabajo es de 7 dólares la hora (70 mil millones de dólares divididos entre 10 mil millones de horas).

El producto marginal del trabajo lo mide la pendiente de la función de producción. La figura 30.1 destaca esto. Dicha pendiente en el punto *b* es de 11 dólares por hora y se calcula como 110 mil millones de dólares, el cambio del PIB real de 4.35 a 4.46 billones de dólares, dividido entre 10 mil millones de horas, es decir, el cambio en el empleo de 135 a 145 mil millones de horas. De manera similar, la pendiente de la función de producción en el punto *d* es de 7 dólares por hora.

## El producto marginal decreciente del trabajo

El hecho más importante acerca del producto marginal del trabajo es que desciende al aumentar el insumo de trabajo. Este fenómeno, evidente en los cálculos que acabamos de realizar y visible en la figura que se presenta, se llama producto marginal decreciente del trabajo. El **producto marginal decreciente del trabajo** es la tendencia del producto marginal del trabajo a disminuir conforme aumenta el insumo de trabajo, manteniendo todo lo demás constante.

El producto marginal decreciente del trabajo surge porque estamos hablando de una función de producción *a corto plazo*. Al variar la cantidad de trabajo empleado, todos los otros factores de la producción se mantienen constantes. Así que, aunque más trabajo puede producir más producto, una fuerza de trabajo mayor opera con el mismo equipo de capital, máquinas y herramientas, que la fuerza de trabajo más pequeña. Al contratar más gente, el equipo de capital se utiliza cada vez más cerca de su límite físico, se presentan más descomposturas y aparecen los cuellos de botella. Como resultado, la producción no aumenta en proporción a la cantidad empleada de trabajo. El producto marginal del trabajo desciende al contratar más trabajo. Esta característica ocurre en casi todos los procesos de producción y, también, en la relación entre el empleo agregado y el producto agregado, es decir, el PIB real.

El hecho de que el producto marginal del trabajo disminuya, ejerce una influencia importante sobre

# El crecimiento del producto

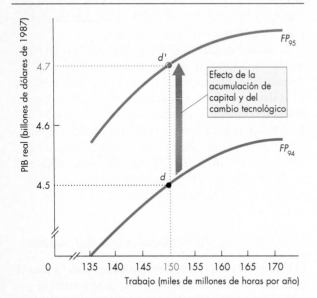

El producto crece con el paso del tiempo. La acumulación de capital y la adopción de tecnologías más productivas hacen posible un nivel más alto de PIB real para cualquier insumo de trabajo. Por ejemplo, entre 1994 y 1995 la función de producción se desplaza por encima de $FP_{94}$ a $FP_{95}$. Un insumo de trabajo de 150 mil millones de horas produce un PIB real de 4.5 billones de dólares en 1994 (punto *d*) y de 4.7 billones de dólares en 1995 (punto *d'*).

la demanda de trabajo, según veremos pronto. Pero primero veamos algunas de las cosas que desplazan la función de producción.

## Crecimiento económico y cambio tecnológico

El crecimiento económico es la expansión de la capacidad productiva de la economía. Cada año, algunos de los recursos de la economía se dedican a desarrollar tecnologías nuevas para lograr un producto mayor de una determinada cantidad de insumo de trabajo. Así mismo, se destinan recursos a la construcción de nuevo equipo de capital que incorpora las tecnologías disponibles más productivas. La acumulación de capital y los avances tecnológicos desplazan la función de producción agregada a corto plazo hacia arriba con el paso del tiempo. La figura 30.2 ilustra dicho desplazamiento. La curva con la indicación $FP_{94}$ es la misma

que la función de producción en la figura 30.1. Durante 1994, se acumula capital y se incorporan nuevas tecnologías al nuevo equipo de capital más productivo. Algún equipo de capital viejo, menos productivo, se desgasta y se envía al depósito de chatarra. El resultado neto es un aumento de la productividad de la economía, el cual ocasiona un movimiento ascendente de la función de producción agregada a corto plazo, a $FP_{95}$. Cuando se emplean 150 mil millones de horas de trabajo, la economía puede producir un PIB real de 4.5 billones de dólares en 1994 (punto *d*). En 1995, esa misma cantidad de trabajo puede producir 4.7 billones de dólares (punto *d'*). Cada nivel de insumo de trabajo puede producir más producto en 1995 que en 1994.

## Tasas de crecimiento variables

La acumulación de capital y el cambio tecnológico no avanzan a un ritmo constante. En algunos años, el nivel de inversión es alto y el acervo de capital crece rápidamente. En otros, por ejemplo, los años de recesión, la inversión disminuye y el acervo de capital crece lentamente. Así mismo, hay fluctuaciones del ritmo del cambio tecnológico. El cambio tecnológico tiene dos etapas: invención e innovación. La **invención** es el descubrimiento de una técnica nueva; la **innovación** es el acto de aplicar la técnica nueva. En ciertas épocas se descubren muchas cosas nuevas pero no se aplican; la invención es rápida pero la innovación es lenta. Es el ritmo de innovación el que influye sobre la tasa de crecimiento de la productividad. Aunque la función de producción agregada a corto plazo se desplaza hacia arriba con el tiempo, ocasionalmente se desplaza hacia abajo: la productividad disminuye. Las influencias negativas, o choques, que provocan el desplazamiento por debajo de la función de producción agregada, son las grandes sequías, perturbaciones importantes del comercio internacional, disturbios civiles o guerras. Una perturbación importante del comercio internacional ocurrió en 1974 cuando la OPEP declaró un embargo a las exportaciones de petróleo. Éste privó al mundo industrializado de una de sus materias primas más cruciales. Las empresas no podían obtener todo el combustible que necesitaban, y por tanto la fuerza de trabajo no fue capaz de producir tanto producto como lo habría hecho normalmente. En consecuencia, la función de producción agregada a corto plazo descendió en 1974.

Veamos con más detenimiento la función de producción agregada a corto plazo de Estados Unidos y veamos qué indica acerca del crecimiento de la productividad.

## El crecimiento de la productividad en Estados Unidos

Podemos examinar el crecimiento de la productividad en Estados Unidos al observar su función de producción agregada a corto plazo, la cual se muestra en la figura 30.3. Concéntrese primero en los puntos azules de la figura. Cada punto corresponde a un año entre 1960 y 1992 y cada uno representa el empleo agregado y el PIB real de un año en particular. Por ejemplo, el punto para 1960 nos dice que en 1960 las horas de trabajo fueron de 136 mil millones y el PIB real fue de 2 billones de dólares; en 1992, las horas de trabajo fueron de 214 mil millones y el PIB real fue de 4.9 billones de dólares.

Estos dos puntos, conjuntamente con los otros puntos de la figura, no permanecen todos sobre la misma función de producción agregada a corto plazo. Más bien, cada punto permanece sobre su propia función de producción agregada a corto plazo. Cada año cambian el acervo de equipo de capital y el estado de la tecnología, así que el potencial productivo de la economía es generalmente más alto que en el año precedente. La función de producción de 1960 es $FP_{60}$ y la de 1992 es $FP_{92}$.

La función de producción agregada a corto plazo de 1992 es un 90 por ciento más alta que la función de producción agregada a corto plazo de 1960. Esto significa que si el empleo en 1992 hubiera sido el mismo que en 1960, el PIB real en 1992 habría sido de 3.7 billones de dólares. En forma equivalente, si el empleo en 1960 hubiera sido el mismo que en 1992, el PIB real habría sido en 1960 de 2.6 billones de dólares.

## La disminución del crecimiento de la productividad

La función de producción a corto plazo se eleva con el paso del tiempo porque nos volvemos más productivos: una cierta cantidad de trabajo produce una cantidad mayor de producto. Pero la pro-

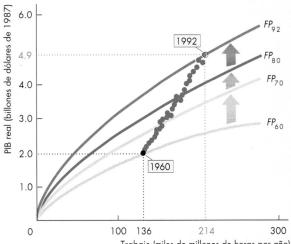

## La función de producción agregada a corto plazo de Estados Unidos

Los puntos de la figura muestran el PIB real y las horas de trabajo agregado empleado en Estados Unidos en cada año entre 1960 y 1992. Por ejemplo, en 1960, el insumo de trabajo fue de 136 mil millones de horas y el PIB real fue de 2 billones de dólares. En 1992, el insumo de trabajo fue de 214 mil millones de horas y el PIB real fue de 4.9 billones de dólares. Los puntos no están en una función de producción agregada a corto plazo; más bien, la función de producción agregada a corto plazo se desplaza cada año al acumularse el capital y cambiar las tecnologías. La figura muestra la función de producción agregada a corto plazo de 1960 y de 1992: $FP_{60}$ y $FP_{92}$. La función de producción de 1992 es un 90 por ciento más alta que la de 1960. Por ejemplo, los 136 mil millones de horas de trabajo que produjeron 2 billones de dólares de PIB real en 1960, habrían producido 3.7 billones de dólares de PIB real en 1992. De manera similar, los 214 mil millones de horas de trabajo que produjeron 4.9 billones de dólares de PIB real en 1992, habrían producido aproximadamente 2.6 billones de dólares de PIB real en 1960.

ductividad del trabajo no crece a un ritmo uniforme, y durante la década de 1970 experimentamos en Estados Unidos una retardación de la productividad. Usted puede ver dicha disminución del crecimiento de la productividad en la figura 30.3. Además de las funciones de producción de 1960 y de 1992, que acabamos de analizar, la figura muestra las funciones de producción de 1970 ($FP_{70}$) y la de 1980 ($FP_{80}$). Usted puede ver un gran desplazamiento de la función de producción entre 1960 y 1970. En esa década, la productividad aumentó el 36 por ciento. Pero entre 1970 y 1980, el desplazamiento de la función de producción fue menor. Durante la década de 1970, la productividad aumentó sólo el 17 por ciento. El crecimiento de la productividad aumentó durante la década de 1980, pero no recuperó su crecimiento de la década de 1960.

Existen varias razones que explican esta disminución del crecimiento de la productividad en Estados Unidos durante la década de 1970. Dos de los más importantes son los choques de los precios de los energéticos y los cambios en la composición del producto. Primero, los precios de los energéticos se cuadruplicaron en 1973-1974 y subieron de manera pronunciada nuevamente en 1979-1980, obligando a las empresas a hallar métodos de producción que ahorraran energía, e intensivos en trabajo y capital. Segundo, al expandirse la economía estadounidense, cambió la composición del producto. Se contrajeron la agricultura y las manufacturas y se expandieron los servicios. El crecimiento de la productividad es más rápido en la agricultura y las manufacturas y más lento en los servicios; así, al cambiar la composición del producto a una mayor participación de los servicios, se aminoró el crecimiento medio de la productividad. Otra posible causa del lento crecimiento de la productividad en Estados Unidos, comparado con algunos otros países y algunas soluciones posibles de este problema, se examinan en la Lectura entre líneas en las páginas 924-925.

## REPASO

U na función de producción indica cómo el producto que puede obtenerse varía al variar los factores de la producción. Una función de producción a corto plazo indica cómo el producto que puede obtenerse varía al variar el empleo de trabajo, manteniendo todo lo demás constante. La función de producción agregada a corto plazo indica cómo varía el PIB real al variar las horas totales de trabajo. El producto marginal del trabajo, es decir, el aumento del PIB real que resulta de un aumento de una hora del insumo de trabajo, decrece al aumentar el insumo de trabajo. ◆ ◆ La función de producción a corto plazo generalmente se eleva cada año, pero en ocasiones baja. La acumulación de capital y los avances tecnológicos desplazan la función de producción agregada a corto plazo hacia

arriba. Choques como las sequías, perturbaciones del comercio internacional y agitaciones civiles o políticas, desplazan hacia abajo a la función de producción. La función agregada a corto plazo de Estados Unidos se desplazó hacia arriba en un 90 por ciento entre 1960 y 1992. ◆

Hemos visto que el producto en un año cualquiera depende de la posición de la función de producción agregada a corto plazo y de la cantidad de trabajo empleado. Incluso, si la función de producción agregada a corto plazo se eleva, todavía es posible que descienda el producto debido a una baja del empleo. Por ejemplo, en 1991, el empleo y el PIB real bajaron al entrar la economía en recesión. Para determinar el nivel de producto, necesitamos entender no sólo las influencias sobre la función de producción agregada a corto plazo, sino también las influencias sobre el nivel de empleo. Para determinar el nivel de empleo, necesitamos estudiar la demanda y oferta de trabajo y cómo el mercado asigna el trabajo a los empleos. Comenzaremos con el estudio de la demanda de trabajo.

## La demanda de trabajo

L a **cantidad demandada de trabajo** es el número de horas de trabajo contratadas por todas las empresas en una economía. La **demanda de trabajo** es la cantidad demandada de trabajo a cada tasa de salario real. La **tasa de salario real** es el salario por hora expresado en dólares constantes; por ejemplo, el salario por hora expresado en dólares de 1987. La tasa de salario expresada en *dólares corrientes* se llama **tasa de salario monetario**. Una tasa de salario real expresada en dólares de 1987 indica lo que la tasa de salario monetario compraría si los precios de hoy fueran los mismos que en 1987. Calculamos la tasa salarial real al dividir la tasa de salario monetario entre el índice de deflación del PIB y multiplicándolo por 100. Por ejemplo, si la tasa de salario monetario es de 7 dólares la hora y el índice de deflación del PIB es de 140, la tasa de salario real es de 5 dólares (7 dividido entre 140 y multiplicado por 100 es igual a 5).

Podemos representar la demanda de trabajo como una tabla o una curva. La tabla de la figura 30.4 presenta un ejemplo de una tabla de demanda de trabajo. La fila *b* indica que a la tasa de salario real de 11 dólares la hora, se demandan 140 mil millones de horas de trabajo (por año). El resto de las filas de la tabla tienen una interpretación similar. La tabla de demanda de trabajo se representa gráficamente como la curva de demanda de trabajo *(DL)*. Cada punto en la curva corresponde a una fila identificada por la misma letra en la tabla.

¿Por qué influye la tasa de salario *real* sobre la cantidad demandada de trabajo? ¿Por qué no es la tasa de salario *monetario* la que afecta la cantidad demandada de trabajo? Y así mismo ¿por qué la cantidad demandada de trabajo aumenta al bajar la tasa de salario real? Es decir, ¿por qué la curva de demanda de trabajo tiene pendiente negativa? Procederemos a contestar estas preguntas.

### Producto marginal decreciente y la demanda de trabajo

Las empresas operan para maximizar beneficios. Cada trabajador que una empresa contrata aumenta sus costos y su producto. Hasta cierto punto, el producto extra producido por un trabajador vale más para la empresa que los salarios que la empresa tiene que pagar. Pero cada hora adicional de trabajo contratada produce menos que la hora anterior: el producto marginal del trabajo decrece. Al aumentar la cantidad empleada de trabajo y permanecer constante el equipo de capital empleado, más trabajadores tienen que usar las mismas máquinas y las plantas operan cada vez más cerca de sus límites físicos. El producto aumenta, pero no aumenta en proporción al aumento del insumo de trabajo. Al contratar más trabajadores, la empresa finalmente llega al punto en el que el ingreso por la venta del producto extra producido por la hora adicional de trabajo es igual a la tasa de salario por hora. Si la empresa contrata tan sólo una hora más de trabajo, el costo extra incurrido excederá el ingreso que se obtiene de la venta del producto extra. La empresa no empleará esa hora adicional de trabajo. Contrata una cantidad de trabajo tal que el ingreso obtenido por la última hora de insumo de trabajo es igual a la tasa de salario monetario.

Para entender por qué es la tasa de salario *real*, en lugar de la tasa de salario monetario, la que

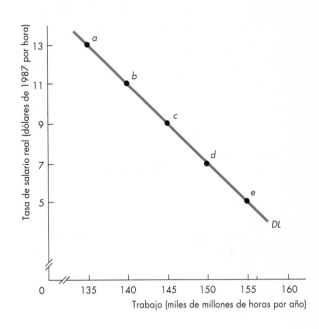

**FIGURA 30.4**

## La demanda de trabajo

| | Tasa de salario real (dólares de 1987 por hora) | Cantidad demandada de trabajo (miles de millones de horas por año) |
|---|---|---|
| *a* | 13 | 135 |
| *b* | 11 | 140 |
| *c* | 9 | 145 |
| *d* | 7 | 150 |
| *e* | 5 | 155 |

La cantidad demandada de trabajo aumenta al disminuir la tasa de salario real, según lo ilustra la tabla de demanda de trabajo y la curva de demanda de trabajo *(DL)*. Cada fila de la tabla nos da la cantidad demandada de trabajo para una tasa de salario real y corresponde a un punto en la curva de demanda de trabajo. Por ejemplo, cuando la tasa de salario real es de 7 dólares por hora, la cantidad demandada de trabajo es de 150 mil millones de horas al año (punto *d*). La curva de demanda de trabajo tiene pendiente negativa porque le conviene a las empresas contratar trabajo siempre y cuando el producto marginal del trabajo de la empresa sea mayor o igual a la tasa de salario real. Cuanto más baja es la tasa de salario real, mayor es el número de trabajadores cuyo producto marginal excede a la tasa de salario real.

# La disminución del crecimiento de la productividad

The New York Times, 9 de febrero de 1992

# ¡Atención, América! ¡Olvídalo!

### POR STEVEN GREENHOUSE

Después de observar durante años a los japoneses aumentar su poderío industrial, los estadounidenses se han percatado del peligro de perder su base industrial que despertó durante mucho tiempo la envidia del mundo. Finalmente, los estadounidenses de todos tipos, demócratas y republicanos, de cuello blanco y azul, andan en busca de maneras de cerrar la brecha de la competitividad que ha permitido a Japón colocarse a la cabeza en industrias clave, como las de automóviles y de chips de computador.

Algunos...expertos afirman que la Reserva Federal debería inyectar 25 mil millones de dólares a los bancos del país que están en dificultades mediante la compra de sus acciones, para permitirles prestar cerca de 250 mil millones de dólares a las compañías estadounidenses con objeto de modernizarse.

...Otros expertos afirman que el país debería adoptar el sistema alemán de adiestramiento en el trabajo, en el cual los estudiantes de bachillerato pasan algún tiempo en las fábricas aprendiendo a dominar las tecnologías modernas y a resolver problemas en equipo.

Algunos dicen que Washington debería permitir a los bancos poseer acciones de compañías industriales, como se hace en Alemania y Japón...

### Una nueva industria casera

Éstas son tan sólo algunas de las ideas surgidas profusamente por una nueva industria casera en la que cientos de economistas, *think tanks*, profesores, políticos, columnistas y consultores gerenciales, discurren de tiempo completo cómo mejorar la competitividad de Estados Unidos.

En una forma sorprendente, estos profundos pensadores... han llegado a un consenso de muchas recetas para los males económicos de Estados Unidos. Generalmente, están de acuerdo en que el país necesita tomar las siguientes medidas:

● Aumentar el ahorro para ofrecer a los negocios más dinero con objeto de invertir en construcciones y máquinas que aumentan la productividad...

● Acelerar los esfuerzos para adiestrar a los trabajadores estadounidenses a fin de que puedan adaptarse a las tecnologías y a las fábricas más flexibles del futuro.

● Lograr que las compañías piensen a largo plazo para que hagan inversiones estratégicas en equipo, adiestramiento e investigación...

● Controlar el gasto de atención médica, que coloca una pesada carga sobre la industria estadounidense...

● Gastar más en investigación y desarrollo para que la industria no sólo conserve la delantera en innovación, sino que también mejore su capacidad de convertir las ideas en productos de gran venta.

● Invertir más en estructuras públicas como carreteras, puentes, ferrocarriles y aeropuertos...

## Lo esencial del artículo

Ha surgido un acuerdo acerca del problema de la competitividad del país. Contiene los siguientes elementos:

◆ Aumentar el ahorro e invertir más en construcciones y máquinas.

◆ Mejorar el adiestramiento de los trabajadores estadounidenses.

◆ Alentar a las compañías a pensar a largo plazo.

◆ Reducir los costos de la atención médica.

◆ Gastar más en investigación y desarrollo.

◆ Invertir más en estructuras públicas (carreteras, puentes, ferrocarriles y aeropuertos).

Otras soluciones más controvertibles son:

◆ Inyectar a los bancos dinero de la Reserva Federal.

◆ Poner a más estudiantes de bachillerato en las fábricas, donde puedan aprender a dominar las tecnologías modernas y resolver problemas en equipo.

◆ Permitir a los bancos poseer acciones de compañías industriales.

# Antecedentes y análisis

Entre 1960 y 1991, el ingreso per cápita creció en Estados Unidos el 82 por ciento, en Alemania el 138 por ciento y en Japón el 441 por ciento.

Estos niveles de ingreso, *aparentemente* divergentes, se muestran en la figura 1.

Pero en 1960, el ingreso per cápita en Estados Unidos era de 7400 dólares, en Alemania era de 5200 dólares y en Japón era de 2200 dólares. (Estas sumas se basan en dólares de Estados Unidos valuados a precios de 1980).

Debido a que, en 1960, el nivel de ingreso de Estados Unidos era mucho más alto que en Alemania y Japón, el crecimiento más rápido del ingreso en Alemania y Japón les ha permitido cerrar la brecha con relación a Estados Unidos.

Pero, como muestra la figura 2, estos países no han rebasado a Estados Unidos.

De 1989 a 1991, el ingreso per cápita en Estados Unidos disminuyó, en tanto que en Alemania y Japón continuó aumentando.

La disminución del crecimiento en Estados Unidos, en 1989-1991, parece más una disminución de ciclo económico similar a la de 1982 (véase la Fig. 2) que un cambio permanente de tendencia.

La disminución del crecimiento de la productividad de Estados Unidos es real, pero las reacciones de los "expertos" y sus propuestas de soluciones requieren una evaluación cuidadosa.

Un aumento del ahorro y de la inversión, la mejora del adiestramiento de los trabajadores estadounidenses, "pensar a largo plazo", gastar más en investigación y desarrollo e invertir más en estructuras públicas convendrá únicamente si cada acción individual pasa la prueba del mercado de producir una tasa de rendimiento que es mayor o igual a la mejor alternativa.

La reducción de los costos de la atención médica está muy bien, pero no significa reducir la atención médica. Uno de los beneficios de un ingreso alto es un estándar alto de atención médica y, hasta cierto punto, los altos costos en Estados Unidos reflejan un estándar elevado de atención médica.

La propuesta de que la Fed inyecte 25 mil millones de dólares a los bancos incrementaría la *demanda* agregada, pero no es evidente que la *oferta* agregada aumentaría en la misma medida.

La propuesta de que los bancos compren acciones de compañías industriales, aumentaría el riesgo de los bancos, imponiendo un costo que debe sopesarse contra cualquier beneficio posible.

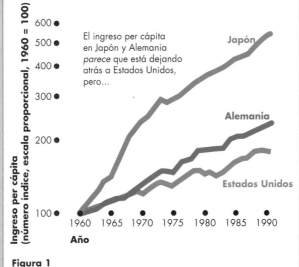

El ingreso per cápita en Japón y Alemania *parece* que está dejando atrás a Estados Unidos, pero...

**Figura 1**

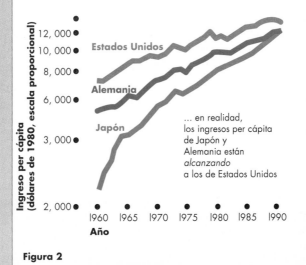

... en realidad, los ingresos per cápita de Japón y Alemania están *alcanzando* a los de Estados Unidos

**Figura 2**

afecta la cantidad demandada de trabajo; veamos un ejemplo.

## La demanda de trabajo en una fábrica de refrescos

Una fábrica de refrescos emplea 400 horas de trabajo. La producción adicional obtenida por la última hora contratada es de 11 botellas de refresco. Es decir, el producto marginal del trabajo es de 11 botellas de refresco por hora. Los refrescos se venden a 50 centavos por botella, así que el ingreso obtenido por la venta de 11 botellas es de 5.50 dólares. La tasa de salario monetario es también de 5.50 dólares por hora. Esta última hora de trabajo contratada produce tanto ingreso como los salarios pagados, así que a la empresa le conviene contratar justo esa hora de trabajo. La empresa paga la tasa de salario real que es exactamente igual al producto marginal del trabajo: 11 botellas de refresco. Es decir, la tasa de salario real de la empresa es igual a la tasa de salario monetario de 5.50 dólares por hora, dividido entre el precio del refresco, es decir, 50 centavos por botella.

**Un cambio de la tasa de salario real**   Averigüemos qué ocurre cuando cambia la tasa de salario real. Supongamos que la tasa de salario monetario aumenta a 11 dólares por hora, en tanto que el precio del refresco permanece constante en 50 centavos por botella. La tasa de salario real ha aumentado ahora a 22 botellas de refresco, igual al salario monetario de 11 dólares la hora dividido entre 50 centavos por botella, es decir, el precio de una botella de refresco. La última hora de trabajo contratada cuesta ahora 11 dólares, pero sólo genera 5.50 dólares de ingreso extra. No le conviene a la empresa contratar esta hora de trabajo. La empresa reduce la cantidad de trabajo empleado hasta que el producto marginal del trabajo genere 11 dólares de ingreso. Esto sucede cuando el producto marginal del trabajo es de 22 botellas de refresco; es decir, 22 botellas a 50 centavos la botella, se venden en 11 dólares. El producto marginal del trabajo es de nuevo igual a la tasa de salario real. Pero para que sea igual el producto marginal del trabajo a la tasa de salario real, la empresa tiene que reducir la cantidad empleada de trabajo. Entonces, cuando aumenta la tasa de salario real, disminuye la cantidad demandada de trabajo.

En el ejemplo que acabamos de ver, la tasa de salario real aumentó debido a que la tasa de salario monetario aumentó con un precio constante del producto. Pero el mismo resultado se obtiene si la tasa de salario monetario permanece constante y el precio del producto baja. Por ejemplo, si la tasa de salario permanece en 5.50 dólares la hora en tanto que el precio del refresco baja a 25 centavos por botella, la tasa de salario real es de 22 botellas de refresco y la planta embotelladora de refrescos contrata una cantidad de trabajo que hace que el producto marginal del trabajo sea igual a 22 botellas.

**Un cambio de la tasa de salario monetario con un salario real constante**   Para entender por qué la tasa de salario monetario no afecta la cantidad demandada de trabajo, supongamos que se duplican la tasa de salario monetario y todos los precios. La tasa de salario monetario aumenta a 11 dólares por hora y el precio del refresco aumenta a 1 dólar por botella. La fábrica de refrescos está en la misma situación real que antes. Paga 11 dólares por la última hora de trabajo empleada  y vende el producto producido por ese trabajo en 11 dólares. La tasa de salario monetario se ha duplicado de 5.50 dólares a 11 dólares la hora, pero nada *real* ha cambiado. La tasa de salario real es todavía de 11 botellas de refresco. Por lo que se refiere a la empresa, 400 horas es todavía la cantidad correcta de trabajo que debe contratar. La tasa de salario monetario ha cambiado, pero la tasa de salario real y la cantidad demandada de trabajo permanecen constantes.

## La demanda de trabajo en la economía

La demanda de trabajo en toda la economía se determina de la misma manera que en la fábrica de refrescos. Así que la cantidad demandada de trabajo depende de la tasa de salario real, no de la tasa de salario monetario, y cuanto más alta es la tasa de salario real, menor es la cantidad demandada de trabajo.

Ahora ya sabemos por qué la cantidad demandada de trabajo depende de la tasa de salario real, pero ¿qué la hace desplazarse?

## Cambios en la demanda de trabajo

Cuando cambia el producto marginal de cada hora de trabajo, la demanda de trabajo cambia y se desplaza la curva de demanda de trabajo. La acumulación de capital y el desarrollo de tecnologías nuevas están constantemente incrementando el producto marginal de cada hora de trabajo. Ya hemos visto un efecto de dichos cambios. Desplazan la función de producción agregada a corto plazo hacia arriba, como lo muestra la figura 30.2. Al mismo tiempo, *aumenta* la pendiente de la función de producción agregada a corto plazo. Cualquier cosa que aumenta la pendiente de la función de producción agregada a corto plazo aumenta el producto marginal de cada hora de trabajo: aumenta el producto extra obtenido por una hora adicional de trabajo. Para una determinada tasa de salario real, las empresas aumentarán la cantidad de trabajo que contratan, hasta que el ingreso obtenido por la venta del producto adicional producido por la última hora del insumo de trabajo sea igual a la tasa de salario por hora. Entonces, al elevarse la función de producción agregada a corto plazo, la curva de demanda de trabajo también se desplaza hacia la derecha.

En general, la curva de demanda de trabajo se desplaza con el tiempo hacia la derecha. Pero hay fluctuaciones del ritmo del desplazamiento de la curva de demanda de trabajo, que son iguales a las fluctuaciones de la función de producción agregada a corto plazo. Veamos la demanda de trabajo en Estados Unidos y cómo ha cambiado en el periodo que arranca en 1960.

## La demanda de trabajo en Estados Unidos

La figura 30.5 muestra la tasa de salario real medio y la cantidad de trabajo empleada en cada año entre 1960 y 1992. Por ejemplo, en 1992, la tasa de salario real era de 15.05 dólares la hora (en dólares de 1987) y se ocupaban 214 mil millones de horas de trabajo.

La figura muestra cuatro curvas de demanda de trabajo de 1960, 1970, 1980 y 1992. Entre 1960 y 1992, la función de producción agregada a corto plazo se desplazó hacia arriba y el producto marginal del trabajo aumentó. Si la cantidad empleada de trabajo en 1992 hubiera sido la misma que en 1960 (136 mil millones de horas), la tasa de salario real habría sido de 18.02 dólares por hora. Si la cantidad de trabajo empleada en 1960 hubiera sido tan alta como en 1992 (214 mil millones de horas), la tasa de salario real en ese año habría sido sólo de 7.80 dólares por hora.

## Otro punto de vista sobre la disminución del crecimiento de la productividad

La figura 30.5 proporciona también otro punto de vista sobre la disminución del crecimiento de la productividad en las décadas de 1970 y 1980. La curva de demanda de trabajo es también la curva del producto marginal del trabajo. Entonces los desplazamientos de la curva de demanda reflejan cambios de la productividad marginal del trabajo. Usted puede ver que la productividad del trabajo aumentó mucho más durante la década de 1960 que durante las dos décadas subsecuentes. La curva de demanda se desplazó más lejos entre 1960 ($DL_{60}$) y 1970 ($DL_{70}$) que entre 1970 ($DL_{70}$) y 1980 ($DL_{80}$).

**FIGURA 30.5**

## La demanda de trabajo en Estados Unidos

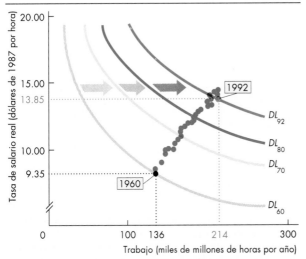

La figura muestra la cantidad de trabajo empleado y la tasa de salario real media en Estados Unidos de 1960 a 1992. Por ejemplo, en 1960, la tasa de salario real era de 9.35 dólares por hora y se ocupaban 136 mil millones de horas de trabajo. En 1992, la tasa de salario real era de 15.05 dólares por hora y se ocupaban 214 mil millones de horas de trabajo. Estos dos puntos (y los puntos para los años intermedios) no están en una sola curva de demanda de trabajo. La curva de demanda de trabajo se ha desplazado como resultado del desplazamiento de la función de producción agregada a corto plazo. La figura muestra las curvas de demanda de 1960 y de 1992, $DL_{60}$ y $DL_{92}$. Con el paso del tiempo, la curva de demanda de trabajo se ha desplazado hacia la derecha.

# REPASO

L a cantidad demandada de trabajo es la cantidad de horas de trabajo contratadas por todas las empresas en la economía. Depende de la tasa de salario real. Para una empresa individual, la tasa de salario real es la tasa de salario monetario pagada al trabajador dividido entre el precio al cual se vende el producto de la empresa. Para el conjunto de la economía, la tasa de salario real es la tasa de salario monetario dividido entre el nivel de precios. Cuanto más baja es la tasa de salario real, mayor es la cantidad demandada de trabajo. La curva de demanda de trabajo tiene pendiente negativa. ◆ ◆ La curva de demanda de trabajo se desplaza debido a desplazamientos de la función de producción agregada a corto plazo. Un aumento del acervo de capital o avances de las tecnologías incorporados en el acervo de capital desplazan la función de producción agregada a corto plazo hacia arriba y aumentan el producto marginal del trabajo. La curva de demanda de trabajo se desplaza hacia la derecha, pero a un ritmo desigual. ◆

Pasemos ahora al otro lado del mercado de trabajo y veamos cómo se determina la oferta de trabajo.

## La oferta de trabajo

L a **cantidad ofrecida de trabajo** es el número de horas de servicios de trabajo que las familias ofrecen a las empresas. La **oferta de trabajo** es la cantidad de trabajo ofrecida a cada tasa de salario real.

Podemos representar la oferta de trabajo como una tabla o una curva. La tabla de la figura 30.6 muestra una tabla de oferta de trabajo. Por ejemplo, la fila *b* nos dice que a una tasa de salario real de 3 dólares por hora, se ofrecen 140 mil millones de horas de trabajo (por año). Las otras filas de la tabla se interpretan de una manera similar. La tabla de oferta de trabajo se representa gráficamente

---

**FIGURA 30.6**

## La oferta de trabajo

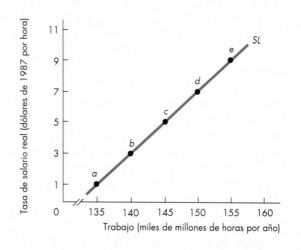

| | Tasa de salario real (dólares de 1987 por hora) | Cantidad demandada de trabajo (miles de millones de horas al año) |
|---|---|---|
| *a* | 1 | 135 |
| *b* | 3 | 140 |
| *c* | 5 | 145 |
| *d* | 7 | 150 |
| *e* | 9 | 155 |

La cantidad ofrecida de trabajo aumenta al aumentar la tasa de salario real, como lo ilustra la tabla de oferta de trabajo y la curva de oferta de trabajo *(SL)*. Cada fila de la tabla nos da la cantidad ofrecida de trabajo a una tasa de salario real y corresponde a un punto de la curva de oferta de trabajo. Por ejemplo, cuando la tasa de salario real es de 7 dólares por hora, la cantidad ofrecida de trabajo es de 150 mil millones de horas al año (punto *d*). La curva de oferta de trabajo tiene pendiente positiva porque las familias trabajan más horas, en promedio, a tasas de salario reales más altas, y más familias participan en la fuerza de trabajo. Estas respuestas las refuerza la sustitución intertemporal, es decir, una nueva distribución en el tiempo del trabajo para aprovechar los salarios temporalmente más altos.

---

como la curva de oferta de trabajo (*SL*). Cada punto de la curva *SL* representa una fila de la tabla identificada por la misma letra. Al aumentar la tasa de salario real, aumenta la cantidad ofrecida de trabajo. La curva de oferta de trabajo tiene pendiente positiva.

Pero ¿por qué aumenta la cantidad ofrecida de trabajo cuando aumenta la tasa de salario real? Por dos razones:

◆ Aumentan las horas por trabajador
◆ Aumenta la tasa de participación de la fuerza de trabajo

## La determinación de horas por trabajador

Para elegir cuántas horas trabajará, una familia tiene que decidir la asignación de su tiempo entre el trabajo y otras actividades. Si la familia elige no trabajar durante una hora, no le pagan esa hora. El costo de oportunidad de no trabajar es lo que realmente sacrifica la familia al no trabajar. Son todos los bienes y servicios que la familia podría comprar con la tasa de salario por hora. Así que el costo de oportunidad de una hora no trabajada es la tasa de salario real por hora.

¿Qué ocurrirá con la disposición de la gente a trabajar si aumenta la tasa de salario real? Ese cambio tiene dos efectos opuestos:

◆ Un efecto sustitución
◆ Un efecto ingreso

**Efecto sustitución** El efecto sustitución de un cambio de la tasa de salario real actúa exactamente de la misma manera que un cambio de los precios de las cintas afecta la cantidad demandada de cintas. Así como las cintas tienen un precio, también el tiempo. Como ya hemos indicado, la tasa de salario real por hora es el costo de oportunidad de una hora no trabajada. Una tasa de salario real más alta aumenta el costo de oportunidad del tiempo y hace del tiempo mismo una mercancía más valiosa. El costo de oportunidad más alto de no trabajar alienta a la gente a reducir su tiempo no trabajado y a aumentar el tiempo dedicado a trabajar. Entonces, al aumentar la tasa de salario real, se ofrecen más horas de trabajo.

**Efecto ingreso** Pero una tasa de salario más alta incrementa también el ingreso de la gente. Cuanto más alto es el ingreso de una persona, mayor es su demanda de todos los diferentes tipos de bienes y servicios. Un "bien" de esos es el ocio: el tiempo para hacer cosas agradables que no producen un ingreso. Así que una tasa de salario real más alto

hace también que la gente quiera disfrutar más horas de ocio y ofrezca menos horas de trabajo.

Cuál de estos efectos predomine dependerá de la actitud de cada individuo hacia el trabajo y, también, de la tasa de salario real. Las actitudes hacia el trabajo, si bien varían de un individuo a otro, no cambian mucho, en promedio, con el tiempo. Pero la tasa de salario real sí cambia y ocasiona cambios de la cantidad ofrecida de trabajo. A una tasa de salario real muy baja, el efecto sustitución es más poderoso que el efecto ingreso. Es decir, al aumentar la tasa de salario real, el incentivo para sustituir tiempo de ocio con tiempo de trabajo es más fuerte que el incentivo para gastar parte de un ingreso mayor en más horas de ocio. En consecuencia, al aumentar la tasa de salario real, aumenta la cantidad ofrecida de trabajo.

A una tasa de salario real lo suficientemente alta, el efecto ingreso se vuelve más poderoso que el efecto sustitución. Al aumentar el salario real, el incentivo para gastar más del ingreso adicional en tiempo de ocio es más fuerte que el incentivo para economizar tiempo de ocio.

Indudablemente que algunas personas reciben una tasa de salario real tan alta que un aumento adicional las llevaría a reducir sus horas de trabajo. Pero para la mayoría de nosotros una tasa de salario real más alta nos empuja a trabajar más. Entonces, en promedio, cuanto más alta es la tasa de salario real, más horas trabaja cada persona.

## La tasa de participación

La **tasa de participación de la fuerza de trabajo** es la proporción de la población en edad de trabajar que está o bien empleada o desempleada (pero en busca de empleo). Por una diversidad de razones, la gente tiene diferentes disposiciones a trabajar. Algunas personas tienen más oportunidades productivas en casa y necesitan un mayor incentivo para abandonar dichas actividades y trabajar para alguien más. Otros individuos le conceden un valor muy elevado al ocio y necesitan un salario real alto para inducirlos a trabajar. Tales reflexiones sugieren que cada persona tiene un salario de reserva. El **salario de reserva** es el salario más bajo al cual una persona ofrecerá trabajo; por debajo de ese salario la persona no trabajará.

Aquellas personas que tienen un salario de reserva inferior o igual al salario real efectivo, estarán en la fuerza de trabajo; y aquellos que tienen un salario de reserva superior al salario real, no estarán en la fuerza de trabajo. Cuanto más alta es la tasa de salario real, mayor es el número de personas cuyos salarios de reserva son inferiores a la tasa de salario real y, por tanto, mayor es la tasa de participación de la fuerza de trabajo.

El efecto de sustitución intertemporal sobre la cantidad ofrecida de trabajo refuerza y fortalece el aumento de horas trabajadas por familia y la tasa de participación de la fuerza de trabajo.

## Sustitución intertemporal

Las familias tienen que decidir no sólo si trabajarán, sino también *cuándo* trabajarán. Esta decisión no se basa únicamente en el salario real actual, sino también en la relación del salario real actual con los salarios reales esperados en el futuro.

Supongamos que la tasa de salario real es más alta hoy de lo que se espera sea en el futuro. ¿De qué manera afecta este hecho la decisión de oferta de trabajo de una persona? Alienta más trabajo hoy y menos trabajo en el futuro. Así que, cuanto más alta es la tasa de salario real hoy en relación a lo que se espera sea en el futuro (con todo lo demás constante), mayor es la oferta de trabajo.

Salarios reales temporalmente altos son similares a tasas altas de rendimiento. Si los salarios reales son temporalmente altos, la gente puede obtener una tasa de rendimiento más elevada por su esfuerzo de trabajo al disfrutar una menor cantidad de ocio y ofreciendo más trabajo en ese periodo. Al invertir en algo de trabajo ahora y obteniendo el rendimiento en la forma de más tiempo de ocio más tarde, pueden alcanzar un nivel general más alto de consumo de bienes y servicios y de ocio.

---

**REPASO**

E l costo de oportunidad del tiempo es la tasa de salario real: los bienes y servicios que se pueden comprar con el ingreso de una hora de trabajo. Un aumento de la tasa de salario real, con otras cosas constantes, aumenta la oferta de horas por trabajador y aumenta la tasa de participación de la fuerza de trabajo. Un salario real *actual* más

alto en relación con el salario real esperado en el futuro, estimula a la gente a ofrecer más trabajo hoy y menos en el futuro. ◆

Ya hemos visto ahora por qué, cuando aumenta la tasa de salario real, aumenta también la cantidad ofrecida de trabajo; es decir, por qué la curva de oferta de trabajo tiene pendiente positiva. Reunamos ahora ambos lados del mercado de trabajo y estudiemos la determinación de salarios y empleo.

## Salarios y empleo

H emos descubierto que, al aumentar la tasa de salario real, disminuye la cantidad demandada de trabajo y aumenta la cantidad ofrecida de trabajo. Queremos ahora estudiar la interacción de ambos lados del mercado de trabajo para determinar la tasa de salario real, el empleo y el desempleo.

Existe un desacuerdo acerca del funcionamiento del mercado de trabajo y este desacuerdo es la principal causa de la actual controversia en la macroeconomía.

Existen dos teorías principales acerca del mercado de trabajo:

◆ La teoría del salario flexible

◆ La teoría del salario inflexible

La teoría del salario flexible está edificada sobre el supuesto de que el mercado de trabajo funciona de una manera similar a los mercados de bienes y servicios, con un ajuste continuo y libre de la tasa de salario real para mantener equilibradas la cantidad demandada y la cantidad ofrecida. La teoría del salario inflexible está basada en el supuesto de que los contratos salariales *fijan* la tasa de salario monetario, de ahí el nombre de salarios inflexibles. Si la tasa de salario monetario es inflexible, la tasa de salario real no se ajusta continuamente para mantener la cantidad demandada de trabajo igual a la cantidad ofrecida. Veamos estas teorías, y comencemos con la del salario flexible.

## La teoría del salario flexible

Los salarios de la mayoría de la gente, *salarios monetarios*, los determinan contratos salariales que tienen una vigencia mínima de un año y, a menudo, de dos o tres años. ¿Significa esto que los salarios monetarios no son flexibles? No, necesariamente. Las tasas de salario monetario, incluso aquéllas fijadas por contratos salariales, pueden ajustarse, y lo hacen hacia arriba o hacia abajo. Por ejemplo, algunos trabajadores reciben pagos de bonos en las buenas épocas y pierden esos bonos en las malas. Algunos trabajadores obtienen tiempo extra a tasas de pago elevadas en las buenas épocas, pero solamente consiguen trabajo a la tasa de salario por hora normal en las épocas malas. Los trabajadores obtienen frecuentemente promociones desusadamente rápidas a empleos con una tasa de salario más alta en las buenas épocas y se quedan atascados en la parte inferior de la escala de ascensos en las malas. Estas fluctuaciones de bonos, de pago por tiempo extraordinario y de ritmo de ascenso dan como resultado cambios en la tasa media de salario incluso cuando no cambian las tablas de tasas de salario.

La teoría del salario flexible del mercado de trabajo supone que estas causas de ajuste salarial son suficientes para lograr un equilibrio continuo entre las cantidades ofrecidas y demandadas de trabajo. La economía permanece en el pleno empleo.

La figura 30.7 ilustra la teoría. La curva de demanda de trabajo es *DL* y la curva de oferta de trabajo es *SL*. Este mercado determina una tasa de salario real de equilibrio de 7 dólares por hora y una cantidad ocupada de trabajo de 150 mil millones de horas. Si la tasa de salario real es inferior a su nivel de equilibrio de 7 dólares por hora, la cantidad demandada de dinero es mayor que la cantidad ofrecida. En tal situación, la tasa de salario real subirá, ya que las empresas están dispuestas a ofrecer salarios cada vez más altos a fin de superar la escasez de trabajo. La tasa de salario real continuará aumentando hasta que llegue a 7 dólares por hora, y en ese punto no habrá ya escasez de trabajo.

Si la tasa de salario real es superior a su nivel de equilibrio de 7 dólares por hora, la cantidad ofrecida de trabajo es mayor que la cantidad demandada.

FIGURA **30.7**

## Equilibrio con salarios flexibles

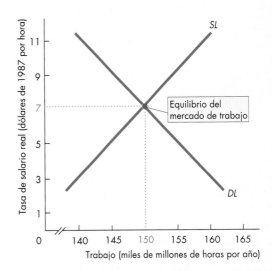

El equilibrio tiene lugar cuando la tasa de salario real iguala las cantidades demandada y ofrecida de trabajo. Este equilibrio se da con una tasa de salario real de 7 dólares por hora, con la cual se ocupan 150 mil millones de horas de trabajo. Para tasas de salario real inferiores a 7 dólares por hora, la cantidad demandada de trabajo excede la cantidad ofrecida y la tasa real de salario aumenta. Para tasas de salario real superiores a 7 dólares por hora, la cantidad ofrecida de trabajo es mayor que la cantidad demandada de trabajo y la tasa de salario real baja.

En esta situación, las familias no pueden obtener todo el trabajo que desean, y a las empresas se les facilita contratar trabajo. Éstas tendrán un incentivo para recortar el salario y las familias aceptarán uno menor a fin de conseguir empleo. La tasa de salario real descenderá hasta que llegue a 7 dólares por hora, y en ese punto cada familia está satisfecha con la cantidad de trabajo que ofrece.

**Cambios de los salarios y del empleo** La teoría del salario flexible hace predicciones acerca de los salarios y el empleo idénticas a las predicciones del modelo de demanda y oferta que estudiamos en el capítulo 4. Un aumento de la demanda de trabajo desplaza la curva de demanda de trabajo hacia la derecha y aumenta tanto la tasa de salario real como la cantidad ocupada de trabajo. Una disminución de la demanda de trabajo desplaza la curva de demanda de trabajo hacia la izquierda y reduce tanto la tasa de salario real como la cantidad ocupada de trabajo. Un aumento en la oferta de trabajo desplaza la curva de oferta de trabajo hacia la derecha, lo que reduce la tasa de salario real y aumenta el empleo. Una disminución de la oferta de trabajo desplaza la curva de oferta de trabajo hacia la izquierda, lo que hace subir la tasa de salario real y reduce el empleo.

La demanda de trabajo incrementa con el tiempo porque la acumulación de capital y el cambio tecnológico aumentan el producto marginal del trabajo. La oferta de trabajo aumenta con el tiempo porque la población en edad de trabajar aumenta constantemente. Los desplazamientos hacia la derecha de la curva de demanda de trabajo han sido generalmente más grandes que los desplazamientos de la curva de oferta de trabajo, de modo que con el tiempo han aumentado tanto la cantidad ocupada de trabajo como la tasa de salario real.

## Oferta agregada con salarios flexibles

La teoría del salario flexible del mercado de trabajo tiene una consecuencia notable para la oferta agregada de bienes y servicios, o PIB real. La cantidad ofrecida de PIB real es independiente del nivel de precios.

Recordemos las definiciones de la curva de oferta agregada a corto plazo y la curva de oferta agregada a largo plazo (Cap. 24, págs. 701-704). La curva de oferta agregada a corto plazo indica en qué forma varía la cantidad ofrecida de PIB real conforme al nivel de precios, con todo lo demás constante. La curva de oferta agregada a largo plazo indica en qué forma varía la cantidad de PIB real conforme al nivel de precios cuando cambian los salarios conjuntamente con el nivel de precios para lograr el pleno empleo.

Según la teoría del salario flexible del mercado de trabajo, la tasa de salario monetario *siempre* se ajusta para determinar una tasa de salario real, que logra la igualdad entre la cantidad demandada de trabajo y la cantidad ofrecida. Es decir, al cambiar el nivel de precios, la tasa de salario monetario se ajusta para mantener constante la tasa de salario real. El mercado de trabajo se mantiene en equilibrio, con pleno empleo. La curva de oferta agregada generada por el modelo del salario flexible del mercado de trabajo es la misma que la curva de

oferta agregada a largo plazo. Es vertical. Veamos por qué.

La figura 30.8 ilustra la derivación de la curva de oferta agregada a largo plazo. La parte (a) muestra el mercado de trabajo agregado. Las curvas de demanda y oferta son exactamente las mismas que las de la figura 30.7. El equilibrio, un salario real de 7 dólares por hora y el empleo de 150 mil millones de horas, es exactamente el mismo que obtuvimos en dicha figura.

La figura 30.8(b) muestra la función de producción agregada a corto plazo, como la que se presentó en la figura 30.1. Sabemos que el mercado de trabajo (parte a) se ocupa de 150 mil millones de horas de trabajo. La parte (b) indica que cuando se emplean 150 mil millones de horas de trabajo el PIB real es de 4.5 billones de dólares.

La figura 30.8(c) muestra la curva de oferta agregada a largo plazo; esta curva indica que el PIB real es de 4.5 billones de dólares, independientemente del nivel de precios. Para ver por qué, veamos qué le sucede al PIB real cuando cambia el nivel de precios.

Comencemos con un índice de deflación del PIB de 100. En este caso, la economía está en el punto *j* en la parte (c) de la figura. Es decir, el índice de deflación del PIB es de 100 y el PIB real es de 4.5 billones de dólares. Hemos establecido, en la parte (a), que la tasa de salario real es de 7 dólares. Con un índice de deflación del PIB de 100, la tasa de salario monetario (la tasa de salario en dólares corrientes) es también de 7 dólares por hora.

¿Qué le sucede al PIB real si el índice de deflación del PIB baja de 100 a 80 (una disminución del 20 por ciento del nivel de precios)? Si la tasa de salario monetario se mantiene en 7 dólares por hora, la tasa de salario real sube y la cantidad ofrecida de trabajo es mayor que la cantidad demandada. En tal caso, la tasa de salario monetario descenderá. Baja a 5.60 dólares por hora. Con una tasa de salario monetario de 5.60 dólares y un índice de deflación del PIB de 80, la tasa de salario real es todavía de 7 dólares (5.60 dividido entre 80 y multiplicado por 100 es igual a 7). Con la tasa de salario monetario más baja pero con una tasa de salario real constante, el empleo permanece en 150 mil millones de horas (pleno empleo) y el PIB real se mantiene constante en 4.5 billones de dólares. La economía está en el punto *k* de la figura 30.8(c).

¿Qué le sucede al PIB real si el índice de deflación del PIB aumenta de 100 a 120 (un aumento

FIGURA **30.8**

Oferta agregada con salarios flexibles

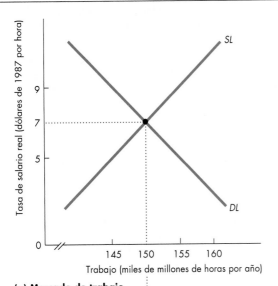

**(a) Mercado de trabajo**

**(c) Curva de oferta agregada a largo plazo**

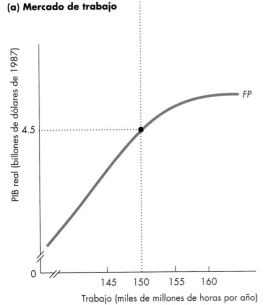

**(b) Función de producción agregada a corto plazo**

El equilibrio del mercado de trabajo determina la tasa de salario real y el empleo. La curva de demanda de trabajo *(DL)* interseca la curva de oferta de trabajo *(SL)* a una tasa de salario real de 7 dólares por hora y 150 mil millones de horas de empleo (parte a). La función de producción agregada a corto plazo *(FP)* y el empleo de 150 mil millones de horas determina el PIB real de 4.5 billones de dólares (parte b). El PIB real ofrecido es de 4.5 billones de dólares, independientemente del nivel de precios. La curva de oferta agregada a largo plazo es la línea vertical *(SAL)* en la parte (c). Si el índice de deflación del PIB es de 100, la economía está en el punto *j*. Si el índice de deflación del PIB es de 120, la tasa de salario monetario sube para mantener constante la tasa de salario real en 7 dólares por hora, el empleo se mantiene en 150 mil millones de horas y el PIB real es de 4.5 billones de dólares. La economía está en el punto *l*. Si el índice de deflación del PIB es de 80, la tasa de salario monetario baja para mantener constante la tasa de salario real en 7 dólares por hora, el empleo se mantiene en 150 mil millones de horas y el PIB real es de 4.5 billones de dólares. La economía está en el punto *k*.

del 20 por ciento del nivel de precios)? Si la tasa de salario monetario permanece en 7 dólares por hora, la tasa de salario real baja y la cantidad demandada de trabajo excede a la cantidad ofrecida. En tal situación, sube la tasa de salario monetario. Continuará aumentando hasta que llegue a 8.40 dólares por hora. A esa tasa de salario monetario, la tasa

de salario real es de 7 dólares (8.40 dividido entre 120 y multiplicado por 100 es igual a 7) y la cantidad demandada de trabajo es igual a la cantidad ofrecida. El empleo se mantiene en 150 mil millones de horas (pleno empleo) y el PIB real permanece en 4.5 billones de dólares. La economía está en el punto *l* en la figura 30.8(c).

Los puntos *j, k* y *l* en la parte (c) están todos en la curva de oferta agregada a largo plazo. Hemos considerado únicamente tres niveles de precios. Podríamos haber considerado cualquier nivel de precios y habríamos llegado a la misma conclusión: un cambio del nivel de precios produce un cambio proporcional en la tasa de salario monetario y deja inalterada la tasa de salario real. También están inalterados el empleo y el PIB real. La curva de oferta agregada a largo plazo es vertical.

**Fluctuaciones del PIB real**    En la teoría del salario flexible del mercado de trabajo, las fluctuaciones del PIB real surgen de los desplazamientos de la curva de oferta agregada a largo plazo. El cambio tecnológico y la acumulación de capital desplazan la función de producción agregada a corto plazo hacia arriba y, también, desplazan la curva de demanda de trabajo hacia la derecha. El crecimiento de la población en edad de trabajar desplaza la curva de oferta de trabajo hacia la derecha. Estos cambios de las condiciones económicas cambian el empleo de equilibrio y el PIB real de pleno empleo y, también, desplazan la curva de oferta agregada a largo plazo. Casi siempre estos cambios dan como resultado un desplazamiento hacia la derecha de la curva de oferta agregada a largo plazo, con lo que aumenta el PIB real. Pero es variable el ritmo al cual se desplaza hacia la derecha la curva de oferta agregada a largo plazo, lo que ocasiona fluctuaciones de la tasa de crecimiento del PIB real. Ocasionalmente, la función de producción agregada a corto plazo se desplaza hacia abajo. Cuando lo hace, la curva de demanda de trabajo se desplaza hacia la izquierda, el empleo baja y la curva de oferta agregada a largo plazo se desplaza también hacia la izquierda, reduciendo el PIB real.

demandadas y ofrecidas de trabajo. En una economía así, la tasa de salario real y el empleo son constantes. Por tanto, conforme varía el nivel de precios, el PIB real de pleno empleo permanece estable. Sólo hay una curva de oferta agregada: la curva vertical de oferta agregada a largo plazo. Las fluctuaciones del empleo, del salario real y del PIB real ocurren debido a fluctuaciones de la oferta de trabajo y de la función de producción agregada a corto plazo que, a su vez, producen fluctuaciones en la demanda de trabajo. La causa más importante de fluctuaciones es el ritmo desigual del cambio tecnológico, pero hay otros factores de influencia negativos ocasionales sobre la función de producción agregada a corto plazo. ◆

Examinemos ahora la teoría del salario inflexible del mercado de trabajo.

## La teoría del salario inflexible

La mayoría de los economistas, si bien reconocen la posibilidad de flexibilidad de los salarios debido a los bonos y a las tasas de salario de tiempo extra, piensan que estas causas de flexibilidad son insuficientes para mantener la cantidad ofrecida de trabajo igual a la cantidad demandada. Las tasas básicas de salarios monetarios pocas veces se ajustan con más frecuencia que una vez al año, de modo que las tasas de salario monetario son bastante rígidas, es decir, inflexibles. Las tasas de salario real cambian con más frecuencia que las tasas de salario monetario debido a los cambios del nivel de precios, pero de acuerdo con la teoría del salario inflexible estos ajustes no hacen a los salarios reales lo suficientemente flexibles como para lograr el pleno empleo continuo.

El punto de partida de la teoría del salario inflexible del mercado de trabajo es la teoría de la determinación de la tasa de salario monetario.

**Determinación del salario monetario**    A las empresas, naturalmente, les gusta pagar el menor salario posible. A los trabajadores les gusta el salario más alto posible. Pero los trabajadores desean ser contratados y las empresas quieren estar en posibilidades de encontrar trabajadores. Las empresas reconocen que si ofrecen un salario demasiado bajo,

## R E P A S O

**L** a teoría del salario flexible del mercado de trabajo sostiene que la tasa de salario monetario se ajusta con suficiente libertad para mantener la igualdad continua de las cantidades

FIGURA **30.9**

## Un mercado de trabajo con salarios monetarios inflexibles

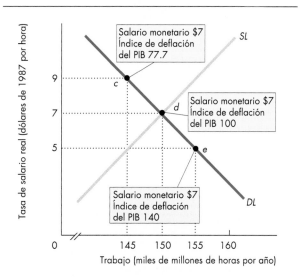

La curva de demanda de trabajo es *DL* y la curva de oferta de trabajo es *SL*. La tasa de salario monetario se fija para lograr un equilibrio esperado entre las cantidades de trabajo demandada y ofrecida. Si se espera que el índice de deflación del PIB sea de 100, la tasa de salario monetario se fija en 7 dólares por hora. Se espera que el mercado de trabajo esté en el punto *d*. La cantidad ocupada de trabajo la determina la demanda de trabajo. Si resulta que el índice de deflación del PIB sea de 100, entonces la tasa de salario real es igual a 7 dólares, y la cantidad ocupada de trabajo es de 150 mil millones de horas de trabajo. La economía opera en el punto *d*. Si resulta que el índice de deflación del PIB es de 77.7, entonces la tasa de salario real es de 9 dólares por hora, y la cantidad ocupada de trabajo desciende a 145 mil millones de horas. La economía opera en el punto *c*. Si el índice de deflación del PIB es de 140, entonces la tasa de salario real es de 5 dólares por hora, y la cantidad empleada de trabajo aumenta a 155 mil millones de horas. La economía opera en el punto *e*.

habrá una escasez de trabajo. Los trabajadores reconocen que si tratan de conseguir un salario muy alto, habrá una escasez de empleos: desempleo excesivo. El salario que equilibra dichas fuerzas opuestas es el salario de equilibrio, es decir, el salario que iguala la cantidad demandada de trabajo con la cantidad ofrecida. Pero si los salarios monetarios se fijan para un año o más, será imposible lograr un equilibrio continuo entre la cantidad demandada de trabajo y la cantidad ofrecida. En esa situación ¿cómo se determina la tasa de salario monetario? Se establece a un nivel encaminado a

lograr una expectativa o creencia de que, en promedio, la cantidad demandada de trabajo será igual a la cantidad ofrecida. Veamos cuál es esa tasa de salario monetario.

Si las curvas de demanda y oferta de trabajo son las mismas que usamos en la figura 30.7, la tasa de salario real que logra la igualdad de las cantidades demandada y ofrecida de trabajo es de 7 dólares por hora, según lo muestra la figura 30.9. La tasa de salario monetario en que se convierte esta tasa de salario real depende del nivel de precios. Pero cuando las empresas y los trabajadores acuerdan una tasa de salario monetario para un contrato futuro, no saben cuál será el nivel de precios. Todo lo que pueden hacer es basar el contrato en su mejor pronóstico del nivel de precios futuro. Supongamos que las empresas y los trabajadores tienen las mismas expectativas acerca del futuro. Suponga que *esperan* que el índice de deflación del PIB para el año venidero será de 100. Si ése es el caso, las empresas y los trabajadores estarán en condiciones de acordar una tasa de salario monetario de 7 dólares por hora. Es decir, con un índice esperado de deflación del PIB de 100, la tasa de salario monetario de 7 dólares por hora se convierte en una tasa esperada de salario real de 7 dólares por hora.

**Determinación del salario real** La tasa de salario real que efectivamente surge depende del nivel de precios *efectivo*. Si el índice de deflación del PIB resulta ser de 100, como se esperaba, entonces la tasa de salario real es de 7 dólares por hora, como se esperaba. Pero son posibles muchos otros resultados. Consideremos dos de ellos, uno en el que el nivel de precios resulta más alto de lo que se esperaba y otro en el que resulta menor a lo esperado.

Primero, supongamos que el índice de deflación del PIB resulta ser de 140. En este caso, la tasa de salario real es de 5 dólares por hora.

Es decir, una tasa de salario monetario de 7 dólares por hora y un índice de deflación del PIB de 140 permite a la gente comprar los mismos bienes y servicios que una tasa de salario monetario de 5 dólares por hora cuando el índice de deflación del PIB es de 100. Suponga después que el índice de deflación del PIB resulta ser de 77.7, en lugar de 100. En este caso, la tasa de salario real es de 9 dólares por hora. Una tasa de salario monetario de 7 dólares por hora con un índice de deflación del PIB de 77.7 compra la misma cantidad de bienes y servi-

**FIGURA 30.10**

Oferta agregada con salarios inflexibles

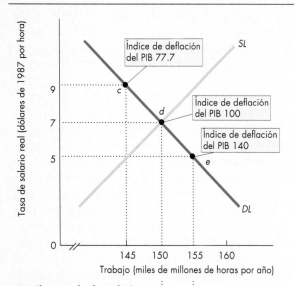

**(a) El mercado de trabajo**

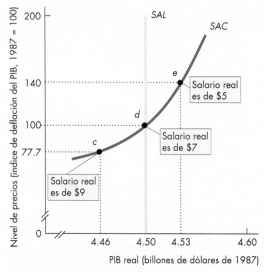

**(c) Curvas de oferta agregada**

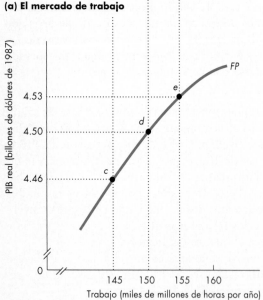

**(b) Función de producción agregada a corto plazo**

La tasa de salario monetario está fija en 7 dólares por hora. En la parte (a), la curva de demanda de trabajo *(DL)* interseca la curva de oferta de trabajo *(SL)* a una tasa de salario real de 7 dólares por hora y 150 mil millones de horas de empleo. Si el índice de deflación del PIB es de 100, la economía opera en el punto *d.* En la parte (b), la función de producción agregada a corto plazo *(FP)* determina el PIB real en 4.5 billones de dólares. Ésta es la oferta agregada a largo plazo *(SAL)* en la parte (c). Si el índice de deflación del PIB es de 77.7, los salarios reales son de 9 dólares por hora y la economía está en el punto *c*: el empleo es de 145 mil millones de horas (parte a) y el PIB real es de 4.46 billones de dólares (parte b).  La economía está en el punto *c* en su curva de oferta agregada a corto plazo *(SAC)* en la parte (c). Si el índice de deflación del PIB es de 140, los salarios reales son de 5 dólares por hora y la economía está en el punto *e*: el empleo es de 155 mil millones de horas (parte a) y el PIB real es de 4.53 billones de dólares (parte b). La economía está en el punto *e* en su curva de oferta agregada a corto plazo en la parte (c).

cios que una tasa de salario monetario de 9 dólares por hora compra cuando el índice de deflación del PIB es de 100. Los tres puntos *c, d* y *e* en la figura 30.9 ilustran la relación entre el nivel de precios, la tasa de salario monetario y la tasa de salario real. La tasa de salario monetario permanece constante en 7 dólares por hora, y cuanto más alto es el nivel

de precios, menor es la tasa de salario real. Pero al variar la tasa de salario real, ¿qué determina la cantidad ocupada de trabajo?

**Empleo con salarios inflexibles**   La teoría del salario inflexible supone que las empresas determinan el nivel de empleo. Siempre y cuando las empresas paguen la tasa de salario monetario acordado, las familias ofrecen cualquier trabajo que las empresas demanden. Estos supuestos implican que el nivel de empleo lo determina la curva de demanda de trabajo y que las familias están dispuestas a estar "fuera" de sus curvas de oferta.

En la figura 30.9, la tasa de salario monetario es de 7 dólares por hora. Si el índice de deflación del PIB resulta ser de 100, como se esperaba, la tasa de salario real es de 7 dólares por hora y se ocupan 150 mil millones de horas de trabajo (punto *d* en la figura). Si el índice de deflación del PIB es de 77.7, la tasa de salario real es de 9 dólares por hora y la cantidad demandada y empleada de trabajo es de 145 mil millones de horas (punto *c* en la figura). Las familias ofrecen menos trabajo de lo que les gustaría. Si el índice de deflación del PIB resulta ser de 140, la tasa de salario real es de 5 dólares por hora y la cantidad demandada y empleada de trabajo es de 155 mil millones de horas (punto *e* en la figura). En este caso, las familias ofrecen más trabajo de lo que les gustaría.

Es fácil entender por qué una familia podría ofrecer menos trabajo, pero ¿por qué habría de ofrecer *más* trabajo de lo que le gustaría? A largo plazo, no lo haría. Pero durante la vigencia del contrato existente, la familia acuerda ofrecer cualquier cantidad de trabajo que la empresa demanda a cambio de la garantía de una tasa de salario monetario.

## Oferta agregada con salarios inflexibles

Cuando los salarios monetarios son inflexibles, la curva de oferta agregada a corto plazo tiene pendiente positiva. La figura 30.10 ilustra por qué. Comencemos viendo la parte (a), que describe el mercado de trabajo. Los tres niveles de equilibrio de salarios reales y empleo que descubrimos en la figura 30.9 se muestran nuevamente en esta figura. La tasa de salario monetario está fija en 7 dólares por hora. Si el nivel de precios es de 100, la tasa de salario real es también de 7 dólares por hora y se ocupan 150 mil millones de horas de trabajo, es decir, el punto *d*. Si el nivel de precios es de 77.7, la tasa de salario real es de 9 dólares por hora y el empleo es de sólo 145 mil millones de horas: el punto *c*. Si el nivel de precios es de 140, la tasa de salario real es de 5 dólares por hora y el empleo es de 155 mil millones de horas, es decir, el punto *e*.

La figura 30.10(b) muestra la función de producción agregada a corto plazo. Sabemos del mercado de trabajo (parte a) que, a diferentes niveles de precios, ocupará diferentes cantidades de trabajo. La parte (b), indica en qué forma se convierten dichos niveles de empleo en PIB real. Por ejemplo, cuando el empleo es de 145 mil millones de horas, el PIB real es de 4.46 billones de dólares, es decir, el punto *c*. Cuando el empleo es de 150 mil millones de horas, el PIB real es de 4.5 billones de dólares, es decir, el punto *d*, y cuando el empleo es de 155 mil millones de horas, el PIB real es de 4.53 billones de dólares, es decir, el punto *e*.

La figura 30.10(c) muestra las curvas de oferta agregada. La curva de oferta agregada a largo plazo, *SAL*, la derivamos en la figura 30.8. La curva de oferta agregada a corto plazo, *SAC*, se deriva del mercado de trabajo y de la función de producción que acabamos de ver. Para saber por qué, concéntrese primero en el punto *c* en las tres partes de la figura. En el punto *c*, el nivel de precios es de 77.7. Del mercado de trabajo (parte a), sabemos que en esta situación el salario real es de 9 dólares por hora y se ocupan 145 mil millones de horas de trabajo. A este nivel de empleo sabemos de la función de producción (parte b) que el PIB real es de 4.46 billones de dólares. Eso es lo que indica el punto *c* en la parte (c): cuando el nivel de precios es de 77.7, el PIB real ofrecido es de 4.46 billones de dólares. Los otros dos puntos, *d* y *e*, se interpretan de la misma manera. En el punto *e*, el nivel de precios es de 140, de modo que la tasa de salario real es de 5 dólares por hora y se ocupan 155 mil millones de horas de trabajo (parte a). Este nivel de empleo produce un PIB real de 4.53 billones de dólares. Los puntos *c*, *d* y *e* son puntos que están todos en la curva de oferta agregada a corto plazo. Advierta que esta curva, como la del capítulo 24, está *curvada*. Al subir el nivel de precios, el PIB real aumenta, pero los incrementos del PIB real se vuelven sucesivamente más pequeños. La recta *SAC* que utilizamos es una aproximación de esta curva.

La curva de oferta agregada a corto plazo interseca la curva de oferta agregada a largo plazo en el nivel de precios esperado, donde el índice de deflación del PIB es de 100. Para niveles de precios superiores al esperado, la cantidad de PIB real ofrecido excede su nivel a largo plazo y para niveles de precios inferiores al esperado, la cantidad de PIB real ofrecido es menor que su nivel a largo plazo.

**Fluctuaciones del PIB real**   Todos los factores que producen fluctuaciones en la oferta agregada a largo plazo de la teoría del salario flexible se aplican a la curva de oferta agregada a largo plazo de la teoría del salario inflexible. Conducen a cambios de la oferta agregada a corto plazo y a desplazamientos de la curva de oferta agregada a corto plazo. Pero, además, el empleo y el PIB real pueden fluctuar debido a movimientos a lo largo de la curva de oferta agregada a corto plazo. Estos movimientos se dan debido a cambios de los salarios reales. La tasa de salario real cambia en la teoría del salario inflexible cuando el nivel de precios se modifica, pero la tasa de salario monetario establecida contractualmente permanece constante.

## R E P A S O

L a teoría del salario inflexible supone que la tasa de salario monetario se fija sobre la base de expectativas acerca del nivel de precios durante el periodo de vigencia del contrato salarial con objeto de igualar las cantidades esperadas de trabajo demandado y ofrecido. El nivel de empleo lo determina la demanda de trabajo y la tasa de salario real. Si el nivel de precios es igual al nivel de precios esperado, la cantidad demandada de trabajo es igual a la cantidad ofrecida. Si el nivel de precios es menor al esperado, el salario real es más alto de lo esperado y la cantidad demandada de trabajo disminuye. Si el nivel de precios es más alto de lo esperado, el salario real es menor a lo esperado y aumenta la cantidad demandada de trabajo. Los cambios del nivel de precios que ocasionan cambios en el nivel de empleo dan como resultado cambios del PIB real: movimientos a lo largo de la curva de la oferta agregada a corto plazo.◆

Hasta ahora hemos estado examinando modelos del mercado de trabajo, hemos utilizado dichos modelos para determinar el nivel de empleo y salarios, pero hemos hecho caso omiso del desempleo. ¿Cómo se determina el desempleo?

## Desempleo

D escubrimos en el capítulo 22 que el desempleo es una característica persistente de la vida económica y que la tasa de desempleo sube en ocasiones a un nivel que crea un problema masivo para millones de familias (véanse las págs. 638-642). Sin embargo, los modelos del mercado de trabajo que acabamos de estudiar parecen olvidarse de este importante fenómeno. Determinan la tasa de salario real y las horas agregadas de trabajo ocupado, pero no dicen nada acerca de *quién* ofrece las horas. El desempleo surge cuando algunas personas de la fuerza de trabajo no están trabajando, pero buscan empleo. ¿Por qué existe el desempleo? ¿Por qué varía su tasa?

El desempleo surge debido a cuatro razones principales:

◆ Para variar el desempleo, a las empresas les conviene variar el número de trabajadores empleados en vez del número de horas por trabajador.

◆ Las empresas tienen información imperfecta acerca de la gente en busca de trabajo.

◆ Las familias tienen información incompleta acerca de los trabajos disponibles.

◆ Los contratos salariales impiden los ajustes de salarios que se necesitarían para mantener igual la cantidad demandada de trabajo a la cantidad ofrecida.

La teoría del salario flexible insiste en la primera de estas tres causas de desempleo. La teoría del salario inflexible reconoce la importancia de estos factores, pero considera al cuarto como la causa más importante de desempleo y de las variaciones de su tasa. Primero examinaremos las causas del desempleo que existen, independientemente de si los salarios son flexibles o inflexibles. Después, veremos cómo la inflexibilidad del salario produce todavía más desempleo.

### Trabajo indivisible

Si fuera rentable, las empresas cambiarían la cantidad de trabajo que ocupan mediante la variación de las horas trabajadas por cada persona en su nómina. Por ejemplo, suponga que una empresa emplea 400 horas de trabajo cada semana y tiene 10 trabajadores, cada uno de los cuales trabaja 40 horas. Si la empresa decide reducir su producción y el empleo a 360 horas, puede despedir un trabajador o reducir las horas de cada uno de los 10 trabajadores a 36 horas a la semana. En la mayoría de los procesos de producción, la reacción rentable de la empresa es despedir un trabajador y mantener el resto de las horas de los trabajadores constante. Existe un número de horas óptimo o eficiente para cada trabajador. Las horas de trabajo que exceden el nivel óptimo dan como resultado un menor producto por hora al cansarse los trabajadores. Emplear un gran número de trabajadores por un pequeño número de horas cada uno, también reduce el producto por hora, ya que los trabajadores tardan cierto tiempo en empezar a trabajar y el trabajo se interrumpe debido a la llegada y salida de trabajadores. Por estas razones, el trabajo es un factor de producción indivisible. Es decir, al tener en cuenta el producto obtenido por hora, a las empresas les conviene contratar trabajo en conjuntos indivisibles. En consecuencia, cuando cambia la demanda de trabajo, el número de personas empleadas cambia en lugar de cambiar el número de horas por trabajador.

No tendría importancia el ser despedido si se pudiera encontrar de inmediato un trabajo igualmente bueno. Pero encontrar trabajo consume tiempo y esfuerzo: tiene un costo de oportunidad. Las empresas no están completamente informadas acerca de todos los trabajadores potenciales que tienen disponibles, y las familias no están completamente informadas acerca de los trabajos potenciales disponibles. Como consecuencia, tanto empresas como trabajadores tienen que realizar una búsqueda para lograr una unión rentable. Examinemos esta causa de desempleo.

## Búsqueda de empleo y el desempleo

Debido a que las familias tienen información incompleta sobre los empleos disponibles, les resulta eficiente dedicar recursos a la búsqueda del mejor empleo disponible. El tiempo utilizado en la búsqueda de empleo es parte del desempleo. Veamos con más detenimiento esta causa de desempleo examinando las decisiones del mercado de trabajo que toma la gente y los flujos que originan esas decisio-

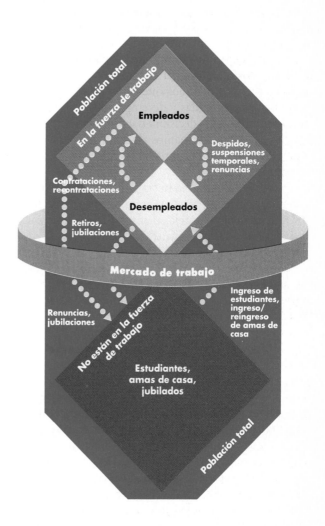

**FIGURA 30.11**

## Flujos del mercado de trabajo

La población en edad de trabajar se divide en dos grupos: los que están y los que no están en la fuerza de trabajo. La fuerza de trabajo se compone de los empleados y los desempleados. Los flujos de entrada y salida de la fuerza de trabajo y entre el empleo y el desempleo, determinan el número de personas desempleadas. Nuevos ingresos de estudiantes de tiempo completo y reingresos fluyen al desempleo. Los flujos del empleo al desempleo son resultado de despidos, suspensiones temporales y renuncias. Los flujos del desempleo al empleo son resultado de contrataciones y recontrataciones. Los flujos de la fuerza de trabajo se presentan cuando la gente decide convertirse en ama de casa, regresar a estudiar o jubilarse. Los flujos que salen de la fuerza de trabajo se presentan también cuando la gente desempleada se desalienta debido a su fracaso en encontrar empleo.

nes. La figura 30.11 proporciona un resumen esquemático de este análisis.

La población en edad de trabajar se divide en dos grupos: los que están y los que no están en la fuerza de trabajo. Los que no están en la fuerza de trabajo son estudiantes de tiempo completo, amas de casa y jubilados. La fuerza de trabajo consiste en dos grupos: los empleados y los desempleados.

Las decisiones que toman los demandantes de trabajo y los oferentes del mismo dan como resultado cinco tipos de flujos que cambian el número de personas empleadas y desempleadas. Los flujos resultantes de estas decisiones se representan con flechas en la figura. Veamos tales decisiones y en qué forma afectan la cantidad de empleo y de desempleo.

Primero, hay un flujo hacia la fuerza de trabajo cuando los estudiantes de tiempo completo deciden dejar la escuela y las amas de casa deciden ingresar o reingresar a la fuerza de trabajo. Al inicio, cuando esas personas ingresan a la fuerza de trabajo, están desempleadas. Estas decisiones dan como resultado un aumento de la fuerza de trabajo y un aumento del desempleo.

Segundo, hay un flujo del empleo hacia el desempleo como consecuencia de la decisión de los empleadores de despedir trabajadores temporalmente o de despedir trabajadores, y de la renuncia de trabajadores de su actual empleo para buscar uno mejor. Estas decisiones dan como resultado una disminución del empleo y un aumento del desempleo, pero no cambian la fuerza de trabajo.

Tercero, existe un flujo que sale de la fuerza de trabajo cuando la gente empleada decide abandonar su empleo para dedicarse al hogar, regresar a la escuela o retirarse. Estas decisiones ocasionan una disminución del empleo y de la fuerza de trabajo, pero no cambian el desempleo.

Cuarto, hay un flujo que sale de la fuerza de trabajo al abandonar los desempleados la búsqueda de un empleo. Estas personas son *trabajadores desalentados*, cuyos esfuerzos de búsqueda de empleo han resultado repetidas veces desafortunadas. Estas decisiones de dejar la fuerza de trabajo ocasionan una disminución del desempleo y una disminución de la fuerza de trabajo.

Quinto, hay un flujo del desempleo hacia el empleo cuando las empresas llaman a trabajadores despedidos temporalmente y contratan nuevos trabajadores. Estas decisiones dan como resultado un aumento del empleo, una disminución del desem-

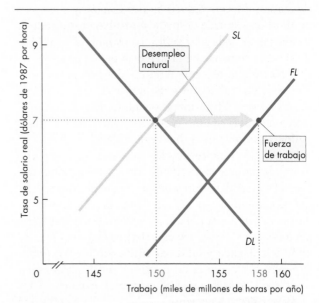

**FIGURA 30.12**

Desempleo con salarios flexibles

Algunos integrantes de la fuerza de trabajo están disponibles inmediatamente para trabajar a una tasa determinada de salario real, y esta cantidad determina la oferta de trabajo *(SL)*. Otros integrantes de la fuerza de trabajo están en la búsqueda del mejor empleo disponible. Al agregar esta cantidad a la oferta de trabajo, obtenemos la curva de la fuerza de trabajo *(FL)*. El equilibrio ocurre con la tasa de salario real que iguala la cantidad ofrecida de trabajo con la cantidad demandada. La economía está en pleno empleo y el desempleo en su tasa natural.

pleo y no cambian la fuerza de trabajo.

En cualquier momento existe un acervo de empleo y desempleo. En cualquier periodo dado, existen flujos que entran o salen de la fuerza de trabajo y entre el empleo y el desempleo. En diciembre de 1991, por ejemplo, había en Estados Unidos 127 millones de personas en la fuerza de trabajo, el 66 por ciento de la población en edad de trabajar. De éstos, 9 millones (7 por ciento de la fuerza de trabajo) estaban desempleados y 118 millones (93 por ciento) estaban empleados. De los 9 millones de desempleados, el 56 por ciento había sido despedido de su trabajo anterior, el 24 por ciento había reingresado a la fuerza de trabajo después de un periodo de especialización en la producción en el hogar, el 10 por ciento había voluntariamente dejado su trabajo anterior para buscar uno mejor y el 9 por ciento era de nuevo ingreso.

## Desempleo con salarios flexibles

Según el modelo del salario flexible del mercado de trabajo, todo el desempleo existente surge por las causas ya examinadas. La tasa de desempleo es siempre igual a la tasa natural de desempleo. Existe un equilibrio entre las cantidades de trabajo demandada y ofrecida. Pero la cantidad ofrecida de trabajo es el número de horas disponibles para el trabajo en un momento dado sin una búsqueda adicional por un mejor empleo. Y la cantidad demandada de trabajo es el número de horas que las empresas quieren contratar en un momento dado, supuesto su conocimiento de las habilidades y talentos individuales disponibles. Además de ofrecer horas de trabajo, las familias ofrecen también tiempo para la búsqueda de empleo. Estas personas que no dedican tiempo a trabajar y se especializan en la búsqueda de empleo, son las que están desempleadas.

La figura 30.12 ilustra tal situación. La fuerza de trabajo, todos los que tienen un empleo y los que buscan uno, es mayor que la oferta de trabajo. La curva de oferta de trabajo (SL) nos informa acerca de la cantidad disponible de trabajo sin una búsqueda adicional de empleo. La curva de la fuerza de trabajo *(FL)* nos informa acerca de la cantidad disponible de trabajo sin una búsqueda adicional de empleo más la cantidad de búsqueda de empleo. En la figura, la cantidad ofrecida de trabajo y la fuerza de trabajo aumentan al aumentar la tasa de salario real. Pero la cantidad de búsqueda de trabajo, representada por la distancia horizontal entre las curvas SL y FL, es constante. (Éste es un supuesto. En los mercados de trabajo reales, la oferta de búsqueda de empleo puede también aumentar al incrementarse la tasa de salario real.)

El equilibrio se produce con la tasa de salario real que iguala la cantidad ofrecida de trabajo, no la fuerza de trabajo, con la cantidad demandada de trabajo. El desempleo surge porque la información acerca de empleos y trabajadores es costosa y los desempleados tardan en encontrar un empleo aceptable. Ese desempleo se llama "natural" porque surge del funcionamiento normal del mercado de trabajo.

De acuerdo con la teoría del salario flexible, las fluctuaciones del desempleo son ocasionadas por las oscilaciones de los flujos del mercado de trabajo

que se originan tanto del lado de la oferta como de la demanda del mercado de trabajo. Los cambios de dichos flujos conducen a desplazamientos de las curvas SL y FL, que hacen subir o bajar la tasa natural de desempleo.

**Sucesos del lado de la oferta** El lado de la oferta del mercado de trabajo está influido por la distribución de la población por edades. Un fuerte aumento de la proporción de la población en edad de trabajar produce un aumento de la tasa de ingreso a la fuerza de trabajo y un aumento correspondiente de la tasa de desempleo debido a que los de nuevo ingreso tardan en encontrar los mejores empleos disponibles. Este factor ha sido importante en el mercado de trabajo de Estados Unidos en los años recientes. A finales de la década de 1940 y principios de la de 1950 aumentó la tasa de natalidad, después de la Segunda Guerra Mundial. Este aumento dio como resultado un incremento de la proporción de gente de nuevo ingreso al mercado de trabajo durante la década de 1970. Ocasionó un desplazamiento hacia la derecha de la curva SL, y un aumento todavía mayor de la curva FL y otro más de la tasa de desempleo.

Al bajar la tasa de natalidad, este aumento se desplazó hacia grupos de mayor edad y la proporción de nuevos ingresos dentro de la fuerza de trabajo disminuyó durante la década de 1980. En este periodo el desplazamiento hacia la derecha de la curva SL fue mayor que el desplazamiento de la curva FL y la tasa de desempleo bajó.

**Sucesos del lado de la demanda** Los ciclos del desempleo tienen su origen en los flujos y reflujos de las magnitudes de contratación, de los despidos y de las renuncias, que a su vez se originan en las fluctuaciones del PIB real: el ciclo económico. Dichos flujos del mercado de trabajo y el desempleo resultante están también firmemente influidos por el ritmo y la dirección del cambio tecnológico. Cuando algunas empresas y sectores de la economía se expanden rápidamente, la rotación de trabajo aumenta. Esto significa grandes flujos entre el empleo y desempleo, y el conjunto de los desempleados temporalmente aumenta en esas épocas. La decadencia relativa de industrias en el llamado "Cinturón de la herrumbre" y la rápida expansión de industrias en el llamado "Cinturón del sol" son una causa importante de amplios flujos de empleo

FIGURA 30.13

Creación de empleos, destrucción de empleos y desempleo

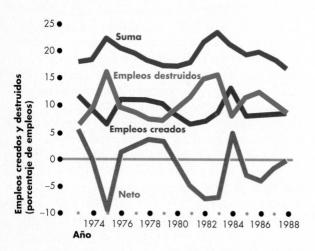

**(a) Tasas de creación y destrucción de empleos**

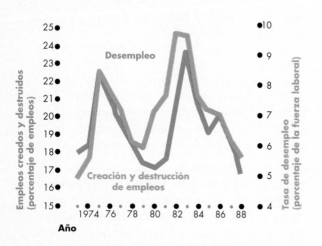

**(b) Creación y destrucción de empleos y el desempleo**

En promedio, el 5 por ciento de los empleos existentes desaparece cada año (la curva con la indicación "Empleos destruidos" en la parte a) y se crea un número similar de empleos nuevos. La cantidad total de creación y destrucción de empleos (la curva con la indicación "Suma") y la tasa de creación de empleos menos la tasa de destrucción (la curva con la indicación "Neto") fluctúa. Estas fluctuaciones siguen un ciclo similar al de la tasa de desempleo (parte b).

*Fuente: Job Creation and Destruction in U.S. Manufacturing* de Steven J. Davis, John Haltiwanger y Scott Schuh. Datos gentilmente proporcionados por Steve Davis y John Haltiwanger.

y del aumento del desempleo, que se presentó en la década de 1970 y a principios de la década de 1980.

## Creación y destrucción de empleos

La importancia de los cambios en los flujos del mercado de trabajo puede advertirse si se examinan nuevos datos disponibles compilados por Steve Davis, de University of Chicago Business School, y de John Haltiwanger, de University of Maryland. Con datos de plantas individuales del sector manufacturero de la economía de Estados Unidos, estos investigadores han realizado un notable cuadro del cambiante panorama del empleo en Estados Unidos. Este cuadro se muestra en la figura 30.13.

Veamos primero la parte (a), que muestra la cantidad de creación y destrucción de empleos. En promedio, cerca del 5 por ciento de todos los empleos desaparecen anualmente, y se crea un número similar de nuevos empleos. Al sumar los empleos destruidos y creados, obtenemos una medida del volumen total de rotación del mercado de trabajo ocasionado por este proceso, el cual se muestra como la curva con la indicación "Suma" en la figura. Al restar los trabajos destruidos de los trabajos creados, obtenemos el cambio del número de empleos, es decir, como la curva con la indicación "Neto". Como usted puede ver, la magnitud de la rotación de empleo es amplia y fluctúa mucho. La parte (b) muestra cómo las fluctuaciones de la creación y destrucción de empleos coinciden con las fluctuaciones en la tasa de desempleo.

No se sabe si las fluctuaciones de la tasa de creación y destrucción de empleos son la causa de fluctuaciones de la tasa de desempleo o si las fluctuaciones, tanto de la tasa de creación y destrucción como de la tasa de desempleo, tengan una causa común. Según la teoría del salario inflexible, tienen una causa común, que son las fluctuaciones de la demanda agregada. Veamos por qué.

## Desempleo con salarios inflexibles

Con salarios monetarios inflexibles, el desempleo puede subir o caer debajo de la tasa natural. Si la tasa de salario real está por encima de su nivel de pleno empleo, la cantidad empleada de trabajo es menor que la cantidad ofrecida, y el desempleo está por encima de su tasa natural. Esa situación se

## Desempleo con salarios monetarios inflexibles

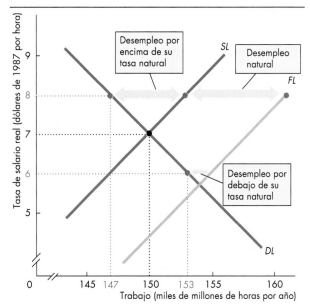

La tasa de salario monetario es de 7 dólares por hora. Si resulta que el índice de deflación del PIB es de 87.5, entonces la tasa de salario real es de 8 dólares por hora. En esta tasa de salario más alta, la cantidad demandada de trabajo es menor que la cantidad ofrecida de trabajo y el desempleo es superior a su tasa natural. Si el índice de deflación del PIB resulta ser de 116.6, entonces la tasa de salario real es de 6 dólares por hora. A esta tasa de salario real más baja, la cantidad demandada de trabajo es mayor que la cantidad ofrecida, y la tasa de desempleo es inferior a su tasa natural. Las fluctuaciones del nivel de precios, con salarios monetarios inflexibles, producen oscilaciones en el nivel de desempleo.

muestra en la figura 30.14. Las curvas *SL* y *FL* son las mismas que las de la figura 30.12, y la distancia horizontal que separa a estas dos curvas representa la cantidad de desempleo natural.

La tasa de salario monetario es de 7 dólares por hora. Si el índice de deflación es de 87.5, entonces la tasa de salario real es de 8 dólares por hora y la cantidad demandada de trabajo es de 147 mil millones de horas. El desempleo está por encima de su tasa natural. Si el índice de deflación del PIB es de 116.6, la tasa de salario real es de 6 dólares por hora y la cantidad demandada de trabajo es de 153 mil millones de horas. El desempleo está por debajo de su tasa natural.

Las fluctuaciones de la demanda agregada ocasionan fluctuaciones en el nivel de precios. Éstas mueven la economía (hacia arriba o hacia abajo) a lo largo de su curva de demanda de trabajo. Al mismo tiempo, el desempleo fluctúa en torno a su tasa natural. De acuerdo con la teoría del salario inflexible, las fluctuaciones del desempleo surgen principalmente del mecanismo que acabamos de describir. Los cambios de la tasa de salario real que se originan en la tasa de salario monetario inflexible y de un nivel de precios cambiante, dan como resultado movimientos a lo largo de la curva de demanda de trabajo y movimientos a lo largo de la curva de oferta agregada a corto plazo. Las tasas de creación y destrucción de empleo fluctúan también (como se muestra en la figura 30.13), pero dichas fluctuaciones son resultado de las oscilaciones de la demanda agregada.

Los economistas que insisten en el papel de los salarios inflexibles en la generación de fluctuaciones del desempleo, generalmente consideran como constante la tasa natural de desempleo, o que cambia lentamente. Las fluctuaciones de la tasa efectiva de desempleo actúan en torno a la tasa natural. Advierta que esta interpretación de las fluctuaciones del desempleo contrasta con la de la teoría del salario flexible. Un modelo de salario flexible predice que *todos* los cambios del desempleo son fluctuaciones de la tasa natural de desempleo.

Si la mayoría de las fluctuaciones del desempleo *sí* surgen de salarios inflexibles, el manejo de la demanda agregada puede atenuar dichas fluctuaciones del desempleo. Si se mantiene estable la demanda agregada, de tal manera que el nivel de precios se mantenga cerca de su nivel esperado, se puede hacer que la economía esté cerca del pleno empleo.

◆ ◆ ◆ ◆ Ya hemos estudiado el mercado de trabajo y la determinación de la oferta agregada a corto y largo plazos, el empleo, los salarios y el desempleo. Hemos examinado las fuerzas que modifican la oferta agregada, al desplazar las curvas de oferta agregada a largo y corto plazos. También hemos examinado las causas del crecimiento de la productividad de la economía de Estados Unidos. Nuestra siguiente tarea es reunir nuevamente los aspectos de demanda y oferta agregadas de la economía y observar su interacción para determinar la inflación y los ciclos económicos. Nos dedicaremos a estas tareas en los dos capítulos siguientes.

## Productividad y crecimiento del ingreso

La función de producción agregada a corto plazo
indica cómo varía el PIB real al variar la cantidad
agregada empleada de trabajo con un determinado
acervo de equipo de capital y un determinado estado de tecnología. Conforme aumenta el insumo de
trabajo, se incrementa el PIB real pero en cantidades
marginales decrecientes. La acumulación de capital
y el cambio tecnológico conducen a un crecimiento
de la productividad, lo que ocasiona el desplazamiento hacia arriba de la función de producción con
el paso del tiempo. Ocasionalmente, la función de
producción se desplaza hacia abajo debido a factores que influyen negativamente, como las restricciones al comercio internacional. La función de
producción agregada a corto plazo en Estados Unidos se elevó el 90 por ciento entre 1960 y 1992
(págs. 918-922).

## La demanda de trabajo

Las empresas eligen la cantidad de trabajo que demandan. Cuanto más baja la tasa de salario real,
mayor es la cantidad demandada de horas de trabajo. Al elegir cuánto trabajo contratan, las empresas buscan maximizar sus beneficios. Logran dicho
objetivo asegurándose de que el ingreso producido
por la hora adicional de trabajo sea igual a la tasa
de salario por hora. Cuantas más horas de trabajo
se emplean, menor es el ingreso que genera la última hora de trabajo. Se puede inducir a las empresas a aumentar la cantidad demandada de horas de
trabajo, ya sea por una disminución de la tasa de
salario o por un aumento del ingreso generado, es
decir, por un aumento del precio del producto.
Tanto una disminución de la tasa de salario como
un aumento de precios dan como resultado una
tasa de salario real más baja. Así, cuanto más baja
es la tasa de salario real, mayor es la cantidad demandada de trabajo.

La relación entre la tasa de salario real y la cantidad demandada de trabajo se resume en la curva
de demanda de trabajo, que tiene pendiente negativa. La curva de demanda de trabajo se desplaza a
consecuencia de desplazamientos de la función de
producción agregada a corto plazo (págs. 922-928).

## La oferta de trabajo

Las familias eligen la cantidad de trabajo que ofrecen. También eligen el momento en que ofrecen su
trabajo. Una tasa de salario real más elevada estimula la sustitución del ocio por trabajo (el efecto
sustitución); además el efecto ingreso alienta a disfrutar de más ocio. El efecto sustitución domina al
efecto ingreso, de modo que, cuanto más alta es la
tasa de salario real, más horas ofrece cada trabajador. Así mismo, cuanto más alta es la tasa de salario real, mayor es la tasa de participación de la
fuerza de trabajo. Un salario *corriente* más alto en
relación con el salario futuro esperado, estimula
más trabajo en el presente y menos en el futuro: el
efecto de sustitución intertemporal. Al reunir todas
estas fuerzas, cuanto más alta es la tasa de salario
real, mayor es la cantidad ofrecida de trabajo.

La relación entre la tasa de salario real y la cantidad ofrecida de trabajo se resume en la curva de
oferta de trabajo, que tiene pendiente positiva
(págs. 928-930).

## Salarios y empleo

Existen dos teorías del equilibrio del mercado de
trabajo; una se basa en el supuesto de que los salarios son flexibles, y la otra en el supuesto de que
son inflexibles. En la teoría del salario flexible, la
tasa de salario real se ajusta para asegurar que la
cantidad ofrecida de trabajo sea igual a la cantidad
demandada.

Con salarios flexibles, la curva de oferta agregada es vertical: la curva de oferta agregada a largo
plazo. La cantidad ofrecida de PIB real es independiente del nivel de precios. La curva de oferta agregada a largo plazo se desplaza como consecuencia
del desplazamiento de la curva de oferta de trabajo
y del desplazamiento de la función de producción
agregada a corto plazo, que conducen a desplazamientos en la curva de demanda de trabajo.

Con salarios monetarios inflexibles, los salarios
reales no se ajustan para equilibrar la cantidad
ofrecida de trabajo y la cantidad demandada. La
tasa de salario monetario se fija para igualar la
cantidad demandada esperada de trabajo con la
cantidad ofrecida esperada. La tasa de salario real
depende de la tasa monetaria contractual y del ni-

vel de precios. El nivel de empleo lo determina la demanda de trabajo, y las familias están de acuerdo en ofrecer la cantidad demandada. Las fluctuaciones del nivel de precios en relación con lo que se esperaba producen fluctuaciones en la cantidad demandada de trabajo y de empleo y del PIB real. Cuanto más alto es el nivel de precios en relación con el que se esperaba, más baja es la tasa de salario real. Cuanto más baja es la tasa de salario real, mayor es la cantidad demandada de trabajo, mayor el empleo y mayor el PIB real.

Con salarios monetarios inflexibles, la curva de oferta agregada tiene pendiente positiva: es la curva de oferta agregada a corto plazo. Cuanto más alto es el nivel de precios, mayor es la cantidad ofrecida de PIB real (págs. 930-938)

## Desempleo

El mercado de trabajo está en una permanente situación de cambio o movimiento de trabajo. Los nuevos participantes en la fuerza de trabajo y los trabajadores que reingresan después de un periodo de producción en el hogar, tardan en encontrar empleo. Algunas personas abandonan un empleo existente para buscar uno mejor. Algunos son suspendidos temporalmente, y a otros se les despide y obliga a buscar otro empleo. La velocidad de rotación de trabajo no es constante. Cuando el cambio tecnológico expande un sector y provoca la contracción de otro, la rotación de trabajo aumenta. Se tarda en hallar nuevos empleos y el proceso de ajuste puede producir tiempo extra y vacantes en el sector que se expande, pero también provocar desempleo en el sector que se contrae.

Incluso si los salarios son flexibles, no se puede evitar el desempleo originado en la rotación del mercado de trabajo. La tasa de desempleo debido a esta causa es la tasa natural de desempleo. En mercados de trabajo con salarios flexibles, todas las fluctuaciones del desempleo son fluctuaciones de la tasa natural producidas por cambios en la tasa de rotación de trabajo. La magnitud y los ciclos de las tasas de creación y de destrucción de empleos son compatibles con la teoría del salario flexible.

Si los salarios son inflexibles, el desempleo surge por todas las mismas razones que en el caso de los salarios flexibles, y por una razón adicional. Con salarios inflexibles, el salario real quizá no se modifique con suficiente rapidez para mantener equilibradas la cantidad demandada y la cantidad ofrecida de trabajo. En ese caso, un aumento de la tasa de salario real puede dar como resultado que el desempleo se eleve por encima de su tasa natural, y una disminución de salarios reales puede dar como resultado que el desempleo descienda debajo de su tasa natural (págs. 938-943).

---

## E L E M E N T O S   C L A V E

### Términos clave

### Figuras clave

# PREGUNTAS DE REPASO

**1** ¿Cuál es la relación entre el producto y el insumo de trabajo a corto plazo? ¿Por qué decrece el producto marginal del trabajo?

**2** Si la función de producción a corto plazo se desplaza de 1992 a 1993 en la cantidad que se muestra en la figura 30.2, ¿qué le sucede al producto marginal del trabajo entre 1992 y 1993?

**3** Explique por qué tiene pendiente negativa la curva de demanda de trabajo.

**4** Dada su respuesta a la pregunta 2, ¿se desplaza la curva de demanda de trabajo entre 1992 y 1993? De ser así, ¿en qué dirección y en cuánto?

**5** ¿Por qué aumenta la tasa de participación de la fuerza de trabajo cuando aumenta la tasa de salario real?

**6** ¿En qué forma influye sobre la cantidad de trabajo ofrecida actualmente la tasa actual de salario en relación a las que se esperan en el futuro?

**7** Explique qué sucede en el mercado de trabajo con salarios flexibles cuando el cambio tecnológico aumenta el producto marginal del trabajo de cada unidad de insumo de trabajo.

**8** En la pregunta 7, explique qué le sucede a la curva de oferta agregada a largo plazo.

**9** ¿Qué son los salarios inflexibles?

**10** Explique qué pasa en un mercado de trabajo con salarios inflexibles cuando el cambio tecnológico aumenta el producto marginal del trabajo de cada unidad de insumo de trabajo.

**11** En la pregunta 10, explique qué sucede con la curva de oferta agregada a corto plazo.

**12** Expliqué cómo puede aparecer el desempleo si los salarios son flexibles.

**13** Describa los hechos principales acerca de las tasas de creación y destrucción de empleos.

**14** Explique en qué forma fluctúa el desempleo en torno a su tasa natural.

# PROBLEMAS

Use la siguiente información de una economía para contestar los problemas 1 al 7. La función de producción a corto plazo de la economía es

| Trabajo (miles de millones de horas al año) | PIB real (miles de millones de dólares de 1987 al año) |
|---|---|
| 1 | 38 |
| 2 | 54 |
| 3 | 68 |
| 4 | 80 |
| 5 | 90 |
| 6 | 98 |
| 7 | 104 |
| 8 | 108 |

Las tablas de demanda y oferta de trabajo son

| Tasa de salario real (dólares de 1987 por hora) | Cantidad demandada de trabajo (miles de millones de horas al año) | Cantidad ofrecida de trabajo (miles de millones de horas al año) |
|---|---|---|
| 3 | 8 | 4 |
| 5 | 7 | 5 |
| 7 | 6 | 6 |
| 9 | 5 | 7 |
| 11 | 4 | 8 |
| 13 | 3 | 9 |
| 15 | 2 | 10 |
| 17 | 1 | 11 |

**1** Si los salarios reales son flexibles, ¿cuánto trabajo se ocupa y cuál es la tasa de salario real?

**2** Si el índice de deflación del PIB es de 120, ¿cuál es la tasa de salario monetario?

**3** Si la tasa de salario real es flexible, calcule la curva de oferta agregada de esta economía.

**4** Si los salarios monetarios son inflexibles y se espera que el índice de deflación del PIB sea de 100, ¿cuál es la tasa de salario monetario en esta economía?

**5** Encuentre tres puntos de la curva de oferta agregada a corto plazo de la economía cuando la tasa de salario monetario está en el nivel que determinamos en el problema 4.

**6** Calcule la tasa de salario real para cada uno de los puntos que usó para contestar el problema 5.

**7** ¿A cuál nivel de precios y nivel de desempleo se intersecan las curvas de oferta agregada a corto y a largo plazo?

**8** Hay dos economías, cada una con una tasa de desempleo *constante*, pero con un gran volumen de rotación en el mercado de trabajo. En la economía A hay un cambio tecnológico de mucha velocidad. Cada año, veinte por ciento de la fuerza de trabajo o es despedida o renuncia a su empleo, y 20 por ciento es contratada cada año. En la economía B, solamente el 5 por ciento es despedido o renuncia y 5 por ciento es contratada. ¿Cuál de las dos economías tiene mayor tasa de desempleo? ¿Por qué?

**9** Hay dos economías, Flexilandia e Inflexilandia. Estas economías son idénticas en todo excepto que en Flexilandia los salarios reales son flexibles y logran la igualdad de las cantidades demandadas y ofrecidas de trabajo. En Inflexilandia los salarios son inflexibles, pero se fija la tasa de salario monetario de tal forma que, *en promedio*, la cantidad demandada de trabajo sea igual a la cantidad ofrecida.

**a** Explique cuál de las dos economías tiene la mayor tasa de desempleo.

**b** Explique cuál economía tiene las fluctuaciones mayores de desempleo.

# CAPÍTULO **31**

## INFLACIÓN

**Después de estudiar este capítulo, usted será capaz de:**

◆ Explicar por qué la inflación es un problema

◆ Explicar cómo una demanda agregada creciente genera una espiral inflacionaria de precios y salarios

◆ Explicar en qué forma una oferta agregada decreciente genera una espiral inflacionaria de costos y precios

◆ Explicar por qué conviene anticipar con exactitud la inflación

◆ Explicar cómo se forman las expectativas de inflación

◆ Explicar de qué manera las expectativas de inflación afectan la inflación

◆ Explicar la relación entre inflación y tasas de interés

◆ Explicar la relación entre inflación y desempleo

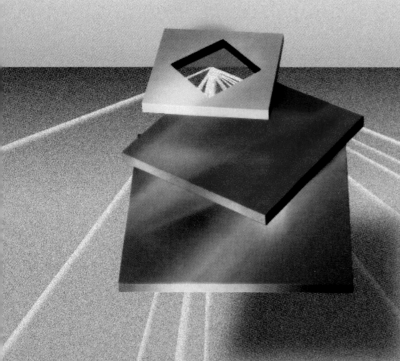

**A** FINES DEL SIGLO III D.C., EN LA DECADENCIA DEL IMPERIO ROMANO, EL emperador Diocleciano luchó por contener la inflación desenfrenada. Los precios subieron más del 300 por ciento anual. A fines del siglo XX, durante la transición de la Unión Soviética, de una economía planificada a una de mercado, Boris Yeltsin luchó contra una tasa de inflación alta. También se presentaron tasas altas de inflación en otros países de Europa Oriental, y de América Latina. La inflación nunca ha sido severa en Estados Unidos pero, incluso ahí fue alta durante la década de 1970 y a principios de los ochenta. Hoy en día, en Estados Unidos y en la mayoría de los países industriales ricos, la inflación se ha moderado. ¿Qué provoca la inflación? ¿Por qué a veces aumenta y otras se aplaca? ◆ ◆ Para tomar buenas decisiones, necesitamos buenos propósitos acerca de la inflación, y no sólo para el año siguiente sino para muchos años en el futuro. ¿Cómo prever la inflación? ¿Cómo influyen en la economía las expectativas al respecto? ◆ ◆ Cuando la tasa de inflación sube y baja, las tasas de desempleo e interés también fluctúan. ¿Cuál es la conexión

## De Roma a Rusia

entre inflación y desempleo, y entre inflación y tasas de interés? ¿Tenemos que "comprar" un bajo nivel de desempleo pagando el precio de una alta inflación? ¿O una alta inflación provoca un alto desempleo? ¿Y cómo responden las tasas de interés a la inflación? ¿Tener una elevada inflación significa que los prestamistas pierden y los prestatarios ganan, o las tasas de interés suben y bajan para seguir el paso a la tasa de inflación?

◆ ◆ Estudiamos las fuerzas que determinan la inflación (y el crecimiento del PIB real) mediante el modelo de demanda y oferta agregadas, en el cual un nivel creciente de precios puede provenir de una demanda agregada creciente, de una oferta agregada decreciente o de una combinación de ambas. Antes de estudiar las causas de la inflación, recordemos qué es ésta y por qué es un problema.

## Por qué la inflación es un problema

 a tasa de inflación es el aumento porcentual del nivel de precios. Es decir,

$$\text{Tasa de inflación} = \frac{\begin{array}{c}\text{Nivel de precios} \\ \text{del año corriente}\end{array} - \begin{array}{c}\text{Nivel de precios} \\ \text{del año anterior}\end{array}}{\text{Nivel de precios del año anterior}} \times 100.$$

Escribamos esta ecuación con símbolos. Denotaremos el nivel de precios de este año con $P_1$ y el nivel de precios del año anterior con $P_0$, así que

$$\text{Tasa de inflación} = \frac{P_1 - P_0}{P_0} \times 100.$$

Esta ecuación muestra la relación entre la tasa de inflación y el nivel de precios. Para un determinado nivel de precios del año anterior, cuanto más alto es el nivel de precios en el año actual, mayor es la tasa de inflación. La tasa de inflación es la medida de la tasa a la que pierde valor el dinero, y este hecho es el origen del problema de la inflación. Pero la naturaleza del problema depende de si la inflación es *anticipada o inesperada*.

### Inflación anticipada

Si el dinero pierde valor a una tasa rápida pero anticipada, no funciona bien como medio de cambio. En tal situación, la gente evita en lo posible mantener dinero. Gasta sus ingresos tan pronto como los recibe, y las empresas pagan ingresos, salarios y dividendos tan pronto como reciben el ingreso de sus ventas. Durante la década de 1920, cuando la inflación alcanzó en Alemania niveles de *hiperinflación*, con tasas superiores al 50 por ciento mensual, ¡los salarios se pagaban y gastaban dos veces al día! Así mismo, con altas tasas de inflación anticipadas, la gente busca alternativas al dinero como medio de pago (por ejemplo, cigarrillos o moneda extranjera). Durante la década de 1980, cuando la inflación en Israel llegó al 1000 por ciento anual, el dólar de Estados Unidos se volvió un componente importante de la oferta mo-

netaria de aquel país. También, en tiempos de inflación anticipada, el trueque se vuelve más común.

Las actividades estimuladas por una elevada tasa de inflación anticipada utilizan tiempo valioso y otros recursos. En vez de que la gente se concentre en las actividades en las que tiene una ventaja comparativa, le resulta más rentable buscar la forma de evitar las pérdidas que inflige la inflación.

La inflación anticipada se convierte en un problema serio solamente con tasas de inflación muy altas. Pero existen muchos ejemplos de inflaciones anticipadas costosas en el mundo, especialmente en países sudamericanos como Argentina, Bolivia y Brasil.* Lo más que se acercó Estados Unidos a una situación así fue a finales de la década de 1970 y principios de la siguiente, cuando la tasa de inflación rebasó el 10 por ciento anual.

### Inflación no anticipada

La inflación no anticipada o inesperada es un problema incluso con tasas de inflación bajas. Redistribuye la riqueza entre prestatarios y prestamistas, y el ingreso entre empleados y patrones. Un aumento imprevisto de la inflación transfiere poder adquisitivo real de prestamistas a prestatarios, y una disminución imprevista de la inflación transfiere recursos en sentido contrario. Un aumento imprevisto de la inflación reduce también los salarios reales y aumenta el PIB real y el empleo, mientras que la disminución provoca lo contrario. Las fluctuaciones inesperadas de la inflación ocasionan oscilaciones de la economía: son fluctuaciones del PIB real, del empleo y del desempleo. Gran parte de este capítulo explica por qué la inflación inesperada tiene estos efectos. Veamos primero la inflación inesperada como resultado de un aumento de la demanda agregada.

## Inflación por atracción de demanda

 a inflación que resulta de un aumento de la demanda agrega-

---

* Para un estudio detallado de la inflación en Argentina, véase el capítulo 33.

da se llama **inflación por atracción de demanda**, la cual puede surgir de cualquier factor individual que aumente la demanda agregada. Aunque existen varios de estos factores, los más importantes que provocan *aumentos* progresivos de la demanda agregada son:

◆ Aumento de la oferta monetaria
◆ Aumento de las compras gubernamentales

Cuando aumenta la demanda agregada, la curva de demanda agregada se desplaza hacia la derecha. Sigamos la pista de los efectos de dicho aumento.

### Efecto inflacionario de un aumento de la demanda agregada

Suponga que el año pasado el índice de deflación del PIB fue de 120, y el PIB real de 5 billones de dólares. El PIB real a largo plazo fue también de 5 billones de dólares. Esta situación se muestra en la figura 31.1(a). La curva de demanda agregada es $DA_0$, la curva de oferta agregada a corto plazo es $SAC_0$ y la curva de oferta agregada a largo plazo es $SAL$.

En el año en curso, la demanda agregada aumenta a $DA_1$. Esa situación se da si, por ejemplo, la Oficina Federal de Reserva afloja el control de la oferta monetaria o si el gobierno aumenta sus compras de bienes y servicios. La economía se mueve hacia un punto donde la curva de demanda agregada $DA_1$ interseca la curva de oferta agregada a corto plazo $SAC_0$. El índice de deflación del PIB aumenta a 125, y el PIB real aumenta a 5.5 billones de dólares. La economía experimenta una inflación del 4.2 por ciento (un índice de deflación del PIB de 125 comparado con el de 120 del año anterior) y una rápida expansión del PIB real.

La situación que se presentó en la economía de Estados Unidos hacia finales de la década de 1960 es un buen ejemplo del proceso que acabamos de

FIGURA **31.1**

## Inflación por atracción de demanda

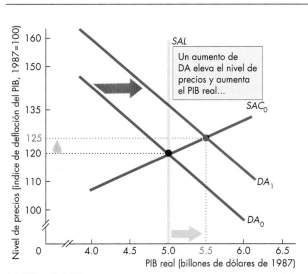

**(a) Efecto inicial**

En la parte (a) la curva de demanda agregada es $DA_0$, la curva de oferta agregada a corto plazo es $SAC_0$ y la curva de oferta agregada a largo plazo es $SAL$. El índice de deflación del PIB es de 120 y el PIB real es de 5 billones de dólares, su nivel a largo plazo. La demanda agregada aumenta a $DA_1$ (porque la Fed aumenta la oferta monetaria o porque el gobierno aumenta sus compras de bienes y servicios). El nuevo equilibrio se da allí donde $DA_1$ interseca a $SAC_0$.

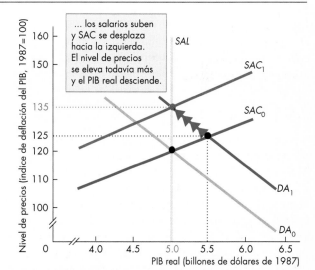

**(b) Ajuste de salarios**

La economía experimenta inflación (el índice de deflación del PIB aumenta a 125) y el PIB real aumenta a 5.5 billones de dólares. En la parte (b), que tiene como punto de partida el empleo superior al pleno, los salarios empiezan a elevarse y la curva de oferta agregada a corto plazo se desplaza hacia la izquierda, a $SAC_1$. El nivel de precios aumenta aún más, y el PIB real regresa a su nivel correspondiente al largo plazo.

analizar. En esos años, un gran aumento de las compras gubernamentales, debido a la guerra de Vietnam, y un aumento del gasto en programas sociales, aunado a un alza de la tasa de crecimiento de la oferta monetaria, ocasionó el incremento de la demanda agregada. Como consecuencia, la curva de demanda agregada se desplazó hacia la derecha, el nivel de precios aumentó rápidamente y el PIB real se movió por encima de su nivel a largo plazo o de pleno empleo. Pero finalmente, los salarios empezaron a subir hasta alcanzar el creciente nivel de precios. Veamos por qué.

## Respuesta de los salarios

La economía no puede producir permanentemente un nivel de PIB real superior al de pleno empleo. Cuando el desempleo está debajo de su tasa natural, hay una escasez de empleo. Los salarios empiezan a elevarse y la curva de oferta agregada a corto plazo comienza a desplazarse hacia la izquierda. Los precios se elevan todavía más y el PIB real comienza a descender. Si no hay cambios adicionales de la demanda agregada, lo que significa que la curva de demanda agregada permanece en $DA_1$, dicho proceso termina cuando la curva de demanda agregada a corto plazo se ha movido a $SAC_1$ en la figura 31.1(b). Para entonces, el índice de deflación del PIB ha aumentado a 135 y el PIB real ha regresado a su nivel a largo plazo, es decir, el nivel del cual partió.

## Una espiral inflacionaria de precios y salarios

El proceso inflacionario que acabamos de analizar termina finalmente cuando, para un determinado aumento de la demanda agregada, los salarios se han ajustado lo suficiente como para restablecer la tasa de salario real a su nivel de pleno empleo. Pero supongamos que el aumento inicial de la demanda agregada fue resultado de un gran déficit presupuestario del gobierno, financiado mediante la creación de cada vez más dinero. Si esa política continúa, la demanda agregada continuará aumentando año tras año. La curva de demanda agregada continuará desplazándose hacia la derecha, ejerciendo así una presión al alza sobre el nivel de precios. La economía experimentará entonces una perpetua inflación por atracción de demanda.

La figura 31.2 ilustra una inflación permanente por atracción de demanda. El punto de partida es el

## Una espiral inflacionaria de precios y salarios

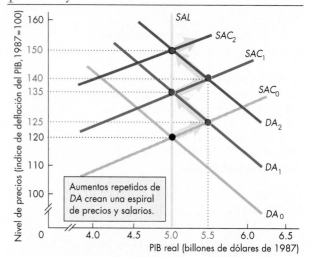

La curva de demanda agregada es $DA_0$, la curva de oferta agregada a corto plazo es $SAC_0$ y la curva de oferta agregada a largo plazo es $SAL$. El PIB real es de 5 billones de dólares y el índice de deflación del PIB es de 120. La demanda agregada aumenta, desplazando la curva de demanda agregada a $DA_1$. El PIB real aumenta a 5.5 billones de dólares y el índice de deflación del PIB hace lo mismo a 125. Al operar la economía por encima del pleno empleo, la tasa de salario comienza a elevarse, desplazando la curva de oferta agregada a corto plazo hacia la izquierda, a $SAC_1$. El índice de deflación del PIB aumenta a 135 y el PIB real regresa a su nivel a largo plazo. Al continuar aumentando la demanda agregada, la curva de demanda agregada se desplaza a $DA_2$. El índice de deflación del PIB aumenta todavía más, el PIB real rebasa su nivel a largo plazo y la tasa de salario continúa elevándose. Al desplazarse hacia la izquierda la curva de oferta agregada a corto plazo a $SAC_2$, el índice de deflación del PIB aumenta a 150. Al continuar aumentando la demanda agregada, el nivel de precios se eleva, produciendo una inflación permanente de atracción de demanda. El PIB real fluctúa entre 5 y 5.5 billones de dólares. Pero si la demanda agregada aumenta *al mismo tiempo* que se elevan los salarios, el PIB real permanece en 5.5 billones de dólares al presentarse la inflación de atracción de demanda.

mismo que se muestra en la figura 31.1. La curva de demanda agregada es $DA_0$, la curva de oferta agregada a corto plazo es $SAC_0$ y la curva de oferta agregada a largo plazo es $SAL$. El PIB real es de 5 billones de dólares y el índice de deflación del PIB es de 120. La demanda agregada aumenta, desplazando la curva de demanda agregada a $DA_1$. El PIB real aumenta a 5.5 billones de dólares y el índice de deflación del PIB hace lo mismo a 125. La economía se halla en un equilibrio de empleo superior al pleno. Hay una escasez de trabajo, y la tasa de salario real se eleva, desplazando la curva de oferta agregada a corto plazo a $SAC_1$. El índice de deflación del PIB aumenta a 135 y el PIB real regresa a su nivel a largo plazo.

Pero la oferta monetaria aumenta nuevamente en el mismo porcentaje que antes, y la demanda agregada continúa aumentando. La curva de demanda agregada se desplaza hacia la derecha, a $DA_2$. El índice de deflación del PIB aumenta todavía más, el PIB real rebasa su nivel a largo plazo y la tasa de salario continúa elevándose. Al desplazarse la curva a $SAC_2$, el índice de deflación del PIB aumenta todavía más, hasta 150. Al continuar el aumento de la demanda agregada, el nivel de precios se eleva continuamente, produciendo una inflación permanente de atracción de demanda y una espiral inflacionaria de precios y salarios. El PIB real fluctúa entre 5 y 5.5 billones de dólares.

En la espiral inflacionaria de precios y salarios que acabamos de describir se alternan los aumentos de la demanda agregada y de salarios: primero aumenta la demanda agregada, después los salarios, luego la demanda agregada, y así sucesivamente. Si después del aumento inicial de la demanda agregada, que llevó al PIB real a 5.5 billones de dólares, la demanda agregada continúa aumentando *al mismo tiempo* que se eleva la tasa de salarios, el PIB real permanece por encima de su nivel a largo plazo, en 5.5 billones de dólares, al continuar la inflación de atracción de demanda.

### Inflación de atracción de demanda en Kalamazoo

Usted quizás comprenda mejor el proceso inflacionario que acabamos de describir si considera lo que sucede en una parte de la economía, como la planta embotelladora de refrescos de Kalamazoo. Al inicio, cuando aumenta la demanda agregada, aumenta también la demanda de refrescos y se eleva el precio del refresco. Al enfrentar un precio más alto, la planta de refrescos trabaja turnos extra y aumenta la producción. Hay buenas condiciones para los trabajadores en Kalamazoo y a la fábrica de refrescos se le dificulta conservar a la mejor gente. Para hacerlo tiene que ofrecer salarios más altos. Al aumentar los salarios, aumentan también los costos de la fábrica de refrescos.

Lo que pasa después depende de lo que le suceda a la demanda agregada. Si la demanda agregada permanece constante (como en la figura 31.1b), los costos de la empresa se incrementan, pero el precio del refresco no se eleva tan rápidamente. Se reduce

la producción. Finalmente, los salarios y costos aumentan en la misma cantidad que el precio del refresco. En términos reales, la fábrica de refrescos está en la misma situación que antes del aumento de la demanda agregada. La planta embotelladora produce la misma cantidad de refrescos y emplea la misma cantidad de trabajo.

Pero si la demanda agregada continúa aumentando, también lo hace la demanda de refrescos, y el precio del refresco se eleva a la misma tasa que los salarios. La fábrica de refrescos continúa funcionando por encima del pleno empleo y hay una escasez persistente de trabajo. Los precios y salarios se persiguen unos a otros elevándose en una espiral interminable de precios y salarios.

## REPASO

L a inflación por atracción de demanda es resultado de cualquier factor inicial que hace aumentar la demanda agregada. Los factores más importantes son un aumento de la oferta monetaria y un aumento de las compras gubernamentales de bienes y servicios. Al inicio, el aumento de la demanda agregada eleva el nivel de precios y el PIB real. Al operar la economía por encima del pleno empleo, la tasa de salarios se eleva, lo que ocasiona la disminución de la oferta agregada a corto plazo. Si la demanda agregada permanece constante en su nuevo nivel, el nivel de precios se eleva todavía más y el PIB real vuelve a su nivel a largo plazo. Si continúa el aumento de la demanda agregada, los salarios persiguen a los precios en una espiral inflacionaria interminable de precios y salarios. ◆

Veamos ahora cómo pueden crear inflación los choques a la oferta agregada.

## Inflación de oferta y estanflación

L a inflación puede ser resultado de una disminución de la oferta agregada. Veamos las razones principales que pueden originar la disminución de la oferta agregada.

## Causas de disminución de la oferta agregada

Existen dos causas principales de una disminución de la oferta agregada:

- Un aumento en las tasas de salarios
- Un alza de los precios de materias primas clave.

Estas causas de disminución de la oferta agregada actúan cuando los costos se elevan y una inflación así se llama **inflación de empuje de costos**. Con todo lo demás constante, cuanto más alto es el costo de producción, menor es la cantidad producida. Con un determinado nivel de precios, las tasas crecientes de salarios o los precios crecientes de mate-

rias primas clave, como el petróleo, llevan a las empresas a reducir la cantidad ocupada de trabajo al igual que la producción. Esta disminución de la oferta agregada a corto plazo desplaza la curva de oferta a corto plazo hacia la izquierda. Veamos qué efecto tiene sobre el nivel de precios.

## Efecto inflacionario de una disminución de la oferta agregada

Supongamos que el año pasado el índice de deflación del PIB fue de 120 y el PIB real de 5 billones de dólares. El PIB real a largo plazo fue también de 5 billones de dólares. Esta situación se muestra en la figura 31.3. La curva de demanda agregada era $DA_0$, la curva de oferta agregada a corto pla-

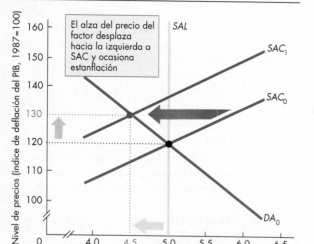

FIGURA **31.3**

## Inflación de empuje de costos

Al inicio, la curva de demanda agregada es $DA_0$, la curva de oferta agregada a corto plazo es $SAC_0$ y la curva de oferta agregada a largo plazo es $SAL$. Una disminución de la oferta agregada (por ejemplo, resultado de un alza del precio internacional del petróleo), desplaza la curva de oferta agregada a corto plazo a $SAC_1$. La economía se mueve hacia un punto donde la curva de oferta agregada a corto plazo $SAC_1$ interseca la curva de demanda agregada $DA_0$. El índice de deflación del PIB aumenta a 130 y el PIB real disminuye a 4.5 billones de dólares. La economía experimenta inflación y una contracción del PIB real: *estanflación*.

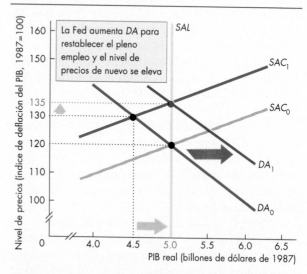

FIGURA **31.4**

## Respuesta de la demanda agregada a un empuje de costo

Al inicio, la curva de demanda agregada es $DA_0$, la curva de oferta agregada a corto plazo es $SAC_0$ y la curva de oferta agregada a largo plazo es $SAL$. Una disminución de la oferta agregada desplaza la curva de oferta agregada a corto plazo hacia la izquierda, a $SAC_1$. El índice de deflación del PIB sube de 120 a 130 y el PIB real disminuye de 5 a 4.5 billones de dólares. La economía experimenta estanflación y está atrapada en un equilibrio con desempleo. Si la Fed responde con un aumento de la demanda agregada para restablecer el pleno empleo, la curva de demanda agregada se desplaza hacia la derecha, a $DA_1$. La economía regresa al pleno empleo, pero a costa de una inflación más alta. El nivel de precios se eleva a 135.

zo era $SAC_0$ y la curva de oferta agregada a largo plazo era $SAL$. En el año actual, un alza pronunciada de los precios internacionales del petróleo hizo disminuir la oferta agregada a corto plazo. La curva de oferta agregada a corto plazo se desplaza hacia la izquierda, a $SAC_1$. El índice de deflación del PIB se eleva a 130 y el PIB real baja a 4.5 billones de dólares. La economía experimenta una inflación del 8.3 por ciento (un índice de deflación del PIB de 130, comparado con 120 del año anterior) y una contracción del PIB real: *estanflación*.

La situación que se presentó en la economía de Estados Unidos en 1974 fue similar a la que acabamos de describir. En esa época, la cuadruplicación de los precios del petróleo redujo la oferta agregada, lo que ocasionó un aumento pronunciado de la inflación y una disminución del PIB real.

## Respuesta de la demanda agregada

Cuando la economía se encuentra atrapada en un equilibrio con desempleo, como el que se muestra en la figura 31.3, hay a menudo un clamor de preocupación y un exhorto para actuar y restablecer el pleno empleo. Una de ese tipo puede incluir un aumento de las compras gubernamentales de bienes y servicios o un recorte de los impuestos, pero lo más probable es que la Fed responda con un aumento de la oferta monetaria. Si así lo hace, la Fed hace aumentar la demanda agregada y la curva de demanda agregada se desplaza hacia la derecha. La figura 31.4 muestra un aumento de la demanda agregada con desplazamiento de la curva de demanda agregada a $DA_1$ para restablecer el pleno empleo. Pero ello sucede a costa de un nivel de precios todavía más alto. El nivel de precios se eleva a 135, un alza del 12.5 por ciento respecto del nivel de precios original.

## Una espiral inflacionaria de costos y precios

Suponga ahora que los productores de petróleo, al ver que los precios de todo lo que compran se elevan en 12.5 por ciento, deciden aumentar de nuevo el precio del petróleo. La figura 31.5 muestra la continuación de la historia. La curva de oferta agregada a corto plazo se desplaza ahora a $SAC_2$ y sobreviene otro brote de inflación. El nivel de precios se eleva todavía más, a 145, y el PIB real desciende a 4.5 billones de dólares. El desempleo

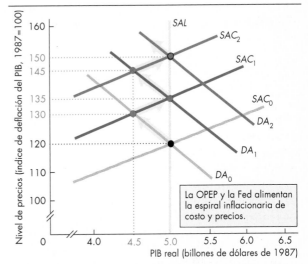

**FIGURA 31.5**

## Una espiral inflacionaria de costos y precios

Cuando un aumento de costo (por ejemplo, un aumento del precio internacional del petróleo) reduce la oferta agregada a corto plazo de $SAC_0$ a $SAC_1$, el índice de deflación del PIB aumenta a 130 y el PIB real disminuye a 4.5 billones de dólares. La Fed responde con un aumento de la oferta monetaria que desplaza la curva de demanda agregada de $DA_0$ a $DA_1$. El índice de deflación del PIB sube de nuevo a 135 y el PIB real regresa a 5 billones de dólares. Ocurre de nuevo el aumento de costo, lo que desplaza la curva de oferta agregada a corto plazo a $SAC_2$. Se repite la estanflación y el índice de deflación del PIB sube ahora a 145. La Fed responde de nuevo y la espiral inflacionaria de costo y precios continúa.

aumenta por encima de su tasa natural. Si la Fed responde de nuevo con un aumento de la oferta monetaria, la demanda agregada aumenta y la curva de demanda agregada se desplaza a $DA_2$. El nivel de precios se eleva aún más, a 150, y de nuevo se restablece el pleno empleo. El resultado es una espiral inflacionaria de costos y precios. Pero si la Fed no responde, la economía permanece debajo del pleno empleo hasta que hay una reversión del alza inicial de precios que desencadenó la estanflación.

Usted puede advertir que la Fed enfrenta un dilema. Si aumenta la oferta monetaria para restablecer el pleno empleo, corre el riesgo de provocar otro aumento en el precio del petróleo, lo que a su vez ocasionará otro aumento adicional de la oferta monetaria y la inflación se desatará a la tasa que decidan los países exportadores de petróleo. Si la Fed mantiene bajo control el crecimiento de la oferta monetaria, la economía operará con un alto nivel de desempleo. La Fed enfrentó un dilema como éste cuando la OPEP elevó nuevamente los precios del petróleo. En esa ocasión, la Fed decidió no responder al alza del precio del petróleo con un aumento de la oferta monetaria y el resultado fue una aguda recesión, aunque también, finalmente, una caída de la inflación.

### Inflación de empuje de costo en Kalamazoo

¿Qué sucede en la planta embotelladora de refrescos de Kalamazoo mientras la economía experimenta una inflación de empuje de costo? Al aumentar el precio del petróleo, aumentan también los costos de embotellar refrescos. Estos costos más altos disminuyen la oferta de refrescos, lo que eleva su precio y reduce la cantidad producida. La planta de refrescos suspende temporalmente a algunos trabajadores. Esta situación perdurará hasta que la Fed aumente la demanda agregada o baje el precio del petróleo. Si la Fed aumenta la demanda agregada, como lo hizo a mediados de la década de 1970, la demanda de refrescos aumenta y su precio se eleva. El precio más alto de los refrescos produce beneficios más elevados, y la planta embotelladora eleva su producción. La fábrica de refrescos vuelve a contratar a los trabajadores suspendidos.

---

## REPASO

L a inflación de empuje de costo es resultado de cualquier factor inicial, por ejemplo, un aumento en la tasa de salarios o en el precio de una materia prima clave, lo que provoca la disminución de la oferta agregada. El efecto inicial de una disminución de la oferta agregada es un alza en el nivel de precios y una disminución del PIB real: *estanflación*. Si las políticas monetaria o fiscal hacen aumentar la demanda agregada para restablecer el pleno empleo, el nivel de precios se eleva todavía más. Si la demanda agregada permanece constante, la economía permanece por debajo del pleno empleo hasta que haya una reversión del alza inicial de precio. Si la respuesta a la estanflación es siempre un aumento de la demanda agregada, ocurre una inflación desenfrenada de empuje de costo a una tasa determinada por la velocidad a la que se presiona el alza de los costos. ◆

## Expectativas de inflación

C on inflación de atracción de demanda, un aumento persistente de la oferta monetaria ocasiona el aumento de la demanda agregada y crea una espiral inflacionaria de precios y salarios. Con inflación de empuje de costo, un alza persistente de los precios de los factores permitida por aumentos persistentes de la oferta monetaria crea una espiral inflacionaria de costos y precios. Independientemente de si la inflación es de atracción de demanda o de empuje de costo, la incapacidad de *anticipar* correctamente la inflación impone costos, los cuales proporcionan un incentivo para que la gente intente anticipar la inflación.

Examinemos los costos de no anticipar correctamente la inflación.

### El costo de los pronósticos equivocados de la inflación

Nuestra incapacidad de conocer el futuro, combinada con nuestra necesidad de pronosticarlo, nos imponen costos inevitables. Cuanto más nos equivoquemos al estimar el nivel de precios futuro, nuestra equivocación será más cara. Para ver por qué son costosos los errores de pronóstico de la inflación, repasemos lo que acabamos de examinar acerca del proceso de inflación inesperada, y hagámoslo volviendo a la planta embotelladora de refrescos de Kalamazoo.

**Salarios**  Cuando observamos los efectos de la inflación de atracción de demanda, vimos que al inicio los precios de los refrescos y de los otros bienes se elevan, pero la tasa de salarios no cambia. La tasa real de salarios baja y la planta embotelladora aumenta la producción. Los trabajadores empiezan a abandonar la planta embotelladora para buscar nuevos empleos que paguen una tasa real de salarios más alta, que se acerque más a la que predominaba antes de dispararse la inflación. Este resultado impone costos tanto a empresas como a trabajadores. La empresa opera su planta a una tasa de producto alta e incurre en costos de tiempo extra y costos más altos de mantenimiento de la planta y de reemplazo de partes. Los trabajadores acaban sintiéndose engañados. Han trabajado tiempo extra para obtener un producto extra y cuando llegan a gastar sus salarios descubren que los precios han aumentado, así que, en realidad, sus salarios compran una cantidad menor de bienes y servicios de lo que anticipaban originalmente.

Compare este resultado con lo que podría haber ocurrido si el brote de la inflación se hubiera anticipado correctamente. En tal caso, la tasa de salario en la planta embotelladora se elevaría a la misma tasa que los precios, es decir, el precio de los refrescos y el nivel de precios. La tasa real de salario, el empleo y el producto permanecen constantes. La inflación anticipada prácticamente no tiene costo.

**Tasas de interés**   Al igual que las empresas y los trabajadores incurren en costos debido a pronósticos erróneos del nivel de precios, lo mismo les ocurre a los prestamistas y prestatarios. Son acordadas tasas de interés con base en alguna expectativa del valor futuro del dinero, que a su vez depende del curso futuro del nivel de precios. Si la inflación resulta ser inesperadamente alta, los prestatarios ganan y los prestamistas pierden, pero ni unos ni otros están tan contentos como lo estarían sin inflación inesperada. A los prestatarios les gustaría haber pedido más y a los prestamistas les gustaría haber prestado menos; así que ambos grupos sienten que han perdido oportunidades de ganancias extras.

Si la inflación resulta menos de lo esperado, los prestamistas ganan y los prestatarios pierden. Pero, nuevamente, lo que los prestamistas ganan es menos de lo que los prestatarios pierden. En este caso, a los prestatarios les gustaría haber pedido menos y a los prestamistas les gustaría haber prestado más. De nuevo, ambos grupos sienten que podían haber tomado mejores decisiones con una mayor previsión.

El costo se presenta independientemente de si las expectativas de inflación resultan equivocadas en un sentido u otro. Expectativas equivocadas imponen costos a las empresas y a las familias, y cuanto mayor es el error del pronóstico, mayores son tales costos. Los costos de los pronósticos equivocados, como cualquier otro, son algo que debe minimizarse. Estos costos surgen de la escasez, de la misma manera que todos los demás. En este caso, lo escaso es la información acerca del futuro. Sin embargo, aunque los costos de los pronósticos equivocados

no pueden evitarse por completo, pueden disminuirse lo más posible.

## Minimización de las pérdidas por los pronósticos equivocados

Como no dispone de bolas de cristal, la gente no puede acertar siempre acerca del futuro. Pero puede usar toda la información pertinente disponible para minimizar lo más posible sus errores de pronóstico. Es decir, la gente puede formar una expectativa racional. Una **expectativa racional** es un pronóstico basado en toda la información pertinente disponible, y tiene dos características:

◆ El error esperado del pronóstico es cero.
◆ El intervalo del error de pronóstico es lo más pequeño posible.

Con un error esperado de pronóstico igual a cero, una expectativa racional acierta *en promedio*. Pero no es un pronóstico exacto. Existe la misma probabilidad de que el pronóstico sea demasiado alto como de que sea demasiado bajo. Al formular un pronóstico que conscientemente se equivoca en un sentido o en otro, la gente evita equivocarse en una dirección. Pero el costo de ello es que se equivoca más en la otra dirección. Ya que los costos de los pronósticos equivocados se dan independientemente de si las expectativas son demasiado altas o demasiado bajas, la mejor manera de actuar es hacer un pronóstico que tiene la misma probabilidad de ser demasiado alto o demasiado bajo. Al hacer lo más pequeño posible el intervalo del error del pronóstico, se hace el mejor uso de la información, la cual es un recurso escaso y no debe desperdiciarse en absoluto.

¿La gente pronostica realmente con expectativas racionales? Veamos cómo pronostica la gente en la realidad.

## En qué forma pronostica la gente en el mundo real

La gente dedica a los pronósticos lapsos de tiempo y cantidades de esfuerzo distintos. Alguna gente se especializa en pronósticos e, incluso, vive de la venta de sus pronósticos. Por ejemplo, los asesores de inversión pronostican los precios futuros de las acciones y bonos. Los bancos, los grandes corredores de acciones y mercancías, las instituciones gubernamentales y las empresas privadas de pronósticos, hacen pronósticos macroeconómicos de la inflación.

Los pronosticadores especializados corren el riesgo de perder mucho con pronósticos equivocados. Por tanto, tienen un gran incentivo para pronosticar con la mayor exactitud posible, minimizando el intervalo de error y logrando, al menos, que los pronósticos sean en promedio correctos. Más aún, las organizaciones que tienen mucho que perder debido a pronósticos equivocados, invierten mucho esfuerzo en verificar los pronósticos de los profesionales. Por ejemplo, todos los grandes bancos, los principales sindicatos, las oficinas gubernamentales y la mayoría de los productores de bienes y servicios del sector privado dedican mucho esfuerzo a la elaboración de sus propios pronósticos y los comparan con los de otros. Los pronosticadores especializados utilizan una gran cantidad de datos, que analizan con la ayuda de modelos estadísticos económicos. Los modelos utilizados se basan (pero son más detallados que éste) en el modelo de demanda y oferta agregadas, que usted ha estudiado en este libro.

A diferencia de los especialistas, la mayoría de la gente dedica poco tiempo y esfuerzo a pronosticar. En cambio, compran sus pronósticos a los especialistas o imitan a la gente que parece haber tenido éxito.

¿Qué explicación dan los economistas a los pronósticos que hace la gente?

## Cómo predicen los economistas los pronósticos de la gente

La economía intenta predecir las elecciones que hace la gente. Debido a que estas elecciones están influidas por los pronósticos de la gente acerca de fenómenos como la inflación, para predecir sus elecciones también tenemos que predecir sus pronósticos. ¿Cómo lo hacen los economistas?

Suponen que la gente es tan racional cuando usa información al formar expectativas como en todas sus otras actividades económicas. Esta idea conduce a los economistas a la hipótesis de las expectativas racionales. La **hipótesis de las expectativas racionales** es la proposición de que los pronósticos que hace la gente son los mismos que hace un economista cuando éste utiliza la teoría económica pertinente conjuntamente con toda la información disponible en el momento en que se hace el pronóstico. Por ejemplo, para predecir las expectativas de

la gente acerca del precio del jugo de naranja, los economistas aplican el modelo económico de demanda y oferta conjuntamente con la información disponible acerca de las posiciones de las curvas de demanda y oferta de jugo de naranja. Para predecir las expectativas de la gente acerca del nivel de precios y de la inflación, los economistas usan el modelo de demanda y oferta agregadas.

Veamos ahora cómo podemos utilizar el modelo de demanda y oferta agregadas para encontrar la expectativa racional del nivel de precios.

## Una expectativa racional de la inflación

Para formar una expectativa racional de la inflación, utilizamos el modelo de demanda y oferta agregadas para pronosticar el estado de la economía de una manera muy parecida a como los meteorólogos usan un modelo de la atmósfera con objeto de pronosticar el tiempo. Pero existe una diferencia importante entre el modelo atmosférico del meteorólogo y el modelo de demanda y oferta agregadas del economista.

Nuestro pronóstico no afectará el clima de mañana. Podemos pronosticar un día soleado o un aguacero torrencial, pero el resultado es independiente del pronóstico. Sin embargo, el consenso del pronóstico del nivel de precio puede afectar el nivel de precios efectivo. Debemos considerar esta posibilidad al intentar establecer una expectativa racional del nivel de precios.

Vamos a buscar la expectativa racional del nivel de precios utilizando la figura 31.6 para guiar nuestro análisis. El modelo de demanda y oferta agregadas, predice que el nivel de precios está en el punto de intersección de las curvas de demanda agregada y de oferta agregada a corto plazo. Por tanto, para pronosticar el nivel de precios tenemos que pronosticar las posiciones de estas curvas.

Comencemos con la demanda agregada. Para pronosticar la posición de la curva de demanda agregada, tenemos antes que pronosticar todas las variables que influyen sobre ella. Supongamos que ya lo hemos hecho y que nuestro pronóstico de la demanda agregada se expresa en la curva *DAE*, la curva de demanda agregada *esperada*.

Nuestra siguiente tarea es pronosticar la posición de la curva de oferta agregada a corto plazo, pero para ello nos encontramos con un problema. Sabemos que la posición de la curva de oferta agregada a corto plazo la determinan dos factores:

◆ La oferta agregada a largo plazo
◆ La tasa de salarios

La curva de oferta agregada a corto plazo interseca la curva de oferta agregada a largo plazo en el nivel de precios de pleno empleo. Así que necesitamos un pronóstico de la posición de la curva de oferta agregada a largo plazo, para lo cual, a su vez, debemos pronosticar todos los factores que determinan la oferta agregada a largo plazo. Suponga que hemos hecho el mejor pronóstico posible del PIB real a largo plazo y que esperamos que la oferta agregada a largo plazo sea de 5 billones de dólares. La curva de oferta agregada a largo plazo *esperada* es *SALE* en la figura 31.6.

El último ingrediente que necesitamos es un pronóstico de la tasa de salarios. Provistos con esta información, tenemos un pronóstico del punto de la curva *SALE*, donde la interseca la oferta agregada a corto plazo. El pronóstico de la tasa de salarios depende del grado de flexibilidad del salario y necesitamos considerar dos factores:

◆ Salarios inflexibles
◆ Salarios flexibles

## Expectativa racional con salarios inflexibles

Con salarios inflexibles, la posición de la curva de oferta agregada a corto plazo la determina la tasa de salarios conocida y fija. Dada esa tasa de salarios fijos y dada la curva de oferta agregada a largo plazo esperada *SALE*, hay una curva de oferta agregada a corto plazo esperada. La figura 31.6(a) presenta esa curva como $SACE_0$.

## FIGURA 31.6
## Expectativa racional del nivel de precios

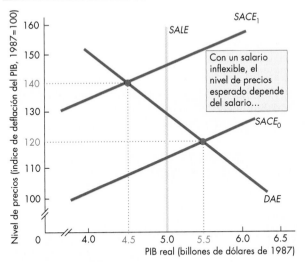

**(a) Salarios inflexibles**

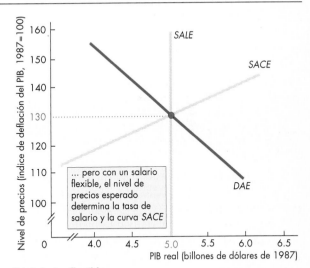

**(b) Salarios flexibles**

La expectativa racional del nivel de precios es el mejor pronóstico disponible, el cual se elabora con el pronóstico de la curva de demanda agregada esperada (*DAE*) y el de la curva de oferta agregada a corto plazo (*SACE*). La expectativa racional del nivel de precios tiene lugar en el punto de intersección de las curvas *DAE* y *SACE*. Para pronosticar la posición de *SACE*, se necesitan pronósticos de la curva de oferta agregada a largo plazo *SALE* y de la tasa de salario. En la parte (a) los salarios son inflexibles y no reaccionan a las expectativas del nivel de precios, así que la posición de la curva de oferta agregada a corto plazo esperado depende de *SALE* y de la tasa de

salarios fija. Con una tasa de salarios baja, la curva de oferta agregada a corto plazo esperada es $SACE_0$ y la expectativa racional del nivel de precios es de 120. Con una tasa de salarios alta, la curva de oferta agregada a corto plazo es $SACE_1$ y la expectativa racional del nivel de precios es de 140. En la parte (b) los salarios son flexibles y responden al nivel de precios esperado. La expectativa racional del nivel de precios tiene lugar en el punto de intersección de *DAE* y de *SALE*. La tasa de salarios la determina este nivel de precios esperado y la curva de oferta agregada a corto plazo es *SACE*.

La expectativa racional del nivel de precios es el punto de intersección de $DAE$ y $SACE_0$: un nivel de precios de 120. La expectativa racional de la inflación se calcula como la cantidad porcentual por la que el nivel de precios futuro pronosticado rebasa al nivel de precios corriente. Por ejemplo, si el nivel de precios corriente es de 110 y el nivel de precios pronosticado para el año próximo es de 120, la tasa de inflación esperada para el año es del 9 por ciento.

También hay una expectativa racional del PIB real. Dada la tasa de salarios y la curva de oferta agregada a corto plazo esperada $SACE_0$, la expectativa racional es que el PIB real será de 5.5 billones de dólares y la economía estará en un equilibrio superior al de pleno empleo.

La figura 31.6(a) muestra otro caso: uno en el que la curva de oferta agregada a corto plazo es $SACE_1$. En este caso, la tasa de salarios es más alta. La expectativa racional del nivel de precios se determina en el punto de intersección de $DAE$ y $SACE_1$, un nivel de precios esperado de 140. Con un nivel de precios corriente de 110, la tasa de inflación esperada para el año es del 27 por ciento. Se espera que la economía esté en un equilibrio con desempleo, más un PIB real de 4.5 billones de dólares.

## Expectativa racional con salarios flexibles

Cuando los salarios son flexibles, es más difícil pronosticar la posición de la curva de oferta agregada a corto plazo, debido a que también tiene que pronosticarse la tasa de salarios. Más aún, la tasa de salarios depende del nivel de precios esperado, la variable que tratamos de pronosticar. Parece existir un gran problema: para pronosticar el nivel de precios necesitamos un pronóstico de la tasa de salarios; y para pronosticar la tasa de salarios, necesitamos un pronóstico del nivel de precios.

El problema se soluciona al encontrar un pronóstico del nivel de precios que haga que se intersequen la curva de demanda agregada esperada y la curva de oferta agregada a corto plazo esperada, a un nivel de precios igual al pronosticado. Sólo hay un nivel de precios así, y corresponde al punto en el que la curva de demanda agregada esperada interseca la curva de oferta agregada a largo plazo esperada. Este caso se presenta en la figura 31.6(b). La tasa de salarios se ajusta como respuesta a los

cambios del nivel de precios esperado, hasta que la curva de oferta agregada a corto plazo esperada es $SACE$ en la figura 31.6(b). Pronosticamos simultáneamente la posición de la curva de oferta agregada a corto plazo y el nivel de precios, y los dos pronósticos son compatibles entre sí. Nuestro pronóstico del nivel de precios es un índice de deflación del PIB de 130 y $SACE$ es nuestro pronóstico de la curva de oferta agregada a corto plazo.

## Teoría y realidad

El análisis que acabamos de realizar muestra la forma en que los economistas identifican la expectativa racional. Pero, ¿se forma la gente expectativas del nivel de precios utilizando el mismo análisis? Podemos pensar que lo hacen los graduados en Economía, pero parece poco ajustado a la realidad atribuir dichos cálculos a la mayoría de la gente. ¿Invalida esto la idea completa de las expectativas racionales?

La respuesta es ¡no! Al realizar nuestros cálculos, hemos construido un modelo económico que no busca describir los procesos mentales de la gente en la realidad. Su objetivo es predecir *elecciones*, no procesos mentales. La *hipótesis de las expectativas racionales* establece que los pronósticos que la gente hace, independientemente de cómo los haga, son en promedio los mismos que los que hace un economista que se vale de la teoría económica pertinente.

---

# R E P A S O

L as decisiones para producir, trabajar, pedir prestado y prestar están basadas en pronósticos de la inflación, pero los rendimientos de empresas, trabajadores, prestatarios y prestamistas dependen de la inflación efectiva. Los pronósticos equivocados de la inflación imponen costos a empresas, trabajadores, prestatarios y prestamistas. Para minimizar los errores de pronóstico, la gente utiliza toda la información disponible y forma una *expectativa racional*. Los pronosticadores especializados en el mundo real utilizan datos y modelos estadísticos para generar expectativas. Otras personas compran pronósticos a los especialistas o imitan a personas que parecen tener éxito. Una expectativa racional de la inflación es el pronóstico del nivel de precios futuro realizado por medio del modelo de demanda y oferta agregadas. ◆

Ahora que ya sabemos qué son las expectativas racionales y cómo se calculan en relación con la inflación, procedamos a ver de qué manera se determinan el PIB real efectivo y la tasa de inflación efectiva. Comparemos también el PIB real efectivo y la inflación efectiva con las expectativas racionales de la gente ante estas variables.

## Equilibrio de expectativas racionales

H asta ahora en este capítulo hemos estudiado el proceso de la inflación *inesperada* y la determinación de las expectativas de inflación: la forma en que la gente trata de *anticipar* la inflación. Nuestro siguiente paso es reunir ambos elementos y ver qué ocurre cuando hay perturbaciones de la demanda agregada o de la oferta agregada *y al mismo tiempo* lo que mejor puede hacer la gente para anticipar las consecuencias de esos cambios. Una situación así se llama un equilibrio de expectativas racionales. Un **equilibrio de expectativas racionales** es un equilibrio macroeconómico basado en expectativas que a su vez son los mejores pronósticos disponibles.

Veamos dichas situaciones y de qué manera surgen, con ayuda de la figura 31.7. Ésta se compone de tres partes. La parte (a) contiene los *pronósticos* de la gente acerca de la economía, y las partes (b) y (c) muestran dos *resultados* alternativos que difieren del pronóstico. El pronóstico de la parte (a) de esta figura es exactamente el mismo que el de la figura 31.6(b). Se pronostica que el nivel de precios es de 130 y que el nivel a largo plazo del PIB real es de 5 billones de dólares.

Si el resultado es exactamente el pronosticado, entonces la parte (a) describe también ese resultado. El nivel de precios efectivo es de 130, el PIB real es de 5 billones de dólares y hay pleno empleo.

La figura 31.7(b) muestra lo que sucede cuando la demanda agregada es menor que la esperada, pero la oferta agregada es la misma que se esperaba. Las curvas de oferta agregada (*SAL* y *SAC*) en la parte (b) son idénticas a las curvas de oferta agregada esperada (*SALE* y *SACE*) en la parte (a). Pero la curva de demanda agregada (*DA*) se halla más a la izquierda en la parte (b) que la curva de demanda agregada esperada *(DAE)* en la parte (a). Ese resultado podría deberse a una reducción *inesperada* de la tasa a la que la Fed crea dinero, a una caída *inesperada* de la demanda externa de las exportaciones de Estados Unidos, a un aumento *inesperado* de impuestos o una reducción *inesperada* de las compras gubernamentales de bienes y servicios.

El equilibrio se determina allí donde la curva de demanda agregada efectiva interseca la curva de oferta agregada a corto plazo. El índice de deflación del PIB es de 125 y el PIB real es de 4.5 billones de dólares. Con una demanda agregada efectiva menor de la esperada, el nivel de precios es más bajo de lo esperado y el PIB real se coloca debajo de su nivel a largo plazo. Hay un equilibrio de desempleo.

Usted puede investigar qué es lo que ocurre, con ayuda de la figura 31.7(b), es decir, lo que sucede si la demanda agregada viene a ser más alta de lo esperado. En tal caso, el nivel de precios es más alto de lo esperado, y lo mismo ocurre con el PIB real.

La figura 31.7(c) muestra qué sucede cuando la oferta agregada viene a ser menor de lo esperado, pero la demanda agregada es la misma que se esperaba. La curva de demanda agregada (*DA*) en la parte (c) es idéntica a la curva de demanda agregada esperada (*DAE*) de la parte (a). Pero las curvas de oferta agregada (*SAL* y *SAC*) se hallan más a la izquierda en la parte (c) que las curvas de oferta agregada esperada (*SALE* y *SACE*) de la parte (a). Esa situación puede darse debido a una disminución *inesperada* del ritmo de cambio tecnológico o de la acumulación de capital.

De nuevo, el equilibrio tiene lugar allí donde la curva de demanda agregada interseca la curva de oferta agregada a corto plazo. En este caso, el índice de deflación del PIB es de 135 y el PIB real es de 4.75 billones de dólares. El nivel de precios efectivo es más elevado de lo esperado debido a que la oferta agregada a corto plazo es menor de lo esperado. Con un nivel de precios más alto de lo

**FIGURA 31.7**

# Equilibrio de expectativas racionales

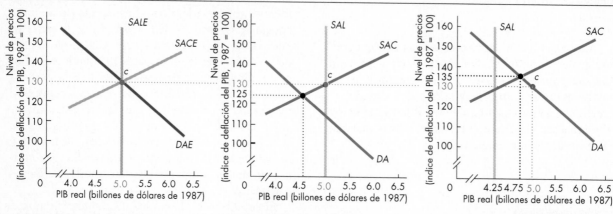

**(a) Pronóstico: pleno empleo**

**(b) Resultado: baja inesperada de la demanda agregada**

**(c) Resultado: baja inesperada de la oferta agregada**

La expectativa racional del nivel de precios se calcula en la parte (a). Tiene lugar en la intersección de las curvas *DAE* y *SALE* (punto *c*). Si la oferta agregada a largo plazo viene a ser la esperada, pero la demanda agregada es menor, como en la parte (b), el PIB real disminuye por debajo de su nivel a largo plazo y el nivel de precios cae debajo de lo esperado. Si la demanda agregada resulta ser la esperada, pero la oferta agregada a largo plazo es menor que la esperada, como en la parte (c), el nivel de precios se eleva por encima de su nivel esperado y el PIB real disminuye.

esperado, el PIB real está por encima de su nivel a largo plazo. En este caso en particular, el PIB real a largo plazo ha disminuido en comparación con su valor esperado, y el PIB real mismo también ha disminuido, si bien menos que el PIB real a largo plazo.

Usted puede saber, con ayuda de la figura 31.7(c), lo que pasa si la oferta agregada viene a ser más alta de lo esperado. En ese caso, el nivel de precios es más bajo de lo esperado y el PIB real más alto de lo esperado.

Los resultados que acabamos de enumerar no dependen de si los salarios son inflexibles o flexibles. Incluso si los salarios son flexibles, éstos no pueden responder a lo que no se conoce ni se espera. Así que los salarios flexibles no producen pleno empleo. En el ejemplo de equilibrio de expectativas racionales que acabamos de estudiar, hay desempleo o empleo superior al pleno.

## Los individuos en un equilibrio de expectativas racionales

La característica clave de cualquier equilibrio económico es que toda la gente ha llegado en la economía a una situación en la que no puede hacer una reasignación de sus recursos que considere superior a la que ha elegido.

Cada familia y cada empresa se ve a sí misma como una pequeña parte de la economía total. Aquellas empresas y familias que tienen suficiente poder de mercado como para influir sobre los precios, han ejercido esa influencia hasta su máxima ventaja posible. Pero la mayoría de las familias y empresas no pueden ejercer un efecto significativo sobre los precios a los que se enfrentan. En cambio, cada familia y cada empresa hace lo mejor que puede para pronosticar los precios que son pertinentes para sus propias decisiones.

Armados de estos mejores pronósticos, cada familia determina cuántos pollos, microondas y trajes compra, cuánto gasta en automóviles e instalaciones sanitarias, cuánto dinero tiene en el banco y cuántas horas trabaja a la semana. Estas decisiones se expresan no en cantidades fijas sino en tablas de demanda y oferta.

Al otro extremo del mercado, cada empresa, provista también de sus mejores pronósticos, determina cuánto equipo nuevo de capital instala (inversión), cuánto producto ofrece y cuánto trabajo demanda. Al igual que las familias, las empresas no manifiestan sus decisiones en cantidades fijas. Más bien, las expresan en tablas de demanda de los factores de producción y en tablas de oferta de producto.

Los precios, salarios y tasas de intereses se determinan en los mercados de bienes y servicios, de trabajo y de dinero, a niveles que aseguran la compatibilidad mutua de los planes de las familias y cada empresa que comercia en dichos mercados. Están en equilibrio las cantidades demandadas y las ofrecidas en cada mercado.

En un equilibrio de expectativas racionales, cada persona está convencida de que no existe una decisión mejor que la que puede tomar en la actualidad. Pero ese equilibrio no es estático, pues la economía está cambiando continuamente. Usted puede imaginar la economía en cada punto que observamos como el cuadro inmovilizado de un vídeo: en el cuadro, las curvas de oferta y demanda de los mercados de todos los diferentes bienes, servicios y factores de la producción se intersecan, determinando sus precios y cantidades en ese momento. Los economistas tratan de entender lo que sucede, deteniendo el vídeo para verlo con detenimiento.

Ya hemos visto en qué forma los cambios inesperados de la demanda agregada y de la oferta agregada afectan tanto al nivel de precios y al PIB real, incluso cuando la gente está haciendo lo mejor que puede para anticipar esos cambios. Veamos a continuación cómo funcionan las cosas cuando los pronósticos son acertados, es decir, cuando la gente tiene suerte y anticipa correctamente el futuro.

## Inflación anticipada

Si la gente pudiera anticipar correctamente el curso futuro de la inflación, no podría aceptar nunca un contrato salarial en el que estuviera fija la tasa de salarios. Los salarios cambiarían de acuerdo con los precios. Por tanto, estudiaremos la inflación anticipada únicamente con la ayuda del modelo del salario flexible.

Supongamos que el año pasado el índice de deflación del PIB fue de 120 y el PIB real de 5 billones de dólares. Supongamos también que la economía estuvo en pleno empleo y su PIB real a largo plazo fue de 5 billones de dólares. La figura 31.8 ilustra la economía del año pasado. Su curva de demanda agregada fue $DA_0$, la curva de oferta agregada fue $SAC_0$ y la curva de oferta agregada a largo plazo

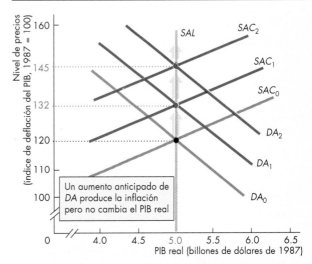

FIGURA **31.8**

## Inflación anticipada

La curva efectiva y esperada de oferta agregada a largo plazo (*SAL*) está en un PIB real de 5 billones de dólares. El año pasado la demanda agregada fue $DA_0$ y la curva de oferta agregada a corto plazo fue $SAC_0$. El nivel de precios efectivo fue el mismo que el esperado: un índice de deflación del PIB de 120. Este año, la demanda agregada se espera que aumente a $AD_1$. La expectativa racional del índice de deflación del PIB cambia de 120 a 132. Como resultado, la curva de oferta agregada a corto plazo se desplaza a $SAC_1$. Si la demanda agregada aumenta efectivamente como se esperaba, la curva efectiva de demanda agregada $DA_1$ es la misma que la curva esperada de demanda agregada. El equilibrio ocurre en un PIB real de 5 billones de dólares y un índice de deflación del PIB efectivo de 132. La inflación se anticipa correctamente. El año próximo, el proceso continúa al aumentar la demanda agregada, tal como se esperaba, a $DA_2$ y con un alza de los salarios que desplaza la curva de oferta agregada a corto plazo a $SAC_2$. De nuevo, el PIB real permanece en 5 billones de dólares y el índice de deflación del PIB sube, como se anticipó, a 145.

era *SAL*. Ya que la economía estaba en equilibrio en el PIB real a largo plazo, el nivel de precios efectivo era igual al nivel de precios esperado.

Para simplificar el análisis, supongamos que al final del año pasado no se esperaba un cambio en el PIB real a largo plazo, por lo que la oferta agregada a largo plazo esperada para este año es la misma que la del año pasado. Supongamos también que se esperaba un aumento de la demanda agregada, por lo que la curva de demanda agregada esperada para este año es $DA_1$. Podemos entonces calcular la expectativa racional del nivel de precios para este año. Es un índice de deflación del PIB de 132, el nivel de precios al que la nueva curva de de-

manda agregada esperada interseca la curva de
oferta agregada a largo plazo esperada. La tasa de
inflación es del 10 por ciento; el cambio porcentual
del nivel de precios va de 120 a 132.

Los salarios se elevan debido a la inflación esperada y la curva de oferta agregada a corto plazo se
desplaza también hacia la izquierda. En especial,
dado que la inflación esperada es del 10 por ciento,
la curva de oferta agregada a corto plazo para el
año próximo ($SAC_1$) se desplaza hacia arriba en la
misma cantidad porcentual (10 por ciento) y corta
la curva de oferta agregada a largo plazo ($SAL$) al
nivel de precios esperado.

Si la demanda agregada viene a ser igual a la esperada, la curva efectiva de demanda agregada es
$DA_1$. El punto de intersección de $DA_1$ y de $SAC_1$
determina el nivel de precios efectivo, es decir, allí
donde el índice de deflación del PIB es de 132. Del
año pasado a éste, el índice de deflación del PIB aumentó de 120 a 132 y la economía experimentó
una tasa de inflación del 10 por ciento, la misma
que la tasa de inflación anticipada.

¿Cuál fue la causa de la inflación? La respuesta
inmediata es el aumento anticipado y efectivo de
la demanda agregada. Debido a que la demanda
agregada *se esperaba* que aumentaría de $DA_0$ a
$DA_1$, la curva de oferta agregada a corto plazo se
desplazó hacia arriba, de $SAC_0$ a $SAC_1$. Debido a
que la demanda agregada aumentó efectivamente
en la cantidad que se esperaba, la curva efectiva de
demanda agregada se desplazó de $DA_0$ a $DA_1$. La
combinación de los desplazamientos anticipados y
efectivos de la curva de demanda agregada hacia
la derecha produjeron un alza del nivel de precios
que se anticipaba.

Sólo si el crecimiento de la demanda agregada se
pronostica correctamente, sigue la economía el curso descrito en la figura 31.8. Si la tasa de crecimiento esperado de la demanda agregada es diferente de
su tasa de crecimiento efectiva, la curva de demanda agregada esperada se desplaza en una magnitud
diferente a la de la curva efectiva de demanda agregada. La tasa de inflación se aparta de su nivel esperado y, hasta cierto punto, hay una inflación
inesperada. Éste es el tipo de inflación que estudiamos en la primera parte de este capítulo.

Las inflaciones anticipadas pueden ser muy perti-
naces y difíciles de erradicar. Las políticas monetaria y fiscal que causan inflación crean también
expectativas de inflación que refuerzan los efectos
inflacionarios de la política. Así mismo, a la gente

no le gusta que sus expectativas resulten fallidas, de
modo que si anticipa una tasa de inflación alta, eso
es precisamente lo que desea. Ésa fue la situación
en Estados Unidos a finales de la década de 1970 y
a principios de la década de 1980. Y ésa es la situación actual en Brasil, como podrá ver en la Lectura
entre líneas, en las páginas 966-967.

## REPASO

**U**n *equilibrio de expectativas racionales* es
un equilibrio macroeconómico basado en expectativas que son los mejores pronósticos disponibles. Un equilibrio de expectativas racionales
describe cómo se determina el PIB real y el nivel de
precios cuando la gente está haciendo lo mejor que
puede para anticipar los niveles de demanda agregada y de oferta agregada.   ◆◆   En un equilibrio
de expectativas racionales, si la demanda agregada
es menor de lo esperado, el PIB real y el nivel de
precios son menores de lo esperado. Si la oferta
agregada a largo plazo es menor de lo esperado, el
nivel de precios es más alto y el PIB real más bajo
de lo esperado. Dichos resultados no dependen de
si los salarios son inflexibles o flexibles. Incluso los
salarios flexibles no pueden responder a lo desconocido e inesperado, y un equilibrio de expectativas
racionales no es siempre un equilibrio de pleno empleo.   ◆◆   Si la gente anticipa correctamente los
cambios de la demanda agregada y de la oferta
agregada, el resultado es la inflación anticipada. El
nivel de precios cambia a una tasa anticipada, y el
PIB real y el desempleo no cambian.   ◆

La inflación reduce el valor del dinero y cambia el
valor real de las cantidades obtenidas en préstamo y
reembolsadas. Debido a esto, la inflación influye sobre las tasas de interés. Veamos cómo lo hace.

## Tasas de interés e inflación

**H**a habido grandes fluctuaciones
de las tasas de interés en la eco-
nomía de Estados Unidos en años recientes: a prin-

cipios de la década de 1960, las corporaciones podían pedir prestado para financiar proyectos de capital a largo plazo a tasas de interés del 4.5 al 5 por ciento anual. Para finales de la década de 1960, la tasa de interés prácticamente se había duplicado y estaba en el 8 por ciento anual. Durante la década de 1970, las tasas de interés pagadas por las empresas por préstamos a largo plazo fluctuaron entre el 7.5 y el 10.5 por ciento. En 1981, las tasas de interés alcanzaron niveles en el intervalo superior del 10 al 20 por ciento. Bajaron durante el resto de la década de 1980 y, para 1991, habían regresado a los niveles de finales de la década de 1960. ¿Por qué han fluctuado tanto las tasas de interés y por qué eran tan altas a finales de la década de 1970 y principios de la década de 1980?

Para contestar estas preguntas, es necesario distinguir entre tasas de interés nominal y tasas de interés real. Las **tasas de interés nominal** son las pagadas y recibidas efectivamente en el mercado. Las tasas de interés *real* son las tasas en las que se convierten las tasas nominales cuando se tienen en cuenta los efectos de la inflación. Si la tasa de interés nominal es del 15 por ciento al año y los precios están creciendo el 10 por ciento al año, la tasa de interés real es de sólo el 5 por ciento anual. Si usted otorgó un préstamo de 100 dólares el 1 de enero de 1994 es verdad que usted dispone de 115 dólares para gastar el 1 de enero de 1995, pero necesita 110 dólares para comprar los mismos bienes que 100 dólares habrían comprado un año antes. Todo lo que realmente habría ganado son 5 dólares: la diferencia entre los 110 dólares que necesita para comprar los 100 dólares de bienes y los 115 dólares que usted tiene.

Cuando estudiamos la determinación de las tasas de interés, en el capítulo 28, analizamos una economía en la que el nivel de precios era constante. En esa economía no existe diferencia entre las tasas de interés nominal y las tasas de interés real. Pero en el mundo real, el nivel de precios rara vez es constante y la mayor parte del tiempo se eleva. ¿Cuáles son los efectos sobre las tasas de interés de un nivel creciente de precios y de las expectativas de que el nivel de precios continúe aumentando?

### Expectativas de inflación y tasas de interés

Imagine dos economías idénticas en todos los aspectos excepto en uno: la primera economía no tiene inflación y no se espera que la haya; la segunda economía tiene una tasa de inflación del 10 por ciento anual que se anticipa correctamente. En ambas economías, la tasa de interés real es del 5 por ciento. ¿Cuál es la diferencia de las tasas de interés nominal de ambas economías?

En la economía con inflación de cero, la tasa de interés nominal es del 5 por ciento anual; la misma que la tasa de interés real. En la segunda economía la tasa de interés nominal es del 15.5 por ciento anual. ¿Por qué?

Los prestamistas, en una economía con una inflación del 10 por ciento al año, se dan cuenta de que el valor del dinero que han prestado desciende a una tasa del 10 por ciento anual. Se protegen contra esta pérdida del valor del dinero pidiendo una tasa de interés nominal más alta para los préstamos que otorgan. Los prestatarios, en esta economía, reconocen que el dinero que usan para pagar los préstamos vale el 10 por ciento menos al año que el dinero que obtuvieron en préstamo. Voluntariamente aceptan una tasa de interés nominal más alta. Como reconocimiento del valor descendente del dinero, los prestatarios y prestamistas acuerdan añadir 10 puntos porcentuales al año a la tasa de interés. Además, acuerdan añadir el 10 por ciento del interés porque admiten que incluso el interés compra el 10 por ciento menos al final del año que al principio. Ya que la tasa de interés es del 5 por ciento al año, el 10 por ciento de la tasa de interés es medio punto porcentual. Así que la suma total que los prestatarios y prestamistas acuerdan agregar a la tasa de interés real del 5 por ciento anual es de 10.5 puntos porcentuales, y la tasa de interés nominal es del 15.5 por ciento anual.

Hemos visto que con todo lo demás constante, cuanto más alta es la tasa de inflación esperada, más alta es la tasa de interés nominal. Generalmente, una economía con una tasa de inflación esperada elevada experimenta efectivamente una tasa de inflación alta. Por tanto, deberíamos esperar que las tasas de interés y las tasas de inflación suban y bajen conjuntamente. Veamos si lo hacen.

### Inflación y tasas de interés en Estados Unidos

La relación entre inflación y tasas de interés nominal en Estados Unidos se ilustra en la figura 31.9. La tasa de interés que se mide en el eje vertical es la que pagan las grandes corporaciones por préstamos a corto plazo (a 6 meses). Cada punto en la gráfica representa un año en la historia macroeconómica

## Inflación anticipada intratable

The Wall Street Journal, 29 de marzo de 1991

# La batalla de Brasil para controlar la inflación enfrenta un obstáculo: a mucha gente le gusta

**por Thomas Kamm**

El 15 de marzo de 1990, tomó posesión un nuevo presidente en Brasil y de inmediato sorprendió a sus compatriotas con un severo programa económico. El objetivo del presidente Fernando Collor de Mello era enfrentar la inflación desbordada, por mucho tiempo una carga sobre la economía del país y que después se disparó al 1764 por ciento anual.

El decreto, de un hasta aquí, del señor Collor, parecía ser finalmente la medicina tan dura como la enfermedad. Congeló aproximadamente la mitad del dinero en circulación en la economía, creó una nueva moneda y congeló todos los precios.

Sin embargo, menos de un año después ¿qué estaba haciendo el señor Collor? El 31 de enero [1991], estaba imponiendo otro programa antiinflacionario para Brasil.

¿Qué tiene la economía de este país, cuya salud económica es motivo de profunda preocupación para legiones de acreedores de los Estados Unidos, que hace tan intratable la inflación desenfrenada? ¿Por qué no cedió ante la recesión que desencadenó el programa de 1990 y que supuestamente habría moderado los aumentos de precios?

La respuesta radica, al menos en parte, en la clase de cultura inflacionaria de Brasil. Es un conjunto de expectativas que incluso algunos de los que consideran a la inflación una amenaza, la encuentran curiosamente confortante.

Considere la experiencia de Gil Pace. Un economista y antiguo funcionario gubernamental, se preocupa de que Brasil esté "llegando al caos como resultado de la persistencia" de la inflación. Pero como ciudadano privado, el señor Pace expresa una opinión distinta. La inflación le permitió comprar un apartamento en el elegante distrito Lagoa de Río "casi gratis".

Funcionó de la siguiente manera: cuando el señor Pace empezó a hacer sus pagos de la hipoteca en 1975, tanto su salario como la hipoteca se ajustaban anualmente debido a la inflación, que entonces era del 30 por ciento anual. El prestamista gubernamental continuó ajustando la hipoteca una vez al año, pero poco después la inflación era tan mala que su patrón empezó a subirle el sueldo cada mes. Con una inflación que ascendió en total a un millón por ciento entre 1985 y 1990, cuando acabó de pagar la hipoteca el año pasado, el ajuste retrasado de su préstamo había prácticamente eliminado la deuda.

Al final, estaba pagando el equivalente de tan sólo 6.50 dólares mensuales. "Les costaba más que eso enviarme la cuenta", dice el señor Pace. Su conclusión: " Estoy en contra de la inflación, pero aquí, usted tiene que defender la inflación..."

## Lo esencial del articulo

En marzo de 1990 la tasa de inflación de Brasil era del 1764 por ciento anual.

El nuevo presidente del país, Fernando Collor de Mello, congeló cerca de la mitad del dinero en circulación en la economía, creó una nueva moneda y congeló todos los precios.

En enero de 1991, el presidente Collor introdujo otro programa antiinflacionario para Brasil.

La inflación es intratable en Brasil y no cede ante la recesión, en parte porque la gente espera la inflación y algunas personas, como Gil Pace, ganan mucho con ella.

## Antecedentes y analisis

Durante la década de 1980, la tasa de inflación de Brasil excedió el 100 por ciento anual.
A finales de la década, la tasa empezó a acelerarse y alcanzó el 6000 por ciento anual en el último trimestre de 1989, vea la figura.

El gobierno de Brasil gasta permanentemente más de lo que recauda en impuestos, tiene un déficit presupuestario de una magnitud que rebasa el 10 por ciento del PIB.

Para financiar su déficit, el gobierno de Brasil pide prestado al banco central y la oferta monetaria crece a una tasa alta.

La inflación de Brasil es el resultado del persistente déficit presupuestario del gobierno y de la rápida tasa de crecimiento de la oferta monetaria. Estas fuerzas ocasionan una rápida tasa de crecimiento de la demanda agregada.

Se anticipa el aumento de la demanda agregada, por lo que los salarios aumentan también rápidamente y la inflación no va acompañada de un aumento del PIB real.

Asimismo, la inflación también se anticipa, de modo que las tasas de interés se ajustan para compensar a los prestamistas por la pérdida del valor del dinero, vea la figura.

La inflación de la década de 1980 no se *anticipó* en la década de 1970. Por eso, hubo personas (como Gil Pace, en el artículo) que pidieron prestado a una tasa de interés que no mantuvo el paso con la inflación de la década de 1980, y ganaron con la inflación.

Detener una inflación persistente y esperada es sumamente difícil. Debe reducirse el crecimiento de la demanda agregada y la gente debe *esperar* que se reduzca su crecimiento.

Para lograr esto en el caso de Brasil, el déficit presupuestario del gobierno, que es la causa de la elevada tasa de crecimiento de la oferta monetaria, debe sujetarse a control.

El programa de Collor no atacó esta causa de la inflación. En su lugar, atacó el síntoma de la inflación: los precios crecientes. Sin un cambio de la causa subyacente, los síntomas brotaron de nuevo.

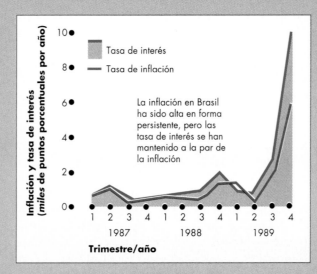

La inflación en Brasil ha sido alta en forma persistente, pero las tasa de interés se han mantenido a la par de la inflación

---

FIGURA **31.9**

## Inflación y tasa de interés

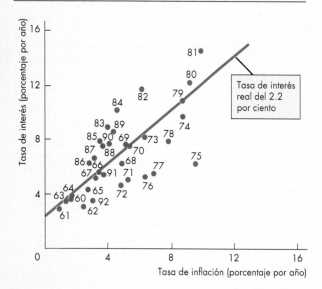

Con todo los demás constante, cuanto más alta es la tasa de inflación esperada, mayor es la tasa de interés. Una gráfica que muestra la relación entre las tasas de interés y la inflación efectiva revela que la influencia de la inflación sobre las tasas de interés es poderosa. En esta gráfica, la tasa de interés es la pagada por las grandes corporaciones por préstamos a corto plazo (la tasa del papel comercial a 6 meses) y la tasa de inflación es el cambio porcentual del índice de deflación del PIB. Cada punto representa un año de la historia macroeconómica de Estados Unidos de 1960 a 1992.

*Fuente: Economic Report of the President,* 1993.

---

reciente de Estados Unidos entre 1960 y 1992. La línea azul muestra la relación entre la tasa de interés nominal y la tasa de inflación si la tasa de inflación real se mantiene constante en 2.2 por ciento al año, su valor promedio efectivo en ese periodo. Como usted puede ver, existe una relación evidente entre la tasa de inflación y la tasa de interés, pero no es exacta. Según esto, sólo la inflación *anticipada* es la que influye sobre las tasas de interés. Entonces, sólo en la medida en que la tasa de inflación más alta se anticipa resultan tasas de interés más altas.

Durante la década de 1960 la inflación efectiva y la esperada fueron moderadas, lo mismo que las tasas de interés nominal. A principios de la década de 1970, la inflación empezó a aumentar, pero no se esperaba que lo hiciera mucho y menos aún que fuera a perdurar. Como resultado, las tasas de interés nominal no subieron tanto en esos años. A

mediados de la década de 1970, hubo un brote de inflación inesperadamente elevada. Las tasas de interés aumentaron algo, pero no tanto como la tasa de inflación. Para finales de la década de 1970 y principios de la de 1980, se comenzó a esperar una inflación cercana al 10 por ciento anual como un fenómeno vigente y sumamente persistente. Como resultado, las tasas de interés nominal aumentaron a cerca del 15 por ciento anual. Entonces, en 1984 y 1985, la tasa de inflación descendió, al principio inesperadamente. Las tasas de interés empezaron a descender, pero no tan rápidamente como la tasa de interés. Las tasas de interés a corto plazo descendieron más rápidamente que las tasas de interés a largo plazo porque, en esa época, se esperaba que la inflación sería más baja a corto plazo, pero no tanto a largo plazo.

La relación entre inflación y tasas de interés la ilustra de una manera aún más notable la experiencia internacional. Por ejemplo, en años recientes Chile ha tenido una tasa de inflación de alrededor del 30 por ciento con tasas de interés nominal de alrededor del 40 por ciento. Brasil ha tenido tasas de inflación de más del 200 por ciento anual con tasas de interés nominal también superiores al 200 por ciento anual. En el otro extremo, países como Japón y Bélgica han tenido inflación baja y tasas de interés nominales bajas.

### Oferta monetaria y tasas de interés   Hemos visto que las tasas altas de interés nominal y las tasas altas de inflación esperada van unidas. También hemos visto que la inflación esperada elevada es una consecuencia de una elevada tasa anticipada de crecimiento de la oferta monetaria. Así que una elevada tasa anticipada de crecimiento de la oferta monetaria produce no sólo una tasa alta de inflación anticipada, sino también tasas elevadas de interés nominal.

En el capítulo 28, cuando estudiamos los efectos de las políticas de la Fed sobre las tasas de interés, llegamos a la conclusión de que un aumento en la cantidad de dinero *hace bajar* las tasas de interés. ¿Cómo pueden ser correctas estas dos conclusiones? ¿Cómo puede hacer subir las tasas de interés un aumento de la tasa anticipada de crecimiento de la oferta monetaria, cuando un aumento de la cantidad de dinero las hace bajar?

La respuesta radica en el tiempo que tardan las tasas de interés en ajustarse al cambio de la oferta monetaria. Si la Fed emprende una política imprevista que hace aumentar la cantidad de dinero, el efecto inmediato es producir el descenso de las tasas de interés nominal. Se necesitan tasas de interés más bajas para equilibrar la cantidad demandada de dinero con la cantidad ofrecida. Pero si la Fed continúa con el aumento de la oferta monetaria y continúa aumentándola año tras año a un ritmo más rápido que el crecimiento del PIB real, la gente acaba por esperar ese aumento de la oferta monetaria y la inflación que lo acompaña.

En ese caso, con tasas de interés bajas y una tasa alta de inflación esperada, la gente eleva su endeudamiento y su gasto en bienes y servicios. La tasa de inflación se acelera y rebasa la tasa de crecimiento de la oferta monetaria. Al aumentar la inflación a un ritmo más rápido que el crecimiento de la oferta monetaria, desciende la cantidad de dinero real. Es decir, el hecho de que la Fed esté aumentando la oferta monetaria cuando los precios se elevan todavía más rápido significa que la oferta monetaria real está disminuyendo. La Fed controla la oferta monetaria *nominal* pero no la oferta monetaria *real*.

Una cantidad menor de dinero real ocasiona tasas de interés más altas. El equilibrio a largo plazo se restablece una vez que las tasas de interés han aumentado lo suficiente como para compensar el descenso anticipado del valor del dinero.

Así que un aumento inesperado en la oferta monetaria ocasiona una baja en las tasas de interés. Un aumento anticipado y en curso de la oferta monetaria eleva las tasas de interés. La disminución de las tasas de interés a continuación de un aumento de la oferta monetaria es una respuesta inmediata pero temporal. El alza de las tasas de interés derivada de un aumento de la tasa de crecimiento de la oferta monetaria es una respuesta a largo plazo.

### REPASO

L a tasa de interés nominal es la tasa que efectivamente se paga y se recibe en el mercado. La tasa de interés real es la tasa *realmente* pagada y recibida cuando se consideran los efectos de la inflación. La tasa de interés nominal es aproximadamente igual a la tasa de interés real más la tasa de inflación esperada. La tasa de interés nominal es

también la tasa de interés que iguala la cantidad demandada con la cantidad ofrecida de dinero. ◆

### Inflación en el ciclo económico: la curva de Phillips

H emos visto que la aceleración del crecimiento de la demanda agregada que no se anticipa por completo ocasiona un aumento de la inflación y del crecimiento del PIB real y hace también disminuir el desempleo. De manera similar, una disminución de la tasa de crecimiento de la demanda agregada que no se anticipa plenamente hace bajar tanto la inflación como el crecimiento del PIB real y aumenta el desempleo. También hemos visto que un cambio que se antici-

**FIGURA 31.10**

## La curva de Phillips a corto plazo

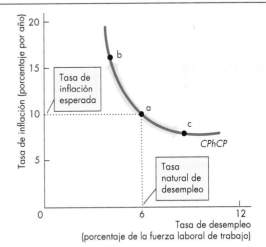

La curva de Phillips a corto plazo, *CPhCP*, muestra la relación entre la inflación y el desempleo a una tasa de inflación esperada y a una tasa natural de desempleo determinadas. Con una tasa de inflación esperada del 10 por ciento anual y una tasa natural de desempleo del 6 por ciento, la curva de Phillips a corto plazo pasa por el punto *a*. Un aumento inesperado de la demanda agregada disminuye el desempleo y aumenta la inflación: un movimiento ascendente en la curva de Phillips a corto plazo. Una disminución imprevista de la demanda agregada eleva el desempleo y reduce la inflación: un movimiento descendente en la curva de Phillips a corto plazo.

pa plenamente de la tasa de crecimiento de la demanda agregada produce un cambio de la tasa de inflación y no tiene efecto sobre el PIB real o el desempleo. Por último, hemos visto que una disminución de la oferta agregada ocasiona un aumento de la inflación y reduce el crecimiento del PIB real. En este caso, el desempleo aumenta.

El modelo de demanda y oferta agregadas que hemos utilizado para obtener estos resultados predice el nivel del PIB real y el nivel de precios. Dadas estas predicciones, podemos averiguar cuál ha sido el cambio en el desempleo y la inflación. Pero el modelo de demanda y oferta agregadas no le otorga el papel central a la inflación y al desempleo.

Una forma alternativa de estudiar la inflación y el desempleo se concentra directamente en sus cambios conjuntos y utiliza una relación conocida como curva de Phillips la cual lleva ese nombre porque fue dada a conocer por el economista de Nueva Zelanda A. W. Phillips, cuando éste trabajaba en la London School of Economics en la década de 1950. La **curva de Phillips** es una curva que muestra la relación entre la inflación y el desempleo. Existen dos plazos para las curvas de Phillips:

◆ Corto plazo
◆ Largo plazo

## La curva de Phillips a corto plazo

La **curva de Phillips a corto plazo** es una curva que muestra la relación entre la inflación y el desempleo, cuando se mantiene constante:

1. La tasa de inflación esperada
2. La tasa natural de desempleo

La figura 31.10 muestra una curva de Phillips a corto plazo, *CPhCP*. Suponga que la tasa de inflación esperada es del 10 por ciento anual y que la tasa natural de desempleo es del 6 por ciento, el punto *a* en la figura. La curva de Phillips pasa por este punto. Si la tasa de desempleo desciende por debajo de su tasa natural, la inflación se eleva por encima de su tasa esperada. Este movimiento conjunto de la tasa de inflación y de la tasa de desempleo se ilustra como un movimiento ascendente en la curva de Phillips a corto plazo, del punto *a* al punto *b* en la figura. De manera similar, si el desempleo se eleva por encima de su tasa natural, la inflación cae por debajo de su tasa esperada. En tal situación, hay un movimiento

descendente en la curva de Phillips a corto plazo, del punto *a* al punto *c*.

Esta relación negativa entre inflación y desempleo a lo largo de la curva de Phillips a corto plazo la explica el modelo de demanda y oferta agregadas. Suponga que, al inicio, se pronostica que la inflación será del 10 por ciento anual y el desempleo está en su tasa natural. Esta situación la ilustra el modelo de demanda y oferta agregadas de la figura 31.8 y mediante el enfoque de la curva de Phillips como el punto *a* en la figura 31.10. Supongamos que ahora se presenta un aumento inesperado del crecimiento de la demanda agregada. En la figura 31.8, la curva de demanda agregada se desplaza hacia la derecha con más rapidez de lo esperado. El PIB real aumenta, la tasa de desempleo baja y el

**FIGURA 31.11**

# Las curvas de Phillips a corto y largo plazos

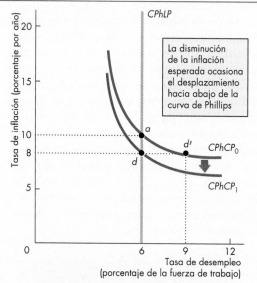

La curva de Phillips a largo plazo es *CPhLP*, y es una línea vertical en la tasa natural de desempleo. Una disminución de las expectativas de inflación provoca el desplazamiento hacia abajo de la curva de Phillips a corto plazo en una cantidad igual a la baja de la tasa de inflación esperada. En esta gráfica, cuando la tasa de inflación esperada baja del 10 al 8 por ciento anual, la curva de Phillips a corto plazo se desplaza de *CPhCP₀* a *CPhCP₁*. La nueva curva de Phillips a corto plazo interseca la curva de Phillips a largo plazo en la nueva tasa de inflación esperada en el punto *d*. Con la tasa de inflación esperada original (del 10 por ciento), una tasa de inflación del 8 por ciento anual se daría con una tasa de desempleo del 9 por ciento, en el punto *d '*.

nivel de precios empieza a elevarse a una tasa más rápida de lo que se esperaba. Se ha dado un movimiento del punto *a* al punto *b* en la figura 31.10. Si el aumento inesperado de la demanda agregada es temporal, el crecimiento de la demanda agregada baja a su nivel anterior. Cuando lo hace, hay una reversión del proceso y la economía regresa al punto *a* en la figura 31.10.

Lo mismo puede decirse para ilustrar los efectos de una disminución inesperada del crecimiento de la demanda agregada. En este caso, una reducción inesperada en el crecimiento de la demanda agregada reduce la inflación, frena el crecimiento del PIB real y aumenta el desempleo. Hay un movimiento en la curva de Phillips a corto plazo que va del punto *a* al punto *c*.

## La curva de Phillips a largo plazo

La **curva de Phillips a largo plazo** es una curva que muestra la relación entre inflación y desempleo cuando la tasa de inflación efectiva es igual a la tasa de inflación esperada. La curva de Phillips a largo plazo es vertical en la tasa natural de desempleo: **la hipótesis de la tasa natural**. Esta hipótesis fue propuesta en forma independiente a mediados de la década de 1960 por Edmund Phelps (ahora en Columbia University, pero en aquel entonces un joven profesor de la University of Pennsylvania, véase la conversación con Edmund Phelps, en las páginas 912-915) y por Milton Friedman. Algunas veces, esta hipótesis se denomina en forma alternativa *hipótesis Phelps-Friedman*.

Una curva de Phillips a largo plazo se muestra en la figura 31.11 como la línea vertical *CPhLP*. Si la tasa de inflación esperada es del 10 por ciento anual, la curva de Phillips a corto plazo es $CPhCP_0$. Si la tasa de inflación esperada baja al 8 por ciento anual, la curva de Phillips a corto plazo se desplaza hacia abajo, a $CPhCP_1$. En los puntos *a* y *d*, la inflación es igual a su tasa esperada y el desempleo es igual a su tasa natural. La distancia en que se desplaza la curva de Phillips a corto plazo hacia abajo, cuando baja la tasa de inflación esperada, es igual al cambio de la tasa de inflación esperada. Los puntos *a* y *d* están en la curva de Phillips a largo plazo *CPhLP*. Esta curva indica que cualquier tasa de inflación es posible en la tasa natural de desempleo.

Hagamos un experimento para ver por qué la curva de Phillips a corto plazo se desplaza cuando cambia la tasa de inflación esperada. La economía

FIGURA **31.12**

# Un cambio de la tasa natural de desempleo

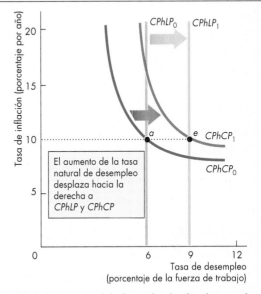

Un cambio de la tasa natural de desempleo desplaza la curva de Phillips a corto y a largo plazos. En esta gráfica, la tasa natural de desempleo aumenta del 6 al 9 por ciento, y las dos curvas de Phillips se desplazan hacia la derecha, a $CPhCP_1$ y $CPhLP_1$. La nueva curva de Phillips a largo plazo interseca la nueva curva de Phillips a corto plazo en la tasa de inflación esperada: el punto e.

está en pleno empleo y una inflación completamente anticipada avanza al 10 por ciento anual. Suponga ahora que la Fed y el gobierno lanzan un ataque permanente contra la inflación, que incluye una reducción del crecimiento de la oferta monetaria y un recorte del déficit. El crecimiento de la demanda agregada baja y la tasa de inflación desciende al 8 por ciento anual. Al principio, esta baja de la inflación es inesperada, de modo que los salarios continúan elevándose a su tasa original, desplazando hacia la izquierda la curva de oferta agregada a corto plazo al mismo ritmo que antes. El PIB real baja y el desempleo aumenta. En la figura 31.11, la economía pasa del punto *a* al punto *d'* en la curva de Phillips a corto plazo $CPhCP_0$.

Si la tasa de inflación efectiva se mantiene constante en el 8 por ciento anual, con el tiempo esta tasa se convertirá en la esperada. Cuando esto ocurra, disminuirá el alza del salario y la curva de oferta agregada a corto plazo se desplazará hacia la izquierda con menor rapidez. A la larga, se desplazará hacia la izquierda a la misma velocidad que a la que se desplaza a la derecha la curva de demanda agregada. Cuando esto sucede, la tasa de inflación efectiva es igual a la tasa de inflación esperada, y así se restablece el pleno empleo. El desempleo regresa a su tasa natural. En la figura 31.11, la curva de Phillips a corto plazo se ha desplazado de $CPhCP_0$ a $CPhCP_1$ y la economía está en el punto $d$.

## Tasa natural variable de desempleo

Hasta la década de 1970, la tasa natural de desempleo se consideraba constante. Sin embargo, en años recientes se ha vuelto evidente que la tasa natural de desempleo varía. Algunas de estas variaciones se originan en los cambios del volumen de

movimiento o de rotación del mercado de trabajo, resultado del cambio tecnológico, lo que conduce al cambio de empleos de una empresa a otra, de un sector a otro y de una región a otra. Un cambio de la tasa natural de desempleo desplaza tanto la curva de Phillips a corto como a largo plazos. Esos desplazamientos se ilustran en la figura 31.12. Si la tasa natural de desempleo aumenta del 6 al 9 por ciento, la curva de Phillips a largo plazo se desplaza de $CPhLP_0$ a $CPHLP_1$, y si la inflación esperada permanece constante en el 10 por ciento anual, la curva de Phillips a corto plazo se desplaza de $CPhCP_0$ a $CPhCP_1$. Debido a que la tasa de inflación esperada es constante, la curva de Phillips a corto plazo $CPhCP_1$ interseca la curva a largo plazo $CPhLP_1$ (punto $e$) en la misma tasa de inflación en la que la curva de Phillips a corto plazo $CPhCP_0$ interseca la curva a largo plazo $CPhLP_0$ (punto $a$).

**FIGURA 31.13**

## Curvas de Phillips de Estados Unidos

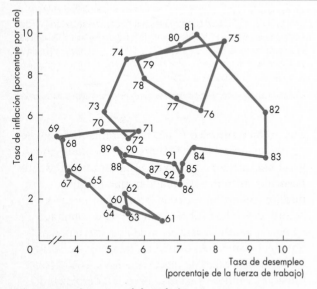

**(a) La secuencia temporal de trabajo**

En la parte (a), cada punto representa una combinación de inflación y desempleo para un año en particular en Estados Unidos. No hay una relación evidente entre ambas variables. La parte (b) interpreta los datos en términos de un desplazamiento de la curva de Phillips a corto plazo. La curva de Phillips de la década de 1960, cuando la tasa de inflación esperada era del 2 por ciento anual y la tasa natural de desempleo era del 5 por ciento, es $CPhCP_0$. La curva de Phillips a corto plazo de principios de la década de 1970 y finales de la década de 1980 es $CPhCP_1$. Ambos periodos tienen una tasa natural de desem-

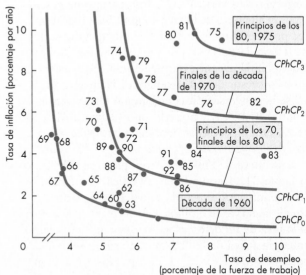

**(b) Cuatro curvas de Phillips**

pleo similar a la de la década de 1960, pero una tasa de inflación esperada más alta. La curva de Phillips a corto plazo de finales de la década de 1970, cuando los aumentos del precio del petróleo ocasionaron un aumento tanto de la tasa natural de desempleo como de la tasa de inflación esperada, es $CPhCP_2$. En 1975 y a principios de la década de 1980, cuando los aumentos del precio del petróleo tuvieron su efecto máximo sobre las expectativas de inflación, la curva de Phillips a corto plazo es $CPhCP_3$.

*Fuente: Economic Report of the President, 1993.*

## La curva de Phillips en Estados Unidos

La figura 31.13 muestra la relación entre la inflación y el desempleo en Estados Unidos. Vea primero la parte (a), un diagrama de dispersión de la inflación y el desempleo desde 1960. Cada punto en la figura representa una combinación de inflación y desempleo para un año. Como podrá ver, no parece existir una relación clara entre la inflación y el desempleo. Ciertamente, no podemos observar una curva de Phillips similar a la mostrada en la figura 31.10.

Pero podemos interpretar los datos en términos de una curva de Phillips a corto plazo que se desplaza. La figura 31.13(b) nos ofrece esa interpretación. En la figura aparecen cuatro curvas de Phillips a corto plazo. La curva de Phillips a corto plazo de la década de 1960 (descubierta por Paul Samuelson y Robert Solow, del MIT; véase la conversación con Robert Solow, en las páginas 1-4) es $CPhCP_0$. En esa época, la tasa de inflación esperada era del 2 por ciento anual y la tasa natural de desempleo era del 5 por ciento.

La curva de Phillips a corto plazo de principios de la década de 1970 y finales de la década de 1980 es $CPhCP_1$. Ambos periodos tienen una tasa natural de desempleo similar a la de la década de 1960, pero una tasa de inflación esperada que es mucho más alta. La curva de Phillips a corto plazo de finales de la década de 1970 es $ChCP_2$. Este periodo vino a continuación del gran aumento de los precios del petróleo, que desorganizaron la economía y tuvieron efectos profundos tanto sobre la tasa natural de desempleo, que subió al 8 por ciento, como sobre la tasa de inflación esperada, que aumentó a cerca del 6 por ciento anual. La curva de Phillips a corto plazo de principios de la década de 1980 (y también de 1975) es $CPhCP_3$. En esos años, fueron elevadas tanto la tasa de inflación esperada como la tasa natural de desempleo.

Pese a que a finales de la década de 1980 la economía estaba en la misma curva de Phillips a corto plazo que la que estaba a principios de la década de 1970 ($CPhCP_1$), hay una diferencia importante entre ambos periodos. A principios de la década de 1970, la tasa natural de desempleo era de alrededor del 5 por ciento y la tasa de inflación esperada era de alrededor del 6 por ciento anual, en tanto que a finales de la década de 1980 la tasa natural de desempleo probablemente era de alrededor del 6 por ciento con una inflación esperada de alrededor del

4 por ciento anual. Entonces, aunque las curvas de Phillips a corto plazo para estos dos periodos son similares, subyace en las dos curvas una combinación diferente de inflación esperada y de tasa natural de desempleo.

## REPASO

**L**a curva de Phillips a corto plazo muestra la relación entre la inflación y el desempleo a una tasa de inflación esperada y a una tasa natural de desempleo dadas. Un brote inesperado del crecimiento de la demanda agregada aumenta la inflación y reduce el desempleo: un movimiento ascendente en la curva de Phillips a corto plazo. Una disminución inesperada del crecimiento de la demanda agregada reduce la inflación y aumenta el desempleo: un movimiento descendente en la curva de Phillips a corto plazo. ◆◆ La curva de Phillips a largo plazo, la relación entre la inflación y el desempleo cuando la tasa de inflación efectiva es igual a la tasa de inflación esperada, es vertical en la tasa natural de desempleo: la hipótesis de la tasa natural. Un cambio de la tasa de inflación esperada desplaza la curva de Phillips a corto plazo (hacia arriba por un aumento de la inflación y hacia abajo por una disminución) en una cantidad igual al cambio de la tasa de inflación esperada. ◆◆ Un cambio de la tasa natural de desempleo desplaza las curvas de Phillips a corto y a largo plazos hacia la derecha cuando hay un aumento de la tasa natural, y hacia la izquierda cuando hay una disminución. ◆◆ La relación entre la inflación y el desempleo en Estados Unidos puede interpretarse en términos de desplazamiento de la curva de Phillips a corto plazo. ◆

◆◆◆◆ Hemos completado ya nuestro estudio de la inflación y de las relaciones entre la tasa de inflación, la tasa de interés y la tasa de desempleo. Nuestro siguiente trabajo, al que nos dedicaremos en el capítulo 32, es observar cómo puede ayudarnos el modelo de demanda y oferta agregadas, que hemos utilizado para estudiar la inflación, con objeto de explorar e interpretar las fluctuaciones del PIB real y explicar las recesiones y depresiones.

## Por qué la inflación es un problema

La inflación es un problema porque ocasiona un descenso del valor del dinero. La naturaleza del problema depende de si la inflación es *anticipada* o *inesperada*. La inflación anticipada reduce la eficacia del dinero como medio de cambio. La inflación inesperada es un problema porque redistribuye la riqueza entre prestatarios y prestamistas y el ingreso entre patrones y empleados. Las fluctuaciones inesperadas de la tasa de inflación ocasionan fluctuaciones del PIB real, del empleo y del desempleo (pág. 950).

## Inflación de atracción por demanda

La inflación de atracción de demanda surge de la demanda agregada creciente. Su origen pueden constituirlo cualquiera de los factores que desplazan la curva de demanda agregada hacia la derecha. Los factores más importantes son una oferta monetaria creciente y las compras gubernamentales crecientes de bienes y servicios. Cuando la curva de demanda agregada se desplaza hacia la derecha, con todo lo demás constante, tanto el PIB real como el índice de deflación del PIB aumentan y el desempleo baja. Con una escasez de trabajo, los salarios empiezan a elevarse y la curva de oferta agregada a corto plazo se desplaza hacia la izquierda, lo que hace subir el índice de deflación del PIB aún más y ocasiona la disminución del PIB real.

Si la demanda agregada continúa aumentando, la curva de demanda agregada se sigue desplazando hacia la derecha y el nivel de precios sigue subiendo. Los salarios reaccionan, la demanda agregada sube de nuevo y sobreviene una espiral inflacionaria de precios y salarios (págs. 950-953).

## Inflación de oferta y estanflación

La inflación de empuje de costos puede ser resultado de cualquier factor que reduzca la oferta agregada, pero los más importantes son las tasas de salarios crecientes y los precios crecientes de materias primas clave. Estas causas de una oferta agregada decreciente acarrean costos crecientes que desplazan la curva de oferta agregada a corto plazo hacia la izquierda. Las empresas reducen la cantidad empleada de trabajo y recortan la producción. El PIB real desciende y el nivel de precios sube. Si no se emprende una acción para aumentar la demanda agregada, la economía permanece por debajo del pleno empleo, hasta que hay una reversión del aumento inicial de precio que desencadenó la estanflación.

Las políticas de la Fed o del gobierno para restablecer el pleno empleo (un aumento de la oferta monetaria o de las compras gubernamentales de bienes y servicios o una reducción de impuestos), aumenta la demanda agregada y desplaza la curva de demanda agregada hacia la derecha, lo que resulta en un nivel de precios todavía más alto y un PIB real más alto. Si aún persiste la causa original de la inflación de empuje de costo, los costos suben de nuevo y la curva de oferta agregada a corto plazo se desplaza nuevamente a la izquierda. Si la Fed o el gobierno responden de nuevo con un aumento adicional de la demanda agregada, el nivel de precios se eleva todavía más. La inflación avanza a una tasa determinada por las fuerzas de empuje de costos (págs. 953-956).

## Expectativas de inflación

Las decisiones que toman las empresas y las familias para producir y trabajar, así como para pedir prestado y prestar, se basan en pronósticos de la inflación. Pero los salarios reales y tasas de interés reales que efectivamente pagan y reciben, dependen de la inflación efectiva. Los errores de pronóstico de la inflación son costosos, y la gente utiliza toda la información disponible para minimizar dichos errores.

Los pronosticadores especializados utilizan datos y modelos estadísticos para generar expectativas. Otros compran pronósticos a los especialistas o bien imitan a la gente que tiene éxito. Los economistas predicen los pronósticos de la gente con el apoyo de la hipótesis de expectativas racionales: la hipótesis que indica que los pronósticos de la inflación se hacen aplicando el modelo de demanda y oferta agregadas conjuntamente con toda la información disponible sobre las posiciones de las curvas de demanda y oferta agregadas (págs. 956-961).

## Equilibrio de expectativas racionales

Un equilibrio de expectativas racionales es un equilibrio macroeconómico basado en los mejores pronósticos disponibles. El equilibrio de expectativas racionales tiene lugar en la intersección de la curva de demanda y de oferta agregadas a corto plazo. Un equilibrio de expectativas racionales puede ser un equilibrio de pleno empleo, pero pueden darse otras posibilidades. La demanda y la oferta agregadas pueden ser mayores o menores de lo esperado. La combinación de dichas posibilidades significa que el producto puede estar por encima o por debajo de su nivel a largo plazo, y el nivel de precios puede ser más alto o más bajo de lo esperado. Independientemente de cuál sea el estado de la economía, en un equilibrio de expectativas racionales nadie habría actuado de manera diferente, si consideramos el estado de cosas en el que hicieron sus elecciones.

Cuando se anticipan correctamente los cambios de la demanda y de la oferta agregadas, sus efectos actúan sólo sobre el nivel de precios: se anticipa la inflación (págs. 961-964).

## Tasas de interés e inflación

Las expectativas de inflación afectan las tasas de interés nominal. Cuanto más alta es la tasa de inflación esperada, más alta es la tasa de interés nominal. Los prestatarios pagarán voluntariamente más y los prestamistas pedirán más, con buen resultado, cuando aumenta la tasa de inflación anticipada. Pedir prestado y prestar y la planificación de tenencia de activos se vuelven compatibles entre sí mediante ajustes de la tasa de interés real: la diferencia entre la tasa de interés nominal y la tasa de inflación esperada (págs. 964-969).

## Inflación en el ciclo económico: la curva de Phillips

La curva de Phillips describe las relaciones entre la inflación y el desempleo. La curva de Phillips a corto plazo muestra la relación entre la inflación y el desempleo cuando se mantiene constante la tasa de inflación esperada y la tasa natural de desempleo. La curva de Phillips a largo plazo muestra la relación entre la inflación y el desempleo cuando la tasa de inflación efectiva es igual a la tasa de inflación esperada. La curva de Phillips a corto plazo tiene pendiente negativa: cuanto menor es la tasa de desempleo, con todo lo demás constante, más alta es la tasa de inflación. La curva de Phillips a largo plazo es vertical en la tasa natural de desempleo: la hipótesis de la tasa natural.

Los cambios de la demanda agregada con una tasa de inflación esperada y una tasa natural de desempleo constantes, producen movimientos a lo largo de la curva de Phillips a corto plazo. Los cambios de la inflación esperada ocasionan desplazamientos de la curva de Phillips a corto plazo. Los cambios de la tasa natural de desempleo desplazan la curva de Phillips a corto y largo plazos.

No existe una relación evidente entre la inflación y el desempleo en Estados Unidos, pero los movimientos conjuntos de estas variables pueden interpretarse en términos de desplazamientos de la curva de Phillips a corto plazo (págs. 969-973).

## E L E M E N T O S   C L A V E

### Términos clave

Curva de Phillips, 970
Curva de Phillips a corto plazo, 970
Curva de Phillips a largo plazo, 971

Equilibrio de expectativas racionales, 961
Expectativa racional, 957
Hipótesis de las expectativas racionales, 958
Hipótesis de la tasa natural, 971
Inflación por atracción de demanda, 951

# PREGUNTAS DE REPASO

**1** Establezca la diferencia entre el nivel de precios y la tasa de inflación.

**2** Establezca la diferencia entre la inflación anticipada y la inesperada.

**3** Establezca la diferencia entre la inflación de atracción de demanda y la inflación de empuje de costos.

**4** Explique cómo se produce una espiral inflacionaria de precios y salarios.

**5** Explique cómo ocurre una espiral inflacionaria de costos y precios.

**6** ¿Por qué son costosas las expectativas equivocadas de inflación? Indique algunas de las pérdidas que sufriría un individuo en los mercados de trabajo así como en los mercados de activos.

**7** Explique por qué las expectativas equivocadas hacen algo más que redistribuir entre patrones y empleados, entre prestatarios y prestamistas.

**8** ¿Qué es una expectativa racional? Explique las dos características de una expectativa racional.

**9** Explique la hipótesis de las expectativas racionales.

**10** ¿Cuál es la expectativa racional de un precio en cada una de las situaciones siguientes?

**a** Con salarios inflexibles
**b** Con salarios flexibles

**11** ¿Qué es un equilibrio de expectativas racionales? Dibuje tres figuras para mostrar un equilibrio de expectativas racionales cuando hay:

**a** Desempleo
**b** Pleno empleo
**c** Empleo superior al pleno

**12** Explique cómo surge la inflación anticipada.

**13** ¿Cuáles son los principales factores que llevan a cambios de la demanda agregada que producen una inflación progresiva y persistente?

**14** ¿Cuál es la relación entre la inflación esperada y las tasas de interés nominal?

**15** ¿Qué muestra la curva de Phillips a corto plazo?

**16** ¿Qué muestra la curva de Phillips a largo plazo?

**17** ¿Cuáles fueron los principales desplazamientos de la curva de Phillips a corto plazo en Estados Unidos durante las décadas de 1970 y 1980?

# PROBLEMAS

**1** Encuentre los efectos sobre el nivel de precios de los siguientes sucesos inesperados:

**a** Un aumento de la oferta monetaria

**b** Un aumento de las compras gubernamentales de bienes y servicios

**c** Un alza de los impuestos sobre la renta

**d** Un aumento de la demanda de inversión

**e** Un alza de la tasa de salario

**f** Un aumento de la productividad del trabajo

**2** Encuentre los efectos sobre el nivel de precios de los sucesos enumerados en el problema 1, cuando se anticipan correctamente.

**3** Una economía en la que los salarios son flexibles tiene una oferta agregada a largo plazo de 3.5 billones de dólares. Tiene la siguiente curva de demanda agregada esperada:

| Nivel de precios (índice de deflación del PIB) | PIB demandado esperado (billones de dólares de 1987) |
|---|---|
| 80 | 5.0 |
| 90 | 4.5 |
| 100 | 4.0 |
| 110 | 3.5 |
| 120 | 3.0 |
| 130 | 2.5 |
| 140 | 2.0 |

**a** ¿Cuál es el nivel de precios esperado?

**b** ¿Cuál es el PIB real esperado?

**4** En la economía del problema 3, el nivel de precios esperado aumenta a 120.

**a** ¿Cuál es la nueva curva *SAC*?

**b** ¿Cómo sería la nueva curva *SAC* si los salarios fueran inflexibles?

**5** En 1992, la tabla de la demanda agregada esperada para 1993 es la siguiente:

| Nivel de precios (índice de deflación del PIB) | PIB real demandado esperado (billones de dólares de 1987) |
|---|---|
| 120 | 4.0 |
| 121 | 3.9 |
| 122 | 3.8 |
| 123 | 3.7 |
| 124 | 3.6 |

En 1992, el PIB real a largo plazo es de 3.8 billones de dólares, el nivel de precios es de 110 y el PIB real esperado para 1993 es de 3.9 billones de dólares. Calcule la expectativa racional de 1992 del nivel de precios en 1993 si los salarios fueran flexibles.

**6** La economía del problema 5 tiene la siguiente tabla de demanda agregada efectiva y la tabla de oferta agregada a corto plazo en 1993:

| Nivel de precios (índice de deflación del PIB) | PIB real demandado | PIB real ofrecido |
|---|---|---|
| | (billones de dólares de 1987) | |
| 120 | 4.4 | 3.2 |
| 121 | 4.3 | 3.5 |
| 122 | 4.2 | 3.8 |
| 123 | 4.1 | 4.1 |
| 124 | 4.0 | 4.4 |

**a** Calcule la tasa de inflación esperada y la efectiva

**b** Calcule el nivel del PIB real

**c** ¿Está la economía por encima o por debajo del pleno empleo?

**7** Una economía tiene una tasa natural de desempleo del 4 por ciento cuando su inflación esperada es del 6 por ciento. Su historial de inflación y desempleo es

| Tasa de inflación (porcentaje por año) | Tasa de desempleo (porcentaje) |
|---|---|
| 8 | 3 |
| 6 | 4 |
| 4 | 5 |

**a** Dibuje un diagrama de las curvas de Phillips a corto y largo plazos de esta economía.

**b** Si la tasa de inflación efectiva sube del 6 al 8 por ciento anual, ¿cuál es el cambio de la tasa de desempleo? Explique por qué ocurre.

**c** Muestre en su diagrama los desplazamientos de las curvas de Phillips a largo y corto plazos derivadas de:

**(1)** Un alza de la tasa natural de desempleo al 5 por ciento

**(2)** Una caída de la tasa de inflación esperada al 4 por ciento

Explique estos desplazamientos.

# CAPÍTULO 32

## RECESIONES
## Y
## DEPRESIONES

**Después de estudiar este capítulo, usted será capaz de:**

◆ Describir las causas de la recesión de 1991 y de otras recesiones de la décadas de 1970 y 1980.

◆ Describir la evolución del dinero, de las tasas de interés y del gasto cuando se contrae la economía

◆ Describir el mercado de trabajo durante la recesión

◆ Comparar y contrastar las teorías del salario flexible e inflexible del mercado de trabajo durante la recesión

◆ Describir el comienzo de la Gran Depresión de 1929

◆ Describir la economía en la sima de la Gran Depresión entre 1929 y 1933

◆ Comparar la economía de la década de 1930 con la actual, y estimar la probabilidad de otra Gran Depresión

L A DÉCADA DE 1920 FUE DE UNA PROSPERIDAD SIN PRECE-

dente para los estadounidenses. Después de los horro-

res de la Primera Guerra Mundial, la maquinaria

económica estaba en funcionamiento nuevamente, pro-

duciendo maravillas tecnológicas: automóviles, aviones,

teléfonos, aspiradoras. Se construían casas y aparta-

mentos a un ritmo frenético. ◆ ◆ Entonces, casi sin

aviso, en octubre de 1929, se produjo un desplome sin precedente de la bolsa de

valores. De la noche a la mañana, los precios de los valores y de las acciones que

se comerciaban en Wall Street cayeron el 30 por ciento. En los cuatro años subse-

cuentes, se produjo la más severa contracción económica de la historia. Para

1933, el PIB real había caído el 30 por ciento, el desempleo había aumentado al

25 por ciento de la fuerza de trabajo, el empleo bajó

el 20 por ciento y los precios descendieron el 25 por

ciento. ◆ ◆ El costo de la Gran Depresión, en tér-

minos de sufrimiento humano, no se conocerá nunca

## Lo que sube ha de bajar

por completo. Había familias desarropadas, hambrientas y sin hogar. Pero los cos-

tos rebasaron las penurias de los desempleados. Aumentaron las tensiones sociales

y la delincuencia, y tuvo lugar una polarización de las posiciones políticas que

dominarían al mundo durante los siguientes cincuenta años. ¿Qué ocasionó la

Gran Depresión? ◆ ◆ En octubre de 1987 hubo un desplome de las bolsas de

valores en Estados Unidos y en el resto del mundo. El desplome fue tan pronuncia-

do y tan extendido, que se le ha llamado "derretimiento" del mercado bursátil, in-

vocando imágenes de Three Mile Island y Chernobyl. Este desplome severo y

extendido de las bolsas de valores ha llevado a algunos comentaristas a establecer

paralelos entre 1987 y 1929: la víspera de la máxima depresión económica de la historia. ¿Acaso existen fuerzas que actúan en Estados Unidos y en la economía mundial que podrían ocasionar otra Gran Depresión en la década de 1990? ◆ ◆   Aunque no están en la misma categoría que la Gran Depresión, hemos tenido tres recesiones en tiempos recientes. La peor y más severa desde la Gran Depresión ocurrió en 1982, un año en que el PIB real cayó el 2.5 por ciento y el desempleo subió casi al 11 por ciento. Ocho años antes, en 1974-1975, el PIB real cayó el 1.8 por ciento en dos años, y el desempleo casi se duplicó al 8.5 por ciento. La recesión más reciente comenzó en 1990. En el último trimestre de ese año, el PIB real cayó a una tasa anual del 2 por ciento y el desempleo ascendió al 6 por ciento. En el curso de 1991, el desempleo continuó ascendiendo, terminando el año cerca del 7 por ciento. ¿Qué ocasionó estas recesiones? ¿Se desencadenan todas las recesiones de la misma manera o existe una diversidad de causas?

◆ ◆ ◆   En este capítulo aplicaremos las herramientas macroeconómicas que estudiamos en los capítulos anteriores para explicar las contracciones económicas. Desentrañaremos algunos de los misterios de la recesión y la depresión y estimaremos la posibilidad de que ocurra nuevamente una depresión grave como la de la década de 1930. Comenzaremos con el examen de tres de las recesiones más recientes de la historia económica de Estados Unidos.

## Tres recesiones recientes

Las tres recesiones más recientes de Estados Unidos ocurrieron en 1974-1975, 1982 y 1990-1991. Compararemos y haremos contrastar los orígenes y mecanismos que actuaron durante esos episodios de la historia económica de Estados Unidos. Dedicaremos atención especial al mercado de trabajo y al desacuerdo principal entre los economistas acerca del funcionamiento del mercado de trabajo durante una contracción económica. Empecemos con los orígenes.

## Los orígenes de las recesiones recientes

Las recesiones pueden desencadenarse debido a una variedad de fuerzas. Algunas tienen sus orígenes en choques a la oferta agregada, algunas en choques a la demanda agregada y algunas en una combinación de ambos. Las tres recesiones recientes ofrecen ejemplos de los tres casos.

**La recesión de la OPEP**   A principios de la década de 1970, la economía de Estados Unidos avanzaba de una manera que no tenía nada de extraordinario. El PIB real estaba cerca de su valor de tendencia y crecía a una tasa similar a su tasa media de crecimiento a largo plazo. El desempleo estaba en el intervalo del 5 al 6 por ciento y la inflación en el del 3 al 6 por ciento anual. Cada día más gente disfrutaba y compartía los beneficios de una expansión económica sostenida.

Entonces, a finales de 1973, la economía recibió un golpe devastador. El precio de un barril de petróleo, que costaba 2.60 dólares el 1 de enero de 1973, aumentó a 11.65 dólares el 1 de enero de 1974. Este aumento considerable (del 348 por ciento) en el precio del petróleo crudo fue realizado por la OPEP (Organización de Países Exportadores de Petróleo), que controlaba el 68 por ciento de la producción petrolera mundial (con excepción de los países comunistas). El alza de precio tuvo efectos macroeconómicos considerables. Durante los dos años siguientes, la economía de Estados Unidos experimentó una recesión severa. La severidad de la recesión y su causa inmediata pueden verse en la figura 32.1. Antes de la conmoción del precio del petróleo, las curvas de demanda y de oferta agregadas a corto plazo eran $DA_{73}$ y $SAC_{73}$. El PIB real era de 3.3 billones de dólares y el índice de deflación del PIB era de 41. Durante los dos años siguientes, la demanda agregada continuó aumentando aproximadamente al mismo ritmo constante al que había aumentado en los años anteriores. La curva de demanda agregada se desplazó hacia la derecha, a $DA_{75}$. Si los precios de insumos, es decir, trabajo y materias primas, hubieran seguido aumentando a su ritmo normal, la curva de oferta agregada a corto plazo se habría desplazado a $SAC_n$. En 1975, la economía se habría movido hacia el punto $a$. La inflación habría sido del 3 por ciento anual y el PIB real habría continuado creciendo a su ritmo acostumbrado.

Pero las cosas no resultaron así. Cuando los productores de la OPEP aumentaron el precio del petróleo crudo, se elevaron los precios de otros combustibles así como los de muchas otras materias primas. El índice de precios de todas las mercancías, excluyendo combustibles (publicado por el Fondo Monetario Internacional) aumentó el 63 por ciento en 1973 y el 24 por ciento en 1974. Los costos del trabajo también empezaron a aumentar con más rapidez. Como resultado, la curva de oferta agregada a corto plazo se desplazó hasta $SAC_{75}$. Este desplazamiento de la curva de oferta agregada a corto plazo, provocado por el aumento del precio del petróleo, fue el suceso aislado más importante que produjo la llamada recesión de la OPEP. El PIB

real bajó a 3.2 billones de dólares y el índice de deflación del PIB aumentó a 49, es decir un aumento de casi el 20 por ciento del nivel de precios durante los dos años de recesión. De modo que, durante la llamada recesión de la OPEP, el PIB real bajó pero la tasa de inflación aumentó. Esta combinación de acontecimientos dio origen a un nuevo término, *estanflación*, una combinación de PIB real decreciente y una inflación creciente.

**La recesión de Volcker**  Los años de 1979 a 1981 no fueron sobresalientes para la economía de Estados Unidos. Para empezar, la economía tuvo que soportar una serie adicional de aumentos del precio del petróleo en 1979, a 15 dólares en abril, a 19 dólares en junio y, por último, a 26 dólares para final del año. Los precios del petróleo continuaron aumentando durante 1980 y 1981, y en octubre de 1981, el petróleo crudo costaba 37 dólares el barril. Estas grandes y continuas alzas del precio del petróleo sometieron la economía de Estados Unidos a una gran tensión. Las actividades productivas intensivas en energía declinaron y se destinaron recursos a la investigación para encontrar métodos de producción, transporte y calefacción que usaran con más eficiencia la energía.

Una revolución en gran escala del sector electrónico de la economía acompañó a estas conmociones de energía. Se abarataron los microprocesadores de todo tipo y se hallaron aplicaciones más extensas a la capacidad  de computación que podía costearse.

La combinación de estas dos fuerzas, los aumentos continuos del precio de la energía y las aplicaciones ampliadas de los microprocesadores produjeron una gran reasignación de recursos en la economía de Estados Unidos. Sectores tradicionalmente fuertes empezaron a crecer más lentamente e incluso a decrecer, y surgieron nuevos sectores de crecimiento rápido. Lo que llegó a ser llamado el Cinturón de Herrumbre, tuvo un declive relativo y el Cinturón del Sol, el Valle del Silicio y otras regiones especializadas en la electrónica y productos relacionados (por ejemplo, Minneapolis y Massachusetts) se convirtieron en puntos focales de expansión y crecimiento.

Los años de 1979 a 1981 fueron también de inflación elevada. El nivel de precios aumentó cerca del 10 por ciento durante cada uno de esos años. Había una creencia generalizada de que la inflación estaba tan arraigada que se podía esperar que con-

FIGURA **32.1**

## La recesión de la OPEP

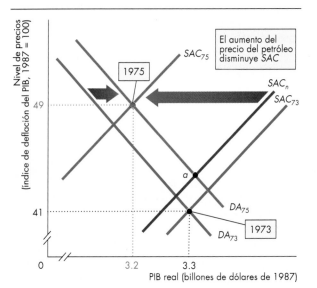

En 1973 la economía estaba sobre su curva de demanda agregada $DA_{73}$ y su curva de oferta agregada a corto plazo $SAC_{73}$, con un PIB real de 3.3 billones de dólares y un índice de deflación del PIB de 41. Entre 1973 y 1975, la demanda agregada continuó aumentando a un ritmo moderado y la curva de demanda agregada se desplazó hacia $DA_{75}$. En una situación normal, los precios de los insumos habrían aumentado a una tasa moderada, desplazando la curva de oferta agregada a corto plazo a $SAC_n$. La economía se habría situado en el punto *a*, con un aumento del PIB real y la continuación de una inflación moderada. Pero en 1974 la OPEP elevó el precio del petróleo en 348 por ciento. Otros precios de insumos y salarios se elevaron más rápidamente que en un año normal. La curva de oferta agregada a corto plazo se desplazó a $SAC_{75}$. El gran desplazamiento de la curva $SAC$, combinado con el desplazamiento moderado de la curva $DA$, condujo a la estanflación: es decir, una caída del PIB real y una aceleración de la inflación.

tinuara en ese mismo nivel en el futuro previsible. Éste fue entonces el escenario de la recesión de 1982.

El origen de tal recesión y su magnitud se ilustran en la figura 32.2. La demanda y la oferta agregadas a corto plazo en 1980 las representan $DA_{80}$ y $SAC_{80}$. El PIB real era de 3.8 billones de dólares y el índice de deflación del PIB era de 74. Durante los dos años anteriores a 1982, con una difundida expectativa de que la inflación continuaría al 10 por ciento anual, aumentaron los salarios y los precios de otros factores de la producción, lo que desplazó la curva de oferta agregada a corto plazo a $SAC_{82}$.

**FIGURA 32.2**

## La recesión de Volcker

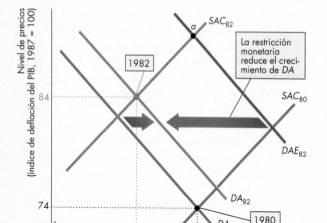

En 1980 la economía estaba en su curva de demanda agregada $DA_{80}$ y su curva de oferta agregada a corto plazo $SAC_{80}$, con un PIB real de 3.8 billones de dólares y un índice de deflación del PIB de 74. La inflación estaba desatada y los salarios y otros precios de los factores de producción estaban aumentando a un ritmo rápido debido a poderosas expectativas inflacionarias. La curva de oferta agregada se desplazó a $SAC_{82}$. Se esperaba que la demanda agregada crecería al ritmo de finales de la década de 1970 y que la curva de demanda agregada se desplazaría a $DAE_{82}$. El equilibrio esperado era el punto $a$, con una inflación de alrededor del 10 por ciento anual, pero en 1982 la Fed redujo el crecimiento monetario y forzó al alza las tasas de interés. La curva de demanda agregada se desplazó a $DA_{82}$. La combinación de elevadas expectativas de inflación y de la reducción del crecimiento de la demanda agregada llevó a la economía a la recesión. El PIB real bajó y la inflación se moderó.

Se esperaba que la demanda agregada continuaría aumentando al mismo ritmo que a finales de la década de 1970. Si lo hubiera hecho, en 1982 la curva de demanda agregada se habría desplazado hacia la derecha, a $DAE_{82}$. La economía habría estado en el punto $a$, con el PIB real creciendo a su tasa de tendencia y la inflación manteniéndose en alrededor del 10 por ciento anual.

Pero los acontecimientos no se presentaron de esa manera. Ansiosa de controlar la inflación, la Junta de la Reserva Federal, bajo la presidencia de Paul Volcker, aplicó una dosis severa de restricción monetaria. La Fed forzó las tasas de interés al alza, lo que redujo el crecimiento de la inversión, y en consecuencia, la curva de demanda agregada no se desplazó a $DAE_{82}$ sino más bien a $DA_{82}$. Al reducir el crecimiento de la demanda agregada por debajo del ritmo al que se desplazaba la curva de oferta a corto plazo, la Fed provocó una recesión económica. El PIB real bajó a 3.75 billones de dólares y la tasa de inflación empezó a descender.

**La recesión de 1990-1991** A principios de 1990 la economía estaba en el pleno empleo. La tasa de desempleo era apenas superior al 5 por ciento y la inflación se mantenía estable en el 4 por ciento anual. Pero los acontecimientos de 1990 perturbaron esta situación y pusieron fin a la recuperación sostenida de mayor duración de la historia de Estados Unidos.

Los acontecimientos que dominaron ese año fueron la crisis y poco después la Guerra del Golfo Pérsico provocada por la invasión de Kuwait por Saddam Hussein. La evolución de la economía se vio influida por estos acontecimientos. La crisis del Golfo Pérsico infligió golpes severos tanto a la demanda agregada como a la oferta agregada. Los choques a la demanda agregada actuaron en ambas direcciones. Primero, la política fiscal se volvió menos restrictiva al aumentar las compras gubernamentales debido a las consecuencias militares de la crisis. La situación del Golfo Pérsico aumentó también la incertidumbre y redujo las expectativas de beneficio, lo que ocasionó una inversión más baja. Con una inversión menor, disminuyó la demanda agregada. Aunque la política fiscal estaba actuando en la dirección opuesta, no fue lo suficientemente poderosa como para impedir que descendiera la demanda agregada.

Del lado de la oferta, la crisis del Golfo Pérsico creó nuevamente agitación en los mercados internacionales de energía. Entre abril y octubre de 1990, el precio del petróleo crudo más que se duplicó. Este alza del precio del petróleo funcionó de una forma parecida a la de la década de 1970, al reducir la oferta agregada a corto plazo.

Los efectos combinados de estas fuerzas y el inicio de la recesión de 1990-1991 se ilustran en la figura 32.3. A mediados de 1990, la economía estaba en la curva de demanda agregada $DA_{90}$ y en la curva de oferta a corto plazo $SAC_{90}$, con un PIB real de 4.9 billones de dólares y un índice de deflación del PIB de 113. Para mediados de 1991, la curva de oferta agregada a corto plazo se había desplazado a $SAC_{91}$ y la incertidumbre de la inversión había desplazado la curva de demanda agregada a $DA_{91}$. El PIB real había descendido a 4.8 billones de dólares y la inflación había bajado ligeramente, al aumentar el índice de deflación del PIB

a 117, lo que representa una tasa de inflación de sólo el 3.5 por ciento para el año.

**Comparación de las causas**   La llamada recesión de la OPEP tuvo como causa una gran e inesperada alza del precio del petróleo, que desplazó la curva de oferta agregada a corto plazo hacia la izquierda. Este gran desplazamiento de la curva de oferta agregada, combinado con un aumento moderado de la demanda agregada, redujo el PIB real y aumentó la tasa de inflación: estanflación.

La llamada recesión de Volcker la desencadenó una reducción pronunciada e inesperada del ritmo al cual la Fed permitió crecer la demanda agregada. Ésta aumentó menos de lo que se esperaba, lo cual condujo a una caída del PIB real y a una tasa de inflación menor.

La recesión de 1990-1991 tuvo ingredientes de *ambas* recesiones. Los aumentos del precio del petróleo actuaron nuevamente para reducir la oferta agregada y la creciente incertidumbre acerca de los beneficios futuros redujo la inversión, lo cual disminuyó la demanda agregada. En tal ocasión, el PIB real bajó y la tasa de inflación se moderó levemente.

Aunque las recesiones tienen causas diferentes que producen diferentes efectos sobre la inflación, tienen algunas características comunes. Demos un repaso de ellas, comenzando con el comportamiento de las tasas de interés.

## FIGURA **32.3**

## La recesión de 1990-1991

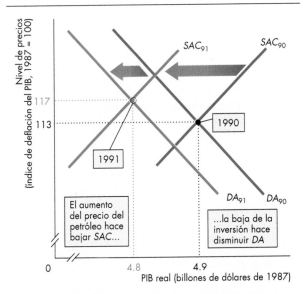

En 1990 la economía estaba en su curva de demanda agregada $DA_{90}$ y su curva de oferta agregada a corto plazo $SAC_{90}$, con un PIB real de 4.9 billones de dólares y un índice de deflación del PIB de 113. Un gran aumento de los precios del petróleo redujo la oferta agregada y desplazó la curva de oferta agregada a corto plazo a $SAC_{91}$. La incertidumbre que prevaleció en la economía mundial redujo las expectativas de beneficio, lo que llevó a una caída de la inversión y a una disminución de la demanda agregada. La curva de demanda agregada se desplazó a $DA_{91}$. La combinación de una disminución tanto de la oferta agregada como de la demanda agregada llevó la economía a la recesión.

### Dinero y tasas de interés durante las recesiones

Al principio de una recesión las tasas de interés pueden elevarse, bajar o permanecer constantes. Tanto en la recesión de la OPEP como en la de Volcker, las tasas se elevaron y, en la de 1990-1991, se mantuvieron estables. Pero una vez que empieza una recesión, las tasas de interés empiezan a bajar. Cuando el PIB real ha llegado al fondo, las tasas de interés han bajado, a menudo a niveles inferiores a los del principio de la recesión. ¿Por qué tienen este comportamiento las tasas de interés? Para averiguarlo, estudiemos el mercado de dinero durante tres recesiones recientes. La figura 32.4 contiene el análisis pertinente.

**La recesión de la OPEP**   La recesión de la OPEP se ilustra en la figura 32.4(a). En 1973 la *oferta monetaria real* (M1) era de 637 mil millones de dólares. La curva de demanda de dinero real en

FIGURA **32.4**

Tasas de interés y dinero durante la recesión

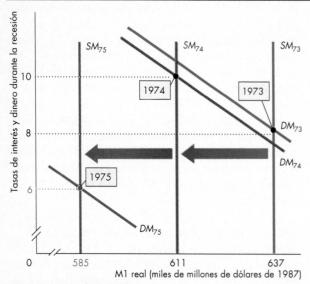

(a) **La recesión de la OPEP**

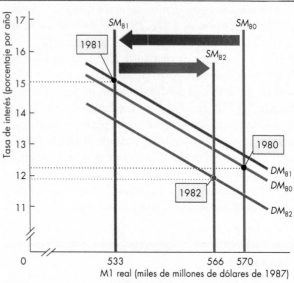

(b) **La recesión de Volcker**

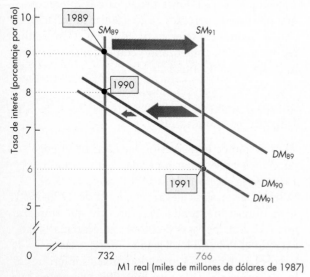

(c) **La recesión de 1990-1991**

En 1973 la tasa de interés era del 8 por ciento (parte a). En 1974 la oferta monetaria real disminuyó, lo que desplazó la curva de oferta a $SM_{74}$, la que, conjuntamente con la curva de demanda $DM_{74}$, aumentó la tasa de interés al 10 por ciento. Al profundizarse la recesión, la demanda de dinero disminuyó (a $DM_{75}$), lo que, conjuntamente con la curva de oferta $SM_{75}$, redujo la tasa de interés al 6 por ciento.

En 1980 la tasa de interés era ligeramente superior al 12 por ciento (parte b). En 1981 la oferta monetaria real disminuyó a $SM_{81}$, lo que, conjuntamente con la curva de demanda $DM_{81}$, aumentó la tasa de interés al 15 por ciento. Al profundizarse la recesión, la demanda de dinero disminuyó (a $DM_{82}$), lo que, conjuntamente con la curva de oferta monetaria $SM_{82}$, hizo bajar la tasa de interés ligeramente debajo del 12 por ciento.

En 1989, la tasa de interés era del 9 por ciento (parte c). En 1990, al profundizarse la recesión, la demanda de dinero disminuyó a $DM_{90}$, lo que, conjuntamente con la curva de oferta $SM_{90}$, hizo bajar la tasa de interés al 8 por ciento. En 1991 la recesión, que se intensificaba, provocó una disminución adicional de la demanda de dinero a $DM_{91}$. Al mismo tiempo, la Fed elevó la tasa de crecimiento de la oferta monetaria por encima de la tasa de inflación y la oferta monetaria real aumentó a $DM_{91}$. Las tasas de interés bajaron al 6 por ciento.

1973 era $DM_{73}$, la curva de oferta monetaria real era $SM_{73}$ y la tasa de interés era del 8 por ciento.

En 1974 la *oferta monetaria real* había disminuido en el 5 por ciento y la curva de oferta monetaria real se desplazó de $SM_{73}$ a $SM_{74}$. Esta disminución

de la oferta monetaria real ocurrió porque el índice de deflación del PIB aumentó en una cantidad mayor que el aumento de la *oferta monetaria real*. La demanda de dinero real cayó en 1974, pero tan sólo ligeramente. Cayó porque el PIB real bajó. (Recuerde que la demanda de dinero real depende del PIB real. Un aumento del PIB real desplaza la curva de demanda de dinero real hacia la derecha y una disminución del PIB real desplaza la curva hacia la izquierda.) Debido a que el PIB real bajó sólo levemente en 1974, la curva de demanda de dinero real se desplazó sólo levemente hacia la izquierda. La curva de oferta monetaria se desplazó más hacia la izquierda que la curva de demanda de dinero. En consecuencia, aumentaron las tasas de interés. En 1974, la tasa de interés era del 10 por ciento: el punto de intersección de $SM_{74}$ y de $DM_{74}$.

Entre 1974 y 1975 la oferta monetaria *nominal* continuó aumentando pero a un ritmo mucho menor que el del aumento del nivel de precios. Como consecuencia de esto, la oferta monetaria real continuó bajando, desplazando la curva de oferta a $SM_{75}$. Pero en 1975 la economía estaba en la sima de la recesión. La fuerte caída del PIB real redujo la demanda de dinero, y la curva de demanda de dinero se desplazó hacia la izquierda, a $DM_{75}$. La tasa de interés bajó al 6 por ciento anual.

**La recesión de Volcker**   El mercado de dinero durante los años de la recesión de Volcker se ilustra en la figura 32.4(b). En 1980 las tasas de interés eran ligeramente superiores al 12 por ciento anual: el punto de intersección de $SM_{80}$ y de $DM_{80}$.

Durante 1981 el índice de deflación del PIB siguió aumentando alrededor del 10 por ciento anual. La Fed redujo la tasa de crecimiento de la oferta monetaria real al permitir que la cantidad de dinero aumentara tan sólo el 7 por ciento. En consecuencia, la oferta monetaria real bajó. La caída de la oferta monetaria real desplazó la curva de oferta de $SM_{80}$ a $SM_{81}$. Durante el mismo año, el PIB real continuó aumentando. Esto dio como resultado un aumento de la demanda de dinero real y un desplazamiento hacia la derecha de la curva de demanda a $DM_{81}$. La combinación de una demanda incrementada de dinero real y una oferta monetaria real disminuida empujó las tasas de interés hacia arriba, al 15 por ciento anual. Estas elevadas tasas de interés llevaron a una disminución del gasto y a la recesión.

En 1982 el PIB real descendió a un nivel inferior al de 1980. Como resultado de la caída del PIB real, la demanda de dinero real disminuyó y la curva de demanda se desplazó hacia la izquierda, a $DM_{82}$. Al mismo tiempo, la tasa de inflación se reducía. La reducción de la inflación, combinada con el crecimiento de la oferta monetaria, fue suficiente para aumentar la cantidad ofrecida de dinero real en 1982, lo que desplazó la curva de oferta a $SM_{82}$. El equilibrio del mercado de dinero en 1982 se dio a una tasa de interés ligeramente inferior al 12 por ciento anual.

**La recesión de 1990-1991**   El mercado de dinero durante la recesión de 1990-1991 se ilustra en la figura 32.4(c). En 1989 las tasas de interés eran del 9 por ciento anual: el punto de intersección de $SM_{89}$ y $DM_{89}$.

Durante 1990 el índice de deflación del PIB aumentó al 4 por ciento y la Fed mantuvo la tasa de crecimiento de la oferta monetaria nominal cerca de esta tasa, al mantener estable la oferta monetaria real. Como consecuencia, en 1990 la curva de oferta permaneció en $SM_{89}$. Al mismo tiempo, el crecimiento del PIB real se redujo y éste cayó en el último trimestre del año, lo que dio como resultado una disminución de la demanda de dinero real y la curva de demanda se desplazó hacia la izquierda, a $DM_{90}$. Las tasas de interés descendieron al 8 por ciento anual.

Durante 1991 el PIB real continuó bajando y la demanda de dinero real disminuyó todavía más. La curva de demanda se desplazó hacia la izquierda, a $DM_{91}$. Al mismo tiempo, la Fed aumentó rápidamente la oferta monetaria tratando de iniciar una recuperación de la economía. La oferta monetaria real aumentó a 766 mil millones de dólares, y la curva de oferta monetaria se desplazó hacia la derecha, a $SM_{91}$. Las tasas de interés descendieron y, en promedio, durante 1991 las tasas a corto plazo fueron del 6 por ciento, como lo muestra la figura 32.4(c).

**Comparación de las recesiones**   La comparación de los acontecimientos en el mercado de dinero en las tres recesiones revela algunas características comunes. En las dos primeras recesiones la tasa de interés siguió una trayectoria similar. En ambas, las tasas de interés primero subieron y luego bajaron. Pero la causa de estos movimientos de la tasa de interés es diferente en cada caso. En la recesión de la OPEP, las tasas de interés aumentaron debido a que un alza pronunciada del nivel de precios redujo la oferta monetaria real. Las tasas de interés descendieron subsecuentemente debido a la intensidad de la recesión y de los efectos del menor PIB real sobre la demanda de dinero real. A causa de la fuerte inflación continua, la oferta monetaria real siguió disminuyendo durante 1975. En la recesión de Volcker, el aumento inicial de las tasas de interés fue inducido directamente por la política de la Fed. Las posteriores presiones a la baja sobre las tasas de interés se originaron en la caída de la demanda de dinero real, lo que es similar a lo ocurrido en la recesión de la OPEP. Sin embargo, por otra parte la oferta monetaria real aumentó en 1982 y reforzó los efectos sobre las tasas de interés de una disminución de la demanda de dinero real.

¿Por qué siguió descendiendo la oferta monetaria real durante 1975, y sin embargo empezó a aumentar en 1982? La razón clave es el comportamiento del nivel de precios en las dos recesiones. En 1975 la inflación continuó siendo alta, superior a la tasa de crecimiento de la oferta monetaria nominal. En 1982 la tasa de inflación descendió sustancialmente debajo de la tasa de crecimiento de la oferta monetaria nominal.

En la recesión de 1990-1991 las tasas de interés no aumentaron al principio porque la Fed mantuvo el crecimiento de la oferta monetaria a la par del crecimiento de la demanda de dinero. Pero las tasas de interés bajaron, igual que lo hicieron en las dos recesiones anteriores, al contraerse la economía; y fue por la misma razón: el PIB real más bajo ocasiona una disminución de la demanda de dinero.

Los cambios de las tasas de interés provocan el siguiente paso del mecanismo de la recesión: los cambios del gasto agregado.

## Gasto durante la recesión

Cuando la economía está en recesión, el PIB real baja y el gasto agregado real también baja. (Recuerde que el PIB real y el gasto agregado real son iguales.) Pero la inversión es el componente principal del gasto agregado descendente. La inversión cae por dos razones. Primero, porque las tasas de interés aumentan; segundo, porque las expectativas de beneficio empeoran.

Durante la recesión de la OPEP, la inversión (en dólares de 1987) cayó de 592 mil millones de dólares en 1973 a 438 mil millones de dólares en 1975. Durante la recesión de Volcker, la inversión cayó de 594 mil millones de dólares en 1980 a 541 mil millones de dólares en 1982. Durante la recesión de 1990-1991, la inversión bajó de 800 mil millones de dólares en 1989 a 656 mil millones de dólares para mediados de 1991. Estas disminuciones de la inversión tienen dos efectos. Uno, reducen

el gasto agregado y la demanda agregada, y dos, dan como resultado un crecimiento más lento del acervo de capital, lo que reduce el ritmo de innovación de tecnologías nuevas. Este aspecto de la baja de la inversión se retroalimenta y reduce el crecimiento de la oferta agregada, si bien domina el efecto que tiene una inversión reducida sobre la demanda agregada.

Una de las razones principales por las que la gente teme a la recesión es que viene acompañada de una alta tasa de desempleo. ¿Qué sucede en el mercado de trabajo durante una recesión? ¿Por qué aumenta el desempleo durante una recesión? Examinemos estos aspectos.

## El mercado de trabajo durante la recesión

Con propósito demostrativo, vamos a examinar el mercado de trabajo sólo durante una de las tres recesiones recientes: la recesión de la OPEP. La figura 32.5 proporciona un resumen y un análisis de los acontecimientos principales.

El punto de partida para entender lo que ocurre en el mercado de trabajo durante una recesión es el examen de la función de producción agregada a corto plazo. (Recuerde que estudiamos la función de producción agregada a corto plazo en el capítulo 30.) La función de producción agregada a corto plazo, que muestra el PIB real máximo que puede producirse con un insumo de trabajo dado, se muestra en la figura 32.5(a). La curva $FP_{73}$ es la función de producción agregada a corto plazo de 1973, justo antes de la recesión de la OPEP. En ese año, 164 mil millones de horas de trabajo produjeron 3.3 billones de PIB real. El efecto del aumento del precio del petróleo de la OPEP fue un desplazamiento hacia abajo de la función de producción a corto plazo de $FP_{73}$ a $FP_{75}$. ¿Por qué ocurrió esto?

Hay dos aspectos del aumento del precio del petróleo que dieron como resultado dicho desplazamiento descendente. Primero, para hacer cumplir el gran aumento de precio, la OPEP restringió considerablemente la producción de petróleo crudo y declaró un embargo a las exportaciones de petróleo durante un determinado periodo. El efecto directo de esta interrupción del comercio internacional de petróleo fue la reducción de la disponibilidad de un recurso productivo crucial. Pero hubo un segundo efecto, y quizá más importante. Con ese enorme aumento del precio de la energía, todos los tipos de usuarios de energía buscaron maneras de econo-

FIGURA **32.5**

## Salarios inflexibles en la recesión

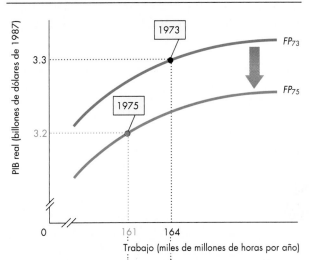

**(a) Función de producción agregada a corto plazo**

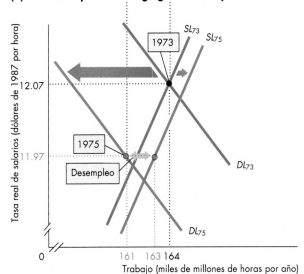

**(b) El mercado de trabajo**

El alza de precio de la OPEP y el embargo hicieron descender la función de producción agregada a corto plazo de $FP_{73}$ a $FP_{75}$ en la parte (a). El producto marginal del trabajo se redujo, así que la curva de demanda de trabajo se desplazó de $DL_{73}$ a $DL_{75}$ en la parte (b). Si suponemos que la cantidad demandada de trabajo es igual a la cantidad ofrecida en 1973, la tasa de salario real de 12.07 dólares y la ocupación de 164 mil millones de horas están en el punto de intersección de $DL_{73}$ y $SL_{73}$. Un aumento en la fuerza de trabajo cambió la curva de oferta de $SL_{73}$ a $SL_{75}$. Los salarios reales bajaron pero no lo suficiente como para igualar la cantidad ofrecida y demandada de trabajo. La cantidad demandada era de 161 mil millones de horas, y la cantidad ofrecida era de 163 mil millones de horas. El desempleo aumentó.

mizar el uso de su mercancía energética, que ahora era más cara. Se redujeron las actividades que hacían uso intensivo de energía y se expandieron otras actividades. Por ejemplo, se eliminaron, a un ritmo más rápido de lo que habría sido en otras circunstancias, los automóviles y los aviones diseñados con motores muy bien adaptados al consumo de combustible barato existente en la década de 1960. Se realizaron esfuerzos de investigación y diseño para producir automóviles, aviones y todo tipo de equipo de transporte y de calefacción que fuera más eficiente en el uso de energía. La reorientación de la actividad económica de la producción y consumo intensivos en combustible a producción y consumo ahorrativos del mismo ocasionó una serie de incompatibilidades entre la gente y los empleos. Una mayor parte de la fuerza de trabajo, incluso si seguía empleada, tenía que dedicar sus esfuerzos al readiestramiento y a otras actividades que no producían directamente PIB real, al menos en un principio. En consecuencia, la función de producción se desplazó hacia abajo, como se muestra en la figura 32.5(a).

No sólo fue en descenso la función de producción, sino que bajó también el nivel de empleo. La economía pasó al punto destacado en la figura 32.5(a), en el cual el empleo es de 161 mil millones de horas y el PIB real de 3.2 billones de dólares. Para saber por qué bajó el empleo, debemos analizar el mercado de trabajo.

El desplazamiento descendente de la función de producción redujo el producto marginal del trabajo. Como ya vimos en el capítulo 30, la cantidad demandada de trabajo depende de su producto marginal. Con un producto marginal de trabajo más bajo, la curva de demanda de trabajo se desplaza hacia la izquierda. Este desplazamiento se muestra en la figura 32.5(b) como el desplazamiento de $DL_{73}$ a $DL_{75}$.

## Teoría del salario inflexible

No hay tanta controversia a partir del enfoque macroeconómico en lo que se refiere al lado de la demanda del mercado de trabajo. Pero existe un gran desacuerdo en torno al lado de la oferta del mercado de trabajo y la capacidad del mercado de trabajo de actuar como mecanismo coordinador, el cual logra igualar las cantidades demandadas y ofrecidas de trabajo. Una teoría, la del salario inflexible, dice que la oferta de trabajo no es significativamente sensible a los cambios de los salarios reales y que los salarios nominales son inflexibles, es decir que éstos no se ajustan con suficiente rapidez para mantener un equilibrio continuo entre las cantidades demandada y ofrecida de trabajo. Interpretemos el mercado de trabajo durante la recesión de la OPEP aplicando la teoría del salario inflexible.

En 1973 la tasa de salario real era de 12.07 dólares la hora y se ocupaban 164 mil millones de horas de trabajo. Supongamos que la tasa de desempleo efectiva de ese mismo año era así mismo igual a la tasa natural de desempleo de ese año. Dado lo anterior como un supuesto, la tasa de salario real y la tasa de desempleo de 1973 estaban en el punto de intersección de las curvas de demanda y de oferta de trabajo. Supondremos por tanto que la curva de oferta de trabajo era $SL_{73}$ y la curva de demanda de trabajo $DL_{73}$ en la figura 32.5(b).

Durante 1974 y 1975 la fuerza de trabajo aumentó y, como resultado, la curva de oferta de trabajo se desplazó hacia la derecha, de $SL_{73}$ a $SL_{75}$. Los salarios monetarios continuaron elevándose durante la recesión, pero a un ritmo menor al que ascendía el nivel de precios. En consecuencia, los salarios reales bajaron, para 1975, a 11.97 dólares la hora. Pero esa caída de los salarios reales resulta insuficiente para mantener la igualdad de la cantidad ofrecida de trabajo con la cantidad demandada. El nivel de empleo bajó a 161 mil millones de horas: la cantidad demandada de trabajo. Es decir, con una tasa de salario real de 11.97 dólares y con una curva de demanda de trabajo $DL_{75}$, la cantidad de trabajo que las empresas deseaban contratar (para maximizar sus beneficios) era de 161 mil millones de horas.

Con los supuestos adoptados respecto de la curva de oferta de trabajo, la cantidad ofrecida de trabajo era de 163 mil millones de horas. La diferencia entre la cantidad ofrecida de trabajo y la cantidad empleada (y demandada) era el desempleo. Según la teoría del salario inflexible del mercado de trabajo, este aumento del desempleo representa un añadido a la tasa natural de desempleo que prevalecía antes del inicio de la recesión.

## Teoría del salario flexible

Existe una interpretación alternativa del mercado de trabajo en la recesión, distinta de la que acabamos de señalar: la teoría del salario flexible. Según esta teoría, la oferta de trabajo es sumamente sensible a

un cambio de los salarios reales, y los salarios monetarios *sí* se ajustan en efecto para mantener iguales la cantidad demandada de trabajo y la cantidad ofrecida. Las fluctuaciones del desempleo son fluctuaciones de la tasa natural de desempleo. Examinemos de nuevo la recesión de la OPEP e interpretémosla en los términos de esta teoría alternativa.

Recuerde que los efectos de la recesión sobre el mercado de trabajo, que acabamos de analizar, se basan en un *supuesto* acerca de la curva de la oferta de trabajo. En la figura 32.5, las curvas de oferta de trabajo $SL_{73}$ y $SL_{75}$ tienen una pendiente muy pronunciada, lo que indica que un cambio considerable de la tasa de salario real ocasiona solamente un cambio pequeño de la cantidad ofrecida de trabajo. No estamos seguros acerca de la pendiente de la curva de la oferta de trabajo, pero estamos razonablemente seguros de que la curva se desplazó hacia la derecha en la cantidad mostrada, pues sabemos exactamente en cuánto aumentó la fuerza de trabajo durante el periodo en cuestión. Suponga que la curva de la oferta de trabajo tiene menos pendiente que las que se muestran en la figura 32.5. En particular, suponga que la oferta de trabajo de 1973 y la de 1975 las representan las curvas que aparecen en la figura 32.6.

La figura 32.6 es idéntica a la figura 32.5(b), excepto que las curvas de la oferta de trabajo no tienen tanta pendiente positiva. De nuevo, el mercado de trabajo en 1973 se representa como una situación en que la cantidad demandada de trabajo es igual a la cantidad ofrecida, por lo que el desempleo está en su tasa natural. Cuando esta curva de oferta de trabajo se desplaza hacia la derecha, pasa a $SL_{75}$. La magnitud del desplazamiento de $SL_{73}$ a $SL_{75}$ es idéntica en esta figura a la magnitud del mismo en la figura 32.5(b). La curva de demanda de trabajo se desplaza de $DL_{73}$ a $DL_{75}$. En 1975 la curva de la demanda de trabajo y la curva de la oferta de trabajo se intersecan en una tasa de salario real de 11.97 dólares y una ocupación de 161 mil millones de horas, exactamente los valores que prevalecían en 1975. El mercado de trabajo que aparece en la figura 32.6 concuerda con los supuestos de la teoría del salario flexible. Los salarios bajan y el empleo también.

Pero ¿qué le ocurre al desempleo? La teoría del salario flexible del desempleo, indica que éste surge de la rotación del mercado de trabajo. Durante una recesión, aumenta la rotación del mercado de trabajo debido a que determinados sectores de la eco-

FIGURA **32.6**

## El mercado de trabajo durante la recesión: teoría del salario flexible

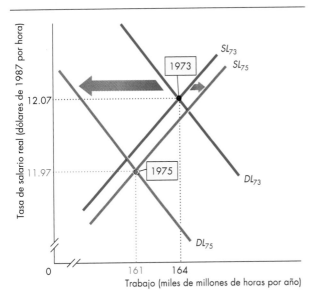

Durante la recesión de la OPEP los salarios reales bajaron de 12.07 a 11.97 dólares la hora, y el empleo descendió de 164 mil millones a 161 mil millones de horas. Estos cambios de los salarios reales y del empleo son congruentes con la teoría del salario flexible, si la cantidad ofrecida de trabajo es muy sensible a un cambio de la tasa de salario real, como lo muestran las curvas de oferta de trabajo $SL_{73}$ y $SL_{75}$. Según la teoría del salario flexible, el aumento del desempleo que ocurrió entre 1973 y 1975 debe interpretarse como un aumento temporal de la tasa natural de desempleo.

nomía declinan rápidamente en tanto que otros continúan expandiéndose. Un aumento de la cantidad reasignada de la fuerza de trabajo, de los sectores que disminuyen a los sectores en expansión, da como resultado un incremento de la rotación de trabajo y una tasa natural de desempleo temporalmente más elevada. Durante la recesión de 1975 los sectores declinantes fueron los que se apoyaban básicamente en el petróleo y en otras fuentes de energía de costo alto; los sectores en expansión fueron los relacionados con tecnología en desarrollo que permite el ahorro de energía.

### ¿Cuál teoría del mercado de trabajo es correcta?

¿En qué, exactamente, están de acuerdo y en desacuerdo los economistas en lo que toca al mercado

de trabajo, y por qué? Lo medular de la controversia se resume en las figuras 32.5(b) y 32.6. Primero, todo el mundo está de acuerdo en lo que se refiere a los hechos. Los salarios reales en 1973 eran de 12.07 dólares por hora, en promedio y en 1975 habían descendido a 11.97 dólares, en promedio. El empleo, en 1973, era de 164 mil millones de horas, y bajaron a 161 mil millones en 1975.

Además, no hay un gran desacuerdo acerca de la demanda de trabajo. La mayoría de los economistas concuerda en que la cantidad de trabajo efectivamente ocupada la determinan las decisiones de maximización de beneficios de las empresas. Esa cantidad depende del salario real. Esto significa que el nivel de empleo y el salario real en un año en particular están en un punto de la curva de la demanda de trabajo. Si estamos de acuerdo en que el nivel de empleo y el salario real son un punto en la curva de la demanda de trabajo, podemos entonces averiguar dónde está la curva de demanda de trabajo e identificar lo que provoca su desplazamiento. De este modo no hay un desacuerdo importante entre los economistas acerca de la pendiente y la posición de la curva de la demanda de trabajo.

Pero los economistas están en desacuerdo en lo que se refiere a la oferta de trabajo. Debido a que una gran cantidad de trabajo se ofrece en contratos a largo plazo, y con salarios y otros términos que permanecen fijos por la duración del contrato, la mayoría de los economistas piensa que las familias normalmente no operan en su curva de oferta de trabajo. Algunas veces sí, pero no la mayor parte del tiempo. Más aún, muchos economistas piensan que con base en las pruebas de las variaciones de las horas de trabajo y de los salarios la cantidad ofrecida de trabajo no reacciona tanto a los cambios de los salarios reales. En otras palabras, piensan que la curva de la oferta de trabajo tiene la pendiente pronunciada como las que aparecen en la figura 32.5(b).

Otros economistas piensan que la combinación de la tasa de salario real y el nivel de desempleo representa no sólo un punto en la curva de demanda de trabajo, sino también un punto en la curva de oferta de trabajo. Con este supuesto, infieren que la cantidad ofrecida de trabajo es sumamente sensible a los salarios y que la curva de oferta de trabajo es como las curvas que aparecen en la figura 32.6.

Nadie ha sugerido hasta ahora una prueba lo suficientemente clara como para que todos los economistas se pongan de acuerdo. La controversia se resolverá sólo cuando los economistas estén de acuerdo y realicen una prueba de sus controvertidas opiniones acerca de la sensibilidad de la cantidad ofrecida de trabajo ante los cambios de los salarios reales. Una vez que se realice esa prueba, podremos dejar atrás esta discusión (así como también la que se refiere a las influencias monetarias y fiscales sobre la demanda agregada, expuesta en el capítulo 29). Pero hasta entonces, los economistas y los estudiantes de economía tendrán que aceptar el hecho de que somos ignorantes en lo que se refiere a un tema central importante de la macroeconomía. Esta controversia aparece en Orígenes de nuestro conocimiento, en las páginas 996-997.

Determinar cuál de estas dos teorías es la correcta no es simplemente un asunto de curiosidad académica, sino de enorme importancia para el diseño de una política apropiada contra la recesión. Si la teoría del salario flexible es correcta, solamente hay una curva de oferta agregada: la curva vertical de oferta agregada a largo plazo. Esto significaría que cualquier intento de sacar a la economía de la recesión mediante el aumento de la demanda agregada (por ejemplo, mediante la reducción de las tasas de interés y el aumento de la oferta monetaria, o mediante medidas de política fiscal) está condenado al fracaso y sólo puede dar como resultado un nivel de precios más alto (más inflación). A la inversa, si la teoría del salario inflexible es correcta, entonces la curva de oferta agregada a corto plazo tiene pendiente positiva. Un aumento de la demanda agregada, si bien eleva un tanto el nivel de precios, incrementa el PIB real y sacará a la economía de la recesión.

Desde el punto de vista de los desempleados, no importa si el desempleo resulta de salarios inflexibles o de una reestructuración muy costosa del mercado de trabajo con salarios flexibles; de cualquier manera es doloroso. En la Lectura entre líneas, en las páginas 992-993 podemos ver la situación de la recesión y el desempleo en España.

## ¿Otra Gran Depresión?

Después de la recesión de Volcker, la economía estadounidense entró en un largo periodo de recuperación sostenida. De hecho, fue la más larga y vigorosa registrada, y su fin se pronosticó repetida y erróneamente, y para el otoño de 1987 existía un difundido temor de que las buenas épocas llegaban a su fin, al menos por un tiempo. En octubre de 1987 estos temores se fortalecieron por el mayor desplome de la bolsa de valores que haya golpeado a la economía de Estados Unidos (y, de hecho, a la economía mundial) desde 1929, el preludio de la Gran Depresión. La magnitud del desplome de 1987 fue casi idéntica al de 1929: el intervalo entre el nivel mínimo y el máximo fue del 34 por ciento. Esta similitud fue tan sorprendente que muchos comentaristas llegaron a la conclusión de que los últimos años de la década de 1980 y principios de la de 1990 se parecerían a la Gran Depresión de principios de la década de 1930. Pero la recuperación continuó hasta mediados de 1990, y cuando llegó a su fin, la recesión subsecuente, aunque relativamente larga, no fue profunda.

Sin embargo, persiste la duda: ¿habrá otra Gran Depresión? Por supuesto, nadie sabe la respuesta a esta pregunta. Pero podemos intentar evaluar la probabilidad de un acontecimiento así. Veamos primero ¿cómo fue la Gran Depresión?, ¿en realidad qué tan difíciles se pusieron las cosas a principios de la década de 1930?, ¿cómo se vería la economía de Estados Unidos en 1999 si los acontecimientos de 70 años atrás se repitieran? Una vez que hayamos delineado a grandes rasgos la Gran Depresión, veremos por qué ocurrió, y consideraremos si puede repetirse y qué probabilidad hay de ese acontecimiento.

### Cómo fue la Gran Depresión

A principios de 1929, la economía de Estados Unidos funcionaba con pleno empleo y sólo el 3.2 por ciento de la fuerza de trabajo estaba desempleada. Pero al avanzar ese año memorable, empezaron a surgir señales de debilidad económica. Los acontecimientos más dramáticos ocurrieron en octubre, cuando se desplomó el mercado bursátil, al perder más de una tercera parte de su valor en dos semanas. Los cuatro años siguientes fueron de una monstruosa depresión económica; una depresión tan grave que se llamó la Gran Depresión.

La magnitud de la Gran Depresión se puede apreciar en la figura 32.7, que muestra la situación en la víspera de la Gran Depresión en 1929, cuando la economía estaba en su curva de demanda agregada $DA_{29}$ y la curva de oferta agregada a corto plazo $SAC_{29}$. El PIB real era de 835 mil millones de dólares y el índice de deflación del PIB era de 18. (El PIB real era en 1991 casi 6 veces su nivel de 1929 y el índice de deflación del PIB más de 8 veces el nivel de 1929.)

En 1930 había una extendida expectativa de que los precios bajarían y los salarios bajaron. Con salarios más bajos, la curva de oferta agregada a corto plazo se desplazó de $SAC_{29}$ a $SAC_{30}$. Pero el creciente pesimismo y la incertidumbre dieron como resultado una caída de la inversión y de la demanda de bienes duraderos. La demanda agregada descendió en una cantidad mayor a la esperada,

a $DA_{30}$. En 1930, la economía entró en recesión al bajar el PIB real cerca del 7 por ciento. El nivel de precios también bajó en una cantidad parecida. (No era extraño en esa época que ocasionalmente bajaran los precios.) Cuando el nivel de precios baja, la economía está experimentando *deflación*.

Si las cosas hubieran transcurrido normalmente en 1930, la economía podría haberse quedado durante varios meses en esta situación de depresión y después empezar a recuperarse. Pero 1930 no fue un año normal, y en este, y en los dos años siguientes la economía fue adicionalmente golpeada con inmensos choques de demanda negativos (cuyas causas veremos en un momento). La curva de demanda agregada se desplazó hacia la izquierda, hasta $DA_{33}$. Con una economía deprimida, se esperaba que el nivel de precios bajara, y los salarios bajaron de acuerdo con esas expectativas. El salario nominal bajó de 55 centavos la hora en 1930 a 44 centavos la hora en 1933. Como consecuencia de los salarios más bajos, la curva de oferta agregada se desplazó de $SAC_{30}$ a $SAC_{33}$. Pero la magnitud del desplazamiento de la curva de la oferta agregada a corto plazo fue mucho menor que la disminución de la demanda agregada. Como resultado, las curvas de demanda y de oferta agregadas a corto plazo se intersecaron en 1933 a un PIB real de 600 mil millones de dólares y un índice de deflación del PIB de 13. El PIB real había caído casi el 30 por ciento desde su nivel de 1929, y el nivel de precios había bajado más del 25 por ciento.

Si bien la Gran Depresión ocasionó muchas penurias su distribución fue muy desigual. Una cuarta parte de la fuerza de trabajo no tenía empleo. Así mismo, en aquella época no existía prácticamente la seguridad social organizada ni los programas de desempleo. Así que muchas familias no tenían virtualmente ingreso, por más que los bolsillos de aquellos que conservaron sus empleos apenas percibieran la Gran Depresión. Es cierto que los salarios bajaron (de 57 centavos la hora en 1929 a 44 centavos la hora en 1933). Pero, al mismo tiempo, el nivel de precios bajó casi exactamente en la misma cantidad porcentual que los salarios. Por tanto, los salarios reales permanecieron constantes. Entonces, aquellos que tenían empleos siguieron recibiendo una tasa de salario que tenía aproximadamente el mismo poder adquisitivo en 1929 y al final de la Gran Depresión.

Puede usted empezar a apreciar la magnitud de la Gran Depresión si la compara con las tres rece-

**F I G U R A 3.2.7**

## La Gran Depresión

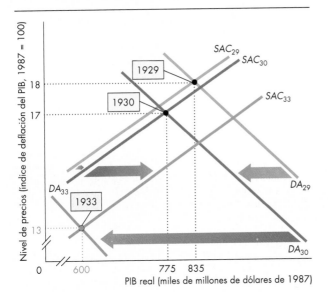

En 1929 el PIB real era de 835 mil millones de dólares y el índice de deflación del PIB era de 18: la intersección de $DA_{29}$ y $SAC_{29}$. El creciente pesimismo y la incertidumbre dieron como resultado una caída de la inversión, lo que condujo a una disminución de la demanda agregada a $DA_{30}$. Hasta cierto punto, esta disminución se anticipaba y los salarios bajaron, así que la curva de oferta agregada a corto plazo se desplazó a $SAC_{30}$. El PIB real y el nivel de precios bajaron. En los tres años siguientes, las reducciones de la oferta monetaria y de la inversión redujeron la demanda agregada, desplazando la curva de demanda agregada a $DA_{33}$. De nuevo, hasta cierto punto, la disminución de la demanda agregada se anticipaba, así que los salarios bajaron y la curva de oferta agregada a corto plazo se desplazó a $SAC_{33}$. Para 1933, el PIB real había caído a 600 mil millones de dólares (cerca del 70 por ciento de su nivel de 1929) y el índice de deflación del PIB había caído a 13 (el 73 por ciento respecto a su nivel de 1929).

# El desempleo en recesión

Lo esencial
del artículo

Horizonte empresarial, Febrero 1994, Nº 2045

# La economía española a comienzos de 1994. Depresión en un mundo de paradojas

### POR JOAQUÍN TRIGO PORTELA

En el año 1993 la economía española alcanzó una situación de deterioro sin precedentes en las últimas tres décadas. Se perdieron medio millón de empleos, el déficit público alcanzó un volumen equivalente al 7.2% del PIB, la formación bruta de capital fijo medida en términos reales descendió un 10% y el PIB descendió algo más del 1%. A pesar de estas cifras, el aumento en el Índice de Precios al Consumo estará entre el 4,5 y el 5%, cifra más elevada que el promedio de la CE, pero los precios de los servicios crecen a una tasa que duplica la del Índice de Precios de Consumo.

La evolución de los salarios es ajena a lo anterior. La retribución media ha subido más del 6% a pesar de que el conjunto de las empresas alcanzó en 1992 unos beneficios nulos y en 1993 apenas han evitado convertirlos en pérdidas. Al no haber una adecuación de los salarios a la evolución del nivel de actividad, las empresas se ajustan a las menores ventas con despidos.

Esta realidad contrasta con el periodo de euforia de los años 86-90 en que el PIB crecía a un ritmo de casi el 5% anual, la inversión extranjera era cuantiosa y el paro se reducía con rapidez. ¿Qué ha hecho posible un deterioro tan brusco y profundo? ¿Qué depara el futuro inmediato?

En primer lugar, hay que considerar que los años 86-90 fueron de *recuperación* económica, pues no se ha vuelto a lograr el empleo alcanzado en 1974, con casi 13 millones de personas ocupadas y la tasa de utilización de la capacidad productiva apenas rebasó el 80%

cuando en la expansión precedente (años 60 y principios de los 70) estaba cerca del 90%. Tampoco se alcanzó el nivel relativo de renta per cápita respecto a la Comunidad Europea, que llegó al 80% en 1974. En segundo lugar hay que considerar que la regulación laboral corresponde, en buena medida, a la de una economía cerrada y sin competencia por lo que el coste de despido es elevado y el incentivo empresarial a crear empleo estable es reducido, y de ahí que el empleo temporal haya caído tan bruscamente. En tercer lugar, los precios y los costes laborales crecen con mayor rapidez que los de los países con quienes se comercia y, junto a los elevados intereses que se pagan por los créditos, explican la débil competitividad de la economía. En cuarto lugar, el déficit público absorbe recursos que, sin él, irían a financiar la inversión y el consumo duradero, haciendo que el crédito sea caro y la inversión empresaria poco interesante. En otras palabras, la economía funciona con un lastre que la debilita, que no le ha permitido aprovechar el buen momento pasado y que agrava las dificultades del momento.

Las previsiones para 1994 indican que la situación no se deteriorará más, pero que no se creará empleo significativamente. El gobierno trata de incentivar la recuperación dando facilidades fiscales para la inversión empresarial. Estimula la contratación con una nueva normativa laboral más flexible, procurando reducir el interés de los créditos. Trata de evitar nuevas distorsiones controlando el crecimiento de su gasto y el de su déficit...

En 1993 la tasa de desempleo en España alcanza el 23% de la población activa, cuando en la CE está en el 12%, en Estados Unidos en el 6% y en Japón en el 3%.

El Índice de Precios al Consumo en España alcanza el 4.6%, en la CE el 3.3% en Estados Unidos el 2.2% y en Japón el 1.5%.

El tipo de interés de los Bonos del Gobierno a largo plazo en España es del 8.51%, en Alemania y Estados Unidos del 5.9% y en Japón del 5.6%.

Entre 1985 y 1993 el costo laboral unitario en España (aumento de los costos laborales menos la mejora de productividad) se elevaron un 22.2% más que en la CE y un 25.6% más que en la OCDE.

Después de tres devaluaciones casi seguidas que depreciaron la peseta algo más de un 20%, el déficit de la balanza comercial en los primeros nueve meses de 1993 ascendía a 1.5 millones de pesetas y el déficit por cuenta corriente a 845 mil millones.

El gasto del sector público asciende a casi la mitad del PIB y su déficit asciende a más del 7% del PIB, lo que es un récord en la historia reciente y, sin embargo, los tipos de interés están a su nivel más bajo en las últimas décadas.

# Antecedentes y análisis

El artículo resalta las rigideces de la economía española, que suponen un freno a la posibilidad de aprovechar sus excelentes posibilidades de crecimiento.

Se menciona un problema en el control de precios que suben más en los servicios que en la industria. Los servicios están menos sujetos a la competencia externa que la industria e, incluso internamente, la competencia es inferior a la que se da en la industria. Se considera que la introducción de medidas que incrementen la competencia en la prestación de servicios haría que sus precios fueran más estables y contribuiría a reducir el Índice General de Precios.

Los salarios suben con independencia de la situación de la economía y de la rentabilidad de las empresas. Esto eleva el nivel de desempleo y contribuye a crear déficit en el sector exterior de la economía. Las recomendaciones del Gobierno respecto a los aumentos salariales no son tenidas en cuenta por los sindicatos, que insisten en aumentos de retribución por encima del índice de precios.

En una situación de recesión económica, los ingresos del Estado se reducen porque hay menos personas con empleo y menos beneficios empresariales. Al tiempo, los gastos del Estado suben pues debe hacer frente a más pagos por protección del desempleo. Esto crea un déficit que debe cubrirse con endeudamiento. La mayor demanda de crédito del sector público llevaría a aumentar los tipos de interés, pero como las empresas han frenado sus nuevas inversiones y las familias su gasto en compra de viviendas y bienes de consumo duradero, como automóviles, los tipos de interés pueden reducirse. Sin embargo, en una situación de reactivación habría más demanda de crédito y sería difícil mantener bajos los tipos de interés, a menos que la inflación se redujera sensiblemente.

Las previsiones de inflación determinan las reivindicaciones sindicales en materia de salarios y las de los jubilados para la adecuación de sus pensiones. Si el índice de precios se redujera drásticamente, la competitividad de la economía mejoraría, las empresas volverían a obtener beneficios y la presión sobre el gasto público sería menor.

Las paradojas a que alude el artículo se refieren a una situación en que el comportamiento económico no se adecua a las exigencias del momento. En los años 1975-85 la media de aumento anual del Índice de Precios de Consumo fue del 15.3%. En el periodo de recuperación 1986-90 descendió al 6.4% y eso fue compatible con el aumento del empleo. La vuelta a una senda de recuperación requiere una correspondencia entre las exigencias de la realidad y las expectativas de los agentes económicos.

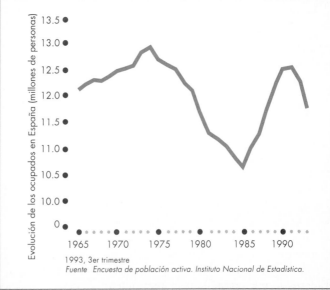

Evolución de los ocupados en España (millones de personas)

1993, 3er trimestre
*Fuente* Encuesta de población activa. Instituto Nacional de Estadística.

siones que estudiamos antes en este capítulo. Entre 1973 y 1975, el PIB real bajó el 1.75 por ciento. De 1981 a 1982, bajó el 2.5 por ciento. De mediados de 1990 a mediados de 1991, bajó el 1.6 por ciento. En comparación, en 1930 el PIB real bajó más del 7 por ciento, y de 1929 a 1933 cayó cerca del 30 por ciento. Una Gran Depresión en 1999 de la misma magnitud rebajaría el ingreso per cápita a su nivel de veinte años atrás.

## Por qué ocurrió la Gran Depresión

La última parte de la década de 1920 fueron años de auge económico. Se construían casas y apartamentos a un ritmo sin precedente, se creaban nuevas empresas y se expandía el acervo de capital del país. Pero también fueron años de creciente incertidumbre cuya principal causa era internacional. La economía mundial estaba atravesando tiempos turbulentos. Los modelos del comercio internacional estaban cambiando cuando la Gran Bretaña, el motor económico tradicional del mundo, comenzaba su periodo de decadencia económica relativa y surgían nuevas potencias económicas, como por ejemplo Japón. Las fluctuaciones de las monedas internacionales y la adopción por parte de muchos países de políticas comerciales restrictivas (vea el Cap. 35) aumentaron todavía más la incertidumbre a la que se enfrentaban las empresas. Dentro de Estados Unidos surgía incertidumbre debido al hecho de que había habido un auge muy intenso en años recientes, especialmente en el sector de bienes de capital y en la construcción de vivienda. Nadie creía que este auge podría continuar, si bien no había la menor seguridad en relación a cuándo terminaría y cuál sería el cambio del patrón de demanda.

Este ambiente de incertidumbre llevó a una reducción del gasto de los consumidores, especialmente de nuevas casas y de aparatos domésticos. Hacia el otoño de 1929, la incertidumbre había llegado a un nivel crítico y contribuyó al desplome de la bolsa de valores. El desplome de la bolsa, a su vez, acrecentó los temores de la gente acerca de las perspectivas económicas en el futuro previsible. El miedo alimentó al miedo: la inversión se desplomó, la industria de la construcción casi desapareció. Una industria que había esta operando a toda capacidad dos años atrás no estaba prácticamente construyendo casas y apartamentos. Fue esta caída de la inversión y del gasto de los consumidores en bienes duraderos lo que condujo al desplazamiento inicial

hacia la izquierda de la curva de demanda agregada de $DA_{29}$ a $DA_{30}$ en la figura 32.7.

En esta etapa, lo que vino a ser la Gran Depresión no era peor de lo que habían sido muchas otras recesiones. Lo que distingue a la Gran Depresión de las recesiones anteriores son los acontecimientos que ocurrieron entre 1930 y 1933. Pero los economistas, todavía hoy, no se han puesto de acuerdo en la interpretación de tales hechos. Una opinión, la sostenida por Peter Temin, es que el gasto continuó bajando debido a una variedad de razones incluyendo una continuación del creciente pesimismo e incertidumbre[1]. Según Temin, la continua contracción fue resultado de un desplazamiento hacia la izquierda de la curva de demanda de inversión y de una caída del gasto autónomo. Milton Friedman y Anna J. Schwartz han argüido que el continuar la contracción fue casi exclusivamente resultado del empeoramiento subsecuente de las condiciones financieras y monetarias[2], y según ellos, un recorte severo de la oferta monetaria fue lo que redujo la demanda agregada, prolongando la contracción y profundizando la depresión.

Aunque existe desacuerdo en torno a las causas de la fase contractiva de la Gran Depresión, el desacuerdo no se refiere a los elementos actuantes, sino al grado de importancia de cada uno. Todo el mundo está de acuerdo en que el creciente pesimismo e incertidumbre redujeron la demanda de inversión y, así mismo, de que hubo una gran contracción de la oferta monetaria real. Friedman y Schwartz y sus seguidores le otorgan la principal responsabilidad a la oferta monetaria y consideran de importancia limitada los otros factores.

Veamos la contracción de la demanda agregada un poco más detenidamente. Entre 1930 y 1933 hubo una enorme contracción del 20 por ciento de la oferta monetaria real. Esta caída de la oferta monetaria no la indujeron directamente las acciones de la Fed. La *base monetaria* (dinero en circulación y reservas de los bancos) apenas descendió. Pero el componente de la oferta monetaria constituido por los depósitos bancarios, sí sufrió un enorme desplome. Esto ocurrió debido principalmente a que muchos bancos quebraron. La principal causa de la

---

[1] Peter Temin, *Did Monetary Forces Cause the Great Depression?* Nueva York, W. W. Norton, 1976.
[2] Esta explicación la desarrollaron Milton Friedman y Anna J. Schwartz en *A Monetary History of the United States 1867-1960.* Princeton, N. J., Princeton University Press, 1963, cap. 7.

quiebra de los bancos fueron los préstamos inseguros durante el auge que precedió al inicio de la Gran Depresión. Alimentado por los crecientes precios de las acciones y las condiciones de auge de los negocios, los préstamos bancarios se expandieron. Pero después del derrumbe de la bolsa de valores y la caída, muchos prestatarios se vieron en situación económica difícil. No podían pagar los intereses de sus préstamos y no podían cumplir con los calendarios de amortización acordados. Los bancos tenían depósitos que excedían el valor real de los préstamos que habían otorgado. Cuando los depositantes retiraron fondos de los bancos, los bancos perdieron reservas y muchos simplemente no pudieron hacer frente a las solicitudes de reembolso de los depositantes.

Las quiebras bancarias llevaron a quiebras adicionales. Al ver que los bancos quebraban, la gente, ansiosa de protegerse, sacó su dinero de los bancos. Esos fueron los acontecimientos de 1930. La cantidad de billetes y monedas en circulación aumentó y la cantidad de depósitos bancarios disminuyó. Pero la propia acción de retirar el dinero del banco para proteger su riqueza, acentuó el proceso de quiebras bancarias. Los bancos tuvieron una creciente escasez de efectivo y fueron incapaces de cumplir con sus obligaciones.

Las bancarrotas y la contracción en gran escala de la oferta monetaria tuvieron un doble efecto sobre la economía. Primero, las bancarrotas mismas ocasionaron penurias financieras a muchos productores, al incrementar las quiebras a través de un número de negocios en la economía. Al mismo tiempo, una fuerte baja de la oferta monetaria mantuvo altas las tasas de interés, y no sólo las de interés nominal, sino que, con el descenso de los precios, las tasas de interés real subieron de manera pronunciada. (La tasa de interés real es, aproximadamente, la diferencia entre la tasa de interés nominal y la tasa de inflación esperada.) La inflación fue negativa durante la Gran Depresión: el nivel de precios descendió de modo que la tasa de interés real era igual a la tasa de interés nominal más la tasa esperada de deflación. Con tasas de interés real altas la inversión se mantuvo baja.

¿Qué papel tuvo el derrumbe de la bolsa de valores de 1929 en el surgimiento de la Gran Depresión? Ciertamente, creó una atmósfera de temor y de pánico y, probablemente, contribuyó al ambiente general de incertidumbre que deprimió el gasto de inversión. También redujo la riqueza de los accionistas, lo que impulsó a éstos a recortar su gasto de consumo. Pero el efecto directo del derrumbe de la bolsa de valores sobre el consumo, como factor que contribuyó a la Gran Depresión, no fue sin embargo la principal causa de la caída de la demanda agregada. Ésta fue el desplome de la inversión, que tuvo su origen en la creciente incertidumbre originada por la disminución de 1930 de la demanda agregada.

Pero el derrumbe de la bolsa de valores fue lo que predijo una recesión severa. Reflejó las expectativas de los accionistas en lo que se refiere a las perspectivas de beneficios futuros. Al volverse pesimistas dichas expectativas, los precios de las acciones bajaron cada vez más (es decir, la conducta del mercado bursátil fue una consecuencia de las expectativas acerca de la rentabilidad futura y éstas disminuyeron como resultado de la creciente incertidumbre).

## ¿Puede volver a ocurrir?

Ya que, incluso en la actualidad, nuestra comprensión de las causas de la Gran Depresión está incompleta, no somos capaces de predecir un acontecimiento así ni podemos estar seguros de que no ocurrirá nuevamente. Pero existen algunas diferencias importantes entre la economía de la década de 1990 y la de la década de 1930, que hacen menos probable una depresión severa actual como la de hace sesenta años. Las más importantes características de la economía que vuelven menos probable hoy una depresión severa son las siguientes:

◆ Seguro de los depósitos bancarios
◆ El papel de la Fed como prestamista de última instancia
◆ Los impuestos y el gasto gubernamental
◆ Familias de ingresos múltiples

Veamos cada una de estas características de la economía actual.

**Seguro de los depósitos bancarios** Como resultado de la Gran Depresión, el gobierno federal de Estados Unidos estableció, en la década de 1930, la FDIC (*Federal Deposit Insurance Corporation*, Corporación Federal del Seguro de Depósitos). La FDIC asegura los depósitos bancarios hasta 100 000 dólares por cada depositante, por lo que la mayoría de los depositantes ya no deben temer la bancarrota.

# LOS ciclos ECONÓMICOS

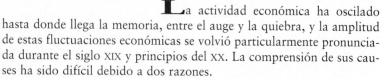

La actividad económica ha oscilado hasta donde llega la memoria, entre el auge y la quiebra, y la amplitud de estas fluctuaciones económicas se volvió particularmente pronunciada durante el siglo XIX y principios del XX. La comprensión de sus causes ha sido difícil debido a dos razones.

La primera razón es que no existen patrones sencillos. Cada episodio nuevo de un ciclo económico es diferente al anterior en alguna forma importante. Algunos ciclos son largos y otros cortos, algunos son benignos y otros severos, algunos empiezan en Estados Unidos y otros en el exterior. Nunca sabemos con certeza cuándo se presentará el siguiente punto de inflexión (hacia abajo o arriba) o que lo provocará.

La segunda razón consiste en que los recursos son escasos, incluso en una recesión o depresión. Pero, en tales momentos, quedan desempleadas grandes cantidades de recursos escasos.Una teoría satisfactoria del ciclo económico tiene que explicar este hecho. ¿Por qué los recursos escasos no están ocupados plenamente siempre?

Existen multitud de teorías simples, pero erróneas, acerca del ciclo económico. Y cuando dichas teorías se usan para justificar políticas, pueden ocasionar serios problemas. Por ejemplo, durante la década de 1960 se creía que las recesiones eran el resultado de una insuficiencia de la demanda agregada. La solución, entonces, era aumentar el gasto público, recortar los impuestos y bajar las tasas de interés. Los países que siguieron con más entusiasmo estas políticas, como el Reino Unido se encontraron con que bajaba su tasa de crecimiento, subía el desempleo y se aceleraba la inflación.

La nueva teoría actual, la del ciclo económico real, predice que las fluctuaciones de la demanda agregada no tienen efecto sobre el producto y el empleo, y sólo pueden cambiar el nivel de precios y la tasa de inflación. Pero esta teoría no toma en cuenta los efectos reales del desplome financiero como el que se presentó en la década de 1930. si muchos bancos quiebran y la gente pierde su riqueza, otras empresas empiezan también a quebrar y se destruyen empleos. La gente desempleada reduce su gasto y el producto baja todavía más. El estímulo de la demanda quizá no sea lo indicado, pero ciertamente si se debe actuar para asegurar que los bancos solventes sobrevivan.

> "No queremos manejar la economía de Estados Unidos. Y tampoco pensamos que alguien más deba hacerse cargo de eso."
>
> ROBERT E. LUCAS, HIJO
> *Entrevista personal*

¿Qué le pasa a la economía cuando la gente pierde la confianza en los bancos? El retiro de sus fondos. Estos retiros se refuerzan a sí mismos, y crean una bola de nieve de retiros y, finalmente, el pánico. Escasos de fondos para reembolsar a los depositantes, los bancos cobran sus préstamos, y los negocios antes sanos se enfrentan a dificultades financieras. Cierran y despiden trabajadores. La recesión se acentúa y se convierte en depresión. Las quiebras de los bancos y la disminución resultante de la oferta monetaria del país y del crédito fueron un factor significativo para que se profundizara y prolongara la Gran Depresión. Pero nos enseñaron la importancia de las instituciones financieras estables y dieron origen a la creación del seguro federal de depósitos para impedir semejantes colapsos financieros.

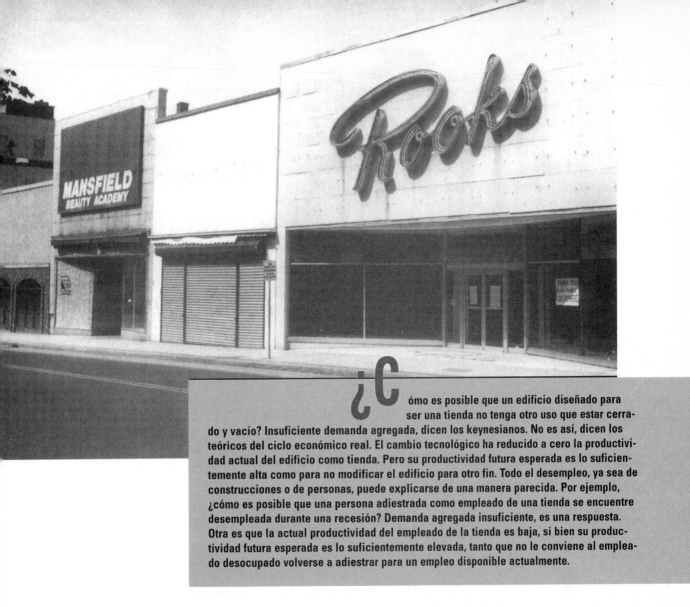

¿Cómo es posible que un edificio diseñado para ser una tienda no tenga otro uso que estar cerrado y vacío? Insuficiente demanda agregada, dicen los keynesianos. No es así, dicen los teóricos del ciclo económico real. El cambio tecnológico ha reducido a cero la productividad actual del edificio como tienda. Pero su productividad futura esperada es lo suficientemente alta como para no modificar el edificio para otro fin. Todo el desempleo, ya sea de construcciones o de personas, puede explicarse de una manera parecida. Por ejemplo, ¿cómo es posible que una persona adiestrada como empleado de una tienda se encuentre desempleada durante una recesión? Demanda agregada insuficiente, es una respuesta. Otra es que la actual productividad del empleado de la tienda es baja, si bien su productividad futura esperada es lo suficientemente elevada, tanto que no le conviene al empleado desocupado volverse a adiestrar para un empleo disponible actualmente.

ROBERT E. LUCAS, HIJO

## El *revolucionario macroeconómico de hoy*

Muchos economistas, pretéritos y actuales, han contribuido a que comprendamos los ciclos económicos. Pero sobresale un economista contemporáneo. Se trata de Robert E. Lucas, hijo, de la University of Chicago. En 1970, como profesor de 32 años en Carnegie-Mellon University, Lucas desafió las teorías keynesianas de las fluctuaciones económicas y provocó una revolución macroeconómica basada en dos principios: expectativas racionales y equilibrio. Como todas las revoluciones científicas, la iniciada por Lucas fue polémica. Veinte años después, las expectativas racionales (correctas o incorrectas) las aceptan la mayoría de los economistas. Pero la idea de que el ciclo económico y el desempleo pueden entenderse como equilibrios, sigue siendo polémica y, para algunos economistas, incluso de mal gusto. Lucas piensa que todavía sabemos muy poco acerca de las causas de los ciclos económicos como para poder estabilizar la economía.

Si un banco quiebra, el FDIC paga a los depositantes. Con depósitos bancarios asegurados por el gobierno federal, el acontecimiento crucial que convirtió una recesión bastante ordinaria en la Gran Depresión es poco probable que ocurra. Fue el temor de bancarrotas lo que hizo que la gente retirara sus depósitos de los bancos. La consecuencia global de estos actos individualmente racionales fueron las bancarrotas que se temían. Con un seguro de depósitos, la mayoría de los depositantes no tienen nada que perder si el banco quiebra y, por tanto, no tienen incentivo para emprender acciones que probablemente originen esa quiebra.

Algunos acontecimientos recientes refuerzan esta conclusión. Con las quiebras numerosas de las instituciones de ahorro y préstamo, en la década de 1980, y las bancarrotas en Nueva Inglaterra, en 1990 y 1991, no se presentó un pánico generalizado de los depositantes que llevara a retirar sus fondos de instituciones parecidas, lo que habría reforzado el pánico.

**Prestamista de última instancia**   La Fed es el prestamista de última instancia en la economía de Estados Unidos. Si un banco está corto de reservas, puede pedir prestado reservas a otros bancos. Si todo el sistema bancario está corto de reservas, los bancos pueden pedir prestado a la Fed. Al poner a su disposición reservas (a una tasa de interés adecuada), la Fed puede lograr que la cantidad de reservas del sistema bancario responda con flexibilidad a la demanda de dichas reservas. Se puede evitar la bancarrota o, al menos, restringirla a los casos en que la causa del problema sea la mala administración. Puede evitarse el tipo de quiebras numerosas que se presentaron durante la Gran Depresión.

Pero la Fed ya existía durante la Gran Depresión y actuó como prestamista de última instancia todo ese tiempo. ¿Por qué no suministró las suficientes reservas bancarias? De hecho, la Fed mantuvo aproximadamente constante el nivel de la base monetaria y pensó que, al hacerlo, contribuía apropiadamente a la estabilidad económica. Fue mucho después de los acontecimientos, cuando Friedman y Schwartz examinaron los años de contracción de la Gran Depresión, que los economistas comprendieron que la Fed habría tenido que *aumentar* la base monetaria en una cantidad considerable para impedir la intensificación de la contracción. Ahora

que ya hemos aprendido esa lección, existe al menos cierta probabilidad de que no se repita el error.

Al respecto vale la pena señalar que, durante las semanas que siguieron al derrumbe de la bolsa de valores, en octubre de 1987, el presidente de la Fed, Alan Greenspan, utilizó cada oportunidad disponible para recordar a la comunidad bancaria y financiera de Estados Unidos la capacidad y disposición de la Fed para mantener condiciones financieras tranquilas.

**Impuestos y gasto gubernamental**   El sector gubernamental era una parte mucho menos importante de la economía en 1929 de lo que ahora es. En la víspera de esa última recesión, las compras gubernamentales de bienes y servicios eran menos del 9 por ciento del PIB; en cambio, ahora son de más del 20 por ciento. Los pagos de transferencia del gobierno eran menos del 6 por ciento del PIB en 1929; estos renglones han aumentado actualmente a más del 15 por ciento del PIB.

Un nivel mayor de compras gubernamentales de bienes y servicios significa que, cuando la recesión golpea, un gran componente de la demanda agregada no disminuye. Sin embargo, los pagos de transferencia del gobierno son el estabilizador económico más importante. Cuando la economía entra en recesión y depresión, más personas califican para la compensación de desempleo y la seguridad social. En consecuencia, aunque el ingreso disponible disminuye, la magnitud de la disminución la modera la existencia de esos programas. A su vez, el gasto de consumo no baja tanto como lo haría si no existieran esos programas gubernamentales. La disminución limitada del gasto de consumo fija un límite adicional a la disminución global del gasto agregado, limitando por tanto la magnitud de la declinación económica.

**Familias con ingresos múltiples**   En la época de la Gran Depresión eran menos comunes que hoy las familias con más de un salario. La tasa de participación de la fuerza de trabajo en 1929 era de casi el 55 por ciento; actualmente es del 66 por ciento. Así que, incluso si la tasa de desempleo aumentara hoy a cerca del 25 por ciento, cerca del 50 por ciento de la población tendría empleos efectivamente. Durante la Gran Depresión menos del 40 por ciento de la población adulta tenía empleo. Las familias de ingresos múltiples gozan de una mayor seguridad que las familias de un solo ingreso. La probabilidad de que ambos (o todos) los asalariados de una familia se queden sin trabajo simultáneamente es mucho más baja que la probabilidad de que uno solo lo pierda. Con mayor seguridad familiar de ingreso, el consumo familiar es probablemente menos sensible a las fluctuaciones del ingreso familiar consideradas temporales. Entonces, cuando el ingreso agregado baja, ello no induce un recorte del consumo. Por ejemplo, durante las recesiones de la OPEP y de Volcker, el gasto de consumo personal aumentó.

Por las cuatro características de la economía actual, que acabamos de repasar, parece ser que ésta tiene mejores cualidades de amortiguadora de choques que la de las décadas de 1920 y 1930. Incluso si hay una absoluta pérdida de la confianza que lleve a una baja de la inversión, el mecanismo de recesión actual no convertirá ese choque inicial en una caída grande y prolongada del PIB real y un aumento del desempleo, como el que ocurrió hace más de sesenta años.

Debido a que la economía es más inmune ahora que en la década de 1930 a una recesión severa, incluso un derrumbe de la bolsa de valores de la magnitud del que ocurrió en 1987 tuvo efectos sobre el gasto apenas perceptibles. Un derrumbe de una magnitud similar en 1929 dio como resultado

casi un colapso de la inversión en vivienda y de las compras de bienes de consumo duraderos. En el periodo que siguió al derrumbe de la bolsa de 1987 apenas si cambiaron la inversión y el gasto en bienes de consumo duraderos.

Nada de esto significa que no puede haber una recesión profunda o, incluso, una Gran Depresión en la década de 1990, o posteriormente. Pero se necesitaría un choque muy poderoso para desencadenarla.

◆ ◆ ◆ ◆ Ya hemos completado nuestro estudio del funcionamiento de la macroeconomía. Hemos estudiado el modelo macroeconómico de demanda y oferta agregadas, y hemos aprendido mucho acerca del funcionamiento de los mercados de bienes y servicios, de trabajo y de dinero y activos financieros. Hemos aplicado nuestro conocimiento para explicar y comprender los problemas del desempleo, la inflación y las fluctuaciones del ciclo económico. ◆ ◆ En la parte siguiente del libro estudiaremos dos aspectos de la política macroeconómica: las políticas monetaria y fiscal que los gobiernos pueden usar para estabilizar la economía y los problemas de política planteados por el déficit presupuestario del gobierno.

---

## R E S U M E N

### Tres recesiones recientes

Las tres recesiones más recientes de la historia de Estados Unidos ocurrieron en 1974-1975, 1982 y 1990-1991. La primera recesión la provocaron las acciones de la OPEP. A finales de 1973 y principios de 1974, la OPEP aumentó el precio del petróleo y, durante un tiempo, declaró un embargo a su exportación. Estos hechos dieron como resultado una severa disminución de la oferta agregada. También disminuyó la demanda agregada, pero no tanto como la oferta agregada. En consecuencia, el PIB real bajó y el nivel de precios aumentó a un ritmo acelerado. El fenómeno dio origen a un nuevo término económico: estanflación.

La recesión de Volcker fue resultado de la baja del crecimiento de la demanda agregada ocasionada por la política monetaria de la Reserva Federal. Al tratar de derrotar a la inflación, la Fed redujo inesperadamente el crecimiento de la demanda agregada. Los salarios aumentaron, en el supuesto de que la inflación continuaría al 10 por ciento anual; esos cambios de salarios hicieron disminuir la oferta agregada. Pero la baja de la oferta agregada fue menor que la de la demanda agregada. En consecuencia, el PIB real bajó pero se moderó la tasa de inflación.

La recesión de 1990-1991 fue el resultado de la crisis del Golfo Pérsico, que hizo subir el precio del petróleo; es decir, una disminución de la oferta agregada, y aumentó la incertidumbre, lo que ocasionó una menor inversión; es decir, una disminución de la demanda agregada. El resultado fue una baja del PIB real y una leve moderación de la tasa de inflación.

En todas las recesiones, las tasas de interés bajan, a final de cuentas, al provocar el menor nivel del PIB real una disminución de la demanda de dinero.

Existe una controversia en torno al comportamiento del mercado de trabajo durante una recesión. Según la teoría del salario inflexible, la cantidad ofrecida de dinero no es muy sensible a los cambios de los salarios reales y los salarios mismos no bajan mucho durante una recesión. Como resultado, cuando la economía entra en recesión, la cantidad ofrecida de trabajo es mayor que la cantidad demandada. Según la teoría del salario flexible, la cantidad ofrecida de trabajo es muy sensible a los cambios de los salarios reales. Cuando la economía entra en recesión, los salarios reales, bajan un poco, lo suficiente como para mantener la misma cantidad de trabajo demandada y ofrecida. El desempleo aumenta, pero semejante aumento se debe a una mayor actividad de búsqueda de empleos, lo que corresponde a un mayor grado de rotación de trabajo.

Los macroeconomistas no han hallado aún la prueba del ácido que les permita resolver la incertidumbre acerca del mecanismo del mercado de trabajo durante la recesión (págs. 980-990).

## ¿Otra Gran Depresión?

La Gran Depresión, que comenzó en 1929, duró más tiempo y fue más severa que cualquier otra anterior o posterior. La Gran Depresión comenzó con incertidumbre y pesimismo crecientes, que ocasionó una baja en la inversión (especialmente en vivienda) y en el gasto de bienes de consumo duraderos. La incertidumbre y pesimismo crecientes provocaron también el derrumbe de la bolsa de valores. Éste agudizó las perspectivas pesimistas y tuvieron lugar recortes adicionales del gasto. A continuación, vino un colapso casi total del sistema financiero. Los bancos quebraron y la oferta monetaria bajó, lo que dio como resultado una caída de la demanda agregada. Las expectativas de precios a la baja condujeron a salarios descendentes, pero la baja de la demanda agregada continuó superando las expectativas y el PIB real siguió bajando.

La Gran Depresión propiamente dicha produjo una serie de reformas que hacen menos probable la repetición de una depresión así. Las más importantes de éstas fueron la disposición de la Fed para actuar como prestamista de última instancia y la creación del seguro federal de depósitos bancarios; ambas redujeron el riesgo de quiebras bancarias y de colapso financiero. Impuestos más altos y gasto gubernamental han dotado a la economía de una mayor resistencia contra la depresión, y una mayor tasa de participación de la fuerza de trabajo proporciona una mayor seguridad, especialmente para las familias con más de un salario. Por estas razones, un cambio inicial, ya sea en la demanda agregada o en la oferta agregada, es menos probable que se convierta en una depresión acumulativa, como ocurrió a principios de la década de 1930. Así que incluso un derrumbe bursátil tan severo como el que se dio en 1987 no provocó un desplome de la demanda agregada (págs. 990-999).

## ELEMENTOS CLAVE

### Figuras clave

## PREGUNTAS DE REPASO

**1** ¿Cuándo ocurrieron la Gran Depresión, y las llamadas recesión de la OPEP y la de Volcker?

**2** ¿Qué provocó cada una de las siguientes situaciones?

**a** La recesión de la OPEP
**b** La recesión de Volcker
**c** La recesión de 1990-1991

**3** ¿Cuál de las tres recesiones de la pregunta 2 fue un periodo de estanflación?

**4** Compare los cambios de las tasas de interés durante las tres recesiones de la pregunta 2.

**5** Describa los cambios del empleo y de los salarios reales durante la recesión de la OPEP. ¿En qué consiste la teoría del salario inflexible de estos cambios? ¿En qué consiste la teoría del salario flexible de estos cambios?

**6** Describa los cambios del PIB real, del empleo y desempleo y del nivel de precios, ocurridos durante los años de la Gran Depresión, es decir de 1929 a 1933.

**7** ¿Cuáles fueron las causas principales del inicio de la Gran Depresión en 1929?

**8** ¿Qué acontecimientos, en 1931 y en 1932, condujeron a la continuación y creciente gravedad de la caída del PIB real y del aumento del desempleo?

**9** ¿Qué características de la economía actual hacen menos probable que ocurra hoy una Gran Depresión como en 1929? ¿Por qué la hacen menos probable?

## PROBLEMAS

**1** Durante la recesión de la OPEP los salarios reales bajaron de 12.07 dólares la hora a 11.97 dólares la hora. El empleo bajó de 164 mil millones de horas a 161 mil millones de horas. Ilustre estos cambios del mercado de trabajo con dibujos de las curvas de demanda y oferta de trabajo en 1973 y 1975. Dibuje dos diagramas, uno que ilustre estos cambios de salarios y empleo, si es correcta la teoría del salario flexible, y otro que ilustre estos cambios, si es cierta la teoría del salario inflexible.

**2** Analice los cambios de la tasa de interés durante la recesión de Volcker con el dibujo de un diagrama del mercado de dinero que muestre desplazamientos de las curvas de demanda y oferta de dinero real. ¿Qué cambios de política podían haber evitado el alza de las tasas de interés? ¿Cuáles habrían sido los efectos de dichas acciones sobre el PIB real y el nivel de precios?

**3** Durante la recesión de Volcker los salarios reales no bajaron. Se mantuvieron estables en 12.60 dólares la hora. El empleo bajó de 184 mil millones de horas a 180 mil millones de horas. ¿Cómo explica estos hechos la teoría del salario inflexible y cómo los explica la teoría del salario flexible?

**4** Analice los cambios de la tasa de interés durante la recesión de 1990-1991 con el dibujo de un diagrama del mercado de dinero que muestre el desplazamiento de las curvas de demanda y oferta de dinero real. ¿Cuáles cambios de política podían haber evitado la recesión?

**5** Durante la recesión de 1990-1991, los salarios reales aumentaron de 13.78 dólares en 1990 a 13.86 dólares en 1991 y el empleo disminuyó de 212 mil millones de horas en 1990 a 209 mil millones de horas en 1991. ¿Cómo explicarían estos cambios las teorías del salario flexible y del salario inflexible?

**6** Compare y establezca el contraste entre las recesiones de 1974-1975, 1982 y 1990-1991. ¿En qué forma son similares y en qué forma son diferentes?

**7** Enumere todas aquellas características actuales de la economía de su país que piense usted que

concuerdan con una perspectiva pesimista para finales de la década de 1990.

**8** Enumere todas las características de la economía de su país que usted pueda recordar que sean consistentes con una perspectiva optimista para finales de la década de 1990.

**9** ¿En qué forma piensa usted que evolucionará la economía de su país dentro de uno o dos años? Explique sus predicciones con base en los factores de pesimismo y optimismo que usted enumeró en las dos respuestas anteriores y en su conocimiento de la teoría macroeconómica.

# PARTE 12

# Política macroeconómica

**Conversación**

**con**

**Andrew**

**F.**

**Brimmer**

**N**acido el 13 de septiembre de 1926 en Newellton, Luisiana, Andrew F. Brimmer es actualmente presidente de Brimmer & Company, Inc., una empresa consultora en finanzas y economía, con sede en Washington D.C. Tiene nombramientos adicionales como profesor de economía en la cátedra Wilmer D. Barret en University of Massachusetts-Amherst. El doctor Brimmer es un antiguo miembro de la Junta de Gobernadores del Sistema de la Reserva Federal. También es miembro de los consejos de administración de varias corporaciones importantes. Autor de varios libros en los campos de la política monetaria, la banca y las finanzas internacionales, también ha publicado numerosos artículos en revistas especializadas. El doctor Brimmer fue vicepresidente de la American Economic Association y presidente de la Eastern Economic Association. Ha pertenecido al cuerpo docente de Harvard University, Michigan State University y University of Pennsylvania. Obtuvo su doctorado en economía en Harvard.

**¿Cuándo se interesó por primera vez en la economía?**

Trabé conocimiento de la economía en mi segundo año en la University of Washington. Comencé mis estudios universitarios en periodismo y un curso general de economía formaba parte del programa de estudios. Al tomar dicho curso tuve un maestro muy bueno. Descubrí que la materia de economía se ocupaba de temas contemporáneos como el intercambio entre depresión y prosperidad y libre comercio y proteccionismo. Me sentí atraído de inmediato por el pensamiento ordenado y sistemático que constituye el núcleo de la economía. Al final de mi tercer año, me cambié a la carrera de economía.

**¿Qué calificación le daría al manejo de la política monetaria de la Fed en los últimos años?**

Le daría una A–. La principal tarea que enfrentó la Junta de la Reserva Federal hasta el verano de 1990 fue impedir el resurgimiento de la inflación. Con ese fin, la Reserva Federal adoptó una política monetaria restrictiva en la primavera de 1989. La amenaza de una inflación acelerada se volvió más apremiante después de que Iraq invadió Kuwait en agosto de 1990, lo que llevó al brusco aumento de los precios del petróleo. Para contener la difusión de semejantes presiones inflacionarias hacia el resto de la economía, la Reserva Federal ejerció todavía más control sobre la disponibilidad del dinero y el crédito. Esta posición se sostuvo hasta los últimos meses de 1990. Para entonces ya había empezado la recesión de 1990-1991. Aunque la evidencia de un producto descendente era muy amplia, el Sistema de la Reserva Federal se mostró renuente a relajar la restricción sobre el crecimiento de las reservas bancarias para poder reducir las tasas de interés. Debido a este error de oportunidad del cambio a una política monetaria de estímulo, a la Reserva Federal se le debe calificar con algo menos que la calificación perfecta.

Sin embargo, al profundizarse la recesión, la política de estímulo se implantó vigorosamente. Debido a que la recuperación de 1991-1992 fue excepcionalmente débil, si la comparamos con lo registrado desde el fin de la Segunda Guerra Mundial, la Reserva Federal fue generosa al suministrar reservas bancarias, y las tasas de interés, en especial las tasas a corto plazo, permanecieron bastante bajas. Esta fase del manejo monetario merece una calificación de A.

**¿Está la Fed haciendo lo suficiente para estimular la plena recuperación de la recesión de 1990-1991 y para asegurar un crecimiento sostenido en los años por venir?**

Sí. La contribución que la Fed puede hacer es suministrar reservas bancarias, lo que aumenta la liquidez. A su vez, esta última permitirá a los bancos expandir los préstamos y las compras de

valores. La acrecentada oferta de dinero y crédito conducirá a una disminución de las tasas de interés y a un alza de los negocios de inversión y del gasto de los consumidores.

La Reserva Federal ha perseguido estos objetivos. Por ejemplo, en 1989, cuando estaba en vigor una política monetaria restrictiva, las reservas totales disminuyeron el 0.8 por ciento. La restricción monetaria continuó bien avanzado 1990, y las reservas totales subieron tan sólo el 2.6 por ciento ese año. Sin embargo, al volverse más evidente la recesión, se adoptó una política de estímulo y las reservas se expandieron el 5.5 por ciento en 1991. Durante 1992 se proyectó que las reservas totales crecieran el 12.9 por ciento. Como reflejo de estos cambios de la política monetaria, las tasas de intereses disminuyeron considerablemente. Por ejemplo, la tasa de los fondos federales disminuyó de un promedio del 9.22 por ciento en 1989 al 8.10 por ciento en 1990 y se proyecta que sean del 4.25 por ciento en 1992. Reducciones paralelas, aunque menos pronunciadas, ocurrieron en los casos de las tasas de interés a largo plazo. Los rendimientos de los bonos del gobierno de Estados Unidos a 30 años disminuyeron del 8.45 por ciento en 1990 al 8.14 por ciento en 1991 y a un estimado del 7.95 por ciento en 1992.

**¿Según su experiencia, cuáles son las políticas macroeconómicas de estabilización más efectivas?**

Eso depende de la naturaleza de los problemas a los que se enfrenta la economía en un momento determinado. Existen básicamente dos tipos de políticas disponibles: (1) política fiscal y (2) política monetaria. Aquélla se

concentra en las variaciones de la posición neta del presupuesto federal; es decir, si se trata de un superávit o de un déficit. La segunda se concentra en las reservas de los bancos y en las tasas de interés.

En el caso más sencillo, si la economía está viéndose arrastrada hacia una recesión, el objetivo debe ser el estímulo de la demanda agregada. Para alcanzarlo, el ingreso del gobierno debe disminuir mientras que los gastos aumentan, lo cual ocasiona que el presupuesto pase a un déficit o que crezca el déficit existente. La Reserva Federal debe expandir las reservas bancarias y reducir las tasas de interés. En el caso contrario, cuando la demanda agregada excesiva está empujando a la economía hacia la inflación, tanto la política fiscal como la monetaria deben hacerse más restrictivas.

El problema más difícil surge cuando la economía experimenta "estanflación"; una combinación de crecimiento lento, gran déficit presupuestario y presiones inflacionarias. En tales circunstancias, la política fiscal debe ser restrictiva. Quizá, debe buscarse incluso un superávit presupuestario. La política monetaria ha de ser menos restrictiva, lo que permitiría tasas de interés un tanto más bajas para promover la inversión. Los desafíos fundamentales en estos casos más complejos son hallar la combinación correcta de políticas y cambiar oportunamente el grado de estímulo y de restricción.

**Algunas personas piensan que la Fed es demasiado independiente y que debería despojársele de parte de su independencia. ¿Qué opina usted?**

El sistema de la Reserva Federal es una institución independiente *dentro* del gobierno federal, pero está *fuera* de la rama ejecutiva. La Reserva Federal ejerce, por una autoridad que le ha sido delegada, el poder que la constitución de Estados Unidos concedió al Congreso de "acuñar la moneda y determinar su valor". El Congreso, a su vez, ha delegado esa autoridad en la Junta de la Reserva Federal. Por cuarta ocasión en nuestra historia el Congreso discutió la delegación del "poder monetario" al presidente y en cada una de esas cuatro ocasiones se pronunció contra dicha medida. En cambio, ha intentado cuatro arreglos distintos: el Primer Banco de Estados Unidos (1790), el Segundo Banco de Estados Unidos (1816) el Sistema Bancario Nacional (1863) y el Sistema de la Reserva Federal (1913). En cada caso, el Congreso delegó su autoridad de control del dinero en una institución que no pertenece a la rama ejecutiva del gobierno. Éstas fueron decisiones sabias.

Si el presidente controlara el poder de crear dinero, existiría una gran tentación de usar ese poder para financiar el déficit del presupuesto federal. Esto le daría al gobierno federal un control sobre bienes y servicios que sería mayor que la recaudación tributaria. A largo plazo, contribuiría a la inflación.

**Ocasionalmente escuchamos informes que indican que las deliberaciones del Comité Federal de Mercado Abierto, el brazo que formula la política de la Fed, son acaloradas, con desacuerdos de los miembros del comité respecto de la dirección apropiada de la política. ¿Son exactas estas versiones? Si es**

**así, ¿cómo decide a final de cuentas el comité la política monetaria?**

El curso apropiado de la política monetaria en condiciones económicas diferentes se debate vigorosamente en las reuniones periódicas del Comité Federal de Mercado Abierto. Sin embargo, la discusión siempre es tranquila y cortés. Por supuesto, algunos miembros son más expresivos que otros. Sin embargo, la mayoría de las veces, el presidente puede guiar al comité a un consenso de base amplia que se apoya por unanimidad. A final de cuentas, los doce miembros del comité, que consiste en siete miembros de la Junta de la Reserva Federal y cinco presidentes de bancos de la Reserva Federal, cuatro de los cuales se rotan en el cargo, votan sobre cada cambio propuesto de política. Las disensiones son raras; cuando éstas se presentan, por lo general sólo se emite uno o dos votos negativos.

**¿Cuál considera usted como el problema económico más apremiante al que se enfrenta Estados Unidos actualmente?**

El grande y persistente déficit presupuestario federal es motivo de gran preocupación. Sin embargo, la recuperación anémica de la recesión de 1990-1991 y la perspectiva de un crecimiento bajo durante los próximos años, constituyen el problema más apremiante que enfrenta este país. En consecuencia, la tarea más urgente es estimular la inversión del sector privado. Medida en términos reales, hemos experimentado una disminución significativa del gasto en planta y equipo y en investigación y desarrollo en relación con el producto interno bruto. También vamos a la zaga de manera significativa en la inversión pública

"**E**n la próxima década, las mujeres, los negros y los miembros de otras minorías, suministrarán la mayor parte del aumento neto de la fuerza de trabajo civil."

ca de infraestructura, así como en el tránsito urbano y en los sistemas de abastecimiento de agua. En última instancia, esta clase de desembolsos debe financiarlos el gobierno federal y hay que presionar para que esto se haga ya.

**¿Por qué nos debemos preocupar acerca del aumento continuo de la deuda nacional?**

Nos debemos preocupar seriamente debido a varias razones. En primer lugar, la deuda representa el déficit presupuestario federal acumulado incurrido en el pasado. Para dar servicio al saldo de la deuda y cubrir los déficit nuevos, el gobierno federal tiene que acudir a los mercados de dinero y de capitales, tanto nacionales como internacionales. Así que el gobierno absorbe ahorro que, de otra forma, estaría disponible para el sector privado. La competencia adicional por los fondos ejerce una presión al alza de las tasas de interés. Más aún, una parte creciente de la deuda nacional está en manos de inversionistas extranjeros. La cantidad de interés que se les paga les proporciona un control creciente sobre los recursos y el ingreso de Estados Unidos.

## ¿Qué problemas económicos nos aguardan al aproximarnos al siglo XXI?

Además del rezago de la inversión que ya mencionamos, necesitamos mejorar la fuerza de trabajo del país. En la próxima década, las mujeres, los negros y los miembros de otras minorías, suministrarán la mayor parte del aumento neto de la fuerza de trabajo civil. Muchas de las personas de estos segmentos poblacionales no tienen las habilidades que se necesitarán para competir con éxito en el mercado de trabajo en los años futuros. Por tanto, debemos aumentar en forma sustancial nuestra inversión en educación para capacitarlos con objeto de que emprendan las tareas de producción y de gerencia más complejas que se les exigirá desempeñar.

También tiene que haber una reversión del descenso de la posición competitiva de la industria

> "**M**uchos fabricantes extranjeros son cada vez más capaces de producir y entregar productos de alta calidad a los consumidores estadounidenses a precios más bajos que las empresas de Estados Unidos."

estadounidense. Estados Unidos ha sufrido una seria disminución de su participación en el mercado mundial en numerosos productos manufacturados, en los cuales alguna vez tuvimos una ventaja comparativa significativa. No sólo estamos perdiendo en relación con los países industriales avanzados, como Alemania y Japón, sino que también estamos perdiendo participación en el mercado frente a países de reciente industrialización como Hong Kong, Corea del Sur, Singapur, Taiwán y Tailandia. Más aún, las importaciones se han apropiado de una parte considerable del mercado interno de Estados Unidos. Muchos fabricantes extranjeros son cada vez más capaces de producir y entregar productos de alta calidad a los consumidores estadounidenses a precios más bajos que las empresas de Estados Unidos. Para contrarrestar estas tendencias, los fabricantes estadounidenses tendrán que incrementar la productividad de los trabajadores estadounidenses y elevar la calidad de los productos nacionales.

## ¿Cuál actividad profesional le proporciona la mayor satisfacción?

En la actualidad trabajo principalmente como un consultor económico y financiero. Dedico la mayor parte de mi tiempo a la preparación de análisis y pronósticos de las tasas de interés y otros acontecimientos en los mercados de dinero y capitales nacionales y extranjeros. Con base en dichas evaluaciones asesoro a mis clientes, principalmente bancos, administradores de fondos y otras instituciones financieras. Además, soy director de varias corporaciones e imparto clases de economía, principalmente a estudiantes

graduados en seminarios y talleres. También escribo una columna para la revista mensual *Black Enterprise*. Todas estas actividades me proporcionan una satisfacción considerable.

## ¿En su opinión, cuál es el mensaje más importante que los estudiantes universitarios deben recibir de un curso básico de economía?

Los estudiantes deben aprender varias lecciones importantes. Primero, necesitan entender las tareas básicas que cualquier economía debe desempeñar, como: 1) Dada la escasez de los recursos, ¿cómo se toman las decisiones acerca de lo que se producirá y con cuál método de organización? 2) ¿Cómo se distribuye el ingreso generado por la actividad económica? 3) ¿Cuál es el papel de la oferta y la demanda en la asignación de bienes y servicios en el contexto de un sistema de mercado?

Asimismo, usted debe recordar que la economía ayuda a los ciudadanos a elegir entre demandas rivales y en la asignación de recursos escasos, pero no ordena cuáles decisiones deben tomarse. Por ejemplo, la economía puede ayudar a determinar los costos y beneficios de la disminución de la contaminación, pero no puede decidir si debe adoptarse una política de disminución. De la misma manera, el análisis económico puede darnos el efecto esperado de una desregulación de las aerolíneas sobre el volumen de tránsito aéreo, pero no puede decidir si la industria de la aviación debe desregularse.

# CAPÍTULO 33

## ESTABILIZACIÓN
## DE LA
## ECONOMÍA

**Después de estudiar este capítulo, usted será capaz de:**

◆ Describir los objetivos de la política de estabilización macroeconómica

◆ Explicar en qué forma influye la economía sobre la popularidad del gobierno

◆ Describir las principales características de la política fiscal desde 1960

◆ Describir las principales características de la política monetaria desde 1960

◆ Distinguir entre las políticas de estabilización de regla fija y de regla de retroalimentación

◆ Explicar en qué forma responde la economía a los choques de demanda agregada y de oferta agregada con las políticas de regla fija y de regla de retroalimentación

◆ Explicar por qué la disminución de la inflación generalmente ocasiona una recesión

EL PÁNICO SE APODERA DE LA GENTE CUANDO LAS COSAS SE ponen difíciles y recurren a sus líderes políticos para que actúen. Así que en la sima de la Gran Depresión nuestros abuelos recurrieron a Franklin Delano Roosevelt para que los salvara del holocausto económico. Sesenta y cuatro años después, con George Bush en la Casa Blanca, la situación era extraordinariamente similar. Los males económicos de 1992 no eran tan severos como los de 1929, pero la economía estaba de nuevo en recesión y muchas personas no veían una mejoría. Así que de nuevo se exclamó: "¿Quién está a cargo? ¿Quién *está* a cargo de la economía de Estados Unidos? ¿Qué puede hacer el gobierno cuando surge la recesión? ◆ ◆ Con el desempleo y los ingresos creciendo a un ritmo lento, la campaña para la elección presidencial de 1992 estuvo dominada por un solo tema: la economía. Correcta o incorrectamente, el electorado culpó al titular George Bush de los males que aquejan a la economía de Estados Unidos y dieron la victoria al retador Bill Clinton, quien prometió poner a trabajar nuevamente a ese país. Algo similar ocurrió algunos años antes, en 1976, cuando Ronald Reagan sustituyó a Jimmy Carter, quien padecía todavía los golpes que le propinó la economía. ¿Qué importancia tiene la economía en la determinación de los resultados de las elecciones? ¿Y qué aspectos de ella preocupan más a los votantes: el desempleo, la inflación, o ambos? ◆ ◆ La segunda mitad de la década de 1980 fue un periodo de prosperidad inimaginable y de estabilidad macroeconómica. En cambio, los albores de la década de 1990 fueron años de bajo crecimiento del ingreso, de desempleo alto y de recesión. ¿Cómo se logró la

## ¿Quién está a cargo?

estabilidad y prosperidad de la década de 1980? ¿Y qué se debe hacer para alcanzar el mismo grado de éxito en la década de 1990?

◆ ◆ ◆ ◆   En este capítulo estudiaremos los problemas de estabilización de la economía de Estados Unidos: evitar la inflación, el desempleo alto y las fluctuaciones pronunciadas de las tasas de crecimiento del PIB real. Al final del capítulo, tendrá usted una comprensión clara y más profunda de los problemas de política macroeconómica que enfrenta actualmente Estados Unidos y del debate político en torno a estos problemas. Presentamos también un apartado especial sobre la inflación y los programas de estabilización en algunos países de Iberoamérica.

## El problema de la estabilización

E l problema de la estabilización consiste en el logro de un desempeño macroeconómico lo más uniforme  y previsible posible. La solución a este problema comprende la especificación de objetivos a alcanzar y el posterior diseño de políticas para lograrlo. Hay dos objetivos principales de la política macroeconómica de estabilización:

◆ Crecimiento del PIB real
◆ Inflación

### Crecimiento del PIB real

Cuando el PIB real crece menos rápido que la capacidad productiva de la economía, se pierde producto; cuando crece más rápido que ésta, aparecen los cuellos de botella. Semejantes problemas pueden evitarse si el crecimiento del PIB real se mantiene constante e igual al crecimiento de la oferta agregada a largo plazo.

Las fluctuaciones del crecimiento del PIB real ocasionan también fluctuaciones del desempleo. Cuando éste se eleva por encima de su tasa natural, se desperdicia trabajo productivo y hay una disminución de la acumulación de capital humano. Al

persistir el desempleo, surgen problemas sociales y psicológicos serios entre los trabajadores desocupados y sus familias. Cuando el desempleo cae por debajo de su tasa natural, las industrias en expansión se frenan por la reducción de trabajo. Mantener constante el crecimiento del PIB real ayuda al sostenimiento del desempleo en su tasa natural y evita el desperdicio y la reducción de trabajo.

Las fluctuaciones del crecimiento del PIB real contribuyen a las fluctuaciones de la balanza comercial. Un déficit comercial internacional nos permite comprar más bienes y servicios de los que producimos. Pero, para hacerlo, debemos endeudarnos con el resto del mundo y pagar intereses sobre nuestro endeudamiento. Un superávit comercial de este mismo tipo nos permite prestar al resto del mundo y ganar intereses. Pero, para hacerlo, debemos comprar menos bienes y servicios de los que hemos producido. Mantener estable el crecimiento del PIB real nos ayuda a mantener estable nuestra balanza comercial con el resto del mundo y nos permite consumir lo que hemos producido sin un crecimiento de los intereses de la deuda externa.

### Inflación

Cuando la inflación fluctúa en una forma imprevisible, el dinero se vuelve menos útil como patrón de medida para la realización de transacciones. Los prestatarios y prestamistas y los patrones y trabajadores deben asumir riesgos extra. Al mantener estable y previsible la tasa de inflación  se evitan esos problemas.

Mantener estable la inflación ayuda también al sostenimiento estable del valor del dólar en el exterior. Con todo lo demás constante, si la tasa de inflación sube 1 punto porcentual, el dólar pierde 1 por ciento de su valor en relación con las monedas de otros países. Las fluctuaciones grandes e imprevisibles del tipo de cambio, es decir del valor del dólar en relación con otras monedas, hacen menos rentable el comercio y la actividad crediticia internacionales y restringen las ganancias de la especialización e intercambio internacionales. El mantener la inflación baja y previsible ayuda a evitar esas fluctuaciones del tipo de cambio y permite que se realicen las transacciones internacionales con un riesgo mínimo y a la escala deseada.

En la figura 33.1 se muestra el desempeño de la política, medido por dos de sus objetivos: el crecimiento del PIB real y la inflación. La línea roja es el

FIGURA **33.1**

## Comportamiento macroeconómico: PIB real e inflación

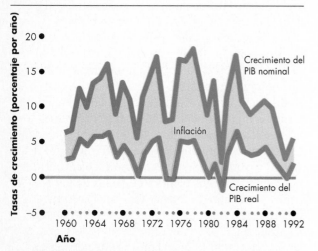

El crecimiento del PIB real y de la inflación fluctúan considerablemente. Durante la década de 1970 la inflación se desarrolló rápidamente (el área sombreada en verde). Este desempeño macroeconómico no alcanzó los objetivos de una tasa de crecimiento estable del PIB real ni de una inflación moderada y previsible.

*Fuente: Economic Report of the President,* 1993.

crecimiento del PIB real y el área sombreada en verde es la inflación. Como usted podrá observar, no se ha logrado estabilizar la economía de Estados Unidos. ¿Por qué ha sido tan inestable la economía? ¿Puede la política obtener mejores resultados, logrando que los próximos treinta años sean más estables de lo que muestra la figura 33.1? La respuesta a estas preguntas ocupará la mayor parte de este capítulo. Identifiquemos primero a los participantes principales y las políticas que han emprendido.

## Participantes y políticas

En Estados Unidos existen tres participantes clave que formulan y ejecutan la política de estabilización macroeconómica:

- ◆ El Congreso
- ◆ La Junta de Gobernadores del Sistema de la Reserva Federal
- ◆ La administración

### El Congreso

La Cámara de Representantes y el Senado así como los diversos comités del Congreso llevan a cabo la política fiscal del país, la cual se resume en el presupuesto federal. El **presupuesto federal** es una exposición del plan financiero del gobierno, que detalla los programas y sus costos, la recaudación tributaria y el déficit o superávit presupuestario propuesto.

El calendario del proceso del presupuesto federal es bastante rígido. El año fiscal de Estados Unidos abarca del 1 de octubre al 30 de septiembre. La mayor parte de la actividad política de relieve en torno al presupuesto se da en el otoño, cuando el Congreso y el presidente tratan de llegar a un acuerdo sobre el presupuesto. Pero el proceso comienza en enero, cuando el Congreso recibe del presidente la propuesta de presupuesto para el siguiente año. La Oficina del Presupuesto del Congreso estudia la propuesta del presidente y elabora un informe para el Congreso. A continuación, viene una serie de prolongadas sesiones del comité e informes. Finalmente, el Senado y la Cámara de Representantes preparan una resolución conjunta que contiene un paquete presupuestario que ambos cuerpos legislativos están dispuestos a aprobar. Debido a este calendario, la política fiscal, si bien tiene un efecto importante sobre el desempeño macroeconómico, no se utiliza como medio para el ajuste preciso de la economía.

La política fiscal consta de tres elementos:

- ◆ Planes de gasto
- ◆ Legislación fiscal
- ◆ Déficit

**Planes de gasto** El lado del gasto del presupuesto es una lista de programas con las sumas que el gobierno planea gastar en cada programa y un pronóstico de la cantidad total del gasto del gobierno. Algunos renglones de gasto del presupuesto federal los controlan directamente las dependencias gubernamentales. Otros se originan en decisiones de financiar programas particulares, cuyo costo total depende de acciones que el Congreso puede pronosticar, pero que no controla directamente. Por ejemplo, el gasto de seguridad social depende de la situación de la economía y de cuántas personas reúnen los requisitos para los apoyos. Los subsidios agrícolas dependen de los costos y los precios agrícolas.

**Legislación fiscal** El Congreso toma decisiones respecto del ingreso del gobierno al promulgar leyes fiscales. Igual que en el caso de algunos renglones importantes del gasto gubernamental, el Congreso no puede controlar con precisión la cantidad de recaudación fiscal. La suma de los impuestos pagados la determinan los millones de personas y de empresas que toman sus propias decisiones en lo que se refiere a cuánto trabajar, gastar y ahorrar.

**Déficit** La diferencia entre el gasto del gobierno y los impuestos constituye el déficit gubernamental. Todos los años, desde 1969, el gobierno federal ha tenido un déficit y, a principios de la década de 1980 el déficit llegó a ser extraordinariamente alto.

La persistencia del déficit del gobierno federal ha provocado alarma y ha dado lugar a una serie de ideas creativas en el Congreso para controlar el gasto o aumentar los ingresos. Una idea, propuesta por los senadores Gramm, Rudman y Hollings, incorporada en la Ley-Gramm-Rudman-Hollings de 1985, es imponer recortes automáticos al gasto si el déficit no sigue una trayectoria predeterminada que, a final de cuentas, dará como resultado un presupuesto equilibrado en 1993.

Otra forma de equilibrar el presupuesto federal es mediante el aumento del ingreso gubernamental. Pero existe un desacuerdo y dos puntos de vista opuestos acerca de cómo puede lograrse este objetivo. Un punto de vista, apoyado por el expresidente Ronald Reagan, sostiene que la reforma fiscal y tasas impositivas más bajas harán aumentar el ingreso al estimular la actividad económica. Los ingresos sobre los cuales se pagan impuestos aumentarán lo suficiente como para asegurar que tasas impositivas más bajas produzcan una recaudación mayor. El otro punto de vista es que el ingreso sólo puede aumentarse mediante el aumento de las tasas impositivas y con la creación de impuestos nuevos.

## La Junta de la Reserva Federal

El Sistema de la Reserva Federal es el banco central de Estados Unidos. Las principales características del sistema se describen en el capítulo 28. Las me-

didas de política monetaria las formula y supervisa el Comité Federal de Mercado Abierto (Federal Open Market Committee, FOMC) (vea pág. 828). Cada mes, el FOMC se reúne para formular directrices detalladas en torno al manejo de la política monetaria en el mes venidero. Las actas del FOMC son confidenciales hasta que haya transcurrido suficiente tiempo como para que las decisiones tomadas hayan tenido repercusión en los hechos. Este secreto se considera como un medio importante de impedir que alguien se beneficie con el conocimiento de las medidas futuras de la Fed.

La Fed influye sobre la economía al operar en mercados en los cuales es uno de los participantes principales. Los dos grupos más importantes de dichos mercados son el de deuda gubernamental y el de divisas. Las decisiones de la Fed de compraventa en esos mercados influyen sobre las tasas de interés, el valor del dólar frente a las monedas extranjeras y la cantidad de dinero en la economía. Estas variables sobre las que la Fed tiene una influencia directa, a su vez afectan las condiciones en que millones de empresas y familias realizan sus propias actividades económicas.

Debido a que, el FOMC se reúne con frecuencia, y a que la Fed opera diariamente en los mercados financieros, la política monetaria se aplica para intentar ajustar con precisión la economía.

## La administración

El desempeño de la administración al formular y ejecutar la política de estabilización macroeconómica consiste en el asesoramiento y la persuasión. Incluso el presidente de Estados Unidos tiene poderes sumamente limitados en lo que se refiere a la estabilización de la economía.

**Persuasión de la Fed** El presidente puede tratar de influir sobre el presidente y los miembros de la Junta de Gobernadores del Sistema de la Reserva Federal, persuadiéndolos a que tomen las políticas de estabilización que la administración considera apropiadas. Y el presidente dispone de incentivos y castigos importantes para acrecentar su influencia. Por ejemplo, nombra al presidente (para un periodo de cuatro años) y a los miembros de la Junta de la Reserva Federal (para periodos de catorce años). Pero una vez que han sido nombrados, el presidente no puede destituirlos antes de que termine su periodo. Esto significa que el presidente tiene a menudo que convivir con una Junta de la Reserva Federal que, en gran medida, ha sido nombrada por sus predecesores.

### Influencia sobre el Congreso

El presidente puede también tratar de influir sobre el Congreso y los resultados de sus debates. Una causa de dicha influencia es el poder de veto del presidente. Pero en el caso de las leyes de gasto o egresos, el presidente tiene únicamente el poder de aceptarlas o rechazarlas en su totalidad; no tiene un veto por renglones, como lo tienen muchos gobernadores de los estados. Es decir, el presidente no puede decidir el veto a ciertos renglones de un presupuesto propuesto por el Congreso: lo aprueba por completo o lo rechaza igualmente por completo. En términos prácticos, esto significa que el presidente no tiene un veto sobre leyes financieras. Para vetar un proyecto de 500 millones de dólares, tendría que vetar por ejemplo todo el presupuesto de la defensa.

### El informe económico del Presidente

Cada año el presidente prepara un informe económico en el que reseña la situación de la economía y presenta sus objetivos y ambiciones para el futuro. El informe va acompañado de un informe anual del Consejo de Asesores Económicos del Presidente. Creado por la Ley de Empleo de 1946, el consejo consiste en un pequeño grupo de economistas que trabaja en estrecho contacto con el presidente, manteniéndolo informado y asesorándolo acerca de los acontecimientos económicos y del desarrollo de políticas en la Fed y en el Congreso. El Consejo de Asesores Económicos, conjuntamente con el presidente, adopta una posición acerca de la combinación apropiada de medidas de política monetaria y fiscal. También expresa sus opiniones acerca de las medidas de las dos ramas que formulan políticas, y otorga una atención especial a la congruencia de las políticas.

A la cabeza del Consejo de Asesores Económicos se encuentra su presidente. Casi siempre, éste es un economista sumamente distinguido, a menudo del mundo académico. El actual presidente es Michael Boskin, con licencia de su trabajo permanente de profesor de Economía en Stanford University. Generalmente, el Consejo de Asesores Económicos y su presidente actúan discretamente tras bambalinas. Sin embargo, ocasionalmente el presidente se ve envuelto en el debate público. El caso más notable se dio en 1984 cuando el presidente del Consejo de Asesores Económicos de Ronald Reagan, Martin

Feldstein, un profesor de Harvard, manifestó su preocupación por la actitud de la administración en relación con el gran, y al parecer permanente, déficit fiscal. Pero semejantes desacuerdos públicos son raros, y la mayor parte del tiempo el Consejo de Asesores Económicos trabaja en estrecha armonía con el presidente.

Hemos descrito a los participantes clave en el juego de la formulación de políticas. Dediquemos ahora nuestra atención a las políticas que han seguido.

## Comportamiento de las políticas fiscal y monetaria

La política de estabilización macroeconómica recibe una fuerte influencia de las restricciones que tienen en el Congreso la Fed y el presidente. Y la restricción más importante es la que se origina a partir de los efectos del comportamiento económico sobre los votantes en las elecciones para el Congreso y para presidente. Con objeto de asegurar el suficiente apoyo de los votantes para ser reelegidos, la política macroeconómica debe lograr un comportamiento macroeconómico aceptable para el electorado. ¿Qué es un comportamiento macroeconómico aceptable?

### Comportamiento macroeconómico y reacción de los votantes

Los efectos del comportamiento económico los ha estudiado más a fondo Ray Fair, de Yale University. Al estudiar los resultados de las elecciones presidenciales entre 1916 y 1984, Fair descubrió la siguiente fórmula:

◆ Por cada punto porcentual de *aumento* de la tasa de crecimiento del PIB real, el partido político en el poder obtiene 1 punto porcentual de *aumento* de la participación del voto.

◆ Por cada 3 puntos porcentuales de *aumento* de la tasa de inflación, el partido político en el poder obtiene 1 punto porcentual de *disminución* de la participación del voto.

Podemos aplicar el descubrimiento de Fair para calcular el cambio previsto de popularidad (el cambio de porcentaje de votos que espera recibir en la siguiente elección quien está en el poder) de la manera siguiente:

Porcentaje de votos = Crecimiento del PIB real
$- \frac{1}{3} \times$ tasa de inflación
$+$ otras influencias.

Los políticos aplican políticas que creen los ayudarán a reelegirse. Es decir, aplican políticas diseñadas para aumentar el porcentaje de votos que reciben. Entre tales medidas, tenemos las políticas de estabilización macroeconómica, que aumentan el crecimiento del PIB real y hacen bajar la inflación. Pero un aumento de 1 punto porcentual del crecimiento del PIB real acarrea tantos votos adicionales como una disminución de 3 puntos porcentuales de la tasa de inflación. Por tanto, los políticos tienden a apoyar más las políticas que aumentan el crecimiento del PIB real que las que hacen bajar la inflación.

**Popularidad y comportamiento económico desde 1960** El desempeño macroeconómico de Estados Unidos, medido por sus efectos previsibles sobre la popularidad del partido en el poder (pero haciendo caso omiso de otras influencias), se muestra en la figura 33.2. La figura proporciona también información acerca de la oportunidad de las elecciones presidenciales y de los resultados de dichas elecciones cuyos ganadores están en letras negritas.

Usted puede ver que, entre 1961 y 1966, el comportamiento económico contribuyó a la popularidad política, pero así mismo empeoró durante 1971. Después vino, durante la década de 1970 y principios de la de 1980, una serie de grandes vaivenes entre el comportamiento económico y la popularidad política.

Pero observe con cuidado el momento en que se presentaron los vaivenes. En todos los años de elecciones, a excepción de uno, la economía estaba mejorando y aumentando la popularidad del gobierno en el año de la elección. Sólo en un año, 1980, el presidente (Jimmy Carter) participó en una elección con un comportamiento económico negativo. Y, en forma previsible, perdió. Otros gobiernos que perdieron fueron Johnson/Humphrey en 1968 (Johnson se retiró de la contienda y Humphrey fue el candidato presidencial), y Ford, en 1976 y Bush en 1992. En ambos casos, el comportamiento económico estaba mejorando en el año de la elección, pero en ninguno de los casos el comportamiento económico fue lo suficientemente poderoso como para que el partido en el poder se reeligiera.

---

FIGURA **33.2**

Resultado de las elecciones y el comportamiento económico

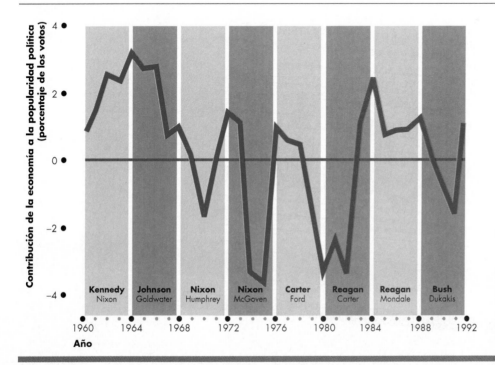

Las elecciones presidenciales se ganan o se pierden dependiendo de la situación de la economía en ese momento. Un crecimiento más rápido del PIB real y una inflación más baja, incrementan la popularidad del partido en el poder. Generalmente, el crecimiento del PIB real disminuye después de una elección y se acelera justo antes de otra, lo que permite ganar las elecciones a quien está en el poder. Dos excepciones: 1976, cuando la aceleración del crecimiento fue tardía, y 1980, cuando el crecimiento del PIB real disminuyó en el año de la elección.

*Fuente: The Economic Report of the President,* 1993 y mis cálculos basados en el trabajo de Ray Fair citado en el texto. La variable de "popularidad prevista" es la tasa de crecimiento del PIB real menos un tercio de la tasa de inflación.

# La política fiscal en la práctica

TIME, 4 DE NOVIEMBRE DE 1991

## ¿Es un obsequio o un truco?

POR JOHN GREENWALD, CON MICHAEL DUFFY Y HAYS GOREY

L o que los políticos de Washington estaban cantando la semana pasada parecía el coro de una nostálgica canción de los Beach Boys. ¿No sería agradable, cantaban todos, si pudiéramos reducir los impuestos? ¿No alegraría eso a los votantes en 1992 y, también, ayudaría a la economía?...

Los legisladores armaron apresuradamente programas que atrajeran a todo el mundo desde los superricos hasta los trabajadores pobres. El demócrata tejano Lloyd Bentsen, quien preside el Comité de Finanzas del Senado de Estados Unidos, fue quien provocó más discusiones al proponer un recorte de 72.5 mil millones de dólares, dirigido abiertamente a la clase media...

Bentsen financiaría los recortes mediante la reducción del gasto en defensa...

Los políticos se lanzaron con cerca de una docena de planes rivales, incluyendo una moción del senador demócrata Patrick Moynihan de Nueva York para revivir su antigua propuesta de reducir los impuestos de la seguridad social. Para no ser superados por los demócratas, el senador republicano de Tejas Phil Gramm y el líder de la minoría en la Cámara, Newt Gingrich de Georgia, presentaron una legislación de amplio alcance que reiteraba el apreciado exhorto del gobierno de Bush a reducir impuestos sobre las ganancias de capital...

En octubre de 1991 los políticos estaban ansiosos de acelerar la recuperación económica y acrecentar su popularidad. Propusieron reducciones de impuestos dirigidas a los ricos, la clase media y los pobres.

El senador Lloyd Bentsen (demócrata tejano que preside el Comité de Finanzas del senado de Estados Unidos) propuso una reducción de impuestos de 72.5 mil millones de dólares para la clase media, que se cubriría con un gasto de defensa más bajo.

El senador Patrick Moynihan (demócrata de Nueva York) propuso reducir los impuestos de la seguridad social, propuesta que ha hecho en repetidas ocasiones.

El senador Phil Gramm (republicano de Tejas) y el diputado Newt Gingrich (republicano de Georgia y líder de la minoría en la Cámara) propusieron reducciones de impuestos sobre las ganancias de capital, propuestas que el presidente Bush apoya.

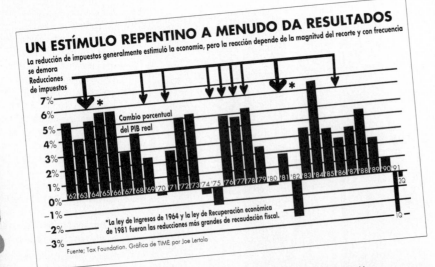

UN ESTÍMULO REPENTINO A MENUDO DA RESULTADOS

La reducción de impuestos generalmente estimuló la economía, pero la reacción depende de la magnitud del recorte y con frecuencia se demora

Reducciones de impuestos

Cambio porcentual del PIB real

*La ley de Ingresos de 1964 y la ley de Recuperación económica de 1981 fueron las reducciones más grandes de recaudación fiscal.

Fuente; Tax Foundation. Gráfica de TIME por Joe Lertola

# Antecedentes y análisis

En octubre de 1991 el Departamento de Comercio informó que los pedidos de acero, maquinaria, aviones y otros bienes duraderos habían descendido el 4.1 por ciento en agosto y el 3.2 por ciento en septiembre: la economía parecía estar estancada.

En semejante situación, la política fiscal de retroalimentación puede adoptar dos formas: automática o activa.

La estabilización automática ocurre debido a:

◆ La recaudación fiscal disminuye al bajar los ingresos de salarios y beneficios.
◆ Los pagos de transferencia aumentan conforme más personas reciben beneficios de desempleo y por otros conceptos.

La estabilización activa ocurre si el Congreso aprueba leyes que reducen los impuestos o aumentan los programas de gasto.

En la recesión de 1991 los estabilizadores automáticos añadieron casi 40 mil millones de dólares al déficit de los gobiernos federal, estatales y locales, lo que se muestra en la figura 1. Pero durante 1991 los estabilizadores automáticos empezaron a dejar de tener efecto antes de que la economía se recuperara. La razón es que los impuestos a las corporaciones empezaron a elevarse a mediados de 1991, lo que se muestra en la figura 2.

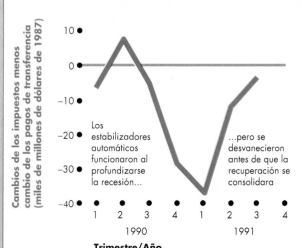

**Figura 1**

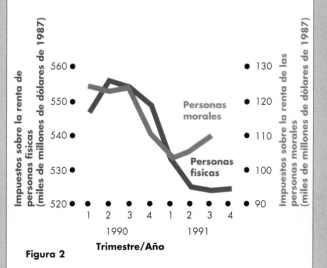

**Figura 2**

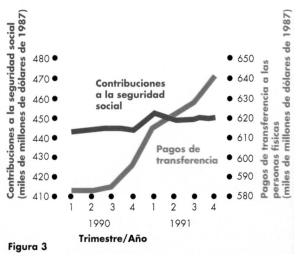

**Figura 3**

La figura 3 muestra un aumento de las contribuciones a la seguridad social a principios de 1991. (Esto no formaba parte de la política de estabilización, pero tuvo un efecto sobre la economía.) La figura muestra también que los pagos de transferencia continuaron aumentando durante 1991, una señal de que el desempleo continuaba elevado.

Con la economía todavía débil, y desaparecido el efecto de los estabilizadores automáticos, se justificaba un estímulo activo adicional a principios de 1992. Pero algunas de las propuestas mencionadas en el artículo tendrían el efecto de reducir los impuestos y recortarían el gasto en la misma cantidad. Ese *cambio de presupuesto equilibrado* no sería expansivo (vea el Cap. 26, págs. 769-770). Un gasto de defensa más bajo haría disminuir la demanda agregada mayormente que el aumento de la demanda agregada ocasionada por una reducción de impuestos de la misma magnitud.

Los efectos de los recortes activos de impuestos entre 1960 y 1991 son ambiguos, como lo pone de manifiesto la gráfica del artículo. Los recortes de impuestos de Kennedy a principios de la década de 1960 y los de Reagan en 1986 fueron seguidos de un fuerte crecimiento económico, pero los resultados de otros recortes de impuestos son ambiguos.

La figura 33.2 muestra de manera convincente que el comportamiento económico ha estado vinculado a las elecciones presidenciales, en tal forma que el ciclo se ha llamado ciclo económico político. Un **ciclo económico político** es un ciclo económico que se origina en las fluctuaciones de la demanda agregada ocasionadas por las políticas encaminadas a mejorar las posibilidades de reelección de un gobierno. ¿Es el ciclo económico de Estados Unidos hasta cierto punto un ciclo económico político? Y si lo es, ¿qué política lo ha originado: la fiscal o la monetaria? Para contestar estas preguntas, veamos las políticas fiscal y monetaria desde el año 1960.

**La política fiscal desde 1960**   La figura 33.3 es un resumen amplio de la política fiscal desde 1960. Usted puede ver en ella los niveles de gasto gubernamental, impuestos y déficit (cada uno como un porcentaje del PIB). También puede ver los años de elecciones y los nombres de los presidentes en el poder.

La política fiscal fue ligeramente expansiva durante los años de Kennedy y fuertemente expansiva en los años de Jonhson, cuando ocurrió la acumulación progresiva de la guerra de Vietnam. En la presidencia de Nixon el crecimiento del gasto fue moderado, pero, con la presión del primer choque petrolero causado por las alzas de la OPEP, el gasto se disparó durante la presidencia siguiente, la de Ford. Los años de Carter fueron un periodo de recortes en el gasto, y el primer periodo de Reagan de crecimiento del gasto. El gobierno de Bush batalló mucho para mantener bajo control el gasto y, al principio, estaba comprometido en no "crear nuevos impuestos" si bien a mitad del periodo apoyó un aumento de impuestos. Al agudizarse la recesión de 1991 y acercarse la elección de 1992 se pusieron de moda los recortes de impuestos, especialmente en el Congreso (véase la Lectura entre líneas, págs. 1014-1015).

El déficit nos relata una historia interesante. Durante los periodos de Johnson, Nixon y Ford y el primer periodo de Reagan el déficit disminuyó en el año inmediatamente posterior a la elección y aumentó al acercarse la siguiente elección. Este patrón es congruente con la teoría del ciclo económico político. Jimmy Carter rompió el patrón: heredó un enorme déficit, lo controló y no permitió que aumentara durante su último año de gobierno. Quizás como resultado de esto, la economía no logró crecer durante 1980, lo que constituyó la razón princi-

pal por la que Carter perdió la elección ese año. El patrón fue roto igualmente por George Bush, quien vio crecer el déficit durante los tres últimos años de su gobierno. Actualmente, Bill Clinton también ha prometido romper el modelo, atacando el déficit con un paquete de reducción de 500 mil millones de dólares.

Entonces, la política fiscal ha seguido un ciclo que ha contribuido al ciclo económico político, pero no sólo ella; también ha contribuido la política monetaria.

**La política monetaria desde 1960**   Una medida clara de la influencia de la política monetaria es la tasa de crecimiento de la oferta monetaria. La figura 33.4 muestra esa medida, la tasa de crecimiento de M2. También identifica los años de elecciones, los presidentes y el presidente de la Fed. Advierta la notable tendencia de la tasa de crecimiento de la oferta monetaria a disminuir inmediatamente después de una elección y a aumentar al aproximarse la siguiente elección. Observe también que la única excepción a este patrón se dio durante el periodo de Jimmy Carter. Generalmente, la política monetaria ha sido expansiva un año completo antes de la elección, lo que le permite actuar en el año de elecciones.

El comportamiento de la política monetaria que se muestra en la figura sugiere que el gobierno puede muy bien ejercer suficiente presión sobre la Fed para asegurar que su independencia no entorpezca con demasiada frecuencia el triunfo electoral.

## Políticas alternativas de estabilización

Hemos visto que las políticas de estabilización efectivamente seguidas no han producido la estabilidad macroeconómica buscada. ¿Cómo podría estabilizarse la economía? Se han seguido muchas políticas fiscales y monetarias diferentes, pero todas caen en dos categorías generales:

◆ Reglas fijas
◆ Reglas de retroalimentación

**Reglas fijas**   Una **regla fija** especifica una acción que debe seguirse independientemente de la situación de la economía. Existen muchos ejemplos de reglas fijas en la vida cotidiana. Quizá la más conocida es la regla que permite que el tránsito fluya al obligarnos a circular por la derecha. La regla fija de

FIGURA **33.3**

## Trayectoria de la política fiscal: un resumen

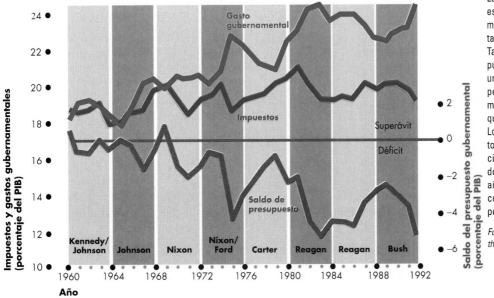

La política fiscal se resume en esta gráfica con el comportamiento del gasto gubernamental, los impuestos y el déficit. Tanto el gasto como los impuestos han experimentado una tendencia ascendente, pero el gasto ha aumentado más que los impuestos, lo que hace surgir un déficit. Los ciclos de gasto e impuestos han dado como resultado ciclos del déficit que a menudo han sido expansivos en el año anterior a la elección y contraccionistas en el año posterior a la elección.

*Fuente: The Economic Report of the President, 1993, y mis cálculos.*

estabilización mejor conocida ha sido defendida durante mucho tiempo por Milton Friedman. Él propone fijar el crecimiento de la cantidad de dinero a una tasa anual constante, independientemente de la situación de la economía. La inflación persiste debido a que los continuos aumentos de la oferta monetaria hacen aumentar la demanda agregada. Así pues, propone que se permita crecer la oferta monetaria a una tasa que mantenga la tasa de inflación *promedio* en cero.

**Reglas de retroalimentación**   Una **regla de retroalimentación** especifica cómo responden las políticas a los cambios de la situación de la economía. Un ejemplo cotidiano de una regla de retroalimentación es la que rige sus acciones al elegir qué ropa se pone y si lleva paraguas. Usted basa sus decisiones en el mejor pronóstico disponible de la temperatura y estado climático del día. (Con una regla fija, usted lleva siempre o nunca un paraguas.) Una regla de retroalimentación en política de estabilización transforma los instrumentos de política, como la oferta monetaria, las tasas de interés o incluso los impuestos, en respuestas a la situación de la econo-

mía. Por ejemplo, la Fed sigue una regla de retroalimentación en el caso de que un aumento del desempleo requiera una operación de mercado abierto orientada a elevar la tasa de crecimiento de la oferta monetaria y de la reducción de las tasas de interés. La Fed sigue también una regla de retroalimentación en el caso de que un alza de la tasa de inflación desencadene una operación de mercado abierto dirigida a bajar la tasa de crecimiento de la oferta monetaria y a elevar las tasas de interés.

## R E P A S O

**L** a política fiscal dirigida por el Congreso y el gobierno y la política monetaria dirigida por la Fed, han sido generalmente cíclicas. La política ha sido en la mayoría de los casos restrictiva después de una elección y expansiva al aproximarse otra. Las políticas alternativas basadas ya sea en

**FIGURA 33.4**

## Trayectoria de la política monetaria: un resumen

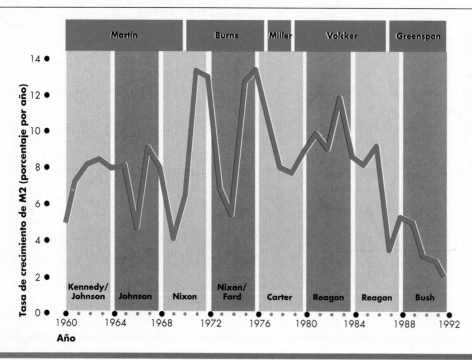

La trayectoria de la política monetaria se resume aquí mediante la tasa de crecimiento de M2. Las fluctuaciones del crecimiento de M2 han coincidido con las elecciones; la tasa de crecimiento se eleva generalmente en el año anterior a la elección. Una excepción importante es 1979-1980, cuando la política monetaria no se volvió expansiva y el presidente perdió la elección.

*Fuente: The Economic Report of the President, 1993.*

reglas fijas o en reglas de retroalimentación, pueden aplicarse para estabilizar la economía. ◆

Estudiaremos los efectos de una regla fija y los de una regla de retroalimentación para la conducción de la política estabilizadora mediante el examen del comportamiento del crecimiento del PIB real y la inflación con las dos reglas alternativas. Empezaremos con el estudio de los choques de demanda.

### Política de estabilización y choques de demanda agregada

**E** studiaremos una economía que parte de una situación de pleno empleo y sin inflación, que aparece en la figura 33.5. La economía está en la curva de demanda agregada $DA_0$ y en la curva de oferta agregada a corto plazo $SAC$. Estas curvas se intersecan en un punto de la curva de oferta agregada a largo plazo $SAL$. El índice de deflación del PIB es de 100 y el

PIB real es de 5 billones de dólares. Ahora suponga que hay una baja inesperada y temporal de la demanda agregada. Veamos qué ocurre.

Quizá la inversión descienda debido a una ola de incertidumbre acerca del futuro, o quizá debido a que las exportaciones bajan gracias a una recesión en el resto del mundo. Independientemente del origen de la baja de la demanda agregada, la curva de demanda agregada se desplaza hacia la izquierda, a $DA_1$. Ya que la baja de la demanda agregada es inesperada, la demanda agregada esperada permanece en $DA_0$, de modo que el índice esperado de deflación del PIB se mantiene en 100. La curva de oferta agregada a corto plazo permanece en $SAC$. La curva de demanda agregada $DA_1$ interseca la curva de oferta agregada a corto plazo $SAC$ en un índice de deflación del PIB de 90 y un PIB real de 4 billones de dólares. La economía está en una situación deprimida, el PIB real se halla debajo de su nivel a largo plazo y el desempleo está por encima de su tasa natural.

Recuerde que suponemos la baja de la demanda agregada de $DA_0$ a $DA_1$ como temporal. Al mejorar la confianza hacia el futuro, se recupera la

FIGURA 33.5

## Una baja en la demanda agregada

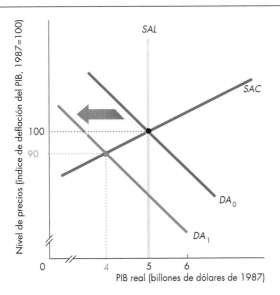

La economía parte de una situación de pleno empleo en la curva de demanda agregada $DA_0$ y la curva de oferta agregada a corto plazo *SAC*; ambas curvas se intersecan en la curva de oferta agregada a largo plazo *SAL*. El PIB real es de 5 billones de dólares y el índice de deflación del PIB es de 100. Una baja en la demanda agregada (debida a la incertidumbre acerca de los beneficios futuros, por ejemplo) desplaza inesperadamente la curva de demanda agregada hacia $DA_1$. El PIB real desciende a 4 billones de dólares y el índice de deflación del PIB baja a 90. La economía está en una recesión.

inversión de las empresas o bien, al proseguir la recuperación económica en el resto del mundo, las exportaciones aumentan gradualmente. Como resultado, la curva de demanda agregada regresa gradualmente a $DA_0$, pero le toma tiempo hacerlo.

Veremos cómo responde la economía durante el periodo en que la demanda agregada se incrementa gradualmente enn dirección de su nivel original. Para hacerlo, debemos considerar dos reglas alternativas de política: una regla fija y una regla de retroalimentación.

### Choque de demanda agregada con una regla fija

Con la regla fija que estudiaremos aquí las compras gubernamentales de bienes y servicios, los impuestos y el déficit permanecen constantes, y la oferta monetaria también. Ni la política fiscal ni la

política monetaria reaccionan ante la economía deprimida.

La respuesta de la economía con esta regla fija de política se muestra en la figura 33.6(a). Cuando la demanda agregada baja a $DA_1$ no se toman medidas de política con objeto de que la economía regrese al pleno empleo. Pero recuerde que suponemos la disminución de la demanda agregada como temporal y que aumenta gradualmente a $DA_0$. Al hacerlo así, el PIB real y el índice de deflación del PIB se comportan igual. El índice de deflación del PIB regresa gradualmente a 100 y el PIB real a su nivel a largo plazo de 5 billones de dólares. Durante este proceso, la economía experimenta un crecimiento más rápido de lo normal, pero a partir de una situación de capacidad excesiva. El desempleo se mantiene alto hasta que la curva de demanda agregada ha regresado a $DA_0$.

Hagamos contrastar este ajuste con lo que ocurre con la regla de política de retroalimentación.

### Choque de demanda agregada con una regla de retroalimentación

Con la regla de retroalimentación que estudiaremos aquí las compras gubernamentales de bienes y servicios aumentan, los impuestos disminuyen, el déficit aumenta y la oferta monetaria aumenta cuando el PIB real cae debajo de su nivel a largo plazo. En otras palabras, tanto la política fiscal como la monetaria se vuelven expansivas cuando el PIB real cae debajo del nivel del PIB real a largo plazo. Cuando el PIB real rebasa su nivel a largo plazo, ambas políticas operan en sentido inverso y se vuelven contraccionistas.

La respuesta de la economía con esta regla de retroalimentación se muestra en la figura 33.6(b). Cuando la demanda agregada desciende a $DA_1$, las políticas fiscal y monetaria expansivas aumentan la demanda agregada, desplazando la curva de demanda agregada a $DA_0$. Al actuar las otras fuerzas que aumentan la demanda agregada, las políticas fiscal y monetaria se vuelven contraccionistas, manteniendo estable la curva de demanda agregada en $DA_0$, El PIB real regresa a su nivel de pleno empleo y el índice de deflación del PIB regresa a 100.

### Comparación de las dos reglas

Con la política de regla fija, la economía entra en recesión y permanece así hasta que la demanda

FIGURA **33.6**

## Dos políticas de estabilización: choques de demanda agregada

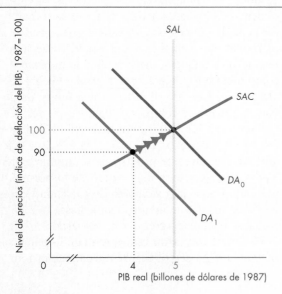

**(a) Regla fija**

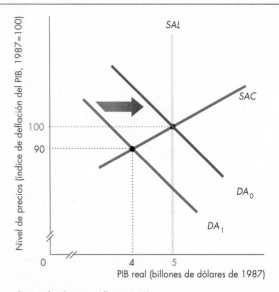

**(b) Regla de retroalimentación**

La economía está en una situación deprimida con un índice de deflación del PIB de 90 y un PIB real de 4 billones de dólares. La curva de oferta agregada a corto plazo es *SAC*. Una política de estabilización con regla fija (parte a) deja la demanda agregada al principio en $DA_1$, de modo que el índice de deflación del PIB permanece en 90 y el PIB real en 4 billones de dólares. Al aumentar gradualmente los otros factores que influyen sobre la demanda agregada, la curva de demanda agregada se desplaza de regreso a $DA_0$. Al hacerlo, el PIB real regresa a 5 billones de dólares y el índice de deflación del PIB

aumenta a 100. La parte (b) muestra una política de estabilización con una regla de retroalimentación. Las políticas fiscal y monetaria expansivas aumentan la demanda agregada, desplazando la curva de demanda agregada de $DA_1$ a $DA_0$. El PIB real regresa a 5 billones de dólares y el índice de deflación del PIB regresa a 100. Las políticas fiscal y monetaria se vuelven contraccionistas al aumentar el nivel de otros factores que influyen sobre la demanda agregada. Como resultado, la curva de demanda agregada se mantiene estable en $DA_0$ y el PIB real permanece en 5 billones de dólares.

agregada vuelve a aumentar con su propio impulso. La recesión finaliza sólo gradualmente, y la curva de demanda agregada regresa a su posición original.

Con una política de regla de retroalimentación, la economía sale de la recesión debido a la aplicación de políticas. Una vez que está de nuevo en su nivel a largo plazo, el PIB real se mantiene allí mediante una disminución gradual, inducida por las políticas de la demanda agregada, lo que compensa exactamente el aumento de la demanda agregada derivado de las decisiones en el gasto privado.

El nivel de precios y el PIB real suben y bajan exactamente en la misma magnitud con las dos políticas, pero el PIB real permanece debajo de su nivel a largo plazo durante más tiempo con la regla fija que con la regla de retroalimentación.

### ¿Son mejores las reglas de retroalimentación?

¿No es obvio entonces que una regla de retroalimentación es mejor que una regla fija? ¿No pueden el gobierno y la Fed utilizar las reglas de retroalimentación para mantener la economía cerca del pleno empleo y con un nivel de precios estable? Por supuesto que acontecimientos imprevistos, como un desplome de la confianza empresarial, afectarán ocasionalmente la economía. Pero ¿no podrán el gobierno y la Fed minimizar el daño de un choque así, al responder con un cambio en las tasas impositivas, en el gasto y en la oferta monetaria? Así parece, según nuestro análisis.

A pesar de la aparente superioridad de la regla de retroalimentación, muchos economistas siguen convencidos de que la regla fija estabiliza con mayor eficiencia que la regla de retroalimentación la demanda agregada. Dichos economistas aseguran que las reglas fijas son mejores que las reglas de retroalimentación debido a que:

- No se conoce el PIB real de pleno empleo.
- Los rezagos de las políticas son más prolongados que el horizonte de pronóstico.
- Las políticas de regla de retroalimentación son menos previsibles que las políticas de regla fija.

Veamos estas afirmaciones.

## Conocimiento del PIB real de pleno empleo

Para decidir si una política de retroalimentación necesita estimular la demanda agregada o desalentarla es necesario determinar si el PIB real está por encima o por debajo de su nivel de pleno empleo. Pero el PIB real de pleno empleo no se conoce con certeza. Depende de un gran número de factores, uno de los cuales es el nivel de empleo cuando el desempleo está en su tasa natural. Pero hay incertidumbre y desacuerdo acerca del funcionamiento del mercado de trabajo, de modo que sólo podemos estimar la tasa natural de desempleo. En consecuencia, hay incertidumbre acerca de la *dirección* del empuje de la política de regla de retroalimentación sobre el nivel de la demanda agregada.

## Rezagos de las políticas y el horizonte de pronóstico

Los efectos de las políticas aplicadas que se realizan hoy se distribuyen durante los dos años siguientes. Pero nadie puede hacer pronósticos que abarquen este lapso. El horizonte de pronóstico de los que formulan las políticas es generalmente menor de un año. Más aún, no es posible predecir el momento preciso y la magnitud de los efectos de las políticas mismas. Así que las políticas de regla de retroalimentación que reaccionan a la economía de hoy pueden ser inadecuadas para la situación de la economía en una fecha futura incierta cuando se dejan sentir los efectos de las políticas aplicadas.

Por ejemplo, suponga que la economía está actualmente en recesión. La Fed reacciona con un alza de la tasa de crecimiento de la oferta monetaria. Cuando la Fed oprime el acelerador monetario, la primera reacción es una baja en las tasas de interés. Algún tiempo después, las tasas de interés más bajas producen un incremento de la inversión

y de las compras de bienes de consumo duraderos. Algo más tarde, dicho incremento del gasto eleva el ingreso, lo que a su vez induce un mayor gasto de consumo. Más tarde aún, el mayor gasto incrementa la demanda de trabajo y, finalmente, se elevan los salarios y los precios. Varían los sectores en los que tienen lugar los aumentos del gasto y, también, varía el efecto sobre el empleo. Puede tomar desde nueve meses hasta dos años para que la respuesta inicial de la Fed ocasione un cambio del PIB real, del empleo y de la tasa de inflación.

Para cuando las políticas de la Fed tengan su efecto máximo, la economía ha pasado ya a una nueva situación. Quizá una desaceleración económica mundial ha agregado un efecto negativo nuevo sobre la demanda agregada, contrarrestando así las políticas expansivas de la Fed. O quizá un incremento de la confianza empresarial ha elevado todavía más la demanda agregada, sumándose a las propias políticas expansivas de la Fed. Cualquiera que sea la situación, la Fed puede disponer las medidas apropiadas sólo si le es posible pronosticar los choques futuros a la demanda agregada.

Entonces, para atenuar las fluctuaciones de la demanda agregada, la Fed necesita aplicar políticas basadas en un pronóstico de lo que ocurrirá en un periodo que se extiende a lo largo de los siguientes dos años. No tiene caso disponer medidas dentro de los límites de un año con el propósito de influir sobre la situación que entonces prevalezca. Sería demasiado tarde.

Si la Fed acierta en sus pronósticos económicos y basa sus políticas en ellos, entonces puede inducir el tipo de comportamiento nivelador de la demanda agregada que hemos supuesto en el modelo de la economía estudiado antes en este capítulo. Pero si la Fed aplica políticas basadas en la economía actual en lugar de hacerlo basada en un pronóstico que abarque el horizonte de un año de la situación económica, entonces dichas políticas a menudo serán inadecuadas.

Cuando el desempleo es alto y la Fed oprime el acelerador, de ese modo acelera la economía dirigiéndola al pleno empleo. Pero la Fed no puede ver lo suficientemente lejos como para saber cuándo debe aflojar el acelerador y oprimir suavemente el freno, manteniendo la economía en su punto de pleno empleo. Generalmente, mantiene su pie en el acelerador demasiado tiempo, y después de retirarlo, la economía rebasa el punto de pleno empleo y comienza a experimentar escaseces y presiones inflacionarias. Finalmente, cuando la inflación aumenta y el desempleo cae por debajo de su tasa natural, la Fed pisa el freno, empujando la economía de regreso al pleno empleo.

La propia respuesta de la Fed ante la situación actual de la economía se ha convertido en una de las principales causas de las fluctuaciones de la demanda agregada, y en el principal factor que la gente tiene que pronosticar para poder hacer sus propias elecciones económicas.

Los problemas de la retroalimentación de la política fiscal son similares a los de la política monetaria, pero son todavía más graves debido a los rezagos existentes para implantar la política fiscal. La Fed puede actuar relativamente rápido; pero antes de que pueda aplicarse una política fiscal debe completarse todo el proceso legislativo. Así, incluso antes de que se aplique tal política, la economía puede haber pasado a una nueva situación que requiera una retroalimentación distinta de la que es propia al proceso legislativo.

## Hasta qué grado son previsibles las políticas

Para tomar decisiones en torno a los contratos de empleo a largo plazo (contratos salariales) y para prestar y pedir prestado, la gente tiene que anticipar el curso futuro de los precios: la tasa de inflación futura. Para pronosticar la tasa de inflación, es necesario pronosticar la demanda agregada. Y para pronosticar la demanda agregada, es necesario pronosticar las políticas del gobierno y la Fed.

Si el gobierno y la Fed se ciñen a reglas fijas, sólidas como la roca, en cuanto a tasas impositivas, programas de gasto y crecimiento de la oferta monetaria, entonces las políticas propiamente aplicadas no pueden contribuir a fluctuaciones inesperadas de la demanda agregada.

En cambio, cuando se sigue una regla de retroalimentación hay un mayor margen para aplicar políticas imprevisibles. La principal razón es que las reglas de retroalimentación no están escritas ni a la vista de todos. Más bien, tienen que inferirse de la conducta del gobierno y de la Fed.

Entonces, con una política de regla de retroalimentación es necesario predecir las variables a las que el gobierno y las Fed reaccionan, y la magnitud de sus reacciones. En consecuencia, una regla de retroalimentación para las políticas fiscal y monetaria

puede crear más fluctuaciones imprevisibles de la demanda agregada que una regla fija.

Los economistas están en desacuerdo acerca de si estas fluctuaciones más grandes compensan la influencia estabilizadora potencial de los cambios previsibles que efectúa la Fed. No se han hecho mediciones aceptables para resolver esta discusión. Sin embargo, lo imprevisible de la Fed cuando sigue una política de regla de retroalimentación consiste en un hecho importante de la vida económica; y la Fed no siempre se esfuerza en el sentido de que sus reacciones sean claras. Incluso en los testimonios del Congreso los presidentes de la Junta de la Reserva Federal se muestran renuentes a que resulten comprensibles las políticas e intenciones de la Fed. (Se ha dicho que dos expresidentes de la Junta de la Reserva Federal, el fumador de pipa Arthur Burns y el fumador de puros Paul Volcker, cargaban sus propias cortinas de humo para ilustrar lo misteriosa e imprevisible que puede ser la Fed.)

No resulta sorprendente que la Fed trate de ocultar algunas de sus acciones detrás de una cortina de humo. En primer lugar, la Fed quiere conservar tanta libertad de acción como le sea posible y, por tanto, omite enunciar con la suficiente precisión las reglas de retroalimentación que seguirá en determinadas circunstancias. En segundo lugar, la Fed forma parte del proceso político, y aunque legalmente es independiente del gobierno federal, no es inmune a su sutil influencia. Al menos por estas dos razones, la Fed no especifica en forma tan precisa las reglas de retroalimentación como la que analizamos en este capítulo y, por tanto, la Fed no puede lograr un comportamiento económico con la misma estabilidad que observamos en nuestro modelo económico.

A medida que las políticas de la Fed son imprevisibles, conducen a fluctuaciones igualmente imprevisibles de la demanda agregada. Éstas, a su vez, producen fluctuaciones del PIB real, del empleo y del desempleo.

Si es difícil que la Fed siga una política de estabilización de retroalimentación previsible, para el Congreso es probablemente imposible. La política de estabilización del Congreso se formula en términos de programas de gasto y de leyes fiscales. Ya que estos programas y estas leyes son resultado de un proceso político cuya única restricción es constitucional, no puede haber un medio efectivo para el ajuste de una política fiscal de retroalimentación previsible.

## REPASO

L as políticas de regla fija mantienen estable el conjunto de políticas fiscal y monetaria, independientemente del estado de la economía. Las políticas de regla de retroalimentación reducen los impuestos, aumentan el gasto y aceleran el crecimiento de la oferta monetaria cuando la economía está en recesión, e invierten estas medidas cuando la economía está sobrecalentada. Las reglas de retroalimentación funcionan aparentemente mejor, pero no estamos seguros de que así sea. Su óptima aplicación exige un buen conocimiento del estado actual de la economía, una capacidad de pronóstico de tanta longitud como los efectos de las políticas lo exigen y claridad y franqueza acerca de las reglas de retroalimentación aplicadas. ◆

Hemos examinado tres razones por las cuales las reglas de retroalimentación quizá no sean más efectivas que las reglas fijas a fin de controlar la demanda agregada. La evolución de las opiniones acerca del estímulo de la demanda agregada se presenta en Orígenes de nuestro conocimiento, en las páginas 1024-1025. Pero existe una cuarta razón por la que algunos economistas prefieren las reglas fijas: no todos los choques de la economía son del lado de la demanda. Los defensores de las reglas de retroalimentación piensan que la mayoría de las fluctuaciones provienen de la demanda agregada. Los defensores de las reglas fijas creen que dominan las fluctuaciones de la oferta agregada. Veamos ahora en qué forma afectan la economía las fluctuaciones de la oferta agregada con una regla fija y con una regla de retroalimentación. Veremos también por qué los economistas que suponen a las fluctuaciones de la oferta agregada como las dominantes están igualmente a favor de la regla fija y no de la regla de retroalimentación.

## Política de estabilización y choques de oferta agregada

H ay dos razones por las cuales las fluctuaciones de la oferta agregada pueden crearle problemas a la regla de retroalimentación estabilizadora:

◆ Inflación de empuje de costos
◆ Disminución del crecimiento de la productividad

En una de estas dos situaciones la economía experimenta estanflación. Examinaremos los efectos de las políticas alternativas para abordar este problema.

### Inflación de empuje de costos

La *inflación de empuje de costos* es la inflación que tiene sus orígenes en los aumentos de costos. Las dos fuentes potenciales más importantes de inflación de empuje de costos son los aumentos de salarios y los aumentos de los precios de las materias primas (como los incrementos de los precios del petróleo ocurridos en la década de 1970 y principios de la siguiente). Para que ocurra, una inflación de empuje de costos debe tener cabida por un aumento de la oferta monetaria, que a su vez hace aumentar la demanda agregada. Una regla de retroalimentación de política monetaria hace posible una inflación de empuje de costos. Una regla fija la vuelve imposible. Veamos por qué es así.

Considere la economía que aparece en la figura 33.7. La demanda agregada es $DA_0$, la curva de oferta agregada a corto plazo es $SAC_0$ y la oferta agregada a largo plazo es $SAL$. El PIB real es de 5 billones de dólares y el índice de deflación del PIB es de 100.

Suponga ahora que numerosos sindicatos o proveedores clave de una materia prima importante, por ejemplo el petróleo, tratan de obtener una ventaja temporal mediante el aumento del precio al cual están dispuestos a vender sus servicios: aumentando los salarios o aumentando el precio de la materia prima. Para que el ejercicio sea interesante, suponga que estas personas controlan una parte significativa de la economía. En consecuencia, cuando elevan la tasa de salarios o el precio del petróleo, la curva de oferta agregada a corto plazo se desplaza hacia la izquierda, de $SAC_0$ a $SAC_1$.

**Regla fija**   La figura 33.7(a) muestra lo que sucede si la Fed sigue una regla fija para la política monetaria y el gobierno sigue un regla fija para la política fiscal.

Suponga que la regla fija es de cero crecimiento del dinero y ningún cambio de impuestos o de compras

# E VOLUCIÓN
## de los enfoques
## SOBRE LA ESTABILIZACIÓN
## ECONÓMICA

Cuando se habla de estabilizar la economía, la gente tiene diferentes opiniones sobre lo que conviene más. Pero hubo una época en que habría sido difícil encontrar un economista que no creyera que las medidas activas aplicadas por un gobierno bien informado podían lograr que la economía de mercado funcionara mejor. Esa época fue la de principios de la década de 1960, cuando el presidente John F. Kennedy ocupaba la Casa Blanca.

Con el modelo del multiplicador del gasto (véase el Cap. 26), los economistas suponían que, al fijar los niveles de las compras gubernamentales y de los impuestos a los niveles apropiados, se permitiría el pleno empleo continuo así como mantener indefinidamente una expansión económica constante.

La práctica de la política activa de estabilización funcionó bien hasta mediados de la década de 1960, pero entonces empezó a subir la inflación. Los defensores de las políticas activistas culpan a la guerra de Vietnam y a la renuencia del presidente Lyndon Johnson a financiar la guerra con aumentos de impuestos. Los oponentes del activismo culpan a las políticas mismas, arguyendo que una vez anticipada una política activista, sus efectos sobre el producto son débiles y sus principales efectos actúan sobre la inflación.

Cualquiera que sea la opinión correcta, las políticas activistas se desprestigiaron oficialmente durante la década de 1970, cuando las alzas de precio del petróleo demostraron sin duda que el problema principal (al menos temporalmente) no eran las fluctuaciones de demanda, sino los choques a la oferta. La desconfianza hacia la estabilización activista se agudizó durante el gobierno del presidente Ronald Reagan, cuando la opinión predominante era que el gobierno debería fijar las reglas del juego y dejar al sector privado la tarea de creación de empleos y riqueza.

Con la recesión de 1991, resurgió un enfoque más pragmático con intentos de estimular la demanda reduciendo las tasas de interés, pero no en forma demasiado contundente, especialmente con un déficit federal persistente y tan grande. Si el déficit cede, cuando lo haga, es probable que exista un renovado entusiasmo en torno a las políticas fiscales más ambiciosas para estimular la demanda durante las recesiones.

> "Tiene usted que considerar un verdadero chiflado al economista que no acepte el principio de la intervención gubernamental en el ciclo económico."
>
> KENNETH ARROW
> *Time, 3 de marzo de 1961*

L a acumulación de datos económicos y el desarrollo de modelos estadísticos de la economía fortalecieron la confianza de los asesores económicos del presidente Kennedy: Kermit Gordon, James Tobin y Walter Heller. Heller dijo: "Simplemente sabemos mucho más ahora que nunca en dónde estamos." Con sus modelos y sus mejores juicios acerca del estado de la economía y hacia dónde se encaminaba, los economistas de Kennedy prepararon un programa de reducción de impuestos y de cambios del gasto orientado a mantener la economía en expansión pero con inflación baja y empleo alto.

Actualmente, incluso en una recesión, se habla poco de recorte de impuestos y de aumento del gasto para hacer ascender la economía al pleno empleo. Más bien, la gente se preocupa acerca de la magnitud del déficit. Cuando el director del presupuesto Richard Darman da testimonio al Senado, se ha convertido en parte de su presentación una gráfica que muestra la disminución proyectada del déficit. Pero, en contraste con el optimismo de las proyecciones, el déficit persiste, lo que limita el margen de maniobra de la política fiscal. Los aumentos de impuestos y los recortes del gasto pueden reducir el déficit, pero pueden igualmente ahondar la recesión. Los recortes de impuestos y los aumentos del gasto pueden elevar el déficit, pero quizá no provoquen la recuperación económica. Más bien, con un déficit mayor, las tasas de interés podrían elevarse, lo que ocasionaría una disminución de la inversión.

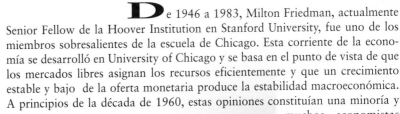

**MILTON FRIEDMAN CONTRA LOS KEYNESIANOS:**

*EL auge y el ocaso del ajuste preciso*

De 1946 a 1983, Milton Friedman, actualmente Senior Fellow de la Hoover Institution en Stanford University, fue uno de los miembros sobresalientes de la escuela de Chicago. Esta corriente de la economía se desarrolló en University of Chicago y se basa en el punto de vista de que los mercados libres asignan los recursos eficientemente y que un crecimiento estable y bajo de la oferta monetaria produce la estabilidad macroeconómica. A principios de la década de 1960, estas opiniones constituían una minoría y muchos economistas las colocaban en la categoría de "chifladuras". Mediante el razonamiento a partir de principios económicos básicos, Friedman predijo que el persistente estímulo de la demanda no aumentaría el producto, sino que ocasionaría inflación. Cuando disminuyó el crecimiento del producto y brotó la inflación en la década de 1970, Friedman parecía un profeta y durante algún tiempo, su prescripción de política, conocida como monetarismo, fue adoptada en todo el mundo.

FIGURA **33.7**

# Política de estabilización y oferta agregada: un aumento de precio del factor

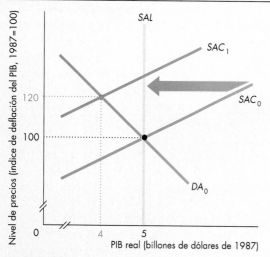

**(a) Regla fija**

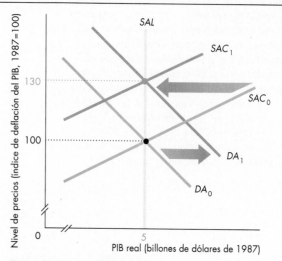

**(b) Regla de retroalimentación**

La economía parte de $DA_0$ y $SAC_0$, con un índice de deflación del PIB de 100 y un PIB real de 5 billones de dólares. Un sindicato (o un proveedor clave de materias primas) eleva la tasa de salarios (o el precio de una materia prima), lo que desplaza la curva de oferta agregada a corto plazo a $SAC_1$. El PIB real desciende a 4 billones de dólares y el índice de deflación del PIB baja a 120. Con una política de estabilización de regla fija (parte a), la Fed y el Congreso no cambian la demanda agregada. La economía permanece deprimida hasta que

los salarios (o los precios de la materia prima) bajan de nuevo y la economía regresa a su posición original. Con una regla de retroalimentación (parte b), la Fed inyecta dinero adicional y/o el Congreso reduce los impuestos o aumenta el gasto, lo que hace aumentar la demanda agregada a $DA_1$. El PIB real regresa a 5 billones de dólares (pleno empleo), pero el índice de deflación del PIB aumenta a 130. La economía está lista para otra ronda de inflación de empuje de costos.

gubernamentales de bienes y servicios. Con estas reglas fijas, la Fed y el gobierno no consideran el hecho de que ha habido un aumento de salarios o de precios de materias primas. No se emprenden acciones de política. La curva de oferta agregada a corto plazo se ha desplazado a $SAC_1$, pero la curva de demanda agregada permanece en $DA_0$. El índice de deflación del PIB sube a 120 y el PIB real baja a 4 billones de dólares. La economía experimenta estanflación. Hasta que bajen los salarios o los precios de las materias primas, la economía estará deprimida y continuará deprimida. Esta disminución de salarios o de precios de materias primas puede tardarse. Sin embargo, finalmente el menor nivel del PIB real dará como resultado precios del petróleo y salarios más bajos: esos mismos precios y salarios cuyo incremento ocasionó el problema inicial. A final de cuentas, la curva de oferta agregada a corto plazo se desplazará de regreso a $SAC_0$.

El índice de deflación del PIB descenderá a 100 y el PIB real aumentará a 5 billones de dólares.

**Regla de retroalimentación**    La figura 33.7(b) muestra lo que ocurre si la Fed y el Gobierno aplican reglas de retroalimentación de políticas monetaria y fiscal. El punto de partida es el mismo que antes: la economía está en $SAC_0$ y $DA_0$ con un índice de deflación del PIB de 100 y un PIB real de 5 billones de dólares. Aumentan los salarios o los precios de las materias primas y la curva de oferta agregada a corto plazo se desplaza a $SAC_1$. La economía entra en recesión con un descenso del PIB real a 4 billones de dólares y un aumento del nivel de precios a 120. La regla de retroalimentación monetaria consiste en elevar la tasa de crecimiento de la oferta monetaria cuando el PIB real está debajo de su nivel a largo plazo. Y la regla de retroalimentación fiscal consiste en reducir los impuestos y en aumentar las compras gubernamentales cuando el

PIB real está debajo de su nivel a largo plazo. Así que, con un PIB real de 4 billones de dólares, la Fed infla la tasa de crecimiento de la oferta monetaria, el Congreso aprueba una ley de reducción de impuestos y una serie de leyes que aumentan el gasto, y la curva de demanda agregada se desplaza a $DA_1$. El nivel de precios se eleva a 130 y el PIB real regresa a 5 billones de dólares. La economía regresa al pleno empleo, pero con un nivel de precios más alto.

Los trabajadores sindicalizados o los proveedores de materias primas, que consideraron antes ventajoso hacer elevar los salarios o los precios, ven nuevamente la misma ventaja. De modo que la curva de oferta agregada a corto plazo se desplaza una vez más, y la Fed y el gobierno la persiguen con aumentos de la demanda agregada. La economía tiene una inflación desbordada.

**Incentivos para presionar al alza los precios de los factores** Usted puede ver que los incentivos para presionar al alza los precios de los factores carecen de controles si la Fed prosigue una regla de retroalimentación del tipo que acabamos de analizar. Si algún grupo ve una ganancia temporal en presionar al alza del precio a quien vende sus recursos, y la Fed y el gobierno se adaptan para impedir que surja el desempleo y las malas condiciones para los negocios, entonces los elementos de empuje de costos se desatarán.

Pero cuando la Fed y el gobierno siguen políticas de regla fija, el incentivo para tratar de apropiarse de una ventaja temporal mediante el aumento de los salarios o precios se debilita considerablemente. Los costos del desempleo más alto y del producto más bajo son una consecuencia que cada grupo tiene que enfrentar y aceptar.

Entonces, una regla fija es capaz de producir una tasa de inflación estable (o, incluso, una inflación de cero), mientras que la regla de retroalimentación, ante las presiones de empuje de costos, permitirá que la tasa de inflación suba y baje libremente, según el capricho de cualquier grupo que crea tener una ventaja temporal al presionar al alza su salario o su precio.

### Disminución del crecimiento de la productividad

Algunos economistas suponen que las fluctuaciones del PIB real (y del empleo y desempleo) las ocasio-

nan las fluctuaciones del crecimiento de la productividad, por lo que han desarrollado una teoría nueva de las fluctuaciones agregadas llamada teoría del ciclo económico real. La **teoría del ciclo económico real** es una teoría de las fluctuaciones agregadas basada en salarios flexibles y choques aleatorios a la función de producción agregada de la economía. La palabra *real* destaca la idea de que son cosas reales (choques aleatorios a las posibilidades reales de producción de la economía), en vez de cosas nominales, (la oferta monetaria y su tasa de crecimiento), las que, de acuerdo a esa teoría, son las causas más importantes de las fluctuaciones agregadas.

Según la teoría del ciclo económico real, no tiene caso establecer una distinción entre la curva de oferta agregada a largo plazo y la curva de oferta agregada a corto plazo. Debido a que los salarios son flexibles, el mercado de trabajo siempre está en equilibrio y el desempleo siempre está en el nivel de su tasa natural. La curva vertical de oferta agregada a largo plazo es también la curva de oferta agregada a corto plazo. Las fluctuaciones se deben a desplazamientos de la curva de oferta agregada a largo plazo. Generalmente, la curva de oferta agregada a largo plazo se desplaza hacia la derecha: la economía se expande, si bien el ritmo al que dicha curva se desplaza en esa dirección varía. Así mismo, algunas veces la curva de oferta agregada a largo plazo se desplaza hacia la izquierda, lo que ocasiona una disminución de la oferta agregada y una baja del PIB real.

La política económica que influye sobre la demanda agregada no tiene efecto alguno sobre el PIB real, aunque sí afecta el nivel de precios. Sin embargo, si se aplica una política de regla de retroalimentación para aumentar la demanda agregada cada vez que desciende el PIB real, y si la teoría del ciclo económico real es correcta, la política de regla de retroalimentación agravará las fluctuaciones del nivel de precios. Para ver por qué es así, considere la figura 33.8.

Imagine que la economía parte de la curva de demanda agregada $DA_0$ y de la curva de oferta agregada a largo plazo $SAL_0$, con un índice de deflación del PIB de 100 y un PIB real de 5 billones de dólares. Ahora suponga que la curva de oferta agregada a largo plazo se desplaza a $SAL_1$. Puede darse una disminución efectiva de la oferta agregada a largo plazo como resultado de una sequía severa o de otra catástrofe natural, o quizá como resultado de una perturbación del comercio internacional, como el embargo de la OPEP en la década de 1970.

**Regla fija**   Con una regla fija, la baja de la oferta agregada a largo plazo no afecta a la Fed o al gobierno ni tampoco a la demanda agregada. La curva de demanda agregada permanece en $DA_0$. El PIB real desciende a 4 billones de dólares y el índice de deflación del PIB aumenta a 120.

**Regla de retroalimentación**   Suponga ahora que la Fed y el gobierno utilizan las reglas de retroalimentación. En especial, suponga que, al bajar el PIB real, la Fed aumenta la oferta monetaria y el Congreso aprueba una reducción de impuestos para incrementar la demanda agregada. En este ejemplo, la oferta monetaria y el recorte de impuestos desplazan la curva de demanda agregada a $DA_1$. El objetivo de la política es regresar el PIB real a 5 billones de dólares. Pero la curva de oferta agregada a largo plazo se ha desplazado, de modo que el PIB real a largo plazo ha descendido a 4 billones de dólares. El aumento de la demanda agregada no puede provocar un aumento del producto si la economía no tiene la capacidad de obtener ese producto. Así, el PIB real permanece en 4 billones de dólares, pero el nivel de precios se eleva todavía más y el índice de deflación del PIB llega a 140. Usted puede ver que, en este caso, el intento de estabilizar el PIB real mediante la política de regla de retroalimentación no afecta al PIB real, si bien produce un alza sustancial del nivel de precios.

Hemos visto ya algunas de las limitaciones al utilizar las reglas de retroalimentación en la política de estabilización. Algunos economistas suponen que estas limitaciones son serias y por tanto pretenden constreñir al Congreso y a la Fed a utilizar reglas fijas. Otros, que consideran que las ventajas potenciales de las reglas de retroalimentación son mayores que sus costos, apoyan la continuación de su uso, pero con una modificación importante que ahora veremos.

## Fijación de objetivos del PIB nominal

Los intentos para mantener estable la tasa de crecimiento del PIB nominal se llama **fijación de objetivos del PIB nominal**. James Tobin, de Yale University, y John Taylor, de Stanford University, han sugerido que la fijación de objetivos del PIB

**FIGURA 33.8**

## Política de estabilización y oferta agregada: una disminución de la productividad

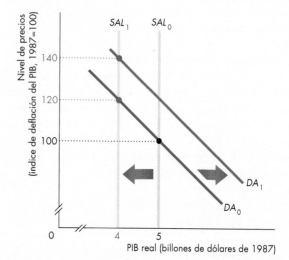

Una disminución de la productividad desplaza la curva de oferta agregada a largo plazo de $SAL_0$ a $SAL_1$. El PIB real baja a 4 billones de dólares y el índice de deflación del PIB aumenta a 120. Con una regla fija, la oferta monetaria no cambia, ni tampoco los impuestos o el gasto del gobierno, por lo que la demanda agregada permanece en $DA_0$, y ahí termina el asunto. Con una regla de retroalimentación, la Fed aumenta la oferta monetaria y/o el Congreso reduce los impuestos o aumenta el gasto, con la intención de incrementar el PIB real. La demanda agregada se desplaza a $DA_1$, pero el resultado a largo plazo es un alza del nivel de precios, el índice de deflación del PIB sube a 140 y el PIB real permanece igual que antes.

nominal es un objetivo de la política macroeconómica de útil aplicación.

El crecimiento del PIB nominal es igual a la tasa de crecimiento del PIB real más la tasa de inflación. Cuando el PIB nominal crece rápidamente, generalmente se debe a que la tasa de inflación es alta. Cuando el PIB nominal crece lentamente, generalmente es porque el crecimiento del PIB real es negativo: la economía está en recesión. Entonces, si el crecimiento del PIB nominal se mantiene estable, se podrán evitar los excesos tanto de la inflación como de la recesión.

La fijación de objetivos del PIB nominal utiliza reglas de retroalimentación. Las acciones fiscales y/o monetarias expansivas aumentan la demanda agregada cuando el PIB nominal está por debajo de su objetivo y las acciones fiscales y/o monetarias contraccionistas reducen la demanda agregada cuando el PIB nominal es superior a su objetivo. El principal problema con la fijación de objetivos del PIB nominal es que existen rezagos prolongados y variables entre la identificación de la necesidad de cambiar la demanda agregada y los efectos de las políticas adoptadas.

Los macroeconomistas siguen aún debatiendo acerca de los méritos de las políticas alternativas para lograr la estabilidad. Pero gradualmente están llegando a un consenso nuevo acerca de lo que puede lograrse.

## Control de la inflación

**H**asta ahora, nos hemos concentrado en la estabilización del PIB real ya sea directa o indirectamente, y *evitando* la inflación. Pero a menudo el problema no consiste en evitar la inflación, sino en controlarla. ¿Cómo puede curarse la inflación, una vez que se ha desatado? Veamos algunas formas alternativas.

### Una reducción sorprendente de la inflación

Para estudiar el problema de reducción de la inflación, nos serviremos de dos enfoques equivalentes: demanda agregada-oferta agregada y la curva de Phillips. Usted conoció la curva de Phillips en el capítulo 31 (págs. 969-973); ella nos permite seguir la pista de lo que sucede con la inflación y el desempleo.

En la figura 33.9 se muestra el panorama de una economía que, en la parte (a), está en la curva de demanda agregada $DA_0$ y en la curva de oferta agregada a corto plazo $SAC_0$, con un PIB real de 5 billones de dólares y un índice de deflación del PIB de 100. Con el PIB real en su nivel a largo plazo (en la curva $SAL$), hay pleno empleo. En forma equivalente, en la parte (b) la economía está en su curva de Phillips a largo plazo $CPhLP$ y la curva de Phillips a corto plazo $CPhCP_0$. La inflación es del 10 por ciento anual y el desempleo está en su tasa natural.

Para el año siguiente, se *espera* que la demanda agregada aumente, lo que desplaza la curva de demanda agregada en la figura 33.9(a) a $DA_1$. Como se espera tal aumento de la demanda agregada, los salarios se elevan y desplazan la curva de oferta agregada a corto plazo a $SAC_1$. Si se cumplen las expectativas, el índice de deflación del PIB aumenta a 110 (una inflación del 10 por ciento), el PIB real permanece en su nivel a largo plazo y el desempleo permanece en su tasa natural.

Pero suponga que la Fed intenta disminuir la inflación al 4 por ciento anual. Si simplemente reduce el crecimiento de la demanda agregada, la curva de demanda agregada (en la parte a) se desplaza a $DA_2$. Sin una reducción de la tasa de inflación esperada, los aumentos de salarios desplazan la curva de oferta agregada a corto plazo a $SAC_1$. El PIB real disminuye a 4 billones de dólares y el índice de deflación del PIB aumenta a 108, es decir una tasa de inflación del 8 por ciento anual. En la figura 33.9(b) hay un movimiento a lo largo de la curva de Phillips a corto plazo $CPhCP_0$ al aumentar el desempleo al 9 por ciento, y la inflación desciende al 8 por ciento anual. La política ha tenido éxito en reducir la inflación, pero menos de lo deseado y con el costo de una recesión. El PIB real está por debajo de su nivel a largo plazo y el desempleo está por encima de su tasa natural.

### Un anuncio creíble de reducción de la inflación

Suponga que en lugar de simplemente reducir el crecimiento de la demanda agregada, la Fed anuncia su intención antes de su aplicación, y en una forma creíble y convincente, de tal modo que se cree en el anuncio. El nivel menor de la demanda agregada se convierte en la esperada. En este caso, los salarios se elevan a un ritmo congruente con el nivel menor de la demanda agregada, y la curva de oferta agregada a corto plazo (en la figura 33.9a) se desplaza a $SAC_2$. Al aumentar la demanda agregada, lo que desplaza la curva de demanda agregada a $DA_2$, el índice de deflación del PIB sube a 104, es decir a una tasa de inflación del 4 por ciento anual, y el PIB real permanece en su nivel de pleno empleo.

En la figura 33.9(b), la tasa menor de inflación esperada desplaza la curva de Phillips a corto plazo hacia abajo, a $CPhCP_1$, y la inflación desciende al 4 por ciento anual, en tanto que el desempleo se mantiene en su tasa natural.

**FIGURA 33.9**

# Reducción de la inflación

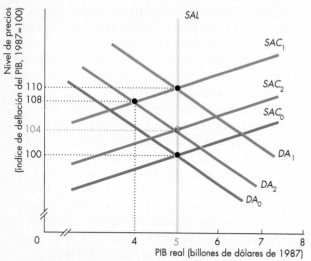

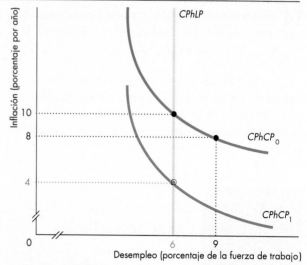

**(a) Demanda agregada y oferta agregada**

Al principio, la demanda agregada es $DA_0$ y la oferta agregada a corto plazo es $SAC_0$. El PIB real es de 5 billones de dólares (su nivel de pleno empleo en la curva de oferta agregada a largo plazo $SAL$). La inflación avanza al 10 por ciento anual. Si continúa así, la curva de demanda agregada se desplaza a $DA_1$ y la curva de oferta agregada a corto plazo se desplaza a $SAC_1$. El índice de deflación del PIB sube a 110. La misma situación se muestra en la parte (b) con la economía en la curva de Phillips a corto plazo $CPhCP_0$.

Con una disminución inesperada del crecimiento de la demanda agregada, la curva de demanda agregada (parte a) se desplaza a $DA_2$,

**(b) Curvas de Phillips**

el PIB real baja a 4 billones de dólares y la inflación se reduce al 8 por ciento (un índice de deflación del PIB de 108). En la parte (b), el desempleo aumenta al 9 por ciento cuando la economía se desliza hacia abajo a $CPhCP_0$.

Si hay un anuncio creíble de una reducción del crecimiento de la demanda agregada, la curva de oferta agregada a corto plazo (parte a) se desplaza a $SAC_2$, la curva de Phillips a corto plazo (parte b) se desplaza a $CPhCP_1$, la inflación se reduce al 4 por ciento, el PIB real permanece en 5 billones de dólares y el desempleo se mantiene en su tasa natural del 6 por ciento.

## La reducción de la inflación en la práctica

Cuando la Fed redujo de hecho la inflación en 1981, todos pagamos un precio muy alto. La aplicación de su política monetaria por parte de la Fed fue inesperada. Como resultado, se dio con salarios que se habían fijado a un nivel demasiado alto como para ser compatibles con el crecimiento de la demanda agregada, que la Fed permitió posteriormente. La consecuencia fue una recesión: una disminución del PIB real y un aumento del desempleo. ¿Podría la Fed haber reducido la inflación sin ocasionar una recesión avisando a la gente con anticipación suficiente que, en realidad, planeaba reducir la tasa de crecimiento de la demanda agregada?

Aparentemente, la respuesta es negativa. La razón principal es que la gente forma sus expectativas de lo que la Fed va a hacer (igual que forma sus expectativas acerca de las acciones de cualquiera)

con base en el comportamiento efectivo, no con base en intenciones anunciadas. ¿Cuántas veces no se ha dicho usted a sí mismo que tiene el más firme propósito de perder 4 kilos o de ceñirse al presupuesto y ahorrar unos cuantos dólares con vistas a una mala época, sólo para descubrir más tarde que, pese a sus mejores intenciones, predominaron sus malos hábitos?

La formación de expectativas acerca del comportamiento de la Fed no es diferente, excepto, por supuesto, que es más complejo pronosticar éste que a su propia conducta. Para formarse expectativas de lo que la Fed va a hacer, la gente observa las *acciones* anteriores de la Fed, no sus intenciones anunciadas. Con base en esa observación, llamémosle vigilancia de la Fed, la gente trata de averiguar cuál es la política de la Fed, pronosticar sus políticas futuras así como los efectos de dichas políticas sobre la demanda agregada y la inflación.

## Una Reserva Federal verdaderamente independiente

Una idea para manejar la inflación es darle más independencia a la Fed y encargarle la responsabilidad única de lograr y mantener la estabilidad del nivel de precios. Algunos bancos centrales son más independientes que la Fed. Los bancos centrales de Alemania y Suiza son el mejor ejemplo. Otro ejemplo es el banco central de Nueva Zelanda. Todos estos bancos centrales tienen la responsabilidad de estabilizar los precios, pero no el PIB real ni tampoco de hacerlo sin interferencia del gobierno.

Si pudiera idearse un mecanismo para que la Fed adoptara una perspectiva de más largo plazo, concentrada solamente en la inflación, es posible que se redujera la inflación y se mantuviera baja con un costo reducido.

## REPASO

**G**eneralmente, cuando se controla la inflación, se obtiene el resultado de una recesión. La causa estriba en que la gente forma expectativas acerca de la política con base en las políticas aplicadas anteriormente. Una Fed más independiente, que buscara sólo la estabilidad de precios, podría quizá lograr la estabilidad de precios con una mayor credibilidad y a un costo menor.

## Inflación y programas de estabilización: contexto iberoamericano

**D**ebido a la situación inflacionaria vivida en la mayor parte de los países de Iberoamérica durante los últimos años, se incluyen en esta edición en español los casos de Argentina, Colombia, España y México. El lector se podrá situar así en una realidad más cercana a él y tendrá un panorama del problema de la inflación en estos países, así como de los programas de estabilización que se implantaron en cada caso y los resultados habidos.

## Argentina

La rica experiencia inflacionaria argentina presenta dos tipos de procesos inflacionarios agudos: el que caracterizó la etapa de industrialización del país hasta la crisis de la deuda externa; y el que aparece luego, con la crisis de la deuda.

Las diversas situaciones inflacionarias que soportó el país dieron lugar a distintas medidas de política y a diversos programas económicos destinados a combatir el alza de precios, que no lograron resolver las causas fundamentales del proceso inflacionario. En el mejor de los casos, consistieron en paliativos de corto o mediano plazo.

Hasta mediados de los años 70, la situación inflacionaria se caracterizaba por shocks de inflación aguda sobre un piso de alta inflación reptante, a partir de estrangulamientos cíclicos en la balanza comercial. Estos últimos se debían a que mientras las exportaciones (principalmente agrícolas) permanecían relativamente constantes, las importaciones crecían al ritmo de la producción industrial, protegida por una barrera arancelaria, hasta el punto en que el intercambio se tornaba deficitario. La devaluación de la moneda, como mecanismo de ajuste, inducía un cambio brusco en los precios relativos, con aumento general de precios y caída del salario real. A partir de ahí la economía retomaba su curso hasta que se producía nuevamente el estrangulamiento.

Sin embargo, hasta 1975 las tasas de inflación no eran tan problemáticas para ese tipo de economía. Como se puede ver en la tabla 33.1, a partir de ese año, en que los precios minoristas aumentaron un 323.4% y los mayoristas 348.2%, salvo en dos ocasiones (1980 y 1986) la variación anual de los índices superó los tres dígitos hasta el Plan de Convertibilidad de 1991, pasando por los brotes hiperinflacionarios de 1989 y 1990.

El aumento inusitado de la inflación en 1975 se debió a dos factores: los ecos de la crisis del petróleo y la rigidez del salario real. Si bien Argentina era país productor –aunque no exportador– de petróleo, la inflación que afectó a los países industrializados encareció sus importaciones; esto, sumado a la caída de los precios de sus principales exportaciones, le ocasionó un déficit cuyo financiamiento indujo una reducción del 64% en sus reservas internacionales.

A partir de entonces se generaron mecanismos de indexación, formales e informales, y la cerrada

**TABLA 33.1**

Indicadores macroeconómicos de la
inflación en Argentina

| Año | Variación de precios (*) | | Variación del PIB |
|-----|-----------|-----------|-----|
| | Minoristas | Mayoristas | |
| 1970 | 21.7 | 26.8 | 3.9 |
| 1971 | 39.1 | 48.2 | 3.7 |
| 1972 | 64.1 | 76.0 | 2.8 |
| 1973 | 43.8 | 30.8 | 3.0 |
| 1974 | 40.1 | 36.1 | 3.8 |
| 1975 | 323.4 | 348.2 | 2.9 |
| 1976 | 347.5 | 386.3 | 2.3 |
| 1977 | 174.8 | 147.1 | 2.9 |
| 1978 | 169.8 | 143.3 | 2.1 |
| 1979 | 139.7 | 138.8 | 2.0 |
| 1980 | 87.6 | 67.6 | 2.5 |
| 1981 | 131.3 | 180.2 | −5.4 |
| 1982 | 209.7 | 311.3 | −3.9 |
| 1983 | 433.7 | 411.2 | 3.3 |
| 1984 | 688.0 | 625.9 | 2.2 |
| 1985 | 385.4 | 636.9 | −5.8 |
| 1986 | 81.9 | 57.9 | 5.7 |
| 1987 | 174.8 | 181.8 | 3.0 |
| 1988 | 387.7 | 431.6 | −2.1 |
| 1989 | 4923.9 | 5386.4 | −6.6 |
| 1990 | 1313.0 | 708.4 | 0 |
| 1991 | 84.0 | 56.7 | 8.5 |
| 1992 | 17.5 | 3.0 | 8.9 |
| Media 70 - 74 | 41.8 | 43.6 | 3.4 |
| Media 75 - 85 | 281.0 | 307.0 | 0.5 |
| Media 86 - 88 | 214.8 | 223.8 | 2.2 |
| Media 89 - 90 | 3133.9 | 3092.4 | −3.3 |
| Media 91 - 92 | 60.7 | 29.8 | 8.7 |

(*) En términos porcentuales.

*Fuente: Banco Central de la República Argentina, Instituto Nacional de
Estadística* y censos, Argentina; varios años.

economía del país estuvo sometida a una serie de
marchas y contramarchas enmarcadas en la inestabilidad política. Los intentos de redefinición de esta
situación se basaron en tres programas que diferentes actores políticos ensayarían de allí en adelante:
1) el tipo de cambio pautado, de 1979; 2) el Plan
Austral, de 1985; y 3) el Plan de Convertibilidad,
vigente desde 1991.

**El tipo de cambio pautado de 1979**  Este programa, implementado en 1979 y que se mantendría
hasta marzo de 1981, se asentaba sobre una
variación  del tipo de cambio decreciente en el
tiempo, anunciada con antelación, al tiempo que se
iniciaba una fuerte apertura de la economía a los
flujos de bienes y capitales. La inflación y la tasa de
interés interna deberían converger con las internacionales, en un contexto de inserción de la economía en los mercados mundiales.

El efecto inmediato fue la generación de un
fuerte déficit comercial y un resultado magro en
materia de precios. Mientras en 1979 los precios al
consumidor variaron 139.7%, en 1980 la variación
alcanzó 87.6%. La balanza comercial, en tanto,
pasó, para los mismos años, de un superávit de
1,098.4 millones de dólares a un déficit de 2,519.2
millones, y la deuda externa creció casi el 50%. Las
exportaciones permanecieron constantes, desalen-
tadas por la sobrevaluación de la moneda nacional,
mientras las importaciones aumentaron 57% de un
año a otro. La imposibilidad de mantener esta estrategia en el tiempo alentó las expectativas de devaluación y la fuga de capitales. En consecuencia, el
grueso del incremento de la deuda externa entre
esos años y los primeros meses de 1981 se explica
por el financiamiento de la fuga de capitales.

Por otra parte, la sobrevaluación, combinada
con la apertura y las altas tasas de interés internas,
indujo a concentración del capital en las empresas
que contaban con mayor productividad y podían
acceder al crédito externo. Esto dio lugar al
nacimiento de grandes grupos económicos que, en
adelante, introducirían rigideces oligopólicas en los
mercados argentinos.

La deuda externa se convirtió en un factor inflacionario de primer orden: las fuertes transferencias
financieras al exterior a las que obliga la misma, introducen al déficit en la balanza de pagos. El caso
argentino, presenta el agravante de que el sector exportador es el privado, por tanto el Gobierno debe
comprar las divisas a éste. Los exportadores, a su

vez, las retienen ante la perspectiva de devaluación, lo que profundiza el déficit en los momentos más agudos. Así, con el propósito de cerrar la brecha en el sector externo, y siguiendo las guías ortodoxas del FMI, las autoridades modifican la tasa de cambio, devaluando la moneda. Esta depreciación induce dos efectos: genera déficit fiscal, porque aumenta el peso de la deuda externa en moneda doméstica, y motiva el alza de precios.

**El Plan Austral**   Buscando quebrar esa inercia, a partir de junio de 1985, a un año y medio de asumir el poder, el Gobierno democrático aplica el Plan Austral, que consistía, en esencia, en una reforma monetaria acompañada del congelamiento de precios, así como un leve ajuste previo del tipo de cambio, tarifas de los servicios prestados por las empresas públicas, y salarios. También se aumentaron los impuestos al comercio exterior y se introdujo el ahorro obligatorio para los sectores de mayores ingresos.

Mediante el aumento de los ingresos tributarios y la reducción de los rezagos fiscales al desacelerarse la inflación, se trató de disminuir el déficit fiscal del 8% del PIB a 3.5%. Para financiar este déficit se contó con un crédito del FMI.

La reforma monetaria, que era el corazón del Plan, consistió en: a) cambio de la unidad de cuenta, de pesos argentinos a australes (a 1000 pesos por austral); b) fijación del tipo de cambio (a 0.801 austral por dólar); c) reducción de la tasa de interés pasiva nominal regulada, de 30% a 4%; d) implementación de medidas por las cuales el austral se valorizaba diariamente respecto del peso argentino.

En el corto plazo el Austral desaceleró la inflación, lo cual favoreció el aumento del consumo y de la actividad económica. Pero las rigideces oligopólicas, sumadas a la estructura del comercio exterior, erosionaron la paridad cambiaria y licuaron los efectos del programa. En 1987 el ritmo inflacionario volvió a acelerarse y en 1988 alcanzaba niveles de 387.7%, en el caso de los precios minoristas, y 431.6%, en el de los mayoristas.

El Gobierno, cerca de las elecciones, recurrió a desalentar los aumentos de precios sobrevaluando el austral, con acuerdo de los organismos multilaterales de financiamiento. Esto indujo a retención de divisas por parte de los exportadores que, sumada a la interrupción de la asistencia externa a principios de 1989, culminó en una devaluación sin

precedentes de la moneda argentina, a la vez que se financiaba el déficit público con emisión: el resultado fue la hiperinflación.

El nuevo gobierno que asumió el poder en junio de ese año devaluó el austral y congeló el tipo de cambio, en medio de una situación monetaria, financiera y fiscal comprometida (el déficit fiscal alcanzó 20.8% del PIB). El Gobierno era el tomador último de los depósitos bancarios, que crecieron a niveles tales que tornaban imposible su devolución. Mientras, la necesidad de financiamiento adicional del Gobierno mantenía la tasa de interés en niveles incompatibles con cualquier economía, potenciando el volumen de pasivos ya imposible de afrontar. El Gobierno se vió obligado a devaluar, lo que provocó un nuevo ramalazo de hiperinflación, e incautar los depósitos a cambio de títulos de la deuda pública de largo plazo. La inflación se mantuvo alta mientras no se definió una nueva estrategia para enfrentarla.

**El Plan de Convertibilidad**   Luego de diversos intentos de ajuste, a partir de abril de 1991, con el Plan de Convertibilidad, se produce un cambio radical en la orientación de la política monetaria en Argentina. El Plan estableció un sistema de patrón-dólar basado en tres pilares: cambio de la unidad de cuenta a través del reemplazo del austral, por el peso, a una paridad de 10,000 australes por peso (la nueva unidad, por Ley, tiene una paridad fija con el dólar, a razón de un peso por dólar); compromiso del Banco Central a respetar una equivalencia estricta entre las reservas y la base monetaria; y prohibición de financiar el déficit público con emisión. El Gobierno debe entonces equilibrar sus cuentas, y cubrir los déficits recurriendo al crédito.

Como medidas complementarias, se suprimieron las cláusulas de indexación en los contratos, públicos o privados, y se legalizó el uso del dólar en todas las transacciones. Además, se liberó el comercio exterior y la inversión extranjera directa y, con algunas exepciones, se desreguló la economía. Meses más tarde se aquietó el frente externo mediante el ingreso de la Argentina al Plan Brady.

El resultado inmediato de la nueva estrategia fue una caída drástica de la inflación. La tasa anual de variación de los precios al consumidor fue de 84.0% en 1991 y de 17.5% en 1992, para continuar en descenso hasta alcanzar niveles compatibles con los de los países industrializados. Además aumentó la monetización de la economía y el PIB. No obstante, la efectividad del Plan de Convertibilidad se diluye en el largo plazo.

Distinto del sistema del patrón-oro, donde todas las monedas que lo integraban estaban ligadas al valor del oro, un sistema de patrón-dólar, como el argentino, expone a la paridad fija a los vaivenes que pueda experimentar la moneda patrón –el dólar– respecto a las demás divisas clave. Por otra parte, las bases técnicas de la convertibilidad no están aseguradas en el largo plazo.

Esto es así porque, en primer lugar, la paridad inicial contaba con cierta sobrevaluación del peso y, en segundo lugar, si bien la inflación descendió hasta niveles internacionales, durante meses fue sustancialmente mayor a éstos. La sobrevaluación del peso se tradujo en un déficit sostenido en las cuentas comerciales externas. La necesidad de financiarlo, sumada a los compromisos derivados del Brady, a fines de 1994 era cubierta con capitales especulativos externos, alentados tanto por el mercado de capitales argentino –que integró el fenómeno de los mercados emergentes– como por el mercado financiero-interno, cuyos rendimientos son mayores a los de los países centrales. Sin embargo, la crisis mexicana de 1994 dejó al desnudo la fragilidad del Plan, en cuanto a que el financiamiento del resto del mundo no es limitado. Con el agravante de que los grandes grupos económicos se endeudaron en el exterior (los vencimientos de los bonos externos

emitidos por éstos ascienden a 3000 millones de dólares para el bienio 1995-96). En suma, si mengua el financiamiento privado, por expectativas adversas, con el consiguiente aliento a las anticipaciones especulativas, se gesta una situación sólo controlable a partir de la asistencia de un prestamista internacional de última instancia.

Por último, la disminución de los niveles de empleo en aquellas empresas que no pueden adaptarse a las nuevas circunstancias, sumado a la introducción de procesos más capital intensivos en aquellas que sí lo hacen, y a la reducción del empleo público, aumentó el número de desempleados. La tasa de desempleo histórica de Argentina oscilaba entre 3% y 6%, mientras que a fines de 1994 alcanzó el 12.2%, con tendencia creciente. Lo que engendra tensiones sociales mayores.

En resumen, la Convertibilidad dista de aparecer como una estrategia de largo plazo. Su vulnerabilidad es alta cuando se endurece el contexto monetario y financiero internacional, afectando los flujos de capitales privados. Sólo puede sostenerlo, como hemos comentado, a expensas de un prestamista internacional de última instancia.

## Colombia

En las últimas dos décadas pueden distinguirse cinco grandes periodos de desaceleración y crecimiento de la economía colombiana: el primero, de 1973

---

FIGURA **33.10**

## Crecimiento e inflación en Colombia

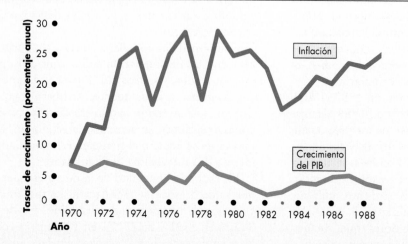

Entre 1973 y 1983, Colombia vivió cinco grandes periodos de desaceleración y crecimiento. A partir de 1983 la economía inició un periodo de recuperación.

*Fuente: Banco de la República de Colombia, revista mensual, varios números.*

a 1975, está marcado por la crisis petrolera mundial de 1973, que se reflejó en un descenso marcado en la tasa de crecimiento de la economía nacional. Al mismo tiempo, al principio de los años 70 la inflación comenzó a dispararse, superando, en 1974, la tasa del 20% anual. La administración López, que asumió el gobierno en 1974, inició entonces un programa de estabilización consistente en la reducción del gasto público y una política monetaria contraccionista, cuyos resultados comenzaron a mostrarse ya en 1975 (véase la figura 33.10).

El segundo periodo, de 1976 a 1978, se inicia con la bonanza cafetera que revirtió el proceso de estancamiento y permitió tasas de crecimiento notables llegando, en 1978, al pico excepcional del 8.5%. En términos de la política antiinflacionaria, no obstante, el "boom" cafetero significó el fin del éxito de la política de estabilización seguida hasta entonces. Para las autoridades monetarias, el principal objetivo de los años subsecuentes fue el de evitar que cinco años consecutivos de precios crecientes del café elevaran demasiado la tasa de inflación en el país. Con este objetivo, se endurecieron las políticas fiscal y monetaria y se establecieron fuertes controles al endeudamiento externo.

Para comienzos de los 80, la situación externa había cambiado radicalmente y el país entró, en 1979, en uno de los periodos de crisis más profunda que haya enfrentado en los últimos cuarenta años. Los precios del café comenzaron a descender y el sistema de cuotas volvió a operar con lo que también el volumen exportado se redujo. El estancamiento del sector cafetero frenó la entrada de divisas y afectó seriamente la demanda interna. La administración Turbay, inaugurada en 1978, inició entonces una estrategia económica radicalmente distinta de la de su predecesora, incrementando el gasto público al tiempo que se mantenía una política monetaria contraccionista. No obstante, pese a los esfuerzos de estabilización emprendidos, la tasa de inflación se mantuvo a niveles relativamente altos – por encima del 20%. De este modo, a comienzos de los años ochenta el país se vio enfrentado a una situación de recesión económica sin precedentes (la tasa de crecimiento más baja en los últimos cuarenta años, 0.9%, se presentó en 1982), acompañada de inflación inercial y de un creciente déficit fiscal.

La crisis anterior se prolongó hasta 1983, cuando se inició un periodo de recuperación. El precio internacional del café aumentó al tiempo que se incrementaban las exportaciones petroleras y mineras. La

administración Betancur, que inició su mandato en 1982, redujo el gasto público e inició una política de rápida devaluación tendiente a contrarrestar el problema del sector externo generado por una fuerte sobrevaluación del peso en años anteriores. La economía volvió a ganar dinamismo, tendencia que se vio reforzada en 1986 por un corto "boom" cafetero.

No obstante, a fines de los años ochenta el crecimiento económico volvió a dar muestras de estancamiento. En 1990, la administración Barco empezó a tomar una serie de medidas, después con-

**TABLA 33.2**

## Evolución de la inflación y del PIB en Colombia

| Año | Inflación | PIB |
|---|---|---|
| 1970 | 6.6 | 6.2 |
| 1971 | 14.1 | 6 |
| 1972 | 13.9 | 7.7 |
| 1973 | 24.1 | 6.7 |
| 1974 | 26.4 | 5.7 |
| 1975 | 17.8 | 2.3 |
| 1976 | 25.8 | 4.7 |
| 1977 | 28.7 | 4.2 |
| 1978 | 18.4 | 8.5 |
| 1979 | 28.8 | 5.4 |
| 1980 | 25.9 | 4.1 |
| 1981 | 26.6 | 2.3 |
| 1982 | 24.1 | 0.9 |
| 1983 | 16.6 | 1.6 |
| 1984 | 18.3 | 3.4 |
| 1985 | 22.4 | 3.1 |
| 1986 | 20.9 | 5.1 |
| 1987 | 24 | 5.4 |
| 1988 | 23.6 | 3.7 |
| 1989 | 26.1 | 3.4 |
| 1990 | 32.4 | 4.1 |
| 1991 | 26.8 | 2.3 |
| 1992 | 25.1 | 3.5 |
| 1993 | 22.6 | 4.5(p) |

*Fuente: Banco de la República de Colombia, revista mensual, varios números.*

tinuadas y reforzadas por la administración
Gaviria, dirigidas a "abrir la economía", es decir, a
hacer mayor la integración de la economía nacional
al mercado internacional. La "apertura", como se
ha conocido a este último periodo, se inició con
una política de rápida devaluación que permitió,
hasta 1991, un notable crecimiento de las exportaciones colombianas. A partir de ese año, sin embargo, la aceleración de la inflación implicó la entrada
en vigor de un nuevo plan de estabilización que incluyó una leve revaluación del peso, una política de
gasto fiscal restringido y una política monetaria
contraccionista. La evolución de la inflación y del
PIB en Colombia se pueden ver en la tabla 33.2.

Las perspectivas de crecimiento en el mediano
plazo son de relativo optimismo, dados los ingresos
esperados, a partir de 1997, del incremento en las
exportaciones petroleras gracias al producto de Cu-
siana. La preocupación que desde el momento actual muestran las autoridades económicas, y que
deberá gobernar la discusión en la materia en los
próximos años, es cómo evitar que este incremento
en la entrada de divisas resulte en niveles de gasto
insostenibles a largo plazo, generando no solamente
altos niveles de inflación sino llevando al país a enfrentar problemas de endeudamiento similares a los
experimentados por otros países latinoamericanos
en el pasado, como sería el caso de Venezuela.

## España

La evolución de la economía española muestra
unos perfiles temporales muy similares a los seguidos por los países de su entorno geográfico y económico aunque con ciertas peculiaridades. Entre
otras, una tendencia histórica a crecer más rápidamente que los miembros de la Unión Europea[1], una
mayor amplitud en las fluctuaciones de la actividad
económica, una mayor debilidad en su capacidad
para generar empleo y, por último, una tasa de inflación superior a la existente en Europa.

La tasa de crecimiento española en los últimos
treinta años ha sido casi de un 1% superior a la
media comunitaria debido, en parte, a que el PIB
inicial era sensiblemente inferior. Así, en el periodo
1961-1992, la tasa de aumento del PIB per cápita
en términos reales fue del 3.6% frente a un 2.7%
en la UE. En épocas más recientes, en el periodo

[1] A partir del 1 de enero de 1994, a la Comunidad Europea se le
llama Unión Europea. (N. del E.)

1981-1992, la diferencia es menos espectacular
pero significativa: un 2.1% y 1.8% respectivamente. Sin embargo, esa tendencia no es uniforme
en el tiempo, al alternarse fases de expansión y contracción. En la década de los años sesenta y princi-

**TABLA 33.3**

## Evolución del crecimiento del PIB 1968 – 1992 en España. Porcentaje de variación en términos reales

| Año | UE | OCDE | España |
|---|---|---|---|
| 1968 | 5.3 | 5.3 | 6.8 |
| 1969 | 5.9 | 5.0 | 8.9 |
| 1970 | 4.6 | 3.1 | 4.1 |
| 1971 | 3.3 | 3.3 | 5.0 |
| 1972 | 4.2 | 5.0 | 8.1 |
| 1973 | 6.1 | 5.9 | 7.9 |
| 1974 | 1.7 | 0.6 | 5.7 |
| 1975 | −1.1 | −0.5 | 1.1 |
| 1976 | 4.6 | 4.7 | 3.0 |
| 1977 | 2.6 | 3.7 | 3.3 |
| 1978 | 3.1 | 4.3 | 1.8 |
| 1979 | 3.3 | 3.2 | 0.2 |
| 1980 | 1.2 | 1.2 | 1.5 |
| 1981 | 0.1 | 1.6 | −0.2 |
| 1982 | 0.8 | −0.4 | 1.2 |
| 1983 | 1.7 | 2.7 | 1.8 |
| 1984 | 2.5 | 4.9 | 1.8 |
| 1985 | 2.4 | 3.4 | 2.3 |
| 1986 | 2.6 | 2.7 | 3.3 |
| 1987 | 2.8 | 3.3 | 5.5 |
| 1988 | 3.6 | 4.0 | 5.2 |
| 1989 | 3.5 | 3.3 | 4.8 |
| 1990 | 2.9 | 2.6 | 3.7 |
| 1991 | 0.8 | 0.6 | 2.5 |
| 1992 | 0.4 | 1.7 | 1.0 |
| Media 68 - 73 | 4.9 | 4.6 | 6.8 |
| Media 74 - 85 | 1.9 | 2.5 | 1.5 |
| Media 86 - 90 | 3.1 | 3.2 | 4.5 |
| Media 91 - 92 | 0.6 | 1.2 | 1.75 |

*Fuente: Perspectives Économiques de l'OCDE, diciembre de 1991, nº 50.*

TABLA 33.4

## Comparación internacional de tasas de paro (porcentaje de la población activa)

|  | 1975 | 1980 | 1981 | 1982 | 1983 | 1984 | 1985 | 1986 | 1987 | 1988 | 1989 | 1990 | 1991 | 1992 |
|---|---|---|---|---|---|---|---|---|---|---|---|---|---|---|
|  | 4.1 | 11.5 | 14.3 | 16.4 | 18.2 | 20.1 | 21.5 | 21.0 | 20.5 | 19.5 | 17.3 | 16.3 | 16.3 | 16.1 |
| **España** | 4.3 | 6.3 | 7.3 | 8.8 | 9.7 | 10.2 | 10.2 | 10.1 | 9.8 | 9.2 | 8.6 | 8.1 | 8.7 | 9.3 |
| **OCDE Europa** | 5.2 | 5.9 | 6.7 | 8.0 | 8.6 | 8.1 | 8.0 | 7.9 | 7.4 | 6.9 | 6.4 | 6.3 | 7.1 | 7.5 |
| **Total OCDE** | 4.1 | 6.2 | 7.8 | 9.0 | 10.1 | 10.8 | 11.0 | 10.9 | 10.6 | 9.9 | 9.0 | 8.4 | 8.8 | 9.4 |
| **UE** | 8.3 | 7.2 | 7.6 | 9.7 | 9.6 | 7.5 | 7.2 | 7.0 | 6.2 | 5.5 | 5.3 | 5.5 | 6.7 | 7.1 |
| **Estados Unidos** | 1.9 | 2.0 | 2.2 | 2.3 | 2.7 | 2.7 | 2.6 | 2.8 | 2.8 | 2.5 | 2.3 | 2.1 | 2.1 | 2.2 |

Fuente: OCDE, *Statistiques de la population active; Statisques trimestrielles de la population active; Perspectives de l´emploi,* julio de 1992; y *Perspectives Économiques de l´OCDE.*

pios de los setenta, hasta la primera elevación de los precios del petróleo de 1974, se creció a un ritmo del 6.9%, y se desaceleró acusadamente la tasa de crecimiento del PIB en términos reales, en el decenio 1974-1984, hasta un 1.5% de media. Posteriormente la economía se recuperó en la década 1980 (tabla 33.3). Por otra parte, esas fluctuaciones son más amplias que en la UE. Es decir, se crece a unos ritmos más elevados en épocas de expansión y se sufre una desaceleración más aguda en las recesiones.

Esta última característica, combinada con la poca capacidad de generar empleo, aun en épocas de expansión, un secular bajo índice de ocupación de la población activa y la rigidez de los mercados internos, conduce a que la tasa de desempleo sea preocupante (tabla 33.4). En otras palabras, desde 1982 hasta 1992, las tasas de desempleo, como porcentaje de la población activa, prácticamente han sido el doble en España que en la UE.

A ese cuadro se le vino a añadir un invitado no deseado: la inflación. Antes de la primera elevación de los precios del petróleo (1974), la inflación era importante pero ésta se disparó por las repercusiones de dicha subida, debido a la fuerte dependencia energética española del exterior y las subidas salariales propiciadas por las expectativas de inflación (tabla 33.5). En el momento culminante, 1977, los precios crecieron un 23.7% sobre el año anterior el cual, a su vez, había experimentado una tasa de inflación del 16.5% sobre el precedente. En resumen, a lo largo del periodo 1975-85, la tasa de inflación media fue del 15.3% y durante 1985-1992, del 6%. Al mismo tiempo, en la UE,

referencia obligada debido a que España pertenece a la misma desde 1986, durante los mismos periodos de tiempo, mantuvo unas tasas del 10% y del 4.4% respectivamente.

Las políticas de ajuste comenzaron en 1977 y marcaron la pauta que iban a seguir las políticas posteriores. Sus medidas más significativas, una fuerte contención monetaria, un pacto de moderación salarial y la devaluación de la moneda. Esta última fue imprescindible por la conjunción de la depresión internacional, la caída de los ingresos del turismo y la fuerte factura energética: si las importaciones de petróleo representaban el 12% del total de las importaciones en 1973, al año siguiente ese porcentaje era del 23%, llegando incluso al 40% en 1980, cuando se produjo la segunda crisis energética. Cuando la economía no había superado los efectos de la primera crisis se produjo la segunda gran subida de los precios del petróleo (1979-80) con su impacto depresivo sobre el PIB, el desempleo y la balanza de operaciones corrientes, que volvió a presentar déficit, una vez acabados los efectos beneficiosos de la devaluación.

El gobierno socialista que subió al poder en 1982 siguió la tónica anterior: devaluación de la moneda ese mismo año y el siguiente, contener el crecimiento de los salarios reales y una política monetaria contractiva, aunque laxa, para combatir la inflación, alcanzando un éxito relativo en esa lucha. Sin embargo, la política fiscal fue expansiva debido a las cuantiosas transferencias al sector privado (seguro de desempleo, apoyo a las jubilaciones anticipadas con el consiguiente aumento de las pensiones, ayudas a la reconversión industrial), lo que llevó a déficit públicos crecientes. La combinación de dichas políticas mantenía altos los tipos de interés, atrayendo al capital extranjero y, por tanto, apreciando la moneda. Si esto ayudó a combatir la inflación y a lograr un superávit en la balanza de operaciones corriente, desde 1984 a 1986, fue a costa de aumentar el desempleo hasta límites alarmantes. Su nivel absoluto es el más elevado de la UE, siendo su ritmo de incremento, así mismo, más elevado.

La recuperación de la economía a finales de los ochenta ha sido un espejismo de corta duración, manteniéndose los problemas anteriores: déficit exterior, como resultado del ingreso en la UE y la liberación de los intercambios, si bien la competencia

exterior ha contribuido a disminuir los precios de los productos manufacturados, y ausencia de políticas de oferta decididas para liberar los mercados internos, habiendo perdido efectividad las que inciden en la demanda. El déficit público no revierte la tendencia apuntada, lo que incrementa el peso de la deuda pública y, por último, la política monetaria ya no puede dirigirse a la consecución de objetivos internos debido a los compromisos asumidos cuando se integra la peseta en el sistema monetario europeo.

## México

De 1983 a la fecha, México ha estado inmerso en un programa de estabilización encaminado a reducir su tasa de inflación a cifras cercanas a sus principales socios comerciales. Este paquete de estabilización combina políticas fiscales y monetarias con una política de ingresos (estabilización heterodoxa) representada por un pacto económico de contención salarial y de precios para atacar los aspectos estructurales de la inflación.

La crisis de 1982, provocada por altos déficit en las finanzas públicas y en la cuenta corriente, junto con fuga de capitales, una suspensión de préstamos del exterior, y una devaluación del peso, ocasionó el surgimiento de un periodo de alta inflación y estancamiento económico.

Con el fin de corregir estos desequilibrios, el gobierno del presidente Miguel de la Madrid inició un periodo de cambio estructural consistente en una reforma fiscal, venta y liquidación de empresas públicas, desregulación de la economía, renegociación de la deuda externa y una apertura comercial, con el objetivo de buscar la eficiencia y la modernización, tanto en el sector público como en el privado.

El primer intento de estabilizar la economía tuvo poco éxito: se pensaba que la inflación cedería reduciendo la demanda agregada mediante una contracción fiscal y una fuerte devaluación del peso. Como complemento de esta política y para reducir las transferencias al exterior, el gobierno mexicano reestructuró la deuda externa con la banca comercial en agosto de 1983. Sin embargo, estas transferencias continuaron siendo altas, por encima del 7% del PIB. Las políticas implantadas no causaron que la inflación bajara a los niveles que se tenían en 1982. En 1983 la inflación anual fue del 80.8%, mientras que en 1984 se obtuvo

---

TABLA **33.5**

## Evolución en España del índice de precios al consumo

| Año | España | UE | OCDE |
|---|---|---|---|
| 1968 | 4.9 | 3.6 | 4.1 |
| 1969 | 2.0 | 4.1 | 4.8 |
| 1970 | 6.6 | 4.8 | 5.1 |
| 1971 | 7.8 | 6.4 | 5.8 |
| 1972 | 7.6 | 6.4 | 5.4 |
| 1973 | 11.4 | 8.9 | 8.2 |
| 1974 | 17.4 | 14.3 | 14.1 |
| 1975 | 15.5 | 13.4 | 10.9 |
| 1976 | 16.5 | 11.2 | 8.7 |
| 1977 | 23.7 | 11.1 | 8.5 |
| 1978 | 19.0 | 8.6 | 7.4 |
| 1979 | 16.5 | 10.1 | 8.7 |
| 1980 | 16.6 | 12.9 | 11.4 |
| 1981 | 14.4 | 11.6 | 9.5 |
| 1982 | 14.5 | 10.2 | 7.2 |
| 1983 | 12.3 | 8.1 | 5.6 |
| 1984 | 10.9 | 6.8 | 5.0 |
| 1985 | 8.2 | 5.5 | 4.3 |
| 1986 | 8.6 | 3.2 | 2.6 |
| 1987 | 5.2 | 3.2 | 3.6 |
| 1988 | 4.8 | 3.6 | 4.3 |
| 1989 | 6.8 | 5.2 | 5.4 |
| 1990 | 6.7 | 5.7 | 5.8 |
| 1991 | 5.9 | 4.9 | 5.2 |
| 1992 | 5.4 | 4.3 | 3.2 |
| Media 68 - 73 | 6.7 | 5.7 | 5.6 |
| Media 75 - 85 | 15.3 | 10.0 | 7.9 |
| Media 85 - 90 | 6.4 | 4.2 | 4.3 |
| Media 91 - 92 | 5.7 | 4.6 | 4.2 |

*Fuente*: OCDE,"Min Economic indicators", EUROESTAT, INE.

una reducción y quedó en 59.2%, a costa de una fuerte contracción en la actividad económica y en los salarios reales (véase la figura 33.11).

A mediados de 1985 se reforzó el programa de estabilización mediante una política fiscal y monetaria contractiva y una depreciación acelerada del peso. Durante ese año la inflación empezó a dispararse de nuevo y alcanzó una tasa del 63.7%. Sin embargo, la tasa de depreciación del tipo de cambio nominal fue mayor a la inflación, lo que ocasionó una apreciación real del peso y afectó a las exportaciones manufactureras. Como un nuevo instrumento de política, y a diferencia de los años anteriores, la política económica estuvo acompañada por una liberalización comercial, señalando los inicios de un cambio en el modelo de desarrollo del país. Esta apertura comercial se implementó con el fin de reducir la estructura proteccionista de los mercados, y así disminuir los costos de los insumos importados.

La falta de capital externo, el terremoto en septiembre de ese año y la reducción del precio del petróleo durante 1986, aceleró la depreciación del tipo de cambio, lo que generó más problemas inflacionarios. La tasa de inflación en 1986 fue del 105.7%, mientras que la actividad económica cayó en un 3.8%.

En 1987 la actividad económica se recuperó, impulsada por un crecimiento de las exportaciones manufactureras; el crecimiento del producto fue del 1.7%. Sin embargo, la inflación seguía aumentando: para ese año fue del 159.25%. La política de deslizamiento del peso ahora lo había subvaluado, siendo esto una causa de la alta tasa de inflación. La caída de la bolsa de valores en octubre provocó un ambiente de incertidumbre y un ataque contra el peso, a pesar del nivel alto de las reservas internacionales y de que se estaban siguiendo las políticas adecuadas. El 18 de noviembre, el Banco de México se retiró del mercado cambiario, con el fin de proteger las reservas internacionales; el peso se devaluó el 33% y esto agudizó el problema inflacionario y el descontento en la clase trabajadora, que exigía un aumento salarial de emergencia, ya que entre 1982 y 1987 el salario mínimo general bajó en términos reales un 44%. Todo ello colocaba al país en el camino de la hiperinflación.

En diciembre de 1987 el gobierno anunció, junto con los representantes de los sectores obrero, campesino y empresarial, el Pacto de Solidaridad Económica (PSE) como una política de ingresos no ortodoxa para combatir la inflación, que se veía

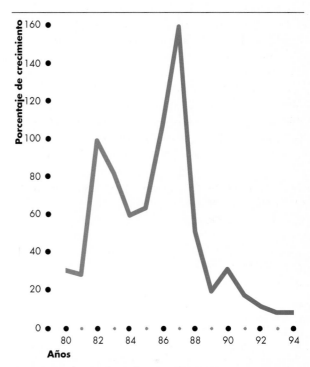

**FIGURA 33.11**

Índice de precios al consumidor en México (tasa de crecimiento anual)

*Fuente:* Indicadores económicos, Banco de México

como la causa de la incertidumbre económica, y evitar también así una profunda recesión. Este programa consistía en la concertación entre los tres sectores participantes, supervisados por el gobierno, para ajustar precios y salarios, con el fin de establecer la confianza en la economía.

El Pacto buscaba combatir la inflación inercial fijando los salarios y precios en la economía, que son utilizados como anclas nominales y, de esta manera, disminuir las expectativas. Además, esta política fue reforzada por un aumento en el superávit fiscal y una reducción en el crédito, con el objetivo de contener la demanda agregada, así como por un programa de mayor apertura comercial con:

◆ La desincorporación de empresas públicas, para reducir el tamaño del sector público y privatizar las empresas no estratégicas manejadas por el estado.

◆ Una desregulación, con el objetivo de buscar la eficiencia microeconómica.

El PSE tuvo vigencia, en su primera etapa, de diciembre de 1987 a diciembre de 1988 y tuvo muy buenos resultados: la inflación mensual bajó del 15.5% en enero, al 0.6% en septiembre, para luego repuntar ligeramente al final del año, pues en diciembre fue del 2.1%. La inflación anual fue del 51.75, lo que contrasta favorablemente con la inflación del año anterior. Por su parte la economía creció un 1.7%.

Al tomar posesión el nuevo gobierno el 1 de diciembre de 1988, convocó a una nueva concertación para dar seguimiento al pacto, cuyo nombre cambió al de Pacto para la Estabilidad y el Crecimiento Económico, e inició en enero de 1989. Sus principales objetivos seguían siendo buscar la estabilidad de precios pero comprometiéndose a recobrar el camino del crecimiento económico.

En esta nueva etapa del Pacto se efectuaron revisiones en los precios de los productos agrícolas, los precios controlados, el deslizamiento del tipo de cambio de un peso diario en promedio, el salario mínimo, la continuación de la desregulación, y se firmó además el Acuerdo Nacional de Productividad entre trabajadores y patrones, con el fin de incrementar la productividad de las empresas y que parte de esta mejora fuera pagada al trabajador.

Durante 1989 los precios al consumidor aumentaron un 19.7%, lo que representó una mejora significativa con respecto al año anterior; el crecimiento del PIB fue del 3.3%. Para 1990 la tasa de inflación aumentó para quedar en 29.9%, debido principalmente a ajustes en ciertos precios y salarios y en el tipo de cambio. Sin embargo, en este periodo el crecimiento del producto fue más alto y quedó en el 4.55. Para el año siguiente, el PIB creció un 3.6% y la inflación el 18.8%.

La inflación anual, medida por el índice de precios al consumidor, bajó entre 1987 y 1994 del 159.2% al 7.05%, mientras que la actividad económica creció de manera estable hasta finales de la década y principios de los noventa, exceptuando el año 1993, donde los problemas y la incertidumbre que generó la firma del Tratado de Libre Comercio entre Canadá, Estados Unidos y México retrasaron muchos proyectos de inversión, lo que generó una reducción en el ritmo de la actividad económica, como se puede observar en la figura 33.12. Sin embargo, este crecimiento no fue a las tasas que se observaron en la década de los setenta.

FIGURA **33.12**

## Producto interno bruto en México (tasa de crecimiento anual)

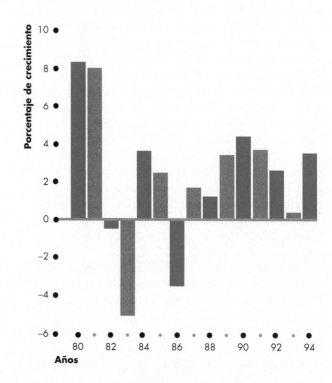

*Fuente:* Indicadores económicos, Banco de México.

El plan de estabilización se logró gracias a muchos años de austeridad y de sacrificios de la clase trabajadora, que vio disminuido su salario real en más del 50%. La década perdida que para muchos países latinoamericanos significó la década de los ochenta, también causó estragos en México.

## REPASO

En los países de Iberoamérica la experiencia inflacionaria ha estado acompañada del fenómeno de la recesión. El control inflacionario ha respondido a un patrón más complejo que el de

Estados Unidos. Los programas de estabilización han obedecido a las distintas situaciones de cada país en particular. ◆

◆ ◆ ◆ ◆ Hemos examinado ya los principales temas de la política de estabilización, sus objetivos, y los efectos del estado de la economía sobre la popularidad política y, por último, las políticas fiscal y monetaria que se aplican. Hemos visto cómo funcionan las reglas fija y de retroalimentación acom-

pañadas de diferentes supuestos en torno al comportamiento de la economía y por qué los economistas tienen opiniones diferentes acerca del uso de estas reglas. También hemos visto por qué la reducción de la inflación viene generalmente acompañada de recesión. ◆ ◆ En el siguiente capítulo, examinaremos lo que muchas personas piensan que es el problema más serio de política de la economía de Estados Unidos: el déficit presupuestario del gobierno.

## RESUMEN

### El problema de la estabilización

El problema de la estabilización es mantener estable la tasa de crecimiento del PIB real y mantener baja y previsible la inflación (págs. 1009-1010).

### Participantes y políticas

Los participantes clave de la política macroeconómica son el Congreso, la Junta de la Reserva Federal y el gobierno.

La política macroeconómica recibe la influencia de los efectos del comportamiento macroeconómico sobre los votos en las elecciones legislativas y presidenciales. Tanto la política fiscal como la monetaria tienen un ciclo que crea otro, llamado ciclo económico político.

Las políticas de regla fija (como una tasa constante de crecimiento de la oferta monetaria) son aquellas que no reaccionan al estado de la economía. Las políticas de retroalimentación son aquellas que sí reaccionan al estado de la economía, al estimular la actividad en recesión y mantenerla bajo control en épocas de inflación (págs. 1010-1018).

### Política de estabilización y choques de demanda agregada

Al enfrentar un choque de demanda agregada, una política de regla fija no actúa para contrarrestar

este choque; más bien permite que la demanda agregada fluctúe como resultado de todas las fuerzas independientes que influyen sobre ella. Como resultado, tienen lugar fluctuaciones del PIB real y del nivel de precios. Una política de regla de retroalimentación ajusta los impuestos, las compras gubernamentales o la oferta monetaria para compensar así los efectos de otras influencias sobre la demanda agregada. Una regla ideal de retroalimentación mantiene la economía en pleno empleo con precios estables.

Algunos economistas sostienen que las reglas de retroalimentación vuelven menos estable a la economía porque requieren un conocimiento más detallado en torno al estado de la economía; por tanto, que funcionan con rezagos que se extienden más allá del horizonte de pronóstico e introducen el elemento imprevisible de las reacciones de las políticas aplicadas (págs. 1018-1023).

### Política de estabilización y choques de oferta agregada

Dos choques principales de oferta agregada generan problemas de estabilización: inflación de empuje de costos y reducción del crecimiento de la productividad. Una regla fija minimiza la amenaza y los problemas de la inflación de empuje de costos; una regla de retroalimentación refuerza la inflación de empuje de costos y permite moverse libremente el nivel de precios y la tasa de inflación. Si el crecimiento de la productividad disminuye, una regla fija da como resultado un producto más bajo (un desempleo más alto) y un nivel de precios más elevado. Una regla de retroalimentación que aumenta la oferta monetaria o reduce los impuestos para estimular la demanda agregada, resulta en un nivel de precios todavía más alto y una inflación más elevada. El producto (y el desempleo) siguen el mismo curso que con la regla fija (págs. 1023-1029).

## Control de la inflación

La inflación puede controlarse con un costo mínimo o nulo en términos de producto perdido o de desempleo excesivo al reducir el crecimiento de la demanda agregada en una forma creíble y previsible. Pero generalmente, cuando se reduce la inflación, tiene lugar una recesión. La causa consiste en que la gente forma sus expectativas acerca de las políticas a aplicar con base en el comportamiento efectivo, observando las políticas anteriormente aplicadas, y no con base en las intenciones anunciadas (págs. 1029-1031).

## Inflación y programas de estabilización: contexto iberoamericano

En **Argentina** se observan dos tipos de procesos inflacionarios: el que caracterizó la etapa de industrialización hasta la crisis de la deuda externa, y el posterior, que aparece a partir de esta crisis. Los intentos de estabilización se basaron en tres programas. Los dos primeros, el tipo de cambio pautado, de 1979 y el Plan Austral, de 1985, si bien lograron en algún momento combatir el alza de precios, no llegaron a resolver las causas fundamentales del proceso inflacionario. El tercer plan, vigente desde 1991, se llamó Plan de Convertibilidad y tuvo como resultado inmediato la caída drástica de la inflación y su descenso continuado hasta alcanzar niveles compatibles con los países industrializados. Sin embargo la efectividad de este plan se va diluyendo en el largo plazo, pues se ha visto que su vulnerabilidad es alta cuando se endurece el contexto monetario y financiero internacional, ya que esto afecta los flujos de capitales privados. Esta situación sólo es controlable con la

asistencia de un prestamista internacional de última instancia (págs. 1031-1034).

En el caso de **Colombia** se distinguen cinco periodos de desaceleración y crecimiento de la economía entre 1973 y 1983, cuando se inició una etapa de recuperación: el precio internacional del café aumentó, al tiempo que se incrementaban las exportaciones petroleras y mineras; así mismo el gobierno redujo el gasto público e inició una política de rápida devaluación. No obstante, a fines de los ochenta el crecimiento económico volvió a dar muestras de estancamiento. En 1990 se tomaron medidas dirigidas a "abrir la economía" y a partir de 1991 la aceleración de la inflación implicó la aplicación de un nuevo plan de estabilización que incluyó una leve revaluación del peso, una política de gasto final restringido y una política monetaria contraccionista (págs. 1034-1036).

En **España**, antes de 1974 la inflación era importante pero ésta se disparó en ese año por las repercusiones de la elevación de los precios del petróleo y las subidas salariales propiciadas por las expectativas de inflación. Las políticas de ajuste comenzaron en 1977 e incluyeron una fuerte contención monetaria, un pacto de moderación salarial y la devaluación de la moneda. El gobierno que subió al poder en 1982 continuó con la tónica de devaluación, aunque detuvo el crecimiento de los salarios reales y siguió una política monetaria contractiva. Sin embargo la política fiscal fue expansiva, debido a cuantiosas transferencias al sector privado, lo que llevó a crecientes déficit públicos. La combinación de todo ello mantenía altos los tipos de interés, atrayendo al capital extranjero y apreciando la moneda. Así se combatió la inflación, pero el desempleo subió a límites alarmantes. Desde 1989 la tendencia ha sido de creciente déficit exterior, creciente déficit público y una situación en que la política monetaria es incapaz de dirigirse a la consecución de objetivos internos, debido a los compromisos surgidos con la integración al sistema monetario europeo (págs. 1036-1038).

En cuanto a **México**, para combatir la inflación el país se ha visto inmerso de 1983 a la fecha en un programa de estabilización que combina políticas fiscales y monetarias con una política de contención salarial y de precios. En el primer intento no se logró bajar la inflación y se desembocó en una fuerte contracción de la actividad económica y de los salarios reales. Posteriormente se llevó a cabo una apertura comercial sin resultados satisfactorios debido, en parte, a la falta de capital externo, el desastre del terremoto de 1985 y la reducción del precio del petróleo.

En 1987 la inflación seguía en aumento, de modo que el país parecía entrar al camino de la hiperinflación. El gobierno anunció entonces la entrada en vigor del Pacto de Solidaridad Económica que consistía, a grandes rasgos, en un ajuste de precios y salarios, reforzado por un aumento en el superávit fiscal, una reducción en el crédito y una mayor apertura comercial. Los resultados de la pri-

mera etapa, hasta 1988, fueron buenos, pues se redujo la inflación y creció la economía. Este programa continuó con el siguiente gobierno, a partir de 1988, en que se añadió la meta de recobrar el camino del crecimiento económico. Entre 1987 y 1994 la actividad económica creció de manera estable, aunque a costa de muchos sacrificios, sobre todo de la parte trabajadora que vio disminuido su salario real en más del 50%. (págs. 1038-1040).

# ELEMENTOS CLAVE

## Términos clave

## Figuras clave

# PREGUNTAS DE REPASO

**1** ¿Cuáles son los objetivos de la política de estabilización macroeconómica?

**2** Describa a los principales participantes que formulan y ejecutan la política macroeconómica y explique sus interacciones recíprocas.

**3** ¿Qué es un ciclo económico político? Explique la evidencia de un ciclo económico político en Estados Unidos a partir de 1960.

**4** Explique la diferencia entre una política de regla fija y una política de regla de retroalimentación.

**5** Analice los efectos de una disminución temporal de la demanda agregada cuando se utiliza una regla fija.

**6** Analice el comportamiento del PIB real y del nivel de precios al enfrentar una disminución permanente de la demanda agregada con:

**a** Una regla fija
**b** Una regla de retroalimentación

**7** ¿Por qué hay desacuerdo entre los economistas acerca de lo apropiado de aplicar las reglas fija y de retroalimentación?

**8** Explique los principales problemas cuando se aplica la política fiscal para estabilizar la economía.

**9** Analice los efectos de un alza del precio del petróleo sobre el PIB real y el nivel de precios, si la Fed utiliza:

**a** Una regla monetaria fija
**b** Una regla monetaria de retroalimentación

**10** Explique la fijación de objetivos del PIB nominal y por qué reduce las fluctuaciones del PIB real y la inflación.

**11** Explique por qué la credibilidad de la Fed afecta el costo de reducción de la inflación.

# PROBLEMAS

**1** La economía experimenta una inflación del 10 por ciento y un desempleo del 7 por ciento. Presente usted políticas que deben seguir la Fed y el Congreso para reducir tanto la inflación como el desempleo. Explique cómo y por qué funcionarán sus políticas propuestas.

**2** La economía está en auge y la inflación empieza a subir, pero hay una opinión generalizada de que una recesión masiva está a la vuelta de la esquina. Pondere las ventajas y desventajas de que el Congreso siga una política fiscal de regla fija y otra de regla de retroalimentación.

**3** La economía está en recesión, y la inflación va en descenso. Existe la opinión generalizada de que una fuerte recuperación está ya a la vuelta de la esquina. Sopese las ventajas y desventajas de que

la Fed adopte una política monetaria de regla fija y otra de regla de retroalimentación.

**4** El presidente lo ha contratado para preparar un plan económico que maximizará sus posibilidades de reelección.

**a** ¿Cuáles son los elementos de política de estabilización macroeconómica del plan?
**b** ¿Qué debe usted lograr que haga la economía en un año de elecciones?
**c** ¿Qué políticas a aplicar ayudarán al presidente en el logro de sus objetivos?

(Al abordar este problema, tenga cuidado de incluir los efectos de su política propuesta sobre las expectativas así como los efectos de esas expectativas sobre el comportamiento económico efectivo.)

# CAPÍTULO 34

## EL DÉFICIT

**Después de estudiar este capítulo, usted será capaz de:**

◆ Explicar por qué, durante la década pasada, el gobierno cada año gastó más de lo que recaudó de impuestos

◆ Distinguir entre deuda y déficit

◆ Distinguir entre déficit *nominal* y déficit *real*

◆ Explicar por qué el déficit parece más grande de lo que es en realidad

◆ Describir los diferentes medios disponibles para financiar el déficit

◆ Explicar por qué el déficit dificulta el trabajo de la Fed

◆ Explicar por qué un déficit puede ocasionar inflación

◆ Explicar por qué un déficit puede representar una carga para las generaciones futuras

◆ Describir las medidas que se han tomado para eliminar el déficit

C ADA AÑO, DESDE 1970, EL GOBIERNO FEDERAL DE ESTA-

dos Unidos ha gastado más de lo que ha recaudado de

impuestos. En 1992, su déficit era de 300 mil millones

de dólares. En 1983, la deuda total del gobierno fede-

ral era ligeramente superior a 1 billón de dólares. Diez

años después llegaba a los 3 billones de dólares. ¿Por

qué tiene un déficit y una deuda creciente el gobierno

federal? ¿Es tan grande el déficit como parece? ¿Cómo podemos medir la magni-

tud del déficit cuando el valor del dinero disminuye constantemente debido a la

inflación? ◆ ◆ Algunos países, como Bolivia, Chile, Brasil e Israel, tuvieron dé-

ficit gubernamentales cuantiosos e inflación desbordada. ¿Significan estas expe-

riencias que Estados Unidos finalmente será víctima de la inflación acelerada? ¿De

alguna manera, el déficit dificulta o incluso hace im-

posible que la Fed controle la oferta monetaria y man-

tenga bajo control la inflación? ◆ ◆ Cuando

contraemos una deuda personal, aceptamos una

## El derrochador tío Sam

obligación que nos imponemos a nosotros mismos. Cuando el país contrae una

deuda, impone una obligación a los contribuyentes. Pero esa obligación no se ex-

tingue con los actuales contribuyentes. Se hereda a nuestros hijos y nietos. ¿Im-

pone el déficit gubernamental una carga a las generaciones futuras? ◆ ◆

Existen dos formas de enfocar cualquier problema: fingir que no existe o tratar de

identificar su naturaleza y resolverlo. ¿Qué enfoque estamos usando con el dé-

ficit? ¿Estamos enterrando la cabeza en la tierra como los avestruces o estamos

tomando medidas que  probablemente eliminen el déficit? ¿Cuáles son las pers-

pectivas del futuro del déficit?

◆ ◆ ◆ ◆ En este capítulo estudiaremos lo que quizás se convirtió en el tema económico más candente de la década de 1980 y que todavía lo sigue siendo. Examinaremos los orígenes del déficit, mediremos su magnitud verdadera y explicaremos por qué se le teme y por qué constituye un problema. También analizaremos algunas de las medidas que se están tomando para eliminarlo. Debido a que el déficit es un tema económico y político candente, el debate público al respecto ha producido más calor y humo que luz. En este capítulo despejaremos parte del humo de la retórica, enfriaremos el debate y trataremos de contestar las preguntas planteadas anteriormente. Para cuando haya usted terminado este capítulo, podrá explicar de qué se trata el déficit.

## Los orígenes del déficit

¿Exactamente qué es el déficit? El **saldo del presupuesto** del gobierno federal es igual a su recaudación tributaria total menos su gasto total en un periodo dado (generalmente de un año). Entonces el saldo del presupuesto del gobierno es

Saldo del presupuesto = Ingreso – Gasto.

El ingreso del gobierno consiste en varios tipos de impuestos. Su gasto es la suma de las compras gubernamentales de bienes y servicios, pagos de transferencia e interés sobre la deuda. Si el ingreso es superior al gasto, el saldo del presupuesto es positivo y el gobierno federal tiene un **superávit presupuestario**. Si el gasto es superior al ingreso, el saldo del presupuesto es negativo y el gobierno federal tiene un **déficit presupuestario**. Si el saldo del presupuesto es de cero, en otras palabras, si la recaudación tributaria y el gasto son iguales, el gobierno tiene un **presupuesto equilibrado**.

La **deuda del gobierno** es la suma total del endeudamiento que ha contraído el gobierno y la suma total que debe a familias, empresas y extranjeros. La deuda del gobierno es un acervo. Es la acumulación de los déficit pasados menos todos los superávit pasados. Así que si el gobierno tiene un déficit, su deuda está aumentando. Si el gobierno tiene un superávit, su deuda está disminuyendo. Si el gobierno tiene un presupuesto equilibrado, su deuda es constante.

### El presupuesto federal desde 1975

La figura 34.1 muestra el ingreso, el gasto y el déficit del gobierno federal de Estados Unidos desde 1975. Tal como lo ilustra la figura, a lo largo de este periodo, el gobierno federal de Estados Unidos ha tenido un déficit presupuestario. El déficit era pequeño y descendente entre 1975 y 1979; y en este

FIGURA **34.1**

El déficit

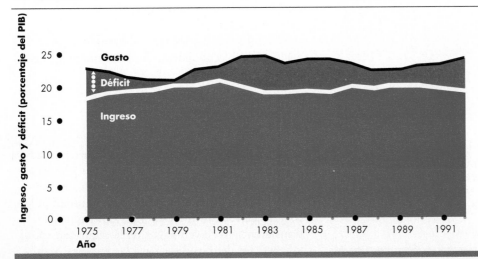

La figura registra el ingreso, el gasto y el déficit desde 1975 hasta 1992. El déficit era pequeño y disminuía en la década de 1970, pero se volvió grande y persistente durante la década de 1980. El déficit surgió de la combinación de una disminución del ingreso y un aumento del gasto.

*Fuente: Economic Report of the President, 1993.*

último año, el presupuesto prácticamente estaba equilibrado. Después, el déficit aumentó a un máximo del 5.3 por ciento del PIB en 1983. Disminuyó de 1983 a 1989, pero en promedio fue superior al 3½ por ciento del PIB durante toda la década. El déficit volvió a subir en la recesión de 1991 y continuó creciendo en 1992.

El efecto del déficit sobre la deuda del gobierno se muestra en la figura 34.2. Para que sea posible contemplar la deuda del gobierno desde una perspectiva ligeramente más prolongada, esta figura abarca desde 1960. Como podrá verse, la deuda del gobierno federal disminuyó como porcentaje del PIB hasta 1974. La relación entre deuda y PIB llegó en ese año a su nivel más bajo desde la Segunda Guerra Mundial. La relación entre deuda y PIB aumentó ligeramente a finales de la década de 1970 y en forma pronunciada entre 1981 y 1986. A finales de la década de 1980 continuó aumentando, pero a una tasa más moderada. Creció rápidamente de nuevo en la recesión de 1991 y continuó creciendo en 1992.

¿Por qué creció el déficit del gobierno a principios de la década de 1980 y se mantuvo elevado? La respuesta inmediata es que el gasto aumentó y el ingreso disminuyó. Pero ¿qué componentes del gasto aumentaron y qué fuentes de ingreso disminuyeron? Respondamos estas preguntas con una observación más minuciosa del ingreso y el gasto.

**Ingreso del gobierno federal**   Existen cuatro amplias categorías de ingreso del gobierno federal:

◆ Impuestos sobre la renta de las personas físicas
◆ Impuestos sobre la renta de las personas morales
◆ Impuestos indirectos
◆ Contribuciones a la seguridad social

Los impuestos sobre la renta de las personas físicas son los impuestos que pagan las personas sobre sus ingresos por trabajo y capital.

Los impuestos sobre la renta de las personas morales son los impuestos que pagan las empresas sobre sus beneficios (utilidades). Los impuestos indirectos son los impuestos sobre los bienes y servicios que compramos e incluyen los aranceles que pagamos cuando importamos bienes de otros países. Las contribuciones a la seguridad social son los impuestos que pagan los empleados y patrones para financiar los programas de seguridad social y de desempleo.

La figura 34.3(a) muestra los niveles y fluctuaciones de estos impuestos y de los impuestos totales entre 1975 y 1992. Como puede observarse, los impuestos totales aumentaron como porcentaje del PIB entre 1975 y 1981, pero después disminuyeron hasta 1986. La mayor parte de la disminución ocurrió en los impuestos sobre la renta de las personas físicas y morales; y esto fue resultado de la Ley de Impuestos de Recuperación Económica de 1981. Los impuestos indirectos y las contribuciones a la seguridad social permanecieron relativamente estables como porcentajes del PIB.

**Gasto del gobierno federal**   Examinaremos el gasto del gobierno federal dividiéndolo en tres categorías:

◆ Compras de bienes y servicios
◆ Pagos de transferencia
◆ Pagos de intereses de la deuda

El principal renglón de la canasta de compras del gobierno federal es la compra de bienes y servicios para la defensa nacional. Otras compras de bienes y servicios incluyen renglones como el orden público y las carreteras interestatales. Los pagos de transferencia incluyen pagos de la seguridad social y beneficios del bienestar para las familias, y sub-

FIGURA **34.2**

## La deuda del gobierno

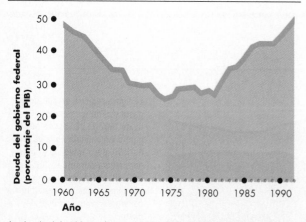

La deuda del gobierno (acumulación de los déficit anteriores menos los superávit anteriores) disminuyó hasta 1974, pero después empezó a ascender. Después de otra breve disminución a finales de la década de 1970, explotó en los años ochenta.

*Fuente: Economic Report of the President,* 1993.

FIGURA **34.3**

Ingreso y gasto del gobierno federal

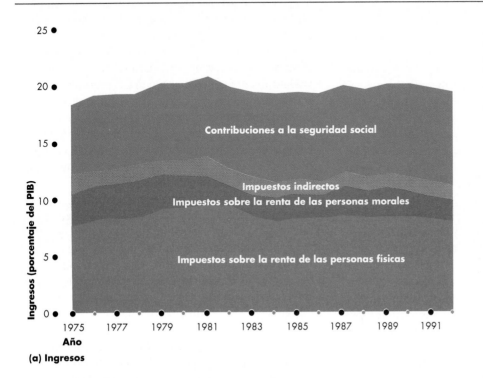

**(a) Ingresos**

**(b) Gastos**

Las cuatro categorías de ingreso del gobierno federal que se muestran en la parte (a) son los impuestos sobre la renta de las personas físicas, los impuestos sobre la renta de las personas morales, los impuestos indirectos y las contribuciones a la seguridad social. Los impuestos sobre la renta de las personas físicas y morales disminuyeron a principios de la década de 1980. Los otros dos componentes del ingreso se mantuvieron estables.

Las tres categorías de gasto del gobierno federal que se muestran en la parte (b) son las compras de bienes y servicios, los intereses de la deuda y los pagos de transferencia. Las compras de bienes y sevicios han fluctuado pero sin aumentar. Los pagos de transferencia son los que más han fluctuado y aumentado, especialmente a principios de la década de 1980. Los intereses de la deuda han aumentado constantemente, conforme el déficit se ha alimentado a sí mismo.

*Fuente: Economic Report of the President, 1993.*

sidios para la agricultura y otros productores. Los pagos de intereses de la deuda son las sumas pagadas por el gobierno a los tenedores de sus bonos (su deuda pendiente de pago).

La figura 34.3(b) muestra los niveles y las fluctuaciones de estos componentes del gasto y del gasto total entre 1975 y 1992. Como podrá observarse, el gasto total disminuyó entre 1975 y 1979, pero aumentó entre 1979 y 1983. Después disminuyó ligeramente hasta 1989 antes de volver a aumentar. También han fluctuado la compra de bienes y servicios y los pagos de transferencia. Pero el renglón que aumentó con más constancia fue el de intereses de la deuda. Una vez que apareció un déficit persistente, éste empezó a alimentarse a sí mismo. El déficit llevó a un mayor endeudamiento; el mayor endeudamiento condujo a mayores pagos de intereses y los mayores pagos de intereses produjeron un déficit mayor. Ésa es la historia del déficit creciente de la década de 1980.

**Una analogía personal**   Quizás captemos con más claridad por qué el déficit se alimenta a sí mismo, si pensamos en términos personales. Supongamos que cada año usted gasta más de lo que gana. Supongamos que continúa haciéndolo. Su deuda, digamos con el banco, sube cada año. Por tanto, usted le debe más intereses al banco cada año, debido a que tiene una mayor deuda pendiente de pago. El gobierno se encuentra exactamente en la misma situación. Pero el gobierno no se endeuda solamente con los bancos. Se endeuda con cualquiera que compra los bonos que emite: familias, empresas, la Fed y los extranjeros. El gobierno ha incurrido en un déficit durante la década de 1980 y a principios de la de 1990, así que su deuda pendiente de pago ha estado aumentando y también han aumentado los pagos de intereses sobre esa deuda.

## El déficit y el ciclo económico

Existe una relación importante entre el tamaño del déficit y la etapa del ciclo económico por la que atraviesa la economía. Esta relación se ilustra en la figura 34.4. Esta figura sigue la pista de la relación del déficit con el ciclo económico, medida como las desviaciones porcentuales del PIB real respecto de su tendencia. Como podrá verse, el déficit sigue al ciclo económico. Los años en que el déficit es particularmente grande son años de recesión severa: la

recesión de la OPEP de 1975, la recesión de Volcker de 1981 a 1982 y la recesión de 1990-1991.

¿Por qué crece el déficit cuando la economía entra en recesión? Parte de la respuesta está del lado del gasto y parte del lado de la recaudación tributaria de las cuentas del gobierno. La magnitud del gasto del gobierno y de la recaudación tributaria depende de la situación económica. El gobierno promulga leyes fiscales que definen *tasas* impositivas, no los *dólares* que se pagarán como impuestos. En consecuencia, la recaudación tributaria del gobierno depende del nivel del ingreso: si la economía está en la etapa de recuperación del ciclo económico, la recaudación tributaria aumenta; si la economía está en la fase de recesión del ciclo económico, la recaudación tributaria disminuye.

Los programas de gasto se comportan de una manera similar. Muchos programas gubernamentales están relacionados con la situación de bienestar de los ciudadanos y de las empresas. Por ejemplo, cuando la economía está en recesión, el desempleo es elevado, las penurias económicas de la pobreza aumentan y un mayor número de empresas y granjas se ven en dificultades. Los pagos de transferencia del gobierno aumentan en respuesta a las crecientes penurias económicas. Cuando la economía está en auge, disminuye el gasto de los programas que compensan las penurias económicas.

A la luz de estos dos factores, el déficit sube cuando la economía está en una situación de depresión y baja cuando la economía está en auge. Para poder tener en cuenta estos hechos, los economistas han creado un concepto modificado del déficit, llamado déficit ajustado cíclicamente. El **déficit ajustado cíclicamente** es el déficit que se daría si la economía estuviera en pleno empleo. Para medir el déficit ajustado cíclicamente, calculamos cuáles serían la recaudación tributaria y el gasto si la economía estuviera en pleno empleo.

La fórmula que estableció el Departamento de Comercio para determinar el efecto del ciclo económico sobre el déficit consta de dos elementos clave[1]:

◆ Cada punto porcentual de aumento de la tasa de desempleo aumenta el déficit federal en 30 mil millones de dólares.

[1]Thomas M. Holloway, "The Economy in the Federal Budget: Guides to the Automatic Effects", *Survey of Current Business* 64, 7 de julio de 1984, págs. 102-5.

**FIGURA 34.4**

El ciclo económico y el déficit

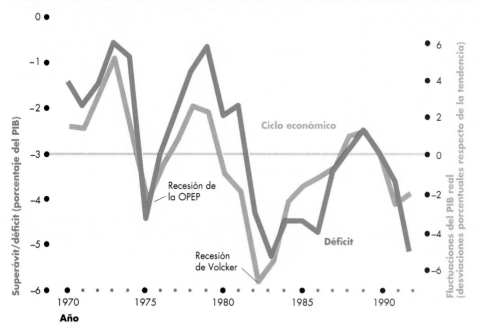

El ciclo económico (las fluctuaciones del PIB real) y el déficit se mueven conjuntamente. Una recesión conduce a una menor recaudación, mayores pagos de transferencia y un déficit más alto. Una recuperación genera una mayor recaudación, menores pagos de transferencia y un déficit menor.

*Fuente: Economic Report of the President, 1993.*

◆ Cada disminución de 100 mil millones de dólares del PIB corriente aumenta el déficit en 35 mil millones de dólares.

**El déficit en la recuperación**   De 1982 a 1989, la economía estaba en una recuperación prolongada y fuerte. De acuerdo con la fórmula para calcular el efecto del ciclo económico sobre el déficit, éste debería haber bajado en forma pronunciada durante esos años. Pero no lo hizo. Persistió en alrededor del 3 por ciento del PIB y la persistencia de un déficit grande, incluso con una fuerte recuperación económica, hizo que algunos observadores manifestaran una seria preocupación acerca de los efectos potenciales de un déficit continuo sobre la salud a largo plazo de la economía.

**El déficit en la recesión de 1991**   Durante la recesión de 1991, el déficit aumentó en forma previsible, conforme disminuyó el crecimiento de la recaudación tributaria y aumentó el gasto en beneficios de desempleo y de programas sociales. El déficit subió del 2½ por ciento del PIB en 1989 al 3

por ciento del PIB en 1990 y al 3½ por ciento de PIB en 1991.

La Lectura entre líneas de las páginas 1054-1055 examina las acciones emprendidas por el Presidente Clinton para reducir el déficit y subraya la importancia de la expansión económica continua en la generación de los ingresos necesarios para lograr los objetivos de reducción del déficit propuestos por Clinton.

---

**REPASO**

E l déficit del gobierno federal creció, a principios de la década de 1980, debido a que el gasto aumentó y la recaudación tributaria disminuyó. Ya que el déficit persistió, la deuda y los intereses aumentaron y el déficit se alimentó a sí mismo. Un déficit más alto condujo a una deuda mayor, lo que a su vez generó mayores pagos de intereses y un mayor déficit. El déficit está relacionado con el ciclo económico. Con todo lo demás constante, cuanto más fuerte es la economía, menor es el déficit. Cuando la economía entró en recesión en 1991, el déficit subió al 3½ por ciento del PIB ◆

Ya hemos visto cuándo y cómo surgió el déficit y cómo se relaciona con el ciclo económico. También hemos visto que el déficit no solamente es grande sino persistente. Pero ¿es tan malo como parece? ¿Es realmente cierto que en ocho años la deuda del gobierno aumentó más de lo que había aumentado en toda la historia del país? Éstas son preguntas importantes a las que ahora nos dedicaremos.

## El déficit real

La inflación distorsiona muchas cosas, entre ellas el déficit. Para eliminar la distorsión inflacionaria del déficit medido, necesitamos el concepto de déficit real. El **déficit real** es el cambio del valor real de la deuda pendiente del gobierno. El valor real de la deuda pendiente del gobierno es igual al valor de mercado de la deuda dividido entre el nivel de precios. Veremos cómo se calcula el déficit real y cómo ese cálculo cambia nuestra opinión del tamaño del déficit del gobierno. Pero antes de hacerlo, veamos de nuevo los déficit reales en términos personales, examinando el déficit real de una familia.

### El déficit real de una familia

En 1960, una pareja joven (quizás sus padres) incurrió en un déficit para comprar una casa nueva. El déficit adoptó la forma de hipoteca. La suma recibida en préstamo para pagar el déficit (la diferencia entre el costo de la casa y la suma que la familia tenía para el pago inicial) era de 30 000 dólares. Actualmente, los hijos de esa pareja están comprando su primera casa. Para hacerlo, también están incurriendo en un déficit. Pero están obteniendo en préstamo 120 000 dólares para comprar su primera casa. ¿Realmente es cuatro veces más grande el déficit (hipoteca) de 120 000 dólares del comprador de una casa de 1990 que el déficit

(hipoteca) del comprador de 1960? En términos de dólares, el endeudamiento de 1990 en efecto es cuatro veces más grande que el endeudamiento de 1960. Pero en términos del poder adquisitivo del dinero, estas dos deudas son casi iguales. La inflación ocurrida entre los años 1960 y 1990 hizo subir el precio de casi todo al cuádruple de lo que era en 1960. Entonces, una hipoteca de 120 000 dólares en 1990 es realmente lo mismo que una hipoteca de 30 000 dólares en 1960.

Cuando una familia compra una casa nueva y la financia con una hipoteca, la familia tiene un déficit en el año en que compra la casa. Pero en todos los años siguientes, hasta que la deuda se ha liquidado, la familia tiene un superávit. Es decir, cada año la familia paga al prestamista una suma de dinero, parte de la cual paga el interés del saldo pendiente de la deuda, pero otra *reduce* la deuda pendiente. La disminución de la deuda pendiente es el superávit de la familia. La inflación también tiene otro efecto en este caso. Debido a que la inflación acarrea precios más altos, también ocasiona un menor valor real de las deudas pendientes. Así que el valor real de la hipoteca disminuye en la cantidad pagada cada año más la cantidad cancelada por la inflación. Con todo lo demás constante, cuanto más alta es la tasa de inflación, más rápidamente se paga en realidad la hipoteca y mayor es el superávit real de la familia.

### El déficit real del gobierno

Esta clase de razonamiento se aplica con el mismo peso al gobierno. Debido a la inflación, el déficit del gobierno *realmente* no es tan grande como parece. Para entender en qué forma podemos medir el déficit y corregir las distorsiones de la inflación, analizaremos un ejemplo numérico concreto. Primero, véase el caso A en la tabla 34.1: una situación sin inflación. El gasto del gobierno, sin incluir el interés de la deuda, es de 17 mil millones de dólares, y la recaudación tributaria es de 20 mil millones de dólares. Entonces, si el gobierno no tuviera que pagar intereses, tendría un superávit de 3 mil millones de dólares. Sin embargo, el gobierno tiene una deuda pendiente de pago de 50 mil millones de dólares y las tasas de interés son del 4 por ciento. Así que el gobierno debe pagar 2 mil millones de dólares de intereses sobre la deuda (4 por ciento de 50 mil millones de dólares). Cuando añadimos los 2 mil millones de dólares de intereses de la deuda al resto de los gastos del gobierno, vemos que el gasto total del gobierno es de 19 mil millones de dólares, de modo que el gobierno tiene un superávit de mil millones de dólares. La deuda del gobierno disminuye a 49 mil millones de dólares: los 50 mil millones de dólares pendientes de pago al principio del año se reducen en una suma igual al superávit del gobierno. Por el momento hagamos caso omiso de las dos últimas filas de la tabla 34.1.

A continuación examinemos esta misma economía exactamente con el mismo gasto, recaudación tributaria y deuda pero en una situación en la que hay una tasa de inflación *anticipada* del 10 por ciento; el caso B de la tabla 34.1. Con una inflación anticipada del 10 por ciento, la tasa de interés del mercado no será del 4 por ciento, sino del 14 por ciento. La razón por la que la tasa de interés es superior en 10 puntos porcentuales es que el valor real de la deuda pendiente disminuye en un 10 por ciento anual. Los prestamistas (familias, empresas y extranjeros que compran la deuda gubernamental) saben que el dinero que recibirán como pago de los préstamos que otorgan al gobierno, valdrá menos que el dinero que prestan. El gobierno también reconoce que el dinero que usará para liquidar su deuda tendrá un valor menor que el dinero que le prestan. Así que el gobierno y la gente que le presta fácilmente acuerdan una tasa de interés más alta para compensar los cambios previstos del valor del dinero. De manera que, con una tasa de interés del 14 por ciento, el gobierno tiene que pagar 7 mil millones de dólares de intereses de la deuda: el 14 por ciento de 50 mil millones de dólares. Cuando añadimos 7 mil millones de dólares de intereses de la deuda al resto del gasto del gobierno, el gasto total es de 24 mil millones de dólares, 4 mil millones de dólares más que la recaudación tributaria. Por tanto el gobierno tiene un déficit de 4 mil millones de dólares. Al final del año, la deuda del gobierno habrá aumentado de 50 mil millones de dólares a 54 mil millones.

La diferencia entre las dos situaciones que acabamos de describir es la tasa de inflación del 10 por ciento. Solamente eso es diferente. El gasto real del gobierno y la recaudación tributaria real son los mismos y la tasa de interés real es la misma en los dos casos. Pero al final de un año, la deuda del gobierno ha aumentado a 54 mil millones de dólares en el caso B y ha bajado a 49 mil millones de dóla-

**TABLA 34.1**

## Distorsión del déficit debido a la inflación

| | Caso A | Caso B |
|---|---|---|
| **Gasto del gobierno (excluye intereses de la deuda)** | $17 mil millones | $17 mil millones |
| **Recaudación tributaria** | $20 mil millones | $20 mil millones |
| **Deuda del gobierno** | $50 mil millones | $50 mil millones |
| **Tasa de interés del mercado** | 4 por ciento | 4 por ciento |
| **Tasa de inflación** | 0 por ciento | 10 por ciento |
| **Tasa de interés real** | 4 por ciento | 14 por ciento |
| **Intereses de la deuda pagados** | $2 mil millones | $7 mil millones |
| **Superávit (+) o déficit (−)** | +$1 mil millones | −$4 mil millones |
| **Deuda del gobierno al final del año** | $49 mil millones | $54 mil millones |
| **Deuda real del gobierno al final del año** | $49 mil millones | $49 mil millones |
| **Superávit real (+) o déficit real (−)** | +$1 mil millones | +$1 mil millones |

La inflación distorsiona el déficit medido al distorsionar los pagos de intereses de la deuda efectuados por el gobierno. En este ejemplo, la tasa de interés real es del 4 por ciento y la deuda del gobierno es de 50 mil millones de dólares, así que el interés de la deuda en términos reales es de 2 mil millones de dólares. Sin inflación, el caso A, el interés de la deuda efectivamente pagado es también de 2 mil millones de dólares. Con una inflación del 10 por ciento, el caso B, las tasas de interés suben al 14 por ciento (para poder conservar una tasa de interés real del 4 por ciento) y los intereses de la deuda suben a 7 millones de dólares. El déficit aumenta en 5 mil millones de dólares, es decir, de un superávit de mil millones de dólares a un déficit de 4 mil millones de dólares. Este déficit es aparente, no es real. Con una inflación del 10 por ciento, el valor real de la deuda del gobierno cae en 5 mil millones de dólares, lo que compensa el déficit de 4 mil millones de dólares y da como resultado un superávit real de mil millones de dólares.

res en el caso A. No obstante, la deuda real es la misma en los dos casos. Usted podrá entender esta igualdad si recuerda que, a pesar de que la deuda del gobierno aumenta a 54 mil millones de dólares en el caso B, los precios de todo han subido el 10 por ciento. Si deflactamos la deuda del gobierno en el caso B, para expresar la deuda en dólares constantes en lugar de dólares corrientes, veremos que, en el caso B, la deuda real del gobierno en realidad ha bajado a 49 mil millones de dólares. ($54 mil millones divididos entre 1.1; 1 más la tasa de inflación proporcional es igual a $49 mil millones.) Así

# El paquete de reducción del déficit de Clinton

The Wall Street Journal, 9 de agosto de 1993

## Con su firma, el Presidente borrará el legado de Reagan

por Jackie Calmes

WASHINGTON-La clintonomía está llegando.

Después del drama de su aprobación en el Senado, por 51 a 50 votos, ocurrido el viernes, el programa económico del Presidente Clinton se convertirá en ley cuando se firme esta semana, seis meses después de haberse dado a conocer.

La medida elevará los impuestos que se aplican a los ricos y a las corporaciones para echar abajo las políticas de reducción de impuestos de la era Reagan. También recortará los programas de defensa y Medicare, entre otros, para lograr que el déficit se reduzca en 496 mil millones de dólares durante los próximos cinco años. Al mismo tiempo, la medida ofrecerá miles de millones de dólares en incentivos fiscales para las empresas y los pobres...

Según analistas del Congreso, el proyecto aumentará los impuestos por un monto neto de 241 mil millones de dólares en los próximos cinco años y reducirá el gasto en 255 mil millones de dólares. Dentro de los recortes al gasto se incluyen 102 mil millones que se ahorrarán por el congelamiento del gasto, sobre todo en defensa; cerca de 56 mil millones de dólares en reducciones de los aumentos previstos para Medicare en los próximos cinco años; 7.1 miles de millones de dólares del Medicaid; y 65 mil millones que de otro modo se ten-

drían que pagar por intereses de la deuda si el déficit siguiera sin reducción...

Después del quinto año, en el año fiscal 1998, el déficit proyectado será de 213 mil millones de dólares. De no hacerse nada al respecto, se ha estimado que sería de 361 mil millones de dólares.

...Las encuestas señalan que dos terceras partes del público consideran que será la clase media quien, a través de sus hombros de los impuestos, llevará sobre sus hombros la carga del paquete; pero de hecho, la clase media sólo verá, en promedio, un incremento del 1 por ciento en sus impuestos, principalmente por el aumento al gravamen de la gasolina.

Los trabajadores que ganan menos de 30 000 dólares anuales son candidatos a beneficiarse con una reducción de impuestos, gracias a que se ha extendido el margen del ingreso obtenido por el trabajo gravado con menores impuestos. Esta reducción costará alrededor de 21 mil millones de dólares en los próximos cinco años y se aplicaría no sólo a los trabajadores con hijos, sino también a los individuos que no los tienen.

En contraste, la gente que gana más de 200 000 dólares anuales pagará un promedio del 17.4 por ciento más en impuestos. La tasa marginal máxima aumentará del 31 al 36 por ciento, para las parejas que ganan más de 140 000 dólares de ingreso gravable (115 000 para individuos solos), y al 39.6 por ciento para los que ganan más de 250 000 dólares al año...

## Lo esencial del artículo

El 6 de agosto de 1993, el Senado aprobó el programa económico del Presidente Clinton por 51 a 50 votos.

Las medidas aportarán un aumento neto de impuestos de 241 mil millones de dólares en los próximos cinco años y mantendrá el gasto 255 mil millones de dólares por debajo de lo que de otro modo habría sido.

El recorte al gasto incluye 102 mil millones de dólares de defensa, 56 mil millones de dólares del Medicare, 7.1 miles de millones de dólares del Medicaid y 65 mil millones de dólares de intereses de la deuda.

El déficit previsto para el año fiscal 1998 es de 213 mil millones de dólares, en lugar de los 361 mil millones de dólares que alcanzaría si no se realizaran cambios en la política.

# Antecedentes y análisis

La gente que gana menos de 30 000 dólares anuales pagará 21 mil millones de dólares menos de impuestos en los próximos cinco años.

La clase media estadounidense pagará, en promedio, un incremento del 1 por ciento en impuestos, debido al aumento del gravamen a la gasolina.

La gente que gana más de 200 000 dólares anuales pagará un promedio de 17.4 por ciento más en impuestos y la tasa impositiva marginal máxima aumentará del 31 al 36 por ciento para parejas que ganan más de 140 000 dólares de ingresos gravables (115 000 para individuos solos) y a 39.6 por ciento para los que ganan más de 250 000 dólares anuales.

En 1993, el gobierno federal recibió 800 mil millones de dólares, gastó 1.2 billones de dólares y tuvo un déficit de 400 mil millones de dólares (en números redondos).

Sin cambios en las políticas, el estado presupuestario que se proyectaba para 1998 era un déficit de 360 mil millones de dólares.

El paquete de reducción del déficit de 1993 propuesto por Clinton fue diseñado para lograr que en 1998 el déficit federal se haya reducido a 210 mil millones de dólares (de nuevo en números redondos). Para alcanzar este resultado, en 1998, los impuestos serán 100 mil millones anuales más altos que sin cambios de política, y el gasto se mantendrá 100 mil millones de dólares por debajo de lo que habría sido de no modificarse la política.

Para que el paquete propuesto por Clinton alcance su objetivo en 1998, la economía debe crecer con la suficiente rapidez como para generar algunas recaudaciones tributarias adicionales, como se muestra en la figura. La línea $G_0$ representa los gastos del gobierno en 1993, y la línea $T_0$ representa la recaudación tributaria de ese año. En 1993, el PIB era de 6 billones de dólares y el déficit era la distancia vertical entre $G_0$ y $T_0$.

Sin cambios de política, los impuestos habrían aumentado siguiendo la línea $T_0$ y, en 1988, con el PIB en 7.5 billones de dólares, ascenderían a mil millones de dólares. Sin embargo, el gasto también se elevaría y el gasto gubernamental aumentaría a $G_1$.

El plan de Clinton es reducir el gasto, de manera que en 1998 los gastos del gobierno sean $G_2$; y aumentar los impuestos, de modo que en 1998 éstos asciendan a $T_1$. Con estos cambios en la política, y siempre y cuando la economía continúe en expansión, el déficit disminuirá a 210 mil millones de dólares.

Los que apoyan la reaganeconomía (*Reaganomics*) y los críticos del plan de Clinton consideran que los impuestos más altos que se pretende aplicar a los grupos de altos ingresos tendrán efectos desalentadores que reducirán el ritmo del crecimiento económico y pondrán en peligro el plan de reducción del déficit.

Los que apoyan la clintonomía creen que la reducción del déficit terminará con la incertidumbre y estimulará la inversión; lo anterior dará como resultado un crecimiento económico más rápido que, a su vez, ayudará a reducir el déficit.

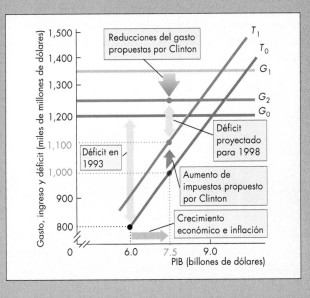

que incluso en el caso B, la situación real es que hay un superávit de mil millones de dólares. La inflación da la apariencia de que hay un déficit de 4 mil millones cuando en realidad hay un superávit de mil millones de dólares.

Por supuesto, los números de la tabla 34.1 son hipotéticos. Se refieren a dos situaciones imaginarias. Pero los cálculos que acabamos de hacer nos proporcionan un método de ajuste del déficit del gobierno de un país, para eliminar los efectos de la inflación y descubrir el déficit real. ¿Cuál es la importancia de ajustar el déficit de un país, en cuanto a la inflación, con el fin de obtener una panorámica del déficit sin ese factor?

## El déficit real y el nominal en Estados Unidos

La figura 34.5 proporciona una respuesta a la pregunta anterior. Traza los déficit nominal y real de Estados Unidos uno al lado del otro. Como podrá observarse, el déficit real no ha sido tan grande como el déficit nominal, especialmente durante la década de 1970. La razón es que la inflación fue alta en esos años. Solamente cuando la inflación disminuyó, a mediados de la década de 1980, surgió un déficit real grande y persistente.

Entonces, como se puede observar, la diferencia entre el déficit real y el nominal es una diferencia práctica importante solamente cuando la tasa de inflación es alta. Tener en cuenta la diferencia cambia nuestra apreciación de la magnitud y de la gravedad del déficit durante la década de 1970. Pero no cambia mucho las cosas en la segunda mitad de la década de 1980 y los inicios de los años noventa debido a que, para entonces, la inflación había cedido.

## Déficit e inflación

**M**uchas personas temen a los déficit del gobierno porque piensan que los déficit conducen a la inflación. ¿En verdad causan inflación? Eso depende de cómo se financia el déficit.

## El déficit real y el déficit nominal

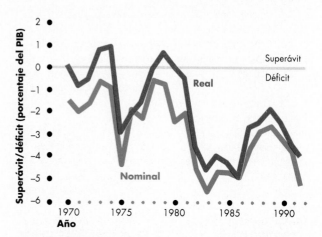

El déficit real elimina los efectos de la inflación en las tasas de interés y en el valor pendiente de la deuda del gobierno. El déficit real y el déficit nominal siguen una trayectoria similar, pero el déficit real es más pequeño que el déficit nominal. Solamente cuando la inflación disminuyó en la década de 1980, las dos medidas del déficit se acercaron.

*Fuente: Economic Report of the President,* 1993 y cálculos del autor.

## Financiamiento del déficit

Para financiar su déficit, el gobierno vende bonos. Pero el efecto de las ventas de bonos depende de quién los compra. Si los compra la Fed, ocasionan un aumento de la oferta monetaria. Pero si los compra cualquiera que no sea la Fed, entonces no ocasionan ningún cambio de la oferta monetaria.

Cuando la Fed compra bonos del gobierno, los paga mediante la creación de dinero nuevo (véase el Cap. 28, págs. 831-837). Llamamos financiamiento monetario a ese financiamiento del déficit. El **financiamiento monetario** es el financiamiento del déficit del gobierno mediante la venta de bonos al Sistema de la Reserva Federal, lo que da como resultado la creación de dinero adicional. El resto del financiamiento del déficit del gobierno se llama financiamiento con deuda. El **financiamiento con deuda** es el financiamiento del déficit del gobierno mediante la venta de bonos a cualquiera (familia, empresa o extranjero) que no sea el Sistema de la Reserva Federal.

Veamos las consecuencias de estas dos formas de financiar el déficit, comenzando por el financiamiento con deuda.

### Financiamiento con deuda

Primero, supongamos que el gobierno pide dinero prestado mediante la venta de bonos del tesoro a las familias y las empresas. Para poder vender un bono, el gobierno debe ofrecer al comprador potencial un trato lo suficientemente atractivo. En otras palabras, el gobierno debe ofrecer una tasa de rendimiento lo suficientemente alta como para convencer a la gente de que preste su dinero.

Supongamos que la tasa de interés vigente es del 10 por ciento anual. Para poder vender un bono que vale 100 dólares y pagar un déficit de 100 dólares, el gobierno no solamente tiene que prometer que reembolsará los 100 dólares al final del año, sino también que pagará un interés de 10 dólares acumulados sobre esa deuda. Entonces, para financiar un déficit de 100 dólares hoy, el gobierno tiene que pagar 110 dólares dentro de un año. Dentro de un año, simplemente para mantenerse en la misma situación, el gobierno tendría que pedir prestado 110 dólares para pagar el costo del reembolso del préstamo, con interés, del bono que vendió un año antes. Dentro de dos años, el gobierno tendrá que pagar 121 dólares, los 110 dólares obtenidos en préstamos más el 10 por ciento de interés (11 dólares) sobre los 110 dólares. El proceso continúa, con un crecimiento rápido de la suma total de deuda y de pagos totales de intereses año tras año.

### Financiamiento monetario

A continuación, consideremos lo que ocurre si en vez de vender bonos a las familias y las empresas, el gobierno vende bonos del tesoro a la Fed. Existen dos diferencias importantes en este caso comparado con el de financiamiento con deuda. Primera, el gobierno acaba pagando cero intereses por estos bonos; segunda, se crea dinero adicional.

El gobierno acaba pagando cero intereses sobre los bonos comprados por la Fed, porque ésta, aunque es una institución independiente, paga al gobierno cualquier beneficio que obtenga. Entonces, con todo lo demás constante, si la Fed recibe un millón de dólares extra del gobierno por pago

de intereses sobre los bonos del gobierno en poder de la Fed, los beneficios de la Fed aumentan en 1 millón de dólares y regresan al gobierno. En segundo lugar, cuando la Fed compra bonos al gobierno, usa dinero recientemente creado para pagarlos. Este dinero recientemente creado fluye al sistema bancario en la forma de un aumento de la base monetaria y permite a los bancos crear todavía más dinero mediante el otorgamiento de préstamos adicionales. (Véase el Cap. 27 y el Cap. 28.)

Como estudiamos en el capítulo 24 y el capítulo 31, un aumento de la oferta monetaria ocasiona un aumento de la demanda agregada. Y una demanda agregada más alta a final de cuentas ocasiona un nivel de precios más alto. El financiamiento monetario persistente conduce a un aumento continuo de la demanda agregada y a la inflación.

### Financiamiento con deuda en oposición a financiamiento monetario

Al comparar estos dos métodos de financiamiento del déficit, está claro que el financiamiento con deuda deja al gobierno con una obligación vigente de pagar interés: una obligación que crece cada año si el gobierno sigue incurriendo en déficit. Cuando el gobierno usa el financiamiento monetario, paga sus cuentas y ahí acaba el asunto. (El gobierno paga intereses a la Fed, pero ésta paga su beneficio al gobierno, así que el gobierno no tiene una obligación vigente de pagar intereses.) Así que tiene una ventaja clara, desde el punto de vista del gobierno, pagar su déficit con financiamiento monetario en vez de mediante el financiamiento con deuda. Por desgracia, esta solución ocasiona problemas inflacionarios a todo el mundo.

Sin embargo, la alternativa de financiamiento con deuda no está libre de problemas. El financiamiento del déficit mediante las ventas de bonos a familias, empresas y extranjeros, ocasiona un rápido crecimiento del tamaño de la deuda y de los pagos de intereses. Cuanto mayor es el tamaño de la deuda y de los pagos de intereses, más grande se vuelve el problema del déficit y mayor es la tentación de dar fin al proceso de financiamiento con deuda. Por eso aumenta la tentación de financiar el déficit con la venta de bonos a la Fed, es decir, usando financiamiento monetario. Esta tentación siempre presente es lo que hace que muchos teman que los déficit sean inflacionarios incluso cuando no se financian de inmediato en forma monetaria.

## Aritmética desagradable

Algunos economistas sostienen que el financiamiento con deuda puede resultar más inflacionario que el financiamiento monetario. Debido a que el financiamiento con deuda crea más deuda y una carga mayor de intereses; la cantidad de dinero finalmente creada es mayor, cuanto más se prolongue el financiamiento con deuda. Al anticipar ese resultado, la gente racional empieza a deshacerse del dinero, lo que hace que disminuya la demanda de dinero; al mismo tiempo aumenta su demanda de bienes, lo que ejerce una presión al alza sobre los precios. La inflación empieza aunque no se haya iniciado el financiamiento monetario.

Thomas Sargent (de la University of Chicago y de la Hoover Institution de la Stanford University) y Neil Wallace (de la University of Minnesota) fueron los primeros en mostrar estas posibilidades y llamaron a su hallazgo "aritmética monetarista desagradable". Es una aritmética *desagradable* porque posponer la creación de dinero empeora la inflación que la sigue. Es una aritmética *monetarista* desagradable porque ataca la proposición básica del monetarismo: que la inflación  es consecuencia exclusivamente de la tasa de crecimiento de la oferta monetaria. De acuerdo con el monetarismo, si se controla la tasa de crecimiento de la oferta monetaria, no surgirá la inflación. Según la aritmética monetarista desagradable , incluso si la tasa de crecimiento de la oferta monetaria está controlada, la inflación aparecerá si el déficit es lo suficientemente grande como para crear una expectativa respecto a su financiamiento a final de cuentas con dinero de reciente creación.

La cura de la inflación en una economía con un déficit grande y persistente no es simplemente la reducción del ritmo de creación del dinero. También debe controlarse el déficit. La reducción del crecimiento del dinero es una parte necesaria del proceso de reducción de la inflación, pero el rápido crecimiento del dinero no es la causa fundamental de la inflación y, por ende, no es la solución.

Pero para que el déficit tenga los efectos aritméticos desagradables debe ser un fenómeno persistente. Un déficit grande y que dura incluso una década no produce inevitablemente inflación. Si el

déficit realmente se va a controlar y las expectativas apuntan a que se controlará, su existencia no conduce a la inflación.

## Evidencia internacional

Tenemos una gran cantidad de experiencias de una amplia variedad de países sobre la relación entre la inflación y el déficit. ¿Qué indican esas experiencias? ¿En realidad son inflacionarios los déficit?

Esta pregunta se contesta en la figura 34.6, la cual contiene datos de la inflación y el déficit de 67 países durante la década de 1980. Los países están divididos en tres grupos: América Latina (parte a), Europa Occidental (parte b) y otros 48 países (parte c). Estos 67 países son los únicos que cuentan con datos de inflación y déficit de la mayor parte de la década de 1980.

Primero, adviértase la extraordinaria amplitud de la experiencia. La tasa de inflación máxima fue casi del 1600 por ciento anual, en Nicaragua (parte a). La tasa de inflación más baja fue de menos del 3 por ciento, en Holanda (parte b). El déficit más grande fue de casi el 20 por ciento del PIB, nuevamente en Nicaragua. El déficit más pequeño (en realidad un superávit) fue de más del 2 por ciento del PIB, en Luxemburgo.

Segundo, examínense las relaciones entre el déficit y la inflación. En los países latinoamericanos (parte a) hay una clara tendencia a la correlación de las dos variables. Los países con los déficit más grandes (Nicaragua y Bolivia) tienen las tasas de inflación más altas. Los países con los déficit más pequeños (Chile, Colombia y Uruguay) tienen las tasas de inflación más bajas. Y los países con déficit intermedios tienen tasas de inflación que también son intermedias (Argentina y Brasil). Solamente México no encaja en el cuadro. Su tasa de inflación es menor que la de países con déficit más pequeños. En Europa Occidental (parte b) existe una relación similar, aunque un tanto más débil, entre déficit e inflación. Y la relación, si bien existe, es muy vaga en los países de la parte (c).

Tercero, adviértase la posición de Estados Unidos. Su déficit se sitúa en mitad del grupo, pero su tasa de inflación es de las más bajas.

Ya hemos repasado la relación entre déficit e inflación. El déficit no es necesariamente inflacionario; pero hay una correlación entre déficit e inflación: cuanto mayor es el déficit y persiste

FIGURA **34.6**

## Déficit e inflación

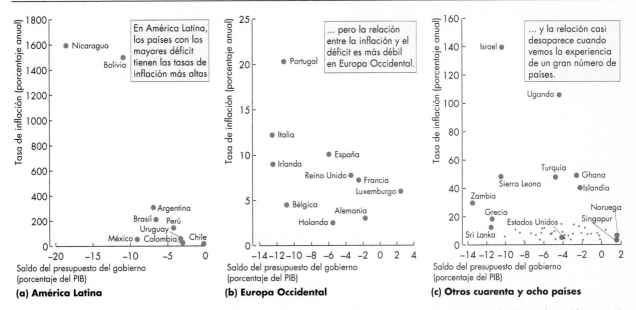

Aquí se muestra la relación entre el déficit y la inflación de 9 países latinoamericanos (parte a), 10 países de Europa Occidental (parte b) y otros 48 países — incluyendo a Estados Unidos (parte c). Existe una tendencia a que los países con déficit grandes sean países de inflación alta, pero la correlación es débil.

*Fuente: International Financial Statistics Yearbook,* 1990. El punto muestra el déficit (como porcentaje del PIB) y la inflación (índice de deflación del PIB) de cada país durante la década de 1980 (o parte de ella cuando no se dispone de datos de todo el periodo).

por más tiempo, mayores son las presiones inflacionarias.

Otra opinión común acerca del déficit es que impone una carga a las generaciones futuras. Examinaremos ahora esa opinión.

## ¿Carga sobre las generaciones futuras?

**E**s un clamor común y popular que "por nuestros hijos estamos obligados a controlar el déficit". ¿Es correcto ese popular punto de vista? ¿En qué forma representaría el déficit una carga para las generaciones futuras?

Ya hemos examinado una carga que el déficit impondría a las generaciones futuras: la carga de la inflación. Pero cuando la gente habla del déficit como una carga para las generaciones futuras, generalmente se refiere a algo más que la inflación. Por ejemplo: alguien tiene que pagar los intereses de la inmensa deuda nacional que el déficit crea. El gobierno pagará los intereses con dinero que obtiene de la gente a través de los impuestos. Se tendrán que aumentar los impuestos. ¿Serán esos impuestos una carga para las generaciones futuras?

Espere un momento: ¿Acaso no se financian los intereses pagados cada año con los impuestos recaudados cada año? Entonces ¿cómo puede ser el déficit una carga para las generaciones *futuras*? Podría ser una carga para algunos miembros de la generación futura, pero debe representar beneficios para otros, así que en conjunto se compensa.

Aunque en conjunto el interés pagado sea igual a la recaudación tributaria, puede haber efectos importantes de redistribución. Por ejemplo, una característica del déficit actual de Estados Unidos es que parte de la deuda del gobierno no la compran los estadounidenses, sino inversionistas europeos y japoneses. Así que parte de la carga futura del déficit actual consiste en que los contribuyentes estadounidenses futuros tendrán que aportar los recursos para pagar intereses a los tenedores extranjeros de la deuda del gobierno de Estados Unidos.

Existe otra forma en que el déficit actual puede empobrecer a la gente en el futuro: reduciendo el ritmo actual de inversión y el acervo de equipo de capital productivo a disposición de las generaciones futuras. Este fenómeno se llama expulsión.

## Expulsión

La *expulsión* es la tendencia a que un aumento de las compras gubernamentales de bienes y servicios ocasione una disminución de la inversión (véase el Cap. 29, pág. 891). Si se presenta la expulsión y si las compras gubernamentales de bienes y servicios se financian con deuda del gobierno, la economía tendrá una mayor deuda del gobierno y un acervo más pequeño de capital (planta y equipo). La deuda gubernamental improductiva reemplaza al capital productivo.

La expulsión *no* se presenta si:

1. Hay desempleo.
2. El déficit se origina a partir de compras gubernamentales de capital cuyo rendimiento es igual (o mayor) que el del capital comprado por el sector privado.

La expulsión *ocurre* si:

1. Hay pleno empleo.
2. El gobierno compra bienes de consumo y servicios o capital cuyo rendimiento es menor que el del capital adquirido por el sector privado.

**El nivel de empleo**   Si hay pleno empleo, el aumento de las compras gubernamentales de bienes y servicios (y un déficit mayor) deben dar como resultado una disminución de las compras de otros bienes y servicios. Pero si hay desempleo, es posible que un aumento de las compras gubernamentales (y el déficit mayor) den como resultado una disminución del desempleo y un aumento del producto. En

ese caso, el déficit no expulsa por completo otro gasto. Esta posibilidad puede ocurrir solamente durante periodos cortos y cuando la economía está en recesión.

**Compras gubernamentales productivas**   Mucho de lo que compra el gobierno es capital productivo. Carreteras, presas, aeropuertos, escuelas y universidades son algunos ejemplos evidentes. La educación y la atención médica son inversiones en capital humano productivo. El gasto de defensa protege nuestros recursos de capital físico y humano y es un gasto en capital productivo. En la medida en que el déficit es resultado de la adquisición de esos activos, no expulsa el capital productivo. Al contrario, contribuye a él.

Pero es posible que las compras gubernamentales de bienes de consumo y servicios expulsen el capital productivo. Veamos cómo.

**Cómo ocurre la expulsión**   Para que ocurra la expulsión, un déficit debe dar como resultado menos inversión, con la consecuencia de que las generaciones futuras tendrán un acervo de capital más pequeño. Esta baja del acervo de capital reducirá su ingreso y, en cierto sentido, representará una carga para ellos. (Todavía serán más ricos que antes, pero no tan ricos como lo habrían sido si hubieran tenido un acervo mayor de máquinas productivas.)

La magnitud de la inversión depende de su costo de oportunidad. Ese costo de oportunidad es la tasa de interés real. Con todo lo demás constante, cuanto más alta sea la tasa de interés, menor será la cantidad que las empresas estén dispuestas a invertir en planta y equipo nuevos. Para que el déficit del gobierno expulse la inversión, el déficit debe ocasionar un alza de las tasas de interés.

Algunas personas piensan que el déficit aumenta las tasas de interés porque el propio endeudamiento del gobierno representa un aumento de la demanda de préstamos sin que haya un aumento correlativo de la oferta de préstamos. La figura 34.7 muestra lo que ocurre en ese caso. La parte (a) muestra las curvas de demanda y oferta de préstamos. Al inicio, la demanda de préstamos es $D_0$ y la oferta de préstamos es $S_0$. La tasa de interés real es del 3 por ciento y la cantidad de préstamos otorgados es de 1 billón de dólares. La parte (b) muestra la inversión. Con una tasa de interés real del 3 por ciento, la inversión es de 0.8 billones de dólares. Supongamos ahora que el gobierno incurre en un déficit. Para financiar su déficit, el gobierno pide prestado. La demanda de préstamos aumenta y la curva de demanda de préstamos se desplaza de $D_0$ a $D_1$. La oferta de préstamos no cambia, así que la tasa de interés real sube al 4 por ciento y la cantidad de préstamos aumenta a 1.2 billones de dólares. Adviértase que el aumento de la cantidad de préstamos otorgados es menor que el aumento de la demanda de préstamos. Es decir, la curva de demanda se desplaza a la derecha en una cantidad mayor que el aumento de préstamos que en realidad ocurre. La tasa de interés más alta hace disminuir la inversión y da como resultado un acervo de capital más pequeño. Así que el saldo incrementado de la deuda del gobierno expulsa parte del capital productivo.

¿El déficit hace subir la tasa de interés real como se muestra en la figura 34.7? Muchos economistas piensan que sí y cuentan con evidencia bastante poderosa para apoyarse. Las tasas de interés reales

en Estados Unidos en la década pasada, precisamente en los años en que se tuvo un déficit real grande, han sido las más altas de la historia. Más aún, las tasas de interés reales y el déficit real muestran una tendencia a fluctuar en armonía.

Esta relación de los datos ha llevado a algunos economistas a predecir que un déficit real más alto significa tasas de interés reales más altas, menor inversión y una escala menor de acumulación de capital; la deuda del gobierno expulsa el capital productivo. En consecuencia, el producto futuro será más bajo de lo que sería en otras condiciones y el déficit representa una carga para las generaciones futuras.

## Equivalencia ricardiana

Algunos economistas no creen que los déficit expulsen la acumulación de capital. Por el contrario, argumentan, el financiamiento con deuda y el pago

---

F I G U R A **34.7**

## El déficit, el endeudamiento y la expulsión

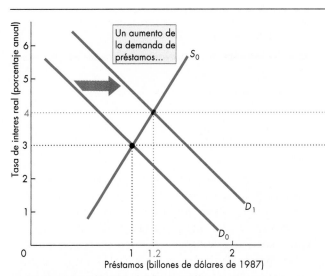

**(a) El mercado de préstamos**

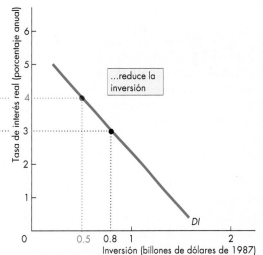

**(b) Inversión**

La parte (a) muestra el mercado de préstamos. La demanda de préstamos es $D_0$ y la oferta es $S_0$. La cantidad otorgada de préstamos es de 1 billón de dólares y la tasa de interés real es del 3 por ciento. La parte (b) muestra la determinación de la inversión. Con una tasa de interés del 3 por ciento, la inversión es de 0.8 billones de dólares. El gobierno incurre en un déficit y lo financia pidiendo prestado. El au-

mento de la demanda de préstamos por parte del gobierno desplaza la curva de demanda a $D_1$. La tasa de interés sube al 4 por ciento y la cantidad de equilibrio de los préstamos aumenta a 1.2 billones de dólares. La tasa de interés más alta genera una disminución de la inversión en la parte (b). El déficit del gobierno expulsa la acumulación de capital.

**1062**

CAPÍTULO 34  EL DÉFICIT

del gasto del gobierno con impuestos son equivalentes. Lo que importa es el nivel de compras de
bienes y servicios, no la forma en que se financia.

El primer economista que propuso esta idea
(conocida como la equivalencia ricardiana) fue el
gran economista inglés David Ricardo. Recientemente, la idea de Ricardo ha sido expuesta de nuevo con gran vigor por Robert Barro de Harvard
University. Barro sostiene lo siguiente: si el gobierno aumenta sus compras de bienes y servicios
pero no aumenta los impuestos, la gente es lo suficientemente lista como para percatarse de que el
gobierno aumentará posteriormente los impuestos
para compensar el aumento en el gasto y los pagos
de intereses sobre la deuda emitida hoy. Al reconocer que tendrá que pagar impuestos más altos después, la gente reducirá su consumo hoy y ahorrará
más. Aumentará su ahorro de tal manera que,
cuando se establezcan finalmente los impuestos más
altos, se haya acumulado riqueza suficiente para
cumplir con esas obligaciones impositivas, sin
necesidad de un recorte adicional del consumo. La
magnitud del aumento del ahorro es igual a la magnitud del aumento del gasto del gobierno.

La figura 34.8 ilustra este caso. Al inicio, la demanda de préstamos es $D_0$ y la oferta de préstamos
es $S_0$. La tasa de interés real es del 3 por ciento y la
cantidad otorgada de préstamos es de 1 billón de
dólares. El gobierno tiene un déficit y lo financia
pidiendo prestado. La curva de demanda de préstamos se desplaza hacia la derecha a $D_1$. Al mismo
tiempo, según el razonamiento de Ricardo y Barro,
hay una disminución del consumo y un aumento
del ahorro. La oferta de préstamos aumenta, lo que
desplaza la curva de oferta hacia la derecha a $S_1$.
La cantidad de préstamos aumenta de 1 billón de
dólares a 1.3 billones de dólares y la tasa de interés
se mantiene constante en el 3 por ciento. Sin cambio de la tasa de interés real, no hay expulsión de la
inversión.

Algunos economistas sostienen que la equivalencia ricardiana fracasa porque la gente tiene en
cuenta  solamente las obligaciones tributarias futuras que tendrá que soportar y no las de sus hijos
y nietos. Los que sostienen la proposición de la
equivalencia ricardiana argumentan que no importa
si las obligaciones tributarias futuras serán sopor-
tadas por los que están vivos actualmente o por sus
descendientes. Si los impuestos serán pagados por
los hijos y los nietos, la generación actual tiene en
cuenta esos impuestos futuros y ajusta su propio

FIGURA 34.8

## Equivalencia ricardiana

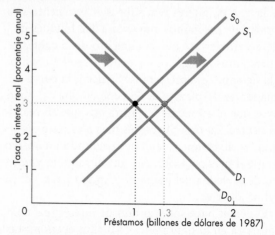

Al principio, la demanda de préstamos es $D_0$ y la oferta de préstamos
es $S_0$. La cantidad de equilibrio de préstamos es de 1 billón de dólares
y la tasa de interés real es del 3 por ciento anual. Un aumento del déficit del gobierno, financiado con endeudamiento, aumenta la demanda de préstamos, lo que desplaza la curva de demanda a $D_1$. Las
familias, al percatarse de que el aumento del déficit del gobierno
traerá un aumento futuro de los impuestos para pagar los cargos de
intereses adicionales, reducen su consumo y aumentan su ahorro. La
curva de oferta de préstamos se desplaza hacia la derecha a $S_1$. La
cantidad de equilibrio de préstamos aumenta a 1.3 billones de dólares,
pero la tasa de interés real permanece constante en el 3 por ciento
anual. No hay expulsión de la inversión.

consumo para que pueda hacer legados en una escala lo suficientemente grande como para permitir
el pago de esos impuestos.

Exponer abiertamente los supuestos necesarios
para la equivalencia ricardiana convence a la mayoría de los economistas de que la proposición de
la equivalencia ricardiana no se puede aplicar al
mundo real. Sin embargo, existe una cantidad sorprendente de evidencia que la apoya. Para poder
interpretar esa evidencia, es importante que quede
claro que la equivalencia ricardiana *no* implica que
el nivel de las compras gubernamentales no afecte
las tasas de interés reales. Un nivel alto de compras
gubernamentales, con todo lo demás constante,
ocasiona una tasa de interés real más alta. La
proposición de la equivalencia ricardiana implica
que la forma de financiamiento de un nivel dado de
compras gubernamentales no afecta las tasas de interés reales. Independientemente de si las compras

del gobierno se financian con impuestos o con préstamos, las tasas de interés reales serán las mismas.

No queda claro si es el déficit o el nivel de las compras gubernamentales de bienes y servicios lo que afecta las tasas de interés reales. Si la gente tiene en cuenta las cargas tributarias futuras (no solamente las propias sino las cargas tributarias futuras de sus hijos y nietos), entonces el ahorro responderá para compensar el déficit. El déficit en sí mismo tendrá escaso o nulo efecto sobre las tasas de interés reales y la acumulación de capital. Si la gente hace caso omiso de las implicaciones del déficit sobre las posibilidades de consumo futuro, tanto el propio como el de sus descendientes, el déficit en efecto aumentará las tasas de interés reales. El jurado no se ha pronunciado aún al respecto.

## Eliminación del déficit

Las medidas para eliminar el déficit pueden atacar ya sea el lado del ingreso o el lado del gasto del presupuesto del gobierno. Es decir, existen dos formas para eliminar el déficit:

◆ Reducción del gasto
◆ Aumento del ingreso

### Reducción del gasto

A través de la historia moderna de la mayoría de los países, el gasto del gobierno como porcentaje del PIB ha aumentado. El gobierno federal de Estados Unidos ha controlado el crecimiento del gasto gubernamental de una manera más efectiva que la mayoría de los gobiernos. En la mayor parte de los países europeos, los gobiernos gastan cerca del 50 por ciento del PIB; y en Holanda, el gasto fue de más del 53 por ciento del PIB en su punto máximo en 1983.

Muchos componentes del gasto del gobierno tienen una tendencia inherente a aumentar a un ritmo más rápido que el PIB. Dos de esos componentes son la educación y la atención médica. Incluso cuando se adquieren esos renglones en forma privada, la gente gasta en ellos una porción mayor de

sus ingresos conforme aumenta su ingreso. Cuando el gobierno tiene un papel significativo en la provisión de estos dos bienes, la presión de los votantes para que haya una mejor provisión de servicios es irresistible y al gobierno no le queda más alternativa que aumentar sus gastos para satisfacer las demandas de los votantes. Únicamente con la privatización de estas actividades se puede evitar que crezca la participación del gobierno en el PIB.

En muchos países europeos, el gobierno está privatizando una variedad de actividades manufactureras. El gobierno de Thatcher en Gran Bretaña (en la década de 1980) trató incluso de restringir su participación en la atención médica y el seguro médico. Pero en Estados Unidos hay menos campo para esa privatización. De hecho, el debate político parece inclinarse en la dirección de expandir el ámbito del gobierno en la actividad del seguro médico. Uno de los principales temas de la campaña presidencial de 1992 fue el debate acerca de la conveniencia de introducir un programa de seguro médico universal y amplio, similar al de Canadá.

A principios de la década de 1990, un factor que actuó en contra de la corriente de mayor gasto gubernamental fue el "dividendo de la paz": la reducción del gasto de defensa a consecuencia del fin de la guerra fría. Es posible que el dividendo de la paz financie el incremento de programas de salud y de otros programas sociales, sin un aumento del nivel global de gasto del gobierno. Pero es probable que este dividendo dure poco. A largo plazo, los ingresos crecientes ocasionarán un gasto más elevado.

Ante la tendencia general al aumento del gasto gubernamental, existen cuatro propuestas principales para tratar de mantener bajo control el gasto del gobierno federal:

◆ Reducción del ingreso para obligar a recortes del gasto
◆ Veto por renglones
◆ Ley de cumplimiento del presupuesto de 1990
◆ Enmienda del presupuesto equilibrado

**Reducción del ingreso para forzar recortes del gasto**   El enfoque adoptado por el gobierno de Reagan en relación con el déficit, y sostenido por Milton Friedman, se basa en la opinión de que el Congreso se comporta como un niño indisciplinado. El niño quiere más caramelos. Den un dólar al niño y el niño comprará más caramelos. No le den el dólar al niño y el niño llorará pero finalmente encontrará una forma de arreglárselas sin caramelos. Ciertamente el ingreso se redujo en la década de 1980. Como podrá ver si regresa a la figura 34.3, la recaudación tributaria como porcentaje del PIB disminuyó cada año desde 1981 hasta 1984. Aumentó (como porcentaje del PIB) en los años subsecuentes, pero no regresó a su nivel máximo de 1981. Es imposible decir cuáles fueron los efectos exactos de estos recortes de ingreso sobre el gasto. Sin embargo, parece probable que la disminución del ingreso sea en parte responsable de la restricción impuesta al crecimiento del gasto y de los programas sociales durante la década de 1980. Pero, como hemos visto, no ha reducido el gasto al nivel de la recaudación tributaria. Si este método funciona, lo hará en un lapso más prolongado de lo que la mayoría de la gente considera razonable.

**Veto por renglones**   A fin de acrecentar el poder del gobierno para controlar el gasto, se ha sugerido que se otorgue al presidente un veto por renglones. El **veto por renglones** es un poder de veto conferido a la rama ejecutiva para eliminar cualquier renglón específico del presupuesto. Muchos gobernadores de los estados tienen el poder de veto por renglones, pero no el presidente de Estados Unidos. Cuando el Congreso aprueba una ley de gasto e impuestos, el presidente debe firmarla en su totalidad o vetarla por completo. No puede eliminar renglones en particular.

Algunas personas piensan que otorgar al presidente este poder proporcionaría un bisturí más filoso y preciso para el proceso de reducción del gasto. Pero debe recordarse que el presupuesto en sí mismo surge como resultado de un compromiso y es el mejor intento del Congreso para equilibrar las demandas rivales sobre los recursos públicos. Si el presidente tuviera ese poder de veto, probablemente aumentaría el cabildeo dirigido a la propia rama ejecutiva y no habría una garantía de que el presidente fuera más estricto que el Congreso en relación con el gasto.

**Ley de cumplimiento del presupuesto de 1990**   En un intento de imponerse disciplina presupuestaria, el Congreso ha aprobado legislación encaminada a mantener el crecimiento del gasto total por debajo del crecimiento del ingreso. El intento más reciente es la Ley de cumplimiento del presupuesto de 1990. Esta ley tiene disposiciones orientadas a disminuir

el déficit del presupuesto federal en más de 0.5 billones de dólares en 1995.

La ley contiene topes de gasto y reglas de pago sobre la marcha para impedir que los programas nuevos aumenten el gasto federal total. Cualquier aumento del gasto en un programa debe ser contrarrestado por una disminución del gasto en otros programas y, en caso de violarse esta disposición, se deben realizar recortes generales del gasto para mantenerse por debajo del tope.

La ley de 1990 también permite la estabilización automática mediante un aumento del déficit durante un descenso económico. Para facilitar el funcionamiento de la política fiscal anticíclica, la ley especifica procedimientos para ajustar el déficit previsto a la luz de la situación económica.

**Enmienda del presupuesto equilibrado**   Muchas personas quieren ir más allá de una estrategia de equilibrio presupuestario que el Congreso se imponga a sí mismo, como la legislación de 1990. Quieren enmendar la Constitución de Estados Unidos para que incluya una fórmula que exija al gobierno federal un presupuesto equilibrado. Muchos economistas, incluyendo a los galardonados con el premio Nobel, Milton Friedman y James Buchanan, abogan por una enmienda a la Constitución en cuanto a un presupuesto equilibrado.

Los que están a favor de una enmienda de presupuesto equilibrado argumentan dos cosas. Primera, el proceso de debate y logro de la enmienda en sí mismo hará que se tome conciencia de la importancia de la disciplina financiera del gobierno federal. Segunda, una vez que se haya efectuado la enmienda, el Congreso tendría una excusa formidable para no acceder a todas las exigencias y demandas que se le hicieran y podría, en efecto, escudarse en la ley del presupuesto equilibrado. Los que están en contra de la enmienda alegan que es difícil, por no decir imposible, redactar la ley de tal manera que sea efectiva.

Debido a la dificultad de efectuar reducciones significativas del gasto del gobierno, mucha gente opina que la única forma de eliminar el déficit es mediante el aumento del ingreso. Examinaremos esa opción.

### Aumento del ingreso

Se han propuesto dos enfoques para aumentar el ingreso:

◆ Aumentar las tasas impositivas

◆ Reducir las tasas impositivas

¿No parece paradójico? Realmente no lo es, si recordamos que lo que el gobierno desea es aumentar la *recaudación* tributaria. La *recaudación tributaria es* el producto de la tasa impositiva por la base del impuesto. Una **tasa impositiva** es la tasa porcentual de impuesto con la que se grava una actividad particular. La **base del impuesto** es la actividad a la que se fija el impuesto. Por ejemplo, la base del impuesto para el impuesto sobre la renta de las personas físicas es el ingreso ganado menos algunas deducciones específicas. Las tasas impositivas del ingreso de las personas físicas en Estados Unidos son del 15 por ciento, 28 por ciento y 31 por ciento (dependiendo del nivel de ingreso).

Hay ambigüedad y desacuerdo acerca de si un aumento de las tasas impositivas aumenta o disminuye la recaudación tributaria. La causa del desacuerdo es algo llamado la curva de Laffer. La **curva de Laffer** (llamada así por Arthur Laffer, quien fue el primero en proponerla) es una curva que relaciona la recaudación tributaria con la tasa impositiva. La figura 34.9 ilustra una curva de Laffer hipotética. Las tasas impositivas van del 0 al 100 por ciento en el eje vertical. La recaudación tributaria, medida en miles de millones de dólares, se muestra en el eje horizontal. Si la tasa impositiva es de cero, no hay recaudación tributaria. Por eso la curva parte del origen. Al aumentar la tasa impositiva, también aumenta la recaudación, pero sólo hasta cierto máximo. En este ejemplo, una vez que la tasa impositiva ha llegado al 40 por ciento, la recaudación tributaria ha alcanzado su máximo; el punto *m* de la figura. Si la tasa impositiva rebasa el 40 por ciento, la recaudación tributaria desciende. ¿Por qué ocurre esto?

La recaudación baja porque hay una baja del nivel de la actividad gravada. Supongamos que el artículo en cuestión es la gasolina. Sin impuesto, mucha gente conduciría automóviles devoradores de gasolina y consumiría miles de millones de litros a la semana. Si se gravara la gasolina, su precio aumentaría y la cantidad comprada bajaría. Al principio, la cantidad comprada disminuye en un porcentaje menor que el aumento porcentual del impuesto, y la recaudación tributaria aumenta. Pero llega un momento en que la disminución de la cantidad demandada es mayor, en términos porcentuales, que el aumento del impuesto. En ese mo-

mento, la recaudación tributaria empieza a disminuir. La gente vende sus automóviles devoradores de gasolina, compra autos más pequeños, comparte el automóvil y usa el transporte público. La tasa impositiva sube, pero la base del impuesto baja y la recaudación tributaria disminuye.

Como podremos ver ahora, una reducción en la *tasa impositiva* disminuye o aumenta la *recaudación tributaria* según el punto de la curva de Laffer en donde estemos. Si estamos en un punto como *a*, en la figura 34.9, una disminución de la tasa impositiva da como resultado un aumento de la recaudación tributaria. Pero si estamos en el punto *b*, una disminución de la tasa impositiva da como resultado una disminución de la recaudación tribu-

**FIGURA 34.9**

## La curva de Laffer

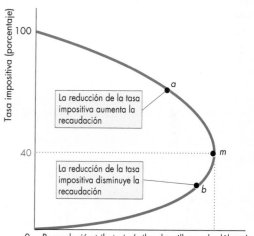

La curva de Laffer muestra la relación entre la tasa impositiva y la recaudación tributaria. Si la tasa impositiva es del 0 por ciento, el gobierno no tiene recaudación. Al aumentar la tasa impositiva, la recaudación tributaria del gobierno también lo hace, pero sólo hasta un máximo (punto *m*). Conforme la tasa impositiva continúa aumentando, la recaudación disminuye. Con una tasa impositiva del 100 por ciento, el gobierno no obtiene recaudación. Los impuestos más altos desalientan. Cuanto más gravada está una actividad, menos se emprende. Cuando la disminución porcentual de la actividad es menor que el aumento porcentual de la tasa impositiva, estamos en un punto como *b* y la recaudación tributaria aumenta. Cuando la disminución porcentual de la actividad es mayor que el aumento porcentual de la tasa impositiva, estamos en un punto como *a* y la recaudación tributaria disminuye.

**1066**

CAPÍTULO 34   EL DÉFICIT

taria. Para aumentar la recaudación tributaria del punto *b*, tenemos que subir la tasa impositiva.

Los economistas y otros observadores discuten acerca de dónde nos encontramos en la curva de Laffer para cada uno de los diversos impuestos. Algunas personas sospechan que para mercancías muy gravadas como la gasolina, los productos del tabaco y las bebidas alcohólicas, estamos en la parte curvada hacia atrás de la curva de Laffer, así que un aumento de la tasa impositiva haría disminuir la recaudación tributaria. Pero prácticamente nadie cree que ésta sea la situación de los impuestos sobre la renta de las personas físicas o de los impuestos sobre las ventas. Es mucho más probable, en el caso de esos impuestos, que un aumento de las tasas impositivas aumentara la recaudación tributaria.

El segundo enfoque para aumentar el ingreso es reformar los impuestos, con una reducción de las altas tasas impositivas marginales y quizás con la introducción de impuestos nuevos con tasas bajas en actividades que no han estado gravadas.

La búsqueda de cambios de impuestos que generen una mayor recaudación tributaria es una característica permanente de la vida económica y siempre estará presente, independientemente de que haya un déficit. Pero en una situación de déficit, esa búsqueda se vuelve más urgente.

◆ ◆ ◆ ◆ Ya hemos completado nuestro estudio de la macroeconomía y de los desafíos y problemas de la estabilización de la economía. En este estudio nos hemos concentrado principalmente en la economía de Estados Unidos. En algunos casos, hemos tenido en cuenta los vínculos de Estados Unidos con el resto del mundo, pero las relaciones económicas internacionales no han sido nuestra preocupación principal. En los capítulos restantes cambiaremos nuestro centro de atención y estudiaremos algunos temas internacionales de vital importancia. Primero, en el capítulo 35, examinaremos el intercambio internacional de bienes y servicios. En segundo lugar, en el capítulo 36, estudiaremos el financiamiento del comercio internacional y la determinación del dólar estadounidense en términos de otras monedas. En tercer lugar, en el capítulo 37, nos dedicaremos a los problemas de los países del Tercer Mundo. Y como cuarto y último, en el capítulo 38, examinaremos los sistemas económicos diferentes al de Estados Unidos, como los de la ex Unión Soviética y China.

# R E S U M E N

## Los orígenes del déficit

El déficit del gobierno federal de Estados Unidos creció a principios de la década de 1980 porque el porcentaje del PIB gastado por el gobierno federal aumentó y el porcentaje recaudado por impuestos disminuyó. El déficit, aunque ha fluctuado, ha tendido a crecer. Los principales renglones del gasto que han aumentado son los pagos de transferencia y el interés de la deuda. Pero la principal causa persistente del déficit creciente en la década de 1980 fue el aumento de los intereses de la deuda.

El déficit fluctúa en armonía con el ciclo económico. Cuando la economía está en recuperación, la recaudación tributaria aumenta y los pagos de transferencia disminuyen como porcentaje del PIB: el déficit disminuye. Cuando la economía entra en recesión, la recaudación tributaria disminuye y los pagos de transferencia aumentan como porcentaje del PIB, por lo que el déficit aumenta.

El ajuste del déficit debido a los efectos del ciclo económico da como resultado el déficit ajustado cíclicamente. Después del ajuste cíclico, el déficit se mantuvo elevado durante la expansión de la década de 1980; y volvió a aumentar en la recesión de 1991 (págs. 1047-1052).

## El déficit real

La inflación distorsiona el déficit al exagerar la carga real de intereses que soporta el gobierno. Ajustando el déficit debido a este hecho y midiendo el déficit real, se reduce el déficit de la década de 1970, pero en la década de 1980 no representa una diferencia de consideración. Los ciclos del déficit son los mismos, ya sea que se midan en términos de dólares reales o corrientes (págs. 1052-1056).

## Déficit e inflación

Si los déficit son financiados en forma monetaria, ocasionan inflación. Si son financiados con deuda, causarán inflación dependiendo de lo permanente que sean. El déficit temporal financiado con deuda no tendrá efectos inflacionarios. El déficit permanente financiado con deuda genera inflación. Ocurre así porque la acumulación de deuda produce un aumento del pago de intereses y un déficit aún más alto. En una fecha futura, el déficit será financiado en forma monetaria y la cantidad de dinero creado será mayor, cuanto más tiempo persista el déficit y más deuda se emita. El temor de la inflación futura conduce a una demanda actual de menos deuda del gobierno y de menos dinero. En consecuencia, tanto las tasas de interés como la inflación aumentan previendo un aumento futuro (y quizás en el futuro distante) de la creación de dinero para financiar el déficit (págs. 1056-1059).

## ¿Una carga para las generaciones futuras?

Si el déficit representa una carga para las generaciones futuras es motivo de controversia. Algunos economistas piensan que el déficit hace subir las tasas de interés reales, lo que expulsa la inversión y reduce la cantidad de capital que acumulamos. En consecuencia, el producto futuro será más bajo de lo que habría sido en otras circunstancias, y los efectos del déficit agobiarán a las generaciones futuras.

Otros economistas sostienen que el gasto del gobierno afecta las tasas de interés pero no la forma en que se financia ese gasto. Sugieren que si el gasto del gobierno se financia con préstamos, la gente se percatará de que los impuestos futuros tendrán que aumentar para pagar tanto el gasto como los intereses de la deuda acumulada. Y para anticipar esos impuestos futuros más altos, el ahorro aumentará en el presente y el consumo disminuirá. Así que la carga del aumento del gasto del gobierno (no la carga del déficit) se distribuye a través de las generaciones (págs. 1059-1063).

## Eliminación del déficit

Se puede eliminar el déficit mediante la reducción del gasto, el aumento del ingreso o por una combinación de ambos. Existen cuatro propuestas principales para reducir el gasto: reducir el ingreso y esperar a que el Congreso gradualmente controle el gasto; otorgar el veto por renglones al presidente; seguir objetivos de reducción del gasto como los propuestos en la Ley de cumplimiento del presupuesto de 1990; introducir una enmienda constitucional que obligue al Congreso a equilibrar el presupuesto federal. El aumento del ingreso puede ser resultado ya sea de un aumento de las tasas impositivas (si estamos en el segmento con pendiente positiva de la curva de Laffer) o de una disminución de las tasas impositivas (si estamos en el segmento curvado hacia atrás de la curva de Laffer) (págs. 1063-1066).

---

## ELEMENTOS CLAVE

### Términos clave

### Figuras clave

**1**  Enumere los principales cambios de impuestos y gasto del gobierno que tienen relación con el surgimiento del déficit del gobierno federal.

**2**  Identifique los acontecimientos ocurridos entre 1980 y 1983 que dieron como resultado un aumento del déficit del gobierno federal.

**3**  ¿Qué significa un déficit ajustado cíclicamente?

**4**  Distinga el déficit real del déficit nominal.

**5**  Para calcular el déficit real ¿qué haría usted?

**a**  Estimar los pagos de intereses en términos reales y tener en cuenta el cambio del valor real de la deuda gubernamental

**b**  Calcular los pagos de intereses en términos nominales y tener en cuenta el cambio del valor real de la deuda gubernamental

**c**  Calcular los pagos de intereses en términos reales, pero hacer caso omiso del cambio del valor real de la deuda gubernamental pendiente de pago

**6**  Explique de qué manera el financiamiento con deuda de un déficit da como resultado un rápido crecimiento de los pagos de intereses.

**7**  Explique cómo financia el gobierno su déficit con la creación de dinero.

**8**  Haga un repaso de las formas en que el déficit puede ser una carga para las generaciones futuras.

**9**  ¿Por qué algunos economistas sostienen que los impuestos y la deuda gubernamental son equivalentes y que, por tanto, el déficit no importa?

**10**  ¿Cuáles son las cuatro propuestas principales para reducir el gasto del gobierno?

**11**  ¿Por qué piensan algunos economistas que el ingreso del gobierno puede aumentarse reduciendo las tasas impositivas?

**1**  Suponga que le proporcionan la siguiente información acerca de la economía de Gastolandia. Cuando el desempleo está en su tasa natural, que es del 5.5 por ciento, el gasto del gobierno y el gasto son cada uno el 10 por ciento del PIB. No hay inflación. Por cada punto porcentual de aumento de la tasa de desempleo, el gasto del gobierno aumenta 1 punto porcentual del PIB y la recaudación tributaria baja 1 punto porcentual del PIB. Suponga que Gastolandia experimenta un ciclo en el que la tasa de desempleo tiene los valores siguientes:

| Año | 1 | 2 | 3 | 4 | 5 | 6 | 7 |
|---|---|---|---|---|---|---|---|
| **Tasa de desempleo** | 5 | 6 | 7 | 6 | 5 | 4 | 5 |

**a**  Calcule el déficit real (como porcentaje del PIB) para cada año.

**b**  Calcule el déficit ajustado cíclicamente de Gastolandia.

**2**  Sin incluir los intereses de la deuda, el gasto del gobierno en la Isla del Ensueño es de 8.5 miles de millones de dólares. Los impuestos son de 10 mil millones de dólares. El gobierno tiene una deuda pendiente de pago de 25 mil millones de dólares. Las tasas de interés son del 24 por ciento y hay una tasa de inflación del 20 por ciento. Calcule lo siguiente:

**a**  Los intereses de la deuda que paga el gobierno

**b**  El superávit o déficit del presupuesto del gobierno

c El valor de la deuda gubernamental pendiente de pago al final del año

d El déficit real del gobierno

e El valor real de la deuda pendiente de pago del gobierno al final del año

**3** La tasa de rendimiento del capital privado es del 5 por ciento. El gobierno planea un aumento de los programas de atención médica y bienestar con un costo anual de 100 mil millones de dólares. Se espera que estos programas mejoren la salud y la productividad del trabajo, lo que dará como resultado un aumento del PIB de 50 mil millones de dólares anuales. Hay empleo pleno.

a ¿Cuál es el costo de oportunidad del programa gubernamental?

b ¿Representa una diferencia para el costo de oportunidad del programa si se financia con impuestos corrientes, con préstamos o con creación de dinero?

c ¿Será el programa una carga o un beneficio para las generaciones futuras si se financia con préstamos?

# PARTE 13

# ECONOMÍA INTERNACIONAL

**Conversación**

**con**

**Laura**

**Tyson**

Laura Tyson nació en Nueva Jersey en 1947. Estudió la licenciatura en la Smith College y obtuvo el doctorado en economía en el MIT en 1974. La doctora Tyson es profesora de economía y de administración de empresas en la University of California en Berkeley y directora del Consejo de Asesores Económicos del Presidente Clinton. Su principal campo de trabajo ha sido el rendimiento comercial y de competitividad de Estados Unidos.

**Profesora Tyson, ¿cómo se dedicó a la economía?**

La economía me atrajo de inmediato cuando la estudié por primera vez en mi segundo año en la universidad. Me fascinaron tanto los aspectos internacionales como los de política pública; es decir, cómo los distintos países tratan de resolver sus problemas económicos básicos y la relación mutua entre los problemas y los países. También estaba buscando una forma para combinar mis instintos analíticos con una disciplina de política pública, y la economía era una combinación maravillosa.

**La mayoría de los economistas están a favor del libre comercio. Pero algunos, quizás un número creciente, piensan que cierto grado de proteccionismo puede ayudar a un país en desarrollo a despegar. ¿Cuál es su posición en el debate "libre comercio contra proteccionismo" respecto a los países en desarrollo?**

Como la mayoría de los economistas, me considero a favor del libre comercio. Creo que el GATT ha proporcionado beneficios significativos al mundo al

derrumbar muchas de las barreras formales al comercio. Me gustaría que hubiera más comercio libre. Mis estudios de la interacción de los países indica que el libre comercio como un ideal no existe; en realidad estamos muy lejos de alcanzarlo. Los países tienen que esforzarse mucho para que se dé un cambio en el plano internacional. Al mismo tiempo, tienen que usar las políticas internas a su disposición para compensar el hecho de que no existe el libre comercio.

El comercio es de importancia crítica para generar mayor prosperidad en los países en desarrollo. Los países en desarrollo no pueden depender de la ayuda o de la inversión en la misma medida que en el pasado. Dependen del comercio en la economía mundial para aumentar su prosperidad. Se han vuelto sumamente dependientes de su capacidad para encontrar mercados a sus productos.

Es probable que el comercio entre los países pobres y ricos se base en diferentes dotaciones de recursos, lo que da como resultado diferencias de ventaja comparativa. Ésta es la clase de comercio que la teoría tradicional del comercio explica y la clase de comercio que beneficia a ambas partes. Cuando existen grandes diferencias entre el nivel de desarrollo y las dotaciones de recursos, los países de ambos lados de la relación comercial pueden beneficiarse mediante la explotación de esas diferencias y con la especialización en cosas en las que son buenos: su ventaja comparativa. Así, se tiene un argumento poderoso a favor del libre comercio entre países desarrollados y en desarrollo.

### ¿Qué nos puede decir del comercio entre países desarrollados como Japón y Estados Unidos?

Una buena parte del comercio entre países desarrollados no se basa en una ventaja comparativa simple, porque todos ellos son bastante similares en la dotación subyacente de recursos y en las capacidades tecnológicas. Más bien, ese comercio a menudo se basa en diferencias de calidad, diseño, fiabilidad y otras características de los productos distintas del precio. Ese comercio se efectúa en mercados de competencia imperfecta en los que se puede manipular la ventaja comparativa y los patrones de comercio, mediante el poder de mercado de cada empresa y las intervenciones de política de cada gobierno.

Para la elaboración de la política nacional bien informada en esos mercados, las elecciones reales no son elecciones simples entre libre comercio y protección, sino elecciones acerca de la combinación apropiada de liberalización e intervención gubernamental que mejore el bienestar económico nacional y a la vez sostenga un sistema abierto de comercio internacional.

El GATT debe ser revisado para que atienda las causas de fricciones comerciales entre los países desarrollados. Las reglas acerca de las políticas fronterizas tradicionales, como los aranceles y las cuotas, ya no son suficientes. La profunda interdependencia de las naciones exige una profunda integración: la armonización de diferencias nacionales significativas y el desarrollo de reglas multilaterales que se puedan cumplir y que regulen políticas no fronterizas como la protección de la propiedad intelectual, la política de competencia y la política industrial.

### Parece haber una tendencia creciente hacia la formación de grandes bloques comerciales regionales: los dos más importantes son la Unión Europea y el Tratado de Libre Comercio de América del Norte. ¿Cuáles son los beneficios de los grandes bloques comerciales regionales como éstos?

Pienso que los beneficios de los bloques comerciales son en realidad de dos clases. Primero, de-

> "[**e**ntre los países desarrollados] Las reglas acerca de las políticas fronterizas tradicionales, como los aranceles y las cuotas ya no son suficientes."

bido a los beneficios del comercio más libre y de la especialización, es probable que los países que están dentro de un bloque comercial crezcan más rápido. Un crecimiento más rápido y un incremento de la prosperidad en el bloque alentarán, a su vez, las importaciones que llegan de fuera del bloque. Esto se llama el "efecto de creación de comercio": habrá nuevas oportunidades de comercio, incluso para los países que no son miembros del propio bloque. Todo el mundo se beneficia.

Segundo, un bloque comercial puede servir de modelo para crear un cambio del sistema y establecer nuevas reglas multilaterales. Los aspectos políticos de formar una zona de libre comercio son muy complicados. Si, durante el transcurso de décadas, un grupo de países como los de Europa desarrollan lentamente un conjunto común de reglas e instituciones, lo que aprendan en el proceso puede ser una fuente rica de lecciones y de educación para el resto del mundo.

**¿Cuáles son los peligros que surgen con la creación de estos grandes bloques regionales?**

Pienso que los costos posibles de los bloques también son de dos clases. Ante todo, existe lo que los economistas llaman "desviación de comercio" en contraposición a la creación de comercio. La desviación de comercio siempre ocurre cuando se forma un bloque, porque los bloques en forma inherente discriminan. Por definición, el bloque derriba las barreras entre los países del bloque, pero no entre ellos y el resto del mundo. Como resultado, la formación de un bloque cambia los incentivos para comerciar, lo que alienta el comercio entre los miembros del bloque a costa del comercio entre ellos y el resto del mundo. Por ejemplo, cuando Francia y Alemania eliminan una barrera para comerciar entre ellas, tienen un incentivo para comerciar más entre sí y menos con otros países como Estados Unidos, con quien persisten las barreras comerciales. Éste es el efecto de desviación de comercio.

El efecto de desviación de comercio actúa en conflicto con el efecto de creación de comercio. Por un lado, el efecto de creación de comercio ayudará a Estados Unidos: si toda Europa crece más rápidamente, habrá un mercado más grande para Estados Unidos. Por otro lado, el efecto de desviación de comercio dañará a Estados Unidos porque una ventaja que antes tenía ha disminui-

do. Los países que integran un bloque pueden atenuar el efecto de desviación o empeorarlo, lo que depende de si aumentan o bajan sus barreras comunes al comercio con países que no pertenecen al bloque.

La segunda desventaja fundamental de la creación de un bloque regional de comercio es lo que podría llamarse "desviación de la atención". Los países pueden gastar tanta energía y capital político trabajando en su propio bloque, que no les queda nada para trabajar en el sistema del GATT. Es necesario el esfuerzo colectivo de Estados Unidos, Europa y Japón para mejorar el GATT. Pero si los europeos están sumamente ocupados en atender a su propio desarrollo regional, quizás no tengan la voluntad política o la energía para comprometerla en el proceso colectivo de solución de problemas.

**¿Cómo serán las barreras comerciales entre Europa y el resto del mundo durante los próximos diez años?**

Ésa es una pregunta sin respuesta en este momento. Existe un gran conflicto en Europa entre los liberalizadores que quieren derribar esas barreras y los que realmente quieren proteger Europa para los europeos. No está claro cómo se resolverá este conflicto, pero será muy sensible a lo que suceda en la economía mundial. Si la economía mundial permanece en una fase de crecimiento lento, es más probable que veamos un resultado proteccionista en Europa, conforme los europeos se esfuercen en conservar el empleo y la producción en casa.

### ¿Cuáles son los desafíos y las oportunidades que crean las nuevas naciones emergentes de Europa Oriental?

Hay tres desafíos principales. El primero es la estabilización macroeconómica. Estas economías deben reconstruirse sobre sólidos cimientos macroeconómicos. Deben controlarse los déficit fiscales; las políticas monetaria y crediticia deben controlar las presiones inflacionarias; y las deudas externas pendientes deben pagarse de acuerdo con el programa. De otra forma, las crisis macroeconómicas socavarán la transición, como han socavado los esfuerzos realizados por los países en desarrollo de otras partes del mundo para construir prósperas economías de mercado. El segundo desafío es la reestructuración de la composición de la base económica. Debido a que los países de Europa Oriental estaban encerrados en sí mismos y comerciaban principalmente entre sí, han heredado una base industrial que no es competitiva según los estándares internacionales. Muchas industrias tienen que reducir su tamaño en forma notable y algunas tendrán que cerrar por completo porque sim-

plemente no cumplen las exigencias del mercado internacional. Además, muchas cosas que no existen deben crearse, como adecuadas infraestructuras de servicios financieros y de servicios de transporte. Estos países carecen de la serie completa de industrias y actividades que sostienen a las economías industriales modernas. El último desafío es la propia reforma económica. Con esto quiero decir el cambio de instituciones y de ambiente de políticas en el que cada consumidor y productor toma sus decisiones. Es distinto del desafío de la reestructuración económica que cambia la composición de la economía; este tercer desafío implica el cambio de las instituciones básicas de la economía; por ejemplo, privatizar las instituciones que maneja el Estado.

Después de dos años de reformas económicas, vemos ahora que el proceso en sí mismo es muy lento. Es posible manejar las crisis macroeconómicas con relativa rapidez, aunque con un considerable riesgo político debido al dolor y la austeridad que impone la estabilización macroeconómica. Sin embargo, la reforma y la privatización no son cambios que ocurran con rapidez. Los problemas son demasiado grandes y las soluciones son escasas.

Consideremos ahora las oportunidades. Muchos de los países de Europa Oriental no son pobres según los estándares internacionales. Suena ridículo cuando se piensa en el sufrimiento que se está presentando allá, pero se tiene que comparar con el sufrimiento en otras partes del mundo. Su relativa prosperidad quizás permita a los países de Europa Oriental efec-

tuar una transición difícil sin descarrilarse políticamente. La segunda ventaja es su ubicación. Los flujos comerciales aún son más grandes, en forma desproporcionada, entre países que están cerca. Por tanto, los países de Europa Oriental se benefician de estar cerca de Europa Occidental, que pronto se convertirá en el mercado desarrollado más grande del mundo. Por último, estos países tienen fuerzas de trabajo sumamente educadas e inician con niveles altos de capacitación. Sus altos niveles de logros en educación acrecientan la habilidad de sus trabajadores para capacitarse.

### ¿Cuáles son los principios clave de economía que le parecen más útiles en su trabajo como economista especialista en el ámbito internacional ?

Pondría, en primer término, la ventaja comparativa. Los estudiantes tienen que comprender los beneficios de la especialización. Necesitan entender en qué forma las diferencias de dotación de recursos y de tecnologías pueden conducir a diferencias de costos. Además, necesitan reconocer que no todos los países pueden hacer todo bien y que los países tienen que especializarse en aquellas cosas que hacen relativamente bien.

Todavía iría más lejos, porque soy una economista orientada a las políticas, y diría que la ventaja comparativa es hasta cierto punto heredada y hasta cierto punto creada. La clave para los que for prender políticas que acrecienten la ventaja comparativa de lamulan políticas nacionales es emnación o que creen nuevas ventajas mediante la creación de nuevas habilidades de la fuerza de trabajo y nuevas tecnologías.

También es importante que los estudiantes y los que formulan políticas entiendan el papel de la competencia imperfecta. La teoría tradicional de la ventaja comparativa se basa en la idea de mercados de funcionamiento perfecto, pero casi todas las industrias que son fundamentales para el comercio entre los países desarrollados tienen algunas de las características de los mercados de competencia imperfecta. Cuando no existen los mercados perfectos, puede haber un papel para la intervención gubernamental, ya que el libre comercio no siempre produce resultados que acrecientan el bienestar.

**¿Qué aconsejaría a un estudiante que emprende el estudio de la economía y está interesado en una carrera que ponga el énfasis en los aspectos internacionales de nuestra disciplina?**

Yo aconsejaría a los estudiantes que estudiaran la economía comparada, así como la economía internacional, porque es importante entender cómo están organizadas las economías nacionales y cómo se establece la interacción entre ellas. Ya que la forma en que los países se organizan para resolver sus problemas económicos está influida por su política, también sugeriría que los estudiantes siguieran un curso o dos de ciencia política. También deberían leer regularmente una publicación económica internacional, como *The Economist* of *Financial Times*. Por último, recomiendo enfáticamente que trabajen o estudien en el extranjero en algún momento de su carrera universitaria. Estudiar en su país es un sustituto imperfecto de vivir en el extranjero cuando se trata de tener una conciencia real de las diferencias entre los países.

"**C**uando no existen los mercados perfectos, puede haber un papel para la intervención gubernamental, ya que el libre comercio no siempre produce resultados que acrecientan el bienestar."

# CAPÍTULO 35

**Después de estudiar este capítulo, usted será capaz de:**

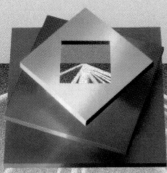

◆ Describir los patrones y tendencias del comercio internacional

◆ Explicar la ventaja comparativa

◆ Explicar por qué todos los países pueden ganar con el comercio internacional

◆ Explicar cómo se ajustan los precios para producir un comercio equilibrado

◆ Explicar en qué forma las economías de escala y la diversidad de gustos conducen a ganancias del comercio internacional

◆ Explicar por qué las restricciones al comercio reducen el volumen de importaciones y exportaciones y reducen nuestras posibilidades de consumo

◆ Explicar por qué existen las restricciones al comercio a pesar de que reducen nuestras posibilidades de consumo

**D**ESDE TIEMPOS REMOTOS, LA GENTE HA PUGNADO POR EX-
pandir su comercio hasta donde lo ha permitido la tecnología. Se han encontrado monedas romanas en las
ruinas de antiguas ciudades de la India, y Marco Polo
abrió la ruta de la seda entre Europa y China en el
siglo trece. Hoy, barcos contenedores cargados de automóviles y máquinas, y Boeing 747 repletos de ali-
mentos frescos del campo surcan las rutas marítimas y aéreas, transportando
miles de millones de dólares en mercancías. ¿Por qué la gente se esfuerza tanto en
comerciar con personas de otras naciones? ◆ ◆ En años recientes, un aumento
considerable de la penetración de la industria extranjera del automóvil en Estados
Unidos ha ocasionado una severa contracción de la industria del automóvil de ese
país. Han desaparecido muchos empleos en Detroit y
otras ciudades productoras de autos; esto ha creado
lo que se ha llamado el cinturón de herrumbre.
¿Compensan los beneficios del comercio internacio-

## Rutas de la seda y cinturones de herrumbre

nal el costo de los empleos que desplaza la competencia externa? ¿Podríamos,
como a menudo alegan los políticos, mejorar nuestra economía restringiendo las
importaciones? ◆ ◆ Los salarios que ganan los trabajadores en las fábricas
textiles y electrónicas de Singapur, Taiwán y Hong Kong son bajos en comparación con los sueldos en Estados Unidos. Evidentemente, estos países pueden producir bienes manufacturados a un costo mucho menor que en Estados Unidos.
¿Cómo puede competir este país con los que pagan a sus trabajadores una
fracción de los salarios de Estados Unidos? ¿Acaso existe alguna industria,
además de la industria cinematográfica de Hollywood, en la que Estados Unidos
tenga ventaja? ◆ ◆ En la década de 1930, el Congreso aprobó la Ley

Smoot-Hawley, una ley que aumentó los impuestos a la importación en 60 por ciento, lo que provocó amplias represalias por parte de los principales países comerciales del mundo. En cambio, después de la Segunda Guerra Mundial, un proceso de liberalización del comercio ocasionó la creación del Acuerdo General sobre Aranceles y Comercio (GATT) y una reducción gradual de impuestos a las importaciones. ¿Cuáles son los efectos de los impuestos en el comercio exterior? ¿Por qué no existe el comercio internacional completamente libre de restricciones?

◆ ◆ ◆ ◆ En este capítulo aprenderemos acerca del comercio internacional. Descubriremos cómo *todas* las naciones pueden ganar especializándose en la producción de los bienes y servicios en los que tienen una ventaja en comparación con otras e intercambiando entre ellas parte de su producto. Averiguaremos que todos los países pueden competir, sin importar lo altos que sean sus salarios. También explicaremos por qué, a pesar de que el comercio aporta beneficios a todos, los países lo restringen. Veremos quién padece y quién se beneficia cuando se restringe el comercio internacional.

## Patrones y tendencias del comercio internacional

Los bienes y servicios que compramos a la gente de otros países se llaman **importaciones**. Los bienes y servicios que vendemos a la gente de otros países se llaman **exportaciones**. ¿Cuáles son las cosas más importantes que importamos y exportamos? La mayoría de la gente supondría que un país rico como Estados Unidos importa materias primas y exporta bienes manufacturados. Aunque ésa es una característica del comercio internacional de Estados Unidos, no es la más importante. El mayor volumen de sus exportaciones *e* importaciones son bienes manufacturados. Vende máquinas excavadoras, aviones, supercomputadores y equipo científico y compra televisores, videograbadoras, pantalones vaqueros y camisetas. Así mismo, Estados Unidos es uno de los principales exportadores e importadores de productos agrícolas y mate-

**TABLA 35.1**

## Exportaciones e importaciones de Estados Unidos en 1992

| Categoría | Exportaciones | Importaciones | Balanza |
|---|---|---|---|
| | (miles de millones de dólares) | | |
| **Productos agrícolas** | 43.9 | 27.9 | 16.0 |
| **Suministros y materiales industriales (con excepción de los agrícolas)** | 109.6 | 139.8 | – 30.2 |
| **Bienes manufacturados** | 285.8 | 367.8 | – 82.0 |
| **Servicios** | 178.5 | 123.4 | 55.1 |
| **Total** | 617.8 | 658.9 | – 41.1 |

*Fuente: Survey of Current Business, mayo de 1993, vol. 73.*

rias primas. También importa y exporta un volumen enorme de servicios. Veamos el comercio internacional de Estados Unidos en un año reciente.

### El comercio internacional de Estados Unidos

La tabla 35.1 clasifica el comercio internacional de Estados Unidos en cuatro categorías principales de bienes: productos agrícolas, suministros y materiales industriales, bienes manufacturados y servicios. La segunda columna proporciona el valor de las exportaciones de Estados Unidos y la tercera columna proporciona el valor de sus importaciones. La cuarta columna presenta la balanza comercial de las diversas categorías. **La balanza comercial** es el valor de las exportaciones menos el valor de las importaciones. Si la balanza es positiva, entonces el valor de las exportaciones es superior al valor de las importaciones y Estados Unidos es un **exportador neto**. Pero si el saldo es negativo, el valor de las importaciones es superior al valor de las exportaciones y Estados Unidos es un **importador neto**.

**Comercio de mercancías** Aproximadamente el 80 por ciento del comercio internacional de Estados Unidos es comercio de mercancías y el 20 por ciento es comercio de servicios. De las categorías de mercancías comerciadas, la más importante es, con mucho, la de bienes manufacturados. Pero el valor

TABLA **35.2**

## Exportaciones e importaciones de bienes de Estados Unidos en 1990: algunos productos individuales importantes

| Producto | Exportaciones | Importaciones | Balanza |
|---|---|---|---|
| | (miles de millones de dólares) | | |
| Aviones | 32.3 | 10.7 | 21.6 |
| Maquinaria | 119.8 | 104.6 | 15.2 |
| Granos | 14.9 | – | 14.9 |
| Químicos | 28.4 | 14.3 | 14.1 |
| Automóviles | 37.4 | 87.3 | – 49.9 |
| Combustibles | 14.0 | 65.7 | – 51.7 |
| Bienes manufacturados de consumo | 43.3 | 105.7 | – 62.4 |

*Fuente: Survey of Current Business,* diciembre de 1991, vol. 71.

TABLA **35.3**

## Comercio de servicios de Estados Unidos en 1990

| Categoría | Exportaciones | Importaciones | Balanza |
|---|---|---|---|
| | (miles de millones de dólares) | | |
| Viajes y transportes | 75.2 | 71.1 | 4.1 |
| Otros servicios | 48.2 | 18.7 | 29.5 |
| Servicios militares | 9.9 | 17.1 | –7.2 |
| Total | 133.3 | 106.9 | 26.4 |

*Fuente: Survey of Current Business,* diciembre de 1991, vol. 71.

total de las exportaciones de bienes manufacturados es menor que el de las importaciones: Estados Unidos es un importador neto de bienes manufacturados. Estados Unidos es también un importador neto de suministros industriales. Es un exportador neto de productos agrícolas y de servicios.

La tabla 35.2 destaca algunos de los artículos principales de las importaciones y exportaciones de bienes de Estados Unidos. Las exportaciones netas más importantes del país son aviones, maquinaria, granos y químicos. Las importaciones netas más grandes del país son los bienes manufacturados de consumo, combustible y automóviles (incluyendo piezas de automóvil).

**Comercio de servicios**  Una quinta parte del comercio internacional de Estados Unidos no es de bienes sino de servicios. Usted se preguntará cómo puede un país "exportar" e "importar" servicios. Veamos algunos ejemplos.

Supongamos que Felipe ha decidido tomarse unas vacaciones en Francia y viaja en un vuelo de Air France desde Nueva York. Lo que él compra a Air France no es un bien, sino un servicio de transporte. Aunque el concepto al principio parezca extraño, en términos económicos Felipe está importando un servicio de Francia. Ya que él paga con dinero de Estados Unidos a una empresa francesa a cambio de un

servicio, no importa que la mayor parte del tiempo de vuelo sea sobre el Océano Atlántico. Más aún, el dinero que Felipe gasta en Francia en cuentas de hotel, comidas en restaurantes y otras cosas se clasifican como importaciones de servicios. De manera similar, las vacaciones que se toma un estudiante francés en otro país se contabilizan como exportaciones de servicios a Francia.

Cuando importamos televisores de Corea del Sur, el propietario del barco que transporta esos televisores podría ser griego y la empresa que asegura la carga podría ser británica. Los pagos que efectuamos para el transporte y el seguro a empresas griegas y británicas son también pagos por las importaciones de servicios. De manera similar, cuando una empresa naviera estadounidense transporta vino de California a Tokio, el costo de transporte es la exportación de un servicio a Japón.

La importancia de los diversos componentes del comercio de servicios se presenta en la tabla 35.3. Como podrá ver, el transporte y los viajes son los renglones más grandes; representan más del 50 por ciento de las exportaciones y casi el 70 por ciento de las importaciones.

**Patrones geográficos**  Estados Unidos tiene vínculos comerciales con casi todas las regiones del mundo, excepto Europa Oriental, donde el comercio prácticamente no existe. Como podrá ver en la tabla 35.4, sus mayores socios comerciales son Canadá y la Unión Europea. Sus *importaciones* de Japón y de los países recién industrializados de Asia, como Hong Kong, Singapur, Corea del Sur y Tai-

TABLA 35.4

## Exportaciones e importaciones de Estados Unidos de mercancías en 1992: distribución geográfica

| País o región | Exportaciones | Importaciones | Balanza |
|---|---|---|---|
| | (miles de millones de dólares) | | |
| Canadá | 90.4 | 100.7 | − 10.3 |
| Japón | 46.9 | 96.9 | − 50.0 |
| Unión Europea | 100.6 | 94.0 | 6.6 |
| América Latina | 75.3 | 69.1 | 6.2 |
| Resto de Europa Occidental | 13.8 | 17.4 | − 3.6 |
| Europa Oriental | 5.6 | 2.0 | 3.6 |
| Resto de Asia y África | 98.0 | 151.7 | − 53.7 |
| Australia, Nueva Zelanda y América del Sur | 8.7 | 3.7 | 5.0 |
| Total | 439.3 | 535.5 | − 96.2 |

*Fuente: Survey of Current Business, marzo de 1993, vol. 73.*

FIGURA 35.1

## Balanza comercial de Estados Unidos

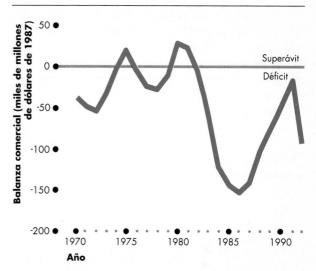

La balanza comercial ha fluctuado en torno a cero pero, desde 1982, las importaciones han sido superiores a las exportaciones y ha surgido un déficit.

*Fuente: Economic Report of the President, 1993.*

wán son también muy grandes. Su déficit del comercio internacional es casi exclusivamente con este grupo de países.

### Tendencias del comercio

El comercio internacional se ha convertido, en forma creciente, en una parte importante de la vida económica de Estados Unidos. En 1950 exportó menos del 5 por ciento del producto total e importó solamente el 4 por ciento de los bienes y servicios que consumió. En los años transcurridos desde entonces, el porcentaje ha aumentado en forma continua y, actualmente, es de más del doble de su nivel de 1950.

En cuanto a las exportaciones, todas las principales categorías de mercancías han participado del volumen creciente de comercio internacional. Maquinaria, alimentos y materias primas se han mantenido como los componentes más importantes de las exportaciones y en forma aproximada han conservado su participación en las exportaciones totales.

Pero han ocurrido cambios notables en la composición de las importaciones. Las importaciones de alimentos y de materias primas han disminuido constantemente. Las importaciones de combustibles aumentaron en forma destacada en la década de 1970, pero disminuyeron en la década de 1980. Las importaciones de maquinaria de todo tipo, después de ser un porcentaje bastante estable de las importaciones totales hasta mediados de la década de 1980, se aproximan ahora al 50 por ciento de las importaciones totales.

Ha habido importantes tendencias en la balanza global del comercio internacional de Estados Unidos en años recientes. Esa *balanza comercial* global (de bienes y servicios) se muestra en la figura 35.1. Como podrá ver, el saldo fluctúa en torno al cero, pero desde 1982 ha habido un gran exceso de importaciones en relación con las exportaciones (un saldo comercial negativo).

### Balanza comercial y endeudamiento externo

Cuando la gente compra más de lo que vende tiene que financiar la diferencia con préstamos. Cuando vende más de lo que compra, puede usar el excedente para otorgar préstamos a otros. Este principio sencillo que rige el ingreso y el gasto, y el endeudamiento y el otorgamiento de préstamos de individuos y empresas, constituye también una característica de la balanza comercial. Si importamos más de lo que exportamos, tenemos que financiar la diferencia pidiendo préstamos al extranjero. Cuando exportamos más de lo que importamos, otorgamos préstamos al extranjero para permitirles comprar bienes que exceden el valor de los bienes que nos han vendido.

Este capítulo *no* abarca los factores que determinan la balanza comercial y la magnitud del endeudamiento y otorgamiento de préstamos internacionales. Se ocupa de explicar el volumen, patrón y direcciones del comercio internacional más que su balanza. Para poder concentrarnos en estos temas, construiremos un modelo en el que no hay endeudamiento ni otorgamiento de préstamos internacionales, solamente comercio internacional de bienes y servicios. Veremos que podemos comprender lo que determina el volumen, patrón y dirección del comercio internacional y también establecer los beneficios y costos de las restricciones de comercio en este marco. Este modelo puede ampliarse para incluir el endeudamiento y otorgamiento de préstamos internacionales, pero esa ampliación no modifica las conclusiones a las que llegaremos aquí acerca de los factores que determinan el volumen, patrón y dirección del comercio internacional.

Empecemos ahora con el estudio de estos factores.

## Costo de oportunidad y ventaja comparativa

Apliquemos al comercio entre los países las lecciones que aprendimos en el capítulo 3 en relación con las ganancias del comercio de Silvia y Pepe. Empezaremos recordando cómo podemos usar la frontera de posibilidades de producción para medir el costo de oportunidad.

### Costo de oportunidad en Pionerolandia

Pionerolandia (un país ficticio) puede producir grano y automóviles en cualquier punto que esté den-

**FIGURA 35.2**

## Costo de oportunidad en Pionerolandia

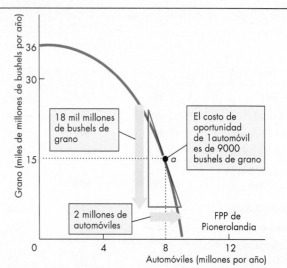

Pionerolandia produce y consume 15 mil millones de bushels de grano y 8 millones de automóviles al año. Es decir, produce y consume en el punto *a* de su frontera de posibilidades de producción. El costo de oportunidad se mide como la pendiente de la frontera de posibilidades de producción. En el punto *a*, 2 millones de automóviles cuestan 18 mil millones de bushels de grano. En forma equivalente, 1 automóvil cuesta 9000 bushels de grano, o 9000 bushels cuestan 1 automóvil.

tro o en los límites de su frontera de posibilidades de producción mostrada en la figura 35.2. (Mantendremos constante la producción de todos los otros bienes que Pionerolandia produce.) Los pioneros (habitantes de Pionerolandia) consumen todo el grano y automóviles que producen y están operando en el punto *a* de la figura. Es decir, Pionerolandia está produciendo y consumiendo 15 mil millones de bushels de grano y 8 millones de automóviles cada año. ¿Cuál es el costo de oportunidad de un automóvil en Pionerolandia?

Podemos contestar esa pregunta calculando la pendiente de la frontera de posibilidades de producción en el punto *a*. Como descubrimos en el capítulo 3, (págs. 57-60), la pendiente de la frontera mide el costo de oportunidad de un bien en términos de otro. Para medir la pendiente de la frontera en el punto *a*, trace una línea recta que sea tangente a la frontera en el punto *a* y calcule la pendiente de esa línea recta. Recuerde que la fórmula para la pendiente de una línea es el cambio del valor de la variable medida en el eje de las *y* dividido entre el cambio

## FIGURA 35.3

### Costo de oportunidad en Imperio Mágico

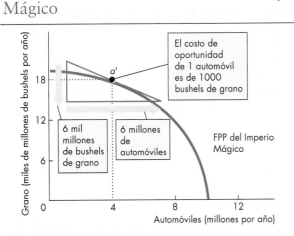

El Imperio Mágico produce y consume 18 mil millones de bushels de grano y 4 millones de automóviles por año. Es decir, produce y consume en el punto *a'* de su frontera de posibilidades de producción. El costo de oportunidad se mide mediante la pendiente de la frontera de posibilidades de producción. En el punto *a'*, 6 millones de automóviles cuestan 6000 millones de bushels de grano. En forma equivalente, 1 automóvil cuesta 1000 bushels de grano o 1000 bushels de grano cuestan 1 automóvil.

del valor de la variable medida en el eje de las *x*, conforme nos movemos a lo largo de la línea. En este caso, la variable medida en el eje *y* son miles de millones de bushels de grano y la variable medida en el eje *x* son millones de automóviles. Así, la pendiente (costo de oportunidad) es el cambio del número de bushels de grano dividido entre el cambio del número de automóviles. Como podrá ver en el triángulo rojo del punto *a* de la figura, si el número de automóviles producidos aumenta en 2 millones, la producción de grano disminuye en 18 mil millones de bushels. Por tanto, la pendiente es de 18 mil millones dividido entre 2 millones, lo que es igual a 9000. Para obtener un automóvil más, los habitantes de Pionerolandia deben ceder 9000 bushels de grano. Así que el costo de oportunidad de 1 automóvil es de 9000 bushels de grano. En forma equivalente, 9000 bushels de grano cuestan 1 automóvil.

### Costo de oportunidad en el Imperio Mágico

Consideremos ahora la frontera de posibilidades de producción en el Imperio Mágico (otro país ficticio

y el único país, además de Pionerolandia, de nuestro mundo modelo). La figura 35.3 ilustra su frontera de posibilidades de producción. Al igual que los pioneros, los magos (habitantes del Imperio Mágico) consumen todo el grano y automóviles que producen. El Imperio Mágico consume 18 mil millones de bushels de grano al año y 4 millones de automóviles, en el punto *a'*.

Para el Imperio Mágico, podemos realizar la misma clase de cálculo del costo de oportunidad que hicimos para Pionerolandia. En el punto *a'*, 1 automóvil cuesta 1000 bushels de grano o en forma equivalente, 1000 bushels de grano cuestan 1 automóvil.

### Ventaja comparativa

Los automóviles son más baratos en Imperio Mágico que en Pionerolandia. Un automóvil cuesta 9000 bushels de grano en Pionerolandia, pero solamente 1000 bushels de grano en el Imperio Mágico. Sin embargo, el grano es más barato en Pionerolandia que en Imperio Mágico: 9000 bushels de grano cuestan sólo un automóvil, mientras que esa misma cantidad de grano cuesta 9 automóviles en Imperio Mágico.

El Imperio Mágico tiene ventaja comparativa en la producción de automóviles. Pionerolandia tiene ventaja comparativa en la producción de grano. Un país tiene **ventaja comparativa** en la producción de un bien si puede producir ese bien a un costo de oportunidad menor que otro país. Veamos en qué forma las diferencias de costo de oportunidad y la ventaja comparativa generan ganancias del comercio internacional.

## Las ganancias del comercio

S i Imperio Mágico compra grano en lo que le cuesta a Pionerolandia producirlo, entonces Imperio Mágico podría comprar 9000 bushels de grano por un automóvil. Eso es mucho más bajo que el costo de producción de grano en Imperio Mágico, ya que ahí cuesta 9 automóviles producir 9000 bushels de grano. Si los magos compran al precio bajo de Pionerolandia, cosecharán algunas ganancias.

FIGURA **35.4**

# Comercio internacional de automóviles

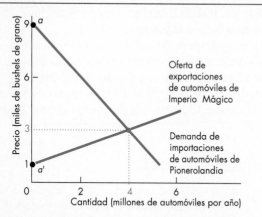

Conforme baja el precio de un automóvil, aumenta la cantidad de importaciones que demanda Pionerolandia: la curva de demanda de importaciones de automóviles de Pionerolandia tiene pendiente negativa. Conforme aumenta el precio de un automóvil, aumenta la cantidad de automóviles que ofrece Imperio Mágico para exportar: la curva de oferta de exportaciones de automóviles de Imperio Mágico tiene pendiente positiva. Sin comercio internacional, el precio de un automóvil en Pionerolandia (punto *a*) es de 9000 bushels de grano y 1000 bushels de grano en Imperio Mágico (punto *a'*). Con libre comercio internacional, el precio de un carro se determina donde la curva de oferta de exportaciones se interseca con la curva de demanda de importaciones, a un precio de 3000 bushels de grano. A ese precio, Pionerolandia importa e Imperio Mágico exporta 4 millones de automóviles al año. El valor del grano exportado por Pionerolandia e importado por Imperio Mágico es de 12 mil millones de bushels al año, la cantidad requerida para pagar por los automóviles importados.

Si los pioneros compran automóviles por lo mismo que cuesta producirlos en Imperio Mágico, podrán conseguir un automóvil por 1000 bushels de grano. Ya que cuesta 9000 bushels de grano producir un automóvil en Pionerolandia, los pioneros ganarían con esa operación.

En esta situación, tiene sentido que los magos compren grano a los pioneros y que los pioneros compren automóviles a los magos. Veamos cómo se produce ese comercio internacional rentable.

## Cosecha de las ganancias del comercio

Hemos visto que a los pioneros les gustaría comprar automóviles a los magos y que a los magos les gustaría comprar grano a los pioneros. Veamos

cómo hacen negocios los dos grupos concentrando nuestra atención en el mercado internacional de automóviles.

La figura 35.4 ilustra ese mercado. La cantidad de automóviles comerciados internacionalmente se mide en el eje horizontal. En el eje vertical medimos el precio de un automóvil, pero lo expresamos como su costo de oportunidad: el número de bushels de grano que cuesta un automóvil. Si no hay comercio internacional, en Pionerolandia ese precio es de 9000 bushels de grano, como lo indica el punto *a* en la figura. Nuevamente, si no hay comercio, ese precio es de 1000 bushels de grano en Imperio Mágico, como lo indica el punto *a'* en la figura.

Los puntos *a* y *a'* de la figura 35.4 corresponden a los puntos identificados con esas mismas letras en las figuras 35.2 y 35.3. Cuanto más bajo sea el precio de un automóvil (en términos de bushels de grano), mayor será la cantidad de automóviles que los pioneros importen de los magos. Este hecho se ilustra con la curva de pendiente negativa que muestra la demanda de Pionerolandia en lo que se refiere a importaciones de automóviles.

Los magos reaccionan en la dirección opuesta. Cuanto más alto es el precio de los automóviles (en términos de bushels de grano) mayor es la cantidad de automóviles que los magos exportan a los pioneros. Este hecho se refleja en la oferta de exportaciones de automóviles de Imperio Mágico: la línea con pendiente positiva en la figura.

El mercado internacional de automóviles determina el precio de equilibrio y la cantidad intercambiada. Este equilibrio ocurre donde la curva de demanda de importaciones se interseca con la curva de oferta de exportaciones. En este caso, el precio de equilibrio de un automóvil es de 3000 bushels de grano. Imperio Mágico exporta y Pionerolandia importa 4 millones de automóviles anuales. Adviértase que el precio al que se comercian los automóviles es más bajo que el precio inicial en Pionerolandia pero más alto que el precio inicial de Imperio Mágico.

## Comercio equilibrado

Obsérvese que el número de automóviles que exporta Imperio Mágico, 4 millones al año, es exactamente igual al número de automóviles que importa Pionerolandia. ¿Cómo paga Pionerolandia sus automóviles? Con la exportación de grano. ¿Cuánto grano exporta Pionerolandia? Usted puede encon-

**FIGURA 35.5**

Expansión de las posibilidades de consumo

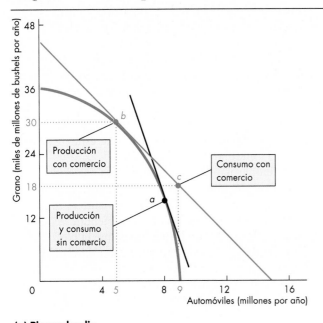

**(a) Pionerolandia**

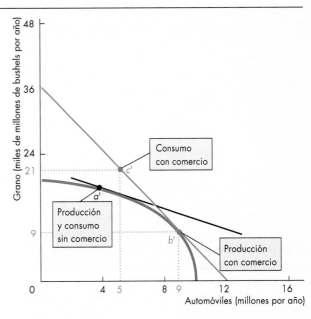

**(b) Imperio Mágico**

Sin comercio internacional, los pioneros producen y consumen en el punto *a* y el costo de oportunidad de un automóvil es de 9000 bushels de grano (la pendiente de la línea negra de la parte a). Así mismo, sin comercio internacional, los magos producen y consumen en el punto *a'* y el costo de oportunidad de 1000 bushels de grano es de 1 automóvil (la pendiente de la línea negra de la parte b).

Los bienes pueden intercambiarse internacionalmente a un precio de 3000 bushels de grano por 1 automóvil, a lo largo de la línea roja. En la parte (a), Pionerolandia reduce su producción de automóviles y

aumenta su producción de grano y pasa de *a* a *b*. Exporta grano e importa automóviles y consume en el punto *c*. Los pioneros tienen más automóviles y granos de los que tendrían si hubieran producido todos sus bienes de consumo (en el punto *a*). En la parte (b), el Imperio Mágico aumenta su producción de automóviles y reduce su producción de granos y pasa de *a'* a *b'*. Imperio Mágico exporta automóviles e importa grano, y consume en el punto *c'*. Los magos tienen más automóviles y grano de los que tendrían si hubieran producido todos sus bienes de consumo (en el punto *a'*).

trar la respuesta observando que por 1 automóvil, Pionerolandia tiene que pagar 3000 bushels de grano. Por tanto, por 4 millones de automóviles tiene que pagar 12 mil millones de bushels de grano. Entonces las exportaciones de grano de Pionerolandia son de 12 mil millones de bushels al año. Imperio Mágico importa esa misma cantidad de grano.

Imperio Mágico intercambia 4 millones de automóviles por 12 mil millones de bushels de grano cada año; y Pionerolandia hace lo contrario: intercambia 12 mil millones de bushels de grano por 4 millones de automóviles. El comercio entre ambas naciones está equilibrado. El valor recibido por las exportaciones es igual al valor pagado por las importaciones.

## Cambios de la producción y del consumo

Hemos visto que el comercio internacional hace posible que los pioneros compren automóviles a un precio más bajo de lo que les cuesta producirlos ellos mismos. También permite a los magos vender sus automóviles a un precio más alto, lo que equivale a decir que los magos pueden comprar grano a un precio más bajo. Así, todo el mundo parece salir ganando. Los magos compran grano a un precio más bajo y los pioneros compran automóviles a un precio más bajo. ¿Cómo es posible que todo el mundo gane? ¿Cuáles son los cambios de la producción y el consumo que acompañan estas ganancias?

Una economía que no comercia con otras economías tiene posibilidades idénticas de producción y de consumo. Sin comercio, la economía sólo puede consumir lo que produce. Pero con comercio internacional, una economía puede consumir cantidades diferentes de bienes de las que produce. La frontera de posibilidades de producción describe el límite de lo que un país puede producir, pero no describe los límites de lo que puede consumir. La figura 35.5 nos ayudará a entender la diferencia entre posibilidades de producción y posibilidades de consumo cuando un país comercia con otro.

Antes que nada, observe que la figura consta de dos partes: la parte (a) para Pionerolandia y la parte (b) para Imperio Mágico. Las fronteras de posibilidades de producción que observamos en las figuras 35.2 y 35.3 se repiten aquí. Las pendientes de las dos líneas negras de la figura representan los costos de oportunidad en los dos países cuando no hay comercio internacional. Pionerolandia produce y consume en el punto *a* e Imperio Mágico produce y consume en el punto *a'*. Los automóviles cuestan 9000 bushels de grano en Pionerolandia y 1000 bushels de grano en Imperio Mágico.

**Posibilidades de consumo**   Las posibilidades de consumo de los países con comercio internacional se representan con las dos líneas rojas de la figura 35.5. Estas líneas, en ambas partes de la figura, tienen la misma pendiente y esa pendiente es el costo de oportunidad de un automóvil en términos de grano en el mercado mundial: 3000 bushels por automóvil. La *pendiente* de la línea de posibilidades de consumo es común para ambos países porque la determina el precio *mundial*. Pero la posición de la línea de posibilidades de consumo de un país depende de sus posibilidades de producción. Un país no puede producir fuera de su curva de posibilidades de producción, así que su curva de posibilidades de consumo toca su curva de posibilidades de producción. De este modo, Pionerolandia podría elegir consumir lo que produce, en el punto *b*, y no comerciar internacionalmente; o bien comerciar internacionalmente y consumir en un punto de su línea roja de posibilidades de consumo.

**Equilibrio de libre comercio**   Con el comercio internacional, los productores de automóviles de Imperio Mágico pueden obtener un precio más alto por su producción. Como resultado, aumentan la cantidad de producción de automóviles. Simultáneamente, los productores de grano de Imperio Mágico obtienen un precio menor por su grano, así

que reducen la producción. Los productores de Imperio Mágico ajustan su producción hasta que el costo de oportunidad en Imperio Mágico sea igual al costo de oportunidad del mercado mundial. Esta situación surge cuando la producción de Imperio Mágico está en el punto *b'*, en la figura 35.5(b)

Sin embargo, los magos no consumen en el punto *b'*. Es decir, no aumentan su consumo de automóviles y reducen su consumo de grano. Venden a Pionerolandia algunos de los automóviles que producen a cambio de parte del grano de Pionerolandia. Pero, para entender cómo funciona esto, primero necesitamos verificar lo que está sucediendo en Pionerolandia.

En Pionerolandia, los automóviles son ahora menos caros y el grano más caro que antes. En consecuencia, los productores de Pionerolandia reducen la producción de automóviles y aumentan la producción de grano. Lo hacen hasta que el costo de oportunidad de un automóvil, en términos del grano, sea igual al costo en el mercado mundial. Pasan al punto *b* de la parte (a). Pero los pioneros no consumen en el punto *b*. Intercambian parte del grano adicional que producen por los automóviles de Imperio Mágico que ahora son más baratos.

La figura muestra las cantidades consumidas en los dos países. En la figura 35.4 vimos que Imperio Mágico exporta 4 millones de automóviles al año y que Pionerolandia importa esos automóviles. También vimos que Pionerolandia exporta 12 mil millones de bushels de grano al año y el Imperio Mágico importa ese grano. Así que el consumo de grano de Pionerolandia es de 12 mil millones de bushels al año menos de lo que produce y su consumo de automóviles es de 4 millones al año más de los que produce. Pionerolandia consume en el punto *c* de la figura 35.5(a).

De manera similar, sabemos que el Imperio Mágico consume 12 mil millones de bushels de grano más de los que produce y 4 millones de automóviles menos de los que produce. Entonces, Imperio Mágico consume en el punto *c'* de la figura 35.5(b).

## Cálculo de las ganancias de comercio

Usted puede literalmente "ver" las ganancias del comercio en la figura 35.5. Sin comercio, los pioneros producen y consumen en *a* (parte a), un punto de la frontera de posibilidades de producción de Pionerolandia. Con comercio internacional, los pioneros consumen en el punto *c* de la parte (a), un punto *fuera* de la frontera de posibilidades de producción. En el punto *c*, los pioneros consumen 3 mil millones de bushels de grano al año y 1 millón de automóviles al año más que antes. Estos aumentos del consumo de automóviles y de grano, más allá de los límites de la frontera de posibilidades de producción, son las ganancias del comercio internacional.

No obstante, los magos también ganan. Sin comercio, consumen en el punto *a'* de la parte (b); un punto en la frontera de posibilidades de producción de Imperio Mágico. Con comercio internacional, consumen en el punto *c'*, un punto fuera de la frontera de posibilidades de producción. Con comercio internacional, Imperio Mágico consume 3 mil millones de bushels de grano al año y 1 millón de automóviles al año más que sin comercio. Éstas son las ganancias del comercio internacional para Imperio Mágico.

## Ganancias para todos

Cuando los pioneros y los magos comercian entre sí, potencialmente todos pueden ganar. Los vendedores internos añaden la demanda neta de los extranjeros a su demanda interna, por lo que su mercado se amplía. Los compradores enfrentan una oferta interna más una oferta externa neta y, por ende, disponen de una oferta total mayor. Como usted sabe, los precios suben cuando hay un aumento de la demanda y bajan cuando hay un aumento de la oferta. Así, el aumento de la demanda de exportaciones (de los extranjeros) hace subir su precio; y el aumento de la oferta de importaciones (de los extranjeros) hace bajar su precio. Las ganancias de un país no ocasionan pérdidas en otro. En este ejemplo todo el mundo gana con el comercio internacional.

## Ventaja absoluta

Supongamos que en Imperio Mágico se necesitan menos trabajadores para producir una cantidad dada, ya sea de grano o de automóviles, que en Pionerolandia: la productividad en Imperio Mágico es más alta que en Pionerolandia. En esta situación, Imperio Mágico tiene una *ventaja absoluta* sobre Pionerolandia. Definimos la ventaja absoluta, en el capítulo 3, en términos de un individuo. Si una persona tiene mayor productividad que otra en la producción de todos los bienes, se dice que esa persona

tiene ventaja absoluta. Un país tiene una ventaja absoluta si tiene una productividad mayor que otro país en la producción de todos los bienes. Con ventaja absoluta, ¿no resultaría que Imperio Mágico podría superar a Pionerolandia en todos los mercados? ¿Por qué, si Imperio Mágico tiene una productividad mayor que Pionerolandia, a Imperio Mágico le conviene comprar *algo* a Pionerolandia?

La respuesta es que el costo de producción, en términos de los factores de producción utilizados, no es pertinente en la determinación de las ganancias del comercio. No importa qué cantidad de trabajo, tierra y capital se necesiten para producir 1000 bushels de grano o un automóvil. Lo que importa es cuántos automóviles tienen que cederse para producir más grano o cuánto grano debe cederse para producir más automóviles. Es decir, lo que importa es el costo de oportunidad de un bien en términos del otro bien. Imperio Mágico puede tener ventaja absoluta en la producción de todas las cosas, pero no puede tener ventaja comparativa en la producción de todos los bienes. La afirmación de que el costo de oportunidad de automóviles en Imperio Mágico es más bajo que en Pionerolandia es idéntica a la afirmación de que el costo de oportunidad del grano es más alto en Imperio Mágico que en Pionerolandia. Entonces, *siempre que los costos de oportunidad sean diferentes, todo el mundo tiene ventaja comparativa en algo*. Todos los países pueden ganar potencialmente con el comercio internacional.

La historia del descubrimiento de la lógica de las ganancias del comercio internacional se presenta en Orígenes de nuestro conocimiento, en las páginas 1086-1087.

## REPASO

C uando los países tienen costos de oportunidad diferentes, pueden ganar con el comercio internacional. Cada país puede comprar bienes y servicios de otro país a un costo de oportunidad menor que el que pagaría por producirlos para sí mismo. Las ganancias surgen cuando cada país aumenta su producción de aquellos bienes y servicios en los que tiene ventaja comparativa (de bienes y servicios que puede producir a un costo de oportunidad menor que el de otros países) e intercambia

# LAS GANANCIAS
## del comercio
## INTERNACIONAL

**H**asta mediados del siglo dieciocho, se creía generalmente que el propósito del comercio internacional era mantener las exportaciones por arriba de las importaciones y acumular oro. Se creía que, si se acumulaba oro, la nación prosperaría; y si se perdía oro por un déficit internacional, se vaciarían las arcas de la nación y ésta se empobrecería. Estas creencias se conocen como *mercantilismo* y los *mercantilistas* eran panfletistas que, con fervor de misioneros, abogaban por la búsqueda de un superávit internacional. Si las exportaciones no eran superiores a las importaciones, los mercantilistas pedían que se restringieran las importaciones. En la década de 1740, David Hume explicó que al cambiar la cantidad de dinero (oro), también cambia el nivel de precios y la riqueza *real* de la nación no se ve afectada. En la década de 1770, Adam Smith explicó que la restricción de las importaciones reduce las ganancias de la especialización y empobrece a una nación. El mercantilismo estaba intelectualmente en bancarrota.

**D**urante el siglo diecinueve, la influencia de los mercantilistas se desvaneció gradualmente y América del Norte y Europa Occidental prosperaron en un ambiente de un creciente libre comercio internacional. Sin embargo, pese a los notables progresos del conocimiento económico, el mercantilismo no murió del todo. Tuvo un breve y devastador resurgimiento en las décadas de 1920 y 1930, cuando las alzas de aranceles ocasionaron el desplome del comercio internacional y agravaron la Gran Depresión. Perdió terreno nuevamente después de la Segunda Guerra Mundial, al crearse el Acuerdo General de Aranceles y Comercio (GATT).

Pero el mercantilismo subsiste. La opinión expresada frecuentemente de que Estados Unidos debe restringir las importaciones de Japón y reducir su déficit con ese país, es una manifestación moderna de mercantilismo. Sería interesante poder contar con Hume y Smith para que comentaran estas opiniones. Pero sabemos lo que dirían; las mismas cosas que dijeron a los mercantilistas del siglo dieciocho. Y todavía tendrían razón.

> "El libre comercio, una de las máximas bendiciones que un gobierno puede otorgar a su pueblo, es impopular en casi todos los países"
>
> THOMAS MACAULAY
> *Essay on Mitford's History of Greece*

Merchants' Express Line of Clipper Ships for San Francisco.
Despatching the greatest number of vessels, and only those standing in the firstclass in all respects.

THE SPLENDID A 1 CLIPPER SHIP

# W. B. DINSMORE

FOSTER Commander,

IS LOADING AT PIER 13 EAST RIVER.

As this very fine vessel was built for the trade, it is scarcely necessary to say that she combines all of the necessary qualifications, viz.:—strength, speed and good ventilation. Early despatch may be relied upon.

D. S. STETSON & CO.,
112 North Wharves, Philadelphia.

Agents in San Francisco,
Messrs. De Witt, Kittle & Co.

**E**n el siglo dieciocho, cuando los mercantilistas y los economistas debatían los pros y contras del intercambio internacional libre, la tecnología disponible para el transporte restringía seriamente las ganancias del comercio internacional. Los buques de vela con poca carga tardaban cerca de un mes en cruzar el Océano Atlántico. Pero las ganancias potenciales eran grandes y también lo eran los incentivos para reducir los costos de embarque. Para la década de 1850, se había desarrollado el clíper, que redujo la duración del viaje de Boston a Liverpool a solamente $12\frac{1}{4}$ días. Medio siglo después, barcos de vapor de 10 000 toneladas navegaban entre Estados Unidos e Inglaterra en solamente 4 días. Al bajar los tiempos de navegación y los costos, las ganancias del comercio internacional aumentaron y se expandió el volumen del comercio.

El barco de contenedores y el Boeing 747 han revolucionado el comercio internacional y han contribuido a su expansión continua. Actualmente, la mayoría de los bienes cruzan los océanos en contenedores, cajas de metal, acomodados encima de los barcos, como el que se muestra aquí. La tecnología de los contenedores ha reducido el costo de los embarques marítimos al economizar en el manejo y al dificultar los robos de los embarques, lo que reduce los costos de seguro. Sería poco probable que hubiera mucho comercio internacional de bienes como televisores y videograbadoras sin esta tecnología. Las cargas de alto valor y perecederas, como las flores y los alimentos frescos, así como los artículos que se necesitan con urgencia, viajan por aire. Todos los días, docenas de 747 repletos de carga, vuelan entre las principales ciudades de Estados Unidos y sus destinos más allá de los Océanos Atlántico y Pacífico.

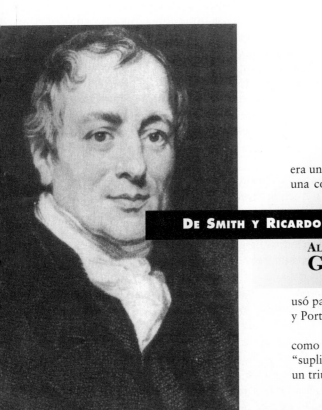

**D**avid Ricardo (1772-1832) era una corredor de bolsa de 27 años con mucho éxito cuando se tropezó con una copia de la *Riqueza de las naciones* de Adam Smith, en una visita de fin de semana al campo. Inmediatamente quedó cautivado y se convirtió en uno de los economistas más connotados de su época y uno de los economistas más grandes de todos los tiempos. Una de sus muchas contribuciones fue el desarrollo del principio de ventaja comparativa, el cual constituye el cimiento de la teoría moderna del comercio internacional. El ejemplo que

## DE SMITH Y RICARDO
### AL GATT

usó para ilustrar este principio fue el comercio de tela y vino entre Inglaterra y Portugal.

El Acuerdo General sobre Aranceles y Comercio (GATT) se creó como una reacción en contra de la devastación acarreada por los aranceles de "suplicar al vecino" impuestos durante la década de 1920. Pero también es un triunfo de la lógica que Smith y Ricardo desarrollaron por primera vez.

parte de su producción por la de otros países. Todos los países ganan con el comercio internacional. Todo el mundo tiene una ventaja comparativa en algo. ◆

## Las ganancias del comercio en la realidad

Las ganancias del comercio de grano y automóviles que acabamos de estudiar, entre Pionerolandia e Imperio Mágico ocurren en una economía modelo; en una economía que hemos imaginado. Pero estos mismos fenómenos ocurren todo el tiempo en las economías del mundo real. Estados Unidos compra automóviles fabricados en Japón y los productores estadounidenses de grano y madera venden gran parte de su producción a las familias y empresas japonesas. También compra automóviles y maquinaria a productores europeos y vende, a cambio, aviones y computadores a los europeos. Compra camisas y prendas de moda a los habitantes de Hong Kong y, a cambio, les vende maquinaria. Compra televisores y videograbadoras a Corea del Sur y Taiwán y a cambio les vende servicios financieros y de otro tipo, así como productos manufacturados.

Así que mucho del comercio internacional que vemos en el mundo real adopta precisamente la forma del comercio que hemos estudiado en nuestro modelo de la economía mundial. Pero, como lo descubrimos antes en este capítulo, una gran parte del comercio mundial está sumamente concentrada entre los países industriales y abarca sobre todo el intercambio internacional de bienes manufacturados. Por lo que el tipo de comercio que acabamos de analizar, intercambio de automóviles por grano, aunque es un tipo de comercio importante y evidentemente rentable, no es el predominante. ¿Por qué intercambian bienes manufacturados los países? ¿Puede nuestro modelo del comercio internacional explicar ese intercambio?

## Comercio de bienes similares

A primera vista, parece incomprensible que los países intercambien bienes manufacturados. Considere, por ejemplo, el comercio estadounidense de automóviles y de piezas de automóvil. ¿Por qué tiene sentido que Estados Unidos produzca automóviles para exportación y al mismo tiempo importe

grandes cantidades de ellos de Canadá, Japón y Europa Occidental? ¿No tendría más sentido producir en Estados Unidos todos los automóviles que la gente compra? Después de todo, se tiene acceso a la mejor tecnología disponible para producir automóviles. Los trabajadores del automóvil en Estados Unidos seguramente son tan productivos como sus compañeros en Canadá, Europa Occidental y los países de la cuenca del Pacífico. El equipo de capital, las líneas de producción, los robots y similares, que se usan en la manufactura de automóviles están igualmente disponibles para los productores estadounidenses de automóviles como para otros productores. Este tipo de razonamiento plantea un misterio en lo que se refiere a las causas del intercambio internacional de mercancías similares producidas por gente parecida usando equipo similar. ¿Por qué ocurre?

**Diversidad de gustos**  La primera parte de la respuesta a este misterio es que la gente tiene una diversidad tremenda de gustos. Sigamos con el ejemplo de los automóviles. Algunas personas prefieren un auto deportivo, otros prefieren un auto muy lujoso, algunos prefieren un automóvil común y grande y algunos prefieren uno pequeño. Además del tamaño y tipo del automóvil, estos vehículos pueden variar en muchas otras cosas. Algunos consumen poco combustible, otros tienen un alto rendimiento, algunos son amplios y cómodos, algunos tienen un portaequipaje grande, otros son de tracción en las cuatro ruedas, algunos son de tracción delantera, algunos tienen transmisión manual, algunos tienen transmisión automática, algunos son durables, algunos son ostentosos, algunos tienen un radiador que parece un templo griego, otros tienen forma de cuña. Las preferencias de la gente varían en cuanto a todos estos aspectos.

La tremenda diversidad de gustos en automóviles significa que la gente estaría insatisfecha si se le obligara a consumir una variedad limitada de autos estandarizados. La gente valora la variedad y está dispuesta a pagarla en el mercado.

**Economías de escala**  La segunda parte de la respuesta al misterio son las economías de escala. Las *economías de escala* son la tendencia, presente en muchos procesos de producción, a que los costos medios de producción sean más bajos cuanto más grande sea la escala de producción. En esas situaciones, las series (*runs*) de producción cada vez más grandes conducen a costos medios de producción cada vez más bajos. Por ejemplo, si un productor de automóviles fabrica solamente unos cuantos cientos (o quizás unos cuantos miles) de automóviles de un tipo y diseño particular, el productor tiene que usar técnicas de producción que son más intensivas en trabajo y menos automatizadas que las que en realidad se usan para fabricar cientos de miles de autos de un modelo particular. Con series cortas y técnicas de producción intensivas en trabajo, los costos son altos. Con series de producción muy grandes y líneas de montaje automatizadas, los costos de producción son mucho más bajos. Pero para lograr costos más bajos, las líneas de montaje automatizadas tienen que producir un gran número de automóviles.

La combinación de diversidad de gustos y de economías de escala es lo que ocasiona una cantidad tan grande de comercio internacional de mercancías similares. La diversidad de gustos y la disposición a pagar la variedad no garantiza que ésta esté disponible. Por ejemplo, podría ser demasiado caro proporcionar una gama sumamente diversificada de automóviles. Si cada automóvil que se compra en Estados Unidos hoy en día fuera fabricado en Estados Unidos y la actual gama de diversidad y variedad estuviera disponible, las series de producción serían extraordinariamente cortas. Los productores de automóviles no podrían cosechar las economías de escala. Aunque la actual variedad de automóviles podría estar disponible, sería a un precio muy elevado, quizás a un precio que nadie estaría dispuesto a pagar.

Pero con el comercio internacional, cada fabricante de automóviles tiene todo el mercado mundial para atender. Cada productor se especializa en una gama limitada de productos y después vende su producción en todo el mercado mundial. Este arreglo permite grandes series de producción de los automóviles más populares y series de producción factibles incluso de los automóviles de diseño especial demandados por un grupo de personas.

La situación del mercado de automóviles también existe en otras industrias, especialmente en aquellas que producen maquinaria especializada y máquinas herramienta especializadas. Así que el intercambio internacional de productos manufacturados similares, aunque ligeramente diferenciados, es una actividad muy lucrativa.

Este tipo de comercio puede explicarse usando exactamente el mismo modelo de comercio internacional que estudiamos antes. Aunque por lo general pensamos en los automóviles como una sola mercancía, debemos sencillamente pensar en los automóviles deportivos, los pequeños y demás como bienes diferentes. Los distintos países, al especializarse en unos pocos de estos "bienes", pueden disfrutar de las economías de escala y, por lo tanto, de una ventaja comparativa en su producción.

Usted puede ver que la ventaja comparativa y el comercio internacional producen ganancias, independientemente de los bienes que se comercien. Cuando los países ricos de la Comunidad Europea, Japón y Estados Unidos importan materias primas del tercer mundo y de Australia y Canadá, los países importadores ricos ganan y también los países exportadores. Cuando la gente compra televisores baratos, videograbadoras, camisas y otros bienes de países de salarios bajos, tanto ellos como los exportadores ganan con el intercambio. Es cierto que si en un país aumentan las importaciones de automóviles y se producen menos automóviles, desaparecen empleos en la industria del automóvil. Pero se expanden los empleos en otras industrias, industrias en las que se tiene ventaja comparativa y se abastece a otros países. Después de que se ha completado el ajuste, la gente cuyos empleos se han perdido encuentra empleo en las industrias en expansión. Compran bienes producidos en otros países incluso a precios más bajos que los precios a los que anteriormente estaban disponibles los bienes. Las ganancias del comercio internacional no son ganancias para algunos a expensas de las pérdidas de otros.

Pero ajustarse a los cambios de la ventaja comparativa que llevan a cambios de los patrones de comercio internacional es un proceso que requiere tiempo. Por ejemplo, el aumento de las importaciones de automóviles y la correspondiente disminución relativa de la producción interna de automóviles no han generado un aumento de riqueza para los trabajadores del automóvil desplazados. Se necesita tiempo para encontrar nuevos empleos buenos y a menudo la gente atraviesa por un periodo de búsqueda prolongado, lo que hace que acepte empleos inferiores y salarios menores que antes. Así, todo el mundo gana potencialmente con la especialización y el intercambio internacionales solamente a largo plazo. Los costos del ajuste a corto plazo, que pueden ser grandes y relativamente prolongados, son afrontados por las personas que han perdido su ventaja comparativa.

Quizás algunas de las personas que pierden sus empleos tengan ya una edad en la que no constituya una ventaja cambiarse a otra región del país o industria y entonces nunca participan de las ganancias.

En parte debido a los costos de ajuste a los cambiantes patrones del comercio internacional, pero en parte también por otras razones, los gobiernos intervienen en el comercio internacional para restringir su volumen. Examinemos lo que sucede cuando los gobiernos restringen el comercio internacional. Estableceremos el contraste entre el comercio restringido y el libre comercio. Veremos que el libre comercio conlleva los mayores beneficios posibles. También veremos por qué, pese a los beneficios del libre comercio, los gobiernos a veces lo restringen.

## Restricciones al comercio

Los gobiernos restringen el comercio internacional para proteger a las industrias nacionales de la competencia externa. La restricción del comercio internacional se llama **proteccionismo**. Existen dos métodos proteccionistas principales que emplean los gobiernos:

♦ Aranceles
♦ Barreras no arancelarias

El **arancel** es un impuesto fijado por un país importador cuando un bien cruza sus fronteras. La **barrera no arancelaria** es una acción distinta del arancel que restringe el comercio internacional. Como ejemplos de barreras no arancelarias tenemos las restricciones cuantitativas y los reglamentos de permisos que controlan las importaciones. Más adelante consideraremos con más detalle las barreras no arancelarias. Primero, veamos los aranceles.

### La historia de los aranceles

Actualmente los niveles arancelarios medios de Estados Unidos son bastante modestos en comparación con sus niveles históricos. Como podrá ver en la figura 35.6, los niveles arancelarios eran en promedio el 40 por ciento antes de la Segunda Guerra Mundial. Durante la década de 1930, con la aprobación de la Ley Smoot-Hawley, llegaron al 60 por ciento. Actualmente, los aranceles promedio son de sólo el 4 por ciento de las importaciones totales y el 6 por ciento del valor de las importaciones sujetas a arancel.

La reducción de aranceles fue consecuencia de la creación del Acuerdo General sobre Aranceles y Comercio (GATT). El **Acuerdo General sobre Aranceles y Comercio** es un acuerdo internacional orientado a limitar la intervención gubernamental para restringir el comercio internacional. Se negoció inmediatamente después del fin de la Segunda Guerra Mundial y se firmó en octubre de 1947. Su objetivo es liberalizar la actividad comercial y proporcionar una organización que administre los acuerdos comerciales más liberales. El GATT en sí mismo es una pequeña organización con sede en Ginebra, Suiza.

Desde la creación del GATT, se han efectuado varias rondas de negociaciones que han dado como resultado reducciones generales de aranceles. Una de ésas, la ronda Kennedy, que empezó a principios de la década de 1960, se tradujo en grandes reducciones de aranceles a finales de la década de 1960. Otras reducciones de aranceles fueron consecuencia de la ronda Tokio, que se realizó entre 1973 y 1979, y la ronda Uruguay de finales de la década de 1980 y principios de la de 1990.

Además de los acuerdos del GATT, Estados Unidos es miembro de varios acuerdos comerciales con distintos países. Uno de ellos es el acuerdo de libre comercio entre Canadá y Estados Unidos, que entró en vigor el 1 de enero de 1989. Con este acuerdo, las barreras al comercio internacional entre Estados Unidos y Canadá serán prácticamente eliminadas después de un periodo de diez años. Otro desarrollo importante es el intento de lograr un acuerdo de libre comercio con México, lo que crearía una gran zona de libre comercio de América del Norte, que incluiría a México, Canadá y Estados Unidos.* Dentro de Europa Occidental, las barreras comerciales entre los países miembros de la Unión Europea serán prácticamente eliminadas en 1992, lo que ha creado el mayor mercado unificado libre de aranceles del mundo.

Los beneficios del libre comercio, tanto en la teoría como en la experiencia reciente de los países de la Unión Europea, han dado ímpetu a una serie

---

* El tratado de libre comercio entre México, Estados Unidos y Canadá fue firmado en noviembre de 1993 y entró en vigor el 1 de enero de 1994. (*N. del E.*)

FIGURA **35.6**

## Aranceles de Estados Unidos: 1900 - 1990

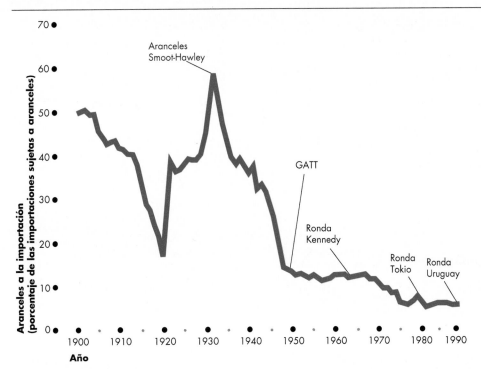

En Estados Unidos, los aranceles eran en promedio del 40 por ciento antes de la Segunda Guerra Mundial. A principios de la década de 1930, aumentaron al 60 por ciento con la aprobación de la Ley Smoot-Hawley. Desde la creación del GATT, después de la Segunda Guerra Mundial, los aranceles han disminuido constantemente en una serie de rondas de negociaciones y están ahora en su nivel más bajo.

*Fuentes: U.S.* Bureau of the Census, *Historical Statistics of the United States, Colonial Times to 1970.* Bicentennial Edition, Parte 1, (Washington D.C., 1975); Series U-212: *Statistical Abstract of the United States, 1986,* 106a. ed., (Washington D.C., 1985) y *Statistical Abstract of the United States, 1992,* 112a. ed., (Washington D.C., 1992).

de conversaciones entre los países de América Central y América del Sur, dirigidas a la creación de una serie de acuerdos de libre comercio entre esos países e incluso, en forma más ambiciosa, de continentes americanos de libre comercio. Este movimiento se analiza en la Lectura entre líneas de las páginas 1092-1093.

Las conversaciones que se efectúan entre los países de América del Norte y América del Sur ponen de relieve el hecho de que, a pesar del constante proceso de reducción de aranceles, el comercio entre algunos países y el comercio de algunos bienes están todavía sujetos a aranceles extremadamente elevados. Los aranceles más altos que enfrentan los compradores de Estados Unidos son los de textiles y calzado. Se cobra un arancel de más del 10 por ciento (en promedio) en casi todas sus importaciones de textiles y calzado. Por ejemplo, cuando alguien compra un par de pantalones vaqueros en 20 dólares, paga cerca de 5 dólares más de lo que pagaría si no hubiera aranceles sobre los textiles. Otros bienes protegidos por aran-

celes son los productos agrícolas, los automóviles, los energéticos y los químicos, los minerales y los metales. Casi toda la carne y el queso que consumimos cuesta considerablemente más, debido a la protección, de lo que costaría con libre comercio internacional.

Es fuerte la tentación que tienen los gobiernos para establecer aranceles. Primero, los aranceles proporcionan ingreso al gobierno. Segundo, permiten al gobierno satisfacer a grupos de interés especial de las industrias que compiten con las importaciones. Pero, como veremos, el libre comercio internacional produce enormes beneficios que se ven disminuidos cuando se imponen aranceles. Veamos cómo.

## Cómo funcionan los aranceles

Para analizar el funcionamiento de los aranceles, regresemos al ejemplo del comercio entre Pionerolandia e Imperio Mágico. Supongamos que estos dos países están comerciando automóviles y grano

## Las ganacias del comercio en la práctica

THE ECONOMIST, 4 DE ENERO, 1992

# Libre comercio al alcance de todos

Después de dedicar las décadas de 1950 y de 1960 a construir las barreras comerciales más impenetrables del mundo no comunista, América Latina las está derribando tan rápidamente como puede..., y está despejando el camino para crear un bloque comercial latinoamericano único. De hecho, el sueño de la mayoría de los países latinoamericanos es unirse, en grupo o solos, con la zona de libre comercio de América del Norte: México, Canadá y Estados Unidos...

El primer pilar de esta ambiciosa y apresurada construcción es el pacto de libre comercio de este mes entre Venezuela, Colombia y Bolivia. Perú y Ecuador se unirán al pacto dentro de seis meses...

[Un]... acuerdo de libre comercio [está] siendo forjado por Argentina, Brasil, Uruguay y Paraguay. Llamado el Mercosur, se originó en 1988 como un pacto de libre comercio entre Brasil y Argentina y se amplió para incluir a Uruguay y Paraguay en marzo pasado. Para finales de 1994 se supone que abrigará un mercado completamente libre de bienes, servicios y mano de obra entre Argentina y Brasil; Uruguay y Paraguay se unirán un año después...

Otros dos pactos están por suceder. América Central está tratando de revivir su

mercado común, que se estableció en la década de 1960. Se desplomó en 1969, cuando estalló la guerra entre Honduras y el Salvador...

Por último, existe la unión aduanera que...los países de habla inglesa del Caribe bajo los auspicios de la Comunidad del Caribe (Caricom) [están tratando de establecer]...

El premio auténtico es..., la creación de una zona panamericana de libre comercio... Desde 1987, Estados Unidos ha firmado 16 acuerdos "marco" con los países latinoamericanos. En teoría, éstos son acuerdos sólo para conversar sobre comercio. En la práctica, están allanando el camino para un bloque comercial que abarque a todas las Américas.

El logro de ese objetivo depende casi por completo del éxito del acuerdo de libre comercio que Estados Unidos está negociando con México. Una vez que sea aprobado por el Congreso, otros gobiernos latinoamericanos podrían unirse, igual que los nuevos miembros se unen a la Unión Europea. Se espera una estampida para unirse....

## Lo esencial del artículo

Entre los países latinoamericanos, las barreras al comercio son altas, pero está en marcha un movimiento para bajarlas.

Se están forjando cuatro acuerdos:

◆ El Pacto Andino entre Bolivia, Colombia, Ecuador, Perú y Venezuela

◆ El Mercosur, una zona de libre comercio que abarca Argentina, Brasil, Uruguay y Paraguay.

◆ El Mercado Común Centroamericano que abarca a Costa Rica, El Salvador, Guatemala, Honduras y Nicaragua.

◆ El Caricom, una unión aduanera entre los países de habla inglesa del Caribe.

Desde 1987, Estados Unidos ha firmado 16 acuerdos "marco" para conversar sobre comercio con los países latinoamericanos. Estos acuerdos están allanando el camino para un bloque comercial que abarque a todas las Américas.

El logro de ese objetivo depende en forma crucial del éxito del acuerdo de libre comercio de Estados Unidos y México. Una vez que el Congreso apruebe este acuerdo, podría haber una estampida de los otros gobiernos latinoamericanos que buscan unirse al grupo, como ocurre con los países que se unen a la Unión Europea.

## Antecedentes y análisis

Con la excepción de los países del Caricom, el comercio internacional tiene un papel más pequeño en las naciones de América del Norte y de América del Sur, del que tiene en Europa (véase la figura 1).

El movimiento para abrir los países de las Américas a una mayor competencia internacional provocará una mayor especialización conforme los países traten de ganar con las exportaciones de bienes y servicios en los que tienen ventaja comparativa.

La evidencia de Europa Occidental indica que barreras más bajas al comercio provocan una cantidad mayor de comercio internacional e ingresos reales que crecen más rápidamente (véase la figura 2).

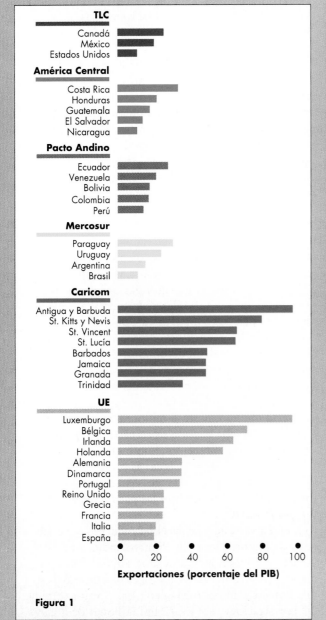

**Figura 1**

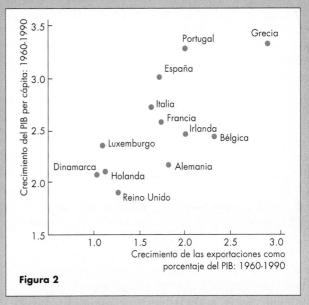

**Figura 2**

exactamente de la misma manera que analizamos antes. Imperio Mágico exporta automóviles y Pionerolandia exporta granos. El volumen de importaciones de automóviles a Pionerolandia es de 4 millones al año; y los automóviles se venden en el mercado mundial en 3000 bushels de grano. Supongamos que el grano cuesta 1 dólar el bushel, así que, en forma equivalente, los automóviles se venden en 3000 dólares. La figura 35.7 ilustra esta situación. El volumen de comercio de automóviles y su precio se determinan en el punto de intersección de la curva de oferta de exportaciones de automóviles de Imperio Mágico con la curva de demanda de importaciones de automóviles de Pionerolandia.

Supongamos ahora que el gobierno de Pionerolandia, quizás por la presión de los fabricantes de autos, decide fijar un arancel a los automóviles importados. En particular, supongamos que se fija un arancel de 4000 dólares por automóvil. (Éste es un arancel enorme, pero los productores de automóviles de Pionerolandia están hartos de la competencia de Imperio Mágico.) ¿Qué ocurrirá?

La primera parte de la respuesta se obtiene estudiando los efectos de esa acción sobre la oferta de automóviles en Pionerolandia. Ya no estarán disponibles los automóviles al precio de oferta de exportación de Imperio Mágico. El arancel de 4000 dólares debe añadirse al precio: la cantidad pagada al gobierno de Pionerolandia por cada automóvil importado. En consecuencia, la curva de oferta de Pionerolandia se desplaza hacia arriba como se muestra en la figura 35.7. La nueva curva de oferta se convierte en la que tiene la leyenda "Oferta de exportaciones de automóviles de Imperio Mágico más el arancel". La distancia vertical entre la curva de oferta de exportaciones de Imperio Mágico y la nueva curva de oferta es el arancel impuesto por el gobierno de Pionerolandia.

La siguiente parte de la respuesta se encuentra determinando el nuevo equilibrio. Imponer un arancel no tiene ningún efecto sobre la demanda de automóviles de Pionerolandia y, por tanto, no tiene efecto sobre la demanda de importaciones de automóviles de Pionerolandia. El nuevo equilibrio ocurre donde la nueva curva de oferta se interseca con la curva de demanda de automóviles de Pionerolandia. Ese equilibrio ocurre con un precio de 6000 dólares por automóvil, con una importación de 2 millones de autos al año. Las importaciones bajan de 4 a 2 millones de automóviles al año. Al precio más alto de 6000 dólares por automóvil, los pro-

ductores nacionales de automóviles aumentan su producción. La producción nacional de grano disminuye con el fin de liberar recursos para la industria del automóvil en expansión.

El gasto total en automóviles importados por los pioneros es de 6000 dólares por automóvil multiplicado por 2 millones de automóviles importados (12 mil millones de dólares). Pero no todo ese dinero lo reciben los magos. Reciben 2000 dólares por automóvil, o 4 mil millones de dólares por los 2 millones de automóviles. La diferencia, 4000 dólares por automóvil, o un total de 8 mil millones de dólares por los 2 millones de automóviles, la recauda el gobierno de Pionerolandia como ingreso por los aranceles.

Evidentemente, el gobierno de Pionerolandia está contento con esta situación. Ahora recauda 8 mil millones de dólares que antes no tenía. ¿Pero qué pasa con los pioneros? ¿Qué opinan de esta situación? La curva de demanda indica cuál es el precio máximo que un comprador está dispuesto a pagar por una unidad más de un bien. Como podrá ver en la curva de demanda de importaciones de automóviles de Pionerolandia, si se pudiera importar un automóvil más, alguien estaría dispuesto a pagar casi 6000 dólares por él. La curva de oferta de exportación de automóviles de Imperio Mágico señala el precio mínimo al cual están disponibles los automóviles adicionales. Como podrá ver, Imperio Mágico ofrecería un auto más por un precio un poco superior a 2000 dólares. Entonces, ya que alguien está dispuesto a pagar casi 6000 dólares por un automóvil y alguien está dispuesto a ofrecerlo por un poco más de 2000 dólares, obviamente hay una ganancia que se puede obtener al comerciar un auto extra. De hecho, hay ganancias que se pueden obtener, la disposición a pagar es superior al precio de oferta mínimo, hasta 4 millones de automóviles al año. Solamente cuando se comercian 4 millones de automóviles, el precio máximo que un pionero está dispuesto a pagar es igual al precio mínimo que es aceptable para el mago. Así, restringir el comercio internacional reduce las ganancias del comercio internacional.

Es fácil ver que el arancel ha reducido la suma total de importaciones de Pionerolandia. Con libre comercio, Pionerolandia pagaba 3000 dólares por automóvil y compraba 4 millones de automóviles anualmente a Imperio Mágico. Así, el valor total de las importaciones era de 12 mil millones de dólares anuales. Con un arancel, las importaciones de Pio-

FIGURA **35.7**

Efectos de un arancel

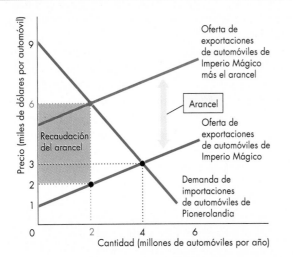

Pionerolandia impone un arancel a las importaciones de automóviles de Imperio Mágico. El arancel aumenta el precio que los pioneros tienen que pagar por los automóviles y desplaza la curva de oferta de automóviles de Pionerolandia hacia arriba. La distancia entre la curva de oferta original y la nueva es igual al arancel. El precio de los automóviles en Pionerolandia aumenta y la cantidad de automóviles importados disminuye. El gobierno de Pionerolandia obtiene una recaudación por el arancel de 4000 dólares por automóvil: un total de 8 mil millones de dólares por los 2 millones de automóviles importados. Las exportaciones de granos de Pionerolandia disminuyen, ya que Imperio Mágico tiene ahora un ingreso más bajo proveniente de sus exportaciones de automóviles.

nerolandia bajaron a 2 millones de automóviles al año y el precio pagado a Imperio Mágico también ha bajado, a solamente 2000 dólares por automóvil. Por lo tanto, la suma de las importaciones ha bajado a 4 mil millones de dólares anuales. ¿No significa esto que ha cambiado la balanza comercial de Pionerolandia? ¿Importa ahora Pionerolandia menos de lo que exporta?

Para contestar esta pregunta, necesitamos averiguar lo que está sucediendo en Imperio Mágico. Acabamos de ver que el precio que Imperio Mágico recibe por los automóviles ha bajado de 3000 a 2000 dólares por automóvil. Así que el precio de los automóviles en Imperio Mágico ha descendido. Pero si el precio de los automóviles ha bajado, esto significa que el precio del grano ha subido. Con libre comercio, los magos podían comprar 3000 bushels de grano por un automóvil. Ahora sólo pueden comprar 2000 bushels de grano por auto-

móvil. Con un precio más alto del grano, disminuye la cantidad que demandan los magos. Como resultado, disminuyen las importaciones de grano de Imperio Mágico. Sin embargo, también disminuyen las exportaciones de grano de Pionerolandia. De hecho, la producción de grano de Pionerolandia sufre debido a dos causas. Primero, porque hay una disminución de la cantidad de grano vendida a Imperio Mágico. Segundo, porque hay una mayor competencia por los factores de producción de la industria del automóvil que ahora se expande. Así que el arancel conduce a una contracción de la actividad de la producción de grano de Pionerolandia.

Al principio, resulta paradójico que un país que impone un arancel a los automóviles pudiera perjudicar su propia industria de exportación, al reducir sus exportaciones de grano. Podremos entenderlo mejor si lo vemos de esta manera: los extranjeros compran grano con el dinero que ganan con la exportación de automóviles. Si exportan menos automóviles, no pueden permitirse comprar tanto grano. De hecho, si no existen el endeudamiento y los préstamos internacionales, Imperio Mágico tiene que reducir sus importaciones de grano exactamente en la misma cantidad que representa la pérdida de ingreso de sus exportaciones de automóviles. Las importaciones de grano que realiza Imperio Mágico bajarán a un nivel de 4 mil millones de dólares, la suma que puede pagarse con el nuevo ingreso más bajo proveniente de las exportaciones de automóviles de Imperio Mágico. Así que el comercio aún está equilibrado en esta situación después de los aranceles. Aunque el arancel ha reducido las importaciones, también ha reducido las exportaciones y la reducción del valor de las exportaciones es exactamente igual a la reducción del valor de las importaciones. Por tanto, el arancel no afecta en lo absoluto la balanza comercial: reduce el volumen del comercio.

El resultado que acabamos de derivar es quizás uno de los aspectos peor comprendidos del comercio internacional. En innumerables ocasiones, los políticos y otros han solicitado aranceles para poder eliminar un déficit comercial o han alegado que la reducción de aranceles provocaría un déficit comercial. Llegan a esta conclusión debido a que no calculan todas las implicaciones de un arancel. Debido a que un arancel sube el precio de las importaciones y las reduce, la conclusión cómoda es que un arancel fortalece la balanza comercial. Pero el arancel también cambia el *volumen* de las exportaciones.

Los efectos de equilibrio de un arancel son el reducir el volumen de comercio en ambas direcciones y por el mismo valor en cada lado de la ecuación. La balanza comercial en sí no se modifica.

**Aprendizaje difícil**   Aunque el análisis que acabamos de exponer nos lleva a una conclusión evidente de que los aranceles reducen tanto las importaciones como las exportaciones y empeoran la situación de todo el mundo, no ha sido fácil aceptarla. En repetidas ocasiones, Estados Unidos ha impuesto barreras arancelarias elevadas al comercio internacional (como lo ilustra la figura 35.6). Cada vez que suben las barreras arancelarias, se desploma el comercio. El ejemplo más patente de esta interacción de aranceles y comercio ocurrió durante los años de la Gran Depresión a principios de la década de 1930, cuando, al instaurarse los aumentos arancelarios de Smoot-Hawley y las modificaciones arancelarias que otros países impusieron como represalia, el comercio internacional prácticamente desapareció.

Pasemos ahora a otro arsenal de medidas proteccionistas: las barreras no arancelarias.

## Barreras no arancelarias

Existen dos formas importantes de barreras no arancelarias:

◆ Cuotas
◆ Restricciones voluntarias a la exportación

La **cuota** es una restricción cuantitativa a las importaciones de un bien en particular. Establece la cantidad máxima del bien que puede importarse en un periodo dado. La **restricción voluntaria a la exportación** es un acuerdo entre dos gobiernos por el cual el gobierno del país exportador acuerda restringir el volumen de sus propias exportaciones. Las restricciones voluntarias a la exportación se conocen a menudo como RVE.

Las barreras no arancelarias se han convertido en características importantes de los acuerdos de comercio internacional desde la Segunda Guerra Mundial y ahora hay un acuerdo general respecto a que las barreras no arancelarias son un obstáculo más serio al comercio internacional que los aranceles.

Es difícil cuantificar los efectos de las barreras no arancelarias en una forma que facilite su comparación con los aranceles, pero algunas investigaciones

han tratado de hacer precisamente eso. Esas investigaciones tratan de estimar la tasa del arancel que restringiría el comercio en la misma cantidad que las barreras no arancelarias. Mediante esos cálculos, se pueden sumar las barreras no arancelarias con los aranceles para estimar la protección total. Al sumar las barreras no arancelarias a los aranceles, en el caso de Estados Unidos, la protección total aumenta en más de tres veces. Aun así, Estados Unidos es el país menos proteccionista. La protección total es más alta en la Unión Europea y todavía más alta en otros países desarrollados y Japón. Los países menos desarrollados y los llamados paí-ses recién industrializados tienen las tasas de protección más altas.

Las cuotas son especialmente importantes en la industria textil, en la que existe un acuerdo internacional llamado el acuerdo multifibras, el cual fija cuotas a una amplia gama de productos textiles. La agricultura también está sujeta a numerosas cuotas. Las restricciones voluntarias a la exportación son particularmente importantes en la regulación del comercio internacional de automóviles entre Japón y Estados Unidos.

## España y la Unión Europea

La integración económica es un acuerdo que establecen dos o más países con la finalidad de intensificar sus relaciones económicas mutuas. Por dicho motivo, todo proceso de integración, como el acordado entre los países miembros de la Unión Europea conlleva un trato discriminatorio que favorece las transacciones entre ellos, perjudicando a aquellos que quedan al margen.

Si nos limitamos a la integración acaecida en la UE, ésta pasó por diversas etapas. Al principio, los seis miembros originales de la actual unión, formaron una unión aduanera. Es decir, acordaron la liberación de las transacciones comerciales entre ellos, gracias al desarme arancelario y, en menor medida, el no arancelario, adoptando, al mismo tiempo, una tarifa exterior común frente a terceros países. España, después de haber firmado un acuerdo preferencial con ellos en 1970, ingresó en ella en 1986. A lo largo de un periodo transitorio de siete años, se produjo el desarme arancelario en relación con la Comunidad, la implantación de la tarifa exterior común, y se adoptó el impuesto sobre el valor añadido (IVA), sustituyendo al anterior sistema de imposición indirecta.

Ese mismo año de 1986 se aprobó en la Unión el Acta Única Europea por la que se implantaba un mercado común que entraría en vigor en 1993. Con la constitución del mercado común se garantiza la libertad de movimientos de factores (trabajo, capital, tecnología) y está previsto que en 1997 se alcance una unión monetaria, lo que obligará, como paso previo, a la armonización de las distintas políticas económicas, especialmente la monetaria y la fiscal, y, desde un punto de vista práctico, a que los países presenten similares desequilibrios.

Éstos son los hechos sucintos, aunque han tenido considerables repercusiones económicas al haberse alterado la estructura de los precios internacionales por el proceso de integración. La supresión de los aranceles internos y la tarifa exterior común ha afectado el volumen, la composición y la estructura geográfica del comercio internacional con sus efectos indirectos sobre la producción, el consumo y, en último término, las tasas de crecimiento.

La formación de una unión aduanera, o cualquier otra forma de integración más avanzada, produce dos efectos sobre el comercio. Por un lado, hay una creación de comercio; por otro, una desviación del mismo. El primero aparece como consecuencia de la sustitución de productos producidos en el interior de un país por importaciones más baratas procedentes de otros países miembros, con el consiguiente aumento en la eficiencia. Además, si la tarifa exterior común sustituye unos aranceles previos más elevados, como ocurría en España, esa creación de comercio puede favorecer a terceros países al aumentar sus exportaciones. Sin embargo, más habitual es que se produzca una desviación de comercio. Es decir, el cambio de los proveedores, sustituyéndose importaciones baratas procedentes de terceros países, pero discriminadas por el arancel común, por otras más onerosas procedentes de los países miembros.

La importancia de esos fenómenos se pone de manifiesto si se considera que los 12 miembros de la UE, considerados en su conjunto, constituyen el principal bloque comercial a escala mundial. Además, el comercio intracomunitario tiene un papel importante, y creciente, representando en el año 1992 el 26% del PIB global. En este contexto, y por lo que hace referencia a España y sus relaciones con la UE, la creación de comercio intracomunitario, con la correspondiente desviación de comercio, ha sido muy importante. Si en 1985, el año

anterior a su ingreso en la comunidad europea, el 52% de sus exportaciones tenían como destino la propia comunidad, seis años más tarde ese porcentaje había aumentado al 71%. Del mismo modo, y por lo que respecta a las importaciones españolas procedentes de esa misma área, en el mismo periodo temporal pasaron de representar un 37% del total a un 60%.

Sin embargo, la integración española en la UE supuso el inicio de una fase de deterioro creciente del saldo de la balanza de operaciones corrientes al empeorar el desequilibrio crónico entre importaciones y exportaciones de bienes (balanza comercial) sin que pudiera compensarlo los elevados excedentes generados por la balanza de servicios y transferencias. El resultado final ha sido un déficit en la balanza de operaciones corrientes, que representan más del 3% del PIB español, y que sitúa a España a la cabeza de la relación de países con peor déficit comercial per cápita y en el segundo lugar, por detrás de Estados Unidos, en términos absolutos.

Este deterioro se debe a diversas causas. La recuperación de la actividad económica, a partir de 1985, incrementó la demanda interna, lo que se traduce en un mayor volumen de importaciones. Así mismo, también contribuyó el cambio en la estructura de precios relativos, consecuencia de las mayores tensiones inflacionistas existentes en la economía española respecto a la comunidad europea. En el periodo considerado, 1985-1992, España tuvo una inflación media de un punto y medio porcentual por encima de la correspondiente a la comunidad. Esta pérdida de competitividad, reduce el volumen de exportaciones y aumenta las importaciones.

Pero la causa principal fue el propio fenómeno de la integración. Antes de ella, el arancel medio que aplicaba España a las importaciones procedentes de la UE era casi el triple del que recaía sobre los productos españoles con destino a dicho mercado. Por ello, el desarme arancelario influyó más en el precio de las importaciones españolas que en el de las exportaciones intracomunitarias efectuadas por España. Las cifras son concluyentes: las importaciones crecieron a una tasa del 16.84 en el año 1986 y a un 20.20% en el año siguiente, mientras que las exportaciones españolas crecieron, en las mismas fechas, a un ritmo de 1.29 y 6.07, respectivamente. En los años siguientes esa tendencia no se rompe y siempre han crecido más las importaciones que las exportaciones. Además, ese desarme arancelario no se ha limitado a la UE; se ha extendido básicamente a los productos industriales de aquellas áreas con las que la UE tiene suscritos acuerdos preferenciales (EFTA, países mediterráneos...) así como aquellos beneficiados por el sistema de preferencias generalizado. Todo ello implica, desde otra perspectiva, que aproximadamente el 70% de las importaciones españolas no está gravado por ningún arancel.

Por último, si el desarme arancelario ha sido, en términos absolutos, muy importante, también lo ha sido el ritmo al cual se ha aplicado. En el plazo de siete años, el que va desde la firma del Tratado de Adhesión hasta la implantación del mercado común en 1993, se pasa de una situación en la que la economía está muy protegida de la competencia exterior a otra radicalmente opuesta. No hay ningún otro país que haya liberalizado su economía tan rápidamente y esto también explica el deterioro del saldo de las operaciones corrientes. Si se ha podido mantener fue gracias a la fuerte acumulación de capital debida a la inversión extranjera.

## Funcionamiento de las cuotas y de las RVE

Para entender cómo las barreras no arancelarias afectan el comercio internacional, volvamos al ejemplo del comercio entre Pionerolandia e Imperio Mágico. Supongamos que Pionerolandia fija una cuota a las importaciones de automóviles. En particular, supongamos que la cuota restringe las importaciones a no más de 2 millones de automóviles al año. ¿Cuáles son los efectos de esta acción?

La respuesta se encuentra en la figura 35.8. La cuota se representa con la línea vertical roja y es de 2 millones de automóviles al año. Ya que es ilegal importar una cantidad superior de automóviles, los importadores de automóviles compran solamente esa cantidad a los productores de Imperio Mágico. Pagan 2000 dólares por automóvil al productor de Imperio Mágico. Pero ¿en cuánto venden los automóviles? La respuesta es 6000 dólares cada uno. Ya que la oferta de importaciones de automóviles está restringida a 2 millones de automóviles al año, la gente que vende automóviles podrá obtener 6000 dólares por cada uno. La cantidad importada es igual a la cantidad que determina la cuota.

Evidentemente, ahora es rentable la importación de automóviles. Un importador obtiene 6000 dólares por un artículo que costó solamente 2000 dólares.

**F I G U R A 35.8**
## Efectos de una cuota

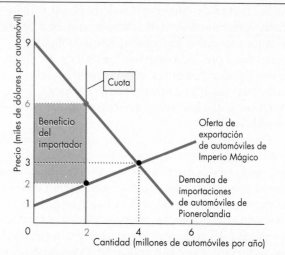

Pionerolandia impone una cuota de 2 millones de automóviles al año a las importaciones de automóviles provenientes de Imperio Mágico. Esa cantidad se representa mediante la línea vertical con la leyenda "Cuota". Ya que la cantidad de automóviles ofrecidos por Imperio Mágico está restringida a 2 millones, el precio al que se comerciarán esos automóviles aumenta a 6000 dólares. La importación de automóviles es rentable, ya que Imperio Mágico está dispuesto a ofrecer automóviles a 2000 dólares cada uno. Existe competencia por las cuotas de importación: búsqueda de renta.

Por tanto, existe una fuerte competencia, entre los importadores de automóviles, por las cuotas disponibles. La búsqueda de los beneficios de las cuotas se llama "búsqueda de renta".

El valor de las importaciones (la cantidad pagada a Imperio Mágico) baja a 4 mil millones de dólares, exactamente igual que en el caso de un arancel. Así, con ingresos más bajos provenientes de las exportaciones de automóviles y con un precio más alto del grano, los magos reducen sus importaciones de grano exactamente de la misma forma que con un arancel.

La diferencia clave entre una cuota y un arancel reside en quién obtiene el beneficio representado por la diferencia entre el precio de oferta de importación y el precio de venta interno. En el caso de un arancel, esa diferencia la recibe el gobierno. En el caso de una cuota, esa diferencia la recibe la persona que tiene el derecho a importar con las regulaciones de cuotas de importación.

Una restricción voluntaria de exportación es como el establecimiento de un acuerdo de cuotas, en el que se asignan cuotas a cada país exportador. Los efectos de una restricción voluntaria a la exportación son similares a los de las cuotas, pero difieren de ellas en que la brecha entre el precio interno y el precio de exportaciones queda en manos del exportador extranjero y no en las de los importadores nacionales. El gobierno del país exportador tiene que establecer procedimientos para asignar el volumen restringido de exportaciones entre sus productores.

### ¡Le cuesta hasta la camisa!

Dos de las industrias más protegidas actualmente en Estados Unidos son las del vestido y los textiles. Se ha calculado que la protección total de esas industrias, que reviste principalmente la forma de cuotas, cuesta a la familia estadounidense promedio entre 200 y 400 dólares al año. A pesar de esto, la Cámara de Diputados aprobó una nueva ley (la ley de comercio de textiles y vestido) en 1975, que, de haberse promulgado, habría aumentado todavía más la protección a esas industrias y habría añadido entre 300 y 400 dólares anuales en costos adicionales a la familia promedio.[1] Si incluimos toda la protección, se ha calculado que el costo anual para una familia estadounidense rebasa los 1000 dólares.[2]

Otra forma de examinar el costo de la protección consiste en calcular el costo de cada empleo salvado. Por ejemplo, se ha estimado que proteger un empleo en la industria textil cuesta 46 000 dólares al año; un empleo en la industria del calzado cuesta cerca de 80 000 dólares al año y un empleo en las industrias del carbón, del acero y del automóvil cuesta más de 80 000 dólares al año. En todos estos casos, cuesta varias veces más salvar un empleo mediante barreras al comercio internacional que los salarios de los trabajadores afectados.[3]

---

[1] Encontrará más sobre este tema en "Expanding Trade and Avoiding Protectionism", *Economic Report of the President*, 1988, págs. 127-162.

[2] Murray Weidenbaum y N. Munger. "Protection at Any Price?", *Regulation*, julio/agosto de 1983, págs. 14-18.

[3] Keith E. Maskus, "Rising Protectionism and U.S. International Trade Policy", *Economic Review of the Federal Reserve Bank of Kansas City*, julio/agosto de 1984, págs. 3-17.

### REPASO

Cuando un país se abre al comercio internacional y comercia libremente a los precios del mercado mundial, amplía sus posibilidades de consumo. Cuando se restringe el consumo, se pierden algunas de las ganancias del comercio. Un país puede estar mejor con comercio restringido que sin comercio, pero no estará tan bien como cuando participa en el libre comercio. El arancel reduce el volumen de importaciones, pero también reduce el volumen de exportaciones. Tanto con libre comercio como con comercio restringido (y sin endeudamiento y préstamos internacionales), el valor de las importaciones es igual al valor de las exportaciones. Con comercio restringido, tanto el valor total de las exportaciones como el valor total de las importaciones son menores que con libre comercio, pero el comercio está todavía en equilibrio.

Una unión aduanera, o cualquier otra forma de integración más avanzada, incrementa los intercambios entre sus miembros al eliminar los obstáculos, básicamente arancelarios, que antes protegían a cada economía nacional. Al mismo tiempo, se pueden reducir las importaciones provenientes del resto del mundo al ser sustituidas por los productos de los demás participantes en la unión. Cuando España se integró a la Unión Europea se intensificaron las relaciones con sus socios comunitarios, alcanzando la balanza de operaciones corrientes déficit alarmantes. A este estado de cosas contribuyó la eliminación de los aranceles que incidían en el comercio intracomunitario, el fuerte ritmo al que se produjo, la menor protección frente al resto del mundo y, por último, una estructura de precios relativos desfavorables como consecuencia de una mayor tasa de inflación. ◆

### Por qué serían preferibles las cuotas y las RVE a los aranceles

A primera vista, parece un misterio que los países quieran usar cuotas, y todavía más desconcertante que quieran usar restricciones voluntarias a la exportación. Hemos visto que el mismo precio interno y la misma cantidad de importaciones pueden lograrse usando cualquiera de los tres mecanismos para restringir el comercio. Sin embargo, un arancel proporciona al gobierno una fuente de ingreso; una cuota proporciona un beneficio a los importadores nacionales; y una restricción voluntaria a la exportación proporciona un beneficio al extranjero. ¿Por qué, entonces, desearía un país usar una cuota o una restricción voluntaria a la exportación en vez de un arancel?

Hay tres razones posibles. Primera, un gobierno puede usar las cuotas para recompensar a sus partidarios políticos. Con una cuota, los permisos de importación se vuelven tremendamente rentables. Así que el gobierno confiere riqueza a la gente a quien otorga permisos de importación.

Segunda, las cuotas son instrumentos más precisos para mantener bajas las importaciones. Al fluctuar la demanda, el precio interno de un bien también lo hace, pero no hay fluctuación en la cantidad importada. Usted puede ver esta implicación de una cuota si regresa a la figura 35.8. Supongamos que la demanda de importaciones fluctúa. Con una cuota, estas fluctuaciones de demanda simplemente producen fluctuaciones del precio interno de las importaciones, pero no cambian el volumen de importaciones. Con un arancel, las fluctuaciones de demanda no ocasionan un cambio del precio interno, sino más bien cambios grandes del volumen de importaciones. Así que si por alguna razón el gobierno quiere controlar la cantidad de importaciones, pero no le importan las fluctuaciones del precio interno, entonces usará una cuota.

Tercera, las diferentes ramas del gobierno tienen jurisdicción sobre aspectos diferentes de las restricciones al comercio internacional. El Congreso está facultado para imponer aranceles. La rama ejecutiva tiene el poder de imponer barreras no arancelarias. Así que el cambio de aranceles es un asunto lento y engorroso que requiere la promulgación de una ley del Congreso. En cambio, las barreras arancelarias pueden cambiarse rápidamente, siempre y cuando la administración esté convencida de la necesidad del cambio.

¿Por qué habría de usar un gobierno restricciones voluntarias a la exportación en vez de un arancel o una cuota? El gobierno quizás quiera evitar una guerra de aranceles o de cuotas con otro país. Si un país establece un arancel o una cuota, eso podría alentar a otro país a imponer un arancel o una cuota similar a las exportaciones del primer país. Una guerra de aranceles o cuotas podría dar como resultado un volumen mucho menor de comercio y un resultado peor para ambos países. Una restric-

ción voluntaria a la exportación podría verse como una forma de lograr restricciones comerciales para proteger a las industrias nacionales, pero con algún tipo de compensación para alentar al país extranjero a aceptar esa situación y a no tomar represalias con sus propias restricciones. Por último, las RVE a menudo son la única forma de restricción comercial que puede adoptarse legalmente, según el Acuerdo General sobre Aranceles y Comercio.

## Dumping y derechos compensatorios

El **Dumping** es la venta de un bien en un mercado externo a un precio menor que el del mercado interno o a un precio más bajo que el de su costo de producción. Esa práctica puede surgir de un monopolio discriminador que busca maximizar su beneficio. Un ejemplo de presunto dumping ha ocurrido con las ventas japonesas de camionetas a Estados Unidos. De acuerdo con la ley actual de Estados Unidos y del GATT, el dumping es ilegal y se pueden imponer derechos antidumping a los productores extranjeros si los productores de Estados Unidos pueden demostrar que han sufrido daño por el dumping.

Los **derechos compensatorios** son aranceles que se imponen para permitir a los productores nacionales competir con los productores extranjeros subsidiados. A menudo, los gobiernos extranjeros subsidian algunas de sus industrias nacionales. Dos ejemplos son las industrias porcina y maderera de Canadá. De acuerdo con las leyes actuales de Estados Unidos, si los productores estadounidenses pueden demostrar que un subsidio extranjero ha dañado su mercado, se puede imponer un derecho compensatorio.

## ¿Por qué se restringe el comercio internacional?

Existen muchas razones por las que se restringe el comercio internacional. Acabamos de ver dos razones: para contrarrestar los efectos del dumping y de los subsidios extranjeros. Incluso en esos casos, no es evidente que un país se beneficie al protegerse de importaciones baratas. Sin embargo, en términos más generales, hemos visto que el comercio internacional beneficia a un país al aumentar sus posibilidades de consumo. ¿Por qué restringimos el comercio internacional, cuando esas restricciones reducen nuestras posibilidades de consumo?

La razón clave es que las posibilidades de consumo aumentan *en promedio*, pero no todo el mundo participa de las ganancias y algunas personas incluso pierden. El libre comercio acarrea beneficios a algunos y costos a otros, y los beneficios totales son superiores a los costos totales. La distribución desigual de los costos y beneficios es la principal causa que obstaculiza el logro de un comercio internacional más liberal.

Si regresamos a nuestro ejemplo del comercio internacional de automóviles y granos entre Pionerolandia e Imperio Mágico, los beneficios del libre comercio se extienden a todos los productores de grano y a los productores de automóviles que no tendrían que afrontar los costos de ajustarse a una industria más pequeña del automóvil. Los productores de automóviles y sus empleados que tienen que cambiarse y convertirse en productores de grano afrontan los costos del libre comercio. El número de personas que ganan será, en general, enorme en comparación con los que pierden. La ganancia por persona será, por lo tanto, más bien pequeña. La pérdida por persona, para aquellos que la afronten, será grande. Ya que es grande la pérdida que recae sobre los que la afrontan, a esas personas les convendrá realizar un gasto considerable para cabildear en contra del libre comercio. Por otro lado, a los que ganan no les convendrá organizarse para lograr el libre comercio. La ganancia del comercio para cualquier individuo es demasiado pequeña como para que ese individuo dedique mucho tiempo o dinero a una organización política para lograr el libre comercio. Quienes afronten la pérdida por el libre comercio la sentirán tan grande, que a ellos les *resultará* rentable unirse a una organización política para impedir el libre comercio. Cada grupo está optimizando: ponderando los beneficios y los costos y eligiendo la mejor acción en cada caso. Sin embargo, el grupo en contra del libre comercio realizará un mayor cabildeo político que el grupo a favor del libre comercio.

## Compensación para los perdedores

Si, en total, las ganancias derivadas del libre comercio internacional son superiores a las pérdidas ¿por qué los que ganan no compensan a los que pierden de tal manera que todos estén a favor del libre comercio? Hasta cierto punto, esa compensación se lleva a cabo. También se realiza indirectamente, como consecuencia de los mecanismos de compensación por desempleo. Pero, en general, sólo se efectúan intentos limitados para compensar a los que pierden con el libre comercio. La razón principal por la que no se intenta una compensación completa es que los costos de identificar a los perdedores serían inmensos. Así mismo, nunca se podría establecer con certeza si la situación de una persona que pasa penurias se debe al libre comercio o a otras razones, quizás a razones en gran medida fuera del control del individuo. Más aún, algunas personas que parecen perdedores en un momento, pueden, en fin de cuentas, acabar ganando. Al joven trabajador de la industria del automóvil que pierde su empleo en Michigan y se convierte en vendedor de seguros en Chicago, le molesta la pérdida de empleo y la necesidad de mudarse. Pero uno o dos años después, cuando revise los hechos pasados, se considerará afortunado. Realizó un cambio que incrementó su ingreso y le dio una mayor seguridad en el empleo.

El proteccionismo es una característica permanente y popular de la vida económica y política de Estados Unidos debido a que, en general, no se compensa a los perdedores del libre comercio internacional.

## Resultado político

El resultado político que surge de esta actividad es que se presenta y se mantiene una cantidad moderada de restricciones al comercio internacional. Los políticos reaccionan a las presiones de los electores que buscan protección y, para que los reelijan, consideran necesario apoyar programas legislativos que protejan a esos electores. Los productores de bienes protegidos se dejan oír más y sus votos son más sensibles a vaivenes que los consumidores de esos bienes. Por tanto, el resultado político se inclina en la dirección de mantener la protección.

La actividad política en torno al comercio puede observarse con facilidad actualmente. Estados Unidos restringe las importaciones de azúcar por medio de cuotas. ¿Quién se beneficia de las cuotas? No son los exportadores extranjeros. En tanto que las restricciones voluntarias a la exportación proporcionan grandes beneficios a exportadores como Toyota y Honda, las cuotas no ayudan a los productores extranjeros. En este caso, las cuotas han acarreado sufrimientos económicos y políticos reales a los países centroamericanos y del Caribe productores de azúcar. Por otro lado, los cultivadores de azúcar de Estados Unidos que se benefician de la cuotas, se muestran extremadamente activos apoyando a políticos que entienden su punto de vista. De manera similar, los productores de automóviles y los sindicatos se muestran extremadamente activos en sus intentos de limitar todavía más la entrada de importaciones japonesas.

◆ ◆ ◆ ◆  Ya hemos visto ahora en qué forma el libre comercio internacional permite a todo el mundo ganar con la mayor especialización e intercambio. Al producir bienes en los que tenemos ventaja comparativa y al intercambiar parte de nuestra propia producción por la de otros, ampliamos nuestras posibilidades de consumo. Si se colocan obstáculos a ese intercambio cuando cruza las fronteras nacionales, se restringe el grado en el que podemos ganar con la especialización y el intercambio. Cuando abrimos nuestro país al libre comercio internacional, el mercado de las cosas que vendemos se amplía y el precio sube. También se amplia el mercado de las cosas que compramos y el precio baja. Todos los países ganan con el libre comercio internacional. Como consecuencia de los ajustes de precios, y cuando no hay endeudamiento ni préstamos internacionales, el valor de las importaciones se ajusta para igualar el valor de las exportaciones.   ◆ ◆

En el siguiente capítulo, estudiaremos las formas de financiamiento del comercio internacional y también aprenderemos por qué surgen el endeudamiento y los préstamos internacionales que permiten el desequilibrio del comercio internacional. Descubriremos las fuerzas que determinan la balanza de pagos de Estados Unidos y el valor, en términos de monedas extranjeras, del dólar de Estados Unidos.

---

# R E S U M E N

## Patrones y tendencias del comercio internacional

Existen grandes flujos de comercio entre los países ricos y pobres. Los países ricos en recursos intercambian recursos naturales por bienes manufacturados; y los países pobres en recursos importan sus recursos a cambio de sus propios bienes manufacturados. Sin embargo, el mayor volumen de comercio se produce en los bienes manufacturados intercambiados por los países industrializados ricos. La maquinaria es el renglón más grande de las exportaciones de Estados Unidos. Sin embargo, la exportación neta más grande de Estados Unidos son los granos. El comercio de servicios ha crecido en años recientes. El comercio total también ha crecido con el paso del tiempo. La balanza comercial de Estados Unidos fluctúa en torno a cero pero, desde 1982, Estados Unidos ha tenido un déficit de la balanza comercial (págs. 1077-1080).

## Costo de oportunidad y ventaja comparativa

Cuando el costo de oportunidad es diferente en distintos países, se dice que el país con el costo de oportunidad más bajo en la producción de un bien, tiene ventaja comparativa en la producción de ese bien. La ventaja comparativa es la fuente de las ganancias del comercio internacional. Un país puede tener ventaja absoluta, pero no una ventaja comparativa, en la producción de todos los bienes. Cada país tiene ventaja comparativa en algo (págs. 1080-1081).

## Las ganancias del comercio

Los países pueden ganar con el comercio si sus costos de oportunidad son diferentes. A través del comercio, cada país puede obtener bienes a un costo de oportunidad más bajo que si produjera todos los bienes internamente. El comercio internacional permite a un país consumir fuera de sus posibilidades de producción. Al especializarse en la producción del bien en el que tiene ventaja comparativa y después al intercambiar parte de la producción de ese bien por importaciones, un país puede consumir en puntos fuera de su frontera de posibilidades de producción. Todos los países pueden consumir en ese punto.

Cuando no existe el endeudamiento ni los préstamos internacionales, el comercio se equilibra conforme se ajustan los precios para que reflejen la oferta y demanda internacionales de bienes. El precio mundial se fija en el nivel que equilibra los planes de producción y de consumo de las partes que comercian. Al precio de equilibrio, el comercio está equilibrado y los planes de consumo interno se equiparan exactamente a una combinación de producción interna y comercio internacional.

La ventaja comparativa explica el gran volumen y la enorme diversidad del comercio internacional que se realiza mundialmente. Pero, una parte considerable del comercio consiste en el intercambio de bienes similares: un tipo de automóvil por otro. Ese comercio surge debido a las economías de escala ante la diversidad de gustos. Al especializarse en la producción de unos cuantos bienes, con grandes tiradas de producción y después con el intercambio internacional de esos bienes, los consumidores de todos los países pueden disfrutar de una mayor diversidad de productos a precios más bajos (págs. 1081-1090).

## Restricciones al comercio

Un país puede restringir el comercio internacional mediante la imposición de aranceles o barreras no arancelarias: cuotas y restricciones voluntarias a la exportación. Todas las restricciones al comercio hacen subir el precio de los bienes importados, reducen el volumen de importaciones y reducen el valor total de las importaciones. También reducen el valor total de las exportaciones en la misma cantidad que la reducción del valor de las importaciones.

Todas las restricciones al comercio crean una brecha entre el precio interno y el precio externo de oferta de una importación. En el caso de un arancel, esa brecha es la recaudación del arancel que hace el gobierno. Pero el gobierno no recauda con una cuota. Más bien, los importadores nacionales que tienen un permiso de importación aumentan su beneficio. Una restricción voluntaria a la exportación se parece a una cuota, excepto que el exportador extranjero recibe el precio más alto.

Los gobiernos restringen el comercio porque las restricciones ayudan a los productores de una mercancía protegida y a los trabajadores empleados por esos productores. Debido a que la ganancia es lo suficientemente grande y la pérdida por consumidor es lo suficientemente pequeña, el equilibrio político favorece al comercio restringido. Los políticos prestan más atención a las preocupaciones expresadas con más fuerza de la minoría que tiene posibilidades de perder, que a las opiniones expresadas menos vigorosamente de los muchos que tienen posibilidades de ganar (págs. 1090-1102).

---

# ELEMENTOS CLAVE

## PREGUNTAS DE REPASO

**1** ¿Cuáles son las principales exportaciones e importaciones de su país?

**2** ¿En qué forma efectúa su país el comercio internacional de servicios?

**3** ¿Cuáles renglones del comercio internacional han estado creciendo más rápidamente en años recientes?

**4** ¿Qué es la ventaja comparativa? ¿Por qué conduce a ganancias del comercio internacional?

**5** Explique por qué el comercio internacional aporta ganancias a todos los países.

**6** Distinga entre ventaja comparativa y ventaja absoluta.

**7** Explique por qué todos los países tienen una ventaja comparativa en algo.

**8** Explique por qué importamos y exportamos cantidades tan grandes de ciertos bienes que son similares; por ejemplo, automóviles.

**9** ¿Cuáles son las principales formas que utilizamos para restringir el comercio internacional?

**10** ¿Cuáles son los efectos de un arancel?

**11** ¿Cuáles son los efectos de una cuota?

**12** ¿Cuáles son los efectos de una restricción voluntaria a las exportaciones?

**13** Describa las principales tendencias de los aranceles y las barreras no arancelarias.

**14** ¿Cuáles países tienen las mayores restricciones al comercio internacional?

**15** ¿Por qué restringen los países el comercio internacional?

## PROBLEMAS

**1** Con ayuda de la figura 35.2, calcule el costo de oportunidad de los automóviles en Pionerolandia en el punto de la frontera de posibilidades de producción en el que se producen 4 millones de automóviles.

**2** Con ayuda de la figura 35.3 calcule el costo de oportunidad de un automóvil en Imperio Mágico, cuando produce 8 millones de automóviles.

**3** Sin comercio, Pionerolandia produce 4 millones de automóviles e Imperio Mágico produce 8 millones de automóviles. ¿Cuál país tiene ventaja comparativa en la producción de automóviles?

**4** Si no hay comercio entre Pionerolandia e Imperio Mágico, ¿cuánto grano se consume y cuántos automóviles se compran en cada país?

**5** Suponga que los dos países de los problemas 1-4 comercian libremente.

**a** ¿Qué país exporta grano?

**b** ¿Qué ajustes se harán a la cantidad de cada bien que produce cada país?

**c** ¿Qué ajustes se harán a la cantidad que consume de cada bien en cada país?

**d** ¿Qué puede usted decir acerca del precio de un automóvil con el libre comercio?

**6** Compare la producción total de cada bien producido en los problemas 1-5.

**7** Compare la situación de los problemas 1-5 con la analizada en este capítulo (págs. 1080-1085). ¿Por qué exporta automóviles Imperio Mágico en el capítulo, pero los importa en el problema 5?

**8** nacional de semilla de soya (sólo hay dos países en el mundo).

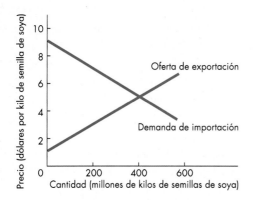

a   ¿Cuál es el precio mundial de la semilla de soya si hay libre comercio entre estos dos países?

b   Si el país que importa semilla de soya impone un arancel de 2 dólares por kilo, ¿cuál será el precio mundial de la semilla de soya y qué cantidad se comerciará internacionalmente?

¿Cuál es el precio de la semilla de soya en el país importador? Calcule la recaudación por el arancel.

**9** Si el país importador del problema 8(a) impone una cuota de 300 millones de kilos, ¿cuál es el precio de la semilla de soya en el país importador? ¿Cuál es la recaudación por esta cuota y quién se queda con ella?

**10** Si el país exportador del problema 8(a) impone una RVE de 300 millones de kilos de semilla de soya, ¿cuál es el precio mundial de la semilla de soya? ¿Cuál es el ingreso de los cultivadores de semilla de soya en el país exportador? ¿Qué país gana con la RVE?

**11** Suponga que el país exportador del problema 8(a) subsidia la producción al pagar a sus agricultores 1 dólar por kilo cosechado de semilla de soya.

a   ¿Cuál es el precio de la semilla de soya en el país importador?

b   ¿Qué acción podrían emprender los cultivadores de semilla de soya del país importador? ¿Por qué?

# CAPÍTULO 36

## LA BALANZA DE PAGOS Y EL DÓLAR

**Después de estudiar este capítulo, usted será capaz de:**

◆ Explicar cómo se financia el comercio internacional

◆ Describir las cuentas de la balanza de pagos de un país

◆ Explicar qué determina el volumen de obtención y otorgamiento de préstamos internacionales

◆ Explicar por qué Estados Unidos pasó de ser un prestamista a ser un prestatario a mediados de la década de 1980

◆ Explicar cómo se determina el tipo de cambio del dólar

◆ Explicar por qué fluctuó el tipo de cambio del dólar en la década de 1980

◆ Explicar los efectos de las variaciones del tipo de cambio

◆ Explicar qué determina las tasas de interés y por qué varían tanto de un país a otro

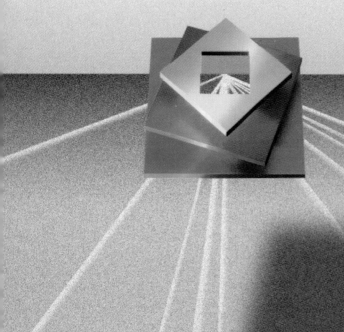

L OS EMPRESARIOS EXTRANJEROS RECORREN ESTADOS Unidos con un gigantesco carrito de supermercado y lo llenan con todo lo que alcanza la vista, desde rascacielos en Manhattan hasta estudios cinematográficos en Los Ángeles. El Centro Rockefeller y Columbia Pictures son solamente dos pequeños ejemplos de una inmensa oleada de compras. ¿Cuál es la causa de esta invasión extranjera a Estados Unidos? ¿Por qué los extranjeros consideran inversiones atractivas los bienes raíces y los negocios de Estados Unidos? ◆ ◆ En 1971 bastaba 1 dólar estadounidense para comprar 360 yenes japoneses. A mediados de 1993, ese mismo dólar compraba solamente 108 yenes. Sin embargo, el descenso de 360 a 108 no fue suave. En ocasiones, el dólar se mantuvo o incluso subió de valor en relación con la moneda japonesa, como lo hizo, por ejemplo, en 1982. Pero en otras ocasiones, la baja del dólar fue vertiginosa, como en el periodo entre 1985 y 1988. El dólar ha bajado de va-

## En venta: Estados Unidos

lor no solamente en relación con la moneda japonesa. Ha bajado en relación con el marco alemán y el franco suizo. Pero el dólar ha ganado en términos del dólar canadiense, la libra esterlina y el franco francés. ¿Qué hace fluctuar el valor del dólar en relación con otras monedas? ¿Por qué las fluctuaciones han sido particularmente marcadas en años recientes? ¿Hay algo que podamos hacer para estabilizar el valor del dólar? ◆ ◆ El mercado mundial de capitales está cada día más integrado. Cuando el mercado de valores de Wall Street sube y baja, también lo hacen los mercados bursátiles del mundo entero, como los de Londres, París, Tokio y Toronto. Pero, a pesar del hecho de que el mundo se está empequeñeciendo, existen diferencias enormes entre las tasas de interés a las cuales la gente pide prestado y presta alrededor del mundo. Por ejemplo, a principios de 1992, el gobierno de Estados Unidos pagaba un poco menos del 8 por ciento anual por la obtención de préstamos a largo plazo. Al mismo tiempo, los gobiernos de Australia, Italia y España estaban pagando más del 10 por ciento. En Japón, el gobierno estaba pidiendo prestado a solamente el 5½ por ciento. ¿Por qué puede ocurrir esa divergencia tan amplia de las tasas de interés? ¿Por qué no desaparecen los préstamos en los países con tasas de interés bajas y todo el dinero inunda los países donde las tasas de interés son altas? ¿Por qué la fuerza de esos movimientos no iguala las tasas de interés en todas partes?

◆ ◆ ◆ ◆   Durante la década de 1980, los temas de la economía internacional se convirtieron en asuntos importantes para casi todos los estadounidenses. Estudiaremos esos temas en este capítulo. Averiguaremos por qué la economía estadounidense se ha convertido en un objetivo tan atractivo para los inversionistas extranjeros, por qué el dólar fluctúa en relación con el valor de otras monedas y por qué las tasas de interés varían de un país a otro.

## Financiamiento del comercio internacional

Cuando la tienda 47th Street Photo de la ciudad de Nueva York importa cámaras Minolta, no paga esas cámaras con dólares de Estados Unidos, usa yenes japoneses. Cuando Saks Fifth Avenue importa ropa deportiva Fila, la paga usando liras italianas. Y cuando una empresa constructora francesa compra una excavadora a Caterpillar Inc., usa dólares de Estados Unidos. Siempre que compramos cosas de otro país, usamos la moneda de ese país para realizar la transacción. Sin importar cuál sea el artículo que se comercia; puede ser un bien de consumo o un bien de capital, un edificio o incluso una empresa.

Estudiaremos los mercados en los que se efectúan las transacciones en dinero, en diferentes tipos de moneda. Pero primero veremos la magnitud del comercio internacional, de la obtención y el otorgamiento de préstamos internacionales y de la forma en que se registran esas transacciones. Esos registros se llaman cuentas de la balanza de pagos.

## Cuentas de la balanza de pagos

Las **cuentas de la balanza de pagos** de un país registran su comercio, la obtención y el otorgamiento de préstamos internacionales. De hecho hay tres cuentas de balanza de pagos:

---

**T A B L A  36.1**

## Cuentas de la balanza de pagos de Estados Unidos en 1992

| | Miles de millones de dólares |
|---|---|
| **Cuenta corriente** | |
| **Importaciones de bienes y servicios** | − 658.9 |
| **Exportaciones de bienes y servicios** | 617.8 |
| **Ingreso neto de los factores** | 10.1 |
| **Transferencias netas** | − 31.4 |
| **Saldo de la cuenta corriente** | − 62.4 |
| Cuenta de capital | |
| **Inversión extranjera en Estados Unidos** | 120.4 |
| **Inversión de Estados Unidos en el exterior** | − 48.9 |
| **Discrepancia estadística** | − 13.0 |
| **Saldo de la cuenta de capital** | 58.5 |
| Cuenta de pagos oficiales | |
| **Disminución (+) de las reservas oficiales de Estados Unidos** | 3.9 |

*Fuente: Survey of Current Business,* marzo de 1993, vol. 73.

FIGURA **36.1**
## La balanza de pagos de Estados Unidos

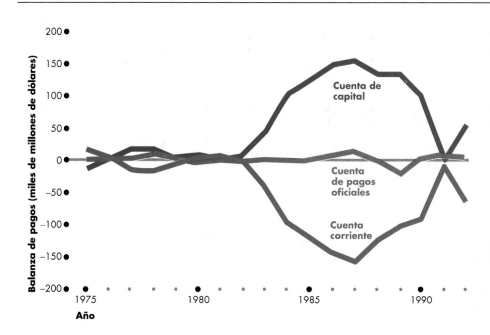

Durante la década de 1970, las fluctuaciones de la balanza de pagos fueron pequeñas. En la década de 1980, apareció un inmenso déficit en cuenta corriente. El saldo de la cuenta de capital es un reflejo del saldo de la cuenta corriente. Cuando el saldo de la cuenta corriente es positivo, el saldo de la cuenta de capital es negativo: se presta al resto del mundo; y cuando el saldo de la cuenta corriente es negativo, el saldo de la cuenta de capital es positivo: se pide prestado al resto del mundo. Las fluctuaciones del saldo de los pagos oficiales son pequeñas en comparación con las fluctuaciones del saldo de la cuenta corriente y del saldo de la cuenta de capital.

*Fuente: Economic Report of the President, 1993.*

◆ Cuenta corriente

◆ Cuenta de capital

◆ Cuenta de pagos oficiales

La **cuenta corriente** registra los ingresos por la venta de bienes y servicios a extranjeros, el pago de bienes y servicios comprados a extranjeros y las donaciones y otras transferencias (como los pagos de la ayuda internacional) que se reciben de los extranjeros y que se les pagan. Con mucho, los renglones más grandes de la cuenta corriente son los ingresos de la venta de bienes y servicios a extranjeros (el valor de las exportaciones) y los pagos realizados por las compras de bienes y servicios a extranjeros (el valor de las importaciones). Las transferencias netas son renglones relativamente pequeños. La **cuenta de capital** registra todas las transacciones de obtención y otorgamiento de préstamos internacionales. El saldo de la cuenta de capital registra la diferencia entre las cantidades que el país presta y pide prestado al resto del mundo. La **cuenta de pagos oficiales** muestra el aumento

neto o la disminución neta de las tenencias de divisas del país.

La tabla 36.1 muestra las cuentas de la balanza de pagos de Estados Unidos en 1992. Como podrá ver en la tabla, Estados Unidos tuvo un déficit de cuenta corriente de 62.4 mil millones de dólares en 1992. ¿Cómo se paga un déficit de la cuenta corriente? Es decir ¿cómo se pagan las importaciones que sobrepasaron el valor de las exportaciones? Se pagan pidiendo prestado en el exterior. La cuenta de capital indica cuánto. Aunque se pidieron prestados 120.4 mil millones de dólares, se otorgaron préstamos por 48.9 mil millones de dólares. Así que la obtención de préstamos neta identificada fue de 71.5 mil millones de dólares. Existe también una discrepancia estadística de –13 mil millones de dólares en la cuenta de capital.[1] En realidad, esta discrepancia representa una combinación de transacciones de cuenta de capital y de cuenta corriente, como la obtención de préstamos externos no

---

[1] La discrepancia estadística de 1992 no fue particularmente grande. A veces, es mucho más grande que ésta.

identificados, el comercio internacional ilegal (por ejemplo, la importación de drogas ilegales) y transacciones de las que no se informa para evadir ilegalmente aranceles u otras medidas de protección del comercio internacional.

La obtención de préstamos externos neta de Estados Unidos menos su déficit en cuenta corriente es igual al cambio de las reservas oficiales de Estados Unidos. Las **reservas oficiales** son las tenencias gubernamentales de divisas. En 1992, esas reservas aumentaron en 3.9 mil millones de dólares (la obtención de préstamos neta de los extranjeros fue de 58.5 mil millones de dólares, el déficit en cuenta corriente fue de 62.4 mil millones de dólares y la diferencia, 3.9 mil millones de dólares, fue el aumento de las reservas oficiales).

Las cifras de la tabla 36.1 presentan una instantánea de las cuentas de la balanza de pagos en 1992. La figura 36.1 ubica esa instantánea en una perspectiva más amplia al mostrar la balanza de pagos entre 1975 y 1992. Como podrá observarse, el saldo de la cuenta corriente es prácticamente una imagen invertida del saldo de la cuenta de capital; y el saldo de los pagos oficiales es muy pequeño en comparación con los saldos de esas otras dos cuentas. Durante la década de 1980 apareció un déficit grande en cuenta corriente (y un superávit de la cuenta de capital), pero empezó a declinar después de 1987.

Quizás sea posible comprender mejor las cuentas de la balanza de pagos y los vínculos que existen entre ellas si consideramos el ingreso y el gasto, la obtención y el otorgamiento de préstamos y la cuenta bancaria de un individuo.

**Analogía individual**   La cuenta corriente de una persona registra el ingreso obtenido por ofrecer servicios de factores de la producción, y el gasto en bienes y servicios. Consideremos, por ejemplo, a Inés. Obtuvo un ingreso de 25 000 dólares en 1994. Inés tiene inversiones por un valor de 10 000 dólares que le proporcionaron un ingreso de 1000 dólares. La cuenta corriente de Inés muestra un ingreso de 26 000 dólares. Inés gastó 18 000 dólares en la compra de bienes y servicios para el consumo. También compró una casa nueva, que le costó 60 000 dólares. Así que el gasto total de Inés fue de 78 000 dólares. La diferencia entre su gasto y su ingreso es de 52 000 dólares ($78 000 menos $26 000). Esta cantidad es el déficit en cuenta corriente de Inés.

Para pagar los gastos de 52 000 dólares que excedieron a su ingreso, Inés tiene que usar el dinero que guarda en el banco o bien obtener un préstamo. De hecho, Inés obtuvo un préstamo hipotecario de 50 000 dólares que la ayudó a pagar su casa. Ésta fue la única obtención de préstamos de Inés, así que el superávit de su cuenta de capital fue de 50 000 dólares. Con un déficit en cuenta corriente de 52 000 dólares y un superávit de la cuenta de capital de 50 000 dólares, a Inés todavía le faltan 2000 dólares. Esos 2000 dólares los sacó de su propia cuenta bancaria. Sus tenencias de efectivo disminuyeron en 2000 dólares.

La oferta de factores de producción de Inés es análoga a la oferta de exportaciones de un país. Sus compras de bienes y servicios, incluyendo la compra de una casa, son análogas a las importaciones de un país. La hipoteca de Inés (obtención de préstamos de alguien más) es análoga a la obtención de préstamos externos de un país. La compra de la casa que hizo Inés es análoga a la inversión extranjera de un país. El cambio de su propia cuenta bancaria es análogo al cambio de las reservas oficiales del país.

Más adelante en este capítulo estudiaremos los factores que influyen sobre el saldo de los pagos oficiales, pero por ahora nos concentraremos en la cuenta corriente y en la cuenta de capital.

## Prestatarios y prestamistas, deudores y acreedores

Un país que está pidiendo prestado al resto del mundo más de lo que le está prestando, se llama **prestatario neto**. De manera similar, un **prestamista neto** es un país que está prestando más al resto del mundo de lo que le está pidiendo prestado. El prestatario neto podría estar aumentando su deuda o simplemente podría estar reduciendo los activos netos que mantiene en el resto del mundo. El acervo total de la inversión extranjera determina si un país es deudor o acreedor. Una **nación deudora** es un país que durante toda su historia ha obtenido en préstamos del resto del mundo más de lo que le ha prestado. Tiene un saldo de deuda pendiente con el resto del mundo superior al saldo de sus propios derechos sobre el resto del mundo. Estados Unidos se convirtió en una nación deudora a mediados de la década de 1980. Una **nación acreedora** es un país que ha invertido en el resto del mundo más de lo que los otros países han invertido en él. El país acreedor más grande es Japón. Una nación acreedora es aquella cuyos ingresos netos de intereses de la deuda son positivos: los pagos que le hacen son superiores a los que realiza.

Lo medular de la distinción entre una nación prestataria neta y una prestamista neta, y entre una nación deudora y una acreedora es la distinción entre flujos y acervos. La obtención y el otorgamiento de préstamos son flujos. Son sumas obtenidas en préstamo o prestadas por unidad de tiempo. Las deudas son acervos. Son sumas que se deben en un momento dado. El flujo de los cambios de la obtención y el otorgamiento de préstamos cambia el acervo o saldo de la deuda. Pero el saldo pendiente de la deuda depende principalmente de los flujos anteriores de obtención y otorgamiento de préstamos, no de los flujos del periodo corriente. Los flujos del periodo corriente determinan el *cambio* de saldo de la deuda pendiente.

Estados Unidos es un recién llegado a las filas de las naciones prestatarias netas. Durante la década de 1960 y la mayor parte de la de 1970, tuvo un superávit en su cuenta corriente y un déficit en su cuenta de capital. Así que el país era un prestamista neto para el resto del mundo. Fue a partir de 1983 cuando se convirtió en un prestatario neto significativo. Desde entonces, la obtención de préstamos ha aumentado cada año y, a finales de la década de 1980, rebasaba los 100 mil millones de dólares anuales. Estados Unidos no solamente es una nación prestataria neta, también es un país deudor. Es decir, su saldo total de obtención de préstamos del resto del mundo es superior a sus préstamos al resto del mundo.

Los mayores deudores son los países en desarrollo que están hambrientos de capital. La deuda externa de esos países creció de menos de una tercera parte a más de la mitad de su producto interno bruto durante la década de 1980, lo que dio origen a lo que se ha llamado la "crisis de la deuda del Tercer Mundo".

La mayoría de los países son prestatarios netos. Pero un pequeño número de países son inmensos prestamistas netos. Algunos ejemplos de prestamistas netos son los países ricos en petróleo como Kuwait y Venezuela, y los países desarrollados con éxito, como Japón y Alemania.

¿Debería preocuparse Estados Unidos por haber cambiado de ser prestamista neto a prestatario neto? La respuesta a esta pregunta depende princi-

palmente de lo que está haciendo el prestatario neto con el dinero prestado. Si los préstamos están financiando inversión que a su vez genera crecimiento económico y un ingreso más alto, la obtención de préstamos no constituye un problema. Si el dinero prestado se usa para financiar el consumo, entonces se incurre en pagos de intereses más altos y, por consiguiente, a final de cuentas el consumo tendrá que reducirse. Cuanto mayor y más tiempo dure la obtención de préstamos, mayor será la reducción necesaria del consumo. Investigaremos si Estados Unidos está pidiendo prestado para la inversión o para el consumo.

## Saldo de la cuenta corriente

¿Qué determina el saldo de la cuenta corriente y la magnitud de la obtención u otorgamiento netos de préstamos de un país?

Para contestar esta pregunta, necesitamos primero recordar y usar algunas de las cosas que hemos aprendido acerca de las cuentas del ingreso nacional. La tabla 36.2 nos ayudará a refrescar la memoria y a resumir los cálculos necesarios. La parte (a) enumera las variables del ingreso nacional que se necesitan, junto con sus símbolos; ahí se muestran también los valores que tenían en Estados Unidos en 1990.

La parte (b) presenta dos ecuaciones clave del ingreso nacional. Primero, la ecuación (1) nos recuerda que el gasto agregado es la suma del gasto en consumo, la inversión, las compras gubernamentales de bienes y servicios y las exportaciones netas (la diferencia entre exportaciones e importaciones). La ecuación (2) nos recuerda que el ingreso agregado se usa de tres maneras distintas. Puede consumirse, ahorrarse o pagarse al gobierno en forma de impuestos (neta de pagos de transferencia). La ecuación (1) indica en qué forma el gasto genera nuestro ingreso. La ecuación (2) señala qué hacemos con nuestro ingreso.

La parte (c) de la tabla explora territorio nuevo. Examina los superávit y los déficit. Veremos tres superávit o déficit: los de la cuenta corriente, del presupuesto del gobierno y del sector privado. Para llegar a estos superávit y déficit, primero hay que restar la ecuación (2) de la ecuación (1) de la tabla 36.2. El resultado es la ecuación (3). Con un reordenamiento de la ecuación (3), obtenemos la relación de la cuenta corriente (exportaciones menos

TABLA 36.2

El saldo de la cuenta corriente, la obtención de préstamos externos
neta y el financiamiento de la inversión

| | Símbolos y ecuaciones | Cifras de Estados Unidos en 1992 (miles de millones de dólares) |
|---|---|---|
| **(a) Variables** | | |
| Producto interno bruto (PIB) | $Y$ | 5,951 |
| Gasto en consumo | $C$ | 4,096 |
| Inversión | $I$ | 770 |
| Compras gubernamentales de bienes y servicios | $G$ | 1,115 |
| Exportaciones de bienes y servicios | $EX$ | 636 |
| Importaciones de bienes y servicios | $IM$ | 668 |
| Ahorro | $A$ | 1,021 |
| Impuestos, netos de pagos de transferencia | $T$ | 832 |
| **(b) Ingreso y gasto internos** | | |
| Gasto agregado | (1) $Y = C + I + G + EX - IM$ | |
| Usos del ingreso | (2) $Y = C + A + T$ | |
| Restar (1) de (2) | (3) $0 = I - A + G - T + EX - IM$ | |
| **(c) Superávit y déficit** | | |
| Cuenta corriente | (4) $EX - IM = (T - G) + (A - I)$ | $636 - 668 = -32$ |
| Presupuesto del gobierno | (5) $T - G$ | $832 - 1,115 = -283$ |
| Sector privado | (6) $A - I$ | $1,021 - 770 = 251$ |
| **(d) Financiamiento de la inversión** | | |
| La inversión se financia con la suma del ahorro privado, | $A,$ | 1,021 |
| el ahorro gubernamental neto | $T - G,$ | $-283$ |
| y el ahorro externo neto | $IM - EX,$ | 32 |
| es decir: | (7) $I = A + (T - G) + (IM - EX)$ | $770 = 1,021 - 283 + 32$ |

*Fuente: Survey of Current Business,* mayo de 1993, vol. 73.

importaciones) que aparece como ecuación (4) en la tabla.[2]

Adviértase que la cuenta corriente, en la ecuación (4), tiene dos componentes. El primero son los impuestos menos el gasto gubernamental; y el segundo es el ahorro menos la inversión. Estos conceptos son los superávit o déficit de los sectores gubernamental y privado. Los impuestos (netos de pagos de transferencia) menos las compras gubernamentales de bienes y servicios es igual al superávit o déficit presupuestario. Si esa cifra es positiva, el presupuesto del gobierno tiene un superávit; y si es negativa, tiene un déficit. El **superávit o déficit del sector privado** es la diferencia entre ahorro e inversión. Si el ahorro es superior a la inversión, el sector privado tiene un superávit que puede prestar a otros sectores. Si la inversión es superior al ahorro, el sector privado tiene un déficit que debe financiarse con obtención de préstamos de otros sectores. Como podrá verse en nuestros cálculos, el déficit de la cuenta corriente es igual a la suma de los otros dos déficit: el déficit presupuestario del gobierno y el déficit del sector privado. En Estados Unidos, en 1990, el más importante de estos dos déficit fue el déficit presupuestario del gobierno. El sector privado estaba casi en equilibrio y el déficit en cuenta corriente de 95 mil millones de dólares se debía casi exclusivamente al déficit presupuestario de 104 mil millones de dólares del gobierno.

La parte (d) de la tabla 36.2 muestra cómo se financia la inversión. Para aumentar la inversión, debe aumentar ya sea el ahorro privado, el superávit del gobierno o el déficit en cuenta corriente.

Los cálculos que acabamos de efectuar no son sino en realidad contabilidad. Manipulamos las cuentas del ingreso nacional y descubrimos que el déficit en cuenta corriente es simplemente la suma de los déficit de los sectores gubernamental y privado. Pero estos cálculos sí revelan un hecho fundamental: nuestra balanza de pagos internacional solamente puede cambiar si cambia el saldo del presupuesto del gobierno o el saldo financiero del sector privado. Este hecho con frecuencia se pierde de vista en las discusiones populares acerca del dé-

---

[2]En las cuentas del ingreso nacional, la diferencia entre exportaciones e importaciones se llama *exportaciones netas*. Existen ligeras diferencias en la forma en que se calculan estas cifras en las cuentas del ingreso nacional y en las cuentas de la balanza de pagos, pero, en general, es posible considerar que las exportaciones netas y el saldo de la cuenta corriente significan lo mismo.

ficit internacional; véase la Lectura entre líneas, páginas 1116-1117.

Hemos visto que el déficit internacional de Estados Unidos es igual a la suma del déficit del gobierno y del déficit del sector privado. Pero ¿qué determina esos dos déficit? ¿Por qué el sector privado no tiene un superávit igual al déficit presupuestario del gobierno, de tal manera que el déficit de la cuenta corriente sea igual a cero? ¿Un incremento del déficit presupuestario del gobierno ocasiona un aumento del déficit en cuenta corriente?

## Los déficit gemelos

Es posible descubrir la respuesta a la pregunta anterior observando la figura 36.2. En esa figura, el saldo del presupuesto del sector gobierno (gobiernos federal, estatales y locales) aparece trazado al lado del saldo de la cuenta corriente. Como podrá observarse, estos dos saldos se movieron de manera similar durante la década de 1980. Esta tendencia de los dos déficit a moverse juntos ha dado origen al término *déficit gemelos*. Los **déficit gemelos** son el déficit presupuestario del gobierno y el déficit en cuenta corriente. Pero los déficit gemelos no son idénticos. Hay variaciones independientes de los dos déficit que tienen cabida en las variaciones del déficit del sector privado. Veamos por qué.

## Efectos del déficit gubernamental sobre el superávit privado

Como hemos visto, el superávit o déficit del sector privado es la brecha entre el ahorro y la inversión. El ingreso disponible es uno de los principales factores que influyen sobre el nivel de ahorro. Cualquier cosa que aumente el ingreso disponible, con todo lo demás constante, aumenta el ahorro y aumenta el superávit del sector privado. Los principales factores que influyen sobre la inversión son la tasa de interés y las expectativas de beneficios futuros. Con todo los demás constante, cualquier cosa que haga bajar las tasas de interés o aumente los beneficios futuros esperados, aumenta la inversión y reduce el superávit del sector privado.

Los cambios de impuestos o del gasto gubernamental cambian el déficit presupuestario e influyen sobre el ingreso y las tasas de interés. A su vez, estos cambios influyen sobre el ahorro y la inversión del sector privado y, por tanto, cambian el superávit o déficit del sector privado. Un aumento de las compras gubernamentales de bienes y servicios o un recorte de impuestos (cualquiera de los dos aumenta el déficit presupuestario) tiende a aumentar el PIB y la tasa de interés. El PIB más alto estimula el ahorro adicional; y la tasa de interés más alta deprime los planes de inversión. Así que, hasta cierto punto, un mayor déficit presupuestario del gobierno induce un mayor superávit del sector privado.

Para que un aumento del déficit presupuestario del gobierno conduzca a un aumento del superávit del sector privado, las acciones del gobierno deben estimular un ingreso más alto o inducir tasas de interés más altas. Existen dos factores que tienden a limitar esos canales de influencia. Primero, cuando la economía está funcionando cerca del pleno empleo, como ocurre la mayor parte del tiempo, un déficit presupuestario más alto no produce un nivel más alto de PIB real. Segundo, el capital internacional movible atenúa el efecto del mayor gasto gubernamental sobre las tasas de interés. Así que los dos mecanismos por medio de los cuales un aumento del déficit presupuestario aumenta el superávit del sector privado pueden resultar débiles.

### Efectos del déficit gubernamental sobre el déficit en cuenta corriente

Ya que los tres déficit (el déficit presupuestario del gobierno, el déficit en cuenta corriente y el déficit

del sector privado) suman cero, cualquier cambio del déficit presupuestario del gobierno que no influya sobre el déficit del sector privado deberá afectar el déficit en cuenta corriente. Pero ¿cómo se produce este efecto? La forma más fácil de observar este efecto es considerar lo que sucede cuando hay pleno empleo. Un aumento de las compras gubernamentales de bienes y servicios o un recorte de impuestos conduce a un aumento de la demanda agregada. Pero, con la economía en pleno empleo, no hay capacidad disponible para generar un aumento comparable del producto. Por lo tanto, parte del aumento de la demanda agregada se derrama al resto del mundo y las importaciones aumentan. Así mismo, parte de la producción interna para exportación se desvía para satisfacer la demanda interna. Las exportaciones disminuyen. El aumento de importaciones y la baja de exportaciones aumentan el déficit en cuenta corriente. El exceso de importaciones en relación con las exportaciones, genera un aumento neto de la obtención de préstamos del resto del mundo.

Por supuesto, la economía no siempre está en pleno empleo. Ni tampoco el capital externo fluye a una tasa de interés fija. Por lo que el vínculo entre el déficit presupuestario del gobierno y el déficit en cuenta corriente no es mecánico. Sin embargo, sí es una relación notablemente fuerte, como vimos en la figura 36.2.

FIGURA **36.2**

## Los déficit gemelos

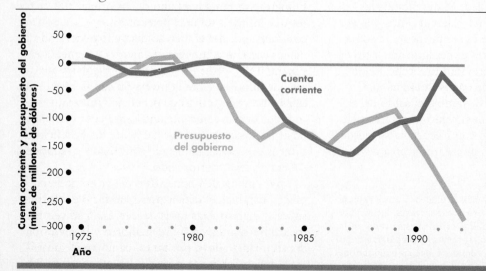

Los déficit gemelos son el déficit de la cuenta corriente y el déficit presupuestario del gobierno, que se mueven conjuntamente. Conforme creció el déficit presupuestario del gobierno durante la década de 1980, también lo hizo el déficit de la cuenta corriente. Más recientemente, los déficit divergieron.

*Fuente: Survey of Current Business,* mayo de 1993, vol., 73.

## ¿La obtención de préstamos de Estados Unidos se dedica al consumo o a la inversión?

Señalamos antes que la obtención de préstamos internacionales puede ser un problema dependiendo del uso que se le dé. Se ha observado que, en años recientes Estados Unidos ha pedido préstamos internacionales para financiar la compra de bienes y servicios que proporciona el gobierno. El ahorro del sector privado ha sido suficiente para pagar la inversión en planta y equipo, pero ha sido insuficiente para pagar el gasto del gobierno que sobrepasa a su recaudación tributaria. ¿El hecho de que el déficit del gobierno haya sido similar a la suma obtenida de préstamos externos significa que Estados Unidos ha pedido prestado para consumir?

Probablemente no. No se puede determinar con seguridad la medida en que el gasto del gobierno es consumo o inversión. Algunos conceptos, como la adquisición de mejores carreteras, son inversión. ¿Pero qué se puede decir del gasto en educación y atención médica? ¿Son estos gastos consumo o inversión? Existen argumentos sólidos a favor de que son inversión, inversión en capital humano, y que obtienen una tasa de rendimiento al menos igual a la tasa de interés que se paga por la deuda externa.

Otra razón para creer que la mayor parte de los préstamos del exterior se usan para financiar la inversión productiva de Estados Unidos es que los inversionistas extranjeros no compran un gran volumen de bonos gubernamentales de Estados Unidos. De hecho, en 1992, menos de una tercera parte del déficit gubernamental fue financiado *directamente* por los extranjeros que compraron valores gubernamentales de Estados Unidos. La mayor parte de la inversión extranjera en Estados Unidos está en el sector privado y se emprende en busca del máximo beneficio disponible. Los extranjeros diversifican sus préstamos para distribuir el riesgo. Los estadounidenses hacen lo mismo. Parte de su ahorro se usa para financiar la inversión de empresas de Estados Unidos, parte se presta al gobierno y parte se usa para financiar la inversión estadounidense en otros países.

## R E P A S O

**C**uando se compran bienes al resto del mundo o se invierte en el resto del mundo se usan divisas. Cuando los extranjeros compran bienes estadounidenses o invierten en Estados Unidos, usan la moneda de Estados Unidos. Las transacciones internacionales se registran en las cuentas de la balanza de pagos. La cuenta corriente muestra las exportaciones e importaciones de bienes y servicios y las transferencias netas al resto del mundo. La cuenta de capital muestra la obtención o el otorgamiento netos de préstamos del extranjero. La cuenta de pagos oficiales muestra el cambio de las tenencias de divisas del país. A finales de la década de 1980, la cuenta corriente de Estados Unidos empezó a tener un gran déficit y la cuenta de capital empezó a tener un gran superávit: el país se convirtió en un prestatario neto. El déficit en cuenta corriente es igual a la suma del déficit presupuestario del gobierno y del déficit del sector privado. Durante la década de 1980, el déficit en cuenta corriente de Estados Unidos fluctuó en una forma similar al déficit presupuestario del gobierno: el fenómeno de los déficit gemelos. Estados Unidos pidió prestado al resto del mundo para comprar bienes y servicios que proporciona el gobierno y cuyo costo sobrepasa los impuestos que pagaron los estadounidenses. ◆

## Las divisas y el dólar

**C**uando se compran mercancías extranjeras o se invierte en otro país, se tiene que obtener la moneda de ese país para realizar la transacción. Cuando los extranjeros compran bienes producidos en Estados Unidos o invierten en Estados Unidos, tienen que conseguir dólares estadounidenses. Los estadounidenses consiguen divisas y los extranjeros consiguen dólares de Estados Unidos en el mercado de divisas o de cambios. El **mercado de divisas** es el mercado en el que la moneda de un país se intercambia con la moneda de otro país. El mercado de divisas no es un lugar como un mercado callejero de una ciudad o el mercado de productos. El mercado está integrado por miles de personas: importadores y exportadores, bancos y especialistas en la compraventa de divisas, llamados corredores de divisas (cambistas). El mercado de divisas abre la mañana del lunes en Hong

# La brecha comercial entre Estados Unidos y Japón

THE ECONOMIST, 11 DE ENERO, 1992

## Un partido mediocre en Tokio

El presidente llegó a Japón el 7 de enero, con la esperanza de partir tres días más tarde con una lista de cosas atractivas que lo ayudarían a reelegirse en noviembre...

...Con 8.5 millones de desempleados en Estados Unidos y con un déficit comercial con Japón que se acercaba a los 42 mil millones de dólares, según el consejo de sus asesores, éste era el momento de ponerse difícil. Se alegó que golpear a Japón por no comprar suficientes mercancías fabricadas en Estados Unidos debería ser bien recibido en Detroit...

¿Qué han ganado los estadounidenses? Se ha forzado a dos docenas de empresas japonesas a comprar más bienes manufacturados en el exterior... Quizás los japoneses contribuyan con algo a la máquina desintegradora de átomos de 8.25 mil millones de dólares que los científicos estadounidenses quieren construir en Texas. Nueve fabricantes de automóviles japoneses han esbozado planes para comprar a Estados Unidos 19 mil millones de dólares en componentes en 1994....

Aunque ya son ampliamente conocidos, los objetivos de importaciones de automóviles estadounidenses (6.4 mil millones de dólares para 1994) no se han incluido en el plan. Nadie en Japón quiere ser culpado por violar una promesa escrita, como ocurrió con el acuerdo de semiconductores de 1986 que garantizó en forma imprudente a los fabricantes estadounidenses de chips el 20 por ciento del mercado japonés. El señor Miyazawa también ha ofrecido relajar, para más de 50 artículos, las normas de inspección de importaciones que han irritado a los estadounidenses.

Los estadounidenses obtendrán acceso a 5 mil millones de dólares de seguros del comercio durante los siguientes cinco años. El dinero es para asegurar los proyectos japoneses del exterior en los que participen empresas estadounidenses, como la construcción de plantas de energía en América Latina y la búsqueda de petróleo en Siberia. El esquema entró en vigor en mayo pasado y hasta ahora ha proporcionado 700 millones de dólares de seguro del gobierno japonés para seis proyectos en el exterior, lo que ayuda a las empresas estadounidenses a exportar 2 mil millones de dólares de mercancías.

En lo que se refiere al difícil tema del arroz, los estadounidenses han estado exhortando a Japón para que acepte las propuestas del GATT en cuanto a reemplazar las restricciones a la importación de productos agrícolas con aranceles. Esto ayudaría a concluir con éxito la ronda de negociaciones comerciales multilaterales de Uruguay. Pero el gobierno liberal demócrata teme agraviar a los agricultores japoneses antes de la elección de julio...

Cuando se ven en conjunto, las medidas anunciadas esta semana sólo permitirán ganar unos cuantos empleos a los estadounidenses. Incluso pueden ser contraproducentes para Bush en los próximos meses. Hay crecientes expectativas en Washington de que las últimas medidas de apertura del mercado de Japón son, en cierta forma, diferentes de las docenas que se han establecido anteriormente. Todas han contribuido, poco a poco, a que el mercado japonés sea más accesible para los extranjeros, pero ninguna ha permitido a los socios comerciales del Japón eliminar sus déficit. Los esfuerzos de Bush no serán diferentes...

## Lo esencial
## del artículo

Con recesión en Estados Unidos (8.5 millones de desempleados), déficit comercial con Japón ($42 mil millones) y una elección en puertas (en noviembre de 1992), el Presidente Bush visitó Tokio, en enero de 1992, con la esperanza de retornar con acuerdos que impulsarían las exportaciones estadounidenses a Japón y limitarían las importaciones estadounidenses de Japón.

El resultado:

◆ Dos docenas de empresas japonesas acordaron comprar más bienes manufacturados del exterior.
◆ Los japoneses acordaron que considerarían la posibilidad de contribuir al costo de 8.25 mil millones de dólares del superacelerador de partículas que se construirá en Texas.
◆ Nueve fabricantes japoneses de automóviles delinearon planes para la compra de componentes a los fabricantes de automóviles de Estados Unidos (19 mil millones de dólares en 1994)
◆ Las normas de inspección de importaciones de más de 50 artículos se relajaron.

◆ Se comprarán 5 mil millones de dólares de seguros del comercio a empresas estadounidenses, durante un periodo de cinco años.
◆ No se relajaron las restricciones de importaciones de arroz del Japón.

La conclusión: pocos empleos para los estadounidenses y poco cambio del déficit comercial de Estados Unidos con Japón.

## Antecedentes
## y análisis

En 1991, las exportaciones de bienes y servicios de Estados Unidos fueron el 10 por ciento del PIB y las importaciones fueron el 11 por ciento del PIB. Las exportaciones japonesas de bienes y servicios fueron el 11 por ciento del PIB y sus importaciones fueron el 10 por ciento del PIB.

Una gran parte del déficit de Estados Unidos se originó en su comercio con Japón.

A fin de reducir el déficit comercial de Estados Unidos con Japón, se han propuesto una serie de medidas para poner un límite a las importaciones estadounidenses de determinados fabricantes japoneses y para aumentar las exportaciones de bienes y servicios específicos de Estados Unidos a Japón. Las medidas no han funcionado.

No es sorprendente que las medidas no hayan funcionado. Una disminución de las exportaciones de automóviles japoneses a Estados Unidos no reduce necesariamente el déficit comercial de Estados Unidos con Japón. Podría reducir las importaciones japonesas provenientes de Estados Unidos o aumentar las importaciones estadounidenses provenientes de otros fabricantes japoneses.

Las exportaciones netas NX están vinculadas a los superávit de los sectores gubernamental y privado, a través de la ecuación

$$NX = (T - G) + (A - I).$$

La principal diferencia entre Estados Unidos y Japón está en los niveles de impuestos, compras gubernamentales y ahorro e inversión, lo que se muestra en la figura. Las compras gubernamentales de Japón son más pequeñas y el ahorro y la inversión son más grandes que en Estados Unidos.

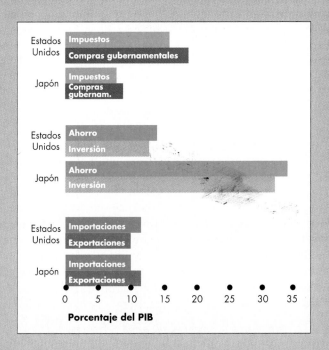

Kong, cuando todavía es la noche del domingo en Nueva York. Conforme avanza el día, los mercados abren en Singapur, Tokio, Bahrein, Francfort, Londres, Nueva York, Chicago y San Francisco. Cuando cierran los mercados de la costa occidental de Estados Unidos, Hong Kong está sólo a una hora de abrir para la siguiente jornada de operaciones. Como lo muestra la figura 36.3, el sol casi no se pone en el mercado de divisas. Los cambistas de todo el mundo están continuamente en contacto, por teléfono, y todos los días, miles de millones de dólares cambian de manos.

El precio al que se intercambia una moneda por otra se llama **tipo de cambio**. Por ejemplo, en julio de 1993, un dólar de Estados Unidos compraba 97 yenes japoneses. El tipo de cambio entre el dólar estadounidense y el yen japonés era de 108 yenes por un dólar. Los tipos de cambio pueden expresarse de dos maneras. Acabamos de expresar el tipo de cambio entre el yen y el dólar como la cantidad de yenes por dólar. En forma equivalente, podríamos expresar el tipo de cambio en términos de dólares por yen. Ese tipo de cambio en julio de 1993 era de 0.0093 dólares por yen. (En otras palabras, un yen valía aproximadamente un centavo de dólar.)

La actividad de los corredores de divisas hace que el mercado de divisas sea altamente eficiente. Los tipos de cambio son casi idénticos sin importar en qué parte del mundo se efectúe la transacción. Si los dólares estadounidenses fueran baratos en Londres y caros en Tokio, en un abrir y cerrar de ojos alguien colocaría una orden de compra en Londres y una orden de venta en Tokio; esto aumentaría la demanda en un lugar e incrementaría la oferta en otro, y haría que los precios se igualaran.

### Regímenes cambiarios

Los tipos de cambio son de importancia crucial para millones de personas. Afectan los costos de nuestras vacaciones en el extranjero y de nuestros automóviles importados. Afectan la cantidad de dólares que se obtienen por la venta de naranjas y ganado estadounidense a Japón. Debido a su importancia, los gobiernos ponen mucha atención a lo que ocurre en los mercados de cambios y más aún, actúan con el objetivo de lograr lo que consideran movimientos deseables de los tipos de cambio. Los gobiernos tienen tres formas de hacer funcionar el mercado de divisas (tres regímenes). Éstos son

- ◆ Tipo de cambio fijo
- ◆ Tipo de cambio flexible
- ◆ Tipo de cambio dirigido

El **tipo de cambio fijo** es aquel cuyo valor mantiene constante el banco central del país. Por ejemplo, el gobierno de Estados Unidos podría adoptar un tipo de cambio fijo definiendo el valor del dólar de Estados Unidos como cierto número de unidades de alguna otra moneda y haciendo que la Fed emprendiera acciones orientadas a mantener el valor anunciado. Estudiaremos más adelante esas acciones.

El **tipo de cambio flexible** es aquel cuyo valor está determinado por las fuerzas del mercado, sin intervención del banco central. El **tipo de cambio dirigido** es aquel cuyo valor recibe la influencia de la intervención del banco central en el mercado de divisas. Con un régimen de tipo de cambio dirigido, la intervención del banco central no busca mantener fijo el tipo de cambio en un nivel anunciado previamente.

### Historia reciente del tipo de cambio

Al final de la Segunda Guerra Mundial, los principales países del mundo crearon el Fondo Monetario Internacional (FMI). El **Fondo Monetario Internacional** es una organización internacional que supervisa las balanzas de pagos y las actividades del tipo de cambio. El FMI está ubicado en Washington, D.C. Fue creado como resultado de negociaciones entre Estados Unidos y el Reino Unido durante la Segunda Guerra Mundial. En julio de 1944, en Bretton Woods, Nueva Hampshire, 44 países firmaron el convenio constitutivo del FMI. Como pieza central de este convenio estaba la creación de un sistema mundial de tipos de cambio fijos de las monedas. El ancla de este sistema de tipos fijos era el oro. Se definió que una onza de oro valía 35 dólares de Estados Unidos. Todas las demás monedas estaban vinculadas al dólar de Estados Unidos a un tipo de cambio fijo. Por ejemplo, el yen japonés se fijó en 360 yenes por dólar; el valor de la libra esterlina se fijó en 4.80 dólares. Aunque el sistema de tipos de cambio fijos establecido en 1944 funcionó bien para el mundo durante la década de 1950 y principios de la década de 1960, fue sometido a crecientes presiones a finales de la década de 1960 y, en 1971, el orden prácticamente se había derrumbado. En el periodo que inició a partir de 1971, el mundo ha fun-

FIGURA **36.3**

## El mercado mundial de divisas

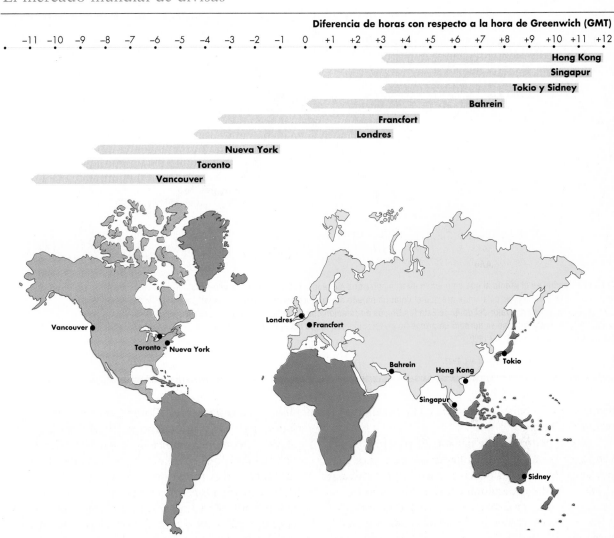

El mercado de divisas prácticamente no cierra. El día empieza en Hong Kong y conforme el globo gira, los mercados se van abriendo en Singapur, Tokio, Sidney, Bahrein, Zurich, Francfort, Londres, Nueva York, Vancouver y Toronto. Cuando cierran los mercados de la costa occidental de Estados Unidos, Hong Kong está casi listo para empezar otra jornada.

*Fuente:* Basado en un mapa similar, en Steven Husted y Michael Melvin, *International Economics,* Nueva York, Harper & Row, 1989, y datos de *Euromoney,* abril de 1979, pág. 14.

cionado con una variedad de arreglos de tipo de cambio flexible y dirigido. Algunas monedas han aumentado de valor y otras han declinado. El dólar de Estados Unidos está entre las monedas que han bajado. El yen japonés es la moneda cuyo valor ha tenido el aumento más espectacular.

La figura 36.4 muestra lo que ha ocurrido al tipo de cambio del dólar de Estados Unidos entre 1975 y 1992. La línea naranja muestra el valor del dólar en relación con el yen japonés. Como podrá verse, el valor del dólar ha caído en relación con el yen; el dólar se ha devaluado. La **depreciación de la**

FIGURA **36.4**

Tipos de cambio

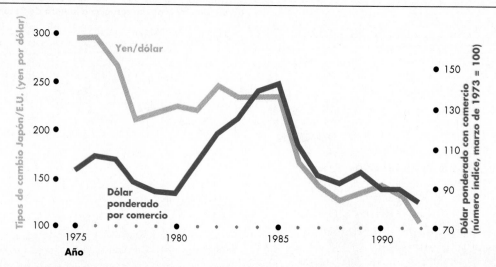

El tipo de cambio es el precio al que se pueden intercambiar dos monedas. El tipo de cambio yen-dólar, expresado como yenes por dólar, muestra que el dólar ha bajado de valor, se ha devaluado, en relación con el yen. Un índice del valor del dólar de Estados Unidos en relación con todas las monedas, muestra que el dólar estadounidense se apreció en promedio en relación con todas las monedas entre 1980 y 1985 y se devaluó entre 1985 y 1990.

*Fuente: Economic Report of the President,* 1993.

**moneda** es una baja del valor de una moneda en términos de otra.

Aunque el dólar se ha devaluado en términos del yen japonés, no se ha devaluado, en promedio, en términos de todas las demás monedas. Para calcular el valor del dólar estadounidense en términos de otras monedas, en promedio, se calcula un índice ponderado con comercio. El **índice ponderado con comercio** es el valor de la canasta de monedas cuando el peso que se da a cada moneda va en relación con su importancia en el comercio internacional de Estados Unidos. En la tabla 36.3 se presenta un ejemplo del cálculo del índice ponderado con comercio. En este ejemplo, suponemos que Estados Unidos comercia únicamente con tres países: Canadá, Japón y Gran Bretaña. Cincuenta por ciento del comercio es con Canadá, 30 por ciento con Japón y el 20 por ciento con Gran Bretaña. En el año 1, el dólar estadounidense vale 1.25 dólares canadienses, 100 yenes japoneses o 0.50 libras esterlinas. Imaginemos que estas tres monedas se colocan en una "canasta" que vale 100 dólares estadounidenses, en la que el 50 por ciento del valor de la canasta es en

dólares canadienses, el 30 por ciento en yenes japoneses y el 20 por ciento en libras esterlinas. En el año 1, el número índice de la canasta es de 100. Supongamos que en el año 2, los tipos de cambio se modifican en la forma que se muestra en la tabla. El dólar canadiense permanece constante; el yen japonés sube de valor, así que solamente se pueden comprar 90 yenes japoneses con 1 dólar estadounidense y la libra esterlina baja de valor, así que 1 dólar estadounidense compra 0.55 libras. ¿Cuál es el cambio de valor de la canasta? Los cambios porcentuales del valor del dólar estadounidense en relación con cada moneda aparecen calculados en la tabla. El dólar baja un 10 por ciento en relación con el yen japonés y sube el 10 por ciento en relación con la libra esterlina. Aplicando las ponderaciones de comercio a estos cambios porcentuales, podemos calcular el cambio promedio ponderado del valor del dólar estadounidense. Ya que el peso del yen japonés es de 0.3 y el de la libra esterlina es de 0.2, el yen es más importante que la libra. Es decir, la parte del valor de la canasta que consiste en yenes es más grande que la que consiste en libras. El valor promedio ponderado de la canasta desciende el 1 por ciento. El índice ponderado con comercio baja el 1 por ciento y es de 99. En este ejemplo, el dólar estadounidense se ha devaluado, en promedio, en relación con las otras tres monedas.

Para los cálculos que acabamos de realizar se usaron cifras hipotéticas. En la figura 36.4 se muestra cómo ha fluctuado el dólar estadounidense en relación con otras monedas, en promedio, en el periodo de 1975 a 1992. Como puede observarse, durante la década de 1970, el valor del dólar de Estados Unidos fluctuó, pero en promedio permaneció constante en relación con otras monedas; de 1980 a 1985 se apreció fuertemente; y después de 1985 se devaluó en forma considerable.

### Determinación del tipo de cambio

¿Qué determina el valor del dólar en moneda extranjera? El valor del dólar en moneda extranjera es un precio y, como cualquier otro precio, está determinado por la demanda y la oferta. Pero ¿exactamente qué queremos decir con demanda y oferta de dólares? ¿Y cuál es la cantidad de dólares?

### La cantidad de activos en dólares de Estados Unidos

La **cantidad de activos en dólares de Estados Unidos** (que llamaremos **cantidad de dólares**) es el *acervo* de activos financieros denominados en dólares de Estados Unidos menos el acervo de pasivos financieros denominados en dólares de Estados Unidos. En otras palabras, es el *acervo de activos financieros netos denominados en dólares de Estados Unidos*. Hay tres cosas acerca de la cantidad de dólares que deben destacarse y explicarse en una forma más amplia.

Primero, la cantidad de dólares es un *acervo*, no un *flujo*. La gente toma decisiones acerca de las tenencias de dólares y las cantidades que compra y vende. Pero lo que determina el que la gente planee comprar o vender dólares es la decisión acerca de cuántos dólares quiere tener.

Segundo, la cantidad de dólares es un acervo *denominado en dólares de Estados Unidos*. La denominación de un activo define las unidades en las que tiene que reembolsarse la deuda. Es posible otorgar un préstamo utilizando cualquier moneda. El gobierno de Estados Unidos podría pedir prestados yenes japoneses. Si pidiera yenes japoneses, emitiría un bono denominado en yenes. Ese bono representaría una promesa de pago de una cantidad acordada de yenes en una fecha también acordada. No sería una deuda en dólares y, aunque fuera emitida por el gobierno de Estados Unidos, no sería parte de la oferta de dólares. Muchos gobiernos en realidad emiten bonos en monedas diferentes de la propia. Por ejemplo, el gobierno canadiense emite

---

**TABLA 36.3**

## Cálculo del índice ponderado con comercio

| Moneda | Ponderaciones del comercio | Tipos de cambio (unidades de la divisa por dólar estadounidense) | | Cambios porcentuales | |
| --- | --- | --- | --- | --- | --- |
| | | Año 1 | Año 2 | Sin ponderar | Ponderados |
| **Dólar canadiense** | 0.5 | 1.25 | 1.25 | 0 | 0 |
| **Yen japonés** | 0.3 | 100 | 90 | − 10 | − 3 |
| **Libra esterlina** | 0.2 | 0.50 | 0.55 | +10 | +2 |
| **Total** | 1.0 | | | | −1 |

Índice ponderado con comercio:  año 1 = 100
año 2 = 99

bonos denominados en dólares estadounidenses, libras esterlinas, marcos alemanes y francos suizos.

Tercero, la oferta de dólares es una oferta *neta*: la cantidad de activos *menos* la cantidad de pasivos (obligaciones). Esto significa que la cantidad ofrecida de dólares no incluye los activos en dólares que crean las familias, las empresas, las instituciones financieras o los extranjeros privados. La razón es que cuando se crea una deuda privada, hay tanto un activo (para el tenedor) como un pasivo (para el emisor), así que el activo financiero *neto* es de cero. La cantidad de dólares incluye solamente los pasivos en dólares del gobierno federal *más* los de la Fed. Esta cantidad es igual a la deuda del gobierno que se conserva fuera de la Fed más los pasivos en dólares de la Fed: la base monetaria (véase la pág. 833). Es decir,

Cantidad de dólares = Deuda gubernamental
                              conservada fuera
                              de la Fed + base monetaria.

### Cambios de la cantidad de activos en dólares

Existen dos formas mediante las cuales puede cambiar la cantidad de activos en dólares:

◆ El gobierno federal tiene un déficit o un superávit.

◆ La Fed compra o vende activos denominados en moneda extranjera.

Cuando el gobierno federal tiene un déficit, pide prestado emitiendo bonos. Estos bonos, denominados en dólares de Estados Unidos, están en manos de las familias, las empresas, las instituciones financieras, los extranjeros y la Fed. Los bonos comprados por la Fed no forman parte del acervo de activos en dólares. Pero, para comprar esos bonos, la Fed crea una base monetaria adicional, y esta suma equivalente *es* parte de la cantidad de activos en dólares. Así que cuando la Fed compra deuda del gobierno de Estados Unidos, la cantidad de activos en dólares no cambia, sólo cambia su composición.

La Fed puede aumentar la cantidad de dólares mediante la compra de activos denominados en moneda extranjera (divisas). Si la Fed compra yenes japoneses en el mercado de divisas, la base monetaria aumenta en la suma pagada por los yenes.

Hemos visto ya lo que son los activos en dólares y cómo puede cambiar su cantidad. Estudiemos ahora la demanda de esos activos.

## La demanda de activos en dólares

La ley de la demanda se aplica a los activos en dólares como a cualquier otra cosa que la gente valora. La cantidad demandada de activos en dólares aumenta cuando baja el precio de los dólares en términos de moneda extranjera; y disminuye cuando sube el precio de los dólares en términos de moneda extranjera. La ley de la demanda se aplica a los dólares por dos razones distintas.

Primera, hay una demanda de transacciones. Cuanto más bajo es el valor del dólar, mayor es la demanda de exportaciones de Estados Unidos y menor es la demanda de importaciones en Estados Unidos, así que es más grande la cantidad de comercio financiada con dólares. Los extranjeros demandan más dólares para comprar exportaciones de Estados Unidos y en Estados Unidos se demandan menos unidades de moneda extranjera y más dólares, conforme pasa de importar a comprar bienes producidos en el país.

Segunda, hay una demanda que surge de las ganancias de capital esperadas. Con todo lo demás constante, cuanto más bajo es el valor del dólar de hoy, más alta es su tasa esperada de apreciación (o menor es su tasa esperada de depreciación), por lo que también es más alta la ganancia esperada por mantener activos en dólares en relación con la ganancia esperada por mantener activos en moneda extranjera. Supongamos que Manuel espera que el dólar valga 110 yenes japoneses dentro de un año. Si hoy el dólar vale 120 yenes, él está esperando que el dólar se devalúe en 10 yenes.

Con todo lo demás constante, Manuel no pensará mantener activos en dólares en esta situación. Más bien planea mantener activos en yenes. Pero si el valor actual del dólar es de 100 yenes, entonces él espera que el dólar se aprecie en 10 yenes. En esta situación, Manuel planeará mantener activos en dólares y aprovechar el alza esperada de su valor. Mantener activos en una moneda en particular en espera de una ganancia en su valor, resultado de una modificación del tipo de cambio, es uno de los factores más importantes que influyen sobre la cantidad demandada de activos en dólares y de activos en moneda extranjera. Cuanto más se espera que se aprecie una moneda, mayor es la cantidad de activos en esa moneda que la gente desea mantener.

La figura 36.5 muestra la relación entre el precio del dólar de Estados Unidos en yenes y la cantidad demandada de activos en dólares: la curva de demanda de activos en dólares. Cuando se modifica el tipo de cambio, con todo lo demás constante, hay un movimiento a lo largo de la curva de demanda.

Cualquier otro factor que influya sobre la cantidad de activos en dólares que la gente quiere mantener, dará como resultado un desplazamiento de la curva de demanda. La demanda subirá o bajará. Estos otros factores de influencia son

◆ El volumen de comercio financiado en dólares
◆ Las tasas de interés de los activos en dólares
◆ Las tasas de interés de los activos en moneda extranjera
◆ El valor esperado futuro del dólar

La tabla 36.4 resume el análisis anterior de los factores que influyen sobre la cantidad de activos en dólares que demanda la gente.

## La oferta de activos en dólares

Las acciones del gobierno y de la Reserva Federal determinan la oferta de activos en dólares. Hemos visto que la cantidad de dólares es igual a la deuda del gobierno más la base monetaria. De estos dos conceptos, la base monetaria es, con mucho, la más pequeña. Pero tiene un papel crucial en la determinación de la oferta de dólares, ya que el propio comportamiento de la base monetaria depende en forma decisiva del régimen cambiario que esté en funcionamiento.

Con un régimen de tipo de cambio fijo, la curva de oferta de activos en dólares es horizontal en el tipo de cambio elegido. La Fed está dispuesta a ofrecer cualquier cantidad de activos en dólares que se demanden al tipo de cambio fijo. Con un régimen de tipo de cambio dirigido, el gobierno desea atenuar las fluctuaciones del tipo de cambio, así que la curva de oferta de activos en dólares tiene pendiente positiva. Cuanto más alto es el tipo de cambio, mayor es la cantidad ofrecida de activos en dólares. Con un régimen de tipo de cambio flexible, se ofrece una cantidad fija de activos en dólares, in-

**FIGURA 36.5**

## La demanda de activos en dólares

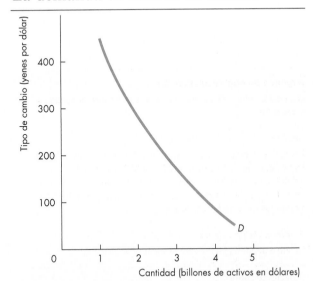

La cantidad de activos en dólares que demanda la gente, con todo lo demás constante, depende del tipo de cambio. Cuanto más bajo es el tipo de cambio (cuanto menor es el número de yenes por dólar), mayor es la cantidad demandada de activos en dólares. El aumento de la cantidad demandada tiene su origen en un aumento del volumen de comercio en dólares (los japoneses compran más productos estadounidenses y los estadounidenses compran menos productos japoneses) y en un aumento de la apreciación esperada (o disminución de la depreciación esperada) de los activos en dólares.

**TABLA 36.4**

## La demanda de activos en dólares

La ley de la demanda

**La cantidad demandada de activos en dólares**

| *Aumenta si:* | *Disminuye si:* |
|---|---|
| ◆ El valor del dólar en moneda extranjera baja | ◆ El valor del dólar en moneda extranjera sube |

Cambios de demanda

**La demanda de activos en dólares**

| *Aumenta si:* | *Disminuye si:* |
|---|---|
| ◆ Aumenta el comercio financiado con dólares | ◆ Disminuye el comercio financiado con dólares |
| ◆ Suben las tasas de interés de los activos en dólares | ◆ Bajan las tasas de interés de los activos en dólares |
| ◆ Bajan las tasas de interés de los activos en moneda extranjera | ◆ Suben las tasas de interés de los activos en moneda extranjera |
| ◆ Se espera que el dólar se aprecie | ◆ Se espera que el dólar se deprecie |

dependientemente de su precio. Por consiguiente, con un régimen de tipo de cambio flexible, la curva de oferta de activos en dólares es vertical.

La oferta de activos en dólares cambia con el paso del tiempo, como resultado de lo siguiente:

◆ El presupuesto del gobierno
◆ La política monetaria de la Fed

Si el gobierno tiene un déficit presupuestario, la oferta de activos en dólares aumenta. Si el gobierno tiene un superávit presupuestario, la oferta de activos en dólares disminuye. La oferta de activos en dólares aumenta cada vez que la Fed aumenta la base monetaria y disminuye cada vez que la Fed reduce la base monetaria.

El análisis anterior de los factores que influyen sobre la oferta de activos en dólares se resume en la tabla 36.5.

## El mercado de activos en dólares

Reunamos la demanda y la oferta del mercado de activos en dólares y determinemos el tipo de cambio. La figura 36.6 ilustra el análisis.

**Tipo de cambio fijo**   Primero, consideremos un tipo de cambio fijo como el de 1944 a 1971. Este caso se ilustra en la figura 36.6(a). La curva de oferta de dólares es horizontal al tipo de cambio fijo de 200 yenes por dólar. Si la curva de demanda es $D_0$, la cantidad de activos en dólares es $Q_0$. Un aumento de la demanda a $D_1$ da como resultado un aumento de la cantidad de activos en dólares de $Q_0$ a $Q_1$, pero no cambia el precio en yenes de los dólares.

**Tipo de cambio flexible**   Después veamos la figura 36.6(b), que muestra lo que sucede con un régimen de tipo de cambio flexible. En este caso, la cantidad ofrecida de activos en dólares está fija en $Q_0$, así que la curva de oferta de activos en dólares es vertical. Si la curva de demanda de dólares es $D_0$, el tipo de cambio es de 200 yenes por dólar. Si la demanda de dólares aumenta de $D_0$ a $D_1$, el tipo de cambio aumenta a 300 yenes por dólar.

**Tipo de cambio dirigido**   Por último, consideremos un régimen de tipo de cambio dirigido, el cual aparece en la figura 36.6(c). Aquí, la curva de ofer-

ta tiene pendiente positiva. Cuando la curva de demanda es $D_0$, el tipo de cambio es de 200 yenes por dólar. Si la demanda aumenta a $D_1$, el valor del dólar en yenes aumenta, pero solamente a 225 yenes por dólar. Comparado con el caso del tipo de cambio flexible, el mismo aumento de la demanda da como resultado un aumento menor del tipo de cambio cuando éste es dirigido. Esto se debe a que la cantidad ofrecida aumenta en el caso del tipo de cambio dirigido.

**Regímenes de tipo de cambio y balanza de pagos oficiales**   Existe una relación importante entre el régimen de tipo de cambio y la balanza de pagos. La cuenta de pagos oficiales de la balanza de pagos registra el cambio de las tenencias oficiales de divisas del país (del gobierno y de la Fed). Con tipos de cambio fijos (como se muestra en la figura 36.6a), cada vez que hay un cambio de la demanda de activos en dólares, la Fed debe cambiar la cantidad ofrecida de activos en dólares para igualarla. Cuando la Fed tiene que aumentar la cantidad ofrecida de activos en dólares, lo hace ofreciendo acti-

---

**T A B L A 36.5**

## La oferta de activos en dólares

**Oferta**

***Régimen de tipo de cambio fijo***
La curva de oferta de activos en dólares es horizontal al tipo de cambio fijo.

***Régimen de tipo de cambio dirigido***
Para poder atenuar las fluctuaciones del precio del dólar, la cantidad de activos en dólares ofrecida por la Fed aumenta si el precio del dólar en moneda extranjera sube, y disminuye si el precio del dólar en moneda extranjera baja. La curva de oferta de los activos en dólares tiene pendiente positiva.

***Régimen de tipo de cambio flexible***
La curva de oferta de los activos en dólares es vertical

**Cambios de oferta**

**La oferta de activos en dólares**

| Aumenta si: | Disminuye si: |
|---|---|
| ◆ El gobierno de Estados Unidos tiene un déficit | ◆ El gobierno de Estados Unidos tiene un superávit |
| ◆ La Fed aumenta la base monetaria | ◆ La Fed reduce la base monetaria |

**FIGURA 36.6**

## Tres regímenes de tipo de cambio

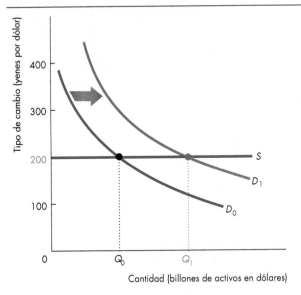

**(a) Tipo de cambio fijo**

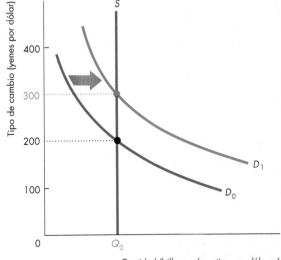

**(b) Tipo de cambio flexible**

**(c) Tipo de cambio dirigido**

Con un régimen de tipo de cambio fijo (parte a), la Fed está lista para ofrecer activos en dólares o aceptar activos en dólares del mercado (ofreciendo a cambio moneda extranjera) a un tipo de cambio fijo. La curva de oferta de activos en dólares es horizontal. Las fluctuaciones de la demanda llevan a fluctuaciones de la cantidad de activos en dólares y a fluctuaciones de las tenencias oficiales de divisas de la nación. Si la demanda aumenta de $D_0$ a $D_1$, la cantidad de activos en dólares aumenta de $Q_0$ a $Q_1$. Con un régimen de tipo de cambio flexible (parte b), la Fed fija la cantidad de activos en dólares, por lo que su curva de oferta es vertical. Un aumento de la demanda de activos en dólares, de $D_0$ a $D_1$, da como resultado solamente un aumento del valor del dólar: el tipo de cambio sube de 200 a 300 yenes por dólar. La cantidad de activos en dólares permanece constante en $Q_0$. Con un régimen de tipo de cambio dirigido (parte c), la Fed tiene una curva de oferta de activos en dólares con pendiente positiva, así que si la demanda aumenta de $D_0$ a $D_1$, el dólar se aprecia, pero la cantidad ofrecida de activos en dólares también aumenta, de $Q_0$ a $Q_2$. El aumento de la cantidad ofrecida de activos en dólares modera el alza del valor del dólar pero no la impide por completo como en el caso de los tipos de cambio fijos.

vos en dólares (depósitos bancarios) a cambio de divisas (depósitos bancarios en divisas). En este caso, las tenencias oficiales de divisas aumentan. Si la demanda de activos en dólares disminuye, la Fed tiene que reducir la cantidad ofrecida de activos en dólares. La Fed lo hace mediante la compra de dólares y usa sus tenencias de divisas para ello. En este caso,

las tenencias oficiales de divisas disminuyen. Así que con un tipo de cambio fijo, las fluctuaciones de la demanda de activos en dólares dan como resultado fluctuaciones de las tenencias oficiales de divisas.

Con un régimen de tipo de cambio flexible, no hay intervención del gobierno o de la Fed en los mercados de cambios. Independientemente de lo que suceda a la demanda de dólares, no se emprende acción alguna para cambiar la cantidad ofrecida de dólares. Por tanto, no cambian las tenencias oficiales de divisas del país. En este caso, el saldo de los pagos oficiales es de cero.

Con un tipo de cambio dirigido, las tenencias oficiales de divisas tienen que ajustarse para hacer frente a las fluctuaciones de la demanda, pero de una forma menos extrema que con los tipos de cambio fijos. Por consiguiente, las fluctuaciones del saldo de los pagos oficiales son menores con el régimen de flotación dirigida que con un régimen de tipo de cambio fijo.

Hasta 1970, Estados Unidos tuvo un tipo de cambio fijo, como también lo tenían todos los demás países del mundo. Más aún, Estados Unidos era el país más grande en el sistema. La tarea de mantener fijos los tipos de cambio con ese sistema se dejaba a los países de menor tamaño. Así, el gobierno japonés y el Banco de Japón eran los que estaban encargados de mantener el tipo de cambio yen-dólar; el gobierno británico y el Banco de Inglaterra estaban a cargo de mantener el tipo de cambio de la libra esterlina. Desde 1971, Estados Unidos ha tenido un régimen de tipo de cambio dirigido, pero en ocasiones se ha aproximado a tener un tipo de cambio flexible.

## ¿Por qué es tan volátil el tipo de cambio?

Hemos visto momentos, en especial recientemente, cuando el tipo de cambio yen-dólar ha cambiado en forma pronunciada. En la mayoría de esas ocasiones, el dólar se ha depreciado en forma espectacular, pero en algunas otras se ha apreciado fuertemente.

La razón principal por la que el tipo de cambio fluctúa en forma tan notable es que las fluctuaciones de la oferta y de la demanda no siempre son independientes una de la otra. Algunas veces un cambio de la oferta desencadenará un cambio de la demanda que refuerza el efecto del cambio de la oferta. Veamos dos episodios para ver cómo funcionan estos efectos.

**1981 a 1982**  Entre 1981 y 1982, el dólar se apreció en relación con el yen y subió de 220 a 250 yenes por dólar. La figura 36.7(a) explica por qué ocurrió esto. En 1981, las curvas de demanda y oferta eran las que tienen las leyendas $D_{81}$ y $S_{81}$. El valor del dólar en divisas era de 220 yenes, el punto donde se intersecan esas curvas de oferta y demanda. El periodo entre

1981 y 1982 fue de recesión severa. Esta recesión fue resultado, en parte, de la muy restrictiva política monetaria de la Fed. La Fed permitió que las tasas de interés subieran en forma pronunciada y redujeran la base monetaria y, con ello, la oferta de activos en dólares. El efecto directo fue un desplazamiento de la curva de oferta de $S_{81}$ a $S_{82}$: una disminución de la oferta de dólares. Pero las tasas de interés más altas de Estados Unidos indujeron un aumento de la demanda de dólares para aprovechar dichas tasas de interés. Como resultado, la curva de demanda se desplazó de $D_{81}$ a $D_{82}$. Estos dos desplazamientos se reforzaron mutuamente y aumentaron el precio en yenes del dólar a 250 yenes.

**1985 a 1986**  Hubo una depreciación espectacular del dólar en términos de yenes, de 240 yenes por dólar en 1985 a 170 yenes por dólar en 1986. Esa caída se produjo de la siguiente manera. Primero, en 1985, las curvas de demanda y oferta eran las que tienen las leyendas $D_{85}$ y $S_{85}$ en la figura 36.7(b). El precio en yenes del dólar (el precio donde se intersecan estas dos curvas) era de 240 yenes por dólar. De 1982 a 1985, la economía de Estados Unidos había estado recuperándose. Pero era una recuperación durante la cual estaba surgiendo un déficit de creciente severidad. Entonces, con un déficit gubernamental grande, la oferta de activos en dólares estaba aumentando. La Fed también estaba relajando su política monetaria, al permitir que las tasas de crecimiento de la oferta monetaria fueran lo suficientemente rápidas como para mantener la recuperación. El efecto directo de estas acciones fue un aumento de la oferta de activos en dólares de $S_{85}$ a $S_{86}$. Pero las tasas de interés en Estados Unidos empezaron a bajar y también empezaron a extenderse las expectativas de futuras bajas del valor del dólar. En consecuencia, la demanda de activos en dólares disminuyó de $D_{85}$ a $D_{86}$. El resultado de esta combinación de un aumento de la oferta y una disminución de la demanda fue una dramática caída del valor del dólar a 170 yenes en 1986.

# R E P A S O

 ay tres regímenes cambiarios posibles: fijo, flexible y dirigido. Con un régimen de tipo

FIGURA 36.7

## Por qué es tan volátil el tipo de cambio

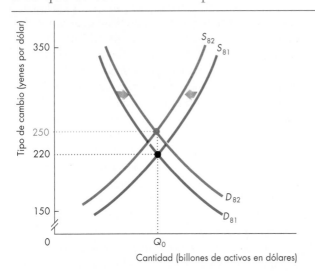

(a) 1981 a 1982

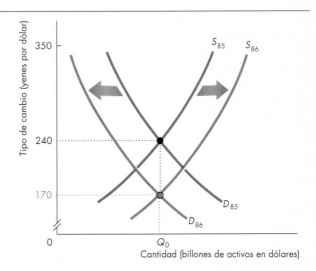

(b) 1985 a 1986

El tipo de cambio es volátil porque los desplazamientos de las curvas de demanda y oferta de activos en dólares no son independientes una de otra. Entre 1981 y 1982 (parte a), el dólar se apreció de 220 a 250 yenes por unidad. Esta apreciación se produjo porque la curva de oferta de activos en dólares se desplazó a la izquierda y las tasas de interés más altas indujeron un aumento de la demanda de activos en dólares, lo que desplazó la curva de demanda a la derecha. El resultado fue un gran aumento del valor del dólar en divisas.

Entre 1985 y 1986 (en la parte b), la Fed permitió que aumentara la cantidad de activos en dólares para mantener la prolongada recuperación económica. La curva de oferta se desplazó a la derecha. Al mismo tiempo, las tasas de interés bajaron y las expectativas de bajas adicionales del valor del dólar desplazaron la curva de demanda a la derecha. El resultado fue una abrupta baja del tipo de cambio, de 240 yenes a 170 yenes por dólar entre 1985 y 1986.

de cambio fijo, el gobierno y la Fed mantienen estable el tipo de cambio, pero la cuenta de pagos oficiales de la balanza de pagos tiene que soportar la carga de mantener constante el tipo de cambio. Una disminución de la demanda de activos en dólares de Estados Unidos tuvo como respuesta una reducción de las tenencias oficiales de divisas del país. Con un régimen de tipo de cambio flexible, el gobierno y la Fed no intervienen en los mercados de divisas. El saldo de los pagos oficiales es de cero y las tenencias oficiales de divisas del país permanecen constantes. Con un régimen de tipo de cambio dirigido, la Fed atenúa las fluctuaciones del tipo de cambio hasta cierto punto, pero con menos vigor que con tipos de cambio fijos. Con un régimen de tipo de cambio flexible o dirigido, el tipo de cambio está determinado por la demanda y la oferta de activos en dólares. Las fluctuaciones de la oferta a menudo inducen fluctuaciones de demanda que

refuerzan la situación y ocasiona severas fluctuaciones del tipo de cambio. ◆

## Los tipos de cambio en la Unión Europea

H emos examinado las implicaciones de los tipos de cambio fijos y comparado con aquellos que no lo son. Es decir, los tipos flexibles e intervenidos. España tuvo uno fijo desde el Plan de Estabilización (1959), con el que oficialmente la peseta estuvo en flotación desde 1974, aunque con intervenciones del Banco de España, y en 1989 entró a formar parte del Sistema Monetario Europeo con una paridad claramente sobrevalorada. El Sistema Monetario Europeo comporta unos tipos de cambio más o menos fijos entre los países miembros de la **Unión Europea** (UE) y es considerado por muchos como el preludio de una situación en la cual los tipos de cambio serán permanentemente fijos. Facilitará, por tanto, el camino para una unión monetaria plena; lo cual significa que las monedas individuales de los países de la UE podrán sustituirse por una única moneda común. Veamos la unión monetaria, el Sistema Monetario Europeo (SME), su mecanismo de cambios y algunos de sus inconvenientes y ventajas.

## Unión monetaria

El SME tiene sus orígenes más remotos en 1970 cuando se hicieron los primeros planes, abandonados, en gran parte, para crear una unión económica y monetaria en Europa. La unión monetaria implica no sólo el reemplazo de las monedas de los países miembros por una única moneda, sino también la creación de un banco central europeo para regular su oferta. La unión económica va mucho más allá de la monetaria, al exigir la armonización total de las políticas económicas de los diversos países. Si esta última tiene lugar, probablemente sería más indicado que todas las políticas se diseñaran e instrumentasen a un nivel comunitario. Quizás habría que añadir para ser imparciales que aquellos que están más entusiasmados con la unión económica y monetaria son, así mismo, los que más desean una unión política en la comunidad, con la creación de un gobierno federal, como el de Washington, y donde los países miembros se conviertan en estados de la unión. Por lo tanto, el debate abarca más cuestiones que las meramente económicas, que son las que se discutirán a continuación.

Ciertamente existen argumentos económicos a favor de una unión monetaria. Uno de los objetivos económicos de la UE es eliminar todos los obstáculos al intercambio y promover las relaciones comerciales entre sus miembros e, impulsando así la competencia entre empresas, beneficiar al consumidor. Como es obvio, la vida para las empresas puede ser dura en un entorno competitivo, por lo que están muy deseosas de que la competencia sea justa. De este modo, las empresas de un país estarán predispuestas a sentirse agraviadas si otro país permite que se deprecie el valor de su moneda para que sus exportaciones sean más baratas. Se ha visto que cualquier diferencial en los precios es probable que sea temporal pero eso no disminuye el agravio,

como se evidencia con un ejemplo. Si en España el precio de un disco compacto es de 2000 pesetas y el tipo de cambio en relación con el marco es de lDM = 80 pesetas, el precio del mismo en Alemania será de 25 marcos. Si la peseta se deprecia y el nuevo tipo de cambio pasa a ser de 1 DM = 100 pesetas, se reducirá la demanda de discos alemanes y su precio en Alemania disminuirá hasta 20 marcos. Por lo tanto, a los productores alemanes de discos no les haría ninguna gracia la depreciación de la peseta y sus consecuencias. Por dicho motivo, hay una fundamentada opinión, compartida por los productores de cada uno de los países de la UE, de que si tienen que estar sometidos a una intensa competencia, como mínimo, deberían estar protegidos contra las depreciaciones de las monedas del resto de los países miembros. Una moneda común conseguiría dicha protección.

Otro argumento a favor de la unión monetaria sería que la existencia de monedas individuales es un obstáculo al comercio entre los países miembros y, en consecuencia, reducen los beneficios que los consumidores podrían obtener del mismo. Por ejemplo, los intercambios entre países están sujetos a los costos de tener que convertir una moneda en otra, cargando siempre los bancos una comisión por este servicio. Así mismo, el hecho de que se pueda alterar el valor relativo de las distintas monedas origina incertidumbre y riesgo a aquellos que emprenden relaciones comerciales, lo cual, probablemente, conduzca a que se emprendan menos intercambios que los que se hubieran efectuado en otras circunstancias.

El principal argumento contra la unión monetaria es que ningún país de la UE podría atajar el desempleo, permitiendo que su moneda se depreciase con la esperanza de aumentar la demanda. Consideremos, por ejemplo, el caso español con un alto volumen de desempleo y supongamos que la peseta se deprecia. Como en el ejemplo anterior, el extranjero compraría productos españoles en mayores cantidades, la producción en España aumentaría y, en consecuencia, habría más empleo para su población. ¿Qué sucedería si el desempleo aumentara y hubiese una única moneda europea? Una posibilidad es que los precios y salarios disminuyesen en respuesta a la menor demanda ocasionada por el alto volumen de desempleo, haciendo que los productos españoles fuesen más competitivos. Además, los salarios bajos atraerían nuevas inversiones que crearían nuevos empleos. Sin embargo, confiar en los ajustes en los precios y salarios no es enteramente satisfactorio debido, por un lado, a que es un proceso lento y, por otro, porque unos bajos salarios incentivarían a algunos trabajadores a emigrar. Dejando aparte las implicaciones sociales de una emigración masiva, este hecho reduciría aún más la demanda en España. En consecuencia, si se quiere superar esta objeción a la unión monetaria, la UE necesita diseñar políticas mucho mejores para ayudar a los países miembros en los que el desempleo sea elevado. Realmente, ya que las tasas de desempleo tienden a variar entre sus miembros, la UE debería emplear políticas regionales, mucho mejores que las actuales, con el objetivo de ayudar a las regiones concretas donde el desempleo es muy elevado. En la actualidad, dichas políticas significan, sobre todo, apoyos a las medidas emprendidas para mejorar las infraestructuras, como realizar nuevas carreteras. Sin embargo, seguramente se necesitarían políticas más decididas si la unión monetaria viera la luz alguna vez.

## El Sistema Monetario Europeo

Como se ha comentado, el interés en la UE de promover unos tipos de cambio estables entre sus miembros se remonta a 1970. Hoy en día puede parecer extraño que las fluctuaciones en los tipos de cambio se considerasen un problema, ya que éstos eran fundamentalmente fijos. Sin embargo, los países devaluaban periódicamente, o en ocasiones revaluaban, sus monedas. Además, incluso cuando los países no modificaban oficialmente el tipo de cambio, éstos no eran completamente fijos, sino que fluctuaban levemente en torno a la paridad establecida. Por ello, el interés se centró en tratar de alcanzar una mayor estabilidad entre las monedas de sus miembros que la que ofrecía el viejo sistema de tipos de cambio fijos.

Cuando la era de los tipos de cambio fijos acabó a principios de los años setenta, aquellos que deseaban la estabilidad entre las monedas de la Comunidad Europea se impacientaron. Se efectuaron intentos para asegurar dicha estabilidad entre algunas monedas de la comunidad pero fracasaron debido a los desaforados aumentos en el precio del petróleo, que incrementaron el valor de las importaciones de crudo en cada país, presionando a la baja, y con intensidad variable, a las monedas de cada país. El **Sistema Monetario Europeo** se creó en

1979 como otro esfuerzo más duradero para asegurar tipos de cambio estables en la CEE.

El SME, realmente, es un acuerdo sobre diversos puntos que refleja un nuevo intento para promover la estabilidad de los tipos de cambio dentro de la UE. Todos los países que eran miembros de la Comunidad Europea en 1979 se unieron al SME desde sus comienzos y todos aquellos que se incorporaron a la comunidad más tarde, como España, que firmó el tratado de adhesión en 1986, también forman parte del mismo. Al buscar la estabilidad de los tipos de cambio, el SME trata de prevenir las súbitas ventajas competitivas, que puede traer consigo la depreciación al país que la haga, y espera reducir el riesgo y la incertidumbre inherentes al comercio entre países. Al mismo tiempo, puede desbrozar el camino para una unión monetaria total y, quizás, para una unión económica.

Una de las estipulaciones del SME es que sus miembros depositen el 20% de sus reservas oficiales de oro y dólares en una institución denominada Fondo de Cooperación Monetaria Europea (FCME). A cambio, cada banco central recibiría *Ecus*. (El *Ecu* es una moneda compuesta, una "cesta" o "canasta", formada por las monedas de los 12 países de la comunidad y en la que la ponderación de cada una depende de la importancia de la economía de cada país respectivo. Se utiliza básicamente como unidad de cuenta, como patrón para fijar los tipos de cambio y para las transacciones entre los distintos bancos centrales.) Sin embargo, el elemento clave del SME es el mecanismo de determinación de los tipos de cambio. Algunos miembros de la comunidad decidieron no participar inicialmente integrándose posteriormente. España, por ejemplo, tardó tres años desde su adhesión a la comunidad y en 1992 todos los miembros de la CEE pertenecían a él, salvo Grecia.

### El mecanismo de los tipos de cambio en el SME
La esencia de dicho mecanismo es un sistema de tipos de cambio más o menos fijos entre las monedas de los países que pertenecen a él, aunque colectivamente fluctúan con relación al resto de monedas del mundo. Por lo tanto, su intencionalidad es conseguir un sistema de cambios fijos de las monedas dentro de la UE pero permitiendo la fluctuación respecto a las demás monedas. Como en los viejos tiempos de los tipos de cambio fijos, cada miembro simplemente busca mantener su moneda dentro de una banda estrecha, más que intentar que la cotización se man-

tenga en un nivel preciso. La mayoría de los participantes tratan de conservar sus monedas dentro de un margen de variabilidad de un 2.5% con relación a la cotización fijada como objetivo respecto a las monedas del resto de los participantes. En el caso español, ese margen es más amplio, un 6%, lo que ocurría, así mismo, para el Reino Unido.

El acuerdo formal es dar a cada moneda un valor central con relación al Ecu, y se supone que el Banco Central de cada país no escatimará esfuerzos para mantener su moneda dentro del intervalo acordado respecto a ese valor central o cotización programada. Si la moneda de un país diverge del valor central por más de 3/4 del intervalo porcentual acordado, se supone que se tomarán medidas para mantener la cotización. Por ejemplo, podrían aumentar (reducir) los tipos de interés para incrementar (o reducir) la demanda de activos nacionales. Si esta acción fracasa, los demás miembros ayudarían. La responsabilidad en estas situaciones recae principalmente sobre los países cuyas monedas están más sobrevaloradas, o subvaloradas, con relación a su cotización central, debiendo proteger la cotización de su moneda que está en peligro de salirse de los límites acordados. Estos países pueden pedir prestado al FCME si necesitan dinero para apoyar la moneda que se está depreciando. Pese a esos procedimientos, se han producido reajustes en las cotizaciones inicialmente programadas, debiéndose obtener la autorización de los demás miembros para llevarlas a cabo.

Hubo muchos reajustes en los primeros años, disminuyendo a partir de 1983 hasta 1992, en que el SME estuvo sometido a serias presiones. Si los reajustes anteriores tenían lugar, básicamente, debido a las tensiones inflacionistas en cada país, que hacían difícil mantener la cotización de sus monedas en sus valores centrales iniciales, los más recientes son de índole claramente política. El Consejo Europeo reunido en Maastricht a finales de 1991 sentó las bases y requisitos que debían cumplir los países miembros de la comunidad para llegar a una unión económica y monetaria plena en 1997. La incertidumbre acerca de si los distintos países iban a ratificar lo acordado en el consejo, condición necesaria para su entrada en vigor; el escepticismo acerca de que las economías nacionales pudiesen cumplir los requisitos exigidos, y la propia situación económica, desembocaron en una especulación masiva sobre las monedas mas débiles. Esto provocó la salida temporal del SME de algunos países, como Italia y Reino Unido, poniendo en graves dificultades a otros para permanecer en él. España, por ejemplo, cuando se incorporó al SME, lo hizo a una paridad de 133.8 pesetas por Ecu, lo que equivalía, con relación al marco alemán, a una paridad de 1DM = 65 pesetas. La peseta se mantuvo relativamente estable hasta 1992, a pesar del elevado déficit de su balanza de operaciones corrientes y a la pérdida de competitividad de su economía, resultado de una diferencial de su tasa de inflación con relación al resto de los países de la CEE. Sin embargo, en dicho año, se vio en la obligación de pedir autorización para devaluar la moneda dos veces, en un 5% y un 6% respectivamente y, al año siguiente, en un 8% adicional.

Se ha visto, por otra parte, que si un país tiene un alto volumen de desempleo, la integración en un sistema de tipos de cambio fijos exige la renuncia a alterar el valor de su moneda para corregirlo. En esas circunstancias ¿por qué España se unió al SME cuando su tasa de desempleo era de un 17.5%, superior a la media de la comunidad, que era del 9%? En primer lugar, el SME es un sistema de tipos de cambio fijos pero ajustables. Cuando hay dificultades irresolubles se puede devaluar, como de hecho ocurrió. En segundo lugar, presenta ciertas ventajas. La tasa de inflación en 1989 era del 6.8%, un 1.6% por encima de la media comunitaria, y con la entrada en el sistema monetario se disciplinaba a los distintos agentes económicos, moderando las subidas salariales y obligando a modernizar la estructura productiva, al trasmitir la información de que ahora es imposible recurrir a la depreciación de la peseta para recuperar cualquier pérdida en la competitividad de la economía.

Sin embargo, también presentó algunos inconvenientes. El más importante es la incompatibilidad de los objetivos de combatir la inflación y mantener el tipo de cambio. Unos tipos de interés elevados atraen capital extranjero, si éstos son más elevados que en el resto de los países, como era el caso, apreciando la peseta y poniendo en peligro la estabilidad cambiaria. Disminuirlos, por el contrario, disminuiría ese riesgo pero, por sus efectos expansivos sobre la demanda, dificultaría el objetivo de luchar contra la inflación. Como la política monetaria debe subordinarse al objetivo de mantener el tipo de cambio dentro de la banda fijada, sólo resta utilizar la política fiscal para luchar contra la inflación. Ésta tendría que ser contractiva para deprimir la demanda, como es bien sabido. Sin embargo, en

España, el sector público ha seguido una política expansiva, gastando más de lo presupuestado, e incurriendo en déficit crecientes, con el resultado de que la inflación siga siendo un problema en el país.

Por último, el final de la época de gran estabilidad cambiaria que tuvo lugar en 1992 puso de manifiesto, no sólo la vulnerabilidad del SME a los movimientos especulativos de capital, sino los problemas inherentes de la transición hacia una unión monetaria. Estos problemas son más acusados cuanto más inciertos son los planes para llegar a ella y más dilatado el plazo para alcanzarla. Por ello, la resolución de la crisis del SME está unida a la superación de los obstáculos de la unión monetaria, cuya realización exige, por otra parte, la recuperación de cierta estabilidad del propio SME. Algunos de esos obstáculos se evidencian considerando las condiciones estipuladas en Maastricht.

## El Tratado de Maastricht

Para garantizar que una unión económica y una única moneda europea sea factible, se requiere que las políticas económicas de los países que la formen estén sincronizadas y que las principales variables macroeconómicas muestren unas pautas similares. Si, por ejemplo, dos países, uno con una inflación del 10% y otro del 5% deciden adoptar una única moneda y los precios siguen aumentando al 10% en el primero, sus productos llegarán a no ser competitivos sin que quepa la posibilidad de variar su tipo de cambio para restablecer la competitividad. Por ello, si inicialmente hay una gran divergencia en sus agregados macroeconómicos, deberán seguir un proceso de convergencia antes de establecer una unión monetaria.

Por dicho motivo, mediante el **Tratado de Maastricht**, se acordó la entrada en vigor de la unión monetaria en 1997 si, como mínimo, siete países superaban las condiciones que se establecieron allí para garantizar la convergencia y, en caso de que esto no ocurriera, se retrasaría hasta 1999, pero comprendiendo únicamente a las naciones que superaran los requisitos impuestos. Éstas se concretaban en cuatro puntos referentes a la estabilidad de precios, déficit público, tipo de interés y estabilidad cambiaria. En cuanto al primero, estabilidad de precios, se exigía que la tasa de inflación en cada país no superara en 1.5 puntos porcentuales a la de los tres países comunitarios que la tuvieran más baja, durante el año anterior a la entrada en la unión monetaria. Por otra parte, a la cuantía del déficit público se le imponían dos limitaciones: la necesidad de endeudamiento no debe ser superior al 3% del PIB y el stock de deuda pública no debe superar al 60% del PIB Por otra parte, durante 1996, el tipo medio de interés a largo plazo en un país no deberá superar en más de dos puntos al promedio de los existentes en los tres países con menor tasa de inflación. Por último, se tendrá que haber permanecido, durante los dos años anteriores al ingreso en la unión, dentro de la banda estrecha de fluctuación ( ± 2.5%) sin que hubieran existido devaluaciones a iniciativa propia.

En aquellos momentos, esas condiciones sólo las cumplían tres países en la comunidad. España, por ejemplo, solamente cumplía la condición de la deuda pública, lo que llevó al gobierno a proponer en 1992 un Plan de Convergencia para reducir los desequilibrios. Sus líneas maestras consistían en mantener una política monetaria contractiva para combatir la inflación y, una política fiscal, así mismo, restrictiva para disminuir la demanda. Con ello se esperaba poder decrementar los tipos de interés posteriormente, aliviando, al mismo tiempo, el déficit público. Entre otras medidas, se proponía mantener la presión fiscal, reformar tanto el funcionamiento como la financiación del sistema sanitario, reformar el mercado de trabajo y las prestaciones por desempleo. Prudencia aconsejable dado el déficit de la balanza de operaciones corrientes y la pérdida de competitividad de la economía. Sin embargo, no se preveía cuándo se entraría en la banda estrecha.

## R E P A S O

**E**l Sistema monetario europeo se creó en 1979 como un esfuerzo para llegar a tener tipos de cambio fijos entre los países miembros de la Unión Europea. La unión monetaria implica no sólo el reemplazo de las monedas de los países miembros por una moneda única sino también la creación de un banco central europeo para regular su oferta. ◆ ◆ Al buscar la estabilidad de los tipos de cambio, el SME trata de prevenir las súbitas ventajas competitivas que puede traer consigo la depreciación del país que la haga, y espera reducir el riesgo y la incertidumbre inherentes al comercio entre países. Al mismo tiempo puede facilitar el acercamiento a la unión monetaria total. ◆ ◆

Para que una unión económica y una única moneda europea sean factibles, se requiere que las políticas económicas de los países que la formen estén sincronizadas y que las principales variables macroeconómicas muestren unas pautas similares. El Consejo Europeo reunido en Maastricht a finales de 1991 sentó las bases y requisitos que debían cumplir los países miembros de la comunidad para llegar a una unión económica y monetaria plena en 1997. ◆

## Arbitraje, precios y tasas de interés

**E**l **arbitraje** es la actividad de comprar bajo y vender alto con el fin de obtener un beneficio dentro de los márgenes que delimitan los dos precios. El arbitraje tiene efectos importantes sobre los tipos de cambio, los precios y las tasas de interés. Un aumento de la cantidad de compras hace subir el precio de compra. Una disminución de la cantidad de ventas hace bajar el precio de venta. Los precios cambian hasta que se igualan y ya no hay un beneficio disponible del arbitraje. Una implicación del arbitraje es la ley de un solo precio. La **ley de un solo precio** afirma que cualquier mercancía dada estará disponible a un solo precio.

La ley de un solo precio no respeta fronteras ni monedas. Si la misma mercancía se compra y se vende en ambos lados del río Detroit, no importa que una de estas transacciones se realice en Canadá y la otra en Estados Unidos, y que en una se usen dólares de Estados Unidos y en la otra dólares canadienses. Las fuerzas del arbitraje producen un precio. Veamos cómo.

### Arbitraje

Considere el precio de un disquete que se puede comprar o en Estados Unidos o en Canadá. Haremos caso omiso de impuestos, aranceles y costos de transporte para simplificar los cálculos, ya que estos factores no afectan el tema fundamental.

Supongamos que podemos comprar disquetes en Estados Unidos a 10 dólares estadounidenses la caja. Supongamos que esta misma caja se consigue en Canadá en 15 dólares canadienses. ¿En dónde convendrá comprar los disquetes: en Canadá o en Estados Unidos? La respuesta depende de los costos relativos del dinero canadiense y estadounidense. Si el dólar estadounidense cuesta 1.50 dólares canadienses, entonces es evidente que el precio de los disquetes es el mismo en los dos países. Los estadounidenses pueden comprar una caja de disquetes en Estados Unidos en 10 dólares, o pueden usar los 10 dólares para comprar 15 dólares canadienses y después comprar los disquetes en Canadá. El costo sería el mismo en ambos casos. Lo mismo ocurre con los canadienses. Los canadienses pueden usar 15 dólares canadienses para comprar una caja de disquetes en Canadá o pueden usar los 15 dólares canadienses para comprar 10 dólares estadounidenses y después comprar los disquetes en Estados Unidos. Nuevamente, el precio de los disquetes es el mismo.

No obstante, supongamos que el dólar estadounidense vale menos que en el ejemplo anterior. En particular, supongamos que el dólar estadounidense cuesta 1.40 dólares canadienses. En este caso, convendrá comprar los disquetes en Estados Unidos. Los canadienses pueden comprar 10 dólares estadounidenses con 14 dólares canadienses y por tanto, pueden comprar los disquetes en Estados Unidos en 14 dólares canadienses por caja, en comparación con 15 dólares canadienses en Canadá. La misma comparación vale para los estadounidenses. Éstos pueden usar 10 dólares estadounidenses para comprar 14 dólares canadienses, pero eso no sería suficiente para comprar los disquetes en Canadá, ya que ahí cuestan 15 dólares canadienses. Por tanto, también a los estadounidenses les conviene comprar los disquetes en Estados Unidos.

Si prevaleciera la situación que acabamos de describir, representaría una ventaja pasar las compras de disquetes de Canadá a Estados Unidos. Los canadienses cruzarían la frontera para comprar sus disquetes en Estados Unidos y continuarían haciéndolo hasta que el precio en Canadá hubiera bajado a 14 dólares canadienses. Una vez que eso ocurriera, a los canadienses les sería indiferente comprar sus disquetes en Canadá o en Estados Unidos. El arbitraje habría eliminado la diferencia de precios entre los dos países.

Quizás usted piense que éste es un ejemplo bastante absurdo, ya que los canadienses no corren a Estados Unidos cada vez que quieren comprar una caja de disquetes. Pero el hecho de que exista un beneficio que puede obtenerse, significa que a alguien le convendría organizar las importaciones de disquetes de Estados Unidos a Canadá, lo que incrementaría la cantidad disponible de disquetes en Canadá y bajaría su precio. El incentivo para emprender esta actividad existiría siempre y cuando los disquetes se estuvieran vendiendo a un precio más alto en Canadá que en Estados Unidos.

## Paridad del poder adquisitivo

La **paridad del poder adquisitivo** ocurre cuando el dinero tiene el mismo valor en diferentes países. (La palabra *paridad* significa simplemente igualdad. La frase *poder adquisitivo* se refiere al *valor del dinero*. Entonces, la *paridad del poder adquisitivo* se traduce directamente en *igual valor del dinero*.) La paridad del poder adquisitivo es una implicación del arbitraje y de la ley de un solo precio. En el ejemplo del disquete, cuando 1 dólar estadounidense es igual a 1.40 dólares canadienses, 10 dólares estadounidenses comprarán la misma caja de disquetes que la que compran 14 dólares canadienses. El valor del dinero, cuando se convierte a precios comunes, es el mismo en ambos países. Así, la paridad del poder adquisitivo prevalece en esa situación.

La teoría de la paridad del poder adquisitivo predice que la paridad del poder adquisitivo se aplica a todos los bienes y a todos los índices de precios, no únicamente a un solo bien, como el disquete que consideramos anteriormente. Es decir, si cualesquiera bienes son más baratos en un país que en otro, convendrá convertir dinero a la moneda de ese país, comprar los bienes en ese país y venderlos en otro. Mediante ese proceso de arbitraje, se igualan todos los precios de una mercancía en los distintos países.

Una prueba de la teoría de la paridad del poder adquisitivo que se ha propuesto consiste en calcular los precios de los bienes en países diferentes, convertidos a una moneda común. Un bien que se ha usado es la Big Mac que vende McDonald's en los principales países. Se sostiene que si la paridad del poder adquisitivo valiera, la Big Mac costaría lo mismo en todas partes. De hecho, la Big Mac es más cara en Tokio que en Toronto, y más cara en Toronto que en Buenos Aires. Estos hechos han lle-

vado a algunas personas a la conclusión de que la paridad del poder adquisitivo no tiene validez.

Esta prueba de la paridad del poder adquisitivo tiene un problema importante. Las Big Mac no se comercian internacionalmente con facilidad. En realidad, ni siquiera se comercian fácilmente entre las ciudades de Estados Unidos. Por ejemplo, supongamos que es hora del almuerzo en Provo, usted tiene hambre y le gustan las Big Mac. Usted no tiene más alternativa que comprar su Big Mac ahí mismo; no puede aprovechar el hecho de que las Big Mac son más baratas en Houston e iniciar una operación de arbitraje. Las Big Mac son ejemplos de bienes no comerciables. Un **bien no comerciable** es el que no puede comerciarse a grandes distancias. Algunas veces es técnicamente posible realizar ese comercio, pero a un costo prohibitivo. En otros casos, sencillamente no es posible realizar el comercio.

Existen muchos ejemplos de bienes no comerciables. Casi todos los servicios públicos que proporciona el gobierno son no comerciables. No es posible comprar servicios baratos de barrido de calles en Seúl y venderlos con un beneficio en San Francisco. Los servicios de localización específica, como la comida de servicio rápido, también caen en esta categoría. Cuando los bienes no pueden comerciarse a grandes distancias, son, en sentido estricto, bienes diferentes. Una Big Mac en Provo es tan diferente de una Big Mac en Houston, como de las salchichas que venden al otro lado de la calle.

El arbitraje funciona para lograr la igualdad de los precios de bienes idénticos, no de bienes diferentes. No funciona para lograr la igualdad de precios de bienes de apariencia similar en lugares muy alejados. Por esta razón, las pruebas de la teoría de

*"En el mercado de divisas, el dólar cayó hoy frente a las principales monedas... y frente a las no principales también."*

la paridad del poder adquisitivo con base en precios de bienes no comerciables son defectuosas. De hecho, para que los bienes no comerciables tuvieran precios idénticos en diferentes países, cada vez que se modificara el tipo de cambio, tendrían que cambiar los precios de todos los bienes: ¡el dólar tendría que bajar en relación con todas las monedas, la Big Mac y los churros!

El arbitraje no ocurre solamente en los mercados de bienes y servicios. También ocurre en los mercados de activos. Como resultado, produce otra igualdad o paridad importante: la paridad de la tasa de interés.

## Paridad de la tasa de interés

La **paridad de la tasa de interés** ocurre cuando las tasas de interés son iguales en todos los países, una vez que se tienen en cuenta las diferencias de riesgo. La paridad de la tasa de interés es una situación ocasionada por el arbitraje en los mercados de activos; mercados en los que actúan los prestatarios y los prestamistas.

Al principio de este capítulo señalamos que existen grandes diferencias en las tasas de interés con las que la gente pide prestado y presta en países diferentes. Por ejemplo, en Estados Unidos las tasas de interés son mucho más bajas que en Inglaterra. Supongamos que es posible pedir prestado en Nueva York a una tasa de interés del 6 por ciento anual y prestar en Londres a una tasa de interés del 12 por ciento anual. ¿Acaso no es posible, en esta situación, obtener un enorme beneficio con esa transacción? De hecho, no es posible. Las tasas de interés en Nueva York y en Londres son en realidad iguales: prevalece la paridad de la tasa de interés.

La clave para entender por qué las tasas de interés son iguales consiste en darse cuenta de que cuando alguien, Elvira, por ejemplo, pide prestado en Nueva York, pide prestados *dólares*; y cuando presta dinero en Londres, por ejemplo, si lo deposita en un banco, ella está prestando *libras*. Elvira tiene la obligación de reembolsar dólares, pero a ella le pagarán en *libras*. Se parece un poco a pedir prestadas manzanas y prestar naranjas. Pero si Elvira pide prestadas manzanas y presta naranjas, tiene que convertir las manzanas en naranjas. Cuando se vencen los préstamos, ella tiene que convertir de nuevo naranjas en manzanas. Los precios a los que haga estas transacciones afectan las tasas de interés que paga y recibe. La cantidad de dólares que Elvi-

ra consigue con sus libras depende del tipo de cambio que prevalece cuando reembolsa el préstamo. Si la libra ha bajado de valor, ella obtendrá menos dólares por libra de los que pagó originalmente.

La diferencia entre las tasas de interés en Nueva York y en Londres reflejan la variación del tipo de cambio entre el dólar y la libra que, en promedio, la gente espera. En este ejemplo, la expectativa media es que la libra bajará el 6 por ciento anual en relación con el dólar. Así que cuando Elvira vende libras para pagar su préstamo en dólares, puede esperar obtener el 6 por ciento menos de dólares de lo que necesitó para comprar las libras. Esta pérdida del 6 por ciento del tipo de cambio debe restarse al ingreso del 12 por ciento de interés que ella ganó en Londres. Entonces, el rendimiento de prestar en Londres, cuando convierte nuevamente su dinero a dólares, es el mismo 6 por ciento que debe pagar por los fondos en Nueva York. El beneficio es de cero. En realidad, Elvira sufriría una pérdida porque tendría que pagar comisiones por sus transacciones en divisas.

En la situación que acabamos de describir, prevalece la paridad de la tasa de interés. La tasa de interés en Nueva York, cuando se tiene en cuenta el cambio esperado del precio del dólar, es casi idéntica a la de Londres. Si la paridad de la tasa de interés no prevaleciera, sería posible obtener un beneficio, sin riesgo, pidiendo prestado a tasas de interés bajas y prestando a tasas de interés altas. Esas acciones de *arbitraje* harían aumentar la demanda de préstamos en países con tasas de interés bajas y sus tasas de interés subirían. Y dichas acciones aumentarían la oferta de préstamos en países con tasas de interés altas y sus tasas de interés bajarían. Esos cambios restablecerían muy rápidamente la paridad de la tasa de interés.

## Un mercado mundial

El arbitraje en los mercados de activos funciona a escala mundial y mantiene a los mercados de capitales del mundo enlazados en un mercado mundial único. Este mercado es enorme e incluye la actividad de obtención y de otorgamiento de préstamos a través de los bancos, en los mercados de bonos y en los mercados bursátiles. La magnitud de estos negocios internacionales ha sido estimada por Salomon Brothers, un banco de inversión, en más de 1 billón de dólares. Debido al arbitraje internacional en los mercados de activos, hay vínculos tan estrechos de los mercados bursátiles del mundo entero. Un desplome de la bolsa de valores de Nueva York hace que las acciones que bajaron de precio se vuelvan atractivas en comparación con las caras acciones de Tokio, Hong Kong, Zurich, Francfort y Londres. En consecuencia, los inversionistas hacen planes para vender a precio alto en esos mercados y comprar a precio bajo en Nueva York. Pero antes de que muchas de esas transacciones se puedan efectuar, los precios de los demás mercados bajan para igualar la baja de Nueva York. A la inversa, si el mercado de Tokio experimenta rápidos aumentos de precio y los mercados del resto del mundo se mantienen constantes, los inversionistas buscarán vender caro en Tokio y comprar barato en el resto del mundo. De nuevo, estos planes de compraventa inducirán cambios de los precios en otros mercados para alinearlos con el mercado de Tokio. La actividad de vender caro en Tokio bajará ahí los precios, y la actividad de comprar barato en Francfort, Londres y Nueva York subirá los precios en esos mercados.

◆ ◆ ◆ ◆ Ahora ya descubrimos lo que determina el saldo de la cuenta corriente de un país y el valor de su moneda. El factor que ejerce una influencia más importante sobre el saldo de la cuenta corriente es el déficit presupuestario del gobierno. Es pro-

bable que un país en el que los impuestos sean inferiores al gasto del gobierno, sea un país con un déficit en su comercio con el resto del mundo. El valor de la moneda de un país está determinado por la demanda y la oferta de esa moneda y las acciones monetarias influyen poderosamente en él. Un aumento rápido de la oferta de una moneda dará como resultado una disminución de su valor en relación con otras monedas. ◆ ◆ También hemos aprendido cómo el arbitraje internacional vincula los precios y las tasas de interés en diferentes países. El arbitraje internacional no ocurre en mercados de bienes no comerciables. Pero el arbitraje funciona en el mercado de bienes comerciables y es especialmente poderoso en los mercados de activos. El arbitraje, en los mercados de activos, mantiene iguales las tasas de interés alrededor del mundo. Las diferencias de las tasas de interés nacionales refleja las expectativas de modificaciones de los tipos de cambio. Una vez que estas diferencias de los tipos de cambio se tienen en cuenta, las tasas de interés son iguales en los diferentes países. ◆ ◆ En los dos últimos capítulos veremos algunos temas económicos mundiales más. Primero, en el capítulo 37, examinaremos los problemas que enfrentan los países en desarrollo al tratar de crecer. Después, en el capítulo 38, estudiaremos cómo los países de Europa Oriental y China realizan la transición de economías planificadas a economías de mercado.

## R E S U M E N

### Financiamiento del comercio internacional

El comercio, la obtención y otorgamiento de préstamos internacionales se financian usando divisas. Las transacciones internacionales de un país se registran en sus cuentas de balanza de pagos. La cuenta corriente registra los ingresos y gastos relacionados con la venta y compra de bienes y servicios, así como las transferencias netas al resto del mundo; la cuenta de capital registra las transacciones de endeudamiento y de préstamos internacionales; y la cuenta de pagos oficiales muestra el aumento o disminución de las tenencias de divisas de un país.

Históricamente, Estados Unidos ha sido un prestamista neto para el resto del mundo pero, a mediados de la década de 1980, la situación cambió y se convirtió en uno de los mayores prestatarios netos y deudores netos. Sin embargo, el saldo de la inversión de Estados Unidos en el resto del mundo es superior a la inversión extranjera en Estados Unidos.

El déficit de la cuenta corriente es igual al déficit presupuestario del gobierno más el déficit del sector privado. El déficit del sector privado estadounidense es pequeño y las fluctuaciones de la balanza comercial surgen principalmente de las fluctuaciones del presupuesto del gobierno. Conforme ha crecido el déficit presupuestario del gobierno, el déficit comercial también ha crecido (págs. 1108-1115).

## Las divisas y el dólar

Las divisas (o moneda extranjera) se consiguen a cambio de moneda nacional en el mercado de divisas (o de cambios). Existen tres tipos de regímenes de tipo de cambio: fijo, flexible y dirigido. Cuando el tipo de cambio es fijo, el gobierno declara un valor de la moneda en términos de alguna otra y la Fed vigila que se mantenga ese precio. Para fijar el tipo de cambio, la Fed debe estar dispuesta a ofrecer dólares y aceptar divisas, o a retirar dólares de la circulación a cambio de divisas. Las reservas de divisas de un país fluctúan para mantener fijo el tipo de cambio.

Un tipo de cambio flexible es aquel en el que el banco central no actúa para influir sobre el valor de la moneda en el mercado de divisas. Las tenencias de divisas de un país permanecen constantes y las fluctuaciones de la demanda y la oferta conducen a fluctuaciones del tipo de cambio.

Un tipo de cambio dirigido es aquel en el que el banco central actúa para atenuar las fluctuaciones que de otra manera surgirían, pero lo hace con menos vigor que con un régimen de tipo de cambio fijo.

En un régimen de tipo de cambio flexible o dirigido, la demanda y la oferta de dólares determinan el tipo de cambio. La demanda de dólares depende del volumen de comercio financiado con dólares, las tasas de interés de los activos en dólares, las tasas de interés de los activos en divisas y los cambios esperados del valor del dólar.

La oferta de dólares depende del régimen del tipo de cambio. Con tipos de cambio fijos, la curva de oferta es horizontal; con tipos de cambio flexibles, la curva de oferta es vertical; y con tipos de cambio dirigidos, la curva de oferta tiene pendiente positiva. La posición de la curva de oferta depende del presupuesto del gobierno y de la política monetaria de la Fed. Cuanto mayor es el déficit presupuestario o cuanto más rápidamente permite la Fed que crezca la base monetaria, más a la derecha se desplazará la curva de oferta. Las fluctuaciones del tipo de cambio ocurren debido a fluctuaciones de la demanda y la oferta y, a veces, esas fluctuaciones son grandes. Las fluctuaciones

de gran magnitud se originan en cambios interdependientes de la demanda y la oferta. Un desplazamiento de la curva de oferta a menudo produce un cambio inducido de la curva de demanda que refuerza, a su vez, el efecto sobre el tipo de cambio (págs. 1115-1127).

## Los tipos de cambio en la Unión Europea

El mecanismo de determinación de los tipos de cambio en la comunidad europea busca mantener unos tipos de cambio virtualmente fijos entre las monedas de sus miembros, permitiendo, al mismo tiempo, la flotación de todas ellas en su conjunto con relación al resto del mundo. Tal estabilidad dentro de la Unión Europea es consistente con el objetivo de la misma, que es promover el libre comercio y una competencia imparcial entre sus miembros; una depreciación hecha por un país hace que para las empresas de los restantes países sea más duro competir, mientras que la fluctuación del tipo de cambio origina riesgos e incertidumbres, lo que reduce los intercambios. Es posible que los tipos de cambio fijos en la comunidad lleven posteriormente a una unión monetaria plena con una única moneda. En estas circunstancias, la UE necesitará ayudar a aquellas áreas con un desempleo elevado, ya que la opción de la depreciación para aumentar la demanda no será posible nunca más. Por último, la unión monetaria exigirá a los países que quieran integrarse en la misma seguir un proceso de convergencia (págs. 1127-1131).

## Arbitraje, precios y tasas de interés

El arbitraje, comprar bajo y vender alto, mantiene casi iguales los precios de los bienes y servicios que se comercian internacionalmente. El arbitraje también mantiene alineadas las diferentes tasas de interés.

Las tasas de interés del mundo entero parecen desiguales, pero esa idea surge del hecho de que los préstamos se contratan en diferentes monedas en diferentes países. Para comparar las tasas de interés de los países, hay que tener en cuenta los cambios de los valores de las monedas. Los países cuyas monedas se están apreciando tienen tasas de interés bajas; los países cuyas monedas se están devaluando tienen tasas de interés altas. Si se tiene en cuenta la tasa de depreciación de la moneda, las tasas de interés son casi iguales (págs. 1132-1135).

# ELEMENTOS CLAVE

## Términos clave

Arbitraje, 1132
Bien no comerciable, 1133
Cantidad de activos en dólares de Estados Unidos
(cantidad de dólares), 1121
Cuenta corriente, 1109
Cuenta de capital, 1109
Cuenta de pagos oficiales, 1109
Cuentas de la balanza de pagos, 1108
Déficit gemelos, 1113
Depreciación de la moneda, 1119-1120
Fondo Monetario Internacional, 1118
Índice ponderado con comercio, 1120
Ley de un solo precio, 1132
Mercado de divisas, 1115
Nación acreedora, 1110
Nación deudora, 1110
Paridad de la tasa de interés, 1134
Paridad del poder adquisitivo, 1133
Prestamista neto, 1110
Prestatario neto, 1110
Reservas oficiales, 1110
Sistema Monetario Europeo, 1129
Superávit o déficit del sector privado, 1113

Tipo de cambio, 1118
Tipo de cambio dirigido, 1118
Tipo de cambio fijo, 1118
Tipo de cambio flexible, 1118
Tratado de Maastricht, 1131
Unión Europea, 1127

## Figuras y tablas clave

# PREGUNTAS DE REPASO

**1** ¿Qué transacciones se registran en la cuenta corriente, la cuenta de capital y la cuenta de pagos oficiales de un país?

**2** ¿Cuál es la relación entre el saldo de la cuenta corriente, la cuenta de capital y la cuenta de pagos oficiales?

**3** Distinga entre un país que es un prestatario neto y uno que es acreedor. ¿Son siempre acreedores los prestatarios netos? ¿Son siempre prestatarios netos los acreedores?

**4** ¿Cuál es la relación entre el saldo de la cuenta corriente de un país, el déficit presupuestario del gobierno y el déficit del sector privado?

**5** ¿Por qué las fluctuaciones del saldo del presupuesto del gobierno conducen a fluctuaciones del saldo de la cuenta corriente?

**6** Distinga los tres regímenes de tipo de cambio: fijo, flexible y dirigido.

**7** Repase los principales factores que influyen sobre la cantidad de dólares que demanda la gente.

**8** Repase los factores que influyen sobre la oferta de dólares.

**9** ¿Qué distingue a la curva de oferta de dólares en cada uno de los tres regímenes de tipo de cambio?

**10** ¿Por qué fluctúa tanto el dólar?

**11** ¿Qué es el arbitraje?

**12** ¿Cómo lleva el arbitraje a la paridad del poder adquisitivo?

**13** ¿Qué es la paridad de la tasa de interés?

**14** ¿Cómo ocurre la paridad de la tasa de interés?

## PROBLEMAS

**1** Los ciudadanos de Silecon, cuya moneda es el grano, realizaron las siguientes transacciones en 1990:

|  | Miles de millones de granos |
|---|---|
| Importaciones de bienes y servicios | 350 |
| Exportaciones de bienes y servicios | 500 |
| Préstamos obtenidos del resto del mundo | 60 |
| Préstamos otorgados al resto del mundo | 200 |
| Aumento de las tenencias oficiales de divisas | 10 |

**a** Presente las tres cuentas de la balanza de pagos de Silecon

**b** ¿Tiene Silecon un tipo de cambio flexible?

**2** A usted le han dicho lo siguiente acerca de Camflex, un país con un tipo de cambio flexible, cuya moneda es la banda:

|  | Miles de millones de bandas |
|---|---|
| PIB | 100 |
| Gasto de consumo | 60 |
| Compras gubernamentales de bienes y servicios | 24 |
| Inversión | 22 |
| Exportaciones de bienes y servicios | 20 |
| Déficit presupuestario del gobierno | 4 |

Calcule lo siguiente para Camflex:

**a** Importaciones de bienes y servicios

**b** Saldo de la cuenta corriente

**c** Saldo de la cuenta de capital

**d** Impuestos (netos de pagos de transferencia)

**e** Déficit o superávit del sector privado

**3** La moneda de un país se aprecia y sus tenencias oficiales de divisas aumentan. ¿Qué puede usted decir en relación con lo siguiente?

**a** El régimen de tipo de cambio del país

**b** La cuenta corriente del país

**c** La cuenta de pagos oficiales del país

**4** La tasa de interés anual media de Japón es del 4 por ciento; en Estados Unidos es del 6 por ciento; en Alemania es del 9 por ciento y en Inglaterra es del 13 por ciento. ¿Cuál es el cambio porcentual esperado durante el año próximo en cada uno de los siguientes casos?

**a** El dólar estadounidense en relación con el yen japonés

**b** La libra esterlina en relación con el marco alemán

**c** El dólar estadounidense en relación con la libra esterlina

**d** El yen japonés en relación con el marco alemán

**e** El dólar estadounidense en relación con el marco alemán.

# PARTE 14

# CRECIMIENTO, DESARROLLO Y REFORMA

**Conversación con Jeffrey Sachs**

**J**effrey Sachs nació en Detroit en 1954 y ha desarrollado toda su vida profesional universitaria en Harvard, primero como estudiante de licenciatura y finalmente como profesor. Sin embargo, en la actualidad, el profesor Sachs pasa la mayor parte del tiempo en aviones o en Europa Oriental. Empezó a dar asesoría a gobiernos extranjeros sobre política económica, al ayudar a Bolivia con su hiperinflación en 1985. Su nombre irrumpió públicamente por su trabajo en Polonia, pero actualmente se le relaciona en forma creciente con las reformas económicas de Boris Yeltsin y la Federación Rusa.

**¿Cómo fue atraído al campo de las reformas de Europa Oriental?**

Empecé mi trabajo en Europa Oriental en Polonia, en la época en que Solidaridad se legalizó, durante la primavera de 1989. Había sido invitado por el gobierno comunista para asesorarlo acerca de sus problemas financieros. Los acontecimientos ocurrieron evidentemente con gran rapidez porque poco después de la legalización hubo elecciones, que Solidaridad ganó en forma abrumadora. Desde ese momento, me convertí en asesor económico de Solidaridad y los ayudé a preparar un proyecto de programa de reforma económica radical. Poco después de eso, el gobierno de Solidaridad asumió el poder y empecé a trabajar en la implantación de las reformas económicas, que la mayoría consideró como las primeras y más amplias reformas en Europa Oriental. A partir de ahí, conocí a los reformadores de todos los países de la región y empecé a trabajar en estrecho contacto con algunos economistas rusos que ahora son miembros de alta jerarquía del gobierno de Yeltsin. Conforme avanzó la democratización en Rusia, estas personas me invitaron a ayudarlos a desarrollar su estrategia de reforma.

**Su nombre se ha vinculado con el enfoque de reforma de "la gran explosión" (*big bang*) o del "pavo frío" (*cold turkey*). ¿Podría usted describir ese enfoque y explicar por qué lo prefiere a uno más gradual y tentativo?**

La idea básica es empezar con el objetivo de la reforma: cómo instaurar un sistema capitalista que funcione. Por supuesto, será un sistema capitalista que refleje la cultura, historia, tradición y recursos particulares del país. Es un intento, no de encontrar la llamada "tercera vía" entre el viejo y el nuevo sistema, sino de avanzar completamente hacia un modelo capitalista que funcione. En el caso de Europa Oriental, el objetivo es todavía más explícito: implantar reformas que permitan armonizar estos países con las economías de Europa Occidental, para que, en un periodo breve, ellos esperan que sea una década, puedan en verdad convertirse en miembros de la Unión Europea.

Lo medular de la "gran explosión" es que es importante avanzar en una forma amplia y rápida hacia el objetivo de una economía capitalista en funcionamiento, debido a que los diversos aspectos de la economía de mercado están vinculados. Si se realiza únicamente una parte de la reforma, pero se deja intacto mucho del viejo sistema, es probable que los conflictos entre lo viejo y lo nuevo empeoren considerablemente las cosas, en vez de mejorarlas.

**¿Cuáles son los principales componentes de la estrategia de reforma radical que usted está recomendando a los gobiernos de Europa Oriental?**

La estrategia de reforma se reduce a cuatro componentes. El primero es la estabilización macroeconómica, porque generalmente estos países parten de una crisis macroeconómica que se caracteriza por una inflación alta y fuerte escasez. El segundo es la liberalización económica, que significa poner fin a la planificación central, las cuotas comerciales y otras barreras que aíslan al país del mercado mundial. La tercera parte de la reforma es la privatización, que es la transferencia de la propiedad del Estado de nuevo a los propietarios privados. Estos propietarios privados pueden ser individuos o pueden ser, como en Occidente, intermediarios financieros como fondos mutuos o bancos, o fondos de pensiones, que a su vez son propiedad de individuos. Cuando digo privatización, uso la palabra "transferir" en vez de "vender", porque la venta de la propiedad del Estado es solamente una de las formas de privatización. Existen otras formas, como la de entregar la propiedad del Estado a trabajadores, gerentes o al público. Los países de Europa Oriental están privatizando mediante una combinación de ventas y entregas directas. La cuarta parte de la reforma radical es la introducción de redes de seguridad social, que proporcionen protección a las partes más vulnerables de la sociedad, que quizás sean las más golpeadas por la reforma o estén ya sufriendo, independientemente de la reforma. Eso significa instaurar beneficios de

desempleo, un sistema adecuado de jubilación y un sistema de atención médica, adiestramiento para el empleo, gasto en obras públicas y así sucesivamente. Ésos son los cuatro pilares principales.

Se le llama "la gran explosión" porque se debe proceder con rapidez. Probablemente la parte más dramática de todo sean la fase de estabilización y liberalización, en la que se recortan muy rápidamente los subsidios y se eliminan los controles de precios. El resultado por lo general es un salto espectacular, por única vez, de los precios. Eso da inicio a la reforma.

**¿Generalmente cuánto tarda el proceso de reforma?**

Ciertas cosas pueden hacerse rápidamente, y otras tardan más. La estabilización y la liberalización completas o en su mayor parte pueden alcanzarse con rapidez. La liberación de los controles de precios, la eliminación de las barreras comerciales y la reducción de los subsidios, por ejemplo, pueden hacerse el primer día del programa, y por esa razón se llama a veces "terapia de choque" o "pavo frío". La privatización, sin embargo, tarda más. Algunos aspectos del cuarto componente de la estrategia de reforma, la red de seguridad social, pueden realizarse rápidamente. Por ejemplo, es posible proteger las pensiones de los jubilados mediante asignación presupuestaria. El sistema de seguro de desempleo empezó a funcionar muy rápidamente en Polonia y lo ha hecho en forma adecuada. Otras partes de la red de seguridad social, por ejemplo, la

reforma real del sistema de atención médica, son muy complejas y requieren una cantidad considerable de tiempo para efectuarse.

Aun si las reformas proceden con gran rapidez, el proceso de cambio que desencadenan esas reformas tardará años o incluso décadas para completarse. ¿Qué quiere decir esto? El sistema socialista no estaba solamente hecho un lío en términos de la organización de la producción y de las formas en que se establecían los precios; también estaba empleando mal los recursos en forma sistemática, ya que ponía un énfasis extraordinario en la producción de la industria pesada en tanto que descuidaba otras partes importantes de la economía, como los servicios y el comercio mayorista y minorista. Cuando se liberan las fuerzas del mercado, éste no demanda toda la producción de la industria pesada que se acumuló en el pasado. Esto conduce al desempleo, a una baja de la demanda y a que la gente abandone en forma voluntaria estas industrias para pasarse a campos que en el pasado fueron privados de gente, recursos y capital. Se logra un gran auge en el comercio minorista en el que por ejemplo, se han abierto decenas de miles de nuevas tiendas. Las reformas desencadenaron ese proceso, pero el ajuste del correspondiente desplazamiento de recursos puede tardar cinco, diez, quince, incluso veinte años.

**Aun con el enfoque de la gran explosión, se presume que, literalmente, no se puede hacer todo al mismo tiempo. ¿Cuáles son las principales prioridades?**

La más importante es evitar un verdadero caos financiero. Polonia, Yugoslavia y Rusia cayeron en la hiperinflación al final del sistema comunista. Eso hizo que la principal prioridad de los nuevos gobiernos democráticos fuera poner fin a las condiciones subyacentes que alimentaban la hiperinflación. Si se puede alcanzar la estabilidad financiera, pienso que la siguiente prioridad será contar con los rudimentos de un sistema de propiedad privada instalado, como un código comercial y legislación para empresas, contratos y protección de la propiedad privada. Después, la siguiente prioridad es la privatización rápida porque en tanto las empresas no sean de propietarios auténticos que enfrenten los incentivos apropiados, tenemos que ser escépticos en cuanto a que se manejen en una forma eficiente y razonable.

**¿Cuáles son los primeros indicios de que las reformas están empezando a afianzarse?**

Por supuesto, suceden cosas diferentes en momentos distintos. Lo primero que se busca, cuando una economía está tratando de salir de la hiperinflación, es la estabilidad de precios. Después de liberar los precios y de que el nivel de precios experimente un salto significativo por única ocasión, esto no debería convertirse en una inflación alta continua, sino más bien debe lograrse la estabilidad de precios.

**¿Es posible que los países de Europa Oriental y de la ex Unión Soviética evolucionen para convertirse en naciones democráticas con economías de mercado, sin la ayuda económica de Occidente?**

Toda la historia del cambio económico radical subraya la importancia de la asistencia financiera durante los primeros años críticos de la reforma. Tienen que pasar muchos años para que los frutos reales de la reforma se vuelvan ampliamente evidentes en la sociedad. Sin embargo, ciertos costos de la reforma, como el cierre de viejas empresas no eficientes, pueden notarse con mucha rapidez. Es durante ese periodo crucial entre la introducción de las reformas y el momento en el que realmente dan los frutos, cuando se presentan los peligros más grandes y también cuando más se necesitan tanto la asistencia internacional para ayudar a proporcionar un colchón al nivel de vida, como el apoyo al esfuerzo de reforma hasta que las reformas se hayan afianzado.

La asistencia internacional no paga en realidad la reconstrucción del país. Nunca será suficiente. El Plan Marshall no fue suficiente para reconstruir de verdad Europa, pero lo que sí hizo fue dar tiempo a los nuevos gobiernos democráticos de la posguerra para instaurar políticas basadas en el mercado, a fin de que pudieran afianzarse.

Ya se trate de la Alemania o el Japón de la posguerra, el giro de México en la década de 1980 o de Polonia a principios de la década de 1990, los países que siguen la senda de la reforma económica y política necesitan ayuda al principio. Lo mismo ocurrirá con Rusia y los otros estados de la ex Unión Soviética. Definitivamente necesitarán algunos años de ayuda de Occidente y externa, para mantener encarriladas sus reformas y para que sean tolerables las condiciones de vida.

**¿Qué forma adoptará la ayuda? ¿Oportunidades de libre comercio? ¿Inversión privada? ¿Préstamos gubernamentales?**

La forma de la ayuda tiene que vincularse al calendario del proceso de reforma. Al principio, digamos durante el primer año, la ayuda inevitablemente es de dos formas. Primero, la asisten-cia humanitaria de emergencia, para asegurar que los alimentos lleguen a la mesa y que se disponga de provisiones médicas. Segundo, la asistencia de estabilización o diversas clases de ayuda financiera para fortalecer la moneda y aumentar el flujo de importaciones básicas, que se necesitan sencillamente para mantener funcionando la economía. Rusia ha sufrido una baja abrupta de su propia capacidad para adquirir importaciones debido a que sus ingresos de exportaciones han caído en forma drástica en los últimos años. Necesitan ayuda simplemente para continuar con las importaciones básicas y, dándosela, se ayuda a fortalecer su moneda.

En años posteriores, se pretende dejar esa clase de apoyo de emergencia para la estabilización y concentrarse más en el financiamiento de proyectos para echar a andar empresas nuevas. Es deseable que éstas se conviertan en el motor principal del crecimiento económico futuro. Por supuesto, también es deseable, la inversión privada, pero serán necesarios muchos años para atraerla. Los inversionistas privados primero quieren conocer el mercado y luego esperan a que se vean las señales de que las reformas están funcionando y que se ha alcanzado la estabilidad política. El apoyo oficial del gobierno debe venir primero. Después fluirá el dinero privado.

**¿Cuáles son los principios económicos que usted considera más valiosos para el tratamiento de los agudos problemas actuales de Rusia?**

Para mí, el punto de partida es el reconocimiento de que todas las economías con éxito del mundo comparten un conjunto básico de instituciones. Por supuesto que hay diferencias importantes entre los países, pero todas las economías industriales avanzadas comparten ciertas características, como una moneda que se comercia, que se puede usar para comprar bienes sin tener que enfrentar precios fijos o escasez y que es convertible internacionalmente; un sistema comercial abierto en el que, con ciertas excepciones, los bienes pueden comprarse y venderse en el exterior en términos del mercado normal; una economía basada en la propiedad privada y no en la propiedad del Estado; una infraestructura legal que sustenta la propiedad privada, de tal forma que los derechos de propiedad están claramente definidos y son defendibles. Cosas así. Ése es el núcleo de instituciones que es tan importante establecer.

**¿Qué están estudiando realmente los estudiantes de licenciatura en economía hoy en día en Rusia? ¿Están aprendiendo acerca de la demanda y la oferta, la competencia y el monopolio, la demanda y la oferta agregadas y el papel del dinero en la creación de la inflación?**

Por supuesto, las cosas están cambiando rápidamente. Hace unos cuantos años la economía de mercado y la propiedad privada eran ideas extrañas. Lo que uno ve ahora es un deseo increíble de estudiar y analizar las propiedades básicas de las economías de mercado. Prácticamente casi nadie duda, creo, de que el anterior sistema fue un fracaso terrible y de que lo que Rusia necesita es una economía normal como la que existe en Europa Occidental, Estados Unidos y Japón. Se están revisando los programas de estudio a una velocidad increíble para enseñar la economía estándar que también nosotros aprendemos. Por supuesto, la atención de los estudiantes se concentra no solamente en el sistema que funciona bien, sino también en los problemas de las transiciones.

### ¿Cuáles considera usted que son los principales obstáculos para el desarrollo económico de Europa Oriental?

El principal obstáculo es que estamos en una época de grandes trastornos. Ocurrió el derrumbe del comunismo, en parte, debido a que el anterior sistema había fracasado de manera tan rotunda y la gente estaba en la miseria económica. Así que toda esta transformación está empezando en medio de una crisis económica real; una crisis que produce confusión, miedo y ansiedad. La confusión, el miedo y la ansiedad pueden llevar a todo un país a desviarse de su senda básica de construcción de las instituciones democráticas del mercado. Hay políticos que, para tomar el poder, aguardan con mensajes que atacan la democracia, que tratan de aprovecharse de las ansiedades de la gente. Esto podría descarrilar las reformas. Si los

nuevos gobiernos no pueden producir una mejora económica, creo que ciertamente existirán riesgos para la democracia. Y una vez que se pone en duda la dirección básica de estos cambios, entonces las cosas se vuelven imprevisibles; sin embargo, son posibles algunos resultados muy peligrosos. No creo que ése sea el resultado probable, pero es una de la razones por las que he destacado la necesidad del apoyo, la comprensión y el colchón financiero por parte de Occidente, durante esta etapa sumamente crítica y complicada de instauración de las reformas.

### Suponiendo que Rusia se desarrollara rápidamente y resolviera sus problemas económicos en la década venidera ¿cuáles serían las principales implicaciones para Estados Unidos?

La implicación dominante es que crecería enormemente la posibilidad de vivir en un mundo pacífico. No debemos menospreciar la diferencia que significará para nuestra propia calidad de vida. El éxito de la democracia rusa representará una diferencia inmensa para nuestra seguridad y, en términos financieros, para nuestra capacidad de desviar nuestros propios recursos del gasto militar a fines civiles. Ahora bien, el éxito de Rusia en cuanto a democracia depende en gran medida del éxito que tenga en superar esta crisis económica. Sabemos perfectamente bien que la inestabilidad económica es uno de los mayores peligros para una democracia joven.

Hay muchas, muchas otras implicaciones. Todo el mundo cambiará y pienso que, en gran

medida, para mejorar. Habrá enormes oportunidades de comercio e inversión, cuando el país que abarca la sexta parte de la superficie terrestre, que se extiende por once husos horarios, se integre estrechamente con el resto de la economía mundial, después de haber estado aislado durante setenta y cinco años. Habrá cambios importantes de los patrones de comercio, las oportunidades de inversión y de la cooperación global.

# CAPÍTULO 37

## CRECIMIENTO Y DESARROLLO

**Después de estudiar este capítulo, usted será capaz de:**

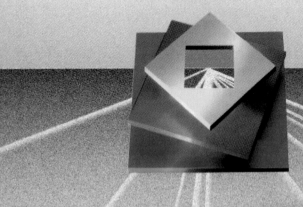

- ◆ Describir la distribución internacional del ingreso

- ◆ Explicar la importancia del crecimiento económico

- ◆ Explicar en qué forma la acumulación de capital y el progreso tecnológico producen ingresos per cápita más altos

- ◆ Describir los obstáculos que impiden el crecimiento económico en los países pobres

- ◆ Explicar los efectos posibles del control demográfico, la ayuda externa, el libre comercio y el estímulo de la demanda sobre el crecimiento y desarrollo económicos

- ◆ Evaluar las políticas que se han diseñado para estimular el crecimiento y el desarrollo económicos

L A MAYORÍA DE LOS PAÍSES DE ÁFRICA, ASIA Y AMÉRICA Central tienen niveles de vida mucho más bajos que el de Estados Unidos. Algunos países, como Etiopía, son tan pobres que la gente muere debido a la desnutrición. ¿Por qué algunos países, como Etiopía, están encadenados a la pobreza? ¿Por qué hay esas diferencias de ingreso entre los países más ricos y los más pobres? En 1946, al terminar la Segunda Guerra Mundial, Hong Kong salió de la ocupación japonesa como una colonia británica pobre. Ubicada en un conjunto de islas rocosas sobrepobladas, Hong Kong es actualmente una ciudad de gente llena de vitalidad, trabajadora y cada vez más rica. Una historia parecida puede contarse de Singapur. Dos millones y medio de personas aglomeradas en una isla ciudad-nación han transformado su economía con su propio dinamismo y han aumentado su ingreso medio más de seis veces desde 1960. ¿Cómo logran algunos países

## Alimentar al mundo

librarse de la pobreza? ¿Qué tienen ellos que otros países no tienen? ¿Pueden aplicarse sus enseñanzas en otras partes? ◆ ◆ La población mundial ha rebasado los 5 mil millones de habitantes. Estos miles de millones de personas están distribuidos desigualmente en la superficie terrestre. Más de 4 mil millones viven en países pobres y solamente 1000 millones viven en países industriales ricos. Se estima que en el año 2020, la población mundial habrá rebasado los 8 mil millones de habitantes, de los cuales 7 mil millones estarán viviendo en los países pobres y sólo 1.4 miles de millones en los países industriales. ¿Por qué crece tan rápidamente la población en los países pobres? ¿Cuáles son los efectos de un rápido crecimiento de la población sobre el crecimiento y el desarrollo económicos? ◆ ◆ En un año común en la década de 1980, los países ricos otorgaron 85 mil millones de dólares de ayuda a los países en desarrollo. Estados Unidos proporcionó más de la tercera parte de esta ayuda. ¿Ayuda la asistencia externa a los países pobres? ¿Por qué no ha aliviado su pobreza? Algunos países pobres tratan de alentar el crecimiento y el desarrollo protegiendo sus industrias de la competencia externa. Otros países ven hacia fuera y participan en el libre comercio con el resto del mundo. ¿Qué tipo de política comercial da a un país en desarrollo la mejor posibilidad de un crecimiento económico rápido y sostenido?

◆ ◆ ◆ ◆ En este capítulo estudiaremos las preguntas que acabamos de plantear. Todas estas preguntas son aspectos de las grandes preguntas de la economía planteadas en el capítulo 1: ¿cuál es la causa de las diferencias de riqueza entre las naciones que hace rica a la gente de algunos países y pobre a la de otros? No entendemos completamente la respuesta a esta pregunta. Pero hay algunas cosas que sí sabemos. Analizaremos ese conocimiento en este capítulo. También analizaremos algunas de las ideas que la gente ha propuesto acerca de lo que se puede hacer para acelerar el crecimiento de los países pobres. Algunas estrategias realmente ayudan a los países pobres, pero otras tienen resultados ambiguos e incluso pueden perjudicar su desarrollo.

## La distribución internacional del ingreso

Cuando estudiamos la distribución del ingreso de Estados Unidos y otros países, descubrimos que hay una gran dosis de desigualdad. Como veremos, las diferencias de ingreso dentro de un país, aunque parezcan grandes, se ven insignificantes cuando se comparan con las diferencias entre los países. Veamos cómo está distribuido el ingreso entre las naciones del mundo.

## Los países más pobres

A los países más pobres se les llama, en ocasiones, países subdesarrollados. Un **país subdesarrollado** es un país donde hay poca industrialización, mecanización limitada del sector agrícola, escaso equipo de capital y un ingreso per cápita bajo. En muchos países subdesarrollados, grandes cantidades de personas viven al borde del hambre. Esas personas dedican su tiempo a producir el abastecimiento de comida y de ropa que necesitan para ellas y sus familias. No tienen un excedente para comerciar con otros o para invertir en nuevas herramientas y equipo de capital. Uno de los países pobres más conocidos es Etiopía, donde miles de personas pasan su vida recorriendo fatigosamente paisajes resecos, en busca de alimentos escasos.

¿En qué medida son pobres los países más pobres? Veintisiete por ciento de la población mundial vive en países cuyos ingresos per cápita representan del 4 al 9 por ciento del de Estados Unidos. Aunque estos países tienen el 27 por ciento de la población mundial, ganan solamente el 6 por ciento del ingreso mundial. Estos países más pobres están principalmente en África.

## Países en desarrollo

Un **país en desarrollo** es aquel que es pobre, pero que está acumulando capital y desarrollando una base industrial y comercial. Los países en desarrollo tienen una población urbana grande y creciente y tienen ingresos que crecen constantemente. El nivel del ingreso per cápita en esos países representa del 10 al 30 por ciento del de Estados Unidos. Estos países están en todas las partes del mundo, pero muchos se ubican en Asia, Oriente Medio y América Central. El 17 por ciento de la población mundial vive en estos países y gana el 11 por ciento del ingreso mundial.

## Países de reciente industrialización

Los **países de reciente industrialización** (a menudo llamados PRI) son países en los que hay una amplia base industrial que se desarrolla rápidamente y el ingreso per cápita está creciendo a un ritmo acelerado. Actualmente, sus niveles de ingreso per cápita se acercan al 50 por ciento del de Estados Unidos. Algunos ejemplos de esos países son Trinidad, Israel y Corea del Sur. El 3 por ciento de la población mundial vive en los países de reciente industrialización y ganan el 3 por ciento del ingreso mundial.

## Países industriales

Los **países industriales** son países que tienen una gran cantidad de equipo de capital y en los que la gente realiza actividades sumamente especializadas, lo que les permite ganar ingresos per cápita altos. Éstos son los países de Europa Occidental, Estados Unidos, Canadá, Japón, Australia y Nueva Zelanda. El 17 por ciento de la población mundial vive en estos países y ganan el 49 por ciento del ingreso mundial.

## Países petroleros ricos

Un pequeño número de países petroleros ricos tienen ingresos per cápita muy altos, a pesar del hecho de que son, en muchos otros aspectos, similares a los países más pobres o a los países en desarrollo. Estos países tienen poca industria y en realidad poco de cualquier cosa de valor para vender al mundo, excepto el petróleo. El 4 por ciento de la población mundial vive en esos países y ganan el 4 por ciento del ingreso mundial. Pero ese ingreso está distribuido de modo muy desigual dentro de esos países: la mayoría de la gente de esos países tiene ingresos similares a los de los países más pobres, pero un pequeño número de personas son extremadamente ricas; de hecho, están entre la gente más rica del mundo.

## Países comunistas y países excomunistas

Cerca del 33 por ciento de la población mundial vive en países comunistas o en países que antes fueron comunistas y ahora están realizando la transición al capitalismo. Un **país comunista** es aquel en el que hay limitada propiedad privada del capital productivo y de las empresas; la economía descansa en forma limitada en el mercado como medio para la asignación de recursos; y las entidades gubernamentales planean y dirigen la producción y distribución de la mayor parte de los bienes y servicios. En muchos de estos países actualmente están ocurriendo grandes cambios. En el capítulo 38 describimos las economías de estos países y los cambios que están ocurriendo conforme avanzan hacia economías de mercado.

Los ingresos per cápita en estos países varían enormemente. En China, el ingreso per cápita está cerca del 15 por ciento del de Estados Unidos. China es un país en desarrollo. El ingreso per cápita en la ex Alemania Oriental, ahora parte de la Alemania unificada, es casi el 70 por ciento del de Estados Unidos. Otros países que caen en esta categoría son Checoslovaquia, Polonia, Hungría y la ex Unión Soviética. Algunos países anteriormente comunistas, como Rumania, Yugoslavia y Bulgaria, tienen ingresos per cápita similares a los de los países recién industrializados. Así que, entre los países comunistas y los países ex comunistas, hay una gran variedad de niveles de ingreso y de grado de desarrollo económico.

## La curva de Lorenz mundial

La **curva de Lorenz** traza el porcentaje acumulado del ingreso en relación con el porcentaje acumulado de la población. Si el ingreso está equitativamente distribuido, la curva de Lorenz es una línea de 45° que parte del origen. La medida en que la curva de Lorenz se aleja de la recta de 45° de la igualdad indica el grado de desigualdad. La figura 37.1 muestra dos curvas de Lorenz: una curva representa la distribución del ingreso entre las familias en Estados Unidos y la otra representa la distribución del ingreso promedio per cápita entre los países.

Como podrá observar, la distribución del ingreso entre los países es más desigual que la distribución del ingreso entre las familias de Estados Unidos. El 40 por ciento de la población mundial vive en países cuyos ingresos representan menos del 10 por ciento del total mundial. El 20 por ciento más rico de la población mundial vive en países cuyos ingresos representan el 55 por ciento del ingreso mundial total. La desigualdad del ingreso es incluso más grave de lo que parece en la figura 37.1, porque la curva de Lorenz mundial indica solamente el grado de desigualdad de los ingresos promedio entre los países. La curva de Lorenz mundial no revela la desigualdad dentro de los países.

Estas cifras proporcionan una descripción estadística de la inmensidad del problema de la pobreza mundial. Y son cifras *reales*. Es decir, se han eliminado los efectos de las diferencias de precios. Para apreciar mejor la gravedad del problema, imagine que su familia tiene un ingreso de 30 centavos

FIGURA **37.1**

## La curva de Lorenz mundial, 1985

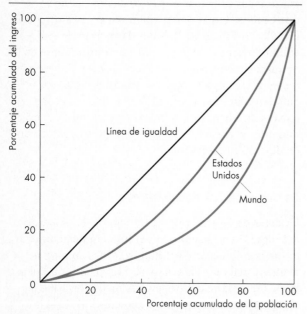

El porcentaje acumulado del ingreso está trazado junto con el porcentaje acumulado de la población. Si el ingreso estuviera distribuido equitativamente entre los países, la curva de Lorenz sería una línea recta diagonal. La distribución del ingreso per cápita entre los países es todavía más desigual que la distribución del ingreso entre las familias en Estados Unidos.

*Fuente*: Robert Summers y Alan Heston, "A New Set of International Comparisons of Real Product and Price Levels; Estimates for 130 countries, 1950-1985". *Review of Income and Wealth, Series* 34, 1988, págs. 207-262; y *Current Population Reports, Consumer Income,* Series P-60, núm. 167 y 168, Washington, D.C.: U.S. *Department of Commerce, Bureau of the Census*, 1990.

de dólar diarios por persona. Esos 30 centavos tienen que servir para comprar vivienda, alimentos, ropa, transporte y todas las demás cosas que se consumen. Tal es el sino de más de una cuarta parte de la población mundial.

Aunque hay mucha gente pobre en el mundo, también hay mucha gente cuya vida está experimentando un cambio notable. Viven en países en los que está ocurriendo un crecimiento económico rápido. Como consecuencia del crecimiento y desarrollo económicos, millones de personas disfrutan ahora de niveles de vida que no soñaron sus padres y que hubieran sido inimaginables para sus abuelos. Veamos la relación entre los niveles de ingreso y la tasa de crecimiento económico.

## Tasas de crecimiento y niveles de ingreso

L os países pobres pueden convertirse en países ricos y lo hacen. Los países pobres se convierten en países ricos alcanzando tasas altas de crecimiento del ingreso real per cápita durante periodos prolongados. Con el transcurso de los años, un pequeño aumento de la tasa de crecimiento, como el interés compuesto, paga grandes dividendos. Una reducción de la tasa de crecimiento, que se mantiene durante varios años, puede dar como resultado una inmensa pérdida de ingreso real.

La importancia del crecimiento económico y sus efectos sobre los niveles de ingreso se ilustran claramente con la experiencia reciente de Estados Unidos. A principios de la década de 1960, el ingreso agregado, medido por el PIB real, estaba creciendo alrededor del 4 por ciento anual en ese país. Después de 1965, el crecimiento del PIB se redujo. La trayectoria realmente seguida por el PIB de Estados Unidos se muestra en la figura 37.2(a). La trayectoria que habría seguido si se hubiera mantenido la tendencia anterior a 1965 se muestra también en esa figura. En 1991, el PIB real de Estados Unidos era aproximadamente 2 billones de dólares inferior, el 40 por ciento menos, a lo que habría sido si se hubiera mantenido la tasa de crecimiento de 1965.

Cuando los países pobres tienen una tasa de crecimiento baja y los países ricos tienen una tasa de crecimiento alta, la brecha entre ricos y pobres se ensancha. La figura 37.2(b) muestra cómo la brecha entre Estados Unidos y muchos países pobres, como Etiopía, se ha ensanchado a lo largo de los años.

Para que un país pobre alcance a un país rico, es necesario que su tasa de crecimiento supere a la del país rico. En 1980, el ingreso per cápita de China era el 14 por ciento del de Estados Unidos. En la década de 1980, Estados Unidos experimentó una tasa de crecimiento promedio del ingreso per cápita del 1.5 por ciento anual. Si esa tasa de crecimiento se mantiene y si el ingreso per cápita de China también crece al 1.5 por ciento anual, China se mantendrá con el 14 por ciento de los niveles de ingreso de Estados Unidos para siempre. La brecha permanecerá constante. Si el ingreso per cápita en Estados

FIGURA **37.2**

Tasas de crecimiento y niveles
de ingreso

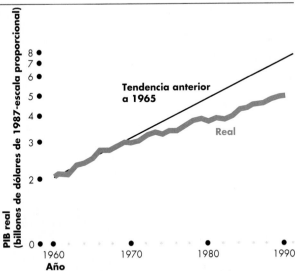

**(a) Pérdida del producto de Estados Unidos debido
a la reducción del crecimiento**

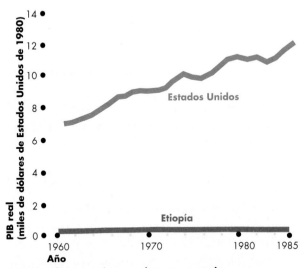

**(b) La brecha entre ricos y pobres se ensancha**

Una baja de la tasa de crecimiento de Estados Unidos después de
1965 (parte a) ha dado como resultado que el PIB real sea alrededor
de 2 billones de dólares (el 40 por ciento) menor que de acuerdo con
la tendencia seguida hasta 1965. Pero casi sin crecimiento, Etiopía se
ha rezagado aún más respecto de Estados Unidos (parte b).

*Fuente:* Robert Summers y Alan Heston, "A New Set of International Comparisons of Real Product and Price Levels; Estimates for 130 Countries, 1950-1985",
*Review of Income and Wealth,* Series 34, 1988, págs. 207-262; y *Economic Report of the President,* 1992.

Unidos creciera al 1.5 por ciento, y si China pudiera mantener una tasa de crecimiento del ingreso del
doble de ese nivel, el 3 por ciento anual, China alcanzaría a Estados Unidos en niveles de ingreso per
cápita en la primera parte del siglo *veintidós,* alrededor del 2115. Si China pudiera duplicar esa tasa
de crecimiento, mantener una tasa de crecimiento
anual del 6 por ciento de los ingresos per cápita, la
población china tendría niveles de ingreso tan altos
como los de Estados Unidos en pocos años, a mediados de la década de 2030. Si China lograra un
milagro e hiciera que el ingreso per cápita creciera
al 12 por ciento anual, tardaría solamente 20 años
en alcanzar a Estados Unidos.

Tasas de crecimiento tan altas como el 10 por
ciento o el 12 por ciento se han presentado ya. El
ingreso per cápita de Japón creció por arriba del 10
por ciento anual, en promedio, durante 20 años
después de la Segunda Guerra Mundial. Recientemente, China ha tenido un crecimiento del ingreso
per cápita del 12 por ciento anual, una tasa que, de
mantenerse, duplica el ingreso per cápita cada seis
años. Incluso los países más pobres del mundo,
aquellos con ingresos per cápita de sólo el 4 por
ciento del de Estados Unidos, alcanzarían a Estados
Unidos en cuestión de 30 o 40 años, si pudieran lograr y mantener tasas de crecimiento de este nivel.

Entonces, la clave para alcanzar un ingreso per
cápita alto es lograr y mantener una tasa alta de
crecimiento económico. Así es como los países actualmente ricos alcanzaron sus altos niveles de vida.
Los países pobres de la actualidad se unirán a los
países ricos del mañana sólo si pueden encontrar
formas de lograr y mantener un crecimiento rápido.

Evidentemente, es vital la pregunta acerca de qué
determina la tasa de crecimiento económico de un
país. ¿Qué determina la tasa de crecimiento económico de un país? Pasemos ahora a examinar esta
cuestión crucial.

## Recursos, progreso tecnológico y crecimiento económico

En conjunto, el ingreso es igual
al valor del producto. Así que
para aumentar el ingreso promedio, un país tiene

que aumentar su producto. El producto de un país depende de sus recursos y de las técnicas que emplea para transformar esos recursos en productos. Esta relación entre recursos y productos es la *función de producción*. Hay tres tipos de recursos:

◆ Tierra
◆ Trabajo
◆ Capital

La *tierra* incluye todos los recursos naturales, no producidos, como la propia tierra, los minerales del subsuelo y todos los demás factores no producidos. La naturaleza determina la cantidad de estos recursos y a los países no les queda más alternativa que resignarse con los recursos naturales que les tocaron en suerte. Los países no pueden lograr un crecimiento económico rápido y sostenido aumentando su acervo de recursos naturales. Sin embargo, los países pueden experimentar fluctuaciones de ingreso, y de hecho lo hacen, como resultado de fluctuaciones de los precios de sus recursos naturales. Más aún, hay épocas en la que esos precios suben rápidamente y esos periodos producen un crecimiento temporal del ingreso. Las finales de la década de 1970 es un ejemplo de un periodo en el que los países ricos en recursos experimentaron un rápido crecimiento del ingreso debido al alza de precios de los productos básicos. Pero para lograr un crecimiento del ingreso sostenido a largo plazo, los países tienen que ver más allá de sus recursos naturales.

Una fuente de aumento del producto es un aumento sostenido de los recursos del *trabajo*. Es decir, un país puede producir más producto con el paso del tiempo simplemente por el crecimiento de su población de trabajadores. Pero para que cada generación sucesivamente más grande de trabajadores pueda tener un ingreso *per cápita* más alto que la generación anterior, el producto per cápita debe crecer. El crecimiento de la población, por sí solo, no conduce a un producto per cápita más alto.

El recurso que más contribuye al crecimiento económico rápido y sostenido es el capital. Hay dos categorías generales de capital: físico y humano. El *capital físico* incluye cosas como carreteras y ferrocarriles, presas y sistemas de riego, tractores y arados, fábricas, camiones y automóviles y edificios de todo tipo. El *capital humano* es el conjunto de conocimientos y habilidades acumulados de la población trabajadora. Conforme los individuos

FIGURA **37.3**

## La función de producción per cápita

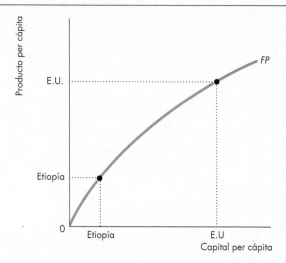

La función de producción per cápita *(FP)* traza la variación del producto per cápita cuando varía el acervo de capital per cápita. Si dos países usan la misma tecnología, pero uno de ellos tiene un acervo de capital mayor, este último país tendrá también un nivel de ingreso per cápita más alto. Por ejemplo, supongamos que Etiopía y Estados Unidos usan la misma tecnología. Etiopía tiene un acervo de capital per cápita bajo y un nivel bajo de producto per cápita. Estados Unidos tiene un gran acervo de capital per cápita y un producto per cápita grande.

acumulan más capital, sus ingresos crecen. Conforme los países acumulan más capital por trabajador, la productividad del trabajo y el producto per cápita crecen.

Para estudiar el comportamiento del producto per cápita, usaremos la función de producción per cápita. La **función de producción per cápita** muestra cómo el producto per cápita varía cuando varía el acervo de capital per cápita con un estado dado de conocimiento acerca de tecnologías alternativas. La figura 37.3 ilustra la función de producción per cápita. El producto per cápita se mide en el eje vertical y el acervo de capital per cápita se mide en el eje horizontal. La curva *FP* muestra cómo varía el producto per cápita conforme varía el acervo de capital per cápita. Un país rico como Estados Unidos tiene una gran cantidad de capital per cápita y un producto per cápita grande. Un país pobre como Etiopía prácticamente carece de capital y tiene un producto per cápita muy bajo.

## Acumulación de capital

Acumulando capital, un país puede crecer y moverse a lo largo de su función de producción per cápita. Cuanto más grande es la cantidad de capital (per cápita), mayor es el producto (per cápita). Pero la *ley de los rendimientos decrecientes* básica se aplica a la función de producción per cápita. Es decir, al aumentar el capital per cápita, el producto per cápita también aumenta, pero en incrementos decrecientes. Así que la medida en que un país puede crecer por la simple acumulación de capital tiene un límite. En fin de cuentas, el país alcanza un punto donde el producto extra del capital extra simplemente no justifica el esfuerzo de acumular más capital. En ese punto, al país le conviene consumir en vez de aumentar su acervo de capital.

Pero ningún país ha alcanzado todavía ese punto, porque la función de producción per cápita se desplaza constantemente hacia arriba debido al progreso tecnológico. Veamos cómo el cambio tecnológico afecta el producto y el crecimiento.

## Cambio tecnológico

Aunque los países ricos tienen mucho más capital per cápita que los países pobres, ésa no es la única diferencia entre ellos. Generalmente, los países ricos usan tecnologías más productivas que los países pobres. Es decir, incluso si tienen el mismo capital per cápita, el país rico obtiene más producto que el país pobre. Por ejemplo, un agricultor de un país rico podría usar un tractor de diez caballos de fuerza, en tanto que el agricultor del país pobre literalmente podría usar diez caballos. Cada uno tiene la misma cantidad de "caballos de fuerza", pero el producto que se logra usando el tractor es considerablemente mayor que el producido usando diez caballos. La combinación de una mejor tecnología y más capital per cápita profundiza aún más la diferencia entre los países ricos y pobres.

La figura 37.4 ilustra la importancia de la diferencia que representa el progreso tecnológico. Imaginemos que corre el año de 1790 y que tanto Estados Unidos como Etiopía (que entonces se llamaba Abisinia), usan las mismas técnicas de producción y tienen la misma función de producción per cápita, $FP_{1790}$. Con un acervo más grande de capital per cápita, en 1790 Estados Unidos produce un nivel más alto de producto per cápita que Etiopía. Para 1990, los avances tecnológicos adop-

---

**FIGURA 37.4**

# Cambio tecnológico

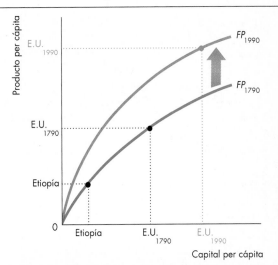

En 1790, Estados Unidos y Etiopía tienen la misma función de producción, $FP_{1790}$. Para 1990, el cambio tecnológico ha desplazado la función de producción hacia arriba en Estados Unidos, a $FP_{1990}$. El ingreso per cápita en Estados Unidos ha aumentado de E.U.$_{1790}$ a E.U.$_{1990}$, en parte debido a un aumento del acervo de capital per cápita y en parte debido a un aumento de productividad que tiene su origen en la adopción de una mejor tecnología.

---

tados en Estados Unidos, pero no en Etiopía, permiten a Estados Unidos obtener más producto con factores de producción dados. La función de producción per cápita en Estados Unidos se desplaza hacia arriba a $FP_{1990}$. El producto per cápita de Estados Unidos en 1990 es mucho más alto de lo que era en 1790, debido a dos razones. Primera, el acervo per cápita de equipo de capital ha aumentado en forma espectacular; segunda, las técnicas de producción han mejorado, lo que ha dado como resultado un desplazamiento hacia arriba de la función de producción.

Cuanto más rápido es el ritmo del progreso tecnológico, más rápido es el desplazamiento hacia arriba de la función de producción. Cuanto más rápido es el ritmo de acumulación de capital, más rápidamente se mueve un país a lo largo de su función de producción. Ambas fuerzas conducen a un aumento del producto per cápita. Un país pobre se convierte en un país rico, en parte moviéndose a lo largo de su función de producción y en parte adoptando una mejor tecnología, con lo que desplaza hacia arriba su función de producción.

FIGURA 37.5

## Tendencias de la inversión

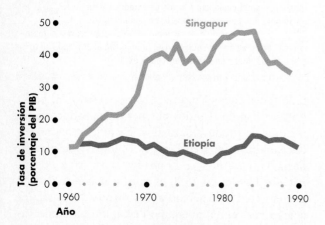

**(a) Tasas de inversión en países en desarrollo e industriales**

**(b) Tasas de inversión en Singapur y Etiopía**

La tasa de inversión en los países desarrollados aumentó de 1960 a 1981 y después disminuyó. La inversión en los países industriales fue estable durante la década de 1960 y principios de la década de 1970, pero cayó después de 1974 (parte a). La inversión en Singapur ha aumentado en forma espectacular, mientras que en Etiopía ha sido casi constante (parte b). La alta inversión en Singapur ha conducido a un crecimiento rápido, en tanto que la baja inversión de Etiopía ha conducido a un crecimiento bajo.

*Fuente*: Fondo Monetario Internacional, *International Financial Statistics Yearbook*, 1991.

La importancia de la conexión entre la acumulación de capital y el crecimiento del producto se ilustra en la figura 37.5. La acumulación de capital se mide con el porcentaje de producto representado por la inversión. (Recuerde que la inversión es la compra de nuevo equipo de capital.) La figura muestra lo que ha estado ocurriendo a la inversión en los países en desarrollo y en los países industriales y en los dos casos extremos de Singapur y Etiopía. Como puede observarse en la parte (a), el porcentaje del ingreso invertido por los países en desarrollo aumentó hasta 1981 y después empezó a descender. En los países industriales, el porcentaje del ingreso que se invierte ha bajado en forma persistente, y la caída fue particularmente marcada en 1975. Singapur, de rápido crecimiento, invierte más del 40 por ciento de su ingreso. Etiopía, con crecimiento lento, invierte menos del 15 por ciento de su ingreso. La causa del crecimiento notable de Singapur y del nivel de ingreso casi estático de Etiopía puede verse en la parte (b).

## REPASO

**H**ay una enorme desigualdad en el mundo. La gente más pobre de los países más pobres vive al borde de la inanición. La quinta parte más pobre de la población mundial consume menos de una vigésima parte del producto total; y la quinta más rica consume más de la mitad del producto total. Las naciones se enriquecen al alcanzar y mantener tasas de crecimiento económico altas durante periodos prolongados. El crecimiento económico es resultado de la acumulación de capital y de la adopción de tecnologías cada vez más eficientes. Cuanto más rápidamente se acumula el capital y cuanto más rápido es el ritmo del cambio tecnológico, más alta es la tasa de crecimiento del producto. Los pequeños cambios de las tasas de crecimiento mantenidas durante un periodo prolongado provocan grandes diferencias de los niveles de ingreso.  ◆

### Obstáculos para el crecimiento económico

**L**a receta para el crecimiento económico parece clara: los países pobres se pueden volver ricos mediante la acumulación de capital y la adopción de las tecnologías más productivas. Pero si la cura de la pobreza abyecta es tan simple ¿por qué más países pobres no se han convertido en ricos? ¿Por qué hay tanta gente pobre en el mundo actualmente?

No sabemos las respuestas de estas preguntas. Si las supiéramos, podríamos resolver los problemas del subdesarrollo económico y no habría países pobres. Pero sí entendemos algunas de las razones de la pobreza y el subdesarrollo. Veamos cuáles son.

## Crecimiento de la población

Uno de los obstáculos para el desarrollo económico y el crecimiento rápido y sostenido del ingreso per cápita es el rápido crecimiento de la población. En los últimos 20 años, la población mundial ha estado creciendo a una tasa promedio del 2 por ciento anual. Con esta alta tasa de crecimiento de la población, la población mundial se duplica cada 37 años. Dicha población es actualmente de más de 5 mil millones. Pero el patrón de crecimiento de la población es desigual. Los países industriales ricos tienen tasas de crecimiento de la población relativamente bajas, a menudo menos de 0.5 por ciento anual, en tanto que los países pobres y subdesarrollados tienen tasas de crecimiento de la población altas, en algunos casos rebasan el 3 por ciento anual.

¿Por qué es un impedimento para el crecimiento y el desarrollo económicos el crecimiento rápido de la población? ¿Acaso una población más grande no da a un país más recursos productivos y le permite una mayor especialización, más división del trabajo y, por tanto, un mayor producto? Estos beneficios sin duda emanan de una población grande. Pero cuando la población está creciendo a una tasa elevada y el país es pobre, se producen dos efectos negativos sobre el crecimiento y el desarrollo económicos que pesan más que los beneficios de una población más grande. Ellos son

◆ Un aumento de la proporción entre dependientes y trabajadores

◆ Un aumento de la cantidad de capital dedicada a sostener a la población en vez de producir bienes y servicios

Algunos aspectos de la relación entre el número de dependientes y el crecimiento de la población se muestran en la figura 37.6. El número de dependientes se mide en el eje vertical, como el porcentaje de la población menor de 15 años. Como puede verse, cuanto más alta es la tasa de crecimiento de la población, mayor es el porcentaje de la población menor de 15. En países como Estados Unidos, donde la tasa de crecimiento de la población es de menos del 1 por ciento anual, casi una de cada cinco personas (el 20 por ciento) tiene menos de 15 años. En países como Etiopía, que tienen tasas altas de crecimiento de la población (el 3 por ciento al año o más), cerca de la mitad de la población (el 50 por ciento) tiene menos de 15 años.

FIGURA 37.6

## Crecimiento de la población y número de dependientes

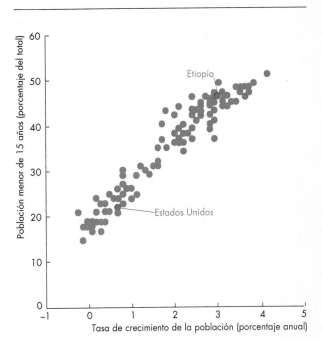

Cada punto representa un país, y muestra el porcentaje de la población menor de 15 años (medido en el eje vertical) y la tasa de crecimiento de la población (medida en el eje horizontal). El número de gente joven en la población depende mucho de la tasa de crecimiento de la población. En los países de bajo crecimiento de la población, como Estados Unidos, cerca de una quinta parte de la población es menor de 15 años, en tanto que en los países de rápido crecimiento de la población, como Etiopía, más del 40 por ciento de la población es menor de 15 años.

*Fuente*: Population Reference Bureau, Inc., *World Population Data Sheet*, Washington, D. C., 1988.

Veamos por qué hay una conexión entre la tasa de crecimiento de la población y el porcentaje de gente joven en la población. Un país podría tener una población estable si tuviera una tasa de natalidad alta y una tasa de mortalidad igualmente alta. Pero el mismo crecimiento estable de la población podría ocurrir con una tasa de natalidad baja y una tasa de mortalidad baja. Las tasas de crecimiento de la población aumentan o bien cuando aumenta la tasa de natalidad o bien cuando la tasa de mortalidad baja. Históricamente, es la baja de la tasa de mortalidad con una tasa de natalidad relativamente estable lo que ha llevado a las explosiones demográficas. La baja de la tasa de mortalidad adopta principalmente la forma de una baja de la tasa de mortalidad infantil; y es este fenómeno el que da como resultado un aumento enorme de la proporción de gente joven en la población.

En un país con un gran número de gente joven, los recursos de capital se orientan a proporcionar escuelas, hospitales, carreteras y vivienda en lugar de planes de riego y proyectos de capital industrial. Evidentemente, ese uso de los recursos de capital escasos no es un derroche y sí aporta grandes beneficios, pero no acrecienta la capacidad de la economía para producir bienes y servicios, de los cuales todavía puede obtenerse más acumulación de capital.

## Baja tasa de ahorro

Existe un obstáculo adicional para el crecimiento y el desarrollo económico rápido y sostenido. Es el hecho de que la gente pobre tiene un nivel de ingreso tan bajo, que consume casi todo y ahorra muy poco. El ahorro es la fuente de financiamiento para la acumulación de capital y, como hemos visto, la acumulación de capital es en sí misma uno de los motores principales del crecimiento económico. Investiguemos la relación entre la acumulación de capital y el ahorro.

Sólo hay tres cosas que la gente puede hacer con su ingreso: consumirlo, ahorrarlo o pagar impuestos. Es decir,

Ingreso = Consumo + Ahorro + Impuestos.

El producto de una economía consiste en bienes de consumo, bienes de capital, bienes y servicios comprados por el gobierno y exportaciones netas (exportaciones menos importaciones). El gasto en bienes de capital es inversión y el gasto en bienes y

servicios comprados por el gobierno se llama compras gubernamentales de bienes y servicios. Entonces,

Ingreso = Consumo + Inversión
+ Compras gubernamentales
+ Exportaciones netas.

La primera de las ecuaciones anteriores indica que el ingreso menos el consumo es igual al ahorro más los impuestos. La segunda ecuación indica que el ingreso menos el consumo es igual al valor de la inversión más las compras gubernamentales más las exportaciones netas. Entonces, si combinamos estas dos ecuaciones, vemos que

Ahorro + Impuestos = Inversión
+ Compras
gubernamentales
+ Exportaciones netas.

La diferencia entre las compras gubernamentales y los impuestos es el déficit presupuestario del gobierno. Las exportaciones netas son el superávit de la cuenta corriente de la balanza de pagos, conocido simplemente como el superávit de la cuenta corriente. Podemos reordenar la última ecuación, por tanto, como

Inversión = Ahorro − Superávit en cuenta corriente
− Déficit presupuestario del gobierno.

Hay tres factores que influyen sobre el ritmo al cual un país puede acumular capital (puede invertir): el ahorro, el presupuesto del gobierno y el superávit en cuenta corriente. Con todo lo demás constante, el ritmo de acumulación de capital es más rápido, cuanto más grande es el ahorro, cuanto más pequeño es el déficit presupuestario del gobierno (cuanto más grande es el superávit presupuestario del gobierno) y cuanto más pequeño es el superávit de la cuenta corriente (cuanto más grande es el déficit de la cuenta corriente).

La fracción del ingreso que la gente ahorra depende del nivel de ingreso. La gente muy pobre no ahorra. Conforme aumenta el ingreso, se ahorra parte del mismo. Cuanto más alto es el nivel de ingreso, más alta es la proporción del ingreso que se ahorra. Estos patrones de la relación entre el ingreso y el ahorro afectan en forma crucial el ritmo al cual puede crecer un país.

El ahorro es, con mucho, el componente más importante de las fuentes de financiamiento de la inversión. Pero, en general, cuanto mayor es la cantidad de ahorro, mayor es también la cantidad de recursos disponibles del resto del mundo a través del déficit en cuenta corriente del país. Más aún, los países con menos recursos son aquellos en los que el gobierno tiene un déficit, lo que por tanto restringe todavía más la cantidad disponible para la acumulación de capital a través de la inversión.

Veamos ahora un tercer obstáculo para el crecimiento y desarrollo rápidos: el peso de la deuda externa.

## Deuda externa

Con frecuencia, los países pobres se endeudan con el resto del mundo. Los préstamos tienen que pagarse y también tienen que pagarse intereses sobre los préstamos pendientes. Para efectuar pagos de la deuda y pagos de intereses, los países pobres necesitan un superávit de exportaciones netas. Es decir, un país necesita un superávit en cuenta corriente. Como acabamos de ver, cuando un país tiene un déficit en cuenta corriente, ese déficit proporciona más recursos financieros para el ahorro interno, lo que permite al país acumular capital a un ritmo más rápido de lo que sería posible en otras condiciones. Un país que tiene un superávit en cuenta corriente es aquel que está acumulando capital a un ritmo más lento de lo que permite su ahorro interno. Un país así usa parte de su ahorro para acumular capital (y de este modo aumenta la productividad) y usa la otra parte para pagar intereses o amortizar préstamos al resto del mundo.

Un país pobre que se endeuda fuertemente con el resto del mundo y que usa los préstamos para invertir en capital productivo no se verá abrumado con la deuda, siempre y cuando la tasa de crecimiento del ingreso sea superior a la tasa de interés de la deuda. En una situación así, el interés de la deuda puede pagarse con el ingreso más alto y aún queda algo más de ingreso para más consumo interno o más acumulación de capital. Los países que obtienen préstamos del resto del mundo y usan los recursos para el consumo o invierten en proyectos que tienen una tasa de rendimiento baja, menor que la tasa de interés de la deuda, son los que se ven abrumados por la deuda.

El peso de la deuda internacional se volvió particularmente oneroso para muchos países en desarrollo durante la década de 1980. Por ejemplo, los países latinoamericanos han acumulado deudas ex-

ternas por casi medio billón de dólares. Muchas de esas deudas se adquirieron durante la década de 1970, cuando los precios de las materias primas estaban subiendo rápidamente. De 1973 a 1980, los precios de la mayoría de las materias primas aumentaron en promedio cerca del 20 por ciento anual, una tasa mucho más alta que las tasas de interés de la deuda externa que se estaba acumulando. En esa situación, los países productores de materias primas, hambrientos de capital, obtuvieron préstamos en una escala enorme. En la década de 1980 se desplomaron los precios de las materias primas. Se había incurrido en deudas inmensas, pero el ingreso para pagar esas deudas no fluía y se añadió más carga cuando las tasas de interés aumentaron en forma brusca durante la década de 1980. Hoy, por causa de una combinación de precios deprimidos de las materias primas y tasas de interés más altas, muchos países pobres llevan a cuestas un peso de la deuda externa que los debilita.

## La trampa del subdesarrollo

Los obstáculos para el desarrollo económico son tan severos que algunos economistas han sugerido que existe una especie de trampa de la pobreza que se aplica a algunos países: la trampa del subdesarrollo. La **trampa del subdesarrollo** es una circunstancia en la que un país está encerrado en una situación de un bajo ingreso per cápita que se refuerza a sí misma. Un nivel bajo de capital por trabajador (tanto físico como humano) redunda en un bajo producto por trabajador. La baja productividad, a su vez, produce un ingreso per cápita bajo. Un ingreso per cápita bajo genera un ahorro bajo. Con un ahorro bajo, hay una tasa de acumulación de capital baja. La acumulación de capital apenas puede mantenerse a la par del crecimiento de la población, así que el acervo de capital por trabajador se mantiene bajo y el ciclo se repite.

## Superación de los obstáculos para el desarrollo económico

Se han propuesto una variedad de formas para salir de la trampa del subdesarrollo. Éstas son

◆ Control demográfico
◆ Ayuda externa
◆ Eliminación de restricciones al comercio
◆ Estímulo de la demanda agregada

Veamos cada una por separado.

## Control demográfico

Casi todos los países en desarrollo usan métodos de control de la población como parte de su intento por salir de la trampa del subdesarrollo. Los programas de control del crecimiento de la población constan de dos elementos clave: el suministro de medios de control natal de bajo costo y la provisión de incentivos para alentar a la gente a tener menos hijos. Estos métodos han tenido éxito limitado. Uno de los programas de control de la población que ha recibido más publicidad es el empleado en China. En ese país se desalienta vigorosamente a las familias a que tengan más de un hijo. Pese a esta política, la población de China continúa creciendo y las proyecciones indican que, en el año 2000, la población habrá rebasado su nivel previsto en una cantidad igual a la mitad de la población total de Estados Unidos.

Entonces, a pesar de su importancia, es muy poco probable que los métodos de control del crecimiento de la población tengan éxito en la lucha en contra del subdesarrollo y la pobreza.

## Ayuda externa

La idea de que la ayuda externa ayuda al desarrollo económico se desprende de una consideración simple. Si un país pobre es pobre porque tiene poco capital, entonces mediante la ayuda, puede acumular más capital y alcanzar un producto per cápita más alto. Las dosis repetidas de ayuda externa año tras año pueden permitir a un país crecer más rápidamente de lo que podría hacerlo si descansara exclusivamente en su propio ahorro interno. Con este tipo de razonamiento, cuanto más grande sea el flujo de ayuda externa a un país, más rápido crecerá.

Algunos economistas señalan que la ayuda externa no necesariamente logrará que un país crezca más rápido. Sostienen que esa ayuda consolida la posición de políticos corruptos e incompetentes y que éstos y sus políticas son los dos impedimen-

tos principales para el desarrollo económico. La mayoría de la gente que administra la ayuda externa no comparte esta opinión. El consenso es que la ayuda externa en verdad ayuda al desarrollo económico. Pero también se está de acuerdo en que la ayuda externa no es uno de los factores principales que influyen en el ritmo del desarrollo de los países pobres. Su magnitud es simplemente demasiado pequeña como para representar una diferencia decisiva.

Un factor que sí ha sido decisivo en muchos países es la política comercial internacional. Pasemos ahora a examinar los efectos del comercio internacional sobre el crecimiento y el desarrollo.

## Eliminación de restricciones al comercio

En los países ricos existe una presión política constante que apoya la protección contra las importaciones producidas con el "trabajo barato" de los países subdesarrollados. Alguna gente se queja también de que comprar a los países subdesarrollados representa una explotación de los trabajadores de bajos salarios. En consecuencia, los países imponen aranceles, cuotas y restricciones voluntarias al comercio (véase el Cap. 35). ¿Cómo afectan a los países subdesarrollados esas restricciones y cómo afecta en su crecimiento y desarrollo la eliminación de esas restricciones? Para contestar esta pregunta, consideremos el siguiente ejemplo (que se ilustra en la figura 37.7). Imaginemos una situación (como la que prevalecía en la década de 1950) en la que Estados Unidos produce prácticamente todos sus automóviles. El mercado de automóviles de Estados Unidos se muestra en la parte (a). La demanda de automóviles se representa con la curva $D_{EU}$ y la oferta con la curva $S_{EU}$. El precio de los automóviles es $P_{EU}$ y la cantidad producida y comprada es $Q_{EU}$.

Supongamos que Mazda construye una planta de producción de automóviles en México. La curva de oferta de automóviles producidos en México se muestra en la figura 37.7(b) como la curva $S_M$. Lo que ocurra en Estados Unidos dependerá de la política de comercio internacional de ese país.

Primero, supongamos que Estados Unidos restringe las importaciones de automóviles de México. Para que las cosas queden lo más claras posible, supongamos que se prohíben totalmente esas importaciones. En ese caso, México no produce

FIGURA **37.7**

## Comercio internacional y desarrollo económico

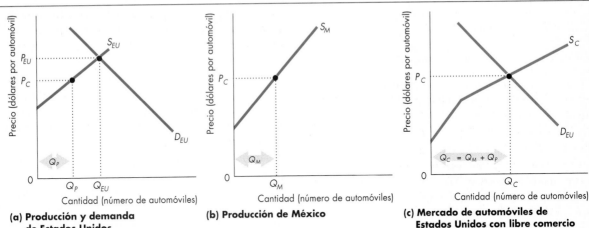

**(a) Producción y demanda de Estados Unidos**

**(b) Producción de México**

**(c) Mercado de automóviles de Estados Unidos con libre comercio**

El mercado de automóviles en Estados Unidos (parte a) tiene una curva de demanda $D_{EU}$ y una curva de oferta $S_{EU}$. El precio de los automóviles es $P_{EU}$ y la cantidad producida y comprada es $Q_{EU}$. Mazda construye una fábrica de automóviles en México y la curva de oferta de automóviles de esa planta es $S_M$ (parte b). Si Estados Unidos prohíbe la importación de automóviles de México, el mercado de automóviles no cambia y la producción de México es de cero. Si Estados Unidos permite el libre comercio internacional de automóviles con México, el precio en el

mercado de Estados Unidos es $P_C$ (parte c) y la cantidad total de automóviles comprada en Estados Unidos es $Q_C$ ($C$ significa "con comercio"). Las partes (a) y (b) muestran que a un precio $P_C$, se producen en México $Q_M$ automóviles y $Q_P$ ($P$ significa "producción") en Estados Unidos. El libre comercio internacional permite a los países pobres vender su producción a un precio más alto del que habrían recibido en otras condiciones y permite a los países ricos comprar bienes a un precio más bajo de lo que habrían pagado en otras condiciones.

automóviles para exportar a Estados Unidos. El precio de los automóviles en Estados Unidos permanece en $P_{EU}$, y la cantidad comerciada se mantiene en $Q_{EU}$.

En cambio, veamos qué sucede si Estados Unidos participa en el libre comercio con México. (De hecho, recientemente se negoció un acuerdo comercial entre Estados Unidos y México.) Para determinar el precio de los automóviles, las cantidades producidas y consumidas en Estados Unidos y la cantidad producida en México para exportar a Estados Unidos, necesitamos considerar la figura 37.7(c). La curva de demanda de automóviles de Estados Unidos sigue siendo $D_{EU}$, pero la curva de oferta es ahora $S_C$. Esta curva de oferta está integrada por la suma de las cantidades ofrecidas tanto en Estados Unidos como en México a cada precio. El equilibrio se alcanza en el mercado de Estados Unidos a un precio de $P_C$ y una cantidad comerciada de $Q_C$. Para ver en dónde se producen los automóviles, volvamos a las partes (a) y (b) de la figura. México produce $Q_M$ y Estados Unidos

produce $Q_P$ y estos dos niveles de producción suman $Q_C$.

La planta Mazda de México aumenta su producción de automóviles y sus trabajadores generan un ingreso. La producción de automóviles se reduce en Estados Unidos. Al permitir el comercio sin restricciones con los países subdesarrollados, los países ricos ganan al poder consumir bienes de consumo que se importan a precios más bajos de lo que sería posible si sólo estuvieran disponibles las ofertas internas. Los países en desarrollo ganan porque pueden vender su producción a un precio más alto del que prevalecería si sólo tuvieran disponible su mercado interno.

Algunas de las historias más notables de éxito en cuanto a crecimiento y desarrollo económicos se han basado en la obtención de las ganancias del comercio relativamente sin restricciones. Países como Hong Kong y Singapur han abierto sus economías al libre comercio con el resto del mundo y han elevado en forma espectacular sus niveles de vida, mediante la especialización y producción de bienes y servicios en los que tienen una *ventaja comparativa*, que pueden producir a un costo de oportunidad más bajo que otros países. El desarrollo económico potencial que puede lograrse con la especialización y el comercio se analiza aún más en la Lectura entre líneas de las páginas 1160-1161.

## Estímulo de la demanda agregada

Se sugiere a menudo que el crecimiento y el desarrollo se pueden fomentar mediante la expansión de la demanda agregada. La sugerencia adopta dos formas. Unas veces se sugiere que si los países ricos estimulan su propia demanda agregada, sus economías crecerán más rápidamente y, en consecuencia, los precios de las mercancías se mantendrán altos. Los precios altos de las mercancías ayudan a los países pobres y, así, estimulan el crecimiento de su ingreso y su desarrollo económico. También se sugiere frecuentemente que los países pobres pueden acelerar su crecimiento estimulando su propio nivel de demanda agregada.

¿Puede ayudar a los países pobres estimular la demanda agregada en los países ricos? ¿Puede ayudar a crecer a los países pobres el estímulo de su demanda agregada? Es casi seguro que la respuesta a ambas preguntas sea negativa, pero veamos por qué. Como lo descubrimos cuando estudiamos la teoría de la demanda agregada y de la oferta agregada en el capítulo 24, los cambios del ingreso agregado pueden ser resultado de un cambio de la demanda agregada o bien de un cambio de la oferta agregada. Pero los cambios de la demanda agregada afectan el producto y el ingreso únicamente a corto plazo. Es decir, cuando están fijos los salarios y precios de los demás factores, un cambio de la demanda agregada cambia tanto el producto como el nivel de precios. Pero, a largo plazo, un cambio de la demanda agregada conduce a un cambio de los precios de los bienes y servicios y de los factores de producción. Una vez que se han ajustado los precios de los factores de producción en respuesta al cambio de la demanda agregada, el ingreso regresa a su nivel a largo plazo. Los cambios de la oferta agregada a largo plazo per cápita pueden ser producidos únicamente por cambios de la productividad per cápita, que a su vez es consecuencia de cambios del acervo de capital per cápita y del estado de la tecnología.

Este modelo macroeconómico de demanda agregada y oferta agregada se aplica a todos los países,

pobres y ricos, por igual. Los países ricos generarán inflación si estimulan la demanda agregada, permitiendo en forma persistente que ésta crezca a un ritmo más rápido que la tasa de crecimiento de la oferta agregada a largo plazo. Si permiten que la demanda agregada crezca a un ritmo similar a la tasa de crecimiento de la oferta agregada a largo plazo, los precios serán estables. En la historia reciente hemos visto países ricos que generan inflación rápida e inflación moderada. La década de 1970 fue de inflación rápida. Durante esa década, los precios de las mercancías también aumentaron rápidamente, lo que permitió a muchos países en desarrollo aumentar el ritmo de acumulación de capital y de crecimiento del ingreso. La década de 1980 fue de inflación moderada. En esta década bajaron los precios de las materias primas y la gran deuda internacional de muchos países en desarrollo se convirtió en una carga.

¿Apoyan las realidades de las décadas de 1970 y de 1980 la conclusión de que el rápido crecimiento de la demanda agregada y de la inflación de los países ricos ayudó a los países pobres? No es así. Más bien constituyen un ejemplo de lo que puede ocurrir, en un periodo limitado, cuando hay un aumento o disminución inesperados de la tasa de crecimiento de la demanda agregada. En los años setenta hubo un rápido e inesperado crecimiento de la demanda agregada. En consecuencia, muchos países experimentaron inflación creciente y un crecimiento cada vez mayor del producto. En la década de 1980 se presentó una contracción inesperadamente severa de la demanda agregada de los países ricos, en especial en Estados Unidos, lo que dio como resultado una inflación descendente y una reducción del crecimiento del producto (y en algunos países, incluyendo a Estados Unidos, una baja del producto). Las fluctuaciones inesperadas de la tasa de inflación pueden producir fluctuaciones del crecimiento del producto; precisamente lo que sucedió en la década de 1970 y de 1980. Pero el crecimiento sostenido de la demanda agregada y la inflación constante sostenida no son capaces de producir un crecimiento sostenido del producto.

Los países en desarrollo pueden hacer que la demanda agregada crezca a una tasa rápida o moderada. Cuanto más rápidamente crezca la demanda agregada, en relación con el crecimiento de la oferta agregada a largo plazo, mayor será la tasa de inflación. Algunos países en desarrollo tienen inflación rápida y otros inflación lenta. Pero no hay virtualmente conexión alguna entre el ritmo de su desarrollo y la tasa de inflación. Como se ilustra en la figura 37.8, un país de rápido crecimiento como Singapur, que invierte más del 40 por ciento de su ingreso en equipo de capital cada año, tiene una tasa de inflación moderada, en tanto que Ghana, que tiene un crecimiento promedio, tiene la tasa de inflación más alta de los países en desarrollo, una tasa superior al 100 por ciento anual. Etiopía, que crece lentamente e invierte sólo el 10 por ciento de su ingreso, tiene una tasa de inflación moderada. Cada punto azul de la figura muestra el porcentaje de inversión y la tasa de inflación en un país en desarrollo. Como es posible observar, los puntos no indican una relación evidente entre estas variables. Así que el ritmo al cual un país en desarrollo estimula la demanda agregada, aunque afecte su tasa de inflación, no tiene un efecto apreciable sobre la tasa de crecimiento del ingreso real o el ritmo de desarrollo económico.

Hemos visto que para crecer rápidamente, un país tiene que acumular capital a un ritmo acelerado. Para hacerlo, debe lograr una tasa de ahorro alta y obtener préstamos del exterior para usarlos en actividades de rendimientos altos. Los países en desarrollo de crecimiento más rápido tienen un elevado ritmo de acumulación de capital y obtienen un alto rendimiento sobre su capital siguiendo políticas de libre comercio, con lo que se aseguran de poder producir los bienes y servicios en los que tienen ventaja comparativa.

FIGURA **37.8**

## Inflación y crecimiento económico

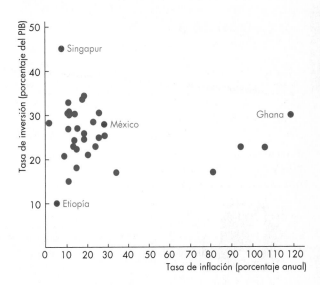

Cada punto de la figura representa un país y muestra su nivel de inversión (como porcentaje del PIB), junto con la tasa de inflación anual. Los datos son de 1960 a 1990. No hay una relación clara entre la tasa de inflación de un país y su ritmo de inversión y de crecimiento económico. Singapur, con un rápido crecimiento económico, tiene una tasa de inflación baja, como también Etiopía, que crece lentamente. Ghana, que tiene un crecimiento intermedio, tiene la tasa de inflación más alta de los países en desarrollo.

*Fuente*: Fondo Monetario Internacional, *International Financial Statistics,* 1991.

## La distribución internacional del ingreso

Hay una enorme desigualdad en la distribución internacional del ingreso. Los países más pobres tienen en promedio niveles de ingreso per cápita que representan del 4 por ciento al 9 por ciento del de Estados Unidos. La mitad de la población mundial gana solamente el 15 por ciento del ingreso mundial y el 20 por ciento más rico de la población mundial gana el 55 por ciento del ingreso mundial (págs. 1146-1148).

## Tasas de crecimiento y niveles de ingreso

Los países pobres se vuelven ricos si alcanzan y mantienen, durante periodos prolongados, tasas altas de crecimiento del ingreso per cápita. Los países ricos crecen a un ritmo cercano al 1.5 por ciento anual. Los países pobres que tienen una tasa de crecimiento más baja que el 1.5 por ciento se rezagan todavía más. Los países pobres que alcanzan una tasa de crecimiento mayor que el 1.5 por ciento cierran la brecha que los separa de los países ricos.

# Capital, comercio y desarrollo ecónomico

## Lo esencial del artículo

THE ECONOMIST, 21 DE MARZO, 1992

## Venta agresiva

Los nombres son impronunciables. Pero si todo resulta como se planeó, a finales de la década de 1990 los tranquilos rincones de Najin en Corea del Norte, Hunchun en China y Posyet en el extremo oriental de Rusia serán el zumbante centro de un círculo más amplio de prosperidad que se extenderá desde Vladivostok a Chongjin en Corea del Norte y al oeste a Yanji en Jilin, provincia del noreste de China.

El plan contempla una inmensa zona de procesamiento y embarques libre de impuestos, en el río Tumen cerca del punto donde se unen las fronteras de Rusia, China y Corea del Norte. Estos tres, más Corea del Sur, Japón y Mongolia, son los extraños socios de la empresa, que requiere un grado inusual de cooperación y, por ahora, cantidades inimaginables de dinero: se espera que los caminos, ferrocarriles, puertos y aeropuertos necesarios costarán por lo menos 30 mil millones de dólares durante los próximos 15 a 20 años. El Programa de Desarrollo de Naciones Unidas ha prometido los 2 o 3 millones de dólares necesarios para el estudio de factibilidad. La próxima reunión de los proyectistas será en Beijing, el mes de abril.

Las economías de la región se podrían complementar entre sí. Japón y Corea del Sur tienen capital para invertir, junto con tecnologías industriales modernas y gran capacidad de gerencia y mercadeo. Corea del Norte y China pueden proporcionar el trabajo. Entre los tres vecinos más cercanos, Corea del Norte, China y Rusia, tienen el carbón, la madera, los minerales y demás materias primas para abastecer a las nuevas industrias manufactureras.

Hay terrenos planos para construcciones y agua en abundancia. También hay un invierno de un frío penetrante con temperaturas que descienden a $-30°$ centígrados. Los industriales que quieren echar un vistazo tienen que hacer un arduo viaje en tren de un día o más desde Harbin, la metrópoli china más cercana, digna de ese nombre...

De ahí la importancia de todos esos enlaces de transporte. Una vez instalados, facilitarán considerablemente el comercio a través del Mar de Japón y mejorarán notablemente las perspectivas de los abandonados extremos orientales tanto de China como de Rusia. Actualmente, los cargamentos chinos con dirección a Japón zarpan del puerto de Dalian que está más al sur y rodean la península de Corea. El comercio de Rusia y China con Corea del Sur se podría realizar directamente, en lugar de mediante los intermediarios. Y se espera que todo este alboroto ayude a tentar al cuasi ermitaño Corea del Norte a salir de su aislamiento económico. Con más enlaces ferroviarios, la distante Mongolia, sin litorales y desesperada por conseguir nuevas salidas para sus minerales, lana y ganado, se beneficiaría del acceso más rápido a los puertos...

---

Rusia, China, Corea del Norte, Corea del Sur, Japón y Mongolia son socios en una empresa planeada que, de llevarse a cabo, creará una inmensa zona de embarque y procesamiento libre de impuestos en el río Tumen, cerca del punto donde se unen las fronteras de Rusia, China y Corea del Norte.

La zona tiene tierra plana y agua en abundancia y tiene una ubicación ideal para crear vínculos comerciales con las regiones de Rusia oriental que carecen de salida al mar, China y Mongolia; y para acelerar y facilitar el flujo comercial a través del Mar de Japón.

Sin embargo, la región tiene inviernos crudos y actualmente es prácticamente inaccesible. Por tanto, una prioridad es establecer comunicaciones. El costo de los caminos, ferrocarriles, puertos y aeropuertos necesarios se espera que sea de por lo menos 30 mil millones de dólares durante 15 a 20 años.

# Antecedentes y análisis

Las economías de la región se complementan mutuamente. Japón y Corea del Sur tienen capital, tecnologías modernas y gran capacidad de gerencia y de mercadeo. Corea del Norte y China tienen la mano de obra. Corea del Norte, China y Rusia (entre todas) tienen carbón, madera, minerales y otras materias primas.

Si el plan tiene éxito, para finales de la década de 1990, una región grande, que actualmente no tiene casi actividad económica, se convertirá en una próspera región industrial y comercial.

El desarrollo económico ocurre en una variedad de formas, pero siempre hay dos ingredientes esenciales para cualquier proyecto de desarrollo con probabilidades de tener éxito:

◆ Capital
◆ Especialización e intercambio

El proyecto del río Tumen en el noreste de Asia, es un ejemplo destacado de las aplicaciones de estos ingredientes.

El capital necesario para el proyecto incluye:

◆ Infraestructura de transporte: carreteras, ferrocarriles, aeropuertos y puertos marítimos (costo estimado de 30 mil millones de dólares)

◆ Edificios, planta y equipo para cientos (quizás miles) de fábricas, plantas de procesamiento, almacenes y oficinas.

◆ Vivienda, escuelas, hospitales y edificios comerciales y para el comercio minorista.

El financiamiento de esta inmensa cantidad de inversión probablemente venga de los mercados de capital de Japón, Europa y América del Norte, junto con otro financiamiento gubernamental de los países participantes.

El proyecto también requiere capital humano: las habilidades de técnicos, gerentes y vendedores. Éstos probablemente vengan, al principio, de Japón y Corea del Sur.

Esta acumulación masiva de capital empujará la *frontera de posibilidades de producción* de la región, hacia fuera y conducirá a niveles de vida más altos.

Pero el ingrediente más importante de este proyecto es la eliminación de las barreras políticas a la actividad económica, la especialización y el intercambio. Creando una zona *franca o libre de impuestos* de embarques y procesamiento, los países que participan en este proyecto están creando (aunque en una escala limitada) *libre comercio* de una amplia gama de bienes y servicios.

Al permitir a las personas y las empresas de los seis países participantes especializarse en las actividades en las que tienen ventaja comparativa e intercambiar libremente sus productos, el proyecto del río Tumen permitirá a todos los países de la región participar de las ganancias del comercio.

Este aspecto del proyecto permitirá a la gente de la región consumir en un punto fuera de su expandida frontera de posibilidades de producción y generará una mayor prosperidad tanto para la región como para la gente que comercie con ella.

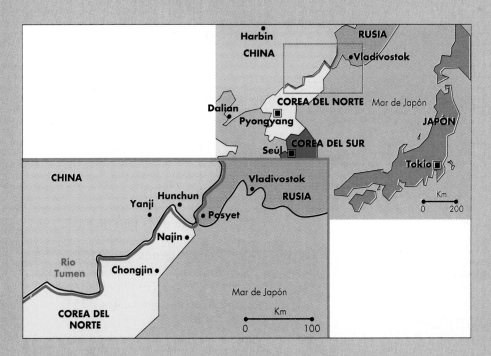

Un crecimiento alto y sostenido significa una diferencia notable en un lapso breve. Si China puede lograr y mantener una tasa de crecimiento del ingreso per cápita del 6 por ciento anual, el ingreso per cápita de China alcanzará al de Estados Unidos a mediados de la década de 2030 (págs. 1148-1149).

## Recursos, progreso tecnológico y crecimiento económico

El crecimiento del ingreso per cápita es el resultado del crecimiento del capital per cápita y del cambio tecnológico. La tasa de crecimiento económico es más alta cuanto más grande es la fracción del ingreso que se invierte en equipo de capital nuevo y cuanto más rápido es el ritmo de cambio tecnológico (págs. 1149-1152).

## Obstáculos para el crecimiento económico

Existen tres obstáculos principales para el crecimiento y desarrollo económicos sostenidos: crecimiento acelerado de la población, una tasa de ahorro baja y una pesada deuda externa. El crecimiento rápido de la población se traduce en una proporción alta de dependientes jóvenes en la población. Una tasa de ahorro baja da como resultado una tasa baja de acumulación de capital. Una pesada deuda externa conduce a que parte del ahorro se use para pagar los intereses de la deuda en lugar de usarse para acumular capital y mejorar la productividad.

Un ingreso bajo da como resultado un ahorro bajo que, a su vez, genera una inversión baja y por ende un crecimiento bajo del ingreso. Muchos países pobres están atrapados en lo que parece ser una trampa del subdesarrollo (págs. 1152-1155).

## Superación de los obstáculos para el desarrollo económico

Las principales técnicas para superar los obstáculos para el desarrollo económico son la implantación de medidas de control del crecimiento de la población, la ayuda externa y la eliminación de restricciones al comercio. De éstas, las historias más notables de éxito casi siempre han incluido una expansión rápida del comercio internacional.

El estímulo de la demanda agregada, ya sea por los países ricos o los pobres, no puede contribuir, a largo plazo, al crecimiento y desarrollo económicos. Si la demanda agregada crece a la misma tasa que la oferta agregada a largo plazo, los precios son estables; si la demanda agregada crece a una tasa más rápida que la oferta agregada a largo plazo, los precios suben: hay inflación. La tasa de inflación no parece tener una influencia importante sobre la tasa de crecimiento y desarrollo económicos. (págs. 1155-1159)

## E L E M E N T O S   C L A V E

### Términos clave

### Figuras clave

## PREGUNTAS DE REPASO

**1** Describa las diferencias principales entre los países más ricos y los más pobres.

**2** Compare la distribución del ingreso de las familias de Estados Unidos con la distribución del ingreso entre los países del mundo. ¿Cuál distribución es más desigual?

**3** ¿Qué determina el nivel de ingreso per cápita de un país? ¿Qué hace cambiar el nivel del ingreso per cápita?

**4** Dé un ejemplo de un país que ha tenido un crecimiento económico rápido y uno que ha tenido un crecimiento económico lento. ¿Cuál de los dos países tiene una tasa de inversión más alta?

**5** Repase los obstáculos para el crecimiento económico.

**6** ¿Por qué constituye un obstáculo para el crecimiento económico el crecimiento acelerado de la población?

**7** Describa la trampa del subdesarrollo.

**8** ¿Cuáles son las principales formas que tienen los países pobres para tratar de superar su pobreza?

**9** ¿Por qué el libre comercio estimula el crecimiento y el desarrollo económicos?

**10** ¿Por qué el estímulo de la demanda no mejora la tasa de crecimiento económico y el desarrollo de un país?

## PROBLEMAS

**1** Un país pobre tiene el 10 por ciento del ingreso de un país rico. El país pobre logra una tasa de crecimiento del 10 por ciento anual. El país rico está creciendo al 5 por ciento anual. ¿Cuántos años tardará el ingreso del país pobre en alcanzar al del país rico?

**2** Silecon es un país pobre sin recursos naturales, excepto arena. El ingreso per capita es de 500 dólares anuales y todo el ingreso se consume. El ingreso per cápita es constante: no hay crecimiento económico. El gobierno tiene un presupuesto equilibrado y no hay exportaciones ni importaciones. Así, un día, el precio del silicio aumenta y Silecon puede exportar arena con un gran beneficio. Las exportaciones se disparan de cero a 400 dólares

(per cápita). El ingreso per cápita aumenta a 1000 dólares anuales y el consumo per cápita aumenta a 600 dólares anuales. Todavía no hay importaciones y Silecon tiene un superávit en la cuenta corriente de la balanza de pagos de 400 dólares per cápita.

**a** ¿Qué le sucede a la inversión y a la tasa de crecimiento en Silecon?

**b** Si Silecon importa bienes de capital por un valor equivalente al de sus exportaciones ¿cuál será su inversión?

**c** ¿Cuál será el saldo de la cuenta corriente de Silecon?

**d** Si el gobierno de Silecon tiene un déficit presupuestario de 100 dólares (per cápita) ¿cuál será su inversión?

**3** La función de producción per cápita de Machecon se ilustra en la figura y, en el año 1, Machecon tiene una máquina por persona.

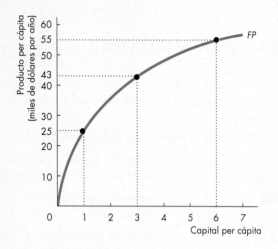

a   ¿Cuál es el producto per cápita en Machecon?

b   Si Machecon agrega una máquina por persona a su acervo de capital en el año 2 ¿cuál es su nuevo nivel de producto y cuál es la tasa de crecimiento del producto el año 2?

c   En el año 3, Machecon añade una máquina más por persona a su acervo de capital. ¿Cuál es ahora su producto y cuál es la tasa de crecimiento en el año 3?

d   Si en el año 4 Machecon no añade máquinas a su acervo de capital, pero está disponible una nueva tecnología que aumenta la productividad de cada máquina en un 20 por ciento ¿cuál es el nivel de producto de Machecon en el año 4?

# CAPÍTULO 38

## SISTEMAS ECONÓMICOS EN TRANSICIÓN

**Después de estudiar este capítulo, usted será capaz de:**

◆ Describir los problemas económicos fundamentales que enfrentan todas las naciones

◆ Describir los sistemas alternativos que se han usado para resolver el problema económico

◆ Describir el sistema de planificación central al estilo soviético

◆ Describir los problemas económicos que enfrenta la ex Unión Soviética

◆ Describir los problemas económicos de los países de Europa Oriental

◆ Describir el proceso de cambio económico en China

◆ Describir y evaluar las estrategias alternativas para lograr la transición de una economía centralmente planificada a una economía de mercado

**A**CONTECIMIENTOS EXTRAORDINARIOS ESTÁN OCURRIENDO en Europa Oriental. Se derrumbó el muro de Berlín y Alemania se reunificó. La economía de planificación centralizada de Alemania Oriental ha sido reemplazada por el sistema de economía de mercado de Alemania Occidental. Polonia, Hungría, la República Checa, Eslovaquia, Bulgaria y Rumania han adoptado las instituciones políticas democráticas y están creando economías de mercado. La Unión Soviética se ha desintegrado. Algunas de sus antiguas repúblicas son ahora naciones independientes y otras tienen lazos vagos con la Comunidad de Estados Independientes. Estas naciones han abandonado la planificación central y están avanzando hacia una economía de mercado. Y el proceso de adopción del sistema económico del mercado no se limita a Europa Oriental. La República Popular China, aunque continúa

## La causa triunfante del mercado

siendo una dictadura comunista, está experimentando un cambio económico masivo y reemplazando, en forma gradual, su sistema de planificación central con el mercado. ◆ ◆ ¿Por qué tantos países están abandonando la planificación económica central y uniéndose a la causa triunfante de la economía de mercado? ¿Qué problemas enfrenta un país mientras realiza la transición a una economía de mercado?

◆ ◆ ◆ ◆ Este capítulo nos permitirá cerrar el círculo. En el capítulo 1 estudiamos el problema económico fundamental de la escasez y consideramos las formas alternativas mediante las cuales la gente trata de resolver este problema. En el resto del libro estudiamos la forma en que la economía de un país como Estados

Unidos (y las economías similares de Europa Occidental, Japón y la mayor parte del mundo) resuelven su problema económico. Sin embargo, un número significativo de países, en los que vive más de una cuarta parte de la población del planeta, han usado un sistema económico que descansa en el Estado para dirigir la economía a través de un sistema de planificación central. Examinaremos este sistema alternativo y también el extraordinario, quizás revolucionario, proceso de cambio que está ocurriendo durante la década de 1990 mientras las economías de planificación central realizan la transición a economías de mercado.

## El problema económico y sus soluciones alternativas

E l hecho universal de la escasez constituye el problema económico: queremos consumir más bienes y servicios de lo que es posible con los recursos disponibles. El problema económico se ilustra en la figura 38.1. La gente tiene preferencias acerca de los bienes y servicios que le gustaría consumir y de cómo le gustaría usar los factores de producción que posee o controla. Las técnicas de producción (tecnologías) convierten los factores de producción en bienes y servicios. El problema económico consiste en elegir las cantidades de bienes y servicios que se producirán: *qué*; las formas de producirlos: *cómo*; y la distribución de los bienes y servicios a cada individuo: *para quién*.

La producción de bienes y servicios es el objetivo del sistema económico. Pero *qué, cómo* y *para quién* se producen los bienes y servicios depende de la forma en que está organizada la economía: quién toma las decisiones. Los diferentes sistemas arrojan resultados diferentes. Veamos las principales alternativas que se han usado.

### Sistemas económicos alternativos

Los sistemas económicos cambian en dos aspectos:

◆ Propiedad del capital y de la tierra
◆ Estructura de incentivos

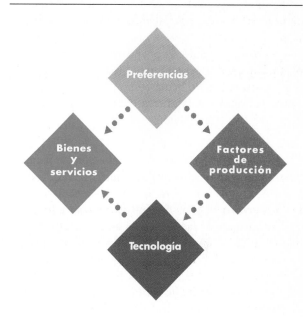

FIGURA 38.1

## El problema económico fundamental

La gente tiene preferencias acerca de los bienes y servicios y del uso de los factores de producción. Hay tecnologías disponibles para transformar los factores de producción en bienes y servicios. La gente quiere consumir más bienes y servicios que los que se pueden producir con los factores de producción y la tecnología disponibles. El problema económico fundamental es elegir qué bienes y servicios se producirán, *cómo* producirlos y *para quién* se producirán. Los diferentes sistemas económicos ofrecen soluciones a este problema.

**Propiedad del capital y de la tierra**   El capital y la tierra pueden pertenecer por entero a los individuos, por entero al estado, o una combinación de ambos. La propiedad privada del capital y de la tierra permite a los individuos crear y manejar sus propias empresas. También les permite comprar y vender libremente capital, tierra y empresas, a los precios vigentes del mercado. La propiedad estatal del capital y de la tierra permite a los individuos controlar el uso de estos recursos en empresas propiedad del Estado, pero no permite que este control se transmita a otros mediante una transacción de mercado.

En la práctica, ninguna economía tiene propiedad privada pura o propiedad estatal pura. Por ejemplo, en una economía con extendida propiedad privada, la libertad de comprar y vender empresas se modifica mediante las leyes antimonopolio. Así mismo, la defensa nacional o el interés público pueden invocarse para restringir la propiedad privada de playas y de zonas de belleza escénica natural.

En una economía con predominio de la propiedad estatal, a veces los individuos son dueños de pequeñas parcelas y de sus casas. De igual modo, en muchas economías, la propiedad privada y la propiedad estatal existen una al lado de la otra. En esos casos, el Estado actúa como un individuo privado y compra capital, tierra o incluso una empresa productiva a su dueño.

### Estructura de incentivos

Una **estructura de incentivos** es un conjunto de disposiciones que inducen a la gente a actuar en cierta forma. Los incentivos pueden crearse con los precios del mercado, los precios dirigidos y las sanciones administrativas, o mediante una combinación de estos dos métodos.

Un sistema de incentivos basado en los precios del mercado es aquel en el que la gente responde a las señales de precio que recibe y las propias señales de precios responden a las acciones de la gente. Por ejemplo, supongamos que una fuerte helada destruye la cosecha de naranjas de Florida en un año. La oferta de jugo de naranja baja. Como resultado, el precio del jugo de naranja sube. Al enfrentar un precio más alto, la gente tiene un *incentivo* para economizar jugo de naranja y disminuye la cantidad demandada. Al mismo tiempo, el precio más alto del jugo de naranja induce a un aumento de la demanda de jugo de manzana, un sustituto del jugo de naranja. Como resultado, el precio del jugo de manzana también sube. Con precios más altos del jugo de naranja y del jugo de manzana, los cultivadores de naranjas y manzanas de otras partes del país y de otros países tienen un *incentivo* para aumentar la cantidad ofrecida.

Un sistema de incentivos basado en precios dirigidos es aquel en el que los administradores fijan los precios para alcanzar sus propios objetivos. Por ejemplo, quizás un gobierno quiera que todo el mundo tenga acceso a pan de bajo costo. Esto da como resultado que quizás se fije un precio para el pan de, digamos, un centavo por barra. En estas circunstancias, la gente tiene un *incentivo* para comprar mucho pan. ¡Los niños pobres podrían incluso usar las barras de pan viejo como pelotas de fútbol! (Aparentemente, este uso del pan ocurrió en realidad en la ex Unión Soviética.) Un sistema de incentivos basado en sanciones administrativas es aquel en el que a la gente se le recompensa o casti-

---

**FIGURA 38.2**

## Sistemas económicos alternativos

| Incentivos creados por | Capital y tierra propiedad de | | |
|---|---|---|---|
| | Individuos | Mixta | Estado |
| Precios del mercado | Capitalismo | | **Socialismo de mercado** |
| Mixtos | EU<br>Japón<br>Canadá | | |
| | Gran Bretaña<br>Suecia | Hungría<br>Polonia<br>Yugoslavia | |
| | | Ex Unión Soviética<br>China | |
| Administradores | **Capitalismo de estado bienhechor** | | **Socialismo** |

En el capitalismo, los individuos son dueños del capital (granjas y fábricas, planta y equipo) y los incentivos se crean por medio de los precios del mercado. En el socialismo, el Estado es dueño del capital y los incentivos se crean con los precios dirigidos y las sanciones administrativas. El socialismo de mercado combina la propiedad estatal del capital con los incentivos basados en los precios del mercado. El capitalismo de Estado bienhechor combina la propiedad privada del capital, con un alto grado de intervención estatal en la estructura de incentivos.

ga en una variedad de formas no monetarias para inducirla a realizar ciertas acciones en particular. Por ejemplo, un gerente podría recompensar a un vendedor por alcanzar objetivos de ventas, con una promoción más rápida o una oficina más grande. En forma alternativa, se podría castigar a un vendedor por no alcanzar un objetivo de ventas, cambiándolo a un distrito de ventas menos atractivo. Cuando toda la economía se maneja con incentivos administrativos, todo el mundo, desde la autoridad política más alta hasta los trabajadores de más bajo nivel, se enfrentan a las recompensas y los castigos no monetarios de sus superiores inmediatos.

**Tipos de sistemas económicos**   Los sistemas económicos difieren en las formas en que combinan la propiedad y los arreglos de incentivos. La gama de alternativas se ilustra en la figura 38.2. Un tipo de sistema económico es el **capitalismo**, que se basa en la propiedad privada del capital y la tierra y en un sistema de incentivos basados en los precios del mercado. Otro tipo de sistema económico es el **socialismo**, que se basa en la propiedad estatal del capital y la tierra y en un sistema de incentivos basado en precios dirigidos o sanciones que emanan del plan económico central. La **planificación central** es un método de asignación de recursos *por mandato*. Se elabora un plan central de acción y se implanta mediante la creación de un conjunto de sanciones y de recompensas que aseguren que los mandatos se cumplan.

Ningún país ha usado un sistema económico que corresponda precisamente a uno de estos tipos extremos, pero Estados Unidos y Japón se acercan más a las economías capitalistas y la ex Unión Soviética y China, antes de la década de 1980, se acercaron más a ser economías socialistas. El socialismo nació de las ideas de Carlos Marx (véase Orígenes de nuestro conocimiento en las págs. 1172-1173).

Algunos países combinan la propiedad privada con la propiedad estatal; y algunos combinan los incentivos de los precios del mercado con incentivos administrativos y planificación central. El **socialismo de mercado** (también llamado **planificación descentralizada**) es un sistema económico que combina la propiedad estatal del capital y la tierra con incentivos basados en una mezcla de precios del mercado y precios dirigidos. Hungría y Yugoslavia han tenido economías socialistas de mercado. En

esas economías, los planificadores fijan los precios a los que las diversas organizaciones de producción y distribución pueden comprar y vender y después dejan en libertad a esas organizaciones para que elijan las cantidades de factores de la producción y de productos. Pero los precios establecidos por los planificadores respondían a las fuerzas de la demanda y la oferta.

Otra combinación es el capitalismo de Estado bienhechor. El **capitalismo de Estado bienhechor** combina la propiedad privada de capital y tierra con la intervención estatal en los mercados, lo que cambia las señales de precios a las que responde la gente. Suecia, Gran Bretaña y otros países de Europa Occidental son ejemplos de esas economías.

## Comparación de los sistemas alternativos

Ya que todos los sistemas económicos están integrados por una combinación de los dos casos extremos especiales, capitalismo y socialismo, examinemos estos dos tipos extremos con más detenimiento.

**Capitalismo**   La figura 38.3 muestra en qué forma resuelve el capitalismo el problema de la escasez. Las familias son dueñas de los factores de producción y gozan de libertad para usar esos factores y los ingresos que reciben por la venta de sus servicios, en la forma que elijan. Estas elecciones están regidas por sus preferencias. Las preferencias de las familias son todopoderosas en una economía capitalista.

Las familias eligen la cantidad que venderán de cada factor de producción y las empresas, las cuales organizan la producción, eligen la cantidad que comprarán de cada factor. Estas elecciones responden a los precios que prevalecen en los mercados de factores. Un aumento del precio de un factor da a las familias un incentivo para incrementar la cantidad ofrecida y da a las empresas un incentivo para reducir la cantidad demandada. Los precios de los factores se ajustan para igualar la cantidad ofrecida de cada factor con la cantidad demandada del mismo.

Las familias eligen la cantidad que comprarán de cada bien o servicio y las empresas eligen la cantidad que producirán y venderán de cada bien. Estas elecciones responden a los precios que enfrentan las familias y las empresas en los mercados de bienes. Un aumento del precio de un bien da un incentivo a

## Solución del capitalismo al problema económico

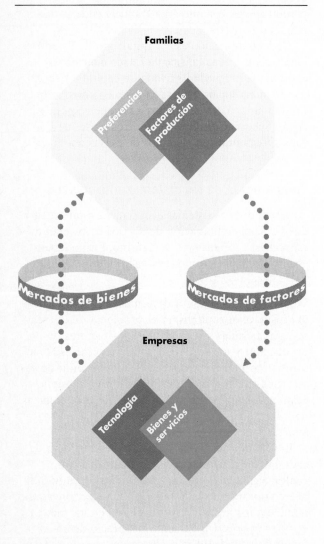

En el capitalismo, las preferencias de cada familia dictan las elecciones que se hacen. Las familias son dueñas de todos los factores de producción y venden los servicios de esos factores en los mercados de factores. Las familias deciden cuáles bienes y servicios consumirán, y los comprarán en los mercados de bienes y servicios. Las empresas deciden cuáles bienes y servicios producirán y qué factores de producción emplearán, y venden su producto y compran sus factores de producción en los mercados de bienes y de factores. Los mercados determinan los precios que igualan las cantidades demandadas y las cantidades ofrecidas de cada factor de producción y de cada bien o servicio. El capitalismo economiza la información, porque las familias y las empresas necesitan conocer únicamente los precios de los diversos bienes y factores que compran y venden.

las empresas para incrementar la cantidad ofrecida de ese bien y da a las familias un incentivo para reducir la cantidad demandada. Los precios se ajustan para igualar las cantidades demandadas y ofrecidas.

Los recursos y los bienes y servicios fluyen en el sentido de las manecillas del reloj, de las familias a las empresas y de regreso a las familias a través de los mercados de factores y de bienes. *Qué* se produce, *cómo* se produce y *para quién* se produce se determina por las preferencias de las familias, los recursos que poseen y las tecnologías disponibles para las empresas.

Nadie *planifica* la economía capitalista. Los médicos realizan cirugías milagrosas que salvan vidas usando equipo complejo controlado por computadores. El equipo es diseñado por ingenieros en electrónica y medicina, programado por matemáticas, financiado por aseguradoras y bancos, y comprado e instalado por los gerentes del hospital. Cada familia y cada empresa que participa en este proceso asigna los recursos que controla en la forma que le parece mejor. Las empresas tratan de maximizar el beneficio y las familias tratan de maximizar la utilidad. Y estos planes se coordinan en los mercados de equipo médico, computadores, ingenieros, programadores de computadores, seguros, servicios de hospital, enfermeras, médicos y cientos de otros artículos que van desde anestésicos hasta jugo de manzana.

Cuando un cirujano realiza una operación, se usa una cantidad increíble de información. Sin embargo, nadie posee esa información. No está centralizada en alguna parte. El sistema económico capitalista economiza la información. Cada familia o empresa necesita saber muy poco acerca de las otras familias y empresas con las que hace negocios. La razón es que los *precios transmiten la mayor parte de la información que necesita.* Mediante la comparación de los precios de los factores de producción, las familias eligen la cantidad que ofrecen de cada factor. Y al comparar los precios de los bienes y servicios, eligen la cantidad que compran de cada uno. De manera parecida, mediante la comparación de los precios de los factores de producción, las empresas eligen la cantidad que usan de cada factor y mediante la comparación de los precios de los bienes y servicios, eligen la cantidad que ofrecen de cada uno.

**Socialismo**   La figura 38.4 muestra cómo resuelve el socialismo el problema económico de la escasez.

FIGURA **38.4**

## Solución del socialismo al problema económico

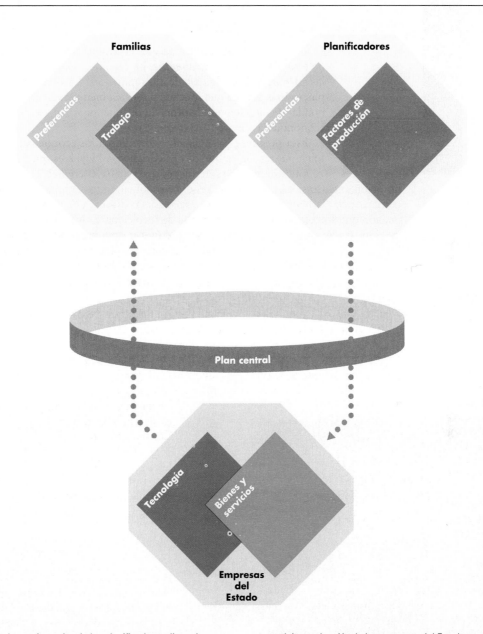

En el socialismo, las preferencias de los planificadores dictan las elecciones que se hacen. Los planificadores controlan todo el capital y los recursos naturales que son propiedad del Estado. Preparan planes y dictan órdenes que determinan cómo se usarán esos recursos en la producción de bienes y servicios. Las familias deciden cuáles bienes y servicios consumen y los compran en las tiendas propiedad del Estado. Las empresas estatales producen los bienes y servicios y emplean los factores de producción exigidos por el plan central. La producción de las empresas del Estado se envía a otras empresas, de acuerdo con el plan, o se vende en tiendas propiedad del Estado. Los planificadores fijan los precios para alcanzar objetivos sociales y dichos precios no tienen ninguna relación con las cantidades demandadas y las cantidades ofrecidas. Los precios que se fijan a niveles bajos por razones sociales, como en el caso de los alimentos básicos, ocasionan escasez crónica.

# LOS límites de la PLANIFICACIÓN CENTRAL

**L**a nuestra es una economía sumamente planificada. Pero no está planificada *centralmente*. La planificación se realiza en el interior de las corporaciones, algunas de ellas inmensas. La General Motors, por ejemplo, es más grande que muchos países. Si bien tiene sentido planificar la economía de la General Motors ¿por qué no tiene sentido planificar una economía nacional?

Esta pregunta ha intrigado y dividido a los economistas durante muchos años. La respuesta que dio Friedrich von Hayek es que la economía produce miles de millones de bienes y servicios diferentes, en tanto que una corporación, incluso si es muy grande, produce solamente una gama limitada de artículos. En consecuencia, la planificación central exige la centralización de vastas cantidades de información que son extremadamente costosas de recolectar. El mercado economiza esta información. Cada familia y empresa necesita conocer solamente los precios de la gama de bienes y servicios que compra y vende. Ninguna familia o empresa necesita conocer cada precio. Y nadie necesita conocer las tecnologías para producir algo que esté más allá de su campo de especialización. Los mercados encuentran los precios que hacen compatibles los planes de productores y consumidores.

**S**in embargo, la respuesta de Hayek deja pendiente otra pregunta. ¿Por qué planifica la General Motors? ¿Por qué no se usa el mercado para asignar recursos dentro de la General Motors? Esta pregunta fue contestada por Ronald H. Coase. La planificación, dijo, economiza costos de transacciones, en tanto que el mercado economiza costos de información. Existe un tamaño óptimo de la unidad de planificación (la empresa) y una extensión óptima del mercado de cada actividad.

El mediocre funcionamiento económico de la ex Unión Soviética, de los países comunistas de Europa Oriental y de China antes de 1978 indica que la planificación se llevó demasiado lejos en esos países y que el ámbito del mercado estaba demasiado restringido. Estos países se dirigían como grandes empresas, pero las empresas eran demasiado grandes.

> "Cuanto más complicado es el todo, más dependientes nos volvemos de esa división del conocimiento entre los individuos, cuyos esfuerzos son coordinados por separado por el impersonal... sistema de precios."
>
> FRIEDRICH VON HAYEK
> *El camino a la servidumbre*

**A**ntes de 1978, la agricultura en China era parte del plan económico nacional. Los planificadores decidían qué se produciría y cómo se distribuirían los alimentos. Los campesinos recibían una dotación de alimentos, pero sus recompensas no tenían relación con sus esfuerzos. La producción de alimentos y el nivel de vida eran bajos. En 1978 Deng Xiaoping reformó la agricultura. Se permitió a las familias alquilar sus tierras a largo plazo y decidir cuánto producir y en dónde venderlo. El resultado fue un aumento masivo de la producción de alimentos y un aumento rápido del nivel de vida. En 1984, la agricultura se había vuelto tan productiva, que China se convirtió

Las reformas económicas de 1978 de Deng Xiaoping han tenido efectos notables en las grandes ciudades de China y en la población urbana. Las nuevas leyes que permitieron la creación de empresas privadas dieron como resultado el surgimiento de cantidades masivas de nuevas empresas privadas, que fabrican una amplia gama de bienes de consumo y que proporcionan empleo a la gente que ya no se necesita en la cada vez más eficiente agricultura. En 1990, el ingreso real per cápita había aumentado a 2½ veces su nivel de 1978. Entre 1982 y 1988, el ingreso real per cápita creció a la asombrosa tasa del 9.7 por ciento anual, prácticamente se duplicó en seis años. Muchas de las nuevas empresas privadas venden a los mercados internacionales y las exportaciones de China crecieron a una tasa más rápida que el PIB durante la década de 1980. En 1990, representaban el 17 por ciento del PIB.

**K**arl Marx (1818-1883) fue un científico social (científico político, sociólogo y economista) de extraordinario alcance e influencia. Nacido en Alemania, pasó la mayor parte de su vida de adulto en Londres, usando el Museo Británico como su lugar de trabajo. Con un ingreso magro, la vida fue difícil para Marx y su esposa (su amor de la infancia, a quien adoraba). El principal trabajo de economía de Marx fue *Das Kapital*, en el que sostuvo que el capitalismo era suicida y sería sustituido por un sistema en el que se aboliría la propiedad privada y el plan central reemplazaría al mercado; un sistema al que llamó "comunismo". Los acontecimientos han refutado la teoría de Marx y su contribución perdurable a la economía moderna es insignificante. Pero su contribución a la política moderna es sustancial. El marxismo, un credo político basado en sus ideas, prospera actualmente a través de gran parte del mundo.

**KARL MARX:** *Una visión económica alternativa*

En este caso, pesan más las preferencias de los planificadores. Esas preferencias dictan las actividades de las empresas productivas. Los planificadores controlan el capital y los recursos naturales, y los dirigen a los usos que satisfacen sus prioridades. Los planificadores también deciden qué tipos de empleos estarán disponibles, y el Estado tiene un papel importante en la asignación del único factor de producción propiedad de las familias: el trabajo.

El plan central se comunica a las empresas propiedad del Estado, que usan los factores de producción y las tecnologías disponibles para producir bienes y servicios. Estos bienes y servicios se ofrecen a las familias de acuerdo con el plan central. Las compras de cada familia se determinan por sus preferencias, pero los planificadores centrales determinan la cantidad total disponible.

Una economía tiene precios, pero los precios no se ajustan para igualar la cantidad demandada y la cantidad ofrecida. En cambio, se fijan para alcanzar objetivos sociales. Por ejemplo, los precios de los alimentos básicos se fijan a niveles bajos para que incluso a las familias más pobres les resulte permisible una dieta básica adecuada. El efecto de fijar esos precios a niveles tan bajos es la escasez crónica. Los incentivos a los que responde la gente son castigos y recompensas que los superiores pueden imponer o conceder a sus subordinados.

## R E P A S O

**E**l problema económico *(qué, cómo y para quién* producir los diversos bienes y servicios) se resuelve de diferentes maneras en los diferentes sistemas económicos. El capitalismo lo resuelve permitiendo a las familias y a las empresas intercambiar, en el mercado, factores de producción y bienes y servicios. Las empresas producen los artículos que maximizan sus beneficios, las familias compran los bienes que maximizan su utilidad y los mercados ajustan los precios para hacer compati-

bles los planes de compra y venta. El socialismo resuelve el problema económico estableciendo un sistema de planificación central. Los planificadores deciden qué se producirá y comunican sus planes a las empresas propiedad del Estado. Los incentivos para cumplir con el plan se crean mediante una serie de recompensas y sanciones no monetarias. Cada familia decide lo que quiere comprar, pero los planificadores determinan la cantidad total disponible. La escasez, especialmente de productos alimenticios básicos, surge frecuentemente.   ◆

Veamos más de cerca algunas economías socialistas. Empezaremos con el país que inventó la planificación central y "exportó" su sistema a otros países socialistas: la ex Unión Soviética.

## Cambio económico en la ex Unión Soviética

**L**a Unión Soviética, o Unión de Repúblicas Socialistas Soviéticas (URSS), se fundó en 1917, después de la revolución bolchevique dirigida por Vladimir Ilich Lenin. La unión se derrumbó y fue sustituida por la Comunidad de Estados Independientes (CEI) en 1991. Las repúblicas que componen la Comunidad son diversas y ricas en recursos. Su superficie es tres veces la de Estados Unidos; su población se acerca a los 300 millones, 20 por ciento más grande que la de Estados Unidos; tienen vastas reservas de carbón, petróleo, mineral de hierro, gas natural, madera y casi todos los recursos minerales. Son repúblicas con una gran diversidad étnica, y los rusos representan el 50 por ciento de la población, en tanto que muchos grupos étnicos europeos, asiáticos y árabes representan el otro 50 por ciento.

### Historia económica de la Unión Soviética

Una historia económica condensada de la Unión Soviética aparece en la tabla 38.1. Aunque la nación se fundó en 1917, su sistema de administración económica se creó en la década de 1930. El arquitecto de este sistema fue José Stalin. Los sectores financiero, manufacturero y del transporte habían pasado a propiedad del Estado y al control de Lenin. Stalin agregó la agricultura a esta lista. Abolió el mercado e introdujo un mecanismo de planificación por mandato; dio inicio a una serie de planes quinquenales, que pusieron el énfasis principal en la fijación y logro de objetivos de producción de bienes de capital. La producción de bienes de consumo pasó a segundo plano y las condiciones

económicas personales fueron difíciles. Con el énfasis en la producción de bienes de capital, la economía soviética creció rápidamente.

Para la década de 1950, después de la muerte de Stalin, continuó el crecimiento económico constante, pero el énfasis de la planificación económica gradualmente se desplazó hacia la producción de bienes de consumo. En la década de 1960, la tasa de crecimiento empezó a debilitarse y, para la década de 1970 y principios de la década de 1980, la economía soviética estaba empezando a tener serios problemas. En realidad, la productividad estaba bajando, especialmente en la agricultura, pero también en la industria. El crecimiento disminuyó y, de acuerdo con ciertas estimaciones, el ingreso per cápita en la Unión Soviética empezó a bajar. En esta situación, Mikhail Gorbachev ascendió al poder, con planes para reestructurar la economía soviética, basados en la idea de una mayor responsabilidad individual y de recompensas basadas en el rendimiento.

Como una entidad política unificada, la Unión soviética se desintegró efectivamente después de un golpe fallido para derrocar al ex-presidente Gorbachev, en agosto de 1991. Lo que surgió en 1992, a partir de ese golpe, fue la Comunidad de Estados Independientes, una federación menos aglutinada. A finales de la década de 1980, se empezó a disfrutar de libertades políticas gracias a los programas de *perestroika (*reestructuración*)* y *glasnost* (apertura) del presidente Gorbachev. Estas libertades políticas desataron sentimientos nacionalistas y étnicos que habían estado reprimidos durante 50 años y crearon una virtual explosión de actividad política. Al mismo tiempo, las economías de las ahora repúblicas independientes pasaron por un cambio turbulento.

Veremos ahora ese cambio. Pero apreciaremos mejor la severidad y naturaleza de los problemas que plantea el cambio económico si vemos primero la forma en que funcionaba la Unión Soviética antes de abandonar el sistema de planificación central.

## Planificación central al estilo soviético

La planificación central al estilo soviético es un método de planificación económica y de control que consta de cuatro elementos clave:

◆ Jerarquía administrativa

**TABLA 38.1**

Resumen condensado de los periodos clave en la historia económica de la Unión Soviética

| Periodo | Acontecimientos económicos y características principales |
|---|---|
| **1917-1921** (Lenin) | ◆ **Revolución bolchevique** <br> ◆ **Nacionalización de la banca, la industria y el transporte** <br> ◆ **Requisición forzada de la producción agrícola** |
| **1921-1924** (Lenin) | ◆ **Nueva política económica (NPE), 1921** <br> ◆ **Asignación por el mercado de la mayoría de los recursos** |
| **1928-1953** (Stalin) | ◆ **Abolición del mercado** <br> ◆ **Introducción de la planificación por mandato y de los planes quinquenales** <br> ◆ **Colectivización de la agricultura** <br> ◆ **Énfasis en los bienes de capital y el crecimiento económico** <br> ◆ **Condiciones difíciles** |
| **1953-1970** (Kruschev a Brezhnev) | ◆ **Crecimiento estable** <br> ◆ **Énfasis creciente en los bienes de consumo** |
| **1970-1985** (Brezhnev a Chernenko) | ◆ **Deterioro de la productividad en la agricultura y la industria** <br> ◆ **Reducción de la tasa de crecimiento** |
| **1985-1991** (Gorbachev) | ◆ **Perestroika: reformas basadas en responsabilidad creciente** |
| **1991** | ◆ **Desintegración de la Unión Soviética** |
| **1992** | ◆ **Creación de la Comunidad de Estados Independientes** |

◆ Proceso iterativo de planificación
◆ Mandatos legalmente obligatorios
◆ Planes inflexibles y ajustados

**Jerarquía administrativa**  Una jerarquía grande y compleja implanta y controla el plan económico central que determina casi todos los aspectos de la actividad económica. La **jerarquía** es una organización dispuesta en rangos, en la que cada rango está subordinado al de arriba. En la cúspide de la jerarquía de planificación económica está la máxima autoridad *política*. Inmediatamente abajo de ella está el ministerio de planificación económica, el de más categoría de entre múltiples ministerios. Debajo del ministerio de planificación hay numerosos ministerios responsables de los aspectos detallados de la producción. Por ejemplo, un ministerio se encarga de la producción de ingeniería, otro de las frutas y verduras y otro del transporte ferroviario. La responsabilidad de los procesos de producción se divide y subdivide aún más hacia abajo hasta el nivel de las fábricas que llevan a cabo los procesos de producción. Por ejemplo, la ingeniería se divide en ligera, pesada, eléctrica y civil. La ingeniería ligera se divide en departamentos que se encargan de cada grupo de productos, como los cojinetes o rodamientos. Y por último, los cojinetes se producen en varias fábricas. En cada nivel de la jerarquía, hay superiores y subordinados. Los superiores tienen poder absoluto y arbitrario sobre los subordinados.

**Proceso iterativo de planificación**  La planificación central es un proceso iterativo de planificación. El proceso iterativo es una serie de cálculos que se repiten, que se acercan cada vez más a la solución. Se propone un plan y se hacen ajustes repetidos hasta que todos los elementos del plan son compatibles entre sí. Pero el plan no se logra como resultado de una serie de cálculos claros realizados en un computador. Más bien, el proceso implica una secuencia repetida de comunicaciones de propuestas y reacciones, de arriba y abajo, de la jerarquía administrativa.

El proceso se inicia con la proclamación que hace la máxima autoridad política de un conjunto de objetivos o directrices generales. El ministerio de planificación traduce estas directrices en objetivos y éstos se convierten en objetivos aún más detallados conforme bajan en la jerarquía. Decenas de millo-

nes de materias primas y de bienes intermedios figuraban en los planes detallados de la Unión Soviética, que llenaban 70 volúmenes, o 12 000 páginas cada año.

Cuando los objetivos se especifican como planes de producción de bienes concretos, las fábricas reaccionan con sus propias evaluaciones de lo que es factible. Las reacciones a la viabilidad se regresan a la jerarquía y el ministerio de planificación central logra la compatibilidad de los objetivos y de los informes de viabilidad. Una gran parte de la negociación se realiza en este proceso: los superiores exigen lo imposible y los subordinados protestan porque las peticiones no son factibles.

**Mandatos legalmente obligatorios**  Una vez que el ministerio de planificación ha determinado un plan congruente (aunque no sea factible), éste adquiere fuerza legal mediante un conjunto de mandatos obligatorios de la autoridad política. Los mandatos van incorporando detalles crecientes conforme descienden en la cadena de mando y son implantados por las unidades de producción en una forma que satisfaga lo más posible a los superiores de cada nivel.

**Planes inflexibles y ajustados**  En la Unión Soviética, los objetivos fijados por los superiores a sus subordinados no eran factibles. La idea era que, al intentar lo imposible, se lograría más que si se fijaba una tarea fácilmente alcanzable. Este proceso de planificación dio como resultado un conjunto de planes ajustados e inflexibles. Un plan ajustado es aquel que no tiene holgura. Si una unidad no logra cumplir con sus objetivos planeados, todas las otras unidades que descansan en la producción de la primera unidad tampoco alcanzarán sus objetivos. Un plan inflexible es el que no tiene capacidad para reaccionar a las circunstancias cambiantes.

Frente a objetivos imposibles, las fábricas producían una combinación de productos que permitía a sus superiores informar el cumplimiento del plan, pero los artículos producidos no satisfacían las necesidades de otras partes de la economía. Ninguna fábrica recibía exactamente la cantidad y tipos de factores de producción que necesitaba y la economía era incapaz de responder a los cambios de circunstancias. En la práctica, el plan del año en curso era el resultado del año anterior más un incremento deseado pero inalcanzable.

## El sector de mercado

Aunque la economía de la Unión Soviética estaba planificada, una cantidad sustancial de actividad económica se realizaba fuera de la economía de planificación y mandato. El componente más importante del sector de mercado estaba en la agricultura. Se ha estimado que durante la década de 1980 había 35 millones de parcelas privadas trabajadas por familias rurales en la Unión Soviética. Estas parcelas privadas constituían menos del 3 por ciento de la tierra agrícola de la Unión Soviética, pero producían cerca del 25 por ciento de la producción agrícola total y una tercera parte de toda la carne y la leche. Algunas estimaciones sugieren que la productividad de las parcelas privadas era 40 veces la de las granjas estatales y de las granjas colectivas. Otras actividades económicas que emprendían los ciudadanos soviéticos fuera del sistema de planificación eran ilegales.

## El dinero en la Unión Soviética

El dinero tuvo un papel menor en la economía de la Unión Soviética. Se usaba en el sector de mercado y en el sector estatal para pagar salarios y comprar bienes de consumo y servicios. Pero todas las transacciones entre las empresas estatales, y entre las empresas estatales y el gobierno, se realizaban como parte del plan *físico*; así, el dinero se usaba solamente como una forma de registro. El comercio internacional se efectuaba mediante el intercambio directo de bienes por bienes: el trueque.

## Decadencia de la Unión Soviética

La tabla 38.2 describe el crecimiento de la Unión Soviética entre 1928 y 1990. La economía tuvo un rendimiento extraordinario hasta 1970. Se alcanzaron, en promedio, tasas de crecimiento del producto superiores al 5 por ciento anual para todo el periodo de 1928 a 1970, lo que ocasionó un aumento de ocho veces del producto agregado durante esos años. Después la tasa de crecimiento empezó a bajar. Durante la década de 1970, el producto se expandió el 3.2 por ciento anual; y en la década de 1980 el crecimiento se desplomó al 2 por ciento anual, entre 1982 y 1986; y después a sólo el 1 por ciento anual, entre 1986 y 1990. En 1990, la economía se contrajo el 4 por ciento.

---

**TABLA 38.2**

## Tasas de crecimiento económico de la Unión Soviética

| Años | Tasas de crecimiento (porcentaje por año) |
|---|---|
| **1928 – 1937** | 5.4 |
| **1940 – 1960** | 5.7 |
| **1960 – 1970** | 5.1 |
| **1970 – 1979** | 3.2 |
| **1980 – 1986** | 2.0 |
| **1987** | 1.6 |
| **1988** | 4.4 |
| **1989** | 2.5 |
| **1990** | –4.0 |

El crecimiento económico de la Unión Soviética fue rápido entre 1928 y 1970. Durante la década de 1970, el crecimiento empezó a aminorarse y la tasa de crecimiento fue sucesivamente más baja hasta principios de la década de 1990, cuando la economía empezó a contraerse.

*Fuentes*: Paul R. Gregory y Robert C. Stuart, *Soviet Economic Structure and Performance*, 2a. ed., Nueva York, Harper and Row, 1981; Agencia Central de Inteligencia de E.U., *USSR: Measures of Economic Growth and Development, 1950-1980*, Congreso de E.U; Joint Economic Committee, Washington, D.C., U.S. Government Printing Office, 1982; Agencia Central de Inteligencia de E.U., "Gorbachev's Economic Program", Report to U.S. Congress, Subcommittee on National Security Economics, 13 de abril de 1989, Washington, D.C., U.S. Government Printing Office, 1989; y Banco Mundial, *The Economy of the USSR*, Washington, D.C., 1990.

---

¿Por qué la economía tuvo buenos resultados antes de 1970 y después empezó a generar tasas de crecimiento sucesivamente menores? ¿Qué ocasionó la decadencia de la economía soviética durante la década de 1980? La combinación e interacción de tres características fueron las responsables. Éstas son:

◆ La transición de una economía de inversión a una de consumo

◆ Choques externos

◆ Planes ajustados e inflexibles

**La transición de una economía de inversión a una de consumo** Hasta 1960, los planificadores económicos soviéticos se concentraron en la producción de bienes de capital y en el mantenimiento de una tasa acelerada de inversión en nuevas construcciones, planta y equipo. Dirigían la economía soviética como una gran corporación orientada al crecimiento rápido que reinvierte todos sus beneficios en más crecimiento. El sistema de planificación central alcanza su máximo rendimiento cuando implanta esa estrategia. Los planificadores saben exactamente qué tipos de capital necesitan para eliminar o reducir cuellos de botella y para lograr una tasa alta de crecimiento.

Durante la década de 1960, la orientación de la economía soviética empezó a cambiar debido a un aumento relativo de la producción de bienes de consumo y servicios. Para las décadas de 1970 y de 1980, este proceso había avanzado mucho más. Una economía planificada centralmente no maneja bien las complejidades de la producción de una gran variedad de tipos, tamaños, colores, diseños y estilos de bienes de consumo. Los planificadores tienen que recopilar y tener en cuenta más información de la que pueden manejar sus computadores.

En consecuencia, los planificadores piden que se produzcan los bienes equivocados, lo que crea excedentes de algunos y escasez crónica de otros. El pan blanco simple, fácil de producir, está disponible en cantidades excesivas a precios de regalo, y los panecillos de arándano, difíciles de producir, no se pueden encontrar a ningún precio. Los bienes excedentes se desperdician o se usan en forma no eficiente, y una cantidad creciente de recursos que se podían usar para acrecentar el capital productivo de la economía se desvían para satisfacer las demandas de los consumidores cada vez más desesperados. Gradualmente, se desvanece el crecimiento económico.

**Choques externos**   Como el productor más grande de petróleo crudo, la Unión Soviética se benefició enormemente, durante la década de 1970, de los aumentos masivos del precio del petróleo. El ingreso extra obtenido de las exportaciones de petróleo ayudó, durante esos años, a ocultar los problemas que acabamos de describir. Pero en la década de 1980 hubo una *baja* del precio del petróleo y los problemas de la Unión Soviética quedaron expuestos a la luz.

Durante la última parte de la década de 1980, los países de Europa Oriental, que habían sido los socios comerciales tradicionales de la Unión Sovié-

tica, emprendieron sus propias transiciones a economías de mercado y empezaron a buscar oportunidades comerciales en Occidente. En consecuencia, desaparecieron las principales fuentes del comercio internacional de la Unión Soviética.

**Planes ajustados e inflexibles**   Un sistema económico flexible quizás podría haber manejado el cambio a la producción de bienes de consumo y las consecuencias de un ambiente económico mundial cambiante. Pero la economía soviética no era flexible. Por el contrario, con su sistema de planificación ajustada y su estructura de mando insensible, lo único que fue capaz de hacer fue tratar de producir el mismo conjunto de bienes que había producido en el año anterior. Con un ingreso menor del petróleo y de las exportaciones de otras materias primas, se podían obtener menos insumos importados. Los desequilibrios del plan central repercutieron en toda la economía, lo que desorga-

FIGURA **38.5**

## PIB y consumo en la Unión Soviética y en otros países

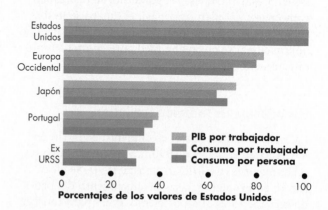

EL PIB por trabajador en la Unión Soviética a mediados de la década de 1980 era inferior al 40 por ciento del nivel de Estados Unidos y similar al de Portugal. El consumo por trabajador y el consumo por persona eran incluso más bajos: el 30 por ciento del nivel de Estados Unidos. La Unión Soviética estaba muy rezagada de Europa Occidental y Japón en PIB y nivel de consumo.

*Fuente:* Abram Bergson, "The USSR Before the Fall: How Poor and Why", *Journal of Economic Perspectives 5*, 4, otoño de 1991, págs. 29-44.

nizó la producción de todos los bienes y sometió al propio sistema a una presión enorme.

## Niveles de vida a finales de la década de 1980

Los problemas de la economía soviética se ponen de relieve en la figura 38.5. En esta figura se comparan, la productividad y los niveles de consumo de la Unión Soviética a mediados de la década de 1980, con los de Estados Unidos, Europa Occidental (Alemania, Francia e Italia), Japón y Portugal. Como podrá observar en la figura, la productividad promedio de los trabajadores en la Unión Soviética, medida por el PIB por trabajador, era inferior al 40 por ciento del PIB real por trabajador en Estados Unidos y estaba, a una distancia considerable, detrás de otros países de Europa Occidental y de Japón. Un cuadro similar surge al comparar el consumo por trabajador y el consumo por persona. Portugal era el país capitalista con un nivel de productividad y de consumo similar al de la Unión Soviética.

## Reformas de la economía de mercado

Para finales de la década de 1980 había un descontento generalizado en la Unión Soviética con el sistema de planificación económica y empezó un proceso de transición hacia una economía de mercado. Este proceso constó de tres elementos principales:

1. Relajamiento del cumplimiento del plan central
2. Desregulación de precios
3. Permiso para una limitada propiedad privada de empresas

La transición en estos tres campos consistió en un cambio gradual. Pero el relajamiento del cumplimiento del plan central fue el elemento más rápido y de mayor alcance de la transición. La idea era que al relajar el control central sobre el plan anual y al permitir a los gerentes de las empresas del Estado mayor libertad para actuar como gerentes de empresas privadas, las empresas podrían responder a las circunstancias cambiantes sin tener que esperar las órdenes del centro.

La desregulación de precios fue gradual y abarcó una gama limitada de productos. En este caso, la idea era que, con la eliminación de los controles de

precios, el mecanismo de precios asignaría los recursos escasos a sus usos de valores más altos. La escasez desaparecería y sería reemplazada por bienes y servicios disponibles, aunque algunas veces caros. Los precios altos fortalecerían el incentivo de los productores para aumentar las cantidades ofrecidas. El cambio hacia la propiedad privada de las empresas fue sumamente gradual. La idea era que los individuos emprendedores actuaran con celeridad para aprovechar las oportunidades de beneficio y respondieran a las señales de precios con mucha mayor rapidez de lo que podría responder el sistema de planificación ante la escasez y los cuellos de botella.

Pero el proceso de transición empezó a tener problemas. Uno de esos problemas fue que se olvidaron de los viejos métodos de la economía centralmente planificada. La Lectura entre líneas de las páginas 1180-1181 presenta un ejemplo de este problema en el mercado de pan de Moscú. Pero los problemas más profundos de la transición tuvieron su origen en la naturaleza del sistema que se estaba sustituyendo.

## Problemas de la transición

Existen tres problemas principales que enfrentan las repúblicas de la ex Unión Soviética y que complican su transición. Éstos son:

◆ Sistemas legal y de valores ajenos al capitalismo
◆ Desplome de los flujos comerciales tradicionales
◆ Crisis fiscal

**Sistemas legal y de valores**  Más de 60 años de dictadura socialista han dejado un legado de valores y recuerdos ajenos al establecimiento rápido y con éxito de una economía de mercado capitalista. Los líderes políticos y la gente de la ex Unión Soviética no tienen recuerdos personales de instituciones políticas ni de mercados libres. Y han sido educados, tanto formal como informalmente, para aceptar un credo político en el que los comerciantes y los especuladores no son sólo personajes sombríos, sino que son criminales. Olvidarse de esos valores será un proceso lento y quizás doloroso.

El sistema legal tampoco se adapta a las necesidades de una economía de mercado en dos formas. Primera, no hay derechos de propiedad bien establecidos y tampoco existen métodos para proteger esos derechos. Segunda, y la más importante,

# El mercado llega a Moscú

## Lo esencial del artículo

The Wall Street Journal, 21 de enero de 1992

# Los "capitalistas" de Moscú deciden que el mejor precio es el que está firmemente fijado

Por Laurie Hays y Adi Ignatius

A finales del mes pasado, en la víspera del lanzamiento histórico de Rusia a la economía de mercado, Vladimir Grechanik, el máximo planificador financiero de la fábrica de pan número 14 de Moscú, se aterrorizó.

Después de 70 años de control gubernamental de todo, desde el costo de las materias primas hasta los salarios, repentinamente la fábrica sería capaz de fijar sus propios precios. Él y sus compañeros productores trataron ansiosamente de calcular cuánto costaría la harina, cuánto podría subir con el transporte y cuánto estarían dispuestos a pagar los consumidores.

Justo antes de que se liberaran los precios el 2 de enero, el señor Grechanik y los ejecutivos de las otras fábricas de pan de Moscú fueron citados a una reunión en el Consorcio de Pan de Moscú, el ministerio de facto del pan. Se vieron unos a otros nerviosamente sospechando que, después de años de igualdad por mandato, el sistema podía convertir en rivales a antiguos camaradas. El consorcio del pan sugirió subir el precio del pan en el mercado libre a 3½ veces su precio anterior, pero ni un kopeck más. Los fabricantes estaban confundidos. En los viejos tiempos, esa "sugerencia" habría tenido todo el peso de un decreto. Pero ya no había certezas. La nueva libertad era insoportable.

## Un reflejo viejo

Abandonado a sus propios recursos, el señor Grechanik regresó a su oficina y tomó el teléfono. Durante los dos días siguientes, él y los otros directores de fábricas discutieron sus temores. Finalmente, tomaron una decisión: si el Estado ya no fija los precios, las fábricas los fijarán conjuntamente, para asegurar su supervivencia mutua.

"Todos estuvimos de acuerdo en un precio único", dice el señor Grechanik, conforme camina a un lado de grandes cubas de harina que están en el piso de la fábrica. Bajando la voz, confiesa, "He escuchado que la fábrica de pan número 26 está cobrando un poco menos, pero espero que sólo sea un rumor"...

En Rusia, los precios de muchos artículos, incluyendo el pan, fueron desregulados el 2 de enero de 1992.

En diciembre de 1991, como preparación para este acontecimiento, los directores de las fábricas de pan de Moscú asistieron a una reunión en el Consorcio de Pan de Moscú (el ministerio de facto del pan).

El consorcio sugirió que los productores aumentaran el precio del pan a 3½ veces su precio anterior. Esta "sugerencia" no tenía la fuerza de la ley, como en la antigua economía planificada.

Los productores de pan estaban confundidos, ansiosos, nerviosos y suspicaces.

Durante dos días, los directores de las fábricas discutieron sus temores por teléfono y en fin de cuentas decidieron fijar conjuntamente el precio del pan.

Circuló el rumor de que una fábrica de pan (la número 26) estaba cobrando un precio más bajo.

# Antecedentes y análisis

Cuando funcionaba el sistema de planificación central, los planificadores determinaban el precio y la cantidad de pan.

La figura 1 ilustra esta situación. La cantidad del plan es $Q_0$ y el precio del plan es 0.50 rublos (50 kopecks). El costo medio de producción del pan era más alto que este precio y las fábricas de pan estaban subsidiadas. En este ejemplo (las cifras son hipotéticas), el subsidio es de 50 kopecks por barra.

El cambio a la economía de mercado, que empezó en enero de 1992, dio como resultado:

◆ La eliminación del subsidio a los productores de pan
◆ Un incremento del costo de la harina y de otras materias primas y de los salarios

El aumento de los ingresos (aumento de los ingresos en rublos, no aumentos en el ingreso real) y el aumento de otros precios también condujeron a un aumento de la demanda de pan.

La combinación de estos cambios se ilustra en la figura 2. Los directores de las fábricas tenían incertidumbre acerca de la magnitud de estos cambios.

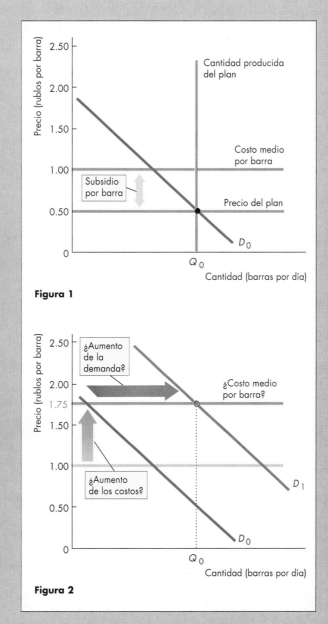

**Figura 1**

**Figura 2**

Además de esta incertidumbre, cada productor estaba incierto acerca de los precios que otros productores cobrarían por el pan.

Para eliminar esta última incertidumbre, los productores aunaron su información y fijaron un solo precio. Este precio se basó en el supuesto de que los costos de producción (el costo de oportunidad del pan) aumentaría a 1.75 rublos por barra.

Si la demanda de pan aumentaba a $D_1$, la cantidad producida permanecería en su nivel anterior de $Q_0$.

Si los productores de pan hubieran estimado en exceso el costo de oportunidad de producir pan, el mercado libre daría como resultado el ingreso de nuevas empresas para competir con ellos y el precio bajaría por debajo del nivel que habían fijado.

Si los productores de pan hubieran estimado en menos el costo de oportunidad del pan, algunos de ellos empezarían a tener pérdidas y quizás finalmente tendrían que cerrar. En esta eventualidad, la oferta de pan disminuiría y su precio subiría hasta que obtuviera su costo de oportunidad.

no existe una tradición de un gobierno que se conduzca como los individuos y las empresas ante el imperio de la ley. En el sistema soviético, el gobierno *era* la ley. Su plan económico y las decisiones arbitrarias que tomaban los superiores de cada nivel de la jerarquía eran la única ley que valía. Las acciones racionales y en beneficio propio que se realizaban fuera del plan, eran ilegales. Será necesario mucho tiempo para establecer un sistema legal basado en los derechos de propiedad privada y en el imperio de la ley.

## Desplome de los flujos comerciales tradicionales

Un imperio administrado centralmente se ha derrumbado y sus repúblicas han decidido crear una federación vaga. Una reorganización política así puede tener consecuencias económicas devastadoras. La más grave de éstas es el desplome de los flujos comerciales tradicionales. La Unión Soviética era un conjunto de repúblicas interdependientes en grado extremo, organizado con base en el esquema de eje de una rueda, con Moscú (y en menor medida Leningrado, ahora San Petersburgo) en el centro. Este panorama de la economía soviética se muestra en la figura 38.6. La figura también muestra la magnitud de los flujos de bienes de las repúblicas a través del eje de Moscú.

La república más dependiente, Bielorrusia, entregaba el 70 por ciento de su producción a las otras repúblicas y recibía un valor similar de bienes de las otras repúblicas. Incluso la república menos dependiente, Kazakstán, comerciaba el 30 por ciento de su producción con las demás repúblicas. El vasto volumen de comercio entre las repúblicas, dirigido por los planificadores centrales y canalizado a través del eje de Moscú, significaba que los gerentes de las empresas tenían (y aún tienen) poco conocimiento del lugar donde se usaban finalmente sus productos o del sitio de donde venían sus insumos.

Con el colapso del plan central, los gerentes deben buscar suministros y mercados. La escasez de materias primas y de otros insumos materiales será frecuente y la falta de mercados impedirá el crecimiento de la producción, mientras no se construyan nuevas redes de información. Este problema puede resolverse con las actividades de comerciantes especializados y de especuladores, pero es probable que el surgimiento de esta clase de agentes económicos sea lento, debido a las actitudes políticas en relación con esta actividad.

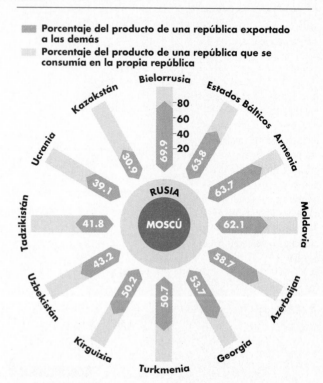

FIGURA 38.6

## La economía de eje de rueda de la Unión Soviética

▬ Porcentaje del producto de una república exportado a las demás
▬ Porcentaje del producto de una república que se consumía en la propia república

La economía soviética estaba organizada según el modelo de eje de una rueda. Inmensas cantidades de bienes y servicios se comerciaban entre las repúblicas, pero principalmente a través del eje de Moscú. El porcentaje de la producción de cada república que se exportaba a las demás se muestra a lo largo de los radios de la rueda.

*Fuente*: Banco Mundial, *The Economy of the USSR*, Washington, D.C., 1990, pág. 51.

*Nota*: Los nombres de las repúblicas de esta figura son los que se usaban en la ex Unión Soviética. Con la desintegración de la Unión Soviética, Bielorrusia se convirtió en Belarus, Moldavia se convirtió en Moldova, Turkmenia en Turkmenistán, Kirguizia en Kirguidstán y Tadzikistán se volvió Tajikistán.

El derrumbe del imperio económico no conduce de manera inevitable a la desaparición de los flujos comerciales tradicionales y a una correspondiente declinación de la producción. Pero generalmente ha sido así. El derrumbe más parecido de este siglo fue el del Imperio austro-húngaro en 1919. Al igual que la Unión Soviética, el Imperio austro-húngaro era un sistema económico centralizado, con Viena y Budapest como ejes, con una sola moneda y libre comercio. El imperio tuvo un gran éxito económico y logró una rápida mejoría de los niveles de vida de sus habitantes. Después del derrumbe del imperio, se establecieron aranceles, cada país creó su propia moneda, los flujos comerciales desaparecieron y el crecimiento económico disminuyó.

**Crisis fiscal**   Con el sistema de planificación central de la Unión Soviética, el gobierno central recaudaba los impuestos de una manera arbitraria. Una fuente de ingreso era el impuesto sobre los bienes de consumo. Pero la principal fuente de ingreso eran los beneficios de las empresas del Estado. Ya que éste era dueño de estas empresas, también recibía los beneficios. El dinero prácticamente no tenía ningún papel en el sistema de planificación central. Los trabajadores recibían sus salarios en efectivo y lo usaban para comprar los bienes de consumo y los servicios. Pero, para las empresas del Estado y el gobierno, el dinero era simplemente una unidad para llevar registros.

Con el desplome de la planificación central, el dinero se ha vuelto más importante, especialmente para el gobierno. Con la pérdida de sus fuentes tradicionales de ingreso y con poco cambio de su gasto, el gobierno tiene un déficit presupuestario grande. Financia su déficit imprimiendo dinero y el resultado es la inflación. La tasa de inflación durante los últimos seis meses de vida de la Unión Soviética, el primer semestre de 1991, llegó a cerca del 200 por ciento y seguía subiendo.

La inflación no es la compañera inevitable del derrumbe de un imperio económico pero, igual que la desaparición de los flujos comerciales, también ha pasado antes. Las tasas de crecimiento de las nuevas monedas de Austria, Hungría, Polonia, Rumania y Yugoslavia, después de la desintegración del Imperio austro-húngaro, fueron sumamente altas y condujeron a la hiperinflación. En Polonia, la hiperinflación llegó a una tasa anual del 250 millones por ciento.

creados en la década de 1930. En este sistema, una estructura administrativa jerárquica participa en un proceso iterativo de planificación para llegar a un plan económico coherente. El plan era implantado por la autoridad política mediante la expedición de órdenes legalmente obligatorias, que se iban afinando conforme descendían en la cadena de mando. En la práctica, los planes eran inflexibles y no eran factibles. El sistema funcionó bien hasta 1970, pero se volvió cada vez menos efectivo durante las décadas de 1970 y de 1980. La inflexibilidad del sistema no pudo manejar la transición de una economía de inversión a una de consumo ni la serie de choques externos. Como resultado, su tasa de crecimiento disminuyó y finalmente el producto empezó a decrecer. Se inició un proceso de reforma de mercado que desreguló los precios, permitió la propiedad privada limitada de empresas y relajó el cumplimiento del plan central. Pero los sistemas legales y de valores, el colapso de los flujos comerciales tradicionales, la pérdida de recaudación tributaria y la inflación han hecho extremadamente costosa la transición. ◆

## La transición económica en Europa Oriental

Las economías anteriormente planificadas de Europa Oriental (Checoslovaquia, Alemania Oriental, Hungría y Polonia) también están realizando la transición a economías de mercado. Los procesos que siguen y los problemas que enfrentan son similares a los de la ex Unión Soviética. Pero sus problemas, aunque graves, tienen formas distintas de los de la Unión Soviética. Las principales diferencias tienen su origen en factores políticos. Demos un vistazo rápido al proceso de transición de esos países.

### Alemania Oriental

Para Alemania Oriental, la transición de una economía de planificación centralizada ha sido la más dramática y la más completa. El 3 de octubre de 1990, Alemania Oriental se unió a Alemania Occidental. Alemania Oriental era un país de 16 millo-

---

## REPASO

E l sistema de planificación central de la Unión Soviética y la propiedad del Estado fueron

nes de habitantes, el 26 por ciento de la población de Alemania Occidental, y con un PIB per cápita inferior al 80 por ciento del de Alemania Occidental. Incluso antes de la reunificación formal de las dos partes de Alemania, Alemania Oriental empezó a desmantelar su sistema de planificación al estilo soviético y a reemplazarlo con una economía de mercado.

La antigua Alemania Oriental adoptó el sistema monetario de Alemania Occidental, desreguló sus precios y se abrió al libre comercio con su socio occidental. Se permitió a las empresas del Estado fracasar en la competencia con las empresas privadas occidentales, se permitió a las empresas privadas establecerse en la antigua Alemania Oriental y se emprendió una venta masiva de empresas del Estado.

El proceso de venta de empresas del Estado empezó con la creación de una corporación estatal llamada Treuhandanstalt (que podía traducirse como "Corporación de fideicomiso"), la cual se hizo cargo de los activos de casi 11 000 empresas del Estado. Entonces, la idea era vender esas empresas de una manera ordenada durante un periodo de unos cuantos años. Para noviembre de 1991, la Treuhandanstalt se había deshecho de más de 4000 empresas. La mayoría de esas empresas se habían vendido al sector privado, pero alrededor de 900 empresas fueron cerradas o fusionadas con otras.

Fue grande la pérdida de empleos que resultó de este rápido sacudimiento de empresas del Estado. Incluso en julio de 1990, antes de la reunificación de las dos Alemanias, el desempleo en Alemania Oriental había alcanzado a un tercio de la fuerza de trabajo. La tasa de desempleo en el Este se mantendrá alta durante algunos años, pero la red de seguridad del sistema de seguridad social de Alemania Occidental amortiguará el golpe asestado a los trabajadores y sus familias.

Alemania Oriental no tiene una crisis de política fiscal y no tiene problema de inflación. Ha adoptado los sistemas tributario y monetario de Alemania Occidental y ha asegurado la estabilidad financiera. Pero la transición de Alemania Oriental durará varios años, aunque será la transición más rápida imaginable.

## República Checa, Eslovaquia, Hungría y Polonia

Los problemas que enfrentan La República Checa, Eslovaquia, Hungría y Polonia difieren en formas importantes, pero comparten algunas características comunes. Y estas características comunes son similares a algunos de los problemas que enfrenta la ex Unión Soviética y que ya hemos visto. El más severo de éstos es el desplome de los flujos comerciales tradicionales y la pérdida de las fuentes tradicionales de ingreso gubernamental.

**La República Checa y Eslovaquia**  La República Checa y Eslovaquia (antigua Checoslovaquia) eliminaron su gobierno comunista en lo que se ha llamado la "Revolución de terciopelo", en noviembre de 1989, y casi de inmediato se lanzó a un programa de reformas económicas orientadas a reemplazar su economía de planificación central con un sistema de mercado.

El primer paso de la transición fue la liberación de salarios, precios y tasas de interés. Este paso se logró rápidamente, pero no fue seguido del surgimiento de mercados que funcionaran bien. Los mercados financieros se mostraron particularmente nerviosos y la escasez de liquidez creo una crisis financiera.

El segundo paso de la transición fue la privatización. Checoslovaquia está siguiendo una política llamada de dos pistas: de "privatización pequeña" y de "privatización grande". La "privatización pequeña" es la venta o, cuando es posible, la devolución de pequeños negocios y tiendas a sus antiguos dueños. La "privatización grande" es la venta de acciones de grandes empresas industriales. Una característica de este proceso de privatización es la emisión de cupones con los que los ciudadanos pueden comprar acciones de empresas que anteriormente eran del Estado.

La transición de Checoslovaquia no ha llegado aún al punto de una recompensa económica positiva. El PIB real está creciendo, pero muy lentamente y el desempleo es alto.

**Hungría**  Hungría ha tenido una transición prolongada a una economía de mercado capitalista. El proceso empezó en la década de 1960, cuando la planificación central fue sustituida por la planificación descentralizada basada en el sistema de precios. Hungría también ha establecido un sistema tributario similar al de las economías de mercado. Pero la privatización de la industria a gran escala empezó solamente en la década de 1990 y está avanzando muy lentamente.

Debido a su extremo gradualismo, la transición de Hungría es menos perturbadora que la de otros países. Pero también está sintiendo las repercusiones de la reestructuración económica de otros países de Europa Oriental con los que tradicionalmente ha mantenido sus lazos comerciales más fuertes, así que su tasa de expansión económica se ha reducido en forma sustancial en años recientes.

**Polonia**  Escasez severa, mercados negros e inflación fueron el punto de partida de la travesía de Polonia hacia una economía de mercado.

Esta travesía empezó en septiembre de 1989, cuando un gobierno no comunista, que incluía miembros del sindicato Solidaridad, asumió el poder. El nuevo gobierno ha liberado los precios y ha eliminado los mercados negros. También ha seguido una política de restricción financiera extrema para controlar el presupuesto del Estado y la inflación.

También en Polonia se ha dado un gran impulso a la privatización. A mediados de 1991, el gobierno anunció su programa de privatización masiva. Con este programa, las acciones de 400 empresas del Estado serán transferidas a un Fondo de Privatización, cuyas acciones se distribuirán gratuitamente a toda la población adulta. Este método de privatización equivale a crear una gigantesca aseguradora para que sea dueña de la mayoría de las empresas de producción que, a su vez, serán propiedad de accionistas privados.

Aunque la transición a la economía de mercado es más dinámica en Europa Oriental y en la ex Unión Soviética, la de China ha durado más tiempo y ha tenido efectos más espectaculares sobre los niveles de vida. Veamos ahora ese país.

## La transición económica en China

China es el país más grande del mundo. En 1990, su población era de 1200 millones de habitantes, casi una cuarta parte de la población mundial. La civilización china es antigua y tiene una historia espléndida, pero la nación moderna, la República Popular China, data

**TABLA 38.3**

## Resumen condensado de los periodos clave de la historia económica de la República Popular China

| Periodo | Principales acontecimientos económicos y características |
|---------|---------------------------------------------------------|
| 1949 | ◆ Se crea la República Popular China con Mao Zedong |
| 1949 – 1952 | ◆ Se centraliza la economía con el nuevo gobierno comunista |
| | ◆ Énfasis en la industria pesada y la "transformación socialista" |
| 1952 – 1957 | ◆ Primer plan quinquenal |
| 1958 – 1960 | ◆ El "Gran salto hacia adelante": un plan de reforma económica basado en métodos de producción intensivos en mano de obra |
| | ◆ Fracaso masivo |
| 1966 | ◆ Revolución cultural: fanáticos revolucionarios |
| 1976 | ◆ Muerte de Mao Zedong |
| 1978 | ◆ Reformas de Deng: con el liderazgo de Deng Xiaoping, liberalización de la agricultura e introducción de incentivos individuales |
| | ◆ Aceleración de las tasas de crecimiento |
| 1989 | ◆ Movimiento a favor de la democracia, represión gubernamental |

apenas de 1949. En la tabla 38.3 se presenta un resumen condensado de los periodos clave de la historia económica de la República Popular.

China moderna empezó cuando el movimiento revolucionario comunista, dirigido por Mao Zedong, obtuvo el control de China y obligó al anterior líder, Chiang Kai-shek (Jiang Jie-shi) a huir a la isla de Formosa, ahora Taiwán. Como la Unión Soviética, China es un país socialista. Pero, a diferencia de la Unión Soviética, China no está tan industrializada: es un país en desarrollo.

Durante los primeros años de la República Popular, el país siguió el modelo soviético de planificación económica y mandato. El Estado tomó el control y puso a funcionar la industria manufacturera urbana; también se colectivizó el campo. Así mismo, siguiendo el modelo de Stalin de la década de 1930, se dio prioridad a la producción de equipo de capital.

## El "Gran salto hacia adelante"

En 1958, Mao Zedong puso a la economía china en una senda muy distinta de la que había seguido la Unión Soviética. Mao llamó a este nuevo camino el "Gran salto hacia adelante". El **Gran salto hacia adelante** era un plan económico basado en la producción intensiva en mano de obra, en pequeña escala. El Gran salto hacia adelante daba muy poca importancia, o ninguna, a la relación del pago individual con el esfuerzo individual. En cambio, se apoyaba en un compromiso revolucionario para alcanzar el éxito de los planes colectivos. El Gran salto hacia adelante fue un fracaso económico. La productividad aumentó pero tan lentamente, que los niveles de vida apenas cambiaron. En el sector agrícola, inyecciones masivas de semillas modernas de alto rendimiento, mejor riego y el uso de fertilizantes químicos resultaron insuficientes para permitir que China alimentara a su población. El país se convirtió en el importador más grande de granos, aceites vegetales e incluso algodón.

En China la explicación popular de los malos resultados, especialmente en la agricultura, fue que el país había llegado al límite de su tierra cultivable y que su explosión demográfica era tan enorme, que la agricultura se veía obligada a usar tierras de inferior calidad. Pero el problema clave era que la motivación ideológica y revolucionaria del Gran salto hacia adelante degeneró en lo que se llegó a conocer como la Revolución cultural. Los fanáticos revolucionarios denunciaban a los gerentes, ingenieros, científicos y académicos productivos y los desterraban a la vida de los campesinos. Se cerraron las escuelas y las universidades y la acumulación de capital humano se trastornó.

## Las reformas de 1978

En 1978, dos años después de la muerte de Mao Zedong, el nuevo líder chino, Deng Xiaoping, proclamó reformas económicas importantes. Se abolió la agricultura colectiva y se distribuyó la tierra agrícola entre las familias, en arriendo a largo plazo. A cambio del arriendo, una familia aceptaba

pagar un impuesto fijo y un contrato para vender parte de su producción al Estado. Pero la familia tomaba sus propias decisiones en relación con la rotación de cultivos, la cantidad y tipos de fertilizantes y otros insumos que iba a usar y también contrataba a sus propios trabajadores. Se liberalizaron los mercados de granjas privadas y los agricultores recibieron un precio más alto por su producción. Así mismo, el Estado subió el precio que pagaba a los agricultores, especialmente para el algodón y otras cosechas distintas de los granos.

Los resultados de las reformas de Deng Xiaoping fueron sorprendentes. Las tasas de crecimiento anual de la producción de algodón y de las cosechas productoras de aceites aumentaron asombrosamente catorce veces. La producción de semilla de soya, que había estado disminuyendo a una tasa anual del 1 por ciento entre 1957 y 1978, empezó a crecer al 4 por ciento anual. Las tasas de crecimiento de los rendimientos por hectárea también aumentaron en forma destacada. En 1984, un país que seis años atrás había sido el mayor importador mundial de productos agrícolas se convirtió en ¡exportador de alimentos!

Las reformas se tradujeron en algo más que una expansión masiva del sector agrícola. El incremento de los ingresos rurales hicieron surgir un sector industrial rural en expansión que, para mediados de la década de 1980, empleaba una quinta parte de la población rural.

China ha ido todavía más allá y está alentando la inversión extranjera y las empresas conjuntas. Además, China está experimentando con los mercados de capitales formales y tiene una bolsa de valores.

Motivada en parte por consideraciones políticas, China está pregonando las virtudes de lo que llama el enfoque de "un país, dos sistemas" en el manejo económico. El origen político de este movimiento es la existencia de dos enclaves capitalistas en los que China tiene un interés cercano: Taiwán y Hong Kong. China reclama la soberanía sobre Taiwán y quiere crear un ambiente en el que sea posible que China se "reunifique" en una fecha futura. En cuanto a Hong Kong, una colonia de la corona británica, actualmente China la tiene arrendada a Gran Bretaña y el arriendo termina en 1997. A su vencimiento, Hong Kong será parte de China. Ansiosa de no dañar la prosperidad económica de Hong Kong, China ha propuesto que Hong Kong siga funcionando como una economía capitalista.

FIGURA **38.7**

## Crecimiento económico de China

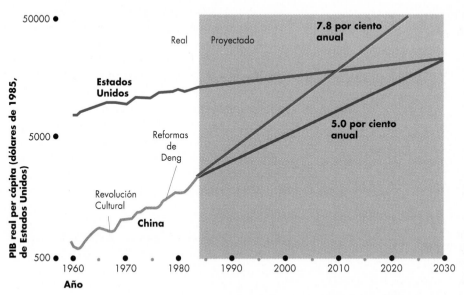

El crecimiento del ingreso per cápita en China ha recibido una fuerte influencia del sistema económico. Durante la revolución cultural, el ingreso per cápita bajó. Con la planificación central y el mecanismo de mandato de principios de la década de 1970, el ingreso per cápita creció a un ritmo moderado. Con los métodos capitalistas de producción en la agricultura que siguieron a las reformas de 1978, el crecimiento del ingreso per cápita aumentó en forma notable. Si China continúa creciendo al ritmo que ha logrado desde 1978, y si Estados Unidos también sostiene su tasa de crecimiento posterior a 1978, China alcanzará a Estados Unidos en 2010. Incluso si China reduce su tasa de crecimiento al 5 por ciento, alcanzará a Estados Unidos en 2030.

*Fuente*: Alan Heston y Robert Summers, "A New Set of International Comparisons of Real Product and Price Levels: Estimates for 130 countries, 1950-1985", *Review of Income and Wealth,* series 34, vol. 1, 1988, págs. 1-25, Apéndice B.

Con Hong Kong y Taiwán como parte de la República Popular China, estará listo el escenario para la creación de otras "islas" capitalistas en ciertas ciudades dinámicas como Shangai.

Los resultados de este movimiento hacia el capitalismo, se resumen en forma notable en las estadísticas del crecimiento del PIB real del país. Entre 1978 y 1990, el PIB real per cápita creció a una tasa promedio del 7.2 por ciento anual, un aumento de 2.3 veces del ingreso per cápita en un periodo de doce años. Entre 1982 y 1988, el PIB real per cápita creció al asombroso 9.7 por ciento anual: prácticamente se duplicó en un periodo de doce años. Para darse cuenta de lo asombroso de esas tasas de crecimiento, véase la figura 38.7. En ella se muestran las consecuencias de que China y Estados Unidos mantengan sus tasas de crecimiento promedio a partir de 1978 del PIB real per cápita. Para Estados Unidos, esa tasa de crecimiento fue de un poco más del 1 por ciento anual y para China fue de casi el 8 por ciento. Si se mantienen estas tasas de crecimiento, China alcanzará a Estados Unidos en una sola generación, en 2010. Incluso si el crecimiento de China bajara al 5 por ciento anual, sin

que hubiera cambio de la tasa de crecimiento de Estados Unidos, China lo alcanzaría en 2030.

China no sólo está experimentando un crecimiento rápido del ingreso real per cápita, sino que también está aumentando su competitividad internacional. Sus exportaciones han crecido durante la década de 1980 a una tasa mucho más alta que el PIB, y ya para 1990 representaban el 17 por ciento del PIB.

¿Cómo ha logrado China este éxito espectacular?

### El éxito de China

El éxito de China para lograr una alta tasa de crecimiento económico es el resultado de cuatro características de sus reformas[1].

◆ Tasa masiva de entrada de nuevas empresas no estatales

---

[1] Esta sección se basa en John McMillan y Barry Naughton, *How to Reform a Planned Economy: Lessons from China,* Graduate School of International Relations and Pacific Studies, University of California, San Diego, 1991.

◆ Aumentos de la productividad y rentabilidad de las empresas estatales
◆ Un sistema tributario eficiente
◆ Desregulación gradual de precios

**Entrada de empresas no estatales** El sector de más rápido crecimiento de la economía china, durante la década de 1980, fue el de empresas industriales no estatales, localizadas generalmente en las zonas rurales. Este sector creció a una tasa anual del 17½ por ciento entre 1978 y 1990. En 1978 este sector produjo el 22 por ciento de la producción industrial de la nación. En 1990 estaba produciendo el 45 por ciento de la producción industrial total. En cambio, las empresas propiedad del Estado (las empresas organizadas por el Estado con su plan nacional) se contrajeron (en términos relativos) del 78 por ciento de la producción total en 1978 al 55 por ciento en 1990.

La entrada de nuevas empresas provocó un aumento notable de la competencia entre estas nuevas empresas y entre las nuevas empresas y las empresas estatales. Esta competencia impulsó tanto a las empresas no estatales como a las estatales hacia una mayor eficiencia y productividad.

**Aumentos de la productividad y rentabilidad de las empresas estatales** China no ha privatizado su economía mediante la venta de empresas estatales. Más bien, la privatización se ha dado por la entrada de nuevas empresas. Las empresas estatales han continuado funcionando. Pero el gobierno tiene un incentivo poderoso para asegurar que las empresas estatales sean rentables. Si las empresas estatales no obtienen beneficios, el gobierno no les puede cobrar impuestos.

Para lograr el máximo nivel posible de beneficio y recaudación tributaria, los planificadores económicos chinos han cambiado los incentivos que se ofrecen a los gerentes de las empresas estatales, para que se parezcan a los incentivos del mercado que se ofrecen al sector no estatal. A los gerentes de las empresas propiedad del Estado se les paga según el rendimiento de la empresa: de manera similar que a los gerentes de las empresas privadas.

El sistema chino otorga incentivos a los gerentes de las empresas del Estado para que sean sumamente emprendedores y productivos. Como resultado de este nuevo sistema, el gobierno chino puede ahora poner en subasta los puestos más altos de gerencia. Los gerentes potenciales pujan por el derecho a ser gerentes. El gerente que ofrece la mejor promesa de rendimiento, es el que obtiene el empleo.

**Un sistema tributario eficiente** Las empresas (tanto privadas como estatales) pagan impuestos, pero el sistema tributario es poco usual y diferente del de la economía de Estados Unidos. Las empresas están obligadas a pagar una cantidad fija de beneficio al gobierno. Una vez que se ha pagado esa cantidad fija de impuesto, la empresa se queda con todo el beneficio que rebase esa cantidad. En cambio, el sistema de impuestos de Estados Unidos para las empresas las obliga a pagar como impuestos un porcentaje fijo de sus beneficios. Así, en Estados Unidos, un mayor beneficio significa impuestos más altos, en tanto que en China, los impuestos se fijan independientemente del nivel de beneficios de la empresa. El sistema chino proporciona incentivos más poderosos que el sistema de Estados Unidos para que las empresas busquen y realicen negocios rentables.

**Liberalización gradual de precios** China no ha abandonado la planificación de sus precios. El sistema de planificación socialista mantiene bastante altos los precios de los bienes manufacturados y mantiene los precios internos más altos que los precios internacionales. Estos arreglos de precios hacen sumamente rentable la producción de la empresa privada en China. En 1978, cuando el sector no estatal era pequeño, la tasa de beneficio en ese sector era de casi el 40 por ciento (por cada dólar invertido se ganaban 40 centavos anualmente). Con esos beneficios tan altos existía un incentivo tremendo para que la gente emprendedora encontrara nichos y participara en la actividad creativa y productiva. Las fuerzas de la competencia poco a poco han hecho bajar los precios; en 1990, las tasas de rendimiento habían bajado al 10 por ciento. Pero los cambios de precios fueron graduales. No hubo un ajuste de precios de "gran explosión": no se abandonó el mecanismo de planificación ni se introdujo un sistema de libre mercado de rompe y rasga.

## Abandono del plan

Como resultado de las reformas adoptadas en la década de 1970 y seguidas vigorosamente desde entonces, la economía china se ha vuelto de manera gradual una economía mucho más orientada al mercado y está, de hecho, dejando atrás el plan central [2]. La proporción de la economía que representan la empresa privada y los precios influidos por el mercado, ha aumentado gradualmente; mientras que la proporción representada por las empresas estatales y los precios planificados y regulados ha disminuido en forma constante.

Para mantener este proceso, son necesarios cambios de las políticas monetaria y fiscal. La reforma de la economía ha implicado un nuevo diseño del sistema tributario. En una economía de planificación central, la recaudación tributaria del gobierno se deriva directamente de su política de precios. Así mismo, como controlador de las instituciones financieras, el gobierno recibe todo el ahorro nacional. Cuando el mercado sustituye al sistema de planificación central, el gobierno debe crear una entidad de recaudación tributaria similar al IRS (*Internal Revenue Service*, Servicio Interno de Recaudación) de Estados Unidos. Además, debe crear mercados financieros para que los ahorros de las familias puedan encauzarse a las empresas privadas que están en crecimiento y, así, financiar su inversión en nuevas construcciones, planta y equipo.

A pesar de la reforma de su sistema impositivo, el gobierno de China gasta más de lo que recibe en impuestos y compensa su déficit mediante la creación de dinero. El resultado es una tasa de inflación constante. Pero la inflación en China no está fuera de control, como en el caso de la ex Unión Soviética, porque el nivel de actividad económica que crece rápidamente absorbe una gran parte del dinero nuevo.

Si China ha encontrado una manera de realizar la transición del socialismo al capitalismo en una forma relativamente indolora es un tema controvertible. La represión violenta del movimiento a favor de la democracia en la Plaza Tiananmen, en el verano de 1989, señala que China quizás ha comprado ganancias económicas a expensas de sus libertades políticas. Debido a que China ha conservado un gobierno central fuerte y ha cambiado su sistema en forma gradual, su experiencia no es directamente útil para los países de Europa

Oriental. Pero el experimento en sistemas *económicos* comparativos que actualmente se lleva a cabo en China es uno de los más emocionantes que el mundo ha visto. Los economistas de todos los matices políticos observarán con mucho cuidado el resultado, y sus lecciones serán de enorme valor para las generaciones futuras, cualesquiera que sean esas lecciones.

## La transición del plan central al mercado

Mientras los países de Europa Oriental y China abandonan sus sistemas de planificación central, deben hacer una serie de elecciones importantes. Las elecciones clave son éstas:

◆ El estilo de economía de mercado que adoptarán
◆ El orden de las reformas
◆ La velocidad de las reformas

### Estilos de economía de mercado

No hay un tipo único de economía de mercado, y los países que anteriormente se basaron en la planificación central deben elegir de un conjunto de modelos posibles. Los tres principales son

1. Capitalismo al estilo de Estados Unidos
2. Capitalismo al estilo de Japón
3. Capitalismo de Estado bienhechor

**Capitalismo al estilo de Estados Unidos**  Ningún país descansa en un mecanismo de mercado puro, no regulado, para resolver su problema económico. Pero Estados Unidos se acerca más que cualquier otro país a hacerlo. En Estados Unidos, los individuos son dueños de factores de producción y deciden cómo usar sus factores para ganar un ingreso. Deciden cuánto ahorrarán de sus ingresos para acrecentar sus recursos de capital y cuánto gastarán y en qué bienes y servicios. Estas decisiones de más de 250 millones de individuos se coordinan en los

[2] Barry Naughton, *Growing Out of the Plan: Chinese Economic Reform, 1978-90*, Graduate School of International Relations and Pacific Studies, University of California, San Diego, 1992.

mercados. Los gobiernos (federal, estatales y locales) regulan estos mercados, proporcionan bienes y servicios públicos y gravan el ingreso y el gasto. Los mecanismos de mando, parecidos a los que se usan en las economías de planificación central, se usan en el sector gubernamental y en los procesos internos de planificación de las empresas.

Los otros tipos de capitalismo se alejan del modelo de Estados Unidos, principalmente en el grado y en la naturaleza de la intervención estatal en la economía. Pero existen dos estilos distintos.

### Capitalismo al estilo japonés

El desarrollo económico de Japón desde la Segunda Guerra Mundial ha sido llamado el "milagro económico japonés". Después de salir de la guerra con un ingreso medio por persona que era menos de la quinta parte del de Estados Unidos, Japón se ha transformado en un gigante económico cuyo ingreso per cápita se acerca al de Estados Unidos. El periodo de crecimiento más espectacular se dio en los 25 años trancurridos de 1945 a 1970, cuando el ingreso per cápita aumentó ocho veces. Actualmente, Japón tiene una posición dominante en los mercados mundiales de automóviles y computadores, equipo de audio y vídeo, y toda una gama de mercancías de alta tecnología. El turista japonés es un espectáculo tan común en Londres, París y Roma como el turista estadounidense. Y hay más visitantes japoneses en Estados Unidos que visitantes estadounidenses en Japón. ¿Qué ha provocado esta transformación de Japón en una de las economías más poderosas y ricas?

Tres características de la economía japonesa han contribuido a su éxito notable: confiar en los métodos capitalistas del libre mercado, el tamaño pequeño del gobierno y la intervención gubernamental a favor de los negocios.

El sistema económico de Japón es como el de Estados Unidos. La gente tiene libertad para practicar sus ideas, ser dueña de empresas, contratar trabajo y otros factores de producción y para vender sus producciones en mercados relativamente libres.

El gobierno japonés es el más pequeño del mundo capitalista. Los impuestos promedio y el gasto del gobierno representan ligeramente menos de una quinta parte del PIB. Éste contrasta con cerca del 30 por ciento en Estados Unidos y más del 40 por ciento en algunos países capitalistas de Europa Occidental. Un gobierno de tamaño pequeño significa que los impuestos son bajos y, por tanto, no consti-

tuyen un factor que desaliente el trabajo y el ahorro y la acumulación de capital.

Pero el gobierno japonés interviene en la economía, y su intervención es a favor de los negocios. El principal conducto para la intervención es el MITI (*Ministry of International Trade and Industry*, Ministerio de Comercio Internacional e Industria), una entidad gubernamental responsable de fomentar el desarrollo industrial y el comercio internacional de Japón. En los años que siguieron inmediatamente después de la Segunda Guerra Mundial, el MITI alentó el desarrollo de industrias básicas como el carbón, la energía eléctrica, la construcción de barcos y el acero. Usó los aranceles y las cuotas para proteger estas industrias en las primeras etapas de su desarrollo, las subsidió y se aseguró de que tuvieran, en abundancia, recursos de capital disponibles. El MITI es casi empresarial en sus actividades. Durante la década de 1960, con las industrias básicas consolidadas, el MITI pasó a ocuparse de ayudar a las industrias química y ligera. En la década de 1980, ayudó a la industria japonesa a dominar el mercado mundial de computadores.

El MITI no sólo fomenta el crecimiento y desarrollo de las industrias, también ayuda a acelerar la decadencia de industrias que no están contribuyendo a un rápido crecimiento del ingreso. Por ejemplo, a mediados de la década de 1970, cuando el precio del petróleo aumentó en forma espectacular, la fundición de bauxita para producir aluminio dejó de ser eficiente en Japón. En dos años, la industria fundidora de bauxita de Japón había cerrado y Japón estaba importando su aluminio de Australia. Identificando industrias de crecimiento rentable y aquellas que es rentable que desaparezcan, el MITI ayuda a acelerar el proceso de ajuste para reasignar recursos que permitan aprovechar al máximo el cambio tecnológico y las tendencias de los precios.

El resultado del sistema económico de Japón y de la intervención gubernamental ha sido una alta tasa de acumulación de capital. También ha habido una alta tasa de acumulación de capital humano, especialmente en las ciencias aplicadas. La alta tasa de acumulación de capital, tanto físico como humano, se ha acompañado de una alta tasa de progreso tecnológico, sin inhibiciones para usar las mejores tecnologías disponibles, sin importar en qué parte del mundo se hayan desarrollado.

### Capitalismo de Estado bienhechor

El capitalismo de Europa Occidental está más teñido de socialismo que el de Estados Unidos o Japón. Es un capitalismo de Estado bienhechor. Los países de Europa Occidental, muchos de los cuales pertenecen ahora a la Unión Europea, son básicamente economías capitalistas de mercado en el sentido de que la mayoría de los recursos productivos son propiedad de individuos privados y la mayoría de los recursos son asignados por individuos que comercian libremente en los mercados tanto de bienes y servicios como de factores de producción. Pero el tamaño del gobierno y el grado y dirección de intervención gubernamental son mucho mayores en esos países que en Estados Unidos y Japón.

El gasto del gobierno y los impuestos van del 40 por ciento al 50 por ciento del PIB en los países europeos. Las tasas impositivas tan altas desalientan, lo que se traduce, con todo lo demás constante, en menos esfuerzo y tasas de ahorro más bajas que en los países con impuestos más bajos. Los países europeos también tienen un sector grande de industria nacionalizada. Una **industria nacionalizada** es una industria propiedad de una autoridad de propiedad pública que se encarga de su financiamiento y que es directamente responsable ante el gobierno. Los ferrocarriles, las líneas aéreas, el gas, la electricidad, los teléfonos, la transmisión de radio y televisión, el carbón, el acero, la banca y las finanzas, e incluso los automóviles, están entre las industrias que son propiedad pública parcial o total en algunos países europeos. Las industrias nacionalizadas con frecuencia son manejadas con el principio de mandato en vez del principio de mercado y generalmente son menos eficientes que las empresas competitivas de propiedad privada.

Cada vez más, en años recientes, los gobiernos europeos han estado vendiendo empresas propiedad del Estado. El proceso de venta de empresas propiedad del Estado se llama **privatización**. También, en algunos países, ha habido una reducción de las muy altas tasas impositivas. Los países europeos, impresionados con el éxito económico de Japón y de Estados Unidos, han llegado a la conclusión de que la mayor confianza otorgada al capitalismo en esos países es responsable, en parte, de su éxito económico; y, por lo tanto, buscan emular a las economías que tienen más éxito.

## El orden de las reformas

Hemos visto que el socialismo y el capitalismo difieren en dos aspectos: la propiedad del capital y la tierra y la estructura de incentivos. Las características de una economía capitalista que tiene que adoptar una economía socialista para lograr la transición son:

◆ Propiedad privada del capital y de los recursos naturales
◆ Precios determinados por el mercado

Al realizar la transición del socialismo al capitalismo, un país debe elegir el orden en que adoptará estas características capitalistas.

Cambiando las empresas a propiedad privada, una economía anteriormente socialista obtiene los beneficios del fortalecimiento de los incentivos para poner a trabajar los recursos en sus usos más rentables. Así mismo, al permitir la libre entrada de empresas nuevas, la economía puede cosechar los beneficios de una competencia acrecentada. Tanto las empresas existentes como las nuevas se vuelven más eficientes. Al mismo tiempo, el Estado pierde su principal fuente de ingreso: los beneficios de las empresas del Estado. Así, conforme se privatiza la industria, debe establecerse un sistema impositivo que permita al Estado recaudar el ingreso necesario para proporcionar bienes y servicios públicos.

Liberando los mercados y permitiendo que los precios se determinen por la oferta y demanda, una economía anteriormente socialista obtiene los beneficios de las señales de precios que reflejan la escasez relativa de diferentes bienes y servicios. Estas señales se traducen en cambios de la producción. Aquellos artículos cuyos precios suben más se vuelven muy rentables y, en consecuencia, su producción es la que aumenta con más rapidez.

Pero, a menudo, los precios que suben más rápidamente, son los de los alimentos básicos como el pan y la leche. Debido a que esos artículos son una parte muy importante del presupuesto de las familias más pobres, cuando sus precios suben mucho, hay grandes penurias. También es probable que haya oposición política al proceso de reforma.

## La velocidad de la reforma

Ya que la reforma provoca agitación, hay razones para llevarla a cabo lentamente (gradualismo) y razones para hacerla rápidamente (en una "gran explosión"). El argumento para el gradualismo es que los efectos adversos de la reforma se minimizan y la transición puede controlarse y suavizarse. El argumento para la gran explosión es que la economía socialista es un organismo y que no puede funcionar a menos que se le deje intacto. Si se elimina una pieza del sistema, el resto deja de funcionar.

◆ ◆ ◆ ◆  Los países que hemos estudiado en este capítulo (la ex Unión Soviética, los países de Europa Oriental y China) están experimentando un enorme cambio político y económico. Estos cambios tendrán repercusiones de proporciones históricas para toda la economía mundial de la década de 1990. Nadie puede prever cómo será la economía mundial a mediados de la década de 1990. ◆ ◆ Pero ya antes el mundo ha presenciado cambios de

proporciones históricas. Tenemos un ejemplo en la transformación de las economías de los países devastados por la guerra, Alemania y Japón, en los centros dinámicos de hoy. Durante este cambio (pasado y presente), nuestro conocimiento y comprensión de las fuerzas económicas que producen el cambio y son liberadas por él han mejorado gradualmente. Aún queda mucho que no entendemos. Pero hemos progresado bastante. Los principios económicos presentados en este libro resumen este progreso y el estado actual del conocimiento. Conforme el mundo continúe cambiando, usted necesitará una brújula para guiarse en un terreno desconocido. ¡Los principios de la economía son esa brújula!

## R E S U M E N

### El problema económico y sus soluciones alternativas

El problema económico consiste en el hecho universal de la escasez. Los diferentes sistemas económicos ofrecen diferentes soluciones al problema económico de determinar *qué*, *cómo* y *para quién* se producen los bienes y servicios. Los sistemas económicos alternativos varían en dos aspectos: la propiedad del capital y la tierra y los incentivos que enfrenta la gente. El capital y la tierra pueden ser propiedad de los individuos, del Estado o de una combinación de ambos. Los incentivos pueden crearse por los precios del mercado, por precios dirigidos y sanciones administrativas o por una combinación de los dos. Los sistemas económicos difieren en las formas en las que combinan la propiedad y los arreglos de incentivos. El capitalismo se basa en la propiedad privada del capital y la tierra y en los incentivos de los precios del mercado. El socialismo se basa en la propiedad estatal del ca-

pital y la tierra, en incentivos administrativos y en el plan económico central. El socialismo de mercado combina la propiedad estatal del capital y la tierra con incentivos basados en una combinación de precios del mercado y de precios dirigidos. El capitalismo de Estado bienhechor combina la propiedad privada del capital y la tierra con la intervención estatal en los mercados, lo que cambia las señales de precios a las que responde la gente (págs. 1167-1174).

### Cambio económico en la ex Unión Soviética

La Unión Soviética se fundó en 1917 y se derrumbó en 1991. La economía de la Unión Soviética estaba basada en un sistema de planificación central que tenía cuatro elementos clave: una jerarquía administrativa, un proceso iterativo de planificación, mandatos legalmente obligatorios y planes ajustados e inflexibles. La Unión Soviética tenía un sector de mercado en el que se realizaba una cantidad sustancial de actividad económica, especialmente en la agricultura. El dinero sólo tenía un papel menor en la economía de la Unión Soviética.

La economía soviética creció con extraordinaria rapidez antes de 1970 (más del 5 por ciento al año), pero durante la década de 1970, y especialmente durante la década de 1980, declinó el crecimiento del producto. Para principios de la década de 1990, la economía se estaba contrayendo. Una combinación de las tres características de la economía soviética ocasionó este deterioro de su funcionamiento económico: la economía realizó la transición de ser una economía de inversión a ser una economía de consumo; la economía fue golpeada por choques externos severos y su sistema de planificación ajustado e inflexible fue incapaz de manejar estos acontecimientos.

Para finales de la década de 1980, la Unión Soviética inició un proceso de transición a una economía de mercado. Este proceso tenía tres elementos principales: el relajamiento del cumplimiento del plan central, la desregulación de los precios y la introducción de una limitada propiedad privada de las empresas. La transición fue un proceso de cambio gradual, pero tuvo problemas serios. Los más importantes fueron los sistemas legal y de valores ajenos al capitalismo, el desplome de los flujos comerciales tradicionales, el surgimiento de un déficit presupuestario grande y la inflación (págs. 1174-1183).

## La transición económica en Europa Oriental

Las anteriormente economías planificadas de Alemania Oriental, Checoslovaquia, Hungría y Polonia también están pasando por la transición a economías de mercado. La transición de Alemania Oriental ha sido la más notable y completa. Adoptó la forma de la reunificación de las dos Alemanias y la adopción, por parte de Alemania Oriental, de los sistemas monetario y tributario de Alemania Occidental. La desregulación de precios y la privatización han sido rápidas. Checoslovaquia ha desregulado salarios, precios y tasas de interés y está privatizando su industria mediante la devolución de pequeños negocios y tiendas a sus antiguos dueños y la emisión de cupones a sus ciudadanos, con los que pueden comprar acciones de empresas que eran anteriormente del Estado. Hungría em-

pezó el proceso de avance hacia una economía de mercado durante la década de 1960, cuando la planificación central fue reemplazada por la planificación descentralizada. Hungría ha establecido un sistema impositivo similar al de las economías de mercado. Pero la privatización de la gran industria empezó en la década de 1990 y está avanzando lentamente. Polonia ha desregulado precios, ha seguido una política de contención que ha permitido controlar la inflación y acelerar la privatización (págs. 1183-1185).

## La transición económica en China

Desde la fundación de la República Popular China, el manejo económico ha pasado por épocas turbulentas. Al principio, China usó el sistema soviético de planificación central. Después introdujo el "Gran salto hacia adelante" que, a su vez, degeneró en la Revolución Cultural. Al principio, China creció rápidamente y se apoyó mucho en la planificación estatal y en la acumulación de capital, pero el crecimiento se redujo y, en ocasiones, el ingreso per cápita bajó. En 1978, China revolucionó su manejo económico para dar más énfasis a los incentivos privados y a los mercados. En consecuencia, la productividad creció a una alta tasa y el ingreso per cápita aumentó.

El éxito de China para lograr una alta tasa de crecimiento económico ha sido el resultado de cuatro características de sus reformas: una tasa masiva de entrada de nuevas empresas no estatales, aumentos grandes de la productividad y la rentabilidad de las empresas estatales, un sistema tributario eficiente y una desregulación gradual de precios. Si China ha encontrado un camino para efectuar la transición del socialismo al capitalismo de una manera relativamente indolora es un tema controvertible (págs. 1185-1189).

## La transición del plan central al mercado

En la transición de la planificación central a la economía de mercado, se deben hacer tres elecciones importantes: el estilo de economía de mercado que se adoptará, el orden de las reformas y la velocidad de las mismas.

Existen tres tipos principales de economía de mercado para elegir: capitalismo al estilo de Estados Unidos, capitalismo al estilo de Japón y el capitalismo de Estado bienhechor. Dos características del capitalismo japonés lo distinguen del capitalismo de Estados Unidos: el menor tamaño del gobierno y su intervención gubernamental a favor de los negocios. El capitalismo de Europa Occidental, capitalismo de Estado bienhechor, está más teñido de socialismo que el capitalismo de Estados Unidos o el de Japón. El gasto del gobierno y los impuestos son más altos en Europa Occidental (entre el 40 por ciento y el 50 por ciento del PIB) y es mayor la proporción del sector manufacturero que es propiedad del Estado o está nacionalizado.

La cuestión principal en la secuencia de la reforma es el orden en que se privatiza la propiedad del capital y la tierra y se desregulan los precios. La cuestión principal que concierne a la velocidad de la reforma es si se procederá lentamente (gradualismo) o rápidamente (en una "gran explosión") (págs. 1189-1192).

## ELEMENTOS CLAVE

### Términos clave

### Figuras y tablas clave

## PREGUNTAS DE REPASO

**1** ¿Cuál es el problema económico fundamental que cualquier sistema económico tiene que resolver?

**2** ¿Cuáles son los principales sistemas económicos? Presente las características principales de cada uno.

**3** Dé ejemplos de países que sean capitalistas, socialistas, socialistas de mercado y de capitalismo de Estado bienhechor. (Mencione países diferentes a los de la figura 38.2.)

**4** ¿Cómo resuelve el capitalismo el problema económico? ¿Qué determina cuánto se produce de cada bien?

**5** ¿Cómo resuelve el socialismo el problema económico? ¿Qué determina cuánto se produce de cada bien?

**6** ¿Cómo determina el socialismo de mercado el precio y la cantidad de cada bien?

**7** ¿Por qué empezó a funcionar mal la economía soviética en la década de 1980?

**8** ¿Cuáles son las principales características del programa de transición de la ex Unión Soviética?

**9** ¿Cuáles son los principales problemas que enfrentan las repúblicas de la ex Unión Soviética?

**10** ¿Cuáles son los problemas que enfrentan los países de Europa Oriental al realizar la transición a una economía de mercado?

**11** Repase los principales episodios del manejo económico en China desde 1949.

**12** Compare el resultado del crecimiento económico de Estados Unidos y de China. ¿Qué aprendemos con esta comparación?

**13** ¿Cuáles son las lecciones del experimento económico que está en curso en China?

# GLOSARIO

**Aceptante de precio** Una empresa que no puede influir sobre el precio de su producto.

**Acervo de capital** El acervo de planta, equipo, edificios (incluyendo el residencial) y los inventarios.

**Acoplamiento clasificador** Casamiento dentro del propio grupo socioeconómico.

**Actividad de búsqueda** El tiempo y esfuerzo dedicados a la búsqueda de alguien con quien hacer negocios.

**Actividad de mercado** La oferta de trabajo a través del mercado.

**Actividad económica** Lo que la gente hace para manejar la escasez.

**Actividad fuera del mercado** El ocio y las actividades de producción que no pertenecen al mercado, incluyendo los quehaceres domésticos, la educación y el adiestramiento.

**Activo** Cualquier cosa de valor que posee una familia, empresa o gobierno.

**Activo líquido** Un activo convertible de inmediato en un medio de pago, prácticamente sin ninguna incertidumbre acerca del precio al cual puede convertirse.

**Activos financieros** Títulos que otorgan, al tenedor, derechos sobre otra familia o empresa.

**Activos financieros netos** Es la diferencia entre activos financieros y pasivos financieros.

**Activos físicos** Edificios, planta y equipo, inventarios y bienes de consumo duraderos.

**Acuerdo colusorio** Un acuerdo entre dos o más productores para restringir la producción y poder subir los precios y los beneficios.

**Acuerdo General sobre Aranceles y Comercio** Acuerdo internacional que fija límites a la intervención gubernamental que busca restringir el comercio internacional.

**Acumulación de capital** El crecimiento de los recursos de capital.

**Adquisición** La compra de las acciones de una empresa por otra.

**Afirmación normativa** Una afirmación o aseveración de lo que *debería* ser. Expresión de una opinión que no puede corroborarse con la observación.

**Afirmación positiva** Una afirmación o aseveración acerca de lo que *es*. Algo que puede corroborarse con la observación cuidadosa.

**Ahorro** Ingreso menos consumo. En las cuentas del ingreso nacional, el ahorro se mide como el ingreso disponible (ingreso menos impuestos) menos el gasto de consumo.

**Apreciación de la moneda** El aumento del valor de una moneda en términos de otra.

**Arancel** Impuesto a la importación que establece el gobierno de la economía importadora.

**Arbitraje** La actividad que consiste en comprar bajo y vender alto para obtener un beneficio por el margen entre los dos precios.

**Arbitraje obligatorio** Proceso en el que un tercero, un arbitrador, determina los salarios y otras condiciones de empleo, por cuenta de las partes negociadoras y cuya decisión es inapelable.

**Asociación profesional** Grupo organizado de trabajadores profesionales, como abogados, dentistas o médicos, que buscan influir sobre la compensación y otras condiciones del mercado de trabajo que afectan a sus miembros.

**Autosuficiencia** Situación que se presenta cuando la gente produce solamente lo suficiente para su propio consumo.

**Balance** Lista de activos y pasivos.

**Balanza comercial** El valor de las exportaciones menos el valor de las importaciones.

**Banco central** Autoridad pública encargada de la regulación y control de las instituciones y mercados monetarios y financieros de un país.

**Banco comercial** Una empresa privada autorizada, ya sea por el Controlador de la Moneda o por una agencia estatal, para recibir depósitos y otorgar préstamos.

**Banco de ahorro** Un intermediario financiero propiedad de los depositantes, que acepta depósitos y otorga préstamos, principalmente para hipotecas del consumidor.

**Barreras a la entrada** Impedimentos legales o naturales que protegen a una empresa de la competencia de nuevos participantes potenciales.

**Barreras no arancelarias** Cualquier acción distinta de un arancel que restringe el comercio internacional.

**Base del impuesto** La actividad a la que se aplica el impuesto.

**Base monetaria** La suma de los billetes en circulación, los depósitos de los bancos en el Banco Central y las monedas en circulación.

**Beneficio económico** Ingreso menos los costos, cuando en éstos se han incluido los costos de oportunidad de la producción.

**Beneficio marginal** El incremento del beneficio total que resulta de un aumento de una unidad en la magnitud de la provisión de un bien público.

**Beneficio neto** El beneficio total menos el costo total.

**Beneficio social marginal** El valor en dólares del beneficio de una unidad adicional de consumo, incluyendo el beneficio del comprador y cualesquiera beneficios indirectos que reciban otros miembros de la sociedad.

**Beneficio total** El valor total en dólares que una persona otorga a un nivel dado de provisión de un bien público.

**Beneficios externos** Los beneficios que recibe gente distinta del comprador de un bien.

**Bien inferior** Bien cuya demanda disminuye cuando sube el ingreso.

**Bien mixto** Bien que se sitúa entre un bien privado y un bien público puro.

**Bien no comerciable** Bien que no puede comerciarse a grandes distancias.

**Bien normal** Bien cuya demanda aumenta cuando aumenta el ingreso.

**Bien privado** Un bien o servicio del que cada unidad es consumida por un solo individuo.

**Bien público puro** Un bien del que cada unidad es consumida por todo el mundo y nadie puede ser excluido.

**Bienes de capital** Bienes que se añaden a nuestros recursos de capital.

**Bienes de consumo** Bienes que se consumen tan pronto como son producidos.

**Bienes y servicios** Todas las cosas valiosas que la gente produce. Los bienes son tangibles, los servicios son intangibles.

**Bienes y servicios finales** Bienes y servicios que no se usan como factores de la producción en la producción de otros bienes y servicios, sino que los compra el usuario último.

**Bienes y servicios intermedios** Bienes y servicios que se usan como factores de producción en el proceso de producción de otro bien o servicio.

**Bienestar económico** Una medida amplia del estado general del bienestar y del nivel de vida.

**Billete inconvertible** Billete de banco que no puede convertirse en mercancía alguna y que adquiere su valor por decreto del gobierno.

**Bolsa de valores** Mercado organizado para la compraventa de acciones.

**Bono** Una obligación, legalmente exigible de pagar sumas específicas de dinero en fechas futuras también específicas.

**Brecha inflacionaria** El PIB real efectivo menos el PIB real a largo plazo, cuando el PIB real efectivo está por encima del PIB real a largo plazo.

**Brecha recesiva** El PIB real a largo plazo menos el PIB real observado o efectivo, cuando el PIB real efectivo está por debajo del PIB real a largo plazo.

**Burócratas** Funcionarios designados que trabajan en distintos niveles de las instituciones gubernamentales.

**Búsqueda de renta** La actividad que trata de crear un monopolio.

**Cabildeo** La actividad que consiste en presionar a las dependencias o instituciones gubernamentales a través de una diversidad de mecanismos informales.

**Cambio de la cantidad demandada** Un movimiento a lo largo de la curva de demanda que es resultado de un cambio del precio de un bien.

**Cambio de la cantidad ofrecida** Un movimiento a lo largo de la curva de oferta que es resultado de un cambio del precio del bien.

**Cambio de la demanda** Un desplazamiento de la curva completa de la demanda que ocurre cuando cambia alguno de los factores que influyen sobre los planes de los compradores, distinto del precio del bien.

**Cambio de la oferta** Un desplazamiento de toda la curva de oferta, que ocurre cuando cambia alguno de los factores que influyen sobre los planes de los productores, distinto del precio del bien.

**Cantidad agregada de bienes y servicios demandados** La suma de las cantidades de bienes y servicios que las familias planean comprar, de bienes de inversión que las empresas planean comprar, de bienes y servicios que el gobierno planea comprar y de las exportaciones netas que los extranjeros planean comprar.

**Cantidad agregada de bienes y servicios ofrecidos** La suma de las cantidades de todos los bienes y servicios finales producidos por todas las empresas de la economía.

**Cantidad de activos en dólares de Estados Unidos** El acervo de activos financieros denominados en dólares de Estados Unidos menos el acervo de pasivos financieros denominados en dólares de Estados Unidos.

**Cantidad de dinero** La cantidad de billetes y monedas, depósitos bancarios y depósitos en otros tipos de instituciones financieras, como las de ahorro y préstamo, que poseen las familias y empresas.

**Cantidad de equilibrio** La cantidad comprada y vendida al precio de equilibrio.

**Cantidad demandada** La cantidad de un bien o servicio que los consumidores están dispuestos a comprar en un periodo dado a un precio en particular.

**Cantidad demandada de trabajo** El número de horas contratadas por todas las empresas de una economía.

**Cantidad ofrecida** La cantidad de un bien o servicio que los productores están dispuestos a vender en un periodo dado, a un precio en particular.

**Cantidad ofrecida de trabajo** El número de horas de servicios de trabajo que las familias ofrecen a las empresas.

**Capacidad** La tasa de producción en la que el costo total medio de la planta está en un mínimo.

**Capacidad excesiva** Situación en la que la producción está por debajo del nivel en el que el costo total medio es el mínimo.

**Capacidad utilizada en exceso** Cuando una planta produce una cantidad mayor que aquella en la que el costo total medio es mínimo.

**Capital** Los activos reales, equipo, edificios, herramientas y otros bienes manufacturados, usados en la producción y que son propiedad de una familia, empresa o gobierno.

**Capital humano** La habilidad y el conocimiento acumulados de los seres humanos; el valor de la educación y las habilidades adquiridas de una persona.

**Capital propio o capital en acciones ordinarias** La inversión del propietario en un negocio.

**Capitalismo** Sistema económico que permite la propiedad privada del capital y de la tierra que se usan en la producción, y la asignación de los recursos por medio del mercado.

**Capitalismo de Estado bienhechor** Sistema económico que combina la propiedad privada del capital y tierra con las intervenciones del Estado en los

mercados, las cuales cambian las señales de precios a las que responde la gente.

**Cártel** Un grupo de productores que llegan a un acuerdo colusorio para restringir la producción, con el fin de hacer subir los precios y los beneficios.

*Ceteris paribus* Con todo lo demás constante, o todo lo demás se mantiene constante.

**Ciclo económico** El movimiento periódico pero irregular, al alza y a la baja de la actividad económica, medido por las fluctuaciones del PIB real y otras variables macroeconómicas.

**Ciclo económico político** Ciclo económico que se origina a partir de las fluctuaciones de la demanda agregada que ocasionan las políticas diseñadas para mejorar las posibilidades de reelección del gobierno.

**Cima** El punto de inflexión máximo de un ciclo económico, en el que la expansión se convierte en contracción.

**Cociente de concentración de cuatro empresas** El porcentaje del valor de las ventas que representan las cuatro empresas más grandes de una industria.

**Coeficiente de reservas** La fracción de los depósitos totales del banco que se mantienen como reservas.

**Coeficiente de reservas obligatorias** La relación de reservas a depósitos que, por regla, se exige mantener a los bancos.

**Comité Federal de Mercado Abierto (FOMC, *Federal Open Market Committee*)** El principal órgano de política del Sistema de la Reserva Federal de Estados Unidos.

**Competencia** La contienda por el control de los recursos escasos.

**Competencia monopolística** Tipo de mercado en el que un gran número de empresas compiten entre

sí, elaborando productos similares pero ligeramente diferentes.

**Competencia perfecta** Situación que ocurre en mercados en los que un gran número de empresas venden un producto idéntico; hay muchos compradores; no hay restricciones a la entrada; las empresas no tienen ventaja en relación con los nuevos participantes potenciales; y todas las empresas y compradores están plenamente informados acerca de los precios de todas y cada una de ellas.

**Complemento** Tipo de bien que se usa junto con otro.

**Conducta estratégica** Comportarse en una forma que tiene en cuenta la conducta esperada de los demás y el reconocimiento mutuo de interdependencia.

**Consumo** El proceso en el que se agotan los bienes y servicios.

**Contracción** Fase del ciclo económico en la que hay una reducción del ritmo de la actividad económica.

**Cooperación** Gente que trabaja con otros para alcanzar un fin común.

**Coordenada x** Línea que corre horizontalmente desde un punto de una gráfica al eje de las y. Se llama coordenada x porque su longitud es la misma que el valor indicado en el eje de las x.

**Coordenada y** Línea que corre verticalmente desde un punto de una gráfica al eje de las x. Se llama coordenada y porque su longitud es la misma que el valor indicado en el eje de las y.

**Coordenadas** Líneas que corren perpendicularmente desde un punto de la gráfica a uno de los ejes.

**Corporación** Empresa propiedad de uno o más accionistas de responsabilidad limitada.

**Corto plazo** Periodo en el que la cantidad de al menos uno de los factores de producción está fija, y es posible variar las cantidades de los demás factores de producción.

**Corto plazo macroeconómico** Periodo durante el cual los precios de los bienes y servicios cambian en respuesta a cambios de la demanda y la oferta pero en el que no varían los precios de los factores de producción.

**Costo a largo plazo** El costo de producción cuando una empresa utiliza el tamaño de planta que es eficiente en términos económicos.

**Costo de factor** El valor de un bien calculado mediante la suma de los costos de los factores de producción usados para producirlo.

**Costo de oportunidad** La mejor alternativa desechada.

**Costo fijo** Costo que es independiente del nivel de producción.

**Costo fijo medio** El costo fijo total por unidad de producción; el costo fijo total dividido entre la producción.

**Costo fijo total.** El costo de todos los factores de producción fijos.

**Costo histórico** El costo que valora los factores de producción a los precios en realidad pagados por ellos.

**Costo imputado** Costo de oportunidad que no requiere un gasto corriente de efectivo.

**Costo marginal** El incremento del costo total que resulta de un aumento de una unidad en la producción.

**Costo marginal privado** El costo marginal en que incurre directamente el productor de un bien.

**Costo marginal social** El costo de producir una unidad adicional de producción, incluyendo los costos que afronta el productor y cualesquiera otros costos en que incurra indirectamente cualquier otro miembro de la sociedad; el costo marginal en que incurre el productor de un bien junto con el costo marginal impuesto a otros como una externalidad.

**Costo total** La suma de los costos de todos los factores de producción utilizados en la producción.

**Costo total medio** El costo total por unidad de producción; el costo dividido entre la producción.

**Costo variable** El costo que varía con el nivel de producción.

**Costo variable total** El costo de los factores de producción variables.

**Costos de información** El costo de adquirir información sobre precios, cantidades y calidades de bienes y servicios y factores de producción; el costo de oportunidad de la información económica recibida.

**Costos de transacción** Los costos que surgen de la búsqueda de alguien con quien hacer negocios; de llegar a un acuerdo acerca del precio y de otros aspectos del intercambio; y de asegurar que se cumplirán los términos del acuerdo.

**Costos externos** Los costos que no afronta el productor, sino otros miembros de la sociedad.

**Costos irrecuperables** El costo histórico de comprar planta y maquinaria que no tienen valor de reventa corriente.

**Crecimiento económico** La expansión de nuestras posibilidades de producción.

**Cuenta corriente** Un registro de los ingresos por la venta de bienes y servicios a los extranjeros, los pagos por los bienes y servicios comprados a los extranjeros y las donaciones y otras transferencias (como los pagos de la ayuda externa) recibidos de los extranjeros y pagados a ellos.

**Cuenta de capital** Registro de la obtención y otorgamiento de préstamos internacionales de un país.

**Cuenta de pagos oficiales** Cuenta que muestra el aumento neto o disminución neta de las tenencias de divisas de un país.

**Cuentas de la balanza de pagos** El registro del comercio, la obtención y el otorgamiento de préstamos internacionales de un país.

**Cuota** Una restricción de la cantidad de un bien que se permite producir a una empresa o que se permite a un país importar.

**Curva** Cualquier relación entre dos variables trazada en una gráfica, incluso una relación lineal.

**Curva de demanda** Gráfica que muestra la relación entre la cantidad demandada de un bien y su precio, con todo lo demás constante.

**Curva de demanda a corto plazo** La curva de demanda que describe la respuesta inicial de los compradores a un cambio del precio de un bien.

**Curva de demanda agregada** Curva que muestra el PIB real que se demanda a cada nivel de precios, con todo lo demás constante.

**Curva de demanda a largo plazo** La curva de demanda que describe la respuesta de los compradores a un cambio de precio, después de que se han hecho todos los ajustes posibles.

**Curva de demanda de inversión** Curva que muestra la relación entre el nivel de la inversión planeada y la tasa de interés real, manteniendo constantes todos los demás factores que influyen sobre la inversión.

**Curva de gasto agregado** Una gráfica de la tabla del gasto agregado.

**Curva de indiferencia** Línea que muestra todas las combinaciones posibles de dos bienes que proporcionan al consumidor igual satisfacción.

**Curva de Laffer** Curva que relaciona la recaudación tributaria con la tasa impositiva.

**Curva de Lorenz** Curva que muestra el porcentaje acumulado de ingreso o riqueza en relación con el porcentaje acumulado de familias o población.

**Curva de oferta** Gráfica que muestra la relación entre la cantidad ofrecida y el precio de un bien, con todo lo demás constante.

**Curva de oferta a corto plazo** La curva de oferta que describe la respuesta de la cantidad ofrecida a un cambio del precio cuando sólo se han efectuado *algunos* de los ajustes tecnológicamente posibles.

**Curva de oferta a corto plazo de la industria** Curva que muestra la variación de la cantidad total ofrecida a corto plazo por todas las empresas de una industria, cuando varía el precio del mercado.

**Curva de oferta agregada a corto plazo** Curva que muestra la relación entre la cantidad ofrecida de PIB real y el nivel de precios, con todo lo demás constante.

**Curva de oferta agregada a largo plazo** Curva que muestra la cantidad de PIB real ofrecido y el nivel de precios, cuando hay pleno empleo.

**Curva de oferta a largo plazo** La curva de oferta que describe la respuesta de la cantidad ofrecida a un cambio del precio, cuando todos los ajustes tecnológicamente posibles se han aprovechado.

**Curva de oferta de una empresa perfectamente competitiva** Curva que muestra cómo varía la producción de una empresa perfectamente competitiva, cuando varía el precio del mercado, con todo lo demás constante.

**Curva de oferta momentánea** La curva de oferta que describe la respuesta inmediata de la cantidad ofrecida a un cambio de precio.

**Curva de Phillips** Curva que muestra la relación entre la inflación y el desempleo.

**Curva de Phillips a corto plazo** Curva que muestra la relación entre la inflación y el desempleo, manteniendo constante la tasa de inflación esperada y la tasa natural de desempleo.

**Curva de Phillips a largo plazo** Curva que muestra la relación entre la inflación y el desempleo cuando la tasa de inflación observada es igual a la tasa de inflación esperada.

**Curva del costo medio a largo plazo** Curva que traza la relación entre el costo total medio alcanzable mínimo y la producción, cuando es posible variar todos los factores de producción.

**Curva del producto-ingreso marginal** Curva que muestra el producto-ingreso marginal de un factor para cada cantidad del factor contratado.

**Curva del producto-ingreso medio** Curva que muestra el producto-ingreso medio de un factor para cada cantidad contratada del mismo.

**Curva del producto total** Gráfica que muestra la producción máxima alcanzable con una cantidad dada de capital, conforme varía la cantidad empleada de trabajo.

**Déficit ajustado cíclicamente** El déficit que ocurriría si la economía estuviera en el pleno empleo.

**Déficit gemelos** El déficit presupuestario del gobierno y el déficit en cuenta corriente.

**Déficit gubernamental** El gasto total del sector gobierno menos el ingreso total de ese sector, en un periodo dado.

**Déficit presupuestario** El saldo negativo del presupuesto del gobierno; el gasto es superior a la recaudación tributaria.

**Déficit real** El cambio del valor real del saldo de la deuda gubernamental.

**Demanda** La relación completa entre la cantidad demandada de un bien y su precio.

**Demanda agregada** La relación entre la cantidad de bienes y servicios demandados (el PIB real demandado) y el nivel de precios (el índice de deflación del PIB), con todo lo demás constante.

**Demanda de dinero real** La relación entre la cantidad demandada de dinero real y la tasa de interés, manteniendo constantes el resto de los factores que ejercen influencia sobre la cantidad de dinero que la gente desea mantener.

**Demanda de elasticidad unitaria** Una elasticidad de la demanda igual a 1; la cantidad demandada de un bien y su precio cambian en proporciones iguales.

**Demanda de inversión** La relación entre el nivel de inversión planeada y la tasa de interés real, manteniendo constantes todos los demás factores que influyen sobre la inversión.

**Demanda de mercado** La relación entre la cantidad total que se demanda de un bien y su precio.

**Demanda de trabajo** La cantidad demandada de trabajo en cada nivel de la tasa salarial real.

**Demanda de trabajo a corto plazo** La relación entre la tasa de salario y la cantidad demandada de trabajo cuando el insumo capital de la empresa está fijo y el trabajo es el único factor de producción variable.

**Demanda de trabajo a largo plazo**
La relación entre la tasa de salario y la cantidad demandada de trabajo, cuando es posible variar todos los factores de producción.

**Demanda derivada**  Demanda de un factor de producción no por sí mismo, sino para usarlo en la producción de bienes y servicios.

**Demanda elástica**  Cuando la elasticidad de la demanda es mayor que 1; la cantidad demandada de un bien disminuye en un porcentaje mayor que el aumento porcentual de su precio.

**Demanda individual**  La relación entre la cantidad demandada de un bien por un solo individuo, y su precio.

**Demanda inelástica**  Cuando la elasticidad de la demanda está entre 0 y 1; la cantidad demandada de un bien disminuye en un porcentaje más pequeño que el porcentaje de aumento del precio.

**Demanda perfectamente elástica**  La elasticidad de la demanda es infinita; la cantidad demandada llega a cero si el precio sube en la mínima cantidad y la cantidad demandada se vuelve infinita si el precio baja en la mínima cantidad.

**Demanda perfectamente inelástica**  La elasticidad de la demanda es igual a cero; la cantidad demandada no cambia cuando el precio sube.

**Depósito de valor**  Cualquier mercancía o símbolo que es posible mantener e intercambiar más tarde por bienes y servicios.

**Depósito retirable con cheque**  Préstamo del depositante al banco, cuya propiedad puede transferirse de una persona a otra mediante la escritura de una instrucción al banco, un cheque, que solicita que éste modifique sus registros.

**Depreciación**  La disminución del valor del acervo de capital o del valor del factor duradero que es resultado del desgaste.

**Depreciación de la moneda**  La baja del valor de una moneda en términos de otra.

**Depreciación económica**  El cambio del precio de mercado de un factor de producción duradero en un periodo dado.

**Depresión**  Fondo profundo del ciclo económico.

**Derecho compensatorio**  Arancel que se impone para permitir que los productores nacionales compitan con los productores extranjeros subsidiados.

**Derecho de propiedad privada**  Título legalmente reconocido de la propiedad exclusiva de un recurso escaso.

**Derechos de propiedad**  Arreglos sociales que rigen la propiedad, el uso y el destino de los recursos económicos.

**Desahorro**  Ahorro negativo; una situación en la que el gasto de consumo es superior al ingreso disponible.

**Descuento**  La conversión de una suma futura de dinero a su valor presente.

**Deseconomías de escala**  Condiciones tecnológicas en las que el cambio porcentual de la producción de una empresa es menor que el cambio porcentual de la magnitud de los factores de producción; se les llama a veces rendimientos decrecientes a escala.

**Deseconomías externas**  Factores ajenos al control de una empresa que hacen subir su costo total medio cuando sube la producción de la industria.

**Desempleo**  Situación en la que hay trabajadores calificados disponibles para trabajar a la tasa de salario corriente, pero que no tienen empleo.

**Desempleo cíclico**  El desempleo que se origina por una reducción del ritmo de expansión económica.

**Desempleo estructural**  El desempleo que surge cuando hay una disminución del número de empleos disponibles en una región o industria particulares.

**Desempleo por fricción**  El desempleo que surge de la rotación normal del trabajo; nuevos participantes ingresan constantemente al mercado de trabajo, y las empresas a menudo despiden trabajadores y contratan a nuevos trabajadores.

**Deseos**  el ilimitado número de bienes y servicios que quiere tener la gente.

**Desregulación**  El proceso de eliminación de restricciones a los precios, normas y tipos de productos y condiciones para la entrada.

**Deuda gubernamental**  La cantidad total de endeudamiento que el gobierno ha contraído y la cantidad total que debe a familias, empresas y extranjeros.

**Deudor neto**  País que obtiene más préstamos del resto del mundo de los que otorga al resto del mundo.

**Diagrama de dispersión**  Diagrama que traza los valores de una variable económica en relación con los valores de otra.

**Diferenciación de producto**  Hacer un producto ligeramente diferente del de una empresa competidora.

**Dinero**  Cualquier mercancía o símbolo que se acepta generalmente como medio de pago por bienes y servicios.

**Dinero fiduciario**  Una mercancía sin valor intrínseco (o casi sin valor) que desempeña las funciones del dinero.

**Dinero mercancía**  Una mercancía física con valor por derecho propio y que también se usa como medio de pago.

**Dinero nominal** La cantidad de dinero medida en dólares corrientes.

**Dinero pagaré privado** Un préstamo que el prestatario promete reembolsar en dinero a la vista.

**Dinero real** La medida de dinero basada en la cantidad de bienes y servicios que compra.

**Discriminación de precios** La práctica de cobrar a algunos clientes un precio más alto que a otros por un bien idéntico, o de cobrar a un cliente un precio más alto por una compra pequeña que por una grande.

**Discriminación de precios perfecta** La práctica de cobrar diferentes precios por cada unidad vendida y de cobrar a cada consumidor el precio máximo que está dispuesto a pagar por cada unidad comprada.

**Doble coincidencia de deseos** Una situación que ocurre cuando la persona A desea comprar lo que la persona B vende y la persona B desea comprar lo que la persona A vende.

**Dotación** Los recursos que tiene la gente.

**Dumping** La venta de un bien en un mercado del exterior a un precio más bajo que en el mercado interno o a un precio más bajo que su costo de producción.

**Duopolio** Una estructura de mercado en la que dos productores de una mercancía compiten entre sí.

**Duplicación de la contabilidad** Contar el gasto tanto en el bien final como en los bienes intermedios y los servicios utilizados en su producción.

**Economía** El estudio de cómo la gente usa sus recursos limitados para tratar de satisfacer sus deseos ilimitados; mecanismo que asigna recursos escasos entre usos rivales.

**Economía abierta** Economía que tiene vínculos económicos con otras.

**Economía cerrada** Economía que no tiene vínculos con ninguna otra.

**Economía de mando** Economía que descansa en un mecanismo de mando.

**Economía de mercado** Economía que determina *qué, cómo* y *para quién* se producen los bienes y servicios, coordinando las elecciones individuales a través de los mercados.

**Economía mixta** Economía que descansa en parte en los mercados y en parte en un mecanismo de mando, para coordinar la actividad económica.

**Economía subterránea** Toda la actividad económica que es legal pero de la que no se informa.

**Economías de amplitud** Disminuciones del costo total medio permitidas por el aumento del número de bienes diferentes producidos.

**Economías de escala** Condiciones tecnológicas en las que el aumento porcentual de la producción de una empresa es mayor que el aumento porcentual de sus factores de producción; llamadas a veces rendimientos crecientes a escala.

**Economías externas** Factores ajenos al control de una empresa que reducen su costo total medio cuando sube la producción de la industria.

**Economizar** Hacer el mejor uso posible de los recursos escasos.

**Ecuación del cambio** Una ecuación que afirma que la cantidad de dinero multiplicada por la velocidad del dinero es igual al PIB; el nivel de precios multiplicado por el PIB real.

**Ecuación presupuestaria** Ecuación que enuncia los límites del consumo para un ingreso y precios dados.

**Efecto ingreso** El efecto de un cambio del ingreso sobre el consumo.

**Efecto precio** El efecto de un cambio del precio sobre la cantidad consumida de un bien.

**Efecto sustitución** El efecto de un cambio de precio sobre las cantidades consumidas, cuando al consumidor le es indiferente escoger entre la combinación de bienes consumidos original y la nueva.

**Efectos de los saldos monetarios reales** La influencia de un cambio de la cantidad de dinero real sobre la cantidad demandada de PIB real.

**Eficiencia económica** Situación en la que el costo de producir una cantidad determinada es el más bajo posible.

**Eficiencia en la asignación** La situación que ocurre cuando no se desperdician recursos; cuando nadie puede mejorar sin que alguien empeore.

**Eficiencia tecnológica** Situación en la que no es posible aumentar la producción sin aumentar los factores de producción.

**Eje de las $x$** La escala horizontal en una gráfica.

**Eje de las $y$** La escala vertical en una gráfica.

**Ejes** Las líneas con las escalas en una gráfica.

**Elasticidad a corto plazo de la demanda de trabajo** La magnitud del cambio porcentual de la cantidad de trabajo demandada dividido entre el cambio porcentual de la tasa de salario cuando el trabajo es el único factor de producción variable.

**Elasticidad cruzada de la demanda** El cambio porcentual de la cantidad demandada de un bien, dividido entre el cambio porcentual del precio de otro bien (un sustituto o un complemento).

**Elasticidad de la demanda** El valor absoluto de la elasticidad precio de la demanda.

**Elasticidad de la demanda de trabajo a largo plazo** La magnitud del cambio porcentual de la cantidad demandada de trabajo, dividido entre el cambio porcentual de la tasa de salario, cuando se varían todos los factores de producción.

**Elasticidad de la oferta** El cambio porcentual de la cantidad ofrecida de un bien dividido entre el cambio porcentual de su precio.

**Elasticidad ingreso de la demanda** El cambio porcentual de la cantidad demandada dividido entre el cambio porcentual del ingreso.

**Elasticidad precio de la demanda** La sensibilidad de la cantidad demandada de un bien a un cambio de su precio. Se mide con el cambio porcentual de la cantidad demandada de un bien dividido entre el cambio porcentual de su precio.

**Elección de cartera** Elección que se refiere a los activos y pasivos que se tienen.

**Elección racional** La elección que, entre todas las posibles, logra mejor los objetivos.

**Empresa** Una institución que compra o alquila factores de producción y los organiza para producir y vender bienes y servicios.

**Empresa privada** Sistema económico que permite a los individuos decidir acerca de sus propias actividades económicas.

**Enfoque del gasto** La medida del PIB que se obtiene mediante la suma del gasto de consumo, la inversión, las compras gubernamentales de bienes y servicios y las exportaciones netas.

**Enfoque del ingreso de los factores** La medida del PIB que se

obtiene mediante la suma de todos los ingresos que pagan las empresas a las familias por los servicios de los factores de producción que contratan: salarios, interés, renta y beneficios.

**Entrada** La acción de crear una empresa nueva en una industria.

**Equilibrio** Situación en la que todo el mundo ha economizado; es decir, todos los individuos han hecho las mejores elecciones posibles a la luz de sus propias preferencias y dadas sus dotaciones, tecnologías e información; y en la que esas elecciones han sido coordinadas y hechas compatibles con las elecciones de todo el mundo. El equilibrio es la solución o resultado de un modelo económico.

**Equilibrio con desempleo** Situación en la que el equilibrio macroeconómico ocurre a un nivel de PIB real por debajo del PIB real a largo plazo.

**Equilibrio con pleno empleo** Equilibrio macroeconómico en el que el PIB real es igual al PIB real a largo plazo.

**Equilibrio cooperativo** El equilibrio resultado de que cada jugador responda racionalmente ante una amenaza creíble de que otro jugador le infligirá un daño serio si se viola el acuerdo.

**Equilibrio de acervo** Situación en que el acervo disponible de un activo se mantiene voluntariamente.

**Equilibrio de estrategia dominante** Un equilibrio de Nash en el que hay una estrategia dominante para cada uno de los jugadores que participa en el juego.

**Equilibrio de expectativas racionales** Equilibrio macroeconómico basado en expectativas que son los mejores pronósticos disponibles.

**Equilibrio de flujo** Situación en la que la cantidad ofrecida de bienes o servicios por unidad de

tiempo es igual a la cantidad demandada por unidad de tiempo.

**Equilibrio de Nash** El resultado de un juego en el que el jugador A realiza la mejor acción posible dada la acción del jugador B, y el jugador B realiza la mejor acción posible dada la acción del jugador A.

**Equilibrio del consumidor** Situación en la que un consumidor ha asignado su ingreso en la forma que maximiza su utilidad.

**Equilibrio macroeconómico** Situación en la que la cantidad demandada de PIB real es igual a la cantidad ofrecida de PIB real.

**Equilibrio político** Situación en la que las elecciones de los votantes, políticos y burócratas son compatibles y en la que ningún grupo de agentes puede mejorar al hacer una elección diferente.

**Equilibrio por encima del pleno empleo** Situación en la que el equilibrio macroeconómico ocurre a un nivel del PIB real por encima del PIB real a largo plazo.

**Escasez** La situación universal en la que los deseos sobrepasan a los recursos.

**Especialización** La producción de un solo bien o de unos cuantos bienes.

**Estabilizador automático** El mecanismo que aminora las fluctuaciones del gasto agregado que son resultado de las fluctuaciones de un componente del gasto agregado.

**Estrategia de golpe por golpe** Estrategia en la que un jugador coopera en el periodo corriente si el otro jugador cooperó en el periodo anterior; pero hace trampa en el periodo corriente si el otro jugador la hizo en el periodo anterior.

**Estrategia detonante** Estrategia en la que un jugador coopera si el otro jugador coopera, pero juega una estrategia de equilibrio de Nash para siempre desde entonces si el otro jugador hace trampa.

**Estrategia dominante** Estrategia de juego que consiste en realizar la única mejor acción, independientemente de lo que haga el otro jugador.

**Estrategias** Todas las acciones posibles de cada jugador.

**Estructura de incentivos** El conjunto de arreglos que inducen a la gente a realizar ciertas acciones.

**Excedente del consumidor** La diferencia entre el valor de un bien y su precio.

**Excedente del productor** La diferencia entre el ingreso del productor y el costo de oportunidad de la producción.

**Excedente total** La suma del excedente del consumidor y del excedente del productor.

**Expansión** La fase del ciclo económico en la que hay un aceleramiento del ritmo de actividad económica.

**Expectativa racional** El pronóstico que utiliza toda la información pertinente disponible acerca de los acontecimientos pasados y presentes y que tiene el menor error posible.

**Exportaciones** Los bienes y servicios que se venden a los habitantes de otros países.

**Exportaciones netas** El gasto de los extranjeros en bienes producidos en un país determinado, menos el gasto de los residentes de ese país en bienes producidos en el extranjero; exportaciones menos importaciones.

**Exportador neto** País cuyo valor de las exportaciones es superior al valor de sus importaciones; su balanza comercial es positiva.

**Expulsión** La tendencia de una política fiscal expansionista a aumentar las tasas de interés, lo que reduce, expulsa, la inversión.

**Expulsión internacional** La tendencia de la política fiscal expansionista a producir una disminución de las exportaciones netas.

**Externalidad** Costo o beneficio que tiene su origen en una transacción económica, que recae sobre un tercero y que no tienen en cuenta los que realizan la transacción.

**Factor de producción duradero** Factor de producción que no se agota en un solo periodo de producción.

**Factores de producción** Los recursos productivos de la economía: tierra, trabajo y capital.

**Factores de producción fijos** Factores de producción cuya cantidad utilizada no puede variarse a corto plazo.

**Factores de producción variables** Factores de producción cuya cantidad utilizada puede variarse a corto plazo.

**Familia** Cualquier grupo de personas que viven juntas como una unidad de toma de decisiones.

**Fijación de objetivos del PIB nominal** El intento de mantener constante el crecimiento del PIB nominal.

**Filtración de efectivo** La tendencia de algunos de los fondos prestados por los bancos y las instituciones financieras a permanecer fuera del sistema bancario y circular como moneda en poder del público.

**Filtraciones** Ingreso que no se gasta en bienes y servicios producidos internamente: ahorro, impuestos (netos de pagos de transferencias) e importaciones.

**Financiamiento con deuda** El financiamiento del déficit del gobierno mediante la venta de bonos a cualquiera (familia, empresa o extranjero) que no sea el Banco Central.

**Financiamiento monetario** El financiamiento del déficit del gobierno mediante la venta de bonos al Banco Central, lo que da como resultado la creación de más dinero.

**Fondo** El punto de inflexión más bajo del ciclo económico, en el que la contracción se convierte en expansión.

**Fondo Monetario Internacional** Organización internacional que supervisa las actividades de la balanza de pagos y del tipo de cambio.

**Fondo mutualista del mercado de dinero** Institución financiera que obtiene fondos mediante la venta de acciones y que usa esos fondos para comprar activos sumamente líquidos, como los pagarés del Banco Central.

**Franquicia pública** Un derecho exclusivo concedido a una empresa para ofrecer un bien o servicio.

**Frontera de posibilidades de producción** El límite entre los niveles de producción alcanzables e inalcanzables.

**Fuerza de trabajo** El número total de trabajadores empleados y desempleados.

**Función ahorro** La relación entre el ahorro y el ingreso disponible, con todo lo demás constante.

**Función consumo** La relación entre el gasto de consumo y el ingreso disponible, con todo lo demás constante.

**Función de exportación neta** La relación entre las exportaciones netas y el PIB real de un país, manteniendo constantes el resto de los factores que influyen sobre las exportaciones e importaciones de un país.

**Función de producción** Relación que muestra la variación de la producción cuando varía el empleo de los factores de producción.

**Función de producción a corto plazo** La relación que muestra la variación de la producción cuando varía la cantidad de trabajo empleado, manteniendo constante la cantidad de capital y el estado de la tecnología.

**Función de producción agregada a corto plazo** La relación que muestra la variación del PIB real cuando varía la cantidad de trabajo empleado, si se mantienen constantes los factores de producción, incluyendo el acervo de capital y el estado de la tecnología.

**Función de producción per cápita** Curva que muestra la variación de la producción per cápita cuando varía el acervo de capital per cápita, con un estado de conocimiento determinado acerca de la tecnología alternativa.

**Fusión** La combinación de los activos de dos empresas para formar una sola y nueva empresa.

**Gasto agregado planeado** El gasto que los agentes económicos (familias, empresas, gobiernos y extranjeros) planean realizar en circunstancias dadas.

**Gasto autónomo** La suma de los componentes del gasto agregado planeado que no reciben la influencia del PIB real.

**Gasto de consumo** El pago total que hacen las familias en bienes y servicios.

**Gasto de equilibrio** El nivel del gasto agregado planeado que es igual al PIB real.

**Gasto inducido** La parte del gasto agregado planeado en bienes y servicios producidos en un país que varía al variar el PIB real.

**Gobierno** Organización que proporciona bienes y servicios a las familias y empresas y redistribuye el ingreso y la riqueza.

**Gráfica de series de tiempo** Gráfica que muestra el valor de una variable trazada en el eje de

las $y$ en relación con el tiempo, que se marca en el eje de las $x$.

**Gran salto hacia adelante** Uno de los planes económicos de la China posterior a la revolución que se basó en la producción en pequeña escala e intensiva en mano de obra.

**Hipótesis de expectativas racionales** La proposición de que los pronósticos que hace la gente, sin importar cómo los haga, son los mismos que los pronósticos hechos por un economista que usa la teoría económica pertinente junto con toda la información disponible en el momento en que se hace el pronóstico.

**Hipótesis de la tasa natural** La proposición de que la curva de Phillips a largo plazo es vertical, a la tasa natural de desempleo.

**Huelga** La negativa de un grupo de trabajadores a trabajar en las condiciones prevalecientes.

**Ignorancia racional** La decisión de no adquirir información porque el costo de adquisición es mayor que el beneficio que se deriva de tenerla.

**Imperfección del mercado** La incapacidad de un mercado no regulado para lograr, en todas las circunstancias, la eficiencia en la asignación.

**Implicaciones** El resultado de un modelo que se deriva lógicamente de sus supuestos.

**Importación** Los bienes y servicios que se compran a los habitantes de otro país.

**Importador neto** País cuyo valor de las importaciones es superior al valor de sus exportaciones; su balanza comercial es negativa.

**Impuesto al consumo** Impuesto sobre la venta de una mercancía en particular.

**Impuesto indirecto** Impuesto pagado por los consumidores cuando compran bienes y servicios.

**Impuesto negativo sobre la renta** Plan de redistribución que da a cada familia un *ingreso anual garantizado* y que reduce el beneficio para la familia según una *tasa de pérdida del beneficio* específica, conforme aumenta su ingreso de mercado.

**Impuesto progresivo sobre la renta** El impuesto sobre la renta con una tasa marginal que sube al aumentar el nivel de ingreso.

**Impuesto regresivo sobre la renta** El impuesto sobre la renta con una tasa marginal que baja al descender el nivel de ingreso.

**Incertidumbre** Situación en la que puede ocurrir más de un suceso, pero no sabemos cuál.

**Inclusión** La tendencia de una política fiscal expansionista a aumentar la inversión.

**Índice de deflación del PIB** Índice de precios que mide el nivel promedio de los precios de todos los bienes y servicios que integran el PIB.

**Índice de Herfindahl-Hirschman** Índice calculado como la suma de los cuadrados de la participación de mercado (porcentaje) de cada una de las 50 empresas más grandes (o de todas las empresas si son menos de 50), que están en el mercado.

**Índice de precios** Medida del nivel promedio de precios de un periodo que se expresa como un porcentaje de su nivel en un periodo anterior.

**Índice de precios al consumidor** Índice que mide el nivel promedio de los precios de los bienes y servicios consumidos generalmente por una familia urbana.

**Índice ponderado con comercio** El valor de una canasta de monedas, cuando la ponderación de cada moneda está en relación con su importancia en el comercio internacional de un país.

**Industria nacionalizada** Industria propiedad de una autoridad de propiedad pública que se encarga de su funcionamiento y que es directamente responsable ante el gobierno.

**Inflación** Un movimiento ascendente del nivel promedio de precios.

**Inflación anticipada** La tasa de inflación que se ha pronosticado correctamente (en promedio).

**Inflación de empuje de costos** La inflación resultado de una disminución de la oferta agregada, lo que incrementa los costos.

**Inflación no anticipada (inesperada)** La inflación que toma por sorpresa a la gente.

**Inflación por atracción de demanda** La inflación resultado de un aumento de la demanda agregada.

**Información económica** Datos sobre precios, cantidades y calidades de bienes y servicios y factores de producción.

**Información privada** Información que está disponible para una persona, pero que para cualquier otra es demasiado costosa de obtener.

**Ingreso agregado** La cantidad recibida por las familias como pago por los servicios de los factores de la producción.

**Ingreso de mercado** El ingreso de una persona cuando no hay redistribución gubernamental.

**Ingreso disponible** El ingreso más los pagos de transferencia, menos los impuestos.

**Ingreso interno bruto a costo de los factores** La suma de todos los ingresos de los factores.

**Ingreso marginal** El cambio del ingreso total que resulta de un aumento de una unidad en la cantidad vendida.

**Ingreso medio** El ingreso total dividido entre la cantidad vendida. El ingreso medio también es igual al precio.

**Ingreso proporcional sobre la renta** El impuesto sobre la renta con una tasa constante, independientemente del nivel de ingreso.

**Ingreso real** El ingreso expresado en unidades de bienes. El ingreso real en términos de un bien particular es el ingreso dividido entre el precio de ese bien.

**Ingresos de transferencia** El ingreso requerido para inducir al propietario a ofrecer el factor de producción para que se use.

**Innovación** La acción que consiste en la aplicación de una técnica nueva.

**Innovación financiera** El desarrollo de nuevos productos financieros; de nuevas formas de obtención y otorgamiento de préstamos.

**Institución de ahorro y préstamo** En Estados Unidos, un intermediario financiero que tradicionalmente obtenía sus fondos de los depósitos de ahorro y que otorgaba préstamos hipotecarios a largo plazo a los compradores de casas.

**Integración horizontal** La fusión de dos o más empresas que suministran básicamente el mismo producto o servicio.

**Integración vertical** La fusión de dos o más empresas que operan en diferentes etapas del proceso de producción de un solo bien o servicio.

**Intercambio monetario** Sistema en el que alguna mercancía o símbolo sirve como medio de cambio.

**Intermediario financiero** Empresa que acepta depósitos de las familias y las empresas y otorga préstamos a otras familias y empresas.

**Inventarios** Acervos de materias primas, productos semiterminados y de bienes finales no vendidos que poseen las empresas.

**Invento** El descubrimiento de una técnica nueva.

**Inversión** La compra de nueva planta, equipo y edificios y las adiciones a los inventarios.

**Inversión bruta** La cantidad gastada en reemplazar el capital depreciado y en las adiciones netas al acervo de capital.

**Inversión neta** Adiciones netas al acervo de capital; inversión bruta menos depreciación.

**Inyecciones** Gastos que se agregan al flujo circular del gasto y del ingreso; inversión, compras gubernamentales y exportaciones.

**Jerarquía** Organización dispuesta en rangos, cada uno de los cuales está subordinado al que está inmediatamente por encima de él.

**Keynesiano** Macroeconomista que considera que la economía es inestable de manera inherente y que requiere la activa intervención gubernamental para alcanzar la estabilidad.

**Largo plazo** Periodo en el que pueden variarse las cantidades de todos los factores de producción.

**Largo plazo macroeconómico** Periodo lo suficientemente prolongado como para que los precios de todos los factores de producción se hayan ajustado a cualquier perturbación.

**Legado** Un regalo de una generación a la siguiente.

**Ley antimonopolio** Una ley que regula y prohíbe ciertas clases de conducta del mercado, como el monopolio y las prácticas monopolísticas.

**Ley de derecho al trabajo** Ley que permite a un individuo trabajar en cualquier empresa sin afiliarse a un sindicato, en Estados Unidos.

**Ley de Gresham** La tendencia del dinero malo a sacar de la circulación al dinero bueno.

**Ley de los rendimientos decrecientes** La tendencia general a que el producto marginal disminuya finalmente, conforme más se emplea el factor de producción variable, manteniendo constante la cantidad de factores de producción fijos.

**Ley de normas laborales justas** Una ley que declara ilegal contratar a un trabajador adulto por menos de 4.25 dólares por hora, en Estados Unidos.

**Ley de un solo precio** Ley que afirma que cualquier mercancía dada estará disponible a un solo precio.

**Ley del salario mínimo** Regulación que declara ilegal el comercio del trabajo por debajo de un salario específico.

**Licencia gubernamental** Permiso que controla el ingreso a ocupaciones, profesiones o industrias particulares.

**Límites físicos** La cantidad máxima que puede producir una planta.

**Liquidez** El grado en que es posible convertir un activo instantáneamente en efectivo, a un precio conocido.

**M1** Una medida de dinero que es la suma de los billetes y monedas en circulación fuera de los bancos, los cheques de viajero, los depósitos a la vista y otros depósitos retirables con cheques como las cuentas NOW y ATS.

**M2** Una medida de dinero que es la suma de M1, los depósitos de ahorro, los depósitos a corto plazo, los depósitos en eurodólares, acciones de los fondos mutualistas del mercado de

dinero en poder de individuos y otros depósitos de M2.

**M3** Una medida de dinero que es la suma de M2, los depósitos a largo plazo, los depósitos a plazo en eurodólares, acciones de los fondos mutualistas del mercado de dinero en poder de instituciones y otros depósitos de M3.

**Macroeconomía** La rama de la ciencia económica que estudia la economía como un todo. La macroeconomía se ocupa del nivel general de actividad económica y no de las elecciones individuales detalladas.

**Matriz de recompensas** Tabla que muestra las recompensas que son el resultado de cada acción posible de un jugador en respuesta a cada acción posible del otro jugador.

**Maximización de la utilidad** El logro de la mayor utilidad posible.

**Maximización del beneficio** Obtención del máximo beneficio posible.

**Mecanismo de mando** Un método para determinar *qué*, *cómo* y *para quién* se producen los bienes y servicios, basado en la autoridad de un gobernante o de un cuerpo gobernante.

**Medio de cambio** Cualquier cosa que se acepta generalmente a cambio de bienes y servicios.

**Mercado** Cualquier arreglo que facilite la compra y venta de un bien, servicio, factor de producción o compromiso futuro.

**Mercado a plazo** (*forward*) Mercado en el que se asume un compromiso a un precio acordado aquí y ahora, para intercambiar una cantidad específica de una mercancía en particular en una fecha futura específica.

**Mercado bursátil** El mercado en el que se comercian las acciones de las empresas.

**Mercado de bienes** Mercado en el que se compran y venden bienes y servicios.

**Mercado de bonos** El mercado en el que se comercian los bonos emitidos por las empresas y los gobiernos.

**Mercado de depósitos mayoristas** El mercado de depósitos entre los bancos y otras instituciones financieras.

**Mercado de divisas** El mercado en el que la moneda de un país se intercambia por la moneda de otro país.

**Mercado de factores** Mercado en el que se compran y venden los factores de producción.

**Mercado de futuros** Mercado organizado que opera en una bolsa de futuros en la que se pueden negociar contratos a gran escala para la entrega futura de bienes.

**Mercado de préstamos** El mercado donde las familias y empresas obtienen y otorgan préstamos.

**Mercado eficiente** Mercado en el que el precio efectivo incorpora toda la información pertinente disponible actualmente.

**Mercado negro** Un arreglo de comercio ilegal en el que compradores y vendedores realizan operaciones a un precio más alto que el tope impuesto legalmente.

**Microeconomía** La rama de la economía que estudia las decisiones de las familias y las empresas y funcionamiento de los mercados. La microeconomía también estudia la forma en que los impuestos y la regulación gubernamental afectan nuestras elecciones económicas.

**Moneda** Los billetes y monedas que usamos actualmente.

**Monetarista** Macroeconomista que otorga gran importancia a las variaciones de la cantidad de dinero como el determinante principal de la demanda agregada y que considera que la economía es estable de manera inherente.

**Monopolio** El oferente único de un bien, servicio o recurso que no tiene sustitutos cercanos y para el que existe una barrera que impide la entrada de nuevas empresas.

**Monopolio bilateral** Estructura de mercado donde se enfrentan un solo comprador y un solo vendedor.

**Monopolio de un solo precio** Monopolio que cobra el mismo precio por todas y cada una de las unidades de producción.

**Monopolio legal** Monopolio que ocurre cuando una ley, licencia o patente restringe la competencia al impedir la entrada.

**Monopolio natural** Monopolio que ocurre cuando hay una fuente de oferta única de una materia prima o cuando una empresa puede abastecer todo el mercado a un precio más bajo de lo que pueden hacerlo dos o más empresas.

**Monopsonio** Estructura de mercado en la que sólo hay un comprador.

**Multiplicador** El cambio del PIB real de equilibrio dividido entre el cambio del gasto autónomo.

**Multiplicador de compras gubernamentales** La cantidad por la que se multiplica un cambio de las compras gubernamentales de bienes y servicios para determinar el cambio del gasto de equilibrio que genera.

**Multiplicador de impuestos** La cantidad por la que se multiplica un cambio de impuestos para determinar el cambio del gasto de equilibrio que genera.

**Multiplicador de pagos de transferencia** La cantidad por la que se multiplica un pago de transferencia para determinar el cambio del gasto de equilibrio que genera.

**Multiplicador del gasto autónomo** La cantidad por la que se multiplica un cambio del gasto autónomo para determinar el cambio del gasto de equilibrio que genera.

**Multiplicador del presupuesto equilibrado** La cantidad por la que se multiplica un cambio de las compras gubernamentales de bienes y servicios, para determinar el cambio del gasto de equilibrio cuando se cambian los impuestos en la misma cantidad que el cambio de las compras gubernamentales.

**Multiplicador monetario** La cantidad por la que se multiplica un cambio de la base monetaria para determinar el cambio resultante de la cantidad de dinero.

**Multiplicador monetario simple** La cantidad por la que se multiplica un aumento de las reservas bancarias para calcular el efecto de ese aumento sobre los depósitos bancarios totales, cuando no hay filtraciones de efectivo del sistema bancario.

**Nación acreedora** País que ha invertido más en el resto del mundo de lo que los otros países han invertido en él.

**Nación deudora** País que, durante toda su historia, ha pedido prestado más al resto del mundo de lo que ha prestado a otros países. Tiene un saldo de deuda pendiente con el resto del mundo que es superior al saldo de sus propios derechos sobre el resto del mundo.

**Negociación colectiva** Proceso de negociación entre representantes de los patrones y los sindicatos.

**Nivel de precios** El nivel promedio de precios medidos por un índice de precios.

**Oferta** La relación completa entre la cantidad ofrecida de un bien y su precio.

**Oferta agregada a corto plazo** La relación entre la cantidad agregada ofrecida de bienes y servicios (PIB real) y el nivel de precios (el índice de deflación del PIB), con todo lo demás constante.

**Oferta agregada a largo plazo** La relación entre la cantidad agregada ofrecida de bienes y servicios (PIB) y el nivel de precios (índice de deflación del PIB), cuando hay pleno empleo.

**Oferta de trabajo** La cantidad ofrecida de trabajo a cada nivel de la tasa de salario real.

**Oligopolio** Tipo de mercado en el que un pequeño número de productores compiten entre sí.

**Operación de mercado abierto** La compra o venta de valores gubernamentales que realiza el Banco Central con el fin de influir sobre la oferta monetaria.

**Optimización** El proceso de equilibrar los beneficios con los costos y hacer lo mejor dentro de los límites de lo posible.

**Origen** El punto cero que es común a ambos ejes en una gráfica.

**Pagos de transferencia** Pagos realizados por el gobierno a las familias que se benefician de programas sociales.

**País comunista** País donde existe una limitada propiedad privada del capital productivo y de las empresas, con poco apoyo en el mercado como medio para la asignación de los recursos, y donde las dependencias gubernamentales planean y dirigen la producción y distribución de la mayoría de los bienes y servicios.

**País de reciente industrialización** País en el que hay una amplia base industrial en desarrollo y el ingreso per cápita crece rápidamente.

**País en desarrollo** País que es pobre pero que está acumulando capital y desarrollando una base industrial y comercial.

**País industrial** País que tiene una gran cantidad de equipo de capital y en el que los habitantes realizan actividades sumamente especializadas, lo que les permite ganar ingresos per cápita altos.

**País subdesarrollado** País poco industrializado con mecanización limitada del sector agrícola, poco equipo de capital y un ingreso per cápita bajo.

**Papel moneda convertible** Título que da derecho a una mercancía (como el oro) y que circula como medio de pago.

**Paradoja de la frugalidad** El hecho de que un aumento de la frugalidad conduce a un aumento del ingreso de un individuo, pero a una disminución del ingreso agregado. La paradoja surge cuando ocurre un aumento del ahorro sin que haya un aumento de la inversión.

**Parásito** Alguien que consume un bien sin pagar por él.

**Paridad de la tasa de interés** Una situación en la que las tasas de interés se igualan en todos los países, una vez que se han tenido en cuenta los riesgos.

**Paridad del poder adquisitivo** Situación que ocurre cuando el dinero tiene el mismo valor en los distintos países.

**Paro patronal** La negativa de una empresa a operar su planta y a emplear a sus trabajadores.

**Pasivo** Una deuda; algo que una familia, empresa o gobierno debe.

**Patente** Derecho exclusivo otorgado por el gobierno al inventor de un producto o servicio.

**Patrón de pago diferido** Una medida acordada que permite elaborar contratos para pagos e ingresos futuros.

**Pendiente** El cambio del valor de la variable medida en el eje de las *y*, dividido entre el cambio de la variable medida en el eje de las *x*.

**Pérdida irrecuperable** Una medida de la ineficiencia en la asignación, que se expresa como la reducción de los excedentes del consumidor y del productor y que es resultado de una restricción de la producción por debajo de su nivel eficiente.

**Perpetuidad** Bono que promete pagar para siempre una suma fija de dinero anual.

**PIB nominal** La producción de bienes y servicios finales valorada a precios corrientes.

**PIB real** La producción de bienes y servicios finales valorada a los precios que prevalecen en el periodo base.

**Planificación central** Método de asignación de los recursos mediante mecanismos de mando.

**Planificación descentralizada** Sistema económico que combina la propiedad estatal del capital y la tierra con incentivos basados en una combinación de precios del mercado y dirigidos.

**Pleno empleo** Situación en la que el número de personas que buscan empleo es igual al número de vacantes.

**Pobreza** Nivel de ingresos medido por un índice de pobreza.

**Política fiscal** El intento del gobierno por influir sobre la economía mediante la variación de sus compras de bienes y servicios y de impuestos, para atenuar las fluctuaciones del gasto agregado.

**Política monetaria** El intento del Banco Central por influir en la economía mediante la variación de la oferta monetaria y las tasas de interés.

**Políticos** Funcionarios electos de los gobiernos federal, estatales y locales, desde los principales ejecutivos (presidente, gobernadores de los estados y alcaldes) hasta los miembros de las legislaturas (senadores y diputados estatales y federales, y consejeros municipales).

**Precio de ahogamiento** Precio al cual ya no conviene usar un recurso natural.

**Precio de equilibrio** El precio en el que la cantidad demandada es igual a la cantidad ofrecida.

**Precio de mercado** El precio que la gente paga por un bien o servicio.

**Precio de reserva del comprador** El precio más alto que un comprador está dispuesto a pagar por el bien.

**Precio relativo** El cociente del precio de un bien sobre el precio de otro.

**Preferencias** Lo que agrada y desagrada a la gente y la intensidad de esas preferencias.

**Prestamista neto** Un país que otorga más préstamos al resto del mundo de los que obtiene del resto del mundo.

**Préstamo** El compromiso de una cantidad fija de dinero por un periodo acordado de tiempo.

**Presupuesto equilibrado** Presupuesto del gobierno en el que la recaudación tributaria y el gasto son iguales.

**Presupuesto federal** Exposición del plan financiero del gobierno federal, que detalla los programas y sus costos, la recaudación tributaria y el déficit o superávit propuestos en un país.

**Principal** Empresa (o persona) que contrata a otra persona (o empresa) para realizar un trabajo específico.

**Principio de diferenciación mínima** La tendencia de los competidores a hacerse casi idénticos para atraer al máximo número de clientes o de votantes.

**Principio de Hotelling** La proposición de que el mercado del acervo de un recurso natural está en equilibrio cuando se espera que el precio del recurso suba a una tasa igual a la tasa de interés.

**Privatización** El proceso de venta de empresas propiedad del Estado a individuos y empresas privadas.

**Probabilidad** Un número entre 0 y 1 que mide la posibilidad de que ocurra un suceso factible.

**Problema del parasitismo** La tendencia a que la provisión de un bien público sea insuficiente (a que no sea eficiente en la asignación) si es producida y vendida en forma privada.

**Producción** La conversión de los recursos naturales, humanos y de capital, en bienes y servicios.

**Producción en equipo** Proceso de producción en el que los individuos trabajan en equipo y cada uno se especializa en tareas que se apoyan mutuamente.

**Producción familiar** La producción de bienes y servicios para consumir dentro de la familia.

**Productividad** La cantidad de producción obtenida por unidad de factores de producción usados para obtenerla.

**Productividad del trabajo** Producción total por persona empleada.

**Producto-ingreso marginal** El cambio del ingreso total que resulta de emplear una unidad más de un factor.

**Producto-ingreso medio** El ingreso total dividido entre la cantidad contratada del factor.

**Producto interno bruto** El valor de todos los bienes y servicios finales producidos en una economía en un año.

**Producto interno bruto a precios del mercado** La suma de todos los ingresos de los factores más los impuestos indirectos menos los subsidios.

**Producto marginal** El aumento del producto total que resulta de un aumento de una unidad del factor de producción variable.

**Producto marginal decreciente del trabajo** La tendencia a que el producto marginal del trabajo baje cuando aumenta este insumo, con todo lo demás constante.

**Producto marginal del capital** El cambio del producto total que resulta de un aumento de una unidad de la cantidad empleada de capital, manteniendo constante la cantidad de trabajo.

**Producto marginal del trabajo** El cambio del producto total (producción) que resulta de un aumento de una unidad en la cantidad empleada de trabajo, manteniendo constante la cantidad de todos los demás factores de producción.

**Producto medio** El producto total por unidad del factor de producción variable.

**Producto nacional bruto** El valor total de la producción que poseen los residentes de un país.

**Producto total** La cantidad total producida por una empresa en un periodo dado.

**Progreso tecnológico** El desarrollo de nuevas y mejores maneras de producir bienes y servicios.

**Propensión marginal a ahorrar** La fracción del último dólar de ingreso disponible que se ahorra.

**Propensión marginal a consumir** La fracción del último dólar de ingreso disponible que se gasta en bienes de consumo y servicios.

**Propensión marginal a consumir del PIB real** El cambio del gasto de consumo dividido entre el cambio del PIB real.

**Propensión marginal a importar** La fracción del último dólar de PIB real gastado en importaciones.

**Propensión media a ahorrar** La relación entre el ahorro y el ingreso disponible.

**Propensión media a consumir** La relación entre el gasto de consumo y el ingreso disponible.

**Propiedad** Cualquier cosa de valor que se posee.

**Propiedad individual** Empresa con un solo dueño que tiene responsabilidad ilimitada.

**Propiedad intelectual** El producto intangible del esfuerzo creativo, protegido por derechos de autor y patentes. Este tipo de propiedad incluye libros, música, programas de computador e inventos de todo tipo.

**Proteccionismo** La restricción del comercio internacional.

**Punto de cierre** El nivel de cantidad y precio en el que la empresa sólo obtiene su costo variable total.

**Punto de equilibrio** El producto en el que el ingreso total es igual al costo total (y en el que el beneficio es de cero).

**Recesión** Una baja del nivel de actividad económica en la que el PIB real desciende en dos trimestres seguidos.

**Recompensa** El resultado de cada jugador en un juego.

**Recursos naturales** Los factores de producción no producidos de los que estamos dotados; todos los dones de la naturaleza, incluyendo tierra, agua, aire y todos los minerales que contienen.

**Recursos naturales agotables** Recursos naturales que pueden usarse solamente una vez y no pueden reemplazarse.

**Recursos naturales inagotables** Recursos naturales que pueden usarse repetidamente sin reducir lo que está disponible para un uso futuro.

**Regla de fijación de precios según el costo medio** Regla que fija el precio igual al costo total medio.

**Regla de fijación de precios según costo marginal** Regla que fija el precio igual al costo marginal.

**Regla de la búsqueda óptima**
Regla que afirma que el comprador busca hasta encontrar un artículo a un precio igual o inferior al precio de reserva, y entonces suspende la búsqueda y compra.

**Regla de retroalimentación**
Regla que enuncia cómo responden las acciones de política ante los cambios de la situación de la economía.

**Regla fija**  Regla que especifica la acción que se seguirá, independientemente de la situación de la economía.

**Regulación**  Reglas administradas por una institución gubernamental para restringir la actividad económica mediante la determinación de precios, estándares y tipos de productos y las condiciones de entrada de nuevas empresas a una industria.

**Regulación de la tasa de rendimiento**  Regulación que fija el precio a un nivel que permite a la empresa regulada ganar un rendimiento porcentual específico sobre su capital.

**Relación de subordinado**  La relación entre una empresa y sus propietarios, gerentes y trabajadores, y entre ella y otra empresa.

**Relación lineal**  La relación entre dos variables que se representa por una línea recta en una gráfica.

**Relación negativa**  Relación entre dos variables que se mueven en direcciones opuestas.

**Relación positiva**  Relación entre dos variables que se mueven en la misma dirección.

**Rendimiento de la acción**  El ingreso de una acción de una empresa, expresado como un porcentaje del precio de la misma.

**Rendimiento de un bono**  El rendimiento de un bono que se expresa como un porcentaje del precio del mismo.

**Rendimientos a escala**  Incrementos de la producción que son resultado del incremento de todos los factores de producción en el mismo porcentaje.

**Rendimientos constantes a escala**  Condiciones tecnológicas en las que el aumento porcentual de la producción de la empresa es igual al aumento porcentual de los factores de producción.

**Rendimientos crecientes a escala**  Condiciones tecnológicas en las que el aumento porcentual de la producción de una empresa es superior al aumento porcentual de sus factores de producción; se les llama a veces economías de escala.

**Rendimientos decrecientes a escala**  Condiciones tecnológicas en las que un cambio porcentual de la producción de una empresa es menor que el cambio porcentual de la magnitud de los factores de producción; se les llama a veces deseconomías de escala.

**Rendimientos marginales crecientes**  Situación en la que el producto marginal del último trabajador contratado es superior al producto marginal del penúltimo.

**Rendimientos marginales decrecientes**  Situación en la que el producto marginal del último trabajador contratado es menor que el producto marginal del penúltimo.

**Renta económica**  El ingreso recibido por el propietario de un factor de producción superior a la cantidad necesaria para inducirlo a ofrecer el factor para su utilización.

**Reservas**  Efectivo en las bóvedas del banco más los depósitos de éste en el Banco Central.

**Reservas excedentes**  Las reservas efectivas de un banco menos sus reservas obligatorias.

**Reservas obligatorias**  Las reservas mínimas que a un banco se le permite tener; sus depósitos multiplicados por el coeficiente de reservas obligatorias.

**Reservas oficiales**  Las tenencias gubernamentales de divisas.

**Restricción presupuestaria**  Los límites de las elecciones de consumo de una familia.

**Restricción voluntaria a la exportación**  Restricción que se impone el país exportador en el volumen de sus exportaciones de un bien particular. Las restricciones voluntarias a la exportación se indican también como RVE.

**Restricciones del mercado**  Las condiciones en las cuales una empresa puede comprar sus factores de producción y vender su producción.

**Riesgo**  Situación en la que puede ocurrir más de un resultado y es posible calcular la probabilidad de cada resultado posible.

**Riesgo moral**  Cuando una de las partes de un acuerdo tiene un incentivo, después de concretado el acuerdo, para actuar en una forma que la beneficie a costa de la otra parte.

**Riqueza**  Los activos totales de una familia, empresa o gobierno, menos sus pasivos totales.

**Salario de reserva**  La tasa de salario más baja a la que una persona o familia ofrecerá trabajo en el mercado. Por un salario inferior, la persona no trabajará.

**Saldo de la cuenta corriente**  El valor de todos los bienes y servicios que se venden a otros países menos el valor de los bienes y servicios que se compran a los extranjeros.

**Saldo del presupuesto**  Recaudación tributaria total menos el gasto total del gobierno en un periodo dado (normalmente de un año).

**Salida**  La acción de cerrar una empresa y abandonar la industria.

**Sección**   Unidad de un sindicato, que organiza a trabajadores individuales.

**Selección adversa**   La tendencia a que la gente que acepta contratos sea la gente con información privada que planea usar con ventaja para ellos y desventaja para la parte menos informada.

**Señal**   Acción realizada fuera del mercado que transmite información que puede usarse en el mercado.

**Sindicato**   Un grupo organizado de trabajadores cuyo propósito es aumentar los salarios e influir sobre otras condiciones de trabajo.

**Sindicato industrial**   Grupo de trabajadores que tienen diversas habilidades y tipos de empleo pero que trabajan para la misma empresa o industria.

**Sindicato profesional**   Grupo de trabajadores que tienen una gama similar de habilidades pero que trabajan para diferentes empresas e industrias.

**Sistema de la Reserva Federal**   El banco central de Estados Unidos.

**Socialismo**   Sistema económico basado en la propiedad estatal del capital y la tierra y en un sistema de incentivos basado, a su vez, en precios dirigidos o sanciones administrativas que emanan de un plan central.

**Socialismo de mercado**   Sistema económico que combina la propiedad estatal del capital y la tierra con los incentivos basados en una mezcla de precios de mercado y dirigidos.

**Sociedad**   Empresa con dos o más propietarios que tienen responsabilidad ilimitada.

**Subordinado**   Persona (o empresa) contratada por la empresa (o por otra persona), para realizar un trabajo específico.

**Subsidio**   Pago hecho por el gobierno a los productores que depende del nivel de producción.

**Superávit o déficit del sector privado**   La diferencia entre el ahorro y la inversión.

**Superávit presupuestario**   El saldo positivo del presupuesto del gobierno; la recaudación es superior al gasto.

**Supuestos**   Los fundamentos sobre los que se desarrolla un modelo.

**Sustitución internacional**   La sustitución de bienes y servicios nacionales con bienes y servicios del exteior o de bienes y servicios del exterior con nacionales.

**Sustitución intertemporal**   La sustitución de bienes y servicios ahora por bienes y servicios más tarde, o de bienes y servicios más tarde por bienes y servicios ahora.

**Sustituto**   Un bien que puede usarse en lugar de otro bien.

**Tabla (o curva) de la utilidad de la riqueza**   Tabla o curva que describe la utilidad que asigna una persona a cada nivel de riqueza.

**Tabla de demanda**   Lista de las cantidades demandadas a diferentes precios, con todo lo demás constante.

**Tabla de demanda agregada**   Lista que muestra la cantidad de PIB real que se demanda a cada nivel de precios, con todo lo demás constante.

**Tabla de demanda de inversión**   La lista que muestra la cantidad de inversión planeada a cada tasa de interés real, con todo lo demás constante.

**Tabla de oferta**   Lista de las cantidades ofrecidas a diferentes precios, con todo lo demás constante.

**Tabla de oferta agregada a corto plazo**   Lista que muestra la cantidad ofrecida de PIB real a cada nivel de precios, con todo lo demás constante.

**Tabla del gasto agregado**   Lista del nivel de gasto agregado planeado que se genera en cada nivel del PIB real.

**Taller abierto**   Arreglo en el que no se exige a un trabajador afiliarse a un sindicato.

**Taller cerrado**   Arreglo (ilegal en Estados Unidos desde la aprobación de la ley Hartley en 1947) según el cual sólo pueden contratarse trabajadores afiliados a un sindicato.

**Taller de sindicato**   Arreglo en el que una empresa puede contratar a trabajadores no sindicalizados pero, para que dichos trabajadores puedan seguir empleados, deben afiliarse al sindicato en un periodo breve especificado por éste.

**Tasa de descuento**   La tasa de interés a la que la Fed está dispuesta a prestar reservas a los bancos comerciales.

**Tasa de desempleo**   El número de gente desempleada que se expresa como un porcentaje de la fuerza de trabajo.

**Tasa de inflación**   El cambio porcentual del nivel de precios.

**Tasa de inflación esperada**   La tasa a la que la gente piensa, en promedio, que está subiendo el nivel de precios.

**Tasa de interés nominal**   La tasa de interés efectivamente pagada o recibida en el mercado.

**Tasa de interés real**   La tasa de interés pagada por el prestatario y recibida por el prestamista, después de tener en cuenta el cambio del valor del dinero a consecuencia de la inflación.

**Tasa de participación de la fuerza de trabajo**   La proporción de la población en edad de trabajar que está empleada o desempleada (pero que busca empleo).

**Tasa de salario monetario**   La tasa salarial expresada en dólares corrientes.

**Tasa de salario real** La tasa de salario por hora expresada en dólares constantes.

**Tasa implícita de alquiler** El alquiler que una empresa se paga a sí misma en forma implícita, por el uso de los factores de producción duraderos que posee.

**Tasa impositiva** La tasa porcentual con la que se grava una actividad particular.

**Tasa marginal de sustitución** La tasa a la que una persona cederá un bien para obtener más de otro bien y, al mismo tiempo recibir la misma utilidad.

**Tasa marginal de sustitución decreciente** La tendencia general a que la tasa marginal de sustitución disminuya cuando el consumidor se mueve a lo largo de una curva de indiferencia; esto aumenta el consumo del bien $x$ y reduce el consumo del bien $y$.

**Tasa marginal impositiva** La fracción del último dólar de ingreso pagado al gobierno en impuestos netos (impuestos menos pagos de transferencia).

**Tasa natural de desempleo** La tasa de desempleo cuando la economía está en pleno empleo.

**Técnica** Una manera viable de convertir factores de producción en producción.

**Técnica intensiva en capital** Método de producción que usa cantidades de capital relativamente grandes y cantidades de trabajo relativamente pequeñas para producir una cantidad específica de producción.

**Técnica intensiva en trabajo** Método de producción que usa una cantidad relativamente grande de trabajo y una cantidad relativamente pequeña de capital para producir una cantidad específica de producción.

**Tecnología** El método de convertir recursos en bienes y servicios.

**Tendencia** La tendencia general de una variable a subir o bajar.

**Teorema del votante mediano** La proposición de que los partidos políticos seguirán políticas que maximicen el beneficio neto del votante mediano.

**Teoría cuantitativa del dinero** La proposición de que un aumento de la cantidad de dinero conduce a un aumento porcentual equivalente del nivel de precios.

**Teoría de juegos** Un método para analizar la conducta estratégica.

**Teoría de la captura de la regulación** Teoría de la regulación que afirma que las regulaciones existentes son las que maximizan el excedente del productor.

**Teoría de la elección pública** La teoría que predice la conducta del sector gubernamental de la economía, como el resultado de las elecciones individuales de los votantes, políticos y burócratas que están en interacción en el mercado político.

**Teoría de la justicia distributiva** Conjunto de principios con los que podemos probar si una distribución particular del bienestar económico es justa.

**Teoría del ciclo económico real** Teoría de las fluctuaciones agregadas basada en salarios flexibles y choques aleatorios a la función de producción agregada de la economía.

**Teoría del estado final de la justicia distributiva.** Teoría de la justicia distributiva que examina la equidad del resultado de la actividad económica.

**Teoría del interés público** Teoría que predice que habrá una acción gubernamental para suprimir el desperdicio y lograr una asignación eficiente de los recursos.

**Teoría del interés público de la regulación** Teoría de la regulación que afirma que las regulaciones se ofrecen para satisfacer la demanda de consumidores y productores en cuanto a la maximización del excedente total, o el logro de la eficiencia en la asignación.

**Teoría de proceso de la justicia distributiva** Teoría de la justicia distributiva que examina la equidad del *mecanismo* o *proceso* que da como resultado una distribución específica.

**Teoría económica** Regla o principio que permite entender y predecir las elecciones económicas.

**Teoría rawlsiana de la justicia** Teoría de la justicia distributiva que da el ingreso más grande posible al que está en peores condiciones.

**Teoría utilitarista** La teoría que afirma que el resultado más equitativo es aquel que maximiza la suma de las utilidades de todos los individuos pertenecientes a una sociedad.

**Tierra** Recursos naturales de todo tipo.

**Tipo de cambio** La tasa a la que la moneda de un país se intercambia por la moneda de otro país.

**Tipo de cambio dirigido** Tipo de cambio cuyo valor está influido por la intervención bancaria en el mercado de divisas.

**Tipo de cambio fijo** Tipo de cambio cuyo valor mantiene constante el banco central de un país.

**Tipo de cambio flexible** Tipo de cambio cuyo valor está determinado por las fuerzas del mercado, sin intervención del banco central.

**Tope al alquiler** Regulación que declara ilegal cobrar una renta más alta que un nivel especificado.

**Trabajadores desalentados** Gente que no tiene empleo y a la que le gustaría trabajar, pero que ha abandonado la búsqueda de empleo.

**Trabajo**   La fuerza mental y física de los seres humanos.

**Trampa de liquidez**   Situación en la que la gente está dispuesta a mantener cualquier cantidad de dinero a una tasa de interés dada; la curva de demanda de dinero real es horizontal.

**Trampa del subdesarrollo**   Situación en la que un país está atrapado en condiciones de ingreso per cápita bajo y que se refuerzan a sí mismas.

**Trueque**   El intercambio directo de bienes y servicios por otros bienes y servicios.

**Unidad de cuenta**   Medida acordada para expresar los precios de los bienes y servicios.

**Unión de crédito**   Intermediario financiero basado en un grupo social o económico que obtiene sus fondos de depósitos de cuentas de cheques y de ahorro, y que otorga préstamos al consumo.

**Utilidad**   El beneficio o satisfacción que una persona obtiene del consumo de un bien o servicio.

**Utilidad esperada**   La utilidad promedio que surge de los resultados posibles.

**Utilidad marginal**   El cambio de la utilidad total que resulta del aumento de una unidad en la cantidad consumida de un bien.

**Utilidad marginal decreciente**   La declinación de la utilidad marginal que ocurre conforme se consume más de un bien.

**Utilidad marginal por dólar gastado**   La utilidad marginal que se obtiene de la última unidad consumida de un bien dividida entre el precio del mismo.

**Utilidad total**   El beneficio total o satisfacción que una persona obtiene del consumo de bienes y servicios.

**Valor**   La cantidad máxima que una persona está dispuesta a pagar por un bien.

**Valor agregado**   El valor de la producción de una empresa menos el valor de los bienes intermedios comprados a otras empresas.

**Valor comparable**   El pago de salarios iguales a diferentes empleos que se juzga son comparables.

**Valor de inversión**   Un valor comerciable que, de ser necesario, un banco puede vender de inmediato pero a un precio que fluctúa.

**Valor del dinero**   La cantidad de bienes y servicios que es posible comprar con una cantidad dada de dinero.

**Valor presente**   El valor actual de una suma futura de dinero; es igual a la suma que, si se invirtiera hoy, llegaría a ser tan grande como esa suma futura, teniendo en cuenta el interés que ganaría.

**Valor presente neto**   La suma de los valores presentes de los pagos distribuidos durante varios años.

**Valor presente neto de una inversión**   El valor presente de una corriente de producto-ingreso marginal generado por la inversión, menos el costo de la inversión.

**Velocidad de circulación**   El número promedio de veces que se usa anualmente un dólar de dinero para comprar bienes y servicios que componen el PIB.

**Ventaja absoluta**   Una persona tiene ventaja absoluta en la producción si tiene una productividad mayor que cualquier otra en la producción de todos los bienes. Una país tiene ventaja absoluta si su producción por unidad de factores de producción es mayor que la de otro país.

**Ventaja comparativa**   Una persona tiene ventaja comparativa en la producción de un bien si puede producir ese bien a un costo de oportunidad más bajo que cualquier otra persona. Un país tiene ventaja comparativa en la producción de un bien si puede producir ese bien a un costo de oportunidad más bajo que cualquier otro.

**Veto por renglones**   Poder de veto conferido a la rama ejecutiva del gobierno, para eliminar cualquier renglón específico en un presupuesto.

**Votantes**   Los consumidores del resultado de un proceso político.

# ÍNDICE
## DE MATERIAS

Los conceptos clave y las páginas en las que se definen aparecen en negritas

cómo consiguen capital las empresas y, 226-228

costo y beneficio y, 232-236

decisiones financieras y precios de las acciones y, 228-231

**Financiamiento monetario, 1056,** 1056-1057

Flujo circular, 661-667

cuentas de ingreso y gasto y, 665-666

en una economía simplificada, 661-665

FMI. *Véase* Fondo Monetario Internacional

FOMC. *Véase* Federal Open Market Committee; Comité Federal de Mercado Abierto

**Fondo Monetario Internacional (FMI), 1118**

**Fondo, 649,** 650

**Fondos mutualistas del mercado de dinero, 806**

Ford, Gerald R., 1013, 1016

Formosa, 1185, 1186

FPP. *Véase* Frontera de posibilidades de producción

**Franquicia pública, 235**

Friedlaender, Ann, 557-560

Friedman, Milton, 732, 901, 971, 1025, 1064

**Frontera de posibilidades de producción (FPP), 54,** 54-57

costo de oportunidad y, 57-60

en el mundo real, 59, 63

forma de la, 58-59

modelo de la economía y, 54-57

preferencias y 56-57

**Fuerza de trabajo, 638,** 705

**Función ahorro, 729,** 730-731

**Función consumo, 729,** 732-733, 678-679

de Estados Unidos, 735-739

**Función de exportación neta, 747,** 747-748

**Función de producción, 263-266,**

crecimiento económico y la, 1149-1152

**Función de producción a corto plazo, 918**

**Función de producción agregada a corto plazo, 918,** 918-925

crecimiento económico y cambio tecnológico y, 920

de Estados Unidos, 921-922

disminución de crecimiento de la productividad y, 921-922, 924-925

producto marginal decreciente del trabajo y, 919-920

producto marginal del trabajo y, 918-919

tasas de crecimiento variables y, 920

**Función de producción per cápita, 1150**

**Fusiones, 478,** 478

Ganancias del comercio, 1081-1090.

*Véase también* Excedente del consumidor; Excedente del productor

cálculo de las, 1084-1085

cambios de producción y consumo y, 1083-1084

comercio de bienes similares y, 1088, 1088-1089

comercio equilibrado y, 1082-1083

en el mundo real, 1088

especialización y, 68-69

excedente del consumidor y, 179-182

libre comercio latinoamericano y, 1092-1093

logro de las, 65-66, 1082

productividad y, 66

ventaja absoluta y, 1085

ventaja comparativa y, 64-65

Ganancias del monopolio, 357-359

Gap, The, 504-505

*Garn-St. Germain Depository Institutions Act* (1982); ley Garn-St. Germain de instituciones de depósito, 809

Gasto(s)

agregado. *Véase* Gasto agregado

autónomo. *Véase* Gasto autónomo

del gobierno. *Véase* Gastos del gobierno

elasticidad de la demanda y, 118-119

en recesión, 986-987

flujo circular y, 665-667

Gasto agregado, 748-749

componentes del, 727-729

demanda agregada y, 777

efectivo, 750-753

influencia sobre la composición del, 904

ingreso agregado y, 663-665

planeado, 750-753

**Gasto agregado planeado, 748**

nivel de precios y, 777-778

**Gasto autónomo, 759**

cambio del, 761

demanda agregada, política fiscal y, 778-780

efecto multiplicador y, 761-762

paradoja de la frugalidad y, 762-763

**Gasto de equilibrio, 750,** 750-751, 750-753, 887-889

Gasto gubernamental, 1048-1050

depresión y, 998

reducción, eliminación del déficit y, 1063-1065

**Gasto inducido, 759,** 760, 761

**Gastos de consumo, 661,** 667, 729-739

*Véase también* Función consumo

factores que influyen sobre los, 729, 730-731

flujo circular y, 661, 665

función consumo y función ahorro y, 730-731

propensión media a consumir y a ahorrar y, 731

propensiones marginales a consumir y a ahorrar y, 731, 734-735

GATT, *Véase* Acuerdo General sobre Aranceles y Comercio

General Cinema, 228-231

General Electric, 391-392, 620

General Motors, 264-265

*Glasnost,* 1175

**Gobierno, 7, 13,** 563-565

leyes antimonopolio y. *Véase* Leyes antimonopolio

compras de bienes y servicios del, 668

estructura y tamaño del, 563

flujo circular y, 663-665

imperfección del mercado y, 564-565

interés público y elección pública y, 565

pasivos financieros del, 465

redistribución y, 564-565

tamaño y crecimiento del, 563-564

teoría económica del, 564

Goldin, Claudia, 399-403

Gorbachev, Mikhail, 1175

**Gráficas, 29-49**

con más de dos variables, 47-48

de dos variables, 31-33

diagramas de dispersión, 33-34

en modelos económicos, 38-45

pendiente y, 45-46

puntos máximo y mínimo y, 43-44

relaciones lineales y, 42

relaciones negativas y, 39, 42-43

relaciones positivas y, 38-42, 39

variables independientes y, 44-45

**Gráficas de series de tiempo, 35,** 35-38

"Gran intercambio" entre justicia y eficiencia económica, 552

Gran Depresión, 551, 979, 990-991, 994

causas de la, 994-995

desempleo durante la, 7-8

el PIB real durante la, 646-647

inflación y la, 652-653

Greenspan, Alan, 829, 998

El Sistema de la Reserva Federal con, 848-849

**Gremio, 441**

Gresham, Thomas, 790

Grupos de interés, 587-591, 593-594

Guerras de precios, 391-392

Guerras, crecimiento monetario y las, 819

Gustos. *Véase* Preferencias

Hall, Robert, 732

Haltiwanger, John, 942

Hiperinflación, 637, 814, 950

Hipotecas con tasa de interés ajustable, 808-809

**Hipótesis de la tasa natural, 971**

**Hipótesis de las expectativas racionales, 958,** 959, 960

Hipótesis del ciclo vital, 732

Hipótesis del ingreso permanente, 732

Hong-Kong, 8, 1078, 1145, 1186, 1187

Horas de ocio, PIB y, 683

Horas de trabajo (jornada), elección de la familia y, 211-212, 208-209

McDonald's, 358, 405

Mecanismos de coordinación, 15-17, 20-21
  de la empresa, 238-239, 240-241
  del mercado, 15-16, 238-239

**Mecanismos de mando, 16**, 16-17

Medicaid, 535

Medición, 19
  de inventarios, 234-235
  de la utilidad, 179
  del costo de oportunidad, 57

Medio ambiente, 7
  PIB y, 683

**Medio de cambio, 71, 788**

Meltzer, Allan, 721-724

**Mercado(s), 13, 14, 15,** 132-158
  a plazo (*forward*), 413
  amplitud geográfica de los, 368
  como mecanismo de coordinación, 16-17
  de activos en dólares, 1124-1126
  de automóviles, información privada y, 503-507
  de bienes prohibidos, 149-154
  de capital. *Véase* Mercados de capital,
  de crédito, 507, 510
  de crédito, información privada y, 507-511
  de productos agrícolas, 153-157
  de recursos naturales, 479-484
  de seguros, información privada y, 510-511
  de trabajo. *Véase* Mercado de trabajo,
  de vivienda, 134-139
  entrada al. *Véase* Entrada
  especulativo de inventarios, 155-157
  financieros, manejo del riesgo en los, 511-517
  impuesto sobre las ventas y. *Véase* Impuesto sobre las ventas
  mayoristas de depósitos, 803
  mundial, 1134-1135
  oferta del. *Véase* Oferta del mercado
  soviético, 1177

**Mercado a plazo** (*forward*), 513

**Mercado bursátil (de valores), 464**
  caídas, 460, 651-652, 979
  ciclo económico y, 650-652
  en Asia y América Latina, 474-475
  equilibrio en el, 428
  expectativas racionales y el, 515-517
  volumen del, precios y el, 477-478

**Mercado Común Centroamericano,** 1092-1093

**Mercado de bonos, 464**

Mercado de dinero, equilibrio en el, 845-847, 887

Mercado de dinero, fondos mutualistas del, 806

**Mercado de divisas, 1115**

**Mercado de factores, 14**

**Mercado de préstamos, 464**

Mercado de trabajo, 139, 143-144, 436-456

diferenciales de habilidad en el, 438-441
  durante la recesión, 986-987
  equilibrio en el, 421-424, 422-423, 440
  salario mínimo y, 143-144
  salarios y. *Véase* Salario(s); Diferenciales de salarios
  sindicatos en el, 444-445, 446-447

Mercado de vivienda, 134-139
  actividad de búsqueda y, 138
  mercado negro y, 138-139
  topes a los alquileres y, 136-138, 139

**Mercado eficiente, 516**

**Mercado negro, 138.** *Véase también* Drogas prohibidas

**Mercados de bienes, 14**

Mercados de capital
  en Estados Unidos, 463-465
  equilibrio en los, 424-428, 428-429

**Mercados de futuros, 513**

Mercados de recursos naturales, 479-484
  conservación y, 483-484
  equilibrio en, 480-482
  oferta y demanda en, 479-480
  precios en, 480, 482-483

Mercados financieros, manejo del riesgo en los, 511-517

Mercantilismo, 1086

Mercosur, 1092-1093

**México, acuerdo de libre comercio con,** 1090

**Microeconomía, 24**

Mínimo, representación gráfica del, 42, 43-44

Ministerio de Comercio Internacional e Industria (Japón), 1190-1191

Modelo de la curva de demanda quebrada, 376-377

Modelos económicos, 19-24
  frontera de posibilidades de producción y, **54-57**
  gráficas usadas en los, 38-44
  implicaciones de los, 21, 24
  microeconómicos y macroeconómicos, 24
  supuestos de los, 20-21
  teoría y realidad y, 24-25

Modigliani, Franco, 627-630, 732

Monedas, 789-790

Monetarismo, 901, 903, 1025

**Monetaristas, 901**, 901-903

**Monopolio, 333-362, 335**
  barreras a la entrada y, 335-336
  búsqueda de renta y, 356, 357
  demanda e ingreso y, 336-337, 338
  discriminación de precio y, 343, 350
  eficiencia en la asignación y, 354-355
  en oposición a la competencia, 351-359
  estructura de mercado y, 370
  falta de una curva de oferta del, 342
  ganancias del, 357-359
  impuestos indirectos y, 595

ingreso y elasticidad y, 339
  no regulado, 336
  precio y producto y, 339-343, 351, 354
  redistribución y, 352-353, 355-356

**Monopolio bilateral, 449**

**Monopolio de un solo precio, 336**, 336-343
  decisiones de precio y producción y, 339, 343
  demanda e ingreso y, 336-337, 338
  ingreso y elasticidad y, 339

**Monopolio legal, 335**

**Monopolio natural, 335**
  regulación del, 612-615

**Monopsonio, 445**, 445-449

Morgan, J.P., 619

Morgenstern, Oskar, 379

Motivo especulación para tener dinero, 839

Motivo precaución, para tener dinero, 839

Motivo transacción, para tener dinero, 838-839

Mujeres, asignación de su tiempo, 184

**Multiplicador, 763**, 764, 772-773
  declinante, 776
  en Estados Unidos, 774-776
  en la recesión y la recuperación, 775-776
  PIB real y el nivel de precio y el, 776-781

**Multiplicador de compras gubernamentales, 768**, 768-769

**Multiplicador de impuestos, 768**, 768-769

**Multiplicador de pagos de transferencia, 768**

**Multiplicador del gasto autónomo, 763**, 763-767
  magnitud del, 767
  pendiente de la curva del gasto agregado y, 764-766

**Multiplicador del presupuesto equilibrado, 769**, 769-770

**Multiplicador monetario, 833**, 833-837
  en el mundo real, 813
  en Estados Unidos, 837
  simple, 811-813

**Multiplicador monetario simple, 811**, 811-813

**Nación acreedora, 1110**

**Nación deudora, 1110**, 1110-1111

Nash, John, 381

**Nash, equilibrio de, 381**

Navistar International, 313

**Negociación colectiva, 441, 443**

NEPOOL. *Véase New England Power Pool*

*New England Power Pool* (NEPOOL); Fondo de Energía de Nueva Inglaterra, 261, 262, 275-276

Prestatario neto, 1110

Prestatarios. *Véase también* Préstamo(s)
 inflación inesperada y, 635-636
 minimización del costo de supervisión de los, 807

Presupuesto equilibrado, 1047

Presupuesto federal 1010, 1047-1048, 1050. *Véase también* Déficit gubernamental

Prima de seguro, 498

Primeras entradas, primeras salidas (PEPS), método de inventarios, 234

Principal, 222, 223

Principio de diferenciación mínima, 588, 588-589, 590

Privada. *Véase* Información privada

Privatización, 1191
 en China, 1188
 en los países de Europa Oriental, 1183-1185

Probabilidad, 494

Probabilidades subjetivas, 494

Problema económico, 12-13
 coordinación mediante el mercado y el, 15-16
 coordinación mediante mando y el, 16-17
 sistemas económicos alternativos y el, 1167-1175
 tecnología y el, 7-10

Procter & Gamble, 392-393

Producción, 54, 220-243. *Véase también* Producto interno bruto
 cambios de la, ganancias del comercio y, 1082-1084
 complementos en la, 84-85
 costo y beneficio y, 232-236
 de costo mínimo, 280-291
 discriminación de precios y, 347-348
 eficiencia económica y, 236-237
 en el monopolio en oposición a la competencia, 351-354
 en la competencia monopolística, 371, 372-373, 374
 empresas y, 222-225, 238-241
 escala mínima eficiente de la, 383
 factor de la. *Véase* Capital; Insumos; Trabajo; Tierra
 financiamiento de las empresas y, 226, 232
 inventarios y, 155-157
 mercados y, 238-242
 monopolio y, 339-342
 que maximiza beneficios, 302-305
 sustitutos en la, 84-85

Producción en equipo, 242

Producción familiar, 453
 PIB y la, 683

Productividad, 66
 crecimiento del ingreso y, 918-922
 en China, 1187-1188

Productividad del trabajo, 918

Producto-ingreso marginal, 409, 410, 411, 412

Producto-ingreso medio, 410, 411, 412

Producto interno bruto, (PIB), 642, 643, 647, 648
 a precios corrientes, 643, 673, 676
 de equilibrio, el nivel de precios y, 780-781
 el consumo como una función del, 738-739
 fijación de objetivos de PIB nominal y, 1028-1029
 flujo circular y 663-666
 nominal, 643, 646, 1028
 producto interno neto y, 670-671
 producto nacional bruto y, 672, 674-675
 real. *Véase* PIB real

Producto interno neto, 670

Producto interno neto a precios de mercado, 670

Producto marginal, 250, 250-253, 255
 producto medio y, 253-254
 tasa marginal de sustitución y, 290

Producto marginal decreciente del trabajo, 919, 920, 923

Producto marginal del capital, 266

Producto marginal del trabajo, 250, 280, 410-412, 918
 decreciente, 919-922
 elasticidad de la demanda de trabajo a corto plazo y, 415

Producto medio, 253, 253, 255

Producto nacional bruto (PNB), 672
 producto interno bruto y, 672, 674-675

Producto total, 250, 250, 255

Programa de cupones de alimentos, 535

Programas de sostenimiento del ingreso, 535-537

Programas del bienestar, 535

Progreso tecnológico, 61, 61-63, 550
 competencia y el, 322-323
 conducta humana y, 184
 crecimiento del PIB real y, 647-648
 crecimiento económico y, 920-921, 1151-1152
 demanda de trabajo y, 414
 innovaciones financieras y, 809
 monopolio y, 359
 oferta agregada y, 705

Pronósticos, 956-958

Propensión marginal a ahorrar (PMgA), 731, 734, 735

Propensión marginal a consumir (PMgC), 731, 734, 735

Propensión marginal a consumir del PIB real, 739, 761-762

Propensión marginal a importar, 761, 776

Propensión media a ahorrar (PMA), 731

Propensión media a consumir (PMC), 734

Propiedad, 67
 pertenencia de la, privada y estatal, 1167-1168

Propiedad de ser excluible, bienes privados y, 565

Propiedad de no ser excluible, bienes públicos, 566

Propiedad, 223, 224, 225

Propiedad individual, privada y estatal, 1167, 1168, 1169

Propiedad intelectual, 67

Propiedad privada, 1190-1191

Proteccionismo, 1090. *Véase también* Restricciones al comercio

Publicidad
 en la competencia monopolística, 375
 para maximizar el beneficio, 502
 para persuadir o informar, 503
 precios y, 503

Punto de cierre, 306, 306-308

Punto de equilibrio, 302

Punto permisible, mejor, 201, 202

Quesnay, François, 684

Raza
 diferenciales de salarios y, 450-454
 distribución del ingreso y, 524, 525

Reagan, Ronald, 583, 829, 1011, 1012, 1013, 1016, 1024

Recaudación de impuestos, creciente, eliminación del déficit y, 1064, 1065, 1066

Recesión, 650, 649-651, 980-989
 crecimiento, inflación y ciclos en la, 713
 de 1990-1991, 653
 de 1991-1992, 711-712, 714-715, 982-983, 985, 1051
 de OPEP, 980-981, 983-985, 986, 987, 988
 de Volcker, 981-982, 985-986
 déficit gubernamental en la, 1051
 desempleo en la, 992-993
 dinero y tasas de interés en, 983
 el multiplicador en la, 774-775
 en España, 992-993
 gasto en la, 986
 mercado de trabajo en la, 986-987
 orígenes de la, 980-981
 salarios flexibles y, 988-990
 salarios inflexibles y la, 987-988

Reclamante residual, 223

Recompensa, 379, 380-382

Recorte, 791

Recuperación
 déficit gubernamental en la, 1051
 multiplicador en la, 775-776

Recurso(s)
 dotación y, 20
 escasez de. *Véase* Escasez tipos de, 1150

Recursos naturales, 479, 479-484

Recursos naturales agotables, 479

Recursos naturales inagotables, 479

Redistribución

del ingreso. *Véase* Redistribución del ingreso
en el monopolio en oposición a la competencia, 352-353, 354, 355
Redistribución del ingreso, 534-539
gobierno y, 564-565
grupos de interés y, 587-590
impuestos sobre la renta y, 535
magnitud de la, 536-537
modelo de, 591
problemas y propuestas de reforma para, 537-539
programas de sostenimiento del ingreso y, 535-536
provisión de bienes y servicios por debajo del costo y, 536
votación por, 589, 590-591
**Regla de búsqueda óptima, 502,** 501-502
**Regla de fijación de precios según el costo marginal, 613**
**Regla de fijación de precios según el costo medio, 613**
Regla de interrupción óptima, 501-502
**Regla de retroalimentación, 1017**
choque de demanda agregada con, 1019
disminución del crecimiento de la productividad y, 1027
inflación de empuje de costos y, 1023, 1026, 1027
reglas fijas comparadas con, 1019-1020
**Regla fija, 1016,** 1016-1017
choque de demanda agregada con, 1019
disminución del crecimiento de la productividad y, 1027
inflación de empuje de costos y, 1023, 1026, 1027
regla de retroalimentación comparada con, 1019-1020
Reglas de préstamos, 808
**Regulación, 335, 607**
alcance de la, 611-612
de los cárteles, 616-618
del mercado de vivienda, 137-138, 139
del monopolio natural, 616
demanda de, 608-609
derechos de propiedad y, 70
desregulación y, 607
equilibrio y, 609-610
oferta de, 609
precios y, 87-88
predicciones y, 618-619
proceso de la, 612
teoría de la captura de la, 609, 614, 615, 616
teoría del interés público de la, 609, 612-616
**Regulación de la tasa de rendimiento, 614,** 615
Regulación financiera, 808-809
Regulación Q, 809
**Relación lineal, 42**

**Relación negativa, 39, 42, 43**
**Relación positiva, 38, 39**
Relación precio beneficio, 476-477
**Relaciones de subordinado, 222**
**Rendimiento de una acción, 472,** 473
**Rendimiento de un bono, 472**
**Rendimientos a escala, 266-267**
**Rendimientos constantes a escala, 266**
constantes, 266
costos a largo plazo y, 270-271
decrecientes, 266-267
en el mundo real, 274-276
**Rendimientos crecientes a escala, 266**
rendimientos decrecientes, 266
ley de los, **255,** 280-281, 1151
**Rendimientos decrecientes a escala, 266**
**Rendimientos marginales crecientes, 255**
**Rendimientos marginales decrecientes, 255,** 257, 258
Renta, 356, 406. *Véase también* Excedente del consumidor; Excedente del productor
económica, 429-431
**Renta económica, 429,** 429-431
República Popular China, 1172-1173, 1188, 1189
crecimiento económico de, 1173
ingreso per cápita de la, 1147-1149
la agricultura en la, 1172
sistema económico de la, 1166, 1188
Requisitos de capital de los bancos, 808
**Reserva(s), 803**
reales, 809-810
**Reservas excedentes, 810**
**Reservas obligatorias, 810**
**Reservas oficiales, 1109**
Respaldo fraccionario, 791
Responsabilidad
ilimitada, 224
limitada, 224
**Restricción presupuestaria, 191,** 191-193, 202
Restricción tecnológica
a corto plazo, 249-250
curvas de costo y, 260-261
formas de las curvas de producto y, 254, 255, 257
producto marginal y, 250-253
producto medio y, 253
producto total y, 250
relación entre valores marginales M y medios y, 253-254
Restricciones
al consumo y, 191-192
de la empresa, 248-257
de los sindicatos, 443-444
de tecnología. *Véase* Restricción tecnológica
elecciones de consumo de la familia y, 169
Restricciones al comercio, 1090-1101
aranceles y, 1090-1094, 1095
compensación de los perdedores y, 1101

dumping y derechos compensatorios y, 1100
eliminación de, crecimiento económico y, 1155-1160
no arancelarias, 1090, 1094-1100
razones para las, 1100-1101
resultado político de las, 1101
sindicatos y, 443-444
**Restricciones de mercado, 248**
**Restricciones voluntarias a la exportación (RVE), 1096,** 1096-1100
Revolución cultural, 1185-1187
"Revolución de terciopelo", 1184
Rezagos, de los factores que influyen sobre la demanda agregada, 699-700
Ricardo, David, 1062, 1087
**Riesgo, 494,** 511-517
aversión y neutralidad, 497
diversificación para reducir el, 511-512
expectativas racionales y, 513-515
incertidumbre y, 494
medición del costo del, 495-497
mercados a plazo (*forward*) y de futuros y, 512-513
**Riesgo moral, 506**
**Riqueza, 8, 9, 462**
anual o vitalicia, 541-543
distribución de la. *Véase* Distribución del ingreso y de la riqueza; Redistribución del ingreso
esperada, 497
extrema, 528
fuentes de la, 22-23
ingreso en oposición a, 539-540
utilidad de la, 494-495
Rivalidad, bienes privados y, 565
Robinson, Joan, 345, 733
Rockefeller, John D., padre, 619, 620
Roosevelt, Franklin Delano, 1008
Rotación, cocientes de concentración y, 368-370
Rumania, 140-141
RVE. *Véase* Restricciones voluntarias a la exportación

S&L. (*Savings and Loan Associations*) *Véase* Instituciones de ahorro y préstamo
Sachs, Jeffrey, 1139-1143
SAIF. *Véase Saving Association Insurance Fund*
Salario(s), 7, 406, 667-669, 930-938. *Véase también* Ingresos; Ingreso
asalariados de ingresos múltiples y, 998-999
cantidad ofrecida de trabajo y los, 417
diferencias de habilidades y, 439, 440, 441
educación y entrenamiento y, 440-441
espiral inflacionaria de precios y salarios y los, 952-953
expectativas alejadas de la realidad sobre, 638
expectativas racionales y los, 959-960

**Información macroeconómica de Estados Unidos: 1959-1992**

| Año | Producto interno bruto (Y) | Gasto de consumo personal (C) | Inversión interna bruta privada (I) (miles de millones de dólares de 1987) | Compras gubernamentales de bienes y servicios (G) | Exportaciones netas (NX) | Tasa de crecimiento del PIB (cambio porcentual) | Tasa de desempleo (porcentaje del total de trabajadores) |
|---|---|---|---|---|---|---|---|
| 1959 | 1,931.3 | 1,178.9 | 296.4 | 477.8 | −21.8 | 0.0 | 5.3 |
| 1960 | 1,973.2 | 1,210.8 | 290.8 | 479.2 | −7.7 | 2.2 | 5.4 |
| 1961 | 2,025.6 | 1,238.4 | 289.4 | 503.3 | −5.4 | 2.7 | 6.5 |
| 1962 | 2,129.8 | 1,293.3 | 321.2 | 525.9 | −10.5 | 5.1 | 5.4 |
| 1963 | 2,218.0 | 1,341.9 | 343.3 | 538.7 | 0.1 | 4.1 | 5.5 |
| 1964 | 2,343.3 | 1,417.2 | 371.8 | 551.7 | 2.5 | 5.6 | 5.0 |
| 1965 | 2,473.5 | 1,497.0 | 413.0 | 569.9 | −6.4 | 5.6 | 4.4 |
| 1966 | 2,622.3 | 1,573.8 | 438.0 | 628.5 | −18.0 | 6.0 | 3.7 |
| 1967 | 2,690.3 | 1,622.4 | 418.6 | 673.0 | −23.7 | 2.6 | 3.7 |
| 1968 | 2,801.0 | 1,707.5 | 440.1 | 691.0 | −37.5 | 4.1 | 3.5 |
| 1969 | 2,877.1 | 1,771.2 | 461.3 | 686.1 | −41.4 | 2.7 | 3.4 |
| 1970 | 2,875.8 | 1,813.5 | 429.7 | 667.8 | −35.1 | 0.0 | 4.8 |
| 1971 | 2,965.1 | 1,873.7 | 481.5 | 655.8 | −45.9 | 3.1 | 5.8 |
| 1972 | 3,107.1 | 1,978.4 | 532.2 | 653.0 | −56.5 | 4.8 | 5.5 |
| 1973 | 3,268.6 | 2,066.7 | 591.7 | 644.2 | −34.1 | 5.2 | 4.8 |
| 1974 | 3,248.1 | 2,053.8 | 543.0 | 655.4 | −4.0 | −0.6 | 5.5 |
| 1975 | 3,221.7 | 2,097.5 | 437.6 | 663.5 | 23.1 | −0.8 | 8.3 |
| 1976 | 3,380.8 | 2,207.3 | 520.6 | 659.2 | −6.3 | 4.9 | 7.6 |
| 1977 | 3,533.2 | 2,296.6 | 600.4 | 664.1 | −27.8 | 4.5 | 6.9 |
| 1978 | 3.703 5 | 2.391.8 | 664.6 | 677.0 | −29.9 | 4.8 | 6.0 |
| 1979 | 3,796.8 | 2,448.4 | 669.7 | 689.3 | −10.6 | 2.5 | 5.8 |
| 1980 | 3,776.3 | 2,447.1 | 594.4 | 704.2 | 30.6 | −0.5 | 7.0 |
| 1981 | 3,843.1 | 2,476.9 | 631.1 | 713.2 | 22.0 | 1.8 | 7.5 |
| 1982 | 3,760.3 | 2,503.7 | 540.5 | 723.6 | −7.4 | −2.2 | 9.5 |
| 1983 | 3,906.6 | 2,619.4 | 599.5 | 743.8 | −56.2 | 3.9 | 9.5 |
| 1984 | 4,148.5 | 2,746.1 | 757.5 | 766,9 | −122.0 | 6.2 | 7.4 |
| 1985 | 4,279.8 | 2,865.8 | 745.9 | 813.4 | −145.4 | 3.2 | 7.1 |
| 1986 | 4,404.5 | 2,969.1 | 735.1 | 855.4 | −155.1 | 2.9 | 6.9 |
| 1987 | 4,540.0 | 3,052.2 | 749.3 | 881.5 | −143.1 | 3.1 | 6.1 |
| 1988 | 4,718.6 | 3,162.4 | 773.4 | 886.8 | −104.1 | 3.9 | 5.4 |
| 1989 | 4,838.0 | 3,223.3 | 784.0 | 904.4 | −73.7 | 2.5 | 5.2 |
| 1990 | 4,877.5 | 3,260.4 | 739.1 | 929.9 | −51.8 | 0.8 | 5.4 |
| 1991 | 4,821.0 | 3,240.8 | 661.1 | 941.0 | −21.8 | −1.2 | 6.6 |
| 1992 | 4,892.4 | 3,228.5 | 713.6 | 934.2 | −43.9 | 1.5 | 7.4 |

*Fuentes:* PIB: 1959-1992, *Economic Report of the President, 1993,* tabla B-2; desempleo: 1959-1992, *Economic Report of the President, 1993,* tabla B-37.

# Información macroeconómica de Estados Unidos: 1959-1992

| Año | Indice de deflación del PIB (1987 = 100) | Indice de deflación del PIB (cambio porcentual) | Indice de precios al consumidor (1982-1984 = 100) | Indice de precios al consumidor (cambio porcentual) | M1 (miles de millones de dólares) | M2 (miles de millones de dólares) | M1 (cambio porcentual) | M2 (cambio porcentual) |
|---|---|---|---|---|---|---|---|---|
| 1959 | 25.6 | | 29.1 | | 140.0 | 297.8 | | |
| 1960 | 26.0 | 1.6 | 29.6 | 1.7 | 140.7 | 312.4 | 0.5 | 4.9 |
| 1961 | 26.3 | 1.2 | 29.9 | 1.0 | 145.2 | 335.5 | 3.2 | 7.4 |
| 1962 | 26.8 | 1.9 | 30.2 | 1.0 | 147.9 | 362.7 | 1.9 | 8.1 |
| 1963 | 27.2 | 1.5 | 30.6 | 1.3 | 153.4 | 393.3 | 3.7 | 8.4 |
| 1964 | 27.7 | 1.8 | 31.0 | 1.3 | 160.4 | 424.8 | 4.6 | 8.0 |
| 1965 | 28.4 | 2.5 | 31.5 | 1.6 | 167.9 | 459.4 | 4.7 | 8.1 |
| 1966 | 29.4 | 3.5 | 32.4 | 2.9 | 172.1 | 480.0 | 2.5 | 4.5 |
| 1967 | 30.3 | 3.1 | 33.4 | 3.1 | 183.3 | 524.4 | 6.5 | 9.3 |
| 1968 | 31.7 | 4.6 | 34.8 | 4.2 | 197.5 | 566.4 | 7.7 | 8.0 |
| 1969 | 33.3 | 5.0 | 36.7 | 5.5 | 204.0 | 589.6 | 3.3 | 4.1 |
| 1970 | 35.1 | 5.4 | 38.8 | 5.7 | 214.5 | 628.1 | 5.1 | 6.5 |
| 1971 | 37.0 | 5.4 | 40.5 | 4.4 | 228.4 | 712.7 | 6.5 | 13.5 |
| 1972 | 38.8 | 4.9 | 41.8 | 3.2 | 249.3 | 805.2 | 9.2 | 13.0 |
| 1973 | 41.3 | 6.4 | 44.4 | 6.2 | 262.9 | 861.0 | 5.5 | 6.9 |
| 1974 | 44.9 | 8.7 | 49.3 | 11.0 | 274.4 | 908.6 | 4.4 | 5.5 |
| 1975 | 49.2 | 9.6 | 53.8 | 9.1 | 287.6 | 1,023.3 | 4.8 | 12.6 |
| 1976 | 52.3 | 6.3 | 56.9 | 5.8 | 306.4 | 1,163.7 | 6.5 | 13.7 |
| 1977 | 55.9 | 6.9 | 60.6 | 6.5 | 331.3 | 1,286.6 | 8.1 | 10.6 |
| 1978 | 60.3 | 7.9 | 65.2 | 7.6 | 358.4 | 1,388.7 | 8.2 | 8.0 |
| 1979 | 65.5 | 8.6 | 72.6 | 11.3 | 382.8 | 1,496.7 | 6.8 | 7.8 |
| 1980 | 71.7 | 9.5 | 82.4 | 13.5 | 408.8 | 1,629.5 | 6.8 | 8.9 |
| 1981 | 78.9 | 10.0 | 90.9 | 10.3 | 436.5 | 1,792.9 | 6.8 | 10.0 |
| 1982 | 83.8 | 6.2 | 96.5 | 6.2 | 474.6 | 1,951.9 | 8.7 | 8.9 |
| 1983 | 87.2 | 4.1 | 99.6 | 3.2 | 521.4 | 2,186.1 | 9.9 | 12.0 |
| 1984 | 91.0 | 4.4 | 103.9 | 4.3 | 552.5 | 2,374.3 | 5.9 | 8.6 |
| 1985 | 94.4 | 3.7 | 107.6 | 3.6 | 620.2 | 2,569.4 | 12.3 | 8.2 |
| 1986 | 96.9 | 2.6 | 109.6 | 1.9 | 724.6 | 2,811.1 | 16.8 | 9.4 |
| 1987 | 100.0 | 3.2 | 113.6 | 3.6 | 750.0 | 2,910.8 | 3.5 | 3.5 |
| 1988 | 103.9 | 3.9 | 118.3 | 4.1 | 786.9 | 3,071.1 | 4.9 | 5.5 |
| 1989 | 108.4 | 4.3 | 124.0 | 4.8 | 794.1 | 3,227.3 | 0.9 | 5.1 |
| 1990 | 112.9 | 4.2 | 130.7 | 5.4 | 826.1 | 3,339.0 | 4.0 | 3.5 |
| 1991 | 117.8 | 4.3 | 136.8 | 4.7 | 898.1 | 3,439.8 | 8.7 | 3.0 |
| 1992 | 120.6 | 2.4 | 138.3 | 1.1 | 1,019.0 | 3,507.5 | 13.5 | 2.0 |

*Fuentes:* índice de deflación del PIB: 1959-1992, *Economic Report of the President, 1993*, tabla B-3; índice de precios al consumidor, 1959-1992, *Economic Report of the President, 1993*, tabla B-58, oferta monetaria: *Economic Report of the President, 1993*, tabla B-65.